මහමෙව්නාවේ බෝධිඥාන ත්‍රිපිටක ග්‍රන්ථ මාලා 06

සූත්‍ර පිටකයට අයත්

ආශ්චර්යවත් ශ්‍රී සද්ධර්මය

මජ්ඣිම නිකායේ
(තෙවන කොටස)
උපරි පණ්ණාසකය

පරිවර්තනය
කිරිබත්ගොඩ ඤාණානන්ද ස්වාමීන් වහන්සේ

ප්‍රකාශනය

මහාමේඝ ප්‍රකාශකයෝ
වඩුවාව, යටිගල්ඔළුව, පොල්ගහවෙල.
දුර : 037 2053300, 076 8255703
ඊ-මේල් : mahameghapublishers@gmail.com

ශ්‍රී. බු.ව. 2552   ව්‍යවහාර වර්ෂ : 2008

මහමෙව්නාවේ බෝධිඥාන ත්‍රිපිටක ග්‍රන්ථ මාලා 06

සූත්‍ර පිටකයට අයත් ආශ්චර්යවත් ශ්‍රී සද්ධර්මය

මජ්ඣිම නිකාය – තෙවන කොටස
උපරි පණ්ණාසකය

පරිවර්තනය : පූජ්‍ය කිරිබත්ගොඩ ඤාණානන්ද ස්වාමීන් වහන්සේ

ISBN : 978-955-0614-50-9

ප්‍රථම මුද්‍රණය   : ශ්‍රී බුද්ධ වර්ෂ 2552/ ව්‍යවහාරික වර්ෂ 2008
සිව්වන මුද්‍රණය : ශ්‍රී බුද්ධ වර්ෂ 2561/ ව්‍යවහාරික වර්ෂ 2017

- පරිගණක අකුරු සැකසුම සහ ප්‍රකාශනය -
මහාමේඝ ප්‍රකාශකයෝ
වඩුවාව, යටිගල්ඔළුව, පොල්ගහවෙල.
දුර : (+94) 37 20 53 300, (+94) 76 82 55 703
ඊ-මේල් : mahameghapublishers@gmail.com

Mahamevnawa Bodhiñāna Tripitaka Series, Volume 06

The Wonderful Dhamma in the Suttantapitaka

Majjhima Nikāya

(part-3)

Upari-pannāsaka

With the Sinhala Translation
By

VEN. KIRIBATHGODA ÑĀNĀNANDA BHIKKHU

PUBLISHED BY:

Mahamegha Publishers
Waduwawa, Yatigal-oluwa, Polgahawela, Sri Lanka.
Tel : (+94) 37 20 53 300, (+94) 76 82 55 703

e-mail : mahameghapublishers@gmail.com

B. E. 2552   C.E. 2008

"ධම්මෝ හි වාසෙට්ඨා, සෙට්ඨෝ ජනේතස්මිං
දිට්ඨේ චේව ධම්මේ, අභිසම්පරායේච."

වාසෙට්ඨයෙනි, මෙලොවෙහි ත්, පරලොවෙහි ත් ජනයා අතර
ධර්මය ම ශ්‍රේෂ්ඨ වෙයි !

- අපගේ ශාස්තෘන් වහන්සේ

පටුන

මජ්ඣිම නිකාය - තෙවෙනි කොටස
උපරි පණ්ණාසකය
(තෙවන සූත්‍ර දේශනා පනස් දෙක)

1. දේවදහ වර්ගය

2. අනුපද වර්ගය

3. සුඤ්ඤත වර්ගය

4. විහංග වර්ගය

5. සළායතන වර්ගය

**මජ්ඣිම නිකායට අයත් තෙවන සූත්‍ර දේශනා පනස් දෙක
මෙතෙකින් සමාප්ත වේ.**

දසබලසේලප්පභවා නිබ්බානමහාසමුද්දපරියන්තා
අට්ඨංග මග්ගසලිලා ජිනවචනනදී චිරං වහතූති

දසබලයන් වහන්සේ නමැති ශෛලමය පර්වතයෙන් පැන නැගී
අමා මහ නිවන නම් වූ මහා සාගරය අවසන් කොට ඇති
ආර්ය අෂ්ටාංගික මාර්ගය නම් වූ සිහිල් දිය දහරින් හෙබි
උතුම් ශ්‍රී මුඛ බුද්ධ වචන ගංගාව (ලෝ සතුන්ගේ සසර දුක් නිවාලමින්)
බොහෝ කල් ගලාබස්නා සේක්වා !

(සළායතන සංයුත්තය - උද්දාන ගාථා)

සූත්‍ර පිටකයට අයත්

මජ්ඣිම නිකාය

තුන්වෙනි කොටස

උපරි පණ්ණාසකය

(තුන්වෙනි සූත්‍ර දේශනා පනස් දෙක)

නමෝ තස්ස භගවතෝ අරහතෝ සම්මාසම්බුද්ධස්ස
ඒ භාග්‍යවත් අරහත් සම්මා සම්බුදුරජාණන් වහන්සේට නමස්කාර වේවා!

සූත්‍ර පිටකයට අයත්

මජ්ඣිම නිකායේ

උපරිපණ්ණාසකය

(තුන්වෙනි සූත්‍ර දේශනා පනස් දෙක)

1. දේවදහ වර්ගය

3.1.1.
දේවදහ සූත්‍රය
දේවදහ නගරයේ දී වදාළ දෙසුම

මා හට අසන්නට ලැබුනේ මේ විදිහටයි. ඒ දිනවල භාග්‍යවතුන් වහන්සේ ශාක්‍ය ජනපදයෙහි දේවදහ නම් වූ ශාක්‍යවරුන් ගේ නියම් ගමෙහි වැඩසිටියා. එදා භාග්‍යවතුන් වහන්සේ "පින්වත් මහණෙනි"යි කියා භික්ෂූන් අමතා වදාළා. "පින්වතුන් වහන්සැ"යි කියා ඒ භික්ෂූන් වහන්සේලා ද භාග්‍යවතුන් වහන්සේට පිළිතුරු දුන්නා. භාග්‍යවතුන් වහන්සේ මෙය වදාළ සේක.

"පින්වත් මහණෙනි, මෙවැනි මත දරන්නා වූ මෙවැනි දෘෂ්ටි තිබෙන්නා වූ ඇතැම් ශ්‍රමණ බ්‍රාහ්මණයින් ඉන්නවා. ඒ කියන්නේ; 'මේ පුරුෂ පුද්ගලයා සැපක් වේවා, දුකක් වේවා, දුක් සැප රහිත හෝ වේවා යම්කිසි විඳීමක් විඳිනවා

15

නම්, ඒ සියල්ලම පෙර කළ කර්මය නිසාමයි විඳින්නේ. මෙලෙසින් පැරණි කර්මයන් තපස් කිරීමෙන් නැති කොට දමා, අලුත් කර්මයන් නොකිරීමෙන් මත්තෙහි කර්ම රැස් නොවී යනවා. මත්තෙහි කර්ම රැස් නොවීමෙන් කර්මක්ෂය වෙනවා. කර්මක්ෂය වීමෙන් දුක ක්ෂය වෙලා යනවා. දුක ක්ෂය වීමෙන් විඳීම් ක්ෂය වෙලා යනවා. විඳීම් ක්ෂය වීමෙන් සෑම දුකක්ම දිරවලා යනවා' කියල. පින්වත් මහණෙනි, නිගණ්ඨයන් මෙවැනි මතවාදයක් තමයි පවසන්නේ.

පින්වත් මහණෙනි, මෙවැනි මතවාදයක් පවසන්නා වූ නිගණ්ඨයන් කරා ගිහින් මං මෙහෙම කියනවා. "ආයුෂ්මත් නිගණ්ඨයෙනි, ඔබ මෙවැනි මතවාදයක් ඇතුව, මෙවැනි දෘෂ්ටියක් ඇතිව ඉන්නවා කියන්නෙ හැබෑද? ඒ කියන්නේ; 'මේ පුරුෂ පුද්ගලයා සැපක් වේවා, දුකක් වේවා, දුක් සැප රහිත හෝ වේවා යම්කිසි විඳීමක් විඳිනවා නම්, ඒ සියල්ල ම පෙර කළ කර්මය නිසාමයි විඳින්නේ. මෙලෙසින් පැරණි කර්මයන්, තපස් කිරීමෙන් නැති කොට දමා, අලුත් කර්මයන් නොකිරීමෙන් මත්තෙහි කර්ම රැස් නොවී යනවා. මත්තෙහි කර්ම රැස් නොවීමෙන් කර්මක්ෂය වෙනවා. කර්මක්ෂය වීමෙන් දුක ක්ෂය වෙලා යනවා. දුක ක්ෂය වීමෙන් විඳීම් ක්ෂය වෙලා යනවා. විඳීම් ක්ෂය වීමෙන් සෑම දුකක්ම දිරවලා යනවා' කියල."

පින්වත් මහණෙනි, මා විසින් මෙසේ ඇසූ විට ඒ නිගණ්ඨයන්, "ඒක එහෙම තමයි" කියා ප්‍රතිඥා දෙනවා. එතකොට මං ඔවුන්ට මෙහෙම කියනවා. "කිම? ආයුෂ්මත් නිගණ්ඨයෙනි, සැබැවින්ම ඔබ දන්නවාද, 'මීට පෙර අපි හිටියාමයි, නොසිටියා නොවෙයි' කියලා?" "ආයුෂ්මතුන් වහන්ස, අපි දන්නෙ නැහැ."

"කිම? ආයුෂ්මත් නිගණ්ඨයෙනි, සැබැවින්ම ඔබ දන්නවාද, මීට පෙර අපි පාප කර්ම කළාමයි, නොකළා නොවෙයි' කියලා?" "ආයුෂ්මතුන් වහන්ස, අපි දන්නෙ නැහැ."

"කිම? ආයුෂ්මත් නිගණ්ඨයෙනි, සැබැවින්ම ඔබ දන්නවාද, මෙබඳු මෙබඳු වූ පාප කර්ම කළාමයි කියලා?" "ආයුෂ්මතුන් වහන්ස, අපි මෙය දන්නෙත් නැහැ."

"කිම? ආයුෂ්මත් නිගණ්ඨයෙනි, සැබැවින්ම ඔබ දන්නවාද, ඔබේ වැඩපිළිවෙල තුළින් මෙපමණ දුක් දිරවලා ගිහින් තියෙනවා, තව මෙපමණ දුකක් දිරවිය යුතුව තිබෙනවා, ඒ වගේම මෙපමණ දුකක් දිරවා දැමූ විට සියලුම දුක් දිරවලා යනවා කියලා?" "ආයුෂ්මතුන් වහන්ස, අපි මෙය දන්නෙත් නැහැ."

"කිම? ආයුෂ්මත් නිගණ්ඨයෙනි, සැබැවින්ම ඔබ දන්නවාද, මේ ජීවිතයේදී ම අකුසල ධර්මයන් ප්‍රහාණය කොට, කුසල ධර්මයන් උපදවා ගෙන වාසය කිරීම ගැන?" "ආයුෂ්මතුන් වහන්ස, අපි මෙය දන්නෙත් නැහැ."

"ඉතින් ආයුෂ්මත් නිගණ්ඨයෙනි, මේ පිළිබඳව ඔබ කිසිවක් දන්නෙ නැහැ නෙව. 'අපි පෙර සිටියාමයි, අපි පෙර නොසිටියා නොවෙයි' යන කරුණ දන්නෙත් නැහැ. 'අපි පෙර පාප කර්ම කරල තියෙනවාමයි, නොකළා නොවෙයි' යන කරුණ දන්නෙත් නැහැ. 'මෙබඳු මෙබඳු වූ පාප කර්මයි අප කරලා තියෙන්නේ' යන කරුණ දන්නෙත් නෑ. 'දැනට දුක් මෙතෙක් ප්‍රමාණයක් දිරවා ගිහින් තියෙනවා. තව මෙපමණ ප්‍රමාණයක් දිරවන්නට තියමිතයි. මෙතෙක් ප්‍රමාණයක් දිරවූ විට සියලු දුක් දිරවා යනවා' යන කරුණ දන්නෙත් නෑ. 'මේ ජීවිතයේදීම අකුසල ධර්මයන් ප්‍රහාණය කොට කුසල ධර්මයන් උපදවා ගැනීම ගැන දන්නෙත් නැහැ.' මෙසේ ඇති කල්හි ආයුෂ්මත් නිගණ්ඨයින් ගේ මේ කථාව ගැලපෙන්නේ නැහැ නේද? ඒ කියන්නේ; 'මේ පුරුෂ පුද්ගලයා සැපක් වේවා, දුකක් වේවා, දුක් සැප රහිත හෝ වේවා යම්කිසි විඳීමක් විඳිනවා නම්, ඒ සියල්ලම පෙර කළ කර්මය නිසාමයි විඳින්නේ. මෙලෙසින් පැරණි කර්මයන් තපස් කිරීමෙන් නැති කොට දමා, අලුත් කර්මයන් නොකිරීමෙන් මත්තෙහි කර්ම රැස් නොවී යනවා. මත්තෙහි කර්ම රැස් නොවීමෙන් කර්මක්ෂය වෙනවා. කර්මක්ෂය වීමෙන් දුක ක්ෂය වෙලා යනවා. දුක ක්ෂය වීමෙන් විඳීම් ක්ෂය වෙලා යනවා. විඳීම් ක්ෂය වීමෙන් සෑම දුකක්ම දිරවලා යනවා' කියල කියන කීම."

"ඉතින් ආයුෂ්මත් නිගණ්ඨයෙනි, මේ පිළිබඳව ඔබ දන්නවා නම්, 'අපි පෙර සිටියාමයි, අපි පෙර නොසිටියා නොවෙයි' යන කරුණත් දන්නවා නම්, 'අපි පෙර පාප කර්ම කරල තියෙනවාමයි, නොකළා නොවෙයි' යන කරුණත් දන්නවා නම්, 'මෙබඳු මෙබඳු වූ පාප කර්මයි අප කරලා තියෙන්නේ' යන කරුණත් දන්නවා නම්, 'දැනට දුක් මෙතෙක් ප්‍රමාණයක් දිරවා ගිහින් තියෙනවා. තව මෙපමණ ප්‍රමාණයක් දිරවන්නට තියමිතයි. මෙතෙක් ප්‍රමාණයක් දිරවූ විට සියලු දුක් දිරවා යනවා' යන කරුණත් දන්නවා නම්, 'මේ ජීවිතයේදීම අකුසල ධර්මයන් ප්‍රහාණය කොට කුසල ධර්මයන් උපදවා ගැනීම ගැනත් දන්නවා නම්,' මෙසේ ඇති කල්හි ආයුෂ්මත් නිගණ්ඨයින්ගේ මේ කථාව ගැලපෙනවා. ඒ කියන්නේ; 'මේ පුරුෂ පුද්ගලයා සැපක් වේවා, දුකක් වේවා, දුක් සැප රහිත හෝ වේවා යම්කිසි විඳීමක් විඳිනවා නම්, ඒ සියල්ලම පෙර කළ කර්මය නිසාමයි විඳින්නේ. මෙලෙසින් පැරණි කර්මයන් තපස් කිරීමෙන් නැති කොට දමා, අලුත් කර්මයන් නොකිරීමෙන් මත්තෙහි කර්ම රැස් නොවී

යනවා. මත්තෙහි කර්ම රැස් නොවීමෙන් කර්මක්ෂය වෙනවා. කර්මක්ෂය වීමෙන් දුක ක්ෂය වෙලා යනවා. දුක ක්ෂය වීමෙන් විඳීම් ක්ෂය වෙලා යනවා. විඳීම් ක්ෂය වීමෙන් සෑම දුකක්ම දිරවලා යනවා' කියල කියන කීම.

ආයුෂ්මත් නිගණ්ඨයෙනි, ඒක මේ වගේ දෙයක්. හොඳට විෂ පොවාපු ඊතලයකින් විදුම් කාපු පුරුෂයෙක් ඉන්නවා. ඔහු ඒ ඊතලය වැදීමෙන් ඇති වන වේදනාව හේතුවෙන් බලවත් දුකකට පත්වෙනවා. තියුණු කටුක වේදනාවන් විඳිනවා. එතකොට ඔහුගේ යහළු මිත්‍රයන් සහලේ ඤාතීන් ඔහුව ශල්‍ය වෛද්‍යවරයෙක් ළඟට ගෙනයනවා. ඒ ශල්‍ය වෛද්‍යවරයා සියුම් ආයුධයකින් ඊතලයෙන් පහර කෑ තුවාලය කපා පාදනවා. එතකොට ඔහු ඒ වණමුඛය ආයුධයකින් කපා පාදද්දී ඇතිවන වේදනාව හේතුවෙන් බලවත් දුකකට පත් වෙනවා. තියුණු කටුක වේදනාවන් විඳිනවා. ඉතින් ඒ ශල්‍ය වෛද්‍යවරයා අඬුවක් ගෙන ඒ පාදා ගත් වණමුඛයෙහි ඊ හිස සොයනවා. එතකොට ඔහු අඬුවක් ගෙන වණමුඛය ඇතුළට දමා ඊ හිස සොයද්දී ඇතිවන වේදනාව හේතුවෙන් බලවත් දුකකට පත් වෙනවා. තියුණු කටුක වේදනාවන් විඳිනවා. ඊට පසු ඒ ශල්‍ය වෛද්‍යවරයා ඔහුට වැදුණු ඊ හිස ගලවා ඉවත් කරනවා. එතකොට ඔහු ඒ ඊ හිස ඉවත්කරද්දී ඇතිවන වේදනාව හේතුවෙන් බලවත් දුකකට පත්වෙනවා. තියුණු කටුක වේදනාවන් විඳිනවා. ඊට පසු ඒ ශල්‍ය වෛද්‍යවරයා බෙහෙත් ඖෂධ ඒ තුවාලයෙහි දමනවා. එතකොට ඔහු බෙහෙත් ඖෂධ තුවාලයට දමද්දී ඇතිවන වේදනාව හේතුවෙන් බලවත් දුකකට පත් වෙනවා. තියුණු කටුක වේදනාවන් විඳිනවා.

ඉතින් පසු කලෙක ඒ තුවාලය සුවපත් වෙලා, මස් වැදිලා, සම හැදිලා, නීරෝග වෙලා සැප සේ ස්වාධීනව තමාව තමාම හසුරුවාගෙන ඔහුට කැමති කැමති තැනක යන්නට පුළුවනි. එතකොට ඔහුට මෙහෙම සිතෙනවා; "මං හොඳට විෂ පොවාපු ඊතලයකින් විදුම් කාලා හිටියා. එතකොට මං ඒ ඊතලය වැදීමෙන් ඇති වන වේදනාව හේතුවෙන් බලවත් දුක් වින්දා. තියුණු කටුක වේදනාවන් වින්දා. එතකොට මගේ යහළු මිත්‍රයන් සහලේ ඤාතීන් මාව ශල්‍ය වෛද්‍යවරයෙක් ළඟට ගෙන ගියා. ඒ ශල්‍ය වෛද්‍යවරයා සියුම් ආයුධයකින් ඊතලයෙන් පහර කෑ තුවාලය කපා පෑදුවා. එතකොට මං ඒ වණමුඛය ආයුධයකින් කපා පාදද්දී ඇතිවන වේදනාව හේතුවෙන් බලවත් දුක් වින්දා. තියුණු කටුක වේදනාවන් වින්දා. ඉතින් ඒ ශල්‍ය වෛද්‍යවරයා අඬුවක් ගෙන ඒ පාදා ගත් වණමුඛයෙහි ඊ හිස සෙව්වා. එතකොට අඬුවක් ගෙන වණමුඛය ඇතුළට දමා ඊ හිස සොයද්දී ඇතිවන වේදනාව හේතුවෙන් මං බලවත් දුක් වින්දා. තියුණු කටුක වේදනාවන් වින්දා. ඊට පසු ඒ ශල්‍ය වෛද්‍යවරයා මට

වැදුනු ඊ හිස ගලවා ඉවත් කළා. එතකොට මං ඒ ඊ හිස ඉවත්කරද්දීත් ඇති වන වේදනාව හේතුවෙන් බලවත් දුක් වින්දා. තියුණු කටුක වේදනාවන් වින්දා. ඊටපසු ඒ ශල්‍ය වෛද්‍යවරයා බෙහෙත් ඖෂධ ඒ තුවාලයෙහි දැම්මා. එතකොට මං බෙහෙත් ඖෂධ තුවාලයට දමද්දී ඇතිවන වේදනාව හේතුවෙන් බලවත් දුක් වින්දා. තියුණු කටුක වේදනාවන් වින්දා. ඉතින් දැන් මගේ ඒ තුවාලය සුවපත් වෙලා මස් වැදිලා සම හැදිලා තියෙන්නෙ. නීරෝගයි. සැපසේ ස්වාධීනව තමාව තමාම හසුරුවාගෙන මට කැමති කැමති තැනක යන්නට පුළුවනි" කියලා.

ආයුෂ්මත් නිගණ්ඨවරුනි, අන්න ඒ වගේ ඉදින් ඔබලාත් මේ පිළිබඳව දන්නවා නම්, 'අපි පෙර සිටියාමයි, අපි පෙර නොසිටියා නොවෙයි' යන කරුණත් දන්නවා නම්, 'අපි පෙර පාප කර්ම කරල තියෙනවාමයි, නොකළා නොවෙයි' යන කරුණත් දන්නවා නම්, 'මෙබඳු මෙබඳු වූ පාප කර්මයි අප කරලා තියෙන්නේ' යන කරුණත් දන්නවා නම්, 'දැනට දුක් මෙතෙක් ප්‍රමාණයක් දිරවා ගිහින් තියෙනවා. තව මෙපමණ ප්‍රමාණයක් දිරවන්නට නියමිතයි. මෙතෙක් ප්‍රමාණයක් දිරවූ විට සියලු දුක් දිරවා යනවා' යන කරුණත් දන්නවා නම්, 'මේ ජීවිතයේදීම අකුසල ධර්මයන් ප්‍රහාණය කොට කුසල ධර්මයන් උපදවා ගැනීම ගැනත් දන්නවා නම්,' මෙසේ ඇති කල්හි ආයුෂ්මත් නිගණ්ඨයින්ගේ මේ කථාව ගැලපෙනවා. ඒ කියන්නේ; 'මේ පුරුෂ පුද්ගලයා සැපක් වේවා, දුකක් වේවා, දුක් සැප රහිත හෝ වේවා යම්කිසි විඳීමක් විඳිනවා නම්, ඒ සියල්ලම පෙර කළ කර්මය නිසාම යි විඳින්නේ. මෙලෙසින් පැරණි කර්මයන් තපස් කිරීමෙන් නැති කොට දමා, අලුත් කර්මයන් නොකිරීමෙන් මත්තෙහි කර්ම රැස් නොවී යනවා. මත්තෙහි කර්ම රැස් නොවීමෙන් කර්මක්ෂය වෙනවා. කර්මක්ෂය වීමෙන් දුක ක්ෂය වෙලා යනවා. දුක ක්ෂය වීමෙන් විඳීම් ක්ෂය වෙලා යනවා. විඳීම් ක්ෂය වීමෙන් සෑම දුකක්ම දිරවලා යනවා' කියල කියන කීම.

නමුත් ආයුෂ්මත් නිගණ්ඨයෙනි, යම් හෙයකින් ඔබලා මේ පිළිබඳව කිසිවක් දන්නෙ නැහැ නෙව. 'අපි පෙර සිටියාමයි, අපි පෙර නොසිටියා නොවෙයි' යන කරුණ දන්නෙත් නැහැ. 'අපි පෙර පාප කර්ම කරල තියෙනවාමයි, නොකළා නොවෙයි' යන කරුණ දන්නෙත් නැහැ. 'මෙබඳු මෙබඳු වූ පාප කර්මයි අප කරලා තියෙන්නේ' යන කරුණ දන්නෙත් නෑ. 'දැනට දුක් මෙතෙක් ප්‍රමාණයක් දිරවා ගිහින් තියෙනවා. තව මෙපමණ ප්‍රමාණයක් දිරවන්නට නියමිතයි. මෙතෙක් ප්‍රමාණයක් දිරවූ විට සියලු දුක් දිරවා යනවා' යන කරුණ දන්නෙත් නෑ. 'මේ ජීවිතයේදීම අකුසල ධර්මයන් ප්‍රහාණය කොට කුසල ධර්මයන් උපදවා ගැනීම ගැන දන්නෙත් නැහැ.' මෙසේ ඇති

කල්හි ආයුෂ්මත් නිගණ්ඨයින්ගේ මේ කථාව ගැලපෙන්නේ නැහැ නේද? ඒ කියන්නේ; 'මේ පුරුෂ පුද්ගලයා සැපක් වේවා, දුකක් වේවා, දුක් සැප රහිත හෝ වේවා යම්කිසි විඳීමක් විඳිනවා නම්, ඒ සියල්ලම පෙර කළ කර්මය නිසාමයි විඳින්නේ. මෙලෙසින් පැරණි කර්මයන් තපස් කිරීමෙන් නැති කොට දමා, අලුත් කර්මයන් නොකිරීමෙන් මත්තෙහි කර්ම රැස් නොවී යනවා. මත්තෙහි කර්ම රැස් නොවීමෙන් කර්මක්ෂය වෙනවා. කර්මක්ෂය වීමෙන් දුක ක්ෂය වෙලා යනවා. දුක ක්ෂය වීමෙන් විඳීම් ක්ෂය වෙලා යනවා. විඳීම් ක්ෂය වීමෙන් සෑම දුකක්ම දිරවලා යනවා' කියල කියන කීම."

මෙසේ වදාළ විට ඒ නිගණ්ඨයින් මට මෙහෙම කිව්වා. "ආයුෂ්මතුන් වහන්ස, නිගණ්ඨ නාතපුත්‍රයා සර්වඥයි. සියල්ල දන්නවා. 'මා හට ඇවිදින විටත්, සිටින විටත්, නිදන විටත්, නිදිවරන විටත්, හැමවිටම, නිරතුරුවම පවතින, අවශේෂ රහිත ඥාණදර්ශනයක් තියෙනවා' කියලා ප්‍රතිඥා දෙනවා. ඉතින් ඔහු මෙහෙමයි කිව්වේ. 'එම්බා ආයුෂ්මත් නිගණ්ඨවරුනි, නුඹලා විසින් පූර්වයෙහි කරන ලද පාප කර්ම තියෙනවා. එය මේ කටුක වූ දුෂ්කර ක්‍රියාවෙන් දිරවා දමව්. තවද, දැන් මෙහිලා කයෙන් සංවර වෙලා, වචනයෙන් සංවර වෙලා, මනසින් සංවර වෙලා සිටින විට මත්තෙහි පාප කර්ම නොකෙරෙනවා. මේ විදිහට පුරාණ කර්මයන් තපස් කිරීමෙන් නැතිකර දමනවා. අලුත් කර්මයන් නොකර ඉන්නවා. එතකොට මත්තෙහි කර්ම රැස්වීමක් නැහැ. කර්ම රැස් නොවීමෙන් කර්මක්ෂය වෙනවා. කර්මක්ෂය වීමෙන් දුක ක්ෂය වෙලා යනවා. දුක ක්ෂය වීමෙන් විඳීම් ක්ෂය වෙලා යනවා. විඳීම් ක්ෂය වීමෙන් සෑම දුකක්ම දිරවලා යනවා' කියල කිව්වා. ඉතින් ඒ මතය අපට රුචියි. අපි කැමතියි. එයින් අපි සතුටට පත්වෙලයි ඉන්නේ.

මෙසේ පැවසූ විට පින්වත් මහණෙනි, මං ඒ නිගණ්ඨයන්ට මෙය කිව්වා. "ආයුෂ්මත් නිගණ්ඨයෙනි, මෙලොවදීම දෙයාකාරයකින් විපාක දෙන කරුණු පහක් තියෙනවා. කවර පසක්ද යත්; ශ්‍රද්ධා, රුචි, අනුශ්‍රව, ආකාරපරිවිතර්ක, දිට්ඨිනිජ්ඣානක්ඛන්ති. ආයුෂ්මත් නිගණ්ඨයෙනි, මෙන්න මේ කරුණු පහ මෙලොවදීම දෙඅයුරකින් විපාක දෙනවා. එහිලා ආයුෂ්මත් නිගණ්ඨයින් හට ඒ අතීතය අරභයා කරුණු කියන ශාස්තෘවරයා කෙරෙහි පවතින ශ්‍රද්ධාව කුමක්ද? රුචිය කුමක්ද? අනුශ්‍රවය කුමක්ද? ආකාර පරිවිතර්කය කුමක්ද? දිට්ඨි නිජ්ඣානක්ඛන්තිය කුමක්ද?"

පින්වත් මහණෙනි, මෙවැනි මතයක් ඉදිරිපත් කළ මං ඒ නිගණ්ඨයන් අතරෙහි කරුණු සහිත වූ ප්‍රතිඋත්තරයක් දැක්කෙ නැහැ.

පින්වත් මහණෙනි, එතකොට මම තවත් කරුණක් පිළිබඳව එම නිගණ්ඨයින්ගෙන් මෙසේ ඇසුවා. "ආයුෂ්මත් නිගණ්ඨවරුනි, ඒ ගැන කුමක්ද සිතන්නේ? යම් වෙලාවක ඔබගේ තියුණු වූ උපක්‍රමයක් වෙයිද, තියුණු වූ බලවත් පධන් වීරියක් වෙයිද, ඒ වෙලාවේදී ඒ තියුණු වූ උපක්‍රමයෙන් හටගත් තියුණු, කටුක, දුක් වේදනා ඔබ විඳිනවා නේද? යම් වෙලාවක ඔබගේ තියුණු වූ උපක්‍රමයක් නොවෙයිද, තියුණු වූ බලවත් පධන් වීරියක් නොවෙයිද, ඒ වෙලාවේදී ඒ තියුණු වූ උපක්‍රමයෙන් හටගත් තියුණු, කටුක, දුක් වේදනා ඔබ විඳින්නේ නෑ නේද?"

"ආයුෂ්මත් ගෞතමයන් වහන්ස, යම් වෙලාවක අපගේ තියුණු වූ උපක්‍රමයක් වෙයිද, තියුණු වූ බලවත් පධන් වීරියක් වෙයිද, ඒ වෙලාවේදී ඒ තියුණු වූ උපක්‍රමයෙන් හටගත් තියුණු, කටුක, දුක් වේදනා අප විඳිනවා තමයි. ඒ වගේම යම් වෙලාවක අපගේ තියුණු වූ උපක්‍රමයක් නොවෙයිද, තියුණු වූ බලවත් පධන් වීරියක් නොවෙයිද, ඒ වෙලාවේදී ඒ තියුණු වූ උපක්‍රමයෙන් හටගත් තියුණු, කටුක, දුක් වේදනා අප විඳින්නේ නෑ."

"ආයුෂ්මත් නිගණ්ඨවරුනි, මෙසේ ඇති කල්හි යම් වෙලාවක ඔබගේ තියුණු වූ උපක්‍රමයක් වෙනවා නම්, තියුණු වූ බලවත් පධන් වීරියක් වෙනවා නම්, ඒ වෙලාවට ඒ තියුණු වූ උපක්‍රමයෙන් හටගත් තියුණු, කටුක, දුක් වේදනා ඔබ විඳිනවා නම්, යම් වෙලාවක ඔබගේ තියුණු වූ උපක්‍රමයක් නොවෙයි නම්, තියුණු වූ බලවත් පධන් වීරියක් නොවෙයි නම්, ඒ වෙලාවේදී ඒ තියුණු වූ උපක්‍රමයෙන් හටගත් තියුණු, කටුක, දුක් වේදනා ඔබ විඳින්නේ නැත්නම්, එහෙම නම් ආයුෂ්මත් නිගණ්ඨයන්ගේ මේ ප්‍රකාශය එයට ගැලපෙන එකක් නම් නොවෙයි. ඒ කියන්නේ; 'මේ පුරුෂ පුද්ගලයා සැපක් වේවා, දුකක් වේවා, දුක් සැප රහිත හෝ වේවා යම්කිසි විඳීමක් විඳිනවා නම්, ඒ සියල්ලම පෙර කළ කර්මය නිසාමයි විඳින්නේ. මෙලෙසින් පැරණි කර්මයන් තපස් කිරීමෙන් නැති කොට දමා, අලුත් කර්මයන් නොකිරීමෙන් මත්තෙහි කර්ම රැස් නොවී යනවා. මත්තෙහි කර්ම රැස් නොවීමෙන් කර්මක්ෂය වෙනවා. කර්මක්ෂය වීමෙන් දුක ක්ෂය වෙලා යනවා. දුක ක්ෂය වීමෙන් විඳීම් ක්ෂය වෙලා යනවා. විඳීම් ක්ෂය වීමෙන් සෑම දුකක්ම දිරවලා යනවා' යන කීමයි.

"ආයුෂ්මත් නිගණ්ඨවරුනි, ඉදින් යම් වෙලාවක ඔබගේ යම්කිසි තියුණු වූ උපක්‍රමයක් වෙනවා නම්, තියුණු වූ බලවත් පධන් වීරියක් වෙනවා නම්, ඒ වෙලාවට ඒ තියුණු වූ උපක්‍රමයෙන් හටගත් තියුණු, කටුක, දුක් වේදනා ඔබ විඳින්නේ නැත්නම්, ඒ වගේම යම් වෙලාවක ඔබගේ තියුණු වූ උපක්‍රමයක් නොවෙයි නම්, තියුණු වූ බලවත් පධන් වීරියක් නොවෙයි නම්, ඒ වෙලාවේදී

ඒ තියුණු වූ උපක්‍රමයෙන් හටගත් තියුණු, කටුක, දුක් වේදනා ඔබ විඳිනවා නම්, එහෙම නම් ආයුෂ්මත් නිගණ්ඨයන්ගේ මේ ප්‍රකාශය එයට ගැලපෙන එකක්. ඒ කියන්නේ; 'මේ පුරුෂ පුද්ගලයා සැපක් වේවා, දුකක් වේවා, දුක් සැප රහිත හෝ වේවා යම්කිසි විඳීමක් විඳිනවා නම්, ඒ සියල්ලම පෙර කළ කර්මය නිසාමයි විඳින්නේ. මෙලෙසින් පැරණි කර්මයන් තපස් කිරීමෙන් නැති කොට දමා, අලුත් කර්මයන් නොකිරීමෙන් මත්තෙහි කර්ම රැස් නොවී යනවා. මත්තෙහි කර්ම රැස් නොවීමෙන් කර්මක්ෂය වෙනවා. කර්මක්ෂය වීමෙන් දුක ක්ෂය වෙලා යනවා. දුක ක්ෂය වීමෙන් විඳීම් ක්ෂය වෙලා යනවා. විඳීම් ක්ෂය වීමෙන් සෑම දුකක්ම දිරවලා යනවා' යන කීමයි.

"ආයුෂ්මත් නිගණ්ඨයෙනි, යම් හෙයකින් යම් වෙලාවක ඔබගේ උපක්‍රමය තියුණු වෙනවා නම්, බලවත් පධන් වීරිය තියුණු වෙනවා නම්, ඒ වෙලාවට ඒ තියුණු වූ උපක්‍රමයෙන් හටගත් තියුණු, කටුක, දුක් වේදනා ඔබ විඳිනවා නම්, ඒ වගේම යම් වෙලාවක ඔබගේ තියුණු වූ උපක්‍රමයක් නැත්නම්, තියුණු වූ බලවත් පධන් වීරියක් නැත්නම්, ඒ වෙලාවේදී ඒ තියුණු වූ උපක්‍රමයෙන් හටගත් තියුණු, කටුක, දුක් වේදනාත් ඔබ විඳින්නේ නැත්නම්, එහෙම නම් ඔබ හිතාමතා තමන් විසින්ම උපක්‍රම කරමින් උපදවාගත් දුක් වූ, තියුණු වූ, කටුක වූ වේදනා විඳ විඳ, අවිද්‍යාවත්, අඥානකමත්, මුළාවත් නිසා විපරීතව නේද මෙය පිළිඅරගෙන තියෙන්නේ? ඒ කියන්නේ; 'මේ පුරුෂ පුද්ගලයා සැපක් වේවා, දුකක් වේවා, දුක් සැප රහිත හෝ වේවා යම්කිසි විඳීමක් විඳිනවා නම්, ඒ සියල්ලම පෙර කළ කර්මය නිසාමයි විඳින්නේ. මෙලෙසින් පැරණි කර්මයන් තපස් කිරීමෙන් නැති කොට දමා, අලුත් කර්මයන් නොකිරීමෙන් මත්තෙහි කර්ම රැස් නොවී යනවා. මත්තෙහි කර්ම රැස් නොවීමෙන් කර්මක්ෂය වෙනවා. කර්මක්ෂය වීමෙන් දුක ක්ෂය වෙලා යනවා. දුක ක්ෂය වීමෙන් විඳීම් ක්ෂය වෙලා යනවා. විඳීම් ක්ෂය වීමෙන් සෑම දුකක්ම දිරවලා යනවා' යන කීම. පින්වත් මහණෙනි, මෙවැනි වාද ඇති, මෙවැනි දෘෂ්ටි ඇති, නිගණ්ඨයන් තුළින් මෙයට කරුණු සහිත වූ කිසිම ප්‍රත්‍යුත්තරයක් මට ලැබුනෙ නෑ.

පින්වත් මහණෙනි, මම නිගණ්ඨයින්ට යළිත් මෙහෙම කියනවා. "ආයුෂ්මත් නිගණ්ඨයෙනි, ඒ ගැන කුමක්ද සිතන්නේ? 'මෙලොවදී වින්ඳ යුතු යම් මේ කර්මයක් ඇද්ද, එය උපක්‍රමයකින් හෝ වේවා, පධන් වීරියෙන් හෝ වේවා, පරලොව වින්ඳ යුතු දෙයක් බවට පත්වේවා!' කියා ලබන්නට පුළුවන්ද?"

"ආයුෂ්මතුන් වහන්ස, එය නොහැකි දෙයක්මයි."

"පරලොවදී වින්ද යුතු යම් මේ කර්මයක් ඇද්ද, එය උපක්‍රමයකින් හෝ වේවා, පධන් වීරියෙන් හෝ වේවා, මෙලොව වින්ද යුතු දෙයක් බවට පත්වේවා! කියා ලබන්නට පුළුවන්ද?"

"ආයුෂ්මතුන් වහන්ස, එය නොහැකි දෙයක්මයි."

"ආයුෂ්මත් නිගණ්ඨයෙනි, ඒ ගැන කුමක්ද සිතන්නේ? සැප විඳීමක් ඇති කරදෙන යම් මේ කර්මයක් ඇද්ද, එය උපක්‍රමයකින් හෝ වේවා, පධන් වීරියෙන් හෝ වේවා, දුක් විඳීම ලබා දෙන දෙයක් බවට පත්වේවා! කියා ලබන්නට පුළුවන්ද?"

"ආයුෂ්මතුන් වහන්ස, එය නොහැකි දෙයක්මයි."

"දුක් විඳීමක් ඇතිකරදෙන යම් මේ කර්මයක් ඇද්ද, එය උපක්‍රමයකින් හෝ වේවා, පධන් වීරියෙන් හෝ වේවා, සැප විඳීම ලබා දෙන දෙයක් බවට පත්වේවා! කියා ලබන්නට පුළුවන්ද?"

"ආයුෂ්මතුන් වහන්ස, එය නොහැකි දෙයක්මයි."

"ආයුෂ්මත් නිගණ්ඨයෙනි, ඒ ගැන කුමක්ද සිතන්නේ? මෝරා යෑමෙන් පසු විපාක විඳීමක් ඇති කරදෙන යම් මේ කර්මයක් ඇද්ද, එය උපක්‍රමයකින් හෝ වේවා, පධන් වීරියෙන් හෝ වේවා, මුහුකුරා නොයා තිබියදී විපාක විඳීම ලබා දෙන දෙයක් බවට පත්වේවා! කියා ලබන්නට පුළුවන්ද?"

"ආයුෂ්මතුන් වහන්ස, එය නොහැකි දෙයක්මයි."

"මුහුකුරා නොයා තිබියදී විපාක විඳීමක් ඇතිකරදෙන යම් මේ කර්මයක් ඇද්ද, එය උපක්‍රමයකින් හෝ වේවා, පධන් වීරියෙන් හෝ වේවා, මෝරා යෑමෙන් පසු විපාක විඳීම ලබා දෙන දෙයක් බවට පත්වේවා! කියා ලබන්නට පුළුවන්ද?"

"ආයුෂ්මතුන් වහන්ස, එය නොහැකි දෙයක්මයි."

"ආයුෂ්මත් නිගණ්ඨයෙනි, ඒ ගැන කුමක්ද සිතන්නේ? බොහෝ විඳීම් ඇති කරදෙන යම් මේ කර්මයක් ඇද්ද, එය උපක්‍රමයකින් හෝ වේවා, පධන් වීරියෙන් හෝ වේවා, අල්ප විඳීම් ලබා දෙන දෙයක් බවට පත්වේවා! කියා ලබන්නට පුළුවන්ද?"

"ආයුෂ්මතුන් වහන්ස, එය නොහැකි දෙයක්මයි."

"අල්ප විඳීම් ඇති කරදෙන යම් මේ කර්මයක් ඇද්ද, එය උපක්‍රමයකින් හෝ වේවා, පධන් වීරියෙන් හෝ වේවා, බොහෝ විඳීම් ලබා දෙන දෙයක් බවට පත්වේවා! කියා ලබන්නට පුළුවන්ද?"

"ආයුෂ්මතුන් වහන්ස, එය නොහැකි දෙයක්මයි."

"ආයුෂ්මත් නිගණ්ඨයෙනි, ඒ ගැන කුමක්ද සිතන්නේ? විඳීම් ඇති කරදෙන යම් මේ කර්මයක් ඇද්ද, එය උපක්‍රමයකින් හෝ වේවා, පධන් වීරියෙන් හෝ වේවා, විඳීම ලබා නොදෙන දෙයක් බවට පත්වේවා! කියා ලබන්නට පුළුවන්ද?"

"ආයුෂ්මතුන් වහන්ස, එය නොහැකි දෙයක්මයි."

"විඳීම් ලබා නොදෙන යම් මේ කර්මයක් ඇද්ද, එය උපක්‍රමයකින් හෝ වේවා, පධන් වීරියෙන් හෝ වේවා, විඳීම් ලබා දෙන දෙයක් බවට පත්වේවා! කියා ලබන්නට පුළුවන්ද?"

"ආයුෂ්මතුන් වහන්ස, එය නොහැකි දෙයක්මයි."

"ආයුෂ්මත් නිගණ්ඨවරුනි, ඉතින් මෙහෙම නම්, ඒ කියන්නේ; මෙලොවදී වින්ඳ යුතු යම් මේ කර්මයක් ඇද්ද, එය උපක්‍රමයකින් හෝ වේවා, පධන් වීරියෙන් හෝ වේවා, පරලොව වින්ඳ යුතු දෙයක් බවට පත්වේවා! කියා ලබන්නට බැරි නම්, ඒ වගේම පරලොවදී වින්ඳ යුතු යම් මේ කර්මයක් ඇද්ද, එය උපක්‍රමයකින් හෝ වේවා, පධන් වීරියෙන් හෝ වේවා, මෙලොව වින්ඳ යුතු දෙයක් බවට පත්වේවා! කියා ලබන්නටත් බැරි නම්, ඒ වගේම සැප විඳීමක් ඇතිකරදෙන යම් මේ කර්මයක් ඇද්ද, එය උපක්‍රමයකින් හෝ වේවා, පධන් වීරියෙන් හෝ වේවා, දුක් විඳීම ලබා දෙන දෙයක් බවට පත්වේවා! කියා ලබන්නටත් බැරි නම්, ඒ වගේම දුක් විඳීමක් ඇති කරදෙන යම් මේ කර්මයක් ඇද්ද, එය උපක්‍රමයකින් හෝ වේවා, පධන් වීරියෙන් හෝ වේවා, සැප විඳීම ලබා දෙන දෙයක් බවට පත්වේවා! කියා ලබන්නටත් බැරි නම්, ඒ වගේම මෝරා යැමෙන් පසු විපාක විඳීමක් ඇති කරදෙන යම් මේ කර්මයක් ඇද්ද, එය උපක්‍රමයකින් හෝ වේවා, පධන් වීරියෙන් හෝ වේවා, මුහුකුරා නොයා තිබියදී විපාක විඳීම ලබා දෙන දෙයක් බවට පත්වේවා! කියා ලබන්නටත් බැරි නම්, ඒ වගේම මුහුකුරා නොයා තිබියදී විපාක විඳීමක් ඇති කරදෙන යම් මේ කර්මයක් ඇද්ද, එය උපක්‍රමයකින් හෝ වේවා, පධන් වීරියෙන් හෝ වේවා, මෝරා යැමෙන් පසු විපාක විඳීම ලබා දෙන දෙයක් බවට පත්වේවා! කියා ලබන්නටත් බැරි නම්, ඒ වගේම බොහෝ විඳීම් ඇති කරදෙන යම් මේ

කර්මයක් ඇද්ද, එය උපක්‍රමයකින් හෝ වේවා, පධන් වීරියෙන් හෝ වේවා, අල්ප විඳීම් ලබා දෙන දෙයක් බවට පත්වේවා! කියා ලබන්නටත් බැරි නම්, ඒ වගේම අල්ප විඳීම් ඇති කරදෙන යම් මේ කර්මයක් ඇද්ද, එය උපක්‍රමයකින් හෝ වේවා, පධන් වීරියෙන් හෝ වේවා, බොහෝ විඳීම් ලබා දෙන දෙයක් බවට පත්වේවා! කියා ලබන්නටත් බැරි නම්, ඒ වගේම විඳීම් ඇති කරදෙන යම් මේ කර්මයක් ඇද්ද, එය උපක්‍රමයකින් හෝ වේවා, පධන් වීරියෙන් හෝ වේවා, විඳීම ලබා නොදෙන දෙයක් බවට පත්වේවා! කියා ලබන්නටත් බැරි නම්, ඒ වගේම විඳීම් ලබා නොදෙන යම් මේ කර්මයක් ඇද්ද, එය උපක්‍රමයකින් හෝ වේවා, පධන් වීරියෙන් හෝ වේවා, විඳීම් ලබා දෙන දෙයක් බවට පත්වේවා! කියා ලබන්නටත් බැරි නම්, මෙසේ ඇති කල්හි ආයුෂ්මත් නිගණ්ඨයින්ගේ උපක්‍රමය ප්‍රතිඵල රහිතයි නෙව. පධන් වීර්යය ප්‍රතිඵල රහිතයි නෙව. පින්වත් මහණෙනි, නිගණ්ඨයන් මෙවැනි මත වාදයක් තමයි පවසන්නේ. පින්වත් මහණෙනි, මෙවැනි වාද ඇති, මෙවැනි දෘෂ්ටි ඇති, නිගණ්ඨයන් හට කරුණු සහිතව ඉදිරිපත් වන මෙම ප්‍රශ්නයන්ට පිළිතුරු දීගන්නට නොහැකිව ඔවුන්ගේ වාදය කරුණු සහිතව දස ආකාරයකින් ගැරහිය යුතු දෙයක් බවට පත්වෙනවා.

ඉදින් පින්වත් මහණෙනි, සත්වයන් සැප, දුක් විඳින්නේ පෙර කරන ලද කර්මයන් නිසාවෙන් නම්, පින්වත් මහණෙනි, නිගණ්ඨයන් ඒකාන්තයෙන්ම පෙර නොයෙක් පාපී අකුසල කර්මයන් කොට තිබෙනවා. ඔවුන් විසින් දැන් මෙබඳු වූ දුක් සහිත, තියුණු, කටුක වේදනා විඳින්නේ ඒ නිසයි.

ඉදින් පින්වත් මහණෙනි, සත්වයන් සැප, දුක් විඳින්නේ දේව මැවිල්ලක් නිසාවෙන් නම්, පින්වත් මහණෙනි, නිගණ්ඨයන් ඒකාන්තයෙන්ම ඉතා පවිටු වූ මැවුම්කාර දෙවියෙකු විසින් මවා තිබෙනවා. ඔවුන් විසින් දැන් මෙබඳු වූ දුක් සහිත, තියුණු, කටුක වේදනා විඳින්නේ ඒ නිසයි.

ඉදින් පින්වත් මහණෙනි, සත්වයන් සැප, දුක් විඳින්නේ අනිවාර්යයෙන්ම මුහුණ දිය යුතු දෛවයක් නිසාවෙන් නම්, පින්වත් මහණෙනි, නිගණ්ඨයන් ඒකාන්තයෙන්ම පවිටු දෛවයකින් යුක්තවයි ඉන්නේ. ඔවුන් විසින් දැන් මෙබඳු වූ දුක් සහිත, තියුණු, කටුක වේදනා විඳින්නේ ඒ නිසයි.

ඉදින් පින්වත් මහණෙනි, සත්වයන් සැප, දුක් විඳින්නේ උපත ලබන විශේෂ ක්‍රමයක් නිසාවෙන් නම්, පින්වත් මහණෙනි, නිගණ්ඨයන් ඒකාන්තයෙන්ම ලබා තිබෙන්නේ පවිටු වූ උපතක්මයි. ඔවුන් විසින් දැන් මෙබඳු වූ දුක් සහිත, තියුණු, කටුක වේදනා විඳින්නේ ඒ නිසයි.

ඉදින් පින්වත් මහණෙනි, සත්වයන් සැප, දුක් විඳින්නේ මෙහිදීම කරන ලද උපක්‍රම නිසාවෙන් නම්, පින්වත් මහණෙනි, නිගණ්ඨයන් ඒකාන්තයෙන්ම මෙහිදීම කරන ලද පවිටු උපක්‍රමයන්ගෙන් යුක්තයි. ඔවුන් විසින් දැන් මෙබඳු වූ දුක් සහිත, තියුණු, කටුක වේදනා විඳින්නේ ඒ නිසයි.

ඉදින් පින්වත් මහණෙනි, සත්වයන් සැප, දුක් විඳින්නේ පෙර කරන ලද කර්මයන් නිසාවෙන් නම්, එකරුණින් ද නිගණ්ඨයින් ගැරහුම් ලැබිය යුතුයි.

ඉදින් පින්වත් මහණෙනි, සත්වයන් සැප, දුක් විඳින්නේ පෙර කරන ලද කර්මයන් නිසා නොවෙයි නම්, එකරුණින් ද නිගණ්ඨයින් ගැරහුම් ලැබිය යුතුයි.

ඉදින් පින්වත් මහණෙනි, සත්වයන් සැප, දුක් විඳින්නේ දේව මැවිල්ලක් නිසාවෙන් නම්, එකරුණින් ද නිගණ්ඨයින් ගැරහුම් ලැබිය යුතුයි.

ඉදින් පින්වත් මහණෙනි, සත්වයන් සැප, දුක් විඳින්නේ දේව මැවිල්ලක් නිසා නොවෙයි නම්, එකරුණින් ද නිගණ්ඨයින් ගැරහුම් ලැබිය යුතුයි.

ඉදින් පින්වත් මහණෙනි, සත්වයන් සැප, දුක් විඳින්නේ අනිවාර්යයෙන් ම මුහුණ දිය යුතු දෛවයක් නිසාවෙන් නම්, එකරුණින්ද නිගණ්ඨයින් ගැරහුම් ලැබිය යුතුයි.

ඉදින් පින්වත් මහණෙනි, සත්වයන් සැප, දුක් විඳින්නේ අනිවාර්යයෙන් ම මුහුණ දිය යුතු දෛවයක් නිසා නොවෙයි නම්, එකරුණින් ද නිගණ්ඨයින් ගැරහුම් ලැබිය යුතුයි.

ඉදින් පින්වත් මහණෙනි, සත්වයන් සැප, දුක් විඳින්නේ උපත ලබන විශේෂ ක්‍රමයක් නිසාවෙන් නම්, එකරුණින් ද නිගණ්ඨයින් ගැරහුම් ලැබිය යුතුයි.

ඉදින් පින්වත් මහණෙනි, සත්වයන් සැප, දුක් විඳින්නේ උපත ලබන විශේෂ ක්‍රමයක් නිසා නොවෙයි නම්, එකරුණින් ද නිගණ්ඨයින් ගැරහුම් ලැබිය යුතුයි.

ඉදින් පින්වත් මහණෙනි, සත්වයන් සැප, දුක් විඳින්නේ මෙහිදීම කරන ලද උපක්‍රම නිසාවෙන් නම්, එකරුණින් ද නිගණ්ඨයින් ගැරහුම් ලැබිය යුතුයි.

ඉදින් පින්වත් මහණෙනි, සත්වයන් සැප, දුක් විඳින්නේ මෙහිදීම කරන ලද උපක්‍රම නිසා නොවෙයි නම්, එකරුණින් ද නිගණ්ඨයින් ගැරහුම් ලැබිය යුතුයි.

පින්වත් මහණෙනි, නිගණ්ඨයන් මෙවැනි මතවාදයක් තමයි පවසන්නේ. පින්වත් මහණෙනි, මෙවැනි වාද ඇති, මෙවැනි දෘෂ්ටි ඇති, නිගණ්ඨයන් හට කරුණු සහිතව ඉදිරිපත් වන මෙම ප්‍රශ්නයන්ට පිළිතුරු දීගන්නට නොහැකිව ඔවුන්ගේ වාදය කරුණු සහිතව මේ දස ආකාරයෙන් ගැරහිය යුතු දෙයක් බවට පත්වෙනවා. පින්වත් මහණෙනි, උපක්‍රමයක් ඵලරහිත වන්නේ ඔන්න ඔය විදිහටයි. පධන් වීර්යය ඵල රහිත වන්නේ ඔය විදිහටයි.

පින්වත් මහණෙනි, උපක්‍රමයක් ඵල සහිත වන්නේ කොහොමද? පධන් වීර්යයක් ඵල සහිත වන්නේ කොහොමද? පින්වත් මහණෙනි, මෙහිලා භික්ෂුව හිතාමතා දුක් පීඩාවලින් නොපෙළන ලද ජීවිතය, දුක් පීඩාවලින් පෙළන්නෙ නෑ. ධාර්මිකව ලැබෙන සැපය අත්හරින්නෙත් නෑ. ඒ වගේම ඒ සැපය කෙරෙහි තෘෂ්ණාවෙන් ගිජු වෙන්නෙත් නෑ. ඔහු මේ විදිහටයි එය දැනගන්නේ; "මේ දුක් හටගන්නට හේතු වූ කරුණු නොවැඩෙන අයුරින් බලවත් ලෙස වීරිය කරද්දී ඒ බලවත් ලෙස වීරිය කිරීම නිසා විරාගය ඇතිවෙනවා. ඒ වගේම මේ දුක් හටගන්නට හේතු වූ කරුණු නොවැඩෙන අයුරින් වීරියෙන් යුක්තව උපේක්ෂාව වඩද්දී මා තුළ විරාගය ඇතිවෙනවා" කියලා.

ඉතින් ඔහු යම් දුක් හටගැනීමට හේතු වූ කරුණු දුරු වෙන අයුරින් බලවත් ලෙස වීරිය කරද්දී, ඒ හේතුවෙන් විරාගයට පත්වෙනවා නම්, ඒ වැඩපිළිවෙල තුළම වීරිය පවත්වනවා. ඉතින් ඔහු යම් දුක් හටගැනීමට හේතු වූ කරුණු දුරු වෙන අයුරින් බලවත් ලෙස වීරිය යොදා උපේක්ෂාව වඩද්දී ඒ හේතුවෙන් විරාගයට පත්වෙනවා නම්, ඒ වැඩපිළිවෙල තුළ ඔහු උපේක්ෂාව පවත්වනවා. ඒ ඒ දුක්වලට හේතුවන කරුණු ප්‍රහාණය වීම පිණිස බලවත් ලෙස වීරිය වඩද්දී, ඒ හේතුවෙන් ඔහු තුළ විරාගය ඇතිවෙනවා නම්, ඒ අයුරින් තමයි ඔහුගේ ඒ දුක දිරවා යන්නේ. ඒ ඒ දුක්වලට හේතුවන කරුණු ප්‍රහාණය වීම පිණිස බලවත් ලෙස වීරියෙන් යුතුව උපේක්ෂාව වඩද්දී ඒ හේතුවෙන් ඔහු තුළ විරාගය ඇතිවෙනවා නම්, ඒ අයුරිනුත් ඔහුගේ ඒ දුක දිරවා යනවා.

පින්වත් මහණෙනි, එය මේ වගේ දෙයක්. ස්ත්‍රියක් පිළිබඳව ඇලුනු සිතින් යුතු, ඇය ගැනම සිත සිතා සිටින, ඇය කෙරෙහි දැඩි ආශාවක් හා අපේක්ෂාවක් ඇති පුරුෂයෙක් ඉන්නවා. ඉතින් ඔහුට ඒ ස්ත්‍රිය වෙනත් පුරුෂයෙකු සමඟ එකට වාඩි වී සිටින අයුරු, පෙම්බස් දොඩන අයුරු, මඳ සිනහ නඟන අයුරු, හඬනගා සිනාසෙන අයුරු දකින්නට ලැබෙනවා. පින්වත් මහණෙනි, ඒ ගැන කුමක්ද සිතන්නේ? එතකොට වෙනත් පුරුෂයෙකු සමඟ එකට වාඩි වී සිටින, පෙම්බස් දොඩන, මඳ සිනා නඟන, හඬනගා සිනාසෙන අර ස්ත්‍රිය දකින විට, ඒ පුරුෂයාට ශෝක, වැළපීම්, දුක් දොම්නස්, සුසුම් හෙළීම් ඇතිවෙනවා නේද?"

"එසේය, ස්වාමීනී. මක්නිසාද යත්; ස්වාමීනී, අර පුද්ගලයා ඒ ස්ත්‍රිය කෙරෙහි ඇලී සිටීමයි. පිළිබඳ සිත් ඇතිව සිටීමයි. බලවත් ආශාවකින් සිටීමයි. බලවත් අපේක්ෂාවකින් සිටීමයි. ඒ නිසයි වෙනත් පුරුෂයෙකු සමඟ ඒ ස්ත්‍රිය එකට වාඩි වී සිටින අයුරු, පෙම්බස් දොඩන අයුරු, මඳ සිනා නගන අයුරු, හඬනගා සිනාසෙන අයුරු දකින විට ශෝක, වැළපීම්, දුක්, දොම්නස්, සුසුම් හෙළීම් හටගන්නේ."

"එතකොට පින්වත් මහණෙනි, ඒ පුරුෂයාට මෙහෙම සිතුනොත්, 'මං මේ කාන්තාවට ඇලී ඉන්නවා. පිළිබඳ සිත් ඇතිව ඉන්නවා. බලවත් ආශාවෙන් ඉන්නවා. බලවත් බලාපොරොත්තුවකින් ඉන්නවා. නමුත් මේ කාන්තාව වෙනත් පුරුෂයෙකු සමඟ එකට වාඩි වී ඉන්නවා නෙව. පෙම්බස් දොඩනවා නෙව. මඳ සිනා නගනවා නෙව. හඬ නගා සිනාසෙනවා නෙව. මෙය දකින විට මා තුළ ශෝක, වැළපීම්, දුක්, දොම්නස්, සුසුම් හෙළීම් හටගන්නවා. එහෙම නම් මා කරන්නට තිබෙන්නේ මෙයයි. එනම්; මේ ස්ත්‍රිය කෙරෙහි මා තුළ යම් ඡන්දරාගයක් තිබෙනවාද, එය දුරුකරන එක තමයි හොඳ' ඉතින් ඔහු අර ස්ත්‍රිය ගැන යම් ඡන්දරාගයක් තිබුනාද, ඒක දුරුකර දමනවා. පස්සෙ කාලෙකත් ඒ පුරුෂයාට වෙනත් පුරුෂයෙක් සමඟ එකතු වී සිටින, ආදරයෙන් දොඩමළු වී සිටින, මඳ සිනා නගමින් සිටින, හඬනගා සිනාසෙන අර ස්ත්‍රිය දකින්නට ලැබෙනවා. පින්වත් මහණෙනි, ඒ ගැන කුමක්ද සිතන්නේ? එතකොටත් අර පුරුෂයා තුළ වෙනත් පුරුෂයෙකු සමඟ එකතු වී සිටින, ආදරයෙන් දොඩමළු වී සිටින, මඳ සිනා නගමින් සිටින, හඬනගා සිනාසෙන ඒ ස්ත්‍රිය දකින විට ශෝක, වැළපීම්, දුක්, දොම්නස්, සුසුම් හෙළීම් හටගන්නවාද?"

"ස්වාමීනී, එය නොවේමයි." "එයට හේතුව කුමක්ද?" "ස්වාමීනී, ඒ පුද්ගලයා අර ස්ත්‍රිය කෙරෙහි රාගය දුරුකරලයි ඉන්නෙ. ඒ නිසයි වෙනත් පුරුෂයෙක් සමඟ එකතු වී සිටින, ආදරයෙන් දොඩමළු වී සිටින, මඳ සිනා නගමින් සිටින, හඬනගා සිනාසෙන ඒ ස්ත්‍රිය දකින විට ශෝක, වැළපීම්, දුක්, දොම්නස්, සුසුම් හෙළීම් හට නොගන්නේ."

"පින්වත් මහණෙනි, මෙයත් ඒ විදිහම තමයි. මෙහිලා භික්ෂුව හිතාමතා දුක් පීඩාවලින් නොපෙළන ලද ජීවිතය, දුක් පීඩාවලින් පෙළන්නෙ නෑ. ධාර්මිකව ලැබෙන සැපය අත්හරින්නෙත් නෑ. ඒ වගේම ඒ සැපය කෙරෙහි තෘෂ්ණාවෙන් ගිජු වෙන්නෙත් නෑ. ඔහු මේ විදිහටයි එය දැනගන්නේ; 'මේ දුක් හටගන්නට හේතු වූ කරුණු නොවැඩෙන අයුරින් බලවත් ලෙස වීරිය කරද්දී, ඒ බලවත් ලෙස වීරිය කිරීම නිසා විරාගය ඇතිවෙනවා. ඒ වගේම මේ දුක් හටගන්නට හේතු වූ කරුණු නොවැඩෙන අයුරින් වීරියෙන් යුක්තව උපේක්ෂාව වඩද්දී මා තුළ විරාගය ඇතිවෙනවා' කියල.

ඉතින් ඔහු යම් දුක් හටගැනීමට හේතු වූ කරුණු දුරු වෙන අයුරින් බලවත් ලෙස වීරිය කරද්දී, ඒ හේතුවෙන් විරාගයට පත්වෙනවා නම්, ඒ වැඩපිළිවෙල තුළම වීරිය පවත්වනවා. ඉතින් ඔහු යම් දුක් හටගැනීමට හේතු වූ කරුණු දුරු වෙන අයුරින් බලවත් ලෙස වීරිය යොදා උපේක්ෂාව වඩද්දී, ඒ හේතුවෙන් විරාගයට පත්වෙනවා නම්, ඒ වැඩපිළිවෙල තුළ ඔහු උපේක්ෂාව පවත්වනවා. ඒ ඒ දුක්වලට හේතුවන කරුණු ප්‍රහාණය වීම පිණිස බලවත් ලෙස වීරිය වඩද්දී, ඒ හේතුවෙන් ඔහු තුළ විරාගය ඇතිවෙනවා නම්, ඒ අයුරින් තමයි ඔහුගේ ඒ දුක දිරවා යන්නේ. ඒ ඒ දුක්වලට හේතුවන කරුණු ප්‍රහාණය වීම පිණිස බලවත් ලෙස වීරියෙන් යුතුව උපේක්ෂාව වඩද්දී, ඒ හේතුවෙන් ඔහු තුළ විරාගය ඇතිවෙනවා නම්, ඒ අයුරිනුත් ඔහුගේ ඒ දුක දිරවා යනවා. පින්වත් මහණෙනි, ඔය ආකාරයෙනුත් උපක්‍රමය සාර්ථක වෙනවා. පධන් වීර්යය සාර්ථක වෙනවා.

ඒ වගේ ම පින්වත් මහණෙනි, භික්ෂුව මේ විදිහටත් නුවණින් මෙනෙහි කරනවා. 'යම් අයුරු වූ සැපයකින් වාසය කරද්දී මා තුළ අකුසල ධර්මයන් වැඩෙනවා, කුසල ධර්මයන් පිරිහී යනවා, ඒ වගේම මාගේ ජීවිතය දුකට මෙහෙයවනවා නම් එතකොට සිදුවෙන්නේ අකුසල ධර්මයන් පිරිහී යන එක. කුසල ධර්මයන් වැඩී යන එක. එහෙම නම් මං කරන්නට තිබෙන්නේ මාගේ ජීවිතය කිසියම් දුක් සහිත වීරියකට යොදවන එකයි. ඉතින් ඔහු තම ජීවිතය දුක් සහිත වීරියක යොදවනවා. දුක් සහිත වීරියක යොදවන ඔහු තුළ අකුසල ධර්මයන් පිරිහී යනවා. කුසල ධර්මයන් වැඩී යනවා. පසු කලෙක ඔහු තම ජීවිතය දුක් සහිත වීරියක යොදවන්නේ නෑ. මක්නිසාද යත්; පින්වත් මහණෙනි, යම් අර්ථයක් උදෙසා ජීවිතය දුක් සහිත වීරියක යෙදෙව්වාද, ඔහුට එම අර්ථය සාක්ෂාත් කරගන්නට පුළුවන් වීමයි. ඒ නිසයි ඔහු පසු කාලෙක දුක් සහිත වීරිය පිණිස ජීවිතය නොයොදවන්නේ.

පින්වත් මහණෙනි, එය මෙවැනි දෙයක්. හී වඩුවෙක් ඉන්නවා. ඔහු හී තලයක් ගෙන ගිනි පෙණෙලු දෙකකින් රත්කරනවා. වඩවඩාත් රත්කරනවා. එතකොට ඒ හී තලය ඍජු වෙනවා. කර්මණ්‍ය වෙනවා. පින්වත් මහණෙනි, හී වඩුවාගේ ඒ හී තලය දෙපෙණෙල්ලකින් රත්කළාද, වඩවඩාත් රත්කළාද, ඒ හේතුව නිසා ඒ හීය ඍජු වුනාද, කර්මණ්‍ය වුනාද, පසු කලෙක ඒ හී වඩුවා ඒ හී තලය ගිනි පෙණලු දෙකකින් රත්කරන්නෙ නෑ. වඩවඩාත් රත්කරන්නෙ නෑ. ඍජු කොට කර්මණ්‍ය කරන්නෙත් නෑ. මක්නිසාද යත්; පින්වත් මහණෙනි, හී වඩුවා යම්කිසි අර්ථයක් පිණිස ඒ හී තලය ගිනි පෙණෙලු දෙකකින් රත්කළාද, වඩවඩාත් රත්කළාද, ඍජු කළාද, කර්මණ්‍ය කළාද, ඔහු ඒ අර්ථය උපදවා ගත්තා.

ඒ නිසයි පසුකාලෙකදී ඒ හී වඩුවා එම හී තලය ගිනි පෙණෙලු දෙකකින් රත් නොකරන්නේ. වඩවඩාත් රත් නොකරන්නේ. ඍජු නොකරන්නේ. කර්මණ්‍ය නොකරන්නේ.

පින්වත් මහණෙනි, මෙයත් ඒ වගේ තමයි. භික්ෂුව මේ විදිහටත් නුවණින් මෙනෙහි කරනවා. 'යම් අයුරු වූ සැපයකින් වාසය කරද්දී මා තුළ අකුසල ධර්මයන් වැඩෙනවා, කුසල ධර්මයන් පිරිහී යනවා, ඒ වගේම මාගේ ජීවිතය දුකට මෙහෙයවනවා නම්, එතකොට සිදුවෙන්නේ අකුසල ධර්මයන් පිරිහී යන එක. කුසල ධර්මයන් වැඩී යන එක. එහෙම නම් මං කරන්නට තිබෙන්නේ මාගේ ජීවිතය කිසියම් දුක් සහිත වීරියකට යොදවන එකයි. ඉතින් ඔහු තම ජීවිතය දුක් සහිත වීරියක යොදවනවා. දුක් සහිත වීරියක යොදවන ඔහු තුළ අකුසල ධර්මයන් පිරිහී යනවා. කුසල ධර්මයන් වැඩී යනවා. පසු කලෙක ඔහු තම ජීවිතය දුක් සහිත වීරියක යොදවන්නේ නෑ. මක්නිසාද යත්; පින්වත් මහණෙනි, යම් අර්ථයක් උදෙසා ජීවිතය දුක් සහිත වීරියක යෙදෙව්වාද, ඔහුට එම අර්ථය සාක්ෂාත් කරගන්නට පුළුවන් වීමයි. ඒ නිසයි ඔහු පසු කාලෙක දුක් සහිත වීරිය පිණිස ජීවිතය නොයොදවන්නේ. පින්වත් මහණෙනි, ඔය ආකාරයෙනුත් උපක්‍රමය සාර්ථක වෙනවා. පධන් වීරියය සාර්ථක වෙනවා.

පින්වත් මහණෙනි, නැවත අනෙකක් කියමි. මෙහිලා අරහත් වූ සම්මා සම්බුද්ධ වූ විජ්ජාචරණ සම්පන්න වූ, සුගත වූ, ලෝකවිදූ වූ, අනුත්තරෝ පුරිසදම්ම සාරථී වූ, සත්ථා දේවමනුස්සානං වූ, බුද්ධ වූ, භගවත් වූ තථාගතයන් වහන්සේ ලෝකයෙහි පහළ වෙනවා. ඒ තථාගතයන් වහන්සේ දෙවියන් සහිත වූ, මරුන් සහිත වූ, බඹුන් සහිත වූ, ශ්‍රමණ බ්‍රාහ්මණයන් සහිත වූ, දෙව් මිනිස් ප්‍රජාවෙන් යුතු ලෝකයා හට ස්වකීය විශිෂ්ට වූ ඥාණයෙන් සාක්ෂාත් කරන ලද ධර්මය දේශනා කරනවා. ඒ තථාගතයන් වහන්සේ මුල කල්‍යාණ වූ, මධ්‍යයෙහි කල්‍යාණ වූ, අවසානය කල්‍යාණ වූ, අර්ථ සහිත වූ, පැහැදිලි ප්‍රකාශන මාධ්‍යයෙන් හෙබි ධර්මය දේශනා කරනවා. මුළුමනින්ම පිරිපුන්, පිරිසිදු වූ නිවන් මඟ බඹසර ප්‍රකාශ කරනවා.

එතකොට ගෘහපතියෙක් හෝ වේවා, ගෘහපති පුත්‍රයෙක් හෝ වේවා, යම් කිසි කුලයක උපන් කෙනෙක් ඒ ධර්මය අසනවා. ඔහු ඒ ධර්මය ඇසීමෙන් පසු තථාගතයන් වහන්සේ කෙරෙහි ශ්‍රද්ධාව උපදවා ගන්නවා. ඔහු ඒ ශ්‍රද්ධා ලාභයෙන් යුක්තව මේ අයුරින් නුවණින් සලකා බලනවා. 'ගෘහ වාසය කරදර සහිතයි. කෙලෙස් උපදවන මගකුයි තියෙන්නෙ. නමුත් පැවිදි බව අභ්‍යවකාශය වගෙයි. ගිහි ගෙදර වාසය කරන කෙනෙකුට ඒකාන්ත පරිපූර්ණ වූ, ඒකාන්ත පාරිශුද්ධ වූ, පිරිසිදු කළ සංඛයක් බඳු වූ මේ ශාසන බ්‍රහ්මචරියාවෙහි හැසිරෙන

එක ලෙහෙසි දෙයක් නොවෙයි. මා ගිහිගෙයින් නික්ම කෙස්, රැවුල් බහා කසාවත් දරා බුදුසසුනෙහි පැවිදි වෙන එක තමයි හොඳ' කියා නුවණින් සලකනවා. ඉතින් ඔහු පසු කලෙක ස්වල්ප වූ දේපල වස්තුව වේවා අත්හරිනවා. මහත් වූ දේපල වස්තුව වේවා අත්හරිනවා. ස්වල්ප වූ නෑදෑ පිරිස් වේවා අත්හරිනවා. මහත් වූ නෑදෑ පිරිස් වේවා අත්හරිනවා. ගිහි ගෙයින් නික්මෙනවා. කෙස්, රැවුල් බහා කසාවත් දරා සසුනෙහි පැවිදි වෙනවා.

ඔහු ඔය අයුරින් උතුම් පැවිදි ජීවිතේ ලැබුවට පස්සේ භික්ෂූන් වහන්සේලා ආරක්ෂා කරන ශික්ෂා පද තමනුත් රකිනවා. ප්‍රාණඝාතය දුරුකරනවා. ප්‍රාණඝාතයෙන් වළකිනවා. දඬු මුගුරු අත්හරිනවා. අවි ආයුධ අත්හරිනවා. ප්‍රාණඝාතය ගැන ලැජ්ජා වෙනවා. සතුන් කෙරෙහි දයාවන්ත වෙනවා. සියලු සතුන් කෙරෙහි හිතානුකම්පී වෙනවා. හොරකම අත්හරිනවා. හොරකමින් වළකිනවා. දුන් දේ විතරක් ගන්නවා. දුන් දේ ගැනීම විතරක් කැමති වෙනවා. සොරකමින් තොර වෙලා පිරිසිදු සිතින් වාසය කරනවා. අබ්‍රහ්මචාරී බව අත්හරිනවා. බ්‍රහ්මචාරී වෙනවා. අයහපත් හැසිරීමෙන් දුරුවෙනවා. ළාමක දෙයක් වන මෛථුනයෙන් වළකිනවා. බොරුව අත්හරිනවා. බොරු කීමෙන් වළකිනවා. සත්‍යවාදී වෙනවා. ඇත්තෙන් ඇත්ත ගළපලා කතා කරනවා. ස්ථිර වචන කියනවා. ඇදහිය යුතු දේ කියනවා. ලෝකයා අවුල් වෙන දේ කියන්නෙ නෑ. කේළම අත්හරිනවා. කේළමින් වළකිනවා. මෙතනින් අහල මේ අය බිඳවන්න එතන එකක් කියන්නෙ නෑ. එතනින් අහල ඒ අය බිඳවන්න මෙතන කියන්නෙ නෑ. බිදිච්ච අය සමඟි කරනවා. සමඟි වූ අය සතුටු කරවනවා. සමඟි බව ඇති කරනවා. සමඟියට කැමති වෙනවා. සමඟියේ ඇලෙනවා. සමඟි බවේ සතුටු වෙනවා. සමඟිය ඇතිවෙන දේ ම කියනවා. පරුෂ වචනය අත්හරිනවා. පරුෂ වචනයෙන් වළකිනවා. දොස් රහිත දේ කියනවා. කනට මිහිරි දේ කියනවා. සෙනෙහෙබර වචන කියනවා. හෘදයාංගම වචන කියනවා. දූන උගත් වචන කියනවා. බොහෝ ජනයා කැමති ප්‍රියමනාප වචන කියනවා. හිස් දෙඩවිලි අත්හරිනවා. හිස් දෙඩවිල්ලෙන් වළකිනවා. සුදුසු කාලයට කතා කරනවා. ඇත්ත දෙය කතා කරනවා. අර්ථවත් දේ කතා කරනවා. ධර්මය කතා කරනවා. විනය කතා කරනවා. මතක තබාගන්නට වටින දේ කතා කරනවා. නැවත නැවත සිහි කිරීමෙන් ප්‍රයෝජන ලැබෙන වචන කතා කරනවා. ඒ වගේම කරුණු සහිතව, සුදුසු කාලයට, අර්ථ සහිතව, සීමාවක් ඇතුව කතා කරනවා.

ඒ භික්ෂුව ගස් කොළන් වැනසීමෙන් වළකිනවා. උදේ වරුවෙහි කැප සරුප් දේ විතරක් වළඳනවා. රාත්‍රී ආහාරය වූ විකාල භෝජනයෙන් වළකිනවා. නැටුම්, ගැයුම්, වැයුම්, විකාර දර්ශනවලින් වළකිනවා. මල්, සුවඳ

විලවුන්වලින් සැරසීමෙන්, හැඩ වැඩ වීමෙන් වළකිනවා. උස් අසුන් හා මහා අසුන් පරිහරණයෙන් වළකිනවා. රන්, රිදී, කහවනු ආදිය පිළිගැනීමෙන් වළකිනවා. අමු ධාන්‍ය පිළිගැනීමෙන් වළකිනවා. අමු මස් පිළිගැනීමෙන් වළකිනවා. ස්ත්‍රීන්, කුමරියන් පිළිගැනීමෙන් වළකිනවා. දාසි දාසයන් පිළිගැනීමෙන් වළකිනවා. එළුවන්, බැටළුවන් පිළිගැනීමෙන් වළකිනවා. කුකුළන්, ඌරන් පිළිගැනීමෙන් වළකිනවා. ඇතුන්, ගවයන්, අශ්වයන්, වෙළඹුන් පිළිගැනීමෙන් වළකිනවා. කුඹුරු, වතුපිටි පිළිගැනීමෙන් වළකිනවා. දූතගමන් සහ ගිහියන්ගේ පණිවිඩ ගෙන යාමෙන් වළකිනවා. වෙළඳ ගණුදෙනුවලින් වළකිනවා. හොරට තරාදියෙන් කිරන එක, හොරට මනින එක ආදියෙන් වළකිනවා. අල්ලස් ගැනීම, වංචා කිරීම, එක වගේ දේ පෙන්නල රැවටීම ආදී කට්ටකම්වලින් වලකිනවා. අත් පා කැපීම්, මැරීම්, විලංගු දැමීම්, මං පැහැරීම්, ගම් පැහැරීම්, සාහසිකකම් යන මේවායින් වළකිනවා.

ඒ භික්ෂුව ලද දෙයින් සතුටු වෙනවා. කය පොරවන සිවුරෙනුත්, කුස පිරෙන ප්‍රමාණයේ පිණ්ඩපාතයෙනුත් සතුටු වෙනවා. ඔහු යන යන තැන පාත්තරෙයි, සිවුරුයි විතරක් ගෙනියනවා. ළිහිණි කුරුල්ලෙක් යන යන තැන පියාපත් බර විතරක් අරගෙන යනවා වගෙයි. ඔන්න ඔය විදිහටයි භික්ෂුව ලද දෙයින් සතුටු වෙන්නෙ. කය පොරවන සිවුරෙනුත් කුස පිරෙන පිණ්ඩපාතෙනුත් සතුටු වෙනවා. ඔහු යම් තැනක යනවා නම්, පාත්‍ර සිවුරු විතරක් අරගෙන යනවා. ඔහු මේ විදිහට ශ්‍රේෂ්ඨ වූ සීලයකින් සමන්විත වෙලා, නිවැරදි ජීවිතය ගැන තමන් තුළ මහත් සතුටක් ලබනවා.

ඒ භික්ෂුව ඇසින් රූප දැකල එහි සටහන් ගන්නෙ නෑ. කුඩා සටහනක්වත් ගන්නෙ නෑ. ඇස අසංවරව ඉන්න කොට, ආශාව, තරහ වගේ පාපී අකුසල් දේවල් ඇතිවෙලා ප්‍රශ්න හටගන්න දේකට පත්වෙන්නෙ නෑ. තමන්ගේ ඇස සංවර කරගන්නවා. ඇස රකිනවා. ඇසේ සංවරකමට පැමිණෙනවා. කනින් ශබ්ද අහලා ....(පෙ).... නාසයෙන් ගඳ සුවඳ දැනගෙන ....(පෙ).... දිවෙන් රස දැනගෙන ....(පෙ).... කයෙන් පහස දැනගෙන ....(පෙ).... මනසින් අරමුණු දැනගෙන, ඒ මනස අසංවරව හිටියොත්, ආශාව, තරහ වගේ පාපී අකුසල් හට අරගෙන ප්‍රශ්න ඇතිවෙනවා නම් එබඳු නිමිති ගන්නෙ නෑ. එබඳු නිමිතිවල කුඩා සටහනක්වත් ගන්නෙ නෑ. මනසේ සංවරයට පැමිණෙනවා. මනස රකිනවා. මනස සංවර කරගන්නවා. ඔහු මේ විදිහට ශ්‍රේෂ්ඨ වූ ඉන්ද්‍රිය සංවරයකින් යුතුව තමන් තුළ පීඩා රහිත වූ මහත් සැපයක් විඳිනවා.

ඉතින් ඒ භික්ෂුව ඉදිරියට යන කොට, ආපසු එන කොට මනා සිහි නුවණින් යුක්තව එය කරනවා. ඉදිරිය බලන කොට, වටපිට බලන කොට මනා

සිහි නුවණින් යුක්තව එය කරනවා. අත පය හකුළන කොට, දිගහරින කොට මනා සිහි නුවණින් යුක්තව එය කරනවා. දෙපොට සිවුර, තනිපොට සිවුර, පාත්තරය පරිහරණය කරන කොට මනා සිහි නුවණින් යුක්තව එය කරනවා. යමක් වළඳන කොට, පානය කරන කොට, සපා කන කොට, රස විඳින කොට, මනා සිහි නුවණින් යුක්තව එය කරනවා. වැසිකිළි කැසිකිළි යන කොටත් මනා සිහි නුවණින් යුක්තව එය කරනවා. ඇවිදින කොට, නැවතී ඉන්න කොට, වාඩි වෙන කොට, නිදන කොට, නිදිවරන කොට, කතා කරන කොට, නිශ්ශබ්දව ඉන්න කොට, මනා සිහි නුවණින් යුක්තව එය කරනවා.

ඉතින් ඒ භික්ෂුව ඔය විදිහට ශ්‍රේෂ්ඨ වූ සීලයකින් යුක්ත වෙලා, ශ්‍රේෂ්ඨ වූ ලද දෙයින් සතුටු වීමකිනුත් යුක්ත වෙලා, ශ්‍රේෂ්ඨ වූ ඉන්ද්‍රිය සංවරයකිනුත් යුක්ත වෙලා, ශ්‍රේෂ්ඨ වූ සිහි කල්පනාවකිනුත් යුක්ත වෙලා දුර ඈත වන සෙනසුන්වල ඉන්නවා. අරණ්‍යවල ඉන්නවා. රුක් සෙවනෙ, පර්වතයෙ, දිය ඇලි අසල, ගිරි ගුහා, සොහොන්, වනගොමු, නිදහස් තැන්, පිදුරු ගෙවල් ආදියෙහි වාසය කරනවා.

ඉතින් ඒ භික්ෂුව පිණ්ඩපාතය වැළඳුවට පස්සේ පළඟක් බැඳගෙන වාඩිවෙනවා. කය ඍජු කරගන්නවා. භාවනා අරමුණේ සිහිය පිහිටුවා ගන්නවා. ඔහු ජීවිතේ නම් වූ ලෝකය ගැන තියෙන ඇල්ම දුරුකරනවා. ආශාවෙන් තොර වූ සිතින් වාසය කරනවා. ආශාව බැහැර කරමින් සිත පිරිසිදු කරනවා. තරහ අත්හරිනවා. තරහ රහිත සිතින් වාසය කරනවා. සියලු සතුන් කෙරෙහි හිතානුකම්පී වෙනවා. තරහ බැහැර කරමින් සිත පිරිසිදු කරනවා. ථීනමිද්ධය අත්හරිනවා. ථීනමිද්ධයෙන් තොරව ඉන්නවා. හොඳ සිහි කල්පනාවෙන් යුතුව ආලෝක සඤ්ඤාව ඇති කරගන්නවා. ථීනමිද්ධය බැහැර කරමින් සිත පිරිසිදු කරනවා. උද්ධච්ච කුක්කුච්ච අත්හරිනවා. හිතේ ඇවිස්සීමකින් තොරව වාසය කරනවා. තමා තුළ ශාන්ත සිතක් ඇති කරගන්නවා. උද්ධච්ච කුක්කුච්ච බැහැර කරමින් සිත පිරිසිදු කරනවා. විචිකිච්ඡාව අත්හරිනවා. විචිකිච්ඡාවෙන් තොරව ඉන්නවා. කුසල් දහම් ගැන 'කෙසේද, කෙසේද' කියන සැකය අත්හරිනවා. සැකය බැහැර කරමින් සිත පිරිසිදු කරනවා.

ඒ භික්ෂුව ප්‍රඥාව දුර්වල කරන, සිතට උපක්ලේශ වූ මේ නීවරණ පහ අත්හරිනවා. ඊට පස්සෙ කාමයෙන් වෙන්ව, අකුසල්වලින් වෙන්ව, විතර්ක විචාර සහිත, විවේකයෙන් හටගත් ප්‍රීතිය හා සැපය ඇති පළවෙනි ධ්‍යානය ලබාගෙන වාසය කරනවා. පින්වත් මහණෙනි, ඔය ආකාරයෙනුත් උපක්‍රමය සාර්ථක වෙනවා. පධන් වීර්යය සාර්ථක වෙනවා.

විතර්ක විචාර සංසිඳුවාගෙන, තමා තුළ ප්‍රසන්න බව ඇති කරගෙන, සිතේ එකඟ බවින් යුතුව, විතර්ක විචාර රහිත සමාධියෙන් හටගත් ප්‍රීතිය සැපය තියෙන දෙවෙනි ධ්‍යානයත් ලබාගෙන වාසය කරනවා. පින්වත් මහණෙනි, ඔය ආකාරයෙනුත් උපක්‍රමය සාර්ථක වෙනවා. පධන් වීර්යය සාර්ථක වෙනවා.

ඊළඟට ප්‍රීතියට ඇලෙන්නෙත් නැතුව උපේක්ෂාවෙන් යුතුව ඉන්නවා. සිහි නුවණින් යුතුව කයෙන් සැපයකුත් විඳිනවා. ආර්යන් වහන්සේලා ඒ සමාධියට මෙහෙම කියනවා. 'උපේක්ෂාවෙන් යුක්තව, සිහියෙන් යුක්තව සැප සේ වාසය කරනවා' කියලා. අන්න ඒ තුන්වෙනි ධ්‍යානයත් ලබාගෙන වාසය කරනවා. පින්වත් මහණෙනි, ඔය ආකාරයෙනුත් උපක්‍රමය සාර්ථක වෙනවා. පධන් වීර්යය සාර්ථක වෙනවා.

සැපද, දුකද නැති කිරීමෙන්, කලින්ම මානසික සැප දුක් දෙකින්ම වෙන් වෙලා, දුක් සැප රහිත පිරිසිදු උපේක්ෂාවත්, සිහියත් තියෙන හතරවෙනි ධ්‍යානය ලබාගෙන වාසය කරනවා. පින්වත් මහණෙනි, ඔය ආකාරයෙනුත් උපක්‍රමය සාර්ථක වෙනවා. පධන් වීර්යය සාර්ථක වෙනවා.

ඒ භික්ෂුව ඔය විදිහට සමාධිගත සිතක් ඇති වුනාම, සිත පිරිසිදු වුනාම, සිත බබලන කොට, ළාමක ආශා දුරුවුනාම, උපක්ලේශ නැතිවුනාම, හිත මෘදු වුනාම, අවබෝධයට සුදුසු වුනාම, නොසෙල්වී තිබුනාම, අකම්පිත වුනාම, තමන් කලින් ගත කළ ජීවිත ගැන දකීමේ නුවණ ලබාගන්නට සිත මෙහෙයවනවා. එතකොට ඔහු නොයෙක් ආකාරයෙන් අතීත ජීවිත ගත කළ හැටි සිහිකරනවා. ඒ කියන්නෙ එක ජීවිතයක්, ජීවිත දෙකක්, ජීවිත තුනක්, ජීවිත හතරක්, ජීවිත පහක්, ජීවිත දහයක්, ජීවිත විස්සක්, ජීවිත තිහක්, ජීවිත හතළිහක්, ජීවිත පනහක්, ජීවිත සීයක්, ජීවිත දාහක්, ජීවිත ලක්ෂයක්, නොයෙක් සංවට්ට කල්ප, නොයෙක් විවට්ට කල්ප, නොයෙක් සංවට්ට විවට්ට කල්ප ගණන් සිහිකරනවා. 'ඒ කාලෙ මගේ නම මේකයි, ගෝත්‍රය මේකයි, හැඩ රුව මෙහෙමයි, මේවා තමයි කෑවෙ බිව්වෙ, සැප දුක් වින්දෙ මෙහෙමයි. මැරිලා ගියේ මෙහෙමයි. ඒ මං එතනින් චුත වෙලා අසවල් තැන උපන්නා. එතනදි මගේ නම මේකයි. ගෝත්‍රය මේකයි. හැඩරුව මෙහෙමයි. මේවා තමයි කෑවෙ බිව්වෙ. සැප දුක් වින්දෙ මෙහෙමයි. මැරිල ගියේ මෙහෙමයි. ඒ මං එතනින් චුත වෙලා මෙතන උපන්නා.' ඔය විදිහට කරුණු සහිතව, පැහැදිලි විස්තර ඇතිව, නොයෙක් ආකාරයෙන් තමන් ගත කළ අතීත ජීවිත ගැන සිහිකරනවා. පින්වත් මහණෙනි, ඔය ආකාරයෙනුත් උපක්‍රමය සාර්ථක වෙනවා. පධන් වීර්යය සාර්ථක වෙනවා.

ඉතින් ඒ භික්ෂුව ඔය විදිහට සමාධිගත සිතක් ඇති වුනාම, සිත පිරිසිදු වුනාම, සිත බබලන කොට, ළාමක ආශා දුරුවුනාම, උපක්ලේශ නැතිවුනාම, හිත මෘදු වුනාම, අවබෝධයට සුදුසු වුනාම, නොසෙල්වී තිබුනාම, අකම්පිත වුනාම, සත්වයන් චුත වෙන, උපදින හැටි දැකීමේ නුවණ ලබාගන්නට සිත මෙහෙයවනවා. එතකොට ඔහු සාමාන්‍ය මිනිසුන්ගේ දර්ශන පථය ඉක්මවා ගිය පිරිසිදු දිවැස් නුවණින් චුත වෙන උපදින සත්වයන් දකිනවා. උසස් පහත්, ලස්සන කැත, සුගති දුගතිවල කර්මානුරූපව සත්වයන් උපදින හැටි දකිනවා. 'අනේ, මේ භවත් සත්වයින් කයින් දුසිරිත් කරලා, වචනින් දුසිරිත් කරලා, මනසින් දුසිරිත් කරලා, ආර්යයන් වහන්සේලාට අපහාස කරලා, මිත්‍යා දෘෂ්ටික වෙලා, මිත්‍යා දෘෂ්ටිකව කටයුතු කරමින් ඉඳලා, කය බිඳී මැරුණට පස්සේ අපායෙ ඉපදිලා ඉන්නවා. දුගතියෙ ඉපදිලා ඉන්නවා. විනිපාත කියන නිරයෙ ඉපදිලා ඉන්නවා' කියල. ඒ වගේම 'මේ භවත් සත්වයන් කයින් සුචරිතයේ යෙදිලා, වචනයෙන් සුචරිතයේ යෙදිලා, මනසින් සුචරිතයේ යෙදිලා, ආර්යයන් වහන්සේලාට අපහාස නොකොට, සම්මා දිට්ඨිය ඇතුව ඉඳලා, සම්මා දිට්ඨියෙන් යුක්ත ක්‍රියාවල යෙදිලා, කය බිඳී මැරුණට පස්සේ සුගතිය කියන යහපත් ලෝකෙ ඉපදිලා ඉන්නවා' කියලා. මේ විදිහට සාමාන්‍ය මිනිසුන්ගේ දර්ශන පථය ඉක්මවා ගිය පිරිසිදු දිවැස් නුවණින්, සත්වයන් චුත වෙන උපදින හැටි දකිනවා. උසස් පහත්, ලස්සන කැත, සුගති දුගතිවල කර්මානුරූපව සත්වයන් උපදින හැටි දකිනවා. පින්වත් මහණෙනි, ඔය ආකාරයෙනුත් උපක්‍රමය සාර්ථක වෙනවා. පධන් වීර්යය සාර්ථක වෙනවා.

ඉතින් ඒ භික්ෂුව ඔය විදිහට සමාධිගත සිතක් ඇති වුනාම, සිත පිරිසිදු වුනාම, සිත බබලන කොට, ළාමක අකුසල් දුරුවුනාම, උපක්ලේශ නැති වුනාම, හිත මෘදු වුනාම, අවබෝධයට සුදුසු වුනාම, නොසෙල්වී තිබුනාම, අකම්පිත වුනාම, ආශ්‍රව ක්ෂය කළ බවට අවබෝධය ලැබීමේ නුවණ ලබා ගන්න සිත මෙහෙයවනවා. ඉතින් ඒ භික්ෂුව 'මේක තමයි දුක' කියල යථාර්ථය අවබෝධ කරනවා. 'මේක තමයි දුකේ හටගැනීම' කියල යථාර්ථය අවබෝධ කරනවා. 'මේ තමයි දුකේ නැතිවීම' කියල යථාර්ථය අවබෝධ කරනවා. 'මේ තමයි දුක් නැති වීමේ මාර්ගය' කියල යථාර්ථය අවබෝධ කරනවා. 'මේවා තමයි ආශ්‍රව' කියල යථාර්ථය අවබෝධ කරනවා. 'මේ තමයි ආශ්‍රවයන්ගේ හටගැනීම' කියල යථාර්ථය අවබෝධ කරනවා. 'මේ තමයි ආශ්‍රව නැතිවීම' කියල යථාර්ථය අවබෝධ කරනවා. 'මේ තමයි ආශ්‍රව නිරුද්ධ වීමේ මාර්ගය' කියල යථාර්ථය අවබෝධ කරනවා.

ඔය විදිහට ඒ භික්ෂුව යථාර්ථය දැනගන්න කොට, යථාර්ථය දැකගන්න කොට, කාම ආශ්‍රවයෙනුත් සිත නිදහස් වෙනවා. භව ආශ්‍රවයෙනුත් සිත නිදහස් වෙනවා. අවිජ්ජා ආශ්‍රවයෙනුත් සිත නිදහස් වෙනවා. ආශ්‍රවයන්ගෙන් සිත නිදහස් වුණාම සියලු දුකින් තමන් නිදහස් වූ බවට අවබෝධය ඇති වෙනවා. 'ඉපදීම නැතිවුනා. බඹසර වාසය සම්පූර්ණ කළා. කළ යුතු දේ කළා. ආයෙ කවදාවත් සසරට වැටෙන්නෙ නෑ' කියල දැනගන්නවා. පින්වත් මහණෙනි, ඔය විදිහටත් උපක්‍රමය සාර්ථක වෙනවා. පධන් වීර්යය සාර්ථක වෙනවා.

පින්වත් මහණෙනි, තථාගතයන් වහන්සේ ගේ මත ප්‍රකාශය ඔය විදිහයි. ඉතින් පින්වත් මහණෙනි, මෙබඳු මත ප්‍රකාශයකින් යුතු තථාගතයන් වහන්සේ කරුණු සහිතව දස වැදෑරුම් තැනකදී ප්‍රශංසාවට පාත්‍ර වෙනවා. එනම්,

පින්වත් මහණෙනි, සත්වයන් සැප, දුක් විඳින්නේ පෙර කරන ලද කර්මයන් නිසාවෙන් නම්, පින්වත් මහණෙනි, ඒකාන්තයෙන්ම තථාගතයන් වහන්සේ පෙර නොයෙක් පුණ්‍ය කර්මයන් කොට තිබෙනවා. තථාගතයන් වහන්සේ විසින් දැන් මෙබඳු වූ ආශ්‍රව රහිත, සැප විඳීම් විඳින්නේ ඒ නිසයි.

ඉදින් පින්වත් මහණෙනි, සත්වයන් සැප, දුක් විඳින්නේ දේව මැවිල්ලක් නිසාවෙන් නම් පින්වත් මහණෙනි, ඒකාන්තයෙන්ම තථාගතයන් වහන්සේ මවා තිබෙන්නේ ඉතා යහපත් වූ දෙවි කෙනෙකු විසිනුයි. තථාගතයන් වහන්සේ විසින් දැන් මෙබඳු වූ ආශ්‍රව රහිත, සැප විඳීම් විඳින්නේ ඒ නිසයි.

ඉදින් පින්වත් මහණෙනි, සත්වයන් සැප, දුක් විඳින්නේ අනිවාර්යයෙන්ම මුහුණ දිය යුතු දෛවයක් නිසාවෙන් නම්, පින්වත් මහණෙනි, ඒකාන්තයෙන්ම තථාගතයන් වහන්සේට කල්‍යාණ වූ දෛවයක් තිබෙනවා. තථාගතයන් වහන්සේ විසින් දැන් මෙබඳු වූ ආශ්‍රව රහිත, සැප විඳීම් විඳින්නේ ඒ නිසයි.

ඉදින් පින්වත් මහණෙනි, සත්වයන් සැප, දුක් විඳින්නේ උපත ලබන විශේෂ ක්‍රමයක් නිසාවෙන් නම්, පින්වත් මහණෙනි, ඒකාන්තයෙන්ම තථාගතයන් වහන්සේ කල්‍යාණ වූ විශේෂ ක්‍රමයකින් උපත ලබා තිබෙනවා. තථාගතයන් වහන්සේ විසින් දැන් මෙබඳු වූ ආශ්‍රව රහිත, සැප විඳීම් විඳින්නේ ඒ නිසයි.

ඉදින් පින්වත් මහණෙනි, සත්වයන් සැප, දුක් විඳින්නේ මෙහිදීම කරන ලද උපක්‍රම නිසාවෙන් නම්, පින්වත් මහණෙනි, ඒකාන්තයෙන්ම තථාගතයන් වහන්සේ මෙහිදීම කරන ලද කල්‍යාණ වූ උපක්‍රමයන්ගෙන් යුක්තයි. තථාගතයන් වහන්සේ විසින් දැන් මෙබඳු වූ ආශ්‍රව රහිත, සැප විඳීම් විඳින්නේ ඒ නිසයි.

ඉදින් පින්වත් මහණෙනි, සත්වයන් සැප, දුක් විඳින්නේ පෙර කරන ලද කර්මයන් නිසාවෙන් නම්, එකරුණින් ද තථාගතයන් වහන්සේ ප්‍රශංසා ලැබිය යුතුයි.

ඉදින් පින්වත් මහණෙනි, සත්වයන් සැප, දුක් විඳින්නේ පෙර කරන ලද කර්මයන් නිසා නොවෙයි නම්, එකරුණින් ද තථාගතයන් වහන්සේ ප්‍රශංසා ලැබිය යුතුයි.

ඉදින් පින්වත් මහණෙනි, සත්වයන් සැප, දුක් විඳින්නේ දේව මැවිල්ලක් නිසාවෙන් නම්, එකරුණින් ද තථාගතයන් වහන්සේ ප්‍රශංසා ලැබිය යුතුයි.

ඉදින් පින්වත් මහණෙනි, සත්වයන් සැප, දුක් විඳින්නේ දේව මැවිල්ලක් නිසා නොවෙයි නම්, එකරුණින් ද තථාගතයන් වහන්සේ ප්‍රශංසා ලැබිය යුතුයි.

ඉදින් පින්වත් මහණෙනි, සත්වයන් සැප, දුක් විඳින්නේ අනිවාර්යයෙන් ම මුහුණ දිය යුතු දෛවයක් නිසාවෙන් නම්, එකරුණින් ද තථාගතයන් වහන්සේ ප්‍රශංසා ලැබිය යුතුයි.

ඉදින් පින්වත් මහණෙනි, සත්වයන් සැප, දුක් විඳින්නේ අනිවාර්යයෙන් ම මුහුණ දිය යුතු දෛවයක් නිසා නොවෙයි නම්, එකරුණින් ද තථාගතයන් වහන්සේ ප්‍රශංසා ලැබිය යුතුයි.

ඉදින් පින්වත් මහණෙනි, සත්වයන් සැප, දුක් විඳින්නේ උපත ලබන විශේෂ ක්‍රමයක් නිසාවෙන් නම්, එකරුණින් ද තථාගතයන් වහන්සේ ප්‍රශංසා ලැබිය යුතුයි.

ඉදින් පින්වත් මහණෙනි, සත්වයන් සැප, දුක් විඳින්නේ උපත ලබන විශේෂ ක්‍රමයක් නිසා නොවෙයි නම්, එකරුණින් ද තථාගතයන් වහන්සේ ප්‍රශංසා ලැබිය යුතුයි.

ඉදින් පින්වත් මහණෙනි, සත්වයන් සැප, දුක් විඳින්නේ මෙහිදීම කරන ලද උපක්‍රම නිසාවෙන් නම්, එකරුණින් ද තථාගතයන් වහන්සේ ප්‍රශංසා ලැබිය යුතුයි.

ඉදින් පින්වත් මහණෙනි, සත්වයන් සැප, දුක් විඳින්නේ මෙහිදීම කරන ලද උපක්‍රම නිසා නොවෙයි නම්, එකරුණින් ද තථාගතයන් වහන්සේ ප්‍රශංසා ලැබිය යුතුයි.

පින්වත් මහණෙනි, තථාගතයන් වහන්සේගේ මත ප්‍රකාශය ඔය විදිහයි. ඉතින් පින්වත් මහණෙනි, මෙබඳු මත ප්‍රකාශයකින් යුතු තථාගතයන් වහන්සේ කරුණු සහිතව මේ දස වැදෑරුම් තැනකදී ප්‍රශංසාවට පාත්‍ර වෙනවා.

භාග්‍යවතුන් වහන්සේ මේ උතුම් දේශනය වදාළා. ඒ දේශනය ගැන ඒ භික්ෂූන් වහන්සේලා ගොඩක් සතුටු වුනා. භාග්‍යවතුන් වහන්සේ වදාළ මේ දේශනය සතුටින් පිළිගත්තා.

සාදු! සාදු!! සාදු!!!

දේවදහ නගරයේදී වදාළ දෙසුම නිමා විය.

3.1.2.
පඤ්චත්තය සූත්‍රය
මතවාද පහක් තුන් අයුරකින් විග්‍රහ කරමින් වදාළ දෙසුම

මා හට අසන්නට ලැබුනේ මේ විදිහටයි. ඒ දිනවල භාග්‍යවතුන් වහන්සේ වැඩසිටියේ සැවැත් නුවර ජේතවනය නම් වූ අනේපිඬු සිටුතුමාගේ ආරාමයෙහිය. එදා භාග්‍යවතුන් වහන්සේ "පින්වත් මහණෙනි" කියා භික්ෂුසංඝයා අමතා වදාළා. "පින්වතුන් වහන්ස" කියා ඒ භික්ෂූන් වහන්සේලා භාග්‍යවතුන් වහන්සේට පිළිතුරු දුන්නා. භාග්‍යවතුන් වහන්සේ මෙය වදාළා.

"පින්වත් මහණෙනි, මරණින් මතු අනාගතයෙහි උපදින ආකාර පිළිබඳව කතා කරන, මරණින් මතු අනාගතයෙහි උපදින ආකාර පිළිබඳව දෘෂ්ටි ගත් ශ්‍රමණ බ්‍රාහ්මණයින්, ඒ පිළිබඳව නොයෙක් ආකාරයෙන් මතවාද ප්‍රකාශ කරනවා.

සමහරු මෙහෙම කියනවා. 'ආත්මය සඤ්ඤාවෙන් යුක්තයි. එය මරණින් මතු රෝගී නොවන ස්වභාවයෙන් පවතිනවා' කියල.

තවත් සමහරු මෙහෙම කියනවා. 'ආත්මය සඤ්ඤා රහිතයි. එය මරණින් මතු රෝගී නොවන ස්වභාවයෙන් පවතිනවා' කියල.

තවත් සමහරු මෙහෙම කියනවා. 'ආත්මයට සඤ්ඤාවක් ඇත්තෙත් නැහැ, නැත්තෙත් නැහැ. එය මරණින් මතු රෝගී නොවන ස්වභාවයෙන් පවතිනවා' කියල.

තවත් සමහරු මෙහෙම කියනවා. 'දැන් දකින්නට ලැබෙන සත්වයා මරණින් මතු විනාශයට, උච්ඡේදයට, නොපැවැත්මට පත්වෙනවා' කියල.

තවත් සමහරු මෙහෙම කියනවා. 'මෙලොවදීම නිවන අවබෝධ කරන්නට පුළුවන්' කියල.

මේ ආකාරයෙන් තිබෙන්නා වූ ආත්මයක් මරණින් මතු රෝග රහිත බවට පත්වෙනවා කියා මතවාද පෙන්වා දෙනවා. ඒ වගේම සිටින්නා වූ සත්වයා මරණින් මතු උච්ඡේදයට, විනාශයට, නොපැවැත්මට පත්වෙනවා

කියා පෙන්වා දෙනවා. ඒ වගේම මේ ජීවිතයේදීම නිවන අවබෝධ කරගන්නට පුළුවන් කියාත් පෙන්වා දෙනවා.

මේ ආකාරයට මතවාද පහක් වශයෙන් මුලින්ම ගන්නට පුළුවන්කම තියෙනවා. එයම කොටස් තුනකට විග්‍රහ කරන්නටත් පුළුවන්කම තියෙනවා. ඒ වගේම තුනකට විග්‍රහ කරන ලද දෙය දූන් පහකට විග්‍රහ කරගන්නටත් පුළුවන්කම තියෙනවා. මතවාද පහක් තුනකට විග්‍රහ කිරීම පිළිබඳව මූලික හැඳින්වීම මෙයයි.

පින්වත් මහණෙනි, එහිලා යම් ශ්‍රමණ බ්‍රාහ්මණයින් මෙවැනි දෙයක් පෙන්වා දෙනවා. ඒ කියන්නේ; 'ආත්මය සඤ්ඤාවෙන් යුක්තයි. එය මරණින් මතු රෝගී නොවන ස්වභාවයෙන් පවතිනවා' කියල. එතකොට ඒ භවත් ශ්‍රමණ බ්‍රාහ්මණයින් පෙන්වා දෙන්නේ, රූපවත් වූ හෝ සඤ්ඤා සහිත ආත්මය මරණින් මතු ආරෝග්‍ය ස්වභාවයෙන් පවතින බවයි. එහෙමත් නැත්නම්, පෙන්වා දෙන්නේ රූප රහිත වූ හෝ සඤ්ඤා සහිත ආත්මය මරණින් මතු ආරෝග්‍ය ස්වභාවයෙන් පවතින බවයි. එහෙමත් නැත්නම්, පෙන්වා දෙන්නේ රූපවත් වූත්, අරූපවත් වූත් සඤ්ඤා සහිත ආත්මය මරණින් මතු ආරෝග්‍ය ස්වභාවයෙන් පවතින බවයි. එහෙමත් නැත්නම් පෙන්වා දෙන්නේ රූපීත් නොවූ, අරූපීත් නොවූ සඤ්ඤා සහිත ආත්මය මරණින් මතු ආරෝග්‍ය ස්වභාවයෙන් පවතින බවයි. එහෙමත් නැත්නම් පෙන්වා දෙන්නේ සඤ්ඤා සහිත වූ ආත්මය එකම ආත්ම සඤ්ඤාවකින් යුතුව මරණින් මතු ආරෝග්‍ය ස්වභාවයෙන් පවතින බවයි. එහෙමත් නැත්නම් පෙන්වා දෙන්නේ සඤ්ඤා සහිත වූ ආත්මය නා නා ආත්ම සඤ්ඤාවලින් යුතුව මරණින් මතු ආරෝග්‍ය ස්වභාවයෙන් පවතින බවයි. එහෙමත් නැත්නම් පෙන්වා දෙන්නේ සඤ්ඤා සහිත වූ ආත්මය ස්වල්ප වූ සඤ්ඤාවකින් යුතුව මරණින් මතු ආරෝග්‍ය ස්වභාවයෙන් පවතින බවයි. එහෙමත් නැත්නම් පෙන්වා දෙන්නේ සඤ්ඤා සහිත වූ ආත්මය අප්‍රමාණ සඤ්ඤාවකින් යුතුව මරණින් මතු ආරෝග්‍ය ස්වභාවයෙන් පවතින බවයි. මේ සියලු මතවාද ඉක්මවා යන සමහර උදවිය කියන්නේ අප්‍රමාණ වූ නොවෙනස් ස්වභාවයෙන් පවතින්නා වූ විඤ්ඤාණ කසිණයක් තිබෙන බවයි. පින්වත් මහණෙනි, තථාගතයන් වහන්සේ මේ පිළිබඳව ද අවබෝධයකින් යුක්තයි.

පින්වත් මහණෙනි, යම් ශ්‍රමණ බ්‍රාහ්මණයින් 'ආත්මය සඤ්ඤාවෙන් යුක්තයි. එය මරණින් මතු රෝගී නොවන ස්වභාවයෙන් පවතිනවා' කියල පෙන්වා දෙනවා නම්, ඒ භවත් ශ්‍රමණ බ්‍රාහ්මණයින් පෙන්වා දෙන්නේ රූපවත් වූ හෝ සඤ්ඤා සහිත ආත්මය මරණින් මතු ආරෝග්‍ය ස්වභාවයෙන් පවතින

බවයි. එහෙමත් නැත්නම්, පෙන්වා දෙන්නේ රූප රහිත වූ හෝ සඤ්ඤා සහිත ආත්මය මරණින් මතු ආරෝග්‍ය ස්වභාවයෙන් පවතින බවයි. එහෙමත් නැත්නම්, පෙන්වා දෙන්නේ රූපවත් වූත්, අරූපවත් වූත් සඤ්ඤා සහිත ආත්මය මරණින් මතු ආරෝග්‍ය ස්වභාවයෙන් පවතින බවයි. එහෙමත් නැත්නම් පෙන්වා දෙන්නේ රූපීත් නොවූ, අරූපීත් නොවූ සඤ්ඤා සහිත ආත්මය මරණින් මතු ආරෝග්‍ය ස්වභාවයෙන් පවතින බවයි. එහෙමත් නැත්නම් පෙන්වා දෙන්නේ සඤ්ඤා සහිත වූ ආත්මය එකම ආත්ම සඤ්ඤාවකින් යුතුව මරණින් මතු ආරෝග්‍ය ස්වභාවයෙන් පවතින බවයි. එහෙමත් නැත්නම් පෙන්වා දෙන්නේ සඤ්ඤා සහිත වූ ආත්මය නා නා ආත්ම සඤ්ඤාවලින් යුතුව මරණින් මතු ආරෝග්‍ය ස්වභාවයෙන් පවතින බවයි. එහෙමත් නැත්නම් පෙන්වා දෙන්නේ සඤ්ඤා සහිත වූ ආත්මය ස්වල්ප වූ සඤ්ඤාවකින් යුතුව මරණින් මතු ආරෝග්‍ය ස්වභාවයෙන් පවතින බවයි. එහෙමත් නැත්නම් පෙන්වා දෙන්නේ සඤ්ඤා සහිත වූ ආත්මය අප්‍රමාණ සඤ්ඤාවකින් යුතුව මරණින් මතු ආරෝග්‍ය ස්වභාවයෙන් පවතින බවයි. එතකොට මෙසේ කියන ඒ සඤ්ඤාවන් අතුරෙන් යම් සඤ්ඤාවක් පිරිසිදුය, උතුම්ය, අග්‍රය, අනුත්තරය කියල කියනවාද, එය රූප සඤ්ඤාවන් අතර වෙන්නට පුළුවනි, එය අරූප සඤ්ඤාවන් අතර වෙන්නට පුළුවනි, එය ඒකාත්ම සඤ්ඤාවන් අතර වෙන්නට පුළුවනි, එය නානාත්ම සඤ්ඤාවන් අතර වෙන්නට පුළුවනි, එයින් 'කිසිවක් නැතැ'යි කියා ඇතැම් උදවිය ආකිඤ්චඤ්ඤායතනයයි, අප්‍රමාණ වූ නොසෙල්වෙන දෙය කියා කියන්නේ. නමුත් එයද හේතු ඵල දහමින් සකස් වූ දෙයක්. ගොරෝසු දෙයක්. සංස්කාරයන්ගේ නිරුද්ධ වීමත් තියෙනවාමයි. එම සංස්කාර නිරෝධය තියෙන බව මැනැවින් අවබෝධ කළ තථාගතයන් වහන්සේ සංඛත දෙය තුළ ඇති නිස්සරණය දකිමින් එය ඉක්මවා ගිහින් ඉන්නේ.

එහිලා පින්වත් මහණෙනි, යම් ශ්‍රමණ බ්‍රාහ්මණයින් 'ආත්මය සඤ්ඤා රහිතයි, එය මරණින් මතු රෝගී නොවන ස්වභාවයෙන් පවතිනවා' කියල මතවාදයක් පණවනවාද, ඒ භවත් ශ්‍රමණ බ්‍රාහ්මණයින් පණවන්නේ රූපවත් වූ හෝ සඤ්ඤා රහිත ආත්මය මරණින් මතු ආරෝග්‍ය ස්වභාවයෙන් පවතින බවයි. එහෙමත් නැත්නම්, පෙන්වා දෙන්නේ රූප රහිත වූ හෝ සඤ්ඤා රහිත ආත්මය මරණින් මතු ආරෝග්‍ය ස්වභාවයෙන් පවතින බවයි. එහෙමත් නැත්නම්, පෙන්වා දෙන්නේ රූපවත් වූත්, අරූපවත් වූත් සඤ්ඤා රහිත ආත්මය මරණින් මතු ආරෝග්‍ය ස්වභාවයෙන් පවතින බවයි. එහෙමත් නැත්නම් පෙන්වා දෙන්නේ රූපීත් නොවූ, අරූපීත් නොවූ සඤ්ඤා රහිත ආත්මය මරණින් මතු ආරෝග්‍ය ස්වභාවයෙන් පවතින බවයි.

පින්වත් මහණෙනි, ඒ පිළිබඳව යම් ශ්‍රමණ බ්‍රාහ්මණයින් මරණින් මතු රෝග රහිත සඤ්ඤාවකින් යුතු ආත්මයක් පණවනවාද, ඇතැමෙක් ඔවුන්ගේ ඒ මතය ප්‍රතික්ෂේප කරනවා. එයට හේතුව කිම? සඤ්ඤාව රෝගයකි; සඤ්ඤාව ගඩුවකි; සඤ්ඤාව හුලකි; එනිසා යම් මේ සඤ්ඤා රහිත ස්වභාවයක් ඇද්ද, එයයි ශාන්ත, එයයි ප්‍රණීත කියා. පින්වත් මහණෙනි, තථාගතයන් වහන්සේ ඔය කාරණය පිළිබඳවත් අවබෝධයකින් යුක්තයි.

එහිලා පින්වත් මහණෙනි, යම් භවත් ශ්‍රමණ බ්‍රාහ්මණයින් 'ආත්මය සඤ්ඤා රහිතයි, එය මරණින් මතු රෝගී නොවන ස්වභාවයෙන් පවතිනවා' කියල මතවාදයක් පණවනවාද, ඒ භවත් ශ්‍රමණ බ්‍රාහ්මණයින් පණවන්නේ රූපවත් වූ හෝ සඤ්ඤා රහිත ආත්මය මරණින් මතු ආරෝග්‍ය ස්වභාවයෙන් පවතින බවයි. එහෙමත් නැත්නම්, පෙන්වා දෙන්නේ රූප රහිත වූ හෝ සඤ්ඤා රහිත ආත්මය මරණින් මතු ආරෝග්‍ය ස්වභාවයෙන් පවතින බවයි. එහෙමත් නැත්නම්, පෙන්වා දෙන්නේ රූපවත් වූත්, අරූපවත් වූත් සඤ්ඤා රහිත ආත්මය මරණින් මතු ආරෝග්‍ය ස්වභාවයෙන් පවතින බවයි. එහෙමත් නැත්නම් පෙන්වා දෙන්නේ රූපීත් නොවූ, අරූපීත් නොවූ සඤ්ඤා රහිත ආත්මය මරණින් මතු ආරෝග්‍ය ස්වභාවයෙන් පවතින බවයි.

පින්වත් මහණෙනි, ඒ පිළිබඳව යම් ශ්‍රමණ බ්‍රාහ්මණයින් මෙසේ කියන්නට පුළුවනි. එනම්, 'මම රූපයෙන් තොරව, වේදනාවෙන් තොරව, සඤ්ඤාවෙන් තොරව, සංස්කාරයන්ගෙන් තොරව, විඤ්ඤාණයක පැමිණීමක් හෝ යෑමක් හෝ චුතියක් හෝ උපතක් හෝ වැඩීමක් හෝ විශේෂ වැඩීමක් හෝ විපුලබවට පත්වීමක් හෝ පෙන්වා දෙමි' කියනවා නම්, එය සිදුවිය හැකි දෙයක් නම් නොවේ. නමුත් එයද හේතු ඵල දහමින් සකස් වූ දෙයක්. ගොරෝසු දෙයක්. සංස්කාරයන්ගේ නිරුද්ධ වීමක් තියෙනවාමයි. එම සංස්කාර නිරෝධය තියෙන බව මැනැවින් අවබෝධ කළ තථාගතයන් වහන්සේ සංඛත දෙය තුළ ඇති නිස්සරණය දකිමින් එය ඉක්මවා ගිහින් ඉන්නෙ.

පින්වත් මහණෙනි, යම් ශ්‍රමණ බ්‍රාහ්මණයින් එහිලා සඤ්ඤාව ඇත්තෙත් නැති, සඤ්ඤාව නැත්තෙත් නැති ආත්මයක් මරණින් මතු ආරෝග්‍ය බවට පත්වෙනවා කියා පණවනවා. ඉතින් ඒ භවත් ශ්‍රමණ බ්‍රාහ්මණයින් පණවන්නේ රූපවත් වූ හෝ සඤ්ඤාව ඇත්තෙත් නැති නැත්තෙත් නැති ආත්මය මරණින් මතු ආරෝග්‍ය ස්වභාවයෙන් පවතින බවයි. එහෙමත් නැත්නම්, පෙන්වා දෙන්නේ රූප රහිත වූ හෝ සඤ්ඤාව ඇත්තෙත් නැති නැත්තෙත් නැති ආත්මය මරණින් මතු ආරෝග්‍ය ස්වභාවයෙන් පවතින බවයි. එහෙමත් නැත්නම්, පෙන්වා දෙන්නේ රූපවත් වූත්, අරූපවත් වූත් සඤ්ඤාව ඇත්තෙත්

නැති නැත්තෙත් නැති ආත්මය මරණින් මතු ආරෝග්‍ය ස්වභාවයෙන් පවතින බවයි. එහෙමත් නැත්නම් පෙන්වා දෙන්නේ රූපීත් නොවූ, අරූපීත් නොවූ සඤ්ඤාව ඇත්තෙත් නැති නැත්තෙත් නැති ආත්මය මරණින් මතු ආරෝග්‍ය ස්වභාවයෙන් පවතින බවයි.

පින්වත් මහණෙනි, ඒ පිළිබඳව යම් ශ්‍රමණ බ්‍රාහ්මණයින් මරණින් මතු රෝග රහිත සඤ්ඤාවකින් යුතු ආත්මයක් පණවනවාද, ඒ වගේම මරණින් මතු රෝග රහිත වූත්, සඤ්ඤා රහිත වූත් ආත්මයක් පණවනවාද, ඇතැමෙක් ඔවුන්ගේ ඒ මතය ප්‍රතික්ෂේප කරනවා. එයට හේතුව කිම? සඤ්ඤාව රෝගයකි; සඤ්ඤාව ගඩුවකි; සඤ්ඤාව හුලකි; සඤ්ඤාව මුලාවට පත්වීමකි. එනිසා යම් මේ සඤ්ඤාව ඇත්තෙත් නැති, නැත්තෙත් නැති ස්වභාවයක් ඇද්ද, එයයි ශාන්ත, එයයි ප්‍රණීත කියා. පින්වත් මහණෙනි, තථාගතයන් වහන්සේ ඔය කාරණය පිළිබඳවත් අවබෝධයකින් යුක්තයි.

පින්වත් මහණෙනි, යම් ඒ භවත් ශ්‍රමණ බ්‍රාහ්මණයින් එහිලා සඤ්ඤාව ඇත්තෙත් නැති, සඤ්ඤාව නැත්තෙත් නැති ආත්මයක් මරණින් මතු ආරෝග්‍ය බවට පත්වෙනවා කියා පණවනවා. ඉතින් ඒ භවත් ශ්‍රමණ බ්‍රාහ්මණයින් පණවන්නේ රූපවත් වූ හෝ සඤ්ඤාව ඇත්තෙත් නැති නැත්තෙත් නැති ආත්මය මරණින් මතු ආරෝග්‍ය ස්වභාවයෙන් පවතින බවයි. එහෙමත් නැත්නම්, පෙන්වා දෙන්නේ රූප රහිත වූ හෝ සඤ්ඤාව ඇත්තෙත් නැති නැත්තෙත් නැති ආත්මය මරණින් මතු ආරෝග්‍ය ස්වභාවයෙන් පවතින බවයි. එහෙමත් නැත්නම්, පෙන්වා දෙන්නේ රූපවත් වූත්, අරූපවත් වූත් සඤ්ඤාව ඇත්තෙත් නැති නැත්තෙත් නැති ආත්මය මරණින් මතු ආරෝග්‍ය ස්වභාවයෙන් පවතින බවයි. එහෙමත් නැත්නම් පෙන්වා දෙන්නේ රූපීත් නොවූ, අරූපීත් නොවූ සඤ්ඤාව ඇත්තෙත් නැති නැත්තෙත් නැති ආත්මය මරණින් මතු ආරෝග්‍ය ස්වභාවයෙන් පවතින බවයි.

පින්වත් මහණෙනි, ඒ වගේම යම් ශ්‍රමණයින් හෝ බ්‍රාහ්මණයින් හෝ මෙම නේවසඤ්ඤානාසඤ්ඤායතනයට පැමිණ වාසය කිරීම ගැන පෙන්වා දෙන්නේ දකින ලද, අසන ලද, ආඝ්‍රාණය කරන ලද, රස විඳින ලද, පහස ලබන ලද, විඳින ලද සංස්කාරයන්ගේ මාත්‍රයකින් යුක්ත බවයි. එනිසා පින්වත් මහණෙනි, නේවසඤ්ඤානාසඤ්ඤායාතනයට පැමිණ වාසය කිරීම ගැන ඔවුන් පවසන්නේ 'මෙය වනාහී ව්‍යසනයකි' කියලයි.

පින්වත් මහණෙනි, මෙම නේවසඤ්ඤානාසඤ්ඤායතනය සංස්කාර සහිත වූ සමාපත්තියකින් පැමිණිය යුතු යැයි කියා කියනු ලබන්නේ නෑ. පින්වත් මහණෙනි, මෙම නේවසඤ්ඤානාසඤ්ඤායතනය සංස්කාර අවශේෂ

සමාපත්තියකින් පැමිණිය යුතුයි කියලයි කියනු ලබන්නේ. නමුත් එයද හේතු ඵල දහමින් සකස් වූ දෙයක්. ගොරෝසු දෙයක්. සංස්කාරයන්ගේ නිරුද්ධ වීමක් තියෙනවාම යි. එම සංස්කාර නිරෝධය තියෙන බව මැනැවින් අවබෝධ කළ තථාගතයන් වහන්සේ සංඛත දෙය තුළ ඇති නිස්සරණය දකිමින් එය ඉක්මවා ගිහින් ඉන්නෙ.

පින්වත් මහණෙනි, යම් මේ ශ්‍රමණ බ්‍රාහ්මණයින්, සිටින්නා වූ ම සත්වයාගේ උච්ඡේදය, විනාශය සහ නොපැවැත්ම පණවනවාද, පින්වත් මහණෙනි, එහිලා ඒ ශ්‍රමණ බ්‍රාහ්මණයින් මරණින් මතු නිරෝගී වූ සඤ්ඤා සහිත වූ ආත්මයක් පණවනවාද, ඇතැමෙක් ඔවුන්ගේ ඒ මතය ප්‍රතික්ෂේප කරනවා. යම් මේ භවත් ශ්‍රමණ බ්‍රාහ්මණයින් මරණින් මතු ආරෝග්‍ය වූ සඤ්ඤා රහිත ආත්මයක් පණවනවාද, ඇතැමෙක් ඔවුන්ගේ ඒ මතය ප්‍රතික්ෂේප කරනවා. ඒ වගේම යම් මේ ශ්‍රමණ බ්‍රාහ්මණයින් මරණින් මතු ආරෝග්‍ය වූ නේවසඤ්ඤානාසඤ්ඤාවෙන් යුතු ආත්මයක් පණවනවාද, ඇතැමෙක් ඔවුන්ගේ ඒ මතය ප්‍රතික්ෂේප කරනවා. එයට හේතුව කුමක්ද? මේ සියලුම භවත් ශ්‍රමණ බ්‍රාහ්මණයින් 'පරලොවදී මෙසේ වන්නෙමු, පරලොවදී මෙසේ වන්නෙමු'යි කියා සසරෙහි මතු සැරිසැරීමෙන් පිරිසිදු බව ලැබේය යන මතය පැවසීමයි.

එය මෙවැනි දෙයක්. වෙළඳාමේ යන වෙළෙන්දෙකුට මේ හැඟීම ඇතිවෙනවා. 'මෙයින් මට මේ ලාභය ඇතිවේවි. මෙයින් මම ලාභය ලබමි' කියලා. මේ භවත් ශ්‍රමණ බ්‍රාහ්මණවරුත් ඒ වගේමයි. ඔවුන් සිතන්නෙත් 'පරලොවදී මෙවැනි ජීවිත ලබමු. පරලොවදී මේ අයුරු ජීවිත ලබමු' කියලා. ඔවුන් ද වෙළෙන්දන් වගේ කියලයි මට සිතෙන්නෙ. පින්වත් මහණෙනි, තථාගතයන් වහන්සේ ඔය කාරණය පිළිබඳවත් අවබෝධයකින් යුක්තයි.

ජීවත් වන්නා වූ සත්වයන්ගේ උච්ඡේදය, විනාශය, අභාවයට පත්වීම පණවන යම් ඒ භවත් ශ්‍රමණ බ්‍රාහ්මණයින් ඉන්නවා. ඔවුන් සක්කාය (පංච උපාදානස්කන්ධය)ට භය නමුත්, සක්කාය පිළිකුල් කරන නමුත්, සක්කාය පසුපස්සේමයි දුවන්නේ. සක්කාය වටේමයි කරකැවෙන්නේ. ඒක මේ වගේ දෙයක්. බල්ලන් ගැටගසන දම්වැලට බැඳුනු සුනඛයෙක් දැඩි ස්ථම්භයක හෝ කණුවක හෝ බැඳලා ඉන්නවා. ඉතින් ඒ සුනඛයා ඇවිදිනතාක්, කරකැවෙන තාක් යන්නේ ඒ ස්ථම්භය හෝ කණුව වටා පමණයි. මේ භවත් ශ්‍රමණ බ්‍රාහ්මණයනුත් ඒ විදිහටම සක්කායට භය වන නමුත්, සක්කාය පිළිකුල් කරන නමුත් සක්කාය පසු පස්සේමයි දුවන්නේ. සක්කාය වටේමයි කරකැවෙන්නේ.

නමුත් එයද හේතු ඵල දහමින් සකස් වූ දෙයක්. ගොරෝසු දෙයක්. සංස්කාරයන්ගේ නිරුද්ධ වීමක් තියෙනවාමයි. එම සංස්කාර නිරෝධය තියෙන බව මැනැවින් අවබෝධ කළ තථාගතයන් වහන්සේ සංඛත දෙය තුළ ඇති නිස්සරණය දකිමින් එය ඉක්මවා ගිහින් ඉන්නෙ.

පින්වත් මහණෙනි, මරණින් මතු ජීවිතයක් ගැන කතා කරන, මරණින් මතු ජීවිතයක් පිළිබඳව දෘෂ්ටි ඇති කරගත් ඇතැම් ශ්‍රමණ බ්‍රාහ්මණයින් ඉන්නවා. ඔවුන් මරණින් මතු ජීවිතය අරභයා අනේකප්‍රකාර වූ විවිධ මතවාද, දෘෂ්ටීන් ප්‍රකාශ කරනවා. හැබැයි ඔවුන්ට මතවාද ප්‍රකාශ කරන්නට තිබෙන්නේ මේ කරුණු පහ හෝ මෙම පහෙන් එකක් හෝ සම්බන්ධයෙන් විතරයි.

පින්වත් මහණෙනි, ඇතැම් ශ්‍රමණ බ්‍රාහ්මණයින් ඉන්නවා, ඔවුන් අතීත ජීවිත ගැන, අතීත ජීවිත පිළිබඳව දෘෂ්ටි ගැන කතා කරනවා. ඔවුන් අතීත ජීවිත අරභයා අනේකප්‍රකාර වූ විවිධ මතවාද, දෘෂ්ටීන් ප්‍රකාශ කරනවා. ඔවුන් කියන්නෙ 'ආත්මය ද ලෝකය ද සදාකාලිකයි. මෙයමයි සත්‍යය. අන් සියලු මත අසත්‍යයයි' කියලා. සමහරු මෙහෙමයි කියන්නේ. 'ආත්මයත්, ලෝකයත් සදාකාලික නැත. මෙයමයි සත්‍යය. අන්‍ය මතයන් බොරු' කියලා. සමහරු මෙහෙමත් කියනවා. 'ආත්මයත්, ලෝකයත් සදාකාලික වගේම සදාකාලික නැත. මෙයමයි සත්‍යය. අන් සියල්ල බොරු' කියලා. තව සමහරු මෙහෙම කියනවා. 'ආත්මයත් ලෝකයත් සදාකාලිකත් නෑ. සදාකාලික නැත්තෙත් නෑ. මෙයමයි සත්‍යය. අන් සියල්ල බොරු' කියලා.

තවත් සමහරු මෙහෙම කියනවා. 'ආත්මයටත් ලෝකයටත් කෙළවරක් තියෙනවා. මෙයමයි සත්‍යය. අන් සියල්ල බොරු' කියලා. තවත් සමහරු මෙහෙම කියනවා. 'ආත්මයටත් ලෝකයටත් කෙළවරක් නැත. මෙයමයි සත්‍යය. අන් සියල්ල බොරු' කියලා. ඇතැම් අය කියන්නෙ 'ආත්මයටත් ලෝකයටත් කෙළවරක් තිබෙනවා. ඒ වගේම කෙළවරක් නෑ. මෙයමයි සත්‍යය. අන් සියල්ල බොරු' කියලා. ඇතැම් අය මෙහෙමත් කියනවා. 'ආත්මයටත් ලෝකයටත් කෙළවරක් ඇත්තෙත් නෑ. නැත්තෙත් නෑ. මෙයමයි සත්‍යය. අන් සියල්ල බොරු' කියලා.

ඇතැම් අය මෙහෙම කියනවා. 'ආත්මයත් ලෝකයත් ඒකාත්ම සඤ්ඤාවෙන් යුක්තයි. මෙයමයි සත්‍යය. අන් සියල්ල බොරු' කියලා. තව සමහරු මෙහෙම කියනවා. 'ආත්මයත් ලෝකයත් නානාත්ම සඤ්ඤාවෙන් යුක්තයි. මෙයමයි සත්‍යය. අන් සියල්ල බොරු' කියලා. ඇතැම් උදවිය මෙහෙම කියනවා. 'ආත්මයත් ලෝකයත් ස්වල්ප සඤ්ඤාවෙන් යුක්තයි. මෙයමයි සත්‍යය. අන් සියල්ල බොරු' කියලා. තව සමහරු මෙහෙම කියනවා. 'ආත්මයත්

ලෝකයත් අප්‍රමාණ සඤ්ඤාවෙන් යුක්තයි. මෙයමයි සත්‍යය. අන් සියල්ල බොරු' කියලා.

තව සමහරු මෙහෙම කියනවා. 'ආත්මයත් ලෝකයත් ඒකාන්ත සැපයෙන් යුක්තයි. මෙයමයි සත්‍යය. අන් සියල්ල බොරු' කියලා. සමහරු කියනවා. 'ආත්මයත් ලෝකයත් ඒකාන්ත දුකින් යුක්තයි. මෙයමයි සත්‍යය. අන් සියල්ල බොරු' කියලා. තවත් සමහරු මෙහෙම කියනවා. 'ආත්මයත් ලෝකයත් සැප දුක් දෙකෙන්ම යුක්තයි. මෙයමයි සත්‍යය. අන් සියල්ල බොරු' කියලා. තවත් සමහරු මෙහෙම කියනවා. 'ආත්මයත් ලෝකයත් සැප දුක් දෙකෙන්ම තොරයි. මෙයමයි සත්‍යය. අන් සියල්ල බොරු' කියලා.

පින්වත් මහණෙනි, ඒ උදවියගෙන් යම් මේ ශ්‍රමණ බ්‍රාහ්මණවරු මෙවැනි මතවාද ඇතිව, මෙවැනි දෘෂ්ටි ඇතිව සිටියා නෙව. ඒ කියන්නේ; 'ආත්මය ද ලෝකය ද සදාකාලිකයි. මෙයමයි සත්‍යය. අන් සියලු මත අසත්‍යයයි' කියලා. ඔවුන්ට ඒ පිළිබඳව ශ්‍රද්ධාවෙන් තොරව, රුචියකින් තොරව, අනුශ්‍රවයකින් තොරව, ආකාර පරිවිතර්කයකින් තොරව, දිට්ඨි නිජ්ඣානක්ඛන්තියකින් තොරව තමා තුළම හටගත් පිරිසිදු වූ ප්‍රභාෂ්වර වූ අවබෝධයක් තිබෙනවාය යන්න කිසිසේත්ම සිදුවිය නොහැකි දෙයක්.

පින්වත් මහණෙනි, ඔවුන් තමා තුළ ඇති කරගත් පිරිසිදු, ප්‍රභාෂ්වර ඤාණයක් නැති කල්හි, ඒ භවත් ශ්‍රමණ බ්‍රාහ්මණයින් තමන්ගේ අවබෝධය පිරිසිදු කරගන්නට හදන්නේ අර මතය තුළ ඉඳගෙනමයි. එයත් ඒ භවත් ශ්‍රමණ බ්‍රාහ්මණයින්ගේ මතවාද ග්‍රහණයටමයි එකතු වෙන්නෙ. නමුත් එය ද හේතු ඵල දහමින් සකස් වූ දෙයක්. ගොරෝසු දෙයක්. සංස්කාරයන්ගේ නිරුද්ධ වීමක් තියෙනවාමයි. එම සංස්කාර නිරෝධය තියෙන බව මැනැවින් අවබෝධ කළ තථාගතයන් වහන්සේ සංඛත දෙය තුළ ඇති නිස්සරණය දකිමින් එය ඉක්මවා ගිහින් ඉන්නෙ.

පින්වත් මහණෙනි, ඒ උදවියගෙන් යම් මේ ශ්‍රමණ බ්‍රාහ්මණවරු මෙවැනි මතවාද ඇතිව, මෙවැනි දෘෂ්ටි ඇතිව සිටියා නෙව. ඒ කියන්නේ; 'ආත්මය ද ලෝකය ද සදාකාලික නෑ. මෙයමයි සත්‍යය. අන් සියලු මත අසත්‍යයයි' කියලා. ....(පෙ).... ආත්මය ද ලෝකය ද සදාකාලිකයි; සදාකාලික නෑ. ....(පෙ).... ආත්මයයි, ලෝකයයි සදාකාලිකත් නෑ; සදාකාලික නැත්තෙත් නෑ ....(පෙ).... ආත්මයටත්, ලෝකයටත් කෙළවරක් තියෙනවා ....(පෙ).... ආත්මයටත්, ලෝකයටත් කෙළවරක් නැහැ ....(පෙ).... ආත්මයටත් ලෝකයටත් කෙළවරක් තියෙනවා; නැහැ. ....(පෙ).... ආත්මයටත් ලෝකයටත් කෙළවරක් ඇත්තෙත් නැහැ; නැත්තෙත් නැහැ ....(පෙ).... ආත්මයත් ලෝකයත් ඒකාත්ම

සඤ්ඤාවෙන් යුක්තයි ....(පෙ).... ආත්මයත් ලෝකයත් නානාත්ම සඤ්ඤාවෙන් යුක්තයි ....(පෙ).... ආත්මයත් ලෝකයත් ස්වල්ප සඤ්ඤාවෙන් යුක්තයි ....(පෙ).... ආත්මයත් ලෝකයත් අප්‍රමාණ සඤ්ඤාවෙන් යුක්තයි ....(පෙ).... ආත්මයත් ලෝකයත් ඒකාන්ත සැපයෙන් යුක්තයි ....(පෙ).... ආත්මයත් ලෝකයත් ඒකාන්ත දුකෙන් යුක්තයි ....(පෙ).... ආත්මයත් ලෝකයත් සැප දුක් දෙකෙන්ම යුක්තයි ....(පෙ).... ආත්මයත් ලෝකයත් සැප දුක් දෙකෙන් තොරයි. මෙයමයි සත්‍යය. අන් සියල්ල බොරු' කියලා. ඔවුන්ට ඒ පිළිබඳව ශ්‍රද්ධාවෙන් තොරව, රුචියකින් තොරව, අනුශ්‍රවයකින් තොරව, ආකාර පරිවිතර්කයකින් තොරව, දිට්ඨි නිජ්ඣානක්ඛන්තියකින් තොරව තමා තුළම හටගත් පිරිසිදු වූ ප්‍රභාෂ්වර වූ අවබෝධයක් තිබෙනවාය, යන්න කිසිසේත්ම සිදුවිය නොහැකි දෙයක්.

පින්වත් මහණෙනි, ඔවුන් තමා තුළ ඇති කරගත් පිරිසිදු, ප්‍රභාෂ්වර ඤාණයක් නැති කල්හි, ඒ භවත් ශ්‍රමණ බ්‍රාහ්මණයින් තමන්ගේ අවබෝධය පිරිසිදු කරගන්නට හදන්නේ අර මතය තුළ ඉඳගෙනමයි. එයත් ඒ භවත් ශ්‍රමණ බ්‍රාහ්මණයින්ගේ මතවාද ග්‍රහණයටමයි එකතු වෙන්නෙ. නමුත් එය ද හේතු ඵල දහමින් සකස් වූ දෙයක්. ගොරෝසු දෙයක්. සංස්කාරයන්ගේ නිරුද්ධ වීමක් තියෙනවාමයි. එම සංස්කාර නිරෝධය තියෙන බව මැනැවින් අවබෝධ කළ තථාගතයන් වහන්සේ සංඛත දෙය තුළ ඇති නිස්සරණය දකිමින් එය ඉක්මවා ගිහින් ඉන්නෙ.

පින්වත් මහණෙනි, ඇතැම් ශ්‍රමණ බ්‍රාහ්මණවරු ඉන්නවා. අතීත ආත්මභාවයන් පිළිබඳ දෘෂ්ටීන් ද බැහැර කරනවා. අනාගත ආත්මභාවයන් පිළිබඳ දෘෂ්ටීන් ද බැහැර කරනවා. සියලු ආකාරයෙන් ම කාමයන්ට ඇති බැඳීම බැහැර කරනවා. හුදෙකලා විවේකය ඇති ප්‍රීතියට පැමිණ වාසය කරනවා. 'මෙයයි ශාන්ත; මෙයයි ප්‍රණීත; එනම්, යම් මේ හුදෙකලා විවේකය ඇති ප්‍රීතියට පැමිණ වාසය කිරීමක් ඇද්ද, එයයි' කියලා. නමුත් ඔහුගේ ඒ හුදෙකලා විවේකයෙන් යුතු ප්‍රීතිය නිරුද්ධ වෙනවා. හුදෙකලා විවේකයෙන් යුතු ප්‍රීතිය නිරුද්ධ වීමෙන් දොම්නස උපදිනවා. දොම්නස නිරුද්ධ වීමෙන් හුදෙකලා විවේකයෙන් යුතු ප්‍රීතිය උපදිනවා. පින්වත් මහණෙනි, එය මේ වගේ දෙයක්. යම් සෙවනක් අත්හරිනවාද, එතන අව්ව පැතිරෙනවා. යම් අව්වක් අත්හරිනවාද, එතන සෙවන පැතිරෙනවා. පින්වත් මහණෙනි, මෙයත් ඒ වගේමයි. හුදෙකලා විවේකයෙන් යුතු ප්‍රීතිය නිරුද්ධ වීමෙන් දොම්නස උපදිනවා. දොම්නස නිරුද්ධ වීමෙන් හුදෙකලා විවේකයෙන් යුතු ප්‍රීතිය උපදිනවා.

පින්වත් මහණෙනි, ඔය කාරණය ගැනත් තථාගතයන් වහන්සේ අවබෝධයෙන් යුක්තයි. ඒ කියන්නේ, මේ භවත් ශ්‍රමණයා හෝ බ්‍රාහ්මණයා හෝ

අතීත ආත්මභාවයන් පිළිබඳ දෘෂ්ටීන් බැහැර කොට, අනාගත ආත්මභාවයන් පිළිබඳ දෘෂ්ටීන් බැහැර කොට, සියලු කාම බන්ධනයන් බැහැර කොට, හුදෙකලා විවේකයෙන් යුතු ප්‍රීතියට පැමිණ වාසය කරනවා. 'මෙයයි ශාන්ත; මෙයයි ප්‍රණීත; එනම්, යම් මේ හුදෙකලා විවේකය ඇති ප්‍රීතියට පැමිණ වාසය කිරීමක් ඇද්ද, එයයි' කියලා. නමුත් ඔහුගේ ඒ හුදෙකලා විවේකයෙන් යුතු ප්‍රීතිය නිරුද්ධ වෙනවා. හුදෙකලා විවේකයෙන් යුතු ප්‍රීතිය නිරුද්ධ වීමෙන් දොම්නස උපදිනවා. දොම්නස නිරුද්ධ වීමෙන් හුදෙකලා විවේකයෙන් යුතු ප්‍රීතිය උපදිනවා. නමුත් එය ද හේතු ඵල දහමින් සකස් වූ දෙයක්. ගොරෝසු දෙයක්. සංස්කාරයන්ගේ නිරුද්ධ වීමක් තියෙනවාමයි. එම සංස්කාර නිරෝධය තියෙන බව මැනැවින් අවබෝධ කළ තථාගතයන් වහන්සේ සංඛත දෙය තුළ ඇති නිස්සරණය දකිමින් එය ඉක්මවා ගිහින් ඉන්නෙ.

පින්වත් මහණෙනි, තවත් ශ්‍රමණ බ්‍රාහ්මණවරු ඉන්නවා. ඔවුනුත් අතීත ආත්මභාවයන් පිළිබඳ දෘෂ්ටීන්ද බැහැර කරනවා. අනාගත ආත්මභාවයන් පිළිබඳ දෘෂ්ටීන්ද බැහැර කරනවා. සියලු ආකාරයෙන්ම කාමයන්ට ඇති බැඳීම බැහැර කරනවා. හුදෙකලා විවේකය ඇති ප්‍රීතිය ඉක්මවා ගොස් නිරාමිස සැපයට පැමිණ වාසය කරනවා. 'මෙයයි ශාන්ත; මෙයයි ප්‍රණීත; එනම්, යම් මේ හුදෙකලා විවේකය ඇති ප්‍රීතිය ඉක්මවා ගොස් නිරාමිස සැපයට පැමිණ වාසය කිරීමක් ඇද්ද, එයයි' කියලා. නමුත් ඔහුගේ ඒ නිරාමිස සැපය නිරුද්ධ වෙනවා. නිරාමිස සැපය නිරුද්ධ වීමෙන් හුදෙකලාවෙන් යුතු ප්‍රීතිය උපදිනවා. හුදෙකලාවෙන් යුතු ප්‍රීතිය නිරුද්ධ වීමෙන් නිරාමිස සැපය උපදිනවා. පින්වත් මහණෙනි, එය මේ වගේ දෙයක්. යම් සෙවනක් අත්හරිනවාද, එතන අව්ව පැතිරෙනවා. යම් අව්වක් අත්හරිනවාද, එතන සෙවන පැතිරෙනවා. පින්වත් මහණෙනි, මෙයත් ඒ වගේමයි. නිරාමිස සැපය නිරුද්ධ වීමෙන් හුදෙකලාවෙන් යුතු ප්‍රීතිය උපදිනවා. හුදෙකලාවෙන් යුතු ප්‍රීතිය නිරුද්ධ වීමෙන් නිරාමිස සැපය උපදිනවා.

පින්වත් මහණෙනි, ඔය කාරණය ගැනත් තථාගතයන් වහන්සේ අවබෝධයෙන් යුක්තයි. ඒ කියන්නේ, මේ භවත් ශ්‍රමණයා හෝ බ්‍රාහ්මණයා හෝ අතීත ආත්මභාවයන් පිළිබඳ දෘෂ්ටීන් බැහැර කොට, අනාගත ආත්මභාවයන් පිළිබඳ දෘෂ්ටීන් බැහැර කොට, සියලු කාම බන්ධනයන් බැහැර කොට හුදෙකලා විවේකය ඇති ප්‍රීතිය ඉක්මවා ගොස් නිරාමිස සැපයට පැමිණ වාසය කරනවා. 'මෙයයි ශාන්ත; මෙයයි ප්‍රණීත; එනම්, යම් මේ නිරාමිස සැපයට පැමිණ වාසය කිරීමක් ඇද්ද, එයයි' කියලා. නමුත් ඔහුගේ ඒ නිරාමිස සැපය නිරුද්ධ වෙනවා. නිරාමිස සැපය නිරුද්ධ වීමෙන් හුදෙකලා විවේකයෙන් යුතු ප්‍රීතිය උපදිනවා. හුදෙකලා විවේකයෙන් යුතු ප්‍රීතිය නිරුද්ධ වීමෙන් නිරාමිස සැපය

උපදිනවා. නමුත් එයද හේතු ඵල දහමින් සකස් වූ දෙයක්. ගොරෝසු දෙයක්. සංස්කාරයන්ගේ නිරුද්ධ වීමක් තියෙනවාමයි. එම සංස්කාර නිරෝධය තියෙන බව මැනැවින් අවබෝධ කළ තථාගතයන් වහන්සේ සංඛත දෙය තුළ ඇති නිස්සරණය දකිමින් එය ඉක්මවා ගිහින් ඉන්නෙ.

පින්වත් මහණෙනි, තවත් ශ්‍රමණ බ්‍රාහ්මණවරු ඉන්නවා. ඔවුනුත් අතීත ආත්මභාවයන් පිළිබඳ දෘෂ්ටීන්ද බැහැර කරනවා. අනාගත ආත්මභාවයන් පිළිබඳ දෘෂ්ටීන්ද බැහැර කරනවා. සියලු ආකාරයෙන්ම කාමයන්ට ඇති බැඳීම බැහැර කරනවා. හුදෙකලා විවේකය ඇති ප්‍රීතිය ඉක්මවා ගොස් නිරාමිස සැපයද ඉක්මවා ගොස්, සැප දුක් රහිත විඳීමකට පැමිණ වාසය කරනවා. 'මෙයයි ශාන්ත; මෙයයි ප්‍රණීත; එනම්, යම් මේ සැප දුක් රහිත විඳීමකට පැමිණ වාසය කිරීමක් ඇද්ද, එයයි' කියලා. නමුත් ඔහුගේ ඒ සැප දුක් රහිත විඳීම නිරුද්ධ වෙනවා. සැප දුක් රහිත විඳීම නිරුද්ධ වීමෙන් නිරාමිස සුඛය උපදිනවා. නිරාමිස සුඛය නිරුද්ධ වීමෙන් සැප දුක් රහිත විඳීම උපදිනවා. පින්වත් මහණෙනි, එය මේ වගේ දෙයක්. යම් සෙවනක් අත්හරිනවාද, එතන අව්ව පැතිරෙනවා. යම් අව්වක් අත්හරිනවාද, එතන සෙවන පැතිරෙනවා. පින්වත් මහණෙනි, මෙයත් ඒ වගේම යි. සැප දුක් රහිත විඳීම නිරුද්ධ වීමෙන් නිරාමිස සැපය උපදිනවා. නිරාමිස සැපය නිරුද්ධ වීමෙන් සැප දුක් රහිත විඳීම උපදිනවා.

පින්වත් මහණෙනි, ඔය කාරණය ගැනත් තථාගතයන් වහන්සේ අවබෝධයෙන් යුක්තයි. ඒ කියන්නේ, මේ භවත් ශ්‍රමණයා හෝ බ්‍රාහ්මණයා හෝ අතීත ආත්මභාවයන් පිළිබඳ දෘෂ්ටීන් බැහැර කොට, අනාගත ආත්මභාවයන් පිළිබඳ දෘෂ්ටීන් බැහැර කොට, සියලු කාම බන්ධනයන් බැහැර කොට, හුදෙකලා විවේකය ඇති ප්‍රීතිය ඉක්මවා ගොස්, නිරාමිස සැපය ද ඉක්මවා ගොස්, සැප දුක් රහිත විඳීමට පැමිණ වාසය කරනවා. 'මෙයයි ශාන්ත; මෙයයි ප්‍රණීත; එනම්, යම් මේ සැප දුක් රහිත විඳීමකට පැමිණ වාසය කිරීමක් ඇද්ද, එයයි' කියල. නමුත් ඔහුගේ ඒ සැප දුක් රහිත විඳීම නිරුද්ධ වෙනවා. සැප දුක් රහිත විඳීම නිරුද්ධ වීමෙන් නිරාමිස සැපය උපදිනවා. නිරාමිස සැපය නිරුද්ධ වීමෙන් සැප දුක් රහිත විඳීම උපදිනවා. නමුත් එයද හේතු ඵල දහමින් සකස් වූ දෙයක්. ගොරෝසු දෙයක්. සංස්කාරයන්ගේ නිරුද්ධ වීමක් තියෙනවාමයි. එම සංස්කාර නිරෝධය තියෙන බව මැනැවින් අවබෝධ කළ තථාගතයන් වහන්සේ සංඛත දෙය තුළ ඇති නිස්සරණය දකිමින් එය ඉක්මවා ගිහින් ඉන්නෙ.

පින්වත් මහණෙනි, තවත් ශ්‍රමණ බ්‍රාහ්මණවරු ඉන්නවා. ඔවුනුත් අතීත ආත්මභාවයන් පිළිබඳ දෘෂ්ටීන් ද බැහැර කරනවා. අනාගත ආත්මභාවයන්

පිළිබඳ දෘෂ්ටීන් ද බැහැර කරනවා. සියලු ආකාරයෙන්ම කාමයන්ට ඇති බැඳීම බැහැර කරනවා. හුදෙකලා විවේකය ඇති ප්‍රීතිය ඉක්මවා ගොස්, නිරාමිස සැපයද ඉක්මවා ගොස්, සැප දුක් රහිත විඳීමද ඉක්මවා ගොස් 'මං ශාන්ත බවට පත්වුනා. නිවුන කෙනෙක් වුනා. උපාදාන රහිත බවට පත්වුනා' කියා නුවණින් දකිනවා.

පින්වත් මහණෙනි, තථාගතයන් වහන්සේ ඔය කාරණය පිළිබඳවත් අවබෝධයෙන් යුක්තයි. ඒ කියන්නේ, මේ භවත් ශ්‍රමණයා හෝ බ්‍රාහ්මණයා හෝ අතීත ආත්මභාවයන් පිළිබඳ දෘෂ්ටීන් බැහැර කොට, අනාගත ආත්මභාවයන් පිළිබඳ දෘෂ්ටීන් බැහැර කොට, සියලු කාම බන්ධනයන් බැහැර කොට, හුදෙකලා විවේකය ඇති ප්‍රීතිය ඉක්මවා ගොස්, නිරාමිස සැපයද ඉක්මවා ගොස්, සැප දුක් රහිත විඳීමද ඉක්මවා ගොස් 'මං ශාන්ත බවට පත්වුනා. නිවුන කෙනෙක් වුනා. උපාදාන රහිත බවට පත්වුනා' කියා නුවණින් දකිනවා. සැබැවින්ම මේ ආයුෂ්මතුන් නිවනට ම උපකාර වන්නා වූ ප්‍රතිපදාවක් ගැනයි මේ කියන්නේ. නමුත් මේ ශ්‍රමණයා හෝ බ්‍රාහ්මණයා අතීත ආත්මභාවය පිළිබඳ දෘෂ්ටියකට තමයි ග්‍රහණය වුනොත් ග්‍රහණය වන්නේ. එහෙම නැත්නම්, අනාගත ආත්මභාවයන් පිළිබඳ දෘෂ්ටියකට තමයි ග්‍රහණය වුනොත් ග්‍රහණය වන්නේ. එහෙමත් නැත්නම් කාම සංයෝජනයකටයි ග්‍රහණය වුනොත් ග්‍රහණය වන්නේ. එහෙමත් නැත්නම් හුදෙකලා විවේකය ඇති ප්‍රීතියකටයි ග්‍රහණය වුනොත් ග්‍රහණය වන්නේ. එහෙමත් නැත්නම් නිරාමිස සැපයටයි ග්‍රහණය වුනොත් ග්‍රහණය වන්නේ. එහෙමත් නැත්නම් දුක් සැප රහිත විඳීමකටයි ග්‍රහණය වුනොත් ග්‍රහණය වන්නේ. ඉතින් මේ ආයුෂ්මතුන් 'මං ශාන්ත බවට පත්වුනා. නිවුන කෙනෙක් වුනා. උපාදාන රහිත බවට පත්වුනා' කියා යමක් නුවණින් දකිනවාද, එයත් මේ භවත් ශ්‍රමණයාට හෝ බ්‍රාහ්මණයාට හෝ ග්‍රහණය වීමක්මයි. නමුත් එය ද හේතු ඵල දහමින් සකස් වූ දෙයක්. ගොරෝසු දෙයක්. සංස්කාරයන්ගේ නිරුද්ධ වීමක් තියෙනවාමයි. එම සංස්කාර නිරෝධය තියෙන බව මැනැවින් අවබෝධ කළ තථාගතයන් වහන්සේ සංඛත දෙය තුළ ඇති නිස්සරණය දකිමින් එය ඉක්මවා ගිහින් ඉන්නෙ.

පින්වත් මහණෙනි, යම් මේ ස්පර්ශ ආයතන හයේ හටගැනීමත්, නැතිවී යාමත්, ආශ්වාදයත්, ආදීනවයත්, එයින් නිදහස් වීමත් ඒ අයුරින්ම අවබෝධ කොට ගෙන කිසිවකට ග්‍රහණය නොවී විමුක්තියට පත්වීමක් ඇද්ද, තථාගතයන් වහන්සේ විසින් ඒ මේ අනුත්තර වූ ශාන්ත වූ නිර්වාණය අවබෝධ කරලයි තියෙන්නෙ.

භාග්‍යවතුන් වහන්සේ මේ උතුම් දේශනය වදාළා. ඒ දේශනය ගැන ඒ භික්ෂූන් වහන්සේලා ගොඩක් සතුටු වුනා. භාග්‍යවතුන් වහන්සේ වදාළ මේ දේශනය සතුටින් පිළිගත්තා.

සාදු! සාදු!! සාදු!!!

මතවාද පහක් තුන් අයුරකින් විග්‍රහ කරමින් වදාළ දෙසුම නිමා විය.

3.1.3.
කින්ති සූත්‍රය
'කුමක්ද සිතෙන්නේ' යනුවෙන් වදාළ දෙසුම

මා හට අසන්නට ලැබුනේ මේ විදිහටයි. ඒ දිනවල භාග්‍යවතුන් වහන්සේ වැඩසිටියේ කුසිනාරා නුවර බලිහරණ නම් වන ලැහැබකයි. එදා භාග්‍යවතුන් වහන්සේ "පින්වත් මහණෙනි" කියා භික්ෂුසංඝයා අමතා වදාළා. "පින්වතුන් වහන්ස" කියා ඒ භික්ෂූන් වහන්සේලා භාග්‍යවතුන් වහන්සේට පිළිතුරු දුන්නා. භාග්‍යවතුන් වහන්සේ මෙය වදාළා.

"පින්වත් මහණෙනි, ඔබට මා පිළිබඳව කුමක්ද සිතෙන්නේ? ඒ කියන්නේ ශ්‍රමණ ගෞතමයන් වහන්සේ සිවුරු පිරිකර නිසාවෙන් ධර්මය දේශනා කරනවා කියාද? එසේත් නැත්නම් ශ්‍රමණ ගෞතමයන් වහන්සේ ආහාර පාන නිසාවෙන් ධර්මය දේශනා කරනවා කියාද? ශ්‍රමණ ගෞතමයන් වහන්සේ කුටි සෙනසුන් නිසාවෙන් ධර්මය දේශනා කරනවා කියාද? එසේත් නැත්නම් ශ්‍රමණ ගෞතමයන් වහන්සේ මෙවැනි වෙනත් වෙනත් කරුණු නිසාවෙන් ධර්මය දේශනා කරනවා කියාද?"

"ස්වාමීනී, භාග්‍යවතුන් වහන්සේ පිළිබඳව ඔවැනි අදහසක් නම් අපට ඇතිවුණේ නැහැ. ඒ කියන්නේ 'ශ්‍රමණ ගෞතමයන් වහන්සේ සිවුරු පිරිකර නිසාවෙන් ධර්මය දේශනා කරනවා කියා හෝ එසේත් නැත්නම් ශ්‍රමණ ගෞතමයන් වහන්සේ ආහාර පාන නිසාවෙන් ධර්මය දේශනා කරනවා කියා හෝ ශ්‍රමණ ගෞතමයන් වහන්සේ කුටි සෙනසුන් නිසාවෙන් ධර්මය දේශනා කරනවා කියා හෝ එසේත් නැත්නම් ශ්‍රමණ ගෞතමයන් වහන්සේ මෙවැනි වෙනත් වෙනත් කරුණු නිසාවෙන් ධර්මය දේශනා කරනවා කියා හෝ මෙවැනි අදහසක් අපට ඇතිවුනේ නැහැ."

"පින්වත් මහණෙනි, ඔබ තුළ මා පිළිබඳව මෙවැනි අදහසක් ඇතිවුනේ නැත්නම් ඒ කියන්නේ 'ශ්‍රමණ ගෞතමයන් වහන්සේ සිවුරු පිරිකර නිසාවෙන් ධර්මය දේශනා කරනවා කියා හෝ එසේත් නැත්නම් ශ්‍රමණ ගෞතමයන් වහන්සේ ආහාර පාන නිසාවෙන් ධර්මය දේශනා කරනවා කියා හෝ ශ්‍රමණ ගෞතමයන් වහන්සේ කුටි සෙනසුන් නිසාවෙන් ධර්මය දේශනා කරනවා කියා

හෝ එසේත් නැත්නම් ශ්‍රමණ ගෞතමයන් වහන්සේ මෙවැනි වෙනත් වෙනත් කරුණු නිසාවෙන් ධර්මය දේශනා කරනවා කියා හෝ මෙවැනි අදහසක් ඇතිවුනේ නැත්නම්, පින්වත් මහණෙනි, මා කෙරෙහි ඔබට සැබැවින්ම ඇතිවූයේ කවර අදහසක්ද?"

"ස්වාමීනී, භාග්‍යවතුන් වහන්සේ කෙරෙහි අපට ඇතිවූයේ මෙවැනි අදහසක්. 'භාග්‍යවතුන් වහන්සේ අනුකම්පාවෙන් යුතු සේක. ඉතාම හිතවත් සේක. අනුකම්පාවෙන් යුතුවම දහම් දෙසන සේක' කියායි."

"පින්වත් මහණෙනි, ඔබට මා පිළිබඳ ව සිතුනේ මේ අයුරින් නෙව. ඒ කියන්නේ 'භාග්‍යවතුන් වහන්සේ අනුකම්පාවෙන් යුතු සේක. ඉතාම හිතවත් සේක. අනුකම්පාවෙන් යුතුවම දහම් දෙසන සේක' කියල නෙව. එහෙම නම් පින්වත් මහණෙනි, මා විසින් උපදවා ගත් විශිෂ්ට වූ ඥාණයකින් යුතුව යම් ධර්මයක් ඔබට දේශනා කොට තිබෙනවාද, ඒ කවර ධර්මයක්ද යත්; සතර සතිපට්ඨාන, සතර සම්‍යක් ප්‍රධාන වීර්යය, සතර ඉර්ධිපාද, පංච ඉන්ද්‍රිය, පංච බල, සප්ත බොජ්ඣංග හා ආර්ය අෂ්ටාංගික මාර්ගයයි. සියලු දෙනාම ඉතාමත් සමඟියෙන් යුතුව ඉතාමත් සතුටින් යුතුව, වාද විවාද නොකර ගනිමින් හික්මිය යුත්තේ මේ සත් තිස් බෝධිපාක්ෂික ධර්මයන් තුළයි.

පින්වත් මහණෙනි, ඉතාම සමඟියෙන් යුතුව, ඉතාමත් සන්තෝෂයෙන් යුතුව, වාද විවාද නොකරමින් හික්මෙන්නා වූ ඒ ඔබ අතර සත් තිස් බෝධි පාක්ෂික ධර්ම නම් වූ අභිධර්මය පිළිබඳව නොයෙක් මතවාද ඇති භික්ෂූන් දෙදෙනෙක් සිටින්නට පුළුවනි. එවිට ඔවුන්ගේ වාදය පිළිබඳව ඔබට මේ අදහස ඇතිවෙන්නටත් පුළුවනි. 'මේ ආයුෂ්මතුන් වහන්සේලාගේ වාදය අර්ථ වශයෙනුත් වෙනස්. ප්‍රකාශ කරන ආකාරයත් වෙනස්' කියල. එතකොට ඒ දෙදෙනා අතර යම් භික්ෂුවක් වඩාත් ඇහුම්කම් දෙන කෙනෙක් වශයෙන් හැඟෙනවා නම් ඒ භික්ෂුව වෙත ගොස් මේ ආකාරයෙන් පවසන්නට ඕන. 'ආයුෂ්මතුන් වහන්සේලාගේ ඔය වාදය අර්ථ වශයෙනුත් නානාප්‍රකාරයි. ප්‍රකාශ කරන ආකාරයත් නානාප්‍රකාරයි. යම් අයුරකින් ඔය වාදය තුළ නානාප්‍රකාර අර්ථත්, නානාප්‍රකාර වූ ප්‍රකාශත් ඇද්ද, ඒ බව ආයුෂ්මතුන් වහන්සේලා දැනගත මැනැව. ආයුෂ්මතුන් වහන්සේලා වාද විවාදවලට බැසගන්නට එපා!' කියලා.

ඒ වගේම වාදයකට පැටලී එක ම අදහසක් තුළ සිටින්නා වූ භික්ෂූන් අතර යම් භික්ෂුවක් වඩාත් ඇහුම්කම් දෙන බවට හැඟෙනවා නම්, ඒ භික්ෂුව කරා ගොස් මෙසේ කියන්නට ඕන. 'ආයුෂ්මතුන් වහන්සේලාගේ ඔය වාදය අර්ථ වශයෙනුත් නානාප්‍රකාරයි. ප්‍රකාශ කරන ආකාරයත් නානාප්‍රකාරයි. යම් අයුරකින් ඔය වාදය තුළ නානාප්‍රකාර අර්ථත්, නානාප්‍රකාර වූ ප්‍රකාශත් ඇද්ද,

ඒ බව ආයුෂ්මතුන් වහන්සේලා දැනගත මැනැව. ආයුෂ්මතුන් වහන්සේලා වාද විවාදවලට බැසගන්නට එපා!' කියලා.

ඔය විදිහට වරදවා ගත් දෙය වරදවා ගත් දෙයක් වශයෙන්ම දරාගත යුතුයි. මනාකොට ගත් දෙය මනාකොට ගත් දෙයක් වශයෙන්ම දරාගත යුතුයි. වරදවා ගත් දෙය වරදවා ගත් දෙයක් වශයෙන් දරාගෙන, මනාකොට ගත් දෙය මනාකොට ගත් දෙයක් වශයෙනුත් දරාගෙන ධර්මය වූයේ යමක්ද, විනය වූයේ යමක්ද එය පමණක් ප්‍රකාශ කළ යුතුයි.

ඒ වගේ ම පින්වත් මහණෙනි, ඔබට මෙසේත් සිතෙන්නට පුළුවනි. 'මේ ආයුෂ්මතුන් වහන්සේලාගේ වාදය අර්ථ වශයෙන් නානාප්‍රකාරයි. නමුත් ප්‍රකාශ කරන ආකාරය සමානයි' කියලා. එතකොට ඒ දෙදෙනා අතර යම් භික්ෂුවක් වඩාත් ඇහුම්කම් දෙන කෙනෙක් වශයෙන් හැඟෙනවා නම් ඒ භික්ෂුව වෙත ගොස් මේ ආකාරයෙන් පවසන්නට ඕන. 'ආයුෂ්මතුන් වහන්සේලාගේ ඔය වාදය අර්ථ වශයෙන් නානාප්‍රකාරයි. නමුත් ප්‍රකාශ කරන ආකාරය නම් සමානයි. යම් අයුරකින් ඔය වාදය තුළ නානාප්‍රකාර අර්ථත්, සමාන වූ ප්‍රකාශත් ඇද්ද, ඒ බව ආයුෂ්මතුන් වහන්සේලා දැනගත මැනැව. ආයුෂ්මතුන් වහන්සේලා වාද විවාදවලට බැසගන්නට එපා!' කියලා.

ඒ වගේම වාදයකට පැටලී එකම අදහසක් තුළ සිටින්නා වූ භික්ෂූන් අතර යම් භික්ෂුවක් වඩාත් ඇහුම්කම් දෙන බවට හැඟෙනවා නම්, ඒ භික්ෂුව කරා ගොස් මෙසේ කියන්නට ඕන. 'ආයුෂ්මතුන් වහන්සේලාගේ ඔය වාදය අර්ථ වශයෙන් නානාප්‍රකාරයි. නමුත් ප්‍රකාශ කරන ආකාරය සමානයි. යම් අයුරකින් ඔය වාදය තුළ නානාප්‍රකාර අර්ථත්, සමාන වූ ප්‍රකාශත් ඇද්ද, ඒ බව ආයුෂ්මතුන් වහන්සේලා දැනගත මැනැව. ආයුෂ්මතුන් වහන්සේලා වාද විවාදවලට බැසගන්නට එපා!' කියලා.

ඔය විදිහට වරදවා ගත් දෙය වරදවා ගත් දෙයක් වශයෙන්ම දරා ගත යුතුයි. මනාකොට ගත්දෙය මනා කොට ගත් දෙයක් වශයෙන්ම දරාගත යුතුයි. වරදවා ගත් දෙය වරදවා ගත් දෙයක් වශයෙන් දරාගෙන, මනාකොට ගත් දෙය මනාකොට ගත් දෙයක් වශයෙනුත් දරාගෙන ධර්මය වූයේ යමක්ද, විනය වූයේ යමක්ද එය පමණක් ප්‍රකාශ කළ යුතුයි.

ඒ වගේ ම පින්වත් මහණෙනි, ඔබට මෙසේත් සිතෙන්නට පුළුවනි. 'මේ ආයුෂ්මතුන් වහන්සේලාගේ වාදය අර්ථ වශයෙන් සමානයි. නමුත් ප්‍රකාශ කරන ආකාරය නානාප්‍රකාරයි' කියලා. එතකොට ඒ දෙදෙනා අතර යම් භික්ෂුවක් වඩාත් ඇහුම්කම් දෙන කෙනෙක් වශයෙන් හැඟෙනවා නම් ඒ භික්ෂුව වෙත

ගොස් මේ ආකාරයෙන් පවසන්නට ඕන. 'ආයුෂ්මතුන් වහන්සේලාගේ ඔය වාදය අර්ථ වශයෙන් නම් සමානයි. නමුත් ප්‍රකාශ කරන ආකාරය නානාප්‍රකාරයි. යම් අයුරකින් ඔය වාදය තුළ සමාන අර්ථත්, නානාප්‍රකාර වූ ප්‍රකාශත් ඇද්ද, ඒ බව ආයුෂ්මතුන් වහන්සේලා දැනගත මැනැව. ඒ වගේම යම් මේ ප්‍රකාශ කරන්නා වූ ක්‍රමයෙහි ඇති වෙනස්කමක් ඇද්ද, එය වනාහී අල්පමාත්‍ර වූ දෙයකි. එනිසා අල්පමාත්‍ර වූ කරුණක් වන ප්‍රකාශ කරන ක්‍රමය පිළිබඳව ආයුෂ්මතුන් වහන්සේලා වාද විවාදවලට බැසගන්නට එපා!' කියලා.

ඒ වගේම වාදයකට පැටලී එකම අදහසක් තුළ සිටින්නා වූ භික්ෂූන් අතර යම් භික්ෂුවක් වඩාත් ඇහුම්කම් දෙන බවට හැඟෙනවා නම්, ඒ භික්ෂුව කරා ගොස් මෙසේ කියන්නට ඕන. 'ආයුෂ්මතුන් වහන්සේලාගේ ඔය වාදය අර්ථ වශයෙන් නම් සමානයි. නමුත් ප්‍රකාශ කරන ආකාරය නානාප්‍රකාරයි. යම් අයුරකින් ඔය වාදය තුළ සමාන අර්ථත්, නානාප්‍රකාර වූ ප්‍රකාශත් ඇද්ද, ඒ බව ආයුෂ්මතුන් වහන්සේලා දැනගත මැනැව. ඒ වගේම යම් මේ ප්‍රකාශ කරන්නා වූ ක්‍රමයෙහි ඇති වෙනස්කමක් ඇද්ද, එය වනාහී අල්පමාත්‍ර වූ දෙයකි. එනිසා අල්පමාත්‍ර වූ කරුණක් වන ප්‍රකාශ කරන ක්‍රමය පිළිබඳව ආයුෂ්මතුන් වහන්සේලා වාද විවාදවලට බැසගන්නට එපා!' කියලා.

ඔය විදිහට වරදවා ගත් දෙය වරදවා ගත් දෙයක් වශයෙන්ම දරා ගත යුතුයි. මනාකොට ගත්දෙය මනාකොට ගත් දෙයක් වශයෙන්ම දරාගත යුතුයි. වරදවා ගත් දෙය වරදවා ගත් දෙයක් වශයෙන් දරාගෙන, මනාකොට ගත් දෙය මනාකොට ගත් දෙයක් වශයෙනුත් දරාගෙන ධර්මය වූයේ යමක්ද, විනය වූයේ යමක්ද එය පමණක් ප්‍රකාශ කළ යුතුයි.

ඒ වගේ ම පින්වත් මහණෙනි, ඔබට මෙසේත් සිතෙන්නට පුළුවනි. 'මේ ආයුෂ්මතුන් වහන්සේලාගේ වාදය අර්ථ වශයෙනුත් සමානයි. ඒ වගේම ප්‍රකාශ කරන ආකාරයත් සමානයි' කියලා. එතකොට ඒ දෙදෙනා අතර යම් භික්ෂුවක් වඩාත් ඇහුම්කම් දෙන කෙනෙක් වශයෙන් හැඟෙනවා නම් ඒ භික්ෂුව වෙත ගොස් මේ ආකාරයෙන් පවසන්නට ඕන. 'ආයුෂ්මතුන් වහන්සේලාගේ ඔය වාදය අර්ථ වශයෙනුත් සමානයි. ඒ වගේම ප්‍රකාශ කරන ආකාරයත් සමානයි. යම් අයුරකින් ඔය වාදය තුළ සමාන අර්ථත්, සමාන වූ ප්‍රකාශත් ඇද්ද, ඒ බව ආයුෂ්මතුන් වහන්සේලා දැනගත මැනැව. එනිසා ආයුෂ්මතුන් වහන්සේලා වාද විවාදවලට බැසගන්නට එපා!' කියලා.

ඒ වගේම වාදයකට පැටලී එකම අදහසක් තුළ සිටින්නා වූ භික්ෂූන් අතර යම් භික්ෂුවක් වඩාත් ඇහුම්කම් දෙන බවට හැඟෙනවා නම්, ඒ භික්ෂුව කරා ගොස් මෙසේ කියන්නට ඕන. 'ආයුෂ්මතුන් වහන්සේලාගේ ඔය වාදය

අර්ථ වශයෙනුත් සමානයි. ඒ වගේම ප්‍රකාශ කරන ආකාරයත් සමානයි. යම් අයුරකින් ඔය වාදය තුළ සමාන අර්ථත්, සමාන වූ ප්‍රකාශත් ඇද්ද, ඒ බව ආයුෂ්මතුන් වහන්සේලා දැනගත මැනැව. එනිසා ආයුෂ්මතුන් වහන්සේලා වාද විවාදවලට බැසගන්නට එපා!' කියලා.

ඔය විදිහට මනාකොට ගත් දෙය මනාකොට ගත් දෙයක් වශයෙන්ම දරාගත යුතුයි. මනාකොට ගත් දෙය මනාකොට ගත් දෙයක් වශයෙන් දරාගෙන ධර්මය වූයේ යමක්ද, විනය වූයේ යමක්ද එය පමණක් ප්‍රකාශ කළ යුතුයි.

පින්වත් මහණෙනි, ඉතාම සමඟියෙන් යුතුව, ඉතාමත් සන්තෝෂයෙන් යුතුව, වාද විවාද නොකරමින් හික්මෙන්නා වූ ඒ භික්ෂූන් අතර සිටින එක්තරා භික්ෂුවකට ආපත්තියක් සිදුවන්නට පුළුවනි. එය විනය ශික්ෂාපදය ඉක්මවා යන්නට පුළුවනි. එවිට ඒ භික්ෂුවට චෝදනා කිරීම පිණිස නොයා යුතුයි. කළ යුත්තේ ආපත්තියට පත් වූ පුද්ගලයා පිළිබඳව හොඳින් පරීක්ෂා කිරීමයි. 'මෙසේ මටද වෙහෙසක් ඇති නොවන්නේය. බාහිර පුද්ගලයාටද පීඩාවක් ඇති නොවිය යුත්තේය' කියාය. යම්හෙයකින් ඒ බාහිර පුද්ගලයා ක්‍රෝධ රහිත කෙනෙක් නම්, බද්ධ වෛර නැති කෙනෙක් නම්, දැඩි කොට ගත් දෘෂ්ටි නැති කෙනෙක් නම්, තමන්ගේ වරද පහසුවෙන් අත්හරින කෙනෙක් නම්, 'මේ පුද්ගලයාව අකුසලයෙන් මුදවා කුසලයෙහි පිහිටුවන්නට මට පුළුවනි' යන හැඟීමෙන්ය. පින්වත් මහණෙනි, ඉදින් මෙබඳු වූ කෙනෙකුට නම් චෝදනාවක් කිරීම කරන්නට පුළුවනි.

පින්වත් මහණෙනි, ඉදින් යම්හෙයකින් මේ විදිහට සිතුනොත්; 'මට නම් වෙහෙසක් ඇති නොවන්නේය. නමුත් බාහිර පුද්ගලයාට පීඩාවක් ඇති වන්නට පුළුවනි' කියා. යම්හෙයකින් ඒ බාහිර පුද්ගලයාත් ක්‍රෝධ සහිත කෙනෙක් නමුත්, බද්ධ වෛර ඇති කෙනෙක් නමුත්, දැඩි කොට ගත් දෘෂ්ටි නැති කෙනෙක් නම්, තමන්ගේ වරද පහසුවෙන් අත්හරින කෙනෙක් නම්, එසේ වුනත් මේ පුද්ගලයාව අකුසලයෙන් මුදවා කුසලයෙහි පිහිටුවන්නට මට පුළුවනි යන හැඟීමෙන්ය. මේ බාහිර පුද්ගලයාට යම් මේ ඇවැත විමසීමෙන් ඇතිවන පීඩාවක් ඇද්ද, එය වනාහී අල්පමාත්‍ර වූ දෙයකි. එසේ නමුත් ඒ පුද්ගලයාව අකුසලයෙන් මුදවා ගෙන කුසලයෙහි පිහිටුවන්නට මට ඇති පුළුවන්කම ඔහුට මහත් යහපතක්ම සලසයි. පින්වත් මහණෙනි, ඉදින් මෙබඳු වූ කෙනෙකුට නම් චෝදනාවක් කිරීම කරන්නට පුළුවනි.

පින්වත් මහණෙනි, ඉදින් යම්හෙයකින් මේ විදිහට සිතුනොත්; 'මට නම් වෙහෙසක් ඇතිවන්නේය. නමුත් බාහිර පුද්ගලයාට පීඩාවක් ඇති නොවන්නේය' කියාය. යම්හෙයකින් ඒ බාහිර පුද්ගලයාත් ක්‍රෝධ රහිත කෙනෙක් වගේම,

බද්ධ වෛර නැති කෙනෙක් වගේම, දැඩි කොට ගත් දෘෂ්ටි නැති කෙනෙක් නම්, නමුත් තමන්ගේ වරද පහසුවෙන් අත් නොහරින කෙනෙක් නම්, එසේ හෙයින් 'මේ පුද්ගලයාව අකුසලයෙන් මුදවා කුසලයෙහි පිහිටුවන්නට මට පුළුවනි' යන හැඟීමෙන්ය. මේ බාහිර පුද්ගලයාගේ යම් මේ ඇවැත විමසීමෙන් මට ඇතිවන පීඩාවක් ඇද්ද, එය වනාහී අල්පමාත්‍ර වූ දෙයකි. එසේ නමුත් ඒ පුද්ගලයාව අකුසලයෙන් මුදවා ගෙන කුසලයෙහි පිහිටුවන්නට මට ඇති පුළුවන්කම ඔහුට මහත් යහපතක්ම සලසයි. පින්වත් මහණෙනි, ඉදින් මෙබඳු වූ කෙනෙකුට නම් චෝදනාවක් කිරීම කරන්නට පුළුවනි.

පින්වත් මහණෙනි, ඉදින් යම්හෙයකින් මේ විදිහට සිතුනොත්; 'මට ත් වෙහෙසක් ඇතිවන්නේය. ඒ වගේම බාහිර පුද්ගලයාටත් පීඩාවක් ඇති වන්නේය' කියාය. යම්හෙයකින් ඒ බාහිර පුද්ගලයාත් ක්‍රෝධ සහිත කෙනෙක් වුනත්, බද්ධ වෛර ඇති කෙනෙක් වුනත්, දැඩි කොට ගත් දෘෂ්ටි නැති කෙනෙක් නම්, තමන්ගේ වරද පහසුවෙන් අත්නොහරින කෙනෙක් නම්, එසේ වුනත් 'මේ පුද්ගලයාව අකුසලයෙන් මුදවා කුසලයෙහි පිහිටුවන්නට මට පුළුවනි' යන හැඟීමෙන්ය. මෙයට මැදිහත්වෙන්නට ගොස් මට ඇතිවන යම් පීඩාවක් ඇද්ද, මේ බාහිර පුද්ගලයාට යම් මේ ඇවැත විමසීමෙන් ඇතිවන පීඩාවක් ඇද්ද, එය වනාහී අල්පමාත්‍ර වූ දෙයකි. එසේ නමුත් ඒ පුද්ගලයාව අකුසලයෙන් මුදවා ගෙන කුසලයෙහි පිහිටුවන්නට මට ඇති පුළුවන්කම ඔහුට මහත් යහපතක්ම සලසයි. පින්වත් මහණෙනි, ඉදින් මෙබඳු වූ කෙනෙකුට නම් චෝදනාවක් කිරීම කරන්නට පුළුවනි.

පින්වත් මහණෙනි, ඉදින් යම්හෙයකින් මේ විදිහට සිතුනොත්; 'මටත් වෙහෙසක් ඇතිවන්නේය. ඒ වගේම බාහිර පුද්ගලයාටද පීඩාවක් ඇති වන්නේය' කියාය. යම්හෙයකින් ඒ බාහිර පුද්ගලයාත් ක්‍රෝධ සහිත කෙනෙක් වුනත්, බද්ධ වෛර ඇති කෙනෙක් වුනත්, දැඩි කොට ගත් දෘෂ්ටි ඇති කෙනෙක් නම්, තමන්ගේ වරද පහසුවෙන් අත්නොහරින කෙනෙක් නම්, ඒ වගේම 'මේ පුද්ගලයාව අකුසලයෙන් මුදවා කුසලයෙහි පිහිටුවන්නට මට පුළුවන්කමක් නැහැ' යන හැඟීම ඇතිවෙනවා නම්, පින්වත් මහණෙනි, මෙබඳු වූ පුද්ගලයා කෙරෙහි ඇති උපේක්ෂාව ඉක්මවා නොයා යුතුයි.

පින්වත් මහණෙනි, ඉතාම සමඟියෙන් යුතුව, ඉතාමත් සන්තෝෂයෙන් යුතුව, වාද විවාද නොකරමින් හික්මෙන්නා වූ ඒ ඔබ අතර එකිනෙකා හට වචනයෙන් බහින්බස් වීමක් හටගන්නට පුළුවනි. මතවාද සට්ටනයක් හටගන්නටත් පුළුවනි. ඒ පිළිබඳව අමනාපයක්, නොසතුටක් ඇතිව, එය සිතෙහි වේදනාකාරී හැඟීමක් වශයෙන් පවතින්නටත් පුළුවනි. එවිට සමාන

මත දරන භික්ෂූන් අතරින් යම් භික්ෂුවක් තමන්ගේ වචනයට හොඳින් ඇහුම්කම් දෙන බව හැඟේ නම්, ඒ භික්ෂුව කරා ගොස් මේ අයුරින් කිව යුතුයි. 'ප්‍රිය ආයුෂ්මතුනි, ඉතාමත් සමඟියෙන් යුතුව, සමඟියෙන් සතුටු වෙමින්, වාද විවාද නොකරමින්, ධර්මයෙහි හික්මෙමින් සිටි අප තුළ එකිනෙකා අතර බහින් බස් වීමක් ඇතිවුනා. දෘෂ්ටි ඝට්ටනයක් ඇතිවුනා. ඒ පිළිබඳව අමනාපයකුත්, නොසතුටකුත් ඇතිවුනා. එය සිතෙහි වේදනාකාරීව පවතිනවා. මෙය කවුරුන් හෝ දැනගත්තොත් ගැරහීමකට කරුණක් වන්නේය' කියා. එවිට පින්වත් මහණෙනි, නියම ආකාරයෙන් උත්තර දෙන භික්ෂුවක් නම් මෙසේ කිව යුතුය. 'ප්‍රිය ආයුෂ්මතුනි, ඉතාමත් සමඟියෙන් යුතුව, සමඟියෙන් සතුටු වෙමින්, වාද විවාද නොකරමින්, ධර්මයෙහි හික්මෙමින් සිටි අප තුළ එකිනෙකා අතර බහින් බස් වීමක් ඇතිවුනා තමයි. දෘෂ්ටි ඝට්ටනයක් ඇතිවුනා තමයි. ඒ පිළිබඳව අමනාපයකුත්, නොසතුටකුත් ඇතිවුනා තමයි. එය සිතෙහි වේදනාකාරීව පවතිනවා තමයි. මෙය කවුරුන් හෝ දැනගත්තොත් අපට ගැරහුම් ලැබෙනවාමයි. ප්‍රිය ආයුෂ්මතුනි, මේ කෝලාහලය අත්නොහැර නිර්වාණය සාක්ෂාත් කරාවිද? පින්වත් මහණෙනි, නියම විදිහට උත්තර දෙන භික්ෂුවක් නම් මෙහෙමයි කියන්නේ. 'ප්‍රිය ආයුෂ්මතුනි, ඔය කෝලාහලය අත්නොහැර නම් නිර්වාණය සාක්ෂාත් කරන්නෙ නෑ' කියලයි.

ඒ වගේම පින්වත් මහණෙනි, එකම අදහස දරන්නා වූ අනෙක් භික්ෂූන් අතරින් යම් භික්ෂුවක් තමන්ගේ වචනයට ඇහුම්කම් දෙන බව හැඟෙයි නම්, ඒ භික්ෂුව වෙත ගොස් මේ අයුරින් කිව යුතුය. 'ප්‍රිය ආයුෂ්මතුනි, ඉතාමත් සමඟියෙන් යුතුව, සමඟියෙන් සතුටු වෙමින්, වාද විවාද නොකරමින්, ධර්මයෙහි හික්මෙමින් සිටි අප තුළ එකිනෙකා අතර බහින් බස් වීමක් ඇතිවුනා. දෘෂ්ටි ඝට්ටනයක් ඇතිවුනා. ඒ පිළිබඳව අමනාපයකුත්, නොසතුටකුත් ඇතිවුනා. එය සිතෙහි වේදනාකාරීව පවතිනවා. මෙය කවුරුන් හෝ දැනගත්තොත් ගැරහීමකට කරුණක් වන්නේය' කියා. එවිට පින්වත් මහණෙනි, නියම ආකාරයෙන් උත්තර දෙන භික්ෂුවක් නම් මෙසේ කිව යුතුය. 'ප්‍රිය ආයුෂ්මතුනි, ඉතාමත් සමඟියෙන් යුතුව, සමඟියෙන් සතුටු වෙමින්, වාද විවාද නොකරමින්, ධර්මයෙහි හික්මෙමින් සිටි අප තුළ එකිනෙකා අතර බහින් බස් වීමක් ඇතිවුනා තමයි. දෘෂ්ටි ඝට්ටනයක් ඇතිවුනා තමයි. ඒ පිළිබඳව අමනාපයකුත්, නොසතුටකුත් ඇතිවුනා තමයි. එය සිතෙහි වේදනාකාරීව පවතිනවා තමයි. මෙය කවුරුන් හෝ දැනගත්තොත් අපට ගැරහුම් ලැබෙනවාමයි. ප්‍රිය ආයුෂ්මතුනි, මේ කෝලාහලය අත්නොහැර නිර්වාණය සාක්ෂාත් කරන්නෙ නෑ නේද?' කියලා. පින්වත් මහණෙනි, නියම විදිහට උත්තර දෙන භික්ෂුවක් නම් මෙහෙමයි කියන්නේ.

'ප්‍රිය ආයුෂ්මතුනි, ඔය කෝලාහලය අත්නොහැර නම් නිර්වාණය සාක්ෂාත් කරන්නෙ නෑ' කියලයි.

පින්වත් මහණෙනි, අනිත් භික්ෂූන් වහන්සේලා ඒ භික්ෂුවගෙන් මෙහෙම අසන්නට පුළුවනි. ආයුෂ්මතුන් වහන්සේ විසින් මේ භික්ෂූන් වහන්සේලාව අකුසලයෙන් මුදවා ගෙන කුසලයෙහි පිහිටෙව්වා නේද?' කියා. එවිට පින්වත් මහණෙනි, නියම විදිහට උත්තර දෙන භික්ෂුවක් කිව යුත්තේ මෙහෙමයි. 'ප්‍රිය ආයුෂ්මතුනි, මං භාග්‍යවතුන් වහන්සේ ළඟට ගියා. ඒ මට භාග්‍යවතුන් වහන්සේ ශ්‍රී සද්ධර්මය දේශනා කොට වදාළා. මං ධර්මය අසා ඒ භික්ෂූන් වහන්සේලාට එය පැවසුවා. ඒ භික්ෂූන් වහන්සේලාද ඒ ධර්මය අසා අකුසලයෙන් මිදුනා. කුසලයෙහි පිහිටියා' කියලා. පින්වත් මහණෙනි, මේ ආකාරයෙන් පිළිතුරු දෙන භික්ෂුව තමන්ව හුවාදක්වා ගන්නෙත් නෑ. අනුන්ව හෙළාදකින්නෙත් නෑ. ධර්මයට අනුකූල වූ දෙයක්ම කතා කරනවා. කරුණු සහිතව ගැරහිය යුතු වාදයක් ඇති වෙන තැනකට පත්වෙන්නෙත් නෑ."

භාග්‍යවතුන් වහන්සේ මේ උතුම් දේශනය වදාළා. ඒ දේශනය ගැන ඒ භික්ෂූන් වහන්සේලා ගොඩක් සතුටු වුනා. භාග්‍යවතුන් වහන්සේ වදාළ මේ දේශනය සතුටින් පිළිගත්තා.

සාදු! සාදු!! සාදු!!!

'කුමක්ද සිතෙන්නේ' යනුවෙන් වදාළ දෙසුම නිමා විය.

3.1.4.
සාමගාම සූත්‍රය
සාම ගමේදී වදාළ දෙසුම

මා හට අසන්නට ලැබුනේ මේ විදිහටයි. ඒ දිනවල භාග්‍යවතුන් වහන්සේ වැඩසිටියේ ශාක්‍ය ජනපදයෙහි සාම නම් ගමේ. ඒ කාලය වනවිට නිගණ්ඨ නාතපුත්‍ර පාවා නුවරදී කළුරිය කොට වැඩි කලක් ගිහින් නැහැ. ඔහුගේ කළුරිය කිරීමෙන් පසු නිගණ්ඨයන් දෙකොටසකට බිඳුනා. ඔවුන් තුළ අර්බුද හටගත්තා, කෝළාහල හටගත්තා, වාද විවාද හටගත්තා, එකිනෙකා වචන නැමැති ආයුධ වලින් ඇණගත්තා. "නුඹ මේ ධර්ම විනය දන්නෙ නැහැ. මමයි මේ ධර්ම විනය දන්නෙ. නුඹ මේ ධර්ම විනය නොදන්නේ මක්නිසාද? නුඹ මිත්‍යා ප්‍රතිපත්තියකයි ඉන්නෙ. මම තමයි සැබෑ ප්‍රතිපත්තියේ ඉන්නෙ. මාගේ වචනය අර්ථ සහිතයි. නුඹගේ වචනය අර්ථ රහිතයි. නුඹ කලින් කිවයුතු වචනය තමයි පස්සෙ කිව්වෙ. පස්සෙ කිවයුතු වචනය තමයි මුලින්ම කිව්වෙ. නුඹ මෙතෙක් කල් පුරුදු කළ දෙය කණපිට හැරුනා. නුඹට වාදයක් නංවලයි තියෙන්නෙ. නිග්‍රහ කරලයි තියෙන්නෙ. පුළුවන්කමක් තිබෙයි නම් ඒ වාදයෙන් නිදහස් වන්නට ගැට ලිහාගන්න ඇවිදගෙන පල" කියලා. නිගණ්ඨ නාතපුත්‍රගේ ශ්‍රාවකයන් අතර මෙය මහා වදයක් කියලයි හැගෙන්නෙ.

නිගණ්ඨ නාතපුත්‍රගේ සුදු වත් හඳිනා යම් ගිහි ශ්‍රාවකයන් සිටිනවාද, මේ නිගණ්ඨ නාතපුත්‍රගේ ශ්‍රාවකයන් අතර හටගත් අර්බුදය නිසා ඔවුනුත් සිටියේ කළකිරුණු ස්වභාවයෙනුයි. නොඇලුණු ස්වභාවයෙනුයි. සැලකිලි නොදක්වන ස්වභාවයෙනුයි. යම් අයුරකින් වැරදි ලෙස පවසන ලද ධර්ම විනයක් ඇති, වැරදි ලෙස කියන ලද, නිවන් පිණිස නොපවතින, සංසිඳීම පිණිස නොපවතින, සම්මා සම්බුදු නොවන අය විසින් පවසන ලද ධර්ම විනයක් ඇති විට, දැන් එය තිබෙන්නේ පිළිසරණ රහිත වූ, කඩා වැටුණු දෙයක් ලෙසයි.

එවිට පාවා නුවර වස් වසා සිටි චුන්ද සමණුද්දේසයන් වහන්සේ සාම ග්‍රාමයෙහි සිටි ආයුෂ්මත් ආනන්දයන් වෙත පැමිණුනා. පැමිණ ආයුෂ්මත් ආනන්දයන් වහන්සේට ආදරයෙන් වන්දනා කොට එකත්පස්ව හිඳගත්තා. එකත්පස්ව හුන් චුන්ද සමණුද්දේසයන් වහන්සේ ආයුෂ්මත් ආනන්දයන්ට මෙය

පැවසුවා. "ස්වාමිනී, නිගණ්ඨ නාතපුත්‍ර පාවා නුවරදී කළුරිය කොට වැඩි කලක් ගිහින් නැහැ. ඔහුගේ කළුරිය කිරීමෙන් පසු නිගණ්ඨයන් දෙකොටසකට බිඳුනා. ඔවුන් තුළ අර්බුද හටගත්තා, කෝළාහල හටගත්තා, වාද විවාද හටගත්තා, එකිනෙකා වචන නැමැති ආයුධවලින් ඇණගන්නවා. ....(පෙ).... දැන් එය තිබෙන්නේ පිළිසරණ රහිත වූ, කඩා වැටුණු දෙයක් ලෙසයි."

මෙසේ පැවසූ විට ආයුෂ්මත් ආනන්දයන් වහන්සේ චුන්ද සමණුද්දේසයන් හට මෙය පැවසුවා. "ප්‍රිය ආයුෂ්මත් චුන්ද, භාග්‍යවතුන් වහන්සේ දකින්නට සුදුසු වූ මේ කථා පඬුරක් තියෙනවා. ආයුෂ්මත් චුන්ද, එන්න. භාග්‍යවතුන් වහන්සේ කරා අපි යමු. ගිහින් භාග්‍යවතුන් වහන්සේට මේ කාරණය දැනුම් දෙමු." "එසේය, ස්වාමීනී" චුන්ද සමණුද්දේසයන් වහන්සේ ආයුෂ්මත් ආනන්දයන්ට පිළිතුරු දුන්නා.

එවිට ආයුෂ්මත් ආනන්දයන් වහන්සේ ද චුන්ද සමණුද්දේසයන් වහන්සේ ද භාග්‍යවතුන් වහන්සේ වෙත පැමිණුනා. පැමිණ භාග්‍යවතුන් වහන්සේට ආදරයෙන් වන්දනා කොට එකත්පස්ව වාඩිවුනා. එකත්පස්ව හුන් ආයුෂ්මත් ආනන්දයන් භාග්‍යවතුන් වහන්සේට මෙය පැවසුවා. "ස්වාමීනී, භාග්‍යවතුන් වහන්ස, මේ චුන්ද සමණුද්දේසයන් මෙහෙම කියනවා. 'ස්වාමිනී, නිගණ්ඨ නාතපුත්‍ර පාවා නුවරදී කළුරිය කොට වැඩි කලක් ගිහින් නැහැ. ඔහුගේ කළුරිය කිරීමෙන් පසු නිගණ්ඨයන් දෙකොටසකට බිඳුනා. ඔවුන් තුළ අර්බුද හටගත්තා, කෝළාහල හටගත්තා, වාද විවාද හටගත්තා, එකිනෙකා වචන නැමැති ආයුධ වලින් ඇණගන්නවා. ....(පෙ).... දැන් එය තිබෙන්නේ පිළිසරණ රහිත වූ, කඩා වැටුණු දෙයක් ලෙසයි' කියලා. ස්වාමීනී, ඔවුන්ගේ අර්බුදය පිළිබඳව මට මෙහෙම හිතෙනවා. 'භාග්‍යවතුන් වහන්සේගේ ඇවෑමෙන් පසු සංඝයා අතර නම් විවාදයක් හටගන්නට එපා! එහෙම වුණොත් ඒ විවාදය බොහෝ ජනයාට අහිත පිණිස, බොහෝ ජනයාට නොසැප පිණිස, බොහෝ ජනයාට අනර්ථය පිණිස, දෙවි මිනිසුන්ට අහිත පිණිස, දුක් පිණිස පවතීවි' කියලා.

"පින්වත් ආනන්ද, ඒ ගැන කුමක්ද සිතන්නේ? මා විසින් උපදවා ගත් විශිෂ්ට ඥාණයෙන් යුතුව ඔබට දේශනා කරන ලද ධර්මය තියෙනවා. ඒ කවර ධර්මයක්ද යත්; සතර සතිපට්ඨාන, සතර සම්‍යක් ප්‍රධාන වීර්යය, සතර ඉර්ධිපාද, පංච ඉන්ද්‍රිය, පංච බල, සප්ත බොජ්ඣංග හා ආර්ය අෂ්ටාංගික මාර්ගයයි. පින්වත් ආනන්ද, මේ සත්තිස් බෝධිපාක්ෂික ධර්මයන් පිළිබඳව භික්ෂූන් දෙදෙනෙකු අතරවත් නානාප්‍රකාර වාදයන් ඇති වී තිබෙන බව ඔබට පෙනෙනවාද?"

"ස්වාමීනී, භාග්‍යවතුන් වහන්සේ විසින් උපදවා ගත් විශිෂ්ට ඤාණයෙන් යුතුව අපට දේශනා කරන ලද ධර්මය තියෙනවා. ඒ කවර ධර්මයක්ද යත්; සතර සතිපට්ඨාන, සතර සම්‍යක් ප්‍රධාන වීර්යය, සතර ඉර්ධිපාද, පංච ඉන්ද්‍රිය, පංච බල, සප්ත බොජ්ඣංග හා ආර්ය අෂ්ටාංගික මාර්ගයයි. ස්වාමීනී, භාග්‍යවතුන් වහන්ස, මේ සත්තිස් බෝධිපාක්ෂික ධර්මයන් පිළිබඳව භික්ෂූන් දෙදෙනෙකු අතරවත් නානාප්‍රකාර වාදයන් ඇති වී තිබෙන බවක් මා දකින්නේ නෑ. නමුත් ස්වාමීනී, භාග්‍යවතුන් වහන්සේ ඇසුරු කරමින් වාසය කරන්නා වූ යම් පුද්ගලයන් සිටිත්ද, ඔවුන් භාග්‍යවතුන් වහන්සේගේ ඇවෑමෙන් සංඝයා අතර ආජීවය මුල් කොට හෝ ප්‍රාතිමෝක්ෂය මුල් කොට හෝ වාද විවාදයක් ඉපැද්දුවොත් එම වාදය බොහෝ ජනයාට අහිත පිණිස, බොහෝ ජනයාට නොසැප පිණිස, බොහෝ ජනයාට අනර්ථය පිණිස, දෙව් මිනිසුන්ට අහිත පිණිස, දුක් පිණිස පවතීවි."

"පින්වත් ආනන්ද, ජීවත්වන පිළිවෙල මුල්කොට හෝ ප්‍රාතිමෝක්ෂ සංඛ්‍යාත උතුම් විනය නීති මුල්කොට ඇතිවන්නා වූ යම් විවාදයක් ඇත්නම්, එය අල්පමාත්‍ර වූ දෙයකි. එහෙත් පින්වත් ආනන්ද, නිවන් පිණිස අනුගමනය කළ යුතු මාර්ගය පිළිබඳව හෝ ප්‍රතිපදාව පිළිබඳවයි සංඝයා අතර විවාදයක් ඇති වුණොත් ඇතිවෙන්නේ. අන්න ඒ විවාදය නම් බොහෝ ජනයාට අහිත පිණිස, බොහෝ ජනයාට නොසැප පිණිස, බොහෝ ජනයාට අනර්ථය පිණිස, දෙව් මිනිසුන්ට අහිත පිණිස, දුක් පිණිස පවතීවි.

පින්වත් ආනන්ද, විවාදයන්ට මුල්වන මේ කරුණු හයක් තිබෙනවා. කවර කරුණු සයක්ද යත්; පින්වත් ආනන්ද, මෙහිලා ක්‍රෝධ කරන, බද්ධ වෛර ඇති භික්ෂුවක් ඉන්නවා. පින්වත් ආනන්ද, යම් මේ භික්ෂුවක් ක්‍රෝධයෙන් යුක්ත වෙයිද, බද්ධ වෛරයෙන් යුක්ත වෙයිද, ඔහු වාසය කරන්නේ ශාස්තෲන් වහන්සේ කෙරෙහි පවා අගෞරවයකින් යුක්තව හිතුවක්කාර ලෙසයි. ඒ වගේම ඔහු වාසය කරන්නේ ධර්මය කෙරෙහි පවා අගෞරවයකින් යුක්තව හිතුවක්කාර ලෙසයි. ඒ වගේම ඔහු වාසය කරන්නේ සංඝයා කෙරෙහි පවා අගෞරවයකින් යුක්තව හිතුවක්කාර ලෙසයි. ඒ වගේම ඔහු ශික්ෂාව සම්පූර්ණ කරන කෙනෙක් නොවෙයි.

පින්වත් ආනන්දය, යම් ඒ භික්ෂුවක් ශාස්තෲන් වහන්සේ කෙරෙහි අගෞරවයකින් යුක්තව හිතුවක්කාර ලෙස ඉන්නවාද, ඒ වගේම ධර්මය කෙරෙහිත් ....(පෙ).... සංඝයා කෙරෙහිත් අගෞරවයකින් යුක්තව හිතුවක්කාර ලෙස ඉන්නවාද, ඒ වගේම ශික්ෂාව සම්පූර්ණ නොකර ඉන්නවාද, අන්න ඒ භික්ෂුව තමයි සංඝයා අතර වාද විවාද උපදවන්නේ. යම් වාද විවාදයක්

ඇද්ද, එය බොහෝ ජනයාට අහිත පිණිස, බොහෝ ජනයාට නොසැප පිණිස, බොහෝ ජනයාට අනර්ථය පිණිස, දෙවි මිනිසුන් හට අහිත පිණිස, දුක් පිණිස හේතුවෙනවා.

එම නිසා පින්වත් ආනන්ද, ඉදින් මෙබඳු වූ වාද විවාදයන්ට මූලික වන දෙයක් තමා තුළ හෝ වේවා, බාහිර හෝ වේවා දකින්නට ලැබුනොත් පින්වත් ආනන්ද, එහිලා ඒ පවිටු විවාද මූලය ප්‍රහාණය කිරීම පිණිස උත්සාහ කරන්න. ඒ වගේම පින්වත් ආනන්ද, තමා තුළ හෝ වේවා, බාහිර හෝ වේවා, මෙබඳු වූ විවාද මූලයක් දකින්නට නොලැබුනොත්, එහිලා අනාගතයේදීවත්, ඒ පවිටු වූ විවාද මූලයක් නූපදින්නට ඔබ කටයුතු කළ යුතුයි. ඔය ආකාරයට තමයි ඒ පවිටු විවාද මූලය ප්‍රහාණය වන්නේ. ඔය ආකාරයටමයි ඒ පවිටු විවාද මූලය අනාගතයෙහිදී හෝ නූපදින්නේ.

පින්වත් ආනන්ද, මෙහිලා අනුන්ගේ ගුණ නසන, එකට එක කරන භික්ෂුවක් ඉන්නවා. ....(පෙ).... ඊර්ෂ්‍යාවෙන් යුක්ත වූ, තමා සතු දෙයක් තව කෙනෙක් පරිභණය කරනවාට අකමැති මසුරු භික්ෂුවක් ඉන්නවා ....(පෙ).... කට්ට කෛරාටික මෙන්ම සත්‍ය සඟවා ගෙන බොරුවක් පෙන්වන මායාකාරී භික්ෂුවක් ඉන්නවා ....(පෙ).... පාපී ආශාවන්ගෙන් යුක්තව මිථ්‍යාදෘෂ්ටික භික්ෂුවක් ඉන්නවා ....(පෙ).... ස්වකීය දෘෂ්ටියම තරයේ ගත්, දැඩි ලෙස මතවාද වලට බැඳුණු සහ ඒවා අත්හරින්නට දුෂ්කර භික්ෂුවක් ඉන්නවා. පින්වත් ආනන්ද, යම් මේ භික්ෂුවක් තම මතයම දැඩිව ග්‍රහණය කරගෙන සිටීද, දැඩි ලෙස මතවාදවලට බැඳී ඒවා අත්හරින්නට නොහැකිව සිටීද, ඔහු වාසය කරන්නේ ශාස්තෘන් වහන්සේ කෙරෙහි පවා අගෞරවයකින් යුක්තව හිතුවක්කාර ලෙසයි. ඒ වගේම ඔහු වාසය කරන්නේ ධර්මය කෙරෙහි පවා අගෞරවයකින් යුක්තව හිතුවක්කාර ලෙසයි. ඒ වගේම ඔහු වාසය කරන්නේ සංඝයා කෙරෙහි පවා අගෞරවයකින් යුක්තව හිතුවක්කාර ලෙසයි. ඒ වගේම ඔහු ශික්ෂාව සම්පූර්ණ කරන කෙනෙක් නොවෙයි.

පින්වත් ආනන්දය, යම් ඒ භික්ෂුවක් ශාස්තෘන් වහන්සේ කෙරෙහි අගෞරවයකින් යුක්තව හිතුවක්කාර ලෙස ඉන්නවාද, ඒ වගේම ධර්මය කෙරෙහිත් ....(පෙ).... සංඝයා කෙරෙහිත් අගෞරවයකින් යුක්තව හිතුවක්කාර ලෙස ඉන්නවාද, ඒ වගේම ශික්ෂාව සම්පූර්ණ නොකර ඉන්නවාද, අන්න ඒ භික්ෂුව තමයි සංඝයා අතර වාද විවාද උපදවන්නේ. යම් වාද විවාදයක් ඇද්ද, එය බොහෝ ජනයාට අහිත පිණිස, බොහෝ ජනයාට නොසැප පිණිස, බොහෝ ජනයාට අනර්ථය පිණිස, දෙවි මිනිසුන් හට අහිත පිණිස, දුක් පිණිස හේතුවෙනවා.

එම නිසා පින්වත් ආනන්ද, ඉදින් මෙබඳු වූ වාද විවාදයන්ට මූලික වන දෙයක් තමා තුළ හෝ වේවා, බාහිර හෝ වේවා දකින්නට ලැබුනොත් පින්වත් ආනන්ද, එහිලා ඒ පවිටු විවාද මූලය ප්‍රහාණය කිරීම පිණිස උත්සාහ කරන්න. ඒ වගේම පින්වත් ආනන්ද, තමා තුළ හෝ වේවා, බාහිර හෝ වේවා, මෙබඳු වූ විවාද මූලයක් දකින්නට නොලැබුනොත්, එහිලා අනාගතයේදීවත්, ඒ පවිටු වූ විවාද මූලය නූපදින්නට ඔබ කටයුතු කළ යුතුයි. ඔය ආකාරයට තමයි ඒ පවිටු විවාද මූලය ප්‍රහාණය වන්නේ. ඔය ආකාරයටමයි ඒ පවිටු විවාද මූලය අනාගතයෙහිදී හෝ නූපදින්නේ. පින්වත් ආනන්ද, විවාදවලට මුල්වන කරුණු හය නම් මෙයයි.

පින්වත් ආනන්දය, ආරවුල් (අධිකරණ) සතරක් තියෙනවා. කවර සතරක්ද යත්; විවාදයන්ගෙන් හටගන්නා වූ ආරවුල හෙවත් විවාදාධිකරණය. මතවාදයන්ට අනුව කරුණු කීමෙන් හටගන්නා වූ ආරවුල හෙවත් අනුවාදාධිකරණය. ඇවැත් හේතුවෙන් හටගන්නා ආරවුල හෙවත් ආපත්තාධිකරණය. වැඩකටයුතු හේතුවෙන් හටගන්නා ආරවුල හෙවත් කිච්චාධිකරණය. පින්වත් ආනන්දය, මේ තමයි ආරවුල් හෙවත් අධිකරණ සතර.

ඒ වගේම පින්වත් ආනන්ද, මෙම ආරවුල් හෙවත් අධිකරණයන් සංසිඳවීමට අධිකරණසමථ හතක් තියෙනවා. උපනුපන් ආරවුල්වල සමථයකට පත්වීම පිණිස, සංසිඳවීම පිණිස සම්මුඛාවිනය දිය යුතුය. සතිවිනය දිය යුතුය. අමූළ්හවිනය දිය යුතුය. ප්‍රතිඥාවෙන් කරවිය යුතුය. යේභුය්‍යසිකා කළ යුතුය. තස්සපාපියා්‍යසිකා කළ යුතුය. තිණවත්ථාරකය කළ යුතුය.

පින්වත් ආනන්දය, සම්මුඛාවිනය වෙන්නේ කෙසේද? මෙකරුණෙහිලා පින්වත් ආනන්ද, භික්ෂූන් වහන්සේලා ධර්මයයි කියා හෝ අධර්මයයි කියා හෝ විනයයි කියා හෝ අවිනයයි කියා හෝ විවාද ඇති කරගන්නවා. පින්වත් ආනන්දය, එතකොට සමඟි සම්පන්නව සිටින සියලුම භික්ෂූන් වහන්සේලා රැස්විය යුතුයි. රැස් වී ධර්මයට අනුකූල වූ දෙය හොඳින් විමසිය යුතුයි. ධර්මයට අනුකූල වූ දෙය හොඳින් විමසා යම් අයුරකින් එය ධර්මය හා එකඟ වෙයිද, ඒ අයුරින් එම ආරවුල සංසිඳවිය යුතුයි. පින්වත් ආනන්ද, සම්මුඛාවිනය වෙන්නේ ඔය ආකාරයෙනුයි. මෙසේත් ඇතැම් ආරවුල් ඔය සම්මුඛාවිනය තුළින් සංසිඳී යනවා.

පින්වත් ආනන්දය, යේභුය්‍යසිකාව වෙන්නේ කෙසේද? පින්වත් ආනන්ද, ඉදින් ඒ භික්ෂූන් වහන්සේලාට එම ආරවුල ඒ ආවාසය තුළදීම සංසිඳුවා ගන්නට නොහැකි වුනෝතින් පින්වත් ආනන්දය, එවිට යම් ආවාසයක ඊට වඩා බොහෝ භික්ෂූන් සිටිත්ද, ඒ භික්ෂූන් වහන්සේලා ඒ ආවාසයට යා

යුතුයි. එහිදී සමගි සම්පන්න වූ සියලුම භික්ෂූන් වහන්සේලා රැස්විය යුතුයි. රැස් වී ධර්මයට අනුකූල වූ දෙය හොඳින් විමසිය යුතුයි. ධර්මයට අනුකූල වූ දෙය හොඳින් විමසා යම් අයුරකින් එය ධර්මය හා එකඟ වෙයිද, ඒ අයුරින් එම ආරවුල සංසිඳවිය යුතුයි. පින්වත් ආනන්ද, යේභුය්‍යසිකාව වෙන්නේ ඔය ආකාරයෙනුයි. මෙසේත් ඇතැම් ආරවුල් ඔය යේභුය්‍යසිකාව තුළින් සංසිඳී යනවා.

පින්වත් ආනන්දය, සතිවිනය වෙන්නේ කොහොමද? පින්වත් ආනන්ද, මෙහිලා භික්ෂුවක් පාරාජිකා ආපත්තියකින් හෝ වේවා පාරාජිකා ආපත්තියකට කිට්ටු වූ ආපත්තියකින් හෝ වේවා මෙබඳු වූ ගරුකාපත්තියකින් භික්ෂුවකට චෝදනා කරනවා. ප්‍රිය ආයුෂ්මතුනි, ඔබ පාරාජිකාපත්තියකට හෝ පරාජිකාපත්තියකට ආසන්න වෙන කරුණකට හෝ එවැනි ගරුකාපත්තියකට පත් වී සිටින බව සිහිකරනවාද? එතකොට ඒ භික්ෂුව මෙහෙම කිව්වොත් 'ප්‍රිය ආයුෂ්මතුනි, පාරාජිකාපත්තියකට හෝ පරාජිකාපත්තියකට ආසන්න වෙන කරුණකට හෝ එවැනි ගරුකාපත්තියකට පත් වී සිටින බවක් මට සිහිවෙන්නෙ නැහැ.' පින්වත් ආනන්ද, ඒ භික්ෂුවට දිය යුත්තේ සතිවිනයයි. පින්වත් ආනන්දය, සතිවිනය වෙන්නේ ඔය විදිහටයි. ඔය ආකාරයෙනුත් යම් මේ සතිවිනය තුළින් ඇතැම් අර්බුදයන් සංසිඳිලා යනවා.

පින්වත් ආනන්ද, අමූළ්හවිනය වෙන්නේ කොහොමද? පින්වත් ආනන්ද, මෙහිලා භික්ෂුව පාරාජිකාපත්තියකින් වේවා, පාරාජිකාපත්තියකට ආසන්න කරුණකින් වේවා එවැනි ගරුකාපත්තියකින් තවත් භික්ෂුවකට චෝදනා කරනවා. ප්‍රිය ආයුෂ්මතුනි, ඔබ පාරාජිකාපත්තියකට හෝ පරාජිකාපත්තියකට ආසන්න වෙන කරුණකට හෝ එවැනි ගරුකාපත්තියකට පත් වී සිටින බව සිහිකරනවාද? එතකොට ඒ භික්ෂුව මෙහෙම කිව්වොත් 'ප්‍රිය ආයුෂ්මතුනි, පාරාජිකාපත්තියකට හෝ පරාජිකාපත්තියකට ආසන්න වෙන කරුණකට හෝ එවැනි ගරුකාපත්තියකට පත් වී සිටින බවක් මට සිහිවෙන්නෙ නැහැ.' එතකොට ඒ භික්ෂුව කරන්නේ ඇවැතින් නිදහස් වෙන්නට උත්සාහ කරන ඒ භික්ෂුවට එම ඇවැතම මතක් කරදෙමින් එහිම වෙළීමයි. 'ආයුෂ්මත, හොඳින් කල්පනා කර බලන්න. ඇත්තෙන්ම ප්‍රිය ආයුෂ්මතුනි, ඔබ පාරාජිකාපත්තියකට හෝ පරාජිකාපත්තියකට ආසන්න වෙන කරුණකට හෝ එවැනි ගරුකාපත්තියකට පත් වී සිටින බව සිහිකරනවා නේද? එතකොට ඔහු මෙහෙම කියනවා. 'ප්‍රිය ආයුෂ්මතුනි, මං උමතුවෙන් වගේ චිත්ත විපර්යාසයකට පත්වෙලා සිටියා නෙව. ඒ සිහිවිකල්බව නිසාම මගේ අතින් පැවිද්දන්ට නොගැලපෙන බොහෝ දේවල් කෙරුනා. බොහෝ දේවල් කියවුනා. නමුත් මට ඒක සිහිවෙන්නෙ නෑ. සිහිමුලා වීමෙන්මයි මං එය කළේ' කියල උත්තර දෙනවා. පින්වත් ආනන්ද, ඒ භික්ෂුවට

දිය යුත්තේ අමූළ්හ විනයයි. පින්වත් ආනන්දය, අමූළ්හවිනය වෙන්නේ ඔය විදිහටයි. ඔය ආකාරයෙනුත් යම් මේ අමූළ්හවිනය තුළින් ඇතැම් අර්බුදයන් සංසිඳිලා යනවා.

පින්වත් ආනන්ද, පටිඤ්ඤාතකරණයක් වෙන්නේ කොහොමද? පින්වත් ආනන්ද, මෙහිලා භික්ෂුව චෝදනා ලැබ හෝ චෝදනා නොලැබ හෝ තමන්ගේ ඇවැත සිහිකරනවා. සිල්වත් සඟරුවන ඉදිරියෙහි විවෘත කරනවා. මතුකොට පෙන්වනවා. පින්වත් ආනන්ද, ඒ භික්ෂුව විසින් තමන්ට වඩා වැඩිමහළු භික්ෂුවක් වෙත පැමිණ සිවුර ඒකාංශ කොට අර භික්ෂුවට වන්දනා කොට උක්කුටියෙන් හිඳ ඇඳිලි බැඳ මේ ආකාරයට කිව යුතුයි. 'ස්වාමීනී, මම මේ මේ ඇවැත්වලට පත්වුනා. මා එය දන් පවසමි.' එතකොට ඒ භික්ෂුව මෙහෙම අහනවා. 'ඒ ඇවැත් දකිනවාද?' 'දකිමි.' 'එහෙම නම් යළි නොවීම පිණිස ඉදිරියට සංවර බවට පැමිණෙන්න.' 'සංවර බවට පැමිණෙන්නෙමි' කියලා. පින්වත් ආනන්දය, පටිඤ්ඤාතකරණය වෙන්නේ ඔය විදිහටයි. ඔය ආකාරයෙනුත් යම් මේ පටිඤ්ඤාතකරණය තුළින් ඇතැම් අර්බුදයන් සංසිඳිලා යනවා.

පින්වත් ආනන්ද, තස්සපාපියාසිකා වෙන්නේ කොහොමද? පින්වත් ආනන්ද, මෙහිලා භික්ෂුව පාරාජිකාපත්තියකින් වේවා, පාරාජිකාපත්තියකට ආසන්න කරුණකින් වේවා එවැනි ගරුකාපත්තියකින් තවත් භික්ෂුවකට චෝදනා කරනවා. ප්‍රිය ආයුෂ්මතුනි, ඔබ පාරාජිකාපත්තියකට හෝ පරාජිකාපත්තියකට ආසන්න වෙන කරුණකට හෝ එවැනි ගරුකාපත්තියකට පත් වී සිටින බව සිහිකරනවාද? එතකොට ඒ භික්ෂුව මෙහෙම කිව්වොත් 'ප්‍රිය ආයුෂ්මතුනි, පාරාජිකාපත්තියකට හෝ පරාජිකාපත්තියකට ආසන්න වෙන කරුණකට හෝ එවැනි ගරුකාපත්තියකට පත් වී සිටින බවක් මට සිහිවෙන්නෙ නැහැ.' එතකොට ඒ භික්ෂුව කරන්නේ ඇවැතින් නිදහස් වෙන්නට උත්සාහ කරන ඒ භික්ෂුවට එම ඇවැතම මතක් කරදෙමින් එහිම වෙලීමයි. 'ආයුෂ්මත, හොඳින් කල්පනා කර බලන්න. ඇත්තෙන්ම ප්‍රිය ආයුෂ්මතුනි, ඔබ පාරාජිකාපත්තියකට හෝ පරාජිකාපත්තියකට ආසන්න වෙන කරුණකට හෝ එවැනි ගරුකාපත්තියකට පත් වී සිටින බව සිහිකරනවා නේද? එතකොට ඔහු මෙහෙම කියනවා. 'ප්‍රිය ආයුෂ්මතුනි, පාරාජිකාපත්තියකට හෝ පරාජිකාපත්තියකට ආසන්න වෙන කරුණකට හෝ එවැනි ගරුකාපත්තියකට පත් වී සිටින බවක් මට සිහිවෙන්නෙ නැහැ. නමුත් ප්‍රිය ආයුෂ්මත, මෙබඳු වූ අල්පමාත්‍ර ආපත්තියකට නම් පත්වුණු බව මතකයි.' එතකොට අර භික්ෂුව ඒ චෝදනාවෙන් ගැලවෙන්නට හදන භික්ෂුව තව තවත් දැඩි කොට ඒ ඇවැතින්ම වෙලනවා. 'ආයුෂ්මත, හොඳින් කල්පනා කර බලන්න. ඇත්තෙන්ම ප්‍රිය ආයුෂ්මතුනි, ඔබ පාරාජිකාපත්තියකට හෝ

පරාජිකාපත්තියකට ආසන්න වෙන කරුණකට හෝ එවැනි ගරුකාපත්තියකට පත් වී සිටින බව සිහිකරනවා නේද? එතකොට ඔහු මෙහෙම කියනවා. 'ප්‍රිය ආයුෂ්මත, මං මේ නම් ඇති අල්ප මාත්‍ර වූ ආපත්තියකට පත් වෙලා ඒ ගැන නොවිමසද්දීම ආපත්තියට පත් වූ බව ප්‍රතිඥා දෙනවා. එහෙම එකේ පාරාජිකාවක් හෝ පාරාජිකාවකට ආසන්න ඇවැතක් හෝ පිළිබඳ මගෙන් විමසද්දී මා එබඳු වූ ගරුකාපත්තියකට කිම, පිළිතුරු නොදී සිටීවිද?' එතකොට චෝදනා කරන භික්ෂුව මෙහෙම කියනවා. 'ප්‍රිය ආයුෂ්මත, ඔබ මෙම අල්පමාත්‍ර වූ ආපත්තියකට පැමිණියත් නොවිමසද්දී ප්‍රතිඥා දුන්නේ නෑ නෙව. එනිසා ඔබ පාරාජිකාවකට හෝ පාරාජිකාවකට ආසන්න හෝ ආපත්තියකට පත්වෙලා විමසද්දීත් ප්‍රතිඥා දේවි කියලද හිතන්නේ? එනිසා ආයුෂ්මත, ආයෙමත් ඉතාමත් හොඳින් කල්පනා කොට බලන්න. ඔබ පාරාජිකාවකට හෝ පාරාජිකාවකට ආසන්න හෝ බරපතල ආපත්තියකට පත්වෙලා නේද ඉන්නේ?' එතකොට ඔහු මෙහෙම කියනවා. 'ප්‍රිය ආයුෂ්මත, මං පාරාජිකාවකට හෝ පාරාජිකාවකට ආසන්න වූ හෝ බරපතල ආපත්තියකට පත්වෙලා ඉන්න බව මතක් වෙනවා. මං අර විදිහට කිව්වේ හිතට ගත්තු නිසයි. මං අර විදිහට කිව්වේ වෙන දේකින් වසන්නට ඕන නිසයි. ඒ කියන්නේ මං පාරාජිකාවකට හෝ පාරාජිකාවකට ආසන්න හෝ බරපතල ආපත්තියකට පත්වුනු බව සිහිකරන්නෙ නෑ කියලා.' පින්වත් ආනන්ද, තස්සපාපියාසිකාව වෙන්නේ ඔය විදිහටයි. ඔය ආකාරයෙනුත් යම් මේ තස්සපාපියාසිකාව තුළින් ඇතැම් අර්බුදයන් සංසිඳිලා යනවා.

පින්වත් ආනන්ද, තිණවත්ථාරකය වෙන්නේ කොයි විදිහටද? පින්වත් ආනන්ද, මෙහිලා භික්ෂූන් අතර අඬදබර ඇතිවෙනවා. කෝලාහලයක් ඇතිවෙනවා. වාද විවාද ඇතිවෙනවා. ඒ හේතුවෙන් ශ්‍රමණයන්ට නොගැලපෙන බොහෝ දේවල් කෙරෙනවා. කියන්නට සිදුවෙනවා. එතකොට පින්වත් ආනන්ද, සමඟි සම්පන්න වූ සියලුම භික්ෂූන් රැස්විය යුතුයි. රැස්වෙලා එකම මතයකින් යුක්තව සිටින භික්ෂූන් ගෙන් වඩාත් ව්‍යක්ත භික්ෂුව විසින් හුනස්නෙන් නැගිට සිවුර ඒකාංශ කොට පොරවා ඇඳිලි බැඳ සංඝයාට දැනුම් දිය යුතුයි.

'ස්වාමීනී, උතුම් සංඝයා වහන්ස, අඬදබරවලට මැදි වූ, කෝලාහලවලට මැදි වූ, වාද විවාදවලට මැදි වූ අප අතර ශ්‍රමණයන්ට නොගැලපෙන මේ බොහෝ නොසරුප් දෑ සිදුවුනා. නොසරුප් වචන කියවුනා. ඉදින් සංඝයාට කල් පැමිණ තිබෙනවා. මමත් මේ ආයුෂ්මතුන් වහන්සේලාගේ යම් ආපත්තියක් ඇද්ද, තමාගේ යම් ආපත්තියක් ඇද්ද, එය මේ ආයුෂ්මතුන් වහන්සේලාගේ යහපත පිණිස, තමාගේද යහපත පිණිස බරපතල ඇවැත්වලට නොව, ගිහි ප්‍රතිසංයුත්ත ඇවැත්වලට නොව, අවශේෂ ආපත්තිවලට සංඝයා මැද තණකොළ රොඩු ආදියකින් අපිරිසිදු දෙයක් වසාදමන්නාක් මෙන් තිණවත්ථාරකය දෙසමි.'

එවිට අනිත් පක්ෂයෙන් වූ භික්ෂූන් වහන්සේලා අතර වඩාත් ව්‍යක්ත භික්ෂුවක් අසුනින් නැගිට සිවුර ඒකාංශ කොට පොරවා ඇඳිලි බැඳ සංඝයාට දැනුම් දිය යුතුයි. 'ස්වාමීනී, උතුම් සංඝයා වහන්ස, අඬදබරවලට මැදි වූ, කෝලාහල වලට මැදි වූ, වාද විවාදවලට මැදි වූ අප අතර ශ්‍රමණයන්ට නොගැලපෙන මේ බොහෝ නොසරුප් දෑ සිදුවුනා. නොසරුප් වචන කියවුනා. ඉදින් සංඝයාට කල් පැමිණ තිබෙනවා. මමත් මේ ආයුෂ්මතුන් වහන්සේලාගේ යම් ආපත්තියක් ඇද්ද, තමාගේ යම් ආපත්තියක් ඇද්ද, එය මේ ආයුෂ්මතුන් වහන්සේලාගේ යහපත පිණිස, තමාගේද යහපත පිණිස බරපතල ඇවැත්වලට නොව, ගිහි ප්‍රතිසංයුත්ත ඇවැත්වලට නොව, අවශේෂ ආපත්තිවලට සංඝයා මැද තණකොළ රොඩු ආදියකින් අපිරිසිදු දෙයක් වසාදමන්නාක් මෙන් තිණවත්ථාරකය දෙසමි.'

පින්වත් ආනන්ද, තිණවත්ථාරකය වන්නේ ඔය විදිහටයි. ඔය ආකාරයෙනුත් යම් මේ තිණවත්ථාරකය තුළින් ඇතැම් අර්බුදයන් සංසිඳිලා යනවා.

පින්වත් ආනන්ද, ප්‍රිය මනාප බව ඇතිවෙන, ගෞරවය ඇති වෙන, එකිනෙකාට අනුග්‍රහය ඇතිවෙන, වාද විවාද ඇති නොවන, සමඟිය පිණිස පවතින, එක්සත්ව සිටීමට උපකාරී වන නිතර සිහි කළ යුතු ධර්ම හයක් තියෙනවා. කවර ධර්ම හයක්ද යත්; පින්වත් ආනන්ද, මෙහිලා භික්ෂුව තුළ තමා සමඟ එකට සිල් රකින භික්ෂූන් වහන්සේලා කෙරෙහි එළිපිටත්, හුදෙකලාවෙත් මෛත්‍රිය පෙරටු කොට ගත් කායික ක්‍රියාවන් හොඳින් පිහිටා තියෙනවා. මෙයත් ප්‍රිය මනාප බව ඇතිවෙන, ගෞරවය ඇති වෙන, එකිනෙකාට අනුග්‍රහය ඇතිවෙන, වාද විවාද ඇති නොවන, සමඟිය පිණිස පවතින, එක්සත්ව සිටීමට උපකාරී වන නිතර සිහි කළ යුතු ධර්මයක්.

පින්වත් ආනන්ද, නැවත අනිකක් කියමි. මෙහිලා භික්ෂුව තුළ තමා සමඟ එකට සිල් රකින භික්ෂූන් වහන්සේලා කෙරෙහි එළිපිටත්, හුදෙකලාවත් මෛත්‍රිය පෙරටු කොට ගත් වචනයෙන් කරන ක්‍රියාවන් හොඳින් පිහිටා තියෙනවා. මෙයත් ප්‍රිය මනාප බව ඇතිවෙන, ගෞරවය ඇති වෙන, එකිනෙකාට අනුග්‍රහය ඇතිවෙන, වාද විවාද ඇති නොවන, සමඟිය පිණිස පවතින, එක්සත්ව සිටීමට උපකාරී වන නිතර සිහි කළ යුතු ධර්මයක්.

පින්වත් ආනන්ද, නැවත අනිකක් කියමි. මෙහිලා භික්ෂුව තුළ තමා සමඟ එකට සිල් රකින භික්ෂූන් වහන්සේලා කෙරෙහි එළිපිටත්, හුදෙකලාවත් මෛත්‍රිය පෙරටු කොට ගත් මනසින් කරන ක්‍රියාවන් හොඳින් පිහිටා තියෙනවා. මෙයත් ප්‍රිය මනාප බව ඇතිවෙන, ගෞරවය ඇති වෙන, එකිනෙකාට අනුග්‍රහය

ඇතිවෙන, වාද විවාද ඇති නොවන, සමඟිය පිණිස පවතින, එක්සත්ව සිටීමට උපකාරී වන නිතර සිහි කළ යුතු ධර්මයක්.

පින්වත් ආනන්ද, නැවත අනිකක් කියමි. මෙහිලා භික්ෂුවට ධාර්මික වූ, ධාර්මිකව ලැබෙන්නා වූ යම්කිසි ලාභයක් ඇද්ද, අඩු ගණනේ පාත්‍රයට වැටෙන සුළු දෙයක් හෝ වේවා, එබඳු වූ ලාභයන් තමා සමඟ පිළිවෙත් පුරන සිල්වත් භික්ෂූන් වහන්සේලා සමඟ සාධාරණව බෙදා හදාගෙන පරිහරණය කරනවා. මෙයත් ප්‍රිය මනාප බව ඇතිවෙන, ගෞරවය ඇතිවෙන, එකිනෙකාට අනුග්‍රහය ඇතිවෙන, වාද විවාද ඇති නොවන, සමඟිය පිණිස පවතින, එක්සත්ව සිටීමට උපකාරී වන නිතර සිහි කළ යුතු ධර්මයක්.

පින්වත් ආනන්ද, නැවත අනිකක් කියමි. මෙහිලා භික්ෂුව ආරක්ෂා කරන්නා වූ නොකඩ කොට රකින, සිදුරු නැතුව රකින, පැල්ලම් නැතුව රකින, දොස් නැතුව රකින, නුවණැත්තන් පසසන, දෘෂ්ටි මතවාද සමඟ මිශ්‍ර නොකොට රකින, සමාධිය වැඩීමට උපකාරය පිණිස රකින යම් සිල්පද ඇත්නම්, එබඳු වූ සීලය තුළ තමා සමඟ එකට සිල් රකින භික්ෂූන් වහන්සේලා සමඟ පිරිස මැදදීත්, තනියම සිටිද්දීත් සීලයෙන් සමාන බවට පත්වෙමින් වාසය කරනවා. මෙයත් ප්‍රිය මනාප බව ඇතිවෙන, ගෞරවය ඇතිවෙන, එකිනෙකාට අනුග්‍රහය ඇතිවෙන, වාද විවාද ඇති නොවන, සමඟිය පිණිස පවතින, එක්සත්ව සිටීමට උපකාරී වන නිතර සිහි කළ යුතු ධර්මයක්.

පින්වත් ආනන්ද, නැවත අනිකක් කියමි. මෙහිලා භික්ෂුව තුළ ආර්ය වූ, නිවන පිණිස පවතින, මැනවින් සසර දුක් ක්ෂය වීම පිණිස උපකාරී වන යම් දෘෂ්ටියක් ඇද්ද, එබඳු වූ දෘෂ්ටිය තුළ තමා සමඟ එකට සිල් රකින භික්ෂූන් වහන්සේලා සමඟ පිරිස මැදදීත්, තනියම සිටිද්දීත් දෘෂ්ටියෙන් සමාන බවට පත්වෙමින් වාසය කරනවා. මෙයත් ප්‍රිය මනාප බව ඇතිවෙන, ගෞරවය ඇති වෙන, එකිනෙකාට අනුග්‍රහය ඇතිවෙන, වාද විවාද ඇති නොවන, සමඟිය පිණිස පවතින, එක්සත්ව සිටීමට උපකාරී වන නිතර සිහි කළ යුතු ධර්මයක්.

පින්වත් ආනන්ද, මේවා තමයි ප්‍රිය මනාප බව ඇතිවෙන, ගෞරවය ඇතිවෙන, එකිනෙකාට අනුග්‍රහය ඇතිවෙන, වාද විවාද ඇති නොවන, සමඟිය පිණිස පවතින, එක්සත්ව සිටීමට උපකාරී වන නිතර සිහි කළ යුතු ධර්ම හය.

පින්වත් ආනන්ද, ඉදින් මේ නිතර සිහි කළ යුතු ධර්මයන් සය ඔබ සමාදන්ව පවත්වාගෙන යනවා නම්, එවිට පින්වත් ආනන්ද, යම් වචනයක් ඉවසන්නට නොහැකි වේද, එබඳු වූ කුඩා වේවා, මහත් වේවා වචනයක් ඔබ දකිනවාද?"

"ස්වාමීනී, එබඳු එකක් මා දකින්නේ නෑ."

"එනිසා පින්වත් ආනන්ද, ඔය නිතර නිතර සිහි කළ යුතු ධර්ම හය සමාදන්ව පවත්වා ගෙන යන්න. එය ඔබලාට බොහෝ කාලයක් හිතසුව පිණිස පවතීවි."

භාග්‍යවතුන් වහන්සේ මේ උතුම් දේශනය වදාළා. ඒ දේශනය ගැන ආයුෂ්මත් ආනන්දයන් වහන්සේ ගොඩක් සතුටු වුනා. භාග්‍යවතුන් වහන්සේ වදාළ මේ දේශනය සතුටින් පිළිගත්තා.

සාදු! සාදු!! සාදු!!!

සාම ගමේදී වදාළ දෙසුම නිමා විය.

3.1.5.
සුනක්ඛත්ත සූත්‍රය
සුනක්ඛත්තට වදාළ දෙසුම

මා හට අසන්නට ලැබුනේ මේ විදිහටයි. ඒ දිනවල භාග්‍යවතුන් වහන්සේ වැඩසිටියේ විශාලා මහනුවර මහාවනයේ කූටාගාර ශාලාවෙහිය. ඒ දිනවල 'ඉපදීම ක්ෂය වුනා. බඹසර වාසය සම්පූර්ණ කරගත්තා. කළ යුතු දෙය කළා. නිවන පිණිස කළ යුතු වෙන කිසිවක් නැතැ'යි බොහෝ භික්ෂූන් වහන්සේලා භාග්‍යවතුන් වහන්සේ ඉදිරියේ අරහත්වය ප්‍රකාශ කරනවා. සුනක්ඛත්ත ලිච්ඡවි පුත්‍රයාට ද බොහෝ භික්ෂූන් වහන්සේලා විසින් 'ඉපදීම ක්ෂය වුනා. බඹසර වාසය සම්පූර්ණ කරගත්තා. කළ යුතු දෙය කළා. නිවන පිණිස කළ යුතු වෙන කිසිවක් නැතැ'යි භාග්‍යවතුන් වහන්සේ ඉදිරියෙහි අරහත්වය ප්‍රකාශ කරන මෙම කථාව අසන්නට ලැබුනා.

එවිට සුනක්ඛත්ත ලිච්ඡවි පුත්‍රයා භාග්‍යවතුන් වහන්සේ වෙත පැමිණුනා. පැමිණ භාග්‍යවතුන් වහන්සේට ආදරයෙන් වන්දනා කොට එකත්පස්ව වාඩි වුනා. එකත්පස්ව වාඩි වූ සුනක්ඛත්ත ලිච්ඡවි පුත්‍රයා භාග්‍යවතුන් වහන්සේට මෙය පැවසුවා. "ස්වාමීනී, බොහෝ භික්ෂූන් වහන්සේලා විසින් 'ඉපදීම ක්ෂය වුනා. බඹසර වාසය සම්පූර්ණ කරගත්තා. කළ යුතු දෙය කළා. නිවන පිණිස කළ යුතු වෙන කිසිවක් නැතැ'යි භාග්‍යවතුන් වහන්සේ ඉදිරියෙහි අරහත්වය ප්‍රකාශ කරන මෙම කථාව මට අසන්නට ලැබුනා. ඉතින් ස්වාමීනී, යම් ඒ භික්ෂූන් වහන්සේලා 'ඉපදීම ක්ෂය වුනා. බඹසර වාසය සම්පූර්ණ කරගත්තා. කළ යුතු දෙය කළා. නිවන පිණිස කළ යුතු වෙන කිසිවක් නැතැ'යි යම් ප්‍රකාශයක් කරමින් භාග්‍යවතුන් වහන්සේ ඉදිරියේ අරහත්වය ප්‍රකාශ කළා නම්, ස්වාමීනී, කිම? ඒ භික්ෂූන් වහන්සේලා හැබෑවටම අරහත්වය ප්‍රකාශ කළාද? එහෙම නැත්නම්, ඔය අතර සිටින ඇතැම් භික්ෂූන් වහන්සේලා අධිමානයෙන් යුතුව අරහත්වය ප්‍රකාශ කළාද?"

"පින්වත් සුනක්ඛත්ත, යම් මේ භික්ෂූන් වහන්සේලා මා සමීපයට පැමිණ 'ඉපදීම ක්ෂය වුනා. බඹසර වාසය සම්පූර්ණ කරගත්තා. කළ යුතු දෙය කළා. නිවන පිණිස කළ යුතු වෙන කිසිවක් නැතැ'යි කියා අරහත්වය

ප්‍රකාශ කරත්ද, ඔවුන් අතර ඇතැම් භික්ෂූන් වහන්සේලා අරහත්වය ප්‍රකාශ කරන්නේ සැබෑවටමයි. හැබැයි ඔවුන් අතර සිටින ඇතැම් භික්ෂූන් වහන්සේලා අරහත්වයට පත් නොවීම, අරහත්වයට පත්වූවා යැයි අධිමානයෙනුත් අරහත්වය ප්‍රකාශ කරනවා.

පින්වත් සුනක්ඛත්ත, ඔය කාරණයෙහිදී යම් භික්ෂූන් වහන්සේලා සැබෑවටම අරහත්වය ප්‍රකාශ කළාද, ඔවුන්ගේ ඒ ප්‍රකාශය ඒ විදිහමයි. නමුත් යම් භික්ෂූන් වහන්සේලා ආධිමානයෙන් යුක්තව අරහත්වය ප්‍රකාශ කරනවාද, එහිලා පින්වත් සුනක්ඛත්ත, තථාගතයන් වහන්සේට සිතෙන්නේ මෙහෙමයි. 'ඒ භික්ෂූන් හට මං ධර්මය දේශනා කරන්නට ඕන' කියලයි. ඉතින් පින්වත් සුනක්ඛත්ත ඔය ආකාරයටත් තථාගතයන් වහන්සේට 'ඒ භික්ෂූන් හට මං ධර්මය දේශනා කරන්නට ඕන' කියල අදහස් කරද්දිත් එහිලා ඇතැම් හිස් පුද්ගලයන් ඉන්නවා ඔවුන් කරන්නේ හිතාමතා එක එක ප්‍රශ්න සකස් කර කර තථාගතයන් වහන්සේ ළඟට ඇවිදින් අසන එකයි. එහිලා පින්වත් සුනක්ඛත්ත, තථාගතයන් වහන්සේට 'ඒ භික්ෂූන් හට මං ධර්මය දේශනා කරන්නට ඕන' කියල මේ අදහසක් සිතෙනවා නෙව. ඒ අදහස පවා වෙනස් වෙලා යනවා."

"භාග්‍යවතුන් වහන්ස, මේ එයට කාලයයි. සුගතයන් වහන්ස, මේ එයට කාලයයි. භාග්‍යවතුන් වහන්සේ යම් ධර්මයක් වදාරණ සේක් නම් භාග්‍යවතුන් වහන්සේගෙන් අසා භික්ෂූන් වහන්සේලා මතක තබා ගනීවි."

"එසේ වී නම් පින්වත් සුනක්ඛත්ත, සවන් යොමා අසන්න. නුවණින් මෙනෙහි කරන්න. මා කියා දෙන්නම්." "එසේය, ස්වාමීනී" කියා සුනක්ඛත්ත ලිච්ඡවී පුත්‍රයා භාග්‍යවතුන් වහන්සේට පිළිතුරු දුන්නා. භාග්‍යවතුන් වහන්සේ මෙය වදාළා.

"පින්වත් සුනක්ඛත්ත, මේ කාම ගුණ පහක් තියෙනවා. කවර පහක්ද යත්; ඇසින් දැක්ක යුතු ඉෂ්ට වූ, කාන්ත වූ, ප්‍රිය මනාප වූ, ප්‍රිය ස්වභාව ඇති, කාමාශාව ඇතිවෙන, කෙලෙස් ඇතිවෙන රූප තියෙනවා. ....(පෙ).... කනින් ඇසිය යුතු ශබ්ද තියෙනවා ....(පෙ).... නාසයෙන් දත යුතු ගඳ සුවඳ තියෙනවා ....(පෙ).... දිවෙන් දත යුතු රස තියෙනවා ....(පෙ).... කයෙන් දත යුතු ඉෂ්ට වූ, කාන්ත වූ, ප්‍රිය මනාප වූ, ප්‍රිය ස්වභාව ඇති, කාමාශාව ඇතිවෙන, කෙලෙස් ඇතිවෙන පහස තියෙනවා. පින්වත් සුනක්ඛත්ත, මේවා තමයි පංච කාම ගුණ.

පින්වත් සුනක්ඛත්ත, මෙබඳු දෙයක් සිදුවෙන්නට පුළුවනි. ඒ කියන්නේ මෙහිලා එක්තරා පුද්ගලයෙක් පංච කාම ගුණයෙන් යුතු ලෝකාමිසයට ඇලී සිටිනවා. එතකොට සුනක්ඛත්ත, ඒ ලෝකාමිසයට ඇලී සිටින ඒ පුරුෂ

පුද්ගලයා තුළ තියෙන්නේ ඒ කාම ගුණයන් පිළිබඳව තිබෙන කතා බහ විතරයි. එතකොට ඔහු විතර්ක කරන්නේ, නැවත නැවත විතර්ක කරන්නේ ඒ කාම ගුණයන් ගැන විතරයි. එතකොට ඔහු ඇසුරු කරන්නේ එබඳු පුද්ගලයෙක්ව විතරයි. එයින් තමයි ඔහු සතුටු වෙන්නෙ. ඉතින් භාවනාවෙන් දියුණු කරගත යුතු සමාපත්ති වලට සමවැදීමක් ගැන කතා බහක් කෙරුනොත් ඔහු එය අසන්නට කැමති වෙන්නෙ නැහැ. සවන් යොමු කරන්නෙ නෑ. ඒ කාරණය හොඳින් තේරුම් ගැනීමට සිත පිහිටුවා ගන්නෙ නෑ. එබඳු පුද්ගලයන්ව ඇසුරු කරන්නෙ නෑ. එයින් සතුටකට පත්වෙන්නෙත් නෑ.

පින්වත් සුනක්ඛත්ත, ඒක මේ වගේ දෙයක්. පුරුෂයෙක් තමන්ගේ ගමෙන් හෝ නියම්ගමෙන් හෝ ඈත් වෙලා පිටපළාතක සෑහෙන කාලයක් තිස්සේ පදිංචි වෙලා ඉන්නවා. එතකොට ළඟදී ඒ ගමෙන් හෝ නියම්ගමෙන් හෝ පැමිණි වෙනත් පුද්ගලයෙකුව ඔහුට දකින්නට ලැබෙනවා. ඉතින් ඔහු ඒ පුරුෂයාගෙන් අර ගමේ හෝ නියම්ගමේ හෝ ආරක්ෂාව ගැනත්, බතින් බුලතින් සරුවීම ගැනත්, ලෙඩ දුක් නැතිවීම ගැනත් අහනවා. එතකොට අර පුරුෂයා ඒ ගම හෝ නියම්ගම ඉතාම ආරක්ෂා සහිතව, බතින් බුලතින් සරුව, ලෙඩ දුක් රහිතව තියෙන බව පවසනවා. පින්වත් සුනක්ඛත්ත, ඒ ගැන කුමක්ද සිතෙන්නේ? එතකොට අර පුද්ගලයා ගමෙන් ආපු කෙනාගේ වචනයට ඇහුම්කම් දෙනවා නේද? සවන් යොමුකරනවා නේද? එය තේරුම් ගන්නට සිත පිහිටුවනවා නේද? ඒ පුරුෂයාව ඇසුරු කරනවා නේද? ඒ තුළින් සතුටක් ලබනවා නේද?" "එසේය, ස්වාමීනී"

"සුනක්ඛත්ත, ඔය වගේම තමයි මේ කාරණයත් සිදුවෙන්නට පුළුවන් දෙයක්. ඒ කියන්නේ මෙහිලා එක්තරා පුද්ගලයෙක් පංච කාම ගුණයෙන් යුතු ලෝකාමිසයට ඇලී සිටිනවා. එතකොට සුනක්ඛත්ත, ඒ ලෝකාමිසයට ඇලී සිටින ඒ පුරුෂ පුද්ගලයා තුළ තියෙන්නේ ඒ කාම ගුණයන් පිළිබඳව තිබෙන කතා බහ විතරයි. එතකොට ඔහු විතර්ක කරන්නේ, නැවත නැවත විතර්ක කරන්නේ ඒ කාම ගුණයන් ගැන විතරයි. එතකොට ඔහු ඇසුරු කරන්නේ එබඳු පුද්ගලයෙක්ව විතරයි. එයින් තමයි ඔහු සතුටු වෙන්නෙ. ඉතින් භාවනාවෙන් දියුණු කරගත යුතු සමාපත්තිවලට සමවැදීමක් ගැන කතා බහක් කෙරුනොත් ඔහු එය අසන්නට කැමති වෙන්නෙ නැහැ. සවන් යොමු කරන්නෙ නෑ. ඒ කාරණය හොඳින් තේරුම් ගැනීමට සිත පිහිටුවා ගන්නෙ නෑ. එබඳු පුද්ගලයන්ව ඇසුරු කරන්නෙ නෑ. එයින් සතුටකට පත්වෙන්නෙත් නෑ. ඔහුව හඳුනාගන්න ඕන මේ විදිහටයි. කාම ගුණයෙන් යුතු ලෝකාමිසයට ඇලී සිටින පුද්ගලයා භාවනාවෙන් දියුණු කරගත යුතු සමාපත්තිවලින් වෙන් වී වාසය කරන කෙනෙක් හැටියටයි.

ඒ වගේම පින්වත් සුනක්ඛත්ත මෙන්න මේ දෙයත් සිද්ධ වෙන්නට පුළුවන්. ඒ කියන්නේ මෙහිලා එක්තරා පුරුෂයෙක් භාවනා කොට ධ්‍යාන ආදිය උපදවා ගෙන එයට ඇලී ඉන්නවා. ධ්‍යාන ආදිය උපදවා ගෙන එයට ඇලී සිටින පුද්ගලයෙක් කතා බස් කරන්නේ ඒ තමන්ගේ බණ භාවනාව ගැනයි. එයට අනුව තමයි ඔහු විතර්ක කරන්නේ. නැවත නැවත හිතන්නේ. එබඳු වූ කෙනෙක්වමයි ඇසුරු කරන්නේ. එයින් තමයි ඔහු සතුටක් ලබන්නේ. එතකොට පංච කාම ගුණයන් පිළිබඳව මහා වර්ණනාවෙන් කතා කරන විට ඔහු එය අසන්නට කැමති නැහැ. එයට සවන් යොමන්නෙ නෑ. එය ගැන සිත පිහිටුවා ගන්නෙ නැහැ. ඒ පුද්ගලයාව ඇසුරු කරන්නෙත් නෑ. ඒ තුළින් සතුටක් ලබන්නෙත් නෑ.

පින්වත් සුනක්ඛත්ත, ඒක මෙන්න මේ වගේ දෙයක්. පඬුවන් පැහැයෙන් ඉදී ගිය කොළයක් නැට්ටෙන් ගැලවී වැටෙනවා. එය ආයෙමත් කොළ පාට වෙන්නෙ නෑ. සුනක්ඛත්ත, අන්න ඒ වගෙයි ධ්‍යාන උපදවා ගෙන එයට ආශා කරන පුද්ගලයා තුළ යම් පංච කාම ආමිසයක් කෙරෙහි බැඳීමක් ඇද්ද, එය ගිලිහී වැටිලයි තියෙන්නේ. ඔහුව හඳුනාගන්න ඕන මේ විදිහටයි. ධ්‍යාන උපදවාගෙන එයට ඇලුම් කරන පුද්ගලයා පංච කාම බන්ධනයෙන් වෙන් වී වාසය කරන කෙනෙක් හැටියටයි.

පින්වත් සුනක්ඛත්ත, මෙන්න මේ දෙයත් සිදුවෙන්නට පුළුවනි. ඒ කියන්නේ මෙහිලා එක්තරා පුරුෂයෙක් ආකිඤ්චඤ්ඤායතන සමාපත්තිය උපදවා ගෙන එයට ඇලුම් කොට වාසය කරනවා. ආකිඤ්චඤ්ඤායතන සමාපත්තිය උපදවා ගෙන එයට ඇලී සිටින පුද්ගලයෙක් කතා බස් කරන්නේ ඒ තමන්ගේ බණ භාවනාව ගැනයි. එයට අනුව තමයි ඔහු විතර්ක කරන්නේ. නැවත නැවත හිතන්නේ. එබඳු වූ කෙනෙක්වමයි ඇසුරු කරන්නේ. එයින් තමයි ඔහු සතුටක් ලබන්නේ. එතකොට රූප ධ්‍යාන පිළිබඳව මහා වර්ණනාවෙන් කතා කරන විට ඔහු එය අසන්නට කැමති නැහැ. එයට සවන් යොමන්නෙ නෑ. එය ගැන සිත පිහිටුවා ගන්නෙ නැහැ. ඒ පුද්ගලයාව ඇසුරු කරන්නෙත් නෑ. ඒ තුළින් සතුටක් ලබන්නෙත් නෑ.

පින්වත් සුනක්ඛත්ත, ඒක මේ වගේ දෙයක්. විශාල ගලක් දෙකට බිඳෙනවා. එය එකට එකතු කරන්න බෑ. සුනක්ඛත්ත, අන්න ඒ වගේම ආකිඤ්චඤ්ඤායතන සමාපත්තිය උපදවා ගෙන එයට ආශා කරන පුද්ගලයා තුළ යම් රූප ධ්‍යානයකට ඇති බැඳීමක් ඇද්ද, එය බිඳිලයි තියෙන්නේ. ඔහුව හඳුනාගන්න ඕන මේ විදිහටයි. ආකිඤ්චඤ්ඤායතන සමාපත්තිය උපදවාගෙන එයට ඇලුම් කරන පුද්ගලයා රූප ධ්‍යානයට ඇති බැඳීමෙන් වෙන් වී වාසය කරන කෙනෙක් හැටියටයි.

පින්වත් සුනක්ඛත්ත, මෙන්න මේ දෙයත් සිදුවෙන්නට පුළුවනි. ඒ කියන්නේ මෙහිලා එක්තරා පුරුෂයෙක් නේවසඤ්ඤානාසඤ්ඤායතන සමාපත්තිය උපදවා ගෙන එයට ඇලුම් කොට වාසය කරනවා. නේවසඤ්ඤානාසඤ්ඤායතන සමාපත්තිය උපදවා ගෙන එයට ඇලී සිටින පුද්ගලයෙක් කතා බස් කරන්නේ ඒ තමන්ගේ ධ්‍යාන භාවනාව ගැනයි. එයට අනුව තමයි ඔහු විතර්ක කරන්නේ. නැවත නැවත හිතන්නේ. එබඳු වූ කෙනෙක්වමයි ඇසුරු කරන්නේ. එයින් තමයි ඔහු සතුටක් ලබන්නේ. එතකොට ආකිඤ්චඤ්ඤායතන සමාපත්තිය පිළිබඳව මහා වර්ණනාවෙන් කතා කරන විට ඔහු එය අසන්නට කැමති නැහැ. එයට සවන් යොමන්නෙ නෑ. එය ගැන සිත පිහිටුවා ගන්නෙ නැහැ. ඒ පුද්ගලයාව ඇසුරු කරන්නෙත් නෑ. ඒ තුළින් සතුටක් ලබන්නෙත් නෑ.

පින්වත් සුනක්ඛත්ත, ඒක මේ වගේ දෙයක්. හොඳට බත් කා බඩ පිරී සිටින කෙනෙක් අනා ඉතිරි වූ රසවත් බොජුන් විසිකරනවා නේද? පින්වත් සුනක්ඛත්ත, ඒ ගැන කුමක්ද සිතන්නේ? එතකොට අර පුද්ගලයාට ඒ ඇනූ බත ආයෙමත් කන්නට ඕන කියල ආසා ඇතිවෙනවාද?" "ස්වාමීනී, එහෙම ඇතිවෙන්නෙ නෑ. මක්නිසාද යත්; ස්වාමීනී, ඒ ඇනූ බත පිළිකුල් බවට සම්මතයි."

පින්වත් සුනක්ඛත්ත, අන්න ඒ වගේම නේවසඤ්ඤානාසඤ්ඤායතන සමාපත්තිය උපදවා ගෙන එයට ආශා කරන පුද්ගලයා තුළ යම් ආකිඤ්චඤ්ඤායතන සමාපත්තියකට ඇති බැඳීමක් ඇද්ද, එය බිඳිලයි තියෙන්නේ. ඔහුව හඳුනාගන්න ඕන මේ විදිහටයි. නේවසඤ්ඤානාසඤ්ඤායතන සමාපත්තිය උපදවාගෙන එයට ඇලුම් කරන පුද්ගලයා ආකිඤ්චඤ්ඤායතන සමාපත්තියට ඇති බැඳීමෙන් වෙන් වී වාසය කරන කෙනෙක් හැටියටයි.

පින්වත් සුනක්ඛත්ත, මෙන්න මේ දෙයත් සිදුවෙන්නට පුළුවනි. ඒ කියන්නේ මෙහිලා එක්තරා පුරුෂයෙක් මනාකොට නිවනෙහි බැසගෙන ඉන්නවා. මනාකොට නිවනෙහි බැසගෙන සිටින පුද්ගලයෙක් කතා බස් කරන්නේ එයට අනුකූල වූ ධර්මයන් ගැනයි. එයට අනුව තමයි ඔහු විතර්ක කරන්නේ. නැවත නැවත හිතන්නේ. එබඳු වූ කෙනෙක්වමයි ඇසුරු කරන්නේ. එයින් තමයි ඔහු සතුටක් ලබන්නේ. එතකොට නේවසඤ්ඤානාසඤ්ඤායතන සමාපත්තිය පිළිබඳව මහා වර්ණනාවෙන් කතා කරන විට ඔහු එය අසන්නට කැමති නැහැ. එයට සවන් යොමන්නෙ නෑ. එය ගැන සිත පිහිටුවා ගන්නෙ නැහැ. ඒ පුද්ගලයාව ඇසුරු කරන්නෙත් නෑ. ඒ තුළින් සතුටක් ලබන්නෙත් නෑ.

පින්වත් සුනක්ඛත්ත, ඒක මේ වගේ දෙයක්. මුදුන් කරටිය කැඩී ගිය තල් ගසක් කිසිසේත්ම ආයෙමත් පැලවෙන්නෙ නෑ. පින්වත් සුනක්ඛත්ත, අන්න ඒ වගේමයි මනාකොට නිවනෙහි බැසගෙන සිටින පුද්ගලයා තුළ යම් නේවසඤ්ඤානාසඤ්ඤායතන සමාපත්තියකට ඇති බැඳීමක් ඇද්ද, ඒ බැඳීම මුලින්ම උදුරන ලද, නැවත කිසිදා නොවැඩෙන නොපැළවෙන තල් ගසක් මෙන් එවැනි ස්වභාවයකට පත්කරලයි තියෙන්නේ. ඔහුව හඳුනා ගන්න ඕන මේ විදිහටයි. මනාකොට නිවනෙහි බැසගෙන සිටින පුද්ගලයා නේවසඤ්ඤානාසඤ්ඤායතන සමාපත්තියට ඇති බැඳීමෙන් වෙන් වී වාසය කරන කෙනෙක් හැටියටයි.

පින්වත් සුනක්ඛත්ත, මෙවැනි දෙයක් සිදුවෙන්නට පුළුවන්. මෙහිලා එක්තරා භික්ෂුවකට මෙහෙම සිතෙනවා. 'ශ්‍රමණයන් වහන්සේ විසින් වදාරණ ලද්දේ තෘෂ්ණාව ජීවිතය සිදුරු කොට කැක්කුම් දෙන හුලක් බවයි. එය අවිද්‍යාව නැමැති විෂ දෝෂයෙනුත්, ඡන්දරාගයෙනුත්, ව්‍යාපාදයෙනුත් ඇතුළට ඇනෙනවා. මට ඒ තෘෂ්ණා හුල ප්‍රහාණය වෙලා තියෙන්නෙ. අවිද්‍යා විෂ දෝෂය බැහැර වෙලයි තියෙන්නේ. මම මනාකොට නිවනෙහි බැසගෙන ඉන්නෙමි' කියලා. ඉතින් ඔහු ඔය විදිහට මාන්නයකින් ඉන්නවා. නමුත් ඔහු තුළ තියෙන ඒ මාන්නය සත්‍ය වූ දෙයක් නොවේ. මනාකොට නිවනෙහි බැසගෙන සිටින කෙනෙකුට අපත්‍ය වූ යම් දේවල් ඇද්ද, ඔහු ඒවායෙහි යෙදෙනවා. ඒ කියන්නේ ඔහු ඇසින් එයට නොගැලපෙන රූප බැලීමෙහි යෙදෙනවා. කනින් සප්පාය නොවූ ශබ්ද ඇසීමෙහි යෙදෙනවා. නාසයෙන් සප්පාය නොවූ ගඳ සුවඳ විඳීමෙහි යෙදෙනවා. දිවෙන් සප්පාය නොවූ රස විඳීමෙහි යෙදෙනවා. කයෙන් සප්පාය නොවූ පහස විඳීමෙහි යෙදෙනවා. මනසින් සප්පාය නොවූ අරමුණු සිතීමෙහි යෙදෙනවා.

ඉතින් ඇසින් සප්පාය නොවූ රූප දැකීමෙහි යෙදී සිටින, කනින් සප්පාය නොවූ ශබ්ද ඇසීමෙහි යෙදී සිටින, නාසයෙන් සප්පාය නොවූ ගඳ සුවඳ විඳීමෙහි යෙදී සිටින, දිවෙන් සප්පාය නොවූ රස විඳීමෙහි යෙදී සිටින, කයෙන් සප්පාය නොවූ පහස විඳීමෙහි යෙදී සිටින, මනසින් සප්පාය නොවූ අරමුණු සිතීමෙහි යෙදී සිටින ඔහුගේ සිත රාගය විසින් කළඹවනවා. එතකොට ඔහු රාගය විසින් කළඹවන ලද සිතෙන් මරණයට හෝ පැමිණෙනවා. මරණමාත්‍ර දුකකට හෝ පත්වෙනවා.

පින්වත් සුනක්ඛත්ත, ඒක මේ වගේ දෙයක්. විෂ සහිත වූ, නැවත නැවත විෂ පොවපු හීයකින් පහර කෑ පුරුෂයෙක් ඉන්නවා. ඔහුගේ යහළු මිත්‍රයන් සහලේ ඤාතීන් ඔහුව ශල්‍ය වෛද්‍යවරයෙක් ළඟට රැගෙන යනවා.

එතකොට ඒ ශල්‍ය වෛද්‍යවරයා ආයුධයකින් ඒ තුවාලය සැදුනු මුඛය කපනවා. ආයුධයෙන් තුවාලය සැදුනු මුඛය කපා, අඬුව දමා පාද පාද හී තුඩ සොයනවා. අඬුවෙන් පාදා හී තුඩ සොයාගෙන, එය උදුරා ඉවත් කරනවා. විෂ ගතිය ඉතුරු වී තිබෙද්දී එහි විෂ දෝෂය ඉවත් කරනවා. ඔහුගේ සිරුරෙහි විෂ උරාගෙන තිබෙන බව දැනගෙන සිටින ඒ වෛද්‍යවරයා මෙහෙම කියනවා. 'එම්බා පුරුෂය, ඔබගේ හුල ඉවත් කළා. විෂ දෝෂත් අයින් කළා. නමුත් ඇඟට උරාගත්තු විෂ තියෙනවා. එය ඔබට අනතුරක් වෙන්නෙ නෑ. හැබැයි ඔබ වැළඳිය යුත්තේ පත්‍ය වූ ආහාර පමණයි. අසප්පාය ආහාර වළඳන්නට ගොසින් ඔබගේ තුවාලය නරක් වෙන්නට එපා! ඒ වගේම කලින් කලට තුවාලය පිරිසිදු කරන්න. කලින් කලට තුවාල මුඛයට බෙහෙත් ගල්වන්න. කලින් කලට තුවාලය පිරිසිදු නොකර සිටින්නට ගිහින්, කලින් කලට තුවාල මුඛයෙහි බෙහෙත් නොගල්වන්නට ගිහින් ඔබගේ ඒ තුවාල මුඛය සැරව සහ ලේ නොබැඳේවා! ඒ වගේම අව් සුළං වදින්නට දෙන්නත් එපා! අව් සුළං වදින්නට ඉඩදීලා ඔබගේ තුවාලයට දූහුවිලි හා රොඩු වදින්නට එපා! එම්බා පුරුෂය, තුවාලය ආරක්ෂා කරගන්න. තුවාලය මස් වැදිලා සකස් වෙන්න ඉඩදෙන්න.' එතකොට ලෙඩාට මෙහෙම හිතෙනවා. 'මගේ සිරුරේ තිබුණු හුල ඉවත් කළා නෙව. විෂ දෝෂත් ඉවත් කරල නෙව තියෙන්නෙ. ඇඟේ උරාගත්තු විෂ ටිකක් විතර නෙව ඉතුරු වෙලා තියෙන්නෙ. අනික ඒක මට අනතුරකුත් නොවෙයි නෙව' කියලා. ඉතින් ඔහු තුවාලයට හොඳ නැති ආහාර වර්ග අනුභව කරන්න පටන් ගන්නවා. සප්පාය නොවන ආහාරපාන ගැනීම නිසා ඔහුගේ තුවාලය නරක් වෙනවා. ඒ වගේම කලින් කලට තුවාලය පිරිසිදු කරන්නෙ නෑ. කලින් කලට තුවාල මුඛයේ බෙහෙත් ගල්වන්නෙත් නෑ. ඉතින් කලින් කලට තුවාලය පිරිසිදු නොකිරීම නිසා, කලින් කලට තුවාල මුඛයෙහි බෙහෙත් නොගැල්වීම නිසා තුවාලයේ ලේ සැරව බැඳෙනවා. ඒ වගේම ඔහු අව් සුළං වදින්නටත් ඉඩහරිනවා. අව් සුළං වැදීම නිසා තුවාලයට දූවිලි රොඩු වැටෙනවා. මේ විදිහට ඔහුගේ තුවාලයට නොගැලපෙන දේ කිරීම නිසාත්, විෂ දෝෂ බැහැර කළ නමුත් ඇඟට උරාගත් විෂ ගතිය තිබුන නිසාත් කියන ඔය දෙකෙන් තුවාලය වණ වෙලා ලොකු වෙනවා. තුවාලය වණ වෙලා විශාල වීම හේතුවෙන් ඔහු මරණයට පත්වෙනවා. එක්කො මාරාන්තික දුකකට පත්වෙනවා.

පින්වත් සුනක්ඛත්ත, අන්න ඒ වගේ තමයි. මෙහිලා එක්තරා භික්ෂුවකට මෙහෙම සිතෙනවා. 'ශ්‍රමණයන් වහන්සේ විසින් වදාරණ ලද්දේ තෘෂ්ණාව ජීවිතය සිදුරු කොට කැක්කුම් දෙන හුලක් බවයි. අවිද්‍යාව නැමැති විෂ දෝෂයෙනුත්, ඡන්දරාගයෙනුත්, ව්‍යාපාදයෙනුත් ඇතුළට ඇණෙනවා. මට ඒ තෘෂ්ණා හුල ප්‍රහාණය වෙලා තියෙන්නෙ. අවිද්‍යා විෂ දෝෂය බැහැර වෙලයි

තියෙන්නේ. මම මනාකොට නිවනෙහි බැසගෙන ඉන්නෙමි' කියලා. ඉතින් ඔහු ඔය විදිහට මාන්නයකින් ඉන්නවා. නමුත් ඔහු තුළ තියෙන ඒ මාන්නය සත්‍ය වූ දෙයක් නොවේ. මනාකොට නිවනෙහි බැසගෙන සිටින කෙනෙකුට අපත්‍ය වූ යම් දේවල් ඇද්ද, ඔහු ඒවායෙහි යෙදෙනවා. ඒ කියන්නේ ඔහු ඇසින් එයට නොගැලපෙන රූප බැලීමෙහි යෙදෙනවා. කනින් සප්පාය නොවූ ශබ්ද ඇසීමෙහි යෙදෙනවා. නාසයෙන් සප්පාය නොවූ ගඳ සුවඳ විඳීමෙහි යෙදෙනවා. දිවෙන් සප්පාය නොවූ රස විඳීමෙහි යෙදෙනවා. කයෙන් සප්පාය නොවූ පහස විඳීමෙහි යෙදෙනවා. මනසින් සප්පාය නොවූ අරමුණු සිතීමෙහි යෙදෙනවා.

ඉතින් ඇසින් සප්පාය නොවූ රූප දැකීමෙහි යෙදී සිටින, කනින් සප්පාය නොවූ ශබ්ද ඇසීමෙහි යෙදී සිටින, නාසයෙන් සප්පාය නොවූ ගඳ සුවඳ විඳීමෙහි යෙදී සිටින, දිවෙන් සප්පාය නොවූ රස විඳීමෙහි යෙදී සිටින, කයෙන් සප්පාය නොවූ පහස විඳීමෙහි යෙදී සිටින, මනසින් සප්පාය නොවූ අරමුණු සිතීමෙහි යෙදී සිටින ඔහුගේ සිත රාගය විසින් කළඹවනවා. එතකොට ඔහු රාගය විසින් කළඹවන ලද සිතෙන් මරණයට හෝ පැමිණෙනවා. මරණමාත්‍ර දුකකට හෝ පත්වෙනවා.

පින්වත් සුනක්ඛත්ත, ආර්ය විනයෙහි මේ මරණය කියල කියන්නෙ යමෙක් ධර්මයෙහි හික්මෙන වැඩපිළිවෙල ප්‍රතික්ෂේප කොට සිවුරු හැර ලාමක ගිහි බවට පත්වීමයි. පින්වත් සුනක්ඛත්ත, මාරාන්තික දුකකට පත්වෙනවා කියල කියන්නෙ කිසියම් කිලුටු සහිත වූ එක්තරා ආපත්තියකට පත්වීමයි.

පින්වත් සුනක්ඛත්ත, මෙහෙම දේකුත් වෙන්න පුළුවනි. මෙහිලා එක්තරා භික්ෂුවකට මෙහෙම සිතෙනවා. 'ශ්‍රමණයන් වහන්සේ විසින් වදාරණ ලද්දේ තෘෂ්ණාව ජීවිතය සිදුරු කොට කැක්කුම් දෙන හුලක් බවයි. අවිද්‍යාව නැමැති විෂ දෝෂයෙනුත්, ඡන්දරාගයෙනුත්, ව්‍යාපාදයෙනුත් ඇතුළට ඇණෙනවා. මට ඒ තෘෂ්ණා හුල ප්‍රහාණය වෙලා තියෙන්නෙ. අවිද්‍යා විෂ දෝෂය බැහැර වෙලයි තියෙන්නේ. මම මනාකොට නිවනෙහි බැසගෙන ඉන්නෙමි' කියලා. එය ඔහුට මනා කොට නිවනේ බැසගත් දෙයක්මයි. ඉතින් ඔහු අපත්‍ය වූ යම් දේවල් ඇද්ද, ඔහු ඒවායෙහි යෙදෙන්නෙ නෑ. ඒ කියන්නේ ඔහු ඇසින් එයට නොගැලපෙන රූප බැලීමෙහි යෙදෙන්නෙ නෑ. කනින් සප්පාය නොවූ ශබ්ද ඇසීමෙහි යෙදෙන්නෙ නෑ. නාසයෙන් සප්පාය නොවූ ගඳ සුවඳ විඳීමෙහි යෙදෙන්නෙ නෑ. දිවෙන් සප්පාය නොවූ රස විඳීමෙහි යෙදෙන්නෙ නෑ. කයෙන් සප්පාය නොවූ පහස විඳීමෙහි යෙදෙන්නෙ නෑ. මනසින් සප්පාය නොවූ අරමුණු සිතීමෙහි යෙදෙන්නෙ නෑ.

ඉතින් ඇසින් සප්පාය නොවූ රූප දැකීමෙහි නොයෙදී සිටින, කනින් සප්පාය නොවූ ශබ්ද ඇසීමෙහි නොයෙදී සිටින, නාසයෙන් සප්පාය නොවූ ගඳ සුවඳ විඳීමෙහි නොයෙදී සිටින, දිවෙන් සප්පාය නොවූ රස විඳීමෙහි නොයෙදී සිටින, කයෙන් සප්පාය නොවූ පහස විඳීමෙහි නොයෙදී සිටින, මනසින් සප්පාය නොවූ අරමුණු සිතීමෙහි නොයෙදී සිටින ඔහුගේ සිත රාගය විසින් කළඹවන්නෙ නෑ. එතකොට ඔහු රාගය විසින් නොකළඹවන ලද සිතෙන් මරණයට හෝ පැමිණෙන්නෙ නෑ. මරණමාත්‍ර දුකකට හෝ පත්වෙන්නෙ නෑ.

පින්වත් සුනක්ඛත්ත, ඒක මේ වගේ දෙයක්. විෂ සහිත වූ, නැවත නැවත විෂ පොවපු හීයකින් පහර කෑ පුරුෂයෙක් ඉන්නවා. ඔහුගේ යහළු මිත්‍රයන් සහලේ ඤාතීන් ඔහුව ශල්‍ය වෛද්‍යවරයෙක් ළඟට රැගෙන යනවා. එතකොට ඒ ශල්‍ය වෛද්‍යවරයා ආයුධයකින් ඒ තුවාලය සැදුනු මුඛය කපනවා. ආයුධයෙන් තුවාලය සැදුනු මුඛය කපා, අඬුව දමා පාද පාද හී තුඩ සොයනවා. අඬුවෙන් පාදා හී තුඩ සොයාගෙන, එය උදුරා ඉවත් කරනවා. විෂ ගතිය ඉතුරු නොවන පරිදිම එහි විෂ දෝෂය ඉවත් කරනවා. ඔහුගේ සිරුරෙහි විෂ නොතිබෙන බව දැනගෙන සිටින ඒ වෛද්‍යවරයා මෙහෙම කියනවා. 'එම්බා පුරුෂය, ඔබගේ හුල ඉවත් කළා. කිසි විෂක් ඉතුරු නොකොට විෂ දෝෂත් අයින් කළා. එය ඔබට අනතුරක් වෙන්නෙ නෑ. හැබැයි ඔබ වැළඳිය යුත්තේ පත්‍ය වූ ආහාර පමණයි. අසප්පාය ආහාර වළඳන්නට ගොසින් ඔබගේ තුවාලය නරක් වෙන්නට එපා! ඒ වගේම කලින් කලට තුවාලය පිරිසිදු කරන්න. කලින් කලට තුවාල මුඛයට බෙහෙත් ගල්වන්න. කලින් කලට තුවාලය පිරිසිදු නොකර සිටින්නට ගිහින්, කලින් කලට තුවාල මුඛයෙහි බෙහෙත් නොගල්වන්නට ගිහින් ඔබගේ ඒ තුවාල මුඛය සැරව සහ ලේ නොබැඳේවා! ඒ වගේම අව් සුළං වදින්නට දෙන්නත් එපා! අව් සුළං වදින්නට ඉඩදීලා ඔබගේ තුවාලයට දූහුවිලි හා රොඩු වදින්නට එපා! එම්බා පුරුෂය, තුවාලය ආරක්ෂා කරගන්න. තුවාලය මස් වැදිලා සකස් වෙන්න ඉඩදෙන්න.' එතකොට ලෙඩාට මෙහෙම හිතෙනවා. 'මගේ සිරුරේ තිබුණු හුල ඉවත් කරල තියෙන්නෙ. කිසි විෂ දෝෂයක් ඉතුරු නොකොට විෂ දෝෂත් ඉවත් කරල නෙව තියෙන්නෙ. එය තුළින් මට අනතුරක් සිදුවෙන්නෙ නැහැ' කියලා.

ඉතින් ඔහු අනුභව කරන්නේ තුවාලයට හොඳ ආහාර වර්ග පමණයි. සප්පාය ආහාරපාන ගැනීම නිසා ඔහුගේ තුවාලය නරක් වෙන්නෙ නෑ. ඒ වගේම කලින් කලට තුවාලය පිරිසිදු කරනවා. කලින් කලට තුවාල මුඛයේ බෙහෙත් ගල්වනවා. ඉතින් කලින් කලට තුවාලය පිරිසිදු කිරීම නිසා, කලින් කලට තුවාල මුඛයෙහි බෙහෙත් ගැල්වීම නිසා තුවාලයේ ලේ සැරව බැඳෙන්නෙ නෑ. ඒ වගේම ඔහු අව් සුළං වදින්නටත් ඉඩහරින්නෙ නෑ. අව් සුළං නොවැදීම

නිසා තුවාලයට දූවිලි රොඩු වැටෙන්නෙත් නෑ. මේ විදිහට ඔහුගේ තුවාලයට ගැලපෙන දේ කිරීම නිසාත්, කිසි විෂක් ඉතුරු නොකොට විෂ දෝෂ බැහැර කොට තිබීම නිසාත් කියන ඔය දෙකෙන් තුවාලයේ මස් වැඩෙනවා. තුවාලයේ මස් වැඩිලා, සිවිය වැඩිලා සනීප වෙනවා. ඒ හේතුවෙන් ඔහු මරණයට පත්වෙන්නෙ නෑ. මාරාන්තික දුකකට පත්වෙන්නෙ නෑ.

අන්න ඒ වගේම පින්වත් සුනක්ඛත්ත, මෙහිලා එක්තරා භික්ෂුවකට මෙහෙම සිතෙනවා. 'ශ්‍රමණයන් වහන්සේ විසින් වදාරණ ලද්දේ තෘෂ්ණාව ජීවිතය සිදුරු කොට කැක්කුම් දෙන හුලක් බවයි. එය අවිද්‍යාව නැමැති විෂ දෝෂයෙනුත්, ඡන්දරාගයෙනුත්, ව්‍යාපාදයෙනුත් ඇතුළට ඇණෙනවා. මට ඒ තෘෂ්ණා හුල ප්‍රහාණය වෙලා තියෙන්නෙ. අවිද්‍යා විෂ දෝෂය බැහැර කරලයි තියෙන්නේ. මම මනා කොට නිවනෙහි බැසගෙන ඉන්නෙමි' කියලා. එය ඔහුට මනා කොට නිවනේ බැසගත් දෙයක්මයි. ඉතින් ඔහු අපත්‍ය වූ යම් දේවල් ඇද්ද, ඔහු ඒවායෙහි යෙදෙන්නෙ නෑ. ඒ කියන්නේ ඔහු ඇසින් එයට නොගැලපෙන රූප බැලීමෙහි යෙදෙන්නෙ නෑ. කනින් සප්පාය නොවූ ශබ්ද ඇසීමෙහි යෙදෙන්නෙ නෑ. නාසයෙන් සප්පාය නොවූ ගඳ සුවඳ විඳීමෙහි යෙදෙන්නෙ නෑ. දිවෙන් සප්පාය නොවූ රස විඳීමෙහි යෙදෙන්නෙ නෑ. කයෙන් සප්පාය නොවූ පහස විඳීමෙහි යෙදෙන්නෙ නෑ. මනසින් සප්පාය නොවූ අරමුණු සිතීමෙහි යෙදෙන්නෙ නෑ.

ඉතින් ඇසින් සප්පාය නොවූ රූප දැකීමෙහි නොයෙදී සිටින, කනින් සප්පාය නොවූ ශබ්ද ඇසීමෙහි නොයෙදී සිටින, නාසයෙන් සප්පාය නොවූ ගඳ සුවඳ විඳීමෙහි නොයෙදී සිටින, දිවෙන් සප්පාය නොවූ රස විඳීමෙහි නොයෙදී සිටින, කයෙන් සප්පාය නොවූ පහස විඳීමෙහි නොයෙදී සිටින, මනසින් සප්පාය නොවූ අරමුණු සිතීමෙහි නොයෙදී සිටින ඔහුගේ සිත රාගය විසින් කළඹවන්නෙ නෑ. එතකොට ඔහු රාගය විසින් නොකළඹවන ලද සිතෙන් මරණයට හෝ පැමිණෙන්නෙ නෑ. මරණමාත්‍ර දුකකට හෝ පත්වෙන්නෙ නෑ.

පින්වත් සුනක්ඛත්ත, මා විසින් මේ උපමාව කිව්වේ අර්ථය තේරුම් කරලා දෙන්නටයි. මෙන්න මේකයි මේ උපමාවේ තිබෙන අර්ථය. පින්වත් සුනක්ඛත්ත, තුවාලය කියල කියන්නේ තමා තුළ තිබෙන ආයතන හයට කියන නමක්. පින්වත් සුනක්ඛත්ත, විෂ දෝෂය කියල කියන්නේ අවිද්‍යාවට කියන නමක්. විෂ වැදුණු හීය කියන්නේ තෘෂ්ණාවට කියන නමක්. ඒ හීය උදුරන අඬුව කියල කියන්නේ සිහියට කියන නමක්. තුවාලය කපා ඉවත් කරන ආයුධය කියල කියන්නේ ආර්ය වූ ප්‍රඥාවට කියන නමක්. ශල්‍ය වෛද්‍යවරයා කියල කියන්නේ තථාගත අරහත් සම්මා සම්බුදුරජාණන් වහන්සේට කියන නමක්.

ඉතින් සුනක්ඛත්ත, ඒ භික්ෂුව මේ ස්පර්ශ ආයතන හය තුළ ඒකාන්තයෙන්ම සංවරභාවයෙන් යුක්ත වෙනවා. දුකට මුල්වෙන්නේ කෙලෙස් සහිත ක්‍රියාව බව දැනගෙන කෙලෙස් සහිත ක්‍රියාවෙන් තොර වෙනවා. කෙලෙස් සහිත ක්‍රියා ගෙවා දැමීමෙන් කෙලෙසුන්ගෙන් නිදහස් වෙනවා. ඒ විමුක්තියට පත් කෙනා කෙලෙස් සහිත ක්‍රියාවක් තුළ කය පවත්වන්නේය කියා හෝ සිතක් උපදවන්නේය කියා හෝ දෙයක් වන්නේය යන කරුණ සිදු නොවන දෙයක්මයි.

පින්වත් සුනක්ඛත්ත, ඒක මේ වගේ දෙයක්. ඉතාම වර්ණවත් වූත්, සුවඳවත් වූත්, රසවත් වූත්, බීම භාජනයක් තියෙනවා. හැබැයි එයට විෂ මිශ්‍ර කරලයි තියෙන්නේ. ඔතනට ජීවිතය කැමැති, නොමැරෙනු කැමැති, සැප කැමැති, දුක පිළිකුල් කරන පුද්ගලයෙක් එනවා. පින්වත් සුනක්ඛත්ත, ඒ ගැන කුමක්ද සිතන්නේ? අර පුද්ගලයා දන්නවා නම්, මෙය බිව්වොත් මං මරණයට පත්වෙනවා. එහෙම නැත්නම් මාරාන්තික දුකකට පත්වෙනවා කියලා, ඔහු ඒ රසවත් පානය පිරුණු භාජනයෙන් එය පානය කරවිද?" "ස්වාමීනී, ඔහු එය පානය කරන්නේ නෑ"

"පින්වත් සුනක්ඛත්ත, ඔය වගේම තමයි, ඒ භික්ෂුව මේ ස්පර්ශ ආයතන හය තුළ ඒකාන්තයෙන්ම සංවරභාවයෙන් යුක්ත වෙනවා. දුකට මුල්වෙන්නේ කෙලෙස් සහිත ක්‍රියාව බව දැනගෙන කෙලෙස් සහිත ක්‍රියාවෙන් තොර වෙනවා. කෙලෙස් සහිත ක්‍රියා ගෙවා දැමීමෙන් කෙලෙසුන්ගෙන් නිදහස් වෙනවා. ඒ විමුක්තියට පත් කෙනා කෙලෙස් සහිත ක්‍රියාවක් තුළ කය පවත්වන්නේය කියා හෝ සිතක් උපදවන්නේය කියා හෝ දෙයක් වන්නේය යන කරුණ සිදු නොවන දෙයක්මයි.

පින්වත් සුනක්ඛත්ත, ඒක මේ වගේ දෙයක්. ඝෝර විෂ ඇති භයානක සර්පයෙක් ඉන්නවා. ඔතනට ඔතනට ජීවිතය කැමැති, නොමැරෙනු කැමැති, සැප කැමැති, දුක පිළිකුල් කරන පුද්ගලයෙක් එනවා. පින්වත් සුනක්ඛත්ත, ඒ ගැන කුමක්ද සිතන්නේ? 'මේ භයානක සර්පයා මට දෂ්ඨ කළොත් මං මැරේවි. මාරාන්තික දුකකට පත්වේවි' කියන කාරණය අර පුද්ගලයා දන්නවා නම්, මේ ඝෝර විෂ ඇති සර්පයාට අතක් හෝ ඇඟිල්ලක් හෝ දමාවිද?" "ස්වාමීනී, එය නොවේමයි."

"පින්වත් සුනක්ඛත්ත, ඔය වගේම තමයි, ඒ භික්ෂුව මේ ස්පර්ශ ආයතන හය තුළ ඒකාන්තයෙන්ම සංවරභාවයෙන් යුක්ත වෙනවා. දුකට මුල්වෙන්නේ කෙලෙස් සහිත ක්‍රියාව බව දැනගෙන කෙලෙස් සහිත ක්‍රියාවෙන් තොර වෙනවා. කෙලෙස් සහිත ක්‍රියා ගෙවා දැමීමෙන් කෙලෙසුන් ගෙන් නිදහස් වෙනවා. ඒ

විමුක්තියට පත් කෙනා කෙලෙස් සහිත ක්‍රියාවක් තුළ කය පවත්වන්නේය කියා හෝ සිතක් උපදවන්නේය කියා හෝ දෙයක් වන්නේය යන කරුණ සිදු නොවන දෙයක්ම යි."

භාග්‍යවතුන් වහන්සේ මේ උතුම් දේශනය වදාළා. ඒ දේශනය ගැන ඒ සුනක්ඛත්ත ලිච්ඡවී පුත්‍රයා ගොඩක් සතුටු වුනා. භාග්‍යවතුන් වහන්සේ වදාළ මේ දේශනය සතුටින් පිළිගත්තා.

සාදු! සාදු!! සාදු!!!

සුනක්ඛත්තට වදාළ දෙසුම නිමා විය.

3.1.6.
ආනෙඤ්ජසප්පාය සූත්‍රය
ධ්‍යාන සමාපත්ති ආදියට උපකාරී වෙන කරුණු ගැන වදාළ දෙසුම

මා හට අසන්නට ලැබුනේ මේ විදිහටයි. ඒ දිනවල භාග්‍යවත් බුදුරජාණන් වහන්සේ වැඩසිටියේ කුරු ජනපදයෙහි කම්මාස්සදම්ම නම් වූ කුරු රට වැසියන්ගේ නියම් ගමේ. එදා භාග්‍යවතුන් වහන්සේ "පින්වත් මහණෙනි"යි කියා භික්ෂුසංඝයා අමතා වදාළා. "පින්වතුන් වහන්ස"යි කියා ඒ භික්ෂූන් ද භාග්‍යවතුන් වහන්සේට පිළිතුරු දුන්නා. එවිට භාග්‍යවතුන් වහන්සේ මෙම ධර්ම දේශනය වදාළා.

"පින්වත් මහණෙනි, කාමයන් අනිත්‍යයි. තුච්ඡයි. නැසී වැනසී යන ස්වභාවයෙන් යුක්තයි. පින්වත් මහණෙනි, සිත රවටන දෙයිනුයි සකස් වෙලා තියෙන්නෙ. අඥාන පුද්ගලයන්ට අගේට ගැලපී යනවා. මේ ජීවිතයේදී අත්විඳින යම් පංච කාමයක් ඇද්ද, පරලොවදී අත්විඳින යම් පංච කාමයක් ඇද්ද, මේ ජීවිතයේදී හඳුනාගන්නා යම් කාමයන් ඇද්ද, පරලොවදී හඳුනාගන්නා යම් කාමයන් ඇද්ද, මේ දෙපැත්තම අයිති වන්නේ මාරයාගේ ලෝකයටයි; මාරයාගේ විෂයටයි; මාරයාගේ වාසස්ථානයටයි. මාරයාගේ ගොදුරටයි. ඔය කාමයන් මෙනෙහි කිරීම තුළ තමයි අනුන්ගේ දෙයට ආශා කිරීම නම් වූ අභිධ්‍යාවත්, ද්වේෂ කිරීම නම් වූ ව්‍යාපාදයත්, එකට එක කිරීම නම් වූ සාරම්භයත් පවතින්නේ. මේ සසුන තුළ ධර්ම මාර්ගයෙහි හික්මෙන ආර්ය ශ්‍රාවකයාට විපත්තිය පිණිස හටගන්නෙත් ඔය අකුසල්මයි.

එනිසා පින්වත් මහණෙනි, මෙහිලා ආර්ය ශ්‍රාවකයා නුවණින් මෙනෙහි කරන්නේ මෙහෙමයි. 'මේ ජීවිතයේදී අත්විඳින යම් පංචකාමයක් ඇද්ද, පරලොවදී අත්විඳින යම් පංචකාමයක් ඇද්ද, මේ ජීවිතයේදී හඳුනාගන්නා යම් කාමයන් ඇද්ද, පරලොවදී හඳුනාගන්නා යම් කාමයන් ඇද්ද, මේ දෙපැත්තම අයිති වන්නේ මාරයාගේ ලෝකයටයි; මාරයාගේ විෂයටයි; මාරයාගේ වාසස්ථානයටයි; මාරයාගේ ගොදුරටයි. ඔය කාමයන් මෙනෙහි කිරීම තුළ තමයි අනුන්ගේ දෙයට ආශා කිරීම නම් වූ අභිධ්‍යාවත්, ද්වේෂ කිරීම නම් වූ

ව්‍යාපාදයත්, එකට එක කිරීම නම් වූ සාරම්භයත් පවතින්නේ. මේ සසුන තුළ ධර්ම මාර්ගයෙහි හික්මෙන ආර්ය ශ්‍රාවකයාට විපත්තිය පිණිස හටගන්නෙත් ඔය අකුසල්මයි. ඒ නිසා මං පංචකාම ලෝකය සිතෙන් මැඬලන්නට ඕන. සමාධිය තුළ අධිෂ්ඨානය බලවත් කරන්නට ඕන. මහත් වූ, උදාර බවට පත් වූ සිතක් ඇතිකරගන්නට ඕන. එතකොට මං පංච කාම ලෝකය සිතෙන් මැඬලා, සමාධිය තුළ අධිෂ්ඨානය බලවත් කරලා, මහත් වූ, උදාර වූ සිතක් ඇතිව ඉන්න කොට ලෝභයත්, ද්වේෂයත්, එකට එක කිරීමත් ආදී යම් පාපී අකුසල් ඇද්ද, ඒවා ඇතිවෙන්නේ නෑ. ඉතින් එතකොට ඒ අකුසල් නැතිවීම නිසා මගේ සිත පටු නොවන ස්වභාවයෙන් යුක්තව, අප්‍රමාණ වූ ගුණයෙන් මනාකොට වැඩී යාවි.'

ඉතින් ඔය විදිහේ ප්‍රතිපදාවකින් යුක්තව, එයම බහුල වශයෙන් කරමින් වාසය කරන කොට සිත පහදින්නේ සමාධි සමාපත්ති ආදී දේ කෙරෙහිමයි. ඒ චිත්තප්‍රසාදය තියෙන කොට මේ ජීවිතයේදීම ධ්‍යාන සමාපත්ති දියුණු කරගන්නවා. ප්‍රඥාවෙන් අරහත්වයට හෝ පත්වෙනවා. කය බිඳී මරණින් මතු වුවත් මෙය සිදුවන්නට පුළුවනි. ඒ කියන්නේ ඒ භික්ෂුවගේ උපතක් පිණිස සකස් වන විඤ්ඤාණය ධ්‍යාන සමාපත්ති තුළ පිහිටනවා. පින්වත් මහණෙනි, මෙයට කියන්නේ ධ්‍යාන සමාපත්ති ආදියට හිතකර වූ පළමු වන ප්‍රතිපදාව කියලයි.

පින්වත් මහණෙනි, ආයෙමත් වෙන දෙයක් කියන්නම්. ඒ කියන්නේ ආර්ය ශ්‍රාවකයා මේ විදිහටත් නුවණින් මෙනෙහි කරනවා. 'මේ ජීවිතයේදී අත්විඳින යම් පංචකාමයක් ඇද්ද, පරලොවදී අත්විඳින යම් පංචකාමයක් ඇද්ද, මේ ජීවිතයේ දී හඳුනාගන්නා යම් කාමයන් ඇද්ද, පරලොවදී හඳුනාගන්නා යම් කාමයන් ඇද්ද, එහි තිබෙන යම්කිසි රූපයක් ඇද්ද, ඒ සෑම රූපයකම තියෙන්නේ සතර මහා ධාතූත්, සතර මහා ධාතූන් නිසා පවතින රූපත් විතරයි' කියලා.

ඉතින් ඔය විදිහේ ප්‍රතිපදාවකින් යුක්තව, එයම බහුල වශයෙන් කරමින් වාසය කරන කොට සිත පහදින්නේ සමාධි සමාපත්ති ආදී දේ කෙරෙහිමයි. ඒ චිත්තප්‍රසාදය තියෙන කොට මේ ජීවිතයේදීම ධ්‍යාන සමාපත්ති දියුණු කරගන්නවා. ප්‍රඥාවෙන් අරහත්වයට හෝ පත්වෙනවා. කය බිඳී මරණින් මතු වුවත් මෙය සිදුවන්නට පුළුවනි. ඒ කියන්නේ ඒ භික්ෂුවගේ උපතක් පිණිස සකස් වන විඤ්ඤාණය ධ්‍යාන සමාපත්ති තුළ පිහිටනවා. පින්වත් මහණෙනි, මෙයට කියන්නේ ධ්‍යාන සමාපත්ති ආදියට හිතකර වූ දෙවන ප්‍රතිපදාව කියලයි.

පින්වත් මහණෙනි, ආයෙමත් වෙන දෙයක් කියන්නම්. ඒ කියන්නේ ආර්ය ශ්‍රාවකයා මේ විදිහටත් නුවණින් මෙනෙහි කරනවා. 'මේ ජීවිතයේදී අත්විඳින යම් පංචකාමයක් ඇද්ද, පරලොවදී අත්විඳින යම් පංචකාමයක් ඇද්ද, මේ ජීවිතයේදී හඳුනාගන්නා යම් කාමයන් ඇද්ද, පරලොවදී හඳුනාගන්නා යම් කාමයන් ඇද්ද, මෙලොව තිබෙන යම් රූප ඇද්ද, පරලොව තිබෙන යම් රූප ඇද්ද, මෙලොවදී හඳුනාගන්නා යම් රූප ඇද්ද, පරලොවදී හඳුනාගන්නා යම් රූප ඇද්ද, ඔය දෙලොවම ඇති රූප අනිත්‍යයි. යමක් අනිත්‍ය නම්, එය සතුටින් පිළිගන්න සුදුසු දෙයක් නොවෙයි. ඒ ගැන මහා ඉහළින් වර්ණනා කරන්නට දෙයක් නෑ. ඒ වගේම එය මමය, මාගේය කියා බැසගන්නට සුදුසු දෙයකුත් නොවෙයි' කියලා.

ඉතින් ඔය විදිහේ ප්‍රතිපදාවකින් යුක්තව, එයම බහුල වශයෙන් කරමින් වාසය කරන කොට සිත පහදින්නේ සමාධි සමාපත්ති ආදී දේ කෙරෙහිමයි. ඒ චිත්තප්‍රසාදය තියෙන කොට මේ ජීවිතයේදීම ධ්‍යාන සමාපත්ති දියුණු කරගන්නවා. ප්‍රඥාවෙන් අරහත්වයට හෝ පත්වෙනවා. කය බිඳී මරණින් මතු වුවත් මෙය සිදුවන්නට පුළුවනි. ඒ කියන්නේ ඒ භික්ෂුවගේ උපතක් පිණිස සකස් වන විඤ්ඤාණය ධ්‍යාන සමාපත්ති තුළ පිහිටනවා. පින්වත් මහණෙනි, මෙයට කියන්නේ ධ්‍යාන සමාපත්ති ආදියට හිතකර වූ තුන්වන ප්‍රතිපදාව කියලයි.

පින්වත් මහණෙනි, ආයෙමත් වෙන දෙයක් කියන්නම්. ඒ කියන්නේ ආර්ය ශ්‍රාවකයා මේ විදිහටත් නුවණින් මෙනෙහි කරනවා. 'මේ ජීවිතයේදී අත්විඳින යම් පංචකාමයක් ඇද්ද, පරලොවදී අත්විඳින යම් පංචකාමයක් ඇද්ද, මේ ජීවිතයේ දී හඳුනාගන්නා යම් කාමයන් ඇද්ද, පරලොවදී හඳුනාගන්නා යම් කාමයන් ඇද්ද, පරලොවදී හඳුනාගන්නා යම් කාමයන් ඇද්ද, මෙලොව තිබෙන යම් රූප ඇද්ද, පරලොව තිබෙන යම් රූප ඇද්ද, මෙලොවදී හඳුනා ගන්නා යම් රූප ඇද්ද, පරලොවදී හඳුනාගන්නා යම් රූප ඇද්ද, ඒ වගේම යම් රූප ධ්‍යාන සඤ්ඤාවක් ඇද්ද, ඒ සෑම සඤ්ඤාවක්ම යම් සමාපත්තියකදී ඉතිරි නැතුව නිරුද්ධ වෙලා යනවා නම්, එය තමයි ශාන්ත; එය තමයි ප්‍රණීත. ඒ කියන්නේ, ආකිඤ්චඤ්ඤායතන සමාපත්තියයි.

ඉතින් ඔය විදිහේ ප්‍රතිපදාවකින් යුක්තව, එයම බහුල වශයෙන් කරමින් වාසය කරන කොට සිත පහදින්නේ අරූප සමාපත්ති ආදී දේ කෙරෙහිමයි. ඒ චිත්තප්‍රසාදය තියෙන කොට මේ ජීවිතයේදීම ආකිඤ්චඤ්ඤායතන සමාපත්තිය දියුණු කරගන්නවා. ප්‍රඥාවෙන් අරහත්වයට හෝ පත්වෙනවා. කය බිඳී මරණින් මතු වුවත් මෙය සිදුවන්නට පුළුවනි. ඒ කියන්නේ ඒ භික්ෂුවගේ උපතක්

පිණිස සකස් වන විඤ්ඤාණය ආකිඤ්චඤ්ඤායතනය තුළ පිහිටනවා. පින්වත් මහණෙනි, මෙයට කියන්නේ ආකිඤ්චඤ්ඤායතන සමාපත්තියට හිතකර වූ පළමු වෙනි ප්‍රතිපදාව කියලයි.

පින්වත් මහණෙනි, ආයෙමත් වෙන දෙයක් කියන්නම්. ඒ කියන්නේ ආර්ය ශ්‍රාවකයා එක්කො අරණ්‍ය සේනාසනයකට යනවා. එහෙම නැත්නම් රුක් සෙවනකට හෝ පාළු ස්ථානයකට හෝ යනවා. ගිහින් නුවණින් මෙනෙහි කරන්නේ මෙහෙමයි. 'මේ පංච උපාදානස්කන්ධය තමාගේ වසඟයේ පවත්වා ගත හැකි දෙයින් හිස්ව තියෙන්නේ. තමාගේ වසඟයේ පවත්වා ගත හැකි දෙයකට අයිති නෑ' කියලා.

ඉතින් ඔය විදිහේ ප්‍රතිපදාවකින් යුක්තව, එයම බහුල වශයෙන් කරමින් වාසය කරන කොට සිත පහදින්නේ අරූප සමාපත්ති ආදී දේ කෙරෙහිමයි. ඒ චිත්තප්‍රසාදය තියෙන කොට මේ ජීවිතයේදීම ආකිඤ්චඤ්ඤායතන සමාපත්තිය දියුණු කරගන්නවා. ප්‍රඥාවෙන් අරහත්වයට හෝ පත්වෙනවා. කය බිඳී මරණින් මතු වුවත් මෙය සිදුවන්නට පුළුවනි. ඒ කියන්නේ ඒ භික්ෂුවගේ උපතක් පිණිස සකස් වන විඤ්ඤාණය ආකිඤ්චඤ්ඤායතනය තුළ පිහිටනවා. පින්වත් මහණෙනි, මෙයට කියන්නේ ආකිඤ්චඤ්ඤායතන සමාපත්තියට හිතකර වූ දෙවෙනි ප්‍රතිපදාව කියලයි.

පින්වත් මහණෙනි, ආයෙමත් වෙන දෙයක් කියන්නම්. ඒ කියන්නේ ආර්ය ශ්‍රාවකයා නුවණින් මෙනෙහි කරන්නේ මෙහෙමයි. 'මම මේ ජීවිතයේ කිසි දෙයකට බැඳෙන කෙනෙක් වෙන්නෙ නෑ. ඒ වගේම කිසි කෙනෙකුට කරදර කරන කෙනෙක් වෙන්නෙත් නෑ. කිසි තැනක මාගේ කෙලෙස් පවත්වන්නෙත් නෑ. ඒ වගේම කිසි තැනකට බැඳෙන්නෙත් නෑ' කියලා.

ඉතින් ඔය විදිහේ ප්‍රතිපදාවකින් යුක්තව, එයම බහුල වශයෙන් කරමින් වාසය කරන කොට සිත පහදින්නේ අරූප සමාපත්ති ආදී දේ කෙරෙහිමයි. ඒ චිත්තප්‍රසාදය තියෙන කොට මේ ජීවිතයේදීම ආකිඤ්චඤ්ඤායතන සමාපත්තිය දියුණු කරගන්නවා. ප්‍රඥාවෙන් අරහත්වයට හෝ පත්වෙනවා. කය බිඳී මරණින් මතු වුවත් මෙය සිදුවන්නට පුළුවනි. ඒ කියන්නේ ඒ භික්ෂුවගේ උපතක් පිණිස සකස් වන විඤ්ඤාණය ආකිඤ්චඤ්ඤායතනය තුළ පිහිටනවා. පින්වත් මහණෙනි, මෙයට කියන්නේ ආකිඤ්චඤ්ඤායතන සමාපත්තියට හිතකර වූ තුන්වෙනි ප්‍රතිපදාව කියලයි.

පින්වත් මහණෙනි, ආයෙමත් වෙන දෙයක් කියන්නම්. ඒ කියන්නේ ආර්ය ශ්‍රාවකයා මේ විදිහටත් නුවණින් මෙනෙහි කරනවා. 'මේ ජීවිතයේදී

අත්විඳින යම් පංචකාමයක් ඇද්ද, පරලොවදී අත්විඳින යම් පංචකාමයක් ඇද්ද, මේ ජීවිතයේදී හඳුනාගන්නා යම් කාමයන් ඇද්ද, පරලොවදී හඳුනාගන්නා යම් කාමයන් ඇද්ද, මෙලොව තිබෙන යම් රූප ඇද්ද, පරලොව තිබෙන යම් රූප ඇද්ද, මෙලොවදී හඳුනාගන්නා යම් රූප ඇද්ද, පරලොවදී හඳුනාගන්නා යම් රූප ඇද්ද, ඒ වගේම යම් රූප ධ්‍යාන සඤ්ඤාවක් ඇද්ද, ඒ වගේම යම් ආකිඤ්චඤ්ඤායතන සඤ්ඤාවක් ඇද්ද, ඒ සෑම සඤ්ඤාවක්ම යම් සමාපත්තියකදී ඉතිරි නැතුව නිරුද්ධ වෙලා යනවා නම්, එය තමයි ශාන්ත; එය තමයි ප්‍රණීත. ඒ කියන්නේ, නේවසඤ්ඤානාසඤ්ඤායතන සමාපත්තියයි.

ඉතින් ඔය විදිහේ ප්‍රතිපදාවකින් යුක්තව, එයම බහුල වශයෙන් කරමින් වාසය කරන කොට සිත පහදින්නේ අරූප සමාපත්ති ආදී දේ කෙරෙහිමයි. ඒ චිත්තප්‍රසාදය තියෙන කොට මේ ජීවිතයේදීම නේවසඤ්ඤානාසඤ්ඤායතන සමාපත්තිය දියුණු කරගන්නවා. ප්‍රඥාවෙන් අරහත්වයට හෝ පත්වෙනවා. කය බිඳී මරණින් මතු වුවත් මෙය සිදුවන්නට පුළුවනි. ඒ කියන්නේ ඒ භික්ෂුවගේ උපතක් පිණිස සකස් වන විඤ්ඤාණය නේවසඤ්ඤානාසඤ්ඤායතනය තුළ පිහිටනවා. පින්වත් මහණෙනි, මෙයට කියන්නේ නේවසඤ්ඤානාසඤ්ඤායතන සමාපත්තියට හිතකර වූ ප්‍රතිපදාව කියලයි."

මෙසේ වදාළ කල්හි ආයුෂ්මත් ආනන්දයන් වහන්සේ භාග්‍යවත් බුදුරජාණන් වහන්සේට මෙය පැවසුවා. "ස්වාමීනී, ඉතින් මේ ශාසනයේදී භික්ෂුව මේ විදිහටත් පිළිපදිනවා නම්, ඒ කියන්නේ 'කලින් පවසන ලද ආකාරයෙන් මා විසින් කර්මයක් රැස්කොට නොතිබුනා නම්, මට එයට අනුව උපතක් සකස් වෙන්නෙත් නෑ. අනාගතයට කර්ම සකස් වීමක් නොවන්නේ නම්, අනාගතයේදී මට පංච උපාදානස්කන්ධයක් ඇතිවන්නේ නෑ. එනිසා සකස් වී තිබෙන යම් පංච උපාදානස්කන්ධයක් ඇද්ද, මං ඒක දුරුකරනවා' කියලා. ඔය විදිහට උපේක්ෂාව ලබනවා නම්, ස්වාමීනී, ඒ භික්ෂුව පිරිනිවන් පායිද? එහෙම නැත්නම් පිරිනිවන් පාන එකක් නැද්ද?"

"පින්වත් ආනන්ද, ඔය කාරණයෙහිදී ඇතැම් භික්ෂුවක් පිරිනිවන් පාන්නට පුළුවනි. ඒ වගේම එහිලා ඇතැම් භික්ෂුවක් පිරිනිවන් නොපාන්නටත් පුළුවනි."

"ස්වාමීනී, යම් හෙයකින් මෙහිලා ඇතැම් භික්ෂුවක් පිරිනිවන් පානවා නම්, තවත් භික්ෂුවක් පිරිනිවන් පාන්නේ නැත්නම්, එයට හේතුව කුමක්ද? කාරණය කුමක්ද?"

"පින්වත් ආනන්ද, භික්ෂුවක් මේ විදිහට පිළිපදිනවා. ඒ කියන්නේ 'කලින් පවසන ලද ආකාරයෙන් මා විසින් කර්මයක් රැස්කොට නොතිබුනා නම්, මට

එයට අනුව උපතක් සකස් වෙන්නෙත් නෑ. අනාගතයට කර්ම සකස් වීමක් නොවන්නේ නම්, අනාගතයේදී මට පංච උපාදානස්කන්ධයක් ඇතිවන්නේ නෑ. එනිසා සකස් වී තිබෙන යම් පංච උපාදානස්කන්ධයක් ඇද්ද, මං ඒක දුරුකරනවා' කියලා. එතකොට ඔය අයුරින් උපේක්ෂාවක් ඇති කරගන්නවා. ඉතින් ඔහු ඒ උපේක්ෂාව සතුටින් පිළිගන්නවා. ඒ උපේක්ෂාව ගැන වර්ණනා කරනවා. ඒ උපේක්ෂාවෙහි සිත බැසගන්නවා. ඉතින් ඒ උපේක්ෂාව සතුටින් පිළිගන්නා වූ, වර්ණනා කරන්නා වූ, එහි බැසගන්නා වූ භික්ෂුවගේ විඤ්ඤාණය ඒ උපේක්ෂාව ඇසුරේ පවතිනවා. ඒ උපේක්ෂාව තමයි එතකොට උපාදානයක් වන්නේ. පින්වත් ආනන්ද, උපාදාන සහිත භික්ෂුව පිරිනිවන් පාන්නේ නෑ."

"ස්වාමීනී, ඒ උපේක්ෂාව උපාදානය කරමින් සිටින භික්ෂුව උපත ලබන්නේ කොතැනද?"

"පින්වත් ආනන්ද, නේවසඤ්ඤානාසඤ්ඤායතනයේයි."

"එහෙම නම් ස්වාමීනී, ඒ උපාදානය කරන භික්ෂුව උපාදාන කොට තිබෙන්නේ ශ්‍රේෂ්ඨ වූ උපාදානයක් නෙව."

"පින්වත් ආනන්ද, ඒ උපාදානය කරන භික්ෂුව උපාදාන කොට තියෙන්නේ ශ්‍රේෂ්ඨ වූ උපාදානයක් තමයි. පින්වත් ආනන්ද, යම් මේ නේවසඤ්ඤානාසඤ්ඤායතනයක් ඇද්ද, එය ශ්‍රේෂ්ඨ වූ උපාදානයක් තමයි.

පින්වත් ආනන්ද, භික්ෂුව මේ විදිහටත් පිළිපදිනවා. ඒ කියන්නේ 'කලින් පවසන ලද ආකාරයෙන් මා විසින් කර්මයක් රැස්කොට නොතිබුනා නම්, මට එයට අනුව උපතක් සකස් වෙන්නෙත් නෑ. අනාගතයට කර්ම සකස් වීමක් නොවන්නේ නම්, අනාගතයේදී මට පංච උපාදානස්කන්ධයක් ඇතිවන්නේ නෑ. එනිසා සකස් වී තිබෙන යම් පංච උපාදානස්කන්ධයක් ඇද්ද, මං ඒක දුරුකරනවා' කියලා. එතකොට ඔය අයුරින් උපේක්ෂාවක් ඇති කරගන්නවා. ඉතින් ඔහු ඒ උපේක්ෂාව සතුටින් පිළිගන්නෙ නෑ. ඒ උපේක්ෂාව ගැන වර්ණනා කරන්නෙ නෑ. ඒ උපේක්ෂාවෙහි සිත බැසගන්නෙ නෑ. ඉතින් ඒ උපේක්ෂාව සතුටින් නොපිළිගන්නා, වර්ණනා නොකරන, එහි නොබැසගන්නා භික්ෂුවගේ විඤ්ඤාණය ඒ උපේක්ෂාව ඇසුරේ පවතින්නේ නෑ. ඒ උපේක්ෂාව එතකොට උපාදානයක් වෙන්නේ නෑ. පින්වත් ආනන්ද, උපාදාන රහිත භික්ෂුව පිරිනිවන් පානවා."

"ස්වාමීනී, ආශ්චර්යයයි! ස්වාමීනී, අද්භූතයි! ස්වාමීනී, භාග්‍යවතුන් වහන්සේ විසින් ඒ ඒ ධ්‍යාන සමාපත්ති ආදිය ඇසුරු කරමින් සසර සැඩ

පහරෙන් එතෙර වන අයුරු හරි අගේට වදාළා. ස්වාමීනී, එතකොට ආර්ය විමෝක්ෂය කියන්නේ මොකක්ද?"

"පින්වත් ආනන්ද, මෙහිලා ආර්ය ශ්‍රාවකයා මේ විදිහටත් නුවණින් මෙනෙහි කරනවා. 'මේ ජීවිතයේදී අත්විදින යම් පංචකාමයක් ඇද්ද, පරලොවදී අත්විදින යම් පංචකාමයක් ඇද්ද, මේ ජීවිතයේදී හඳුනාගන්නා යම් කාමයන් ඇද්ද, පරලොවදී හඳුනාගන්නා යම් කාමයන් ඇද්ද, මෙලොව තිබෙන යම් රූප ඇද්ද, පරලොව තිබෙන යම් රූප ඇද්ද, මෙලොවදී හඳුනාගන්නා යම් රූප ඇද්ද, පරලොවදී හඳුනාගන්නා යම් රූප ඇද්ද, ඒ වගේම යම් රූප ධ්‍යාන සඤ්ඤාවක් ඇද්ද, ඒ වගේම යම් ආකිඤ්චඤ්ඤායතන සඤ්ඤාවක් ඇද්ද, යම් නේවසඤ්ඤානාසඤ්ඤායතන සඤ්ඤාවක් ඇද්ද, මෙහිලා යම්තාක් පංච උපාදානස්කන්ධයක් ඇද්ද, ඒ සෑම දෙයක්ම සක්කාය නම් වූ පංච උපාදානස්කන්ධයමයි. ඒ වගේම සිතේ උපාදාන රහිත වූ යම් විමෝක්ෂයක් ඇද්ද, ඒ තමයි අමෘතය' කියලා.

පින්වත් ආනන්ද, ඉතින් ඔය විදිහට දැන් මා විසින් ආනෙඤ්ජ නම් වූ රූප ධ්‍යාන ලබන්නට හිතකර වූ ප්‍රතිපදාවත් කියා දුන්නා. ආකිඤ්චඤ්ඤායතන සමාපත්තිය ලබන්නට හිතකර වූ ප්‍රතිපදාවත් කියා දුන්නා. නේවසඤ්ඤානාසඤ්ඤායතන සමාපත්තිය ලබන්නට හිතකර වූ ප්‍රතිපදාවත් කියා දුන්නා. ඒ ඒ ධ්‍යාන සමාපත්ති ඇසුරෙන් සසර සැඩ පහරෙන් එතෙර වෙන හැටිත් කියා දුන්නා. ආර්ය විමෝක්ෂයත් කියා දුන්නා.

පින්වත් ආනන්ද, ශ්‍රාවකයින්ට හිතෛෂී වූ, අනුකම්පා සහගත වූ, ශාස්තෘන් වහන්සේ නමක් විසින් අනුකම්පාවෙන්ම යමක් කළ යුතු නම්, මා එය ඔබට කරලයි තියෙන්නේ. පින්වත් ආනන්ද, ඔය තියෙන්නේ රුක් සෙවන. ඔය තියෙන්නේ පාළු තැන්. පින්වත් ආනන්ද, භාවනා කරන්න. ප්‍රමාද වෙන්න එපා! ප්‍රමාද වෙලා පස්සේ පසුතැවෙන්න එපා! මෙය තමයි ඔබට අප විසින් කරනු ලබන අනුශාසනාව."

භාග්‍යවතුන් වහන්සේ මේ උතුම් දේශනය වදාළා. ඒ දේශනය ගැන ආයුෂ්මත් ආනන්දයන් වහන්සේ ගොඩක් සතුටු වුනා. භාග්‍යවතුන් වහන්සේ වදාළ මේ දේශනය සතුටින් පිළිගත්තා.

සාදු! සාදු!! සාදු!!!

ධ්‍යාන සමාපත්ති ආදියට උපකාරී වෙන කරුණු ගැන වදාළ දෙසුම නිමා විය.

3.1.7.
ගණක මොග්ගල්ලාන සූත්‍රය
ගණක මොග්ගල්ලාන බ්‍රාහ්මණයාට වදාළ දෙසුම

මා හට අසන්නට ලැබුනේ මේ විදිහටයි. ඒ දිනවල භාග්‍යවත් බුදුරජාණන් වහන්සේ වැඩසිටියේ මිගාරමාතු ප්‍රාසාදය නම් වූ පූර්වාරාමයේ. එදා ගණක මොග්ගල්ලාන බ්‍රාහ්මණයා භාග්‍යවතුන් වහන්සේ වෙත පැමිණියා. පැමිණ භාග්‍යවතුන් වහන්සේ සමඟ සතුටු වුනා. සතුටු විය යුතු පිළිසඳර කථාව කොට නිමවා එකත්පස්ව වාඩිවුනා. එකත්පස්ව හුන් ගණක මොග්ගල්ලාන බ්‍රාහ්මණයා භාග්‍යවතුන් වහන්සේට මෙය පැවසුවා.

"භවත් ගෞතමයන් වහන්ස, මේ මිගාරමාතු ප්‍රාසාදයෙහි පඩිපෙළෙහි අන්තිම කෙළවර දක්වාම අනුපිළිවෙලින් හික්මීමක්, අනුපිළිවෙලින් කරන ක්‍රියාවක්, අනුපිළිවෙලින් සිදුවන වැඩපිළිවෙලක් දකින්නට ලැබෙනවා. ඒ වගේම භවත් ගෞතමයන් වහන්ස, මේ බ්‍රාහ්මණයන්ගේ ඉගෙනීම් වැඩපිළිවෙලෙහි අනුපිළිවෙලින් හික්මීමක්, අනුපිළිවෙලින් කිරීමක්, අනුපිළිවෙලින් ප්‍රතිපදාවක් දකින්නට ලැබෙනවා. ඒ වගේම භවත් ගෞතමයන් වහන්ස, මේ ධනුර්ධරයන්ගේ ආයුධ ශිල්පයෙහි පවා අනුපිළිවෙලින් හික්මීමක්, අනුපිළිවෙලින් කිරීමක්, අනුපිළිවෙලින් ප්‍රතිපදාවක් දකින්නට ලැබෙනවා. ඒ වගේම භවත් ගෞතමයන් වහන්ස, ගණකාධිකාරී කටයුතුවලින් ජීවත් වන අප තුළ පවා මේ ගණකාධිකාරී වැඩවලදී අනුපිළිවෙලින් හික්මීමක්, අනුපිළිවෙලින් කිරීමක්, අනුපිළිවෙලින් ප්‍රතිපදාවක් දකින්නට ලැබෙනවා.

භවත් ගෞතමයන් වහන්ස, අපි පුහුණුවට පිරිස අරගෙන ඒ උදවිය මේ විදිහටයි පළමුවෙන්ම හික්මවන්නේ. 'එක්කෙනා යනු එකයි. දෙන්නා යනු දෙකයි. තුන්දෙනා යනු තුනයි. සිව්දෙනා යනු හතරයි. පස්දෙනා යනු පහයි. සය දෙනා යනු හයයි. හත් දෙනා යනු හතයි. අට දෙනා යනු අටයි. නව දෙනා යනු නවයයි. දහ දෙනා යනු දහයයි' කියලයි. භවත් ගෞතමයන් වහන්ස, අපි සියයටත් ගණන් කරවනවා. ඊට වැඩියත් ගණන් කරවනවා.

භවත් ගෞතමයන් වහන්ස, ඔය අයුරින්ම මේ ධර්ම විනය තුළත් අනුපිළිවෙලින් හික්මීමක්, අනුපිළිවෙලින් කිරීමක්, අනුපිළිවෙලින් ප්‍රතිපදාවක් පෙන්වා දෙන්නට පුළුවන්ද?"

"පින්වත් බ්‍රාහ්මණය, මේ ධර්ම විනය තුළත් අනුපිළිවෙලින් හික්මීමක්, අනුපිළිවෙලින් කිරීමක්, අනුපිළිවෙලින් ප්‍රතිපදාවක් පෙන්වා දෙන්නට පුළුවනි. පින්වත් බ්‍රාහ්මණය, ඒක මේ වගේ දෙයක්. දක්ෂ වූ අශ්වයන් පුහුණු කරවන්නෙක් ඉන්නවා. ඔහුට ඉතාම හොඳ වර්ගයේ ශ්‍රේෂ්ඨ අශ්වයෙක් ලැබෙනවා. එතකොට මුලින්ම කරන්නේ කටකලියාවෙහි පුහුණු කිරීමයි. ඊට පස්සේ වැඩිදුරටත් පුහුණු කරවනවා.

පින්වත් බ්‍රාහ්මණය, තථාගතයන් වහන්සේ ද හික්මවාලිය යුතු පුරුෂයෙකු ලැබුන විට ඔහුව මුලින්ම හික්මන්නේ මෙහෙමයි. 'පින්වත් භික්ෂුව, එන්න. සිල්වත් වෙන්න. ප්‍රාතිමෝක්ෂ සංවර සීලයෙන් සංවරව වසන්න. යහපත් ඇවතුම් පැවතුම්වලින් යුක්ත වෙන්න. ඉතා කුඩා වරදේ පවා භය දකින්න. ශික්ෂා පදවල සමාදන්ව හොඳින් හික්මෙන්න.'

ඉතින් පින්වත් බ්‍රාහ්මණය, යම් දවසක භික්ෂුව සිල්වත් වෙයිද, ප්‍රාතිමෝක්ෂ සංවරයෙන්ද සංවර වී වසයිද, යහපත් ඇවතුම් පැවතුම්වලින් යුතු වෙයිද, ඉතා කුඩා වරදක් කරන්නටත් බිය වෙයිද, ශික්ෂා පදවල සමාදන් වී හික්මෙයිද එතකොට තථාගතයන් වහන්සේ ඒ භික්ෂුව වැඩිදුරටත් හික්මවනවා. 'පින්වත් භික්ෂුව, එන්න. ඇස්, කන් ආදී ඉන්ද්‍රියන් හොඳින් සංවර කරගෙන ඉන්න. ඒ කියන්නේ ඇස නම් වූ ඉන්ද්‍රිය අසංවරව ඉන්න කොට ලෝභ, ද්වේෂ ආදී පාපී අකුසල ධර්මයන් තමාගේ පස්සෙන් පන්නනවා නම්, ඇසින් රූප දැක එබඳු වූ නිමිති නොගෙන ඉන්න. ඒ නිමිතිවල කොටසක් වත් නොගෙන ඉන්න. ඇස සංවර කරගැනීමට පිළිපදින්න. ඇස නම් වූ ඉන්ද්‍රිය රකින්න. ඇස නම් වූ ඉන්ද්‍රියේ සංවර බවට පැමිණෙන්න. කනෙන් ශබ්දයක් අසා ....(පෙ).... නාසයෙන් ගඳසුවඳ ආඝ්‍රාණය කොට ....(පෙ).... දිවෙන් රස විඳ ....(පෙ).... කයින් පහස ලබා ....(පෙ).... මනස නම් වූ ඉන්ද්‍රිය අසංවරව ඉන්න කොට ලෝභ, ද්වේෂ ආදී පාපී අකුසල ධර්මයන් තමාගේ පස්සෙන් පන්නනවා නම්, මනසින් අරමුණු දැන එබඳු වූ නිමිති නොගෙන ඉන්න. ඒ නිමිතිවල කොටසක්වත් නොගෙන ඉන්න. මනස සංවර කරගැනීමට පිළිපදින්න. මනස නම් වූ ඉන්ද්‍රිය රකින්න. මනස නම් වූ ඉන්ද්‍රියේ සංවර බවට පැමිණෙන්න.'

එතකොට පින්වත් බ්‍රාහ්මණය, යම් දවසක භික්ෂුව සංවර කරගත් ඉඳුරන් ගෙන් යුතුව ඉන්නවාද, තථාගතයන් වහන්සේ ඔහුව වැඩිදුරටත් හික්මවනවා. 'පින්වත් භික්ෂුව, මෙහි එන්න. අවබෝධයෙන් යුක්තව දන් වළඳන්න. ඒ කියන්නේ නුවණින් විමසමින් ම ආහාර ගන්න. මේ ආහාර ගන්නේ ජවය පිණිස නොවෙයි; මත් වීම පිණිස නොවෙයි; ඇඟපත සැරසීමට නොවෙයි; අඩු තැන් පුරවා ගැනීමට නොවෙයි; මේ ශරීරයේ පැවැත්ම පිණිස විතරයි. යැපීම පිණිස විතරයි. වෙහෙස සංසිඳවා ගන්න විතරයි. බඹසර ජීවිතයට රුකුල්

දීම පිණිස විතරයි. මේ අයුරින් පැරණි බඩගිනි වේදනා මං බැහැර කරනවා. අලුතින් බඩගිනි වේදනාවක් උපදවන්නේ නෑ. මගේ ජීවිතය නිවැරදි ලෙස පහසුවෙන් පවත්වාගෙන යනවා' කියල.

පින්වත් බ්‍රාහ්මණය, යම් දවසක භික්ෂුව වළඳන දානය පිළිබඳව අවබෝධ යෙන් යුක්ත නම්, තථාගතයන් වහන්සේ ඔහුව වැඩිදුරටත් හික්මවනවා. 'පින්වත් භික්ෂුව, එන්න. නිදිවරාගෙන භාවනා කරන්න පුරුදු වෙන්න. ඒ මෙහෙමයි. දවල් කාලෙදී සක්මන් කරමින්, වාඩි වී භාවනා කරමින් නීවරණ ධර්මයන් ගෙන් සිත පිරිසිදු කරන්න. රාත්‍රියේ මුල් යාමයේදී සක්මනින්ද, වාඩි වී භාවනා කිරීමෙන්ද නීවරණ ධර්මයන්ගෙන් සිත පිරිසිදු කරන්න. රෑ මැදියම් යමේදී දකුණු පැත්තට ඇලවෙලා දකුණු පාදය උඩින් වම් පාදය මදක් මෑත් කොට තබාගෙන මං පාන්දරින් නැගිටිනවා යන අදහස දැඩි කොට ගෙන හොඳ සිහි නුවණින් යුතුව සිංහ සෙයයාවෙන් සැතපෙන්න. රාත්‍රියේ පාන්දර ජාමෙට නැගිට සක්මන් කරමිනුත්, වාඩි වී භාවනා කරමිනුත් නීවරණ ධර්මයන්ගෙන් සිත පිරිසිදු කරන්න.'

පින්වත් බ්‍රාහ්මණය, යම් දවසක භික්ෂුව නිදිවරාගෙන භාවනා කිරීමෙහි යෙදෙනවාද, එතකොට තථාගතයන් වහන්සේ ඔහුව තවදුරටත් හික්මවනවා. 'පින්වත් භික්ෂුව, එන්න. ඉතා සිහි නුවණින් යුතුව ඉන්න. ඒ කියන්නේ, ඉදිරියට යන කොටත්, ආපසු හැරී එන කොටත් එය සිහි නුවණින්ම කරන්න. ඉදිරිය බලන විටත්, වටපිට බලන විටත් සිහි නුවණින්ම කරන්න. අත් පා හකුලන විටත්, දිගහරින විටත්, සිහි නුවණින්ම කරන්න. දෙපට සිවුරු, තනිපොට සිවුරු, පාත්‍ර ආදිය පාවිච්චි කරන විටත් සිහි නුවණින්ම කරන්න. දන් වළඳන විට, යමක් පානය කරන විට, යමක් රස විඳින විට සිහි නුවණින්ම කරන්න. වැසිකිලි කැසිකිලි යන විට පවා සිහි නුවණින්ම කරන්න. ගමන් කරන විටත්, නැවතී සිටින විටත්, වාඩි වී ඉන්න විටත්, නිදන විටත්, නිදිවරන විටත්, කතා බස් කරන විටත්, නිහඬව සිටින විටත් සිහි නුවණින්ම කරන්න.'

පින්වත් බ්‍රාහ්මණය, යම් දවසක භික්ෂුව සිහි නුවණින් යුක්තව වාසය කරයිද, එතකොට තථාගතයන් වහන්සේ ඔහුව තවදුරටත් හික්මවනවා. 'පින්වත් භික්ෂුව, එන්න. හුදෙකලා සේනාසන තියෙනවා නෙව. ඒ කියන්නේ අරණ්‍යය, රුක් සෙවන, කඳු, දියඇලි, ගිරිගුහා, සොහොන්, වන ගැබ, එළිමහන, පිදුරුගෙවල් ආදිය තියෙනවා නෙව. අන්න ඒවා ඇසුරේ ඉන්න.' එතකොට ඔහු අරණ්‍යය, රුක් සෙවන, කඳු, දියඇලි, ගිරිගුහා, සොහොන්, වන ගැබ, එළිමහන, පිදුරුගෙවල් ආදිය ඇසුරු කරගෙන ඉන්නවා.

ඉතින් ඒ භික්ෂුව සවස් වරුවේ පිණ්ඩපාතයෙන් වැළකිලා පළඟක්

බැඳගෙන වාඩිවෙනවා. කය ඍජු කරගෙන භාවනා අරමුණෙහි සිහිය පිහිටුවාගෙන ඉන්නවා. ඔහු තමාගේ ලෝකයේ ඇති ලෝභය ප්‍රහාණය කොට, ලෝභය බැහැර වූ සිතින් වාසය කරනවා. ලෝභයෙන් සිත පිරිසිදු කරනවා. ද්වේෂය බැහැර කොට ද්වේෂ රහිත සිතින් වාසය කරනවා. සියලු ප්‍රාණීන් කෙරෙහි හිතානුකම්පීව වාසය කරනවා. නිදිමත, අලසබව ප්‍රහාණය කොට, එය බැහැර වූ සිතින් වාසය කරනවා. ආලෝක සඤ්ඤාවෙන් යුතුව, සිහි නුවණින් යුතුව, නිදිමත අලස බවින් සිත පිරිසිදු කරනවා. සිතේ විසිරීමත්, පසුතැවිල්ලත් ප්‍රහාණය කොට, සිතේ විසිරීමෙන් තොරව තමා තුළ සංසිඳුණු සිතින් වාසය කරනවා. සිතේ විසිරීමෙන් පසුතැවීමෙන් සිත පිරිසිදු කරනවා. සැකය ප්‍රහාණය කොට, සැකයෙන් එතෙර වී වාසය කරනවා. කුසල ධර්මයන් පිළිබඳව 'අරක කොහොමද? මේක කොහොමද?' යන සැකයෙන් තොරව වාසය කරනවා. සැකයෙන් සිත පිරිසිදු කරනවා.

ඉතින් ඔහු සිත කිලුටු කරන, ප්‍රඥාව දුර්වල කරන, ඔය පංච නීවරණ ප්‍රහාණය කොට කාමයන්ගෙන් වෙන්ව, අකුසල ධර්මයන්ගෙන් වෙන්ව, විතර්ක විචාර සහිත, ප්‍රීතිය හා සැපය ඇති පළවෙනි ධ්‍යානය ලබාගෙන වාසය කරනවා. විතර්ක විචාර සංසිඳුවාගෙන, තමා තුළ ප්‍රසන්න බව ඇති කරගෙන, සිතේ එකඟ බවින් යුතුව, විතර්ක විචාර රහිත සමාධියෙන් හටගත් ප්‍රීතිය සැපය තියෙන දෙවෙනි ධ්‍යානයත් ලබාගෙන වාසය කරනවා. ඊළඟට ප්‍රීතියට ඇලෙන්නෙත් නැතිව උපේක්ෂාවෙන් යුතුව ඉන්නවා. සිහි නුවණින් යුතුව කයෙන් සැපයකුත් විඳිනවා. ආර්යයන් වහන්සේලා ඒ සමාධියට මෙහෙම කියනවා. 'උපේක්ෂාවෙන් යුක්තව, සිහියෙන් යුක්තව සැපසේ වාසය කරනවා' කියන ඒ තුන්වෙනි ධ්‍යානයත් ලබාගෙන වාසය කරනවා. සැප ද දුක ද නැති කිරීමෙන්, කලින්ම මානසික සැප දුක් දෙකින්ම වෙන් වෙලා, දුක් සැප රහිත පිරිසිදු උපේක්ෂාවත්, සිහියත් තියෙන හතරවෙනි ධ්‍යානය ලබාගෙන වාසය කරනවා.

ඉතින් පින්වත් බ්‍රාහ්මණය, මේ ධර්ම මාර්ගයෙහි හික්මෙන තවම අරහත්වයට නොපැමිණි, අනුත්තර වූ නිවන පතමින් වාසය කරන යම් භික්ෂූන් වෙත්ද, ඒ භික්ෂූන් වහන්සේලාට මා විසින් කරන්නේ ඔය විදිහේ අනුශාසනාවන් තමයි. ඒ වගේම අරහත් වූ, ආශ්‍රවයන් ක්ෂය කළා වූ, නිවන් මග සම්පූර්ණ කළා වූ, කළ යුත්ත කළා වූ, කෙලෙස් බර බැහැර කළා වූ, පිළිවෙලින් පැමිණි උතුම් අර්ථය ඇති, භව සංයෝජන ගෙවා දමා අවබෝධයෙන්ම ලත් විමුක්තියෙන් යුතු වූ යම් භික්ෂූන් සිටිත්ද, ඒ රහතුන්ට පවා ඔය ධර්මයන් මෙලොවදීම සැප විහරණය පිණිසත්, සිහි නුවණ පිණිසත් පවතිනවා."

මෙසේ වදාළ විට ගණක මොග්ගල්ලාන බ්‍රාහ්මණයා භාග්‍යවතුන් වහන්සේට මෙය පැවසුවා. "ඇත්තෙන්ම භවත් ගෞතමයන් වහන්සේගේ

ශ්‍රාවකයන්, භවත් ගෞතමයන් වහන්සේ විසින් ඔය විදිහට අවවාද කරද්දී, ඔය විදිහට අනුශාසනා කරද්දී ඔවුන් හැමදෙනාම මේ ධර්ම මාර්ගයේ නිෂ්ඨාව වන අමා නිවන සාක්ෂාත් කරනවාද? එහෙම නැත්නම්, ඇතැම් කෙනෙක් සාක්ෂාත් කරන්නේ නැද්ද?"

"පින්වත් බ්‍රාහ්මණය, මා විසින් ඔය විදිහට අවවාද කරද්දීත්, ඔය විදිහට අනුශාසනා කරද්දීත් මගේ ඇතැම් ශ්‍රාවකයන් මේ මාර්ගයේ නිෂ්ඨාව වන අමා නිවන සාක්ෂාත් කරනවා. හැබැයි ඇතැම් උදවිය සාක්ෂාත් කරන්නේ නෑ."

"භවත් ගෞතමයන් වහන්ස, එතකොට නිවනකුත් ඇත්තෙන්ම තියෙද්දී, ඒ නිවන සාක්ෂාත් කරන මාර්ගයකුත් තියෙද්දී, ඒ මාර්ගයේ සමාදන් කරවන භවත් ගෞතමයන් වහන්සේ වැඩසිටිද්දී, ඒ නමුත් භවත් ගෞතමයන් වහන්සේගේ ශ්‍රාවකයින්ට භවත් ගෞතමයන් වහන්සේ විසින් ඔය විදිහට අවවාද කරද්දී, ඔය විදිහට අනුශාසනා කරද්දී ඇතැම් කෙනෙක් මේ මාර්ගයෙහි නිෂ්ඨාව වූ අමා නිවන සාක්ෂාත් කරන්නටත්, ඇතැම් කෙනෙක් සාක්ෂාත් නොකරන්නටත් හේතුව කුමක්ද? කාරණය කුමක්ද?"

"එහෙම නම් පින්වත් බ්‍රාහ්මණය, ඔබෙන්ම ඔය කාරණය මම විමසන්නම්. ඔබ කැමැති අයුරින් එයට පිළිතුරු දෙන්න. පින්වත් බ්‍රාහ්මණය, මේ ගැන කුමක්ද සිතන්නේ? ඔබ රජගහ නුවරට යන මාර්ගය කියාදීමට දක්ෂ කෙනෙක් නේද?"

"එසේය, භවත. මං රජගහ නුවරට යන මාර්ගය කියාදීමට දක්ෂ කෙනෙක්."

"පින්වත් බ්‍රාහ්මණය, ඒ ගැන කුමක්ද සිතන්නේ? ඒ කියන්නේ රජගහ නුවරට යන්නට කැමති කෙනෙක් එනවා. ඔහු ඔබ කරා ඇවිත් මෙහෙම කියනවා. 'හිමියනි, මං රජගහ නුවරට යන්නට ආසයි. ඉතින් ඒ මට රජගහ නුවරට යන මාර්ගය කියා දෙන්න' කියලා. එතකොට ඔබ ඔහුට මෙහෙම කියනවා නේද? 'එම්බා පුරුෂය, එන්න. රජගහ නුවරට යන මාර්ගය මෙයයි. ඒ මාර්ගයෙහි මොහොතක් යන්න. එයින් මොහොතක් යන විට, මේ නම ඇති ගම දකින්නට ලැබේවි. එතකොට එතනින් තව මොහොතක් යන්න. එතනින් මොහොතක් ගිය විට, අසවල් නම් ඇති නියම්ගම දකින්නට ලැබේවි. එතනිනුත් මොහොතක් යන්න. එතනින් මොහොතක් ගිය විට, රමණීය ආරාම ඇති, රමණීය වන ඇති, රමණීය බිම ඇති, රමණීය පොකුණු ඇති රජගහ නුවර දකින්නට ලැබේවි' කියලා.

ඉතින් ඔබ විසින් ඔය විදිහට අවවාද කරද්දී, අනුශාසනා කරද්දී ඔහු වැරදි මාර්ගයක් ගෙන අනිත් පැත්තට යනවා.

ඒ වගේම රජගහ නුවරට යන්නට ආශා කරන තව කෙනෙක් එනවා. ඔහු

ඔබ වෙත පැමිණ මෙහෙම අහනවා, 'හිමියනි, මං රජගහ නුවරට යන්නට ආසයි. ඉතින් ඒ මට රජගහ නුවරට යන මාර්ගය කියා දෙන්න' කියලා. එතකොට ඔබ ඔහුටත් මෙහෙම කියනවා නේද? 'එම්බා පුරුෂය, එන්න. රජගහ නුවරට යන මාර්ගය මෙයයි. ඒ මාර්ගයෙහි මොහොතක් යන්න. එයින් මොහොතක් යන විට, මේ නම ඇති ගම දකින්නට ලැබේවි. එතකොට එතනින් තව මොහොතක් යන්න. එතනින් මොහොතක් ගිය විට, අසවල් නම් ඇති නියම්ගම දකින්නට ලැබේවි. එතනිනුත් මොහොතක් යන්න. එතනින් මොහොතක් ගිය විට, රමණීය ආරාම ඇති, රමණීය වන ඇති, රමණීය බිම ඇති, රමණීය පොකුණු ඇති රජගහ නුවර දකින්නට ලැබේවි' කියලා.

ඉතින් ඔබ විසින් ඔය විදිහට අවවාද කරද්දී, අනුශාසනා කරද්දී, ඒ අනුව ඔහු සුවසේ රජගහ නුවරට යනවා.

ඉතින් බ්‍රාහ්මණය, රජගහ නුවර තියෙද්දී ම, රජගහ නුවරට යන මාර්ගයත් තියෙද්දී ම, ඒ සඳහා මග පෙන්වන ඔබ සිටිද්දී ම, ඒ නමුත් ඔබ විසින් ඔය අයුරින් අවවාද කරද්දී, අනුශාසනා කරද්දී එක් පුරුෂයෙක් වැරදි මාර්ගයක් ගෙන අනිත් පැත්තට මුහුණලා යනවා. තව එක්කෙනෙක් සුවසේ ම රජගහ නුවරට යනවා. එයට හේතුව කුමක්ද? කාරණය කුමක්ද?"

"අනේ භවත් ගෞතමයන් වහන්ස, ඒ ගැන මං කුමක් කරන්නටද? භවත් ගෞතමයන් වහන්ස, මං කළේ මාර්ගය කියා දෙන එක විතරයි."

"පින්වත් බ්‍රාහ්මණය, මෙයත් එවැනි දෙයක් තමයි. ඒ අමා නිවන තියෙනවා, ඒ නිවන අවබෝධ වන මාර්ගයත් තියෙනවා, ඒ මාර්ගය පෙන්වා දෙන මමත් ඉන්නවා. ඉතින් මාගේ ශ්‍රාවකයන්ට මා විසින් මේ විදිහට අවවාද කරද්දී, අනුශාසනා කරද්දී ඇතැම් කෙනෙක් මේ මාර්ගයෙහි නිෂ්ඨාව වූ අමා නිවන සාක්ෂාත් කරනවා. ඇතැම් කෙනෙක් සාක්ෂාත් කරන්නේ නෑ. ඉතින් බ්‍රාහ්මණය, ඒ ගැන මං කුමක් කරන්නටද? පින්වත් බ්‍රාහ්මණය, තථාගත වූ මං කරන්නේ මාර්ගය කියා දෙන එක විතරයි."

මෙසේ වදාළ විට ගණක මොග්ගල්ලාන බ්‍රාහ්මණයා භාග්‍යවත් බුදුරජාණන් වහන්සේට මෙය පැවසුවා. "භවත් ගෞතමයන් වහන්ස, යම් මේ පුද්ගලයින් ශ්‍රද්ධාවක් නැතුව, ජීවිකාව පිණිස ගිහි ගෙය අත්හැර, බුද්ධ ශාසනයේ පැවිදි වෙලා කපටිකමින්, මායාවෙන්, වංචාවෙන්, උඩඟුකමින්, උස්ව නැගුණු මානයෙන්, දොඩව දොඩවා, හිතට එන දේ කියව කියවා, ඉන්ද්‍රිය අසංවරව, වළඳන දානයේ අර්ථය නොදන, නිදිවරමින් බණ භාවනා නොකර, මාර්ග ඵල අවබෝධයක් පිණිස කිසි අපේක්ෂාවක් නැතුව, ශික්ෂාව කෙරෙහි තියුණු ගෞරවයක් නැතුව, ප්‍රත්‍ය බහුලව, ශාසනය ලිහිල්ව ගෙන, පංච නීවරණ ම

ඉදිරියට ගෙන, විවේකය අත්හැර, කුසීතව, හීන වීරිය ඇතුව, සිහි මුලාව, අසමාහිතව, බිරාන්ත සිත් ඇතුව, දුෂ්ප්‍රාඥව, කෙළතොළුව වාසය කරනවා නම්, භවත් ගෞතමයන් වහන්සේ ඔවුන් සමඟ එකට වාසය කිරීමක් නෑ.

ඒ වගේම යම් මේ කුලපුත්‍රයින් ශ්‍රද්ධාවෙන් යුතුව, ගිහි ගෙය අත්හැර, බුද්ධ ශාසනයේ පැවිදි වෙලා කපටිකමින් තොරව, මායාවෙන් තොරව, වංචාවෙන් තොරව, උඩඟුකමින් තොරව, උස්ව නැගුණු මානයෙන් තොරව, දොඩව දොඩවා සිටීමෙන් තොරව, හිතට එන දේ කියව කියවා සිටීමෙන් තොරව, ඉන්ද්‍රිය සංවරව, වළඳන දානයේ අර්ථය දැන, නිදිවරමින් බණ භාවනා කරමින්, මාර්ග ඵල අවබෝධයක් පිණිස අපේක්ෂා සහිතව, ශික්ෂාව කෙරෙහි තියුණු ගෞරවයක් ඇතුව, ප්‍රත්‍ය බහුල නොවී, ශාසනය ලිහිල්ව නොගෙන, පංච නීවරණම ඉදිරියට නොගෙන, විවේකයෙන් යුතුව, බලවත් කැපවීමෙන් යුතුව, පටන්ගත් වීරිය ඇතුව, සිහි නුවණින් යුතුව, සමාහිතව, එකඟ වූ සිත් ඇතුව, ප්‍රඥාවන්තව, කෙළතොළු නොවී වාසය කරනවා නම්, භවත් ගෞතමයන් වහන්සේ ඔවුන් සමඟ තමයි එකට වාසය කරන්නේ.

භවත් ගෞතමයන් වහන්ස, එය මේ වගේ දෙයක්. මුල්වලින් හමන යම්කිසි සුවඳක් ඇද්ද, ඒ සියලු සුවඳ අතරින් අග්‍ර වන්නේ කළු අගිල් මුල් සුවඳයි. අරටුවෙන් හමන යම්කිසි සුවඳක් ඇද්ද, ඒ සියලු සුවඳ අතරින් අග්‍ර වන්නේ රත් සඳුන් අරටුවේ සුවඳයි. මල්වලින් හමන යම්කිසි සුවඳක් ඇද්ද, ඒ සියලු සුවඳ අතරින් අග්‍ර වන්නේ දෑසමන් මල් සුවඳයි. ඒ වගේම භවත් ගෞතමයන් වහන්ස, ලෝකයෙහි ඇති විවිධ ධර්මයන් අතර අග්‍ර වන්නේ ගෞතමයන් වහන්සේගේ අවවාදයයි.

පින්වත් ගෞතමයන් වහන්ස, හරිම සුන්දරයි! පින්වත් ගෞතමයන් වහන්ස, හරිම සුන්දරයි! පින්වත් ගෞතමයන් වහන්ස, යටිකුරු වෙච්ච දෙයක් උඩට හැරෙව්වා වගෙයි. සැඟවෙච්ච දෙයක් විවෘත කළා වගෙයි. මං මුළා වූ කෙනෙකුට මාර්ගය පෙන්වුවා වගෙයි. අඳුරේ සිටින උදවියට රූප දකින්න තෙල් පහන් දල්වූවා වගෙයි. ඔන්න ඔය විදිහටයි පින්වත් ගෞතමයන් වහන්සේ විසින් නොයෙක් ආකාරයෙන් ශ්‍රී සද්ධර්මය වදාළේ. ඉතින් මාත් පින්වත් ගෞතමයන් වහන්සේව සරණ යනවා. ශ්‍රී සද්ධර්මයත් සරණ යනවා. ශ්‍රාවක සඟරුවනත් සරණ යනවා. භාග්‍යවතුන් වහන්සේ අද පටන් දිවි ඇති තුරාවට තෙරුවන් සරණ ගිය උපාසකයෙකු වශයෙන් මාව පිළිගන්නා සේක්වා!"

සාදු! සාදු!! සාදු!!!

ගණක මොග්ගල්ලාන බ්‍රාහ්මණයාට වදාළ දෙසුම නිමා විය.

3.1.8.
ගෝපක මොග්ගල්ලාන සූත්‍රය
ගෝපක මොග්ගල්ලාන බ්‍රාහ්මණයාට වදාළ දෙසුම

මා හට අසන්නට ලැබුනේ මේ විදිහටයි. භාග්‍යවත් බුදුරජාණන් වහන්සේ පිරිනිවන් පෑමෙන් වැඩි කලක් ගත නොවූ ඒ දිනවල ආයුෂ්මත් ආනන්ද මහ රහතන් වහන්සේ වැඩසිටියේ කලන්දක නිවාප නම් වූ වේළුවනයේ. ඒ කාලයේම වේදේහි පුත්‍ර අජාසත් මගධ රජතුමා පජ්ජෝත රජුගේ ආක්‍රමණයක් සිදු වේය යන සැකයෙන් යුතුව රජගහ නුවර ප්‍රතිසංස්කරණය කරවයි. එදා ආයුෂ්මත් ආනන්දයන් වහන්සේ පෙරවරුවෙහි සිවුරු හැඳ පොරවා ගෙන පාත්‍රයද ගෙන රජගහ නුවරට පිණ්ඩපාතයේ වැඩියා.

එවිට ආයුෂ්මත් ආනන්දයන් වහන්සේට මෙහෙම සිතුනා. "තවම රජගහ නුවරට පිණ්ඩපාතයේ වඩින්නට වේලාසන වැඩියි. එනිසා මං ගෝපක මොග්ගල්ලාන බ්‍රාහ්මණයාගේ වැඩපොල තියෙන තැනට, ගෝපක මොග්ගල්ලාන බ්‍රාහ්මණයා ඉන්න තැනට යන්නට ඕන" කියලා. ඉතින් ආයුෂ්මත් ආනන්දයන් වහන්සේ ගෝපක මොග්ගල්ලාන බ්‍රාහ්මණයාගේ වැඩපොල තියෙන, ගෝපක මොග්ගල්ලාන බ්‍රාහ්මණයා ඉන්න තැනට වැඩම කළා. ගෝපක මොග්ගල්ලාන බ්‍රාහ්මණයා දුරින්ම වඩින්නා වූ ආයුෂ්මත් ආනන්දයන් වහන්සේව දැක්කා. දැක ආයුෂ්මත් ආනන්දයන් වහන්සේට මෙහෙම කිව්වා.

"භවත් ආනන්දයන් වහන්ස, වඩින සේක්වා! භවත් ආනන්දයන් වහන්සේට සුභාගමනයක්මයි. භවත් ආනන්දයන් වහන්සේ බොහෝ කාලෙකින් නෙව මේ පැත්තෙ වැඩියේ. භවත් ආනන්දයන් වහන්ස, වැඩසිටින සේක්වා! මේ ආසන පණවලා තියෙන්නේ."

ආයුෂ්මත් ආනන්දයන් වහන්සේ පණවන ලද අසුනෙහි වැඩසිටියා. ගෝපක මොග්ගල්ලාන බ්‍රාහ්මණයාද, එක්තරා මිටි අසුනක් ගෙන එකත්පස්ව වාඩිවුනා. එකත්පස්ව වාඩිවුණු ගෝපක මොග්ගල්ලාන බ්‍රාහ්මණයා ආයුෂ්මත් ආනන්දයන් වහන්සේට මෙය පැවසුවා.

"භවත් ආනන්දයන් වහන්ස, අරහත් වූ සම්මා සම්බුද්ධ වූ ඒ භවත් ගෞතමයන් වහන්සේ යම් ධර්මයන්ගෙන් යුක්තව වැඩසිටි සේක්ද, ඒ ධර්මයන් ගෙන් මුළුමනින්ම සර්ව සම්පූර්ණව, ඒ සමානව සිටින එක භික්ෂුවක්වත් ඉන්නවාද?"

"පින්වත් බ්‍රාහ්මණය, අරහත් වූ සම්මා සම්බුද්ධ වූ ඒ භාග්‍යවතුන් වහන්සේ යම් ධර්මයන්ගෙන් යුක්තව වැඩසිටි සේක්ද, ඒ ධර්මයන්ගෙන් මුළුමනින්ම සර්ව සම්පූර්ණව, ඒ සමානව සිටින එක භික්ෂුවක්වත් නෑ. පින්වත් බ්‍රාහ්මණය, ඒ භාග්‍යවත් බුදුරජාණන් වහන්සේ ම නූපන් මාර්ගය උපදවන සේක. හට නොගත් මාර්ගය හටගන්වන සේක. දෙව් මිනිස් කිසිවෙකු විසින් හෝ නොපවසන ලද මාර්ගය පවසන සේක. මාර්ගය මැනවින් දන්නා සේක. මාර්ගය මැනවින් දක්නා සේක. මාර්ගයෙහි අතිශයින්ම දක්ෂ වන සේක. ඒ බුදුරජාණන් වහන්සේ විසින් හෙළිදරව් කොට වදාළ මාර්ගය අනුව තමයි මෙකල ශ්‍රාවකයෝ පසුපස්සෙන් ගමන් කරමින් වසන්නේ."

එතකොට ගෝපක මොග්ගල්ලානයන් සමඟ වූ ආයුෂ්මත් ආනන්දයන් වහන්සේගේ මේ කතාව අවසන්ව තිබුනේ නෑ. එවිට මගධ මහාමාත්‍ය වූ වස්සකාර බ්‍රාහ්මණයා රජගහ නුවර වැඩකටයුතු විමසමින් ගෝපක මොග්ගල්ලාන බ්‍රාහ්මණයාගේ වැඩපොළ වෙත, ආයුෂ්මත් ආනන්දයන් වහන්සේ වෙත පැමිණුනා. පැමිණ ආයුෂ්මත් ආනන්දයන් වහන්සේ සමඟ සතුටු වුනා. සතුටු විය යුතු පිළිසඳර කතා බහේ යෙදී එකත්පස්ව වාඩිවුනා. එකත්පස්ව හුන් මගධ මහාමාත්‍ය වස්සකාර බ්‍රාහ්මණයා ආයුෂ්මත් ආනන්දයන් වහන්සේට මෙය පැවසුවා. "භවත් ආනන්දයන් වහන්ස, දැන් කුමක් ගැනද කතා කරමින් සිටියේ? ඔබවහන්සේගේ කවර කථාවක්ද අඩාල වුනේ?"

"පින්වත් බ්‍රාහ්මණය, මෙහිදී ගෝපක මොග්ගල්ලාන බ්‍රාහ්මණයා මගෙන් මෙහෙම ඇහුවා. 'භවත් ආනන්දයන් වහන්ස, අරහත් වූ සම්මා සම්බුද්ධ වූ ඒ භවත් ගෞතමයන් වහන්සේ යම් ධර්මයන්ගෙන් යුක්තව වැඩසිටි සේක්ද, ඒ ධර්මයන්ගෙන් මුළුමනින්ම සර්ව සම්පූර්ණව, ඒ සමානව සිටින එක භික්ෂුවක්වත් ඉන්නවාද?' කියලා. එතකොට පින්වත් බ්‍රාහ්මණය, ගෝපක මොග්ගල්ලාන බ්‍රාහ්මණයාට මං මෙහෙම කිව්වා. 'පින්වත් බ්‍රාහ්මණය, අරහත් වූ සම්මා සම්බුද්ධ වූ ඒ භාග්‍යවතුන් වහන්සේ යම් ධර්මයන්ගෙන් යුක්තව වැඩසිටි සේක්ද, ඒ ධර්මයන්ගෙන් මුළුමනින්ම සර්ව සම්පූර්ණව, ඒ සමානව සිටින එක භික්ෂුවක්වත් නෑ. පින්වත් බ්‍රාහ්මණය, ඒ භාග්‍යවත් බුදුරජාණන් වහන්සේම නූපන් මාර්ගය උපදවන සේක. හට නොගත් මාර්ගය හටගන්වන සේක. දෙව් මිනිස් කිසිවෙකු විසින් හෝ නොපවසන ලද මාර්ගය පවසන

සේක. මාර්ගය මැනවින් දන්නා සේක. මාර්ගය මැනවින් දක්නා සේක. මාර්ග යෙහි අතිශයින්ම දක්ෂ වන සේක. ඒ බුදුරජාණන් වහන්සේ විසින් හෙළිදරව් කොට වදාළ මාර්ගය අනුව තමයි මෙකල ශ්‍රාවකයෝ පසුපස්සෙන් ගමන් කරමින් වසන්නේ' කියලා.

පින්වත් බ්‍රාහ්මණය, ගෝපක මොග්ගල්ලාන බ්‍රාහ්මණයා සමඟ සිදුවුන අපගේ මේ කථාව තමයි අඩාල වුනේ. එතකොටමයි ඔබ ආවේ."

"භවත් ආනන්දයන් වහන්ස, මෙකල ඔබවහන්සේලා යම් භික්ෂුවක් අනුගමනය කරනවා නම්, එබඳු වූ භික්ෂුවක් 'මාගේ ඇවෑමෙන් ඔබට මෙන්න මේ භික්ෂුව පිළිසරණ වන්නේය' කියා භවත් ගෞතමයන් වහන්සේ විසින් පත්කරලා තියෙනවාද?"

"නැත, පින්වත් බ්‍රාහ්මණය. මෙකල අප විසින් යම් භික්ෂුවක් අනුගමනය කරනවා නම්, ඒ සියල්ල දන්නා වූ, සියල්ල දක්නා වූ, භාග්‍යවත් වූ, අරහත් වූ සම්මා සම්බුදුරජාණන් වහන්සේ විසින් 'මාගේ ඇවෑමෙන් ඔබට මෙන්න මේ භික්ෂුව පිළිසරණ වන්නේය' කියා පත් කරන ලද එබඳු වූ එක භික්ෂුවක්වත් නැහැ."

"එතකොට භවත් ආනන්දයන් වහන්ස, මෙකල ඔබ විසින් යම් භික්ෂුවක් අනුගමනය කරනවා නම්, සංඝයා විසින් සම්මත කරන ලද බොහෝ වැඩිමහල් තෙරුන් වහන්සේලා විසින් 'භාග්‍යවතුන් වහන්සේ ඇවෑමෙන් පසු මේ භික්ෂුව අපට පිළිසරණ වන්නේය' කියා පත්කරන ලද එබඳු එක් භික්ෂුවක්වත් ඉන්නවාද?"

"නැත, පින්වත් බ්‍රාහ්මණය. මෙකල අප විසින් යම් භික්ෂුවක් අනුගමනය කරනවා නම්, සංඝයා විසින් සම්මත කරන ලද බොහෝ වැඩිමහල් තෙරුන් වහන්සේලා විසින් 'භාග්‍යවතුන් වහන්සේ ඇවෑමෙන් පසු මේ භික්ෂුව අපට පිළිසරණ වන්නේය' කියා පත්කරන ලද එබඳු එක් භික්ෂුවක්වත් නැහැ."

"එහෙම නම් භවත් ආනන්දයන් වහන්ස, ඔය විදිහට පිළිසරණ රහිත වූ ශාසනයෙහි සමඟි සම්පන්නව සිටින්නට හේතුව කුමක්ද?"

"පින්වත් බ්‍රාහ්මණය, අපි ඉන්නේ පිළිසරණ රහිතව නොවෙයි. පින්වත් බ්‍රාහ්මණය, අපි ඉන්නේ පිළිසරණ සහිතවමයි. ධර්මය පිළිසරණ කරගෙනයි."

"භවත් ආනන්දයන් වහන්ස, එතකොට අපි මෙහෙම ඇසූ විට, 'භවත් ආනන්දයන් වහන්ස, මෙකල ඔබවහන්සේලා යම් භික්ෂුවක් අනුගමනය කරනවා නම්, එබඳු වූ භික්ෂුවක් 'මාගේ ඇවෑමෙන් ඔබට මෙන්න මේ භික්ෂුව පිළිසරණ

වන්නේය' කියා භවත් ගෞතමයන් වහන්සේ විසින් පත්කරලා තියෙනවාද?' කියලා. එතකොට පිළිතුරු ලැබුනේ මෙහෙමයි. 'නැත, පින්වත් බ්‍රාහ්මණය. මෙකල අප විසින් යම් භික්ෂුවක් අනුගමනය කරනවා නම්, ඒ සියල්ල දන්නා වූ, සියල්ල දක්නා වූ, භාග්‍යවත් වූ, අරහත් වූ සම්මා සම්බුදුරජාණන් වහන්සේ විසින් 'මාගේ ඇවෑමෙන් ඔබට මෙන්න මේ භික්ෂුව පිළිසරණ වන්නේය' කියා පත්කරන ලද එබඳු වූ එක භික්ෂුවක්වත් නැහැ' කියලා.

ඊළඟට 'භවත් ආනන්දයන් වහන්ස, මෙකල ඔබ විසින් යම් භික්ෂුවක් අනුගමනය කරනවා නම්, සංඝයා විසින් සම්මත කරන ලද බොහෝ වැඩිමහල් තෙරුන් වහන්සේලා විසින් 'භාග්‍යවතුන් වහන්සේගේ ඇවෑමෙන් පසු මේ භික්ෂුව අපට පිළිසරණ වන්නේය' කියා පත්කරන ලද එබඳු එක් භික්ෂුවක්වත් ඉන්නවාද?' කියල අහපු වෙලාවෙ පිළිතුරු ලැබුනේ මෙහෙමයි. 'නැත, පින්වත් බ්‍රාහ්මණය. මෙකල අප විසින් යම් භික්ෂුවක් අනුගමනය කරනවා නම්, සංඝයා විසින් සම්මත කරන ලද බොහෝ වැඩිමහල් තෙරුන් වහන්සේලා විසින් 'භාග්‍යවතුන් වහන්සේගේ ඇවෑමෙන් පසු මේ භික්ෂුව අපට පිළිසරණ වන්නේය' කියා පත්කරන ලද එබඳු එක් භික්ෂුවක්වත් නැහැ' කියලයි.

ඊළඟට 'එහෙම නම් භවත් ආනන්දයන් වහන්ස, ඔය විදිහට පිළිසරණ රහිත වූ ශාසනයෙහි සමඟි සම්පන්නව සිටින්නට හේතුව කුමක්ද?' කියල අහපු වෙලාවෙ පිළිතුරු ලැබුනේ මෙහෙමයි. 'පින්වත් බ්‍රාහ්මණය, අපි ඉන්නේ පිළිසරණ රහිතව නොවෙයි. පින්වත් බ්‍රාහ්මණය, අපි ඉන්නේ පිළිසරණ සහිතවමයි. ධර්මය පිළිසරණ කරගෙනයි' කියලයි. එහෙම නම් භවත් ආනන්දයන් වහන්ස, ඔබවහන්සේ පැවසූ මේ ප්‍රකාශයේ අර්ථ වටහා ගත යුත්තේ කොහොමද?"

"පින්වත් බ්‍රාහ්මණය, සියල්ල දන්නා වූ, දක්නා වූ, ඒ භාග්‍යවත් අරහත් සම්මා සම්බුදුරජාණන් වහන්සේ විසින් භික්ෂූන්ට ශික්ෂාපද පණවා තිබෙනවා. ප්‍රාතිමෝක්ෂය පණවා වදාළා. ඉතින් ඒ අපි පොහොය දවස්වලට එක් ගම් ප්‍රදේශයක් ඇසුරු කොට යම්තාක් සඟ පිරිස සිටිනවා නම්, හැම දෙනාම එක් තැනකට රැස්වෙනවා. රැස්වෙලා යමෙකුට ප්‍රාතිමෝක්ෂය හොඳට පාඩම් තිබෙනවා නම්, ඔහුට ඒ ප්‍රාතිමෝක්ෂය උදෙසන්නට පවරනවා. ඉතින් ඒ ප්‍රාතිමෝක්ෂය පවසන වෙලාවේ යම් භික්ෂුවකට ඇවැතක් සිදුවෙලා නම්, ශික්ෂාපදයක් ඉක්ම ගිහින් නම්, අප ධර්මානුකූලව බුද්ධානුශාසනාව පරිදි පිළියම් කරනවා."

"ඒ කියන්නේ භවත් භික්ෂූන් වහන්සේලා කරනවා කියලා නෙවෙයි, ධර්මය විසින් කරනවා කියලා නේද? එතකොට භවත් ආනන්දයන් වහන්ස,

මෙකල ඔබවහන්සේලා යම් භික්ෂුවකට සත්කාර කරනවා නම්, ගෞරව කරනවා නම්, බුහුමන් දක්වනවා නම්, පූජා පවත්වනවා නම්, සත්කාර ගරුකාර කොට ඇසුරු කොට වසනවා නම්, එබඳු වූ එක් භික්ෂුවක්වත් ඉන්නවාද?"

"පින්වත් බ්‍රාහ්මණය, මෙකල අපි යම් භික්ෂුවකට සත්කාර කරනවා නම්, ගෞරව කරනවා නම්, බුහුමන් දක්වනවා නම්, පූජා පවත්වනවා නම්, සත්කාර ගරුකාර කොට ඇසුරු කොට වසනවා නම්, එබඳු වූ එක් භික්ෂුවක් වත් නෑ."

"භවත් ආනන්දයන් වහන්ස, එතකොට අපි මෙහෙම ඇසූ විට, 'භවත් ආනන්දයන් වහන්ස, මෙකල ඔබවහන්සේලා යම් භික්ෂුවක් අනුගමනය කරනවා නම්, එබඳු වූ භික්ෂුවක් 'මාගේ ඇවෑමෙන් ඔබට මෙන්න මේ භික්ෂුව පිළිසරණ වන්නේය' කියා භවත් ගෞතමයන් වහන්සේ විසින් පත්කරලා තියෙනවාද?' කියලා. එතකොට පිළිතුරු ලැබුනේ මෙහෙමයි. 'නැත, පින්වත් බ්‍රාහ්මණය. මෙකල අප විසින් යම් භික්ෂුවක් අනුගමනය කරනවා නම්, ඒ සියල්ල දන්නා වූ, සියල්ල දක්නා වූ, භාග්‍යවත් වූ, අරහත් වූ සම්මා සම්බුදුරජාණන් වහන්සේ විසින් 'මාගේ ඇවෑමෙන් ඔබට මෙන්න මේ භික්ෂුව පිළිසරණ වන්නේය' කියා පත්කරන ලද එබඳු වූ එක භික්ෂුවක්වත් නැහැ' කියලා.

ඊළඟට 'භවත් ආනන්දයන් වහන්ස, මෙකල ඔබ විසින් යම් භික්ෂුවක් අනුගමනය කරනවා නම්, සංඝයා විසින් සම්මත කරන ලද බොහෝ වැඩිමහල් තෙරුන් වහන්සේලා විසින් 'භාග්‍යවතුන් වහන්සේ ඇවෑමෙන් පසු මේ භික්ෂුව අපට පිළිසරණ වන්නේය' කියා පත්කරන ලද එබඳු එක් භික්ෂුවක්වත් ඉන්නවාද?' කියල අහපු වෙලාවෙ පිළිතුරු ලැබුනේ මෙහෙමයි. 'නැත, පින්වත් බ්‍රාහ්මණය. මෙකල අප විසින් යම් භික්ෂුවක් අනුගමනය කරනවා නම්, සංඝයා විසින් සම්මත කරන ලද බොහෝ වැඩිමහල් තෙරුන් වහන්සේලා විසින් 'භාග්‍යවතුන් වහන්සේ ඇවෑමෙන් පසු මේ භික්ෂුව අපට පිළිසරණ වන්නේය' කියා පත්කරන ලද එබඳු එක් භික්ෂුවක්වත් නැහැ' කියලයි.

ඊළඟට භවත් ආනන්දයන් වහන්ස, මෙකල ඔබවහන්සේලා යම් භික්ෂුවකට සත්කාර කරනවා නම්, ගෞරව කරනවා නම්, බුහුමන් දක්වනවා නම්, පූජා පවත්වනවා නම්, සත්කාර ගරුකාර කොට ඇසුරු කොට වසනවා නම්, එබඳු වූ එක් භික්ෂුවක්වත් ඉන්නවාද?' කියල ඇසූ විට, පිළිතුරු ලැබුනේ මේ විදිහටයි. 'පින්වත් බ්‍රාහ්මණය, මෙකල අපි යම් භික්ෂුවකට සත්කාර කරනවා නම්, ගෞරව කරනවා නම්, බුහුමන් දක්වනවා නම්, පූජා පවත්වනවා නම්, සත්කාර ගරුකාර කොට ඇසුරු කොට වසනවා නම්, එබඳු වූ එක් භික්ෂුවක්වත් නෑ' කියලා.

එතකොට භවත් ආනන්දයන් වහන්ස, ඔය ප්‍රකාශයේ අර්ථය අවබෝධ කරගත යුත්තේ කෙසේද?"

"පින්වත් බ්‍රාහ්මණය, සියල්ල දන්නා වූ, දක්නා වූ, ඒ භාග්‍යවත් අරහත් සම්මා සම්බුදුරජාණන් වහන්සේ විසින් ප්‍රසාදය ඇතිවෙන ධර්ම දහයක් වදාරලා තියෙනවා. යම් භික්ෂුවක් තුළ ඒ ධර්මයන් දකින්නට ලැබෙනවා නම්, මෙකල අපි අන්න ඒ භික්ෂුවට සත්කාර කරනවා, ගෞරව කරනවා, බුහුමන් දක්වනවා, පුදනවා, සත්කාර කොට ගරුකාර කොට ඇසුරු කොට වාසය කරනවා. ඒ කරුණු දහය මොනවාද?

පින්වත් බ්‍රාහ්මණය, මෙහිලා භික්ෂුව සිල්වත් වෙනවා. ප්‍රාතිමෝක්ෂ සංවරයෙන් සංවරව වාසය කරනවා. යහපත් ඇවතුම් පැවතුම්වලින් යුතු වෙනවා. අනුමාත්‍ර වූ වරදෙහිත් බිය දකිනවා. සමාදන් වූ සිල්පදවල හික්මෙනවා.

භික්ෂුව ඇසූ දේ දරා ගත්, ඇසූ දේ රැස්කරගත් බහුශ්‍රැත කෙනෙක් වෙනවා. යම් ඒ ධර්මයක මුල කල්‍යාණ වෙයිද, මැද කල්‍යාණ වෙයිද, අවසානය කල්‍යාණ වෙයිද, අර්ථ සහිත වෙයිද, පැහැදිලි වචනවලින් යුතු වෙයිද, මුළුමනින්ම පිරිපුන්, පිරිසිදු බඹසර ප්‍රකාශ වෙයිද, අන්න එබඳු වූ ධර්මය පිළිබඳවයි බහුශ්‍රැත වෙන්නේ. ඒ ධර්මය හොඳින් මතක තබා ගෙන, වචනයෙන් ප්‍රගුණ කරලා, සිතින් විමසලා, ප්‍රඥාවෙන් අවබෝධ කරගෙන ඉන්නවා.

ඒ වගේම භික්ෂුව සිවුරු, පිණ්ඩපාත, සේනාසන, ගිලන්පස බෙහෙත් පිරිකර ආදී ලද දෙයින් සතුටු වෙන කෙනෙක් වෙනවා.

ඒ වගේම භික්ෂුව උසස් සිත ඇසුරු කළ, මෙලොවදීම සැප විහරණ ඇති ධ්‍යාන සතර ඉතාම පහසුවෙන්, ඉක්මනින්, බොහෝ සේ ලබන කෙනෙක් වෙනවා.

ඒ වගේම භික්ෂුව නොයෙක් ආකාරයේ ඉර්ධි ප්‍රාතිහාර්ය දක්වන කෙනෙක් වෙනවා. ඒ කියන්නෙ, භික්ෂුව තනි කෙනෙක් වගේ සිට බොහෝ ආකාර ඇතිකරගන්නවා. බොහෝ ආකාර ඇතිව සිට තනි කෙනෙක් වෙනවා. ඒ වගේම බිත්ති, පවුරු, පදනම්වල නොගැටී ඉන් එහාට අහසින් යන්නා සේ යනවා. ඒ වගේම ජලයෙහි කිමිදෙන්නා සේ පොළොවෙහි කිමිදෙනවා. ඒ වගේම පොළොවෙහි සක්මන් කරන්නා සේ ජලයෙහිත් ඇවිදිනවා. ඒ වගේම කුරුල්ලෙක් අහසෙහි පියාඹන්නා සේ භාවනා ඉරියව්වෙන් අහසින් යනවා. ඒ වගේම මේසා මහා ඉර්ධිමත් මේසා මහානුභාව සම්පන්න සඳ හිරු පවා අතින් පිරිමදිනවා. ඒ වගේම බඹලොව දක්වා මේ ඉර්ධි ප්‍රාතිහාර්යයෙන් යුතු කයින් වසඟයෙහි පවත්වනවා.

ඒ වගේම භික්ෂුව, සාමාන්‍ය මිනිස් ඇසීම ඉක්මවා ගිය, ඉතා පිරිසිදු වූ දිව්‍යමය ශ්‍රවණයෙන් යුතුව දිව්‍ය වූත්, මානුෂික වූත්, දුර වූත්, ළඟ වූත් යම් දෙවැදෑරුම් ශබ්දයන් ඇද්ද, ඒවාත් අසනවා.

ඒ වගේම භික්ෂුව, බාහිර සත්වයන්ගේ බාහිර පුද්ගලයන්ගේ සිතේ ස්වභාවයන් තමාගේ සිතින් පිරිසිඳ දැනගන්නවා. ඒ කියන්නෙ, සරාගී සිත, සරාගී සිතක් වශයෙන් දැනගන්නවා. වීතරාගී සිත, වීතරාගී සිතක් වශයෙන් දැනගන්නවා. සදෝෂී සිත, සදෝෂී සිතක් වශයෙන් දැනගන්නවා. වීතදෝෂී සිත, වීතදෝෂී සිතක් වශයෙන් දැනගන්නවා. සමෝහී සිත, සමෝහී සිතක් වශයෙන් දැනගන්නවා. වීතමෝහී සිත, වීතමෝහී සිතක් වශයෙන් දැනගන්නවා. හැකිළුණු සිත, හැකිළුණු සිතක් වශයෙන් දැනගන්නවා. විසිරුණු සිත, විසුරුණු සිතක් වශයෙන් දැනගන්නවා. මහග්ගත සිත, මහග්ගත සිතක් වශයෙන් දැනගන්නවා. අමහග්ගත සිත, අමහග්ගත සිතක් වශයෙන් දැනගන්නවා. සඋත්තර සිත, සඋත්තර සිතක් වශයෙන් දැනගන්නවා. අනුත්තර සිත, අනුත්තර සිතක් වශයෙන් දැනගන්නවා. සමාහිත සිත, සමාහිත සිතක් වශයෙන් දැනගන්නවා. අසමාහිත සිත, අසමාහිත සිතක් වශයෙන් දැනගන්නවා. විමුත්ත සිත, විමුත්ත සිතක් වශයෙන් දැනගන්නවා. අවිමුත්ත සිත, අවිමුත්ත සිතක් වශයෙන් දැනගන්නවා.

ඒ වගේම භික්ෂුව, නොයෙක් ආකාරයෙන් පෙර විසූ ජීවිත පිළිබඳව සිහිකරනවා. ඒ කියන්නෙ; එක ජාතියක්, ජාති දෙකක්, ජාති තුනක්, ජාති හතරක්, ජාති පහක්, ජාති දහයක්, ජාති විස්සක්, ජාති තිහක්, ජාති හතළිහක්, ජාති පනහක්, ජාති සීයක්, ජාති දහසක්, ජාති ලක්ෂයක්, ඒ වගේම නොයෙක් සංවට්ට කල්ප, නොයෙක් විවට්ට කල්ප, නොයෙක් සංවට්ට විවට්ට කල්ප සිහි කරනවා. මං අසවල් තැන හිටියා, මෙබඳු නමින් හිටියා, මෙබඳු ගෝත්‍ර නාමයෙන් හිටියා, මෙබඳු හැඩරුවින් හිටියා, මෙබඳු ආහාර වැළඳුවා, මෙබඳු සැප දුක් වින්දා, මේ අයුරින් ජීවිතය අවසන් වුනා. ඒ මං එතනින් චුත වුනා. අසවල් තැන ඉපදුනා. අසවල් තැන හිටියා. මෙබඳු නමින් හිටියා, මෙබඳු ගෝත්‍ර නාමයෙන් හිටියා, මෙබඳු හැඩරුවින් හිටියා, මෙබඳු ආහාර වැළඳුවා, මෙබඳු සැප දුක් වින්දා, මේ අයුරින් ජීවිතය අවසන් වුනා. ඒ මං එතනින් චුත වුනා. මෙතන ඉපදුනා ආදී වශයෙන්. මෙසේ කරුණු සහිත ප්‍රධාන සිදුවීම් සහිතව නොයෙක් ආකාරයෙන් පෙර විසූ ජීවිත පිළිබඳව සිහිකරනවා.

ඒ වගේම භික්ෂුව, සාමාන්‍ය මිනිසුන්ගේ දර්ශන පථය ඉක්මවා ගිය පිරිසිදු දිවැස් නුවණින් චුත වෙන උපදින සත්වයන් දකිනවා. ඒ කියන්නෙ; උසස් පහත්, ලස්සන කැත, සුගති දුගතිවල කර්මානුරූපව සත්වයන් උපදින හැටි දකිනවා. 'අනේ, මේ භවත් සත්වයින් කයින් දුසිරිත් කරල, වචනින් දුසිරිත්

කරල, මනසින් දුසිරිත් කරල, ආර්යයන් වහන්සේලාට අපහාස කරලා, මිත්‍යා දෘෂ්ටික වෙලා, මිත්‍යා දෘෂ්ටිකව කටයුතු කරමින් ඉඳල, කය බිඳී මැරුණට පස්සේ අපායෙ ඉපදිලා ඉන්නවා. දුගතියෙ ඉපදිලා ඉන්නවා. විනිපාත කියන නිරයෙ ඉපදිලා ඉන්නවා' කියලා. ඒ වගේම 'මේ භවත් සත්වයන් කයින් සුචරිතයේ යෙදිලා, වචනයෙන් සුචරිතයේ යෙදිලා, මනසින් සුචරිතයේ යෙදිලා, ආර්යයන් වහන්සේලාට අපහාස නොකොට, සම්මා දිට්ඨිය ඇතුව ඉඳලා, සම්මා දිට්ඨියෙන් යුක්ත ක්‍රියාවල යෙදිලා, කය බිඳී මැරුණට පස්සේ සුගතිය කියන යහපත් ලෝකෙ ඉපදිලා ඉන්නවා' කියලා. මේ විදිහට සාමාන්‍ය මිනිසුන්ගේ දර්ශන පථය ඉක්මවා ගිය පිරිසිදු දිවැස් නුවණින්, සත්වයන් චුත වෙන උපදින හැටි දකිනවා. උසස් පහත්, ලස්සන කැත, සුගති දුගතිවල කර්මානුරූපව සත්වයන් උපදින හැටි දකිනවා.

ඒ වගේම භික්ෂුව, ආශ්‍රවයන් ක්ෂය වීමෙන් අනාශ්‍රව වූ චිත්ත විමුක්තියත්, ප්‍රඥා විමුක්තියත් මෙහිදීම තමන්ගේ විශිෂ්ට වූ ඥාණයෙන් සාක්ෂාත් කොට එයට පැමිණ වාසය කරනවා.

පින්වත් බ්‍රාහ්මණය, සියල්ල දන්නා වූ, දක්නා වූ, ඒ භාග්‍යවත් අරහත් සම්මා සම්බුදුරජාණන් වහන්සේ විසින් වදාරණ ලද්දේ ඔය දස ප්‍රසාදනීය ධර්මයි. ඉතින් යම් භික්ෂුවක් තුළ මේ ධර්මයන් දක්නට ලැබෙනවා නම්, අපි ඒ භික්ෂුවට සත්කාර කරනවා, ගෞරව කරනවා, බුහුමන් දක්වනවා, පුදනවා. සත්කාර ගරුකාර කොට ඇසුරු කොට වාසය කරනවා."

මෙසේ වදාළ විට මගධ මහාමාත්‍ය වස්සකාර බ්‍රාහ්මණයා උපනන්ද සේනාපතියා ඇමතුවා. "භවත් සේනාපතිය, මේ ගැන කුමක්ද සිතන්නේ? මේ භවතාණන් වහන්සේලා ඔය අයුරින් සත්කාර කළ යුතු කෙනාට සත්කාර කරනවා නම්, ගෞරව කළ යුතු කෙනාට ගෞරව කරනවා නම්, බුහුමන් කළ යුතු කෙනාට බුහුමන් කරනවා නම්, පිදිය යුතු කෙනා පුදනවා නම් ඒකාන්තයෙන්ම මේ භවතාණන් වහන්සේලා සත්කාර කළ යුත්තාට සත්කාර කරනවාමයි. ගරු කළ යුත්තාට ගරු කරනවාමයි. බුහුමන් කළ යුත්තාට බුහුමන් කරනවාමයි. පිදිය යුත්තා පුදනවාමයි.

ඒ වගේම යම් හෙයකින් ඒ භවතාණන් වහන්සේලා මෙවැනි භික්ෂුවකට සත්කාර කරන්නේ නැත්නම්, ගෞරව කරන්නේ නැත්නම්, බුහුමන් දක්වන්නේ නැත්නම්, පුදන්නේ නැත්නම්, එහෙම නම් ඒ භවතාණන් වහන්සේලා කවරෙකුට සත්කාර කරන්නද? ගෞරව කරන්නද? බුහුමන් දක්වන්නද? පුදන්නද? කවරෙකුව නම් සත්කාර ගරුකාර කොට ඇසුරු කොට වසන්නද?"

ඉතින් මගධ මහාමාත්‍ය වස්සකාර බ්‍රාහ්මණයා ආයුෂ්මත් ආනන්දයන් වහන්සේගෙන් මෙය ඇසුවා. "මේ දිනවල භවත් ආනන්දයන් වහන්සේ වැඩඉන්නේ කොහේද?" "පින්වත් බ්‍රාහ්මණය, මං මේ දිනවල ඉන්නේ වේළුවනයේ."

"භවත් ආනන්දයන් වහන්ස, කිම? වේළුවනය රමණීයයිද? ශබ්ද අඩුයිද? ඝෝෂාවන් අඩුයිද? ජනයාගේ ගැවසීමෙන් තොරයිද? මිනිසුන්ගේ හුදෙකලා කටයුතුවලට ගැලපෙනවාද? භාවනාවට සුදුසුද?"

"ඇත්තෙන්ම පින්වත් බ්‍රාහ්මණය, වේළුවනය නම් රමණීයයි. ශබ්ද අඩුයි. ඝෝෂාවන් අඩුයි. ජනයාගේ ගැවසීමෙන් තොරයි. මිනිසුන්ගේ හුදෙකලා කටයුතු වලට ගැලපෙනවා. භාවනාවට බොහොම අගෙයි. ඔබ වැනි ස්ථාන රැක බලා ගන්නා, දියුණු කරන්නා වූ උදවිය විසින් රකින තැන් එහෙමනෙ."

"ඒකාන්තයෙන්ම භවත් ආනන්දයෙනි, වේළුවනය රමණීය තමයි. ශබ්දත් අඩු තමයි. ඝෝෂාවනුත් අඩු තමයි. මිනිසුන්ගේ ගැවසීමත් අඩු තමයි. මිනිසුන්ගේ හුදෙකලා කටයුතුවලට සුදුසු තමයි. භාවනාවට නම් අගේ ඇති තැනක් තමයි. ධ්‍යාන භාවනා කරන භවතාණන් වහන්සේලා විසින් සිටිය යුතු තැන් නෙව. අතික භවතාණන් වහන්සේලා ධ්‍යාන වඩන, ධ්‍යානවලට කැමති උතුමන් නෙව.

භවත් ආනන්දයන් වහන්ස, එක් කාලයක ඒ භවත් ගෞතමයන් වහන්සේ වැඩසිටියේ විශාලා මහාවනයේ කූටාගාර ශාලාවේ. ඉතින් භවත් ආනන්දයන් වහන්ස, මං මහාවනයේ කූටාගාර ශාලාවේ වැඩසිටි ඒ භවත් ගෞතමයන් වහන්සේව බැහැදකින්නට ගියා. එහිදී ඒ භවත් ගෞතමයන් වහන්සේ නොයෙක් ආකාරයෙන් ධ්‍යාන පිළිබඳ කථාවක් තමයි වදාළේ. ඒ භවත් ගෞතමයන් වහන්සේ ධ්‍යාන ඇති, ධ්‍යානවලට කැමති කෙනෙක් නෙව. ඒ භවත් ගෞතමයන් වහන්සේ සෑම ධ්‍යානයක්ම වර්ණනා කළා නෙව."

"නැත, පින්වත් බ්‍රාහ්මණය. ඒ භාග්‍යවත් බුදුරජාණන් වහන්සේ සෑම ධ්‍යානයක්ම වර්ණනා කොට වදාළේ නැහැ. ඒ භාග්‍යවත් බුදුරජාණන් වහන්සේ සෑම ධ්‍යානයක්ම වර්ණනා නොකර සිටියේත් නෑ.

පින්වත් බ්‍රාහ්මණය, ඒ භාග්‍යවතුන් වහන්සේ කෙබඳු ආකාර වූ ධ්‍යානයක් ද වර්ණනා නොකළේ? පින්වත් බ්‍රාහ්මණය, මෙහිලා කෙනෙක් කාම රාගයෙන් මුසපත්ව, කාමරාගයෙන් යටවුණු සිතින් වාසය කරනවා. ඔහු උපන්නා වූ කාමරාගය ප්‍රහාණය වීම ගැන ඇති සැබෑ තත්වය දන්නේ නෑ. ඉතින් ඔහු කාම රාගය ම සිත ඇතුළේ තබාගෙන සිත සිතා ඉන්නවා. බලවත්ව සිතනවා. එක එක විදිහට සිතනවා. බැහැර අරමුණුවලත් සිතනවා.

ඒ වගේම ද්වේෂයෙන් මුසපත්ව, ද්වේෂයෙන් යටවුණු සිතින් වාසය කරනවා. ඔහු උපන්නා වූ ද්වේෂය ප්‍රහාණය වීම ගැන ඇති සැබෑ තත්වය දන්නේ නෑ. ඉතින් ඔහු ද්වේෂය ම සිත ඇතුළේ තබාගෙන සිත සිතා ඉන්නවා. බලවත්ව සිතනවා. එක එක විදිහට සිතනවා. බැහැර අරමුණුවලත් සිතනවා.

ඒ වගේම නිදිමත අලස බවෙන් මුසපත්ව, නිදිමත අලස බවෙන් යටවුණු සිතින් වාසය කරනවා. ඔහු උපන්නා වූ නිදිමත අලස බව ප්‍රහාණය වීම ගැන ඇති සැබෑ තත්වය දන්නේ නෑ. ඉතින් ඔහු නිදිමත අලස බවම සිත ඇතුළේ තබාගෙන සිත සිතා ඉන්නවා. බලවත්ව සිතනවා. එක එක විදිහට සිතනවා. බැහැර අරමුණුවලත් සිතනවා.

ඒ වගේම පසුතැවිල්ලෙන් හා කුකුසෙන් මුසපත්ව, පසුතැවිල්ලට හා කුකුසට යටවුණු සිතින් වාසය කරනවා. ඔහු උපන්නා වූ පසුතැවිල්ල හා කුකුස ප්‍රහාණය වීම ගැන ඇති සැබෑ තත්වය දන්නේ නෑ. ඉතින් ඔහු පසුතැවිල්ල හා කුකුස ම හිත ඇතුළේ තබාගෙන සිත සිතා ඉන්නවා. බලවත්ව සිතනවා. එක එක විදිහට සිතනවා. බැහැර අරමුණුවලත් සිතනවා.

ඒ වගේම සැකයෙන් මුසපත්ව, සැකයෙන් යටවුණු සිතින් වාසය කරනවා. ඔහු උපන්නා වූ සැකය ප්‍රහාණය වීම ගැන ඇති සැබෑ තත්වය දන්නේ නෑ. ඉතින් ඔහු සැකය ම හිත ඇතුළේ තබාගෙන සිත සිතා ඉන්නවා. බලවත්ව සිතනවා. එක එක විදිහට සිතනවා. බැහැර අරමුණුවලත් සිතනවා.

පින්වත් බ්‍රාහ්මණය, ඔය විදිහේ සිත සිතා සිටීමේ ධ්‍යානය නම් භාග්‍යවතුන් වහන්සේ වර්ණනා කොට වදාළේ නෑ.

පින්වත් බ්‍රාහ්මණය, භාග්‍යවතුන් වහන්සේ වර්ණනා කොට වදාළේ කෙබඳු වූ ධ්‍යානයක් ද?

පින්වත් බ්‍රාහ්මණය, මෙහිලා භික්ෂුව කාමයන්ගෙන් වෙන්ව, අකුසල ධර්මයන්ගෙන් වෙන්ව, විතර්ක විචාර සහිත, ප්‍රීතිය හා සැපය ඇති පළවෙනි ධ්‍යානය ලබාගෙන වාසය කරනවා. විතර්ක විචාර සංසිඳුවාගෙන, තමා තුළ ප්‍රසන්න බව ඇති කරගෙන, සිතේ එකඟ බවින් යුතුව, විතර්ක විචාර රහිත සමාධියෙන් හටගත් ප්‍රීතිය සැපය තියෙන දෙවෙනි ධ්‍යානයත් ලබාගෙන වාසය කරනවා. ඊළඟට ප්‍රීතියට ඇලෙන්නෙත් නැතිව උපේක්ෂාවෙන් යුතුව ඉන්නවා. සිහි නුවණින් යුතුව කයෙන් සැපයකුත් විඳිනවා. ආර්යයන් වහන්සේලා ඒ සමාධියට මෙහෙම කියනවා. 'උපේක්ෂාවෙන් යුක්තව, සිහියෙන් යුක්තව සැපසේ වාසය කරනවා' කියන ඒ තුන්වෙනි ධ්‍යානයත් ලබාගෙන වාසය කරනවා. සැප ද දුක ද නැති කිරීමෙන්, කලින්ම මානසික සැප දුක් දෙකින්ම

වෙන් වෙලා, දුක් සැප රහිත පිරිසිදු උපේක්ෂාවත්, සිහියත් තියෙන හතරවෙනි ධ්‍යානය ලබාගෙන වාසය කරනවා.

පින්වත් බ්‍රාහ්මණය, මෙබඳු වූ ධ්‍යානය තමයි භාග්‍යවතුන් වහන්සේ වර්ණනා කොට වදාළේ."

"සැබැවින්ම භවත් ආනන්දයන් වහන්ස, ඒ භවත් ගෞතමයන් වහන්සේ ගරහා තිබෙන්නේ ගැරහිය යුතු ධ්‍යානයටමයි. ප්‍රශංසා කොට තිබෙන්නේ පැසසිය යුතු ධ්‍යානයටමයි. භවත් ආනන්දයන් වහන්ස, එහෙම නම් දැන් අපි යන්නම්. අපට බොහෝ කටයුතු තියෙනවා නෙව. වැඩ තියෙනවා නෙව." "පින්වත් බ්‍රාහ්මණය, දැන් යමකට කාලය නම්, එය ඔබ දැනගන්න."

එවිට මගධ මහාමාත්‍ය වස්සකාර බ්‍රාහ්මණයා ආයුෂ්මත් ආනන්දයන් වහන්සේ වදාළ ධර්මය සතුටින් පිළිගෙන අනුමෝදන් වී හුනස්නෙන් නැගිට නික්ම ගියා.

එතකොට ගෝපක මොග්ගල්ලාන බ්‍රාහ්මණයා මගධ මහාමාත්‍ය වස්සකාර බ්‍රාහ්මණයා පිටත්ව ගොස් නොබෝ වේලාවකින් ආයුෂ්මත් ආනන්දයන් වහන්සේට මෙය වදාළා. "අපි භවත් ආනන්දයන් වහන්සේගෙන් යම් කරුණක් ඇසුවා. නමුත් භවත් ආනන්දයන් වහන්සේ එයට පිළිතුරු දුන්නේ නැහැ නෙව."

"පින්වත් බ්‍රාහ්මණය, ඔබට මෙහෙම කිව්වා නේද? 'පින්වත් බ්‍රාහ්මණය, අරහත් වූ සම්මාසම්බුද්ධ වූ ඒ භාග්‍යවතුන් වහන්සේ යම් ධර්මයන් ගෙන් යුක්තව වැඩසිටි සේක්ද, ඒ ධර්මයන්ගෙන් මුළුමනින්ම සර්ව සම්පූර්ණව, ඒ සමානව සිටින එක භික්ෂුවක්වත් නෑ. පින්වත් බ්‍රාහ්මණය, ඒ භාග්‍යවත් බුදුරජාණන් වහන්සේම නූපන් මාර්ගය උපදවන සේක. හට නොගත් මාර්ගය හටගන්වන සේක. දෙව් මිනිස් කිසිවෙකු විසින් හෝ නොපවසන ලද මාර්ගය පවසන සේක. මාර්ගය මැනවින් දන්නා සේක. මාර්ගය මැනවින් දක්නා සේක. මාර්ගයෙහි අතිශයින්ම දක්ෂ වන සේක. ඒ බුදුරජාණන් වහන්සේ විසින් හෙළිදරව් කොට වදාළ මාර්ගය අනුව තමයි මෙකල ශ්‍රාවකයෝ පසුපස්සෙන් ගමන් කරමින් වසන්නේ" කියලා.

සාදු! සාදු!! සාදු!!!

ගෝපක මොග්ගල්ලාන බ්‍රාහ්මණයාට වදාළ දෙසුම නිමා විය.

3.1.9.
මහා පුණ්ණම සූත්‍රය
පුන් පොහෝ දිනයේ වදාළ විස්තරාර්ථ දෙසුම

මා හට අසන්නට ලැබුනේ මේ විදිහටයි. ඒ දිනවල භාග්‍යවත් බුදුරජාණන් වහන්සේ වැඩසිටියේ සැවැත් නුවර මිගාරමාතු ප්‍රාසාදය නම් වූ පූර්වාරාමයේ. එසමයෙහි භාග්‍යවතුන් වහන්සේ පුන් පොහෝ දවසක, පුන් සඳ ඇති රාත්‍රියෙහි භික්ෂුසංඝයා පිරිවරාගෙන එළිමහනේ වැඩසිටියා.

එවිට එක්තරා භික්ෂුවක් හුනස්නෙන් නැගිට සිවුරු ඒකාංශ කොට පොරවා භාග්‍යවතුන් වහන්සේ වැඩසිටි දිශාවට වන්දනා කරගෙන භාග්‍යවතුන් වහන්සේ ගෙන් මෙය ඇසුවා.

"ස්වාමීනී, ඉදින් මට ප්‍රශ්නයක් අසන්නට භාග්‍යවතුන් වහන්සේ අවසර දෙන සේක් නම්, මං භාග්‍යවතුන් වහන්සේගෙන් යම්කිසි ප්‍රශ්නයක් අසන්නම්."

"එසේ වී නම් පින්වත් භික්ෂුව, තමන්ගේ ආසනයේම වාඩිවී යම් ප්‍රශ්නයක් අසන්නට කැමති නම් අසන්න."

එවිට ඒ භික්ෂුව තම අසුනෙහි වැඩහිඳ භාග්‍යවතුන් වහන්සේගෙන් මෙම ප්‍රශ්නය ඇසුවා. "ස්වාමීනී, පංච උපාදානස්කන්ධය කියන්නේ මේවා නේද? ඒ කියන්නේ; රූප උපාදානස්කන්ධය, වේදනා උපාදානස්කන්ධය, සඤ්ඤා උපාදානස්කන්ධය, සංඛාර උපාදානස්කන්ධය, විඤ්ඤාණ උපාදානස්කන්ධය නේද?"

"පින්වත් භික්ෂුව, පංච උපාදානස්කන්ධය කියන්නේ මේවා තමයි. ඒ කියන්නේ; රූප උපාදානස්කන්ධය, වේදනා උපාදානස්කන්ධය, සඤ්ඤා උපාදානස්කන්ධය, සංඛාර උපාදානස්කන්ධය, විඤ්ඤාණ උපාදානස්කන්ධය තමයි."

"ඉතා යහපති ස්වාමීනී" කියා ඒ භික්ෂුව භාග්‍යවතුන් වහන්සේ වදාළ කරුණ සතුටින් පිළිගෙන අනුමෝදන් වී භාග්‍යවතුන් වහන්සේගෙන් වැඩිදුරටත් ප්‍රශ්නයක් ඇසුවා.

"ස්වාමීනී, මේ පංච උපාදානස්කන්ධය තිබෙන්නේ කුමක් මුල්කොට ගෙනද?"

"පින්වත් භික්ෂුව, මේ පංච උපාදානස්කන්ධය තිබෙන්නේ තෘෂ්ණාව මුල්කොට ගෙනයි."

"ස්වාමීනී, ඒ උපාදානය ම ද ඒ පංච උපාදානස්කන්ධය වන්නේ? එහෙම නැත්නම් උපාදානය කියන්නේ පංච උපාදානස්කන්ධයෙන් බැහැර වූ දෙයක්ද?"

"පින්වත් භික්ෂුව, ඒ උපාදානය ම ඒ පංච උපාදානස්කන්ධය නොවෙයි. ඒ වගේම උපාදානය පංච උපාදානස්කන්ධයෙන් බැහැරව තියෙන දෙයකුත් නොවෙයි. පින්වත් භික්ෂුව පංච උපාදානස්කන්ධය කෙරෙහි යම් ඡන්දරාග යක් තිබෙනවාද, එහි උපාදානය ඒකමයි."

"ඉතින් ස්වාමීනී, පංච උපාදානස්කන්ධය පිළිබඳව තිබෙන ඡන්දරාගයේ වෙනස්කමුත් තියෙනවාද?"

"පින්වත් භික්ෂුව, තියෙනවාමයි" කියා භාග්‍යවතුන් වහන්සේ වදාළ සේක. "පින්වත් භික්ෂුව, මෙහිලා කෙනෙකුට මෙහෙම සිතෙනවා. ඒ කියන්නේ 'මං අනාගතයෙහි මෙබඳු රූප ඇති කෙනෙක් වෙනවා. අනාගතයෙහි මෙබඳු විඳීම් ඇති කෙනෙක් වෙනවා. අනාගතයෙහි මෙබඳු සඤ්ඤා ඇති කෙනෙක් වෙනවා. අනාගතයෙහි මෙබඳු සංස්කාර ඇති කෙනෙක් වෙනවා. අනාගතයෙහි මෙබඳු විඤ්ඤාණ ඇති කෙනෙක් වෙනවා' කියලා. පින්වත් භික්ෂුව, ඔය විදිහට තමයි පංච උපාදානස්කන්ධය පිළිබඳව ඇති ඡන්දරාගයෙහි වෙනස්කම් තිබෙන්නේ."

"ස්වාමීනී, ස්කන්ධයන්ට ස්කන්ධය යන නම ඇතිවුනේ කොහොමද?"

"පින්වත් භික්ෂුව, අතීත හෝ අනාගත හෝ වර්තමාන හෝ තමා යැයි සලකන හෝ බාහිර හෝ ගොරෝසු හෝ සියුම් හෝ හීන හෝ ප්‍රණීත හෝ දුර හෝ වේවා, ළඟ හෝ වේවා යම් රූපයක් ඇද්ද, රූප ස්කන්ධය යනු මෙයයි.

අතීත හෝ අනාගත හෝ වර්තමාන හෝ තමා යැයි සලකන හෝ බාහිර හෝ ගොරෝසු හෝ සියුම් හෝ හීන හෝ ප්‍රණීත හෝ දුර හෝ වේවා, ළඟ හෝ වේවා යම් විඳීමක් ඇද්ද, වේදනා ස්කන්ධය යනු මෙයයි.

අතීත හෝ අනාගත හෝ වර්තමාන හෝ තමා යැයි සලකන හෝ බාහිර හෝ ගොරෝසු හෝ සියුම් හෝ හීන හෝ ප්‍රණීත හෝ දුර හෝ වේවා, ළඟ හෝ වේවා යම් සඤ්ඤාවක් ඇද්ද, සඤ්ඤා ස්කන්ධය යනු මෙයයි.

අතීත හෝ අනාගත හෝ වර්තමාන හෝ තමා යැයි සලකන හෝ බාහිර හෝ ගොරෝසු හෝ සියුම් හෝ හීන හෝ ප්‍රණීත හෝ දුර හෝ වේවා, ළඟ හෝ වේවා යම් සංස්කාර ඇද්ද, සංස්කාර ස්කන්ධය යනු මෙයයි.

අතීත හෝ අනාගත හෝ වර්තමාන හෝ තමා යැයි සලකන හෝ බාහිර හෝ ගොරෝසු හෝ සියුම් හෝ හීන හෝ ප්‍රණීත හෝ දුර හෝ වේවා, ළඟ හෝ වේවා යම් විඤ්ඤාණයක් ඇද්ද, විඤ්ඤාණ ස්කන්ධය යනු මෙයයි.

පින්වත් භික්ෂුව ස්කන්ධයන්ට ස්කන්ධ යන නාමය ඇතිවෙන්නේ මෙපමණකින්මයි."

"ස්වාමීනී රූප ස්කන්ධය පණවන්නට හේතු වූ කරුණ කුමක්ද? උපකාරී වූ දෙය කුමක්ද? වේදනා ස්කන්ධය පණවන්නට හේතු වූ කරුණ කුමක්ද? උපකාරී වූ දෙය කුමක්ද? සඤ්ඤා ස්කන්ධය පණවන්නට හේතු වූ කරුණ කුමක්ද? උපකාරී වූ දෙය කුමක්ද? සංස්කාර ස්කන්ධය පණවන්නට හේතු වූ කරුණ කුමක්ද? උපකාරී වූ දෙය කුමක්ද? විඤ්ඤාණ ස්කන්ධය පණවන්නට හේතු වූ කරුණ කුමක්ද? උපකාරී වූ දෙය කුමක්ද?"

"පින්වත් භික්ෂුව, රූපස්කන්ධය පණවන්නට සතර මහාභූතයනුයි හේතු වුනේ. සතර මහාභූත තමයි උපකාර වුනේ. වේදනා ස්කන්ධය පණවන්නට ස්පර්ශයයි හේතු වුනේ. ස්පර්ශයයි උපකාර වුනේ. සඤ්ඤා ස්කන්ධය පණවන්නට ස්පර්ශයයි හේතු වුනේ. ස්පර්ශයයි උපකාර වුනේ. සංස්කාර ස්කන්ධය පණවන්නට ස්පර්ශයයි හේතු වුනේ. ස්පර්ශයයි උපකාර වුනේ. විඤ්ඤාණ ස්කන්ධය පණවන්නට නාමරූපයි හේතු වුනේ. නාමරූපයි උපකාර වුනේ."

"ස්වාමීනී, සක්කාය දිට්ඨිය ඇතිවෙන්නේ කොහොමද?"

"පින්වත් භික්ෂුව, මෙහිලා අශ්‍රැතවත් පෘතග්ජනයෙක් ඉන්නවා. ඔහු ආර්යයන් වහන්සේලා හඳුනන්නේ නැහැ. ආර්ය ධර්මයට දක්ෂත් නැහැ. ආර්ය ධර්මයෙහි හික්මිලත් නෑ. සත්පුරුෂයන් හඳුනන්නේ නෑ. සත්පුරුෂ ධර්මයට දක්ෂත් නෑ. සත්පුරුෂ ධර්මයෙහි හික්මිලත් නෑ. ඔහු රූපය ආත්මය හැටියට මුලාවෙන් දකිනවා. රූපයෙන් හටගත් ආත්මයක් තියෙනවා කියලා හෝ ආත්මය තුළ රූපය තියෙනවා කියල හෝ රූපය තුළ ආත්මය තියෙනවා කියලා හෝ මුලාවෙන් දකිනවා. විඳීම ආත්මය හැටියට මුලාවෙන් දකිනවා. විඳීමෙන් හටගත් ආත්මයක් තියෙනවා කියලා හෝ ආත්මය තුළ විඳීම තියෙනවා කියල හෝ විඳීම තුළ ආත්මය තියෙනවා කියලා හෝ මුලාවෙන් දකිනවා. හඳුනාගැනීම ආත්මය හැටියට මුලාවෙන් දකිනවා. හඳුනාගැනීමෙන්

හටගත් ආත්මයක් තියෙනවා කියලා හෝ ආත්මය තුළ හඳුනාගැනීම තියෙනවා කියලා හෝ හඳුනාගැනීම තුළ ආත්මය තියෙනවා කියලා හෝ මුලාවෙන් දකිනවා. සංස්කාර ආත්මය හැටියට මුලාවෙන් දකිනවා. සංස්කාරවලින් හටගත් ආත්මයක් තියෙනවා කියලා හෝ ආත්මය තුළ සංස්කාර තියෙනවා කියලා හෝ සංස්කාර තුළ ආත්මය තියෙනවා කියලා හෝ මුලාවෙන් දකිනවා. විඤ්ඤාණය ආත්මය හැටියට මුලාවෙන් දකිනවා. විඤ්ඤාණයෙන් හටගත් ආත්මයක් තියෙනවා කියලා හෝ ආත්මය තුළ විඤ්ඤාණය තියෙනවා කියල හෝ විඤ්ඤාණය තුළ ආත්මය තියෙනවා කියලා හෝ මුලාවෙන් දකිනවා. පින්වත් භික්ෂුව, සක්කාය දිට්ඨිය ඇතිවෙන්නේ ඔය විදිහටයි."

"ස්වාමීනී, සක්කාය දිට්ඨිය ඇති නොවන්නේ කොහොමද?"

"පින්වත් භික්ෂුව, මෙහිලා ශ්‍රැතවත් ආර්ය ශ්‍රාවකයෙක් ඉන්නවා. ඔහු ආර්යයන් වහන්සේලා හඳුනනවා. ආර්ය ධර්මයට දක්ෂයි. ආර්ය ධර්මයෙහි හික්මෙනවා. සත්පුරුෂයන් හඳුනනවා. සත්පුරුෂ ධර්මයට දක්ෂයි. සත්පුරුෂ ධර්මයෙහි හික්මෙනවා. ඔහු රූපය ආත්මය හැටියට මුලාවෙන් දකින්නෙ නෑ. රූපයෙන් හටගත් ආත්මයක් තියෙනවා කියලා හෝ ආත්මය තුළ රූපය තියෙනවා කියල හෝ රූපය තුළ ආත්මය තියෙනවා කියලා හෝ මුලාවෙන් දකින්නෙ නෑ. විඳීම ආත්මය හැටියට මුලාවෙන් දකින්නෙ නෑ. විඳීමෙන් හටගත් ආත්මයක් තියෙනවා කියලා හෝ ආත්මය තුළ විඳීම තියෙනවා කියල හෝ විඳීම තුළ ආත්මය තියෙනවා කියලා හෝ මුලාවෙන් දකින්නෙ නෑ. හඳුනාගැනීම ආත්මය හැටියට මුලාවෙන් දකින්නෙ නෑ. හඳුනාගැනීමෙන් හටගත් ආත්මයක් තියෙනවා කියලා හෝ ආත්මය තුළ හඳුනාගැනීම තියෙනවා කියල හෝ හඳුනාගැනීම තුළ ආත්මය තියෙනවා කියලා හෝ මුලාවෙන් දකින්නෙ නෑ. සංස්කාර ආත්මය හැටියට මුලාවෙන් දකින්නෙ නෑ. සංස්කාරවලින් හටගත් ආත්මයක් තියෙනවා කියලා හෝ ආත්මය තුළ සංස්කාර තියෙනවා කියල හෝ සංස්කාර තුළ ආත්මය තියෙනවා කියලා හෝ මුලාවෙන් දකින්නෙ නෑ. විඤ්ඤාණය ආත්මය හැටියට මුලාවෙන් දකින්නෙ නෑ. විඤ්ඤාණයෙන් හටගත් ආත්මයක් තියෙනවා කියලා හෝ ආත්මය තුළ විඤ්ඤාණය තියෙනවා කියල හෝ විඤ්ඤාණය තුළ ආත්මය තියෙනවා කියලා හෝ මුලාවෙන් දකින්නෙ නෑ. පින්වත් භික්ෂුව, සක්කාය දිට්ඨිය ඇති නොවෙන්නේ ඔය විදිහටයි."

"ස්වාමීනී, රූපයෙහි තිබෙන්නේ කවර ආශ්වාදයක්ද? කවර ආදීනවයක්ද? කවර නිස්සරණයක්ද? වේදනාවෙහි තිබෙන්නේ කවර ආශ්වාදයක්ද? කවර ආදීනවයක්ද? කවර නිස්සරණයක්ද? සඤ්ඤාවෙහි තිබෙන්නේ කවර ආශ්වාදයක්ද? කවර ආදීනවයක්ද? කවර නිස්සරණයක්ද? සංස්කාරවල

තිබෙන්නේ කවර ආශ්වාදයක්ද? කවර ආදීනවයක්ද? කවර නිස්සරණයක්ද? විඤ්ඤාණයෙහි තිබෙන්නේ කවර ආශ්වාදයක්ද? කවර ආදීනවයක්ද? කවර නිස්සරණයක්ද?"

"පින්වත් භික්ෂුව, රූපය හේතු කොට ගෙන යම් සැපයක්, සොම්නසක් උපදිනවා නම් මෙය තමයි රූපයෙහි ආශ්වාදය. යම් රූපයක් අනිත්‍යයි ද, දුකයි ද, වෙනස් වෙන ස්වභාවයෙන් යුක්තයි ද මෙය තමයි රූපයේ ආදීනවය. රූපය පිළිබඳව ඇති ඡන්දරාගයේ යම් දුරුකිරීමක්, ඡන්දරාග ප්‍රහාණයක් ඇද්ද මෙය තමයි රූපයේ නිස්සරණය නම් වූ නිදහස් වීම. පින්වත් භික්ෂුව විඳීම හේතු කොට ගෙන යම් සැපයක් ....(පෙ).... සඤ්ඤාව හේතු කොට ගෙන ....(පෙ).... සංස්කාර හේතු කොට ගෙන ....(පෙ).... විඤ්ඤාණය හේතු කොට ගෙන යම් සැපයක්, සොම්නසක් උපදිනවා නම් මෙය තමයි විඤ්ඤාණයෙහි ආශ්වාදය. යම් විඤ්ඤාණයක් අනිත්‍යයි ද, දුකයි ද, වෙනස් වෙන ස්වභාවයෙන් යුක්තයි ද මෙය තමයි විඤ්ඤාණයේ ආදීනවය. විඤ්ඤාණය පිළිබඳව ඇති ඡන්දරාගයේ යම් දුරුකිරීමක්, ඡන්දරාග ප්‍රහාණයක් ඇද්ද මෙය තමයි විඤ්ඤාණයේ නිස්සරණය නම් වූ නිදහස් වීම."

"ස්වාමීනී, කොහොම දන්නා විටද, කොහොම දකිනා විටද, විඤ්ඤාණය සහිත මේ කයෙත්, බාහිර සියලු නිමිතිවලත්, 'මමය, මාගේය' යන හැඟීමෙන් යුතුව මුල් බැස ගත් මාන්නය සම්පූර්ණයෙන්ම නැතුව යන්නේ?"

"පින්වත් භික්ෂුව, අතීත හෝ අනාගත හෝ වර්තමාන හෝ තමා යැයි සලකන හෝ බාහිර හෝ ගොරෝසු හෝ සියුම් හෝ හීන හෝ ප්‍රණීත හෝ දුර හෝ වේවා, ළඟ හෝ වේවා යම් රූපයක් ඇද්ද, ඒ රූප සියල්ලම 'මගේ නොවේ, මම නොවේ, මගේ ආත්මය නොවේ' කියල දියුණු කරපු ප්‍රඥාවෙන් යථාර්ථය දකිනවා. ඒ වගේම යම්කිසි විඳීමක් ඇද්ද, ...(පෙ).... යම් සඤ්ඤාවක් ඇද්ද, ...(පෙ).... යම් සංස්කාර ඇද්ද, ...(පෙ).... අතීත හෝ අනාගත හෝ වර්තමාන හෝ තමා යැයි සලකන හෝ බාහිර හෝ ගොරෝසු හෝ සියුම් හෝ හීන හෝ ප්‍රණීත හෝ දුර හෝ වේවා, ළඟ හෝ වේවා යම් විඤ්ඤාණයක් ඇද්ද, ඒ සියලු විඤ්ඤාණය 'මගේ නොවේ, මම නොවේ, මගේ ආත්මය නොවේ' කියල දියුණු කරපු ප්‍රඥාවෙන් යථාර්ථය දකිනවා.

පින්වත් භික්ෂුව, ඔය විදිහට දන්නා විට තමයි, ඔය විදිහට දකින විට තමයි විඤ්ඤාණය සහිත මේ කයෙත්, බාහිර සියලු නිමිතිවලත්, 'මමය, මාගේය' යන හැඟීමෙන් යුතුව මුල් බැසගත් මාන්නය සම්පූර්ණයෙන්ම නැතුව යන්නේ."

එතකොට එක්තරා භික්ෂුවකගේ සිතේ මෙවැනි අදහසක් ඇතිවුනා. "එතකොට භවත්නි, රූපය අනාත්ම නම්, විඳීමත් අනාත්ම නම්, සඤ්ඤාවත් අනාත්ම නම්, සංස්කාරත් අනාත්ම නම්, විඤ්ඤාණයත් අනාත්ම නම්, අනාත්මව සිට කරපු කර්ම විපාක දෙන්නේ කවර ආත්මක් තුළද?" කියලා.

එවිට භාග්‍යවතුන් වහන්සේ ඒ භික්ෂුවගේ සිතුවිල්ල තම සිතින් දැන භික්ෂූන් අමතා වදාළා.

"පින්වත් මහණෙනි, මෙහිලා මෙවැනි දේකුත් දකින්නට ලැබෙනවා නෙව. අවිද්‍යා සහගත වූ, අවිද්‍යාව තුළට පැමිණි, තෘෂ්ණාවෙහි අධිපතිභාවයෙන් යටකොට ගත් සිතින් සිටින හිස් පුරුෂයෙකුට මෙහිලා ශාස්තෘ ශාසනය ඉක්මවා යන්නටත් සිතෙනවා නෙව. ඒ කියන්නේ 'එතකොට භවත්නි, රූපය අනාත්ම නම්, විඳීමත් අනාත්ම නම්, සඤ්ඤාවත් අනාත්ම නම්, සංස්කාරත් අනාත්ම නම්, විඤ්ඤාණයත් අනාත්ම නම්, අනාත්මව සිට කරපු කර්ම විපාක දෙන්නේ කවර ආත්මක් තුළද?' කියල සිතනවා නෙව.

පින්වත් මහණෙනි, මා විසින් ඔබව හික්මවා තියෙන්නේ ඒ ඒ ධර්මයන් පිළිබඳව දහම් අවබෝධය පිණිසයි. පින්වත් මහණෙනි, මේ ගැන කුමක්ද සිතන්නේ? රූපය නිත්‍යද? අනිත්‍යද?"

"ස්වාමීනී, අනිත්‍යයි."

"යමක් වනාහී අනිත්‍ය නම් එය දුකක්ද? සැපක්ද?"

"ස්වාමීනී, දුකයි."

"යමක් වනාහී අනිත්‍ය නම්, දුක නම්, වෙනස් වන ස්වභාවයෙන් යුතු නම්, එය 'මෙය මගේය, මෙය මමය, මෙය මාගේ ආත්මයය' කියා මුලාවෙන් දැකීම සුදුසුද?"

"ස්වාමීනී, එය සුදුසු නැහැ."

"පින්වත් මහණෙනි, මේ ගැන කුමක්ද සිතන්නේ? වේදනාව ....(පෙ).... සඤ්ඤාව ....(පෙ).... සංස්කාර ....(පෙ).... විඤ්ඤාණය නිත්‍යද? අනිත්‍යද?"

"ස්වාමීනී, අනිත්‍යයි."

"යමක් වනාහී අනිත්‍ය නම් එය දුකක්ද? සැපක්ද?"

"ස්වාමීනී, දුකයි."

"යමක් වනාහී අනිත්‍ය නම්, දුක නම්, වෙනස් වන ස්වභාවයෙන් යුතු නම්, එය 'මෙය මගේය, මෙය මමය, මෙය මාගේ ආත්මයය' කියා මුලාවෙන් දැකීම සුදුසුද?"

"ස්වාමීනී, එය සුදුසු නැහැ."

"එහෙම නම් පින්වත් මහණෙනි, මෙහිලා අතීත හෝ අනාගත හෝ වර්තමාන හෝ තමා යැයි සලකන හෝ බාහිර හෝ ගොරෝසු හෝ සියුම් හෝ හීන හෝ ප්‍රණීත හෝ දුර හෝ වේවා, ළඟ හෝ වේවා යම් රූපයක් ඇද්ද, ඒ රූප සියල්ලම 'මගේ නොවේ, මම නොවේ, මගේ ආත්මය නොවේ' කියල දියුණු කරපු ප්‍රඥාවෙන් යථාර්ථය දැක්ක යුතුයි. ඒ වගේම යම්කිසි විඳීමක් ඇද්ද, ...(පෙ).... යම් සඤ්ඤාවක් ඇද්ද, ...(පෙ).... යම් සංස්කාර ඇද්ද, ...(පෙ).... අතීත හෝ අනාගත හෝ වර්තමාන හෝ තමා යැයි සලකන හෝ බාහිර හෝ ගොරෝසු හෝ සියුම් හෝ හීන හෝ ප්‍රණීත හෝ දුර හෝ වේවා, ළඟ හෝ වේවා යම් විඤ්ඤාණයක් ඇද්ද, ඒ සියලු විඤ්ඤාණ 'මගේ නොවේ, මම නොවේ, මගේ ආත්මය නොවේ' කියල දියුණු කරපු ප්‍රඥාවෙන් යථාර්ථය දැක්ක යුතුයි.

පින්වත් මහණෙනි, ශ්‍රැතවත් ආර්ය ශ්‍රාවකයා ඔය අයුරින් යථාර්ථය දකිද්දී රූපය කෙරෙහි අවබෝධයෙන්ම කළකිරෙයි. වේදනාව කෙරෙහිත් අවබෝධයෙන්ම කළකිරෙයි. සඤ්ඤාව කෙරෙහිත් අවබෝධයෙන්ම කළකිරෙයි. සංස්කාර කෙරෙහිත් අවබෝධයෙන්ම කළකිරෙයි. විඤ්ඤාණය කෙරෙහිත් අවබෝධයෙන්ම කළකිරෙයි. අවබෝධයෙන්ම කළකිරුණු විට නොඇලෙයි. නොඇලුණු විට නිදහස් වෙයි. නිදහස් වූ විට නිදහස් වූ බවට ඤාණය ඇතිවෙයි. 'ඉපදීම ක්ෂය වුනා. බඹසර වාසය සම්පූර්ණ කළා. කළ යුත්ත කළා. ඒ වෙනුවෙන් කළ යුතු වෙනත් දෙයක් නැතැ'යි අවබෝධ කරගන්නවා."

භාග්‍යවතුන් වහන්සේ මේ උතුම් දේශනය වදාළා. ඒ දේශනය ගැන ඒ භික්ෂූන් වහන්සේලා ගොඩක් සතුටු වුනා. භාග්‍යවතුන් වහන්සේ වදාළ මේ දේශනය සතුටින් පිළිගත්තා. භාග්‍යවතුන් වහන්සේ විසින් මෙම දේශනය වදාරණ කල්හි සැටක් පමණ වූ භික්ෂූන් වහන්සේලාගේ සිත් කිසිවකට ග්‍රහණය නොවී ආශ්‍රවයන්ගෙන් නිදහස් වුනා.

සාදු! සාදු!! සාදු!!!

පුන් පොහෝ දා වදාළ විස්තරාත්මක දෙසුම නිමා විය.

3.1.10.
චූළ පුණ්ණම සූත්‍රය
පුන් පොහෝ දිනයේ වදාළ කුඩා දෙසුම

මා හට අසන්නට ලැබුනේ මේ විදිහටයි. ඒ දිනවල භාග්‍යවත් බුදුරජාණන් වහන්සේ වැඩසිටියේ සැවැත් නුවර මිගාරමාතු ප්‍රාසාදය නම් වූ පූර්වාරාමයේ. එසමයෙහි භාග්‍යවතුන් වහන්සේ පුන් පොහෝ දවසක, පුන් සඳ ඇති රාත්‍රියෙහි භික්ෂුසංඝයා පිරිවරාගෙන එළිමහනේ වැඩසිටියා. එවිට භාග්‍යවතුන් වහන්සේ ඉතා නිශ්ශබ්දව වැඩහුන් භික්ෂුසංඝයා දෙස හාත්පස නෙත් විදහා බලා භික්ෂූන් අමතා වදාළා.

"පින්වත් මහණෙනි, අසත්පුරුෂයාට 'මේ භවතා අසත්පුරුෂයෙක්ය' කියල අසත්පුරුෂයෙකුව හඳුනාගන්නට පුළුවන්ද?"

"ස්වාමීනී, එය නොහැකි දෙයක්."

"ඉතා යහපති, පින්වත් මහණෙනි, අසත්පුරුෂයා 'මේ භවතා අසත්පුරුෂයෙක්ය' කියල අසත්පුරුෂයෙකුව හඳුනාගන්නවා යන යමක් ඇද්ද එය සිදු නොවිය හැකි දෙයක්. එහෙම වෙන්නට ඉඩක් නැහැ."

"පින්වත් මහණෙනි, අසත්පුරුෂයාට 'මේ භවතා සත්පුරුෂයෙක්ය' කියල සත්පුරුෂයෙකුව හඳුනාගන්නට පුළුවන්ද?"

"ස්වාමීනී, එය නොහැකි දෙයක්."

"ඉතා යහපති, පින්වත් මහණෙනි, අසත්පුරුෂයා 'මේ භවතා සත්පුරුෂයෙක් ය' කියල සත්පුරුෂයෙකුව හඳුනාගන්නවා යන යමක් ඇද්ද එය සිදු නොවිය හැකි දෙයක්. එහෙම වෙන්නට ඉඩක් නැහැ.

පින්වත් මහණෙනි, අසත්පුරුෂයා අසත්පුරුෂ ගතිගුණවලින් යුක්තයි. අසත්පුරුෂ සේවනයෙන් යුක්තයි. ඒ වගේම අසත්පුරුෂ සිතුවිලියි සිතන්නේ. අසත්පුරුෂ සාකච්ඡාවන් තමයි කරන්නේ. අසත්පුරුෂ වචනයි කතා කරන්නේ. අසත්පුරුෂ කටයුතුයි කරන්නේ. ඒ වගේම අසත්පුරුෂ දැක්මෙන් යුක්තයි. අසත්පුරුෂ දන් දෙනවා.

පින්වත් මහණෙනි, අසත්පුරුෂයා අසත්පුරුෂ ගතිගුණ වලින් යුක්ත වන්නේ කොහොමද? පින්වත් මහණෙනි, මෙහිලා අසත්පුරුෂයා තථාගතයන් වහන්සේගේ අවබෝධය අදහා නොගනියි. පව් කිරීමෙහි ලැජ්ජා රහිතයි. බිය රහිතයි. අල්ප දැනුමෙන් යුක්තයි. උපන් අකුසල් ප්‍රහාණය කිරීමට වීරිය නැති කුසීතයෙක්. සිහි මුලාවෙන් යුක්තයි. දුෂ්ප්‍රාඥයි. පින්වත් මහණෙනි, අසත්පුරුෂයා ඔය ආකාරයෙනුයි අසත්පුරුෂ ගතිගුණ වලින් යුක්ත වන්නේ.

පින්වත් මහණෙනි, අසත්පුරුෂයා අසත්පුරුෂ ආශ්‍රයෙන් යුතු වන්නේ කොහොමද? පින්වත් මහණෙනි, මෙහිලා යම් මේ ශ්‍රමණ බ්‍රාහ්මණයින් ශ්‍රද්ධා රහිත නම්, පව් කිරීමෙහි ලැජ්ජා රහිත නම්, පව් කිරීමෙහි බිය රහිත නම්, අල්ප දැනුමෙන් යුක්ත නම්, කුසීත නම්, මුලා වූ සිහියෙන් යුක්ත නම්, දුෂ්ප්‍රාඥ නම් ඒ උදවිය තමයි අසත්පුරුෂයාගේ යහළුවන් වන්නේ. උදව්කාරයන් වන්නේ. පින්වත් මහණෙනි, අසත්පුරුෂයා අසත්පුරුෂ ආශ්‍රයෙන් යුක්ත වන්නේ ඔය විදිහටයි.

පින්වත් මහණෙනි, අසත්පුරුෂයා අසත්පුරුෂ සිතුවිලි සිතන්නේ කොහොමද? පින්වත් මහණෙනි, අසත්පුරුෂයා තමාට විපත පිණිස පවතින දේවලුත් හිතනවා. අනුන්ට විපත පිණිස පවතින දේවලුත් හිතනවා. දෙපක්ෂයට ම විපත පිණිස පවතින දේවලුත් හිතනවා. පින්වත් මහණෙනි, ඔය විදිහටයි අසත්පුරුෂයා අසත්පුරුෂ සිතුවිලි සිතන්නේ.

පින්වත් මහණෙනි, අසත්පුරුෂයා අසත්පුරුෂ සාකච්ඡා කරන්නේ කොහොමද? පින්වත් මහණෙනි, අසත්පුරුෂයා තමාට විපත පිණිස පවතින දේවල් ගැනත් සාකච්ඡා කරනවා. අනුන්ට විපත පිණිස පවතින දේවල් ගැනත් සාකච්ඡා කරනවා. දෙපක්ෂයට ම විපත පිණිස පවතින දේවල් ගැනත් සාකච්ඡා කරනවා. පින්වත් මහණෙනි, ඔය විදිහටයි අසත්පුරුෂයා අසත්පුරුෂ සාකච්ඡා කරන්නේ.

පින්වත් මහණෙනි, අසත්පුරුෂයා අසත්පුරුෂ වචනවලින් යුක්ත වන්නේ කොහොමද? පින්වත් මහණෙනි, මෙහිලා අසත්පුරුෂයා බොරු කියනවා. කේලාම් කියනවා. ඵරුෂ වචන කියනවා. හිස් වචන කියනවා. පින්වත් මහණෙනි, අසත්පුරුෂයා අසත්පුරුෂ බස් දොඩන්නේ ඔය ආකාරයටයි.

පින්වත් මහණෙනි, අසත්පුරුෂයා අසත්පුරුෂ කටයුතුවලින් යුතු වන්නේ කොහොමද? පින්වත් මහණෙනි, මෙහිලා අසත්පුරුෂයා සතුන් මැරීමෙහි යුක්ත වේ. නුදුන් දේ ගැනීමෙහි යුක්ත වේ. කාම මිත්‍යාචාරයෙහි යෙදෙයි. පින්වත් මහණෙනි, ඔය විදිහටයි අසත්පුරුෂයා අසත්පුරුෂ කටයුතුවල යෙදෙන්නේ.

පින්වත් මහණෙනි, අසත්පුරුෂයාගේ අසත්පුරුෂ දෘෂ්ටිය පවතින්නේ කොහොමද? පින්වත් මහණෙනි, මෙහිලා අසත්පුරුෂයා මෙබඳු ආකාරයේ දෘෂ්ටියකින් යුතු වෙයි. ඒ කියන්නේ, 'දුන් දෙයෙහි විපාක නැත. පුද පූජාවෙහි විපාක නැත. සේවයෙහි විපාක නැත. හොඳ නරක කර්මයන්ගේ ඵල විපාක නැත. මෙලොව කියා දෙයක් නැත. පරලොව කියා දෙයක් නැත. මවක් නැත. පියෙක් නැත. ඕපපාතික සත්වයන් නැත. ලෝකයෙහි යහපත් මගෙහි පිළිපන් ශ්‍රමණ බ්‍රාහ්මණයින් මෙලොවත් පරලොවත් ස්වකීය ප්‍රඥාවෙන් සාක්ෂාත් කොට දේශනා කිරීමක් නැත' කියලා. පින්වත් මහණෙනි, අසත්පුරුෂයා අසත්පුරුෂ දෘෂ්ටියෙන් යුතු වන්නේ ඔය විදිහටයි.

පින්වත් මහණෙනි, අසත්පුරුෂයා අසත්පුරුෂ දන් දෙන්නේ කොහොමද? පින්වත් මහණෙනි, මෙහිලා අසත්පුරුෂයා දෙන්නන් වාලේ දන් දෙයි. සිය අතින් දන් නොදෙයි. ආදර ගෞරව රහිතව දන් දෙයි. අහක දමන අදහසින් දන් දෙයි. 'තමා දෙන දානයෙහි විපාක නැවත තමාට ලැබේය' යන අදහසින් තොරව දන් දෙයි. පින්වත් මහණෙනි, ඔය විදිහටයි අසත්පුරුෂයා අසත්පුරුෂ දන් දෙන්නේ.

පින්වත් මහණෙනි, ඔය අසත්පුරුෂයා මේ විදිහට අසත්පුරුෂ ගතිගුණවලින් යුක්තවෙලා, මේ විදිහට අසත්පුරුෂයන් ඇසුරු කරලා, මේ විදිහට අසත්පුරුෂ සිතුවිලි සිතලා, මේ විදිහට අසත්පුරුෂ සාකච්ඡාවන් කරලා, මේ විදිහට අසත්පුරුෂ වචන කියලා, මේ විදිහට අසත්පුරුෂ වැඩ කරලා, මේ විදිහට අසත්පුරුෂ දෘෂ්ටියෙන් යුක්ත වෙලා, මේ විදිහට අසත්පුරුෂ දන් දීලා කය බිඳී මරණින් මතු යම් තැනක අසත්පුරුෂයන්ගේ උපතක් ඇද්ද, අන්න එතනයි උපදින්නේ. පින්වත් මහණෙනි, අසත්පුරුෂයන් උපදින්නේ කොහේද? එක්කෝ නිරයේ. එහෙම නැත්නම් තිරිසන් අපායේ.

"පින්වත් මහණෙනි, සත්පුරුෂයාට 'මේ භවතා සත්පුරුෂයෙක් ය' කියල සත්පුරුෂයෙකුව හඳුනාගන්නට පුළුවන්ද?"

"එසේය, ස්වාමීනී."

"ඉතා යහපති, පින්වත් මහණෙනි, සත්පුරුෂයා 'මේ භවතා සත්පුරුෂයෙක් ය' කියල සත්පුරුෂයෙකුව හඳුනාගන්නවා යන යමක් ඇද්ද එය සිදුවිය හැකි දෙයක්."

"පින්වත් මහණෙනි, සත්පුරුෂයාට 'මේ භවතා අසත්පුරුෂයෙක් ය' කියල අසත්පුරුෂයෙකුව හඳුනාගන්නට පුළුවන්ද?"

"එසේය, ස්වාමීනී."

"ඉතා යහපති, පින්වත් මහණෙනි, සත්පුරුෂයා 'මේ භවතා අසත්පුරුෂයෙක් ය' කියල අසත්පුරුෂයෙකුව හඳුනාගන්නවා යන යමක් ඇද්ද එය සිදුවිය හැකි දෙයක්.

පින්වත් මහණෙනි, සත්පුරුෂයා සත්පුරුෂ ගතිගුණවලින් යුක්තයි. සත්පුරුෂ සේවනයෙන් යුක්තයි. ඒ වගේම සත්පුරුෂ සිතුවිලියි සිතන්නේ. සත්පුරුෂ සාකච්ඡාවන් තමයි කරන්නේ. සත්පුරුෂ වචනයි කතා කරන්නේ. සත්පුරුෂ කටයුතුයි කරන්නේ. ඒ වගේම සත්පුරුෂ දැක්මෙන් යුක්තයි. සත්පුරුෂ දන් දෙනවා.

පින්වත් මහණෙනි, සත්පුරුෂයා සත්පුරුෂ ගතිගුණ වලින් යුක්ත වන්නේ කොහොමද? පින්වත් මහණෙනි, මෙහිලා සත්පුරුෂයා තථාගතයන් වහන්සේගේ අවබෝධය අදහා ගනියි. පව් කිරීමෙහි ලැජ්ජා වෙයි. පව් කිරීමෙහි බිය සහිතයි. බොහෝ දැනුමෙන් යුක්තයි. උපන් අකුසල් ප්‍රහාණය කිරීමට පටන් ගත් වීරියෙන් යුක්තයි. සිහිය පිහිටුවාගෙන ඉන්නවා. ප්‍රඥාවන්තයි. පින්වත් මහණෙනි, සත්පුරුෂයා ඔය ආකාරයෙනුයි සත්පුරුෂ ගතිගුණවලින් යුක්ත වන්නේ.

පින්වත් මහණෙනි, සත්පුරුෂයා සත්පුරුෂ ආශ්‍රයෙන් යුතු වන්නේ කොහොමද? පින්වත් මහණෙනි, මෙහිලා යම් මේ ශ්‍රමණ බ්‍රාහ්මණයින් ශ්‍රද්ධාවෙන් යුක්ත නම්, පවට ලැජ්ජා ඇත්නම්, පවට බිය ඇත්නම්, බොහෝ දැනුමෙන් යුක්ත නම්, පටන් ගත් වීරියෙන් යුක්ත නම්, මනාව පිහිටුවා ගත් සිහියෙන් යුක්ත නම්, ප්‍රඥාවන්ත නම් ඒ උදවිය තමයි සත්පුරුෂයාගේ යහළුවන් වන්නේ. උදව්කාරයන් වන්නේ. පින්වත් මහණෙනි, සත්පුරුෂයා සත්පුරුෂ ආශ්‍රයෙන් යුක්ත වන්නේ ඔය විදිහටයි.

පින්වත් මහණෙනි, සත්පුරුෂයා සත්පුරුෂ සිතුවිලි සිතන්නේ කොහොමද? පින්වත් මහණෙනි, සත්පුරුෂයා තමාට විපත පිණිස පවතින දේවල් සිතන්නේ නෑ. අනුන්ට විපත පිණිස පවතින දේවල් සිතන්නෙත් නෑ. දෙපක්ෂයට ම විපත පිණිස පවතින දේවල් සිතන්නෙත් නෑ. පින්වත් මහණෙනි, ඔය විදිහටයි සත්පුරුෂයා සත්පුරුෂ සිතුවිලි සිතන්නේ.

පින්වත් මහණෙනි, සත්පුරුෂයා සත්පුරුෂ සාකච්ඡා කරන්නේ කොහොමද? පින්වත් මහණෙනි, සත්පුරුෂයා තමාට විපත පිණිස පවතින දේවල් සාකච්ඡා කරන්නේ නෑ. අනුන්ට විපත පිණිස පවතින දේවල් ගැනත්

සාකච්ඡා කරන්නේ නෑ. දෙපක්ෂයට ම විපත පිණිස පවතින දේවල් ගැනත් සාකච්ඡා කරන්නේ නෑ. පින්වත් මහණෙනි, ඔය විදිහටයි සත්පුරුෂයා සත්පුරුෂ සාකච්ඡා කරන්නේ.

පින්වත් මහණෙනි, සත්පුරුෂයා සත්පුරුෂ වචනවලින් යුක්ත වන්නේ කොහොමද? පින්වත් මහණෙනි, මෙහිලා සත්පුරුෂයා බොරු කීමෙන් වැළකී සිටිනවා. කේලාම් කීමෙන් වැළකී සිටිනවා. ඵරුෂ වචන කීමෙන් වැළකී සිටිනවා. හිස් වචන කීමෙන් වැළකී සිටිනවා. පින්වත් මහණෙනි, සත්පුරුෂයා සත්පුරුෂ බස් පවසන්නේ ඔය ආකාරයටයි.

පින්වත් මහණෙනි, සත්පුරුෂයා සත්පුරුෂ කටයුතුවලින් යුතු වන්නේ කොහොමද? පින්වත් මහණෙනි, මෙහිලා සත්පුරුෂයා සතුන් මැරීමෙන් වැළකී සිටිනවා. නුදුන් දේ ගැනීමෙන් වැළකී සිටිනවා. කාම මිථ්‍යාචාරයෙන් වැළකී සිටිනවා. පින්වත් මහණෙනි, ඔය විදිහටයි සත්පුරුෂයා සත්පුරුෂ කටයුතුවල යෙදෙන්නේ.

පින්වත් මහණෙනි, සත්පුරුෂයාගේ සත්පුරුෂ දැක්ම පවතින්නේ කොහොමද? පින්වත් මහණෙනි, මෙහිලා සත්පුරුෂයා මෙබඳු ආකාරයේ දැක්මකින් යුතු වෙයි. ඒ කියන්නේ, 'දුන් දෙයෙහි විපාක තියෙනවා. පුද පූජාවෙහි විපාක තියෙනවා. සේවයෙහි විපාක තියෙනවා. හොඳ නරක කර්මයන්ගේ ඵල විපාක තියෙනවා. මෙලොව කියා දෙයක් තියෙනවා. පරලොව කියා දෙයක් තියෙනවා. මවක් ඉන්නවා. පියෙක් ඉන්නවා. ඕපපාතික සත්වයන් ඉන්නවා. ලෝකයෙහි යහපත් මගෙහි පිළිපන් ශ්‍රමණ බ්‍රාහ්මණයින් මෙලොවත් පරලොවත් ස්වකීය ප්‍රඥාවෙන් සාක්ෂාත් කොට දේශනා කිරීමක් තියෙනවා' කියලා. පින්වත් මහණෙනි, සත්පුරුෂයා සත්පුරුෂ දැක්මෙන් යුතු වන්නේ ඔය විදිහටයි.

පින්වත් මහණෙනි, සත්පුරුෂයා සත්පුරුෂ දන් දෙන්නේ කොහොමද? පින්වත් මහණෙනි, මෙහිලා සත්පුරුෂයා ඉතා හොඳින් සකස් කොට දන් දෙයි. සිය අතින් දන් දෙයි. ආදර ගෞරව සහිතව දන් දෙයි. පිරිසිදු දෙයින් දන් දෙයි. 'තමා දෙන දානයෙහි විපාක නැවත තමාට ලැබේ ය' යන අදහසින් දන් දෙයි. පින්වත් මහණෙනි, ඔය විදිහටයි සත්පුරුෂයා සත්පුරුෂ දන් දෙන්නේ.

පින්වත් මහණෙනි, ඔය සත්පුරුෂයා මේ විදිහට සත්පුරුෂ ගතිගුණවලින් යුක්තවෙලා, මේ විදිහට සත්පුරුෂයන් ඇසුරු කරලා, මේ විදිහට සත්පුරුෂ සිතුවිලි සිතලා, මේ විදිහට සත්පුරුෂ සාකච්ඡාවන් කරලා, මේ විදිහට සත්පුරුෂ වචන කියලා, මේ විදිහට සත්පුරුෂ වැඩ කරලා, මේ විදිහට සත්පුරුෂ දැක්මෙන් යුක්ත වෙලා, මේ විදිහට සත්පුරුෂ දන් දීලා කය බිඳී මරණින් මතු යම් තැනක

සත්පුරුෂයන්ගේ උපතක් ඇද්ද, අන්න එතනයි උපදින්නේ. පින්වත් මහණෙනි, සත්පුරුෂයන් උපදින්නේ කොහේද? ආනුභාව සම්පන්න දිව්‍යත්වයක් හෝ ලැබෙනවා. ආනුභාව සම්පන්න මනුෂ්‍ය ආත්මභාවයක් හෝ ලැබෙනවා.

භාග්‍යවතුන් වහන්සේ මේ උතුම් දේශනය වදාළා. ඒ දේශනය ගැන ඒ භික්ෂූන් වහන්සේලා ගොඩක් සතුටු වුනා. භාග්‍යවතුන් වහන්සේ වදාළ මේ දේශනය සතුටින් පිළිගත්තා.

සාදු! සාදු!! සාදු!!!

පුන් පොහෝ දිනයේ දී වදාළ කුඩා දෙසුම නිමා විය.

2. අනුපද වර්ගය

3.2.1.
අනුපද සූත්‍රය
අනුපිළිවෙලින් දියුණු කළ ධර්මය ගැන වදාළ දෙසුම

මා හට අසන්නට ලැබුනේ මේ විදිහටයි. ඒ දිනවල භාග්‍යවතුන් වහන්සේ වැඩසිටියේ සැවැත් නුවර අනේපිඬු සිටුතුමා විසින් කරවන ලද ජේතවනාරාමයේ. එදා භාග්‍යවතුන් වහන්සේ "පින්වත් මහණෙනි"යි කියා භික්ෂුසංඝයා අමතා වදාළා. ඒ භික්ෂූන් ද "පින්වතුන් වහන්සැ"යි කියා භාග්‍යවතුන් වහන්සේට පිළිතුරු දුන්නා. එවිට භාග්‍යවතුන් වහන්සේ මෙම දේශනය වදාළා.

"පින්වත් මහණෙනි, සාරිපුත්තයන් යහපත් කුසල් ගුණයෙන් යුක්තයි. පින්වත් මහණෙනි, සාරිපුත්තයන් මහා ප්‍රඥාවකින් යුක්තයි. පින්වත් මහණෙනි, සාරිපුත්තයන් ඉතා පළල් වූ ප්‍රඥාවකින් යුක්තයි. පින්වත් මහණෙනි, සාරිපුත්තයන් සතුට උපදවන ප්‍රඥාවකින් යුක්තයි. පින්වත් මහණෙනි, සාරිපුත්තයන් අතිශය වේගවත් ප්‍රඥාවකින් යුක්තයි. පින්වත් මහණෙනි, සාරිපුත්තයන් තීක්ෂණ ප්‍රඥාවකින් යුක්තයි. පින්වත් මහණෙනි, සාරිපුත්තයන් අවබෝධයක් තුළින් නොඇලෙන ප්‍රඥාවකින් යුක්තයි. පින්වත් මහණෙනි, සාරිපුත්තයන් අඩමසක් පුරාවට අනුපිළිවෙලින් ධර්ම විදර්ශනාව විදර්ශනා කරනවා. පින්වත් මහණෙනි, මෙන්න මේ විදිහටයි සාරිපුත්තයන්ගේ අනුපද ධර්ම විදර්ශනාව තියෙන්නේ.

පින්වත් මහණෙනි, මෙහිලා සාරිපුත්ත කාමයන්ගෙන් වෙන්ව, අකුසල ධර්මයන්ගෙන් වෙන්ව, විතර්ක සහිත වූ, විචාර සහිත වූ විවේකයෙන් හටගත් ප්‍රීති සුඛය ඇති ප්‍රථම ධ්‍යානය උපදවාගෙන වාසය කරනවා. එතකොට ඒ ප්‍රථම ධ්‍යානයෙහි යම් ධර්මයන් ඇද්ද, ඒ කියන්නේ විතර්කය ද, විචාරය ද, ප්‍රීතිය ද, සුඛය ද, ඒකාග්‍රතාවය ද ඒ වගේම ස්පර්ශය, වේදනා, සඤ්ඤා, චේතනා, චිත්ත, ඡන්ද, අධිමෝක්ෂ, විරිය, සිහිය, උපේක්ෂා, මනසිකාර යන යමක් ඇද්ද, සාරිපුත්තයන් තුළ ඒ ධර්මයන් අනුපිළිවෙලින් විමසීමෙන් ලත් අවබෝධයක්

තියෙනවා. එනිසා සාරිපුත්තයන් තුළ ඒ ධර්මයන් ඇතිවන්නේ ප්‍රකටවමයි. ඒවා පවතින්නේත් ප්‍රකටවමයි. ඒවා නැති වී යන්නේත් ප්‍රකටවමයි. එතකොට ඔහු මේ විදිහටයි එය දැනගන්නේ. 'මා තුළ මේ ධර්මයන් මේ ආකාරයෙන් පැවැත්මකට සකස් නොවී හටගන්නවා. හටගෙන නිරුද්ධ වෙලා යනවා' කියලා. ඉතින් ඔහු ඒ ධර්මයන් තුළ බැසගන්නෙ නෑ. නොබැස ගන්නා නිසා ඇසුරු කරන්නේ නෑ. ඇසුරු නොකරන නිසා එයට බැඳෙන්නෙ නෑ. නොබැඳෙන නිසා මනාකොට නිදහස් වෙනවා. එතකොට ඒ කිසිවකට නොඇලී, සීමාවලට හසු නොවුන සිතින් වාසය කරනවා. ඒ වගේම ඔහු තවදුරටත් ඒ පිළිබඳව නිස්සරණයක් තියෙන බව අවබෝධ කරගන්නවා. එයම බහුල වශයෙන් කරන ඔහුට එයම වැටහෙනවා.

පින්වත් මහණෙනි, මෙහිලා සාරිපුත්ත විතර්ක විචාරයන් සංසිඳවීමෙන්, තමා තුළ සිතේ පැහැදීම ඇතිව, එකඟ බව ඇතිව, විතර්ක රහිත වූ, විචාර රහිත වූ, සමාධියෙන් හටගත් ප්‍රීති සුඛය ඇති දෙවෙනි ධ්‍යානය උපදවාගෙන වාසය කරනවා. එතකොට ඒ දෙවෙනි ධ්‍යානයෙහි යම් ධර්මයන් ඇද්ද, ඒ කියන්නේ තමා තුළ ඇති සිතේ පැහැදීම ද, ප්‍රීතිය ද, සුඛය ද, ඒකාග්‍රතාවය ද ඒ වගේම ස්පර්ශය, වේදනා, සඤ්ඤා, චේතනා, චිත්ත, ඡන්ද, අධිමෝක්ෂ, විරිය, සිහිය, උපේක්ෂා, මනසිකාර යන යමක් ඇද්ද, සාරිපුත්තයන් තුළ ඒ ධර්මයන් අනුපිළිවෙලින් විමසීමෙන් ලත් අවබෝධයක් තියෙනවා. එනිසා සාරිපුත්තයන් තුළ ඒ ධර්මයන් ඇතිවන්නේ ප්‍රකටවමයි. ඒවා පවතින්නෙත් ප්‍රකටවමයි. ඒවා නැති වී යන්නෙත් ප්‍රකටවමයි. එතකොට ඔහු මේ විදිහටයි එය දැනගන්නේ. 'මා තුළ මේ ධර්මයන් මේ ආකාරයෙන් පැවැත්මකට සකස් නොවී හටගන්නවා. හටගෙන නිරුද්ධ වෙලා යනවා' කියලා. ඉතින් ඔහු ඒ ධර්මයන් තුළ බැසගන්නෙ නෑ. නොබැස ගන්නා නිසා ඇසුරු කරන්නේ නෑ. ඇසුරු නොකරන නිසා එයට බැඳෙන්නෙ නෑ. නොබැඳෙන නිසා මනාකොට නිදහස් වෙනවා. එතකොට ඒ කිසිවකට නොඇලී, සීමාවලට හසු නොවුන සිතින් වාසය කරනවා. ඒ වගේම ඔහු තවදුරටත් ඒ පිළිබඳව නිස්සරණයක් තියෙන බව අවබෝධ කරගන්නවා. එයම බහුල වශයෙන් කරන ඔහුට එයම වැටහෙනවා.

පින්වත් මහණෙනි, මෙහිලා සාරිපුත්ත ප්‍රීතියට නොඇලීමෙන්, උපේක්ෂාවෙන් යුක්තව වාසය කරනවා. සිහියෙන් නුවණින් යුක්තව කයින් සැපයකුත් විඳිනවා. ආර්යයන් වහන්සේලා යම් ධ්‍යානයක් 'උපේක්ෂාවෙන් යුක්ත සිහියෙන් යුක්ත සැප විහරණයක්'ය කියල ප්‍රශංසා කරයි ද, ඒ තුන්වෙනි ධ්‍යානය උපදවා ගෙන වාසය කරනවා. එතකොට ඒ තුන්වෙනි ධ්‍යානයෙහි යම් ධර්මයන් ඇද්ද, ඒ කියන්නේ සැපය ද, සිහිය ද, නුවණ ද, ඒකාග්‍රතාවය ද, ඒ වගේම ස්පර්ශය, වේදනා, සඤ්ඤා, චේතනා, චිත්ත, ඡන්ද, අධිමෝක්ෂ, විරිය, සිහිය, උපේක්ෂා, මනසිකාර යන යමක් ඇද්ද, සාරිපුත්තයන් තුළ ඒ ධර්මයන්

අනුපිළිවෙලින් විමසීමෙන් ලත් අවබෝධයක් තියෙනවා. එනිසා සාරිපුත්තයන් තුළ ඒ ධර්මයන් ඇතිවන්නේ ප්‍රකටවමයි. ඒවා පවතින්නෙත් ප්‍රකටවමයි. ඒවා නැති වී යන්නෙත් ප්‍රකටවමයි. එතකොට ඔහු මේ විදිහටයි එය දැනගන්නේ. 'මා තුළ මේ ධර්මයන් මේ ආකාරයෙන් පැවැත්මකට සකස් නොවී හටගන්නවා. හටගෙන නිරුද්ධ වෙලා යනවා' කියලා. ඉතින් ඔහු ඒ ධර්මයන් තුළ බැසගන්නෙ නෑ. නොබැස ගන්නා නිසා ඇසුරු කරන්නේ නෑ. ඇසුරු නොකරන නිසා එයට බැඳෙන්නෙ නෑ. නොබැඳෙන නිසා මනාකොට නිදහස් වෙනවා. එතකොට ඒ කිසිවකට නොඇලී, සීමාවලට හසු නොවුන සිතින් වාසය කරනවා. ඒ වගේම ඔහු තවදුරටත් ඒ පිළිබඳව නිස්සරණයක් තියෙන බව අවබෝධ කරගන්නවා. එයම බහුල වශයෙන් කරන ඔහුට එයම වැටහෙනවා.

පින්වත් මහණෙනි, මෙහිලා සාරිපුත්ත සැපය ද ප්‍රහාණය කොට, දුක ද ප්‍රහාණය කොට, මානසික සොම්නස් දොම්නස් දෙක කලින්ම දුරු කොට, දුක් රහිත වූ සැප රහිත වූ උපේක්ෂා සතිපාරිශුද්ධියෙන් යුතු සතරවෙනි ධ්‍යානය උපදවා ගෙන වාසය කරනවා. එතකොට ඒ සතරවෙනි ධ්‍යානයෙහි යම් ධර්මයන් ඇද්ද, ඒ කියන්නේ උපේක්ෂාව ද, දුක් සැප රහිත විඳීම ද, සැහැල්ලු වී ඇති බව ද, සිත නොවිසිරී පැවතීමද, පාරිශුද්ධ සිහියෙන් යුතු චිත්ත ඒකාග්‍රතාවය ද ඒ වගේම ස්පර්ශය, වේදනා, සඤ්ඤා, චේතනා, චිත්ත, ඡන්ද, අධිමෝක්ෂ, විරිය, සිහිය, උපේක්ෂා, මනසිකාර යන යමක් ඇද්ද, සාරිපුත්තයන් තුළ ඒ ධර්මයන් අනුපිළිවෙලින් විමසීමෙන් ලත් අවබෝධයක් තියෙනවා. එනිසා සාරිපුත්තයන් තුළ ඒ ධර්මයන් ඇතිවන්නේ ප්‍රකටවමයි. ඒවා පවතින්නෙත් ප්‍රකටවමයි. ඒවා නැති වී යන්නෙත් ප්‍රකටවමයි. එතකොට ඔහු මේ විදිහටයි එය දැනගන්නේ. 'මා තුළ මේ ධර්මයන් මේ ආකාරයෙන් පැවැත්මකට සකස් නොවී හටගන්නවා. හටගෙන නිරුද්ධ වෙලා යනවා' කියලා. ඉතින් ඔහු ඒ ධර්මයන් තුළ බැසගන්නෙ නෑ. නොබැස ගන්නා නිසා ඇසුරු කරන්නේ නෑ. ඇසුරු නොකරන නිසා එයට බැඳෙන්නෙ නෑ. නොබැඳෙන නිසා මනාකොට නිදහස් වෙනවා. එතකොට ඒ කිසිවකට නොඇලී, සීමාවලට හසු නොවුන සිතින් වාසය කරනවා. ඒ වගේම ඔහු තවදුරටත් ඒ පිළිබඳව නිස්සරණයක් තියෙන බව අවබෝධ කරගන්නවා. එයම බහුල වශයෙන් කරන ඔහුට එයම වැටහෙනවා.

පින්වත් මහණෙනි, මෙහිලා සාරිපුත්ත මුළුමනින්ම රූප සඤ්ඤාවන් ඉක්මවා යෑමෙන්, ඕළාරික සඤ්ඤා අභාවයට පත්කිරීමෙන්, නා නා සඤ්ඤා මෙනෙහි නොකිරීමෙන් 'අනන්ත වූ ආකාශය' යැයි ආකාසානඤ්චායතනය උපදවාගෙන වාසය කරනවා. එතකොට ඒ ආකාසානඤ්චායතනයෙහි යම් ධර්මයන් ඇද්ද, ඒ කියන්නේ ආකාසානඤ්චායතන සඤ්ඤාව ද, චිත්ත ඒකාග්‍රතාවය ද ඒ වගේම ස්පර්ශය, වේදනා, සඤ්ඤා, චේතනා, චිත්ත, ඡන්ද,

අධිමෝක්ෂ, විරිය, සිහිය, උපේක්ෂා, මනසිකාර යන යමක් ඇද්ද, සාරිපුත්තයන් තුළ ඒ ධර්මයන් අනුපිළිවෙලින් විමසීමෙන් ලත් අවබෝධයක් තියෙනවා. එනිසා සාරිපුත්තයන් තුළ ඒ ධර්මයන් ඇතිවන්නේ ප්‍රකටවමයි. ඒවා පවතින්නෙත් ප්‍රකටව ම යි. ඒවා නැති වී යන්නෙත් ප්‍රකටව ම යි. එතකොට ඔහු මේ විදිහටයි එය දැනගන්නේ. 'මා තුළ මේ ධර්මයන් මේ ආකාරයෙන් පැවැත්මකට සකස් නොවී හටගන්නවා. හටගෙන නිරුද්ධ වෙලා යනවා' කියලා. ඉතින් ඔහු ඒ ධර්මයන් තුළ බැසගන්නෙ නෑ. නොබැස ගන්නා නිසා ඇසුරු කරන්නේ නෑ. ඇසුරු නොකරන නිසා එයට බැඳෙන්නෙ නෑ. නොබැඳෙන නිසා මනාකොට නිදහස් වෙනවා. එතකොට ඒ කිසිවකට නොඇලී, සීමාවලට හසු නොවුන සිතින් වාසය කරනවා. ඒ වගේම ඔහු තවදුරටත් ඒ පිළිබඳව නිස්සරණයක් තියෙන බව අවබෝධ කරගන්නවා. එයම බහුල වශයෙන් කරන ඔහුට එයම වැටහෙනවා.

පින්වත් මහණෙනි, මෙහිලා සාරිපුත්ත මුළුමනින්ම ආකාසානඤ්චායතනය ඉක්මවා යෑමෙන්, 'අනන්ත වූ විඤ්ඤාණය' යැයි විඤ්ඤාණඤ්චායතනය උපදවාගෙන වාසය කරනවා. එතකොට ඒ විඤ්ඤාණඤ්චායතනයෙහි යම් ධර්මයන් ඇද්ද, ඒ කියන්නේ විඤ්ඤාණඤ්චායතන සඤ්ඤාව ද, චිත්ත ඒකාග්‍රතාවය ද ඒ වගේම ස්පර්ශය, වේදනා, සඤ්ඤා, චේතනා, චිත්ත, ඡන්ද, අධිමෝක්ෂ, විරිය, සිහිය, උපේක්ෂා, මනසිකාර යන යමක් ඇද්ද, සාරිපුත්තයන් තුළ ඒ ධර්මයන් අනුපිළිවෙලින් විමසීමෙන් ලත් අවබෝධයක් තියෙනවා. එනිසා සාරිපුත්තයන් තුළ ඒ ධර්මයන් ඇතිවන්නේ ප්‍රකටවමයි. ඒවා පවතින්නෙත් ප්‍රකටවමයි. ඒවා නැති වී යන්නෙත් ප්‍රකටවමයි. එතකොට ඔහු මේ විදිහටයි එය දැනගන්නේ. 'මා තුළ මේ ධර්මයන් මේ ආකාරයෙන් පැවැත්මකට සකස් නොවී හටගන්නවා. හටගෙන නිරුද්ධ වෙලා යනවා' කියලා. ඉතින් ඔහු ඒ ධර්මයන් තුළ බැසගන්නෙ නෑ. නොබැස ගන්නා නිසා ඇසුරු කරන්නේ නෑ. ඇසුරු නොකරන නිසා එයට බැඳෙන්නෙ නෑ. නොබැඳෙන නිසා මනාකොට නිදහස් වෙනවා. එතකොට ඒ කිසිවකට නොඇලී, සීමාවලට හසු නොවුන සිතින් වාසය කරනවා. ඒ වගේම ඔහු තවදුරටත් ඒ පිළිබඳව නිස්සරණයක් තියෙන බව අවබෝධ කරගන්නවා. එයම බහුල වශයෙන් කරන ඔහුට එයම වැටහෙනවා.

පින්වත් මහණෙනි, මෙහිලා සාරිපුත්ත මුළුමනින්ම විඤ්ඤාණඤ්චායතනය ඉක්මවා යෑමෙන්, 'කිසිවක් නැත' යැයි ආකිඤ්චඤ්ඤායතනය උපදවාගෙන වාසය කරනවා. එතකොට ඒ ආකිඤ්චඤ්ඤායතනයෙහි යම් ධර්මයන් ඇද්ද, ඒ කියන්නේ ආකිඤ්චඤ්ඤායතන සඤ්ඤාවද, චිත්ත ඒකාග්‍රතාවයද, ඒ වගේම ස්පර්ශය, වේදනා, සඤ්ඤා, චේතනා, චිත්ත, ඡන්ද, අධිමෝක්ෂ, විරිය,

සිහිය, උපේක්ෂා, මනසිකාර යන යමක් ඇද්ද, සාරිපුත්තයන් තුළ ඒ ධර්මයන් අනුපිළිවෙලින් විමසීමෙන් ලත් අවබෝධයක් තියෙනවා. එනිසා සාරිපුත්තයන් තුළ ඒ ධර්මයන් ඇතිවන්නේ ප්‍රකටවමයි. ඒවා පවතින්නෙත් ප්‍රකටවමයි. ඒවා නැති වී යන්නෙත් ප්‍රකටවමයි. එතකොට ඔහු මේ විදිහටයි එය දැනගන්නේ. 'මා තුළ මේ ධර්මයන් මේ ආකාරයෙන් පැවැත්මකට සකස් නොවී හටගන්නවා. හටගෙන නිරුද්ධ වෙලා යනවා' කියලා. ඉතින් ඔහු ඒ ධර්මයන් තුළ බැස ගන්නෙ නෑ. නොබැස ගන්නා නිසා ඇසුරු කරන්නේ නෑ. ඇසුරු නොකරන නිසා එයට බැඳෙන්නෙ නෑ. නොබැඳෙන නිසා මනාකොට නිදහස් වෙනවා. එතකොට ඒ කිසිවකට නොඇලී, සීමාවලට හසු නොවුන සිතින් වාසය කරනවා. ඒ වගේම ඔහු තවදුරටත් ඒ පිළිබඳව නිස්සරණයක් තියෙන බව අවබෝධ කරගන්නවා. එයම බහුල වශයෙන් කරන ඔහුට එයම වැටහෙනවා.

පින්වත් මහණෙනි, මෙහිලා සාරිපුත්ත මුළුමනින්ම ආකිඤ්චඤ්ඤායතනය ඉක්මවා යෑමෙන්, නේවසඤ්ඤානාසඤ්ඤායතනය උපදවාගෙන වාසය කරනවා. ඔහු ඒ සමාපත්තියෙන් නැගිටින්නේ සිහියෙන් යුක්තවමයි. ඉතින් ඔහු සිහියෙන් යුක්තව ඒ සමාපත්තියෙන් නැගිට, යම් ධර්මයක් අතීතයට ගියාද, නිරුද්ධ වුනාද, වෙනස්ව ගියාද, ඒවා නුවණින් මෙනෙහි කරනවා. 'මා තුළ මේ ධර්මයන් මේ ආකාරයෙන් පැවැත්මකට සකස් නොවී හටගන්නවා. හටගෙන නිරුද්ධ වෙලා යනවා' කියලා. ඉතින් ඔහු ඒ ධර්මයන් තුළ බැසගන්නෙ නෑ. නොබැස ගන්නා නිසා ඇසුරු කරන්නේ නෑ. ඇසුරු නොකරන නිසා එයට බැඳෙන්නෙ නෑ. නොබැඳෙන නිසා මනාකොට නිදහස් වෙනවා. එතකොට ඒ කිසිවකට නොඇලී, සීමාවලට හසු නොවුන සිතින් වාසය කරනවා. ඒ වගේම ඔහු තවදුරටත් ඒ පිළිබඳව නිස්සරණයක් තියෙන බව අවබෝධ කරගන්නවා. එයම බහුල වශයෙන් කරන ඔහුට එයම වැටහෙනවා.

පින්වත් මහණෙනි, මෙහිලා සාරිපුත්ත මුළුමනින්ම නේවසඤ්ඤානාසඤ්ඤායතනය ඉක්මවා යෑමෙන්, සඤ්ඤා වේදයිත නිරෝධයට පැමිණ වාසය කරනවා. ප්‍රඥාවෙන් චතුරාර්ය සත්‍යය අවබෝධ කොට ආශ්‍රවයන් ක්ෂය කරලත් තියෙනවා. ඉතින් ඔහු ඒ සමාපත්තියෙන් නැගිටින්නේ සිහියෙන් යුක්තවමයි. ඉතින් ඔහු සිහියෙන් යුක්තව ඒ සමාපත්තියෙන් නැගිට, යම් ධර්මයක් අතීතයට ගියාද, නිරුද්ධ වුනාද, වෙනස්ව ගියාද, ඒවා නුවණින් මෙනෙහි කරනවා. 'මා තුළ මේ ධර්මයන් මේ ආකාරයෙන් පැවැත්මකට සකස් නොවී හටගන්නවා. හටගෙන නිරුද්ධ වෙලා යනවා' කියලා. ඉතින් ඔහු ඒ ධර්මයන් තුළ බැසගන්නෙ නෑ. නොබැස ගන්නා නිසා ඇසුරු කරන්නේ නෑ. ඇසුරු නොකරන නිසා එයට බැඳෙන්නෙ නෑ. නොබැඳෙන නිසා මනාකොට නිදහස් වෙනවා. එතකොට ඒ කිසිවකට නොඇලී, සීමාවලට හසු නොවුන

සිතින් වාසය කරනවා. ඒ වගේම ඔහු තවදුරටත් ඒ පිළිබඳව වෙන නිස්සරණයක් නැතිබව අවබෝධ කරගන්නවා. එයම බහුල වශයෙන් කිරීම තුළ කරන්නට වෙනත් දෙයක් නැති බවත් ඔහුට වැටහෙනවා.

පින්වත් මහණෙනි, ආර්ය වූ සීලස්කන්ධයෙහි බොහෝ කල් වශීභාවයට පත්කොට පාරමීභාවයට පත්කොට තිබෙයි කියා, ඒ වගේම ආර්ය වූ සමාධිස්කන්ධයෙහි බොහෝ කල් වශීභාවයට පත්කොට පාරමීභාවයට පත්කොට තිබෙයි කියා, ඒ වගේම ආර්ය වූ ප්‍රඥාස්කන්ධයෙහි බොහෝ කල් වශීභාවයට පත්කොට පාරමීභාවයට පත්කොට තිබෙයි කියා, ඒ වගේම ආර්ය වූ විමුක්තියෙහි බොහෝ කල් වශීභාවයට පත්කොට පාරමීභාවයට පත්කොට තිබෙයි කියා, යමෙක් ගැන මනාකොට කියන්නේ නම්, එසේ මනාකොට කියන්නේ සාරිපුත්තයන් ගැනමයි. ආර්ය වූ සීලස්කන්ධයෙහි වශීප්‍රාප්තව, පාරමීප්‍රාප්ත වුනෙත්, ආර්ය වූ සමාධිස්කන්ධයෙහි වශීප්‍රාප්තව, පාරමීප්‍රාප්ත වුනෙත්, ආර්ය වූ ප්‍රඥාස්කන්ධයෙහි වශීප්‍රාප්තව, පාරමීප්‍රාප්ත වුනෙත්, ආර්ය වූ විමුක්තියෙහි වශීප්‍රාප්තව, පාරමීප්‍රාප්ත වුනෙත් සාරිපුත්තයන් ම යි.

ඒ වගේම පින්වත් මහණෙනි, භාග්‍යවතුන් වහන්සේගේ අනුජාත පුත්‍රරත්නය, ළය මඬලෙහි උපන් පුත්‍රරත්නය, මුවින් පහළ වූ පුත්‍රරත්නය, ධර්මයෙන් හටගත්, ධර්මයෙන් නිර්මිත වූ, ධර්ම දායාදය වූ, ආමිස දායාද නොවූ පුත්‍රරත්නය යැයි කියා යම් කෙනෙකුට කියයි නම් එය මනාකොට පවසන්නේ සාරිපුත්තයන් ගැනමයි. භාග්‍යවතුන් වහන්සේගේ ළය මඬලෙහි උපන්, මුවින් පහළ වූ, ධර්මයෙන් උපන්, ධර්මයෙන් නිර්මිත, ධර්ම දායාදය වූ, ආමිස දායාදය නොවූ පුත්‍රයා වනාහී සාරිපුත්තයන්මය.

පින්වත් මහණෙනි, තථාගතයන් වහන්සේ විසින් ප්‍රවර්තනය කරන අනුත්තර වූ ධර්ම චක්‍රය මනාකොට ඒ අනුවම ප්‍රවර්තනය කරන්නේ සාරිපුත්තයන් ය.

භාග්‍යවතුන් වහන්සේ මේ උතුම් දේශනය වදාළා. ඒ දේශනය ගැන ඒ භික්ෂූන් වහන්සේලා ගොඩක් සතුටු වුනා. භාග්‍යවතුන් වහන්සේ වදාළ මේ දේශනය සතුටින් පිළිගත්තා.

සාදු! සාදු!! සාදු!!!

අනුපිළිවෙලින් දියුණු කළ ධර්මය ගැන වදාළ දෙසුම නිමා විය.

3.2.2.
ඡබ්බිසෝධන සූත්‍රය
සය තැනක ඇති පිරිසිදු බව ගැන වදාළ දෙසුම

මා හට අසන්නට ලැබුනේ මේ විදිහටයි. ඒ දිනවල භාග්‍යවතුන් වහන්සේ වැඩසිටියේ සැවැත් නුවර අනේපිඬු සිටුතුමා විසින් කරවන ලද ජේතවනාරාමයේ. එදා භාග්‍යවතුන් වහන්සේ "පින්වත් මහණෙනි" යි කියා භික්ෂුසංඝයා අමතා වදාළා. ඒ භික්ෂූන් ද "පින්වතුන් වහන්සැ"යි කියා භාග්‍යවතුන් වහන්සේට පිළිතුරු දුන්නා. එවිට භාග්‍යවතුන් වහන්සේ මෙම දේශනය වදාළා.

පින්වත් මහණෙනි, මේ ශාසනයෙහි භික්ෂුව අරහත්වය ප්‍රකාශ කළා කියමු. ඒ කියන්නේ 'ඉපදීම ක්ෂය වුනාය, බඹසර සම්පූර්ණ කළාය, කළ යුත්ත කරගත්තාය, නැවත කළ යුතු වෙනත් දෙයක් නැතැ'යි කියලා. එතකොට පින්වත් මහණෙනි, ඒ භික්ෂුව කරන ප්‍රකාශය ඒ අයුරින්ම සතුටින් පිළිගත යුතුත් නැහැ. ප්‍රතික්ෂේප කළ යුතුත් නැහැ. ඒ අයුරින්ම සතුටින් නොපිළිගෙන, ප්‍රතික්ෂේප ද නොකොට, ඔහුගෙන් ප්‍රශ්න විචාළ යුතුයි. ඒ මෙහෙමයි.

'ප්‍රිය ආයුෂ්මතුනි, සියල්ල දන්නා වූත්, දක්නා වූත්, ඒ භාග්‍යවත් වූ, අරහත් වූ සම්මා සම්බුදුරජාණන් වහන්සේ විසින් මනාකොට වදාරණ ලද ව්‍යවහාර සතරක් තියෙනවා. කවර සතරක්ද යත්; දැකපු දේ පිළිබඳව දකින ලද්දක් ලෙස පැවසීම, අසන ලද දේ පිළිබඳව අසන ලද්දක් බව පැවසීම, ආඝ්‍රාණය කරන ලද, රස විඳින ලද, පහස ලද දේ පිළිබඳව එසේ ලද බව පැවසීම, සිතෙන් දැනගන්නා ලද දේ සිතෙන් දැනගන්නා ලද්දක් බව පැවසීම යන ව්‍යවහාරයි. ප්‍රිය ආයුෂ්මතුනි, සියල්ල දන්නා වූත්, දක්නා වූත් ඒ භාග්‍යවත් වූ, අරහත් වූ සම්මා සම්බුදුරජාණන් වහන්සේ මනාකොට වදාරණ ලද්දේ ඔය ව්‍යවහාර සතර පිළිබඳවයි.

එතකොට ඔය ආයුෂ්මතුන්ගේ සිත මේ ව්‍යවහාර සතර තුළ උපාදාන වශයෙන් ග්‍රහණය නොවී ආශ්‍රවයන්ගෙන් සිත නිදහස් වුනේ කොයි අයුරින් අවබෝධ කරද්දීද? කොයි අයුරින් දකිද්දීද?'

පින්වත් මහණෙනි, බඹසර වාසය සම්පූර්ණ කළ, කළ යුත්ත කළ, කෙලෙස් බර බැහැර කළ, පිළිවෙලින් පැමිණි මාර්ග ඵලාවබෝධය ඇති, භව සංයෝජන ක්ෂය වූ, මනාව දැන සියලු දුකින් නිදහස් වූ ක්ෂීණාශ්‍රව භික්ෂුවගේ පිළිතුර වන්නේ මෙන්න මේ ස්වභාවයෙනුයි. 'ප්‍රිය ආයුෂ්මතුනි, දකින ලද කිසි දෙයක් කෙරෙහි මේ සිත බැසගත්තේ නැහැ. නොබැසගත්ත නිසා එය ඇසුරු කළේ නැහැ. එයට බැඳුනෙ නැහැ. එයින් නිදහස් වුනා. එයින් වෙන් වුනා. කිසි සීමාවකට හසු නොවුනු සිතකිනුයි මං වාසය කරන්නේ. ඒ වගේම ප්‍රිය ආයුෂ්මතුනි, අසන ලද කිසි දෙයක් කෙරෙහි ....(පෙ).... ඒ වගේම ප්‍රිය ආයුෂ්මතුනි, ආඝ්‍රාණය කරන ලද, රස විඳින ලද, පහස ලබන ලද කිසි දෙයක් කෙරෙහි ....(පෙ).... ඒ වගේම ප්‍රිය ආයුෂ්මතුනි, සිතින් දැනගන්නා ලද කිසි දෙයක් කෙරෙහි මේ සිත බැසගත්තේ නැහැ. නොබැසගත්ත නිසා එය ඇසුරු කළේ නැහැ. එයට බැඳුනෙ නැහැ. එයින් නිදහස් වුනා. එයින් වෙන් වුනා. කිසි සීමාවකට හසු නොවුනු සිතකිනුයි මං වාසය කරන්නේ. ප්‍රිය ආයුෂ්මතුනි, ඔය විදිහට දැනගනිද්දී, ඔය විදිහට දැකගනිද්දී තමා ඔය සතර ව්‍යවහාරය තුළ උපාදාන වශයෙන් නොගෙන, ආශ්‍රවයන්ගෙන් සිත නිදහස් වුනේ' කියලා.

එතකොට පින්වත් මහණෙනි, ඒ භික්ෂුවගේ ප්‍රකාශයට 'සාදු!' කියා එය ඒ අයුරින්ම සතුටින් පිළිගත යුතුයි. අනුමෝදන් විය යුතුයි. 'සාදු!' කියා එම ප්‍රකාශය සතුටින් පිළිගෙන, අනුමෝදන් වී තවදුරටත් ප්‍රශ්න විචාළ යුතුයි.

'ප්‍රිය ආයුෂ්මතුනි, සියල්ල දන්නා වූත්, දක්නා වූත්, ඒ භාග්‍යවත් වූ, අරහත් වූ සම්මා සම්බුදුරජාණන් වහන්සේ විසින් උපාදාන ස්කන්ධ පහක් පිළිබඳව මනාකොට වදාරළා තියෙනවා. කවර පහක් ගැනද යත්; රූප උපාදානස්කන්ධය, වේදනා උපාදානස්කන්ධය, සඤ්ඤා උපාදානස්කන්ධය, සංඛාර උපාදානස්කන්ධය, විඤ්ඤාණ උපාදානස්කන්ධය යන පහ ගැනයි. ප්‍රිය ආයුෂ්මත, සියල්ල දන්නා වූත්, දක්නා වූත්, ඒ භාග්‍යවත් වූ, අරහත් වූ සම්මා සම්බුදුරජාණන් වහන්සේ විසින් වදාරලා තියෙන්නේ ඔය උපාදානස්කන්ධ පහ ගැනයි. ඉතින් ප්‍රිය ආයුෂ්මත, ඔය උපාදානස්කන්ධ පහ පිළිබඳව කවර අයුරින් දැනගනිද්දීද, කවර අයුරින් දැකගනිද්දීද, කිසිවක් උපාදාන වශයෙන් නොගෙන, ආශ්‍රවයන්ගෙන් සිත නිදහස් වුනේ?'

පින්වත් මහණෙනි, බඹසර වාසය සම්පූර්ණ කළ, කළ යුත්ත කළ, කෙලෙස් බර බැහැර කළ, පිළිවෙලින් පැමිණි මාර්ග ඵලාවබෝධය ඇති, භව සංයෝජන ක්ෂය වූ මනාව දැන සියලු දුකින් නිදහස් වූ ක්ෂීණාශ්‍රව භික්ෂුවගේ පිළිතුර වන්නේ මෙන්න මේ ස්වභාවයෙනි. 'ප්‍රිය ආයුෂ්මත, මං රූපය අවබෝධ කළේ දුර්වල වූ, නොඇලිය යුතු, අස්වැසිලි රහිත දෙයක් හැටියටයි.

ඉතින් ඒ රූපය කෙරෙහි සිතේ බැසගැනීමක්, බැඳීමක්, අධිෂ්ඨානයක්, වැළඳ ගැනීමක්, අභ්‍යන්තර වශයෙන් ආශාව පැවැත්වීමක් ඇද්ද, ඒවා ක්ෂය වීමෙන්, නොඇල්මෙන්, නිරුද්ධ වීමෙන්, අත්හැරීමෙන්, දුරින්ම දුරු කිරීමෙන්, එයින් මගේ සිත නිදහස් වුනා කියලා අවබෝධයක් ඇති වුනා. ප්‍රිය ආයුෂ්මත, විඳීම ....(පෙ).... ප්‍රිය ආයුෂ්මත, සඤ්ඤාව ....(පෙ).... ප්‍රිය ආයුෂ්මත, සංස්කාර ....(පෙ).... ඒ වගේම ප්‍රිය ආයුෂ්මත, මං විඤ්ඤාණය අවබෝධ කළේ දුර්වල වූ, නොඇලිය යුතු, අස්වැසිලි රහිත දෙයක් හැටියටයි. ඉතින් ඒ විඤ්ඤාණය කෙරෙහි සිතේ බැසගැනීමක්, බැඳීමක්, අධිෂ්ඨානයක්, වැළඳ ගැනීමක්, අභ්‍යන්තර වශයෙන් ආශාව පැවැත්වීමක් ඇද්ද, ඒවා ක්ෂය වීමෙන්, නොඇල්මෙන්, නිරුද්ධ වීමෙන්, අත්හැරීමෙන්, දුරින්ම දුරුකිරීමෙන්, එයින් මගේ සිත නිදහස් වුනා කියලා අවබෝධයක් ඇතිවුනා. ප්‍රිය ආයුෂ්මතුනි, ඔන්න ඔය විදිහට මේ පංච උපාදානස්කන්ධය පිළිබඳව දැනගනිද්දී, දැකගනිද්දී තමයි ඒ කෙරෙහි උපාදාන වශයෙන් නොගෙන සිත ආශ්‍රවයන්ගෙන් නිදහස් වුනේ' කියලා.

එතකොට පින්වත් මහණෙනි, ඒ භික්ෂුවගේ ප්‍රකාශයට 'සාදු!' කියා එය ඒ අයුරින්ම සතුටින් පිළිගත යුතුයි. අනුමෝදන් විය යුතුයි. 'සාදු!' කියා එම ප්‍රකාශය සතුටින් පිළිගෙන අනුමෝදන් වී තවදුරටත් ප්‍රශ්න විචාළ යුතුයි.

'ප්‍රිය ආයුෂ්මතුනි, සියල්ල දන්නා වූත්, දක්නා වූත්, ඒ භාග්‍යවත් වූ, අරහත් වූ සම්මා සම්බුදුරජාණන් වහන්සේ විසින් ධාතු හයක් පිළිබඳව මනා කොට වදාරලා තියෙනවා. කවර හයක්ද යත්; පඨවි ධාතු, ආපෝ ධාතු, තේජෝ ධාතු, වායෝ ධාතු, ආකාස ධාතු, විඤ්ඤාණ ධාතු යන හයයි. ප්‍රිය ආයුෂ්මත, සියල්ල දන්නා වූත්, දක්නා වූත්, ඒ භාග්‍යවත් වූ, අරහත් වූ සම්මා සම්බුදුරජාණන් වහන්සේ විසින් වදාරලා තියෙන්නේ ඔය ධාතු හය ගැනයි. ඉතින් ප්‍රිය ආයුෂ්මත, ඔය ධාතු හය පිළිබඳව කවර අයුරින් දැනගනිද්දීද, කවර අයුරින් දැකගනිද්දීද, කිසිවක් උපාදාන වශයෙන් නොගෙන, ආශ්‍රවයන්ගෙන් සිත නිදහස් වුනේ?'

පින්වත් මහණෙනි, බඹසර වාසය සම්පූර්ණ කළ, කළ යුත්ත කළ, කෙලෙස් බර බැහැර කළ, පිළිවෙලින් පැමිණි මාර්ග ඵලාවබෝධය ඇති, භව සංයෝජන ක්ෂය වූ මනාව දැන සියලු දුකින් නිදහස් වූ ක්ෂීණාශ්‍රව භික්ෂුවගේ පිළිතුර වන්නේ මෙන්න මේ ස්වභාවයෙනි. 'ප්‍රිය ආයුෂ්මත, මං පඨවි ධාතුව ආත්මයක් වශයෙන් ගෙන ඒ තුළට පැමිණුනේ නෑ. ඒ වගේම පඨවි ධාතුව ආශ්‍රය කරගත් කිසිවක් කෙරෙහි ආත්මයක් වශයෙන් ගෙන එය තුළට පැමිණුනේ නෑ. ඒ වගේම පඨවි ධාතුව ඇසුරු කරගත් යම් සිතේ බැසගැනීමක්, බැඳීමක්, අධිෂ්ඨානයක්, වැළඳ ගැනීමක්, අභ්‍යන්තර වශයෙන් ආශාව පැවැත්වීමක් ඇද්ද,

ඒවා ක්ෂය වීමෙන්, නොඇල්මෙන්, නිරුද්ධ වීමෙන්, අත්හැරීමෙන්, දුරින්ම දුරු කිරීමෙන්, එයින් මගේ සිත නිදහස් වුනා කියලා අවබෝධයක් ඇති වුනා. ප්‍රිය ආයුෂ්මත, ආපෝ ධාතුව ....(පෙ).... ප්‍රිය ආයුෂ්මත, තේජෝ ධාතුව ....(පෙ).... ප්‍රිය ආයුෂ්මත, වායෝ ධාතුව ....(පෙ).... ප්‍රිය ආයුෂ්මත, ආකාස ධාතුව ....(පෙ).... ප්‍රිය ආයුෂ්මත, මං විඤ්ඤාණ ධාතුව ආත්මයක් වශයෙන් ගෙන ඒ තුළට පැමිණුනේ නෑ. ඒ වගේම විඤ්ඤාණ ධාතුව ආශ්‍රය කරගත් කිසිවක් කෙරෙහි ආත්මයක් වශයෙන් ගෙන එය තුළට පැමිණුනේ නෑ. ඒ වගේම විඤ්ඤාණ ධාතුව ඇසුරු කරගත් යම් සිතේ බැසගැනීමක්, බැඳීමක්, අධිෂ්ඨානයක්, වැළඳ ගැනීමක්, අභ්‍යන්තර වශයෙන් ආශාව පැවැත්වීමක් ඇද්ද, ඒවා ක්ෂය වීමෙන්, නොඇල්මෙන්, නිරුද්ධ වීමෙන්, අත්හැරීමෙන්, දුරින්ම දුරු කිරීමෙන්, එයින් මගේ සිත නිදහස් වුනා කියලා අවබෝධයක් ඇති වුනා. ප්‍රිය ආයුෂ්මතුනි, ඔන්න ඔය විදිහට මේ ධාතු හය පිළිබඳව දැනගනිද්දී, දැකගනිද්දී තමයි ඒ කෙරෙහි උපාදාන වශයෙන් නොගෙන සිත ආශ්‍රවයන් ගෙන් නිදහස් වුනේ' කියලා.

එතකොට පින්වත් මහණෙනි, ඒ භික්ෂුව ගේ ප්‍රකාශයට 'සාදු!' කියා එය ඒ අයුරින්ම සතුටින් පිළිගත යුතුයි. අනුමෝදන් විය යුතුයි. 'සාදු!' කියා එම ප්‍රකාශය සතුටින් පිළිගෙන අනුමෝදන් වී තවදුරටත් ප්‍රශ්න විචාළ යුතුයි.

'ප්‍රිය ආයුෂ්මතුනි, සියල්ල දන්නා වූත්, දක්නා වූත්, ඒ භාග්‍යවත් වූ, අරහත් වූ සම්මා සම්බුදුරජාණන් වහන්සේ විසින් ආධ්‍යාත්මික බාහිර ආයතන හයක් පිළිබඳව මනාකොට වදාරලා තියෙනවා. කවර හයක්ද යත්; ඇස වගේම රූපයනුත්ය. කනත්, ශබ්දත්ය. නාසයත්, ගඳ සුවඳත්ය. දිවත්, රසත්ය. කයත්, පහසත්ය. මනසත්, අරමුණුත්ය.

ප්‍රිය ආයුෂ්මත, සියල්ල දන්නා වූ, දක්නා වූ, ඒ භාග්‍යවත් වූ, අරහත් වූ සම්මා සම්බුදුරජාණන් වහන්සේ විසින් වදාරලා තියෙන්නේ ඔය ආධ්‍යාත්මික බාහිර ආයතන හය ගැනයි. ඉතින් ප්‍රිය ආයුෂ්මත, ඔය ආධ්‍යාත්මික බාහිර ආයතන හය පිළිබඳව කවර අයුරින් දැනගනිද්දීද, කවර අයුරින් දැකගනිද්දීද, කිසිවක් උපාදාන වශයෙන් නොගෙන, ආශ්‍රවයන්ගෙන් සිත නිදහස් වුනේ?'

පින්වත් මහණෙනි, බඹසර වාසය සම්පූර්ණ කළ, කළ යුත්ත කළ, කෙලෙස් බර බැහැර කළ, පිළිවෙලින් පැමිණි මාර්ග ඵලාවබෝධය ඇති, භව සංයෝජන ක්ෂය වූ මනාව දැන සියලු දුකින් නිදහස් වූ ක්ෂීණාශ්‍රව භික්ෂුවගේ පිළිතුර වන්නේ මෙන්න මේ ස්වභාවයෙනි. 'ප්‍රිය ආයුෂ්මත, ඇස කෙරෙහිත්, රූප කෙරෙහිත්, ඇසේ විඤ්ඤාණය කෙරෙහිත්, ඇසේ විඤ්ඤාණය මුල් කොට දැනගන්නා අරමුණු කෙරෙහිත් යම් කැමැත්තක් තිබුනාද, යම් රාගයක් තිබුනාද, යම් ආශ්වාදයක් තිබුනාද, යම් තණ්හාවක් තිබුනාද, යම් සිතේ බැස

ගැනීමක්, බැඳීමක්, අධිෂ්ඨානයක්, වැළඳ ගැනීමක්, අභ්‍යන්තර වශයෙන් ආශාව පැවැත්වීමක් තිබුනාද, ඒවා ක්ෂය වීමෙන්, නොඇල්මෙන්, නිරුද්ධ වීමෙන්, අත්හැරීමෙන්, දුරින්ම දුරු කිරීමෙන්, එයින් මගේ සිත නිදහස් වුනා කියලා අවබෝධයක් ඇති වුනා. ඒ වගේම ප්‍රිය ආයුෂ්මත, කන කෙරෙහිත්, ශබ්ද කෙරෙහිත්, කනේ විඤ්ඤාණය කෙරෙහිත්, ...(පෙ).... ඒ වගේම ප්‍රිය ආයුෂ්මත, නාසය කෙරෙහිත්, ගඳ සුවඳ කෙරෙහිත්, නාසයේ විඤ්ඤාණය කෙරෙහිත්, ...(පෙ).... ඒ වගේම ප්‍රිය ආයුෂ්මත, දිව කෙරෙහිත්, රස කෙරෙහිත්, දිවේ විඤ්ඤාණය කෙරෙහිත්, ...(පෙ).... ඒ වගේම ප්‍රිය ආයුෂ්මත, කය කෙරෙහිත්, පහස කෙරෙහිත්, කයේ විඤ්ඤාණය කෙරෙහිත්, ...(පෙ).... ඒ වගේම ප්‍රිය ආයුෂ්මත, මනස කෙරෙහිත්, අරමුණු කෙරෙහිත්, මනසේ විඤ්ඤාණය කෙරෙහිත්, මනෝ විඤ්ඤාණය මුල් කොට දැනගන්නා අරමුණු කෙරෙහිත් යම් කැමැත්තක් තිබුනාද, යම් රාගයක් තිබුනාද, යම් ආශ්වාදයක් තිබුනාද, යම් තණ්හාවක් තිබුනාද, යම් සිතේ බැසගැනීමක්, බැඳීමක්, අධිෂ්ඨානයක්, වැළඳ ගැනීමක්, අභ්‍යන්තර වශයෙන් ආශාව පැවැත්වීමක් තිබුනාද, ඒවා ක්ෂය වීමෙන්, නොඇල්මෙන්, නිරුද්ධ වීමෙන්, අත්හැරීමෙන්, දුරින්ම දුරු කිරීමෙන්, එයින් මගේ සිත නිදහස් වුනා කියලා අවබෝධයක් ඇති වුනා. ප්‍රිය ආයුෂ්මත, ඔන්න ඔය විදිහට මේ ආධ්‍යාත්මික බාහිර ආයතන හය පිළිබඳව දැනගනිද්දී, දැකගනිද්දී තමයි ඒ කෙරෙහි උපාදාන වශයෙන් නොගෙන සිත ආශ්‍රවයන් ගෙන් නිදහස් වුනේ' කියලා.

එතකොට පින්වත් මහණෙනි, ඒ භික්ෂුවගේ ප්‍රකාශයට 'සාදු!' කියා එය ඒ අයුරින්ම සතුටින් පිළිගත යුතුයි. අනුමෝදන් විය යුතුයි. 'සාදු!' කියා එම ප්‍රකාශය සතුටින් පිළිගෙන අනුමෝදන් වී තවදුරටත් ප්‍රශ්න විචාළ යුතුයි.

'ප්‍රිය ආයුෂ්මතුනි, කොහොම දැනගනිද්දීද, කොහොම දැකගනිද්දීද මේ විඤ්ඤාණය සහිත කයෙහිත්, බාහිර සියලු නිමිතිවලත්, 'මමය, මාගේය' යනාදී මානානුසයන් ආයුෂ්මතුන් කෙරෙන් මනාකොට මුලින්ම ඉදිරිලා ගියේ?'

පින්වත් මහණෙනි, බඹසර වාසය සම්පූර්ණ කළ, කළ යුත්ත කළ, කෙලෙස් බර බැහැර කළ, පිළිවෙලින් පැමිණි මාර්ග ඵලාවබෝධය ඇති, භව සංයෝජන ක්ෂය වූ මනාව දැන සියලු දුකින් නිදහස් වූ ක්ෂීණාශ්‍රව භික්ෂුවගේ පිළිතුර වන්නේ මෙන්න මේ ස්වභාවයෙනි. 'ප්‍රිය ආයුෂ්මත, මං ඉස්සර ගිහි ගෙදර සිටිද්දී චතුරාර්ය සත්‍යය පිළිබඳව කිසි අවබෝධයක් තිබුනෙ නෑ. නමුත් ඒ මට තථාගතයන් වහන්සේ හෝ තථාගත ශ්‍රාවකයෙක් ධර්මය දේශනා කළා. ඉතින් ඒ ධර්මය ඇසූ මා තුළ තථාගතයන් වහන්සේගේ අවබෝධය පිළිබඳව ශ්‍රද්ධාව ඇතිවුනා. ඒ ශ්‍රද්ධා ප්‍රතිලාභයෙන් යුක්ත වූ මං නුවණින් විමසුවා. 'ගිහි

ජීවිතය කරදර සහිතයි. එය කෙලෙස් දූවිලි සහිත මාවතක්. නමුත් පැවිද්ද නම් අහස වගේ නිදහස්. ඒකාන්තයෙන් පරිපූර්ණ වූ, ඒකාන්තයෙන් පාරිශුද්ධ වූ පිරිසිදු සංඛයක් බඳු වූ මේ බඹසර හැසිරීම නම් ගෙදර ඉඳන් කරන්න පුළුවන් වැඩක් නෙවෙයි. ඉතින් මං කෙස් රැවුල් බහා, කසාවත් පොරොවා ගිහි ගෙයින් නික්ම අනගාරික බුදුසසුනෙහි පැවිදි වෙනවා නම් තමයි හොඳ' කියල හිතුවා.

ඉතින් ප්‍රිය ආයුෂ්මතුනි, ඒ මං ඒ විදිහට පසු කලෙක අල්ප වේවා භෝග ස්කන්ධය හැරදමා, මහත් වූ වේවා භෝගස්කන්ධය හැරදමා, අල්ප වේවා ඥාති සමූහයා අත්හැර, මහත් වූ වේවා ඥාති සමූහයා අත්හැර කෙස් රැවුල් බහා ගිහි ගෙයින් නික්ම අනගාරික සසුනෙහි පැවිදි වුනා.

ඉතින් ඒ මං පැවිදි වෙලා භික්ෂූන් විසින් ආරක්ෂා කරන සිල් පද සමාදන් වෙලා, ප්‍රාණඝාතය අත්හැර, ප්‍රාණඝාතයෙන් වැළකුණු කෙනෙක් වුනා. දඬු මුගුරු අත්හැර, අවිආයුධ අත්හැර ප්‍රාණඝාතයෙන් ලැජ්ජාවට පත්ව, දයාවෙන් යුක්තව, සියලු සත්ව ප්‍රාණීන් කෙරෙහි හිතානුකම්පීව වාසය කළා. ඒ වගේම මං නුදුන් දේ ගැනීම අත්හැරලා, නුදුන් දේ ගැනීමෙන් වැළකී සිටියා. දුන් දේ විතරක් පිළිගත්තා. දුන් දේ විතරක් ගන්නට කැමති වුනා. සොර සිතින් තොරව පිරිසිදු ජීවිතයක් ගත කළා. ඒ වගේ ම මං අබ්‍රහ්මචරියාව අත්හැරලා බ්‍රහ්මචාරීව වාසය කළා. ඉතා ළාමක ක්‍රියාවක් වන මෛථුන සේවනයට ආශා නොකර, එයින් දුරුව වාසය කළා.

ඒ වගේම බොරු කීම අත්හැර, බොරු කීමෙන් වැළකී සිටියා. සත්‍යය වචන කතා කළා. සත්‍යය ගලපා කතා කළා. ස්ථිර වචන කතා කළා. ඇදහිය හැකි වචන කතා කළා. ලෝකය තුළ අර්බුද හටගන්නා දේවල් කතා කළේ නෑ. ඒ වගේම මං කේළාම් කීම අත්හැරියා. කේළාම් කීමෙන් වැළකී වාසය කළා. මෙතනින් අහලා මේ පිරිස බිඳවන්නට අතන ගිහින් කිව්වේ නෑ. එතනින් අහලා ඒ පිරිස බිඳවන්නට මෙතන ඇවිත් කිව්වේ නෑ. මේ විදිහට බිඳුණු අය සමඟි කරවන්නටත්, සමඟි වූ අය සතුටු කරවන්නටත්, සමඟියෙන් සතුටු වීමටත්, සමඟියේ ඇලී වසන්නටත් හේතු වන සමඟිය ඇතිකරවන වචනමයි මං කිව්වේ. ඒ වගේම මං එරුෂ වචන අත්හැරියා. එරුෂ වචනයෙන් වැළකී වාසය කළා. යම් වචනයක් යහපත්ද, කනට සැපයිද, ප්‍රේමවන්තයිද, හෘදයාංගමයිද, වැදගත්ද, බොහෝ ජනයා කැමතිද, මනාපද, එබඳු වචනයි මං කතා කළේ. ඒ වගේම මං හිස් වචන කතා කිරීම අත්හැරියා. හිස් වචන කතාවෙන් වැළකී සිටියා. මං කතා කළේ කාලයට අදාළ, සිදු වූ, අර්ථවත්, ධර්මානුකූල, හික්මෙන්නට උපකාරී වන, නැවත නැවත සිහි කිරීමෙන් ප්‍රයෝජන ලැබෙන වචනයි. ඒ වගේම කරුණු සහිතව, සුදුසු කාලයට, අර්ථ සහිතව, සීමාවක් ඇතුවයි කතා කළේ.

ඒ වගේම ගස් කොළන් වනසන්නට ගියේ නෑ. රාත්‍රී භෝජනයෙන් වැළකිලා, විකාල භෝජනයෙන් වැළකිලා උදේ වරුවේ විතරයි වැළඳුවේ. ඒ වගේම නැටුම් ගැයුම් වැයුම්, විකාර දේ නැරඹීම් ආදී දෙයින් මං වැළකුනා. මල් සුවඳ විලවුන් ආදියෙන් සැරසීම මං කළේ නැහැ. වටිනා සුඛෝපභෝගී ආසන පරිහරණයෙන් මං වැළකුනා. රන්, රිදී, මිල මුදල් පරිහරණයෙනුත් මං වැළකුනා. අමු ධාන්‍ය පිළිගැනීමෙනුත් මං වැළකුනා. අමු මස් පිළිගැනීමෙනුත් මං වැළකුනා. ස්ත්‍රීන් සහ කුඩා දැරියන් පිළිගැනීමෙනුත් මං වැළකුනා. දැසිදස්සන් පිළිගැනීමෙනුත් මං වැළකුනා. එළුවන්, බැටලුවන් පිළිගැනීමෙනුත් මං වැළකුනා. කුකුළන්, ඌරන් පිළිගැනීමෙනුත් මං වැළකුනා. ඇත්, ගව, අස්, වෙළඹ ආදී සතුන් පිළිගැනීමෙනුත් මං වැළකුනා. කුඹුරු, වතුපිටි පිළිගැනීමෙනුත් මං වැළකුනා. පණිවිඩ පණත් එහාට මෙහාට ගෙනයෑමෙන් මං වැළකුනා. වෙළඳ ව්‍යාපාරවලින් මං වැළකුනා. තරාදියෙන්, මැනීමෙන් ආදියෙන් රවට රවටා කරන ව්‍යාපාරවලිනුත් මං වැළකුනා. නොයෙකුත් කූට ප්‍රයෝග වංචාවෙන් කරන ව්‍යාපාරවලිනුත් මං වැළකුනා. ඒ වගේම අත්පා සිඳීම්, වධබන්ධන, මංපැහැරීම්, නිදන් කැඩීම් ආදියෙනුත් මං වැළකුනා.

ඒ මං කය වසා ගන්නට ලැබුණු සිවුරෙනුත්, කුසගින්න නිවාගන්න පිණ්ඩපාතයෙනුත් සතුටු වුනා. මං යම් තැනකට ගියා නම්, අරගෙන ගියේ ඔය පාත්තර සිවුරු විතරයි. මං ගියේ කුරුල්ලෙක් පියාපත් බර විතරක් අරගෙන යනවා වගෙයි. පාත්‍ර සිවුරු බර විතරයි තිබුනේ. ඔය විදිහට ප්‍රිය ආයුෂ්මත, මං කය වසා ගන්නට ලැබුණු සිවුරෙනුත්, කුසගින්න නිවාගන්න පිණ්ඩපාතයෙනුත් සතුටු වුනා. මං යන යන තැන රැගෙන ගියේ සිවුරු පාත්‍ර විතරයි.

මේ ආර්ය වූ සීලස්කන්ධයෙන් යුක්තව වාසය කරපු මං නිවැරදි ජීවිතය ගැන ආධ්‍යාත්මයෙන් සතුටක් වින්දා.

ඒ මං ඇසින් රූප දැක, නිමිති ගත්තේ නෑ. නිමිතිවල කොටසක්වත් ගත්තේ නෑ. යම් නිමිත්තක් හිතට අරගෙන ඇස නැමැති ඉන්ද්‍රිය අසංවරව වාසය කරන්නට ගිහින් ලෝභ, ද්වේෂ ආදී පාපී අකුසල් ඇතිවෙනවා නම්, ඒ ඇස සංවර කරන්නටයි පිළිපැද්දේ. ඇස රැකගත්තා. ඇසේ සංවර බවට පැමිණුනා. ඒ වගේම මං කනින් ශබ්ද අසා ....(පෙ).... නාසයෙන් ගඳ සුවඳ ආඝ්‍රාණය කොට ....(පෙ).... දිවෙන් රස විඳ ....(පෙ).... කයෙන් පහස ලබා ....(පෙ).... ඒ වගේ ම මනසින් අරමුණු දැන, නිමිති ගත්තේ නෑ. නිමිතිවල කොටසක්වත් ගත්තේ නෑ. යම් නිමිත්තක් හිතට අරගෙන මනස නැමැති ඉන්ද්‍රිය අසංවරව වාසය කරන්නට ගිහින් ලෝභ, ද්වේෂ ආදී පාපී අකුසල් ඇතිවෙනවා නම්, ඒ මනස සංවර කරන්නටයි පිළිපැද්දේ. මනස රැකගත්තා. මනසේ සංවර බවට පැමිණුනා.

ඒ වගේම මං ඉදිරියට ගමන් කරද්දිත්, ආපසු හැරී එද්දිත් ඉතාමත් නුවණින් යුක්තවයි එය කළේ. ඉදිරිය බලද්දී, වටපිට බලද්දී ඉතාමත් කල්පනාකාරීවමයි මං එය කළේ. ඒ වගේම අත පය හකුලද්දී, දිගහරිද්දී ඉතාමත් කල්පනාකාරීවමයි මං එය කළේ. සඟල සිවුරු, පාත්‍ර, සිවුරු ආදිය පරිහරණයේදී පවා ඉතාමත් නුවණින් යුක්තවයි එය කළේ. වළඳන විට, පානය කරන විට, සපා ගිලින විට, රස විඳින විට ඉතාමත් නුවණින් යුක්තවයි එය කළේ. වැසිකිළි කැසිකිළි කරද්දී පවා ඉතාමත් නුවණින් යුක්තවයි එය කළේ. කොටින්ම ගමන් කරද්දී, නැවතී සිටිද්දී, වාඩි වී සිටිද්දී, නින්දට යද්දී, අවදි වී සිටිද්දී, කතාබස් කරද්දී, නිශ්ශබ්දව සිටිද්දී ඉතාමත් නුවණින් යුක්තවමයි එය කළේ.

ඉතින් මං ඔය ආර්ය සීලස්කන්ධයෙනුත් යුක්ත වෙලා, ඔය ආර්ය ඉන්ද්‍රිය සංවරයෙනුත් යුක්ත වෙලා, ඔය ආර්ය සිහි නුවණිනුත් යුක්ත වෙලා හුදෙකලා වන සෙනසුන් ඇසුරු කළා. අරණ්‍ය, රුක් සෙවන, පර්වත, දිය ඇලි, ගිරි ගුහා, සොහොන්, වන පෙත්, එළිමහන, පිදුර ගෙවල් ආදී හුදෙකලා තැන්වලයි හිටියේ. ඉතින් මං පිණ්ඩපාතයෙන් වැළකී හවස් වරුවේ පළඟක් බැඳගෙන කය ඍජු කොට වාඩිවෙලා භාවනා අරමුණට සිහිය යොදවා ගෙන සිටියා.

ඉතින් ඒ මං ලෝකයෙහි ලෝභය දුරු කොට, ලෝභය දුරු වූ සිතින් වාසය කළා. ලෝභයෙන් සිත පිරිසිදු කළා. ව්‍යාපාද, පීඩාව අත්හැර ව්‍යාපාද රහිත සිතින් වාසය කළා. සියලු සත්ව ප්‍රාණීන් කෙරෙහි හිතානුකම්පාවෙන් යුක්තවයි මං හිටියේ. ව්‍යාපාදයෙන් සිත පිරිසිදු කළා. ථීනමිද්ධය අත්හැරියා. ථීනමිද්ධය රහිත වූ ආලෝක සඤ්ඤාවෙන් යුතුව සිහි නුවණින් යුතුවයි මං වාසය කළේ. ථීනමිද්ධයෙන් සිත පිරිසිදු කළා. සිතේ විසිරීමත්, පසුතැවිල්ලත් අත්හැරියා. විසිරීමක් නැතුව, ආධ්‍යාත්මයේ සංසිඳුණු සිතින් මං හිටියේ. හිතේ විසිරීමෙනුත්, පසුතැවීමෙනුත් සිත පිරිසිදු කළා. ඒ වගේම සැකය අත්හැර, සැකයෙන් එතෙර වෙලයි මං හිටියේ. කුසල ධර්මයන් පිළිබඳව 'අරක කොහොමද? මේක කොහොමද?' කියන සැකයෙන් මං සිත පිරිසිදු කළා.

ඒ මං සිතේ උපක්ලේශ වන ප්‍රඥාව දුර්වල කරන මේ පංච නීවරණ අත්හැරියා. කාමයන්ගෙන් වෙන්ව, අකුසල ධර්මයන්ගෙන් වෙන්ව, විතර්ක විචාර සහිත, ප්‍රීතිය හා සැපය ඇති පළවෙනි ධ්‍යානය ලබාගෙන වාසය කළා. ඒ වගේම මං විතර්ක විචාර සංසිඳුවාගෙන, තමා තුළ ප්‍රසන්න බව ඇති කරගෙන, සිතේ එකඟ බවින් යුතුව, විතර්ක විචාර රහිත සමාධියෙන් හටගත් ප්‍රීතිය සැපය තියෙන දෙවෙනි ධ්‍යානයත් ලබාගෙන වාසය කළා. ඊළඟට මං ප්‍රීතියට ඇලෙන්නෙත් නැතිව උපේක්ෂාවෙන් යුතුව සිටියා. සිහි නුවණින්

යුතුව කයෙන් සැපයකුත් වින්දා. ආර්යයන් වහන්සේලා ඒ සමාධියට මෙහෙම කියනවා. 'උපේක්ෂාවෙන් යුක්තව, සිහියෙන් යුක්තව සැපසේ වාසය කරනවා' කියන ඒ තුන්වෙනි ධ්‍යානයත් ලබාගෙන වාසය කළා. සැප ද දුක ද නැති කිරීමෙන්, කලින්ම මානසික සැප දුක් දෙකින්ම වෙන් වෙලා, දුක් සැප රහිත පිරිසිදු උපේක්ෂාවත්, සිහියත් තියෙන හතරවෙනි ධ්‍යානය ලබාගෙන වාසය කළා.

ඉතින් මං ඔය විදිහට සමාධිගත සිතක් ඇතිවුනාම, සිත පිරිසිදු වුනාම, සිත බබලන කොට, උපක්ලේශ නැතිවුනාම, හිත මෘදු වුනාම, අවබෝධයට සුදුසු වුනාම, නොසෙල්වී තිබුනාම, අකම්පිත වුනාම, ආශ්‍රව ක්ෂය කළ බවට අවබෝධය ලැබීමේ නුවණ ලබාගන්න සිත මෙහෙයෙව්වා. එතකොට මං 'මේක තමයි දුක' කියල යථාර්ථය අවබෝධ කරගත්තා. 'මේක තමයි දුකේ හටගැනීම' කියල යථාර්ථය අවබෝධ කරගත්තා. 'මේ තමයි දුකේ නිරුද්ධ වීම' කියල යථාර්ථය අවබෝධ කරගත්තා. 'මේ තමයි දුක් නැති වීමේ මාර්ගය' කියල යථාර්ථය අවබෝධ කරගත්තා. 'මේවා තමයි ආශ්‍රව' කියල යථාර්ථය අවබෝධ කරගත්තා. 'මේ තමයි ආශ්‍රවයන්ගේ හටගැනීම' කියල යථාර්ථය අවබෝධ කරගත්තා. 'මේ තමයි ආශ්‍රව නිරුද්ධ වීම' කියල යථාර්ථය අවබෝධ කරගත්තා. 'මේ තමයි ආශ්‍රව නිරුද්ධ වීමේ මාර්ගය' කියල යථාර්ථය අවබෝධ කරගත්තා.

ඔය විදිහට මං යථාර්ථය දැනගන්න කොට, යථාර්ථය දැකගන්න කොට, කාම ආශ්‍රවයෙනුත් මගේ සිත නිදහස් වුනා. භව ආශ්‍රවයෙනුත් සිත නිදහස් වුනා. අවිජ්ජා ආශ්‍රවයෙනුත් සිත නිදහස් වුනා. ආශ්‍රවයන්ගෙන් සිත නිදහස් වුනාම සියලු දුකින් මං නිදහස් වූ බවට අවබෝධය ඇතිවුනා. 'ඉපදීම ක්ෂය වුනා. බඹසර වාසය සම්පූර්ණ කළා. කළ යුතු දේ කළා. ආයෙ කවදාවත් සසරට වැටෙන්නෙ නෑ' කියල දැනගත්තා. ප්‍රිය ආයුෂ්මතුනි, ඔය විදිහට දැනගනිද්දී, දැකගනිද්දී තමයි මේ විඤ්ඤාණය සහිත කය කෙරෙහිත්, බාහිර සියළු නිමිති කෙරෙහිත් තිබුණ 'මමය, මාගේය' යන මාන්නය මුළුමනින්ම ඉදිරිලා ගියේ.'

එතකොට පින්වත් මහණෙනි, ඒ භික්ෂුවගේ ප්‍රකාශයට 'සාදු!' කියා එය ඒ අයුරින්ම සතුටින් පිළිගත යුතුයි. අනුමෝදන් විය යුතුයි. 'සාදු!' කියා එම ප්‍රකාශය සතුටින් පිළිගෙන අනුමෝදන් වී ඒ භික්ෂුවට කිව යුත්තේ මේ විදිහටයි. 'ප්‍රිය ආයුෂ්මතුනි, ඒ අපට ලාභයක්මයි. ප්‍රිය ආයුෂ්මතුනි, ඒ අපට ඉතා යහපත් ලාභයක්මයි. ඒ කියන්නේ ආයුෂ්මතුන් වහන්සේ වගේ සබ්‍රහ්මචාරීන් වහන්සේ නමක් දැකගන්නට අපටත් අවස්ථාව ලැබුනා' කියලා.

භාග්‍යවතුන් වහන්සේ මේ උතුම් දේශනය වදාළා. ඒ දේශනය ගැන ඒ භික්ෂූන් වහන්සේලා ගොඩක් සතුටු වුනා. භාග්‍යවතුන් වහන්සේ වදාළ මේ දේශනය සතුටින් පිළිගත්තා.

සාදු! සාදු!! සාදු!!!

සය තැනක ඇති පිරිසිදු බව ගැන වදාළ දෙසුම නිමා විය.

3.2.3.
සප්පුරිස සූත්‍රය
සත්පුරුෂයා ගැන වදාළ දෙසුම

මා හට අසන්නට ලැබුනේ මේ විදිහටයි. ඒ දිනවල භාග්‍යවතුන් වහන්සේ වැඩසිටියේ සැවැත් නුවර අනේපිඬු සිටුතුමා විසින් කරවන ලද ජේතවනාරාමයෙහිය. එදා භාග්‍යවතුන් වහන්සේ "පින්වත් මහණෙනි" යි කියා භික්ෂුසංඝයා අමතා වදාළා. ඒ භික්ෂූන් ද "පින්වතුන් වහන්සැ"යි කියා භාග්‍යවතුන් වහන්සේට පිළිතුරු දුන්නා. භාග්‍යවතුන් වහන්සේ මෙය වදාළා.

"පින්වත් මහණෙනි, මා ඔබට සත්පුරුෂයන්ගේ ධර්මයත්, අසත්පුරුෂයන්ගේ ධර්මයත් කියා දෙන්නම්. එය සවන් යොමා අසන්න. මනා කොට නුවණින් මෙනෙහි කරන්න. මා කියා දෙන්නම්." "එසේය, ස්වාමීනී" කියා ඒ භික්ෂූන් වහන්සේලා භාග්‍යවතුන් වහන්සේට පිළිතුරු දුන්නා. එවිට භාග්‍යවතුන් වහන්සේ මෙම දේශනය වදාළා.

"පින්වත් මහණෙනි, අසත්පුරුෂ ධර්මය යනු කුමක්ද? පින්වත් මහණෙනි, මෙහිලා අසත්පුරුෂයා උසස් කුලයෙන් පැවිදි වූ කෙනෙක් වෙන්න පුළුවනි. එතකොට ඔහු කල්පනා කරන්නේ මේ විදිහටයි. 'මං උසස් කුලයෙන් පැවිදි වූ කෙනෙක්. මේ අවශේෂ භික්ෂූන් වහන්සේලා උසස් කුලයෙන් පැවිදි වූ උදවිය නොවෙයි' කියලා, ඔහු ඒ උසස් කුලය මුල් කරගෙන තමාව හුවා දක්වනවා. අනුන්ව හෙළාදකිනවා. පින්වත් මහණෙනි, ඔය දෙයත් අයිති අසත්පුරුෂ ධර්මයටයි.

පින්වත් මහණෙනි, සත්පුරුෂයා නම් මේ විදිහටයි කල්පනා කරන්නේ. 'උසස් කුලයේ උපන්නා කියලා ලෝභ සහගත දේ ක්ෂය වෙලා යන්නෙ නැහැ නෙව. ද්වේෂ සහගත දේ ක්ෂය වෙලා යන්නෙත් නැහැ නෙව. මෝහ සහගත දේ ක්ෂය වෙලා යන්නෙත් නැහැ නෙව. උසස් කුලයෙන් මහණ වුනේ නැතත්, ඒ භික්ෂුව ධර්මානුධර්ම ප්‍රතිපදාවෙන් යුක්ත නම්, යහපත් ප්‍රතිපදාවෙන් යුක්ත නම්, ධර්මයෙහි හැසිරෙනවා නම්, ඔහු පිදිය යුත්තෙක්මයි. ඒ කාරණයටමයි ප්‍රශංසා කළ යුත්තේ.' මේ විදිහට සත්පුරුෂයා ප්‍රතිපදාව ම සිතෙහි පිහිටුවා

ගෙන ඒ උසස් කුලයේ ඉපදීම මුල් කොට තමාව හුවා දක්වන්නේ නෑ. අනුන්ව හෙළාදකින්නේ නෑ. පින්වත් මහණෙනි, සත්පුරුෂ ධර්මය යනු මෙයයි.

පින්වත් මහණෙනි, නැවත අනෙකක් කියනවා නම්; අසත්පුරුෂයා ඉතා වැදගත් පවුල් පසුබිමකින් ඇවිත් පැවිදි වූ කෙනෙක් වෙන්න පුළුවනි. ....(පෙ).... බොහෝ සැප සම්පත් ඇති පවුලකින් ඇවිත් පැවිදි වූ කෙනෙක් වෙන්න පුළුවනි ....(පෙ).... ඉතා උසස් භෝග සම්පත් ඇති පවුලකින් ඇවිත් පැවිදි වූ කෙනෙක් වෙන්න පුළුවනි. එතකොට ඔහු කල්පනා කරන්නේ මේ විදිහටයි. 'මං ඉතා උසස් භෝග සම්පත් ඇති පවුලකින් ඇවිත් පැවිදි වූ කෙනෙක්. මේ අවශේෂ භික්ෂූන් වහන්සේලා ඉතා උසස් භෝග සම්පත් ඇති පවුල්වලින් ඇවිත් පැවිදි වූ උදවිය නොවෙයි' කියලා, ඔහු ඒ ඉතා උසස් භෝග සම්පත් මුල් කරගෙන තමාව හුවා දක්වනවා. අනුන්ව හෙළාදකිනවා. පින්වත් මහණෙනි, ඔය දෙයත් අයිති අසත්පුරුෂ ධර්මයටයි.

පින්වත් මහණෙනි, සත්පුරුෂයා නම් මේ විදිහටයි කල්පනා කරන්නේ. 'ඉතා උසස් භෝග සම්පත් තිබුණා කියලා ලෝභ සහගත දේ ක්ෂය වෙලා යන්නෙ නැහැ නෙව. ද්වේෂ සහගත දේ ක්ෂය වෙලා යන්නෙත් නැහැ නෙව. මෝහ සහගත දේ ක්ෂය වෙලා යන්නෙත් නැහැ නෙව. ඉතා උසස් භෝග සම්පත් ඇති පවුලකින් මහණ වුනේ නැතත්, ඒ භික්ෂුව ධර්මානුධර්ම ප්‍රතිපදාවෙන් යුක්ත නම්, යහපත් ප්‍රතිපදාවෙන් යුක්ත නම්, ධර්මයෙහි හැසිරෙනවා නම්, ඔහු පිදිය යුත්තෙක්මයි. ඒ කාරණයටමයි ප්‍රශංසා කළ යුත්තේ.' මේ විදිහට සත්පුරුෂයා ප්‍රතිපදාව ම සිතෙහි පිහිටුවා ගෙන ඒ ඉතා උසස් භෝග සම්පත් ඇති බව මුල් කොට තමාව හුවා දක්වන්නේ නෑ. අනුන්ව හෙළාදකින්නේ නෑ. පින්වත් මහණෙනි, සත්පුරුෂ ධර්මය යනු මෙයයි.

පින්වත් මහණෙනි, නැවත අනෙකක් කියනවා නම්; අසත්පුරුෂයා ඉතා ප්‍රසිද්ධ කීර්තිමත් කෙනෙක් වෙන්න පුළුවනි. එතකොට ඔහු කල්පනා කරන්නේ මේ විදිහටයි. 'මං ඉතා ප්‍රසිද්ධ වූ කීර්තිමත් කෙනෙක්. නමුත් මේ අවශේෂ භික්ෂූන් වහන්සේලා ප්‍රසිද්ධ නෑ නෙව. අල්පේශාක්‍යයයි නෙව' කියලා ඔහු ඒ ප්‍රසිද්ධභාවය මුල් කරගෙන තමාව හුවා දක්වනවා. අනුන්ව හෙළාදකිනවා. පින්වත් මහණෙනි, ඔය දෙයත් අයිති අසත්පුරුෂ ධර්මයටයි.

පින්වත් මහණෙනි, සත්පුරුෂයා නම් මේ විදිහටයි කල්පනා කරන්නේ. 'කෙනෙක් ප්‍රසිද්ධ වුනා කියලා ඒ හේතුවෙන් ලෝභ සහගත දේ ක්ෂය වෙලා යන්නෙ නැහැ නෙව. ද්වේෂ සහගත දේ ක්ෂය වෙලා යන්නෙත් නැහැ නෙව. මෝහ සහගත දේ ක්ෂය වෙලා යන්නෙත් නැහැ නෙව. කෙනෙක් ප්‍රසිද්ධ වුනේ නැතත්, කීර්තිමත් වුනේ නැතත්, ඒ භික්ෂුව ධර්මානුධර්ම ප්‍රතිපදාවෙන්

යුක්ත නම්, යහපත් ප්‍රතිපදාවෙන් යුක්ත නම්, ධර්මයෙහි හැසිරෙනවා නම්, ඔහු පිදිය යුත්තෙක්මයි. ඒ කාරණයටමයි ප්‍රශංසා කළ යුත්තේ.' මේ විදිහට සත්පුරුෂයා ප්‍රතිපදාව ම සිතෙහි පිහිටුවා ගෙන ඒ ප්‍රසිද්ධිය මුල් කොට තමාව හුවා දක්වන්නේ නෑ. අනුන්ව හෙළාදකින්නේ නෑ. පින්වත් මහණෙනි, සත්පුරුෂ ධර්මය යනු මෙයයි.

පින්වත් මහණෙනි, නැවත අනෙකක් කියනවා නම්; අසත්පුරුෂයා සිවුරු, පිණ්ඩපාත, සේනාසන, ගිලන්පස බෙහෙත් පිරිකර ආදී ලාභ සත්කාර ලැබෙන කෙනෙක් වෙනවා. එතකොට ඔහු කල්පනා කරන්නේ මේ විදිහටයි. 'මට තමයි සිවුරු, පිණ්ඩපාත, සේනාසන, ගිලන්පස බෙහෙත් පිරිකර ලැබෙන්නේ. නමුත් මේ අනිත් භික්ෂූන් වහන්සේලාට සිවුරු, පිණ්ඩපාත, සේනාසන, ගිලන්පස බෙහෙත් පිරිකර ලබන්නට වාසනාව නැහැ නෙව' කියල' ඔහු ලාභ සත්කාර මුල් කරගෙන තමාව හුවා දක්වනවා. අනුන්ව හෙළාදකිනවා. පින්වත් මහණෙනි, ඔය දෙයත් අයිති අසත්පුරුෂ ධර්මයටයි.

පින්වත් මහණෙනි, සත්පුරුෂයා නම් මේ විදිහටයි කල්පනා කරන්නේ. 'කෙනෙකුට ලාභ සත්කාර ලැබුනා කියලා ඒ හේතුවෙන් ලෝභ සහගත දේ ක්ෂය වෙලා යන්නෙ නැහැ නෙව. ද්වේෂ සහගත දේ ක්ෂය වෙලා යන්නෙත් නැහැ නෙව. මෝහ සහගත දේ ක්ෂය වෙලා යන්නෙත් නැහැ නෙව. කෙනෙකුට සිවුරු, පිණ්ඩපාත, සේනාසන, ගිලන්පස බෙහෙත් පිරිකර ලැබුනේ නැතත්, ඒ භික්ෂුව ධර්මානුධර්ම ප්‍රතිපදාවෙන් යුක්ත නම්, යහපත් ප්‍රතිපදාවෙන් යුක්ත නම්, ධර්මයෙහි හැසිරෙනවා නම්, ඔහු පිදිය යුත්තෙක්මයි. ඒ කාරණයටමයි ප්‍රශංසා කළ යුත්තේ.' මේ විදිහට සත්පුරුෂයා ප්‍රතිපදාව ම සිතෙහි පිහිටුවා ගෙන ඒ ලාභ සත්කාර මුල් කොට තමාව හුවා දක්වන්නේ නෑ. අනුන්ව හෙළාදකින්නේ නෑ. පින්වත් මහණෙනි, සත්පුරුෂ ධර්මය යනු මෙයයි.

පින්වත් මහණෙනි, නැවත අනෙකක් කියනවා නම්; බොහෝ දැනගත් කරුණු ඇති බහුශ්‍රැත වූ අසත්පුරුෂයෙක් ඉන්නවා. එතකොට ඔහු කල්පනා කරන්නේ මේ විදිහටයි. 'මං බොහෝ දැනගත් කරුණුවලින් යුතු බහුශ්‍රැතයෙක්. නමුත් මේ අනිත් භික්ෂූන් වහන්සේලා බහුශ්‍රැත නැහැ නෙව' කියලා, ඔහු බහුශ්‍රැතභාවය මුල් කරගෙන තමාව හුවා දක්වනවා. අනුන්ව හෙළාදකිනවා. පින්වත් මහණෙනි, ඔය දෙයත් අයිති අසත්පුරුෂ ධර්මයටයි.

පින්වත් මහණෙනි, සත්පුරුෂයා නම් මේ විදිහටයි කල්පනා කරන්නේ. 'කෙනෙක් බහුශ්‍රැත වුනා කියලා ඒ හේතුවෙන් ලෝභ සහගත දේ ක්ෂය වෙලා යන්නෙ නැහැ නෙව. ද්වේෂ සහගත දේ ක්ෂය වෙලා යන්නෙත් නැහැ නෙව.

මෝහ සහගත දේ ක්ෂය වෙලා යන්නෙත් නැහැ නෙව. ඒ වගේම කෙනෙක් බහුශ්‍රැත නොවුනත්, ඒ භික්ෂුව ධර්මානුධර්ම ප්‍රතිපදාවෙන් යුක්ත නම්, යහපත් ප්‍රතිපදාවෙන් යුක්ත නම්, ධර්මයෙහි හැසිරෙනවා නම්, ඔහු පිදිය යුත්තෙක්මයි. ඒ කාරණයටමයි ප්‍රශංසා කළ යුත්තේ.' මේ විදිහට සත්පුරුෂයා ප්‍රතිපදාව ම සිතෙහි පිහිටුවා ගෙන ඒ බහුශ්‍රැතභාවය මුල් කොට තමාව හුවා දක්වන්නේ නෑ. අනුන්ව හෙළාදකින්නේ නෑ. පින්වත් මහණෙනි, සත්පුරුෂ ධර්මය යනු මෙයයි.

පින්වත් මහණෙනි, නැවත අනෙකක් කියනවා නම්; විනයධර වූ අසත්පුරුෂයෙක් ඉන්නවා. එතකොට ඔහු කල්පනා කරන්නේ මේ විදිහටයි. 'මම විනයධර කෙනෙක්. නමුත් මේ අනිත් භික්ෂූන් වහන්සේලා විනයධර නැහැ නෙව' කියල, ඔහු විනයධර බව මුල් කරගෙන තමාව හුවා දක්වනවා. අනුන්ව හෙළාදකිනවා. පින්වත් මහණෙනි, ඔය දෙයත් අයිති අසත්පුරුෂ ධර්මයට යි.

පින්වත් මහණෙනි, සත්පුරුෂයා නම් මේ විදිහටයි කල්පනා කරන්නේ. 'කෙනෙක් විනයධර වුනා කියලා ඒ හේතුවෙන් ලෝභ සහගත දේ ක්ෂය වෙලා යන්නෙ නැහැ නෙව. ද්වේෂ සහගත දේ ක්ෂය වෙලා යන්නෙත් නැහැ නෙව. මෝහ සහගත දේ ක්ෂය වෙලා යන්නෙත් නැහැ නෙව. ඒ වගේම කෙනෙක් විනයධර නොවුනත්, ඒ භික්ෂුව ධර්මානුධර්ම ප්‍රතිපදාවෙන් යුක්ත නම්, යහපත් ප්‍රතිපදාවෙන් යුක්ත නම්, ධර්මයෙහි හැසිරෙනවා නම්, ඔහු පිදිය යුත්තෙක්මයි. ඒ කාරණයටමයි ප්‍රශංසා කළ යුත්තේ.' මේ විදිහට සත්පුරුෂයා ප්‍රතිපදාව ම සිතෙහි පිහිටුවා ගෙන ඒ විනයධර බව මුල් කොට තමාව හුවා දක්වන්නේ නෑ. අනුන්ව හෙළාදකින්නේ නෑ. පින්වත් මහණෙනි, සත්පුරුෂ ධර්මය යනු මෙයයි.

පින්වත් මහණෙනි, නැවත අනෙකක් කියනවා නම්; ධර්මකථික වූ අසත්පුරුෂයෙක් ඉන්නවා. එතකොට ඔහු කල්පනා කරන්නේ මේ විදිහටයි. 'මං ධර්මකථිකයෙක්. නමුත් මේ අනිත් භික්ෂූන් වහන්සේලා ධර්මකථික නැහැ නෙව' කියලා, ඔහු ධර්මකථික බව මුල් කරගෙන තමාව හුවා දක්වනවා. අනුන්ව හෙළාදකිනවා. පින්වත් මහණෙනි, ඔය දෙයත් අයිති අසත්පුරුෂ ධර්මයටයි.

පින්වත් මහණෙනි, සත්පුරුෂයා නම් මේ විදිහටයි කල්පනා කරන්නේ. 'කෙනෙක් ධර්මකථික වුනා කියලා ඒ හේතුවෙන් ලෝභ සහගත දේ ක්ෂය වෙලා යන්නෙ නැහැ නෙව. ද්වේෂ සහගත දේ ක්ෂය වෙලා යන්නෙත් නැහැ නෙව. මෝහ සහගත දේ ක්ෂය වෙලා යන්නෙත් නැහැ නෙව. ඒ වගේම කෙනෙක් ධර්මකථික නොවුනත්, ඒ භික්ෂුව ධර්මානුධර්ම ප්‍රතිපදාවෙන් යුක්ත නම්, යහපත් ප්‍රතිපදාවෙන් යුක්ත නම්, ධර්මයෙහි හැසිරෙනවා නම්, ඔහු පිදිය

යුත්තෙක්මයි. ඒ කාරණයටමයි ප්‍රශංසා කළ යුත්තේ.' මේ විදිහට සත්පුරුෂයා ප්‍රතිපදාව ම සිතෙහි පිහිටුවා ගෙන ඒ ධර්මකථික බව මුල් කොට තමාව හුවා දක්වන්නේ නෑ. අනුන්ව හෙළාදකින්නේ නෑ. පින්වත් මහණෙනි, සත්පුරුෂ ධර්මය යනු මෙයයි.

පින්වත් මහණෙනි, නැවත අනෙකක් කියනවා නම්; අරණ්‍යවාසී වූ අසත්පුරුෂයෙක් ඉන්නවා. එතකොට ඔහු කල්පනා කරන්නේ මේ විදිහටයි. 'මං අරණ්‍යවාසී කෙනෙක්. නමුත් මේ අනිත් භික්ෂූන් වහන්සේලා අරණ්‍යවාසී නැහැ නෙව' කියලා, ඔහු අරණ්‍යවාසය මුල් කරගෙන තමාව හුවා දක්වනවා. අනුන්ව හෙළාදකිනවා. පින්වත් මහණෙනි, ඔය දෙයත් අයිති අසත්පුරුෂ ධර්මයටයි.

පින්වත් මහණෙනි, සත්පුරුෂයා නම් මේ විදිහටයි කල්පනා කරන්නේ. 'කෙනෙක් අරණ්‍යවාසී වුනා කියලා ඒ හේතුවෙන් ලෝභ සහගත දේ ක්ෂය වෙලා යන්නෙ නැහැ නෙව. ද්වේෂ සහගත දේ ක්ෂය වෙලා යන්නෙත් නැහැ නෙව. මෝහ සහගත දේ ක්ෂය වෙලා යන්නෙත් නැහැ නෙව. ඒ වගේම කෙනෙක් අරණ්‍යවාසී නොවුනත්, ඒ භික්ෂුව ධර්මානුධර්ම ප්‍රතිපදාවෙන් යුක්ත නම්, යහපත් ප්‍රතිපදාවෙන් යුක්ත නම්, ධර්මයෙහි හැසිරෙනවා නම්, ඔහු පිදිය යුත්තෙක්මයි. ඒ කාරණයටමයි ප්‍රශංසා කළ යුත්තේ.' මේ විදිහට සත්පුරුෂයා ප්‍රතිපදාව ම සිතෙහි පිහිටුවා ගෙන ඒ අරණ්‍යවාසය මුල් කොට තමාව හුවා දක්වන්නේ නෑ. අනුන්ව හෙළාදකින්නේ නෑ. පින්වත් මහණෙනි, සත්පුරුෂ ධර්මය යනු මෙයයි.

පින්වත් මහණෙනි, නැවත අනෙකක් කියනවා නම්; පාංශුකූල වස්ත්‍රයෙන් කළ සිවුරු පොරවන අසත්පුරුෂයෙක් ඉන්නවා. එතකොට ඔහු කල්පනා කරන්නේ මේ විදිහටයි. 'මං පාංශුකූල වස්ත්‍රයෙන් කළ සිවුරු පොරවන කෙනෙක්. නමුත් මේ අනිත් භික්ෂූන් වහන්සේලා පාංශුකූල වස්ත්‍රයෙන් කළ සිවුරු පොරවන්නේ නැහැ නෙව' කියලා, ඔහු පාංශුකූල වස්ත්‍රයෙන් කළ සිවුරු පෙරවීම මුල් කරගෙන තමාව හුවා දක්වනවා. අනුන්ව හෙළාදකිනවා. පින්වත් මහණෙනි, ඔය දෙයත් අයිති අසත්පුරුෂ ධර්මයටයි.

පින්වත් මහණෙනි, සත්පුරුෂයා නම් මේ විදිහටයි කල්පනා කරන්නේ. 'කෙනෙක් පාංශුකූල වස්ත්‍රයෙන් කළ සිවුරු පෙරෙව්වා කියලා ඒ හේතුවෙන් ලෝභ සහගත දේ ක්ෂය වෙලා යන්නෙ නැහැ නෙව. ද්වේෂ සහගත දේ ක්ෂය වෙලා යන්නෙත් නැහැ නෙව. මෝහ සහගත දේ ක්ෂය වෙලා යන්නෙත් නැහැ නෙව. ඒ වගේම කෙනෙක් පාංශුකූල වස්ත්‍රයෙන් කළ සිවුරු පෙරෙව්වේ නැතත්, ඒ භික්ෂුව ධර්මානුධර්ම ප්‍රතිපදාවෙන් යුක්ත නම්, යහපත් ප්‍රතිපදාවෙන් යුක්ත

නම්, ධර්මයෙහි හැසිරෙනවා නම්, ඔහු පිදිය යුත්තෙක්මයි. ඒ කාරණයටමයි ප්‍රශංසා කළ යුත්තේ.' මේ විදිහට සත්පුරුෂයා ප්‍රතිපදාව ම සිතෙහි පිහිටුවා ගෙන ඒ පාංශුකූල වස්ත්‍රයෙන් කළ සිවුරු පෙරවීම මුල් කොට තමාව හුවා දක්වන්නේ නෑ. අනුන්ව හෙළාදකින්නේ නෑ. පින්වත් මහණෙනි, සත්පුරුෂ ධර්මය යනු මෙයයි.

පින්වත් මහණෙනි, නැවත අනෙකක් කියනවා නම්; පිණ්ඩපාතයෙන් යැපෙන අසත්පුරුෂයෙක් ඉන්නවා. එතකොට ඔහු කල්පනා කරන්නේ මේ විදිහටයි. 'මං පිණ්ඩපාතයෙන් යැපෙන කෙනෙක්. නමුත් මේ අනිත් භික්ෂූන් වහන්සේලා පිණ්ඩපාතය කොට වළඳන්නේ නැහැ නෙව' කියලා, ඔහු පිණ්ඩපාතයෙන් යැපීම මුල් කරගෙන තමාව හුවා දක්වනවා. අනුන්ව හෙළාදකිනවා. පින්වත් මහණෙනි, ඔය දෙයත් අයිති අසත්පුරුෂ ධර්මයටයි.

පින්වත් මහණෙනි, සත්පුරුෂයා නම් මේ විදිහටයි කල්පනා කරන්නේ. 'කෙනෙක් පිණ්ඩපාතයෙන් යැපුනා කියලා ඒ හේතුවෙන් ලෝභ සහගත දේ ක්ෂය වෙලා යන්නෙ නැහැ නෙව. ද්වේෂ සහගත දේ ක්ෂය වෙලා යන්නෙත් නැහැ නෙව. මෝහ සහගත දේ ක්ෂය වෙලා යන්නෙත් නැහැ නෙව. ඒ වගේම කෙනෙක් පිණ්ඩපාතයෙන් යැපුනේ නැතත්, ඒ භික්ෂුව ධර්මානුධර්ම ප්‍රතිපදාවෙන් යුක්ත නම්, යහපත් ප්‍රතිපදාවෙන් යුක්ත නම්, ධර්මයෙහි හැසිරෙනවා නම්, ඔහු පිදිය යුත්තෙක්මයි. ඒ කාරණයටමයි ප්‍රශංසා කළ යුත්තේ.' මේ විදිහට සත්පුරුෂයා ප්‍රතිපදාව ම සිතෙහි පිහිටුවා ගෙන ඒ පිණ්ඩපාතයෙන් යැපීම මුල් කොට තමාව හුවා දක්වන්නේ නෑ. අනුන්ව හෙළාදකින්නේ නෑ. පින්වත් මහණෙනි, සත්පුරුෂ ධර්මය යනු මෙයයි.

පින්වත් මහණෙනි, නැවත අනෙකක් කියනවා නම්; රුක් සෙවනෙහි වාසය කරන අසත්පුරුෂයෙක් ඉන්නවා. එතකොට ඔහු කල්පනා කරන්නේ මේ විදිහටයි. 'මං රුක් සෙවනෙහි වාසය කරන කෙනෙක්. නමුත් මේ අනිත් භික්ෂූන් වහන්සේලා රුක් සෙවනෙහි වාසය කරන්නේ නැහැ නෙව' කියලා, ඔහු රුක් සෙවනෙහි වාසය කිරීම මුල් කරගෙන තමාව හුවා දක්වනවා. අනුන්ව හෙළාදකිනවා. පින්වත් මහණෙනි, ඔය දෙයත් අයිති අසත්පුරුෂ ධර්මයටයි.

පින්වත් මහණෙනි, සත්පුරුෂයා නම් මේ විදිහටයි කල්පනා කරන්නේ. 'කෙනෙක් රුක් සෙවනෙහි වාසය කළා කියලා ඒ හේතුවෙන් ලෝභ සහගත දේ ක්ෂය වෙලා යන්නෙ නැහැ නෙව. ද්වේෂ සහගත දේ ක්ෂය වෙලා යන්නෙත් නැහැ නෙව. මෝහ සහගත දේ ක්ෂය වෙලා යන්නෙත් නැහැ නෙව. ඒ වගේම කෙනෙක් රුක් සෙවනෙහි වාසය කළේ නැතත්, ඒ භික්ෂුව

ධර්මානුධර්ම ප්‍රතිපදාවෙන් යුක්ත නම්, යහපත් ප්‍රතිපදාවෙන් යුක්ත නම්, ධර්මයෙහි හැසිරෙනවා නම්, ඔහු පිදිය යුත්තෙක්මයි. ඒ කාරණයටමයි ප්‍රශංසා කළ යුත්තේ.' මේ විදිහට සත්පුරුෂයා ප්‍රතිපදාව ම සිතෙහි පිහිටුවා ගෙන ඒ රුක් සෙවනෙහි වාසය කිරීම මුල් කොට තමාව හුවා දක්වන්නේ නෑ. අනුන්ව හෙළාදකින්නේ නෑ. පින්වත් මහණෙනි, සත්පුරුෂ ධර්මය යනු මෙයයි.

පින්වත් මහණෙනි, නැවත අනෙකක් කියනවා නම්; සොහොනෙහි වාසය කරන අසත්පුරුෂයෙක් ඉන්නවා. ....(පෙ).... එළිමහනෙහි වාසය කරන අසත්පුරුෂයෙක් ඉන්නවා. ....(පෙ).... ලද සෙනසුනෙන් සතුටු වන අසත්පුරුෂයෙක් ඉන්නවා ....(පෙ).... නිදන ඉරියව්වෙන් තොරව සිටින අසත්පුරුෂයෙක් ඉන්නවා ....(පෙ).... ඒකාසනික භෝජනයෙන් යැපෙන අසත්පුරුෂයෙක් ඉන්නවා. එතකොට ඔහු කල්පනා කරන්නේ මේ විදිහටයි. 'මං ඒකාසනික භෝජනයෙන් යැපෙන කෙනෙක්. නමුත් මේ අනිත් භික්ෂූන් වහන්සේලා ඒකාසනික භෝජනයෙන් යැපෙන්නේ නැහැ නෙව' කියලා, ඔහු ඒකාසනික භෝජනයෙන් යැපීම මුල් කරගෙන තමාව හුවා දක්වනවා. අනුන්ව හෙළාදකිනවා. පින්වත් මහණෙනි, ඔය දෙයත් අයිති අසත්පුරුෂ ධර්මයටයි.

පින්වත් මහණෙනි, සත්පුරුෂයා නම් මේ විදිහටයි කල්පනා කරන්නේ. 'කෙනෙක් ඒකාසනික භෝජනයෙන් යැපුනා කියලා ඒ හේතුවෙන් ලෝභ සහගත දේ ක්ෂය වෙලා යන්නෙ නැහැ නෙව. ද්වේෂ සහගත දේ ක්ෂය වෙලා යන්නෙත් නැහැ නෙව. මෝහ සහගත දේ ක්ෂය වෙලා යන්නෙත් නැහැ නෙව. ඒ වගේම කෙනෙක් ඒකාසනික භෝජනයෙන් යැපුනේ නැතත්, ඒ භික්ෂුව ධර්මානුධර්ම ප්‍රතිපදාවෙන් යුක්ත නම්, යහපත් ප්‍රතිපදාවෙන් යුක්ත නම්, ධර්මයෙහි හැසිරෙනවා නම්, ඔහු පිදිය යුත්තෙක්මයි. ඒ කාරණයටමයි ප්‍රශංසා කළ යුත්තේ.' මේ විදිහට සත්පුරුෂයා ප්‍රතිපදාව ම සිතෙහි පිහිටුවා ගෙන ඒ ඒකාසනික භෝජනයෙන් යැපීම මුල් කොට තමාව හුවා දක්වන්නේ නෑ. අනුන්ව හෙළාදකින්නේ නෑ. පින්වත් මහණෙනි, සත්පුරුෂ ධර්මය යනු මෙයයි.

පින්වත් මහණෙනි, නැවත අනෙකක් කියනවා නම්; කාමයන්ගෙන් වෙන්ව, අකුසල ධර්මයන්ගෙන් වෙන්ව, විතර්ක විචාර සහිත, ප්‍රීතිය හා සැපය ඇති පළවෙනි ධ්‍යානය ලබාගෙන වාසය කරන අසත්පුරුෂයෙක් ඉන්නවා. එතකොට ඔහු කල්පනා කරන්නේ මේ විදිහටයි. 'මං ප්‍රථම ධ්‍යාන සමාපත්තියට සමවදින ධ්‍යානලාභී කෙනෙක්. නමුත් මේ අනිත් භික්ෂූන් වහන්සේලා ප්‍රථම ධ්‍යාන සමාපත්තියට සමවදින ධ්‍යානලාභී උදවිය නොවෙයි නෙව' කියලා, ඔහු ප්‍රථම ධ්‍යාන සමාපත්තියට සමවැදීම මුල් කරගෙන තමාව හුවා දක්වනවා.

අනුන්ව හෙළාදකිනවා. පින්වත් මහණෙනි, ඔය දෙයත් අයිති අසත්පුරුෂ ධර්මයටයි.

පින්වත් මහණෙනි, සත්පුරුෂයා නම් මේ විදිහටයි කල්පනා කරන්නේ. 'භාග්‍යවතුන් වහන්සේ විසින් ප්‍රථම ධ්‍යාන සමාපත්තිය වුනත් නිකෙලෙස්භාවයට අයිතියි කියලයි වදාරණ ලද්දේ. එනිසා යම් යම් දෙයකින් මං 'මමය, මාගේය' යන කෙලෙස් ඇතිවෙන හැඟීම් ඇතිකරගත්තත්, එහි ස්වභාවය නම් වෙනස් වී යාමමයි' කියල ඔහු නිකෙලෙස්භාවයම සිතෙහි පිහිටුවාගෙන ඒ ප්‍රථම ධ්‍යාන සමාපත්තිය මුල්කරගෙන තමාව හුවා දක්වන්නේ නෑ. අනුන්ව හෙළාදකින්නේ නෑ. පින්වත් මහණෙනි, සත්පුරුෂ ධර්මය යනු මෙයයි.

පින්වත් මහණෙනි, නැවත අනෙකක් කියනවා නම්; විතර්ක විචාර සංසිඳුවාගෙන, තමා තුළ ප්‍රසන්න බව ඇති කරගෙන, සිතේ එකඟ බවින් යුතුව, විතර්ක විචාර රහිත සමාධියෙන් හටගත් ප්‍රීතිය සැපය තියෙන දෙවෙනි ධ්‍යානය ලබාගෙන වාසය කරන අසත්පුරුෂයෙක් ඉන්නවා. ....(පෙ).... තුන්වෙනි ධ්‍යානය ....(පෙ).... සතරවෙනි ධ්‍යානය ලබාගෙන වාසය කරන අසත්පුරුෂයෙක් ඉන්නවා. එතකොට ඔහු කල්පනා කරන්නේ මේ විදිහටයි. 'මං චතුර්ථ ධ්‍යාන සමාපත්තියට සමවදින ධ්‍යානලාභී කෙනෙක්. නමුත් මේ අනිත් භික්ෂූන් වහන්සේලා චතුර්ථ ධ්‍යාන සමාපත්තියට සමවදින ධ්‍යානලාභී උදවිය නොවෙයි නෙව' කියලා, ඔහු චතුර්ථ ධ්‍යාන සමාපත්තියට සමවැදීම මුල් කරගෙන තමාව හුවා දක්වනවා. අනුන්ව හෙළාදකිනවා. පින්වත් මහණෙනි, ඔය දෙයත් අයිති අසත්පුරුෂ ධර්මයටයි.

පින්වත් මහණෙනි, සත්පුරුෂයා නම් මේ විදිහටයි කල්පනා කරන්නේ. 'භාග්‍යවතුන් වහන්සේ විසින් චතුර්ථ ධ්‍යාන සමාපත්තිය වුනත් නිකෙලෙස්භාවයට අයිතියි කියලයි වදාරණ ලද්දේ. එනිසා යම් යම් දෙයකින් මං 'මමය, මාගේය' යන කෙලෙස් ඇතිවෙන හැඟීම් ඇතිකරගත්තත්, එහි ස්වභාවය නම් වෙනස් වී යාමම යි' කියල ඔහු නිකෙලෙස්භාවය ම සිතෙහි පිහිටුවාගෙන ඒ චතුර්ථ ධ්‍යාන සමාපත්තිය මුල්කරගෙන තමාව හුවා දක්වන්නේ නෑ. අනුන්ව හෙළාදකින්නේ නෑ. පින්වත් මහණෙනි, සත්පුරුෂ ධර්මය යනු මෙයයි.

පින්වත් මහණෙනි, නැවත අනෙකක් කියනවා නම්; සියලු ආකාරයෙන් රූප සඤ්ඤා ඉක්මවා ගොස්, ගොරෝසු සඤ්ඤා නැතිවීමෙන්, නානත්ත සඤ්ඤාවන්ගේ මෙනෙහි නොකිරීමෙන් 'අනන්ත වූ ආකාසය යැ'යි ආකාසානඤ්චායතනය උපදවාගෙන වාසය කරන අසත්පුරුෂයෙක් ඉන්නවා. එතකොට ඔහු කල්පනා කරන්නේ මේ විදිහටයි. 'මං ආකාසානඤ්චායතන සමාපත්තියට සමවදින කෙනෙක්. නමුත් මේ අනිත් භික්ෂූන් වහන්සේලා

ආකාසානඤ්චායතන සමාපත්තියට සමවදින උදවිය නොවෙයි නෙව' කියලා, ඔහු ආකාසානඤ්චායතන සමාපත්තියට සමවැදීම මුල් කරගෙන තමාව හුවා දක්වනවා. අනුන්ව හෙළාදකිනවා. පින්වත් මහණෙනි, ඔය දෙයත් අයිති අසත්පුරුෂ ධර්මයටයි.

පින්වත් මහණෙනි, සත්පුරුෂයා නම් මේ විදිහටයි කල්පනා කරන්නේ. 'භාග්‍යවතුන් වහන්සේ විසින් ආකාසානඤ්චායතන සමාපත්තිය වුණත් නිකෙලෙස්භාවයට අයිතියි කියලයි වදාරණ ලද්දේ. එනිසා යම් යම් දෙයකින් මං 'මමය, මාගේය' යන කෙලෙස් ඇතිවෙන හැඟීම් ඇතිකරගත්තත්, එහි ස්වභාවය නම් වෙනස් වී යාමමයි' කියලා, ඔහු නිකෙලෙස්භාවය ම සිතෙහි පිහිටුවාගෙන ඒ ආකාසානඤ්චායතන සමාපත්තිය මුල්කරගෙන තමාව හුවා දක්වන්නේ නෑ. අනුන්ව හෙළාදකින්නේ නෑ. පින්වත් මහණෙනි, සත්පුරුෂ ධර්මය යනු මෙයයි.

පින්වත් මහණෙනි, නැවත අනෙකක් කියනවා නම්; සියලු ආකාරයෙන් ආකාසානඤ්චායතනය ඉක්මවා ගොස් 'අනන්ත වූ විඤ්ඤාණය යැ'යි විඤ්ඤාණඤ්චායතනය උපදවාගෙන වාසය කරන අසත්පුරුෂයෙක් ඉන්නවා. එතකොට ඔහු කල්පනා කරන්නේ මේ විදිහටයි. 'මං විඤ්ඤාණඤ්චායතන සමාපත්තියට සමවදින කෙනෙක්. නමුත් මේ අනිත් භික්ෂූන් වහන්සේලා විඤ්ඤාණඤ්චායතන සමාපත්තියට සමවදින උදවිය නොවෙයි නෙව' කියලා, ඔහු විඤ්ඤාණඤ්චායතන සමාපත්තියට සමවැදීම මුල් කරගෙන තමාව හුවා දක්වනවා. අනුන්ව හෙළාදකිනවා. පින්වත් මහණෙනි, ඔය දෙයත් අයිති අසත්පුරුෂ ධර්මයටයි.

පින්වත් මහණෙනි, සත්පුරුෂයා නම් මේ විදිහටයි කල්පනා කරන්නේ. 'භාග්‍යවතුන් වහන්සේ විසින් විඤ්ඤාණඤ්චායතන සමාපත්තිය වුනත් නිකෙලෙස්භාවයට අයිතියි කියලයි වදාරණ ලද්දේ. එනිසා යම් යම් දෙයකින් මං 'මමය, මාගේය' යන කෙලෙස් ඇතිවෙන හැඟීම් ඇතිකරගත්තත්, එහි ස්වභාවය නම් වෙනස් වී යාමමයි' කියල ඔහු නිකෙලෙස්භාවය ම සිතෙහි පිහිටුවාගෙන ඒ විඤ්ඤාණඤ්චායතන සමාපත්තිය මුල්කරගෙන තමාව හුවා දක්වන්නේ නෑ. අනුන්ව හෙළාදකින්නේ නෑ. පින්වත් මහණෙනි, සත්පුරුෂ ධර්මය යනු මෙයයි.

පින්වත් මහණෙනි, නැවත අනෙකක් කියනවා නම්; සියලු ආකාරයෙන් විඤ්ඤාණඤ්චායතනය ඉක්මවා ගොස් 'කිසිවක් නැතැ'යි ආකිඤ්චඤ්ඤායතනය උපදවාගෙන වාසය කරන අසත්පුරුෂයෙක් ඉන්නවා. එතකොට ඔහු කල්පනා කරන්නේ මේ විදිහටයි. 'මං ආකිඤ්චඤ්ඤායතන

සමාපත්තියට සමවදින කෙනෙක්. නමුත් මේ අනිත් භික්ෂූන් වහන්සේලා ආකිඤ්චඤ්ඤායතන සමාපත්තියට සමවදින උදවිය නොවෙයි නෙව' කියලා, ඔහු ආකිඤ්චඤ්ඤායතන සමාපත්තියට සමවැදීම මුල් කරගෙන තමාව හුවා දක්වනවා. අනුන්ව හෙළාදකිනවා. පින්වත් මහණෙනි, ඔය දෙයත් අයිති අසත්පුරුෂ ධර්මයටයි.

පින්වත් මහණෙනි, සත්පුරුෂයා නම් මේ විදිහටයි කල්පනා කරන්නේ. 'භාග්‍යවතුන් වහන්සේ විසින් ආකිඤ්චඤ්ඤායතන සමාපත්තිය වුනත් නිකෙලෙස්භාවයට අයිතියි කියලයි වදාරණ ලද්දේ. එනිසා යම් යම් දෙයකින් මං 'මමය, මාගේය' යන කෙලෙස් ඇතිවෙන හැඟීම් ඇතිකරගත්තත්, එහි ස්වභාවය නම් වෙනස් වී යාමමයි' කියල ඔහු නිකෙලෙස්භාවය ම සිතෙහි පිහිටුවාගෙන ඒ ආකිඤ්චඤ්ඤායතන සමාපත්තිය මුල්කරගෙන තමාව හුවා දක්වන්නේ නෑ. අනුන්ව හෙළාදකින්නේ නෑ. පින්වත් මහණෙනි, සත්පුරුෂ ධර්මය යනු මෙයයි.

පින්වත් මහණෙනි, නැවත අනෙකක් කියනවා නම්; සියලු ආකාරයෙන් ආකිඤ්චඤ්ඤායතනය ඉක්මවා ගොස් නේවසඤ්ඤානාසඤ්ඤායතනය උපදවාගෙන වාසය කරන අසත්පුරුෂයෙක් ඉන්නවා. එතකොට ඔහු කල්පනා කරන්නේ මේ විදිහටයි. 'මං නේවසඤ්ඤානාසඤ්ඤායතන සමාපත්තියට සමවදින කෙනෙක්. නමුත් මේ අනිත් භික්ෂූන් වහන්සේලා නේවසඤ්ඤානාසඤ්ඤායතන සමාපත්තියට සමවදින උදවිය නොවෙයි නෙව' කියල, ඔහු නේවසඤ්ඤානාසඤ්ඤායතන සමාපත්තියට සමවැදීම මුල් කරගෙන තමාව හුවා දක්වනවා. අනුන්ව හෙළාදකිනවා. පින්වත් මහණෙනි, ඔය දෙයත් අයිති අසත්පුරුෂ ධර්මයටයි.

පින්වත් මහණෙනි, සත්පුරුෂයා නම් මේ විදිහටයි කල්පනා කරන්නේ. 'භාග්‍යවතුන් වහන්සේ විසින් නේවසඤ්ඤානාසඤ්ඤායතන සමාපත්තිය වුනත් නිකෙලෙස්භාවයට අයිතියි කියලයි වදාරණ ලද්දේ. එනිසා යම් යම් දෙයකින් මං 'මමය, මාගේය' යන කෙලෙස් ඇතිවෙන හැඟීම් ඇතිකරගත්තත්, එහි ස්වභාවය නම් වෙනස් වී යාමමයි' කියල ඔහු නිකෙලෙස්භාවය ම සිතෙහි පිහිටුවාගෙන ඒ නේවසඤ්ඤානාසඤ්ඤායතන සමාපත්තිය මුල්කරගෙන තමාව හුවා දක්වන්නේ නෑ. අනුන්ව හෙළාදකින්නේ නෑ. පින්වත් මහණෙනි, සත්පුරුෂ ධර්මය යනු මෙයයි.

පින්වත් මහණෙනි, නැවත අනෙකක් කියනවා නම්; සියලු ආකාරයෙන් නේවසඤ්ඤානාසඤ්ඤායතනය ඉක්මවා ගොස් සඤ්ඤාවේදයිත නිරෝධය

උපදවාගෙන වාසය කරන සත්පුරුෂයෙක් ඉන්නවා. ප්‍රඥාවෙන් ලත් අවබෝධය හේතුවෙන් ඔහු තුළ ආශ්‍රවයනුත් ක්ෂය වෙලා යනවා. එතකොට පින්වත් මහණෙනි, මේ භික්ෂුව කිසිදෙයක් 'මමය, මාගේය, මාගේ ආත්මයය' ආදී වශයෙන් කෙලෙස් ඇතිවෙන හැඟීම් ඇතිකරගන්නේ නෑ. කිසිතැනක හෝ කෙලෙස් ඇතිවෙන හැඟීම් ඇතිකරගන්නේ නෑ. කිසිකෙනෙක් කෙරෙන් හෝ කෙලෙස් ඇතිවෙන හැඟීම් ඇතිකරගන්නේ නෑ.

භාග්‍යවතුන් වහන්සේ මේ උතුම් දේශනය වදාළා. ඒ දේශනය ගැන ඒ භික්ෂූන් වහන්සේලා ගොඩක් සතුටු වුනා. භාග්‍යවතුන් වහන්සේ වදාළ මේ දේශනය සතුටින් පිළිගත්තා.

සාදු! සාදු!! සාදු!!!

සත්පුරුෂයා ගැන වදාළ දෙසුම නිමා විය.

3.2.4.
සේවිතබ්බාසේවිතබ්බ සූත්‍රය
සේවනය කළ යුතු, සේවනය නොකළ යුතු දේ ගැන වදාළ දෙසුම

මා හට අසන්නට ලැබුනේ මේ විදිහටයි. ඒ දිනවල භාග්‍යවතුන් වහන්සේ වැඩසිටියේ සැවැත් නුවර අනේපිඬු සිටුතුමා විසින් කරවන ලද ජේතවනාරාමයේ. එදා භාග්‍යවතුන් වහන්සේ "පින්වත් මහණෙනි"යි කියා භික්ෂුසංඝයා අමතා වදාළා. ඒ භික්ෂූන් ද "පින්වතුන් වහන්සැ"යි කියා භාග්‍යවතුන් වහන්සේට පිළිතුරු දුන්නා. භාග්‍යවතුන් වහන්සේ මෙය වදාළා.

"පින්වත් මහණෙනි, සේවනය කළ යුතු, සේවනය නොකළ යුතු දේ පිළිබඳව වූ ධර්මයක් ඔබට දේශනා කරන්නම්. එය සවන් යොමා අසන්න. මනා කොට නුවණින් මෙනෙහි කරන්න. මා කියා දෙන්නම්."

"එසේය, ස්වාමීනී" කියා ඒ භික්ෂූන් වහන්සේලා ද භාග්‍යවතුන් වහන්සේට පිළිතුරු දුන්නා. භාග්‍යවතුන් වහන්සේ මෙය වදාළා.

"පින්වත් මහණෙනි, කායික චරියාවන් පවා දෙආකාරයකින් යුක්තයි කියලයි මා පවසන්නේ. ඒ කියන්නේ සේවනය කළ යුතු වූත්, සේවනය නොකළ යුතු වූත් කායික චරියාවන් තියෙනවා. එය ද එකිනෙකට වෙනස් වූත් කායික චරියාවන්ය.

වචනයෙන් වන හැසිරීම් පවා දෙආකාරයකින් යුක්තයි කියලයි මා පවසන්නේ. ඒ කියන්නේ සේවනය කළ යුතු වූත්, සේවනය නොකළ යුතු වූත් වාචසික චරියාවන් තියෙනවා. එය ද එකිනෙකට වෙනස් වූත් වාචසික චරියාවන්ය.

මනසින් කෙරෙන ක්‍රියාවන් පවා දෙආකාරයකින් යුක්තයි කියලයි මා පවසන්නේ. ඒ කියන්නේ සේවනය කළ යුතු වූත්, සේවනය නොකළ යුතු වූත් මානසික චරියාවන් තියෙනවා. එය ද එකිනෙකට වෙනස් වූත් මානසික චරියාවන්ය.

සිතක් ඉපිදවීම පවා දෙආකාරයකින් යුක්තයි කියලයි මා පවසන්නේ. ඒ කියන්නේ සේවනය කළ යුතු වූත්, සේවනය නොකළ යුතු වූත් සිත් ඉපිදවීම් තියෙනවා. එය ද එකිනෙකට වෙනස් වූත් චිත්ත උත්පාදයන්ය.

සඤ්ඤා ප්‍රතිලාභ පවා දෙආකාරයකින් යුක්තයි කියලයි මා පවසන්නේ. ඒ කියන්නේ සේවනය කළ යුතු වූත්, සේවනය නොකළ යුතු වූත් සඤ්ඤා ප්‍රතිලාභ තියෙනවා. එය ද එකිනෙකට වෙනස් වූත් සඤ්ඤා ප්‍රතිලාභයන්ය.

දෘෂ්ටි ඇතිවීම පවා දෙආකාරයකින් යුක්තයි කියලයි මා පවසන්නේ. ඒ කියන්නේ සේවනය කළ යුතු වූත්, සේවනය නොකළ යුතු වූත් දෘෂ්ටි ඇතිවීම් තියෙනවා. එය ද එකිනෙකට වෙනස් වූත් දෘෂ්ටි ඇතිවීම්ය.

ආත්මභාව ප්‍රතිලාභ පවා දෙආකාරයකින් යුක්තයි කියලයි මා පවසන්නේ. ඒ කියන්නේ සේවනය කළ යුතු වූත්, සේවනය නොකළ යුතු වූත් ආත්මභාව ප්‍රතිලාභ තියෙනවා. එය ද එකිනෙකට වෙනස් වූත් ආත්මභාව ප්‍රතිලාභයන්ය."

මෙසේ වදාළ කල්හි ආයුෂ්මත් සාරිපුත්තයන් වහන්සේ භාග්‍යවතුන් වහන්සේට මෙය වදාළා.

"ස්වාමීනී, භාග්‍යවතුන් වහන්සේ විසින් සංක්ෂේපව වදාරණ ලද, විස්තර විභාග වශයෙන් නොවදාරණ ලද මෙම ධර්මයෙහි අර්ථ මට මෙවැනි ආකාරයෙන් විස්තර වශයෙන් වැටහෙනවා.

'පින්වත් මහණෙනි, කායික චරියාවන් පවා දෙආකාරයකින් යුක්තයි කියලයි මා පවසන්නේ. ඒ කියන්නේ සේවනය කළ යුතු වූත්, සේවනය නොකළ යුතු වූත් කායික චරියාවන් තියෙනවා. එය ද එකිනෙකට වෙනස් වූත් කායික චරියාවන්ය' කියා භාග්‍යවතුන් වහන්සේ විසින් යම් ධර්මයක් වදාරණ ලද්දේද, එය කුමක් උදෙසා වදාරණ ලද්දේද යත්;

ස්වාමීනී, යම් ආකාර වූ කායික චරියාවක් සේවනය කරද්දී අකුසල් වැඩෙනවා නම්, කුසල් දහම් පිරිහෙනවා නම්, එවැනි කායික චරියාවන් සේවනය නොකළ යුතුයි.

ඒ වගේම ස්වාමීනී, යම් ආකාර වූ කායික චරියාවක් සේවනය කරද්දී කුසල් දහම් වැඩෙනවා නම්, අකුසල් පිරිහෙනවා නම්, එවැනි කායික චරියාවන් සේවනය කළ යුතුයි.

ස්වාමීනී, සේවනය කරද්දී අකුසල් වැඩෙන්නෙත්, කුසල් දහම් පිරිහෙන්නෙත්, කවර කායික චරියාවකදීද? ස්වාමීනී, මෙහිලා ඇතැම් කෙනෙක්

සතුන් මරණවා. රෞද්‍රයි. ලේ තැවරුණු අත්වලින් යුක්තයි. අනුන් නසනවා. අනුන් වනසනවා. සතුන් කෙරෙහි දයා රහිතයි. ඒ වගේම අනුන් සතු, අනුන් අයත් යම් බඩු බාහිරාදිය ඇද්ද, ගමේ වේවා, වනයේ වේවා, ඒ නොදුන් දේ සොර සිතින් ගන්නවා. ඒ වගේම කාම මිත්‍යාචාරයෙන් යුක්තයි. ඒ කියන්නේ මව් යටතේ රැකෙන, පියා යටතේ රැකෙන, මව්පියන් යටතේ රැකෙන, සොයුරා යටතේ රැකෙන, සොයුරිය යටතේ රැකෙන, කුල ගොත් යටතේ රැකෙන, ගුණ ධර්ම යටතේ රැකෙන, ස්වාමියා යටතේ රැකෙන, දඬුවම් යටතේ රැකෙන, යටත් පිරිසෙයින් මල් මාලාවකින් හෝ රැකගත් යම් කුලකුමාරිකාවන් ඇද්ද, එබඳු ස්ත්‍රීන් කෙරෙහි ඇති චාරිත්‍ර ඉක්මවා කාම මිත්‍යාචාරයෙහි යෙදෙයිද, ස්වාමීනී, මෙවැනි වූ කායික චරියාවක් සේවනය කරද්දී තමයි අකුසල් වැඩෙන්නේ. කුසල් දහම් පිරිහෙන්නේ.

ස්වාමීනී, සේවනය කරද්දී අකුසල් පිරිහෙන්නෙත්, කුසල් දහම් වැඩෙන්නෙත්, කවර කායික චරියාවකදීද? ස්වාමීනී, මෙහිලා ඇතැම් කෙනෙක් සතුන් මැරීම අත්හැර, සතුන් මැරීමෙන් වළකිනවා. දඬු මුගුරු අත්හරිනවා. අවිආයුධ අත්හරිනවා. සතුන් මැරීමෙහි ලැජ්ජයි. දයාවෙන් යුක්තයි. සියලු ප්‍රාණීන් කෙරෙහි හිතානුකම්පීව වාසය කරනවා. ඒ වගේම නුදුන් දේ ගැනීම අත්හැර, සොරකමින් වැළකී වාසය කරනවා. ඒ කියන්නේ අනුන් සතු, අනුන් අයත් යම් බඩු බාහිරාදිය ඇද්ද, ගමේ වේවා, වනයේ වේවා, ඒ නොදුන් දේ සොර සිතින් ගන්නේ නැහැ. ඒ වගේම කාම මිත්‍යාචාරය අත්හැර කාම මිත්‍යාචාරයෙන් වැළකී වාසය කරනවා. ඒ කියන්නේ මව් යටතේ රැකෙන, පියා යටතේ රැකෙන, මව්පියන් යටතේ රැකෙන, සොයුරා යටතේ රැකෙන, සොයුරිය යටතේ රැකෙන, කුල ගොත් යටතේ රැකෙන, ගුණ ධර්ම යටතේ රැකෙන, ස්වාමියා යටතේ රැකෙන, දඬුවම් යටතේ රැකෙන, යටත් පිරිසෙයින් මල් මාලාවකින් හෝ රැකගත් යම් කුලකුමාරිකාවන් ඇද්ද, එබඳු ස්ත්‍රීන් කෙරෙහි ඇති චාරිත්‍ර ඉක්මවා කාම මිත්‍යාචාරයෙහි යෙදෙන්නේ නැහැ. ස්වාමීනී, මෙවැනි වූ කායික චරියාවක් සේවනය කරද්දී තමයි අකුසල් පිරිහෙන්නේ. කුසල් දහම් වැඩෙන්නේ.

'පින්වත් මහණෙනි, කායික චරියාවන් පවා දෙආකාරයකින් යුක්තයි කියලයි මා පවසන්නේ. ඒ කියන්නේ සේවනය කළ යුතු වූත්, සේවනය නොකළ යුතු වූත් කායික චරියාවන් තියෙනවා. එය ද එකිනෙකට වෙනස් වූත් කායික චරියාවන්ය' කියා භාග්‍යවතුන් වහන්සේ විසින් යම් ධර්මයක් වදාරණ ලද්දේද, එසේ වදාරණ ලද්දේ ඔය කරුණ උදෙසායි.

'පින්වත් මහණෙනි, වාචසික චරියාවන් පවා දෙආකාරයකින් යුක්තයි කියලයි මා පවසන්නේ. ඒ කියන්නේ සේවනය කළ යුතු වූත්, සේවනය නොකළ යුතු වූත් වාචසික චරියාවන් තියෙනවා. එය ද එකිනෙකට වෙනස් වූත් වාචසික චරියාවන්ය' කියා භාග්‍යවතුන් වහන්සේ විසින් යම් ධර්මයක් වදාරණ ලද්දේද, එය කුමක් උදෙසා වදාරණ ලද්දේද යත්;

ස්වාමීනී, යම් ආකාර වූ වාචසික චරියාවක් සේවනය කරද්දී අකුසල් වැඩෙනවා නම්, කුසල් දහම් පිරිහෙනවා නම්, එවැනි වාචසික චරියාවන් සේවනය නොකළ යුතුයි.

ඒ වගේම ස්වාමීනී, යම් ආකාර වූ වාචසික චරියාවක් සේවනය කරද්දී කුසල් දහම් වැඩෙනවා නම්, අකුසල් පිරිහෙනවා නම්, එවැනි වාචසික චරියාවන් සේවනය කළ යුතුයි.

ස්වාමීනී, සේවනය කරද්දී අකුසල් වැඩෙන්නෙත්, කුසල් දහම් පිරිහෙන්නෙත්, කවර වාචසික චරියාවකදීද? ස්වාමීනී, මෙහිලා ඇතැම් කෙනෙක් බොරු කියනවා. සභාවක් මැද වේවා, පිරිස් මැද වේවා, නෑදැයින් මැද වේවා, සේනාව මැද වේවා, රජ පවුල් අතරට ගිහින් වේවා, ඔහුව කැඳවා ප්‍රශ්න කරද්දී 'එම්බා පුරුෂය, එව. යමක් දන්නවා නම්, එය කියන්න' කියලා. එතකොට ඔහු නොදනම 'දන්නවා'යි කියනවා. දනගෙනම 'දන්නෙ නැතෙ'යි කියනවා. නොදකම 'දක්කා'යි කියනවා. දකලම 'දක්කෙ නැතෙ'යි කියනවා. ඔය විදිහට තමා උදෙසා හෝ අනුන් උදෙසා හෝ යම්කිසි ලාභයක් උදෙසා හෝ දන දන බොරු කියනවා.

ඒ වගේම ඔහු කේළාම් කියනවා. මෙතනින් අහලා වෙන තැනක ගිහින් කියනවා, මෙතන බිඳවීමට. එතනින් අහලා මෙතන ඇවිත් කියනවා, එතන බිඳවීමට. ඔය විදිහට සමගි වූවන්ව බිඳෙන ආකාරයට වචන කියනවා. බිඳුණු උදවිය තව තවත් භේදභින්න වීමට වචන කියනවා. පිරිස් බිඳවීමෙහි කැමති වෙනවා. පිරිස් බිඳවීමෙහි ඇලෙනවා. පිරිස් බිඳවීමෙන් සතුටු වෙනවා. බිඳීම ඇතිවෙන වචන කතා කරනවා.

ඒ වගේම එරුෂ වචන කියනවා. යම් වචනයක් වරදින් යුක්තයිද, නපුරුයිද, එරුෂද, අන් අයට කටුකයිද, අන් අය ගැටෙනවාද, ක්‍රෝධයට ආසන්නයිද, සිතේ සංසිඳීම නැතිවෙනවාද, එවැනි වූ වචන කියනවා.

ඒ වගේම හිස් වචන කතාකරනවා. කාලය වනසන, අසත්‍ය වූ දෙයින් යුක්ත, අනර්ථ වූ දෙයින් යුක්ත, ධර්මයකට විනයකට අයත් නොවන, අයහපත්

වූ වචන කතා කරනවා. ස්වාමීනී, මෙවැනි වූ වාචසික චරියාවක් සේවනය කරද්දී තමයි අකුසල් වැඩෙන්නේ. කුසල් දහම් පිරිහෙන්නේ.

ස්වාමීනී, සේවනය කරද්දී අකුසල් පිරිහෙන්නෙත්, කුසල් දහම් වැඩෙන්නෙත්, කවර වාචසික චරියාවකදීද?

ස්වාමීනී, මෙහිලා ඇතැම් කෙනෙක් බොරු කීම අත්හැරලා, බොරු කීමෙන් වැළකී ඉන්නවා. ඒ කියන්නේ සභාවක් මැද වේවා, පිරිස් මැද වේවා, නෑදෑයින් මැද වේවා, සේනාව මැද වේවා, රජ පවුල් අතරට ගිහින් වේවා, ඔහුව කැඳවා ප්‍රශ්න කරද්දී 'එම්බා පුරුෂය, එව. යමක් දන්නවා නම්, එය කියන්න' කියලා. එතකොට ඔහු නොදන්නා දේ 'දන්නෙ නෑ' කියනවා. දැනගත් දේ 'දන්නවා' කියනවා. නොදුටු දේ 'දැක්කෙ නෑ' කියනවා. දුටු දේ 'දැක්කා' කියනවා. ඔය විදිහට තමා උදෙසා හෝ අනුන් උදෙසා හෝ යම්කිසි ලාභයක් උදෙසා දැන දැන බොරු කියන්නෙ නෑ.

ඒ වගේම ඔහු කේලාම් කීම අත්හැරලා, කේලාම් කීමෙන් වැළකී වාසය කරනවා. මෙතනින් අහලා වෙන තැනක ගිහින් කියන්නෙ නෑ, මෙතන බිඳවීමට. එතනින් අහලා මෙතන ඇවිත් කියන්නෙ නෑ, එතන බිඳවීමට. ඔය විදිහට බිඳුනු උදවිය සමඟි කරනවා. සමඟි වූ උදවියට තව තවත් සමඟි වෙන්න රුකුල් දෙනවා. සමඟියට කැමති වෙනවා. සමඟියෙහි ඇලෙනවා. සමඟි කිරීමෙන් සතුටු වෙනවා. සමඟිය ඇතිවෙන වචන කතා කරනවා.

ඒ වගේම ඵරුෂ වචන අත්හැර, ඵරුෂ වචනයෙන් වැළකී වාසය කරනවා. යම් වචනයක් වරදින් තොරයිද, කනට මිහිරියිද, ප්‍රේමණීයයිද, හෘදයාංගමද, වැදගත්ද, බොහෝ අයට මනාපද, සිත් අලවනවාද, එවැනි වූ වචන කතා කරනවා.

ඒ වගේම හිස් වචන අත්හැර, හිස්වචන කථාවෙන් වැළකී වාසය කරනවා. කාලය නොවනසන, සත්‍ය වූ දෙයින් යුක්ත, අර්ථවත් වූ දෙයින් යුක්ත, ධර්මානුකූල, හික්මෙන්නට උපකාරී වන නැවත නැවත සිහිකිරීමෙන් ප්‍රයෝජන ලැබෙන, ඒ වගේම කරුණු සහිතව, සුදුසු කාලයට, අර්ථ සහිතව, සීමාවක් ඇතුව කතා කරනවා.

ස්වාමීනී, මෙවැනි වූ වාචසික චරියාවක් සේවනය කරද්දී තමයි අකුසල් පිරිහෙන්නේ. කුසල් දහම් වැඩෙන්නේ.

'පින්වත් මහණෙනි, වාචසික චරියාවන් පවා දෙආකාරයකින් යුක්තයි කියලයි මා පවසන්නේ. ඒ කියන්නේ සේවනය කළ යුතු වූත්, සේවනය නොකළ

යුතු වූත් වාචසික චරියාවන් තියෙනවා. එය ද එකිනෙකට වෙනස් වූත් වාචසික චරියාවන්ය' කියා භාග්‍යවතුන් වහන්සේ විසින් යම් ධර්මයක් වදාරණ ලද්දේද, එසේ වදාරණ ලද්දේ ඔය කරුණ උදෙසායි.

'පින්වත් මහණෙනි, මානසික හැසිරීම් පවා දෙආකාරයකින් යුක්තයි කියලයි මා පවසන්නේ. ඒ කියන්නේ සේවනය කළ යුතු වූත්, සේවනය නොකළ යුතු වූත් මානසික හැසිරීම් තියෙනවා. එය ද එකිනෙකට වෙනස් වූත් මානසික හැසිරීම්ය' කියා භාග්‍යවතුන් වහන්සේ විසින් යම් ධර්මයක් වදාරණ ලද්දේද, එය කුමක් උදෙසා වදාරණ ලද්දේද යත්;

ස්වාමීනී, යම් ආකාර වූ මානසික චරියාවක් සේවනය කරද්දී අකුසල් වැඩෙනවා නම්, කුසල් දහම් පිරිහෙනවා නම්, එවැනි මානසික චරියාවන් සේවනය නොකළ යුතුයි.

ඒ වගේම ස්වාමීනී, යම් ආකාර වූ මානසික චරියාවක් සේවනය කරද්දී කුසල් දහම් වැඩෙනවා නම්, අකුසල් පිරිහෙනවා නම්, එවැනි මානසික චරියාවන් සේවනය කළ යුතුයි.

ස්වාමීනී, සේවනය කරද්දී අකුසල් වැඩෙන්නෙත්, කුසල් දහම් පිරිහෙන්නෙත්, කවර මානසික චරියාවකදීද? ස්වාමීනී, මෙහිලා ඇතැම් කෙනෙක් අනුන් සතු දෙයට ආශා කරනවා. අනුන්ට අයිති, අනුන්ගේ සතුට උපදවන ඔවුන්ගේ යමක් ඇද්ද, ඒවා පිළිබඳව 'අනේ...! අනුන් සතු වූ යම් ඒ දෙයක් ඇද්ද, එය මට ඇත්නම්' කියල ආශාව ඇතිකරගන්නවා.

ඒ වගේම ද්වේෂ සහගත සිතින්, දූෂිත වූ මානසික කල්පනා ඇතිකර ගන්නවා. ඒ කියන්නේ 'මේ උදවිය නැසී යත්වා! වධයට පත්වෙත්වා! සිඳී බිඳී යත්වා! විනාශ වෙත්වා! නොවෙත්වා!' කියල විපත්ති ඇතිකරවන සිතින් යුක්ත වෙනවා.

ස්වාමීනී, මෙවැනි වූ මානසික චරියාවක් සේවනය කරද්දී තමයි අකුසල් වැඩෙන්නේ. කුසල් දහම් පිරිහෙන්නේ.

ස්වාමීනී, සේවනය කරද්දී අකුසල් පිරිහෙන්නෙත්, කුසල් දහම් වැඩෙන්නෙත්, කවර මානසික චරියාවකදීද?

ස්වාමීනී, මෙහිලා ඇතැම් කෙනෙක් අනුන් සතු දෙයට ආශා කරන්නෙ නෑ. අනුන්ට අයිති, අනුන්ගේ සතුට උපදවන ඔවුන්ගේ යමක් ඇද්ද, ඒවා පිළිබඳව 'අනේ...! අනුන් සතු වූ යම් ඒ දෙයක් ඇද්ද, එය මට ඇත්නම්' කියල ආශාව ඇතිකරගන්නෙ නෑ.

ඒ වගේම ද්වේෂ රහිත සිතින් යුක්ත වෙනවා. ඒ කියන්නේ 'මේ උදවිය වෛර නැත්තෝ වෙත්වා! තරහා නැත්තෝ වෙත්වා! දුක් පීඩා නැත්තෝ වෙත්වා! සුවසේ ජීවත් වෙත්වා!' කියල දූෂිත නොවූ මානසික කල්පනා ඇතිකරගන්නවා.

ස්වාමීනී, මෙවැනි වූ මානසික චරියාවක් සේවනය කරද්දී තමයි අකුසල් පිරිහෙන්නේ. කුසල් දහම් වැඩෙන්නේ.

'පින්වත් මහණෙනි, මානසික හැසිරීම් පවා දෙආකාරයකින් යුක්තයි කියලයි මා පවසන්නේ. ඒ කියන්නේ සේවනය කළ යුතු වූත්, සේවනය නොකළ යුතු වූත් මානසික හැසිරීම් තියෙනවා. එය ද එකිනෙකට වෙනස් වූත් මානසික හැසිරීම්ය' කියා භාග්‍යවතුන් වහන්සේ විසින් යම් ධර්මයක් වදාරණ ලද්දේද, එසේ වදාරණ ලද්දේ ඔය කරුණ උදෙසායි.

'පින්වත් මහණෙනි, සිතක් උපදවා ගැනීම පවා දෙආකාරයකින් යුක්තයි කියලයි මා පවසන්නේ. ඒ කියන්නේ සේවනය කළ යුතු වූත්, සේවනය නොකළ යුතු වූත් සිත් උපදවා ගැනීම් තියෙනවා. එය ද එකිනෙකට වෙනස් වූත් සිත් උපදවා ගැනීම්ය' කියා භාග්‍යවතුන් වහන්සේ විසින් යම් ධර්මයක් වදාරණ ලද්දේද, එය කුමක් උදෙසා වදාරණ ලද්දේද යත්;

ස්වාමීනී, යම් ආකාර වූ සිතක් උපදවා ගෙන සේවනය කරද්දී අකුසල් වැඩෙනවා නම්, කුසල් දහම් පිරිහෙනවා නම්, එවැනි සිත් උපදවා ගෙන සේවනය නොකළ යුතුයි.

ඒ වගේම ස්වාමීනී, යම් ආකාර වූ සිතක් උපදවා ගෙන සේවනය කරද්දී කුසල් දහම් වැඩෙනවා නම්, අකුසල් පිරිහෙනවා නම්, එවැනි සිත් උපදවා ගෙන සේවනය කළ යුතුයි.

ස්වාමීනී, සේවනය කරද්දී අකුසල් වැඩෙන්නෙත්, කුසල් දහම් පිරිහෙන්නෙත්, කවර සිතක් උපදවා ගැනීමේදීද? ස්වාමීනී, මෙහිලා ඇතැම් කෙනෙක් අනුන් සතු දෙයට ආශා කරයි. අනුන් සතු දෙයට ආශාවෙන් යුතු සිතින් වාසය කරයි.

ඒ වගේම ද්වේෂ කරයි. ද්වේෂ සහගත සිතින් වාසය කරයි.

ඒ වගේම අනුන්ට හිංසා කිරීමට සිතයි. හිංසාකාරී සිතින් වාසය කරයි.

ස්වාමීනී, මෙවැනි වූ සිතක් උපදවා ගෙන සේවනය කරද්දී තමයි අකුසල් වැඩෙන්නේ. කුසල් දහම් පිරිහෙන්නේ.

ස්වාමීනී, සේවනය කරද්දී අකුසල් පිරිහෙන්නෙත්, කුසල් දහම් වැඩෙන්නෙත්, කවර සිතක් උපදවාගෙන වාසය කරද්දීද?

ස්වාමීනී, මෙහිලා ඇතැම් කෙනෙක් අනුන් සතු දෙයට ආශා කරන්නේ නෑ. අනුන් සතු දෙයට ආශා නොකරන සිතින් වාසය කරනවා.

ඒ වගේ ම ද්වේෂ කරන්නේ නෑ. ද්වේෂ සහගත සිතින් තොරව වාසය කරයි.

ඒ වගේම අනුන්ට හිංසා කිරීමට සිතන්නේ නෑ. හිංසාකාරී සිතින් තොරව වාසය කරයි.

ස්වාමීනී, මෙවැනි වූ සිතක් උපදවාගෙන සේවනය කරද්දී තමයි අකුසල් පිරිහෙන්නේ. කුසල් දහම් වැඩෙන්නේ.

'පින්වත් මහණෙනි, සිතක් උපදවා ගැනීම පවා දෙආකාරයකින් යුක්තයි කියලයි මා පවසන්නේ. ඒ කියන්නේ සේවනය කළ යුතු වූත්, සේවනය නොකළ යුතු වූත් සිත් උපදවා ගැනීම් තියෙනවා. එය ද එකිනෙකට වෙනස් වූත් සිත් උපදවා ගැනීම්ය' කියා භාග්‍යවතුන් වහන්සේ විසින් යම් ධර්මයක් වදාරණ ලද්දේද, එසේ වදාරණ ලද්දේ ඔය කරුණ උදෙසායි.

'පින්වත් මහණෙනි, සඤ්ඤා ප්‍රතිලාභය පවා දෙආකාරයකින් යුක්තයි කියලයි මා පවසන්නේ. ඒ කියන්නේ සේවනය කළ යුතු වූත්, සේවනය නොකළ යුතු වූත් සඤ්ඤා ප්‍රතිලාභයන් තියෙනවා. එය ද එකිනෙකට වෙනස් වූත් සඤ්ඤා ප්‍රතිලාභයන්ය' කියා භාග්‍යවතුන් වහන්සේ විසින් යම් ධර්මයක් වදාරණ ලද්දේද, එය කුමක් උදෙසා වදාරණ ලද්දේද යත්;

ස්වාමීනී, යම් ආකාර වූ සඤ්ඤා ප්‍රතිලාභයක් සේවනය කරද්දී අකුසල් වැඩෙනවා නම්, කුසල් දහම් පිරිහෙනවා නම්, එවැනි සඤ්ඤා ප්‍රතිලාභය සේවනය නොකළ යුතුයි.

ඒ වගේ ම ස්වාමීනී, යම් ආකාර වූ සඤ්ඤා ප්‍රතිලාභයක් සේවනය කරද්දී කුසල් දහම් වැඩෙනවා නම්, අකුසල් පිරිහෙනවා නම්, එවැනි සඤ්ඤා ප්‍රතිලාභය සේවනය කළ යුතුයි.

ස්වාමීනී, සේවනය කරද්දී අකුසල් වැඩෙන්නෙත්, කුසල් දහම් පිරිහෙන්නෙත්, කවර සඤ්ඤා ප්‍රතිලාභයකදීද? ස්වාමීනී, මෙහිලා ඇතැම් කෙනෙක් අනුන් සතු දෙයට ආශා කරයි. අනුන් සතු දෙයට ආශාවෙන් යුතු සඤ්ඤාවෙන් වාසය කරයි.

ඒ වගේම ද්වේෂ කරයි. ද්වේෂ සහගත සඤ්ඤාවෙන් වාසය කරයි.

ඒ වගේම අනුන්ට හිංසා කරයි. හිංසාකාරී සඤ්ඤාවෙන් වාසය කරයි.

ස්වාමීනී, මෙවැනි වූ සඤ්ඤා ප්‍රතිලාභයක් සේවනය කරද්දී තමයි අකුසල් වැඩෙන්නේ. කුසල් දහම් පිරිහෙන්නේ.

ස්වාමීනී, සේවනය කරද්දී අකුසල් පිරිහෙන්නෙත්, කුසල් දහම් වැඩෙන්නෙත්, කවර සඤ්ඤා ප්‍රතිලාභයකදීද?

ස්වාමීනී, මෙහිලා ඇතැම් කෙනෙක් අනුන් සතු දෙයට ආශා කරන්නේ නෑ. අනුන් සතු දෙයට ආශා නොකරන සඤ්ඤාවෙන් වාසය කරනවා.

ඒ වගේම ද්වේෂ කරන්නේ නෑ. ද්වේෂ සහගත නොවූ සඤ්ඤාවෙන් යුතුව වාසය කරනවා.

ඒ වගේම අනුන්ට හිංසා කිරීමට සිතන්නේ නෑ. හිංසාකාරී නො වූ සඤ්ඤාවෙන් යුතුව වාසය කරනවා.

ස්වාමීනී, මෙවැනි වූ සඤ්ඤා ප්‍රතිලාභයක් සේවනය කරද්දී තමයි අකුසල් පිරිහෙන්නේ. කුසල් දහම් වැඩෙන්නේ.

'පින්වත් මහණෙනි, සඤ්ඤා ප්‍රතිලාභය පවා දෙආකාරයකින් යුක්තයි කියලයි මා පවසන්නේ. ඒ කියන්නේ සේවනය කළ යුතු වූත්, සේවනය නොකළ යුතු වූත් සඤ්ඤා ප්‍රතිලාභයන් තියෙනවා. එය ද එකිනෙකට වෙනස් වූත් සඤ්ඤා ප්‍රතිලාභයන්ය' කියා භාග්‍යවතුන් වහන්සේ විසින් යම් ධර්මයක් වදාරණ ලද්දේද, එසේ වදාරණ ලද්දේ ඔය කරුණ උදෙසායි.

'පින්වත් මහණෙනි, දෘෂ්ටි ප්‍රතිලාභය පවා දෙආකාරයකින් යුක්තයි කියලයි මා පවසන්නේ. ඒ කියන්නේ සේවනය කළ යුතු වූත්, සේවනය නොකළ යුතු වූත් දෘෂ්ටි ප්‍රතිලාභයක් තියෙනවා. එය ද එකිනෙකට වෙනස් වූත් දෘෂ්ටි ප්‍රතිලාභයන්ය' කියා භාග්‍යවතුන් වහන්සේ විසින් යම් ධර්මයක් වදාරණ ලද්දේද, එය කුමක් උදෙසා වදාරණ ලද්දේද යත්;

ස්වාමීනී, යම් ආකාර වූ දෘෂ්ටි ප්‍රතිලාභයක් සේවනය කරද්දී අකුසල් වැඩෙනවා නම්, කුසල් දහම් පිරිහෙනවා නම්, එවැනි දෘෂ්ටි ප්‍රතිලාභය සේවනය නොකළ යුතුයි.

ඒ වගේ ම ස්වාමීනී, යම් ආකාර වූ දෘෂ්ටි ප්‍රතිලාභයක් සේවනය කරද්දී කුසල් දහම් වැඩෙනවා නම්, අකුසල් පිරිහෙනවා නම්, එවැනි දෘෂ්ටි ප්‍රතිලාභය සේවනය කළ යුතුයි.

ස්වාමීනී, සේවනය කරද්දී අකුසල් වැඩෙන්නෙත්, කුසල් දහම් පිරිහෙන්නෙත්, කවර දෘෂ්ටි ප්‍රතිලාභයකදීද? ස්වාමීනී, මෙහිලා ඇතැම් කෙනෙක් මෙවැනි දෘෂ්ටියකින් යුක්ත වෙයි. ඒ කියන්නේ; 'දුන් දෙයක විපාක නැත. පුද පූජාවක විපාක නැත. සේවාවක විපාක නැත. පින් පව් කර්මවල ඵල විපාක නැත. මෙලොවක් නැත. පරලොවක් නැත. මවක් නැත. පියෙක් නැත. ඕපපාතික සත්වයන් නැත. ඒ වගේම ලෝකයෙහි යහපත් මග ගමන් කළ, යහපතෙහි පිළිපන් ශ්‍රමණ බ්‍රාහ්මණයන් යමෙක් මෙලොවත්, පරලොවත් ස්වකීය ප්‍රඥාවෙන් අවබෝධ කොට කියා දෙත්ද, එවැනි උදවිය ද නැත' කියලා.

ස්වාමීනී, මෙවැනි වූ දෘෂ්ටි ප්‍රතිලාභයක් සේවනය කරද්දී තමයි අකුසල් වැඩෙන්නේ. කුසල් දහම් පිරිහෙන්නේ.

ස්වාමීනී, සේවනය කරද්දී අකුසල් පිරිහෙන්නෙත්, කුසල් දහම් වැඩෙන්නෙත්, කවර දෘෂ්ටි ප්‍රතිලාභයකදීද?

ස්වාමීනී, මෙහිලා ඇතැම් කෙනෙක් මෙවැනි දෘෂ්ටියකින් යුක්ත වෙයි. ඒ කියන්නේ; 'දුන් දෙයක විපාක ඇත. පුද පූජාවක විපාක ඇත. සේවාවක විපාක ඇත. පින් පව් කර්මවල ඵල විපාක ඇත. මෙලොවක් ඇත. පරලොවක් ඇත. මවක් ඇත. පියෙක් ඇත. ඕපපාතික සත්වයන් ඇත. ඒ වගේම ලෝකයෙහි යහපත් මග ගමන් කළ, යහපතෙහි පිළිපන් ශ්‍රමණ බ්‍රාහ්මණයන් යමෙක් මෙලොවත්, පරලොවත් ස්වකීය ප්‍රඥාවෙන් අවබෝධ කොට කියා දෙත්ද, එවැනි උදවිය ද ඇත' කියලා.

ස්වාමීනී, මෙවැනි වූ දෘෂ්ටි ප්‍රතිලාභයක් සේවනය කරද්දී තමයි අකුසල් පිරිහෙන්නේ. කුසල් දහම් වැඩෙන්නේ.

'පින්වත් මහණෙනි, දෘෂ්ටි ප්‍රතිලාභය පවා දෙආකාරයකින් යුක්තයි කියලයි මා පවසන්නේ. ඒ කියන්නේ සේවනය කළ යුතු වූත්, සේවනය නොකළ යුතු වූත් දෘෂ්ටි ප්‍රතිලාභයන් තියෙනවා. එය ද එකිනෙකට වෙනස් වූත් දෘෂ්ටි ප්‍රතිලාභයන්ය' කියා භාග්‍යවතුන් වහන්සේ විසින් යම් ධර්මයක් වදාරණ ලද්දේද, එසේ වදාරණ ලද්දේ ඔය කරුණ උදෙසායි.

'පින්වත් මහණෙනි, ආත්මභාව ප්‍රතිලාභය පවා දෙආකාරයකින් යුක්තයි කියලයි මා පවසන්නේ. ඒ කියන්නේ සේවනය කළ යුතු වූත්, සේවනය නොකළ යුතු වූත් ආත්මභාව ප්‍රතිලාභයන් තියෙනවා. එය ද එකිනෙකට වෙනස් වූත් ආත්මභාව ප්‍රතිලාභයන්ය' කියා භාග්‍යවතුන් වහන්සේ විසින් යම් ධර්මයක් වදාරණ ලද්දේද, එය කුමක් උදෙසා වදාරණ ලද්දේද යත්;

ස්වාමීනී, යම් ආකාර වූ ආත්මභාව ප්‍රතිලාභයක් සේවනය කරද්දී අකුසල් වැඩෙනවා නම්, කුසල් දහම් පිරිහෙනවා නම්, එවැනි ආත්මභාව ප්‍රතිලාභය සේවනය නොකළ යුතුයි.

ඒ වගේම ස්වාමීනී, යම් ආකාර වූ ආත්මභාව ප්‍රතිලාභයක් සේවනය කරද්දී කුසල් දහම් වැඩෙනවා නම්, අකුසල් පිරිහෙනවා නම්, එවැනි ආත්මභාව ප්‍රතිලාභය සේවනය කළ යුතුයි.

ස්වාමීනී, සේවනය කරද්දී අකුසල් වැඩෙන්නෙත්, කුසල් දහම් පිරිහෙන්නෙත්, කවර ආත්මභාව ප්‍රතිලාභයක්ද? ස්වාමීනී, මෙහිලා දුක් සහිත වූ ආත්මභාව ප්‍රතිලාභයක් ඇති කරගන්නා කෙනෙකුගේ ඒ දුක්ඛිත ආත්මභාවය හේතුවෙන් අකුසල් වැඩෙනවා. කුසල් දහම් පිරිහෙනවා.

ස්වාමීනී, සේවනය කරද්දී අකුසල් පිරිහෙන්නෙත්, කුසල් දහම් වැඩෙන්නෙත්, කවර ආත්මභාව ප්‍රතිලාභයකද?

ස්වාමීනී, මෙහිලා දුක් රහිත වූ ආත්මභාව ප්‍රතිලාභයක් ඇති කරගන්නා කෙනෙකුගේ ඒ දුක් රහිත ආත්මභාවය හේතුවෙන් කුසල් දහම් වැඩෙනවා. අකුසල් පිරිහෙනවා.

'පින්වත් මහණෙනි, ආත්මභාව ප්‍රතිලාභය පවා දෙආකාරයකින් යුක්තයි කියලයි මා පවසන්නේ. ඒ කියන්නේ සේවනය කළ යුතු වූත්, සේවනය නොකළ යුතු වූත් ආත්මභාව ප්‍රතිලාභයන් තියෙනවා. එයද එකිනෙකට වෙනස් වූත් ආත්මභාව ප්‍රතිලාභයන්ය' කියා භාග්‍යවතුන් වහන්සේ විසින් යම් ධර්මයක් වදාරණ ලද්දේද, එසේ වදාරණ ලද්දේ ඔය කරුණ උදෙසායි.

ස්වාමීනී, භාග්‍යවතුන් වහන්සේ විසින් සංක්ෂේපයෙන් වදාරණ ලද, විස්තර විභාග වශයෙන් නොවදාළ මෙම ධර්මයෙහි අර්ථ මා විස්තර වශයෙන් අවබෝධ කරගත්තේ ඔය ආකාරයටයි."

"සාදු! සාදු! පින්වත් සාරිපුත්ත, සාදු! පින්වත් සාරිපුත්ත, මා විසින් සංක්ෂේපයෙන් පවසන ලද විස්තර විභාග වශයෙන් නොවදාළ, මෙම ධර්මයෙහි අර්ථ ඔබ විසින් ඉතා හොඳින් විස්තර වශයෙන් අවබෝධ කරගෙන තියෙනවා.

'පින්වත් මහණෙනි, කායික චරියාවන් පවා දෙආකාරයකින් යුක්තයි කියලයි මා පවසන්නේ. ඒ කියන්නේ සේවනය කළ යුතු වූත්, සේවනය නොකළ යුතු වූත් කායික චරියාවන් තියෙනවා. එය ද එකිනෙකට වෙනස් වූත් කායික චරියාවන්ය' කියා මා විසින් යම් ධර්මයක් වදාරණ ලද්දේද, එය කුමක් උදෙසා වදාරණ ලද්දේද යත්;

පින්වත් සාරිපුත්ත, යම් ආකාර වූ කායික චරියාවක් සේවනය කරද්දී අකුසල් වැඩෙනවා නම්, කුසල් දහම් පිරිහෙනවා නම්, එවැනි කායික චරියාවන් සේවනය නොකළ යුතුයි.

ඒ වගේම පින්වත් සාරිපුත්ත, යම් ආකාර වූ කායික චරියාවක් සේවනය කරද්දී කුසල් දහම් වැඩෙනවා නම්, අකුසල් පිරිහෙනවා නම්, එවැනි කායික චරියාවන් සේවනය කළ යුතුයි.

පින්වත් සාරිපුත්ත, සේවනය කරද්දී අකුසල් වැඩෙන්නෙත්, කුසල් දහම් පිරිහෙන්නෙත්, කවර කායික චරියාවකදීද? පින්වත් සාරිපුත්ත, මෙහිලා ඇතැම් කෙනෙක් සතුන් මරනවා. ....(පෙ).... පින්වත් සාරිපුත්ත, මෙවැනි වූ කායික චරියාවක් සේවනය කරද්දී තමයි අකුසල් වැඩෙන්නේ. කුසල් දහම් පිරිහෙන්නේ.

පින්වත් සාරිපුත්ත, සේවනය කරද්දී අකුසල් පිරිහෙන්නෙත්, කුසල් දහම් වැඩෙන්නෙත්, කවර කායික චරියාවකදීද? පින්වත් සාරිපුත්ත, මෙහිලා ඇතැම් කෙනෙක් සතුන් මැරීම අත්හැර, සතුන් මැරීමෙන් වළකිනවා. ....(පෙ).... පින්වත් සාරිපුත්ත, මෙවැනි වූ කායික චරියාවක් සේවනය කරද්දී තමයි අකුසල් පිරිහෙන්නේ. කුසල් දහම් වැඩෙන්නේ.

'පින්වත් මහණෙනි, කායික චරියාවන් පවා දෙආකාරයකින් යුක්තයි කියලයි මා පවසන්නේ. ඒ කියන්නේ සේවනය කළ යුතු වූත්, සේවනය නොකළ යුතු වූත් කායික චරියාවන් තියෙනවා. එය ද එකිනෙකට වෙනස් වූත් කායික චරියාවන්ය' කියා මා විසින් යම් ධර්මයක් වදාරණ ලද්දේද, එසේ වදාරණ ලද්දේ ඔය කරුණ උදෙසායි.

'පින්වත් මහණෙනි, වාචසික චරියාවන් පවා දෙආකාරයකින් යුක්තයි කියලයි මා පවසන්නේ. ඒ කියන්නේ සේවනය කළ යුතු වූත්, සේවනය නොකළ යුතු වූත් වාචසික චරියාවන් තියෙනවා. එය ද එකිනෙකට වෙනස් වූත් වාචසික චරියාවන්ය' කියා මා විසින් යම් ධර්මයක් වදාරණ ලද්දේද, එය කුමක් උදෙසා වදාරණ ලද්දේද යත්;

පින්වත් සාරිපුත්ත, යම් ආකාර වූ වාචසික චරියාවක් සේවනය කරද්දී අකුසල් වැඩෙනවා නම්, කුසල් දහම් පිරිහෙනවා නම්, එවැනි වාචසික චරියාවන් සේවනය නො කළ යුතුයි.

ඒ වගේ ම පින්වත් සාරිපුත්ත, යම් ආකාර වූ වාචසික චරියාවක් සේවනය කරද්දී කුසල් දහම් වැඩෙනවා නම්, අකුසල් පිරිහෙනවා නම්, එවැනි වාචසික චරියාවන් සේවනය කළ යුතුයි.

පින්වත් සාරිපුත්ත, සේවනය කරද්දී අකුසල් වැඩෙන්නෙත්, කුසල් දහම් පිරිහෙන්නෙත්, කවර වාචසික චරියාවකදීද? පින්වත් සාරිපුත්ත, මෙහිලා ඇතැම් කෙනෙක් බොරු කියනවා. ....(පෙ).... පින්වත් සාරිපුත්ත, මෙවැනි වූ වාචසික චරියාවක් සේවනය කරද්දී තමයි අකුසල් වැඩෙන්නේ. කුසල් දහම් පිරිහෙන්නේ.

පින්වත් සාරිපුත්ත, සේවනය කරද්දී අකුසල් පිරිහෙන්නෙත්, කුසල් දහම් වැඩෙන්නෙත්, කවර වාචසික චරියාවකදීද?

පින්වත් සාරිපුත්ත, මෙහිලා ඇතැම් කෙනෙක් බොරු කීම අත්හැරලා, බොරු කීමෙන් වැළකී ඉන්නවා. ....(පෙ).... පින්වත් සාරිපුත්ත, මෙවැනි වූ වාචසික චරියාවක් සේවනය කරද්දී තමයි අකුසල් පිරිහෙන්නේ. කුසල් දහම් වැඩෙන්නේ.

'පින්වත් මහණෙනි, වාචසික චරියාවන් පවා දෙආකාරයකින් යුක්තයි කියලයි මා පවසන්නේ. ඒ කියන්නේ සේවනය කළ යුතු වූත්, සේවනය නොකළ යුතු වූත් වාචසික චරියාවන් තියෙනවා. එය ද එකිනෙකට වෙනස් වූත් වාචසික චරියාවන්ය' කියා මා විසින් යම් ධර්මයක් වදාරණ ලද්දේද, එසේ වදාරණ ලද්දේ ඔය කරුණ උදෙසායි.

'පින්වත් මහණෙනි, මානසික හැසිරීම් පවා දෙආකාරයකින් යුක්තයි කියලයි මා පවසන්නේ. ඒ කියන්නේ සේවනය කළ යුතු වූත්, සේවනය නොකළ යුතු වූත් මානසික හැසිරීම් තියෙනවා. එය ද එකිනෙකට වෙනස් වූත් මානසික හැසිරීම්ය' කියා මා විසින් යම් ධර්මයක් වදාරණ ලද්දේද, එය කුමක් උදෙසා වදාරණ ලද්දේද යත්;

පින්වත් සාරිපුත්ත, යම් ආකාර වූ මානසික චරියාවක් සේවනය කරද්දී අකුසල් වැඩෙනවා නම්, කුසල් දහම් පිරිහෙනවා නම්, එවැනි මානසික චරියාවන් සේවනය නොකළ යුතුයි.

ඒ වගේම පින්වත් සාරිපුත්ත, යම් ආකාර වූ මානසික චරියාවක් සේවනය කරද්දී කුසල් දහම් වැඩෙනවා නම්, අකුසල් පිරිහෙනවා නම්, එවැනි මානසික චරියාවන් සේවනය කළ යුතුයි.

පින්වත් සාරිපුත්ත, සේවනය කරද්දී අකුසල් වැඩෙන්නෙත්, කුසල් දහම් පිරිහෙන්නෙත්, කවර මානසික චරියාවකදීද? පින්වත් සාරිපුත්ත, මෙහිලා ඇතැම් කෙනෙක් අනුන් සතු දෙයට ආශා කරනවා. ....(පෙ).... පින්වත්

සාරිපුත්ත, මෙවැනි වූ මානසික චරියාවක් සේවනය කරද්දී තමයි අකුසල් වැඩෙන්නේ. කුසල් දහම් පිරිහෙන්නේ.

පින්වත් සාරිපුත්ත, සේවනය කරද්දී අකුසල් පිරිහෙන්නෙත්, කුසල් දහම් වැඩෙන්නෙත්, කවර මානසික චරියාවකදීද?

පින්වත් සාරිපුත්ත, මෙහිලා ඇතැම් කෙනෙක් අනුන් සතු දෙයට ආශා කරන්නෙ නෑ. ....(පෙ).... පින්වත් සාරිපුත්ත, මෙවැනි වූ මානසික චරියාවක් සේවනය කරද්දී තමයි අකුසල් පිරිහෙන්නේ. කුසල් දහම් වැඩෙන්නේ.

'පින්වත් මහණෙනි, මානසික හැසිරීම් පවා දෙආකාරයකින් යුක්තයි කියලයි මා පවසන්නේ. ඒ කියන්නේ සේවනය කළ යුතු වූත්, සේවනය නොකළ යුතු වූත් මානසික හැසිරීම් තියෙනවා. එය ද එකිනෙකට වෙනස් වූත් මානසික හැසිරීම්ය' කියා මා විසින් යම් ධර්මයක් වදාරණ ලද්දේද, එසේ වදාරණ ලද්දේ ඔය කරුණ උදෙසායි.

'පින්වත් මහණෙනි, සිතක් උපදවා ගැනීම පවා දෙආකාරයකින් යුක්තයි කියලයි මා පවසන්නේ. ඒ කියන්නේ සේවනය කළ යුතු වූත්, සේවනය නොකළ යුතු වූත් සිත් උපදවා ගැනීම් තියෙනවා. එය ද එකිනෙකට වෙනස් වූත් සිත් උපදවා ගැනීම්ය' කියා මා විසින් යම් ධර්මයක් වදාරණ ලද්දේද, එය කුමක් උදෙසා වදාරණ ලද්දේද යත්;

පින්වත් සාරිපුත්ත, යම් ආකාර වූ සිතක් උපදවා ගෙන සේවනය කරද්දී අකුසල් වැඩෙනවා නම්, කුසල් දහම් පිරිහෙනවා නම්, එවැනි සිත් උපදවා ගෙන සේවනය නොකළ යුතුයි.

ඒ වගේ ම පින්වත් සාරිපුත්ත, යම් ආකාර වූ සිතක් උපදවා ගෙන සේවනය කරද්දී කුසල් දහම් වැඩෙනවා නම්, අකුසල් පිරිහෙනවා නම්, එවැනි සිත් උපදවා ගෙන සේවනය කළ යුතුයි.

පින්වත් සාරිපුත්ත, සේවනය කරද්දී අකුසල් වැඩෙන්නෙත්, කුසල් දහම් පිරිහෙන්නෙත්, කවර සිතක් උපදවා ගැනීමේදීද? පින්වත් සාරිපුත්ත, මෙහිලා ඇතැම් කෙනෙක් අනුන් සතු දෙයට ආශා කරයි. අනුන් සතු දෙයට ආශාවෙන් යුතු සිතින් වාසය කරයි.

ඒ වගේම ද්වේෂ කරයි. ද්වේෂ සහගත සිතින් වාසය කරයි.

ඒ වගේ ම අනුන්ට හිංසා කිරීමට සිතයි. හිංසාකාරී සිතින් වාසය කරයි.

පින්වත් සාරිපුත්ත, මෙවැනි වූ සිතක් උපදවා ගෙන සේවනය කරද්දී තමයි අකුසල් වැඩෙන්නේ. කුසල් දහම් පිරිහෙන්නේ.

පින්වත් සාරිපුත්ත, සේවනය කරද්දී අකුසල් පිරිහෙන්නෙත්, කුසල් දහම් වැඩෙන්නෙත්, කවර සිතක් උපදවාගෙන වාසය කරද්දීද?

පින්වත් සාරිපුත්ත, මෙහිලා ඇතැම් කෙනෙක් අනුන් සතු දෙයට ආශා කරන්නේ නෑ. අනුන් සතු දෙයට ආශා නොකරන සිතින් වාසය කරනවා.

ඒ වගේම ද්වේෂ කරන්නේ නෑ. ද්වේෂ සහගත සිතින් තොරව වාසය කරනවා.

ඒ වගේම අනුන්ට හිංසා කිරීමට සිතන්නේ නෑ. හිංසාකාරී සිතින් තොරව වාසය කරනවා.

පින්වත් සාරිපුත්ත, මෙවැනි වූ සිතක් උපදවාගෙන සේවනය කරද්දී තමයි අකුසල් පිරිහෙන්නේ. කුසල් දහම් වැඩෙන්නේ.

'පින්වත් මහණෙනි, සිතක් උපදවා ගැනීම පවා දෙආකාරයකින් යුක්තයි කියලයි මා පවසන්නේ. ඒ කියන්නේ සේවනය කළ යුතු වූත්, සේවනය නොකළ යුතු වූත් සිත් උපදවා ගැනීම් තියෙනවා. එය ද එකිනෙකට වෙනස් වූත් සිත් උපදවා ගැනීම්ය' කියා මා විසින් යම් ධර්මයක් වදාරණ ලද්දේද, එසේ වදාරණ ලද්දේ ඔය කරුණ උදෙසායි.

'පින්වත් මහණෙනි, සඤ්ඤා ප්‍රතිලාභය පවා දෙආකාරයකින් යුක්තයි කියලයි මා පවසන්නේ. ඒ කියන්නේ සේවනය කළ යුතු වූත්, සේවනය නොකළ යුතු වූත් සඤ්ඤා ප්‍රතිලාභයන් තියෙනවා. එය ද එකිනෙකට වෙනස් වූත් සඤ්ඤා ප්‍රතිලාභයන්ය' කියා මා විසින් යම් ධර්මයක් වදාරණ ලද්දේද, එය කුමක් උදෙසා වදාරණ ලද්දේද යත්;

පින්වත් සාරිපුත්ත, යම් ආකාර වූ සඤ්ඤා ප්‍රතිලාභයක් සේවනය කරද්දී අකුසල් වැඩෙනවා නම්, කුසල් දහම් පිරිහෙනවා නම්, එවැනි සඤ්ඤා ප්‍රතිලාභය සේවනය නොකළ යුතුයි.

ඒ වගේ ම පින්වත් සාරිපුත්ත, යම් ආකාර වූ සඤ්ඤා ප්‍රතිලාභයක් සේවනය කරද්දී කුසල් දහම් වැඩෙනවා නම්, අකුසල් පිරිහෙනවා නම්, එවැනි සඤ්ඤා ප්‍රතිලාභය සේවනය කළ යුතුයි.

පින්වත් සාරිපුත්ත, සේවනය කරද්දී අකුසල් වැඩෙන්නෙත්, කුසල් දහම් පිරිහෙන්නෙත්, කවර සඤ්ඤා ප්‍රතිලාභයක්ද? පින්වත් සාරිපුත්ත, මෙහිලා

ඇතැම් කෙනෙක් අනුන් සතු දෙයට ආශා කරයි. අනුන් සතු දෙයට ආශාවෙන් යුතු සඤ්ඤාවෙන් වාසය කරයි.

ඒ වගේම ද්වේෂ කරයි. ද්වේෂ සහගත සඤ්ඤාවෙන් වාසය කරයි.

ඒ වගේම අනුන්ට හිංසා කිරීමට සිතයි. හිංසාකාරී සඤ්ඤාවෙන් වාසය කරයි.

පින්වත් සාරිපුත්ත, මෙවැනි වූ සඤ්ඤා ප්‍රතිලාභයක් සේවනය කරද්දී තමයි අකුසල් වැඩෙන්නේ. කුසල් දහම් පිරිහෙන්නේ.

පින්වත් සාරිපුත්ත, සේවනය කරද්දී අකුසල් පිරිහෙන්නෙත්, කුසල් දහම් වැඩෙන්නෙත්, කවර සඤ්ඤා ප්‍රතිලාභයක්ද?

පින්වත් සාරිපුත්ත, මෙහිලා ඇතැම් කෙනෙක් අනුන් සතු දෙයට ආශා කරන්නේ නෑ. අනුන් සතු දෙයට ආශා නොකරන සඤ්ඤාවෙන් වාසය කරනවා.

ඒ වගේම ද්වේෂ කරන්නේ නෑ. ද්වේෂ සහගත නොවූ සඤ්ඤාවෙන් යුතුව වාසය කරනවා.

ඒ වගේම අනුන්ට හිංසා කිරීමට සිතන්නේ නෑ. හිංසාකාරී නොවූ සඤ්ඤාවෙන් යුතුව වාසය කරනවා.

පින්වත් සාරිපුත්ත, මෙවැනි වූ සඤ්ඤා ප්‍රතිලාභයක් සේවනය කරද්දී තමයි අකුසල් පිරිහෙන්නේ. කුසල් දහම් වැඩෙන්නේ.

'පින්වත් මහණෙනි, සඤ්ඤා ප්‍රතිලාභය පවා දෙආකාරයකින් යුක්තයි කියලයි මා පවසන්නේ. ඒ කියන්නේ සේවනය කළ යුතු වූත්, සේවනය නොකළ යුතු වූත් සඤ්ඤා ප්‍රතිලාභයක් තියෙනවා. එය ද එකිනෙකට වෙනස් වූත් සඤ්ඤා ප්‍රතිලාභයන්ය' කියා මා විසින් යම් ධර්මයක් වදාරණ ලද්දේද, එසේ වදාරණ ලද්දේ ඔය කරුණ උදෙසායි.

'පින්වත් මහණෙනි, දෘෂ්ටි ප්‍රතිලාභය පවා දෙආකාරයකින් යුක්තයි කියලයි මා පවසන්නේ. ඒ කියන්නේ සේවනය කළ යුතු වූත්, සේවනය නොකළ යුතු වූත් දෘෂ්ටි ප්‍රතිලාභයක් තියෙනවා. එය ද එකිනෙකට වෙනස් වූත් දෘෂ්ටි ප්‍රතිලාභයන්ය' කියා මා විසින් යම් ධර්මයක් වදාරණ ලද්දේද, එය කුමක් උදෙසා වදාරණ ලද්දේද යත්;

පින්වත් සාරිපුත්ත, යම් ආකාර වූ දෘෂ්ටි ප්‍රතිලාභයන් සේවනය කරද්දී අකුසල් වැඩෙනවා නම්, කුසල් දහම් පිරිහෙනවා නම්, එවැනි දෘෂ්ටි ප්‍රතිලාභය සේවනය නොකළ යුතුයි.

ඒ වගේම පින්වත් සාරිපුත්ත, යම් ආකාර වූ දෘෂ්ටි ප්‍රතිලාභයක් සේවනය කරද්දී කුසල් දහම් වැඩෙනවා නම්, අකුසල් පිරිහෙනවා නම්, එවැනි දෘෂ්ටි ප්‍රතිලාභය සේවනය කළ යුතුයි.

පින්වත් සාරිපුත්ත, සේවනය කරද්දී අකුසල් වැඩෙන්නෙත්, කුසල් දහම් පිරිහෙන්නෙත්, කවර දෘෂ්ටි ප්‍රතිලාභයක්ද? පින්වත් සාරිපුත්ත, මෙහිලා ඇතැම් කෙනෙක් මෙවැනි දෘෂ්ටියකින් යුක්ත වෙයි. ඒ කියන්නේ; 'දුන් දෙයක විපාක නැත. ....(පෙ).... ප්‍රඥාවෙන් අවබෝධ කොට කියා දෙත්ද, එවැනි උදවියද නැත' කියලා.

පින්වත් සාරිපුත්ත, මෙවැනි වූ දෘෂ්ටි ප්‍රතිලාභයක් සේවනය කරද්දී තමයි අකුසල් වැඩෙන්නේ. කුසල් දහම් පිරිහෙන්නේ.

පින්වත් සාරිපුත්ත, සේවනය කරද්දී අකුසල් පිරිහෙන්නෙත්, කුසල් දහම් වැඩෙන්නෙත්, කවර දෘෂ්ටි ප්‍රතිලාභයක්ද?

පින්වත් සාරිපුත්ත, මෙහිලා ඇතැම් කෙනෙක් මෙවැනි දෘෂ්ටියකින් යුක්ත වෙයි. ඒ කියන්නේ; 'දුන් දෙයක විපාක ඇත. ....(පෙ).... ප්‍රඥාවෙන් අවබෝධ කොට කියා දෙත්ද, එවැනි උදවියද ඇත' කියලා.

පින්වත් සාරිපුත්ත, මෙවැනි වූ දෘෂ්ටි ප්‍රතිලාභයක් සේවනය කරද්දී තමයි අකුසල් පිරිහෙන්නේ. කුසල් දහම් වැඩෙන්නේ.

'පින්වත් මහණෙනි, දෘෂ්ටි ප්‍රතිලාභය පවා දෙආකාරයකින් යුක්තයි කියලයි මා පවසන්නේ. ඒ කියන්නේ සේවනය කළ යුතු වූත්, සේවනය නොකළ යුතු වූත් දෘෂ්ටි ප්‍රතිලාභයක් තියෙනවා. එය ද එකිනෙකට වෙනස් වූත් දෘෂ්ටි ප්‍රතිලාභයන්ය' කියා මා විසින් යම් ධර්මයක් වදාරණ ලද්දේද, එසේ වදාරණ ලද්දේ ඔය කරුණ උදෙසායි.

'පින්වත් මහණෙනි, ආත්මභාව ප්‍රතිලාභය පවා දෙආකාරයකින් යුක්තයි කියලයි මා පවසන්නේ. ඒ කියන්නේ සේවනය කළ යුතු වූත්, සේවනය නොකළ යුතු වූත් ආත්මභාව ප්‍රතිලාභයක් තියෙනවා. එය ද එකිනෙකට වෙනස් වූත් ආත්මභාව ප්‍රතිලාභයන්ය' කියා මා විසින් යම් ධර්මයක් වදාරණ ලද්දේද, එය කුමක් උදෙසා වදාරණ ලද්දේද යත්;

පින්වත් සාරිපුත්ත, යම් ආකාර වූ ආත්මභාව ප්‍රතිලාභයක් සේවනය කරද්දී අකුසල් වැඩෙනවා නම්, කුසල් දහම් පිරිහෙනවා නම්, එවැනි ආත්මභාව ප්‍රතිලාභය සේවනය නොකළ යුතුයි.

ඒ වගේම පින්වත් සාරිපුත්ත, යම් ආකාර වූ ආත්මභාව ප්‍රතිලාභයක් සේවනය කරද්දී කුසල් දහම් වැඩෙනවා නම්, අකුසල් පිරිහෙනවා නම්, එවැනි ආත්මභාව ප්‍රතිලාභය සේවනය කළ යුතුයි.

පින්වත් සාරිපුත්ත, සේවනය කරද්දී අකුසල් වැඩෙන්නෙත්, කුසල් දහම් පිරිහෙන්නෙත්, කවර ආත්මභාව ප්‍රතිලාභයක්ද? පින්වත් සාරිපුත්ත, මෙහිලා දුක් සහිත වූ ආත්මභාව ප්‍රතිලාභයක් ඇති කරගන්නා කෙනෙකුගේ ඒ දුක්ඛිත ආත්මභාවය හේතුවෙන් අකුසල් වැඩෙනවා. කුසල් දහම් පිරිහෙනවා.

පින්වත් සාරිපුත්ත, සේවනය කරද්දී අකුසල් පිරිහෙන්නෙත්, කුසල් දහම් වැඩෙන්නෙත්, කවර ආත්මභාව ප්‍රතිලාභයක්ද?

පින්වත් සාරිපුත්ත, මෙහිලා දුක් රහිත වූ ආත්මභාව ප්‍රතිලාභයක් ඇති කරගන්නා කෙනෙකුගේ ඒ දුක් රහිත ආත්මභාවය හේතුවෙන් කුසල් දහම් වැඩෙනවා. අකුසල් පිරිහෙනවා.

'පින්වත් මහණෙනි, ආත්මභාව ප්‍රතිලාභය පවා දෙආකාරයකින් යුක්තයි කියලයි මා පවසන්නේ. ඒ කියන්නේ සේවනය කළ යුතු වූත්, සේවනය නොකළ යුතු වූත් ආත්මභාව ප්‍රතිලාභයක් තියෙනවා. එය ද එකිනෙකට වෙනස් වූත් ආත්මභාව ප්‍රතිලාභයන්ය' කියා මා විසින් යම් ධර්මයක් වදාරණ ලද්දේද, එසේ වදාරණ ලද්දේ ඔය කරුණ උදෙසායි.

පින්වත් සාරිපුත්ත, මා විසින් සංක්ෂේපයෙන් පවසන ලද විස්තර වශයෙන් නොවදාළ, මෙම ධර්මයෙහි අර්ථ විස්තර වශයෙන් දැනගත යුත්තේ ඔය විදිහට තමයි.

ඒ වගේම පින්වත් සාරිපුත්ත, ඇසෙන් දත යුතු රූපයත් දෙආකාරයකින් යුක්තයි කියලයි මා කියන්නේ. එනම් සේවනය කළ යුතු වූ ත්, සේවනය නොකළ යුතු වූත් රූප තියෙනවා. පින්වත් සාරිපුත්ත, කනෙන් ඇසිය යුතු ශබ්දත් දෙආකාරයකින් යුක්තයි කියලයි මා කියන්නේ. එනම් සේවනය කළ යුතු වූත්, සේවනය නොකළ යුතු වූත් ශබ්ද තියෙනවා. පින්වත් සාරිපුත්ත, නාසයෙන් දත යුතු ගඳ සුවඳත් දෙආකාරයකින් යුක්තයි කියලයි මා කියන්නේ. එනම් සේවනය කළ යුතු වූත්, සේවනය නොකළ යුතු වූත් ගඳ සුවඳ තියෙනවා. පින්වත් සාරිපුත්ත, දිවෙන් වින්ද යුතු රසත් දෙආකාරයකින් යුක්තයි කියලයි

මා කියන්නේ. එනම් සේවනය කළ යුතු වූත්, සේවනය නොකළ යුතු වූත් රස තියෙනවා. පින්වත් සාරිපුත්ත, කයෙන් දත යුතු පහසත් දෙආකාරයකින් යුක්තයි කියලයි මා කියන්නේ. එනම් සේවනය කළ යුතු වූත්, සේවනය නොකළ යුතු වූත් පහස තියෙනවා. පින්වත් සාරිපුත්ත, මනසෙන් දැනගත යුතු අරමුණුත් දෙආකාරයකින් යුක්තයි කියලයි මා කියන්නේ. එනම් සේවනය කළ යුතු වූත්, සේවනය නොකළ යුතු වූත් අරමුණු තියෙනවා."

මෙසේ වදාළ කල්හි ආයුෂ්මත් සාරිපුත්තයන් වහන්සේ භාග්‍යවතුන් වහන්සේට මෙය වදාළා.

"ස්වාමීනී, භාග්‍යවතුන් වහන්සේ විසින් සංක්ෂේපව වදාරණ ලද, විස්තර විභාග වශයෙන් නොවදාරණ ලද මෙම ධර්මයෙහි අර්ථ මට මෙවැනි ආකාරයෙන් විස්තර වශයෙන් වැටහෙනවා.

'පින්වත් සාරිපුත්ත, ඇසෙන් දත යුතු රූපයත් දෙආකාරයකින් යුක්තයි කියලයි මා කියන්නේ. එනම් සේවනය කළ යුතු වූත්, සේවනය නොකළ යුතු වූත් රූප තියෙනවා' කියා භාග්‍යවතුන් වහන්සේ විසින් යම් ධර්මයක් වදාරණ ලද්දේද, එය වදාරණ ලද්දේ කුමන අර්ථයක් සඳහාද?

ස්වාමීනී, ඇසෙන් දත යුතු යම් රූපයක් සේවනය කරද්දී, අකුසල් වැඩෙනවා නම්, කුසල් දහම් පිරිහෙනවා නම්, එබඳු වූ ඇසෙන් දත යුතු රූපය සේවනය නොකළ යුතුයි. ඒ වගේම ස්වාමීනී, ඇසෙන් දත යුතු යම් රූපයක් සේවනය කරද්දී, කුසල් දහම් වැඩෙනවා නම්, අකුසල් පිරිහෙනවා නම්, එබඳු වූ ඇසෙන් දත යුතු රූපය සේවනය කළ යුතුයි.

'පින්වත් සාරිපුත්ත, ඇසෙන් දත යුතු රූපයත් දෙආකාරයකින් යුක්තයි කියලයි මා කියන්නේ. එනම් සේවනය කළ යුතු වූත්, සේවනය නොකළ යුතු වූත් රූප තියෙනවා' කියා භාග්‍යවතුන් වහන්සේ විසින් යම් ධර්මයක් වදාරණ ලද්දේද, එය වදාරණ ලද්දේ මෙන්න මේ අර්ථය සඳහායි.

'පින්වත් සාරිපුත්ත, කනෙන් ඇසිය යුතු ශබ්දත් දෙආකාරයකින් යුක්තයි කියලයි මා කියන්නේ. එනම් සේවනය කළ යුතු වූත්, සේවනය නොකළ යුතු වූත් ශබ්ද තියෙනවා' කියා භාග්‍යවතුන් වහන්සේ විසින් යම් ධර්මයක් වදාරණ ලද්දේද, එය වදාරණ ලද්දේ කුමන අර්ථයක් සඳහා ද?

ස්වාමීනී, කනෙන් ඇසිය යුතු යම් ශබ්දයක් සේවනය කරද්දී, අකුසල් වැඩෙනවා නම්, කුසල් දහම් පිරිහෙනවා නම්, එබඳු වූ කනෙන් ඇසිය යුතු ශබ්දය සේවනය නොකළ යුතුයි. ඒ වගේම ස්වාමීනී, කනෙන් ඇසිය යුතු යම්

ශබ්දයක් සේවනය කරද්දී, කුසල් දහම් වැඩෙනවා නම්, අකුසල් පිරිහෙනවා නම්, එබඳු වූ කනෙන් ඇසිය යුතු ශබ්දය සේවනය කළ යුතුයි.

'පින්වත් සාරිපුත්ත, කනෙන් ඇසිය යුතු ශබ්දයත් දෙආකාරයකින් යුක්තයි කියලයි මා කියන්නේ. එනම් සේවනය කළ යුතු වූත්, සේවනය නොකළ යුතු වූත් ශබ්ද තියෙනවා' කියා භාග්‍යවතුන් වහන්සේ විසින් යම් ධර්මයක් වදාරණ ලද්දේද, එය වදාරණ ලද්දේ මෙන්න මේ අර්ථය සඳහායි.

'පින්වත් සාරිපුත්ත, නාසයෙන් දත යුතු ගඳ සුවඳත් දෙආකාරයකින් යුක්තයි කියලයි මා කියන්නේ. එනම් සේවනය කළ යුතු වූත්, සේවනය නොකළ යුතු වූත් ගඳ සුවඳ තියෙනවා' කියා භාග්‍යවතුන් වහන්සේ විසින් යම් ධර්මයක් වදාරණ ලද්දේ ද, එය වදාරණ ලද්දේ කුමන අර්ථයක් සඳහාද?

ස්වාමීනී, නාසයෙන් දත යුතු යම් ගඳ සුවඳක් සේවනය කරද්දී, අකුසල් වැඩෙනවා නම්, කුසල් දහම් පිරිහෙනවා නම්, එබඳු වූ නාසයෙන් දත යුතු ගඳ සුවඳ සේවනය නොකළ යුතුයි. ඒ වගේම ස්වාමීනී, නාසයෙන් දත යුතු යම් ගඳ සුවඳක් සේවනය කරද්දී, කුසල් දහම් වැඩෙනවා නම්, අකුසල් පිරිහෙනවා නම්, එබඳු වූ නාසයෙන් දත යුතු ගඳ සුවඳ සේවනය කළ යුතුයි.

'පින්වත් සාරිපුත්ත, නාසයෙන් දත යුතු ගඳ සුවඳත් දෙආකාරයකින් යුක්තයි කියලයි මා කියන්නේ. එනම් සේවනය කළ යුතු වූත්, සේවනය නොකළ යුතු වූත් ගඳ සුවඳ තියෙනවා' කියා භාග්‍යවතුන් වහන්සේ විසින් යම් ධර්මයක් වදාරණ ලද්දේද, එය වදාරණ ලද්දේ මෙන්න මේ අර්ථය සඳහායි.

'පින්වත් සාරිපුත්ත, දිවෙන් වින්ද යුතු රසත් දෙආකාරයකින් යුක්තයි කියලයි මා කියන්නේ. එනම් සේවනය කළ යුතු වූත්, සේවනය නොකළ යුතු වූත් රස තියෙනවා' කියා භාග්‍යවතුන් වහන්සේ විසින් යම් ධර්මයක් වදාරණ ලද්දේද, එය වදාරණ ලද්දේ කුමන අර්ථයක් සඳහාද?

ස්වාමීනී, දිවෙන් වින්ද යුතු යම් රසයක් සේවනය කරද්දී, අකුසල් වැඩෙනවා නම්, කුසල් දහම් පිරිහෙනවා නම්, එබඳු වූ දිවෙන් වින්ද යුතු රස සේවනය නොකළ යුතුයි. ඒ වගේම ස්වාමීනී, දිවෙන් වින්ද යුතු යම් රසයක් සේවනය කරද්දී, කුසල් දහම් වැඩෙනවා නම්, අකුසල් පිරිහෙනවා නම්, එබඳු වූ දිවෙන් වින්ද යුතු රස සේවනය කළ යුතුයි.

'පින්වත් සාරිපුත්ත, දිවෙන් වින්ද යුතු රසත් දෙආකාරයකින් යුක්තයි කියලයි මා කියන්නේ. එනම් සේවනය කළ යුතු වූත්, සේවනය නොකළ යුතු

වූත් රස තියෙනවා' කියා භාග්‍යවතුන් වහන්සේ විසින් යම් ධර්මයක් වදාරණ ලද්දේද, එය වදාරණ ලද්දේ මෙන්න මේ අර්ථය සඳහායි.

'පින්වත් සාරිපුත්ත, කයෙන් දත යුතු පහසත් දෙආකාරයකින් යුක්තයි කියලයි මා කියන්නේ. එනම් සේවනය කළ යුතු වූත්, සේවනය නොකළ යුතු වූත් පහස තියෙනවා' කියා භාග්‍යවතුන් වහන්සේ විසින් යම් ධර්මයක් වදාරණ ලද්දේද, එය වදාරණ ලද්දේ කුමන අර්ථයක් සඳහාද?

ස්වාමීනී, කයෙන් දත යුතු යම් පහසක් සේවනය කරද්දී, අකුසල් වැඩෙනවා නම්, කුසල් දහම් පිරිහෙනවා නම්, එබඳු වූ කයෙන් දත යුතු පහස සේවනය නොකළ යුතුයි. ඒ වගේම ස්වාමීනී, කයෙන් දත යුතු යම් පහසක් සේවනය කරද්දී, කුසල් දහම් වැඩෙනවා නම්, අකුසල් පිරිහෙනවා නම්, එබඳු වූ කයෙන් දත යුතු පහස සේවනය කළ යුතුයි.

'පින්වත් සාරිපුත්ත, කයෙන් දත යුතු පහසත් දෙආකාරයකින් යුක්තයි කියලයි මා කියන්නේ. එනම් සේවනය කළ යුතු වූත්, සේවනය නොකළ යුතු වූත් පහස තියෙනවා' කියා භාග්‍යවතුන් වහන්සේ විසින් යම් ධර්මයක් වදාරණ ලද්දේද, එය වදාරණ ලද්දේ මෙන්න මේ අර්ථය සඳහායි.

'පින්වත් සාරිපුත්ත, මනසින් දැනගත යුතු අරමුණුත් දෙආකාරයකින් යුක්තයි කියලයි මා කියන්නේ. එනම් සේවනය කළ යුතු වූත්, සේවනය නොකළ යුතු වූත් අරමුණු තියෙනවා' කියා භාග්‍යවතුන් වහන්සේ විසින් යම් ධර්මයක් වදාරණ ලද්දේද, එය වදාරණ ලද්දේ කුමන අර්ථයක් සඳහා ද?

ස්වාමීනී, මනසින් දැනගත යුතු යම් අරමුණක් සේවනය කරද්දී, අකුසල් වැඩෙනවා නම්, කුසල් දහම් පිරිහෙනවා නම්, එබඳු වූ මනසින් දැනගත යුතු අරමුණ සේවනය නොකළ යුතුයි. ඒ වගේම ස්වාමීනී, මනසින් දැනගත යුතු යම් අරමුණක් සේවනය කරද්දී, කුසල් දහම් වැඩෙනවා නම්, අකුසල් පිරිහෙනවා නම්, එබඳු වූ මනසින් දැනගත යුතු අරමුණ සේවනය කළ යුතුයි.

'පින්වත් සාරිපුත්ත, මනසින් දැනගත යුතු අරමුණුත් දෙආකාරයකින් යුක්තයි කියලයි මා කියන්නේ. එනම් සේවනය කළ යුතු වූත්, සේවනය නොකළ යුතු වූත් අරමුණු තියෙනවා' කියා භාග්‍යතුන් වහන්සේ විසින් යම් ධර්මයක් වදාරණ ලද්දේද, එය වදාරණ ලද්දේ මෙන්න මේ අර්ථය සඳහායි.

ස්වාමීනී, භාග්‍යවතුන් වහන්සේ විසින් සංක්ෂේපයෙන් වදාරණ ලද, විස්තර විභාග වශයෙන් නොවදාළ මෙම ධර්මයෙහි අර්ථ මා විස්තර වශයෙන් අවබෝධ කරගත්තේ ඔය ආකාරයටයි."

"සාදු! සාදු! පින්වත් සාරිපුත්ත, සාදු! පින්වත් සාරිපුත්ත, මා විසින් සංක්ෂේපයෙන් පවසන ලද විස්තර විභාග වශයෙන් නොවදාළ මෙම ධර්මයෙහි අර්ථ ඔබ විසින් ඉතා හොඳින් විස්තර වශයෙන් අවබෝධ කරගෙන තියෙනවා.

'පින්වත් සාරිපුත්ත, ඇසෙන් දත යුතු රූපයත් දෙආකාරයකින් යුක්තයි කියලයි මා කියන්නේ. එනම් සේවනය කළ යුතු වූත්, සේවනය නොකළ යුතු වූත් රූප තියෙනවා' කියා මා විසින් යම් ධර්මයක් වදාරණ ලද්දේද, එය වදාරණ ලද්දේ කුමන අර්ථයක් සඳහාද?

පින්වත් සාරිපුත්ත, ඇසෙන් දත යුතු යම් රූපයක් ....(පෙ).... සේවනය කළ යුතුයි.

'පින්වත් සාරිපුත්ත, ඇසෙන් දත යුතු රූපයත් ....(පෙ).... සේවනය නො කළ යුතු වූත් රූප තියෙනවා' කියා මා විසින් යම් ධර්මයක් වදාරණ ලද්දේද, එය වදාරණ ලද්දේ මෙන්න මේ අර්ථය සඳහායි.

'පින්වත් සාරිපුත්ත, කනෙන් ඇසිය යුතු ශබ්දත් දෙආකාරයකින් යුක්තයි කියලයි මා කියන්නේ. එනම් සේවනය කළ යුතු වූත්, සේවනය නොකළ යුතු වූත් ශබ්ද තියෙනවා' කියා මා විසින් යම් ධර්මයක් වදාරණ ලද්දේද, එය වදාරණ ලද්දේ කුමන අර්ථයක් සඳහාද?

පින්වත් සාරිපුත්ත, කනෙන් ඇසිය යුතු යම් ශබ්දයක් සේවනය කරද්දී, අකුසල් වැඩෙනවා නම්, කුසල් දහම් පිරිහෙනවා නම්, එබඳු වූ කනෙන් ඇසිය යුතු ශබ්දය සේවනය නොකළ යුතුයි. ....(පෙ).... එබඳු වූ කනෙන් ඇසිය යුතු ශබ්ද සේවනය කළ යුතුයි. ....(පෙ).... එබඳු වූ නාසයෙන් දත යුතු ගඳ සුවඳ සේවනය නොකළ යුතුයි. ....(පෙ).... එබඳු වූ නාසයෙන් දත යුතු ගඳ සුවඳ සේවනය කළ යුතුයි. ....(පෙ).... එබඳු වූ දිවෙන් වින්ද යුතු රස සේවනය නොකළ යුතුයි. ....(පෙ).... එබඳු වූ දිවෙන් වින්ද යුතු රස සේවනය කළ යුතුයි. ....(පෙ).... එබඳු වූ කයෙන් දත යුතු පහස සේවනය නොකළ යුතුයි. ....(පෙ).... එබඳු වූ කයෙන් දත යුතු පහස සේවනය කළ යුතුයි ....(පෙ).... එබඳු වූ මනසින් දැනගත යුතු අරමුණ සේවනය නොකළ යුතුයි. ....(පෙ).... එබඳු වූ මනසින් දැනගත යුතු අරමුණ සේවනය කළ යුතුයි.

'පින්වත් සාරිපුත්ත, මනසින් දැනගත යුතු අරමුණුත් දෙආකාරයකින් යුක්තයි කියලයි මා කියන්නේ. එනම් සේවනය කළ යුතු වූත්, සේවනය නොකළ යුතු වූත් අරමුණු තියෙනවා' කියා මා විසින් යම් ධර්මයක් වදාරණ ලද්දේද, එය වදාරණ ලද්දේ මෙන්න මේ අර්ථය සඳහායි.

පින්වත් සාරිපුත්ත, මා විසින් සංක්ෂේපයෙන් පවසන ලද මෙම ධර්මයෙහි අර්ථ විස්තර වශයෙන් දැනගත යුත්තේ ඔය විදිහට තමයි.

පින්වත් සාරිපුත්ත, සිවුරු පිළිබඳවත්, මා පවසන්නේ සේවනය කළ යුතු වූත්, සේවනය නොකළ යුතු වූත් දෙආකාරයකින් යුතු බවයි. ඒ වගේම පින්වත් සාරිපුත්ත, දන් වැළඳීම පිළිබඳවත්, මා පවසන්නේ සේවනය කළ යුතු වූත්, සේවනය නොකළ යුතු වූත් දෙආකාරයකින් යුතු බවයි. ඒ වගේම පින්වත් සාරිපුත්ත, සේනාසන පරිහරණය පිළිබඳවත්, මා පවසන්නේ සේවනය කළ යුතු වූත්, සේවනය නොකළ යුතු වූත් දෙආකාරයකින් යුතු බවයි. ඒ වගේම පින්වත් සාරිපුත්ත, ගම පිළිබඳවත්, මා පවසන්නේ සේවනය කළ යුතු වූත්, සේවනය නොකළ යුතු වූත් දෙආකාරයකින් යුතු බවයි. ඒ වගේම පින්වත් සාරිපුත්ත, නියම්ගම පිළිබඳවත්, මා පවසන්නේ සේවනය කළ යුතු වූත්, සේවනය නොකළ යුතු වූත් දෙආකාරයකින් යුතු බවයි. ඒ වගේම පින්වත් සාරිපුත්ත, නගරය පිළිබඳවත්, මා පවසන්නේ සේවනය කළ යුතු වූත්, සේවනය නොකළ යුතු වූත් දෙආකාරයකින් යුතු බවයි. ඒ වගේම පින්වත් සාරිපුත්ත, ජනපදය පිළිබඳවත්, මා පවසන්නේ සේවනය කළ යුතු වූත්, සේවනය නොකළ යුතු වූත් දෙආකාරයකින් යුතු බවයි. ඒ වගේ ම පින්වත් සාරිපුත්ත පුද්ගලයා පිළිබඳවත්, මා පවසන්නේ සේවනය කළ යුතු වූත්, සේවනය නොකළ යුතු වූත් දෙආකාරයකින් යුතු බවයි."

මෙසේ වදාළ කල්හි ආයුෂ්මත් සාරිපුත්තයන් වහන්සේ භාග්‍යවතුන් වහන්සේට මෙය වදාළා.

"ස්වාමීනී, භාග්‍යවතුන් වහන්සේ විසින් සංක්ෂේප ව වදාරණ ලද, විස්තර විභාග වශයෙන් නොවදාරණ ලද මෙම ධර්මයෙහි අර්ථ මට මෙවැනි ආකාරයෙන් විස්තර වශයෙන් වැටහෙනවා.

'පින්වත් සාරිපුත්ත, සිවුරු පිළිබඳවත්, මා පවසන්නේ සේවනය කළ යුතු වූත්, සේවනය නොකළ යුතු වූත් දෙආකාරයකින් යුතු බවයි' කියා භාග්‍යවතුන් වහන්සේ විසින් යම් ධර්මයක් වදාළ සේක්ද, එසේ වදාරණ ලද්දේ කුමක් පිණිසද යත්;

ස්වාමීනී, යම් බඳු වූ සිවුරක් පොරොවන කෙනෙකුට ඒ හේතුවෙන් අකුසල් වැඩෙනවා නම්, කුසල් දහම් පිරිහෙනවා නම්, එබඳු වූ සිවුර සේවනය නොකළ යුතුයි.

ස්වාමීනී, යම් බඳු වූ සිවුරක් පොරොවන කෙනෙකුට ඒ හේතුවෙන් අකුසල් පිරිහෙනවා නම්, කුසල් දහම් වැඩෙනවා නම්, එබඳු වූ සිවුර සේවනය කළ යුතුයි.

'පින්වත් සාරිපුත්ත, සිවුරු පිළිබඳවත්, මා පවසන්නේ සේවනය කළ යුතු වූත්, සේවනය නොකළ යුතු වූත් දෙආකාරයකින් යුතු බවයි' කියා භාග්‍යවතුන් වහන්සේ විසින් යම් ධර්මයක් වදාළ සේක්ද, එසේ වදාරණ ලද්දේ ඔය අර්ථය පිණිසයි.

'පින්වත් සාරිපුත්ත, දන් වැළඳීම පිළිබඳවත්, මා පවසන්නේ සේවනය කළ යුතු වූත්, සේවනය නොකළ යුතු වූත් දෙආකාරයකින් යුතු බවයි' කියා භාග්‍යවතුන් වහන්සේ විසින් යම් ධර්මයක් වදාළ සේක්ද, ...(පෙ).... එසේ වදාරණ ලද්දේ ඔය අර්ථය පිණිසයි. පින්වත් සාරිපුත්ත, නවාතැන් පිළිබඳවත්, මා පවසන්නේ සේවනය කළ යුතු වූත්, සේවනය නොකළ යුතු වූත් දෙආකාරයකින් යුතු බවයි' කියා භාග්‍යවතුන් වහන්සේ විසින් යම් ධර්මයක් වදාළ සේක්ද, ...(පෙ).... එසේ වදාරණ ලද්දේ ඔය අර්ථය පිණිසයි. පින්වත් සාරිපුත්ත, ගම පිළිබඳවත්, මා පවසන්නේ සේවනය කළ යුතු වූත්, සේවනය නොකළ යුතු වූත් දෙආකාරයකින් යුතු බවයි' කියා භාග්‍යවතුන් වහන්සේ විසින් යම් ධර්මයක් වදාළ සේක්ද, ...(පෙ).... එසේ වදාරණ ලද්දේ ඔය අර්ථය පිණිසයි. පින්වත් සාරිපුත්ත, නියම්ගම පිළිබඳවත්, මා පවසන්නේ සේවනය කළ යුතු වූත්, සේවනය නොකළ යුතු වූත් දෙආකාරයකින් යුතු බවයි' කියා භාග්‍යවතුන් වහන්සේ විසින් යම් ධර්මයක් වදාළ සේක්ද, ...(පෙ).... එසේ වදාරණ ලද්දේ ඔය අර්ථය පිණිසයි. පින්වත් සාරිපුත්ත, නගරය පිළිබඳවත්, මා පවසන්නේ සේවනය කළ යුතු වූත්, සේවනය නොකළ යුතු වූත් දෙආකාරයකින් යුතු බවයි' කියා භාග්‍යවතුන් වහන්සේ විසින් යම් ධර්මයක් වදාළ සේක්ද, ...(පෙ).... එසේ වදාරණ ලද්දේ ඔය අර්ථය පිණිසයි. පින්වත් සාරිපුත්ත, ජනපදය පිළිබඳවත්, මා පවසන්නේ සේවනය කළ යුතු වූත්, සේවනය නොකළ යුතු වූත් දෙආකාරයකින් යුතු බවයි' කියා භාග්‍යවතුන් වහන්සේ විසින් යම් ධර්මයක් වදාළ සේක්ද, ...(පෙ).... එසේ වදාරණ ලද්දේ ඔය අර්ථය පිණිසයි. පින්වත් සාරිපුත්ත, පුද්ගලයා පිළිබඳවත්, මා පවසන්නේ සේවනය කළ යුතු වූත්, සේවනය නොකළ යුතු වූත් දෙආකාරයකින් යුතු බවයි' කියා භාග්‍යවතුන් වහන්සේ විසින් යම් ධර්මයක් වදාළ සේක්ද, ...(පෙ).... එසේ වදාරණ ලද්දේ ඔය අර්ථය පිණිසයි.

ස්වාමීනී, භාග්‍යවතුන් වහන්සේ විසින් සංක්ෂේපයෙන් වදාරණ ලද, විස්තර විභාග වශයෙන් නොවදාළ මෙම ධර්මයෙහි අර්ථ මා විස්තර වශයෙන් අවබෝධ කරගත්තේ ඔය ආකාරයටයි."

"සාදු! සාදු! පින්වත් සාරිපුත්ත, සාදු! පින්වත් සාරිපුත්ත, මා විසින් සංක්ෂේපයෙන් පවසන ලද, විස්තර විභාග වශයෙන් නොවදාළ මෙම ධර්මයෙහි අර්ථ ඔබ විසින් ඉතා හොඳින් විස්තර වශයෙන් අවබෝධ කරගෙන තියෙනවා.

'පින්වත් සාරිපුත්ත, සිවුරු පිළිබඳවත්, මා පවසන්නේ සේවනය කළ යුතු වූත්, සේවනය නොකළ යුතු වූත් දෙආකාරයකින් යුතු බවයි' කියා මා විසින් යම් ධර්මයක් වදාළ සේක්ද, එසේ වදාරණ ලද්දේ කුමක් පිණිසද යත්;

පින්වත් සාරිපුත්ත, යම් බඳු වූ සිවුරක් පොරොවන කෙනෙකුට ඒ හේතුවෙන් අකුසල් වැඩෙනවා නම්, කුසල් දහම් පිරිහෙනවා නම්, එබඳු වූ සිවුර සේවනය නොකළ යුතුයි.

පින්වත් සාරිපුත්ත, යම් බඳු වූ සිවුරක් පොරොවන කෙනෙකුට ඒ හේතුවෙන් අකුසල් පිරිහෙනවා නම්, කුසල් දහම් වැඩෙනවා නම්, ...(පෙ).... එසේ වදාරණ ලද්දේ ඔය අර්ථය පිණිසයි.

'පින්වත් සාරිපුත්ත, දන් වැළඳීම පිළිබඳවත්, මා පවසන්නේ සේවනය කළ යුතු වූත්, සේවනය නොකළ යුතු වූත් දෙආකාරයකින් යුතු බවයි' කියා මා විසින් යම් ධර්මයක් වදාළ සේක්ද, එසේ වදාරණ ලද්දේ කුමක් පිණිසද යත්; පින්වත් සාරිපුත්ත, යම් බඳු වූ පිණ්ඩපාතය වළඳන කෙනෙකුට ඒ හේතුවෙන් අකුසල් වැඩෙනවා නම්, ...(පෙ).... එසේ වදාරණ ලද්දේ ඔය අර්ථය පිණිසයි. පින්වත් සාරිපුත්ත, නවාතැන් පිළිබඳවත්, මා පවසන්නේ සේවනය කළ යුතු වූත්, සේවනය නොකළ යුතු වූත් දෙආකාරයකින් යුතු බවයි' කියා මා විසින් යම් ධර්මයක් වදාළ සේක්ද, එසේ වදාරණ ලද්දේ කුමක් පිණිසද යත්; පින්වත් සාරිපුත්ත, යම් බඳු වූ නවාතැනක වාසය කරන කෙනෙකුට ඒ හේතුවෙන් අකුසල් වැඩෙනවා නම්, ...(පෙ).... එසේ වදාරණ ලද්දේ ඔය අර්ථය පිණිසයි.

පින්වත් සාරිපුත්ත, ගම පිළිබඳවත්, මා පවසන්නේ සේවනය කළ යුතු වූත්, සේවනය නොකළ යුතු වූත් දෙආකාරයකින් යුතු බවයි' කියා මා විසින් යම් ධර්මයක් වදාළ සේක්ද, එසේ වදාරණ ලද්දේ කුමක් පිණිසද යත්; පින්වත් සාරිපුත්ත, යම් බඳු වූ ගමක වාසය කරන කෙනෙකුට ඒ හේතුවෙන් අකුසල් වැඩෙනවා නම්, ...(පෙ).... එසේ වදාරණ ලද්දේ ඔය අර්ථය පිණිසයි.

පින්වත් සාරිපුත්ත, නියම්ගම පිළිබඳවත්, මා පවසන්නේ සේවනය කළ යුතු වූත්, සේවනය නොකළ යුතු වූත් දෙආකාරයකින් යුතු බවයි' කියා මා විසින් යම් ධර්මයක් වදාළ සේක්ද, එසේ වදාරණ ලද්දේ කුමක් පිණිසද යත්; පින්වත් සාරිපුත්ත, යම් බඳු වූ නියම්ගමක වාසය කරන කෙනෙකුට ඒ

හේතුවෙන් අකුසල් වැඩෙනවා නම්, ...(පෙ).... එසේ වදාරණ ලද්දේ ඔය අර්ථය පිණිසයි.

පින්වත් සාරිපුත්ත, නගරය පිළිබඳවත්, මා පවසන්නේ සේවනය කළ යුතු වූත්, සේවනය නොකළ යුතු වූත් දෙආකාරයකින් යුතු බවයි' කියා මා විසින් යම් ධර්මයක් වදාළ සේක්ද, එසේ වදාරණ ලද්දේ කුමක් පිණිසද යත්; පින්වත් සාරිපුත්ත, යම් බඳු වූ නගරයක වාසය කරන කෙනෙකුට ඒ හේතුවෙන් අකුසල් වැඩෙනවා නම්, ...(පෙ).... එසේ වදාරණ ලද්දේ ඔය අර්ථය පිණිසයි.

පින්වත් සාරිපුත්ත, ජනපදය පිළිබඳවත්, මා පවසන්නේ සේවනය කළ යුතු වූත්, සේවනය නොකළ යුතු වූත් දෙආකාරයකින් යුතු බවයි' කියා මා විසින් යම් ධර්මයක් වදාළ සේක්ද, එසේ වදාරණ ලද්දේ කුමක් පිණිසද යත්; පින්වත් සාරිපුත්ත, යම් බඳු වූ ජනපදයක වාසය කරන කෙනෙකුට ඒ හේතුවෙන් අකුසල් වැඩෙනවා නම්, ...(පෙ).... එසේ වදාරණ ලද්දේ ඔය අර්ථය පිණිසයි.

පින්වත් සාරිපුත්ත, පුද්ගලයා පිළිබඳවත්, මා පවසන්නේ සේවනය කළ යුතු වූත්, සේවනය නොකළ යුතු වූත් දෙආකාරයකින් යුතු බවයි' කියා මා විසින් යම් ධර්මයක් වදාළ සේක්ද, එසේ වදාරණ ලද්දේ කුමක් පිණිසද යත්; පින්වත් සාරිපුත්ත, යම් බඳු වූ පුද්ගලයෙකු ඇසුරු කරන කෙනෙකුට ඒ හේතුවෙන් අකුසල් වැඩෙනවා නම්, ...(පෙ).... එසේ වදාරණ ලද්දේ ඔය අර්ථය පිණිසයි.

පින්වත් සාරිපුත්ත, මා විසින් සංක්ෂේපයෙන් පවසන ලද, විස්තර විභාග වශයෙන් නොවදාළ මෙම ධර්මයෙහි අර්ථ විස්තර වශයෙන් දැනගත යුත්තේ ඔය විදිහට තමයි.

පින්වත් සාරිපුත්ත, යම් හෙයකින් ක්ෂත්‍රියයන් හැමෝම මා විසින් හකුළුවා පවසන ලද මෙම ධර්මය මේ විදිහට විස්තර වශයෙන් අර්ථ අවබෝධ කරගන්නවා නම්, ඒ සියලුම ක්ෂත්‍රියයන් හට එය බොහෝ කාලයක් හිත සුව පිණිස පවතිනවා. ඒ වගේම පින්වත් සාරිපුත්ත, ඉදින් සියලුම බ්‍රාහ්මණයන් ....(පෙ).... ඉදින් පින්වත් සාරිපුත්ත, සියලුම වෛශ්‍යයන් ....(පෙ).... පින්වත් සාරිපුත්ත, යම් හෙයකින් ශුද්‍රයන් හැමෝම මා විසින් හකුළුවා පවසන ලද මෙම ධර්මය මේ විදිහට විස්තර වශයෙන් අර්ථ අවබෝධ කරගන්නවා නම්, ඒ සියලුම ශුද්‍රයන් හට එය බොහෝ කාලයක් හිත සුව පිණිස පවතිනවා.

ඒ වගේ ම පින්වත් සාරිපුත්ත, ඉදින් දෙවියන් සහිත වූ, මරුන් සහිත වූ, බඹුන් සහිත වූ, ශ්‍රමණ බ්‍රාහ්මණයින් සහිත වූ, දෙව් මිනිස් ප්‍රජාවෙන් යුතු ලෝක සත්වයා මා විසින් හකුළුවා පවසන ලද මෙම ධර්මය මේ විදිහට විස්තර

වශයෙන් අර්ථ අවබෝධ කරගන්නවා නම් දෙවියන් සහිත වූ, මරුන් සහිත වූ, බඹුන් සහිත වූ, ශ්‍රමණ බ්‍රාහ්මණයින් සහිත වූ, දෙවි මිනිස් ප්‍රජාවෙන් යුතු ලෝක සත්වයාට එය බොහෝ කාලයක් හිත සුව පිණිස පවතිනවා.”

භාග්‍යවතුන් වහන්සේ මේ උතුම් දේශනය වදාළා. ඒ දේශනය ගැන ආයුෂ්මත් සාරිපුත්තයන් වහන්සේ ගොඩක් සතුටු වුනා. භාග්‍යවතුන් වහන්සේ වදාළ මේ දේශනය සතුටින් පිළිගත්තා.

සාදු! සාදු!! සාදු!!!

සේවනය කළ යුතු දේත්, සේවනය නොකළ යුතු දේත් ගැන වදාළ දෙසුම නිමා විය.

3.2.5.
බහුධාතුක සූත්‍රය
බොහෝ ධාතු ස්වභාවයන් ගැන වදාළ දෙසුම

මා හට අසන්නට ලැබුනේ මේ විදිහටයි. ඒ දිනවල භාග්‍යවතුන් වහන්සේ වැඩසිටියේ සැවැත් නුවර අනේපිඬු සිටුතුමා විසින් කරවන ලද ජේතවනාරාමයෙහිය. එදා භාග්‍යවතුන් වහන්සේ "පින්වත් මහණෙනි" යි කියා භික්ෂුසංඝයා අමතා වදාළා. ඒ භික්ෂූන් ද "පින්වතුන් වහන්සැ"යි කියා භාග්‍යවතුන් වහන්සේට පිළිතුරු දුන්නා. භාග්‍යවතුන් වහන්සේ මෙය වදාළා.

"පින්වත් මහණෙනි, යම්කිසි භයක් උපදිනවා නම්, ඒ සෑම භයක්ම උපදින්නේ බාලයාගෙන්ම යි, පණ්ඩිතයාගෙන් නොවේ. ඒ වගේම යම්කිසි උවදුරක් උපදිනවා නම්, ඒ සෑම උවදුරක්ම උපදින්නේ බාලයාගෙන්ම යි, පණ්ඩිතයාගෙන් නොවේ. ඒ වගේම යම් කිසි විපතක් උපදිනවා නම්, ඒ සෑම විපතක්ම උපදින්නේ බාලයාගෙන්ම යි, පණ්ඩිතයාගෙන් නොවේ. පින්වත් මහණෙනි, එය මේ වගේ දෙයක්. බටවලින් කළ ගෙයක් වේවා, ඉලුක් වැනි තණවලින් කළ ගෙයක් වේවා, ගිනි ඇවිලගත්තොත්, හොඳින් ඇතුළත පිටත සුණු පිරියම් කළ, ජනෙල් දොරවල් ඇති, සුළං කවුළු ඇති, හොඳින් ආවරණය කළ කූටාගාර පවා ඒ ගින්නට අහුවෙනවා.

පින්වත් මහණෙනි, ඔය විදිහම තමයි යම් කිසි භයක් උපදිනවා නම්, ඒ සෑම භයක්ම උපදින්නේ බාලයාගෙන්ම යි, පණ්ඩිතයාගෙන් නොවේ. ඒ වගේම යම්කිසි උවදුරක් උපදිනවා නම්, ඒ සෑම උවදුරක්ම උපදින්නේ බාලයාගෙන්ම යි, පණ්ඩිතයාගෙන් නොවේ. ඒ වගේම යම්කිසි විපතක් උපදිනවා නම්, ඒ සෑම විපතක්ම උපදින්නේ බාලයාගෙන්ම යි, පණ්ඩිතයාගෙන් නොවේ.

පින්වත් මහණෙනි, ඔය විදිහට බාලයා භය සහිතයි; පණ්ඩිතයා භය රහිතයි. බාලයා උවදුරු සහිතයි; පණ්ඩිතයා උවදුරු රහිතයි. බාලයා විපත්ති සහිතයි; පණ්ඩිතයා විපත්ති රහිතයි. ඒ නිසා මහණෙනි, හික්මිය යුත්තේ මෙන්න මේ ආකාරයටයි. ඒ කියන්නේ 'අපි නුවණැති පණ්ඩිත උදවිය වෙනවා. නුවණින් විමසා කටයුතු කරන උදවිය වෙනවා' කියලයි. පින්වත් මහණෙනි, ඔබ විසින් ඔය විදිහටම යි හික්මිය යුත්තේ."

මෙසේ වදාළ කල්හි ආයුෂ්මත් ආනන්දයන් වහන්සේ භාග්‍යවතුන් වහන්සේට මෙය සැළකළා. "ස්වාමීනී, භික්ෂුවක් 'නුවණැති පණ්ඩිතයෙක්ය. නුවණින් විමසන කෙනෙක්ය' කියා පවසන්නට සුදුසු වන්නේ කවර කරුණු මතද?"

"පින්වත් ආනන්ද, යම් විටෙක, භික්ෂුව ධාතු පිළිබඳව අවබෝධයෙහි දක්ෂ වෙයිද, ආයතන පිළිබඳව අවබෝධයෙහි දක්ෂ වෙයිද, හේතු ඵල ධර්මයන් ගේ හටගැනීම හා නිරෝධය හෙවත් පටිච්චසමුප්පාදය පිළිබඳව අවබෝධයෙහි දක්ෂ වෙයිද, සිදුවිය හැකි, සිදු නොවිය හැකි දේ පිළිබඳව අවබෝධයෙහි දක්ෂ වෙයිද, පින්වත් ආනන්දය, මෙපමණකින්ම භික්ෂුවට 'නුවණැති පණ්ඩිතයෙක්ය, නුවණින් විමසන කෙනෙක්ය කියා' පවසන්නට සුදුසුයි."

"ස්වාමීනී, 'භික්ෂුව ධාතු පිළිබඳව අවබෝධයෙහි දක්ෂ වෙයි' කියා පවසන්නට සුදුසු වන්නේ කවර කරුණු මතද?"

"පින්වත් ආනන්ද, මේ ධාතු ස්වභාවයන් දහ අටක් තිබෙනවා නෙව. ඒ කියන්නේ; ඇස නම් වූ ධාතු ස්වභාවය, රූප නම් වූ ධාතු ස්වභාවය, ඇසේ විඤ්ඤාණය නම් වූ ධාතු ස්වභාවය, කන නම් වූ ධාතු ස්වභාවය, ශබ්ද නම් වූ ධාතු ස්වභාවය, කනේ විඤ්ඤාණය නම් වූ ධාතු ස්වභාවය, නාසය නම් වූ ධාතු ස්වභාවය, ගඳ සුවඳ නම් වූ ධාතු ස්වභාවය, නාසයේ විඤ්ඤාණය නම් වූ ධාතු ස්වභාවය, දිව නම් වූ ධාතු ස්වභාවය, රස නම් වූ ධාතු ස්වභාවය, දිවේ විඤ්ඤාණය නම් වූ ධාතු ස්වභාවය, කය නම් වූ ධාතු ස්වභාවය, පහස නම් වූ ධාතු ස්වභාවය, කයේ විඤ්ඤාණය නම් වූ ධාතු ස්වභාවය, මනස නම් වූ ධාතු ස්වභාවය, අරමුණු නම් වූ ධාතු ස්වභාවය, මනසේ විඤ්ඤාණය නම් වූ ධාතු ස්වභාවය යන මෙයයි. ඉතින් පින්වත් ආනන්ද, යම් දවසක මෙම දහ අටක් වූ ධාතු ස්වභාවයන් අවබෝධයෙන්ම දන්නවාද, දකිනවාද, පින්වත් ආනන්ද, එපමණකින් භික්ෂුවට 'ධාතු ස්වභාවය පිළිබඳව අවබෝධයෙහි දක්ෂ යි' කියා පවසන්නට සුදුසුයි."

"ස්වාමීනී, යම්හෙයකින් භික්ෂුවට 'ධාතු ස්වභාවය පිළිබඳව අවබෝධයෙහි දක්ෂ යි' කියා පවසන්නට සුදුසු වූ එබඳු වෙනත් කරුණකුත් තියෙනවාද?"

"තියෙනවා පින්වත් ආනන්ද. පින්වත් ආනන්ද, මේ ධාතු ස්වභාවයන් හයක් තියෙනවා නෙව. ඒ කියන්නේ; පඨවි ධාතුව, ආපෝ ධාතුව, තේජෝ ධාතුව, වායෝ ධාතුව, ආකාස ධාතුව, විඤ්ඤාණ ධාතුව යන හයයි. ඉතින් පින්වත් ආනන්ද, යම් දවසක මෙම හයක් වූ ධාතු ස්වභාවයන් අවබෝධයෙන්ම දන්නවාද, දකිනවාද, පින්වත් ආනන්ද, එපමණකින් භික්ෂුවට 'ධාතු ස්වභාවය පිළිබඳව අවබෝධයෙහි දක්ෂයි' කියා පවසන්නට සුදුසුයි."

"ස්වාමීනී, යම්හෙයකින් භික්ෂුවට 'ධාතු ස්වභාවය පිළිබඳව අවබෝධයෙහි දක්ෂයි' කියා පවසන්නට සුදුසු වූ එබඳු වෙනත් කරුණකුත් තියෙනවාද?"

"තියෙනවා පින්වත් ආනන්ද. පින්වත් ආනන්ද, මේ ධාතු ස්වභාවයන් හයක් තියෙනවා නෙව. ඒ කියන්නේ; සැප නම් වූ ධාතු ස්වභාවය, දුක නම් වූ ධාතු ස්වභාවය, මානසික සැප නම් වූ ධාතු ස්වභාවය, මානසික දුක නම් වූ ධාතු ස්වභාවය, උපේක්ෂාව නම් වූ ධාතු ස්වභාවය, අවිද්‍යාව නම් වූ ධාතු ස්වභාවය. ඉතින් පින්වත් ආනන්ද, යම් දවසක මෙම හයක් වූ ධාතු ස්වභාවයන් අවබෝධයෙන්ම දන්නවාද, දකිනවාද, පින්වත් ආනන්ද, එපමණකින් භික්ෂුවට 'ධාතු ස්වභාවය පිළිබඳව අවබෝධයෙහි දක්ෂයි' කියා පවසන්නට සුදුසුයි."

"ස්වාමීනී, යම්හෙයකින් භික්ෂුවට 'ධාතු ස්වභාවය පිළිබඳව අවබෝධයෙහි දක්ෂයි' කියා පවසන්නට සුදුසු වූ එබඳු වෙනත් කරුණකුත් තියෙනවාද?"

"තියෙනවා පින්වත් ආනන්ද. පින්වත් ආනන්ද, මේ ධාතු ස්වභාවයන් හයක් තියෙනවා නෙව. ඒ කියන්නේ, කාමය නම් වූ ධාතු ස්වභාවය, කාමයෙන් නික්මීම නම් වූ ධාතු ස්වභාවය, ද්වේෂය නම් වූ ධාතු ස්වභාවය, ද්වේෂ නැති බව නම් වූ ධාතු ස්වභාවය, හිංසාව නම් වූ ධාතු ස්වභාවය, හිංසා නැතිබව නම් වූ ධාතු ස්වභාවය. ඉතින් පින්වත් ආනන්ද, යම් දවසක මෙම හයක් වූ ධාතු ස්වභාවයන් අවබෝධයෙන්ම දන්නවාද, දකිනවාද, පින්වත් ආනන්ද, එපමණකින් භික්ෂුවට 'ධාතු ස්වභාවය පිළිබඳව අවබෝධයෙහි දක්ෂයි' කියා පවසන්නට සුදුසුයි."

"ස්වාමීනී, යම්හෙයකින් භික්ෂුවට 'ධාතු ස්වභාවය පිළිබඳව අවබෝධයෙහි දක්ෂයි' කියා පවසන්නට සුදුසු වූ එබඳු වෙනත් කරුණකුත් තියෙනවාද?"

"තියෙනවා පින්වත් ආනන්ද. පින්වත් ආනන්ද, මේ ධාතු ස්වභාවයන් තුනක් තියෙනවා නෙව. ඒ කියන්නේ; කාම නම් වූ ධාතු ස්වභාවය, රූප නම් වූ ධාතු ස්වභාවය, අරූප නම් වූ ධාතු ස්වභාවයයි. ඉතින් පින්වත් ආනන්ද, යම් දවසක මෙම තුනක් වූ ධාතු ස්වභාවයන් අවබෝධයෙන්ම දන්නවාද, දකිනවාද, පින්වත් ආනන්ද, එපමණකින් භික්ෂුවට 'ධාතු ස්වභාවය පිළිබඳව අවබෝධයෙහි දක්ෂයි' කියා පවසන්නට සුදුසුයි."

"ස්වාමීනී, යම්හෙයකින් භික්ෂුවට 'ධාතු ස්වභාවය පිළිබඳව අවබෝධයෙහි දක්ෂයි' කියා පවසන්නට සුදුසු වූ එබඳු වෙනත් කරුණකුත් තියෙනවාද?"

"තියෙනවා, පින්වත් ආනන්ද. පින්වත් ආනන්ද, මේ ධාතු ස්වභාවයන් දෙකක් තියෙනවා නෙව. ඒ කියන්නේ; සංඛත නම් වූ ධාතු ස්වභාවයත්, අසංඛත

නම් වූ ධාතු ස්වභාවයත්ය. ඉතින් පින්වත් ආනන්ද, යම් දවසක මෙම දෙකක් වූ ධාතු ස්වභාවයන් අවබෝධයෙන්ම දන්නවාද, දකිනවාද, පින්වත් ආනන්ද, මෙපමණකින් භික්ෂුවට 'ධාතු ස්වභාවය පිළිබඳව අවබෝධයෙහි දක්ෂයි' කියා පවසන්නට සුදුසුයි."

"ස්වාමීනී, 'භික්ෂුව ආයතන පිළිබඳව අවබෝධයෙහි දක්ෂ වෙයි' කියා පවසන්නට සුදුසු වන්නේ කවර කරුණු මතද?"

"පින්වත් ආනන්ද, ආධ්‍යාත්ම වූත්, බාහිර වූත් ආයතන හයක් තියෙනවා. ඒ කියන්නේ; ඇසත්, රූපත්ය. කනත්, ශබ්දත්ය. නාසයත්, ගඳ සුවඳත්ය. දිවත්, රසත් ය. කයත්, පහසත් ය. මනසත්, අරමුණුත්ය. ඉතින් පින්වත් ආනන්ද, යම් දවසක මෙම හයක් වූ ආධ්‍යාත්මික, බාහිර ආයතන පිළිබඳව අවබෝධයෙන්ම දන්නවාද, දකිනවාද, පින්වත් ආනන්ද, මෙපමණකින් භික්ෂුවට 'ආයතන පිළිබඳව අවබෝධයෙහි දක්ෂයි' කියා පවසන්නට සුදුසුයි."

"ස්වාමීනී, 'භික්ෂුව හේතු ඵල ධර්මතාවයේ හටගැනීම හා නැසීම හෙවත් පටිච්චසමුප්පාදය පිළිබඳව අවබෝධයෙහි දක්ෂ වෙයි' කියා පවසන්නට සුදුසු වන්නේ කවර කරුණු මතද?"

"පින්වත් ආනන්ද, මෙහිලා භික්ෂුව අවබෝධ කරන්නේ මෙහෙමයි. 'මෙය ඇති කල්හි මෙය වේ. මෙය ඉපදෙන විට මෙය උපදී. මෙය නැති කල්හි මෙය නොවේ. මෙය නිරුද්ධ වන විට මෙය නිරුද්ධ වේ' කියලා. ඒ කියන්නේ; අවිද්‍යාව හේතුවෙන් සංස්කාර ඇතිවෙනවා. සංස්කාර හේතුවෙන් විඤ්ඤාණය ඇතිවෙනවා. විඤ්ඤාණය හේතුවෙන් නාමරූප ඇතිවෙනවා. නාමරූප හේතුවෙන් ආයතන හය ඇතිවෙනවා. ආයතන හය හේතුවෙන් ස්පර්ශය ඇතිවෙනවා. ස්පර්ශය හේතුවෙන් විඳීම් ඇතිවෙනවා. විඳීම් හේතුවෙන් ආශාව ඇතිවෙනවා. ආශාව හේතුවෙන් උපාදානය හෙවත් ග්‍රහණය වෙනවා. උපාදාන හේතුවෙන් කාම ධාතුවේ හෝ රූප ධාතුවේ හෝ අරූප ධාතුවේ හෝ විපාක විඳින්නට කර්ම සකස් වීම හෙවත් භවය ඇතිවෙනවා. භවය හේතුවෙන් උපදිනවා. ඉපදීම හේතුවෙන් ජරා, මරණ, ශෝක, වැළපීම්, කායික දුක්, මානසික දුක්, සුසුම් හෙළීම් ආදිය හටගන්නවා. ඔය ආකාරයට තමයි මුළු මහත් දුක් රාශියේම හටගැනීම සිදුවන්නේ.

ඒ අවිද්‍යාවම ඉතුරු නැතුව, නොඇල්මෙන්, නිරුද්ධ වීමෙන් සංස්කාර නිරුද්ධ වෙනවා. සංස්කාර නිරුද්ධ වීමෙන් විඤ්ඤාණය නිරුද්ධ වෙනවා. විඤ්ඤාණය නිරුද්ධ වීමෙන් නාමරූප නිරුද්ධ වෙනවා. නාමරූප නිරුද්ධ වීමෙන් ආයතන හය නිරුද්ධ වෙනවා. ආයතන හය නිරුද්ධ වීමෙන් ස්පර්ශය

නිරුද්ධ වෙනවා. ස්පර්ශය නිරුද්ධ වීමෙන් විඳීම් නිරුද්ධ වෙනවා. විඳීම් නිරුද්ධ වීමෙන් ආශාව නිරුද්ධ වෙනවා. ආශාව නිරුද්ධ වීමෙන් උපාදානය හෙවත් ග්‍රහණය වීම නිරුද්ධ වෙනවා. උපාදාන නිරුද්ධ වීමෙන් කාම ධාතුවේ හෝ රූප ධාතුවේ හෝ අරූප ධාතුවේ හෝ විපාක විඳින්නට කර්ම සකස් වීම හෙවත් භවය නිරුද්ධ වෙනවා. භවය නිරුද්ධ වීමෙන් ඉපදීම නිරුද්ධ වෙනවා. ඉපදීම නිරුද්ධ වීමෙන් ජරා, මරණ, ශෝක, වැළපීම්, කායික දුක්, මානසික දුක්, සුසුම් හෙළීම් ආදිය නිරුද්ධ වෙනවා. ඔය ආකාරයට තමයි මුළු මහත් දුක් රාශියේම නිරුද්ධ වීම සිදුවන්නේ. පින්වත් ආනන්ද, මෙපමණකින් භික්ෂුවට 'හේතු ඵල ධර්මතාවයේ හටගැනීම සහ නිරුද්ධ වීම හෙවත් පටිච්චසමුප්පාදය පිළිබඳව අවබෝධයෙහි දක්ෂයි' කියා පවසන්නට සුදුසුයි."

"ස්වාමීනී, 'භික්ෂුව සිදුවිය හැකි, සිදු නොවිය හැකි දේ පිළිබඳව අවබෝධයෙහි දක්ෂ වෙයි' කියා පවසන්නට සුදුසු වන්නේ කවර කරුණු මතද?"

"පින්වත් ආනන්ද, මෙහිලා භික්ෂුව, 'මෙය සිදුවන්නට බැරි දෙයක්. එවැනි දෙයකට ඉඩකඩක් නැහැ. ඒ කියන්නේ යම් මාර්ගඵලලාභී පුද්ගලයෙක් කිසියම් සංස්කාරයක් නිත්‍ය වශයෙන් ගෙන, එයට පැමිණෙයි නම්, එය සිදුවිය හැකි දෙයක් නොවේය' කියා අවබෝධ කරගනියි. 'නමුත් මෙවැනි දෙයක් නම් සිදුවිය හැකියි. ඒ කියන්නේ 'යම් පෘථග්ජන පුද්ගලයෙක් කිසියම් සංස්කාරයක් නිත්‍ය වශයෙන් ගෙන, එයට පැමිණෙයි නම්, එය නම් සිදුවිය හැකියි' කියා අවබෝධ කරගනියි.

'මෙය සිදුවන්නට බැරි දෙයක්. එවැනි දෙයකට ඉඩකඩක් නැහැ. ඒ කියන්නේ යම් මාර්ගඵලලාභී පුද්ගලයෙක් කිසියම් සංස්කාරයක් සැප වශයෙන් ගෙන එයට පැමිණෙයි නම්, එය සිදුවිය හැකි දෙයක් නොවේය' කියා අවබෝධ කරගනියි. 'නමුත් මෙවැනි දෙයක් නම් සිදුවිය හැකියි. ඒ කියන්නේ යම් පෘතග්ජන පුද්ගලයෙක් කිසියම් සංස්කාරයක් සැප වශයෙන් ගෙන එයට පැමිණෙයි නම්, එය නම් සිදුවිය හැකියි' කියා අවබෝධ කරගනියි.

'මෙය සිදුවන්නට බැරි දෙයක්. එවැනි දෙයකට ඉඩකඩක් නැහැ. ඒ කියන්නේ යම් මාර්ගඵලලාභී පුද්ගලයෙක් කිසියම් සංස්කාරයක් ආත්ම වශයෙන් ගෙන එයට පැමිණෙයි නම්, එය සිදුවිය හැකි දෙයක් නොවේය' කියා අවබෝධ කරගනියි. 'නමුත් මෙවැනි දෙයක් නම් සිදුවිය හැකියි. ඒ කියන්නේ 'යම් පෘථග්ජන පුද්ගලයෙක් කිසියම් සංස්කාරයක් ආත්ම වශයෙන් ගෙන එයට පැමිණෙයි නම්, එය නම් සිදුවිය හැකියි' කියා අවබෝධ කරගනියි.

'මෙය සිදුවන්නට බැරි දෙයක්. එවැනි දෙයකට ඉඩකඩක් නැහැ. ඒ කියන්නේ යම් මාර්ගඵලලාභී පුද්ගලයෙක් තම මෑණියන්ව ජීවිතයෙන් තොර කරන්නේය යන යමක් ඇද්ද, එය සිදුවිය හැකි දෙයක් නොවේය' කියා අවබෝධ කරගනියි. 'නමුත් මෙවැනි දෙයක් නම් සිදුවිය හැකියි. ඒ කියන්නේ යම් පෘථග්ජන පුද්ගලයෙක් තම මෑණියන්ව ජීවිතයෙන් තොර කරන්නේය යන යමක් ඇද්ද, එය නම් සිදුවිය හැකියි' කියා අවබෝධ කරගනියි.

'මෙය සිදුවන්නට බැරි දෙයක්. එවැනි දෙයකට ඉඩකඩක් නැහැ. ඒ කියන්නේ යම් මාර්ගඵලලාභී පුද්ගලයෙක් තම පියාණන්ව ජීවිතයෙන් තොර කරන්නේය යන යමක් ඇද්ද, එය සිදුවිය හැකි දෙයක් නොවේය' කියා අවබෝධ කරගනියි. 'නමුත් මෙවැනි දෙයක් නම් සිදුවිය හැකියි. ඒ කියන්නේ යම් පෘථග්ජන පුද්ගලයෙක් තම පියාණන්ව ජීවිතයෙන් තොර කරන්නේය යන යමක් ඇද්ද, එය නම් සිදුවිය හැකියි' කියා අවබෝධ කරගනියි.

'මෙය සිදුවන්නට බැරි දෙයක්. එවැනි දෙයකට ඉඩකඩක් නැහැ. ඒ කියන්නේ යම් මාර්ගඵලලාභී පුද්ගලයෙක් රහතන් වහන්සේ නමක් ජීවිතයෙන් තොර කරන්නේය යන යමක් ඇද්ද, එය සිදුවිය හැකි දෙයක් නොවේය' කියා අවබෝධ කරගනියි. 'නමුත් මෙවැනි දෙයක් නම් සිදුවිය හැකියි. ඒ කියන්නේ යම් පෘථග්ජන පුද්ගලයෙක් රහතන් වහන්සේ නමක් ජීවිතයෙන් තොර කරන්නේය යන යමක් ඇද්ද, එය නම් සිදුවිය හැකියි' කියා අවබෝධ කරගනියි.

'මෙය සිදුවන්නට බැරි දෙයක්. එවැනි දෙයකට ඉඩකඩක් නැහැ. ඒ කියන්නේ යම් මාර්ගඵලලාභී පුද්ගලයෙක් දුෂ්ට සිතින් යුතුව තථාගතයන් වහන්සේගේ ලේ සොලවන්නේය යන යමක් ඇද්ද, එය සිදුවිය හැකි දෙයක් නොවේය' කියා අවබෝධ කරගනියි. 'නමුත් මෙවැනි දෙයක් නම් සිදුවිය හැකියි. ඒ කියන්නේ යම් පෘථග්ජන පුද්ගලයෙක් දුෂ්ට සිතින් යුතුව තථාගතයන් වහන්සේගේ ලේ සොලවන්නේය යන යමක් ඇද්ද, එය නම් සිදුවිය හැකියි' කියා අවබෝධ කරගනියි.

'මෙය සිදුවන්නට බැරි දෙයක්. එවැනි දෙයකට ඉඩකඩක් නැහැ. ඒ කියන්නේ යම් මාර්ගඵලලාභී පුද්ගලයෙක් සංඝභේදය කරන්නේය යන යමක් ඇද්ද, එය සිදුවිය හැකි දෙයක් නොවේය' කියා අවබෝධ කරගනියි. 'නමුත් මෙවැනි දෙයක් නම් සිදුවිය හැකියි. ඒ කියන්නේ යම් පෘථග්ජන පුද්ගලයෙක් සංඝභේදය කරන්නේය යන යමක් ඇද්ද, එය නම් සිදුවිය හැකියි' කියා අවබෝධ කරගනියි.

'මෙය සිදුවන්නට බැරි දෙයක්. එවැනි දෙයකට ඉඩකඩක් නැහැ. ඒ කියන්නේ යම් මාර්ගඵලලාභී පුද්ගලයෙක් වෙනත් ශාස්තෘවරයෙකුව සමාදන් වන්නේය යන යමක් ඇද්ද, එය සිදුවිය හැකි දෙයක් නොවේය' කියා අවබෝධ කරගනියි. 'නමුත් මෙවැනි දෙයක් නම් සිදුවිය හැකියි. ඒ කියන්නේ යම් පෘථග්ජන පුද්ගලයෙක් වෙනත් ශාස්තෘවරයෙකුව සමාදන් වන්නේය යන යමක් ඇද්ද, එය නම් සිදුවිය හැකියි' කියා අවබෝධ කරගනියි.

'මෙය සිදුවන්නට බැරි දෙයක්. එවැනි දෙයකට ඉඩකඩක් නැහැ. ඒ කියන්නේ එකම ලෝක ධාතුවක පෙර පසු නොවී, එක්වරම අරහත් වූ, සම්මා සම්බුදුරජාණන් වහන්සේලා දෙනමක් පහළ වෙනවාය යන යමක් ඇද්ද, එය සිදුවිය හැකි දෙයක් නොවේය' කියා අවබෝධ කරගනියි. 'නමුත් මෙවැනි දෙයක් නම් සිදුවිය හැකියි. ඒ කියන්නේ එකම ලෝක ධාතුවක එක අරහත් වූ, සම්මා සම්බුදුරජාණන් වහන්සේ නමක් පහළ වෙනවාය යන යමක් ඇද්ද, එය නම් සිදුවිය හැකියි' කියා අවබෝධ කරගනියි.

'මෙය සිදුවන්නට බැරි දෙයක්. එවැනි දෙයකට ඉඩකඩක් නැහැ. ඒ කියන්නේ එකම ලෝක ධාතුවක පෙර පසු නොවී, එක්වරම චක්‍රවර්තී රජවරු දෙදෙනෙක් පහළ වෙනවාය යන යමක් ඇද්ද, එය සිදුවිය හැකි දෙයක් නොවේය' කියා අවබෝධ කරගනියි. 'නමුත් මෙවැනි දෙයක් නම් සිදුවිය හැකියි. ඒ කියන්නේ එකම ලෝක ධාතුවක එක චක්‍රවර්තී රජකෙනෙක් පහළ වෙනවාය යන යමක් ඇද්ද, එය නම් සිදුවිය හැකියි' කියා අවබෝධ කරගනියි.

'මෙය සිදුවන්නට බැරි දෙයක්. එවැනි දෙයකට ඉඩකඩක් නැහැ. ඒ කියන්නේ යම් ස්ත්‍රියක් අරහත් වූ, සම්මා සම්බුදු බවට පත්වෙනවාය යන යමක් ඇද්ද, එය සිදුවිය හැකි දෙයක් නොවේය' කියා අවබෝධ කරගනියි. 'නමුත් මෙවැනි දෙයක් නම් සිදුවිය හැකියි. ඒ කියන්නේ යම් පුරුෂයෙක් අරහත් වූ, සම්මා සම්බුදු බවට පත්වෙනවා යන යමක් ඇද්ද, එය නම් සිදුවිය හැකියි' කියා අවබෝධ කරගනියි.

'මෙය සිදුවන්නට බැරි දෙයක්. එවැනි දෙයකට ඉඩකඩක් නැහැ. ඒ කියන්නේ යම් ස්ත්‍රියක් චක්‍රවර්තී රජකෙනෙක් බවට පත්වෙනවාය යන යමක් ඇද්ද, එය සිදුවිය හැකි දෙයක් නොවේය' කියා අවබෝධ කරගනියි. 'නමුත් මෙවැනි දෙයක් නම් සිදුවිය හැකියි. ඒ කියන්නේ යම් පුරුෂයෙක් චක්‍රවර්තී රජකෙනෙක් බවට පත්වෙනවා'ය යන යමක් ඇද්ද, එය නම් සිදුවිය හැකියි' කියා අවබෝධ කරගනියි.

'මෙය සිදුවන්නට බැරි දෙයක්. එවැනි දෙයකට ඉඩකඩක් නැහැ. ඒ කියන්නේ යම් ස්ත්‍රියක් ශක්‍ර දේවේන්ද්‍රයා බවට පත්වෙනවාය යන යමක් ඇද්ද, එය සිදුවිය හැකි දෙයක් නොවේය' කියා අවබෝධ කරගනියි. 'නමුත් මෙවැනි දෙයක් නම් සිදුවිය හැකියි. ඒ කියන්නේ යම් පුරුෂයෙක් ශක්‍ර දේවේන්ද්‍රයා බවට පත්වෙනවා'ය යන යමක් ඇද්ද, එය නම් සිදුවිය හැකියි' කියා අවබෝධ කරගනියි.

'මෙය සිදුවන්නට බැරි දෙයක්. එවැනි දෙයකට ඉඩකඩක් නැහැ. ඒ කියන්නේ යම් ස්ත්‍රියක් මාරයා බවට පත්වෙනවාය යන යමක් ඇද්ද, එය සිදුවිය හැකි දෙයක් නොවේය' කියා අවබෝධ කරගනියි. 'නමුත් මෙවැනි දෙයක් නම් සිදුවිය හැකියි. ඒ කියන්නේ යම් පුරුෂයෙක් මාරයා බවට පත්වෙනවා යන යමක් ඇද්ද, එය නම් සිදුවිය හැකියි' කියා අවබෝධ කරගනියි.

'මෙය සිදුවන්නට බැරි දෙයක්. එවැනි දෙයකට ඉඩකඩක් නැහැ. ඒ කියන්නේ යම් ස්ත්‍රියක් බ්‍රහ්ම තත්වයට පත්වෙනවාය යන යමක් ඇද්ද, එය සිදුවිය හැකි දෙයක් නොවේය' කියා අවබෝධ කරගනියි. 'නමුත් මෙවැනි දෙයක් නම් සිදුවිය හැකියි. ඒ කියන්නේ යම් පුරුෂයෙක් බ්‍රහ්ම තත්වයට පත්වෙනවා යන යමක් ඇද්ද, එය නම් සිදුවිය හැකියි' කියා අවබෝධ කරගනියි.

'මෙය සිදුවන්නට බැරි දෙයක්. එවැනි දෙයකට ඉඩකඩක් නැහැ. ඒ කියන්නේ කයින් යම් දුෂ්චරිතයක් කොට එයින් ඉෂ්ට වූ, කාන්ත වූ, මනාප වූ විපාකයක් උපදවනවාය යන යමක් ඇද්ද, එය සිදුවිය හැකි දෙයක් නොවේය' කියා අවබෝධ කරගනියි. 'නමුත් මෙවැනි දෙයක් නම් සිදුවිය හැකියි. ඒ කියන්නේ කයින් යම් දුෂ්චරිතයක් කොට එයින් අනිෂ්ට වූ, අකාන්ත වූ, අමනාප වූ විපාකයක් උපදවනවාය යන යමක් ඇද්ද, එය නම් සිදුවිය හැකියි' කියා අවබෝධ කරගනියි.

'මෙය සිදුවන්නට බැරි දෙයක්. එවැනි දෙයකට ඉඩකඩක් නැහැ. ඒ කියන්නේ වචනයෙන් යම් දුෂ්චරිතයක් කොට, ...(පෙ).... මනසින් යම් දුෂ්චරිතයක් කොට, එයින් ඉෂ්ට වූ, කාන්ත වූ, මනාප වූ විපාකයක් උපදවනවාය යන යමක් ඇද්ද, එය සිදුවිය හැකි දෙයක් නොවේය' කියා අවබෝධ කරගනියි. 'නමුත් මෙවැනි දෙයක් නම් සිදුවිය හැකියි. ඒ කියන්නේ මනසින් යම් දුෂ්චරිතයක් කොට එයින් අනිෂ්ට වූ, අකාන්ත වූ, අමනාප වූ විපාකයක් උපදවනවාය යන යමක් ඇද්ද, එය නම් සිදුවිය හැකියි' කියා අවබෝධ කරගනියි.

'මෙය සිදුවන්නට බැරි දෙයක්. එවැනි දෙයකට ඉඩකඩක් නැහැ. ඒ කියන්නේ කයින් යම් සුචරිතයක් කොට, එයින් අනිෂ්ට වූ, අකාන්ත වූ,

අමනාප වූ විපාකයක් උපදවනවාය යන යමක් ඇද්ද, එය සිදුවිය හැකි දෙයක් නොවේය' කියා අවබෝධ කරගනියි. 'නමුත් මෙවැනි දෙයක් නම් සිදුවිය හැකියි. ඒ කියන්නේ කයින් යම් සුචරිතයක් කොට, එයින් ඉෂ්ට වූ, කාන්ත වූ, මනාප වූ විපාකයක් උපදවනවාය යන යමක් ඇද්ද, එය නම් සිදුවිය හැකියි' කියා අවබෝධ කරගනියි.

'මෙය සිදුවන්නට බැරි දෙයක්. එවැනි දෙයකට ඉඩකඩක් නැහැ. ඒ කියන්නේ වචනයෙන් යම් සුචරිතයක් කොට, ...(පෙ).... මනසින් යම් සුචරිතයක් කොට, එයින් අනිෂ්ට වූ, අකාන්ත වූ, අමනාප වූ විපාකයක් උපදවනවාය යන යමක් ඇද්ද, එය සිදුවිය හැකි දෙයක් නොවේය' කියා අවබෝධ කරගනියි. 'නමුත් මෙවැනි දෙයක් නම් සිදුවිය හැකියි. ඒ කියන්නේ මනසින් යම් සුචරිතයක් කොට, එයින් ඉෂ්ට වූ, කාන්ත වූ, මනාප වූ විපාකයක් උපදවනවාය යන යමක් ඇද්ද, එය නම් සිදුවිය හැකියි' කියා අවබෝධ කරගනියි.

'මෙය සිදුවන්නට බැරි දෙයක්. එවැනි දෙයකට ඉඩකඩක් නැහැ. ඒ කියන්නේ කාය දුෂ්චරිතයෙන් යුක්ත වූ යම් පුද්ගලයෙක් ඒ හේතුවෙන්, එය මුල් කොට ගෙන කය බිඳී මරණින් මතු සුගති සංඛ්‍යාත ස්වර්ග ලෝකයෙහි උපදින්නේය යන යමක් ඇද්ද, එය සිදුවිය හැකි දෙයක් නොවේය' කියා අවබෝධ කරගනියි. 'නමුත් මෙවැනි දෙයක් නම් සිදුවිය හැකියි. ඒ කියන්නේ කාය දුෂ්චරිතයෙන් යුක්ත වූ යම් පුද්ගලයෙක් ඒ හේතුවෙන්, එය මුල් කොට ගෙන කය බිඳී මරණින් මතු අපාය නම් වූ, දුගතිය නම් වූ, විනිපාත නම් වූ, නිරයෙහි උපදින්නේය යන යමක් ඇද්ද, එය නම් සිදුවිය හැකියි' කියා අවබෝධ කරගනියි.

'මෙය සිදුවන්නට බැරි දෙයක්. එවැනි දෙයකට ඉඩකඩක් නැහැ. ඒ කියන්නේ වචී දුෂ්චරිතයෙන් යුක්ත වූ යම් පුද්ගලයෙක් ....(පෙ).... මනෝ දුෂ්චරිතයෙන් යුක්ත වූ යම් පුද්ගලයෙක් ඒ හේතුවෙන්, එය මුල් කොට ගෙන කය බිඳී මරණින් මතු සුගති සංඛ්‍යාත ස්වර්ග ලෝකයෙහි උපදින්නේය යන යමක් ඇද්ද, එය සිදුවිය හැකි දෙයක් නොවේය' කියා අවබෝධ කරගනියි. 'නමුත් මෙවැනි දෙයක් නම් සිදුවිය හැකියි. ඒ කියන්නේ මනෝ දුෂ්චරිතයෙන් යුක්ත වූ යම් පුද්ගලයෙක් ඒ හේතුවෙන්, එය මුල් කොට ගෙන කය බිඳී මරණින් මතු අපාය නම් වූ, දුගතිය නම් වූ, විනිපාත නම් වූ, නිරයෙහි උපදින්නේය යන යමක් ඇද්ද, එය නම් සිදුවිය හැකියි' කියා අවබෝධ කරගනියි.

'මෙය සිදුවන්නට බැරි දෙයක්. එවැනි දෙයකට ඉඩකඩක් නැහැ. ඒ කියන්නේ කාය සුචරිතයෙන් යුක්ත වූ යම් පුද්ගලයෙක් ඒ හේතුවෙන්, එය මුල් කොට ගෙන කය බිඳී මරණින් මතු අපාය නම් වූ, දුගතිය නම් වූ, විනිපාත

නම් වූ, නිරයෙහි උපදින්නේය යන යමක් ඇද්ද, එය සිදුවිය හැකි දෙයක් නොවේය' කියා අවබෝධ කරගනියි. 'නමුත් මෙවැනි දෙයක් නම් සිදුවිය හැකියි. ඒ කියන්නේ කාය සුචරිතයෙන් යුක්ත වූ යම් පුද්ගලයෙක් ඒ හේතුවෙන්, එය මුල් කොට ගෙන කය බිඳී මරණින් මතු සුගති සංඛ්‍යාත ස්වර්ග ලෝකයෙහි උපදින්නේය යන යමක් ඇද්ද, එය නම් සිදුවිය හැකියි' කියා අවබෝධ කරගනියි.

'මෙය සිදුවන්නට බැරි දෙයක්. එවැනි දෙයකට ඉඩකඩක් නැහැ. ඒ කියන්නේ වචී සුචරිතයෙන් යුක්ත වූ යම් පුද්ගලයෙක් ....(පෙ).... මනෝ සුචරිතයෙන් යුක්ත වූ යම් පුද්ගලයෙක් ඒ හේතුවෙන්, එය මුල් කොට ගෙන කය බිඳී මරණින් මතු අපාය නම් වූ, දුගතිය නම් වූ, විනිපාත නම් වූ, නිරයෙහි උපදින්නේය යන යමක් ඇද්ද, එය සිදුවිය හැකි දෙයක් නොවේය' කියා අවබෝධ කරගනියි. 'නමුත් මෙවැනි දෙයක් නම් සිදුවිය හැකියි. ඒ කියන්නේ මනෝ සුචරිතයෙන් යුක්ත වූ යම් පුද්ගලයෙක් ඒ හේතුවෙන්, එය මුල් කොට ගෙන කය බිඳී මරණින් මතු සුගති සංඛ්‍යාත ස්වර්ග ලෝකයෙහි උපදින්නේය යන යමක් ඇද්ද, එය නම් සිදුවිය හැකියි' කියා අවබෝධ කරගනියි.

පින්වත් ආනන්ද, මෙපමණකින් ම භික්ෂුවට, 'සිදුවිය හැකි, සිදු නොවිය හැකි දේ පිළිබඳව අවබෝධයෙහි දක්ෂ වෙයි' කියා පවසන්නට සුදුසුයි.

මෙසේ වදාළ කල්හි ආයුෂ්මත් ආනන්දයන් වහන්සේ භාග්‍යවතුන් වහන්සේට මෙය පැවසුවා. "ස්වාමීනී, ආශ්චර්යයයි! ස්වාමීනී, අද්භූතයි! ස්වාමීනී, මෙම ධර්ම දේශනාව කිනම් නාමයකින් යුක්තයිද?"

"එසේ වී නම් පින්වත් ආනන්දයෙනි, ඔබ මෙම ධර්ම ක්‍රමය '**බහුධාතුක**' යන නමින් ධාරණය කරගන්න. එසේත් නැත්නම් 'සතර පරිවර්තය' හෙවත් '**චතුපරිවට්ට**' නමින් ධාරණය කරගන්න. එසේත් නැත්නම් 'දහම් කැඩපත' හෙවත් '**ධම්මාදාස**' නමින් ධාරණය කරගන්න. එසේත් නැත්නම් 'අමා බෙරය' හෙවත් '**අමතදුන්දුභී**' නමින් ධාරණය කරගන්න. එසේත් නැත්නම් 'සංග්‍රාමයෙන් ලද අනුත්තර වූ විජයග්‍රහණය' හෙවත් '**අනුත්තරසංගාමවිජය**' නමින් ධාරණය කරගන්න."

භාග්‍යවතුන් වහන්සේ මේ උතුම් දේශනය වදාළා. ඒ දේශනය ගැන ආයුෂ්මත් ආනන්දයන් වහන්සේ ගොඩක් සතුටු වුනා. භාග්‍යවතුන් වහන්සේ වදාළ මේ දේශනය සතුටින් පිළිගත්තා.

සාදු! සාදු!! සාදු!!!

බොහෝ ධාතු ස්වභාවයන් ගැන වදාළ දෙසුම නිමා විය.

3.2.6.
ඉසිගිලි සූත්‍රය
ඉසිගිලි පර්වතයේ දී වදාළ දෙසුම

මා හට අසන්නට ලැබුනේ මේ විදිහටයි. ඒ දිනවල භාග්‍යවතුන් වහන්සේ වැඩසිටියේ රජගහ නුවර ඉසිගිලි පර්වතයෙහිය. එකල්හී භාග්‍යවතුන් වහන්සේ "පින්වත් මහණෙනි" යි කියා භික්ෂුසංඝයා අමතා වදාළා. ඒ භික්ෂූන් වහන්සේලා ද "පින්වතුන් වහන්සැ"යි කියා භාග්‍යවතුන් වහන්සේට පිළිතුරු දුන්නා.

භාග්‍යවතුන් වහන්සේ මෙම දෙසුම වදාළ සේක.

"පින්වත් මහණෙනි, අර වේභාර පර්වතය ඔබට පෙනෙනවා නේද?" "එසේ ය, ස්වාමීනී." "පින්වත් මහණෙනි, ඔය වේභාර පර්වතයට වෙන නමක් තිබුනේ. වෙන පැණවීමක් තිබුනේ.

පින්වත් මහණෙනි, අර පාණ්ඩව පර්වතය ඔබට පෙනෙනවා නේද?" "එසේය, ස්වාමීනී." "පින්වත් මහණෙනි, ඔය පාණ්ඩව පර්වතයට වෙන නමක් තිබුනේ. වෙන පැණවීමක් තිබුනේ.

පින්වත් මහණෙනි, අර වේපුල්ල පර්වතය ඔබට පෙනෙනවා නේද?" "එසේය, ස්වාමීනී." "පින්වත් මහණෙනි, ඔය වේපුල්ල පර්වතයට වෙන නමක් තිබුනේ. වෙන පැණවීමක් තිබුනේ.

පින්වත් මහණෙනි, අර ගිජ්ජකූළ පර්වතය ඔබට පෙනෙනවා නේද?" "එසේය, ස්වාමීනී." "පින්වත් මහණෙනි, ඔය ගිජ්ජකූළ පර්වතයට වෙන නමක් තිබුනේ. වෙන පැණවීමක් තිබුනේ.

පින්වත් මහණෙනි, මේ ඉසිගිලි පර්වතය ඔබට පෙනෙනවා නේද?" "එසේය, ස්වාමීනී." "පින්වත් මහණෙනි, මේ ඉසිගිලි පර්වතයට මේ නමම යි තිබුනේ. මේ පැණැවීමම යි තිබුනේ.

පින්වත් මහණෙනි, මෙය වනාහී පෙර සිදු වූ දෙයක්. ඒ කාලේ මේ ඉසිගිලි පර්වතයෙහි පන්සියනමක් පසේ බුදුරජාණන් වහන්සේලා බොහෝ කාලයක් වැඩසිටියා. එතකොට උන්වහන්සේලා මේ පර්වතයට වඩින ආකාරය අගේට පේනවා. නමුත් වැඩම කළාට පස්සේ දකින්නට ලැබෙන්නේ නැහැ.

එතකොට ඒ කාරණය දැකගත් මිනිසුන් මෙහෙම කිව්වා. 'මේ පර්වතය මේ ඉසිවරයන් වහන්සේලාව ගිල දමනවා නෙව' කියලා. ඒ අනුව 'ඉසිවරුන් ගිලින්නේය' යන අර්ථයෙන් 'ඉසිගිලි' යන නාමය ඉපදුනා.

පින්වත් මහණෙනි, පසේබුදුරජාණන් වහන්සේලාගේ නාමයන් පවසන්නම්. පින්වත් මහණෙනි, පසේබුදුරජාණන් වහන්සේලාගේ නාමයන් හඳුන්වා දෙන්නම්. පින්වත් මහණෙනි, පසේබුදුරජාණන් වහන්සේලාගේ නාමයන් දේශනා කරන්නම්. එය මනාකොට අසන්න. නුවණින් මෙනෙහි කරන්න. මා කියා දෙන්නම්."

"එසේය, ස්වාමීනී" කියා ඒ භික්ෂූන් වහන්සේලා භාග්‍යවතුන් වහන්සේට පිළිතුරු දුන්නා. භාග්‍යවතුන් වහන්සේ මෙය වදාළ සේක.

"පින්වත් මහණෙනි, මේ ඉසිගිලි පර්වතයෙහි අරිට්ඨ නමින් පසේ බුදුරජාණන් වහන්සේ නමක් බොහෝ කාලයක් වැඩසිටියා. ඒ වගේම මේ ඉසිගිලි පර්වතයෙහි උපරිට්ඨ නමින් පසේබුදුරජාණන් වහන්සේ නමකුත් බොහෝ කාලයක් වැඩසිටියා. ඒ වගේම මේ ඉසිගිලි පර්වතයෙහි තගරසිඛී නමින් පසේබුදුරජාණන් වහන්සේ නමකුත් බොහෝ කාලයක් වැඩසිටියා. ඒ වගේම මේ ඉසිගිලි පර්වතයෙහි යසස්සී නමින් පසේබුදුරජාණන් වහන්සේ නමකුත් බොහෝ කාලයක් වැඩසිටියා. ඒ වගේම මේ ඉසිගිලි පර්වතයෙහි සුදස්සන නමින් පසේබුදුරජාණන් වහන්සේ නමකුත් බොහෝ කාලයක් වැඩසිටියා. ඒ වගේම මේ ඉසිගිලි පර්වතයෙහි පියදස්සී නමින් පසේ බුදුරජාණන් වහන්සේ නමකුත් බොහෝ කාලයක් වැඩසිටියා. ඒ වගේම මේ ඉසිගිලි පර්වතයෙහි ගන්ධාර නමින් පසේබුදුරජාණන් වහන්සේ නමකුත් බොහෝ කාලයක් වැඩසිටියා. ඒ වගේම මේ ඉසිගිලි පර්වතයෙහි පිණ්ඩෝල නමින් පසේබුදුරජාණන් වහන්සේ නමකුත් බොහෝ කාලයක් වැඩසිටියා. ඒ වගේම මේ ඉසිගිලි පර්වතයෙහි උපාසභ නමින් පසේබුදුරජාණන් වහන්සේ නමකුත් බොහෝ කාලයක් වැඩසිටියා. ඒ වගේම මේ ඉසිගිලි පර්වතයෙහි නීත නමින් පසේබුදුරජාණන් වහන්සේ නමකුත් බොහෝ කාලයක් වැඩසිටියා. ඒ වගේම මේ ඉසිගිලි පර්වතයෙහි තථ නමින් පසේබුදුරජාණන් වහන්සේ නමකුත්

බොහෝ කාලයක් වැඩසිටියා. ඒ වගේම මේ ඉසිගිලි පර්වතයෙහි සුතවා නමින් පසේබුදුරජාණන් වහන්සේ නමකුත් බොහෝ කාලයක් වැඩසිටියා. ඒ වගේම මේ ඉසිගිලි පර්වතයෙහි භාවිතත්ත නමින් පසේබුදුරජාණන් වහන්සේ නමකුත් බොහෝ කාලයක් වැඩසිටියා.

(01. ගාථාව :)

දුකින් තොර වූ කෙලෙස් දුරු වූ සාරවත් මිනිසුන් සිටින්නේ
ඉතා සුවසේ ඒ සියලු දෙන පසේ බුදු බව ලබා ගන්නේ
නිවන් දුටු ඒ උතුම් මුනිවරු කෙලෙස් හුල් උදුරා දමන්නේ
සවන් දෙනු මැන මා විසින් දැන් ඔවුන් ගේ නම් කියා දෙන්නේ

(02. ගාථාව :)

අරිට්ඨ හා උපරිට්ඨය තගරසිඛී සහ යසස්සී
සුදස්සනය පියදස්සී ලොවේ පසේ බුදුවරුන්ය
ගන්ධාරය පිණ්ඩෝලය උපාසභය යන මුනිවරු
නීතය තථ සුතවා සහ භාවිතත්ත යන බුදුවරු

(03. ගාථාව :)

සුම්භය සුභ මේථුල සහ අට්ඨම යන බුදුවරුන්ද
මේඝ නමින් සහ අනීඝ සුදාඨ යන මුනිවරුන්ද
සියලු ම භව රැහැන් බින්ද උතුම් පසේ බුදුවරුන්ද
හිංගු මෙන්ම හිංගෝ යන මහනුභාව ඇති බුදුන්ද

(04. ගාථාව :)

ජාලි නමින් යුතු දෙනමකි අට්ඨක නම් බුදුවරයෙකි
කෝසල යන බුදුරජුන්ද සුබාහු නම් ඇති බුදුන්ද
උපනේමිස නේමිස හා සන්තචිත්ත මුනිවරුන්ද
සත්‍යය තථ විරජ මුනිඳු හා පණ්ඩිත යන බුදුන්ද

(05. ගාථාව :)

කාලය උපකාල විජිත හා ජිත නම් බුදුවරුන්ද
අංගය පංගය මුනිවරු හා ගුතිජ්ජිතෝ බුදුන්ද
හැම දුකටම මුල වූ මේ කෙලෙස් උපධි දුරු කළෝය
පස්සී හා අපරාජිත බුදුවරු මරු පැරදුවෝය

(06. ගාථාව :)

සත්ථා හා පවත්ත හා සරභංගෝ ලෝමහංස
උච්චංගම හා අසිත ද අනාසවය යන බුදුන්ද
මනෝමයය මානච්ඡිද සහ බන්ධුම යන මුනිවරු
තදාධිමුත්තය විමලය කේතුම යන බුදුවරුන්ද

(07. ගාථාව :)

කේතුම්බරාගය මාතංග හා අරියෝ යන මුනිවරු
අච්චුත හා අච්චුතගාමබ්‍යාමක බුදුවරුන්ද
සුමංගලය දබ්බිල හා සුප්පතිට්ඨ මුනිවරුන්ද
අසය්හ හා ඛේමාභිරත සෝරත යන මුනිවරුන්ද

(08 ගාථාව :)

දුරන්නයද සංඝ මුනිඳු හා උච්චය යන බුදුන්ද
අපරමුනිය හා සය්හ ද අනෝමනික්කම බුදුන්ද
ආනන්දද නන්ද සමග උපනන්දය යන බුදුවරු
දොළොස් නමක් සමගින් වෙති භාරද්වාජය මුනිඳුද

(09. ගාථාව :)

බෝධී හා මහානාම උත්තර යන බුදුවරුන්ද
කේසි සිඛී සුන්දර හා භාරද්වාජය බුදුන්ද
භව බන්ධන සිඳ බිඳලූ තිස්සය උපතිස්ස මුනිඳු
තණ්හා සිඳලූ මුනිවරු උපසීදරි හා සීදරි

(10. ගාථාව :)

මංගල හා වීතරාගි යන නම් ඇති මුනිවරුන්ද
දුක් මුල් ඇති කෙලෙස් නැසූ උසභ නමින් මුනි රජුන්ද
අමා නිවන් සුව ලැබගත් උතුම් පසේබුදුවරුන්ද
උපෝසථෝ හා සුන්දර සච්ච නමින් යුතු බුදුන්ද

(11. ගාථාව :)

ජේත ජයන්තය නමින්ද පදුමෝ උප්පල නමින්ද
පදුමුත්තර රක්ඛිත හා පබ්බත යන බුදුවරුන්ද
මානත්තද්ධය සෝභිත වීතරාගි මුනිවරුන්ද
කෙලෙසුන්ගෙන් නිදහස් වූ කණ්හ නමින් බුදු රජුන්ද

(12. ගාථාව :)

මේ බුදුවරු හා අනිකුත් මහනුභාව බුදුවරුන්ද
භව බන්ධන සිඳ බිඳලූ උතුම් පසේ බුදුවරුන්ද
මහ ඉසිවර මේ බුදුවරු සියලු කෙලෙස් නැති මුනිවරු
පිරිනිවනට වැඩි මුනිවරු අපමණ ගුණ ඇති බුදුවරු
පින්වත් මහණෙනි ඔබත් වන්දනා කරව් නිරතුරු

සාදු! සාදු!! සාදු!!!

ඉසිගිලි පර්වතයේ දී වදාළ දෙසුම නිමා විය.

3.2.7.
මහා චත්තාරීසක සූත්‍රය
කරුණු හතළිහකින් සමන්විත විස්තරාර්ථ දෙසුම

මා හට අසන්නට ලැබුනේ මේ විදිහටයි. ඒ දිනවල භාග්‍යවතුන් වහන්සේ වැඩසිටියේ සැවැත් නුවර අනේපිඬු සිටුතුමා විසින් කරවන ලද ජේතවනාරාමයේ. එදා භාග්‍යවතුන් වහන්සේ "පින්වත් මහණෙනි" යි කියා භික්ෂුසංඝයා අමතා වදාළා. ඒ භික්ෂූන් ද "පින්වතුන් වහන්සැ"යි කියා භාග්‍යවතුන් වහන්සේට පිළිතුරු දුන්නා. භාග්‍යවතුන් වහන්සේ මෙය වදාළා.

"පින්වත් මහණෙනි, හේතු සම්පත් සහිත වූ, උපකාරක ධර්ම සහිත වූ ආර්ය වූ සම්මා සමාධිය ඔබට දේශනා කරන්නම්. හොඳින් සවන් යොමා අසන්න. නුවණින් මෙනෙහි කරන්න. මං කියා දෙන්නම්."

"එසේය, ස්වාමීනී" කියා ඒ භික්ෂූන් වහන්සේලා භාග්‍යවතුන් වහන්සේට පිළිතුරු දුන්නා. භාග්‍යවතුන් වහන්සේ මෙය වදාළා.

"පින්වත් මහණෙනි, හේතු සම්පත් සහිත වූ, උපකාරක ධර්ම සහිත වූ, ආර්ය වූ සම්මා සමාධිය යනු කුමක්ද? එනම්, සම්මා දිට්ඨි, සම්මා සංකල්ප, සම්මා වාචා, සම්මා කම්මන්ත, සම්මා ආජීව, සම්මා වායාම, සම්මා සති කියා දෙයක් තිබෙනවා. පින්වත් මහණෙනි, ඒ මේ අංග හතෙන් යුතු වූ යම් සිතක එකඟබවක් ඇද්ද, ඔය අංගයන්ගේ ඒකාරාශී වීමක් ඇද්ද, පින්වත් මහණෙනි, ආර්ය වූ සම්මා සමාධිය කියල කියන්නේ එයටයි. හේතු සම්පත් සහිතයි කියන්නෙත් එයටම යි. උපකාරක ධර්ම සහිතයි කියන්නෙත් එයටම යි.

පින්වත් මහණෙනි, ඔය කාරණයෙහිදී මුල් වෙන්නේ සම්මා දිට්ඨියයි. පින්වත් මහණෙනි, සම්මා දිට්ඨිය මූලික අංගය වෙන්නේ කොහොමද? මිත්‍යා දෘෂ්ටිය, මිත්‍යා දෘෂ්ටිය වශයෙන් අවබෝධ කරනවා. සම්මා දිට්ඨිය සම්මා දිට්ඨිය වශයෙන් අවබෝධ කරනවා. ඒ අවබෝධය තමයි ඔහුගේ සම්මා දිට්ඨිය.

පින්වත් මහණෙනි, කුමක්ද මිත්‍යා දෘෂ්ටිය කියන්නේ? ඒ කියන්නේ 'දුන් දෙයක විපාක නැත. පුද පූජාවක විපාක නැත. සේවාවක විපාක නැත. පින් පව් කර්මවල පල විපාක නැත. මෙලොවක් නැත. පරලොවක් නැත. මවක්

නැත. පියෙක් නැත. ඕපපාතික සත්වයන් නැත. ඒ වගේම ලෝකයෙහි යහපත් මග ගමන් කළ, යහපතෙහි පිළිපන් ශ්‍රමණ බ්‍රාහ්මණයන් යමෙක් මෙලොවත්, පරලොවත් ස්වකීය ප්‍රඥාවෙන් අවබෝධ කොට කියා දෙත්ද, එවැනි උදවියද නැත' යන දෘෂ්ටියයි. පින්වත් මහණෙනි මෙය තමයි මිත්‍යා දෘෂ්ටිය.

පින්වත් මහණෙනි, කුමක්ද සම්මා දිට්ඨිය කියන්නේ? පින්වත් මහණෙනි, මං සම්මා දිට්ඨිය දෙආකාරයකින් කියා දෙනවා. ඒ කියන්නේ පින්වත් මහණෙනි, ආශ්‍රව සහිත වූ, පින් කරන්නට අනුබල ලැබෙන, මත්තෙහි සැප විපාක ලබා දෙන සම්මා දිට්ඨියක් තියෙනවා. ඒ වගේම ආර්ය වූ, ආශ්‍රව රහිත වූ, ලෝකෝත්තර මාර්ග අංගයක් වූ සම්මා දිට්ඨියකුත් තියෙනවා.

පින්වත් මහණෙනි, ආශ්‍රව සහිත වූ, පින් කරන්නට අනුබල ලැබෙන, මත්තෙහි සැප විපාක ලබා දෙන සම්මා දිට්ඨිය කුමක්ද? ඒ කියන්නේ 'දුන් දෙයක විපාක ඇත. පුද පූජාවක විපාක ඇත. සේවාවක විපාක ඇත. පින් පව් කර්මවල පල විපාක ඇත. මෙලොවක් ඇත. පරලොවක් ඇත. මවක් ඇත. පියෙක් ඇත. ඕපපාතික සත්වයන් ඇත. ඒ වගේම ලෝකයෙහි යහපත් මග ගමන් කළ, යහපතෙහි පිළිපන් ශ්‍රමණ බ්‍රාහ්මණයන් යමෙක් මෙලොවත්, පරලොවත් ස්වකීය ප්‍රඥාවෙන් අවබෝධ කොට කියා දෙත්ද, එවැනි උදවිය ද ඇත' යන දෘෂ්ටියයි. පින්වත් මහණෙනි, මෙය තමයි ආශ්‍රව සහිත වූ, පින් කරන්නට අනුබල ලැබෙන, මත්තෙහි සැප විපාක ලබා දෙන සම්මා දිට්ඨිය.

පින්වත් මහණෙනි, ආර්ය වූ, ආශ්‍රව රහිත වූ, ලෝකෝත්තර මාර්ග අංගයක් වූ සම්මා දිට්ඨිය කුමක්ද? පින්වත් මහණෙනි, ආර්ය වූ සිත් ඇති, අනාශ්‍රව සිත් ඇති, ආර්ය මාර්ගයෙන් යුක්ත වූ, ආර්ය මාර්ගය ප්‍රගුණ කරන කෙනෙකුගේ යම් ප්‍රඥාවක් ඇද්ද, ප්‍රඥා ඉන්ද්‍රියයක් ඇද්ද, ප්‍රඥා බලයක් ඇද්ද, ධම්මවිචය සම්බොජ්ඣංගයක් ඇද්ද, සම්මා දිට්ඨි මාර්ගාංගයක් ඇද්ද, පින්වත් මහණෙනි, මෙයට කියන්නේ ආර්ය වූ, ආශ්‍රව රහිත වූ, ලෝකෝත්තර මාර්ග අංගයක් වූ සම්මා දිට්ඨිය කියලයි.

එතකොට ඔහු මිත්‍යා දෘෂ්ටිය ප්‍රහාණය කිරීම පිණිසත්, සම්මා දිට්ඨිය උපදවා ගැනීම පිණිසත්, වෑයම් කරනවා. එම උත්සාහය තමයි ඔහුගේ සම්මා වායාමය වන්නේ. ඔහු සිහියෙන් යුක්තව මිත්‍යා දෘෂ්ටිය අත්හරිනවා. සිහියෙන් යුක්තව සම්මා දිට්ඨිය උපදවාගෙන වාසය කරනවා. ඒ සිහිය තමයි ඔහුගේ සම්මා සතිය වන්නේ. ඔය ආකාරයට ඔහු තුළ ධර්ම තුනක් සම්මා දිට්ඨියට අනුව වේගවත්ව සකස් වෙනවා. ඒ අනුව පවතිනවා. ඒ කවර තුනක්ද යත්; සම්මා දිට්ඨියත්, සම්මා වායාමත්, සම්මා සතියත් යන තුනයි.

පින්වත් මහණෙනි, ඔය කාරණයෙහිදී මුල් වෙන්නේ සම්මා දිට්ඨියයි. පින්වත් මහණෙනි, සම්මා දිට්ඨිය මූලික අංගය වෙන්නේ කොහොමද? මිත්‍යා සංකල්පය, මිත්‍යා සංකල්පය වශයෙන් අවබෝධ කරනවා. සම්මා සංකල්පය සම්මා සංකල්පය වශයෙන් අවබෝධ කරනවා. ඒ අවබෝධය තමයි ඔහුගේ සම්මා දිට්ඨිය.

පින්වත් මහණෙනි, කුමක්ද මිත්‍යා සංකල්පය කියන්නේ? කාම අරමුණු පිළිබඳව කල්පනා කරමින් සිටීම, ද්වේෂය ඇතිවෙන අයුරින් කල්පනා කරමින් සිටීම, හිංසාකාරී සිතුවිලි කල්පනා කරමින් සිටීම. පින්වත් මහණෙනි, මෙයයි මිත්‍යා සංකල්පය.

පින්වත් මහණෙනි, කුමක්ද සම්මා සංකල්පය කියන්නේ? පින්වත් මහණෙනි, මං සම්මා සංකල්පය දෙආකාරයකින් කියා දෙනවා. ඒ කියන්නේ පින්වත් මහණෙනි, ආශ්‍රව සහිත වූ, පින් කරන්නට අනුබල ලැබෙන, මත්තෙහි සැප විපාක ලබා දෙන සම්මා සංකල්පයක් තියෙනවා. ඒ වගේම ආර්ය වූ, ආශ්‍රව රහිත වූ, ලෝකෝත්තර මාර්ග අංගයක් වූ සම්මා සංකල්පයකුත් තියෙනවා.

පින්වත් මහණෙනි, ආශ්‍රව සහිත වූ, පින් කරන්නට අනුබල ලැබෙන, මත්තෙහි සැප විපාක ලබා දෙන සම්මා සංකල්පය කුමක්ද? ඒ කියන්නේ කාමයන්ගෙන් නික්මීම පිණිස කරන කල්පනාව, තරහකින් තොරව කරන කල්පනාව, හිංසා රහිත වූ කල්පනාව. පින්වත් මහණෙනි, ආශ්‍රව සහිත වූ, පින් කරන්නට අනුබල ලැබෙන, මත්තෙහි සැප විපාක ලබාදෙන සම්මා සංකල්පය නම් මෙයයි.

පින්වත් මහණෙනි, ආර්ය වූ, ආශ්‍රව රහිත වූ, ලෝකෝත්තර මාර්ග අංගයක් වූ සම්මා සංකල්පය කුමක්ද? පින්වත් මහණෙනි, ආර්ය වූ සිත් ඇති, අනාශ්‍රව සිත් ඇති, ආර්ය මාර්ගයෙන් යුක්ත වූ, ආර්ය මාර්ගය ප්‍රගුණ කරන කෙනෙකුගේ යම් නුවණින් විමසීමක් ඇද්ද, විතර්කයක් ඇද්ද, සංකල්පයක් ඇද්ද, සිත තිලකුණු අරමුණට නගා ගැනීමක් ඇද්ද, සිත විදර්ශනා අරමුණෙහි පිහිටුවීමක් ඇද්ද, සිත විදර්ශනා අරමුණට නැංවීමක් ඇද්ද, ඒ සඳහා කරන විතර්ක විචාරයන් ඇද්ද, පින්වත් මහණෙනි, මෙයට කියන්නේ ආර්ය වූ, ආශ්‍රව රහිත වූ, ලෝකෝත්තර මාර්ග අංගයක් වූ සම්මා සංකල්පය කියලයි.

එතකොට ඔහු මිත්‍යා සංකල්පය ප්‍රහාණය කිරීම පිණිසත්, සම්මා සංකල්පය උපදවා ගැනීම පිණිසත්, වෑයම් කරනවා. එම උත්සාහය තමයි ඔහුගේ සම්මා වායාමය වන්නේ. ඔහු සිහියෙන් යුක්තව මිත්‍යා සංකල්පය අත්හරිනවා. සිහියෙන් යුක්තව සම්මා සංකල්පය උපදවාගෙන වාසය කරනවා.

ඒ සිහිය තමයි ඔහුගේ සම්මා සතිය වන්නේ. ඔය ආකාරයට ඔහු තුළ ධර්ම තුනක් සම්මා සංකල්පයට අනුව වේගවත්ව සකස් වෙනවා. ඒ අනුව පවතිනවා. ඒ කවර තුනක්ද යත්; සම්මා දිට්ඨියත්, සම්මා වායාමත්, සම්මා සතියත් යන තුනයි.

පින්වත් මහණෙනි, ඔය කාරණයෙහිදී මුල් වෙන්නේ සම්මා දිට්ඨියයි. පින්වත් මහණෙනි, සම්මා දිට්ඨිය මූලික අංගය වෙන්නේ කොහොමද? මිත්‍යා වාචා, මිත්‍යා වාචා වශයෙන් අවබෝධ කරනවා. සම්මා වාචා සම්මා වාචා වශයෙන් අවබෝධ කරනවා. ඒ අවබෝධය තමයි ඔහුගේ සම්මා දිට්ඨිය.

පින්වත් මහණෙනි, කුමක්ද මිත්‍යා වාචා කියන්නේ? බොරු කීම, කේළාම් කීම, ඵරුෂ වචන කීම, හිස් වචන කීම. පින්වත් මහණෙනි, මෙයයි මිත්‍යා වාචා.

පින්වත් මහණෙනි, කුමක්ද සම්මා වාචා කියන්නේ? පින්වත් මහණෙනි, මං සම්මා වාචා දෙආකාරයකින් කියා දෙනවා. ඒ කියන්නේ පින්වත් මහණෙනි, ආශ්‍රව සහිත වූ, පින් කරන්නට අනුබල ලැබෙන, මත්තෙහි සැප විපාක ලබා දෙන සම්මා වාචා තියෙනවා. ඒ වගේම ආර්ය වූ, ආශ්‍රව රහිත වූ, ලෝකෝත්තර මාර්ග අංගයක් වූ සම්මා වාචා තියෙනවා.

පින්වත් මහණෙනි, ආශ්‍රව සහිත වූ, පින් කරන්නට අනුබල ලැබෙන, මත්තෙහි සැප විපාක ලබා දෙන සම්මා වාචා කුමක්ද? ඒ කියන්නේ බොරුවෙන් වැළකුණු වචන කතා කිරීම, කේළමෙන් වැළකුණු වචන කතා කිරීම, ඵරුෂ වචනයෙන් වැළකුණු වචන කතා කිරීම, හිස් වචනයෙන් වැළකුණු වචන කතා කිරීම. පින්වත් මහණෙනි, ආශ්‍රව සහිත වූ, පින් කරන්නට අනුබල ලැබෙන, මත්තෙහි සැප විපාක ලබා දෙන සම්මා වාචා නම් මෙයයි.

පින්වත් මහණෙනි, ආර්ය වූ, ආශ්‍රව රහිත වූ, ලෝකෝත්තර මාර්ග අංගයක් වූ සම්මා වාචා කුමක්ද? පින්වත් මහණෙනි, ආර්ය වූ සිත් ඇති, අනාශ්‍රව සිත් ඇති, ආර්ය මාර්ගයෙන් යුක්ත වූ, ආර්ය මාර්ගය ප්‍රගුණ කරන කෙනෙකු තුළ සතර ආකාර වූ වචී දුෂ්චරිතයට නොඇලී වෙන් වීමක් ඇද්ද, දුරු කිරීමක් ඇද්ද, නැවැත්වීමක් ඇද්ද, වැළකී සිටීමක් ඇද්ද, පින්වත් මහණෙනි, මෙයට කියන්නේ ආර්ය වූ, ආශ්‍රව රහිත වූ, ලෝකෝත්තර මාර්ග අංගයක් වූ සම්මා වාචා කියලයි.

එතකොට ඔහු මිත්‍යා වාචා ප්‍රහාණය කිරීම පිණිසත්, සම්මා වාචා උපදවා ගැනීම පිණිසත්, වෑයම් කරනවා. එම උත්සාහය තමයි ඔහුගේ සම්මා

වායාමය වන්නේ. ඔහු සිහියෙන් යුක්තව මිත්‍යා වාචා අත්හරිනවා. සිහියෙන් යුක්තව සම්මා වාචා උපදවාගෙන වාසය කරනවා. ඒ සිහිය තමයි ඔහුගේ සම්මා සතිය වන්නේ. ඔය ආකාරයට ඔහු තුළ ධර්ම තුනක් සම්මා වාචාවලට අනුව වේගවත්ව සකස් වෙනවා. ඒ අනුව පවතිනවා. ඒ කවර තුනක්ද යත්; සම්මා දිට්ඨියත්, සම්මා වායාමත්, සම්මා සතියත් යන තුනයි.

පින්වත් මහණෙනි, ඔය කාරණයෙහිදී මුල් වෙන්නේ සම්මා දිට්ඨියයි. පින්වත් මහණෙනි, සම්මා දිට්ඨිය මූලික අංගය වෙන්නේ කොහොමද? මිත්‍යා ක්‍රියාපටිපාටිය, මිත්‍යා ක්‍රියාපටිපාටිය වශයෙන් අවබෝධ කරනවා. සම්මා ක්‍රියාපටිපාටිය සම්මා ක්‍රියාපටිපාටිය වශයෙන් අවබෝධ කරනවා. ඒ අවබෝධය තමයි ඔහුගේ සම්මා දිට්ඨිය.

පින්වත් මහණෙනි, කුමක්ද මිත්‍යා කටයුතු කියන්නේ? අනුන්ගේ ජීවිත විනාශ කිරීම, නුදුන් දේ සොර සිතින් ගැනීම, කාම මිත්‍යාචාරයේ යෙදීම, පින්වත් මහණෙනි, මෙයයි මිත්‍යා ක්‍රියාපටිපාටිය.

පින්වත් මහණෙනි, කුමක්ද සම්මා කටයුතු කියන්නේ? පින්වත් මහණෙනි, මං සම්මා කම්මන්ත දෙආකාරයකින් කියා දෙනවා. ඒ කියන්නේ පින්වත් මහණෙනි, ආශ්‍රව සහිත වූ, පින් කරන්නට අනුබල ලැබෙන, මත්තෙහි සැප විපාක ලබාදෙන සම්මා වැඩකටයුතු තියෙනවා. ඒ වගේම ආර්‍ය වූ, ආශ්‍රව රහිත වූ, ලෝකෝත්තර මාර්ග අංගයක් වූ සම්මා වැඩකටයුතු තියෙනවා.

පින්වත් මහණෙනි, ආශ්‍රව සහිත වූ, පින් කරන්නට අනුබල ලැබෙන, මත්තෙහි සැප විපාක ලබා දෙන සම්මා වැඩකටයුතු කුමක්ද? ඒ කියන්නේ අනුන්ගේ ජීවිත විනාශ කිරීමෙන් වැළකී සිටීම, නුදුන් දේ සොර සිතින් ගැනීමෙන් වැළකී සිටීම, කාම මිත්‍යාචාරයේ යෙදීමෙන් වැළකී සිටීම. පින්වත් මහණෙනි, ආශ්‍රව සහිත වූ, පින් කරන්නට අනුබල ලැබෙන, මත්තෙහි සැප විපාක ලබා දෙන සම්මා වැඩකටයුතු නම් මෙයයි.

පින්වත් මහණෙනි, ආර්‍ය වූ, ආශ්‍රව රහිත වූ, ලෝකෝත්තර මාර්ග අංගයක් වූ සම්මා වැඩකටයුතු කුමක්ද? පින්වත් මහණෙනි, ආර්‍ය වූ සිත් ඇති, අනාශ්‍රව සිත් ඇති, ආර්‍ය මාර්ගයෙන් යුක්ත වූ, ආර්‍ය මාර්ගය ප්‍රගුණ කරන කෙනෙකු තුළ තුන් ආකාර වූ කායික දුෂ්චරිතයට නොඇලී වෙන් වීමක් ඇද්ද, දුරු කිරීමක් ඇද්ද, නැවැත්වීමක් ඇද්ද, වැළකී සිටීමක් ඇද්ද, පින්වත් මහණෙනි, මෙයට කියන්නේ ආර්‍ය වූ, ආශ්‍රව රහිත වූ, ලෝකෝත්තර මාර්ග අංගයක් වූ සම්මා වැඩකටයුතු කියලයි.

එතකොට ඔහු මිත්‍යා ක්‍රියාවන් ප්‍රහාණය කිරීම පිණිසත්, සම්මා කම්මන්තය උපදවා ගැනීම පිණිසත්, වෑයම් කරනවා. එම උත්සාහය තමයි ඔහුගේ සම්මා වායාමය වන්නේ. ඔහු සිහියෙන් යුක්තව මිත්‍යා ක්‍රියාපටිපාටිය අත්හරිනවා. සිහියෙන් යුක්තව සම්මා වැඩකටයුතු උපදවාගෙන වාසය කරනවා. ඒ සිහිය තමයි ඔහු ගේ සම්මා සතිය වන්නේ. ඔය ආකාරයට ඔහු තුළ ධර්ම තුනක් සම්මා වැඩකටයුතුවලට අනුව වේගවත් ව සකස් වෙනවා. ඒ අනුව පවතිනවා. ඒ කවර තුනක්ද යත්; සම්මා දිට්ඨියත්, සම්මා වායාමත්, සම්මා සතියත් යන තුනයි.

පින්වත් මහණෙනි, ඔය කාරණයෙහිදී මුල් වෙන්නේ සම්මා දිට්ඨියයි. පින්වත් මහණෙනි, සම්මා දිට්ඨිය මූලික අංගය වෙන්නේ කොහොමද? මිත්‍යා ආජීවය, මිත්‍යා ආජීවය වශයෙන් අවබෝධ කරනවා. සම්මා ආජීවය සම්මා ආජීවය වශයෙන් අවබෝධ කරනවා. ඒ අවබෝධය තමයි ඔහුගේ සම්මා දිට්ඨිය.

පින්වත් මහණෙනි, කුමක්ද මිත්‍යා ආජීවය කියන්නේ? දෙපිටකාට්ටු වංචාවෙන් ජීවත් වීම, ලාභ සත්කාර ලබා ගැනීමේ ආශාවෙන් වර්ණනා කොට කතා කිරීම, ලාභ ලබා ගැනීම පිණිස, විශේෂ ලකුණු ඉස්මතු කරමින් කටයුතු කිරීම, සත්‍යය සඟවා කටයුතු කිරීම, ලාභයෙන් ලාභ සෙවීම. පින්වත් මහණෙනි, මෙයයි මිත්‍යා ආජීවය.

පින්වත් මහණෙනි, කුමක්ද සම්මා ආජීවය කියන්නේ? පින්වත් මහණෙනි, මං සම්මා ආජීවය දෙආකාරයකින් කියා දෙනවා. ඒ කියන්නේ පින්වත් මහණෙනි, ආශ්‍රව සහිත වූ, පින් කරන්නට අනුබල ලැබෙන, මත්තෙහි සැප විපාක ලබාදෙන සම්මා ආජීවය තියෙනවා. ඒ වගේම ආර්‍ය වූ, ආශ්‍රව රහිත වූ, ලෝකෝත්තර මාර්ග අංගයක් වූ සම්මා ආජීවය තියෙනවා.

පින්වත් මහණෙනි, ආශ්‍රව සහිත වූ, පින් කරන්නට අනුබල ලැබෙන, මත්තෙහි සැප විපාක ලබා දෙන සම්මා ආජීවය කුමක්ද? ඒ කියන්නේ මිත්‍යාවෙන් ජීවත් වීම අත්හැර, තමාටත් අනුන්ටත් හිත සුව පිණිස පවතින සම්මා ආජීවයෙන් ජීවිතය ගතකිරීම. පින්වත් මහණෙනි, ආශ්‍රව සහිත වූ, පින් කරන්නට අනුබල ලැබෙන, මත්තෙහි සැප විපාක ලබාදෙන සම්මා ආජීවය නම් මෙයයි.

පින්වත් මහණෙනි, ආර්‍ය වූ, ආශ්‍රව රහිත වූ, ලෝකෝත්තර මාර්ග අංගයක් වූ සම්මා ආජීවය කුමක්ද? පින්වත් මහණෙනි, ආර්‍ය වූ සිත් ඇති, අනාශ්‍රව සිත් ඇති, ආර්‍ය මාර්ගයෙන් යුක්ත වූ, ආර්‍ය මාර්ගය ප්‍රගුණ කරන කෙනෙකු තුළ මිත්‍යා ආජීවයට නොඇලී වෙන්වීමක් ඇද්ද, දුරු කිරීමක් ඇද්ද,

නැවැත්වීමක් ඇද්ද, වැළකී සිටීමක් ඇද්ද, පින්වත් මහණෙනි, මෙයට කියන්නේ ආර්ය වූ, ආශ්‍රව රහිත වූ, ලෝකෝත්තර මාර්ග අංගයක් වූ සම්මා ආජීවය කියලයි.

එතකොට ඔහු මිත්‍යා ආජීවය ප්‍රහාණය කිරීම පිණිසත්, සම්මා ආජීවය උපදවා ගැනීම පිණිසත්, වෑයම් කරනවා. එම උත්සාහය තමයි ඔහුගේ සම්මා වායාමය වන්නේ. ඔහු සිහියෙන් යුක්තව මිත්‍යා ආජීවය අත්හරිනවා. සිහියෙන් යුක්තව සම්මා ආජීවය උපදවාගෙන වාසය කරනවා. ඒ සිහිය තමයි ඔහුගේ සම්මා සතිය වන්නේ. ඔය ආකාරයට ඔහු තුළ ධර්ම තුනක් සම්මා ආජීවයට අනුව වේගවත්ව සකස් වෙනවා. ඒ අනුව පවතිනවා. ඒ කවර තුනක්ද යත්; සම්මා දිට්ඨියත්, සම්මා වායාමත්, සම්මා සතියත් යන තුනයි.

පින්වත් මහණෙනි, ඔය කාරණයෙහි දී මුල් වෙන්නේ සම්මා දිට්ඨියයි. පින්වත් මහණෙනි, සම්මා දිට්ඨිය මූලික අංගය වෙන්නේ කොහොමද? පින්වත් මහණෙනි, සම්මා දිට්ඨියෙහි පිහිටි කෙනා තුළයි සම්මා සංකල්පය ඇතිවන්නේ. සම්මා කල්පයේ පිහිටි කෙනා තුළයි සම්මා වාචා ඇතිවන්නේ. සම්මා වාචාවෙහි පිහිටි කෙනා තුළයි සම්මා වැඩකටයුතු ඇතිවන්නේ. සම්මා වැඩකටයුතුවල පිහිටි කෙනා තුළයි සම්මා ආජීවය ඇතිවන්නේ. සම්මා ආජීවයේ පිහිටි කෙනා තුළයි සම්මා වායාම ඇතිවන්නේ. සම්මා වායාමයෙහි පිහිටි කෙනා තුළයි සම්මා සතිය ඇතිවන්නේ. සම්මා සතියෙහි පිහිටි කෙනා තුළයි සම්මා සමාධිය ඇතිවන්නේ. සම්මා සමාධියෙහි පිහිටි කෙනා තුළයි සම්මා ඤාණය ඇතිවන්නේ. සම්මා ඤාණයෙන් යුක්ත වූ කෙනා තුළයි සම්මා විමුක්තිය ඇතිවන්නේ. පින්වත් මහණෙනි, ඔය ආකාරයට ධර්ම මාර්ගයෙහි හික්මෙන සේඛ පුද්ගලයා මාර්ග අංග අටකින් සමන්විත වෙනවා. රහතන් වහන්සේ මාර්ග අංග දහයකින් සමන්විත වෙනවා.

පින්වත් මහණෙනි, ඔය කාරණයෙහි දී මුල් වෙන්නේ සම්මා දිට්ඨියයි. පින්වත් මහණෙනි, සම්මා දිට්ඨිය මූලික අංගය වෙන්නේ කොහොමද? පින්වත් මහණෙනි, සම්මා දිට්ඨියෙන් යුක්ත කෙනා තුළ මිත්‍යා දෘෂ්ටිය විනාශ වෙලා යනවා. එතකොට මිත්‍යා දෘෂ්ටිය නිසා හටගන්නා වූ යම් අනේක වූ පාපී අකුසල ධර්මයන් ඇද්ද, ඔහු තුළ ඒවා විනාශ වෙලා යනවා. සම්මා දිට්ඨිය හේතුවෙන් අනේක වූ කුසල ධර්මයන් ප්‍රගුණ කිරීම් වශයෙන් පරිපූර්ණ බවට පත්වෙනවා.

පින්වත් මහණෙනි, සම්මා සංකල්පයෙන් යුක්ත කෙනා තුළ මිත්‍යා සංකල්පය විනාශ වෙලා යනවා. එතකොට මිත්‍යා සංකල්පය නිසා හටගන්නා වූ යම් අනේක වූ පාපී අකුසල ධර්මයන් ඇද්ද, ඔහු තුළ ඒවා විනාශ වෙලා

යනවා. සම්මා සංකල්පය හේතුවෙන් අනේක වූ කුසල ධර්මයන් ප්‍රගුණ කිරීම් වශයෙන් පරිපූර්ණ බවට පත්වෙනවා.

පින්වත් මහණෙනි, සම්මා වාචාවෙන් යුක්ත කෙනා තුළ මිත්‍යා වාචා විනාශ වෙලා යනවා. එතකොට මිත්‍යා වාචා නිසා හටගන්නා වූ යම් අනේක වූ පාපී අකුසල ධර්මයන් ඇද්ද, ඔහු තුළ ඒවා විනාශ වෙලා යනවා. සම්මා වාචා හේතුවෙන් අනේක වූ කුසල ධර්මයන් ප්‍රගුණ කිරීම් වශයෙන් පරිපූර්ණ බවට පත්වෙනවා.

පින්වත් මහණෙනි, සම්මා කම්මන්තයෙන් යුක්ත කෙනා තුළ මිත්‍යා ක්‍රියාපටිපාටිය විනාශ වෙලා යනවා. එතකොට මිත්‍යා ක්‍රියාපටිපාටිය නිසා හටගන්නා වූ යම් අනේක වූ පාපී අකුසල ධර්මයන් ඇද්ද, ඔහු තුළ ඒවා විනාශ වෙලා යනවා. සම්මා කම්මන්තය හේතුවෙන් අනේක වූ කුසල ධර්මයන් ප්‍රගුණ කිරීම් වශයෙන් පරිපූර්ණ බවට පත්වෙනවා.

පින්වත් මහණෙනි, සම්මා ආජීවයෙන් යුක්ත කෙනා තුළ මිත්‍යා ආජීවය විනාශ වෙලා යනවා. එතකොට මිත්‍යා ආජීවය නිසා හටගන්නා වූ යම් අනේක වූ පාපී අකුසල ධර්මයන් ඇද්ද, ඔහු තුළ ඒවා විනාශ වෙලා යනවා. සම්මා ආජීවය හේතුවෙන් අනේක වූ කුසල ධර්මයන් ප්‍රගුණ කිරීම් වශයෙන් පරිපූර්ණ බවට පත්වෙනවා.

පින්වත් මහණෙනි, සම්මා වායාමයෙන් යුක්ත කෙනා තුළ මිත්‍යා වායාමය විනාශ වෙලා යනවා. එතකොට මිත්‍යා වායාමය නිසා හටගන්නා වූ යම් අනේක වූ පාපී අකුසල ධර්මයන් ඇද්ද, ඔහු තුළ ඒවා විනාශ වෙලා යනවා. සම්මා වායාමය හේතුවෙන් අනේක වූ කුසල ධර්මයන් ප්‍රගුණ කිරීම් වශයෙන් පරිපූර්ණ බවට පත්වෙනවා.

පින්වත් මහණෙනි, සම්මා සතියෙන් යුක්ත කෙනා තුළ මිත්‍යා සතිය විනාශ වෙලා යනවා. එතකොට මිත්‍යා සතිය නිසා හටගන්නා වූ යම් අනේක වූ පාපී අකුසල ධර්මයන් ඇද්ද, ඔහු තුළ ඒවා විනාශ වෙලා යනවා. සම්මා සතිය හේතුවෙන් අනේක වූ කුසල ධර්මයන් ප්‍රගුණ කිරීම් වශයෙන් පරිපූර්ණ බවට පත්වෙනවා.

පින්වත් මහණෙනි, සම්මා සමාධියෙන් යුක්ත කෙනා තුළ මිත්‍යා සමාධිය විනාශ වෙලා යනවා. එතකොට මිත්‍යා සමාධිය නිසා හටගන්නා වූ යම් අනේක වූ පාපී අකුසල ධර්මයන් ඇද්ද, ඔහු තුළ ඒවා විනාශ වෙලා යනවා. සම්මා සමාධිය හේතුවෙන් අනේක වූ කුසල ධර්මයන් ප්‍රගුණ කිරීම් වශයෙන් පරිපූර්ණ බවට පත්වෙනවා.

පින්වත් මහණෙනි, සම්මා ඤාණයෙන් යුක්ත කෙනා තුළ මිත්‍යා ඤාණය විනාශ වෙලා යනවා. එතකොට මිත්‍යා ඤාණය නිසා හටගන්නා වූ යම් අනේක වූ පාපී අකුසල ධර්මයන් ඇද්ද, ඔහු තුළ ඒවා විනාශ වෙලා යනවා. සම්මා ඤාණය හේතුවෙන් අනේක වූ කුසල ධර්මයන් ප්‍රගුණ කිරීම් වශයෙන් පරිපූර්ණ බවට පත්වෙනවා.

පින්වත් මහණෙනි, සම්මා විමුක්තියෙන් යුක්ත කෙනා තුළ මිත්‍යා විමුක්තිය විනාශ වෙලා යනවා. එතකොට මිත්‍යා විමුක්තිය නිසා හටගන්නා වූ යම් අනේක වූ පාපී අකුසල ධර්මයන් ඇද්ද, ඔහු තුළ ඒවා විනාශ වෙලා යනවා. සම්මා විමුක්තිය හේතුවෙන් අනේක වූ කුසල ධර්මයන් ප්‍රගුණ කිරීම් වශයෙන් පරිපූර්ණ බවට පත්වෙනවා.

මේ ආකාරයට පින්වත් මහණෙනි, කුසල පක්ෂයෙහි කොටස් විස්සයි. අකුසල පක්ෂයෙහි කොටස් විස්සයි. සතළිස් ආකාර වූ විස්තරාර්ථ ධර්ම ක්‍රමයයි මේ ප්‍රවර්තනය කරන ලද්දේ. ලෝකයෙහි කිසි ශ්‍රමණයෙකු විසින් වේවා, බ්‍රාහ්මණයෙකු විසින් වේවා, දෙවියෙකු විසින් වේවා, මාරයෙකු විසින් වේවා, බ්‍රහ්මයෙකු විසින් වේවා, වෙන කිසිවෙකු විසින් වේවා, ප්‍රවර්තනය කළ නොහැක්කේම යි.

පින්වත් මහණෙනි, යම්කිසි ශ්‍රමණයෙක් වේවා, බ්‍රාහ්මණයෙක් වේවා, මේ සතළිස් ආකාර වූ විස්තරාර්ථ ධර්ම ක්‍රමය හෙවත් 'මහා චත්තාරීසක ධර්ම පරියාය'ට ගැරහිය යුතුයි කියලා, ප්‍රතික්ෂේප කළ යුතුයි කියලා හිතනවා නම්, ඒ තැනැත්තා මෙලොවදී ම කරුණු දහයක් තුළින් නුවණැත්තන්ගේ ගැරහීමට ලක්වෙනවා. ඒ මෙහෙමයි. 'ඉදින් භවතාණන් ගරහන්නේ සම්මා දිට්ඨියට නම්, මිත්‍යා දෘෂ්ටික වූ යම් ශ්‍රමණ බ්‍රාහ්මණයින් ඇද්ද, භවතුන් විසින් පුදන්නේ ඔවුන්ව යි. භවතුන් විසින් පසසන්නේද ඔවුන්ව යි.'

'ඉදින් භවතාණන් ගරහන්නේ සම්මා සංකල්පයට නම්, මිත්‍යා සංකල්පයෙන් යුතු යම් ශ්‍රමණ බ්‍රාහ්මණයින් ඇද්ද, භවතුන් විසින් පුදන්නේ ඔවුන්ව යි. භවතුන් විසින් පසසන්නේද ඔවුන්ව යි.'

'ඉදින් භවතාණන් ගරහන්නේ සම්මා වාචාවලට නම්, මිත්‍යා වාචා වලින් යුතු යම් ශ්‍රමණ බ්‍රාහ්මණයින් ඇද්ද, භවතුන් විසින් පුදන්නේ ඔවුන්ව යි. භවතුන් විසින් පසසන්නේද ඔවුන්ව යි.'

'ඉදින් භවතාණන් ගරහන්නේ සම්මා කම්මන්තයට නම්, මිත්‍යා

ක්‍රියාපටිපාටියෙන් යුතු යම් ශ්‍රමණ බ්‍රාහ්මණයින් ඇද්ද, භවතුන් විසින් පුදන්නේ ඔවුන්ව යි. භවතුන් විසින් පසසන්නේද ඔවුන්ව යි.'

'ඉදින් භවතාණන් ගරහන්නේ සම්මා ආජීවයට නම්, මිත්‍යා ආජීවයෙන් යුතු යම් ශ්‍රමණ බ්‍රාහ්මණයින් ඇද්ද, භවතුන් විසින් පුදන්නේ ඔවුන්ව යි. භවතුන් විසින් පසසන්නේද ඔවුන්ව යි.'

'ඉදින් භවතාණන් ගරහන්නේ සම්මා වායාමයට නම්, මිත්‍යා වායාමයෙන් යුතු යම් ශ්‍රමණ බ්‍රාහ්මණයින් ඇද්ද, භවතුන් විසින් පුදන්නේ ඔවුන්ව යි. භවතුන් විසින් පසසන්නේද ඔවුන්ව යි.'

'ඉදින් භවතාණන් ගරහන්නේ සම්මා සතියට නම්, මිත්‍යා සතියෙන් යුතු යම් ශ්‍රමණ බ්‍රාහ්මණයින් ඇද්ද, භවතුන් විසින් පුදන්නේ ඔවුන්ව යි. භවතුන් විසින් පසසන්නේද ඔවුන්ව යි.'

'ඉදින් භවතාණන් ගරහන්නේ සම්මා සමාධියට නම්, මිත්‍යා සමාධියෙන් යුතු යම් ශ්‍රමණ බ්‍රාහ්මණයින් ඇද්ද, භවතුන් විසින් පුදන්නේ ඔවුන්ව යි. භවතුන් විසින් පසසන්නේද ඔවුන්ව යි.'

'ඉදින් භවතාණන් ගරහන්නේ සම්මා ඤාණයට නම්, මිත්‍යා ඤාණයෙන් යුතු යම් ශ්‍රමණ බ්‍රාහ්මණයින් ඇද්ද, භවතුන් විසින් පුදන්නේ ඔවුන්ව යි. භවතුන් විසින් පසසන්නේද ඔවුන්ව යි.'

'ඉදින් භවතාණන් ගරහන්නේ සම්මා විමුක්තියට නම්, මිත්‍යා විමුක්තියෙන් යුතු යම් ශ්‍රමණ බ්‍රාහ්මණයින් ඇද්ද, භවතුන් විසින් පුදන්නේ ඔවුන්ව යි. භවතුන් විසින් පසසන්නේද ඔවුන්ව යි.'

පින්වත් මහණෙනි, යම්කිසි ශ්‍රමණයෙක් වේවා, බ්‍රාහ්මණයෙක් වේවා, මේ සතළිස් ආකාර වූ විස්තරාර්ථ ධර්ම ක්‍රමය හෙවත් 'මහා චත්තාරීසක ධර්ම පරියාය'ට ගැරහිය යුතුයි කියලා ප්‍රතික්ෂේප කළ යුතුයි කියලා හිතනවා නම්, ඒ තැනැත්තා මෙලොවදී ම මේ කරුණු දහය තුළින් නුවණැත්තන්ගේ ගැරහීමට ලක්වෙනවා.

පින්වත් මහණෙනි, උක්කලා ජනපදයෙහි අහේතුවාදී, අක්‍රියවාදී, නාස්තිකවාදී වස්ස, භඤ්ඤ කියලා වාද කළ පිරිසක් සිටියාද, ඔවුන් පවා මහාචත්තාරීසක ධර්ම පරියායට ගැරහිය යුතුයි කියල සිතුවේ නෑ. ප්‍රතික්ෂේප කළ යුතුයි කියල සිතුවේ නෑ. මක්නිසාද යත්, සමාජයෙන් ලැබෙන නින්දා, අපහාස, ගැරහුම්වලට ඇති බිය නිසයි.

භාග්‍යවතුන් වහන්සේ මේ උතුම් දේශනය වදාළා. ඒ දේශනය ගැන ඒ භික්ෂූන් වහන්සේලා ගොඩක් සතුටු වුනා. භාග්‍යවතුන් වහන්සේ වදාළ මේ දේශනය සතුටින් පිළිගත්තා.

සාදු! සාදු!! සාදු!!!

කරුණු හතළිහකින් සමන්විත විස්තරාර්ථ දෙසුම නිමා විය.

3.2.8.
ආනාපානසති සූත්‍රය
ආනාපානසති භාවනාව පිළිබඳ ව වදාළ දෙසුම

මා හට අසන්නට ලැබුනේ මේ විදිහටයි. ඒ දිනවල භාග්‍යවතුන් වහන්සේ සැවැත් නුවර මිගාරමාතු ප්‍රාසාදය නම් වූ පූර්වාරාමයෙහි ඉතාමත් ප්‍රසිද්ධ වූ බොහෝ ස්ථවිර ශ්‍රාවකයන් වහන්සේලා සමඟයි වැඩවාසය කළේ. ඒ කියන්නේ ආයුෂ්මත් සාරිපුත්ත මහරහතන් වහන්සේ, ආයුෂ්මත් මහාමොග්ගල්ලාන මහරහතන් වහන්සේ, ආයුෂ්මත් මහාකස්සප මහරහතන් වහන්සේ, ආයුෂ්මත් මහාකච්චායන මහරහතන් වහන්සේ, ආයුෂ්මත් මහාකොට්ඨිත මහරහතන් වහන්සේ, ආයුෂ්මත් මහාකප්පින මහරහතන් වහන්සේ, ආයුෂ්මත් මහාචුන්ද මහරහතන් වහන්සේ, ආයුෂ්මත් අනුරුද්ධ මහරහතන් වහන්සේ, ආයුෂ්මත් රේවත මහරහතන් වහන්සේ, ආයුෂ්මත් ආනන්දයන් වහන්සේ ආදී කොට ඇති අතිශයින්ම කීර්තිමත් වූ, ස්ථවිර ශ්‍රාවකයන් වහන්සේලා සමඟයි භාග්‍යවතුන් වහන්සේ වැඩවාසය කළේ.

ඒ දිනවල ස්ථවිර භික්ෂූන් වහන්සේලා නවක පැවිද්දන්ට අවවාද අනුශාසනා කරනවා. ඇතැම් ස්ථවිර භික්ෂූන් වහන්සේලා නවක පැවිද්දන් දහනමකටත් අවවාද අනුශාසනා කරනවා. ඇතැම් ස්ථවිර භික්ෂූන් වහන්සේලා නවක පැවිද්දන් විසිනමකටත් අවවාද අනුශාසනා කරනවා. ඇතැම් ස්ථවිර භික්ෂූන් වහන්සේලා නවක පැවිද්දන් තිස්නමකටත් අවවාද අනුශාසනා කරනවා. ඇතැම් ස්ථවිර භික්ෂූන් වහන්සේලා නවක පැවිද්දන් හතළිස් නමකටත් අවවාද අනුශාසනා කරනවා. ඉතින් ස්ථවිර භික්ෂූන් වහන්සේලා ගෙන් අවවාද ලබන, අනුශාසනා ලබන ඒ නවක භික්ෂූන් වහන්සේලා තමන් ආරම්භ කළ මූලික ගුණධර්මවලට වඩා උදාර වූ විශේෂ ගුණාංගයන් අවබෝධ කරගන්නවා.

එසමයෙහි එදා උපෝසථ දවසේ, පසළොස්වක පොහොය දවසේ, පොහොය පවාරණ දවසෙහි, පුන් සඳ ඇති රාත්‍රියෙහි භික්ෂුසංඝයා පිරිවරා ගත් භාග්‍යවත් බුදුරජාණන් වහන්සේ එළිමහනෙහි වැඩසිටියා. එවේලෙහි භාග්‍යවත් බුදුරජාණන් වහන්සේ ඉතාමත්ම නිශ්ශබ්දව භාවනාවෙන් වැඩසිටින

භික්ෂුසංඝයා දෙස හාත්පස නෙත් විදහා බලා ඒ භික්ෂූන් වහන්සේලා අමතා වදාළා.

"පින්වත් මහණෙනි, මේ ප්‍රතිපදාව තුළ මං සතුටට පත්වෙලා ඉන්නේ. පින්වත් මහණෙනි, මේ ප්‍රතිපදාව තුළින් මං සතුටු සිතින් ඉන්නේ. එනිසා පින්වත් මහණෙනි, නොපැමිණි අරහත් ඵලයට පත්වීම පිණිස, අත් නොදුටු අරහත් ඵලය අත්දැකීම පිණිස, සාක්ෂාත් නොකළ අරහත් ඵලය සාක්ෂාත් කිරීම පිණිස ඉතා බලවත් ලෙස වීරිය යොදන්න. පින්වත් මහණෙනි, මම මේ සැවැත් නුවරෙහිම කුමුදු මල් පිපෙන ඉල් පොහොය දක්වා ගතකරන්නටයි සිතන් ඉන්නේ.

ජනපදවාසී භික්ෂුසංඝයා හට 'භාග්‍යවත් බුදුරජාණන් වහන්සේ ඒ සැවැතෙහිම කුමුදු මල් පිපෙන ඉල් පොහොය දක්වා වැඩසිටිනා සේක'යි අසන්නට ලැබුනා. ඉතින් ඒ ඒ ජනපදවල වස් විසූ භික්ෂූන් වහන්සේලා බුදුරජාණන් වහන්සේව බැහැදකින්නට සැවැත් නුවරට පැමිණුනා. ඒ ස්ථවිර භික්ෂූන් වහන්සේලා ඉතා බලවත් ඕනෑකමින් යුතුව නවක පැවිද්දන්ට අවවාද අනුශාසනා කරනවා. ඇතැම් ස්ථවිර භික්ෂූන් වහන්සේලා නවක පැවිද්දන් දහනමකටත් අවවාද අනුශාසනා කරනවා. ඇතැම් ස්ථවිර භික්ෂූන් වහන්සේලා නවක පැවිද්දන් විසිනමකටත් අවවාද අනුශාසනා කරනවා. ඇතැම් ස්ථවිර භික්ෂූන් වහන්සේලා නවක පැවිද්දන් තිස්නමකටත් අවවාද අනුශාසනා කරනවා. ඇතැම් ස්ථවිර භික්ෂූන් වහන්සේලා නවක පැවිද්දන් හතළිස් නමකටත් අවවාද අනුශාසනා කරනවා. ඉතින් ස්ථවිර භික්ෂූන් වහන්සේලාගෙන් අවවාද ලබන, අනුශාසනා ලබන ඒ නවක භික්ෂූන් වහන්සේලා තමන් ආරම්භ කළ මූලික ගුණධර්මවලට වඩා උදාර වූ විශේෂ ගුණාංගයන් අවබෝධ කරගන්නවා.

එසමයෙහි එදා උපෝසථ දවසේ, පසළොස්වක පොහොය දවසේ, කුමුදු මල් පිපෙන ඉල් පුන් සඳ ඇති රාත්‍රියෙහි භික්ෂුසංඝයා පිරිවරා ගත් භාග්‍යවත් බුදුරජාණන් වහන්සේ එළිමහනෙහි වැඩසිටියා. එවේලෙහි භාග්‍යවත් බුදුරජාණන් වහන්සේ ඉතාමත්ම නිශ්ශබ්දව භාවනාවෙන් වැඩසිටින භික්ෂුසංඝයා දෙස හාත්පස නෙත් විදහා බලා ඒ භික්ෂූන් වහන්සේලා අමතා වදාළා.

"පින්වත් මහණෙනි, මේ සඟපිරිස බොරුවෙන් තොරයි. පින්වත් මහණෙනි, මේ සඟපිරිස බොරු රහිතයි. පාරිශුද්ධයි. සාරවත් ගුණ තුළ පිහිටලයි ඉන්නේ. පින්වත් මහණෙනි, යම් බඳු වූත් සඟපිරිසක් ආහුනෙය්‍ය වේද, පාහුනෙය්‍ය වේද, දක්ඛිණෙය්‍ය වේද, අඤ්ජලිකරණීය වේද, ලොවට උතුම් පින් කෙත වේද, පින්වත් මහණෙනි, මේ භික්ෂුසංඝයා එබඳු ගුණයෙන් යුක්තයි. පින්වත් මහණෙනි, මේ සඟ පිරිස එබඳු ගුණයෙන් යුක්තයි.

යම් බඳු සඟපිරිසකට ස්වල්ප වූ දානයක් දුන් විට බොහෝ පින් ලැබෙයිද, බොහෝ දන් දුන් විට ඉතාමත් බොහෝ පින් ලැබෙයිද, පින්වත් මහණෙනි, මේ භික්ෂුසංඝයා එබඳු ගුණයෙන් යුක්තයි. පින්වත් මහණෙනි, මේ සඟ පිරිස එබඳු ගුණයෙන් යුක්තයි.

යම් බඳු සඟ පිරිසක් ලෝකයාට දකින්නට ඉතාමත් දුර්ලභ වෙයිද, පින්වත් මහණෙනි, මේ භික්ෂුසංඝයා එබඳු ගුණයෙන් යුක්තයි. පින්වත් මහණෙනි, මේ සඟ පිරිස එබඳු ගුණයෙන් යුක්තයි.

යම් බඳු සඟ පිරිසක් බැහැදකින්නට බත් බුලත් ආදී මාර්ගෝපකරණ බැඳගෙන යොදුන් දහස් ගණනක් වුවත් ගෙවාගෙන බැහැදැකුමට යන්නට සුදුසුයි නම්, පින්වත් මහණෙනි, මේ භික්ෂුසංඝයා එබඳු ගුණයෙන් යුක්තයි. පින්වත් මහණෙනි, මේ සඟ පිරිස එබඳු ගුණයෙන් යුක්තයි.

පින්වත් මහණෙනි, මේ භික්ෂුසංඝයා අතර ඛීණාශ්‍රව වූ, බඹසර වාසය සම්පූර්ණ කළා වූ, කළ යුතු හැම කළා වූ, කෙලෙස් බර බැහැර තැබුවා වූ, අනුපිළිවෙලින් පත් වූ අවබෝධයෙන් යුතු වූ, භව සංයෝජන ක්ෂය කළා වූ, මනා කොට ලත් අවබෝධයෙන්ම දුකෙන් නිදහස් වූ රහතන් වහන්සේලා ඉන්නවා. පින්වත් මහණෙනි, එබඳු වූ භික්ෂූන් වහන්සේලා මේ සඟ පිරිස අතර ඉන්නවා.

ඒ වගේම පින්වත් මහණෙනි, මේ භික්ෂුසංඝයා අතර ඕරම්භාගීය සංයෝජන පහ ක්ෂය කොට, ඕපපාතිකව සුද්ධාවාස ලෝකයෙහි ඉපිද, එහිදීම පිරිනිවන් පාන සුළු වූ, නැවත එලොවින් පෙරලා නො එන ස්වභාවයෙන් යුතු වූ භික්ෂූන් වහන්සේලා ඉන්නවා. පින්වත් මහණෙනි, එබඳු වූ අනාගාමී භික්ෂූන් වහන්සේලාත් මේ සඟ පිරිස අතර ඉන්නවා.

ඒ වගේම පින්වත් මහණෙනි, මේ භික්ෂුසංඝයා අතර සංයෝජන තුනක් ක්ෂය කොට, රාග ද්වේෂ මෝහ තුනී කරගත්, මෙලොවට එක් වරක් පමණක් පැමිණ දුක් නිමා කරන සකදාගාමී භික්ෂූන් වහන්සේලාත් ඉන්නවා. පින්වත් මහණෙනි, එබඳු වූ සකදාගාමී භික්ෂූන් වහන්සේලාත් මේ සඟ පිරිස අතර ඉන්නවා.

ඒ වගේම පින්වත් මහණෙනි, මේ භික්ෂුසංඝයා අතර සංයෝජන තුනක් ක්ෂය කොට, සතර අපායේ නොවැටෙන, නියත වශයෙන්ම නිවන් අවබෝධ කිරීම පිහිට කොටගත් සෝතාපන්න භික්ෂූන් වහන්සේලාත් ඉන්නවා. පින්වත් මහණෙනි, එබඳු වූ සෝතාපන්න භික්ෂූන් වහන්සේලාත් මේ සඟ පිරිස අතර ඉන්නවා.

ඒ වගේම පින්වත් මහණෙනි, මේ භික්ෂුසංඝයා අතර සතර සතිපට්ඨාන භාවනාවෙහි නිරතුරුවම යෙදෙමින් වාසය කරන භික්ෂූන් වහන්සේලාත් ඉන්නවා. පින්වත් මහණෙනි, එබඳු වූ භික්ෂූන් වහන්සේලාත් මේ සඟ පිරිස අතර ඉන්නවා.

ඒ වගේම පින්වත් මහණෙනි, මේ භික්ෂුසංඝයා අතර සතර සම්‍යක්ප්‍රධාන වීරියෙන් යුතුව භාවනාවෙහි නිරතුරුවම යෙදෙමින් වාසය කරන භික්ෂූන් වහන්සේලාත් ඉන්නවා. පින්වත් මහණෙනි, එබඳු වූ භික්ෂූන් වහන්සේලාත් මේ සඟ පිරිස අතර ඉන්නවා.

ඒ වගේ ම පින්වත් මහණෙනි, මේ භික්ෂුසංඝයා අතර සතර ඉර්ධිපාදයෙන් යුතුව භාවනාවෙහි නිරතුරුවම යෙදෙමින් වාසය කරන භික්ෂූන් වහන්සේලාත් ඉන්නවා. පින්වත් මහණෙනි, එබඳු වූ භික්ෂූන් වහන්සේලාත් මේ සඟ පිරිස අතර ඉන්නවා.

ඒ වගේම පින්වත් මහණෙනි, මේ භික්ෂුසංඝයා අතර පංච ඉන්ද්‍රියන්ගෙන් යුතුව භාවනාවෙහි නිරතුරුවම යෙදෙමින් වාසය කරන භික්ෂූන් වහන්සේලාත් ඉන්නවා. පින්වත් මහණෙනි, එබඳු වූ භික්ෂූන් වහන්සේලාත් මේ සඟ පිරිස අතර ඉන්නවා.

ඒ වගේම පින්වත් මහණෙනි, මේ භික්ෂුසංඝයා අතර පංච බලයන් ගෙන් යුතුව භාවනාවෙහි නිරතුරුවම යෙදෙමින් වාසය කරන භික්ෂූන් වහන්සේලාත් ඉන්නවා. පින්වත් මහණෙනි, එබඳු වූ භික්ෂූන් වහන්සේලාත් මේ සඟ පිරිස අතර ඉන්නවා.

ඒ වගේ ම පින්වත් මහණෙනි, මේ භික්ෂුසංඝයා අතර සප්ත බොජ්ඣංග ධර්මයන්ගෙන් යුතුව භාවනාවෙහි නිරතුරුවම යෙදෙමින් වාසය කරන භික්ෂූන් වහන්සේලාත් ඉන්නවා. පින්වත් මහණෙනි, එබඳු වූ භික්ෂූන් වහන්සේලාත් මේ සඟ පිරිස අතර ඉන්නවා.

ඒ වගේම පින්වත් මහණෙනි, මේ භික්ෂුසංඝයා අතර ආර්ය අෂ්ටාංගික මාර්ගයෙන් යුතුව භාවනාවෙහි නිරතුරුවම යෙදෙමින් වාසය කරන භික්ෂූන් වහන්සේලාත් ඉන්නවා. පින්වත් මහණෙනි, එබඳු වූ භික්ෂූන් වහන්සේලාත් මේ සඟ පිරිස අතර ඉන්නවා.

ඒ වගේම පින්වත් මහණෙනි, මේ භික්ෂුසංඝයා අතර මෛත්‍රී භාවනාවෙහි නිරතුරුවම යෙදෙමින් වාසය කරන භික්ෂූන් වහන්සේලාත් ඉන්නවා. පින්වත් මහණෙනි, එබඳු වූ භික්ෂූන් වහන්සේලාත් මේ සඟ පිරිස අතර ඉන්නවා.

ඒ වගේම පින්වත් මහණෙනි, මේ භික්ෂුසංඝයා අතර කරුණා භාවනාවෙහි නිරතුරුවම යෙදෙමින් වාසය කරන භික්ෂූන් වහන්සේලාත් ඉන්නවා. පින්වත් මහණෙනි, එබඳු වූ භික්ෂූන් වහන්සේලාත් මේ සඟ පිරිස අතර ඉන්නවා.

ඒ වගේම පින්වත් මහණෙනි, මේ භික්ෂුසංඝයා අතර මුදිතා භාවනාවෙහි නිරතුරුවම යෙදෙමින් වාසය කරන භික්ෂූන් වහන්සේලාත් ඉන්නවා. පින්වත් මහණෙනි, එබඳු වූ භික්ෂූන් වහන්සේලාත් මේ සඟ පිරිස අතර ඉන්නවා.

ඒ වගේම පින්වත් මහණෙනි, මේ භික්ෂුසංඝයා අතර උපේක්ෂා භාවනාවෙහි නිරතුරුවම යෙදෙමින් වාසය කරන භික්ෂූන් වහන්සේලාත් ඉන්නවා. පින්වත් මහණෙනි, එබඳු වූ භික්ෂූන් වහන්සේලාත් මේ සඟ පිරිස අතර ඉන්නවා.

ඒ වගේම පින්වත් මහණෙනි, මේ භික්ෂුසංඝයා අතර අසුභ භාවනාවෙහි නිරතුරුවම යෙදෙමින් වාසය කරන භික්ෂූන් වහන්සේලාත් ඉන්නවා. පින්වත් මහණෙනි, එබඳු වූ භික්ෂූන් වහන්සේලාත් මේ සඟ පිරිස අතර ඉන්නවා.

ඒ වගේම පින්වත් මහණෙනි, මේ භික්ෂුසංඝයා අතර අනිත්‍ය සඤ්ඤා භාවනාවෙහි නිරතුරුවම යෙදෙමින් වාසය කරන භික්ෂූන් වහන්සේලාත් ඉන්නවා. පින්වත් මහණෙනි, එබඳු වූ භික්ෂූන් වහන්සේලාත් මේ සඟ පිරිස අතර ඉන්නවා.

ඒ වගේම පින්වත් මහණෙනි, මේ භික්ෂුසංඝයා අතර ආනාපානසති භාවනාවෙහි නිරතුරුවම යෙදෙමින් වාසය කරන භික්ෂූන් වහන්සේලාත් ඉන්නවා.

පින්වත් මහණෙනි, මැනැවින් ප්‍රගුණ කළ, බහුල වශයෙන් ප්‍රගුණ කළ ආනාපානසති භාවනාව මහත්ඵලයි මහානිශංසයි. පින්වත් මහණෙනි, මැනැවින් ප්‍රගුණ කළ, බහුල වශයෙන් ප්‍රගුණ කළ ආනාපානසති භාවනාව සතර සතිපට්ඨානය පරිපූර්ණ කරනවා. මැනැවින් ප්‍රගුණ කළ, බහුල වශයෙන් ප්‍රගුණ කළ සතර සතිපට්ඨානය, සප්ත බොජ්ඣංග ධර්මයන් පරිපූර්ණ කරනවා. මැනැවින් ප්‍රගුණ කළ, බහුල වශයෙන් ප්‍රගුණ කළ සප්ත බොජ්ඣංග ධර්මයන් විද්‍යාවත්, විමුක්තියත් පරිපූර්ණ කරනවා.

පින්වත් මහණෙනි, ආනාපානසති භාවනාව කවර ආකාරයෙන් ප්‍රගුණ කළොත්ද, කවර ආකාරයෙන් බහුල වශයෙන් ප්‍රගුණ කළොත්ද, මහත්ඵල මහානිශංස වන්නේ?

පින්වත් මහණෙනි, මෙහිලා භික්ෂුව අරණ්‍යයකට ගිහින් හෝ රුක්සෙවණකට ගිහින් හෝ නිදහස් තැනකට ගිහින් කය ඍජු කොට භාවනා අරමුණෙහි සිහිය පිහිටුවා ගෙන, පළඟක් බැඳගෙන වාඩිවෙනවා. ඉතින් ඒ භික්ෂුව සිහියෙන්ම හුස්ම ගන්නවා. සිහියෙන්ම හුස්ම හෙළනවා.

දීර්ඝව ආශ්වාස කරද්දී, දීර්ඝව ආශ්වාස කරන බව දැනගන්නවා. දීර්ඝව ප්‍රශ්වාස කරද්දී, දීර්ඝව ප්‍රශ්වාස කරන බව දැනගන්නවා. කෙටියෙන් ආශ්වාස කරද්දී, කෙටියෙන් ආශ්වාස කරන බව දැනගන්නවා. කෙටියෙන් ප්‍රශ්වාස කරද්දී, කෙටියෙන් ප්‍රශ්වාස කරන බව දැනගන්නවා. සියලු ආශ්වාස ප්‍රශ්වාස කය කෙරෙහි සංවේදී වෙමින් ආශ්වාස කරන්නෙමි'යි හික්මෙනවා. සියලු ආශ්වාස ප්‍රශ්වාස කය කෙරෙහි සංවේදී වෙමින් ප්‍රශ්වාස කරන්නෙමි'යි හික්මෙනවා. ආශ්වාස ප්‍රශ්වාස නම් වූ කාය සංස්කාර සංසිඳුවමින් ආශ්වාස කරන්නෙමි'යි හික්මෙනවා. ආශ්වාස ප්‍රශ්වාස නම් වූ කාය සංස්කාර සංසිඳුවමින් ප්‍රශ්වාස කරන්නෙමි'යි හික්මෙනවා.

ප්‍රීතිය ප්‍රකට කරමින් ආශ්වාස කරන්නෙමි'යි හික්මෙනවා. ප්‍රීතිය ප්‍රකට කරමින් ප්‍රශ්වාස කරන්නෙමි'යි හික්මෙනවා. සැපය ප්‍රකට කරමින් ආශ්වාස කරන්නෙමි'යි හික්මෙනවා. සැපය ප්‍රකට කරමින් ප්‍රශ්වාස කරන්නෙමි'යි හික්මෙනවා. සඤ්ඤා වේදනා නම් වූ චිත්ත සංස්කාර ප්‍රකට කරමින් ආශ්වාස කරන්නෙමි'යි හික්මෙනවා. සඤ්ඤා වේදනා නම් වූ චිත්ත සංස්කාර ප්‍රකට කරමින් ප්‍රශ්වාස කරන්නෙමි'යි හික්මෙනවා. සඤ්ඤා වේදනා නම් වූ චිත්ත සංස්කාර සංසිඳුවමින් ආශ්වාස කරන්නෙමි'යි හික්මෙනවා. සඤ්ඤා වේදනා නම් වූ චිත්ත සංස්කාර සංසිඳුවමින් ප්‍රශ්වාස කරන්නෙමි'යි හික්මෙනවා.

සිත ප්‍රකට කරමින් ආශ්වාස කරන්නෙමි'යි හික්මෙනවා. සිත ප්‍රකට කරමින් ප්‍රශ්වාස කරන්නෙමි'යි හික්මෙනවා. සිත විශේෂයෙන් ප්‍රමුදිත කරමින් ආශ්වාස කරන්නෙමි'යි හික්මෙනවා. සිත විශේෂයෙන් ප්‍රමුදිත කරමින් ප්‍රශ්වාස කරන්නෙමි'යි හික්මෙනවා. සිත තැන්පත් කරගනිමින් ආශ්වාස කරන්නෙමි'යි හික්මෙනවා. සිත තැන්පත් කරගනිමින් ප්‍රශ්වාස කරන්නෙමි'යි හික්මෙනවා. සිත අකුසල්වලින් මුදවා ගනිමින් ආශ්වාස කරන්නෙමි'යි හික්මෙනවා. සිත අකුසල්වලින් මුදවා ගනිමින් ප්‍රශ්වාස කරන්නෙමි'යි හික්මෙනවා.

අනිත්‍යය අනුව බලමින් ආශ්වාස කරන්නෙමි'යි හික්මෙනවා. අනිත්‍යය අනුව බලමින් ප්‍රශ්වාස කරන්නෙමි'යි හික්මෙනවා. නොඇලෙන ස්වභාවය අනුව බලමින් ආශ්වාස කරන්නෙමි'යි හික්මෙනවා. නොඇලෙන ස්වභාවය අනුව බලමින් ප්‍රශ්වාස කරන්නෙමි'යි හික්මෙනවා. ඇල්ම නිරුද්ධ වී යන අයුරු බලමින් ආශ්වාස කරන්නෙමි'යි හික්මෙනවා. ඇල්ම නිරුද්ධ වී යන

අයුරු බලමින් ප්‍රශ්වාස කරන්නෙමි'යි හික්මෙනවා. ඇල්ම මුලුමනින්ම බැහැර වී යන අයුරු බලමින් ආශ්වාස කරන්නෙමි'යි හික්මෙනවා. ඇල්ම මුලුමනින්ම බැහැර වී යන අයුරු බලමින් ප්‍රශ්වාස කරන්නෙමි'යි හික්මෙනවා.

පින්වත් මහණෙනි, ඔය ආකාරයෙන් ප්‍රගුණ කළ, ඔය ආකාරයෙන් බහුල වශයෙන් ප්‍රගුණ කළ ආනාපානසති භාවනාව තමයි මහත්ඵල, මහානිශංස වන්නේ.

පින්වත් මහණෙනි, ආනාපානසති භාවනාව කවර ආකාරයෙන් ප්‍රගුණ කළොත්ද, කවර ආකාරයෙන් බහුල වශයෙන් ප්‍රගුණ කළොත්ද, සතර සතිපට්ඨාන ධර්මයන් පරිපූර්ණ වන්නේ?

පින්වත් මහණෙනි, යම් වෙලාවක භික්ෂුව දීර්ඝව ආශ්වාස කරද්දී, දීර්ඝව ආශ්වාස කරන බව දන්නවාද, දීර්ඝව ප්‍රශ්වාස කරද්දී දීර්ඝව ප්‍රශ්වාස කරන බව දන්නවාද, කෙටියෙන් ආශ්වාස කරද්දී, කෙටියෙන් ආශ්වාස කරන බව දන්නවාද, කෙටියෙන් ප්‍රශ්වාස කරද්දී, කෙටියෙන් ප්‍රශ්වාස කරන බව දන්නවාද, සියලු කයට සංවේදී වෙමින් ආශ්වාස කරන්නෙමි'යි හික්මෙනවාද, සියලු කයට සංවේදී වෙමින් ප්‍රශ්වාස කරන්නෙමි'යි හික්මෙනවාද, කායසංස්කාර සංසිඳුවමින් ආශ්වාස කරන්නෙමි'යි හික්මෙනවාද, කායසංස්කාර සංසිඳුවමින් ප්‍රශ්වාස කරන්නෙමි'යි හික්මෙනවාද, පින්වත් මහණෙනි, අන්න ඒ වෙලාවෙහි භික්ෂුව කෙලෙස් තවන වීරියෙන් යුතුව, නුවණින් යුතුව, ලෝකයෙහි ඇලීම් ගැටීම් අත්හැර, සිහියෙන් යුක්තව කය පිළිබඳව කායානුපස්සනා භාවනාවෙනුයි වාසය කරන්නේ. පින්වත් මහණෙනි, ශරීරයන් පිළිබඳව ඇති එක්තරා කයක් කියල මම මෙසේ කියන්නේ මේ ආශ්වාස ප්‍රශ්වාසයටයි. එනිසා පින්වත් මහණෙනි, අන්න ඒ වෙලාවෙහි දී භික්ෂුව කෙලෙස් තවන වීරියෙන් යුතුව, නුවණින් යුතුව, ලෝකයෙහි ඇලීම් ගැටීම් අත්හැර, සිහියෙන් යුක්තව කය පිළිබඳව කායානුපස්සනා භාවනාවෙනුයි වාසය කරන්නේ.

පින්වත් මහණෙනි, යම් වෙලාවක භික්ෂුව ප්‍රීතියට සංවේදී වෙමින් ආශ්වාස කරන්නෙමි'යි හික්මෙනවාද, ප්‍රීතියට සංවේදී වෙමින් ප්‍රශ්වාස කරන්නෙමි'යි හික්මෙනවාද, සැපයට සංවේදී වෙමින් ආශ්වාස කරන්නෙමි'යි හික්මෙනවාද, සැපයට සංවේදී වෙමින් ප්‍රශ්වාස කරන්නෙමි'යි හික්මෙනවාද, චිත්ත සංස්කාරවලට සංවේදී වෙමින් ආශ්වාස කරන්නෙමි'යි හික්මෙනවාද, චිත්ත සංස්කාරවලට සංවේදී වෙමින් ප්‍රශ්වාස කරන්නෙමි'යි හික්මෙනවාද, චිත්ත සංස්කාර සංසිඳුවමින් ආශ්වාස කරන්නෙමි'යි හික්මෙනවාද, චිත්ත සංස්කාර සංසිඳුවමින් ප්‍රශ්වාස කරන්නෙමි'යි හික්මෙනවාද,

පින්වත් මහණෙනි, අන්න ඒ වෙලාවෙහි භික්ෂුව කෙලෙස් තවන වීරියෙන් යුතුව, නුවණින් යුතුව, ලෝකයෙහි ඇලීම් ගැටීම් අත්හැර, සිහියෙන් යුක්තව වේදනාවන් පිළිබඳව වේදනානුපස්සනා භාවනාවෙනුයි වාසය කරන්නේ. පින්වත් මහණෙනි, වේදනාවන් පිළිබඳව ඇති එක්තරා වේදනාවක් කියල මම මෙසේ කියන්නේ මේ ආශ්වාස ප්‍රශ්වාසයන්ගේ යහපත් වූ මනසිකාරයටයි. එනිසා පින්වත් මහණෙනි, අන්න ඒ වෙලාවෙහිදී භික්ෂුව කෙලෙස් තවන වීරියෙන් යුතුව, නුවණින් යුතුව, ලෝකයෙහි ඇලීම් ගැටීම් අත්හැර, සිහියෙන් යුක්තව වේදනාවන් පිළිබඳව වේදනානුපස්සනා භාවනාවෙනුයි වාසය කරන්නේ.

පින්වත් මහණෙනි, යම් වෙලාවක භික්ෂුව සිතට සංවේදී වෙමින් ආශ්වාස කරන්නෙමි'යි හික්මෙනවාද, සිතට සංවේදී වෙමින් ප්‍රශ්වාස කරන්නෙමි'යි හික්මෙනවාද, සිත ප්‍රමුදිත කරවමින් ආශ්වාස කරන්නෙමි'යි හික්මෙනවාද, සිත ප්‍රමුදිත කරවමින් ප්‍රශ්වාස කරන්නෙමි'යි හික්මෙනවාද, සිත මනාව තැන්පත් කරමින් ආශ්වාස කරන්නෙමි'යි හික්මෙනවාද, සිත මනාව තැන්පත් කරමින් ප්‍රශ්වාස කරන්නෙමි'යි හික්මෙනවාද, පංච නීවරණයන්ගෙන් සිත මුදවමින් ආශ්වාස කරන්නෙමි'යි හික්මෙනවාද, පංච නීවරණයන්ගෙන් සිත මුදවමින් ප්‍රශ්වාස කරන්නෙමි'යි හික්මෙනවාද,

පින්වත් මහණෙනි, අන්න ඒ වෙලාවෙහි භික්ෂුව කෙලෙස් තවන වීරියෙන් යුතුව, නුවණින් යුතුව, ලෝකයෙහි ඇලීම් ගැටීම් අත්හැර, සිහියෙන් යුක්තව සිත පිළිබඳව චිත්තානුපස්සනා භාවනාවෙනුයි වාසය කරන්නේ.

පින්වත් මහණෙනි, සිහිය මුලාවුන ස්වභාවයෙන් යුතු කෙනාට, නුවණ පිහිටුවා ගැනීමට අසීරු කෙනාට මං ආනාපානසති භාවනාව කියන්නේ නෑ.

එනිසා පින්වත් මහණෙනි, අන්න ඒ වෙලාවෙහිදී භික්ෂුව කෙලෙස් තවන වීරියෙන් යුතුව, නුවණින් යුතුව, ලෝකයෙහි ඇලීම් ගැටීම් අත්හැර, සිහියෙන් යුක්තව සිත පිළිබඳව චිත්තානුපස්සනා භාවනාවෙනුයි වාසය කරන්නේ.

පින්වත් මහණෙනි, යම් වෙලාවක භික්ෂුව අනිත්‍ය අනුව දකිමින් ආශ්වාස කරන්නෙමි'යි හික්මෙනවාද, අනිත්‍ය අනුව දකිමින් ප්‍රශ්වාස කරන්නෙමි'යි හික්මෙනවාද, නොඇලී යන ස්වභාවය දකිමින් ආශ්වාස කරන්නෙමි'යි හික්මෙනවාද, නොඇලී යන ස්වභාවය දකිමින් ප්‍රශ්වාස කරන්නෙමි'යි හික්මෙනවාද, ඇල්ම නිරුද්ධ වී යාම දකිමින් ආශ්වාස කරන්නෙමි'යි හික්මෙනවාද, ඇල්ම නිරුද්ධ වී යාම දකිමින් ප්‍රශ්වාස කරන්නෙමි'යි හික්මෙනවාද, ඇල්ම සම්පූර්ණයෙන්ම දුරුවීම දකිමින් ආශ්වාස කරන්නෙමි'යි

හික්මෙනවාද, ඇල්ම සම්පූර්ණයෙන්ම දුරුවීම දකිමින් ප්‍රශ්වාස කරන්නෙමි'යි හික්මෙනවාද,

පින්වත් මහණෙනි, අන්න ඒ වෙලාවෙහි භික්ෂුව කෙලෙස් තවන වීරියෙන් යුතුව, නුවණින් යුතුව, ලෝකයෙහි ඇලීම් ගැටීම් අත්හැර, සිහියෙන් යුක්තව ධර්මයන් පිළිබඳව ධම්මානුපස්සනා භාවනාවෙනුයි වාසය කරන්නේ.

එතකොට ඒ භික්ෂුව ඇලීම් ගැටීම් පිළිබඳව යම් ප්‍රහාණයක් ඇද්ද, එය ප්‍රඥාවෙන් දැක ඉතා යහපත් ලෙස සිත මධ්‍යස්ථ කරගන්නවා. එනිසා පින්වත් මහණෙනි, අන්න ඒ වෙලාවෙහි දී භික්ෂුව කෙලෙස් තවන වීරියෙන් යුතුව, නුවණින් යුතුව, ලෝකයෙහි ඇලීම් ගැටීම් අත්හැර, සිහියෙන් යුක්තව ධර්මයන් පිළිබඳව ධම්මානුපස්සනා භාවනාවෙනුයි වාසය කරන්නේ.

පින්වත් මහණෙනි, ඔය අයුරින් ප්‍රගුණ කරන ලද, බහුල කරන ලද ආනාපානසති භාවනාවයි සතර සතිපට්ඨාන ධර්මයන් පරිපූර්ණත්වයට පත් කරන්නේ.

පින්වත් මහණෙනි, කොයි අයුරින් ප්‍රගුණ කරන ලද, කොයි අයුරින් බහුල කරන ලද සතර සතිපට්ඨානය ද සප්ත බොජ්ඣංග ධර්මයන් පරිපූර්ණත්වයට පත්කරන්නේ?

පින්වත් මහණෙනි, යම් විටෙක භික්ෂුව කෙලෙස් තවන වීරියෙන් යුතුව, මනා නුවණින් යුතුව, ලෝකයෙහි ඇලීම් ගැටීම් දුරු කොට, සිහියෙන් යුතුව, කය පිළිබඳව කායානුපස්සනා භාවනාවෙන් වාසය කරයිද, ඒ වෙලාව තුළ ඔහුගේ සිහිය මැනැවින් පිහිටලයි තියෙන්නේ. මුලා නොවී තියෙන්නේ. පින්වත් මහණෙනි, යම් වෙලාවක භික්ෂුවගේ සිහිය මුලා නොවී, මැනැවින් පිහිටා තියෙනවාද, ඒ වෙලාවේදී ඒ භික්ෂුව හට සති සම්බොජ්ඣංගයයි හොඳින් වැඩෙන්නේ. ඒ වෙලාවට ඒ භික්ෂුව වඩන්නේ සති සම්බොජ්ඣංග යයි. ඒ වෙලාවෙහිදී ඒ භික්ෂුව තුළ සති සම්බොජ්ඣංගය ප්‍රගුණ වීමෙන් පරිපූර්ණත්වයට පත්වෙනවා.

ඒ භික්ෂුව ඒ අයුරින් සිහියෙන් වාසය කරද්දී, ඒ ධර්මය ප්‍රඥාවෙන් විනිවිද දකිනවා. නුවණින් විමසනවා. හේතුඵල වශයෙන් විමසනවා. යම් විටෙක පින්වත් මහණෙනි, භික්ෂුව එසේ සිහියෙන් වසමින් ඒ ධර්මය ප්‍රඥාවෙන් විමසයිද, නුවණින් විග්‍රහ කොට තේරුම් ගනියිද, හේතුඵල වශයෙන් අවබෝධ කරයිද, ඒ වෙලාවෙහිදී ඒ භික්ෂුව තුළ වැඩෙන්නේ ධම්මවිචය සම්බොජ්ඣංගයයි. ඒ වෙලාවට ඒ භික්ෂුව වඩන්නේ ධම්මවිචය සම්බොජ්ඣංගයයි. ඒ වෙලාවෙහිදී

ඒ භික්ෂුව තුළ ධම්මවිචය සම්බොජ්ඣංගය ප්‍රගුණ වීමෙන් පරිපූර්ණත්වයට පත්වෙනවා.

ඒ ධර්මය නුවණින් විමසන, නුවණින් විග්‍රහ කොට තේරුම් ගන්නා, හේතුඵල වශයෙන් අවබෝධ කරගන්නා, ඒ භික්ෂුව තුළ නොහැකිලී ගිය මෙන්ම හොඳින් පිහිටි වීරියක් තියෙනවා. යම් විටෙක පින්වත් මහණෙනි, භික්ෂුව එසේ සිහියෙන් වසමින් ඒ ධර්මය ප්‍රඥාවෙන් විමසද්දී, නුවණින් විග්‍රහ කොට තේරුම් ගනිද්දී, හේතුඵල වශයෙන් අවබෝධ කරද්දී, ඔහු තුළ නොහැකිලී ගිය, හොඳින් පිහිටි වීරියක් ඇද්ද, ඒ වෙලාවෙහි දී ඒ භික්ෂුව තුළ වැඩෙන්නේ විරිය සම්බොජ්ඣංගයයි. ඒ වෙලාවට ඒ භික්ෂුව වඩන්නේ විරිය සම්බොජ්ඣංග යයි. ඒ වෙලාවෙහිදී ඒ භික්ෂුව තුළ විරිය සම්බොජ්ඣංගය ප්‍රගුණ වීමෙන් පරිපූර්ණත්වයට පත්වෙනවා.

හොඳින් වැඩෙන වීරිය ඇති කෙනා තුළ නිරාමිස ප්‍රීතිය උපදිනවා. පින්වත් මහණෙනි, යම්විටෙක මැනැවින් වැඩෙන වීරියෙන් යුතු භික්ෂුව තුළ නිරාමිස ප්‍රීතිය උපදියිද, ඒ වෙලාවෙහිදී ඒ භික්ෂුව තුළ වැඩෙන්නේ ප්‍රීති සම්බොජ්ඣංගයයි. ඒ වෙලාවට ඒ භික්ෂුව වඩන්නේ ප්‍රීති සම්බොජ්ඣංග යයි. ඒ වෙලාවෙහිදී ඒ භික්ෂුව තුළ ප්‍රීති සම්බොජ්ඣංගය ප්‍රගුණ වීමෙන් පරිපූර්ණත්වයට පත්වෙනවා.

ප්‍රීති සහගත සිත ඇති කෙනාගේ කයත් සංසිඳී යනවා. සිතත් සංසිඳී යනවා. පින්වත් මහණෙනි, යම් විටෙක ප්‍රීති සහගත සිතින් යුතු භික්ෂුවගේ කයත් සංසිඳී යයිද, සිතත් සංසිඳී යයිද, ඒ වෙලාවෙහිදී ඒ භික්ෂුව තුළ වැඩෙන්නේ පස්සද්ධි සම්බොජ්ඣංගයයි. ඒ වෙලාවට ඒ භික්ෂුව වඩන්නේ පස්සද්ධි සම්බොජ්ඣංගයයි. ඒ වෙලාවෙහිදී ඒ භික්ෂුව තුළ පස්සද්ධි සම්බොජ්ඣංගය ප්‍රගුණ වීමෙන් පරිපූර්ණත්වයට පත්වෙනවා.

කය සංසිඳී ගිය විට සැපයට පත්වෙන කෙනාගේ සිත සමාධිමත් වෙනවා. යම් විටෙක පින්වත් මහණෙනි, සංසිඳුණු කය ඇතිව, සැපවත් වූ භික්ෂුවගේ සිත සමාධිමත් වෙයිද, ඒ වෙලාවෙහිදී ඒ භික්ෂුව තුළ වැඩෙන්නේ සමාධි සම්බොජ්ඣංගයයි. ඒ වෙලාවට ඒ භික්ෂුව වඩන්නේ සමාධි සම්බොජ්ඣංග යයි. ඒ වෙලාවෙහිදී ඒ භික්ෂුව තුළ සමාධි සම්බොජ්ඣංගය ප්‍රගුණ වීමෙන් පරිපූර්ණත්වයට පත්වෙනවා.

ඉතින් ඒ භික්ෂුව එසේ සමාහිත වූ සිත ඉතා යහපත් ලෙස අරමුණු කෙරෙහි අවබෝධයෙන් යුක්තව මධ්‍යස්ථභාවයට පත් කරවනවා. පින්වත් මහණෙනි, යම් විටෙක සමාහිත සිත් ඇති භික්ෂුව ඉතා යහපත් ලෙස

ආධ්‍යාත්මික බාහිර අරමුණු පිළිබඳව අවබෝධයෙන් මධ්‍යස්ථභාවයට පත්වෙයිද, ඒ වෙලාවෙහිදී ඒ භික්ෂුව තුළ වැඩෙන්නේ උපේක්ෂා සම්බොජ්ඣංගයයි. ඒ වෙලාවට ඒ භික්ෂුව වඩන්නේ උපේක්ෂා සම්බොජ්ඣංගයයි. ඒ වෙලාවෙහිදී ඒ භික්ෂුව තුළ උපේක්ෂා සම්බොජ්ඣංගය ප්‍රගුණ වීමෙන් පරිපූර්ණත්වයට පත්වෙනවා.

පින්වත් මහණෙනි, යම් විටෙක භික්ෂුව වේදනාවන් පිළිබඳව ....(පෙ).... සිත පිළිබඳව ....(පෙ).... කෙලෙස් තවන වීරියෙන් යුතුව, මනා නුවණින් යුතුව, ලෝකයෙහි ඇලීම් ගැටීම් දුරු කොට, සිහියෙන් යුතුව, ධර්මයන් පිළිබඳව ධම්මානුපස්සනා භාවනාවෙන් වාසය කරයිද, ඒ වෙලාව තුළ ඔහුගේ සිහිය මැනැවින් පිහිටලයි තියෙන්නේ. මුලා නොවී තියෙන්නේ. පින්වත් මහණෙනි, යම් වෙලාවක භික්ෂුවගේ සිහිය මුලා නොවී, මැනැවින් පිහිටා තියෙනවාද, ඒ වෙලාවේදී ඒ භික්ෂුව හට සති සම්බොජ්ඣංගයයි හොඳින් වැඩෙන්නේ. ඒ වෙලාවට ඒ භික්ෂුව වඩන්නේ සති සම්බොජ්ඣංගයයි. ඒ වෙලාවෙහිදී ඒ භික්ෂුව තුළ සති සම්බොජ්ඣංගය ප්‍රගුණ වීමෙන් පරිපූර්ණත්වයට පත්වෙනවා.

ඒ භික්ෂුව ඒ අයුරින් සිහියෙන් වාසය කරද්දී, ඒ ධර්මය ප්‍රඥාවෙන් විනිවිද දකිනවා. නුවණින් විමසනවා. හේතුඵල වශයෙන් විමසනවා. යම් විටෙක පින්වත් මහණෙනි, භික්ෂුව එසේ නුවණින් වසමින් ඒ ධර්මය ප්‍රඥාවෙන් විමසයිද, නුවණින් විග්‍රහ කොට තේරුම් ගනියිද, හේතුඵල වශයෙන් අවබෝධ කරයිද, ඒ වෙලාවෙහි දී ඒ භික්ෂුව තුළ වැඩෙන්නේ ධම්මවිචය සම්බොජ්ඣංගයයි. ඒ වෙලාවට ඒ භික්ෂුව වඩන්නේ ධම්මවිචය සම්බොජ්ඣංගයයි. ඒ වෙලාවෙහි දී ඒ භික්ෂුව තුළ ධම්මවිචය සම්බොජ්ඣංගය ප්‍රගුණ වීමෙන් පරිපූර්ණත්වයට පත්වෙනවා.

ඒ ධර්මය නුවණින් විමසන, නුවණින් විග්‍රහ කොට තේරුම් ගන්නා, හේතුඵල වශයෙන් අවබෝධ කරගන්නා, ඒ භික්ෂුව තුළ නොහැකිලී ගිය මෙන්ම හොඳින් පිහිටි වීරියක් තියෙනවා. යම් විටෙක පින්වත් මහණෙනි, භික්ෂුව එසේ නුවණින් වසමින් ඒ ධර්මය ප්‍රඥාවෙන් විමසද්දී, නුවණින් විග්‍රහ කොට තේරුම් ගනිද්දී, හේතුඵල වශයෙන් අවබෝධ කරද්දී, ඔහු තුළ නොහැකිලී ගිය, හොඳින් පිහිටි වීරියක් ඇද්ද, ඒ වෙලාවෙහිදී ඒ භික්ෂුව තුළ වැඩෙන්නේ විරිය සම්බොජ්ඣංගයයි. ඒ වෙලාවට ඒ භික්ෂුව වඩන්නේ විරිය සම්බොජ්ඣංග යයි. ඒ වෙලාවෙහිදී ඒ භික්ෂුව තුළ විරිය සම්බොජ්ඣංගය ප්‍රගුණ වීමෙන් පරිපූර්ණත්වයට පත්වෙනවා.

හොඳින් වැඩෙන වීරිය ඇති කෙනා තුළ නිරාමිස ප්‍රීතිය උපදිනවා. පින්වත් මහණෙනි, යම්විටෙක මැනැවින් වැඩෙන වීරියෙන් යුතු භික්ෂුව තුළ

නිරාමිස ප්‍රීතිය උපදියිද, ඒ වෙලාවෙහිදී ඒ භික්ෂුව තුළ වැඩෙන්නේ ප්‍රීති සම්බොජ්ඣංගයයි. ඒ වෙලාවට ඒ භික්ෂුව වඩන්නේ ප්‍රීති සම්බොජ්ඣංග යයි. ඒ වෙලාවෙහිදී ඒ භික්ෂුව තුළ ප්‍රීති සම්බොජ්ඣංගය ප්‍රගුණ වීමෙන් පරිපූර්ණත්වයට පත්වෙනවා.

ප්‍රීති සහගත සිත ඇති කෙනාගේ කයත් සංසිඳී යනවා. සිතත් සංසිඳී යනවා. පින්වත් මහණෙනි, යම් විටෙක ප්‍රීති සහගත සිතින් යුතු භික්ෂුවගේ කයත් සංසිඳී යයිද, සිතත් සංසිඳී යයිද, ඒ වෙලාවෙහිදී ඒ භික්ෂුව තුළ වැඩෙන්නේ පස්සද්ධි සම්බොජ්ඣංගයයි. ඒ වෙලාවට ඒ භික්ෂුව වඩන්නේ පස්සද්ධි සම්බොජ්ඣංගයයි. ඒ වෙලාවෙහි දී ඒ භික්ෂුව තුළ පස්සද්ධි සම්බොජ්ඣංගය ප්‍රගුණ වීමෙන් පරිපූර්ණත්වයට පත්වෙනවා.

කය සංසිඳී ගිය විට සැපයට පත්වෙන කෙනාගේ සිත සමාධිමත් වෙනවා. යම් විටෙක පින්වත් මහණෙනි, සංසිඳුණු කය ඇතිව, සැපවත් වූ භික්ෂුවගේ සිත සමාධිමත් වෙයිද, ඒ වෙලාවෙහි දී ඒ භික්ෂුව තුළ වැඩෙන්නේ සමාධි සම්බොජ්ඣංගයයි. ඒ වෙලාවට ඒ භික්ෂුව වඩන්නේ සමාධි සම්බොජ්ඣංග යයි. ඒ වෙලාවෙහිදී ඒ භික්ෂුව තුළ සමාධි සම්බොජ්ඣංගය ප්‍රගුණ වීමෙන් පරිපූර්ණත්වයට පත්වෙනවා.

ඉතින් ඒ භික්ෂුව එසේ සමාහිත වූ සිත ඉතා යහපත් ලෙස අරමුණු කෙරෙහි අවබෝධයෙන් යුක්තව මධ්‍යස්ථභාවයට පත් කරවනවා. පින්වත් මහණෙනි, යම් විටෙක සමාහිත සිත් ඇති භික්ෂුව ඉතා යහපත් ලෙස ආධ්‍යාත්මික බාහිර අරමුණු පිළිබඳව අවබෝධයෙන් මධ්‍යස්ථභාවයට පත්වෙයිද, ඒ වෙලාවෙහි දී ඒ භික්ෂුව තුළ වැඩෙන්නේ උපේක්ෂා සම්බොජ්ඣංගයයි. ඒ වෙලාවට ඒ භික්ෂුව වඩන්නේ උපේක්ෂා සම්බොජ්ඣංගයයි. ඒ වෙලාවෙහිදී ඒ භික්ෂුව තුළ උපේක්ෂා සම්බොජ්ඣංගය ප්‍රගුණ වීමෙන් පරිපූර්ණත්වයට පත්වෙනවා.

පින්වත් මහණෙනි, ඔය අයුරින් ප්‍රගුණ කළ, ඔය අයුරින් බහුල වශයෙන් ප්‍රගුණ කළ සතර සතිපට්ඨානයන් සප්ත බොජ්ඣංග ධර්මයන් පරිපූර්ණත්වයට පත්කරනවා.

පින්වත් මහණෙනි, කොයි අයුරින් ප්‍රගුණ කළොත්ද, කොයි අයුරින් බහුල වශයෙන් ප්‍රගුණ කළොත්ද සප්ත බොජ්ඣංග ධර්මයන් විද්‍යා විමුක්ති පරිපූර්ණත්වයට පත් කරන්නේ?

පින්වත් මහණෙනි, මෙහිලා භික්ෂුව පංච නීවරණයන්ගෙන් නිදහස් වීමෙන් ලත් විවේකය ඇසුරු කළ, විදර්ශනාවෙන් ලත් අවබෝධය නිසා

ඇති වූ විරාගය ඇසුරු කළ, ඒ අවබෝධයම දියුණු කිරීමෙන් ලත් නොඇල්ම නිසා තෘෂ්ණා නිරෝධය ඇසුරු කළ, නිවන කරාම සකස් වී යන අයුරින් සති සම්බොජ්ඣංගය වඩයි.

මෙහිලා භික්ෂුව පංච නීවරණයන්ගෙන් නිදහස් වීමෙන් ලත් විවේකය ඇසුරු කළ, ...(පෙ).... ධම්මවිචය සම්බොජ්ඣංගය වඩයි. ....(පෙ).... විරිය සම්බොජ්ඣංගය වඩයි. ....(පෙ).... ප්‍රීති සම්බොජ්ඣංගය වඩයි. ....(පෙ).... පස්සද්ධි සම්බොජ්ඣංගය වඩයි. ....(පෙ).... සමාධි සම්බොජ්ඣංගය වඩයි. මෙහිලා භික්ෂුව පංච නීවරණයන්ගෙන් නිදහස් වීමෙන් ලත් විවේකය ඇසුරු කළ, විදර්ශනාවෙන් ලත් අවබෝධය නිසා ඇති වූ විරාගය ඇසුරු කළ, ඒ අවබෝධයම දියුණු කිරීමෙන් ලත් නොඇල්ම නිසා තෘෂ්ණා නිරෝධය ඇසුරු කළ, නිවන කරාම සකස් වී යන අයුරින් උපේක්ඛා සම්බොජ්ඣංගය වඩයි.

පින්වත් මහණෙනි, මෙසේ ප්‍රගුණ කළ, මෙසේ බහුල වශයෙන් ප්‍රගුණ කළ සප්ත බොජ්ඣංග ධර්මයන් විද්‍යාවත්, විමුක්තියත් පරිපූර්ණත්වයට පත් කරනවා.

භාග්‍යවතුන් වහන්සේ මේ උතුම් දේශනය වදාළා. ඒ දේශනය ගැන ඒ භික්ෂූන් වහන්සේලා ගොඩක් සතුටු වුනා. භාග්‍යවතුන් වහන්සේ වදාළ මේ දේශනය සතුටින් පිළිගත්තා.

සාදු! සාදු!! සාදු!!!

ආනාපානසති භාවනාව ගැන වදාළ දෙසුම නිමා විය.

3.2.9.
කායගතාසති සූත්‍රය
කායගතාසති භාවනාව ගැන වදාළ දෙසුම

මා හට අසන්නට ලැබුනේ මේ විදිහටයි. ඒ දිනවල භාග්‍යවතුන් වහන්සේ වැඩසිටියේ සැවැත් නුවර අනේපිඬු සිටුතුමා විසින් කරවන ලද ජේතවනාරාමයේ. එදා දන් වළඳා පිණ්ඩපාතයෙන් වැළකී උපස්ථාන ශාලාවෙහි රැස්ව වැඩසිටි බොහෝ භික්ෂූන් වහන්සේලා අතර මෙවැනි කතාබහක් ඇතිවුණා.

"ප්‍රිය ආයුෂ්මතුන් වහන්ස, හරි ආශ්චර්යයි නෙව. ප්‍රිය ආයුෂ්මතුන් වහන්ස, හරි අද්භූතයි නෙව. දත යුතු සියල්ල දන්නා වූත්, දක්නා වූත්, ඒ භාග්‍යවත් වූ අරහත් වූ සම්මා සම්බුදුරජාණන් වහන්සේ විසින් වදාරණ ලද්දේ ප්‍රගුණ කරන ලද, බහුල වශයෙන් ප්‍රගුණ කරන ලද කායගතාසති භාවනාව මහත්ඵල, මහානිසංස බවයි."

ඒ භික්ෂූන් වහන්සේලා අතර මෙම කථාවයි එවේලෙහි අඩාළ වුනේ. එවිට භාග්‍යවතුන් වහන්සේ සවස් වරුවෙහි භාවනාවෙන් නැගිට උපස්ථාන ශාලාවට වැඩම කළා. වැඩම කොට පණවන ලද අසුනෙහි වැඩසිටියා. වැඩහුන් භාග්‍යවතුන් වහන්සේ භික්ෂූන් අමතා වදාළා.

"පින්වත් මහණෙනි, දැන් ඔබ මෙතන රැස් වී කවර කථාවකින්ද කල් ගත කළේ? මෙතනදී අඩාළ වුනේ කවර කථාවක් ද?"

"ස්වාමීනී, මෙහි අපි දානයෙන් පසු පිණ්ඩපාතයෙන් වැළකී උපස්ථාන ශාලාවෙහි රැස්වෙලා සිටිද්දී අප අතර ඇතිවුනේ මෙන්න මේ කථාවයි. 'ප්‍රිය ආයුෂ්මතුන් වහන්ස, හරි ආශ්චර්යයි නෙව. ප්‍රිය ආයුෂ්මතුන් වහන්ස, හරි අද්භූතයි නෙව. දත යුතු සියල්ල දන්නා වූත්, දක්නා වූත්, ඒ භාග්‍යවත් වූ අරහත් වූ සම්මා සම්බුදුරජාණන් වහන්සේ විසින් වදාරණ ලද්දේ ප්‍රගුණ කරන ලද, බහුල වශයෙන් ප්‍රගුණ කරන ලද කායගතාසති භාවනාව මහත්ඵල, මහානිසංස බවයි' කියලා. ස්වාමීනී, මේ කථාවෙන් තමයි අපි කල්ගත කළේ. මේ කථාව

තමයි මෙතනදී අඩාළ වුනේ. එතකොටයි භාග්‍යවත් බුදුරජාණන් වහන්සේ වැඩම කොට වදාළේ."

"පින්වත් මහණෙනි, කොයි විදිහට වඩන ලද, කොයි විදිහට බහුල වශයෙන් වඩන ලද කායගතාසති භාවනාවද මහත්ඵල මහානිසංස වන්නේ?

පින්වත් මහණෙනි, මෙහිලා භික්ෂුව අරණ්‍යයකට ගිහින් හෝ රුක්සෙවණකට ගිහින් හෝ නිදහස් තැනකට ගිහින් කය ඍජු කොට භාවනා අරමුණෙහි සිහිය පිහිටුවා ගෙන, පළඟක් බැඳගෙන වාඩිවෙනවා. ඉතින් ඒ භික්ෂුව සිහියෙන්ම හුස්ම ගන්නවා. සිහියෙන්ම හුස්ම හෙළනවා.

දීර්ඝව ආශ්වාස කරද්දි, දීර්ඝව ආශ්වාස කරන බව දැනගන්නවා. දීර්ඝව ප්‍රශ්වාස කරද්දි, දීර්ඝව ප්‍රශ්වාස කරන බව දැනගන්නවා. කෙටියෙන් ආශ්වාස කරද්දි, කෙටියෙන් ආශ්වාස කරන බව දැනගන්නවා. කෙටියෙන් ප්‍රශ්වාස කරද්දි, කෙටියෙන් ප්‍රශ්වාස කරන බව දැනගන්නවා. සියලු ආශ්වාස ප්‍රශ්වාස කය කෙරෙහි සංවේදී වෙමින් ආශ්වාස කරන්නෙමි'යි හික්මෙනවා. සියලු ආශ්වාස ප්‍රශ්වාස කය කෙරෙහි සංවේදී වෙමින් ප්‍රශ්වාස කරන්නෙමි'යි හික්මෙනවා. ආශ්වාස ප්‍රශ්වාස නම් වූ කාය සංස්කාර සංසිඳුවමින් ආශ්වාස කරන්නෙමි'යි හික්මෙනවා. ආශ්වාස ප්‍රශ්වාස නම් වූ කාය සංස්කාර සංසිඳුවමින් ප්‍රශ්වාස කරන්නෙමි'යි හික්මෙනවා.

එතකොට පින්වත් මහණෙනි, ඔය අයුරින් අප්‍රමාදීව, කෙලෙස් තවන වීරියෙන් යුතුව, දහමට දිවි පුදා වාසය කරන විට, ගිහි උදවිය සිතන ආකාරයේ යම් පංච කාම ගුණ පිළිබඳව සිත දුවන කල්පනාවල් ඇද්ද, ඒවා ප්‍රහාණය වී යනවා. ඒ කාම සහගත කල්පනා ප්‍රහාණය වී ගිය විට තමා තුළම සිත පිහිටන්න පටන් ගන්නවා. සිත තැන්පත් වෙනවා. එක්තැන් වෙනවා. සමාධිමත් වෙනවා. පින්වත් මහණෙනි, භික්ෂුව ඔය අයුරිනුත් කායගතාසති භාවනාව වඩනවා.

ඒ වගේම පින්වත් මහණෙනි, නැවත අනෙකක් කියන්නම්. භික්ෂුව ගමන් කරද්දී 'ගමන් කරන බව' හොඳින් දැනගන්නවා. නැවතී සිටිද්දී 'නැවතී සිටින බව' හොඳින් දැනගන්නවා. වාඩි වී සිටිද්දී 'වාඩි වී සිටින බව' හොඳින් දැනගන්නවා. සැතපී සිටිද්දී 'සැතපී සිටින බව' හොඳින් දැනගන්නවා. ඒ කියන්නේ භික්ෂුවගේ කය පිහිටුවන්නේ යම් යම් ආකාරයෙන්ද, ඒ ඒ ආකාරයෙන් ඒ කායික ඉරියව් දැනගන්නවා.

එතකොට පින්වත් මහණෙනි, ඔය අයුරින් අප්‍රමාදීව කෙලෙස් තවන වීරියෙන් යුතුව, දහමට දිවි පුදා වාසය කරන විට ගිහි උදවිය සිතන ආකාරයේ යම් පංච කාම ගුණ පිළිබඳව සිත දුවන කල්පනාවල් ඇද්ද, ඒවා ප්‍රහාණය වී

යනවා. ඒ කාම සහගත කල්පනා ප්‍රහාණය වී ගිය විට තමා තුළම සිත පිහිටන්න පටන් ගන්නවා. සිත තැන්පත් වෙනවා. එක්තැන් වෙනවා. සමාධිමත් වෙනවා. පින්වත් මහණෙනි, භික්ෂුව ඔය අයුරිනුත් කායගතාසති භාවනාව වඩනවා.

පින්වත් මහණෙනි, නැවත අනෙකක් කියනවා නම්, භික්ෂුව ඉදිරියට ගමන් කරද්දීත්, ආපසු හැරී එද්දීත් එය කරන්නේ නුවණින් දැනගෙනම යි. ඉදිරිය බලද්දීත්, අවට බලද්දීත් එය කරන්නේ නුවණින් දැනගෙනම යි. ඒ වගේම අතපය දිගහරිද්දී, හකුළද්දී එය කරන්නේ නුවණින් දැනගෙනම යි. සඟළ සිවුරු, පාත්‍ර, සිවුරු පරිහරණය කරද්දී එය කරන්නේ නුවණින් දැනගෙනම යි. වළඳද්දී, පානය කරද්දී, සපා අනුභව කරද්දී, රස විඳිද්දී එය කරන්නේ නුවණින් දැනගෙනම යි. වැසිකිළි කැසිකිළි කරද්දී එය කරන්නේ නුවණින් දැනගෙනම යි. ගමන් කරද්දී, සිටගෙන සිටිද්දී, වාඩිවෙද්දී, සැතපෙද්දී, නිදිවරද්දී, කතාබස් කරද්දී, නිහඬව සිටිද්දී එය කරන්නේ නුවණින් දැනගෙනම යි.

එතකොට පින්වත් මහණෙනි, ඔය අයුරින් අප්‍රමාදීව කෙලෙස් තවන වීරියෙන් යුතුව, දහමට දිවි පුදා වාසය කරන විට ගිහි උදවිය සිතන ආකාරයේ යම් පංච කාම ගුණ පිළිබඳව සිත දුවන කල්පනාවල් ඇද්ද, ඒවා ප්‍රහාණය වී යනවා. ඒ කාම සහගත කල්පනා ප්‍රහාණය වී ගිය විට තමා තුළම සිත පිහිටන්න පටන් ගන්නවා. සිත තැන්පත් වෙනවා. එක්තැන් වෙනවා. සමාධිමත් වෙනවා. පින්වත් මහණෙනි, භික්ෂුව ඔය අයුරිනුත් කායගතාසති භාවනාව වඩනවා.

පින්වත් මහණෙනි, නැවත අනෙකක් කියනවා නම්, භික්ෂුව පා තලයෙන් උඩ, කෙස් වලින් යට සමකින් සීමා කොට ගත් නානාප්‍රකාර අපිරිසිදු දෑයෙන් පිරුණු මේ කයම යි නුවණින් විමස විමසා බලන්නේ. ඒ කියන්නේ මේ කයෙහි කෙස් තියෙනවා. ලොම්, නිය, දත්, සම, මස්, නහර, ඇට, ඇට මිදුළු, වකුගඩු, හදවත, අක්මාව, දලබුව, බඩදිව, පෙනහළු, කුඩා බඩවැල, මහා බඩවැල, නොපැසුණු ආහාර, අසුචි, පිත, සෙම, සැරව, ලේ, දහඩිය, මේදය, කඳුළු, වුරුණු තෙල්, කෙළ, සොටු, සඳමිදුළු, මූත්‍රා යන මේවා තියෙනවා කියලා.

පින්වත් මහණෙනි, ඒක මේ වගේ දෙයක්. දෙපැත්තකින් කට ඇති නොයෙක් ධාන්‍ය වර්ග පුරවපු මල්ලක් තියෙනවා. ඒ කියන්නේ හැල් වී, වී, මුං ඇට, මෑ ඇට, තල ඇට, සහල් ආදිය පුරවපු. ඉතින් ඇස් ඇති පුරුෂයෙක් ඇවිදින් ඔය මල්ල ලිහා විමසා බලනවා. 'මේ තියෙන්නේ හැල් වී නෙව. මේවා වී නෙව. මේවා මුං ඇට නෙව. මේ තියෙන්නේ මෑ ඇට. මේ තලත් තියෙන්නෙ. මේ සහලුත් තියෙන්නෙ' කියලා.

පින්වත් මහණෙනි, අන්න ඒ විදිහමයි භික්ෂුව පා තලයෙන් උඩ, කෙස් වලින් යට සමකින් සීමා කොට ගත් නානාප්‍රකාර අපිරිසිදු දූයෙන් පිරුණු මේ කයම යි නුවණින් විමස විමසා බලන්නේ. ඒ කියන්නේ මේ කයෙහි කෙස් තියෙනවා. ලොම්, නිය, දත්, සම, මස්, නහර, ඇට, ඇට මිදුළු, වකුගඩු, හදවත, අක්මාව, දලබුව, බඩදිව, පෙනහළු, කුඩා බඩවැල, මහා බඩවැල, නොපැසුණු ආහාර, අසුචි, පිත, සෙම, සැරව, ලේ, දහඩිය, මේදය, කඳුළු, වුරුණු තෙල්, කෙළ, සොටු, සඳමිදුළු, මූත්‍රා යන මේවා තියෙනවා කියලා.

එතකොට පින්වත් මහණෙනි, ඔය අයුරින් අප්‍රමාදීව කෙලෙස් තවන වීරියෙන් යුතුව, දහමට දිවි පුදා වාසය කරන විට ගිහි උදවිය සිතන ආකාරයේ යම් පංච කාම ගුණ පිළිබඳව සිත දුවන කල්පනාවල් ඇද්ද, ඒවා ප්‍රහාණය වී යනවා. ඒ කාම සහගත කල්පනා ප්‍රහාණය වී ගිය විට තමා තුළම සිත පිහිටන්න පටන් ගන්නවා. සිත තැන්පත් වෙනවා. එක්තැන් වෙනවා. සමාධිමත් වෙනවා. පින්වත් මහණෙනි, භික්ෂුව ඔය අයුරිනුත් කායගතාසති භාවනාව වඩනවා.

පින්වත් මහණෙනි, නැවත අනෙකක් කියනවා නම්, භික්ෂුව මේ කයම, යම් අයුරකින් පිහිටා තිබෙයිද, යම් අයුරකින් සකස් වෙයිද, ඒ අයුරින්ම ධාතු ස්වභාව වශයෙන් නුවණින් විමසා බලනවා. 'මේ කයෙහි පඨවි ධාතු තියෙනවා. ආපෝ ධාතු, තේජෝ ධාතු, වායෝ ධාතු තියෙනවා' කියලා.

පින්වත් මහණෙනි, ඒක මේ වගේ දෙයක්. දක්ෂ ගවඝාතකයෙක් හෝ ගවඝාතකයෙකුගේ ගෝලයෙක් ඉන්නවා. ඉතින් මොහු ගව දෙනක් මරා, සතරමං සන්ධියකදී කොටස් කොට, බෙදා, විකිණීමට තබා වාඩි වී ඉන්නවා. පින්වත් මහණෙනි, ඔය විදිහමයි භික්ෂුව මේ කයම, යම් අයුරකින් පිහිටා තිබෙයිද, යම් අයුරකින් සකස් වෙයිද, ඒ අයුරින්ම ධාතු ස්වභාව වශයෙන් නුවණින් විමසා බලනවා. 'මේ කයෙහි පඨවි ධාතු තියෙනවා. ආපෝ ධාතු, තේජෝ ධාතු, වායෝ ධාතු තියෙනවා' කියලා.

එතකොට පින්වත් මහණෙනි, ඔය අයුරින් අප්‍රමාදීව කෙලෙස් තවන වීරියෙන් යුතුව, දහමට දිවි පුදා වාසය කරන විට ගිහි උදවිය සිතන ආකාරයේ යම් පංච කාම ගුණ පිළිබඳව සිත දුවන කල්පනාවල් ඇද්ද, ඒවා ප්‍රහාණය වී යනවා. ඒ කාම සහගත කල්පනා ප්‍රහාණය වී ගිය විට තමා තුළම සිත පිහිටන්න පටන් ගන්නවා. සිත තැන්පත් වෙනවා. එක්තැන් වෙනවා. සමාධිමත් වෙනවා. පින්වත් මහණෙනි, භික්ෂුව ඔය අයුරිනුත් කායගතාසති භාවනාව වඩනවා.

පින්වත් මහණෙනි, නැවත අනෙකක් කියනවා නම්, අමු සොහොනේ දමන ලද, මැරී දවසක් ගත වූ, දෙදවසක් ගත වූ, තුන් දවසක් ගත වූ, මළමිනියක්

ඉදිමිලා, නිල් පැහැ ගැන්විලා, සැරව හටගෙන තිබෙන අයුරු භික්ෂුවකට දකින්නට ලැබෙන්නේ යම් අයුරකින්ද, එලෙසින් ම ඒ භික්ෂුව තමා ගේ කයද ඒ අයුරින් ගලපා බලනවා. 'මේ ශරීරයත් ඔය ස්වභාවයටම යි පත්වෙන්නේ. ඔය විදිහටම වේවි. ඔය ස්වභාවය ඉක්මවා ගිහින් නැහැ' කියලා.

එතකොට පින්වත් මහණෙනි, ඔය අයුරින් අප්‍රමාදීව කෙලෙස් තවන වීරියෙන් යුතුව, දහමට දිවි පුදා වාසය කරන විට ගිහි උදවිය සිතන ආකාරයේ යම් පංච කාම ගුණ පිළිබඳව සිත දුවන කල්පනාවල් ඇද්ද, ඒවා ප්‍රහාණය වී යනවා. ඒ කාම සහගත කල්පනා ප්‍රහාණය වී ගිය විට තමා තුළම සිත පිහිටන්න පටන් ගන්නවා. සිත තැන්පත් වෙනවා. එක්තැන් වෙනවා. සමාධිමත් වෙනවා. පින්වත් මහණෙනි, භික්ෂුව ඔය අයුරිනුත් කායගතාසති භාවනාව වඩනවා.

පින්වත් මහණෙනි, නැවත අනෙකක් කියනවා නම්, සොහොනෙහි දමන ලද මළකුණක් භික්ෂුවකට දකින්නට ලැබෙනවා කියල හිතමු. එතකොට කපුටන් විසින් හෝ ඒ මළකුණ කකා ඉන්නවා. උකුස්සන් විසින් හෝ ඒ මළකුණ කකා ඉන්නවා. ගිජුලිහිණියන් විසින් හෝ ඒ මළකුණ කකා ඉන්නවා. බල්ලන් විසින් හෝ ඒ මළකුණ කකා ඉන්නවා. සිවලුන් විසින් හෝ ඒ මළකුණ කකා ඉන්නවා. විවිධාකාර සතුන් විසින් හෝ ඒ මළකුණ කකා ඉන්නවා. එතකොට ඒ භික්ෂුව තමාගේ කයද ඒ අයුරින් ගලපා බලනවා. 'මේ ශරීරයත් ඔය ස්වභාවයටම යි පත්වෙන්නේ. ඔය විදිහටම වේවි. ඔය ස්වභාවය ඉක්මවා ගිහින් නැහැ' කියලා.

එතකොට පින්වත් මහණෙනි, ඔය අයුරින් අප්‍රමාදීව කෙලෙස් තවන වීරියෙන් යුතුව, දහමට දිවි පුදා වාසය කරන විට ගිහි උදවිය සිතන ආකාරයේ යම් පංච කාම ගුණ පිළිබඳව සිත දුවන කල්පනාවල් ඇද්ද, ඒවා ප්‍රහාණය වී යනවා. ඒ කාම සහගත කල්පනා ප්‍රහාණය වී ගිය විට තමා තුළම සිත පිහිටන්න පටන් ගන්නවා. සිත තැන්පත් වෙනවා. එක්තැන් වෙනවා. සමාධිමත් වෙනවා. පින්වත් මහණෙනි, භික්ෂුව ඔය අයුරිනුත් කායගතාසති භාවනාව වඩනවා.

පින්වත් මහණෙනි, නැවත අනෙකක් කියනවා නම්, සොහොනෙහි දමන ලද මළකුණක් භික්ෂුවකට දකින්නට ලැබෙනවා කියල හිතමු. එය ඇටසැකිල්ල මතුවෙලා, බැඳුණු නහරවලින් යුක්තව, මස් ලේ සහිතවයි දකින්නට ලැබෙන්නේ. ....(පෙ).... මස් නැති වෙලා, ලේ වැකුණු නහර වැල් ඇති ඇටසැකිල්ලකුයි දකින්නට ලැබෙන්නේ ....(පෙ).... මසුත් නැතිවෙලා, ලේත් නැතිවෙලා, නහර වැල් විතරක් බැඳුණු ඇටසැකිල්ලකුයි දකින්නට ලැබෙන්නේ ....(පෙ).... ඇටසැකිල්ලේ කිසි සම්බන්ධයක් නෑ. එක එක පැත්තට ඇට විසිරිලා තියෙනවා. අත් ඇට එක පැත්තක. පා ඇට තවත් පැත්තක. කෙණ්ඩා ඇට තවත් පැත්තක. කලවා ඇට තවත් පැත්තක. උකුල් ඇට තව පැත්තක.කොඳු

ඇට තව පැත්තක. හිස් කබල තව පැත්තක. එවැනි ඇට ගොඩකුයි දකින්නට ලැබෙන්නේ. එතකොට ඒ භික්ෂුව තමාගේ කයද ඒ අයුරින් ගලපා බලනවා. 'මේ ශරීරයත් ඔය ස්වභාවයටම යි පත්වෙන්නේ. ඔය විදිහටම වේවි. ඔය ස්වභාවය ඉක්මවා ගිහින් නැහැ' කියලා.

එතකොට පින්වත් මහණෙනි, ඔය අයුරින් අප්‍රමාදීව කෙලෙස් තවන වීරියෙන් යුතුව, දහමට දිවි පුදා වාසය කරන විට ගිහි උදවිය සිතන ආකාරයේ යම් පංච කාම ගුණ පිළිබඳව සිත දුවන කල්පනාවල් ඇද්ද, ඒවා ප්‍රහාණය වී යනවා. ඒ කාම සහගත කල්පනා ප්‍රහාණය වී ගිය විට තමා තුළම සිත පිහිටන්න පටන් ගන්නවා. සිත තැන්පත් වෙනවා. එක්තැන් වෙනවා. සමාධිමත් වෙනවා. පින්වත් මහණෙනි, භික්ෂුව ඔය අයුරිනුත් කායගතාසති භාවනාව වඩනවා.

පින්වත් මහණෙනි, නැවත අනෙකක් කියනවා නම්, සොහොනෙහි දමන ලද මළකුණක් භික්ෂුවකට දකින්නට ලැබෙනවා කියල හිතමු. ඒ මළකුණ හොඳටම පරණ වෙලා. හක්ගෙඩියේ පැහැය ගත් සුදු පැහැ ඇති ඇට ගොඩක් විතරයි දකින්න ලැබෙන්නේ. ....(පෙ).... බොහෝ කල් ගත වූ ඇට ගොඩක් විතර යි දකින්න ලැබෙන්නේ. ....(පෙ).... සුණු බවට පත් වී කුණු වී ගිය ඇට ගොඩක් විතරයි දකින්ට ලැබෙන්නේ.

එතකොට ඒ භික්ෂුව තමාගේ කයද ඒ අයුරින් ගලපා බලනවා. 'මේ ශරීරයත් ඔය ස්වභාවයටම යි පත්වෙන්නේ. ඔය විදිහටම වේවි. ඔය ස්වභාවය ඉක්මවා ගිහින් නැහැ' කියලා.

එතකොට පින්වත් මහණෙනි, ඔය අයුරින් අප්‍රමාදීව කෙලෙස් තවන වීරියෙන් යුතුව, දහමට දිවි පුදා වාසය කරන විට ගිහි උදවිය සිතන ආකාරයේ යම් පංච කාම ගුණ පිළිබඳව සිත දුවන කල්පනාවල් ඇද්ද, ඒවා ප්‍රහාණය වී යනවා. ඒ කාම සහගත කල්පනා ප්‍රහාණය වී ගිය විට තමා තුළම සිත පිහිටන්න පටන් ගන්නවා. සිත තැන්පත් වෙනවා. එක්තැන් වෙනවා. සමාධිමත් වෙනවා. පින්වත් මහණෙනි, භික්ෂුව ඔය අයුරිනුත් කායගතාසති භාවනාව වඩනවා.

පින්වත් මහණෙනි, නැවත අනෙකක් කියන්නම්. මෙහිලා භික්ෂුව කාමයන් ගෙන් වෙන්ව, අකුසල ධර්මයන්ගෙන් වෙන්ව, විතර්ක සහිත වූ, විචාර සහිත වූ, විවේකයෙන් හටගත් ප්‍රීති සුඛය ඇති ප්‍රථම ධ්‍යානය උපදවා ගෙන වාසය කරනවා. ඔහු මේ කයම විවේකයෙන් හටගත් ප්‍රීතිසුඛයෙන් හොඳට තෙත් කරනවා. මුළුමනින්ම තෙත් කරනවා. එයින් පුරවනවා. පිරිපුන්ව පුරවනවා. ඔහුගේ සියලු කයෙහි විවේකයෙන් හටගත් ප්‍රීතිසුඛයෙන් ස්පර්ශ නොකළ කිසිතැනක් නෑ.

පින්වත් මහණෙනි, ඒක මේ වගේ දෙයක් (රජවරුන් ආදී පිරිස් නහවන) දක්ෂ නහවන්නෙක් හෝ නහවන කෙනෙකුගේ ගෝලයෙක් හෝ ඉන්නවා. ඔහු ලෝහ බඳුනක නානසුණු විසුරුවනවා. ඊට පස්සේ දිය ඉස ඉස පිඬු කරනවා. එතකොට ඒ නානසුණු පිඬට අර වතුර කාවදිනවා. හොඳින් තෙත් වෙනවා. ඒ නහන පිඬ ඇතුළත පිටත සෑම තැනම හොඳින් දිය පැතිරිලා තියෙනවා. පිටතට වැගිරෙන්නෙත් නෑ. පින්වත් මහණෙනි, ඔය විදිහමයි. භික්ෂුව මේ කයම විවේකයෙන් හටගත් ප්‍රීතිසුඛයෙන් හොඳට තෙත් කරනවා. මුළුමනින්ම තෙත් කරනවා. එයින් පුරවනවා. පිරිපුන්ව පුරවනවා. ඔහුගේ සියලු කයෙහි විවේකයෙන් හටගත් ප්‍රීතිසුඛයෙන් ස්පර්ශ නොකළ කිසි තැනක් නෑ.

එතකොට පින්වත් මහණෙනි, ඔය අයුරින් අප්‍රමාදීව කෙලෙස් තවන වීරියෙන් යුතුව, දහමට දිවි පුදා වාසය කරන විට ගිහි උදවිය සිතන ආකාරයේ යම් පංච කාම ගුණ පිළිබඳව සිත දුවන කල්පනාවල් ඇද්ද, ඒවා ප්‍රහාණය වී යනවා. ඒ කාම සහගත කල්පනා ප්‍රහාණය වී ගිය විට තමා තුළම සිත පිහිටන්න පටන් ගන්නවා. සිත තැන්පත් වෙනවා. එක්තැන් වෙනවා. සමාධිමත් වෙනවා. පින්වත් මහණෙනි, භික්ෂුව ඔය අයුරිනුත් කායගතාසති භාවනාව වඩනවා.

පින්වත් මහණෙනි, නැවත අනෙකක් කියමි. මෙහිලා භික්ෂුව විතර්ක විචාරයන්ගේ සංසිඳීමෙන්, අධ්‍යාත්මයෙහි පැහැදීම ඇති කරවන, සිතෙහි ඒකාග්‍රතාවය පවත්වන, විතර්ක රහිත වූ, විචාර රහිත වූ, සමාධියෙන් හටගත් ප්‍රීතිසුඛය ඇති දෙවන ධ්‍යානයට පැමිණ වාසය කරනවා. ඔහු මේ කයම සමාධියෙන් හටගත් ප්‍රීතිසුඛයෙන් හොඳට තෙත් කරනවා. මුළුමණින්ම තෙත් කරනවා. එයින් පුරවනවා. පිරිපුන්ව පුරවනවා. ඔහුගේ සියලු කයෙහි සමාධියෙන් හටගත් ප්‍රීතිසුඛයෙන් ස්පර්ශ නොකළ කිසි තැනක් නෑ.

පින්වත් මහණෙනි, ඒක මේ වගේ දෙයක්. යට දිය උල්පත්වලින් වතුර ගලන ගැඹුරු විලක් තියෙනවා. හැබැයි ඒ විලට නැගෙනහිර පැත්තෙන් වතුර එන මඟක් නෑ. බටහිර පැත්තෙන් වතුර එන මඟක් නෑ. උතුරු පැත්තෙන් වතුර එන මඟක් නෑ. දකුණු පැත්තෙන් වතුර එන මඟක් නෑ. වැස්සත් කලින් කලට පිළිවෙලකට වහින්නේ නෑ. එතකොට ඒ විලෙන්ම සීතල දියදහරා උල්පත්වලින් උඩට මතු වෙවී ඒ විලම සීතල ජලයෙන් හොඳට තෙත් කරනවා. මුළුමණින්ම තෙත් කරනවා. වතුරෙන් පුරවනවා. හොඳින් පුරවනවා. ඒ මුළු විලේම සිහිල් ජලයෙන් පහස නොලැබූ කිසි තැනක් නෑ. ඔය විදිහමයි. පින්වත් මහණෙනි, භික්ෂුව මේ කයම සමාධියෙන් හටගත් ප්‍රීතිසුඛයෙන් හොඳට තෙත් කරනවා. මුළුමණින්ම තෙත් කරනවා. එයින් පුරවනවා. පිරිපුන්ව පුරවනවා. ඔහුගේ සියලු කයෙහි සමාධියෙන් හටගත් ප්‍රීතිසුඛයෙන් ස්පර්ශ නොකළ කිසි තැනක් නෑ.

එතකොට පින්වත් මහණෙනි, ඔය අයුරින් අප්‍රමාදීව කෙලෙස් තවන වීරියෙන් යුතුව, දහමට දිවි පුදා වාසය කරන විට ගිහි උදවිය සිතන ආකාරයේ යම් පංච කාම ගුණ පිළිබඳව සිත දුවන කල්පනාවල් ඇද්ද, ඒවා ප්‍රහාණය වී යනවා. ඒ කාම සහගත කල්පනා ප්‍රහාණය වී ගිය විට තමා තුළම සිත පිහිටන්න පටන් ගන්නවා. සිත තැන්පත් වෙනවා. එක්තැන් වෙනවා. සමාධිමත් වෙනවා. පින්වත් මහණෙනි, භික්ෂුව ඔය අයුරිනුත් කායගතාසති භාවනාව වඩනවා.

පින්වත් මහණෙනි, නැවත අනෙකක් කියමි. මෙහිලා භික්ෂුව ප්‍රීතියට ඇලෙන්නෙත් නැතිව උපේක්ෂාවෙන් යුතුව ඉන්නවා. සිහි නුවණින් යුතුව කයෙන් සැපයකුත් විඳිනවා. ආර්යයන් වහන්සේලා ඒ සමාධියට මෙහෙම කියනවා. 'උපේක්ෂාවෙන් යුක්තව, සිහියෙන් යුක්තව සැපසේ වාසය කරනවා' කියලා. අන්න ඒ තුන්වන ධ්‍යානයට පැමිණ වාසය කරනවා. ඔහු මේ කයම ප්‍රීති රහිත සුඛයෙන් හොඳට තෙත් කරනවා. මුළුමණින්ම තෙත් කරනවා. එයින් පුරවනවා. පිරිපුන්ව පුරවනවා. ඔහුගේ සියලු කයෙහි ප්‍රීති රහිත සුඛයෙන් ස්පර්ශ නොකළ කිසිතැනක් නෑ.

පින්වත් මහණෙනි, ඒක මේ වගේ දෙයක්. මහනෙල් විලක හෝ රතු නෙළුම් විලක හෝ සුදු නෙළුම් විලක හෝ ඇතැම් මහනෙල් වේවා, රතු නෙළුම් වේවා, සුදු නෙළුම් වේවා ඒ නෙළුම් ජලයේම යි හටගන්නේ. ජලයේම යි වැඩෙන්නේ. නමුත් ජලයෙන් උඩට ඇවිත් නෑ. ජලය තුළම ගිලී වැඩෙනවා. එතකොට ඒවායේ අග දක්වාත් මුල දක්වාත් සීතල දියෙන් හොඳට තෙත් වෙලා තියෙන්නේ. මුළුමණින්ම තෙත් වෙලා තියෙන්නේ. පිරිල තියෙන්නේ. හැම තැනම පැතිරිලා තියෙන්නේ. ඒ සෑම මහනෙල්වල, රතු නෙළුම්වල, සුදු නෙළුම්වල සීතල දිය නොපැතුරුණු කිසි තැනක් නෑ. ඔය විදිහමයි. පින්වත් මහණෙනි, භික්ෂුව මේ කයම ප්‍රීති රහිත සුඛයෙන් හොඳට තෙත් කරනවා. මුළුමණින්ම තෙත් කරනවා. එයින් පුරවනවා. පිරිපුන්ව පුරවනවා. ඔහුගේ සියලු කයෙහි ප්‍රීති රහිත සුඛයෙන් ස්පර්ශ නොකළ කිසිතැනක් නෑ.

එතකොට පින්වත් මහණෙනි, ඔය අයුරින් අප්‍රමාදීව කෙලෙස් තවන වීරියෙන් යුතුව, දහමට දිවි පුදා වාසය කරන විට ගිහි උදවිය සිතන ආකාරයේ යම් පංච කාම ගුණ පිළිබඳව සිත දුවන කල්පනාවල් ඇද්ද, ඒවා ප්‍රහාණය වී යනවා. ඒ කාම සහගත කල්පනා ප්‍රහාණය වී ගිය විට තමා තුළම සිත පිහිටන්න පටන් ගන්නවා. සිත තැන්පත් වෙනවා. එක්තැන් වෙනවා. සමාධිමත් වෙනවා. පින්වත් මහණෙනි, භික්ෂුව ඔය අයුරිනුත් කායගතාසති භාවනාව වඩනවා.

පින්වත් මහණෙනි, නැවත අනෙකක් කියමි. මෙහිලා භික්ෂුව සැප ද, නැති කිරීමෙන් දුක ද නැති කිරීමෙන්, කලින්ම මානසික සැප දුක් දෙකින්ම

වෙන් වෙලා, දුක් සැප රහිත, පිරිසිදු උපේක්ෂාවත් සිහියත් තියෙන හතරවෙනි ධ්‍යානයට පැමිණ වාසය කරනවා. ඔහු මේ කයම පාරිශුද්ධ වූ ප්‍රභාශ්වර සිතින් පතුරුවා ගෙන වාඩි වී ඉන්නවා. ඔහු ගේ සියලු කයෙහි පාරිශුද්ධ වූ ප්‍රභාශ්වර සිතින් ස්පර්ශ නොකළ කිසි තැනක් නෑ.

ඒක මේ වගේ දෙයක්. සුදු වස්ත්‍රයකින් හිස සහිතව මුලු සිරුරම පොරොවා ගෙන වාඩි වී සිටින කෙනෙක් ඉන්නවා. එතකොට ඔහුගේ මුළු කයෙහිම සුදු වස්ත්‍රයෙන් නොවැසුණු කිසි තැනක් නෑ. පින්වත් මහණෙනි, අන්න ඒ වගේම යි භික්ෂුව මේ කයම පාරිශුද්ධ වූ ප්‍රභාශ්වර සිතින් පතුරුවා ගෙන වාඩිවී ඉන්නවා. ඔහුගේ සියලු කයෙහි පාරිශුද්ධ වූ ප්‍රභාශ්වර සිතින් ස්පර්ශ නොකළ කිසි තැනක් නෑ.

එතකොට පින්වත් මහණෙනි, ඔය අයුරින් අප්‍රමාදීව කෙලෙස් තවන වීරියෙන් යුතුව, දහමට දිවි පුදා වාසය කරන විට ගිහි උදවිය සිතන ආකාරයේ යම් පංච කාම ගුණ පිළිබඳව සිත දුවන කල්පනාවල් ඇද්ද, ඒවා ප්‍රහාණය වී යනවා. ඒ කාම සහගත කල්පනා ප්‍රහාණය වී ගිය විට තමා තුළම සිත පිහිටන්න පටන් ගන්නවා. සිත තැන්පත් වෙනවා. එක්තැන් වෙනවා. සමාධිමත් වෙනවා. පින්වත් මහණෙනි, භික්ෂුව ඔය අයුරිනුත් කායගතාසති භාවනාව වඩනවා.

පින්වත් මහණෙනි, යම් කිසි භික්ෂුවක් තුළ කායගතාසති භාවනාව හොඳට ප්‍රගුණ වෙලා නම්, බහුල වශයෙන් ප්‍රගුණ වෙලා නම්, ඔහු තුළ යම් විද්‍යාභාගී හෙවත් අවබෝධඥාණය ඇතිවෙන ධර්මයන් ඇත්නම්, ඒ කුසල් දහම් ඇතුළත තැන්පත්ව වැඩෙනවා. පින්වත් මහණෙනි, ඒක මේ වගේ දෙයක්. යම්කිසි කෙනෙක් සිතෙන් ස්පර්ශ කොට ගත් මහා සමුද්‍රයක් ඇද්ද, ඒ මහා සමුද්‍රය තුළට ඇදී එන කුඩා ගංගාවන් සියල්ලම ඒ සමුද්‍රයට ඇතුළත් වෙනවා. පින්වත් මහණෙනි, අන්න ඒ විදිහටම යම්කිසි භික්ෂුවක් තුළ කායගතාසති භාවනාව හොඳට ප්‍රගුණ වෙලා නම්, බහුල වශයෙන් ප්‍රගුණ වෙලා නම්, ඔහු තුළ යම් විද්‍යාභාගී හෙවත් අවබෝධඥාණය ඇතිවෙන ධර්මයන් ඇත්නම්, ඒ කුසල් දහම් ඇතුළත තැන්පත්ව වැඩෙනවා.

පින්වත් මහණෙනි, යම්කිසි භික්ෂුවක් තුළ කායගතාසති භාවනාව හොඳට ප්‍රගුණ වෙලා නැත්නම්, බහුල වශයෙන් ප්‍රගුණ වෙලා නැත්නම්, මාරයා ඔහුගේ වැඩපිළිවෙල ග්‍රහණය කරගැනීමට අවස්ථාව ලබාගන්නවා. ඔහුට වෙනත් අරමුණු දීමට මාරයා අවස්ථාව ලබාගන්නවා.

පින්වත් මහණෙනි, ඒක මේ වගේ දෙයක්. පුරුෂයෙක් ඉතා බර කළුගල් ගෝලයක් අමු මැටි පිඬකට අතහරිනවා නම්, පින්වත් මහණෙනි, ඒ ගැන

කුමක්ද සිතන්නේ? අර බර කළුගල් ගෝලය තෙත් මැටි පිඩෙහි ගිලෙන්නට අවස්ථාව ලබාගන්නවා නේද?" "එසේය, ස්වාමීනී"

"පින්වත් මහණෙනි, ඒ වගේ තමයි යම් කිසි භික්ෂුවක් තුළ කායගතාසති භාවනාව හොඳට ප්‍රගුණ වෙලා නැත්නම්, බහුල වශයෙන් ප්‍රගුණ වෙලා නැත්නම්, මාරයා ඔහුගේ වැඩපිළිවෙල ග්‍රහණය කරගැනීමට අවස්ථාව ලබා ගන්නවා. ඔහුට වෙනත් අරමුණු දීමට මාරයා අවස්ථාව ලබාගන්නවා.

පින්වත් මහණෙනි, ඒක මේ වගේ දෙයක්. වියළුණු, පතුරු ගිය දර කොටයක් තියෙනවා. එතකොට පුරුෂයෙක් ගිනිගානා දඬුව අරගෙන ඇවිදින් 'මං ගිනි උපදවන්න ඕන. තේජෝ ධාතුව පහළ කරවන්න ඕන' කියල උත්සාහ කරනවාද, පින්වත් මහණෙනි, ඒ ගැන කුමක්ද සිතන්නේ? අර පුද්ගලයා මේ වේළුණු පතුරු ගිය දර කොටය ගෙන ගිනිගානා දණ්ඩෙන් අතුල්ලද්දී ගිනි උපදවාවිද? තේජස පහළ කරාවිද?" "එසේය, ස්වාමීනී"

"පින්වත් මහණෙනි, ඒ වගේ තමයි යම් කිසි භික්ෂුවක් තුළ කායගතාසති භාවනාව හොඳට ප්‍රගුණ වෙලා නැත්නම්, බහුල වශයෙන් ප්‍රගුණ වෙලා නැත්නම්, මාරයා ඔහුගේ වැඩපිළිවෙල ග්‍රහණය කරගැනීමට අවස්ථාව ලබා ගන්නවා. ඔහුට වෙනත් අරමුණු දීමට මාරයා අවස්ථාව ලබාගන්නවා.

පින්වත් මහණෙනි, ඒක මේ වගේ දෙයක්. දරණියක් මත යහපත් ලෙස තියපු ලොකු භාජනයක් තියෙනවා. ඒක වතුර නැති හිස් එකක්. එතකොට පුරුෂයෙක් ලොකු දිය බඳුනක් රැගෙන එනවා. පින්වත් මහණෙනි, ඒ ගැන කුමක්ද සිතන්නේ? අර පුරුෂයාට තමා රැගෙන එන ජලය අර බඳුනෙහි දැමීමට අවස්ථාව ලැබෙනවා නේද?" "එසේය, ස්වාමීනී"

"පින්වත් මහණෙනි, ඒ වගේ තමයි යම් කිසි භික්ෂුවක් තුළ කායගතාසති භාවනාව හොඳට ප්‍රගුණ වෙලා නැත්නම්, බහුල වශයෙන් ප්‍රගුණ වෙලා නැත්නම්, මාරයා ඔහුගේ වැඩපිළිවෙල ග්‍රහණය කරගැනීමට අවස්ථාව ලබා ගන්නවා. ඔහුට වෙනත් අරමුණු දීමට මාරයා අවස්ථාව ලබාගන්නවා.

පින්වත් මහණෙනි, යම්කිසි භික්ෂුවක් තුළ කායගතාසති භාවනාව හොඳට ප්‍රගුණ වෙලා තියෙනවා නම්, බහුල වශයෙන් ප්‍රගුණ වෙලා තියෙනවා නම්, ඔහුගේ වැඩපිළිවෙල ග්‍රහණය කරගැනීමට මාරයාට අවස්ථාවක් ලැබෙන්නේ නෑ. ඔහුට වෙනත් අරමුණු දීමට මාරයාට අවස්ථාව ලැබෙන්නේ නෑ.

පින්වත් මහණෙනි, ඒක මේ වගේ දෙයක්. පුරුෂයෙක් ඉතා සැහැල්ලු නූල් බෝලයක් ගෙනැවිත් මුළුමනින්ම අරටුවෙන් කළ දොරපළුවකට තියල

තදකරනවා. පින්වත් මහණෙනි, ඒ ගැන කුමක්ද සිතන්නේ? එතකොට අර පුරුෂයා ඒ සැහැල්ලු නූල් බෝලය මුළුමනින්ම අරටුවෙන් කරපු ඒ දොර පළුවට ගිල්ලවන්න අවස්ථාවක් ලබා ගනීවිද?" "ස්වාමීනී, එය සිදුවෙන්නේ නැහැ."

"පින්වත් මහණෙනි, අන්න ඒ වගේ තමයි යම්කිසි භික්ෂුවක් තුළ කායගතාසති භාවනාව හොඳට ප්‍රගුණ වෙලා තියෙනවා නම්, බහුල වශයෙන් ප්‍රගුණ වෙලා තියෙනවා නම්, ඔහුගේ වැඩපිළිවෙල ග්‍රහණය කරගැනීමට මාරයාට අවස්ථාවක් ලැබෙන්නේ නෑ. ඔහුට වෙනත් අරමුණු දීමට මාරයාට අවස්ථාව ලැබෙන්නේ නෑ.

පින්වත් මහණෙනි, ඒක මේ වගේ දෙයක්. අමු, කිරි සහිත, තෙතබරිත දර කොටයක් තියෙනවා. එතකොට පුරුෂයෙක් ගිනිගානා දඬුව අරගෙන ඇවිදින් 'මං ගිනි උපදවන්න ඕන. තේජෝ ධාතුව පහළ කරවන්න ඕන' කියල උත්සාහ කරනවාද, පින්වත් මහණෙනි, ඒ ගැන කුමක්ද සිතන්නේ? අර පුද්ගලයා මේ අමු, කිරි සහිත, තෙතබරිත දර කොටය ගිනිගානා දණ්ඩෙන් ගෙන අතුල්ලද්දී ගිනි උපදවාවිද? තේජස පහළ කරාවිද?" "ස්වාමීනී, එය සිදුවෙන්නේ නැහැ."

"පින්වත් මහණෙනි, අන්න ඒ වගේ තමයි යම්කිසි භික්ෂුවක් තුළ කායගතාසති භාවනාව හොඳට ප්‍රගුණ වෙලා තියෙනවා නම්, බහුල වශයෙන් ප්‍රගුණ වෙලා තියෙනවා නම්, ඔහුගේ වැඩපිළිවෙල ග්‍රහණය කරගැනීමට මාරයාට අවස්ථාවක් ලැබෙන්නේ නෑ. ඔහුට වෙනත් අරමුණු දීමට මාරයාට අවස්ථාව ලැබෙන්නේ නෑ.

පින්වත් මහණෙනි, ඒක මේ වගේ දෙයක්. දරණියක් මත යහපත් ලෙස තියපු ලොකු භාජනයක් තියෙනවා. ඒක කටගාවටම හොඳට වතුර පුරෝපු එකක්. කපුටන්ට වුනත් බොන්න පුළුවනි. එතකොට පුරුෂයෙක් ලොකු දිය බඳුනක් රැගෙන එනවා. පින්වත් මහණෙනි, ඒ ගැන කුමක්ද සිතන්නේ? අර පුරුෂයාට තමා රැගෙන එන ජලය අර බඳුනෙහි දැමීමට අවස්ථාව ලැබෙනවාද?" "ස්වාමීනී, එය සිදුවෙන්නේ නැහැ."

"පින්වත් මහණෙනි, අන්න ඒ වගේ තමයි යම්කිසි භික්ෂුවක් තුළ කායගතාසති භාවනාව හොඳට ප්‍රගුණ වෙලා තියෙනවා නම්, බහුල වශයෙන් ප්‍රගුණ වෙලා තියෙනවා නම්, ඔහුගේ වැඩපිළිවෙල ග්‍රහණය කරගැනීමට මාරයාට අවස්ථාවක් ලැබෙන්නේ නෑ. ඔහුට වෙනත් අරමුණු දීමට මාරයාට අවස්ථාව ලැබෙන්නේ නෑ.

පින්වත් මහණෙනි, යම්කිසි භික්ෂුවක් තුළ කායගතාසති භාවනාව හොඳට ප්‍රගුණ වෙලා තියෙනවා නම්, බහුල වශයෙන් ප්‍රගුණ වෙලා තියෙනවා

නම්, ඔහු විශිෂ්ට ඤාණයකින් ප්‍රත්‍යක්ෂ කරගන්නා වූ යම් යම් ධර්මයකට විශිෂ්ට ඤාණයෙන් ප්‍රත්‍යක්ෂ කිරීම පිණිස සිත යොමු කරයි නම්, ඒ ඒ ධර්මයන් පිළිබඳව, ඒ ඒ අදාළ කාරණය කෙරෙහි සාර්ථකත්වයක් ලබා ගැනීමෙහි පුළුවන්කම ඇතිවෙනවා.

පින්වත් මහණෙනි, එය මේ වගේ දෙයක්. දරණියක් මත යහපත් ලෙස තියපු ලොකු භාජනයක් තියෙනවා. ඒක කට ගාවටම හොඳට වතුර පුරෝපු එකක්. කපුටන්ට වුනත් බොන්න පුළුවනි. එතකොට බලවත් පුරුෂයෙක් ඇවිදින් යම් යම් පැත්තකින් අර දිය බඳුන ඇල කරන්නේ නම්, ඒ ඒ පැත්තෙන් දිය ගලනවා නේද?" "එසේය, ස්වාමීනී"

"පින්වත් මහණෙනි, අන්න ඒ වගේ තමයි. යම් කිසි භික්ෂුවක් තුළ කායගතාසති භාවනාව හොඳට ප්‍රගුණ වෙලා තියෙනවා නම්, බහුල වශයෙන් ප්‍රගුණ වෙලා තියෙනවා නම්, ඔහු විශිෂ්ට ඤාණයකින් ප්‍රත්‍යක්ෂ කරගන්නා වූ යම් යම් ධර්මයකට විශිෂ්ට ඤාණයෙන් ප්‍රත්‍යක්ෂ කිරීම පිණිස සිත යොමු කරයි නම්, ඒ ඒ ධර්මයන් පිළිබඳව, ඒ ඒ අදාළ කාරණය කෙරෙහි සාර්ථකත්වයක් ලබාගැනීමෙහි පුළුවන්කම ඇතිවෙනවා.

පින්වත් මහණෙනි, ඒක මේ වගේ දෙයක්. සමභූමි භාගයක, වටේට නියර බැඳපු හතරැස් පොකුණක් තියෙනවා. ඒක වතුරෙන් කටගාවට පුරවලා තියෙන්නේ. කපුටන්ට වුනත් බොන්න පුළුවනි. එතනට බලවත් පුරුෂයෙක් එනවා. ඇවිදින් යම් යම් තැනකින් නියර බිඳිනවා නම්, ඒ ඕනෑම තැනකින් ජලය ගලනවා නේද?" "එසේය, ස්වාමීනී"

"පින්වත් මහණෙනි, අන්න ඒ වගේ තමයි. යම්කිසි භික්ෂුවක් තුළ කායගතාසති භාවනාව හොඳට ප්‍රගුණ වෙලා තියෙනවා නම්, බහුල වශයෙන් ප්‍රගුණ වෙලා තියෙනවා නම්, ඔහු විශිෂ්ට ඤාණයකින් ප්‍රත්‍යක්ෂ කරගන්නා වූ යම් යම් ධර්මයකට විශිෂ්ට ඤාණයෙන් ප්‍රත්‍යක්ෂ කිරීම පිණිස සිත යොමු කරයි නම්, ඒ ඒ ධර්මයන් පිළිබඳව, ඒ ඒ අදාළ කාරණය කෙරෙහි සාර්ථකත්වයක් ලබා ගැනීමෙහි පුළුවන්කම ඇතිවෙනවා.

පින්වත් මහණෙනි, ඒ වගේම ඉතා යහපත් බිමක, සතරමං හන්දියක ඕනෑම අවස්ථාවක පැදවිය හැකි ලෙස කෙවිටද සහිත ව සූදානම් කරන ලද ආජානීය අශ්වයන් යෙදූ රථයක් තියෙනවා. ඔතනට දක්ෂ ලෙස අශ්වයන් හැසිරවිය හැකි රියදුරෙක් ඇවිදින් ඒ රථයට නගිනවා. වම් අතින් රැහැන් පට අල්ලාගෙන දකුණු අතින් කෙවිට ගෙන තමන් කැමති කැමති සේ ඒ රථය පදවනවා. නැවත හරවගෙනත් එනවා.

පින්වත් මහණෙනි, අන්න ඒ වගේ තමයි. යම්කිසි භික්ෂුවක් තුළ කායගතාසති භාවනාව හොඳට ප්‍රගුණ වෙලා තියෙනවා නම්, බහුල වශයෙන් ප්‍රගුණ වෙලා තියෙනවා නම්, ඔහු විශිෂ්ට ඥාණයකින් ප්‍රත්‍යක්ෂ කරගන්නා වූ යම් යම් ධර්මයකට විශිෂ්ට ඥාණයෙන් ප්‍රත්‍යක්ෂ කිරීම පිණිස සිත යොමු කරයි නම්, ඒ ඒ ධර්මයන් පිළිබඳව, ඒ ඒ අදාළ කාරණය කෙරෙහි සාර්ථකත්වයක් ලබා ගැනීමෙහි පුළුවන්කම ඇතිවෙනවා.

පින්වත් මහණෙනි, යම්කිසි භික්ෂුවක් තුළ කායගතාසති භාවනාව හොඳට ප්‍රගුණ වෙලා තියෙනවා නම්, හොඳට වඩලා තියෙනවා නම්, බහුල වශයෙන් ප්‍රගුණ වෙලා තියෙනවා නම්, යානාවක් වගේ ප්‍රගුණ කරලා නම්, ස්ථාවර පරිදි ප්‍රගුණ කරලා නම්, නැවත නැවත ප්‍රගුණ කරලා නම්, ඉතා හොඳ පරිචයකින් යුතු නම්, ඉතා ප්‍රබලව පවත්වනවා නම්, මෙන්න මේ ආනිශංස දහය කැමති වෙන්න ඕන. කවර දහයක්ද යත්;

බණ භාවනාවට ඇති නොඇල්මත්, පංච කාමයට ඇති ඇල්මත්, පාලනය කරන්න පුළුවන්. ඒ අරතිය ඔහුව යට කරන්නේ නෑ. උපන් අරතිය යළි යළිත් මැඩගෙන වාසය කරන්න පුළුවන්. බියජනක අරමුණු යටපත් කරන්න පුළුවන්. බිය සහගත අරමුණුවලට ඔහුව යටකරන්න බැහැ. උපන් බියජනක අරමුණු යළි යළිත් මැඩලමින් වාසය කරන්න පුළුවන්. සීතල, රස්නය, බඩගින්න, පිපාසය, මැසි මදුරු කරදර, අව් සුළං, සර්පාදීන්ගෙන් වන කරදර ඉවසන්න පුළුවන්. නපුරු ලෙස පවසන, නපුරු ලෙස පැමිණි, දරුණු වචන ඉවසන්න පුළුවන්. ශරීරයෙහි ඇතිවෙන දැඩි වේදනා සහිත වූ, දුක් සහිත වූ, තියුණු, කර්කශ, කටුක, අමිහිරි, අමනාප, ප්‍රාණය නැතිවන තරමේ දරුණු වේදනා වුනත් ඉවසන්න පුළුවන්. උසස් සිත ඇසුරු කළ මෙලොවදීම සැප විහරණ ඇතිවෙන ධ්‍යාන හතරම කැමති සේ ලබන්න පුළුවනි. සුවසේ ලබන්න පුළුවනි. බොහෝ කොට ලබන්න පුළුවනි.

ඉතින් ඔහු නොයෙක් ආකාරයේ ඉර්ධි ප්‍රාතිහාර්ය දක්වන කෙනෙක් වෙනවා. ඒ කියන්නෙ, භික්ෂුව තනි කෙනෙක් වගේ සිට බොහෝ ආකාර ඇතිකරගන්නවා. බොහෝ ආකාර ඇතිව සිට තනි කෙනෙක් වෙනවා. ඒ වගේම බිත්ති, පවුරු, පදනම්වල නොගැටී ඉන් එහාට අහසින් යන්නා සේ යනවා. ඒ වගේම ජලයෙහි කිමිදෙන්නා සේ පොළොවෙහි කිමිදෙනවා. නැවත මතුවෙනවා. ඒ වගේම පොළොවෙහි සක්මන් කරන්නා සේ ජලයෙහිත් ඇවිදිනවා. ඒ වගේම කුරුල්ලෙක් අහසෙහි පියාඹන්නා සේ භාවනා ඉරියව්වෙන් අහසින් යනවා. ඒ වගේම මේසා මහා ඉර්ධිමත් මේසා මහානුභාව සම්පන්න සඳ හිරු පවා

අතින් පිරිමදිනවා. ඒ වගේම බඹලොව දක්වා මේ ඉර්ධි ප්‍රාතිහාර්යයෙන් යුතු කයින් වසඟයෙහි පවත්වනවා.

ඒ වගේම ඒ භික්ෂුව, සාමාන්‍ය මිනිස් ඇසීම ඉක්මවා ගිය, ඉතා පිරිසිදු වූ දිව්‍යමය ශ්‍රවණයෙන් යුතුව දිව්‍ය වූත්, මානුෂික වූත්, දුර වූත්, ළඟ වූත් යම් දෙවැදෑරුම් ශබ්දයන් ඇද්ද, ඒවාත් අසනවා.

ඒ වගේම ඒ භික්ෂුව, බාහිර සත්වයන්ගේ බාහිර පුද්ගලයන්ගේ සිතේ ස්වභාවයන් තමාගේ සිතින් පිරිසිඳ දැනගන්නවා. ඒ කියන්නෙ, සරාගී සිත සරාගී සිතක් වශයෙන් දැනගන්නවා. වීතරාගී සිත වීතරාගී සිතක් වශයෙන් දැනගන්නවා. සදෝෂී සිත සදෝෂී සිතක් වශයෙන් දැනගන්නවා. වීතදෝෂී සිත වීතදෝෂී සිතක් වශයෙන් දැනගන්නවා. සමෝහී සිත සමෝහී සිතක් වශයෙන් දැනගන්නවා. වීතමෝහී සිත වීතමෝහී සිතක් වශයෙන් දැනගන්නවා. හැකිළුණු සිත හැකිළුණු සිතක් වශයෙන් දැනගන්නවා. විසිරුණු සිත විසුරුණු සිතක් වශයෙන් දැනගන්නවා. මහග්ගත සිත මහග්ගත සිතක් වශයෙන් දැනගන්නවා. අමහග්ගත සිත අමහග්ගත සිතක් වශයෙන් දැනගන්නවා. සඋත්තර සිත සඋත්තර සිතක් වශයෙන් දැනගන්නවා. අනුත්තර සිත අනුත්තර සිතක් වශයෙන් දැනගන්නවා. සමාහිත සිත සමාහිත සිතක් වශයෙන් දැනගන්නවා. අසමාහිත සිත අසමාහිත සිතක් වශයෙන් දැනගන්නවා. විමුත්ත සිත විමුත්ත සිතක් වශයෙන් දැනගන්නවා. අවිමුත්ත සිත අවිමුත්ත සිතක් වශයෙන් දැනගන්නවා.

ඒ වගේම ඒ භික්ෂුව, නොයෙක් ආකාරයෙන් පෙර විසූ ජීවිත පිළිබඳව සිහි කරනවා. ඒ කියන්නෙ; එක ජාතියක්, ජාති දෙකක්, ජාති තුනක්, ජාති හතරක්, ජාති පහක්, ජාති දහයක්, ජාති විස්සක්, ජාති තිහක්, ජාති හතළිහක්, ජාති පනහක්, ජාති සීයක්, ජාති දහසක්, ජාති ලක්ෂයක්, ඒ වගේම නොයෙක් සංවට්ට කල්ප, නොයෙක් විවට්ට කල්ප, නොයෙක් සංවට්ට විවට්ට කල්ප සිහි කරනවා. මං අසවල් තැන හිටියා, මෙබඳු නමින් හිටියා, මෙබඳු ගෝත්‍ර නාමයෙන් හිටියා, මෙබඳු හැඩරුවින් හිටියා, මෙබඳු ආහාර වැළඳුවා, මෙබඳු සැප දුක් වින්දා, මේ අයුරින් ජීවිතය අවසන් වුනා. ඒ මං එතනින් චුත වුනා. අසවල් තැන ඉපදුනා. අසවල් තැන හිටියා. මෙබඳු නමින් හිටියා, මෙබඳු ගෝත්‍ර නාමයෙන් හිටියා, මෙබඳු හැඩරුවින් හිටියා, මෙබඳු ආහාර වැළඳුවා, මෙබඳු සැප දුක් වින්දා, මේ අයුරින් ජීවිතය අවසන් වුනා. ඒ මං එතනින් චුත වුනා. මෙතන ඉපදුනා ආදී වශයෙන්. මෙසේ කරුණු සහිත ප්‍රධාන සිදුවීම් සහිතව නොයෙක් ආකාරයෙන් පෙර විසූ ජීවිත පිළිබඳව සිහිකරනවා.

ඒ වගේම ඒ භික්ෂුව, සාමාන්‍ය මිනිසුන්ගේ දර්ශන පථය ඉක්මවා ගිය පිරිසිදු දිවැස් නුවණින් චුත වෙන උපදින සත්වයන් දකිනවා. ඒ කියන්නෙ;

උසස් පහත්, ලස්සන කැත, සුගති දුගතිවල කර්මානුරූපව සත්වයන් උපදින හැටි දකිනවා. 'අනේ, මේ භවත් සත්වයින් කයින් දුසිරිත් කරලා, වචනින් දුසිරිත් කරලා, මනසින් දුසිරිත් කරලා, ආර්යයන් වහන්සේලාට අපහාස කරලා, මිථ්‍යා දෘෂ්ටික වෙලා, මිථ්‍යා දෘෂ්ටිකව කටයුතු කරමින් ඉඳලා, කය බිඳී මැරුණට පස්සේ අපායෙ ඉපදිලා ඉන්නවා. දුගතියෙ ඉපදිලා ඉන්නවා. විනිපාත කියන නිරයෙ ඉපදිලා ඉන්නවා' කියලා. ඒ වගේම 'මේ භවත් සත්වයන් කයින් සුචරිතයේ යෙදිලා, වචනයෙන් සුචරිතයේ යෙදිලා, මනසින් සුචරිතයේ යෙදිලා, ආර්යයන් වහන්සේලාට අපහාස නොකොට, සම්මා දිට්ඨිය ඇතුව ඉඳලා, සම්මා දිට්ඨියෙන් යුක්ත ක්‍රියාවල යෙදිලා, කය බිඳී මැරුණට පස්සේ සුගතිය කියන යහපත් ලෝකෙ ඉපදිලා ඉන්නවා' කියලා. මේ විදිහට සාමාන්‍ය මිනිසුන්ගේ දර්ශන පථය ඉක්මවා ගිය පිරිසිදු දිව්‍යස් නුවණින්, සත්වයන් චුත වෙන උපදින හැටි දකිනවා. උසස් පහත්, ලස්සන කැත, සුගති දුගතිවල කර්මානුරූපව සත්වයන් උපදින හැටි දකිනවා.

ඒ වගේම ඒ භික්ෂුව, ආශ්‍රවයන් ක්ෂය වීමෙන් අනාශ්‍රව වූ චිත්ත විමුක්තියත්, ප්‍රඥා විමුක්තියත් මෙහිදී ම තමන්ගේ විශිෂ්ට වූ ඤාණයෙන් සාක්ෂාත් කොට එයට පැමිණ වාසය කරනවා.

පින්වත් මහණෙනි, යම්කිසි භික්ෂුවක් තුළ කායගතාසති භාවනාව දියුණු වෙලා තියෙනවා නම්, හොඳට ප්‍රගුණ වෙලා තියෙනවා නම්, බහුල වශයෙන් ප්‍රගුණ වෙලා තියෙනවා නම්, යානාවක් වගේ ප්‍රගුණ කරලා නම්, ස්ථාවර පරිදි ප්‍රගුණ කරලා නම්, නැවත නැවත ප්‍රගුණ කරලා නම්, ඉතා හොඳ පරිචයකින් යුතු නම්, ඉතා ප්‍රබලව පවත්වනවා නම්, මෙන්න මේ ආනිශංස දහය තමයි කැමති වෙන්න ඕන.

භාග්‍යවතුන් වහන්සේ මේ උතුම් දේශනය වදාළා. ඒ දේශනය ගැන ඒ භික්ෂූන් වහන්සේලා ගොඩක් සතුටු වුනා. භාග්‍යවතුන් වහන්සේ වදාළ මේ දේශනය සතුටින් පිළිගත්තා.

සාදු! සාදු!! සාදු!!!

කායගතාසති භාවනාව ගැන වදාළ දෙසුම නිමා විය.

3.2.10.
සංඛාරුප්පත්ති සූත්‍රය
සංස්කාරයන්ගේ උපත ගැන වදාළ දෙසුම

මා හට අසන්නට ලැබුනේ මේ විදිහටයි. ඒ දිනවල භාග්‍යවතුන් වහන්සේ වැඩසිටියේ සැවැත් නුවර අනේපිඬු සිටුතුමා විසින් කරවන ලද ජේතවනාරාමයේ. එදා භාග්‍යවතුන් වහන්සේ "පින්වත් මහණෙනි" යි කියා භික්ෂුසංඝයා අමතා වදාළා. ඒ භික්ෂූන් ද "පින්වතුන් වහන්සැ"යි කියා භාග්‍යවතුන් වහන්සේට පිළිතුරු දුන්නා. භාග්‍යවතුන් වහන්සේ මෙය වදාළා.

"පින්වත් මහණෙනි, සංස්කාරයන්ගේ උප්පත්තිය ගැන ඔබට දේශනා කරන්නම්. සවන් යොමා අසන්න. නුවණින් මෙනෙහි කරන්න. මා කියා දෙන්නම්." "එසේය, ස්වාමීනී" කියල ඒ භික්ෂූන් වහන්සේලා භාග්‍යවතුන් වහන්සේට පිළිතුරු දුන්නා. භාග්‍යවතුන් වහන්සේ මෙය වදාළා.

"පින්වත් මහණෙනි, මේ ශාසනයෙහි භික්ෂුව ශ්‍රද්ධාවෙන් යුක්ත වෙනවා. සීලයෙනුත් යුක්ත වෙනවා. ශ්‍රැතයෙනුත් යුක්ත වෙනවා. ත්‍යාග යෙනුත් යුක්ත වෙනවා. ප්‍රඥාවෙනුත් යුක්ත වෙනවා. ඉතින් ඔහුට මෙවැනි අදහසක් ඇතිවෙනවා. 'අනේ... මට කය බිඳී මරණින් මතු ඉතා උසස් රජපවුලක උපදින්නට ඇත්නම්' කියලා. ඔහු ඒ අරමුණෙහි සිත තබනවා. ඒ අරමුණම සිතින් අධිෂ්ඨාන කරගන්නවා. ඒකටම සිත ප්‍රගුණ කරනවා. එතකොට ඔහුගේ ඒ සංස්කාරද, ඒ පැවැත්මද, ඔය විදිහට ප්‍රගුණ කිරීමෙන්, ඔය විදිහට බහුල වශයෙන් ප්‍රගුණ කිරීමෙන් එහි ඉපදීම පිණිස හේතු වෙනවා. පින්වත් මහණෙනි, එහි ඉපදීම පිණිස පැවතුන මාර්ගය මෙයයි. ප්‍රතිපදාව මෙයයි.

පින්වත් මහණෙනි, නැවත අනෙකක් කියමි. මේ ශාසනයෙහි භික්ෂුව ශ්‍රද්ධාවෙන් යුක්ත වෙනවා. සීලයෙනුත් යුක්ත වෙනවා. ශ්‍රැතයෙනුත් යුක්ත වෙනවා. ත්‍යාගයෙනුත් යුක්ත වෙනවා. ප්‍රඥාවෙනුත් යුක්ත වෙනවා. ඉතින් ඔහුට මෙවැනි අදහසක් ඇතිවෙනවා. 'අනේ... මට කය බිඳී මරණින් මතු ඉතා උසස් බ්‍රාහ්මණ පවුලක උපදින්නට ඇත්නම්' කියලා. ....(පෙ).... ඉතා උසස් ගෘහපති පවුලක උපදින්නට ඇත්නම්' කියලා. ඔහු ඒ අරමුණෙහි සිත තබනවා. ඒ අරමුණම සිතින් අධිෂ්ඨාන කරගන්නවා. ඒකටම සිත ප්‍රගුණ කරනවා. එතකොට

ඔහුගේ ඒ සංස්කාරද, ඒ පැවැත්මද, ඔය විදිහට ප්‍රගුණ කිරීමෙන්, ඔය විදිහට බහුල වශයෙන් ප්‍රගුණ කිරීමෙන් එහි ඉපදීම පිණිස හේතු වෙනවා. පින්වත් මහණෙනි, එහි ඉපදීම පිණිස පැවතුන මාර්ගය මෙයයි. ප්‍රතිපදාව මෙයයි.

පින්වත් මහණෙනි, නැවත අනෙකක් කියමි. මේ ශාසනයෙහි භික්ෂුව ශ්‍රද්ධාවෙන් යුක්ත වෙනවා. සීලයෙනුත් යුක්ත වෙනවා. ශ්‍රැතයෙනුත් යුක්ත වෙනවා. ත්‍යාගයෙනුත් යුක්ත වෙනවා. ප්‍රඥාවෙනුත් යුක්ත වෙනවා. ඒ භික්ෂුවට මෙය අසන්නට ලැබෙනවා. 'චාතුම්මහාරාජික දෙවියන් දීර්ඝ ආයුෂයෙන් යුක්තයි. වර්ණවන්තයි. සැප බහුලයි' කියලා. ඉතින් ඔහුට මෙවැනි අදහසක් ඇතිවෙනවා. 'අනේ... මට කය බිඳී මරණින් මතු චාතුම්මහාරාජික දෙවියන් අතර උපදින්නට ඇත්නම්' කියලා. ඔහු ඒ අරමුණෙහි සිත තබනවා. ඒ අරමුණම සිතින් අධිෂ්ඨාන කරගන්නවා. ඒකටම සිත ප්‍රගුණ කරනවා. එතකොට ඔහුගේ ඒ සංස්කාරද, ඒ පැවැත්මද, ඔය විදිහට ප්‍රගුණ කිරීමෙන්, ඔය විදිහට බහුල වශයෙන් ප්‍රගුණ කිරීමෙන් එහි ඉපදීම පිණිස හේතු වෙනවා. පින්වත් මහණෙනි, එහි ඉපදීම පිණිස පැවතුන මාර්ගය මෙයයි. ප්‍රතිපදාව මෙයයි.

පින්වත් මහණෙනි, නැවත අනෙකක් කියමි. මේ ශාසනයෙහි භික්ෂුව ශ්‍රද්ධාවෙන් යුක්ත වෙනවා. සීලයෙනුත් යුක්ත වෙනවා. ශ්‍රැතයෙනුත් යුක්ත වෙනවා. ත්‍යාගයෙනුත් යුක්ත වෙනවා. ප්‍රඥාවෙනුත් යුක්ත වෙනවා. ඒ භික්ෂුවට මෙය අසන්නට ලැබෙනවා. 'තව්තිසා දෙවියන් ....(පෙ).... යාම දෙවියන් ....(පෙ).... තුසිත දෙවියන් ....(පෙ).... නිම්මාණරතී දෙවියන් ....(පෙ).... පරනිම්මිත වසවත්තී දෙවියන් දීර්ඝ ආයුෂයෙන් යුක්තයි. වර්ණවන්තයි. සැප බහුලයි' කියලා. ඉතින් ඔහුට මෙවැනි අදහසක් ඇතිවෙනවා. 'අනේ... මට කය බිඳී මරණින් මතු පරනිම්මිත වසවත්තී දෙවියන් අතර උපදින්නට ඇත්නම්' කියලා. ඔහු ඒ අරමුණෙහි සිත තබනවා. ඒ අරමුණම සිතින් අධිෂ්ඨාන කරගන්නවා. ඒකටම සිත ප්‍රගුණ කරනවා. එතකොට ඔහුගේ ඒ සංස්කාරද, ඒ පැවැත්මද, ඔය විදිහට ප්‍රගුණ කිරීමෙන්, ඔය විදිහට බහුල වශයෙන් ප්‍රගුණ කිරීමෙන් එහි ඉපදීම පිණිස හේතු වෙනවා. පින්වත් මහණෙනි, එහි ඉපදීම පිණිස පැවතුන මාර්ගය මෙයයි. ප්‍රතිපදාව මෙයයි.

පින්වත් මහණෙනි, නැවත අනෙකක් කියමි. මේ ශාසනයෙහි භික්ෂුව ශ්‍රද්ධාවෙන් යුක්ත වෙනවා. සීලයෙනුත් යුක්ත වෙනවා. ශ්‍රැතයෙනුත් යුක්ත වෙනවා. ත්‍යාගයෙනුත් යුක්ත වෙනවා. ප්‍රඥාවෙනුත් යුක්ත වෙනවා. ඒ භික්ෂුවට මෙය අසන්නට ලැබෙනවා. 'සහස්ස බ්‍රහ්මයා දීර්ඝ ආයුෂයෙන් යුක්තයි. වර්ණවන්තයි. සැප බහුලයි' කියලා. පින්වත් මහණෙනි, සහස්ස බ්‍රහ්මයා සහස්සී ලෝක ධාතුවට තම චිත්ත බලය පතුරුවා ගෙන යටත් කොටයි වාසය

කරන්නේ. එහි යම් සත්වයන් උපදිනවා නම් ඔවුන්ටත් තම චිත්ත බලය පතුරුවා ගෙන වාසය කරනවා. පින්වත් මහණෙනි, ඒක මේ වගේ දෙයක්. ඇස් ඇති පුරුෂයෙක් අතට නෙල්ලි ගෙඩියක් ගෙන හොඳින් හරව හරවා බලනවා වගෙයි. පින්වත් මහණෙනි, ඒ අයුරින්ම සහස්ස බ්‍රහ්මයා සහස්සී ලෝක ධාතුවට තම චිත්ත බලය පතුරුවා ගෙන යටත් කොටයි වාසය කරන්නේ. එහි යම් සත්වයන් උපදිනවා නම් ඔවුන්ටත් තම චිත්ත බලය පතුරුවා ගෙන වාසය කරනවා.

ඉතින් ඒ භික්ෂුවට මෙවැනි අදහසක් ඇතිවෙනවා. 'අනේ... මට කය බිඳී මරණින් මතු සහස්සී බ්‍රහ්මයාගේ තත්වයට උපදින්නට ඇත්නම්' කියලා. ඔහු ඒ අරමුණෙහි සිත තබනවා. ඒ අරමුණ ම සිතින් අධිෂ්ඨාන කරගන්නවා. ඒකටම සිත ප්‍රගුණ කරනවා. එතකොට ඔහුගේ ඒ සංස්කාරද, ඒ පැවැත්මද, ඔය විදිහට ප්‍රගුණ කිරීමෙන්, ඔය විදිහට බහුල වශයෙන් ප්‍රගුණ කිරීමෙන් එහි ඉපදීම පිණිස හේතු වෙනවා. පින්වත් මහණෙනි, එහි ඉපදීම පිණිස පැවතුන මාර්ගය මෙයයි. ප්‍රතිපදාව මෙයයි.

පින්වත් මහණෙනි, නැවත අනෙකක් කියමි. මේ ශාසනයෙහි භික්ෂුව ශ්‍රද්ධාවෙන් යුක්ත වෙනවා. සීලයෙනුත් යුක්ත වෙනවා. ශ්‍රැතයෙනුත් යුක්ත වෙනවා. ත්‍යාගයෙනුත් යුක්ත වෙනවා. ප්‍රඥාවෙනුත් යුක්ත වෙනවා. ඒ භික්ෂුවට මෙය අසන්නට ලැබෙනවා. 'ද්විසහස්ස බ්‍රහ්මයා ....(පෙ).... තිසහස්ස බ්‍රහ්මයා ....(පෙ).... චතුසහස්ස බ්‍රහ්මයා ....(පෙ).... පඤ්ච සහස්ස බ්‍රහ්මයා දීර්ඝ ආයුෂයෙන් යුක්තයි. වර්ණවන්තයි. සැප බහුලයි' කියලා. පින්වත් මහණෙනි, පඤ්ච සහස්ස බ්‍රහ්මයා පඤ්චසහස්සී ලෝක ධාතුවට තම චිත්ත බලය පතුරුවා ගෙන යටත් කොටයි වාසය කරන්නේ. එහි යම් සත්වයන් උපදිනවා නම් ඔවුන්ටත් තම චිත්ත බලය පතුරුවා ගෙන වාසය කරනවා. පින්වත් මහණෙනි, ඒක මේ වගේ දෙයක්. ඇස් ඇති පුරුෂයෙක් අතට නෙල්ලි ගෙඩි පහක් ගෙන හොඳින් හරව හරවා බලනවා වගෙයි. පින්වත් මහණෙනි, ඒ අයුරින්ම පඤ්චසහස්ස බ්‍රහ්මයා පඤ්චසහස්සී ලෝක ධාතුවට තම චිත්ත බලය පතුරුවා ගෙන යටත් කොටයි වාසය කරන්නේ. එහි යම් සත්වයන් උපදිනවා නම් ඔවුන්ටත් තම චිත්ත බලය පතුරුවා ගෙන වාසය කරනවා.

ඉතින් ඒ භික්ෂුවට මෙවැනි අදහසක් ඇතිවෙනවා. 'අනේ... මට කය බිඳී මරණින් මතු පඤ්චසහස්සී බ්‍රහ්මයාගේ තත්වයට උපදින්නට ඇත්නම්' කියලා. ඔහු ඒ අරමුණෙහි සිත තබනවා. ඒ අරමුණම සිතින් අධිෂ්ඨාන කරගන්නවා. ඒකටම සිත ප්‍රගුණ කරනවා. එතකොට ඔහුගේ ඒ සංස්කාරද, ඒ පැවැත්මද, ඔය විදිහට ප්‍රගුණ කිරීමෙන්, ඔය විදිහට බහුල වශයෙන් ප්‍රගුණ කිරීමෙන් එහි

ඉපදීම පිණිස හේතු වෙනවා. පින්වත් මහණෙනි, එහි ඉපදීම පිණිස පැවතුන මාර්ගය මෙයයි. ප්‍රතිපදාව මෙයයි.

පින්වත් මහණෙනි, නැවත අනෙකක් කියමි. මේ ශාසනයෙහි භික්ෂුව ශ්‍රද්ධාවෙන් ....(පෙ).... සීලයෙනුත් ....(පෙ).... ශ්‍රැතයෙනුත් ....(පෙ).... ත්‍යාග යෙනුත් ....(පෙ).... ප්‍රඥාවෙනුත් යුක්ත වෙනවා. ඒ භික්ෂුවට මෙය අසන්නට ලැබෙනවා. 'දසසහස්ස බ්‍රහ්මයා දීර්ඝ ආයුෂයෙන් යුක්තයි. වර්ණවන්තයි. සැප බහුලයි' කියලා. පින්වත් මහණෙනි, දසසහස්ස බ්‍රහ්මයා දසසහස්සී ලෝක ධාතුවට තම චිත්ත බලය පතුරුවා ගෙන යටත් කොටයි වාසය කරන්නේ. එහි යම් සත්වයන් උපදිනවා නම් ඔවුන්ටත් තම චිත්ත බලය පතුරුවා ගෙන වාසය කරනවා.

පින්වත් මහණෙනි, ඒක මේ වගේ දෙයක්. හොඳින් කරවන ලද අටපට්ටම් වූ නියම තත්වයෙන් පවතින වෛරෝඩි මාණික්‍යයක් තියෙනවා. එය රතු පළසක තැබූ විට තවත් බබලනවා. සැහෙන්න බබලනවා. බොහෝ සේ බබලනවා. පින්වත් මහණෙනි, අන්න ඒ වගේ දසසහස්ස බ්‍රහ්මයා දසසහස්සී ලෝක ධාතුවට තම චිත්ත බලය පතුරුවා ගෙන යටත් කොටයි වාසය කරන්නේ. එහි යම් සත්වයන් උපදිනවා නම් ඔවුන්ටත් තම චිත්ත බලය පතුරුවා ගෙන වාසය කරනවා.

ඉතින් ඒ භික්ෂුවට මෙවැනි අදහසක් ඇතිවෙනවා. 'අනේ... මට කය බිඳී මරණින් මතු දසසහස්සී බ්‍රහ්මයාගේ තත්වයට උපදින්නට ඇත්නම්' කියලා. ඔහු ඒ අරමුණෙහි සිත තබනවා. ඒ අරමුණම සිතින් අධිෂ්ඨාන කරගන්නවා. ඒකටම සිත ප්‍රගුණ කරනවා. එතකොට ඔහුගේ ඒ සංස්කාරද, ඒ පැවැත්මද, ඔය විදිහට ප්‍රගුණ කිරීමෙන්, ඔය විදිහට බහුල වශයෙන් ප්‍රගුණ කිරීමෙන් එහි ඉපදීම පිණිස හේතු වෙනවා. පින්වත් මහණෙනි, එහි ඉපදීම පිණිස පැවතුන මාර්ගය මෙයයි. ප්‍රතිපදාව මෙයයි.

පින්වත් මහණෙනි, නැවත අනෙකක් කියමි. මේ ශාසනයෙහි භික්ෂුව ශ්‍රද්ධාවෙන් ....(පෙ).... සීලයෙනුත් ....(පෙ).... ශ්‍රැතයෙනුත් ....(පෙ).... ත්‍යාග යෙනුත් ....(පෙ).... ප්‍රඥාවෙනුත් යුක්ත වෙනවා. ඒ භික්ෂුවට මෙය අසන්නට ලැබෙනවා. 'සතසහස්ස බ්‍රහ්මයා දීර්ඝ ආයුෂයෙන් යුක්තයි. වර්ණවන්තයි. සැප බහුලයි' කියලා. පින්වත් මහණෙනි, සතසහස්ස බ්‍රහ්මයා සතසහස්සී ලෝක ධාතුවට තම චිත්ත බලය පතුරුවා ගෙන යටත් කොටයි වාසය කරන්නේ. එහි යම් සත්වයන් උපදිනවා නම් ඔවුන්ටත් තම චිත්ත බලය පතුරුවා ගෙන වාසය කරනවා.

පින්වත් මහණෙනි, ඒක මේ වගේ දෙයක්. ජම්බු නදියෙහි හටගත් රත්තරනින් කරන ලද පළඳනාවක් දක්ෂ රන්කරුපුතෙකු විසින් කඹුරු උදුනක දමා ඉතා හොඳින් පිරිසිදු කොට රත් පළසක තැබූ විට තවත් බබලනවා. සැහෙන්න බබලනවා. බොහෝ සේ බබලනවා. පින්වත් මහණෙනි, අන්න ඒ වගේ සතසහස්ස බ්‍රහ්මයා සතසහස්සී ලෝක ධාතුවට තම චිත්ත බලය පතුරුවා ගෙන යටත් කොටයි වාසය කරන්නේ. එහි යම් සත්වයන් උපදිනවා නම් ඔවුන්ටත් තම චිත්ත බලය පතුරුවා ගෙන වාසය කරනවා.

ඉතින් ඒ භික්ෂුවට මෙවැනි අදහසක් ඇතිවෙනවා. 'අනේ... මට කය බිඳී මරණින් මතු සතසහස්සී බ්‍රහ්මයන්ගේ තත්වයට උපදින්නට ඇත්නම්' කියලා. ඔහු ඒ අරමුණෙහි සිත තබනවා. ඒ අරමුණම සිතින් අධිෂ්ඨාන කරගන්නවා. ඒකටම සිත ප්‍රගුණ කරනවා. එතකොට ඔහුගේ ඒ සංස්කාරද, ඒ පැවැත්මද, ඔය විදිහට ප්‍රගුණ කිරීමෙන්, ඔය විදිහට බහුල වශයෙන් ප්‍රගුණ කිරීමෙන් එහි ඉපදීම පිණිස හේතු වෙනවා. පින්වත් මහණෙනි, එහි ඉපදීම පිණිස පැවතුන මාර්ගය මෙයයි. ප්‍රතිපදාව මෙයයි.

පින්වත් මහණෙනි, නැවත අනෙකක් කියමි. මේ ශාසනයෙහි භික්ෂුව ශ්‍රද්ධාවෙන් ....(පෙ).... සීලයෙනුත් ....(පෙ).... ශ්‍රැතයෙනුත් ....(පෙ).... ත්‍යාග යෙනුත් ....(පෙ).... ප්‍රඥාවෙනුත් යුක්ත වෙනවා. ඒ භික්ෂුවට මෙය අසන්නට ලැබෙනවා. 'ආභ දෙවියන් ....(පෙ).... පරිත්තාභ දෙවියන් ....(පෙ).... අප්පමාණාභ දෙවියන් ....(පෙ).... ආභස්සර දෙවියන් දීර්ඝ ආයුෂයෙන් යුක්තයි. වර්ණවන්තයි. සැප බහුලයි' කියලා.

ඉතින් ඒ භික්ෂුවට මෙවැනි අදහසක් ඇතිවෙනවා. 'අනේ... මට කය බිඳී මරණින් මතු ආභස්සර දෙවියන් අතර උපදින්නට ඇත්නම්' කියලා. ඔහු ඒ අරමුණෙහි සිත තබනවා. ඒ අරමුණම සිතින් අධිෂ්ඨාන කරගන්නවා. ඒකටම සිත ප්‍රගුණ කරනවා. එතකොට ඔහුගේ ඒ සංස්කාරද, ඒ පැවැත්මද, ඔය විදිහට ප්‍රගුණ කිරීමෙන්, ඔය විදිහට බහුල වශයෙන් ප්‍රගුණ කිරීමෙන් එහි ඉපදීම පිණිස හේතු වෙනවා. පින්වත් මහණෙනි, එහි ඉපදීම පිණිස පැවතුන මාර්ගය මෙයයි. ප්‍රතිපදාව මෙයයි.

පින්වත් මහණෙනි, නැවත අනෙකක් කියමි. මේ ශාසනයෙහි භික්ෂුව ශ්‍රද්ධාවෙන් ....(පෙ).... සීලයෙනුත් ....(පෙ).... ශ්‍රැතයෙනුත් ....(පෙ).... ත්‍යාග යෙනුත් ....(පෙ).... ප්‍රඥාවෙනුත් යුක්ත වෙනවා. ඒ භික්ෂුවට මෙය අසන්නට ලැබෙනවා. 'පරිත්තසුභ දෙවියන් ....(පෙ).... අප්පමාණසුභ දෙවියන් ....(පෙ).... සුභකිණ්හ දෙවියන් දීර්ඝ ආයුෂයෙන් යුක්තයි. වර්ණවන්තයි. සැප බහුලයි' කියලා.

ඉතින් ඒ භික්ෂුවට මෙවැනි අදහසක් ඇතිවෙනවා. 'අනේ... මට කය බිඳී මරණින් මතු සුභකිණ්හ දෙවියන් අතර උපදින්නට ඇත්නම්' කියලා. ....(පෙ).... පින්වත් මහණෙනි, එහි ඉපදීම පිණිස පැවතුන මාර්ගය මෙයයි. ප්‍රතිපදාව මෙයයි.

පින්වත් මහණෙනි, නැවත අනෙකක් කියමි. මේ ශාසනයෙහි භික්ෂුව ශ්‍රද්ධාවෙන් ....(පෙ).... සීලයෙනුත් ....(පෙ).... ශ්‍රැතයෙනුත් ....(පෙ).... ත්‍යාග යෙනුත් ....(පෙ).... ප්‍රඥාවෙනුත් යුක්ත වෙනවා. ඒ භික්ෂුවට මෙය අසන්නට ලැබෙනවා. 'වේහප්ඵල දෙවියන් ....(පෙ).... අවිහ දෙවියන් ....(පෙ).... අතප්ප දෙවියන් ....(පෙ).... සුදස්ස දෙවියන් ....(පෙ).... සුදස්සී දෙවියන් ....(පෙ).... අකණිට්ඨක දෙවියන් දීර්ඝ ආයුෂයෙන් යුක්තයි. වර්ණවන්තයි. සැප බහුලයි' කියලා.

ඉතින් ඒ භික්ෂුවට මෙවැනි අදහසක් ඇතිවෙනවා. 'අනේ... මට කය බිඳී මරණින් මතු අකණිට්ඨක දෙවියන් අතර උපදින්නට ඇත්නම්' කියලා. ....(පෙ).... පින්වත් මහණෙනි, එහි ඉපදීම පිණිස පැවතුන මාර්ගය මෙයයි. ප්‍රතිපදාව මෙයයි.

පින්වත් මහණෙනි, නැවත අනෙකක් කියමි. මේ ශාසනයෙහි භික්ෂුව ශ්‍රද්ධාවෙන් ....(පෙ).... සීලයෙනුත් ....(පෙ).... ශ්‍රැතයෙනුත් ....(පෙ).... ත්‍යාගයෙනුත් ....(පෙ).... ප්‍රඥාවෙනුත් යුක්ත වෙනවා. ඒ භික්ෂුවට මෙය අසන්නට ලැබෙනවා. 'ආකාසානඤ්චායතනයට පැමිණි දෙවියන් ....(පෙ).... විඤ්ඤාණඤ්චායතනයට පැමිණි දෙවියන් ....(පෙ).... ආකිඤ්චඤ්ඤායතනයට පැමිණි දෙවියන් ....(පෙ).... නේවසඤ්ඤානාසඤ්ඤායතනයට පැමිණි දෙවියන් දීර්ඝ ආයුෂයෙන් යුක්තයි. චිරස්ථිතිකයි. සැප බහුලයි' කියලා.

ඉතින් ඒ භික්ෂුවට මෙවැනි අදහසක් ඇතිවෙනවා. 'අනේ... මට කය බිඳී මරණින් මතු නේවසඤ්ඤානාසඤ්ඤායතනයට පැමිණි දෙවියන් අතර උපදින්නට ඇත්නම්' කියලා. ....(පෙ).... පින්වත් මහණෙනි, එහි ඉපදීම පිණිස පැවතුන මාර්ගය මෙයයි. ප්‍රතිපදාව මෙයයි.

පින්වත් මහණෙනි, නැවත අනෙකක් කියමි. මේ ශාසනයෙහි භික්ෂුව ශ්‍රද්ධාවෙන් යුක්ත වෙනවා. සීලයෙනුත් යුක්ත වෙනවා. ශ්‍රැතයෙනුත් යුක්ත වෙනවා. ත්‍යාගයෙනුත් යුක්ත වෙනවා. ප්‍රඥාවෙනුත් යුක්ත වෙනවා. ඒ භික්ෂුවට මෙවැනි අදහසක් ඇතිවෙනවා. 'අනේ මටත් ආශ්‍රවයන් ක්ෂය කරලා අනාශ්‍රව වූ චේතෝ විමුක්තියත්, ප්‍රඥා විමුක්තියත් මෙලොවදීම ස්වකීය විශිෂ්ට ඤාණයෙන් සාක්ෂාත් කොට එයට පැමිණ වාසය කරන්නට ඇත්නම්' කියලා.

ඉතින් ඒ භික්ෂුව ආශ්‍රවයන් ක්ෂය කරලා අනාශ්‍රව වූ චේතෝ විමුක්තියත්, ප්‍රඥා විමුක්තියත් මෙලොවදීම ස්වකීය විශිෂ්ට ඥාණයෙන් සාක්ෂාත් කොට එයට පැමිණ වාසය කරනවා. පින්වත් මහණෙනි, මේ භික්ෂුව කිසි තැනක උපදින්නේ නෑ. කොහේවත් උපදින්නේ නෑ.

භාග්‍යවතුන් වහන්සේ මේ උතුම් දේශනය වදාළා. ඒ දේශනය ගැන ඒ භික්ෂූන් වහන්සේලා ගොඩක් සතුටු වුනා. භාග්‍යවතුන් වහන්සේ වදාළ මේ දේශනය සතුටින් පිළිගත්තා.

සාදු! සාදු!! සාදු!!!

සංස්කාරයන්ගේ උපත ගැන වදාළ දෙසුම නිමා විය.

3. සුඤ්ඤත වර්ගය

3.3.1.
චූළ සුඤ්ඤත සූත්‍රය
ශූන්‍යතා සමාපත්තිය ගැන වදාළ කුඩා දෙසුම

මා හට අසන්නට ලැබුනේ මේ විදිහටයි. ඒ දිනවල භාග්‍යවතුන් වහන්සේ වැඩසිටියේ සැවැත් නුවර මිගාරමාතු ප්‍රාසාදය නම් වූ පූර්වාරාමයේ. එදා ආයුෂ්මත් ආනන්දයන් වහන්සේ සවස් වරුවෙහි භාවනාවෙන් නැගී සිට භාග්‍යවතුන් වහන්සේ කරා පැමිණුනා. පැමිණ භාග්‍යවතුන් වහන්සේට ආදරයෙන් වන්දනා කොට එකත්පස්ව වාඩිවුනා. එකත්පස්ව වාඩි වූ ආයුෂ්මත් ආනන්දයන් වහන්සේ භාග්‍යවතුන් වහන්සේට මෙය පැවසුවා.

"ස්වාමීනී, එක්තරා අවස්ථාවකදී භාග්‍යවතුන් වහන්සේ වැඩසිටියේ ශාක්‍ය ජනපදයේ ශාක්‍යවරුන්ගේ නාගරක කියන නියම්ගමේ. ඉතින් ස්වාමීනී, එහිදී භාග්‍යවතුන් වහන්සේ ඉදිරියෙහිම අසන ලද, පිළිගන්නා ලද දෙයක් තියෙනවා. 'පින්වත් ආනන්ද, මං මේ දිනවල බහුලව වාසය කරන්නේ ශූන්‍යතා විහරණයෙන්ය' කියලා. ස්වාමීනී, ඇත්තෙන්ම මා විසින් අසන ලද එම කරුණ මනාකොට ඇසූ දෙයක්ද? මනාකොට පිළිගත් දෙයක්ද? මනාකොට මෙනෙහි කළ දෙයක්ද? මනා කොට විමසූ දෙයක්ද?"

"පින්වත් ආනන්ද, ඒකාන්තයෙන්ම ඔබගේ ඒ ඇසීම මනාකොට ඇසූ දෙයක්ම යි. මනාකොට පිළිගත් දෙයක්ම යි. මනාකොට මෙනෙහි කළ දෙයක්ම යි. මනාකොට විමසූ දෙයක්ම යි. ආනන්දය, මං ඉස්සරත්, දැනුත් බහුලව වාසය කරන්නේ ශූන්‍යතා විහරණයෙන් තමයි.

පින්වත් ආනන්ද, ඒක මේ වගේ දෙයක්. මේ මිගාරමාතු ප්‍රාසාදය ඇතුන්ගෙන්, ගවයින්ගෙන්, අශ්වයින්ගෙන්, වෙළඹුන්ගෙන් ශූන්‍ය තැනක්. ඒ වගේම රන්, රිදී, මිල මුදලිනුත් ශූන්‍යයයි. ඒ වගේම ස්ත්‍රී පුරුෂ පිරිස් පැමිණීමෙනුත් ශූන්‍යයයි. එහෙම වුනත් මේ ප්‍රාසාදයේ ශූන්‍ය නොවන දේකුත්

තියෙනවා. ඒ කියන්නේ භික්ෂුසංඝයාගේ වාසය හේතුකරගෙන ඇති වන එකම ආකාර බවක් ඇද්ද, ඒක නම් තියෙනවා.

පින්වත් ආනන්ද, ඔන්න ඔය අයුරින් භික්ෂුව ගම පිළිබඳව ඇති සඤ්ඤාව මෙනෙහි නොකර, මිනිසුන් පිළිබඳව ඇති සඤ්ඤාවත් මෙනෙහි නොකර, අරණ්‍ය පිළිබඳව සඤ්ඤාව හේතුකොට ගෙන ඇතිවන එකම ආකාර බවක් ඇද්ද, එය පමණක් මෙනෙහි කරනවා. එතකොට ඒ අරණ්‍ය සඤ්ඤාව තුළ සිත බැසගන්නවා. පහදිනවා. පිහිටනවා. මැනැවින් බැසග න්නවා. එතකොට ඒ භික්ෂුව මෙහෙමයි දැනගන්නේ. 'ගම පිළිබඳව සඤ්ඤා හේතුවෙන් ඇතිවෙන යම් පීඩාවන් ඇද්ද, ඒවා මේ අරණ්‍ය සඤ්ඤාව තුළ නෑ. මිනිසුන් පිළිබඳව සඤ්ඤා හේතුවෙන් ඇතිවෙන යම් පීඩාවන් ඇද්ද, ඒවා මේ අරණ්‍ය සඤ්ඤාව තුළ නෑ. නමුත් යම්කිසි පීඩා මාත්‍රයක් තියෙනවා. ඒ අරණ්‍ය සඤ්ඤාව හේතුවෙන් ඇතිවන එකම ආකාර බවයි.' එතකොට ඔහු මේ අරණ්‍ය සඤ්ඤාව ගම පිළිබඳ සඤ්ඤාවෙන් ශූන්‍ය වූ දෙයක් වශයෙන් දැනගන්නවා. ඒ වගේම මේ අරණ්‍ය සඤ්ඤාව මිනිසුන් පිළිබඳ සඤ්ඤාවෙන් ශූන්‍ය වූ දෙයක් වශයෙන් දැනගන්නවා. නමුත් යම් මේ ශූන්‍ය නොවන දේකුත් තියෙනවා. ඒ අරණ්‍ය සඤ්ඤාවෙන් ඇති වූ ඒකාකාරී බවයි. එතකොට එහි යමක් නැද්ද, එයින් එය ශූන්‍ය බව නුවණින් දැනගන්නවා. ඒ වගේම එහි ඉතුරු වූ යමක් ඇද්ද, තිබෙන්නා වූ එය පමණක් ඇතැයි නුවණින් දැනගන්නවා. ඔය ආකාරයටත් පින්වත් ආනන්ද, භික්ෂුව තුළ යථාර්ථවත් වූ, විපරීත නොවූ, පිරිසිදු වූ, ශූන්‍යතාව පිළිබඳව අවබෝධයේ බැසගැනීම ඇතිවෙනවා.

පින්වත් ආනන්ද, නැවත අනෙකක් කියමි. භික්ෂුව මනුෂ්‍ය සඤ්ඤාව මෙනෙහි නොකොට, අරණ්‍ය සඤ්ඤාව මෙනෙහි නොකොට, පෘථිවි සඤ්ඤාව හේතු කොටගෙන ඇතිවෙන ඒකාකාරී බවක් ඇද්ද, එය මෙනෙහි කරනවා. එතකොට ඔහුගේ සිත පෘථිවි සඤ්ඤාවෙහි බැසගන්නවා. පහදිනවා. පිහිටනවා. හොඳින් බැසගන්නවා.

පින්වත් ආනන්දය, එය මේ වගේ දෙයක්. හුල් සියයකින් ඇනපු, ගව හමක් හොඳට දිගඇරලා, ඇදලා, රැළි නැතුව තියෙනවා වගෙයි. ඒ වගේම භික්ෂුව මේ පොළොවේ උස් පහත් තැන් ඇද්ද, ගංගාවන් ඇද්ද, වළ ගොඩැලි ආදී තැන් ඇද්ද, කඳු හෙල් විෂම පර්වත බෑවුම් ඇද්ද, ඒ සෑම දෙයක්ම මෙනෙහි නොකොට පෘථිවි සඤ්ඤාව හේතුවෙන් ඇතිවෙන එකම ස්වභාවයක් ඇද්ද, එය විතරක් මෙනෙහි කරනවා. එතකොට පෘථිවි සඤ්ඤාව තුළ තමයි ඔහුගේ සිත බැසගන්නේ. පහදින්නේ. පිහිටන්නේ. හොඳින් බැසගන්නේ.

එතකොට ඔහු දැනගන්නේ මෙහෙමයි; 'මනුෂ්‍ය සඤ්ඤාව නිසා ඇතිවන යම් පීඩාවක් ඇද්ද, ඒවා මේ පෘථිවි සඤ්ඤාව තුළ නෑ. අරණ්‍ය සඤ්ඤාව නිසා ඇතිවන යම් පීඩාවක් ඇද්ද, ඒවා මේ පෘථිවි සඤ්ඤාව තුළ නෑ. නමුත් යම්කිසි පීඩාමාත්‍රයක් නම් තියෙනවා. එය පෘථිවි සඤ්ඤාව හේතුවෙන් ඇති වූ ඒකාකාරී බවයි. එතකොට ඔහු මේ පෘථිවි සඤ්ඤාව, මිනිසුන් පිළිබඳ සඤ්ඤාවෙන් ශූන්‍ය වූ දෙයක් වශයෙන් දැනගන්නවා. ඒ වගේම මේ පෘථිවි සඤ්ඤාව, අරණ්‍ය සඤ්ඤාවෙන් ශූන්‍ය වූ දෙයක් වශයෙන් දැනගන්නවා. නමුත් යම් මේ ශූන්‍ය නොවන දේකුත් තියෙනවා. ඒ පෘථිවි සඤ්ඤාවෙන් ඇති වූ ඒකාකාරී බවයි. එතකොට එහි යමක් නැද්ද, එයින් එය ශූන්‍ය බව නුවණින් දැනගන්නවා. ඒ වගේම එහි ඉතුරු වූ යමක් ඇද්ද, තිබෙන්නා වූ එය පමණක් ඇතැයි නුවණින් දැනගන්නවා. ඔය ආකාරයටත් පින්වත් ආනන්ද, භික්ෂුව තුළ යථාර්ථවත් වූ, විපරීත නොවූ, පිරිසිදු වූ, ශූන්‍යතාව පිළිබඳව අවබෝධයේ බැසගැනීම ඇතිවෙනවා.

පින්වත් ආනන්ද, නැවත අනෙකක් කියමි. භික්ෂුව අරණ්‍ය සඤ්ඤාව මෙනෙහි නොකොට, පෘථිවි සඤ්ඤාව මෙනෙහි නොකොට, ආකාසානඤ්චායතන සඤ්ඤාව හේතු කොට ගෙන ඇතිවෙන ඒකාකාරී බවක් ඇද්ද, එය මෙනෙහි කරනවා. එතකොට ඔහුගේ සිත ආකාසානඤ්චායතන සඤ්ඤාවෙහි බැසගන්නවා. පහදිනවා. පිහිටනවා. හොඳින් බැසගන්නවා.

එතකොට ඔහු දැනගන්නේ මෙහෙමයි; 'අරණ්‍ය සඤ්ඤාව නිසා ඇතිවන යම් පීඩාවක් ඇද්ද, ඒවා මේ ආකාසානඤ්චායතන සඤ්ඤාව තුළ නෑ. පෘථිවි සඤ්ඤාව නිසා ඇතිවන යම් පීඩාවක් ඇද්ද, ඒවා මේ ආකාසානඤ්චායතන සඤ්ඤාව තුළ නෑ. නමුත් යම්කිසි පීඩාමාත්‍රයක් නම් තියෙනවා. එය ආකාසානඤ්චායතන සඤ්ඤාව හේතුවෙන් ඇති වූ ඒකාකාරී බවයි. එතකොට ඔහු මේ ආකාසානඤ්චායතන සඤ්ඤාව, අරණ්‍ය සඤ්ඤාවෙන් ශූන්‍ය වූ දෙයක් වශයෙන් දැනගන්නවා. ඒ වගේම මේ ආකාසානඤ්චායතන සඤ්ඤාව, පෘථිවි සඤ්ඤාවෙන් ශූන්‍ය වූ දෙයක් වශයෙන් දැනගන්නවා. නමුත් යම් මේ ශූන්‍ය නොවන දේකුත් තියෙනවා. ඒ ආකාසානඤ්චායතන සඤ්ඤාවෙන් ඇති වූ ඒකාකාරී බවයි. එතකොට එහි යමක් නැද්ද, එයින් එය ශූන්‍ය බව නුවණින් දැනගන්නවා. ඒ වගේම එහි ඉතුරු වූ යමක් ඇද්ද, තිබෙන්නා වූ එය පමණක් ඇතැයි නුවණින් දැනගන්නවා. ඔය ආකාරයටත් පින්වත් ආනන්ද, භික්ෂුව තුළ යථාර්ථවත් වූ, විපරීත නොවූ, පිරිසිදු වූ, ශූන්‍යතාව පිළිබඳව අවබෝධයේ බැසගැනීම ඇතිවෙනවා.

පින්වත් ආනන්ද, නැවත අනෙකක් කියමි. භික්ෂුව පෘථිවි සඤ්ඤාව මෙනෙහි නොකොට, ආකාසානඤ්චායතන සඤ්ඤාව මෙනෙහි නොකොට,

විඤ්ඤාණඤ්චායතන සඤ්ඤාව හේතු කොට ගෙන ඇතිවෙන ඒකාකාරී බවක් ඇද්ද, එය මෙනෙහි කරනවා. එතකොට ඔහුගේ සිත විඤ්ඤාණඤ්චායතන සඤ්ඤාවෙහි බැසගන්නවා. පහදිනවා. පිහිටනවා. හොඳින් බැසගන්නවා.

එතකොට ඔහු දැනගන්නේ මෙහෙමයි; 'පෘථිවි සඤ්ඤාව නිසා ඇතිවන යම් පීඩාවක් ඇද්ද, ඒවා මේ විඤ්ඤාණඤ්චායතන සඤ්ඤාව තුළ නෑ. ආකාසානඤ්චායතන සඤ්ඤාව නිසා ඇතිවන යම් පීඩාවක් ඇද්ද, ඒවා මේ විඤ්ඤාණඤ්චායතන සඤ්ඤාව තුළ නෑ. නමුත් යම්කිසි පීඩාමාත්‍රයක් නම් තියෙනවා. එය විඤ්ඤාණඤ්චායතන සඤ්ඤාව හේතුවෙන් ඇති වූ ඒකාකාරී බවයි. එතකොට ඔහු මේ විඤ්ඤාණඤ්චායතන සඤ්ඤාව, පඨවි සඤ්ඤාවෙන් ශූන්‍ය වූ දෙයක් වශයෙන් දැනගන්නවා. ඒ වගේම මේ විඤ්ඤාණඤ්චායතන සඤ්ඤාව, ආකාසානඤ්චායතන සඤ්ඤාවෙන් ශූන්‍ය වූ දෙයක් වශයෙන් දැනගන්නවා. නමුත් යම් මේ ශූන්‍ය නොවන දේකුත් තියෙනවා. ඒ විඤ්ඤාණඤ්චායතන සඤ්ඤාවෙන් ඇති වූ ඒකාකාරී බවයි. එතකොට එහි යමක් නැද්ද, එයින් එය ශූන්‍ය බව නුවණින් දැනගන්නවා. ඒ වගේම එහි ඉතුරු වූ යමක් ඇද්ද, තිබෙන්නා වූ එය පමණක් ඇතැයි නුවණින් දැනගන්නවා. ඔය ආකාරයටත් පින්වත් ආනන්ද, භික්ෂුව තුළ යථාර්ථවත් වූ, විපරීත නොවූ, පිරිසිදු වූ, ශූන්‍යතාව පිළිබඳ ව අවබෝධයේ බැසගැනීම ඇතිවෙනවා.

පින්වත් ආනන්ද, නැවත අනෙකක් කියමි. භික්ෂුව ආකාසානඤ්චායතන සඤ්ඤාව මෙනෙහි නොකොට, විඤ්ඤාණඤ්චායතන සඤ්ඤාව මෙනෙහි නොකොට, ආකිඤ්චඤ්ඤායතන සඤ්ඤාව හේතු කොට ගෙන ඇතිවෙන ඒකාකාරී බවක් ඇද්ද, එය මෙනෙහි කරනවා. එතකොට ඔහුගේ සිත ආකිඤ්චඤ්ඤායතන සඤ්ඤාවෙහි බැසගන්නවා. පහදිනවා. පිහිටනවා. හොඳින් බැසගන්නවා.

එතකොට ඔහු දැනගන්නේ මෙහෙමයි; 'ආකාසානඤ්චායතන සඤ්ඤාව නිසා ඇතිවන යම් පීඩාවක් ඇද්ද, ඒවා මේ ආකිඤ්චඤ්ඤායතන සඤ්ඤාව තුළ නෑ. විඤ්ඤාණඤ්චායතන සඤ්ඤාව නිසා ඇතිවන යම් පීඩාවක් ඇද්ද, ඒවා මේ ආකිඤ්චඤ්ඤායතන සඤ්ඤාව තුළ නෑ. නමුත් යම්කිසි පීඩාමාත්‍රයක් නම් තියෙනවා. එය ආකිඤ්චඤ්ඤායතන සඤ්ඤාව හේතුවෙන් ඇති වූ ඒකාකාරී බවයි. එතකොට ඔහු මේ ආකිඤ්චඤ්ඤායතන සඤ්ඤාව, ආකාසානඤ්චායතන සඤ්ඤාවෙන් ශූන්‍ය වූ දෙයක් වශයෙන් දැනගන්නවා. ඒ වගේම මේ ආකිඤ්චඤ්ඤායතන සඤ්ඤාව, විඤ්ඤාණඤ්චායතන සඤ්ඤාවෙන් ශූන්‍ය වූ දෙයක් වශයෙන් දැනගන්නවා. නමුත් යම් මේ ශූන්‍ය නොවන දේකුත් තියෙනවා. ඒ ආකිඤ්චඤ්ඤායතන සඤ්ඤාවෙන් ඇති වූ

ඒකාකාරී බවයි. එතකොට එහි යමක් නැද්ද, එයින් එය ශූන්‍ය බව නුවණින් දැනගන්නවා. ඒ වගේම එහි ඉතුරු වූ යමක් ඇද්ද, තිබෙන්නා වූ එය පමණක් ඇතැයි නුවණින් දැනගන්නවා. ඔය ආකාරයට පින්වත් ආනන්ද, භික්ෂුව තුළ යථාර්ථවත් වූ, විපරීත නොවූ, පිරිසිදු වූ, ශූන්‍යතාව පිළිබඳව අවබෝධයේ බැසගැනීම ඇතිවෙනවා.

පින්වත් ආනන්ද, නැවත අනෙකක් කියමි. භික්ෂුව විඤ්ඤාණඤ්චායතන සඤ්ඤාව මෙනෙහි නොකොට, ආකිඤ්චඤ්ඤායතන සඤ්ඤාව මෙනෙහි නොකොට, නේවසඤ්ඤානාසඤ්ඤායතන සඤ්ඤාව හේතු කොට ගෙන ඇතිවෙන ඒකාකාරී බවක් ඇද්ද, එය මෙනෙහි කරනවා. එතකොට ඔහුගේ සිත නේවසඤ්ඤානාසඤ්ඤායතන සඤ්ඤාවෙහි බැසගන්නවා. පහදිනවා. පිහිටනවා. හොඳින් බැසගන්නවා.

එතකොට ඔහු දැනගන්නේ මෙහෙමයි; 'විඤ්ඤාණඤ්චායතන සඤ්ඤාව නිසා ඇතිවන යම් පීඩාවක් ඇද්ද, ඒවා මේ නේවසඤ්ඤානාසඤ්ඤායතන සඤ්ඤාව තුළ නෑ. ආකිඤ්චඤ්ඤායතන සඤ්ඤාව නිසා ඇතිවන යම් පීඩාවක් ඇද්ද, ඒවා මේ නේවසඤ්ඤානාසඤ්ඤායතන සඤ්ඤාව තුළ නෑ. නමුත් යම්කිසි පීඩාමාත්‍රයක් නම් තියෙනවා. එය නේවසඤ්ඤානාසඤ්ඤායතන සඤ්ඤාව හේතුවෙන් ඇති වූ ඒකාකාරී බවයි. එතකොට ඔහු මේ නේවසඤ්ඤානාසඤ්ඤායතන සඤ්ඤාව, විඤ්ඤාණඤ්චායතන සඤ්ඤාවෙන් ශූන්‍ය වූ දෙයක් වශයෙන් දැනගන්නවා. ඒ වගේම මේ නේවසඤ්ඤානාසඤ්ඤායතන සඤ්ඤාව, ආකිඤ්චඤ්ඤායතන සඤ්ඤාවෙන් ශූන්‍ය වූ දෙයක් වශයෙන් දැනගන්නවා. නමුත් යම් මේ ශූන්‍ය නොවන දේකුත් තියෙනවා. ඒ නේවසඤ්ඤානාසඤ්ඤායතන සඤ්ඤාවෙන් ඇති වූ ඒකාකාරී බවයි. එතකොට එහි යමක් නැද්ද, එයින් එය ශූන්‍ය බව නුවණින් දැනගන්නවා. ඒ වගේම එහි ඉතුරු වූ යමක් ඇද්ද, තිබෙන්නා වූ එය පමණක් ඇතැයි නුවණින් දැනගන්නවා. ඔය ආකාරයටත් පින්වත් ආනන්ද, භික්ෂුව තුළ යථාර්ථවත් වූ, විපරීත නොවූ, පිරිසිදු වූ, ශූන්‍යතාව පිළිබඳව අවබෝධයේ බැසගැනීම ඇතිවෙනවා.

පින්වත් ආනන්ද, නැවත අනෙකක් කියමි. භික්ෂුව ආකිඤ්චඤ්ඤායතන සඤ්ඤාව මෙනෙහි නොකොට, නේවසඤ්ඤානාසඤ්ඤායතන සඤ්ඤාව මෙනෙහි නොකොට, අනිමිත්ත චිත්ත සමාධිය හේතු කොට ගෙන ඇතිවෙන ඒකාකාරී බවක් ඇද්ද, එය මෙනෙහි කරනවා. එතකොට ඔහුගේ සිත අනිමිත්ත චිත්ත සමාධියෙහි බැසගන්නවා. පහදිනවා. පිහිටනවා. හොඳින් බැසගන්නවා.

එතකොට ඔහු දැනගන්නේ මෙහෙමයි; 'ආකිඤ්චඤ්ඤායතන සඤ්ඤාව නිසා ඇතිවන යම් පීඩාවක් ඇද්ද, ඒවා මේ අනිමිත්ත චිත්ත සමාධිය තුළ නෑ. නේවසඤ්ඤානාසඤ්ඤායතන සඤ්ඤාව නිසා ඇතිවන යම් පීඩාවක් ඇද්ද, ඒවා මේ අනිමිත්ත චිත්ත සමාධිය තුළ නෑ. නමුත් යම්කිසි පීඩාමාත්‍රයක් නම් තියෙනවා. එය වනාහී 'මේ කය නිසාම, ආයතන හයකින් යුතු ජීවිතය නිසාම ඇති වූ පීඩාවක්ය' කියලා.

එතකොට ඔහු මේ අනිමිත්ත චිත්ත සමාධි සඤ්ඤාව, ආකිඤ්චඤ්ඤායතන සඤ්ඤාවෙන් ශූන්‍ය වූ දෙයක් වශයෙන් දැනගන්නවා. ඒ වගේම මේ අනිමිත්ත චිත්ත සමාධි සඤ්ඤාව, නේවසඤ්ඤානාසඤ්ඤායතන සඤ්ඤාවෙන් ශූන්‍ය වූ දෙයක් වශයෙන් දැනගන්නවා. නමුත් යම් මේ ශූන්‍ය නොවන දේකුත් තියෙනවා. ඒ මේ කය නිසාම, ආයතන හයකින් යුතු ජීවිතය නිසාම ඇති වූ පීඩාවයි. එතකොට එහි යමක් නැද්ද, එයින් එය ශූන්‍ය බව නුවණින් දැනගන්නවා. ඒ වගේම එහි ඉතුරු වූ යමක් ඇද්ද, තිබෙන්නා වූ එය පමණක් ඇතැයි නුවණින් දැනගන්නවා. ඔය ආකාරයටත් පින්වත් ආනන්ද, භික්ෂුව තුළ යථාර්ථවත් වූ, විපරීත නොවූ, පිරිසිදු වූ, ශූන්‍යතාව පිළිබඳව අවබෝධයේ බැසගැනීම ඇතිවෙනවා.

පින්වත් ආනන්ද, නැවත අනෙකක් කියමි. භික්ෂුව ආකිඤ්චඤ්ඤායතන සඤ්ඤාව මෙනෙහි නොකොට, නේවසඤ්ඤානාසඤ්ඤායතන සඤ්ඤාව මෙනෙහි නොකොට, අනිමිත්ත චිත්ත සමාධිය හේතු කොට ගෙන ඇතිවෙන ඒකාකාරී බවක් ඇද්ද, එය මෙනෙහි කරනවා. එතකොට ඔහු ගේ සිත අනිමිත්ත චිත්ත සමාධියෙහි බැසගන්නවා. පහදිනවා. පිහිටනවා. හොඳින් බැසගන්නවා.

එතකොට ඔහු දැනගන්නේ මෙහෙමයි; 'මේ අනිමිත්ත චිත්ත සමාධිය' කියන්නේ විශේෂයෙන්ම සකස් කරපු දෙයක්. විශේෂයෙන්ම චේතනාවකින් සකස් වූ දෙයක්. ඉතින් 'විශේෂයෙන්ම සකස් වූ දෙයක් ඇද්ද, විශේෂයෙන් චේතනාවකින් සකස් කළ දෙයක් ඇද්ද, එය අනිත්‍යයයි. නිරුද්ධ වෙලා යන ස්වභාවයෙන් යුක්තයි' කියල දැනගන්නවා. ඔය විදිහට නුවණින් දන්නා විට, දක්නා විට කාම ආශ්‍රවයෙනුත් සිත නිදහස් වෙනවා. භව ආශ්‍රවයෙනුත් සිත නිදහස් වෙනවා. අවිද්‍යා ආශ්‍රවයෙනුත් සිත නිදහස් වෙනවා. ආශ්‍රවයන්ගෙන් නිදහස් වුණු විට නිදහස් වුණු බවට ඤාණය ඇතිවෙනවා. ඉපදීම ක්ෂය වුනා. බඹසර වාසය සම්පූර්ණ කළා. කළ යුත්ත කළා. තවදුරටත් කළ යුතු දෙයක් නැතැ'යි දැනගන්නවා.

එතකොට ඔහු මෙහෙම නුවණින් දැනගන්නවා. කාමාශ්‍රවයන් නිසා හටගන්නා වූ යම් පීඩාවක් ඇද්ද, එය මේ අරහත්ඵලය තුළ නෑ. භවාශ්‍රවයන්

නිසා හටගන්නා වූ යම් පීඩාවක් ඇද්ද, එය මේ අරහත්ඵලය තුළ නෑ. අවිද්‍යාශ්‍රවයන් නිසා හටගන්නා වූ යම් පීඩාවක් ඇද්ද, එය මේ අරහත්ඵලය තුළ නෑ. නමුත් යම්කිසි පීඩාමාත්‍රයක් තියෙනවා. ඒ මේ ආයතන හයකින් යුතු කය නිසාම, ජීවිතය නිසාම ඇතිවෙන පීඩාව විතරයි. එතකොට ඔහු මේ අරහත්ඵල සඤ්ඤාව කාමාශ්‍රවයෙන් ශූන්‍ය වූ දෙයක් බව දැනගන්නවා. මේ අරහත්ඵල සඤ්ඤාව භවාශ්‍රවයෙන් ශූන්‍ය වූ දෙයක් බව දැනගන්නවා. මේ අරහත්ඵල සඤ්ඤාව අවිද්‍යාශ්‍රවයෙන් ශූන්‍ය වූ දෙයක් බව දැනගන්නවා. නමුත් යම් මේ ශූන්‍ය නොවන දේකුත් තියෙනවා. ඒ මේ කය නිසාම, ආයතන හයකින් යුතු ජීවිතය නිසාම ඇතිවන පීඩාවයි. එතකොට එහි යමක් නැද්ද, එයින් එය ශූන්‍ය බව නුවණින් දැනගන්නවා. ඒ වගේම එහි ඉතුරු වූ යමක් ඇද්ද, තිබෙන්නා වූ එය පමණක් ඇතැයි නුවණින් දැනගන්නවා. ඔය ආකාරයට පින්වත් ආනන්ද, භික්ෂුව තුළ යථාර්ථවත් වූ, විපරීත නොවූ, පිරිසිදු වූ, පරම අනුත්තර වූ ශූන්‍යතාව පිළිබඳව අවබෝධයේ බැසගැනීම ඇතිවෙනවා.

පින්වත් ආනන්ද, අතීතයෙහි සිටි යම්කිසි ශ්‍රමණයන් වේවා, බ්‍රාහ්මණයන් වේවා, පාරිශුද්ධ වූ, පරම අනුත්තර වූ, ශූන්‍යතා සමාපත්තියකට පැමිණ වාසය කළාද, ඒ හැමෝම මේ පාරිශුද්ධ වූ, පරම අනුත්තර වූ, ශූන්‍යතා සමාපත්තියට පැමිණිලයි වාසය කළේ. ඒ වගේ ම පින්වත් ආනන්ද, අනාගතයේ පහළ වන යම්කිසි ශ්‍රමණයන් වේවා, බ්‍රාහ්මණයන් වේවා, පාරිශුද්ධ වූ, පරම අනුත්තර වූ, ශූන්‍යතා සමාපත්තියකට පැමිණ වාසය කරත්ද, ඒ හැමෝම මේ පාරිශුද්ධ වූ, පරම අනුත්තර වූ, ශූන්‍යතා සමාපත්තියට පැමිණිලයි වාසය කරන්නේ. ඒ වගේම පින්වත් ආනන්ද, වර්තමානයේ සිටින යම්කිසි ශ්‍රමණයන් වේවා, බ්‍රාහ්මණයන් වේවා, පාරිශුද්ධ වූ, පරම අනුත්තර වූ, ශූන්‍යතා සමාපත්තියකට පැමිණ වාසය කරනවා නම්, ඒ හැමෝම මේ පාරිශුද්ධ වූ, පරම අනුත්තර වූ, ශූන්‍යතා සමාපත්තියට පැමිණිලයි වාසය කරන්නේ. එනිසා පින්වත් ආනන්ද, 'අපිත් පාරිශුද්ධ වූ, පරම අනුත්තර වූ, ශූන්‍යතා සමාපත්තියට පැමිණ වාසය කරන්නෙමු'යි කියල පින්වත් ආනන්ද, ඒ විදිහටයි ඔබ හික්මිය යුත්තේ."

භාග්‍යවතුන් වහන්සේ මේ උතුම් දේශනය වදාළා. ඒ දේශනය ගැන ඒ ආයුෂ්මත් ආනන්දයන් වහන්සේ ගොඩක් සතුටු වුනා. භාග්‍යවතුන් වහන්සේ වදාළ මේ දේශනය සතුටින් පිළිගත්තා.

සාදු! සාදු!! සාදු!!!

ශූන්‍යතා සමාපත්තිය ගැන වදාළ කුඩා දෙසුම නිමා විය.

3.3.2.
මහා සුඤ්ඤත සූත්‍රය
ශූන්‍යතා සමාපත්තිය ගැන වදාළ විස්තරාත්මක දෙසුම

මා හට අසන්නට ලැබුනේ මේ විදිහටයි. ඒ දිනවල භාග්‍යවතුන් වහන්සේ වැඩසිටියේ කපිලවස්තු නගරයේ නිග්‍රෝධාරාමයෙහිය. එදා භාග්‍යවතුන් වහන්සේ පෙරවරුවෙහි සිවුරු හැඳ පොරවා, පාත්‍රය ද ගෙන කපිලවස්තුවේ පිණ්ඩපාතයේ වැඩියා. කපිලවස්තුවේ පිඬු සිඟා වැඩම කොට දානයෙන් පසු පිණ්ඩපාතයෙන් වැළකී කාළඛේමක ශාක්‍ය රජුගේ විහාරයට දිවාවිහරණය පිණිස වැඩම කළා. ඒ දිනවල කාළඛේමක ශාක්‍ය රජුගේ විහාරයෙහි පණවන ලද ඇඳන් ආදී ආසනයන් බොහෝ තිබුනා. භාග්‍යවතුන් වහන්සේට කාළඛේමක ශාක්‍ය රජුගේ විහාරයේ පණවන ලද බොහෝ ආසනයන් දකින්නට ලැබුනා. දැක භාග්‍යවතුන් වහන්සේට මෙය සිතුනා. "කාළඛේමක ශාක්‍ය රජුගේ විහාරයේ බොහෝ සෙනසුන් පණවලා තියෙනවා නෙව. මෙහි බොහෝ භික්ෂූන් වහන්සේලා සිටිනවා වත්ද?" කියලා.

ඒ දිනවල ආයුෂ්මත් ආනන්දයන් වහන්සේ බොහෝ භික්ෂූන් වහන්සේලා සමඟ ඝටා නම් ශාක්‍යයාගේ විහාරයේ සිවුරු සකස් කිරීම් ආදිය කරනවා. එදා භාග්‍යවතුන් වහන්සේ සවස් වරුවේ භාවනාවෙන් නැගිට ඝටා නම් ශාක්‍යයාගේ විහාරයට වැඩම කළා. වැඩම කොට පණවන ලද අසුනෙහි වැඩසිටියා. වැඩහුන් භාග්‍යවතුන් වහන්සේ ආයුෂ්මත් ආනන්දයන් වහන්සේ අමතා වදාළා.

"පින්වත් ආනන්ද, කාළඛේමක ශාක්‍යයා ගේ විහාරයේ බොහෝ සෙනසුන් පණවා තියෙනවා නෙව. ඔය විහාරයේ බොහෝ භික්ෂූන් වාසය කරනවාද?"

"ස්වාමීනී, කාළඛේමක ශාක්‍යයාගේ විහාරයේ බොහෝ සෙනසුන් පණවලයි තියෙන්නේ. ඔය විහාරයේ බොහෝ භික්ෂූන් වහන්සේලා ඉන්නවා. ස්වාමීනී, අපගේ සිවුරු කරන කාලය පැමිණිලා නෙව තියෙන්නේ."

"පින්වත් ආනන්ද, පිරිස සමඟම ඉන්න, පිරිස සමඟ ඇලුණු, පිරිස සමඟම ඇලී වසන, සමූහයාත් එක්කම ඉන්න, සමූහයාට ඇලුණු, සමූහයා

ගෙන්ම සතුටු වන භික්ෂුව සුන්දර නෑ. පින්වත් ආනන්ද, පිරිස සමඟම ඉන්න, පිරිස සමඟ ඇලුණු, පිරිස සමඟම ඇලී වසන, සමූහයාත් එක්කම ඉන්න, සමූහයාට ඇලුණු, සමූහයාගෙන්ම සතුටු වන ඒ භික්ෂුව යම් නෙක්ඛම්ම සුඛයක් ඇද්ද, හුදෙකලා සැපයක් ඇද්ද, සංසිඳුණු සැපයක් ඇද්ද, අවබෝධයෙන් ලත් සැපයක් ඇද්ද, ඒ සැපය පහසුවෙන් ලැබෙන, කැමති සේ ලැබෙන, නිදුකින් ලැබෙන කෙනෙක් වෙනවා යන කරුණ කිසි දවසක සිදුවෙන්නේ නෑ. නමුත් පින්වත් ආනන්ද යම් භික්ෂුවක් පිරිසෙන් වෙන්වෙලා, තනිවෙලා, හුදෙකලා වෙලා වාසය කරනවාද, ඒ භික්ෂුව නම්, මෙයට කැමති විය යුතුයි. එනම්, යම් නෙක්ඛම්ම සුඛයක් ඇද්ද, හුදෙකලා සැපයක් ඇද්ද, සංසිඳුණු සැපයක් ඇද්ද, අවබෝධයෙන් ලත් සැපයක් ඇද්ද, ඒ සැපය පහසුවෙන් ලබනවාය, කැමති සේ ලබනවාය, නිදුකින් ලබනවාය යන කාරණයයි. එය නම් සිදුවන්නට පුළුවනි.

පින්වත් ආනන්ද, පිරිස සමඟම ඉන්න, පිරිස සමඟ ඇලුණු, පිරිස සමඟම ඇලී වසන, සමූහයාත් එක්කම ඉන්න, සමූහයාට ඇලුණු, සමූහයා ගෙන්ම සතුටුවන ඒ භික්ෂුව යම් රූප, අරූප ධ්‍යාන ආදී චිත්ත විමුක්තියක් ඇද්ද, එය හෝ අරහත්ඵල සමාධි සංඛ්‍යාත නොවෙනස් වන ලොව්තුරු විමුක්තියක් ඇද්ද, එය හෝ උපදවාගෙන වාසය කරනවාය යන කරුණ කිසි දවසක සිදුවෙන්නේ නෑ. නමුත් පින්වත් ආනන්ද, යම් භික්ෂුවක් පිරිසෙන් වෙන්වෙලා, තනිවෙලා, හුදෙකලා වෙලා වාසය කරනවාද, ඒ භික්ෂුව නම්, මෙයට කැමති විය යුතුයි. එනම්, යම් රූප, අරූප ධ්‍යාන ආදී චිත්ත විමුක්තියක් ඇද්ද, එය හෝ අරහත්ඵල සමාධි සංඛ්‍යාත නොවෙනස් වන ලොව්තුරු විමුක්තියක් ඇද්ද, එය හෝ උපදවාගෙන වාසය කරනවාය යන කාරණයයි. එය නම් සිදුවන්නට පුළුවනි.

පින්වත් ආනන්දය, යම් රූපයක් කෙරෙහි ආශාවෙන් ඇලිලා ඉන්නවා නම්, යම් රූපයකට කැමති වී සිටිනවා නම්, එබඳු වූ රූපය නැසී වැනසී වෙනස් වෙලා ගිය විට, ඒ හේතුවෙන් ශෝක වැළපීම් දුක් දොම්නස් උපදින්නේ නැත්නම්, එබඳු වූ එකම රූපයක්වත් මම දකින්නේ නෑ.

පින්වත් ආනන්දය, තථාගතයන් වහන්සේ මැනැවින් අවබෝධ කරන ලද මේ වාසය කිරීමක් තියෙනවා. එනම්, මේ සියලු නිමිති මෙනෙහි නොකිරීමෙන්, ආධ්‍යාත්මයෙහි ශූන්‍යතා සමාපත්තිය උපදවාගෙන වාසය කිරීමයි. පින්වත් ආනන්දය, ඔය ශූන්‍යතා සමාපත්තියෙන් වාසය කරන තථාගතයන් වහන්සේ කරා පැමිණෙන්නා වූ භික්ෂු, භික්ෂුණී, උපාසක, උපාසිකා, රජවරු, රාජමහාමාත්‍යවරු, අන්‍යාගමිකයින්, අන්‍යාගමික ශ්‍රාවකයින් ඉන්නවා. නමුත් පින්වත් ආනන්ද, ඒ පිරිස් අතරේදීත් තථාගතයන් වහන්සේ

ඉන්නේ විවේකයට නැඹුරු වූ සිතිනුයි. විවේකයටම යොමු වූ, විවේකයෙහිම බැසගත්, අභ්‍යන්තර හුදෙකලාවෙන් යුතු නෙක්ඛම්මයට ඇලුණු, සියලුම කෙලෙස් උපදවන ධර්මයන්ගෙන් බැහැර වූ, නිවනට නැඹුරු වූ සිතිනුයි. ඉතින් තථාගතයන් වහන්සේ එබඳු නෛර්යාණික වූ, නිවන් ප්‍රතිසංයුක්ත කථාවක්ම යි කතා කරන්නේ. පින්වත් ආනන්ද, එහෙයින් භික්ෂුව වුනත් කැමති වෙනවා නම් ආධ්‍යාත්මයෙහි ශූන්‍යතා සමාපත්තිය උපදවාගෙන වාසය කරන්නට ඕනෙයි කියල, ඒ භික්ෂුව විසින්, පින්වත් ආනන්ද, ආධ්‍යාත්මය තුළම යි සිත පිහිටුවිය යුත්තේ. තැන්පත් කළ යුත්තේ. එකඟ කළ යුත්තේ. සමාධිමත් කළ යුත්තේ.

පින්වත් ආනන්ද, භික්ෂුව ආධ්‍යාත්මය තුළම සිත පිහිටුවන්නේ, තැන්පත් කරන්නේ, එකඟ කරන්නේ, සමාධිමත් කරන්නේ කොහොමද? පින්වත් ආනන්ද, මෙහිලා භික්ෂුව කාමයන්ගෙන් වෙන්ව, අකුසල ධර්මයන්ගෙන් වෙන්ව, විතර්ක විචාර සහිත, ප්‍රීතිය හා සැපය ඇති පළවෙනි ධ්‍යානය ලබාගෙන වාසය කරනවා. විතර්ක විචාර සංසිඳුවාගෙන, තමා තුළ ප්‍රසන්න බව ඇති කරගෙන, සිතේ එකඟ බවින් යුතුව, විතර්ක විචාර රහිත සමාධියෙන් හටගත් ප්‍රීතිය සැපය තියෙන දෙවෙනි ධ්‍යානය ....(පෙ).... තුන්වෙනි ධ්‍යානය ....(පෙ).... හතරවෙනි ධ්‍යානය ලබාගෙන වාසය කරනවා. පින්වත් ආනන්ද, ඔය විදිහටයි භික්ෂුව ආධ්‍යාත්මය තුළම සිත පිහිටුවන්නේ. තැන්පත් කරන්නේ. එකඟ කරන්නේ. සමාධිමත් කරන්නේ.

ඉතින් ඔහු ආධ්‍යාත්මයේ ශූන්‍යතාවය මෙනෙහි කරනවා. නමුත් ආධ්‍යාත්මයේ ශූන්‍යතාවය මෙනෙහි කරන ඔහු තුළ ශූන්‍යතාවෙහි සිත බැස ගන්නේ නෑ. පහදින්නේ නෑ. පිහිටන්නේ නෑ. නිදහස් වෙන්නේ නෑ. පින්වත් ආනන්ද, භික්ෂුව මේ තිබෙන්නා වූ ස්වභාවය ගැන මෙහෙමයි දැනගන්නේ. 'ආධ්‍යාත්මයේ ශූන්‍යතාවය මෙනෙහි කරද්දී ආධ්‍යාත්ම ශූන්‍යතාවය තුළ මගේ සිත බැසගන්නේ නෑ නෙව. පහදින්නේ නැහැ නෙව. පිහිටන්නේ නැහැ නෙව. සිත නිදහස් වෙන්නේ නැහැ නෙව' කියලා. එතකොට එකරුණ පිළිබඳව භික්ෂුව නුවණින් දැනගන්නවා. ඔහු බාහිර ශූන්‍යතාව මෙනෙහි කරනවා. ....(පෙ).... ඔහු ආධ්‍යාත්මික වූත්, බාහිර වූත් ශූන්‍යතාව මෙනෙහි කරනවා. ....(පෙ).... ඔහු ආනෙඤ්ජ හෙවත් අරූප සමාපත්තිය මෙනෙහි කරනවා. අරූප සමාපත්තිය මෙනෙහි කරද්දීත් අරූප සමාධියේ සිත බැසගන්නේ නෑ. පහදින්නේ නෑ. පිහිටන්නේ නෑ. නිදහස් වෙන්නේ නෑ. පින්වත් ආනන්ද, භික්ෂුව මේ තිබෙන්නා වූ ස්වභාවය ගැන මෙහෙමයි දැනගන්නේ. 'ආනෙඤ්ජ හෙවත් අරූප සමාපත්තිය මෙනෙහි කරද්දී අරූප සමාපත්තිය තුළ මගේ සිත බැසගන්නේ නෑ නෙව. පහදින්නේ නැහැ නෙව. පිහිටන්නේ නැහැ නෙව. සිත

නිදහස් වෙන්නේ නැහැ නෙව' කියලා. එතකොට එකරුණ පිළිබඳව භික්ෂුව නුවණින් දැනගන්නවා.

පින්වත් ආනන්ද, එතකොට ඒ භික්ෂුව විසින් කලින් ඇතිකරගත් සමාධි නිමිත්ත මුල්කොට ආධ්‍යාත්මයේම සිත පිහිටුවිය යුතුයි. හොඳින් තැන්පත් කළ යුතුයි. එකඟ කළ යුතුයි. සමාධිමත් කළ යුතුයි. ඊට පස්සේ ඔහු ආධ්‍යාත්මික ශූන්‍යතාවය මෙනෙහි කරනවා. එතකොට ආධ්‍යාත්මික ශූන්‍යතාව මෙනෙහි කරන ඔහු තුළ ආධ්‍යාත්මික ශූන්‍යතාව කෙරෙහි සිත බැසගන්නවා. පහදිනවා. පිහිටනවා. මිදෙනවා. පින්වත් ආනන්ද, මේ තත්වය ඇතිවුනාම භික්ෂුව මේ විදිහට දැනගන්නවා. 'ආධ්‍යාත්ම ශූන්‍යතාවය මෙනෙහි කරන මා තුළ ආධ්‍යාත්ම ශූන්‍යතාවය කෙරෙහි සිත බැසගන්නවා. පහදිනවා. පිහිටනවා. මිදෙනවා' කියලා. ඒ පිළිබඳව ඔහු මනා නුවණින් යුක්තව ඉන්නවා. ඒ වගේම ඔහු බාහිර ශූන්‍යතාවය මෙනෙහි කරනවා ....(පෙ).... ඔහු ආධ්‍යාත්මික, බාහිර ශූන්‍යතාවය මෙනෙහි කරනවා. ....(පෙ).... ඒ වගේම අරූප සමාපත්තිය මෙනෙහි කරනවා. අරූප සමාපත්තිය මෙනෙහි කරද්දී ඔහුගේ සිත අරූප සමවත තුළ බැසග න්නවා. පහදිනවා. පිහිටනවා. මිදෙනවා. මේ ස්වභාවය ඇතිවුනාම භික්ෂුව මේ විදිහට දැනගන්නවා. 'අරූප සමාපත්තිය මෙනෙහි කරන්නා වූ මාගේ සිත අරූප සමාපත්තිය තුළ බැසගන්නවා. පහදිනවා. පිහිටනවා. මිදෙනවා' කියලා. එහි ඇති ස්වභාවය නුවණින් දැනගන්නවා.

පින්වත් ආනන්ද, මෙම භාවනාවෙන් වාසය කරන භික්ෂුවට සක්මන් කරන්නට හිතෙනවා. එතකොට ඔහු සක්මන් කරනවා. 'මේ විදිහට සක්මන් කරන්නා වූ මා තුළ ඇලීම් ගැටීම් ආදියෙන් හටගන්නා පාපී අකුසල ධර්මයන් මේ සිත හඹාගෙන එන්නේ නැත' කියා. එතකොට ඒ ගැනත් ඔහු නුවණින් යුක්තව ඉන්නවා.

පින්වත් ආනන්ද, මෙම භාවනාවෙන් වාසය කරන භික්ෂුවට සිටගෙන සිටින්නට හිතෙනවා. එතකොට ඔහු සිටගෙන ඉන්නවා. 'මේ විදිහට සිටගෙන ඉන්නා වූ මා තුළ ඇලීම් ගැටීම් ආදියෙන් හටගන්නා පාපී අකුසල ධර්මයන් මේ සිත හඹාගෙන එන්නේ නැත' කියා. එතකොට ඒ ගැනත් ඔහු නුවණින් යුක්තව ඉන්නවා.

පින්වත් ආනන්ද, මෙම භාවනාවෙන් වාසය කරන භික්ෂුවට වාඩිවෙන්නට හිතෙනවා. එතකොට ඔහු වාඩිවෙනවා. 'මේ විදිහට වාඩි වී සිටින්නා වූ මා තුළ ඇලීම් ගැටීම් ආදියෙන් හටගන්නා පාපී අකුසල ධර්මයන් මේ සිත හඹාගෙන එන්නේ නැත' කියා. එතකොට ඒ ගැනත් ඔහු නුවණින් යුක්තව ඉන්නවා.

පින්වත් ආනන්ද, මෙම භාවනාවෙන් වාසය කරන භික්ෂුවට සැතපෙන්නට හිතෙනවා. එතකොට ඔහු සැතපී ඉන්නවා. 'මේ විදිහට සැතපී ඉන්නා වූ මා තුළ ඇලීම් ගැටීම් ආදියෙන් හටගන්නා පාපී අකුසල ධර්මයන් මේ සිත හඹාගෙන එන්නේ නැත' කියා. එතකොට ඒ ගැනත් ඔහු නුවණින් යුක්තව ඉන්නවා.

පින්වත් ආනන්ද, මෙම භාවනාවෙන් වාසය කරන භික්ෂුවට කතා බස් කරන්නට සිතෙනවා. එතකොට ඔහු යම් කතාවක් ඉතා පහත්ද, ලාමකද, පෘථග්ජනයන්ගේ ලෝකයට අයත්ද, ශ්‍රේෂ්ඨ නොවෙයිද, අයහපත පිණිස පවතියිද, කළකිරීමට උපකාරී නොවෙයිද, විරාගය පිණිස හේතු නොවෙයිද, කෙලෙස් නැසීම පිණිස හේතු නොවෙයිද, සංසිඳීම පිණිස හේතු නොවෙයිද, විශිෂ්ට ඥාණය පිණිස හේතු නොවෙයිද, අවබෝධය පිණිස හේතු නොවෙයිද, නිවන පිණිස හේතු නොවෙයිද, එබඳු කථා නොකරයි. ඒ කවර කථාද යත්; රජවරු ගැන කථා, සොරු ගැන කථා, මහ ඇමතිවරුන් ගැන කථා, හමුදාව ගැන කථා, භය ගැන කථා, යුද්ධය ගැන කථා, ආහාර ගැන කථා, බීම වර්ග ගැන කථා, වස්ත්‍ර ගැන කථා, ඇඳ පුටු ගැන කථා, මල් වර්ග ගැන කථා, සුවඳ වර්ග ගැන කථා, ඥාතීන් ගැන කථා, වාහන ගැන කථා, ගම් ගැන කථා, නියම් ගම් ගැන කථා, නගර ගැන කථා, ජනපද ගැන කථා, කාන්තාවන් ගැන කථා, පුරුෂයින් ගැන කථා, වීරයින් ගැන කථා, වීදි ගැන කථා, කුඹල් හලේ කථා, මියගිය අය ගැන කථා, විවිධ දේවල් ගැන කථා, ලෝකය පිළිබඳ කථා, මුහුද පිළිබඳ කථා, ඔය ආදී තවත් කථාවන් ඇද්ද, මෙවැනි කිසි කථාවක් මම කියන්නේ නෑ' කියලා. ඔය විදිහට භික්ෂුව කතාව තුළත් නුවණින් යුක්ත වෙනවා.

ඒ වගේම පින්වත් ආනන්ද, යම් මේ කථාවක් කෙලෙස් තුනී කරයිද, සිතට වීරිය ඇතිකර දෙයිද, ඒකාන්තයෙන්ම අවබෝධයෙන්ම කළකිරීම පිණිස, විරාගය පිණිස, කෙලෙස් දුරුවීම පිණිස, සංසිඳීම පිණිස, විශිෂ්ට ඥාණය පිණිස, අවබෝධය පිණිස, නිවන පිණිස පවතියිද, ඒ කවර කථාද යත්; අල්පේච්ඡ ජීවිතය ගැන කථාව, ලද දෙයින් සතුට වීම ගැන කථාව, හුදෙකලා විවේකය ගැන කථාව, පිරිස සමඟ නොඇලීම ගැන කථාව, කෙලෙස් නැසීමට පටන්ගත් වීරිය ගැන කථාව, සීලය ගැන කථාව, සමාධිය ගැන කථාව, ප්‍රඥාව ගැන කථාව, විමුක්තිය ගැන කථාව, විමුක්ති ඥාණ දර්ශනය ගැන කථාව යන මේ කතාවන් ඇද්ද, මෙවැනි කථාවක් තමයි මා කතා කරන්නේ' කියල කතාව පිළිබඳව ඉතා හොඳ සිහිනුවණින් යුක්ත වෙනවා.

පින්වත් ආනන්ද, මෙම භාවනාවෙන් භාවනා කරන භික්ෂුව යමක් කල්පනා කරන්නට හිතනවා නම්, යම් මේ කල්පනාවන් අතර හීන වූ, ලාමක වූ, පෘථග්ජනයන්ට අයත් වූ, අනාර්ය වූ, අයහපත පිණිස පවතින, කළකිරීම පිණිස නොපවතින, විරාගය පිණිස නොපවතින, නිරෝධය පිණිස නොපවතින, සංසිඳීම පිණිස නොපවතින, විශිෂ්ට ඤාණය පිණිස නොපවතින, අවබෝධය පිණිස නොපවතින, නිවන පිණිස නොපවතින, යම් කල්පනාවන් ඇද්ද, ඒ කියන්නේ; කාමය පිළිබඳව කල්පනා කිරීම, තරහ ඇතිවෙන කරුණු ගැන කල්පනා කිරීම, හිංසාකාරී දේ ගැන කල්පනා කිරීම යන මේවා නම් මම කල්පනා කරන්නේ නැහැ' කියලා. තමන් ගේ කල්පනාව පිළිබඳවත් මනා සිහි නුවණින් යුක්ත වෙනවා.

ඒ වගේ ම පින්වත් ආනන්ද, යම් මේ කල්පනාවන් ආර්ය වේද, නිවනට උපකාරී වෙනවාද, ඒ කල්පනාවල් පුරුදු කරන කෙනෙකුට මනාකොට දුක් ක්ෂය වී යනවාද, ඒ කවර කල්පනාවක්ද යත්; කාමයන්ගෙන් නික්මීම පිළිබඳ කල්පනාව, තරහ අමනාප නැතිකම පිළිබඳ කල්පනාව, හිංසා රහිත බව ගැන කල්පනාව යන මේ කල්පනාවල් තමයි මා කරන්නේ' කියලා ඔහු කල්පනා කරන දේ ගැනත් සිහිනුවණින් යුක්ත වෙනවා.

පින්වත් ආනන්ද, කාම ගුණ පහක් තියෙනවා. මොනවාද ඒ පහ? ඇසින් දැක්ක යුතු ඉෂ්ට වූ, කාන්ත වූ, මනාප වූ, ප්‍රිය ස්වරූප ඇති, කැමැත්ත ඇතිවෙන, කෙලෙස් ඇතිවෙන රූප තියෙනවා. කනින් ඇසිය යුතු ශබ්ද ....(පෙ).... නාසයට දැනෙන ගඳ සුවඳ ....(පෙ).... දිවට දැනෙන රස ....(පෙ).... කයෙන් දත යුතු ඉෂ්ට වූ, කාන්ත වූ, මනාප වූ, ප්‍රිය ස්වරූප ඇති, කැමැත්ත ඇතිවෙන, කෙලෙස් ඇතිවෙන පහස තියෙනවා. පින්වත් ආනන්ද, මේ තමයි පඤ්ච කාම ගුණ. භික්ෂුව විසින් තමන්ගේ සිත ඔය පඤ්ච කාම ගුණයන් පිළිබඳව ක්‍රියාත්මක වන ආකාරය ගැන නිතර නිතර නුවණින් විමසා බැලිය යුතුයි. මේ පඤ්ච කාම ගුණ අතර කවර හෝ කාම ගුණයකට ඇලුණු සිතක් ඇතුව මේ සිත හැසිරෙනවාද කියා. එතකොට පින්වත් ආනන්ද, නුවණින් ප්‍රත්‍යවෙක්ෂා කරන භික්ෂුවට මෙහෙම දැනගන්නට ලැබෙනවා නම්, 'මාගේ සිත මේ පඤ්ච කාමගුණයන්ගේ ඒ ඒ රූප, ශබ්ද ආදී කිසිවක් කෙරෙහි මාගේ සිත හැසිරෙනවාය' කියා මෙවැනි ස්වභාවයක් තියෙනවා නම් භික්ෂුව එය දැනගන්නවා. 'මේ පඤ්ච කාම ගුණයන් කෙරෙහි යම් ඡන්දරාගයක් ඇද්ද, එය මා තුළ ප්‍රහීණ වෙලා නැහැ නෙව' කියලා. මේ විදිහටත් ඔහු නුවණින් යුක්ත වෙනවා.

ඒ වගේම පින්වත් ආනන්ද, භික්ෂුව නුවණින් ප්‍රත්‍යවෙක්ෂා කරද්දී මේ විදිහට දැනගන්නවා නම්, ඒ කියන්නේ 'මේ පඤ්ච කාම ගුණයන් අතර, කිසිම කාම අරමුණකට ඇදිලා යන ස්වභාවයකින් මේ සිත පවතින්නේ නැතැ'යි කියලා, ඔය ස්වභාවයෙන් ඇතිවිටත් භික්ෂුව එය දැනගන්නවා. 'පඤ්ච කාම ගුණයන් කෙරෙහි ඇති යම් ඡන්දරාගයක් ඇද්ද, එය මට ප්‍රහීණ වෙලා තියෙනවා' කියලා ඔය කාරණය ගැනත් මනා සිහි නුවණින් යුක්ත වෙනවා.

පින්වත් ආනන්ද, භික්ෂුව විසින් යම් තැනක ඇතිවීම, නැතිවීම නුවණින් දකිමින් වාසය කළ යුතුද, එබඳු වූ උපාදානස්කන්ධ පහක් තියෙනවා. ඒ කියන්නේ; 'රූපය කියන්නේ මේකයි. රූපයේ හටගැනීම කියන්නේ මේකයි. රූපය නිරුද්ධවීම කියන්නේ මේකයි. විඳීම කියන්නේ මේකයි. විඳීම හටගන්නවා කියන්නේ මේකයි. විඳීම නිරුද්ධවෙනවා කියන්නේ මේකයි. සඤ්ඤාව කියන්නේ මේකයි. ....(පෙ).... සංස්කාර කියන්නේ මේවා. ....(පෙ).... විඤ්ඤාණය කියන්නේ මේකයි. විඤ්ඤාණය හටගන්නවා කියන්නේ මේකයි. විඤ්ඤාණය නිරුද්ධවෙනවා කියන්නේ මේකයි' කියල මේ පඤ්ච උපාදානස්කන්ධය පිළිබඳව හටගැනීමත්, නිරුද්ධවීමත් නුවණින් විමසමින් වාසය කරද්දී පඤ්ච උපාදානස්කන්ධය තුළ 'මම වෙමි'යි යන යම් මාන්නයක් ඇද්ද, එය ප්‍රහීණ වී යනවා. එවැනි ස්වභාවයක් ඇති වූ විට භික්ෂුව මෙහෙම දැනගන්නවා. පඤ්ච උපාදානස්කන්ධය තුළ යම් අස්මිමානයක් ඇද්ද, එය මට ප්‍රහීණ වෙලයි තියෙන්නේ කියලා. ඔය විදිහට ඒ ගැනත් සිහිනුවණින් යුක්ත වෙනවා.

පින්වත් ආනන්ද, මේ කියපු ධර්මයන් ඒකාන්තයෙන්ම කුසල් වලටයි අයිති. ආර්යයි. ලෝකෝත්තරයි. ඔය ධර්ම තුළට පවිටු මාරයාට බැසගන්නට පුළුවන්කමක් නෑ.

පින්වත් ආනන්ද, මේ ගැන කුමක්ද සිතන්නේ? ශාස්තෘවරයා විසින් තමාව බැහැර කරද්දීත්, ශ්‍රාවකයා ශාස්තෘවරයා පසුපස හඹා යා යුත්තේ කවර යහපතක් දැකීම හේතුවෙන්ද?" "ස්වාමීනී, අපගේ ධර්මයන් තිබෙන්නේ භාග්‍යවතුන් වහන්සේ මුල් කරගෙනයි. භාග්‍යවතුන් වහන්සේ ප්‍රධාන කරගෙනයි. භාග්‍යවතුන් වහන්සේ පිළිසරණ කරගෙනයි. ස්වාමීනී, භාග්‍යවතුන් වහන්සේට ම මේ වදාළ කරුණෙහි අර්ථය වැටහෙන සේක් නම් මැනවි. භාග්‍යවතුන් වහන්සේගෙන් අසා තමයි භික්ෂූන් දරාගන්නේ."

"පින්වත් ආනන්ද, ශ්‍රාවකයා සූත්‍ර, ගෙය්‍ය, වෙය්‍යාකරණ ආදිය හේතු කොට ගෙන ශාස්තෘ වහන්සේ පසුපස හඹා යා යුතු නෑ. මක් නිසාද යත්; ආනන්දය, පැවිදිව බොහෝ කල් ගත වන විට ඔහුට මේ ධර්මයන් අහලා, මතක තබාගෙන, වචනයෙන් පුරුදු කරලා, මනසින් මෙනෙහි කරලා, ප්‍රඥාවෙන්

තේරුම් අරගෙන සිටින්නට පුළුවනි. නමුත් පින්වත් ආනන්ද, මේ කෙලෙස් තුනී කරන, සිතේ දියුණුව සළසාලන, ඒකාන්තයෙන්ම අවබෝධයෙන් කළකිරීම පිණිස, විරාගය පිණිස, නිරෝධය පිණිස, සංසිඳීම පිණිස, විශිෂ්ට ඤාණය පිණිස, සම්බෝධිය පිණිස, නිවන පිණිස හේතුවන කථාවන් තියෙනවා. ඒ කවර කථාවන් ද යත්; අල්පේච්ඡ ජීවිතය ගැන කථාව, ලද දෙයින් සතුටු වීම ගැන කථාව, හුදෙකලා විවේකය ගැන කථාව, පිරිස සමඟ නොඇලීම ගැන කථාව, කෙලෙස් නැසීමට පටන්ගත් වීරිය ගැන කථාව, සීලය ගැන කථාව, සමාධිය ගැන කථාව, ප්‍රඥාව ගැන කථාව, විමුක්තිය ගැන කථාව, විමුක්ති ඤාණ දර්ශනය ගැන කථාව. මෙබඳු වූ කතාවන් දැනගැනීම පිණිසයි තමන්ව බැහැර කළත්, ශ්‍රාවකයා ශාස්තෘන් වහන්සේ පසුපස හඹා යා යුත්තේ.

මෙසේ ඇති කල්හි පින්වත් ආනන්ද, ආචාර්යවරයාගේ උපද්‍රවය ඇතිවෙනවා. මෙසේ ඇති කල්හි අන්තේවාසිකයාගේ උපද්‍රවයත් ඇතිවෙනවා. මෙසේ ඇති කල්හි බ්‍රහ්මචරිය උපද්‍රවයත් ඇතිවෙනවා.

පින්වත් ආනන්ද, ආචාර්යවරයාගේ උපද්‍රවය ඇතිවන්නේ කොහොමද? පින්වත් ආනන්ද, මෙහිලා එක්තරා ශාස්තෘවරයෙක් අරණ්‍ය, රුක් සෙවන, පර්වතය, දිය ඇලි, ගිරිගුහා, සොහොන, වනගැබ, එළිමහන් තැන, පිදුරු ගෙවල් ආදී හුදෙකලා ස්ථාන ඇසුරු කරගෙන ඉන්නවා. මෙසේ හුදෙකලා වාසය කරගෙන ඉන්න ඔහු වෙත බ්‍රාහ්මණවරු, ගෘහපතිවරු, නියම්ගම් වැසියෝ, ජනපදවාසීන් ආදිය එනවා. එතකොට ඒ බ්‍රාහ්මණ, ගෘහපතිවරු, නියම්ගම්, ජනපද වැසියන් පිරිවරාගත් විට ඒ ශාස්තෘවරයා එයින් මත්වෙනවා. එයට ආශා කරනවා. ගිජු වෙනවා. සිව්පසය බහුල බවට පැමිණෙනවා. පින්වත් ආනන්දය, ආචාර්යවරයාගේ උපද්‍රවය කියන්නේ මෙයටයි. ආචාර්ය උපද්‍රවය හේතුවෙන් කෙලෙස් සහිත වූ, පුනර්භවය ඇති කරවන, පීඩා සහිත වූ දුක් විපාක ඇති, මත්තෙහි ජාති ජරා මරණ ඇතිකරවන යම් අකුසල් ඇද්ද, ඒ අකුසල් විසින් ඒ ආචාර්යවරයාව විනාශ කළා වෙනවා. පින්වත් ආනන්ද, ඔය විදිහටයි ආචාර්යවරයාගේ උපද්‍රවය සිදුවන්නේ.

පින්වත් ආනන්ද, අන්තේවාසිකයාගේ උපද්‍රවය යනු කුමක්ද? ඒ ශාස්තෘවරයාගේම ශ්‍රාවකයෙක් ඉන්නවා. ඔහුත් ශාස්තෘවරයාගේ විවේකය අනුව යමින් අරණ්‍ය, රුක් සෙවන, පර්වතය, දිය ඇලි, ගිරිගුහා, සොහොන, වනගැබ, එළිමහන් තැන, පිදුරු ගෙවල් ආදී හුදෙකලා ස්ථාන ඇසුරු කරගෙන ඉන්නවා. මෙසේ හුදෙකලාව වාසය කරගෙන ඉන්න ඔහු වෙත බ්‍රාහ්මණවරු, ගෘහපතිවරු, නියම්ගම් වැසියෝ, ජනපදවාසීන් ආදිය එනවා. එතකොට ඒ බ්‍රාහ්මණ, ගෘහපතිවරු, නියම්ගම්, ජනපද වැසියන් පිරිවරාගත් විට ඒ

අන්තේවාසිකයා එයින් මත්වෙනවා. එයට ආශා කරනවා. ගිජු වෙනවා. සිව්පසය බහුල බවට පැමිණෙනවා. පින්වත් ආනන්දය, අන්තේවාසිකයාගේ උපද්‍රවය කියන්නේ මෙයටයි. අන්තේවාසික උපද්‍රවය හේතුවෙන් කෙලෙස් සහිත වූ, පුනර්භවය ඇතිකරවන, පීඩා සහිත වූ දුක් විපාක ඇති, මත්තෙහි ජාති ජරා මරණ ඇතිකරවන යම් අකුසල් ඇද්ද, ඒ අකුසල් විසින් ඒ අන්තේවාසිකයාව විනාශ කළා වෙනවා. පින්වත් ආනන්ද, ඔය විදිහටයි අන්තේවාසිකයාගේ උපද්‍රවය සිදුවන්නේ.

පින්වත් ආනන්ද, බ්‍රහ්මචරිය උපද්‍රවය ඇතිවෙන්නේ කොහොමද? පින්වත් ආනන්ද, මෙහිලා අරහත් සම්මාසම්බුද්ධ වූ, විජ්ජාචරණ සම්පන්න වූ, සුගත වූ, ලෝකවිදූ වූ, අනුත්තරෝ පුරිසදම්ම සාරථී වූ, සත්ථා දේවමනුස්සානං වූ, බුද්ධ වූ, භගවත් වූ තථාගතයන් වහන්සේ ලෝකයෙහි උපදිනවා. උන්වහන්සේ ද අරණ්‍ය, රුක් සෙවන, පර්වතය, දිය ඇලි, ගිරිගුහා, සොහොන, වනගැබ, එළිමහන් තැන, පිදුරු ගෙවල් ආදී හුදෙකලා ස්ථාන ඇසුරු කරගෙන ඉන්නවා. මෙසේ හුදෙකලා වාසය කරගෙන ඉන්න තථාගතයන් වහන්සේ වෙත බ්‍රාහ්මණවරු, ගෘහපතිවරු, නියම්ගම් වැසියෝ, ජනපදවාසීන් ආදිය එනවා. එතකොට ඒ බ්‍රාහ්මණ, ගෘහපතිවරු, නියම්ගම්, ජනපද වැසියන් පිරිවරාගත් විට ඒ තථාගතයන් වහන්සේ එයින් මත්වෙන්නේ නෑ. එයට ආශා කරන්නෙ නෑ. ගිජු වෙන්නෙ නෑ. සිව්පසය බහුල බවට පැමිණෙන්නෙ නෑ.

පින්වත් ආනන්දය, ඒ තථාගත වූ, සම්මාසම්බුදු වූ ශාස්තෘන් වහන්සේගේ ශ්‍රාවකයෙක් ඉන්නවා. ඔහුත් ශාස්තෘන් වහන්සේගේ විවේකය අනුව යමින් අරණ්‍ය, රුක් සෙවන, පර්වතය, දිය ඇලි, ගිරිගුහා, සොහොන, වනගැබ, එළිමහන් තැන, පිදුරු ගෙවල් ආදී හුදෙකලා ස්ථාන ඇසුරු කරගෙන ඉන්නවා. මෙසේ හුදෙකලා වාසය කරගෙන ඉන්න ඔහු වෙත බ්‍රාහ්මණවරු, ගෘහපතිවරු, නියම්ගම් වැසියෝ, ජනපදවාසීන් ආදිය එනවා. එතකොට ඒ බ්‍රාහ්මණ, ගෘහපතිවරු, නියම්ගම්, ජනපද වැසියන් පිරිවරාගත් විට ඒ ශ්‍රාවකයා එයින් මත්වෙනවා. එයට ආශා කරනවා. ගිජු වෙනවා. සිව්පසය බහුල බවට පැමිණෙනවා. පින්වත් ආනන්දය, බ්‍රහ්මචරිය උපද්‍රවය කියන්නේ මෙයටයි. බ්‍රහ්මචරිය උපද්‍රවය හේතුවෙන් කෙලෙස් සහිත වූ, පුනර්භවය ඇති කරවන, පීඩා සහිත වූ දුක් විපාක ඇති, මත්තෙහි ජාති ජරා මරණ ඇතිකරවන යම් අකුසල් ඇද්ද, ඒ අකුසල් විසින් ඒ ශ්‍රාවකයාව විනාශ කළා වෙනවා. පින්වත් ආනන්ද, ඔය විදිහටයි බ්‍රහ්මචරිය උපද්‍රවය සිදුවන්නේ.

පින්වත් ආනන්ද, එහිලා යම් මේ ආචාර්ය උපද්‍රවයක් ඇද්ද, යම් අන්තේවාසික උපද්‍රවයක් ඇද්ද, ඒ උපද්‍රවයන්ට වඩා බ්‍රහ්මචරිය උපද්‍රවය නිසා

බලවත් දුක් ඇතිවෙනවා. කටුක විපාක ඇතිවෙනවා. කොටින්ම නිරයේ පවා යනවා.

එම නිසා පින්වත් ආනන්ද, මාව ඇසුරු කළ යුත්තේ මෛත්‍රී ප්‍රතිපත්තියෙනුයි. වෛරී ප්‍රතිපත්තියෙන් ඇසුරු කරන්න එපා! එය ඔබට බොහෝ කලක් හිත සුව පිණිස පවතීවි.

පින්වත් ආනන්ද, ශ්‍රාවකයෝ ශාස්තෘන් වහන්සේව වෛරී ප්‍රතිපත්තියෙන් මිසක්, මෛත්‍රී ප්‍රතිපත්තියෙන් ඇසුරු නොකරන්නේ කොහොමද? පින්වත් ආනන්ද, මෙහිලා ශාස්තෘන් වහන්සේ ශ්‍රාවකයින්ට ධර්මය දේශනා කරනවා. අනුකම්පාවෙන්, හිතවත්ව, අනුකම්පාව උපදවාගෙන 'මෙය ඔබට හිත පිණිස පවතිනවා. මෙය ඔබට සුව පිණිස පවතිනවා' කියලා. නමුත් ඒ ශාස්තෘන් වහන්සේගේ වචනය ශ්‍රාවකයන් අහන්න කැමති වෙන්නේ නෑ. සවන් යොමන්නේ නෑ. කරුණු අවබෝධ කරගැනීමට සිත පිහිටුවන්නේ නෑ. ශාස්තෘ ශාසනයෙන් බැහැරවයි කටයුතු කරන්නේ. පින්වත් ආනන්ද, ඔය විදිහටයි ශ්‍රාවකයෝ ශාස්තෘන් වහන්සේ කෙරෙහි වෛරී ප්‍රතිපත්තියෙන් කටයුතු කරන්නේ, මෛත්‍රී ප්‍රතිපත්තියෙන් තොරව වාසය කරන්නේ.

පින්වත් ආනන්ද, ශ්‍රාවකයෝ ශාස්තෘන් වහන්සේව මෛත්‍රී ප්‍රතිපත්තියෙන් මිසක්, වෛරී ප්‍රතිපත්තියෙන් ඇසුරු නොකරන්නේ කොහොමද? පින්වත් ආනන්ද, මෙහිලා ශාස්තෘන් වහන්සේ ශ්‍රාවකයින්ට ධර්මය දේශනා කරනවා. අනුකම්පාවෙන්, හිතවත්ව, අනුකම්පාව උපදවාගෙන 'මෙය ඔබට හිත පිණිස පවතිනවා. මෙය ඔබට සුව පිණිස පවතිනවා' කියලා. එතකොට ඒ ශාස්තෘන් වහන්සේගේ වචනය ශ්‍රාවකයන් අහන්න කැමති වෙනවා. සවන් යොමනවා. කරුණු අවබෝධ කරගැනීමට සිත පිහිටුවනවා. ශාස්තෘ ශාසනයෙන් බැහැරව කටයුතු කරන්නේ නෑ. පින්වත් ආනන්ද, ඔය විදිහටයි ශ්‍රාවකයෝ ශාස්තෘන් වහන්සේ කෙරෙහි මෛත්‍රී ප්‍රතිපත්තියෙන් කටයුතු කරන්නේ, වෛරී ප්‍රතිපත්තියෙන් තොරව වාසය කරන්නේ.

එනිසා පින්වත් ආනන්ද, මා කෙරෙහි මෛත්‍රී ප්‍රතිපත්තියෙන් වාසය කරන්න. වෛරී ප්‍රතිපත්තියෙන් වාසය කරන්නට එපා! එය ඔබට බොහෝ කලක් හිත සුව පිණිස පවතිනවා. පින්වත් ආනන්ද, වළං හදන්නෙක් අමු අමුවේ මැටි බඳුන් හදනවාද, ඒ විදිහට මං කටයුතු කරන්නේ නෑ. පින්වත් ආනන්ද, මා නැවත නැවතත් කරුණු විග්‍රහ කොට කියනවා. පින්වත් ආනන්ද, නැවත නැවතත් මා දොස් බැහැර කරමින් කියනවා. එහෙම කියන්නේ යම් සාරයක් ඇද්ද, එහි පිහිටුවන්නටයි.

භාග්‍යවතුන් වහන්සේ මේ උතුම් දේශනය වදාළා. ඒ දේශනය ගැන ඒ ආයුෂ්මත් ආනන්දයන් වහන්සේ ගොඩක් සතුටු වුනා. භාග්‍යවතුන් වහන්සේ වදාළ මේ දේශනය සතුටින් පිළිගත්තා.

සාදු! සාදු!! සාදු!!!

ශූන්‍යතා සමාපත්තිය ගැන වදාළ විස්තරාත්මක දෙසුම නිමා විය.

3.3.3.
අච්ඡරියබ්භූත සූත්‍රය
ආශ්චර්යය අද්භූත ධර්මයන් ගැන වදාළ දෙසුම

මා හට අසන්නට ලැබුනේ මේ විදිහටයි. ඒ දිනවල භාග්‍යවතුන් වහන්සේ වැඩසිටියේ සැවැත් නුවර ජේතවන නම් වූ අනේපිඬු සිටුතුමාගේ ආරාමයෙහිය. එදා දානයෙන් පසු පිණ්ඩපාතයෙන් වැළකී සිටි බොහෝ භික්ෂූන් වහන්සේලා උපස්ථාන ශාලාවෙහි රැස්ව වැඩහිඳ කතා බස් කරමින් සිටින විට මෙම කතාව ඇතිවුණා.

"ප්‍රිය ආයුෂ්මතුන් වහන්ස, තථාගතයන් වහන්සේගේ මහා ඉර්ධිමත් බව, මහා ආනුභාවය නම්, ආශ්චර්යයයි! අද්භූතයි! පිරිනිවන් පා වදාළ, කෙලෙස් සිඳලූ, සසර ගමන නැසූ, භව ගමන ගෙවාලූ, සියලු දුක් ඉක්මවා ගිය, බුදුවරයන් වහන්සේලා අතීතයෙහිත් වැඩසිටියාද, ඒ බුදුරජාණන් වහන්සේලා ගැන අප තථාගතයන් වහන්සේ දන්නා සේක්ම යි. ඒ කියන්නේ 'ඒ භාග්‍යවතුන් වහන්සේලා මේ මේ ක්ෂත්‍රිය, බ්‍රාහ්මණාදී ජාතීන්ගෙන් යුක්තයි; ඒ භාග්‍යවතුන් වහන්සේලා මේ මේ නම්වලින් යුක්තයි; ඒ භාග්‍යවතුන් වහන්සේලා මේ මේ ගෝත්‍ර නාමයන්ගෙන් යුක්තයි; ඒ භාග්‍යවතුන් වහන්සේලා මෙබඳු වූ සීලයන්ගෙන් යුක්තයි; ඒ භාග්‍යවතුන් වහන්සේලා මෙබඳු වූ ධර්මයෙන් යුක්තයි; ඒ භාග්‍යවතුන් වහන්සේලා මෙබඳු වූ ප්‍රඥාවෙන් යුක්තයි; ඒ භාග්‍යවතුන් වහන්සේලා මෙබඳු වූ හැසිරීමෙන් යුක්තයි; ඒ භාග්‍යවතුන් වහන්සේලා මෙබඳු වූ විමුක්තියෙන් යුක්තයි' කියල."

මෙසේ කතා බස් කළ විට ආයුෂ්මත් ආනන්දයන් වහන්සේ ඒ භික්ෂූන් වහන්සේලාට මෙය පැවසුවා. "ප්‍රිය ආයුෂ්මතුන් වහන්ස, තථාගතයන් වහන්සේලා ආශ්චර්යවත්ම යි! ආශ්චර්යය වූ ධර්මයන්ගෙන් සමන්විතම යි! ප්‍රිය ආයුෂ්මතුන් වහන්ස, තථාගතයන් වහන්සේලා අද්භූතම යි! අද්භූත වූ ධර්මයන්ගෙන් සමන්විතම යි!"

ඒ භික්ෂූන් අතර ඔය කතාබහ යි අඩාල වුනේ. එවිට භාග්‍යවතුන් වහන්සේ සවස් වරුවෙහි භාවනාවෙන් නැගිට උපස්ථාන ශාලාවට වැඩම කළා. වැඩම කොට පණවන ලද අසුනෙහි වැඩසිටියා. වැඩහුන් භාග්‍යවතුන්

වහන්සේ භික්ෂූන් අමතා වදාළා. "පින්වත් මහණෙනි, දැන් මේ වෙලාවෙහි ඔබ රැස්ව කතාබස් කරමින් සිටියේ කුමක් ගැනද? මේ අඩාල වුනේ ඔබ ගේ කවර කතාවක්ද?"

"ස්වාමීනී, දානයෙන් පසු පිණ්ඩපාතයෙන් වැළකී උපස්ථාන ශාලාවේ රැ ස්වී හුන් අප අතරේ මෙන්න මේ කතාවයි ඇතිවුනේ. 'ප්‍රිය ආයුෂ්මතුන් වහන්ස, ආශ්චර්යයි! ....(පෙ).... ඒ භාග්‍යවතුන් වහන්සේලා මෙබඳු වූ විමුක්තියෙන් යුක්තයි කියල.' මේ විදිහට කතා කළ විට, ආයුෂ්මත් ආනන්දයන් වහන්සේ අපට මෙහෙම කිව්වා. 'ප්‍රිය ආයුෂ්මතුන් වහන්ස, තථාගතයන් වහන්සේලා ආශ්චර්යවත් ම යි! ආශ්චර්ය වූ ධර්මයන්ගෙන් සමන්විතම යි! ප්‍රිය ආයුෂ්මතුන් වහන්ස, තථාගතයන් වහන්සේලා අද්භූත ම යි! අද්භූත වූ ධර්මයන්ගෙන් සමන්විතම යි!' ස්වාමීනී, අප ගේ මේ කතා බහ තමයි අඩාල වුනේ. එතකොට තමයි භාග්‍යවතුන් වහන්සේ වැඩම කළේ."

එවිට භාග්‍යවතුන් වහන්සේ ආයුෂ්මත් ආනන්දයන් ඇමතුවා. "එසේ වී නම් පින්වත් ආනන්දය, තථාගතයන් වහන්සේගේ ආශ්චර්ය වූත්, අද්භූත වූත් ධර්මයන් පිළිබඳව ඔබට බොහෝ සෙයින් වැටහේවා!"

"ස්වාමීනී, මෙය මා විසින් අසන ලද්දේ භාග්‍යවතුන් වහන්සේගේ ඉදිරියෙහි ම යි. පිළිගන්නා ලද්දේ භාග්‍යවතුන් වහන්සේ ඉදිරියෙහිම යි. 'පින්වත් ආනන්දය, බෝධිසත්වයන් වහන්සේ ඉතා හොඳ සිහියෙන් හා නුවණින් යුතුවයි තුසිත දෙවියන් අතර උපදින්නේ' කියලා. ස්වාමීනී, බෝධිසත්වයන් වහන්සේ මනා සිහිනුවණින් යුතුව තුසිත දෙව්ලොව උපන්නේය කියන යමක් ඇද්ද, ස්වාමීනී, මෙය මම භාග්‍යවතුන් වහන්සේගේ ආශ්චර්ය වූත්, අද්භූත වූත් ධර්මයක් හැටියට දරාගෙන සිටිමි.

ස්වාමීනී, මෙය මා විසින් අසන ලද්දේ භාග්‍යවතුන් වහන්සේගේ ඉදිරියෙහි ම යි. පිළිගන්නා ලද්දේ භාග්‍යවතුන් වහන්සේ ඉදිරියෙහිම යි. 'පින්වත් ආනන්දය, බෝධිසත්වයන් වහන්සේ ඉතා හොඳ සිහියෙන් හා නුවණින් යුතුවයි තුසිත දෙව් ලොව වැඩසිටියේ' කියලා. ස්වාමීනී, බෝධිසත්වයන් වහන්සේ මනා සිහිනුවණින් යුතුව තුසිත දෙව්ලොව වැඩසිටියා කියන යමක් ඇද්ද, ස්වාමීනී, මෙය මම භාග්‍යවතුන් වහන්සේ ගේ ආශ්චර්ය වූත්, අද්භූත වූත් ධර්මයක් හැටියට දරාගෙන සිටිමි.

ස්වාමීනී, මෙය මා විසින් අසන ලද්දේ භාග්‍යවතුන් වහන්සේගේ ඉදිරියෙහි ම යි. පිළිගන්නා ලද්දේ භාග්‍යවතුන් වහන්සේ ඉදිරියෙහිම යි. 'පින්වත් ආනන්දය, බෝධිසත්වයන් වහන්සේ එහි ආයුෂ ඇතිතාක්ම තුසිත දෙවියන්

අතර සිටියා' කියලා. ස්වාමීනී, බෝධිසත්වයන් වහන්සේ එහි ආයුෂ ඇති තාක්ම තුසිත දෙවියන් අතර වැඩසිටියා කියන යමක් ඇද්ද, ස්වාමීනී, මෙය මම භාග්‍යවතුන් වහන්සේ ගේ ආශ්චර්ය වූත්, අද්භූත වූත් ධර්මයක් හැටියට දරාගෙන සිටිමි.

ස්වාමීනී, මෙය මා විසින් අසන ලද්දේ භාග්‍යවතුන් වහන්සේගේ ඉදිරියෙහි ම යි. පිළිගන්නා ලද්දේ භාග්‍යවතුන් වහන්සේ ඉදිරියෙහිම යි. 'පින්වත් ආනන්දය, බෝධිසත්වයන් වහන්සේ ඉතා හොඳ සිහියෙන් හා නුවණින් යුතුව තුසිත දෙව් ලොවින් චුත වී මව්කුස පිළිසිඳ ගත්තා' කියලා. ස්වාමීනී, බෝධිසත්වයන් වහන්සේ මනා සිහිනුවණින් යුතුව තුසිත දෙව්ලොවින් චුත වී මව්කුස පිළිසිඳ ගත්තාය කියන යමක් ඇද්ද, ස්වාමීනී, මෙය මම භාග්‍යවතුන් වහන්සේගේ ආශ්චර්ය වූත්, අද්භූත වූත් ධර්මයක් හැටියට දරාගෙන සිටිමි.

ස්වාමීනී, මෙය මා විසින් අසන ලද්දේ භාග්‍යවතුන් වහන්සේ ගේ ඉදිරියෙහිම යි. පිළිගන්නා ලද්දේ භාග්‍යවතුන් වහන්සේ ඉදිරියෙහිම යි. 'පින්වත් ආනන්දය, යම් වෙලාවක බෝධිසත්වයන් වහන්සේ තුසිත දෙව්ලොවින් චුතව මව්කුස පිළිසිඳ ගන්නවාද, ඒ මොහොතේදී දෙවියන් සහිත, මරුන් සහිත, බඹුන් සහිත, ශ්‍රමණ බමුණන් සහිත දෙව්මිනිස් ප්‍රජාවෙන් යුතු ලෝකයේ දෙවියන්ගේ දේවානුභාවය ඉක්මවා ගිය අප්‍රමාණ වූ, උදාර වූ, ආලෝකයක් පහළ වෙනවා. එතකොට ඉතා දුක් සහිත වූත්, නොවැසී තිබෙන්නා වූත්, අඳුරු වූත්, ඝන අඳුරින් යුතු වූත් යම් ලෝකාන්තරික නම් නිරයක් ඇද්ද, එහි මේ සා මහත් ඉර්ධිමත්, මේ සා මහත් ආනුභාව ඇති හිරු සඳු දෙදෙනාගේ ආලෝකය ස්පර්ශ නොවෙත්ද, එබඳු වූ ලෝකාන්තරික නිරයේ පවා දෙවියන්ගේ දේවානුභාවය ඉක්මවා ගිය අප්‍රමාණ වූ, උදාර වූ, ආලෝකයක් පහළ වෙනවා. ඒ ලෝකාන්තරික නිරයෙහි ඉපදුනු සතුන් ඉන්නවා. ඔවුනුත් ඒ ආලෝකයෙන් තමයි එකිනෙකා හඳුනාග න්නේ. 'භවත්නි, මෙහි තවත් සතුන් ඉපදිලා ඉන්නවා නෙව' කියලා. මේ දස සහස්සී ලෝක ධාතුව ම කම්පා වෙනවා. බලවත්ව කම්පා වෙනවා. අතිශයින් ම කම්පා වෙනවා. දෙවියන්ගේ දේවානුභාවය ඉක්මවා ගිය අප්‍රමාණ වූ, උදාර වූ, ආලෝකයක් පහළ වෙනවා' කියලා. ඉතින් ස්වාමීනී, ...(පෙ).... මම මෙයත් භාග්‍යවතුන් වහන්සේගේ ආශ්චර්ය වූත්, අද්භූත වූත් ධර්මයක් හැටියට දරාගෙන සිටිමි.

ස්වාමීනී, මෙය මා විසින් අසන ලද්දේ භාග්‍යවතුන් වහන්සේගේ ඉදිරියෙහි ම යි. පිළිගන්නා ලද්දේ භාග්‍යවතුන් වහන්සේ ඉදිරියෙහි ම යි. 'පින්වත් ආනන්දය, යම් වෙලාවක බෝධිසත්වයන් වහන්සේ මව්කුස පිළිසිඳ ගන්නවාද, එතකොට 'බෝධිසත්වයන්ටවත්, බෝසත් මෑණියන්ටවත්, මනුෂ්‍යයෙක් වේවා,

අමනුෂ්‍යයෙක් වේවා ඒ කිසිවෙක් හෝ පීඩාවක් කරන්නට එපා!' කියල සතර වරම් දිව්‍ය පුත්‍රයන් සිව් දිශාවෙන් ආරක්ෂාව පිණිස පැමිණිලා ඉන්නවා' කියලා. ඉතින් ස්වාමීනී, ...(පෙ).... මම මෙයත් භාග්‍යවතුන් වහන්සේගේ ආශ්චර්ය වූත්, අද්භූත වූත් ධර්මයක් හැටියට දරාගෙන සිටිමි.

ස්වාමීනී, මෙය මා විසින් අසන ලද්දේ භාග්‍යවතුන් වහන්සේගේ ඉදිරියෙහි ම යි. පිළිගන්නා ලද්දේ භාග්‍යවතුන් වහන්සේ ඉදිරියෙහි ම යි. 'පින්වත් ආනන්දය, යම් වෙලාවක බෝධිසත්වයන් වහන්සේ මව්කුස පිළිසිඳ ගන්නවාද, එතකොට බෝසත් මැණියන් ස්වභාවයෙන් ම සීලවන්තියක් බවට පත්වෙනවා. සතුන් මැරීමෙන් වෙන්වෙනවා. සොරකමින් වෙන්වෙනවා. කාම මිත්‍යාචාරයෙන් වෙන්වෙනවා. බොරු කීමෙන් වෙන්වෙනවා. මත්පැන් මත්ද්‍රව්‍ය පාවිච්චියෙන් වෙන්වෙනවා' කියල. ඉතින් ස්වාමීනී, ...(පෙ).... මම මෙයත් භාග්‍යවතුන් වහන්සේගේ ආශ්චර්ය වූත්, අද්භූත වූත් ධර්මයක් හැටියට දරාගෙන සිටිමි.

ස්වාමීනී, මෙය මා විසින් අසන ලද්දේ භාග්‍යවතුන් වහන්සේගේ ඉදිරියෙහි ම යි. පිළිගන්නා ලද්දේ භාග්‍යවතුන් වහන්සේ ඉදිරියෙහි ම යි. 'පින්වත් ආනන්දය, යම් වෙලාවක බෝධිසත්වයන් වහන්සේ මව්කුස පිළිසිඳ ගන්නවාද, එතකොට බෝසත් මාතාව තුළ පුරුෂයින් පිළිබඳව කාම ගුණ ප්‍රතිසංයුක්ත සිතක් උපදින්නේ නෑ. ඒ වගේම කිසිම පුරුෂයෙකු විසින් රාග චිත්තයෙන් ඒ බෝසත් මාතාව යටකරන්නට බැහැ' කියල. ඉතින් ස්වාමීනී, ...(පෙ).... මම මෙයත් භාග්‍යවතුන් වහන්සේ ගේ ආශ්චර්ය වූත්, අද්භූත වූත් ධර්මයක් හැටියට දරාගෙන සිටිමි.

ස්වාමීනී, මෙය මා විසින් අසන ලද්දේ භාග්‍යවතුන් වහන්සේගේ ඉදිරියෙහි ම යි. පිළිගන්නා ලද්දේ භාග්‍යවතුන් වහන්සේ ඉදිරියෙහි ම යි. 'පින්වත් ආනන්දය, යම් වෙලාවක බෝධිසත්වයන් වහන්සේ මව්කුස පිළිසිඳ ගන්නවාද, එතකොට බෝසත් මැණියන් පංච කාම සැපය ලබන්නියක් වෙනවා. ඉතින් ඈ ඒ පංච කාම සැපයෙන් සතුටු වෙවී, ඉතාමත් ප්‍රීතියෙන් වාසය කරනවා' කියලා. ඉතින් ස්වාමීනී, ...(පෙ).... මම මෙයත් භාග්‍යවතුන් වහන්සේගේ ආශ්චර්ය වූත්, අද්භූත වූත් ධර්මයක් හැටියට දරාගෙන සිටිමි.

ස්වාමීනී, මෙය මා විසින් අසන ලද්දේ භාග්‍යවතුන් වහන්සේගේ ඉදිරියෙහි ම යි. පිළිගන්නා ලද්දේ භාග්‍යවතුන් වහන්සේ ඉදිරියෙහි ම යි. 'පින්වත් ආනන්දය, යම් වෙලාවක බෝධිසත්වයන් වහන්සේ මව්කුස පිළිසිඳ ගන්නවාද, එදා සිට බෝසත් මැණියන්ට කිසිම අසනීපයක් ඇතිවෙන්නේ නෑ. බෝසත් මැණියන් ක්ලාන්ත නොවුණු කයකින් යුතුව සැපසේ වසනවා.

ඒ වගේම බෝසත් මෑණියන් තම කුස තුළ සිටින නොපිරිහුණු ඉඳුරන් ඇති සියලු අඟ පසඟ ඇති බෝසතාණන්ව දකිනවා. පින්වත් ආනන්ද, එය මෙවැනි දෙයක්. ඉතාමත් සුන්දර වූත්, ස්වාභාවික වූත්, අටැස් ඇති, හොඳින් ඔපමට්ටම් කළ වෛරෝඩි මැණිකක් තියෙනවා. එහි නිල් ෙව්වා, කහ ෙව්වා, රතු ෙව්වා, සුදු ෙව්වා, පඬු පැහැ ෙව්වා නූලක් අමුණා තියෙනවා. ඇස් ඇති පුරුෂයෙක් ඒ නූල අතේ පටලවලා ඒ මැණික දෙස බලනවා. 'මේ වෛරෝඩි මැණික හරි ලස්සනයි නෙව. ස්වාභාවිකයි නෙව. අටැස් ඇති හොඳින් ඔපමට්ටම් කළ එකක් නෙව. මේ මැණික අමුණලා තියෙන්නේ නිල් ෙව්වා, කහ ෙව්වා, රතු ෙව්වා, සුදු ෙව්වා, පඬු පැහැ ෙව්වා නූලෙන් නෙව' කියලා. පින්වත් ආනන්ද, අන්න ඒ විදිහම යි යම් වෙලාවක බෝධිසත්වයන් වහන්සේ මව්කුස පිළිසිඳ ගන්නවාද, එදා සිට බෝසත් මෑණියන්ට කිසිම අසනීපයක් ඇතිවෙන්නේ නෑ. බෝසත් මෑණියන් ක්ලාන්ත නොවුණු කයකින් යුතුව සැපසේ වසනවා. ඒ වගේම බෝසත් මෑණියන් තම කුස තුළ සිටින නොපිරිහුණු ඉඳුරන් ඇති සියලු අඟ පසඟ ඇති බෝසතාණන්ව දකිනවා' කියලා. ඉතින් ස්වාමීනී, ...(පෙ).... මම මෙයත් භාග්‍යවතුන් වහන්සේ ගේ ආශ්චර්ය වූත්, අද්භූත වූත් ධර්මයක් හැටියට දරාගෙන සිටිමි.

ස්වාමීනී, මෙය මා විසින් අසන ලද්දේ භාග්‍යවතුන් වහන්සේගේ ඉදිරියෙහි ම යි. පිළිගන්නා ලද්දේ භාග්‍යවතුන් වහන්සේ ඉදිරියෙහි ම යි. 'පින්වත් ආනන්දය, බෝසතාණන් වහන්සේ උපත ලබා දින හතකින් බෝධිසත්ව මෑණියන් කළුරිය කරනවා. ඒ වගේම තුසිත දෙව්ලොව උපදිනවා' කියලා. ඉතින් ස්වාමීනී, ...(පෙ).... මම මෙයත් භාග්‍යවතුන් වහන්සේ ගේ ආශ්චර්ය වූත්, අද්භූත වූත් ධර්මයක් හැටියට දරාගෙන සිටිමි.

ස්වාමීනී, මෙය මා විසින් අසන ලද්දේ භාග්‍යවතුන් වහන්සේගේ ඉදිරියෙහි ම යි. පිළිගන්නා ලද්දේ භාග්‍යවතුන් වහන්සේ ඉදිරියෙහි ම යි. 'පින්වත් ආනන්දය, අනිත් ස්ත්‍රීන් දරුවන් බිහිකිරීමේදී දස මසක් හෝ නව මසක් ඒ දරුවන්ව කුසේ දරා ඉන්නවා. නමුත් බෝසත් මාතාව ඒ අයුරින් බෝසතාණන්ව බිහිකරන්නේ නෑ. සම්පූර්ණ දස මසක්ම බෝසතුන් කුසෙහි දරා සිට තමයි බිහිකරන්නේ' කියලා. ඉතින් ස්වාමීනී, ...(පෙ).... මම මෙයත් භාග්‍යවතුන් වහන්සේගේ ආශ්චර්ය වූත්, අද්භූත වූත් ධර්මයක් හැටියට දරාගෙන සිටිමි.

ස්වාමීනී, මෙය මා විසින් අසන ලද්දේ භාග්‍යවතුන් වහන්සේගේ ඉදිරියෙහි ම යි. පිළිගන්නා ලද්දේ භාග්‍යවතුන් වහන්සේ ඉදිරියෙහි ම යි. 'පින්වත් ආනන්දය, අන්‍ය ස්ත්‍රීන් වාඩිවෙන ඉරියව්වෙන් හෝ හාන්සිවෙන

ඉරියව්වෙන් හෝ තමයි දරුවන් බිහිකරන්නේ. නමුත් බෝසත් මාතාව බෝසතාණන්ව බිහිකරන්නේ එහෙම නොවෙයි. බෝසත් මාතාව සිටගෙන සිටිද්දීම යි බෝසතාණන් වහන්සේව බිහිකරන්නේ' කියලා. ඉතින් ස්වාමීනී, ...(පෙ).... මම මෙයත් භාග්‍යවතුන් වහන්සේ ගේ ආශ්චර්ය වූත්, අද්භූත වූත් ධර්මයක් හැටියට දරාගෙන සිටිමි.

ස්වාමීනී, මෙය මා විසින් අසන ලද්දේ භාග්‍යවතුන් වහන්සේගේ ඉදිරියෙහි ම යි. පිළිගන්නා ලද්දේ භාග්‍යවතුන් වහන්සේ ඉදිරියෙහි ම යි. 'පින්වත් ආනන්දය, යම් වෙලාවක බෝසතාණන් වහන්සේ මව්කුසින් නික්මෙනවාද, එතකොට පළමුවෙන් ම උන්වහන්සේව පිළිගන්නේ දෙවියන් විසිනුයි. ඊට පස්සේ තමයි මිනිසුන් විසින් පිළිගන්නේ' කියලා. ඉතින් ස්වාමීනී, ...(පෙ).... මම මෙයත් භාග්‍යවතුන් වහන්සේගේ ආශ්චර්ය වූත්, අද්භූත වූත් ධර්මයක් හැටියට දරාගෙන සිටිමි.

ස්වාමීනී, මෙය මා විසින් අසන ලද්දේ භාග්‍යවතුන් වහන්සේගේ ඉදිරියෙහි ම යි. පිළිගන්නා ලද්දේ භාග්‍යවතුන් වහන්සේ ඉදිරියෙහි ම යි. 'පින්වත් ආනන්දය, යම් වෙලාවක බෝසතාණන් වහන්සේ මව්කුසින් නික්මෙනවාද, ඒ බෝසතාණන් වහන්සේ පොළොවට නොපැමිණ සිටියදී ම සතර වරම් දිව්‍ය පුත්‍රයන් තමයි උන්වහන්සේව පිළිගෙන මව් ඉදිරියෙහි තබන්නේ. 'පින්වත් දේවිය, සතුටු වනු මැනැව. නුඹවහන්සේට මහේශාක්‍ය වූ පුත් රුවනක් උපන්නේය' කියලා. ඉතින් ස්වාමීනී, ...(පෙ).... මම මෙයත් භාග්‍යවතුන් වහන්සේගේ ආශ්චර්ය වූත්, අද්භූත වූත් ධර්මයක් හැටියට දරාගෙන සිටිමි.

ස්වාමීනී, මෙය මා විසින් අසන ලද්දේ භාග්‍යවතුන් වහන්සේගේ ඉදිරියෙහි ම යි. පිළිගන්නා ලද්දේ භාග්‍යවතුන් වහන්සේ ඉදිරියෙහි ම යි. 'පින්වත් ආනන්දය, යම් වෙලාවක බෝසතාණන් වහන්සේ මව්කුසින් නික්මෙනවාද, ඉතා පිරිසිඳුවයි නික්මෙන්නේ. දිය නොතැවරී, සෙම නොතැවරී, ලේ නොතැවරී, කිසිදු අසූචියක් නොතැවරී, පිරිසිදුවයි බිහිවන්නේ. පින්වත් ආනන්ද, එය මෙවැනි දෙයක්. කසී වස්ත්‍රයක දමූ මාණික්‍ය රත්නයක් තියෙනවා. ඒ මාණික්‍ය රත්නය කසී සළුව සමඟ තැවරිලා නෑ. කසී සළුවත් මාණික්‍ය රත්නය සමඟ තැවරිලා නෑ. මක් නිසාද යත්; ඒ දෙකම පිරිසිදු නිසයි. පින්වත් ආනන්ද, අන්න ඒ වගේම යි. යම් වෙලාවක බෝසතාණන් වහන්සේ මව්කුසින් නික්මෙනවාද, ඉතා පිරිසිදුවයි නික්මෙන්නේ. දිය නොතැවරී, සෙම නොතැවරී, ලේ නොතැවරී, කිසිදු අසූචියක් නොතැවරී, පිරිසිදුවයි බිහිවන්නේ' කියලා. ඉතින් ස්වාමීනී, ...(පෙ).... මම මෙයත් භාග්‍යවතුන් වහන්සේගේ ආශ්චර්ය වූත්, අද්භූත වූත් ධර්මයක් හැටියට දරාගෙන සිටිමි.

ස්වාමීනී, මෙය මා විසින් අසන ලද්දේ භාග්‍යවතුන් වහන්සේගේ ඉදිරියෙහි ම යි. පිළිගන්නා ලද්දේ භාග්‍යවතුන් වහන්සේ ඉදිරියෙහි ම යි. 'පින්වත් ආනන්දය, යම් වෙලාවක බෝසතාණන් වහන්සේ මව්කුසින් නික්මෙනවාද, එතකොට අහසින් ජලධාරා දෙකක් පහළවෙනවා. එකක් සිසිලසයි. අනෙක උණුසුමින් යුක්තයි. එයින් බෝධිසත්වයන් වහන්සේටත්, බෝසත් මෑණියන්ටත් ජලයෙන් කළ යුතු දේ කෙරෙනවා' කියලා. ඉතින් ස්වාමීනී, ...(පෙ).... මම මෙයත් භාග්‍යවතුන් වහන්සේගේ ආශ්චර්ය වූත්, අද්භූත වූත් ධර්මයක් හැටියට දරාගෙන සිටිමි.

ස්වාමීනී, මෙය මා විසින් අසන ලද්දේ භාග්‍යවතුන් වහන්සේගේ ඉදිරියෙහි ම යි. පිළිගන්නා ලද්දේ භාග්‍යවතුන් වහන්සේ ඉදිරියෙහි ම යි. 'පින්වත් ආනන්දය, බෝසතාණන් වහන්සේ උපන් සැණින් සම වූ පාවලින් බිම සිටගන්නවා. උතුරු දෙසට මුහුණලා පියවර සතක් ඇවිද යනවා. උන්වහන්සේට සුදු සේසත් දරා තිබෙද්දී හැම දිශාවක් දෙසම හොඳින් බලනවා. අභීත වූ වචනයක් කියනවා. 'මම ලොවට අග්‍ර වෙමි. මම ලොවට ශ්‍රේෂ්ඨ වෙමි. මම ලොවට ජ්‍යෙෂ්ඨ වෙමි. මේ අන්තිම ආත්ම භාවයයි. නැවත දූන් පුනර්භවයක් නැතැ'යි කියලා. ඉතින් ස්වාමීනී, ...(පෙ).... මම මෙයත් භාග්‍යවතුන් වහන්සේගේ ආශ්චර්ය වූත්, අද්භූත වූත් ධර්මයක් හැටියට දරාගෙන සිටිමි.

ස්වාමීනී, මෙය මා විසින් අසන ලද්දේ භාග්‍යවතුන් වහන්සේගේ ඉදිරියෙහි ම යි. පිළිගන්නා ලද්දේ භාග්‍යවතුන් වහන්සේ ඉදිරියෙහි ම යි. 'පින්වත් ආනන්දය, යම් වෙලාවක බෝසතාණන් වහන්සේ මව්කුසින් නික්මෙනවාද, ඒ මොහොතේදී දෙවියන් සහිත, මරුන් සහිත, බඹුන් සහිත, ශ්‍රමණ බමුණන් සහිත දෙව්මිනිස් ප්‍රජාවෙන් යුතු ලෝකයේ දෙවියන්ගේ දේවානුභාවය ඉක්මවා ගිය අප්‍රමාණ වූ, උදාර වූ, ආලෝකයක් පහළ වෙනවා. එතකොට ඉතා දුක් සහිත වූත්, නොවැසී තිබෙන්නා වූත්, අඳුරු වූත්, ඝන අඳුරින් යුතු වූත් යම් ලෝකාන්තරික නම් නිරයක් ඇද්ද, එහි මේ සා මහත් ඉර්ධිමත්, මේ සා මහත් ආනුභාව ඇති හිරු සඳු දෙදෙනාගේ ආලෝකය පවා ස්පර්ශ නොවෙත්ද, එබඳු වූ ලෝකාන්තරික නිරයේ පවා දෙවියන්ගේ දේවානුභාවය ඉක්මවා ගිය අප්‍රමාණ වූ, උදාර වූ, ආලෝකයක් පහළ වෙනවා. ඒ ලෝකාන්තරික නිරයෙහි ඉපදුනු සතුන් ඉන්නවා. ඔවුනුත් ඒ ආලෝකයෙන් තමයි එකිනෙකා හඳුනාගන්නේ. 'භවත්නි, මෙහි තවත් සතුන් ඉපදිලා ඉන්නවා නෙව' කියලා. මේ දස සහස්සී ලෝක ධාතුවම කම්පා වෙනවා. බලවත්ව කම්පා වෙනවා. අතිශයින්ම කම්පා වෙනවා. දෙවියන්ගේ දේවානුභාවය ඉක්මවා ගිය අප්‍රමාණ වූ, උදාර වූ, ආලෝකයක් පහළ වෙනවා' කියලා. ඉතින් ස්වාමීනී, ...(පෙ).... මම මෙයත් භාග්‍යවතුන් වහන්සේගේ ආශ්චර්ය වූත්, අද්භූත වූත් ධර්මයක් හැටියට දරාගෙන සිටිමි."

"එසේ වී නම් පින්වත් ආනන්ද, ඔබ තථාගතයන් වහන්සේගේ මේ ආශ්චර්ය අද්භූත ධර්මයත් මතක තබාගන්න. පින්වත් ආනන්ද, තථාගතයන් වහන්සේට විඳීම් උපදින්නෙත් ප්‍රකටවම යි. පවතින්නෙත් ප්‍රකටවම යි. නැතිවී යන්නෙත් ප්‍රකටවම යි. සඤ්ඤා උපදින්නෙත් ප්‍රකටවම යි. පවතින්නේත් ප්‍රකටවම යි. නැතිවී යන්නෙත් ප්‍රකටවම යි. විතර්ක උපදින්නෙත් ප්‍රකටවම යි. පවතින්නේත් ප්‍රකටවම යි. නැතිවී යන්නෙත් ප්‍රකටවම යි. පින්වත් ආනන්ද, මෙයත් තථාගතයන් වහන්සේගේ ආශ්චර්ය, අද්භූත ධර්මයක් හැටියට දරා ගන්න."

"ස්වාමීනී, භාග්‍යවතුන් වහන්සේට විඳීම් උපදින්නෙත් ප්‍රකටවම යි. පවතින්නෙත් ප්‍රකටවම යි. නැතිවී යන්නෙත් ප්‍රකටවම යි. සඤ්ඤා උපදින්නෙත් ප්‍රකටවම යි. පවතින්නෙත් ප්‍රකටවම යි. නැතිවී යන්නෙත් ප්‍රකටවම යි. විතර්ක උපදින්නෙත් ප්‍රකටවම යි. පවතින්නෙත් ප්‍රකටවම යි. නැතිවී යන්නෙත් ප්‍රකටවම යි යන කරුණක් ඇද්ද, ඉතින් ස්වාමීනී, මම මෙයත් භාග්‍යවතුන් වහන්සේගේ ආශ්චර්ය වූත්, අද්භූත වූත් ධර්මයක් හැටියට දරාගෙන සිටිමි."

ආයුෂ්මත් ආනන්දයන් වහන්සේ මෙය පැවසුවා. ශාස්තෘන් වහන්සේ එය අනුමත කොට වදාළා. සතුටු සිත් ඇති ඒ භික්ෂූන් වහන්සේලා ආයුෂ්මත් ආනන්දයන් වහන්සේ වදාළ ධර්මය සතුටින් පිළිගත්තා.

සාදු! සාදු!! සාදු!!!

ආශ්චර්ය අද්භූත ධර්මයන් ගැන වදාළ දෙසුම නිමා විය.

3.3.4.
බක්කුල සූත්‍රය
බක්කුලයන් වහන්සේ වදාළ දෙසුම

මා හට අසන්නට ලැබුනේ මේ විදිහටයි. ඒ දිනවල ආයුෂ්මත් බක්කුලයන් වහන්සේ වැඩසිටියේ රජගහනුවර කලන්දක නිවාප නම් වූ වේළුවනයේ. එදා ආයුෂ්මත් බක්කුලයන් වහන්සේගේ ගිහිකල යහළුවෙක් වන අචේල කස්සප නම් නිරුවත් තවුසා ආයුෂ්මත් බක්කුලයන් වෙත පැමිණුනා. පැමිණ ආයුෂ්මත් බක්කුලයන් වහන්සේ සමඟ සතුටු වුනා. සතුටු විය යුතු පිළිසඳර කතා බහ නිමවා එකත්පස්ව වාඩිවුනා. එකත්පස්ව වාඩි වුන අචේල කස්සප ආයුෂ්මත් බක්කුලයන් හට මෙය පැවසුවා.

"ප්‍රිය ආයුෂ්මත් බක්කුලය, පැවිදි වී කොපමන දිගු කලක් ගත වුනා ද?" "ආයුෂ්මත, මගේ පැවිදි ජීවිතයට අසූ අවුරුද්දක් වෙනවා."

"ආයුෂ්මත් බක්කුලයෙනි, මේ අසූ වසරක පැවිදි ජීවිතය තුළ දී ඔබ විසින් කී වතාවක් මෛථුන සේවනයේ යෙදිලා තියෙනවාද?"

"ආයුෂ්මත් කස්සප, ඔබ ප්‍රශ්නය ඇසිය යුත්තේ 'ආයුෂ්මත් බක්කුලයෙනි, මේ අසූ වසරක පැවිදි ජීවිතය තුළ දී ඔබ විසින් කී වතාවක් මෛථුන සේවනයේ යෙදිලා තියෙනවාද?' කියන ඔය විදිහට නොවෙයි. ආයුෂ්මත් කස්සප, ඔබ ප්‍රශ්නය ඇසිය යුත්තේ මෙන්න මේ විදිහටයි. 'ආයුෂ්මත් බක්කුලයෙනි, මේ අසූ වසරක පැවිදි ජීවිතය තුළ දී කාම හැඟීම් ඇතිවෙච්ච අවස්ථා කොපමණ තියෙනවාද?' කියලයි."

"ආයුෂ්මත් බක්කුලයෙනි, මේ අසූ වසරක පැවිදි ජීවිතය තුළදී ඔබට කාම හැඟීම් ඇතිවෙච්ච අවස්ථා කොපමණ තියෙනවාද?"

"ආයුෂ්මත් කස්සප, මගේ පැවිදි ජීවිතයට අසූ වසරක් වෙනවා. මෙතෙක් කලකට කාම හැඟීමක් උපන් විරූ බවක් මම දන්නෙ නෑ."

"ආයුෂ්මත් බක්කුලයන් වහන්සේ අසූ වසරක පැවිදි ජීවිතයක් තුළදී කාම හැඟීමක් උපන් විරූ බවක් නොදන්නා සේක. මෙය ආයුෂ්මත් බක්කුලයන් වහන්සේගේ ආශ්චර්ය අද්භූත ධර්මයක් හැටියටයි අපි දරන්නේ."

"ආයුෂ්මත, මගේ පැවිදි ජීවිතයට අසූ වසරක් වෙනවා. මෙතෙක් කලකට ද්වේෂ සහගත හැඟීමක් ....(පෙ).... හිංසාකාරී හැඟීමක් උපන් විරූ බවක් මම දන්නෙ නෑ."

"ආයුෂ්මත් බක්කුලයන් වහන්සේ අසූ වසරක පැවිදි ජීවිතයක් තුළදී හිංසාකාරී හැඟීමක් උපන් විරූ බවක් නොදන්නා සේක. මෙයත් ආයුෂ්මත් බක්කුලයන් වහන්සේගේ ආශ්චර්ය අද්භූත ධර්මයක් හැටියටයි අපි දරන්නේ."

"ආයුෂ්මත, මගේ පැවිදි ජීවිතයට අසූ වසරක් වෙනවා. මෙතෙක් කලකට කාම විතර්කයක් උපන් විරූ බවක් මම දන්නෙ නෑ." "ආයුෂ්මත් බක්කුලයන් වහන්සේ ....(පෙ).... ආශ්චර්ය අද්භූත ධර්මයක් හැටියටයි අපි දරන්නේ."

"ආයුෂ්මත, මගේ පැවිදි ජීවිතයට අසූ වසරක් වෙනවා. මෙතෙක් කලකට ව්‍යාපාද විතර්කයක් ....(පෙ).... විහිංසා විතර්කයක් උපන් විරූ බවක් මම දන්නෙ නෑ." "ආයුෂ්මත් බක්කුලයන් වහන්සේ ....(පෙ).... ආශ්චර්ය අද්භූත ධර්මයක් හැටියටයි අපි දරන්නේ."

"ආයුෂ්මත, මගේ පැවිදි ජීවිතයට අසූ වසරක් වෙනවා. මෙතෙක් කලකට ගිහි උදවිය දුන් සිවුරක් පිළිගත් බවක් මම දන්නෙ නෑ." "ආයුෂ්මත් බක්කුලයන් වහන්සේ ....(පෙ).... ආශ්චර්ය අද්භූත ධර්මයක් හැටියටයි අපි දරන්නේ."

"ආයුෂ්මත, මගේ පැවිදි ජීවිතයට අසූ වසරක් වෙනවා. මෙතෙක් කලකට ආයුධයකින් සිවුරක් කැපූ බවක් මම දන්නෙ නෑ." "ආයුෂ්මත් බක්කුලයන් වහන්සේ ....(පෙ).... ආශ්චර්ය අද්භූත ධර්මයක් හැටියටයි අපි දරන්නේ."

"ආයුෂ්මත, මගේ පැවිදි ජීවිතයට අසූ වසරක් වෙනවා. මෙතෙක් කලකට ඉඳිකට්ටකින් සිවුරක් මැසූ බවක් මම දන්නෙ නෑ." "ආයුෂ්මත් බක්කුලයන් වහන්සේ ....(පෙ).... ආශ්චර්ය අද්භූත ධර්මයක් හැටියටයි අපි දරන්නේ."

"ආයුෂ්මත, මගේ පැවිදි ජීවිතයට අසූ වසරක් වෙනවා. මෙතෙක් කලකට පඬුවලින් සිවුරක් පඬු ගැසූ බවක් මම දන්නෙ නෑ." "ආයුෂ්මත් බක්කුලයන් වහන්සේ ....(පෙ).... ආශ්චර්ය අද්භූත ධර්මයක් හැටියටයි අපි දරන්නේ."

"ආයුෂ්මත, මගේ පැවිදි ජීවිතයට අසූ වසරක් වෙනවා. මෙතෙක් කලකට කඨිනයකදී සිවුරක් මැසූ බවක් මම දන්නෙ නෑ." "ආයුෂ්මත් බක්කුලයන් වහන්සේ ....(පෙ).... ආශ්චර්ය අද්භූත ධර්මයක් හැටියටයි අපි දරන්නේ."

"ආයුෂ්මත, මගේ පැවිදි ජීවිතයට අසූ වසරක් වෙනවා. මෙතෙක් කලකට සබ්‍රහ්මචාරීන් වහන්සේලා සිවුරු සකස් කිරීමකට යෙදවූ බවක් මම දන්නෙ

නෑ." "ආයුෂ්මත් බක්කුලයන් වහන්සේ ....(පෙ).... ආශ්චර්ය අද්භූත ධර්මයක් හැටියටයි අපි දරන්නේ."

"ආයුෂ්මත, මගේ පැවිදි ජීවිතයට අසූ වසරක් වෙනවා. මෙතෙක් කලකට ආරාධනාවක් පිළිගෙන, දන් වැළඳූ බවක් මම දන්නෙ නෑ." "ආයුෂ්මත් බක්කුලයන් වහන්සේ ....(පෙ).... ආශ්චර්ය අද්භූත ධර්මයක් හැටියටයි අපි දරන්නේ."

"ආයුෂ්මත, මගේ පැවිදි ජීවිතයට අසූ වසරක් වෙනවා. මෙතෙක් කලකට මෙබඳු සිතක් උපන් විරූ බවක් මම දන්නෙ නෑ. ඒ කියන්නේ 'අනේ, මටත් කවුරුහරි දානයකට ආරාධනා කරනවා නම් හොඳයි' කියල." "ආයුෂ්මත් බක්කුලයන් වහන්සේ ....(පෙ).... ආශ්චර්ය අද්භූත ධර්මයක් හැටියටයි අපි දරන්නේ."

"ආයුෂ්මත, මගේ පැවිදි ජීවිතයට අසූ වසරක් වෙනවා. මෙතෙක් කලකට ගෙයක් ඇතුළේ වාඩිවුනු බවක් මම දන්නෙ නෑ." "ආයුෂ්මත් බක්කුලයන් වහන්සේ ....(පෙ).... ආශ්චර්ය අද්භූත ධර්මයක් හැටියටයි අපි දරන්නේ."

"ආයුෂ්මත, මගේ පැවිදි ජීවිතයට අසූ වසරක් වෙනවා. මෙතෙක් කලකට ගෙයක් ඇතුළේ දන් වැළඳූ බවක් මම දන්නෙ නෑ." "ආයුෂ්මත් බක්කුලයන් වහන්සේ ....(පෙ).... ආශ්චර්ය අද්භූත ධර්මයක් හැටියටයි අපි දරන්නේ."

"ආයුෂ්මත, මගේ පැවිදි ජීවිතයට අසූ වසරක් වෙනවා. මෙතෙක් කලකට කාන්තාවකගේ සිරුරක ඉතා කුඩා ලකුණක්වත් මතක තබාගත් බවක් මම දන්නෙ නෑ." "ආයුෂ්මත් බක්කුලයන් වහන්සේ ....(පෙ).... ආශ්චර්ය අද්භූත ධර්මයක් හැටියටයි අපි දරන්නේ."

"ආයුෂ්මත, මගේ පැවිදි ජීවිතයට අසූ වසරක් වෙනවා. මෙතෙක් කලකට කාන්තාවකට අඩුගණනේ සතර පද ගාථාවකින්වත් දහම් දෙසූ බවක් මම දන්නෙ නෑ." "ආයුෂ්මත් බක්කුලයන් වහන්සේ ....(පෙ).... ආශ්චර්ය අද්භූත ධර්මයක් හැටියටයි අපි දරන්නේ."

"ආයුෂ්මත, මගේ පැවිදි ජීවිතයට අසූ වසරක් වෙනවා. මෙතෙක් කලකට භික්ෂුණී ආරාමයකට ගිය බවක් මම දන්නෙ නෑ." "ආයුෂ්මත් බක්කුලයන් වහන්සේ ....(පෙ).... ආශ්චර්ය අද්භූත ධර්මයක් හැටියටයි අපි දරන්නේ."

"ආයුෂ්මත, මගේ පැවිදි ජීවිතයට අසූ වසරක් වෙනවා. මෙතෙක් කලකට භික්ෂුණියකට දහම් දෙසූ බවක් මම දන්නෙ නෑ." "ආයුෂ්මත් බක්කුලයන් වහන්සේ ....(පෙ).... ආශ්චර්ය අද්භූත ධර්මයක් හැටියටයි අපි දරන්නේ."

"ආයුෂ්මත, මගේ පැවිදි ජීවිතයට අසූ වසරක් වෙනවා. මෙතෙක් කලකට උපසම්පදාවකට පුහුණු වන සික්ඛමානාවකට දහම් දෙසූ බවක් මම දන්නෙ නෑ." "ආයුෂ්මත් බක්කුලයන් වහන්සේ ....(පෙ).... ආශ්චර්ය අද්භූත ධර්මයක් හැටියටයි අපි දරන්නේ."

"ආයුෂ්මත, මගේ පැවිදි ජීවිතයට අසූ වසරක් වෙනවා. මෙතෙක් කලකට සාමණේරියකට දහම් දෙසූ බවක් මම දන්නෙ නෑ." "ආයුෂ්මත් බක්කුලයන් වහන්සේ ....(පෙ).... ආශ්චර්ය අද්භූත ධර්මයක් හැටියටයි අපි දරන්නේ."

"ආයුෂ්මත, මගේ පැවිදි ජීවිතයට අසූ වසරක් වෙනවා. මෙතෙක් කලකට කිසිවෙකු පැවිදි කරවූ බවක් මම දන්නෙ නෑ." "ආයුෂ්මත් බක්කුලයන් වහන්සේ ....(පෙ).... ආශ්චර්ය අද්භූත ධර්මයක් හැටියට යි අපි දරන්නේ."

"ආයුෂ්මත, මගේ පැවිදි ජීවිතයට අසූ වසරක් වෙනවා. මෙතෙක් කලකට කිසිවෙකු හෝ උපසම්පදා කළ බවක් මම දන්නෙ නෑ." "ආයුෂ්මත් බක්කුලයන් වහන්සේ ....(පෙ).... ආශ්චර්ය අද්භූත ධර්මයක් හැටියටයි අපි දරන්නේ."

"ආයුෂ්මත, මගේ පැවිදි ජීවිතයට අසූ වසරක් වෙනවා. මෙතෙක් කලකට කිසිවෙකුට හෝ මාගේ ගුරු ඇසුරේ සිටින්නට අවසර දුන් බවක් මම දන්නෙ නෑ." "ආයුෂ්මත් බක්කුලයන් වහන්සේ ....(පෙ).... ආශ්චර්ය අද්භූත ධර්මයක් හැටියටයි අපි දරන්නේ."

"ආයුෂ්මත, මගේ පැවිදි ජීවිතයට අසූ වසරක් වෙනවා. මෙතෙක් කලකට සාමණේර කෙනෙකු ලවා උපස්ථාන කරගත් බවක් මම දන්නෙ නෑ." "ආයුෂ්මත් බක්කුලයන් වහන්සේ ....(පෙ).... ආශ්චර්ය අද්භූත ධර්මයක් හැටියටයි අපි දරන්නේ."

"ආයුෂ්මත, මගේ පැවිදි ජීවිතයට අසූ වසරක් වෙනවා. මෙතෙක් කලකට ගිනිහල් ගෙයි ස්නානය කළ බවක් මම දන්නෙ නෑ." "ආයුෂ්මත් බක්කුලයන් වහන්සේ ....(පෙ).... ආශ්චර්ය අද්භූත ධර්මයක් හැටියටයි අපි දරන්නේ."

"ආයුෂ්මත, මගේ පැවිදි ජීවිතයට අසූ වසරක් වෙනවා. මෙතෙක් කලකට නාන සුණු ඇඟෙහි ගා වතුර නෑ බවක් මම දන්නෙ නෑ." "ආයුෂ්මත් බක්කුලයන් වහන්සේ ....(පෙ).... ආශ්චර්ය අද්භූත ධර්මයක් හැටියටයි අපි දරන්නේ."

"ආයුෂ්මත, මගේ පැවිදි ජීවිතයට අසූ වසරක් වෙනවා. මෙතෙක් කලකට සබ්‍රහ්මචාරීන් වහන්සේලා ලවා අත්පා මැඞීම් කරගත් බවක් මම දන්නෙ නෑ." "ආයුෂ්මත් බක්කුලයන් වහන්සේ ....(පෙ).... ආශ්චර්ය අද්භූත ධර්මයක් හැටියටයි අපි දරන්නේ."

"ආයුෂ්මත, මගේ පැවිදි ජීවිතයට අසූ වසරක් වෙනවා. මෙතෙක් කලකට අඩුගණනේ ගවදෙනක ගේ තනබුරුල්ලෙන් කිරි ස්වල්පයක් දෝනා වෙලාවක තරමේවත් අසනීප ගතියක් උපන් විරූ බවක් මම දන්නෙ නෑ." "ආයුෂ්මත් බක්කුලයන් වහන්සේ ....(පෙ).... ආශ්චර්ය අද්භූත ධර්මයක් හැටියටයි අපි දරන්නේ."

"ආයුෂ්මත, මගේ පැවිදි ජීවිතයට අසූ වසරක් වෙනවා. මෙතෙක් කලකට අඩු ගණනේ බෙහෙතක් වශයෙන් අරළු කැබැල්ලක්වත් පාවිච්චි කළ බවක් මම දන්නෙ නෑ." "ආයුෂ්මත් බක්කුලයන් වහන්සේ ....(පෙ).... ආශ්චර්ය අද්භූත ධර්මයක් හැටියටයි අපි දරන්නේ."

"ආයුෂ්මත, මගේ පැවිදි ජීවිතයට අසූ වසරක් වෙනවා. මෙතෙක් කලකට ඇඳක පිට හාන්සි කළ බවක් මම දන්නෙ නෑ." "ආයුෂ්මත් බක්කුලයන් වහන්සේ ....(පෙ).... ආශ්චර්ය අද්භූත ධර්මයක් හැටියටයි අපි දරන්නේ."

"ආයුෂ්මත, මගේ පැවිදි ජීවිතයට අසූ වසරක් වෙනවා. මෙතෙක් කලකට නිදාගත් බවක් මම දන්නෙ නෑ." "ආයුෂ්මත් බක්කුලයන් වහන්සේ ....(පෙ).... ආශ්චර්ය අද්භූත ධර්මයක් හැටියටයි අපි දරන්නේ."

"ආයුෂ්මත, මගේ පැවිදි ජීවිතයට අසූ වසරක් වෙනවා. මෙතෙක් කලකට ගමක් අසල සේනාසනයක වස් වැසූ බවක් මම දන්නෙ නෑ."

"ආයුෂ්මත් බක්කුලයන් වහන්සේ අසූ වසරක පැවිදි ජීවිතයක් තුළදී ගමක් අසල සේනාසනයක වස් වැසූ බවක් නොදන්නා සේක. මෙය ආයුෂ්මත් බක්කුලයන් වහන්සේගේ ආශ්චර්ය අද්භූත ධර්මයක් හැටියටයි අපි දරන්නේ."

"ආයුෂ්මත, මං පැවිදි වෙලා රට වැසියා දුන් පිණ්ඩපාතය කෙලෙස් සහිතව වැළඳුවේ සතියයි. අට වෙනි දවසේ මං අරහත්වය සාක්ෂාත් කළා."

"ආයුෂ්මත් බක්කුලයන් වහන්සේ රට වැසියා දුන් පිණ්ඩපාතය කෙලෙස් සහිතව සතියක් පමණක් වැළඳූ සේක. අටවෙනි දවසෙහි අරහත්වයට පත් වූ සේක. මෙයත් ආයුෂ්මත් බක්කුලයන් වහන්සේගේ ආශ්චර්ය අද්භූත ධර්මයක් හැටියටයි අපි දරන්නේ.

ආයුෂ්මත් බක්කුලයන් වහන්ස, මේ බුද්ධ ශාසනයෙහි මටද පැවිදි බව ලැබේවා! උපසම්පදාව ලැබේවා!"

අචේල කස්සප ද මේ බුද්ධ ශාසනයෙහි පැවිදි බව ලැබුවා. උපසම්පදාව ද ලැබුවා. උපසම්පදාව ලැබූ නොබෝ කලකින් ආයුෂ්මත් කස්සපයන් වහන්සේ

තනිවුනා. හුදෙකලා වුනා. අප්‍රමාදී වුනා. කෙලෙස් තවන වීරියෙන් යුතු වුනා. දහමට දිවි පුදා ධර්මයෙහි හැසිරුනා. කුල පුත්‍රයෙක් යම් උතුම් අර්ථයක් පිණිස ගිහි ජීවිතය අත්හැර බුදුසසුනෙහි පැවිදි බව ලබනවා නම්, නිවන් මග බඹසර කෙලවර වන ඒ උතුම් අරහත්වය මෙලොවදීම තමන්ගේම විශිෂ්ට වූ ඤාණයෙන් සාක්ෂාත් කරගෙන එයට පැමිණ වාසය කළා. 'ඉපදීම ක්ෂය වුනා. බඹසර වාසය සම්පූර්ණ කළා. කළ යුත්ත කළා. නිවන් පිණිස කළ යුතු වෙනත් දෙයක් නැතැ'යි මැනවින් දැනගත්තා. ආයුෂ්මත් කස්සපයන් වහන්සේ ද රහතන් වහන්සේලා අතර කෙනෙක් බවට පත්වුනා.

ඉතින් පසු කාලෙකදී ආයුෂ්මත් බක්කුලයන් වහන්සේ දොර යතුරත් අරගෙන විහාරයෙන් විහාරයට වැඩම කරලා මෙහෙම කිව්වා. 'ප්‍රිය ආයුෂ්මතුන් වහන්ස, එළියට වඩින්න. ප්‍රිය ආයුෂ්මතුන් වහන්ස, එළියට වඩින්න. අද මගේ පරිනිර්වාණය සිදුවෙනවා.'

ආයුෂ්මත් බක්කුලයන් වහන්සේ දොර යතුර ගෙන විහාරයෙන් විහාරයට වැඩම කොට මෙබඳු යම් ප්‍රකාශයක් පැවසූ සේක් ද, 'ප්‍රිය ආයුෂ්මතුන් වහන්ස, එළියට වඩින්න. ප්‍රිය ආයුෂ්මතුන් වහන්ස, එළියට වඩින්න. අද මගේ පරිනිර්වාණය සිදුවෙනවා' කියල. අපි මෙය ද ආයුෂ්මත් බක්කුලයන් වහන්සේගේ ආශ්චර්ය වූත්, අද්භූත වූත් ධර්මයක් ලෙස දරමු.

ඉතින් ආයුෂ්මත් බක්කුලයන් වහන්සේ භික්ෂුසංඝයා මැද වාඩි වී සිටිය දී ම පිරිනිවන් පෑ සේක.

ආයුෂ්මත් බක්කුලයන් වහන්සේ භික්ෂුසංඝයා මැද වාඩි වී වැඩසිටියදී ම පිරිනිවන් පෑ සේක යන යමක් ඇද්ද, අපි මෙය ද ආයුෂ්මත් බක්කුලයන් වහන්සේගේ ආශ්චර්ය වූත්, අද්භූත වූත් ධර්මයක් ලෙස දරමු.

සාදු! සාදු!! සාදු!!!

බක්කුලයන් වහන්සේ වදාළ දෙසුම නිමා විය.

3.3.5.
දන්තභූමි සූත්‍රය
දමනය වූ භූමියට පත් වීම ගැන වදාළ දෙසුම

මා හට අසන්නට ලැබුනේ මේ විදිහටයි. ඒ දිනවල භාග්‍යවතුන් වහන්සේ වැඩසිටියේ රජගහ නුවර කලන්දක නිවාප නම් වූ වේළුවනාරාමයේ. ඒ කාලයේ ම අචිරවත සමණුද්දේසයන් වහන්සේ අරණ්‍ය කුටියක වාසය කළා. එදා ජයසේන රාජකුමාරයා ව්‍යායාම පිණිස එම අරණ්‍යයේ එහා මෙහා ඇවිදිමින් සිටියදී අචිරවත සමණුද්දේසයන් වෙත පැමිණුනා. පැමිණ අචිරවත සමණුද්දේසයන් සමඟ සතුටු වුනා. සතුටුවිය යුතු පිළිසඳර කතාබහේ යෙදී එකත්පස්ව වාඩිවුනා. එකත්පස්ව හුන් ජයසේන රාජකුමාරයා අචිරවත සමණුද්දේසයන්ට මෙය පැවසුවා.

"භවත් අග්ගිවෙස්සන, මේ ශාසනයෙහි අප්‍රමාදීව, කෙලෙස් තවන වීරියෙන්, දහමට දිවි පුදා වාසය කරන භික්ෂුව චිත්ත ඒකාග්‍රතාවය ලබනවාය කියල මං අහලා තියෙනවා." "පින්වත් රාජකුමාරය, ඒක එහෙමම තමයි. පින්වත් රාජකුමාරය, ඒක එහෙමම තමයි. මේ ශාසනයෙහි අප්‍රමාදීව, කෙලෙස් තවන වීරියෙන්, දහමට දිවි පුදා වාසය කරන භික්ෂුව චිත්ත ඒකාග්‍රතාවය ලබනවා."

"භවත් අග්ගිවෙස්සන, ඔබවහන්සේ ධර්මය අසා ඇති පිළිවෙලට, පුහුණු කළ පිළිවෙලට මට ධර්ම දේශනා කරන සේක් නම් මැනවි." "පින්වත් රාජකුමාරය, අසා ඇති පිළිවෙලට, පුහුණු කළ පිළිවෙලට බණ කියන්නට මට පුළුවන්කමක් නෑ. පින්වත් රාජකුමාරය, මං අසා ඇති පිළිවෙලට, පුහුණු කළ පිළිවෙලට ඔබට බණ කියනවා නම්, ඔබත් මා කියන්නා වූ ධර්මයේ අර්ථ අවබෝධ කරන්නේ නැත්නම්, එතකොට එය මට මහන්සියක් වේවි. එය මට වෙහෙසක් වේවි."

"භවත් අග්ගිවෙස්සන, ඔබවහන්සේ ඇසූ පිළිවෙලට, පුහුණු කළ පිළිවෙලට මට ධර්ම දේශනා කරන සේක්වා! මම භවත් අග්ගිවෙස්සනයන්ගේ බණට අනුව ඒ අර්ථ දැනගන්නවා නම් තමයි හොඳ."

"පින්වත් රාජකුමාරය, මා ඇසූ පිළිවෙලට, පුහුණු කළ පිළිවෙලට ඔබට බණ කියන්නම්. එතකොට ඔබ මා කියන බණේ අර්ථ අවබෝධ කරගත්තොත් ඒක තමයි කුසලය. මා කියූ බණෙහි අර්ථ ඔබ අවබෝධ කරගත්තේ නැත්නම්, ඒ විදිහටම තමන්ගේ දැනුම අනුව ඉන්න. ඒ ගැන මගෙන් වැඩිපුර ප්‍රශ්න කරන්න එපා!"

"භවත් අග්ගිවෙස්සන, ඔබවහන්සේ ඇසූ පිළිවෙලට, පුහුණු කළ පිළිවෙලට මට ධර්මය දේශනා කරන සේක්වා! ඉදින් මං භවත් අග්ගිවෙස්සනයන්ගේ බණෙහි අර්ථය තේරුම් ගත්තොත් ඒක කුසලයක් තමයි. යම්හෙයකින් භවත් අග්ගිවෙස්සනයන්ගේ බණෙහි අර්ථය මට නොතේරුනොත් මං එය නොතේරුන හැටියටම ඉන්නම්. මං ඒ ගැන භවත් අග්ගිවෙස්සනයන්ගෙන් වැඩිමනක් ප්‍රශ්න කිරීම් කරන්නට යන්නේ නැහැ."

එතකොට අචිරවත සමණුද්දේසයන් වහන්සේ තමන් ඇසූ පිළිවෙලට, පුහුණු කළ පිළිවෙලට ජයසේන රාජකුමාරයාට ධර්මය දේශනා කළා. එසේ දේශනා කළ විට ජයසේන රාජකුමාරයා අචිරවත සමණුද්දේසයන්ට මෙහෙම කිව්වා. "භවත් අග්ගිවෙස්සන, යම් භික්ෂුවක් මේ ශාසනයෙහි අප්‍රමාදීව, කෙලෙස් තවන වීරියෙන්, දහමට දිවි පුදා වාසය කරද්දී චිත්ත ඒකාග්‍රතාවය ලබනවා යන කරුණක් ඇද්ද, ඒක වෙන්න පුළුවන් එකක් නොවෙයි. අවකාශ රහිත දෙයක්ම යි" කියල ජයසේන රාජකුමාරයා අචිරවත සමණුද්දේසයන් වහන්සේ හට චිත්ත සමාධිය පිණිස භික්ෂුවට ඉඩක් නැති බවත්, අවකාශ නැති බවත් ප්‍රකාශ කොට හුනස්නෙන් නැගිට පිටත් වුනා.

එතකොට අචිරවත සමණුද්දේසයන් වහන්සේ ජයසේන රාජකුමාරයා පිටත්ව ගොස් නොබෝ වේලාවකින් භාග්‍යවතුන් වහන්සේ වෙත පැමිණුනා. පැමිණ භාග්‍යවතුන් වහන්සේට ආදරයෙන් වන්දනා කොට එකත්පස්ව වාඩිවුනා. එකත්පස්ව හුන් අචිරවත සමණුද්දේසයන් වහන්සේ ජයසේන රාජකුමාරයා සමඟ යම් බඳු කතා බහක් ඇතිවුනාද, ඒ සියල්ල භාග්‍යවතුන් වහන්සේට සැලකළා.

එසේ පැවසූ විට භාග්‍යවතුන් වහන්සේ අචිරවත සමණුද්දේසයන් හට මෙය පැවසුවා. "පින්වත් අග්ගිවෙස්සන, යමක් කාමයන්ගෙන් නික්මීමෙන් ම දැනගත යුතුද, කාමයන්ගෙන් නික්මීමෙන් ම දැකගත යුතුද, කාමයන්ගෙන් නික්මීමෙන් ම පැමිණිය යුතුද, කාමයන්ගෙන් නික්මීමෙන් ම සාක්ෂාත් කළ යුතුද, එය ඔය විදිහට කොහොම නම් ලබන්නටද? කාමය මැද වාසය කරන, කාමයන් අනුභව කරමින් ඉන්න, කාම විතර්කයන් විසින් තමන්ව කකා සිටින,

කාම දැවිල්ලෙන් දැවි දැවී ඉන්න, කාමය ම සොයන්නට වෙහෙසෙමින් ඉන්න ඔය ජයසේන රාජකුමාරයා, ඒකාන්තයෙන්ම ඒ දහම දැනගන්නේය, දකින්නේය, සාක්ෂාත් කරන්නේය යන කාරණය නම් වෙන්න පුළුවන් දෙයක් නොවෙයි.

පින්වත් අග්ගිවෙස්සන, ඒක මේ වගේ දෙයක්. දමනය වූ ඇත්තු දෙන්නෙක් ඉන්නවා. එහෙම නැත්නම් අශ්වයන් දෙන්නෙක් ඉන්නවා. එහෙම නැත්නම් ගවයන් දෙන්නෙක් ඉන්නවා. මොවුන් ඉතාමත් හොඳින් දමනය වෙලයි ඉන්නේ. හොඳින් හික්මිලයි ඉන්නේ. ඒ වගේම දමනය කරන්නට ගෙනා ඇත්තු දෙන්නෙක් හෝ ගවයන් දෙන්නෙක් හෝ අශ්වයන් දෙන්නෙක් හෝ ඉන්නවා. හැබැයි ඔවුන් දමනය වෙලත් නෑ. හික්මිලත් නෑ. පින්වත් අග්ගිවෙස්සන, මේ ගැන කුමක්ද සිතන්නේ? අර හොඳින් දමනය වූ, හොඳින් හික්මුණු ඇත්තු දෙන්නා හෝ අශ්වයින් දෙන්නා හෝ ගවයින් දෙන්නා හෝ ඉන්නවා නෙව. ඔවුන් දමනය වෙලාම, දමනය වූ බවට පත්වුනා නොවේද?" "එසේය, ස්වාමීනී" "එතකොට දමනය නොවුණු, නොහික්මුණු ඇත්තු දෙන්නා හෝ අශ්වයෝ දෙන්නා හෝ ගවයන් දෙන්නා හෝ දමනය නොවී සිටිද්දීම දමනය වූ බවට පත්වෙනවාද? දමනය නොවී සිටිද්දීම දමනය වූ ස්වභාවයට පැමිණෙනවාද? ඒ කිව්වේ අර හොඳින් දමනය වුණු, හොඳින් හික්මුණු ඇත්තු දෙන්නා වගේ, අශ්වයන් දෙන්නා වගේ, ගවයන් දෙන්නා වගේ වෙනවාද?" "ස්වාමීනී, එහෙම වෙන්නේ නෑ."

"පින්වත් අග්ගිවෙස්සන, මේකත් ඒ විදිහම තමයි. යමක් කාමයන්ගෙන් නික්මීමෙන්ම දැනගත යුතුද, කාමයන්ගෙන් නික්මීමෙන් ම දැකගත යුතුද, කාමයන්ගෙන් නික්මීමෙන් ම පැමිණිය යුතුද, කාමයන්ගෙන් නික්මීමෙන් ම සාක්ෂාත් කළ යුතුද, එය ඔය විදිහට කොහොම නම් ලබන්නටද? කාමය මැද වාසය කරන, කාමයන් අනුභව කරමින් ඉන්න, කාම විතර්කයන් විසින් තමන්ව කකා සිටින, කාම දැවිල්ලෙන් දැවි දැවී ඉන්න, කාමය ම සොයන්නට වෙහෙසෙමින් ඉන්න ඔය ජයසේන රාජකුමාරයා, ඒකාන්තයෙන්ම ඒ දහම දැනගන්නේය, දකින්නේය, සාක්ෂාත් කරන්නේය යන කාරණය නම් වෙන්න පුළුවන් දෙයක් නොවෙයි.

පින්වත් අග්ගිවෙස්සන, මෙවැනි දෙයක් තියෙනවා. ගමකට හෝ නියම් ගමකට හෝ නුදුරින් විශාල පර්වතයක් තියෙනවා. ඉතින් යහළුවන් දෙදෙනෙක් ඒ ගමෙන් හෝ නියම් ගමෙන් හෝ නික්මී එකිනෙකාගේ අත් අල්ලාගෙන ඒ පර්වතය ළඟට එනවා. ඇවිත් එක යාළුවෙක් පහළ ඉන්නවා. අනිත් එක්කෙනා පර්වතය උඩට නගිනවා. එතකොට පර්වතයේ පහළ ඉන්න යාළුවා, පර්වතය මුදුනේ ඉන්න යහළුවාට මෙහෙම කියනවා. 'එම්බා යහළුව, කන්ද මුදුනේ සිටිද්දී

ඔබට මොනවද පෙනෙන්නේ?' එතකොට ඔහු මෙහෙම කියනවා. 'යහළුවා, මේ කන්ද මුදුනේ සිටිද්දී මට ලස්සන ආරාම පේනවා. ලස්සන වනාන්තර පේනවා. ලස්සන බිම් පේනවා. ලස්සන පැන් පොකුණු පේනවා' කියලා. එතකොට අර බිම හිටපු එක්කෙනා මෙහෙම කියනවා. 'එම්බා යහළුව, ඕක වෙන්න පුළුවන් එකක් නොවෙයි. අවකාශ රහිත ම යි. කඳු මුදුනට නැග ඔබ ලස්සන ආරාම දකිනවාය, ලස්සන වනාන්තර දකිනවාය, ලස්සන භූමි දකිනවාය, ලස්සන පැන් පොකුණු දකිනවාය කියන එක වෙන්න පුළුවන් දෙයක් නොවෙයි' කියලා. එතකොට අර කන්ද උඩ හිටපු යාළුවා කන්දේ පහළට බැහැලා අනිත් යාළුවාව අතින් අල්ලාගෙන ආයෙමත් කන්ද උඩට නගිනවා. නැගලා මොහොතක් විවේක අරගෙන, මෙහෙම කියනවා. 'යහළුවා, කන්ද මුදුනේ ඔබට පේන්නේ මොනවාද?' ඔහු මෙහෙම කියනවා. 'යහළුව, කන්ද මුදුනේ ඉන්න මට ලස්සන ආරාම පේනවා. ලස්සන වනාන්තර පේනවා. ලස්සන භූමි භාග පේනවා. ලස්සන පැන් පොකුණු පේනවා' කියලා. එතකොට ඔහු මෙහෙම කියනවා. 'ඉතින් යහළුවා, ඔබ දැන් මට මෙහෙම කිව්වා නේද? අපි මෙහෙම දන්නවාය, එම්බා යහළුව, ඔබ කන්ද මුදුනේ ඉඳලා ලස්සන ආරාම ....(පෙ).... ලස්සන පැන්පොකුණු දකිනවාය කියන එක වෙන්න පුළුවන් එකක් නොවේය, අවකාශ රහිතයි කියලා. දැන් ඔබ මෙහෙමත් කියනවා. අපි මේ විදිහට දන්නවාය කියල. යහළුවා, මං පර්වතය උඩට නැග්ගාම ලස්සන ආරාම පේනවාය ....(පෙ).... ලස්සන පැන් පොකුණු පේනවාය' කියලා. එතකොට ඒ යාළුවා මෙහෙම කිව්වා. 'යහළුව, ඒක ඇත්ත. මේ විශාල පර්වතයෙන් වැහිලා හිටපු නිසයි දැක ගත යුතු දේ මං දැක්කේ නැත්තේ.'

පින්වත් අග්ගිවෙස්සන, ඒ විදිහම තමයි. ඒ මහා පර්වතයට වඩා අතිශයින්ම විශාල වූ අවිද්‍යා ස්කන්ධයෙන් වැහිලයි, වෙලිලයි, එතිලයි, හාත්පසින්ම වෙලිලයි ජයසේන කුමාරයා ඉන්නේ. ඉතින් ඔහු යමක් කාමයන්ගෙන් නික්මීමෙන් ම දැනගත යුතුද, කාමයන්ගෙන් නික්මීමෙන් ම දැකගත යුතුද, කාමයන්ගෙන් නික්මීමෙන් ම පැමිණිය යුතුද, කාමයන්ගෙන් නික්මීමෙන් ම සාක්ෂාත් කළ යුතුද, කාමය මැද වාසය කරන, කාමයන් අනුභව කරමින් ඉන්න, කාම විතර්කයන් විසින් තමන්ව කකා සිටින, කාම දැවිල්ලෙන් දැවි දැවී ඉන්න, කාමය ම සොයන්නට වෙහෙසෙමින් ඉන්න ඔය ජයසේන රාජකුමාරයා, ඒකාන්තයෙන්ම ඒ දහම දැනගන්නේය, දකින්නේය, සාක්ෂාත් කරන්නේය යන කාරණය නම් වෙන්න පුළුවන් දෙයක් නොවෙයි.

පින්වත් අග්ගිවෙස්සන, ඉතින් ඔබ ජයසේන රාජකුමාරයාට ඔය උපමා දෙක කිව්වා නම්, ජයසේන රාජකුමාරයා ඔබේ බණට පහදිනවාය කියන කරුණ, පැහැදිලා ඔබට ප්‍රසන්න වූ ආකාරය පවත්වනවාය කියන කරුණ

පුදුම දෙයක් නොවෙයි." "අනේ ස්වාමීනී, භාග්‍යවත් බුදුරජාණන් වහන්සේට වැටහෙන පරිද්දෙන් පෙර නොඇසූ විරූ ආශ්චර්යවත් වූ මේ උපමා දෙක ජයසේන රාජකුමාරයාට කියන්නට මට කොහොම නම් පහළ වෙයිද?"

"පින්වත් අග්ගිවෙස්සන, ඒක මේ වගේ දෙයක්. ඔටුණු පළන් රජෙක් ඉන්නවා. ඔහු ඇතුන් අල්ලන තැනැත්තා අමතා මෙහෙම කියනවා. 'එම්බා යහළු ඇතුන් අල්ලන තැනැත්ත, ඔබ එන්න. රාජකීය හස්තිරාජයාගේ පිට නැගී ඇත්තු ඉන්න වනාන්තරයට ගිහින් හොඳට ඇතෙක් බලලා රජ්ජුරුවන්ගේ ඇතාගේ බෙල්ලේ ගැටගහලා බඳින්න.' පින්වත් අග්ගිවෙස්සන, අර ඇත්තු අල්ලන කෙනා 'එසේය, දේවයනි' කියල ඔටුණු පළන් රජතුමාට පිළිතුරු දීලා රජ්ජුරුවන්ගේ ඇතා පිට නැගී වනාන්තරයට යනවා. ගිහින් වනයේ ඉන්න ඇතෙක් දකලා රාජකීය ඇතාගේ බෙල්ලේ ඌව ගැටගහනවා. ඊට පස්සේ රාජකීය ඇතා අර කැලේ හිටපු ඇතාව එළිමහනට අරගෙන එනවා. පින්වත් අග්ගිවෙස්සන, මෙපමණකිනුත් කැලේ සිටින ඇතා එළිමහනට පැමිණියා වෙනවා. පින්වත් අග්ගිවෙස්සන, කැලේ හිටපු ඇතාට ඒ කැලයෙහි යම් ඇත්වනයක් ඇද්ද, ඒ ගැනම යි සිතේ බැඳීම තියෙන්නේ. ඉන්පසු ඇතුන් අල්ලන මිනිසා ඔටුණු පළන් රජ්ජුරුවන්ට දනුම් දෙනවා 'දේවයන් වහන්ස, මහා වනයේ හිටපු ඇතාව එළිමහනට අරගෙන ආවා' කියලා.

එතකොට පින්වත් අග්ගිවෙස්සන, ඒ ඔටුණු පළන් රජතුමා ඇතුන් හික්මවන කෙනෙකු ඇමතුවා. 'එම්බා යහළුව, ඇතුන් හික්මවන තැනැත්ත, ඔබ එන්න. කැලෙන් ගෙනාපු ඇතා දමනය කරන්න. වනාන්තරයේ සිටීමෙන් ඇතා තුළ තිබුණු ගතිගුණ හොඳින් දමනය කිරීම පිණිස, අරණ්‍යයේ සිටීමෙන් ඇතා තුළ හටගත් කල්පනා හොඳින් දමනය කිරීම පිණිස, අරණ්‍යවාසයෙන්ම ඇතාට ඇති වූ යම් කරදර පීඩා වෙහෙස ඇත්නම් ඒවා හොඳින් දමනය කිරීම පිණිස, ගමෙහි සිත් අලවා ගැනීම පිණිස, මිනිසුන් කැමැති වන ගතිගුණවල පිහිටුවීම පිණිස ඇතාව දමනය කරන්න.'

පින්වත් අග්ගිවෙස්සන, ඒ ඇතුන් දමනය කරන පුද්ගලයා 'එසේය, දේවයන් වහන්ස' කියල ඔටුණු පළන් රජතුමාට පිළිතුරු දී විශාල ටැඹක් පොළොවෙහි හිටවලා වනාන්තරයෙන් ගෙනාපු ඇතාගේ බෙල්ල ඒ කණුවේ ගැටගහනවා. එහෙම කරන්නේ ඇතා තුළ තිබෙන කැලේ ගතිය සංසිඳවන්නයි. කැලේට ආශා සිතුවිලි ඇතිවීම සංසිඳුවන්නයි. කැලේ වාසයෙන් ඇති වූ කරදර, පීඩා, වෙහෙස සංසිඳුවන්නයි. ගමට ආශාව ඇතිකරවන්නයි. මිනිසුන්ගේ සිත් අලවන ගතිගුණ වලට පුහුණු කරවන්නයි. ඉතින් ඇතුන් දමනය කරන පුද්ගලයා යම් වචනයක් නිදොස්ද, කනට ඉතා මිහිරියිද, ප්‍රේමාන්විතද, හෘදයාංගමද,

ශිෂ්ටසම්පන්නයිද, බොහෝ ජනයා කැමති මනාප වෙයිද, එබඳු වූ වචනවලින් අර ඇතාට කතා කරනවා.

පින්වත් අග්ගිවෙස්සන, යම් දවසක අර කැලෙන් ගෙනාපු ඇතා ඇත්තු දමනය කරන පුද්ගලයා ගේ කනට නිදොස් වූ, මිහිරි වූ, පෙම්වත් වූ, හෘදයාංගම වූ, ශිෂ්ට සම්පන්න වූ, බොහෝ ජනයා කැමති වූ වචන අසයිද, එය ඇසීමට කන් යොමු කරයිද, ඒ වචනවල අර්ථ තේරුම් ගන්න මහන්සි ගනියිද, එතකොට ඇත්තු දමනය කරන පුද්ගලයා ඇතා ළඟට තණ කොළත්, වතුරත් කිට්ටු කරනවා.

පින්වත් අග්ගිවෙස්සන, කැලෙන් ගෙනාපු ඇතා යම් දවසක ඇත්තු දමනය කරන පුද්ගලයාගේ තණ බඳුනත්, දිය බඳුනත් පිළිගන්නවාද, එතකොට ඇතුන් දමනය කරන පුද්ගලයාට මෙහෙම හිතෙනවා. 'හරි. දැන් ඉතින් මේ කැලෙන් ගෙනාපු ඇතා ජීවත් වෙනවා' කියලා. ඊට පස්සේ ඇතුන් දමනය කරන්නා තවදුරටත් ඔහුව හික්මවනවා. 'භවත, ඔසවන්න. භවත බිම තබන්න' කියලා. පින්වත් අග්ගිවෙස්සන, යම් දිනක පටන් ඇතුන් දමනය කරන්නාගේ එසවීම්, බිමතැබීම් ආදී වචනවලට කීකරුව ඒ අවවාදයට අනුව ඒ කැලෙන් ගෙනා ඇතා කටයුතු කරයිද, එතකොට ඇතුන් දමනය කරන තැනැත්තා තවදුරටත් ඔහුව හික්මවනවා. 'භවත, දැන් ඔහොමම ඉස්සරහට යන්න. භවත, ආපහු හැරිලා එන්න' කියලා.

පින්වත් අග්ගිවෙස්සන, යම් දිනෙක පටන් ඇතුන් දමනය කරන්නාගේ ඉදිරියට ගමන් කරවීම, හැරී ඒම ආදී වචනවලට කීකරුව ඒ අවවාදයට අනුව කැලෙන් ගෙනා ඇතා කටයුතු කරයිද, ඇතුන් දමනය කරන තැනැත්තා ඔහුව තවදුරටත් හික්මවනවා. 'භවත, දැන් හිටගන්න. භවත, වාඩිවෙන්න' කියලා.

පින්වත් අග්ගිවෙස්සන, යම් දිනෙක පටන් ඇතුන් දමනය කරන්නාගේ හිටගන්න, වාඩිවෙන්න ආදී වචනවලට කීකරුව ඒ අවවාදයට අනුව කැලෙන් ගෙනා ඇතා කටයුතු කරයිද, ඇතුන් දමනය කරන තැනැත්තා ඔහුව තවදුරටත් ආනෙඤ්ජ කියන පුහුණුවට යොමුකරනවා. 'ඇතාගේ සොඬෙහි විශාල එලකයක් බඳිනවා. හෙණ්ඩුව අතින් ගත් පුරුෂයෙක් ඇතාගේ බෙල්ල මත වාඩිවෙනවා. හෙණ්ඩුව ගත් පුරුෂයන් හාත්පසින් පිරිවරාගෙන හිටගන්නවා. ඇතුන් දමනය කරන පුද්ගලයා දිග හෙණ්ඩුවක් අරගෙන ඉදිරියෙන්ම හිටගෙන ඉන්නවා. ඉතින් ඔහු ආනෙඤ්ජ කියන පුහුණුව කරද්දී ඉස්සරහා පාද සොලවන්නේ නෑ. පසු පාද සොලවන්නේ නෑ. පෙරකය සොලවන්නේ නෑ. පසුකය සොලවන්නේ නෑ. හිස සොලවන්නේ නෑ. කන් සොලවන්නේ නෑ. දළ සොලවන්නේ නෑ. නගුට සොලවන්නේ නෑ. සොඬ සොලවන්නේ නෑ. එතකොට ඒ කැලෙන් ගෙනාපු

හස්තියා ආයුධ පහර, කඩු පහර, හී පහර, අනුන්ගේ ආයුධ පහර, බෙර හඬ, පනා බෙර හඬ, වස්දඬු හඬ, සක් හඬ ආදී ඝෝෂාවන්ද ඉවසනවා. සියලු වංක, දොස් දුරු කළ, සියලු කහට බැහැර කළ, රජුටම සුදුසු වූ, රාජ පරිභෝජනීය වූ, රජුගේම අවයවයක්ය යන තත්වයට ඇතා පත්වෙනවා.

පින්වත් අග්ගිවෙස්සන, ඔය විදිහම තමයි මෙලොව අරහත් වූ, සම්මාසම්බුදු වූ, විජ්ජාචරණ සම්පන්න වූ, සුගත වූ, ලෝකවිදූ වූ, අනුත්තරෝ පුරිසදම්ම සාරථී වූ, සත්ථා දේවමනුස්සානං වූ, බුද්ධ වූ, භගවත් වූ තථාගතයන් වහන්සේ ලෝකයෙහි පහළ වෙනවා. ඒ තථාගතයන් වහන්සේ දෙවියන් සහිත වූ, මරුන් සහිත වූ, බඹුන් සහිත වූ, ශ්‍රමණ බ්‍රාහ්මණයන් සහිත වූ, දෙව් මිනිස් ප්‍රජාවෙන් යුතු ලෝකයා හට ස්වකීය විශිෂ්ට වූ ඤාණයෙන් සාක්ෂාත් කරන ලද ධර්මය දේශනා කරනවා. ඒ තථාගතයන් වහන්සේ මුල කල්‍යාණ වූ, මධ්‍යයෙහි කල්‍යාණ වූ, අවසානය කල්‍යාණ වූ, අර්ථ සහිත වූ, පැහැදිලි ප්‍රකාශන මාධ්‍යයෙන් හෙබි, ධර්මය දේශනා කරනවා. මුළුමනින්ම පිරිපුන්, පිරිසිදු වූ නිවන් මඟ බඹසර ප්‍රකාශ කරනවා.

එතකොට ගෘහපතියෙක් හෝ වේවා, ගෘහපති පුත්‍රයෙක් හෝ වේවා, යම් කිසි කුලයක උපන් කෙනෙක් ඒ ධර්මය අසනවා. ඔහු ඒ ධර්මය ඇසීමෙන් පසු තථාගතයන් වහන්සේ කෙරෙහි ශ්‍රද්ධාව උපදවා ගන්නවා. ඔහු ඒ ශ්‍රද්ධා ලාභයෙන් යුක්තව මේ අයුරින් නුවණින් සලකා බලනවා. 'ගෘහ වාසය කරදර සහිතයි. කෙලෙස් උපදවන මගකුයි තියෙන්නෙ. නමුත් පැවිදි බව අභ්‍යාවකාශය වගෙයි. ගිහි ගෙදර වාසය කරන කෙනෙකුට ඒකාන්ත පරිපූර්ණ වූ, ඒකාන්ත පාරිශුද්ධ වූ, පිරිසිදු කළ සංඛයක් බඳු වූ මේ ශාසන බ්‍රහ්මචරියාවෙහි හැසිරෙන එක ලෙහෙසි දෙයක් නොවෙයි. මා ගිහිගෙයින් නික්ම කෙස්, රැවුල් බහා කසාවත් දරා, සසුනෙහි පැවිදි වෙන එක තමයි හොඳ' කියා නුවණින් සලකනවා. ඉතින් ඔහු පසු කලෙක ස්වල්ප වූ දේපල වස්තුව වේවා අත්හරිනවා. මහත් වූ දේපල වස්තුව වේවා අත්හරිනවා. ස්වල්ප වූ නෑදෑ පිරිස් වේවා අත්හරිනවා. මහත් වූ නෑදෑ පිරිස් වේවා අත්හරිනවා. ගිහි ගෙයින් නික්මෙනවා. කෙස් රැවුල් බහා, කසාවත් දරා, සසුනෙහි පැවිදි වෙනවා.

පින්වත් අග්ගිවෙස්සන, මෙපමණකින් ආර්ය ශ්‍රාවකයා එළිමහනට ආවා වෙනවා. පින්වත් අග්ගිවෙස්සන, යම් මේ පඤ්ච කාම ගුණයක් ඇද්ද, දෙව් මිනිසුන් ඇලී ඉන්නේ ඒකටම යි. තථාගතයන් වහන්සේ අර ශ්‍රාවකයාව තවදුරටත් හික්මවනවා.

'පින්වත් භික්ෂුව, එන්න. සිල්වත් වෙන්න. ප්‍රාතිමෝක්ෂ සංවර සීලයෙන් සංවරව වසන්න. යහපත් ඇවතුම් පැවතුම්වලින් යුක්ත වෙන්න. ඉතා කුඩා වරදේ පවා භය දකින්න. ශික්ෂා පදවල සමාදන්ව හොඳින් හික්මෙන්න.'

ඉතින් පින්වත් අග්ගිවෙස්සන, යම් දවසක භික්ෂුව සිල්වත් වෙයිද, ප්‍රාතිමෝක්ෂ සංවරයෙන්ද සංවර වී වසයිද, යහපත් ඇවතුම් පැවතුම්වලින් යුතු වෙයිද, ඉතා කුඩා වරදක් කරන්නටත් බිය වෙයිද, ශික්ෂා පදවල සමාදන් වී හික්මෙයිද එතකොට තථාගතයන් වහන්සේ ඒ භික්ෂුව වැඩිදුරටත් හික්මවනවා. 'පින්වත් භික්ෂුව, එන්න. ඇස්, කන් ආදී ඉන්ද්‍රියයන් හොඳින් සංවර කරගෙන ඉන්න. ඒ කියන්නේ ඇස නම් වූ ඉන්ද්‍රිය අසංවරව ඉන්න කොට ලෝභ, ද්වේෂ ආදී පාපී අකුසල ධර්මයන් තමාගේ පස්සෙන් පන්නනවා නම්, ඇසින් රූප දැක එබඳු වූ නිමිති නොගෙන ඉන්න. ඒ නිමිතිවල කොටසක් වත් නොගෙන ඉන්න. ඇස සංවර කරගැනීමට පිළිපදින්න. ඇස නම් වූ ඉන්ද්‍රිය රකින්න. ඇස නම් වූ ඉන්ද්‍රියේ සංවර බවට පැමිණෙන්න. කනෙන් ශබ්දයක් අසා ....(පෙ).... නාසයෙන් ආඝ්‍රාණය කොට ....(පෙ).... දිවෙන් රස විඳ ....(පෙ).... කයින් පහස ලබා ....(පෙ).... මනස නම් වූ ඉන්ද්‍රිය අසංවරව ඉන්න කොට ලෝභ, ද්වේෂ ආදී පාපී අකුසල ධර්මයන් තමාගේ පස්සෙන් පන්නනවා නම්, මනසින් අරමුණු දැන එබඳු වූ නිමිති නොගෙන ඉන්න. ඒ නිමිතිවල කොටසක්වත් නොගෙන ඉන්න. මනස සංවර කරගැනීමට පිළිපදින්න. මනස නම් වූ ඉන්ද්‍රිය රකින්න. මනස නම් වූ ඉන්ද්‍රියේ සංවර බවට පැමිණෙන්න.'

එතකොට පින්වත් අග්ගිවෙස්සන, යම් දවසක භික්ෂුව සංවර කරගත් ඉඳුරන් ගෙන් යුතුව ඉන්නවාද, තථාගතයන් වහන්සේ ඔහුව වැඩිදුරටත් හික්මවනවා. 'පින්වත් භික්ෂුව, මෙහි එන්න. අවබෝධයෙන් යුක්තව දන් වළඳන්න. ඒ කියන්නේ නුවණින් විමසමින්ම ආහාර ගන්න. මේ ආහාර ගන්නේ ජවය පිණිස නොවෙයි; මත් වීම පිණිස නොවෙයි; ඇඟපත සැරසීමට නොවෙයි; අඩු තැන් පුරවා ගැනීමට නොවෙයි; මේ ශරීරයේ පැවැත්ම පිණිස විතරයි. යැපෙන්නට විතරයි. වෙහෙස සංසිඳවා ගන්න විතරයි. බඹසර ජීවිතයට රැකුල් දීම පිණිස විතරයි. මේ අයුරින් පැරණි බඩගිනි වේදනා මං බැහැර කරනවා. අලුතින් බඩගිනි වේදනාවක් උපදවන්නේ නෑ. මගේ ජීවිතය නිවැරදි ලෙස පහසුවෙන් පවත්වාගෙන යනවා' කියලා.

පින්වත් අග්ගිවෙස්සන, යම් දවසක භික්ෂුව වළඳන දානය පිළිබඳව අවබෝධයෙන් යුක්ත නම්, තථාගතයන් වහන්සේ ඔහුව වැඩිදුරටත් හික්මවනවා. 'පින්වත් භික්ෂුව, එන්න. නිදිවරාගෙන ඉන්න පුරුදු වෙන්න. ඒ මෙහෙමයි. දවල් කාලෙදී සක්මන් කරමින්, වාඩි වී භාවනා කරමින් නීවරණ ධර්මයන් ගෙන් සිත පිරිසිදු කරන්න. රාත්‍රියේ මුල් යාමයේ දී සක්මනින්ද, වාඩි වී භාවනා කිරීමෙන්ද නීවරණ ධර්මයන්ගෙන් සිත පිරිසිදු කරන්න. රෑ මැදියම් යාමේදී දකුණු පැත්තට ඇලවෙලා දකුණු පාදය උඩින් වම් පාදය මදක් මෑත් කොට

තබාගෙන මං පාන්දරින් නැගිටිනවා යන අදහස දැඩි කොට ගෙන හොඳ සිහි නුවණින් යුතුව සිංහ සෙය්‍යාවෙන් සැතපෙන්න. රාත්‍රියේ පාන්දර ජාමෙට නැගිට සක්මන් කරමිනුත්, වාඩි වී භාවනා කරමිනුත් නීවරණ ධර්මයන් ගෙන් සිත පිරිසිදු කරන්න.'

පින්වත් අග්ගිවෙස්සන, යම් දවසක භික්ෂුව නිදිවරාගෙන භාවනා කිරීමෙහි යෙදෙනවාද, එතකොට තථාගතයන් වහන්සේ ඔහුව තවදුරටත් හික්මවනවා. 'පින්වත් භික්ෂුව, එන්න. ඉතා සිහි නුවණින් යුතුව ඉන්න. ඒ කියන්නේ, ඉදිරියට යන කොටත්, ආපසු හැරී එන කොටත් එය සිහි නුවණින්ම කරන්න. ඉදිරිය බලන විටත්, වටපිට බලන විටත් සිහි නුවණින්ම කරන්න. අත් පා හකුලන විටත්, දිගහරින විටත්, සිහි නුවණින්ම කරන්න. දෙපට සිවුරු, තනිපොට සිවුරු, පාත්‍ර ආදිය පාවිච්චි කරන විටත් සිහි නුවණින්ම කරන්න. දත් වළඳන විට, යමක් පානය කරන විට, අනුභව කරන විට, යමක් රස විඳින විට සිහි නුවණින්ම කරන්න. වැසිකිළි කැසිකිළි යන විට පවා සිහි නුවණින්ම කරන්න. ගමන් කරන විටත්, නැවතී සිටින විටත්, වාඩි වී ඉන්න විටත්, නිදන විටත්, නිදිවරන විටත්, කථා බස් කරන විටත්, නිහඬව සිටින විටත් සිහි නුවණින්ම කරන්න.'

පින්වත් අග්ගිවෙස්සන, යම් දවසක භික්ෂුව සිහි නුවණින් යුක්තව වාසය කරයිද, එතකොට තථාගතයන් වහන්සේ ඔහුව තවදුරටත් හික්මවනවා. 'පින්වත් භික්ෂුව, එන්න. හුදෙකලා සේනාසන තියෙනවා නෙව. ඒ කියන්නේ අරණ්‍යය, රුක් සෙවන, කඳු, දියඇලි, ගිරිගුහා, සොහොන්, වන ගැබ, එළිමහන, පිදුරුගෙවල් ආදිය තියෙනවා නෙව. අන්න ඒවා ඇසුරේ ඉන්න' කියලා. එතකොට ඔහු අරණ්‍යය, රුක් සෙවන, කඳු, දියඇලි, ගිරිගුහා, සොහොන්, වන ගැබ, එළිමහන, පිදුරුගෙවල් ආදිය ඇසුරු කරගෙන ඉන්නවා.

ඉතින් ඒ භික්ෂුව සවස් වරුවේ පිණ්ඩපාතයෙන් වැළකිලා පළඟක් බැඳගෙන වාඩිවෙනවා. කය ඍජු කරගෙන භාවනා අරමුණෙහි සිහිය පිහිටුවාගෙන ඉන්නවා. ඔහු තමාගේ ලෝකයේ ඇති ලෝභය ප්‍රහාණය කොට, ලෝභය බැහැර වූ සිතින් වාසය කරනවා. ලෝභයෙන් සිත පිරිසිදු කරනවා. ද්වේෂය බැහැර කොට ද්වේෂ රහිත සිතින් වාසය කරනවා. සියලු ප්‍රාණීන් කෙරෙහි හිතානුකම්පීව වාසය කරනවා. ද්වේෂයෙන් හිත පිරිසිදු කරනවා. නිදිමත, අලස බව ප්‍රහාණය කොට, එය බැහැර වූ සිතින් වාසය කරනවා. ආලෝක සඤ්ඤාවෙන් යුතුව, සිහි නුවණින් යුතුව, නිදිමත අලස බවින් සිත පිරිසිදු කරනවා. සිතේ විසිරීමත්, පසුතැවිල්ලත් ප්‍රහාණය කොට, සිතේ විසිරීමෙන් තොරව තමා තුළ සංසිඳුණු සිතින් වාසය කරනවා. සිතේ

විසිරීමෙනුත්, පසුතැවිල්ලෙනුත් සිත පිරිසිදු කරනවා. සැකය ප්‍රහාණය කොට, සැකයෙන් එතෙර වී වාසය කරනවා. කුසල ධර්මයන් පිළිබඳව 'අරක කොහොමද? මේක කොහොමද?' යන සැකයෙන් තොරව වාසය කරනවා. සැකයෙන් සිත පිරිසිදු කරනවා.

ඉතින් ඔහු සිත කිලුටු කරන, ප්‍රඥාව දුර්වල කරන, ඔය පංච නීවරණ ප්‍රහාණය කොට කෙලෙස් තවන වීරියෙන් යුතුව, මනා නුවණින් යුතුව මනා සිහියෙන් යුතුව, ලෝකයෙහි ඇලීම් ගැටීම් දෙක බැහැර කොට කය පිළිබඳව කායානුපස්සනා භාවනාවෙන් වාසය කරනවා. වේදනාවන් පිළිබඳව ....(පෙ).... සිත පිළිබඳව ....(පෙ).... කෙලෙස් තවන වීරියෙන් යුතුව, මනා නුවණින් යුතුව මනා සිහියෙන් යුතුව, ලෝකයෙහි ඇලීම් ගැටීම් දෙක බැහැර කොට ධර්මයන් පිළිබඳව ධම්මානුපස්සනා භාවනාවෙන් වාසය කරනවා.

පින්වත් අග්ගිවෙස්සන, ඒක මේ වගේ දෙයක්. ඇතුන් දමනය කරන තැනැත්තා විශාල ටැඹක් පොළොවෙහි හිටවලා වනාන්තරයෙන් ගෙනාපු ඇතාගේ බෙල්ල ඒ කණුවේ ගැටගැහුවා නෙව. එහෙම කළේ ඇතා තුළ තිබෙන කැලේ ගතිය සංසිඳවන්නයි. කැලේට ආශා සිතුවිලි ඇතිවීම සංසිඳුවන්නයි. කැලේ වාසයෙන් ඇති වූ කරදර, පීඩා, වෙහෙස සංසිඳුවන්නයි. ගමට ආශාව ඇතිකරවන්නයි. මිනිසුන්ගේ සිත් අලවන ගතිගුණවලට පුහුණුකරන්නයි. පින්වත් අග්ගිවෙස්සන අන්න ඒ විදිහටම ආර්ය ශ්‍රාවකයාට මේ සතර සතිපට්ඨානය තමයි සිත ගැටගහන තැන. ඒක කරන්නේ ගිහි ගෙදරට පුරුදු වෙච්ච ගතිගුණ දමනය කරන්නයි. ගිහිගෙදරට ආශා කරන සිතුවිලි දමනය කරන්නයි. ගිහි සිතුවිලිවලින් ඇති වූ කරදර, පීඩා, වෙහෙස දමනය කරන්නයි. ආර්ය සත්‍යාවබෝධය ඇතිකරවා දෙන්නයි. නිවන අවබෝධ කරවන්නයි.

තථාගතයන් වහන්සේ ඒ ශ්‍රාවකයාව තවදුරටත් හික්මවනවා. පින්වත් භික්ෂුව, ඔබ එන්න. කය පිළිබඳව කායානුපස්සනා භාවනාවෙන් වාසය කරන්න. කාම අරමුණු හා බැඳුණු කල්පනාවල් සිත සිත ඉන්න එපා! වේදනාවන් පිළිබඳව වේදනානුපස්සනා භාවනාවෙන් වාසය කරන්න ....(පෙ).... සිත පිළිබඳව ....(පෙ).... ධර්මයන් පිළිබඳව ධම්මානුපස්සනා භාවනාවෙන් වාසය කරන්න. කාම අරමුණු හා බැඳුණු කල්පනාවල් සිත සිත ඉන්න එපා!'

ඉතින් ඔහු විතර්ක විචාර සංසිඳුවාගෙන, තමා තුළ ප්‍රසන්න බව ඇති කරගෙන, සිතේ එකඟ බවින් යුතුව, විතර්ක විචාර රහිත සමාධියෙන් හටගත් ප්‍රීතිය සැපය තියෙන දෙවෙනි ධ්‍යානයත් ලබාගෙන වාසය කරනවා. ඊළඟට තුන්වෙනි ධ්‍යානයත් ....(පෙ).... ඊළඟට හතරවෙනි ධ්‍යානයත් ලබාගෙන වාසය කරනවා.

ඒ භික්ෂුව ඔය විදිහට සමාධිගත සිතක් ඇති වුනාම, සිත පිරිසිදු වුනාම, සිත බබලන කොට, උපක්ලේශ නැති වුනාම, හිත මෘදු වුනාම, අවබෝධයට සුදුසු වුනාම, නොසෙල්වී තිබුනාම, අකම්පිත වුනාම, තමන් කලින් ගත කළ ජීවිත ගැන දකීමේ නුවණ ලබාගන්න සිත මෙහෙයවනවා. එතකොට ඔහු නොයෙක් ආකාරයේ පෙර ජීවිත ගත කළ හැටි සිහි කරනවා. ඒ කියන්නෙ; එක ජීවිතයක්, ජීවිත දෙකක්, ...(පෙ).... ඔය විදිහට කරුණු සහිතව, පැහැදිලි විස්තර ඇතිව, නොයෙක් ආකාරයෙන් තමන් ගත කළ අතීත ජීවිත ගැන සිහි කරනවා.

ඉතින් ඒ භික්ෂුව ඔය විදිහට සමාධිගත සිතක් ඇති වුනාම, සිත පිරිසිදු වුනාම, සිත බබලන කොට, උපක්ලේශ නැති වුනාම, හිත මෘදු වුනාම, අවබෝධයට සුදුසු වුනාම, නොසෙල්වී තිබුනාම, අකම්පිත වුනාම, සත්වයන් චුත වෙන, උපදින හැටි දකීමේ නුවණ ලබාගන්න සිත මෙහෙයවනවා. එතකොට ඔහු සාමාන්‍ය මිනිසුන්ගේ දර්ශන පථය ඉක්මවා ගිය පිරිසිදු දිවැස් නුවණින් චුත වෙන, උපදින සත්වයන් දකිනවා. උසස් පහත්, ලස්සන කැත, සුගති දුගතිවල කර්මානුරූපව සත්වයන් උපදින හැටි දකිනවා. 'අනේ, මේ භවත් සත්වයින් කයින් දුසිරිත් කරලා, ...(පෙ).... සුගති දුගතිවල කර්මානුරූපව සත්වයන් උපදින හැටි දකිනවා.

ඉතින් ඒ භික්ෂුව ඔය විදිහට සමාධිගත සිතක් ඇති වුනාම, සිත පිරිසිදු වුනාම, සිත බබලන කොට, උපක්ලේශ නැති වුනාම, හිත මෘදු වුනාම, අවබෝධයට සුදුසු වුනාම, නොසෙල් වී තිබුනාම, අකම්පිත වුනාම, ආශ්‍රව ක්ෂය කළ බවට අවබෝධය ලැබීමේ නුවණ ලබාගන්න සිත මෙහෙයවනවා. ඉතින් ඒ භික්ෂුව 'මේක තමයි දුක' කියල යථාර්ථය අවබෝධ කරනවා. 'මේක තමයි දුකේ හටගැනීම' කියල යථාර්ථය අවබෝධ කරනවා. 'මේ තමයි දුකේ නිරුද්ධ වීම' කියල යථාර්ථය අවබෝධ කරනවා. 'මේ තමයි දුක් නිරුද්ධ වීමේ මාර්ග ය' කියල යථාර්ථය අවබෝධ කරනවා. 'මේවා තමයි ආශ්‍රව' කියල යථාර්ථය අවබෝධ කරනවා. 'මේ තමයි ආශ්‍රවයන් ගේ හටගැනීම' කියල යථාර්ථය අවබෝධ කරනවා. 'මේ තමයි ආශ්‍රව නිරුද්ධ වීම' කියල යථාර්ථය අවබෝධ කරනවා. 'මේ තමයි ආශ්‍රව නිරුද්ධ වීමේ මාර්ගය' කියල යථාර්ථය අවබෝධ කරනවා.

ඔය විදිහට ඒ භික්ෂුව යථාර්ථය දනගන්න කොට, යථාර්ථය දකගන්න කොට, කාම ආශ්‍රවයෙනුත් සිත නිදහස් වෙනවා. භව ආශ්‍රවයෙනුත් සිත නිදහස් වෙනවා. අවිජ්ජා ආශ්‍රවයෙනුත් සිත නිදහස් වෙනවා. ආශ්‍රවයන් ගෙන් සිත නිදහස් වුනාම සියලු දුකින් තමන් නිදහස් වූ බවට අවබෝධය ඇති වෙනවා.

'ඉපදීම නැති වුනා. බඹසර වාසය සම්පූර්ණ කළා. කළ යුතු දේ කළා. නිවන පිණිස වෙන කළයුතු දෙයක් නෑ' කියල දැනගන්නවා.

ඒ අරහත් භික්ෂුව සීතල, රස්නය, බඩගින්න, පිපාසය, මැසි මදුරු පහස, අව් සුළංවලින් ඇතිවන පීඩාවන්, සර්පාදීන්ගෙන් ඇතිවෙන පීඩාවන්, නපුරු ලෙස පවසන, නපුරු ලෙස පැමිණි දරුණු වචන, උපන් ශාරීරික වේදනා, ඉතා තියුණු වූ, දුක් වූ, කටුක වූ, කර්කශ වූ, අමිහිරි වූ, අමනාප වූ, ප්‍රාණය නිරුද්ධ වෙන තරමේ ශාරීරික වේදනා වුනත් ඉවසන කෙනෙක් වෙනවා. සියලු රාග, ද්වේෂ, මෝහ දුරුකළ, සියලු කසට බැහැර කළ ඒ ශ්‍රාවකයා ආහුනෙය්‍යයි. පාහුනෙය්‍යයි. දක්ඛිණෙය්‍යයි. අඤ්ජලිකරණීයයි. ලොවට උතුම් පින්කෙතයි.

පින්වත් අග්ගිවෙස්සන, වයසට ගියත්, රජ්ජුරුවන්ගේ ඇතා කලුරිය කරන්නේ දමනය නොවී නම්, නොහික්මී නම්, මහලු වුනත් රජ්ජුරුවන්ගේ ඇතා දමනය නොවුණු මරණයෙන් කළුරිය කළා කියලයි කියන්නේ. පින්වත් අග්ගිවෙස්සන, මධ්‍යම වයසේදී රජ්ජුරුවන්ගේ ඇතා ....(පෙ).... පින්වත් අග්ගිවෙස්සන, ළදරු වයසේදී රජ්ජුරුවන්ගේ ඇතා කලුරිය කරන්නේ දමනය නොවී නම්, නොහික්මී නම්, ළදරු වුනත් රජ්ජුරුවන්ගේ ඇතා දමනය නොවුණු මරණයෙන් කළුරිය කළා කියලයි කියන්නේ.

ඒ වගෙයි පින්වත් අග්ගිවෙස්සන, ස්ථවිර භික්ෂුවක් වුනත් කළුරිය කරන්නේ ඛීණාශ්‍රව රහත් කෙනෙක් හැටියට නොවෙයි නම්, ඒ ස්ථවිර භික්ෂුව දමනය නොවූ මරණයකින්ම කළුරිය කළා කියලයි කියන්නේ. පින්වත් අග්ගිවෙස්සන, මධ්‍යම භික්ෂුවක් වුනත් කළුරිය කරන්නේ ....(පෙ).... පින්වත් අග්ගිවෙස්සන, නවක භික්ෂුවක් වුනත් කළුරිය කරන්නේ ඛීණාශ්‍රව රහත් කෙනෙක් හැටියට නොවෙයි නම්, ඒ නවක භික්ෂුව දමනය නොවූ මරණයකින්ම කළුරිය කළා කියලයි කියන්නේ.

පින්වත් අග්ගිවෙස්සන, වයසට ගියත්, රජ්ජුරුවන්ගේ ඇතා කලුරිය කරන්නේ හොඳින් දමනය වෙලා නම්, හොඳින් හික්මිලා නම්, මහලු වුනත් රජ්ජුරුවන්ගේ ඇතා දමනය වූ මරණයෙන් කළුරිය කළා කියලයි කියන්නේ. පින්වත් අග්ගිවෙස්සන, මධ්‍යම වයසේදී රජ්ජුරුවන්ගේ ඇතා ....(පෙ).... පින්වත් අග්ගිවෙස්සන, ළදරු වයසේදී රජ්ජුරුවන්ගේ ඇතා කලුරිය කරන්නේ හොඳින් දමනය වෙලා නම්, හොඳින් හික්මිලා නම්, ළදරු වුනත් රජ්ජුරුවන්ගේ ඇතා දමනය වූ මරණයෙන් කළුරිය කළා කියලයි කියන්නේ.

ඒ වගෙයි පින්වත් අග්ගිවෙස්සන, ස්ථවිර භික්ෂුවක් වුනත් කළුරිය කරන්නේ ඛීණාශ්‍රව රහත් කෙනෙක් හැටියට නම්, ඒ ස්ථවිර භික්ෂුව දමනය වූ

මරණයකින්ම කළුරිය කළා කියලයි කියන්නේ. පින්වත් අග්ගිවෙස්සන, මධ්‍යම භික්ෂුවක් වුනත් කළුරිය කරන්නේ ....(පෙ).... පින්වත් අග්ගිවෙස්සන, නවක භික්ෂුවක් වුනත් කළුරිය කරන්නේ ඛීණාශ්‍රව රහත් කෙනෙක් හැටියට නම්, ඒ නවක භික්ෂුව දමනය වූ මරණයකින්ම කළුරිය කළා කියලයි කියන්නේ.

භාග්‍යවතුන් වහන්සේ මේ උතුම් දේශනය වදාළා. ඒ දේශනය ගැන ඒ අචිරවත සමණුද්දේසයන් වහන්සේ ගොඩක් සතුටු වුනා. භාග්‍යවතුන් වහන්සේ වදාළ මේ දේශනය සතුටින් පිළිගත්තා.

සාදු! සාදු!! සාදු!!!

දමනය වූ භූමියට පත්වීම ගැන වදාළ දෙසුම නිමා විය.

3.3.6.
භූමිජ සූත්‍රය
භූමිජ තෙරුන්ට වදාළ දෙසුම

මා හට අසන්නට ලැබුනේ මේ විදිහටයි. ඒ දිනවල භාග්‍යවතුන් වහන්සේ වැඩසිටියේ රජගහ නුවර කලන්දකනිවාප නම් වූ වේළුවනයේ. එදා ආයුෂ්මත් භූමිජයන් වහන්සේ පෙරවරුවෙහි සිවුරු හැඳ පොරවා ගෙන, පාත්‍රය ද ගෙන ජයසේන රාජකුමාරයාගේ නිවසට වැඩම කළා. වැඩම කොට පණවන ලද අසුනෙහි වැඩසිටියා.

ඉතින් ජයසේන රාජකුමාරයා ආයුෂ්මත් භූමිජයන් වහන්සේ වෙත පැමිණුනා. පැමිණ ආයුෂ්මත් භූමිජයන් වහන්සේ සමඟ සතුටු වුනා. සතුටුවිය යුතු පිළිසඳර කතාබහේ යෙදී එකත්පස්ව වාඩිවුනා. එකත්පස්ව හුන් ජයසේන රාජකුමාරයා ආයුෂ්මත් භූමිජයන් වහන්සේට මෙය පැවසුවා.

"භවත් භූමිජයන් වහන්ස, ඇතැම් ශ්‍රමණ බ්‍රාහ්මණවරු ඉන්නවා. ඔවුන් මෙවැනි වාදයන්ගෙන් යුක්තයි. මෙවැනි දෘෂ්ටීන්ගෙන් යුක්තයි. ඔවුන් කියනවා 'ආශාවෙන් වුණත් බඹසර හැසිරුණාට ඵලයක් උපදවන්නට බැහැ' කියලා. ඒ වගේම 'ආශාවක් නැතුව බඹසර හැසිරුනත්, ප්‍රතිඵලයක් උපදවන්නට බැහැ' කියල. ඒ වගේම 'ආශා කළත්, ආශා කළේ නැතත් බඹසර හැසිරිලා ප්‍රතිඵලයක් උපදවන්නට බැහැ' කියලා. ඒ වගේම 'ආශා නොකළත්, ආශා නොකළේ නැතත් බඹසර හැසිරිලා ප්‍රතිඵලයක් උපදවන්නට බැහැ' කියල. භවත් භූමිජයන් වහන්සේගේ ශාස්තෲන් වහන්සේ ඔය කාරණය පිළිබඳව මොන වගේ ප්‍රකාශයක්ද කරන්නේ? මොන වගේ අදහස්ද පවසන්නේ?"

"පින්වත් රාජකුමාරය, ඔය කාරණාව මං බුදුරජාණන් වහන්සේ ඉදිරියේ නම් අසලා නෑ. උන්වහන්සේ ඉදිරියෙහි පිළිඅරගෙනත් නෑ. නමුත් භාග්‍යවතුන් වහන්සේ ඔය කාරණය පිළිබඳව මෙවැනි දෙයක් වදාරණ සේක්ය කියන කරුණ නම් වෙන්නට පුළුවනි. ඒ කියන්නේ 'ආශා කරලා වුනත් බඹසර හැසිරෙන්නේ නුවණින් තොරව නම්, ප්‍රතිඵලයක් උපද්දවන්නට බැහැ. ඒ වගේම ආශා නොකොට වුණත් බඹසර හැසිරෙන්නේ නුවණින් තොරව නම්, ප්‍රතිඵලයක් උපද්දවන්නට බැහැ. ඒ වගේම ආශා කළත්, නැතත් බඹසර හැසිරෙන්නේ

නුවණින් තොරව නම්, ප්‍රතිඵලයක් උපද්දවන්නට බැහැ. ඒ වගේම ආශා නොකළත්, නොකළේ නැතත් බඹසර හැසිරෙන්නේ නුවණින් තොරව නම්, ප්‍රතිඵලයක් උපද්දවන්නට බැහැ' කියලා.

'ඒ වගේම ආශාවෙන් වුනත් බඹසර හැසිරෙන්නේ නුවණින් යුක්තව නම්, ප්‍රතිඵලයක් ලබන්න පුළුවන්. ආශාවක් නැති වුනත් බඹසර හැසිරෙන්නේ නුවණින් යුක්තව නම්, ප්‍රතිඵලයක් ලබන්නට පුළුවන්. ආශාවක් තිබුනත්, නැතත් බඹසර හැසිරෙන්නේ නුවණින් යුක්තව නම්, ප්‍රතිඵලයක් ලබන්න පුළුවන්. ආශාවක් නොතිබුනත්, නොතිබුනේ නැතත් බඹසර හැසිරෙන්නේ නුවණින් යුක්තව නම්, ප්‍රතිඵලයක් ලබන්නට පුළුවන්' කියලා.

පින්වත් රාජකුමාරය, ඔය කාරණය ගැන භාග්‍යවතුන් වහන්සේගේ ඉදිරියෙහි මං කිසිවක් අහලා නෑ. කිසිවක් පිළිඅරගෙනත් නෑ. නමුත් භාග්‍යවතුන් වහන්සේ ඔය විදිහේ පිළිතුරක් දෙන්නට පුළුවන්ය කියන කාරණය නම් වෙන්නට පුළුවනි."

"ඉදින් භවත් භූමිජයන් වහන්සේ ගේ ශාස්තෘන් වහන්සේ ඔය විදිහේ කරුණු පවසන සේක් නම්, ඔය විදිහේ දහමක් කියන සේක් නම්, ඒකාන්තයෙන්ම භවත් භූමිජයන්ගේ ශාස්තෘන් වහන්සේ සෑම ශ්‍රමණ බ්‍රාහ්මණයෙක්ගේම හිස් මුදුන මැඩගෙන ඉන්නවා කියලයි මට හිතෙන්නේ."

ඉතින් ජයසේන රාජකුමාරයා ආයුෂ්මත් භූමිජයන් හට තමන්ගේ දාන මානවලින් උපස්ථාන කළා.

එතකොට ආයුෂ්මත් භූමිජයන් වහන්සේ දානයෙන් පසු පිණ්ඩපාතයෙන් වැළකී භාග්‍යවතුන් වහන්සේ වෙත පැමිණියා. පැමිණ භාග්‍යවතුන් වහන්සේට ආදරයෙන් වන්දනා කොට එකත්පස්ව වාඩිවුණා. එකත්පස්ව හුන් ආයුෂ්මත් භූමිජයන් භාග්‍යවතුන් වහන්සේට මෙය පැවසුවා.

"ස්වාමීනී, මං මෙහි පෙරවරුවෙහි සිවුරු හැඳ පොරවා ගෙන, පාත්‍රයද ගෙන ජයසේන රාජකුමාරයාගේ නිවසට වැඩම කළා. වැඩම කොට පණවන ලද අසුනෙහි වැඩසිටියා.

එතකොට ස්වාමීනී, ජයසේන රාජකුමාරයා මා වෙත පැමිණුනා. පැමිණ මා සමඟ සතුටු වුණා. සතුටුවිය යුතු පිළිසඳර කතාබහේ යෙදී එකත්පස්ව වාඩිවුනා. එකත්පස්ව හුන් ජයසේන රාජකුමාරයා මට මෙය පැවසුවා.

'භවත් භූමිජයන් වහන්ස, ඇතැම් ශ්‍රමණ බ්‍රාහ්මණවරු ඉන්නවා. මෙවැනි වාදයන්ගෙන් යුක්තයි. මෙවැනි දෘෂ්ටීන්ගෙන් යුක්තයි. ඔවුන් කියනවා

'ආශාවෙන් වුනත් බඹසර හැසිරුනාට ඵලයක් උපදවන්නට බැහැ කියල. ඒ වගේම ආශාවක් නැතුව බඹසර හැසිරුනත්, ...(පෙ).... භවත් භූමිජයන් වහන්සේගේ ශාස්තෘන් වහන්සේ ඔය කාරණය පිළිබඳව මොන වගේ ප්‍රකාශයක්ද කරන්නේ? මොන වගේ අදහස්ද පවසන්නේ?' කියලා.

එතකොට ස්වාමීනී, මං ජයසේන රාජකුමාරයාට මෙය කිව්වා. 'පින්වත් රාජකුමාරය, ඔය කාරණාව මං බුදුරජාණන් වහන්සේ ඉදිරියේ නම් අසලා නෑ. උන්වහන්සේ ඉදිරියෙහි පිළිඅරගෙනත් නෑ. නමුත් භාග්‍යවතුන් වහන්සේ ඔය කාරණය පිළිබඳව මෙවැනි දෙයක් වදාරණ සේක්ය කියන කරුණ නම් වෙන්නට පුළුවනි. ඒ කියන්නේ 'ආශා කරලා වුනත් බඹසර හැසිරෙන්නේ නුවණින් තොරව නම්, ප්‍රතිඵලයක් උපද්දවන්නට බැහැ. ඒ වගේම ආශා නොකොට වුනත් ....(පෙ).... ආශා නොකළත්, නොකළේ නැතත් බඹසර හැසිරෙන්නේ නුවණින් තොරව නම්, ප්‍රතිඵලයක් උපද්දවන්නට බැහැ' කියලා.

'ඒ වගේම ආශාවෙන් වුනත් බඹසර හැසිරෙන්නේ නුවණින් යුක්තව නම්, ප්‍රතිඵලයක් ලබන්නට පුළුවන්. ආශාවක් නැති වුනත් ....(පෙ).... ආශාවක් නොතිබුනත්, නොතිබුනේ නැතත් බඹසර හැසිරෙන්නේ නුවණින් යුක්තව නම්, ප්‍රතිඵලයක් ලබන්න පුළුවන්' කියලා.

පින්වත් රාජකුමාරය, ඔය කාරණය ගැන භාග්‍යවතුන් වහන්සේගේ ඉදිරියෙහි මං කිසිවක් අහලා නෑ. කිසිවක් පිළිඅරගෙනත් නෑ. නමුත් භාග්‍යවතුන් වහන්සේ ඔය විදිහේ පිළිතුරක් දෙන්නට පුළුවන්ය කියන කාරණය නම් වෙන්නට පුළුවනි' කියල කිව්වා. එතකොට ස්වාමීනී, ජයසේන කුමාරයා මෙහෙම කිව්වා. 'ඉදින් භවත් භූමිජයන් වහන්සේගේ ශාස්තෘන් වහන්සේ ඔය විදිහේ කරුණු පවසන සේක් නම්, ඔය විදිහේ දහමක් කියන සේක් නම්, ඒකාන්තයෙන්ම භවත් භූමිජයන්ගේ ශාස්තෘන් වහන්සේ සෑම ශ්‍රමණ බ්‍රාහ්මණයෙක්ගේම හිස් මුදුන මැඩගෙන ඉන්නවා කියලයි මට හිතෙන්නේ' කියලා.

ස්වාමීනී, ඔය විදිහට ඇසූ වේලේ ඔය විදිහට පිළිතුරු දුන්නාම, මා පැවසුවේ භාග්‍යවතුන් වහන්සේ වදාළ දෙයක්මද? භාග්‍යවතුන් වහන්සේට අභූතයෙන් චෝදනාවක් නොවෙන දෙයක්මද? ධර්මයට අනුකූල වූ දෙයක්ම කිව්වා වෙනවාද? කරුණු සහිතව දහම් කරුණු ඉදිරිපත් කොට ගැරහිය යුතු තැනට පත් නොවුනාද?"

"පින්වත් භූමිජ, ඒකාන්තයෙන්ම ඔබෙන් ඔය විදිහට ඇසූ වේලෙහි ඔබ පිළිතුරු දුන් විදිහත්, මා පවසන ආකාරයම යි. මට අභූතයෙන් චෝදනා

වීමකුත් වෙලා නැහැ. ධර්මයට අනුකූල දෙයක්ම යි කියලා තියෙන්නේ. දහම් කරුණු ඉස්මතු කොට ගැරහිය යුතු තැනට පත්වෙලත් නෑ.

පින්වත් භූමිජ, යම්කිසි ශ්‍රමණයන් වේවා, බ්‍රාහ්මණයන් වේවා, මිත්‍යා දෘෂ්ටියෙන් යුක්ත නම්, මිත්‍යා සංකල්පයෙන් යුක්ත නම්, මිත්‍යා වචනවලින් යුක්ත නම්, මිත්‍යා කර්මාන්තයෙන් යුක්ත නම්, මිත්‍යා ආජීවයෙන් යුක්ත නම්, මිත්‍යා උත්සාහයෙන් යුක්ත නම්, මිත්‍යා සිහියෙන් යුක්ත නම්, මිත්‍යා සමාධියෙන් යුක්ත නම්, ඔවුන් ආශාවෙන් යුක්තව බඹසර හැසිරුනත් ප්‍රතිඵලයක් උපදවන්නට බැහැ. ආශාවක් නැතුව බඹසර හැසිරුනත් ප්‍රතිඵලයක් උපදවන්නට බැහැ. ආශාවක් තිබුනත්, නැතත් බඹසර හැසිරිලා ප්‍රතිඵලයක් උපදවන්නට බැහැ. ආශාවක් තිබුනේ නැතත්, නැත්තේ නැතත් බඹසර හැසිරිලා ප්‍රතිඵලයක් උපදවන්නට බැහැ. එයට හේතුව කුමක්ද? පින්වත් භූමිජ, ප්‍රතිඵල උපදවා ගන්නට තියෙන ක්‍රමය ඕක නොවෙයි.

පින්වත් භූමිජ, ඕක මේ වගේ දෙයක්. තෙල්වලින් ප්‍රයෝජන ඇති, තෙල් සොයන, තෙල් සෙවීමෙහි හැසිරෙන පුද්ගලයෙක් ඉන්නවා. ඔහු භාජනයක වැලි දමා, දිය ඉස ඉස කොතරම් පොඩි කළත්, ආශාවෙන් යුක්තව පැසෙහි වැලි දමා, දිය ඉස ඉස මිරිකුවත් තෙල් ලබන්නට පුළුවන්කමක් නෑ. ආශාවක් නැතුව වුණත් පැසෙහි වැලි දමා, දිය ඉස ඉස මිරිකුවත් තෙල් ලබන්නට පුළුවන්කමක් නෑ. ආසාවක් ඇතත් නැතත් පැසෙහි වැලි දමා, දිය ඉස ඉස මිරිකුවත් තෙල් ලබන්නට පුළුවන්කමක් නෑ. ආශාවක් තිබුනේ නැතත්, නොතිබුනේ නැතත් පැසෙහි වැලි දමා, දිය ඉස ඉස මිරිකුවත් තෙල් ලබන්න පුළුවන්කමක් නෑ. එයට හේතුව කුමක්ද? පින්වත් භූමිජ, තෙල් උපදවාගැනීමට තියෙන ක්‍රමය ඕක නොවෙයි.

ඔය වගේ තමයි පින්වත් භූමිජ, යම්කිසි ශ්‍රමණයන් වේවා, බ්‍රාහ්මණයන් වේවා, මිත්‍යා දෘෂ්ටියෙන් යුක්ත නම්, මිත්‍යා සංකල්පයෙන් යුක්ත නම්, මිත්‍යා වචනවලින් යුක්ත නම්, මිත්‍යා කර්මාන්තයෙන් යුක්ත නම්, මිත්‍යා ආජීවයෙන් යුක්ත නම්, මිත්‍යා උත්සාහයෙන් යුක්ත නම්, මිත්‍යා සිහියෙන් යුක්ත නම්, මිත්‍යා සමාධියෙන් යුක්ත නම්, ඔවුන් ආශාවෙන් යුක්තව බඹසර හැසිරුනත් ප්‍රතිඵලයක් උපදවන්නට බැහැ. ආශාවක් නැතුව බඹසර හැසිරුනත් ප්‍රතිඵලයක් උපදවන්නට බැහැ. ආශාවක් තිබුනත්, නැතත් බඹසර හැසිරිලා ප්‍රතිඵලයක් උපදවන්නට බැහැ. ආශාවක් තිබුනේ නැතත්, නැත්තේ නැතත් බඹසර හැසිරිලා ප්‍රතිඵලයක් උපදවන්නට බැහැ. එයට හේතුව කුමක්ද? පින්වත් භූමිජ, ප්‍රතිඵල උපදවා ගන්නට තියෙන ක්‍රමය ඕක නොවෙයි.

පින්වත් භූමිජ, ඕක මේ වගේ දෙයක්. කිරිවලින් ප්‍රයෝජන ඇති, කිරි සොයන, කිරි සොයමින් යන පුරුෂයෙක් ඉන්නවා. ඔහු වසු පැටියෙකු ඉන්න ගවදෙනක් ළඟට යනවා. ගිහින් අඟින් අදිනවා. ඉතින් ඔහු වසු පැටවෙකු ඉන්න ගවදෙනක් ළඟට ගිහින් ආශාවෙන් යුක්තව අඟින් ඇද්දත්, කිරි ලබා ගන්නට පුළුවන් කමක් නෑ. ආශාවක් නැතත් ....(පෙ).... ආශාවක් තිබුනත් නැතත් ....(පෙ).... ආශාවක් නැතත්, නැත්තේ නැතත් වසු පැටවෙකු ඉන්න ගවදෙනක් ළඟට ගිහින් අඟින් ඇද්දත්, කිරි ලබාගන්නට පුළුවන් කමක් නෑ. එයට හේතුව කුමක්ද? පින්වත් භූමිජ, කිරි ලබාගන්න ක්‍රමය ඕක නොවෙයි.

ඔය වගේ තමයි පින්වත් භූමිජ, යම්කිසි ශ්‍රමණයන් වේවා, බ්‍රාහ්මණයන් වේවා, මිත්‍යා දෘෂ්ටියෙන් යුක්ත නම්, ...(පෙ).... මිත්‍යා සමාධියෙන් යුක්ත නම්, ඔවුන් ආශාවෙන් යුක්තව බඹසර හැසිරුනත් ප්‍රතිඵලයක් උපදවන්නට බැහැ. ආශාවක් නැතුව ....(පෙ).... ආශාවක් තිබුනත්, නැතත් ....(පෙ).... ආශාවක් තිබුණේ නැතත්, නැත්තේ නැතත් බඹසර හැසිරිලා ප්‍රතිඵලයක් උපදවන්නට බැහැ. එයට හේතුව කුමක්ද? පින්වත් භූමිජ, ප්‍රතිඵල උපදවා ගන්නට තියෙන ක්‍රමය ඕක නොවෙයි.

පින්වත් භූමිජ, ඕක මේ වගේ දෙයක්. ගිතෙල්වලින් ප්‍රයෝජන ඇති, ගිතෙල් සොයන, ගිතෙල් සොයමින් සිටින පුද්ගලයෙක් ඉන්නවා. ඔහු භාජනයක වතුර දමා ගිතෙල් මඬින දණ්ඩෙන් කොතරම් කැලැත්තුවත්, ආශාවෙන් යුක්තව බඳුනෙහි වතුර දමා ගිතෙල් මඬින දණ්ඩෙන් කොතරම් කැලැත්තුවත් ගිතෙල් ලබන්නට පුළුවන්කමක් නැහැ. ආශාවක් නැතත් ....(පෙ).... ආශාවක් තිබුනත්, නැතත් ....(පෙ).... ආශාවක් තිබුනේ නැතත්, නැත්තේ නැතත් බඳුනෙහි වතුර දමා ගිතෙල් මඬින දණ්ඩෙන් කොතරම් කැලැත්තුවත් ගිතෙල් ලබන්නට පුළුවන්කමක් නැහැ. එයට හේතුව කුමක්ද? පින්වත් භූමිජ, ගිතෙල් උපදවා ගන්නට තියෙන ක්‍රමය ඕක නොවෙයි.

ඔය වගේ තමයි පින්වත් භූමිජ, යම්කිසි ශ්‍රමණයන් වේවා, බ්‍රාහ්මණයන් වේවා, මිත්‍යා දෘෂ්ටියෙන් යුක්ත නම්, ...(පෙ).... මිත්‍යා සමාධියෙන් යුක්ත නම්, ඔවුන් ආශාවෙන් යුක්තව බඹසර හැසිරුනත් ප්‍රතිඵලයක් උපදවන්නට බැහැ. ආශාවක් නැතුව ....(පෙ).... ආශාවක් තිබුනත්, නැතත් ....(පෙ).... ආශාවක් තිබුනේ නැතත්, නැත්තේ නැතත් බඹසර හැසිරිලා ප්‍රතිඵලයක් උපදවන්නට බැහැ. එයට හේතුව කුමක්ද? පින්වත් භූමිජ, ප්‍රතිඵල උපදවා ගන්නට තියෙන ක්‍රමය ඕක නොවෙයි.

පින්වත් භූමිජ, ඕක මේ වගේ දෙයක්. ගින්දරෙන් ප්‍රයෝජන ඇති, ගින්දර සොයන, ගින්දර සොයමින් සිටින පුද්ගලයෙක් ඉන්නවා. ඔහු තෙත දර

කැබැල්ලක් ගෙන ගිනි ගානා දණ්ඩේ කොතරම් ඇතිල්ලුවත්, ආශාවෙන් යුක්තව තෙත දර කඩ ගිනි ගානා දණ්ඩේ ඇතිල්ලුවත් ගිනි උපදවන්නට පුළුවන්කමක් නෑ. ආශාවක් නැතුව ....(පෙ).... ආශාවක් තිබුනත්, නැතත් ....(පෙ).... ආශාවක් තිබුනේ නැතත්, නැත්තේ නැතත් තෙත දර කඩ ගිනි ගානා දණ්ඩේ ඇතිල්ලුවාට ගිනි උපදවන්නට පුළුවන්කමක් නෑ. එයට හේතුව කුමක්ද? පින්වත් භූමිජ, ගිනි උපදවා ගන්නට තියෙන ක්‍රමය ඕක නොවෙයි.

ඔය වගේ තමයි පින්වත් භූමිජ, යම්කිසි ශ්‍රමණයන් වේවා, බ්‍රාහ්මණයන් වේවා, මිත්‍යා දෘෂ්ටියෙන් යුක්ත නම්, ...(පෙ).... මිත්‍යා සමාධියෙන් යුක්ත නම්, ඔවුන් ආශාවෙන් යුක්තව බඹසර හැසිරුනත් ප්‍රතිඵලයක් උපදවන්නට බැහැ. ආශාවක් නැතුව ....(පෙ).... ආශාවක් තිබුනත්, නැතත් ....(පෙ).... ආශාවක් තිබුණේ නැතත්, නැත්තේ නැතත් බඹසර හැසිරිලා ප්‍රතිඵලයක් උපදවන්නට බැහැ. එයට හේතුව කුමක්ද? පින්වත් භූමිජ, ප්‍රතිඵල උපදවා ගන්නට තියෙන ක්‍රමය ඕක නොවෙයි.

පින්වත් භූමිජ, යම්කිසි ශ්‍රමණයන් වේවා, බ්‍රාහ්මණයන් වේවා, යහපත් දෘෂ්ටියෙන් යුක්ත නම්, යහපත් සංකල්පයෙන් යුක්ත නම්, යහපත් වචනවලින් යුක්ත නම්, යහපත් කර්මාන්තයෙන් යුක්ත නම්, යහපත් ආජීවයෙන් යුක්ත නම්, යහපත් උත්සාහයෙන් යුක්ත නම්, යහපත් සිහියෙන් යුක්ත නම්, යහපත් සමාධියෙන් යුක්ත නම්, ඔවුන් ආශාවෙන් යුක්තව බඹසර හැසිරුනත් ප්‍රතිඵලයක් උපදවන්නට පුළුවනි. අශාවක් නැතුව බඹසර හැසිරුනත් ප්‍රතිඵලයක් උපදවන්නට පුළුවනි. ආශාවක් තිබුනත්, නැතත් බඹසර හැසිරිලා ප්‍රතිඵලයක් උපදවන්නට පුළුවනි. ආශාවක් තිබුනේ නැතත්, නැත්තේ නැතත් බඹසර හැසිරිලා ප්‍රතිඵලයක් උපදවන්නට පුළුවනි. එයට හේතුව කුමක්ද? පින්වත් භූමිජ, ප්‍රතිඵල උපදවා ගන්නට තියෙන ක්‍රමය ඕක තමයි.

පින්වත් භූමිජ, ඕක මේ වගේ දෙයක්. තෙල්වලින් ප්‍රයෝජන ඇති, තෙල් සොයන, තෙල් සෙවීමෙහි හැසිරෙන පුද්ගලයෙක් ඉන්නවා. ඔහු සෙක්කුවේ තල පිටි දමා, දිය ඉස ඉස මිරිකන විට, ආශාවෙන් යුක්තව සෙක්කුවේ තල පිටි දමා, දිය ඉස ඉස මිරිකුවත් තෙල් ලබන්නට පුළුවන්ම යි. ආශාවක් නැතුව වුනත් ....(පෙ).... ආශාවක් ඇතත් නැතත් ....(පෙ).... ආශාවක් තිබුනේ නැතත්, නොතිබුනේ නැතත් සෙක්කුවේ තල පිටි දමා, දිය ඉස ඉස මිරිකන කොට තෙල් ලබන්නට පුළුවන්ම යි. එයට හේතුව කුමක්ද? පින්වත් භූමිජ, තෙල් උපදවාගැනීමට තියෙන ක්‍රමය ඕක තමයි.

ඔය වගේ තමයි පින්වත් භූමිජ, යම්කිසි ශ්‍රමණයන් වේවා, බ්‍රාහ්මණයන් වේවා, යහපත් දෘෂ්ටියෙන් යුක්ත නම්, ...(පෙ).... යහපත් සමාධියෙන් යුක්ත

නම්, ඔවුන් ආශාවෙන් යුක්තව බඹසර හැසිරුනත් ප්‍රතිඵලයක් උපදවන්නට පුළුවනි. ආශාවක් නැතුව ....(පෙ).... ආශාවක් තිබුනත්, නැතත් ....(පෙ).... ආශාවක් තිබුනේ නැතත්, නැත්තේ නැතත් බඹසර හැසිරිලා ප්‍රතිඵලයක් උපදවන්නට පුළුවනි. එයට හේතුව කුමක්ද? පින්වත් භූමිජ, ප්‍රතිඵල උපදවා ගන්නට තියෙන ක්‍රමය ඕක තමයි.

පින්වත් භූමිජ, ඕක මේ වගේ දෙයක්. කිරිවලින් ප්‍රයෝජන ඇති, කිරි සොයන, කිරි සොයමින් යන පුරුෂයෙක් ඉන්නවා. ඔහු වසු පැටියෙකු ඉන්න ගවදෙනක් ළඟට යනවා. ගිහින් තන බුරුල්ලෙන් අදිනවා. ඉතින් ඔහු වසු පැටවෙකු ඉන්න ගවදෙනක් ළඟට ගිහින් ආශාවෙන් යුක්තව තන බුරුල්ලෙන් ඇද්දත්, කිරි ලබා ගන්නට පුළුවනි. ආශාවක් නැතත් ....(පෙ).... ආශාවක් තිබුනත් නැතත් ....(පෙ).... ආශාවක් නැතත්, නැත්තේ නැතත් වසු පැටවෙකු ඉන්න ගවදෙනක් ළඟට ගිහින් තන බුරුල්ලෙන් ඇද්දත්, කිරි ලබාගන්නට පුළුවනි. එයට හේතුව කුමක්ද? පින්වත් භූමිජ, කිරි ලබාගන්න ක්‍රමය ඕක තමයි.

ඔය වගේ තමයි පින්වත් භූමිජ, යම්කිසි ශ්‍රමණයන් වේවා, බ්‍රාහ්මණයන් වේවා, යහපත් දෘෂ්ටියෙන් යුක්ත නම්, ...(පෙ).... යහපත් සමාධියෙන් යුක්ත නම්, ඔවුන් ආශාවෙන් යුක්තව බඹසර හැසිරුනත් ප්‍රතිඵලයක් උපදවන්නට පුළුවනි. ආශාවක් නැතුව ....(පෙ).... ආශාවක් තිබුනත්, නැතත් ....(පෙ).... ආශාවක් තිබුනේ නැතත්, නැත්තේ නැතත් බඹසර හැසිරිලා ප්‍රතිඵලයක් උපදවන්නට පුළුවනි. එයට හේතුව කුමක්ද? පින්වත් භූමිජ, ප්‍රතිඵල උපදවා ගන්නට තියෙන ක්‍රමය ඕක තමයි.

පින්වත් භූමිජ, ඕක මේ වගේ දෙයක්. ගිතෙල්වලින් ප්‍රයෝජන ඇති, ගිතෙල් සොයන, ගිතෙල් සොයමින් සිටින පුද්ගලයෙක් ඉන්නවා. ඔහු භාජනයක දීකිරි දමා ගිතෙල් මඬින දණ්ඩෙන් කලත්තන විට ආශාවෙන් යුක්තව වුනත් බඳුනෙහි දීකිරි දමා ගිතෙල් මඬින දණ්ඩෙන් කලත්තන විට ගිතෙල් ලබන්නට පුළුවනි. ආශාවක් නැතත් ....(පෙ).... ආශාවක් තිබුනත්, නැතත් ....(පෙ).... ආශාවක් තිබුනේ නැතත්, නැත්තේ නැතත් බඳුනෙහි දීකිරි දමා ගිතෙල් මඬින දණ්ඩෙන් කලත්තන විට ගිතෙල් ලබන්නට පුළුවනි. එයට හේතුව කුමක්ද? පින්වත් භූමිජ, ගිතෙල් උපදවා ගන්නට තියෙන ක්‍රමය ඕක තමයි.

ඔය වගේ තමයි පින්වත් භූමිජ, යම්කිසි ශ්‍රමණයන් වේවා, බ්‍රාහ්මණයන් වේවා, යහපත් දෘෂ්ටියෙන් යුක්ත නම්, ...(පෙ).... යහපත් සමාධියෙන් යුක්ත නම්, ඔවුන් ආශාවෙන් යුක්තව බඹසර හැසිරුනත් ප්‍රතිඵලයක් උපදවන්නට පුළුවනි. ආශාවක් නැතුව ....(පෙ).... ආශාවක් තිබුනත්, නැතත් ....(පෙ).... ආශාවක් තිබුනේ නැතත්, නැත්තේ නැතත් බඹසර හැසිරිලා ප්‍රතිඵලයක්

උපදවන්නට පුළුවනි. එයට හේතුව කුමක්ද? පින්වත් භූමිජ, ප්‍රතිඵල උපදවා ගන්නට තියෙන ක්‍රමය ඕක තමයි.

පින්වත් භූමිජ, ඕක මේ වගේ දෙයක්. ගින්දරෙන් ප්‍රයෝජන ඇති, ගින්දර සොයන, ගින්දර සොයමින් සිටින පුද්ගලයෙක් ඉන්නවා. ඔහු හොඳට වියළුණු, කොළපු දර කැබැල්ලක් ගෙන ගිනි ගානා දණ්ඩේ ඇතිල්ලුවොත්, ආශාවෙන් යුක්තව හොඳට වියළුණු, කොළපු දර කඩ ගිනි ගානා දණ්ඩේ ඇතිල්ලුවොත් ගිනි උපදවන්නට පුළුවනි. ආශාවක් නැතුව ....(පෙ).... ආසාවක් තිබුනත්, නැතත් ....(පෙ).... ආශාවක් තිබුනේ නැතත්, නැත්තේ නැතත් වියලුණු, කොළපු දර කඩ ගිනි ගානා දණ්ඩේ ඇතිල්ලුවාම ගිනි උපදවන්නට පුළුවනි. එයට හේතුව කුමක්ද? පින්වත් භූමිජ, ගිනි උපදවා ගන්නට තියෙන ක්‍රමය ඕක තමයි.

ඔය වගේ තමයි පින්වත් භූමිජ, යම්කිසි ශ්‍රමණයන් වේවා, බ්‍රාහ්මණයන් වේවා, යහපත් දෘෂ්ටියෙන් යුක්ත නම්, ...(පෙ).... යහපත් සමාධියෙන් යුක්ත නම්, ඔවුන් ආශාවෙන් යුක්තව බඹසර හැසිරුනත් ප්‍රතිඵලයක් උපදවන්නට පුළුවනි. ආශාවක් නැතුව ....(පෙ).... ආශාවක් තිබුනත්, නැතත් ....(පෙ).... ආශාවක් තිබුණේ නැතත්, නැත්තේ නැතත් බඹසර හැසිරිලා ප්‍රතිඵලයක් උපදවන්නට පුළුවනි. එයට හේතුව කුමක්ද? පින්වත් භූමිජ, ප්‍රතිඵල උපදවා ගන්නට තියෙන ක්‍රමය ඕක තමයි.

පින්වත් භූමිජ, ඉතින් ඔබ ජයසේන රාජකුමාරයාට ඔය උපමා සතර කිව්වා නම්, ජයසේන රාජකුමාරයා ඔබේ බණට පහදිනවාය කියන කරුණ, පැහැදිලා ප්‍රසන්න වූ ආකාරය පවත්වනවාය කියන කරුණ පුදුම දෙයක් නොවෙයි."

"අනේ ස්වාමීනී, භාග්‍යවත් බුදුරජාණන් වහන්සේට වැටහෙන පරිද්දෙන් පෙර නොඇසූ විරූ ආශ්චර්යවත් වූ මේ උපමා සතර ජයසේන රාජකුමාරයාට කියන්නට මට කොහොම නම් පහළ වෙයිද?"

භාග්‍යවතුන් වහන්සේ මේ උතුම් දේශනය වදාළා. ඒ දේශනය ගැන ඒ ආයුෂ්මත් භූමිජයන් වහන්සේ ගොඩක් සතුටු වුනා. භාග්‍යවතුන් වහන්සේ වදාළ මේ දේශනය සතුටින් පිළිගත්තා.

සාදු! සාදු!! සාදු!!!

භූමිජ තෙරුන්ට වදාළ දෙසුම නිමා විය.

3.3.7.
අනුරුද්ධ සූත්‍රය
අනුරුද්ධ තෙරුන් වදාළ දෙසුම

මා හට අසන්නට ලැබුනේ මේ විදිහටයි. ඒ දිනවල භාග්‍යවතුන් වහන්සේ වැඩසිටියේ සැවැත් නුවර ජේතවන නම් වූ අනේපිඬු සිටුහු ගේ ආරාමයෙහිය. එදා පඤ්චකංග නම් වඩුදෙටුතුමා එක්තරා පුරුෂයෙකු ඇමතුවා. "එම්බා පුරුෂය, ඔබ එන්න. ආයුෂ්මත් අනුරුද්ධයන් වහන්සේ වෙත යන්න. ගිහින් මගේ වචනයෙන් ආයුෂ්මත් අනුරුද්ධයන් වහන්සේගේ පා සිරසින් වඳින්න. 'ස්වාමීනී, පඤ්චකංග වඩුදෙටුතුමා ආයුෂ්මත් අනුරුද්ධයන් වහන්සේගේ පා යුග හිසින් වඳියි' කියල කියන්න. ඒ වගේම මෙහෙමත් කියන්න. 'ස්වාමීනී, ආයුෂ්මත් අනුරුද්ධයන් වහන්සේ පඤ්චකංග වඩුදෙටුතුමාගේ හෙට දින දානය පිණිස තමන් වහන්සේ සහිතව සතර නමක් වඩින සේක්වා! ස්වාමීනී, පඤ්චකංග වඩුදෙටුතුමා බොහෝ කටයුතු ඇති, බොහෝ රාජකාරි ඇති, කළ යුතු දෑ බොහෝ ඇති කෙනෙක් හෙයින්, ස්වාමීනී, ආයුෂ්මත් අනුරුද්ධයන් වහන්සේ එම නිසා ඉතා වේලාසනින් වඩින සේක්වා!' කියලා.

"එසේ ය, ස්වාමීනී" කියල ඒ පුරුෂයා පඤ්චකංග වඩුදෙටුතුමාට පිළිතුරු දී ආයුෂ්මත් අනුරුද්ධයන් වහන්සේ වෙත පැමිණියා. පැමිණ ආයුෂ්මත් අනුරුද්ධයන් හට වන්දනා කොට එකත්පස්ව වාඩිවුනා. එකත්පස්ව හුන් ඒ පුරුෂයා ආයුෂ්මත් අනුරුද්ධයන් හට මෙය පැවසුවා. "ස්වාමීනී, පඤ්චකංග වඩුදෙටුතුමා ආයුෂ්මත් අනුරුද්ධයන් වහන්සේ ගේ පා යුග හිසින් වඳියි. ඒ වගේම මෙහෙමත් කියයි. 'ස්වාමීනී, ආයුෂ්මත් අනුරුද්ධයන් වහන්සේ පඤ්චකංග වඩුදෙටුතුමාගේ හෙට දින දානය පිණිස තමන් වහන්සේ සහිතව සතර නමක් වඩින සේක්වා! ස්වාමීනී, පඤ්චකංග වඩුදෙටුතුමා බොහෝ කටයුතු ඇති, බොහෝ රාජකාරි ඇති, කළ යුතු දෑ බොහෝ ඇති කෙනෙක් හෙයින් ස්වාමීනී, ආයුෂ්මත් අනුරුද්ධයන් වහන්සේ එම නිසා ඉතා වේලාසනින් වඩින සේක්වා!' කියලා. එතකොට ආයුෂ්මත් අනුරුද්ධයන් වහන්සේ නිශ්ශබ්දව වැඩසිටීමෙන් එම ඇරයුම පිළිගත්තා.

ඉතින් ආයුෂ්මත් අනුරුද්ධයන් වහන්සේ ඒ රාත්‍රිය ඇවෑමෙන් පෙරවරුවෙහි සිවුරු හැඳ පොරවා ගෙන පාත්‍රයද ගෙන, පඤ්චකංග වඩුදෙටුතුමාගේ නිවස වෙත පැමිණියා. පැමිණ පණවන ලද අසුනෙහි වැඩසිටියා. එතකොට පඤ්චකංග වඩුදෙටුතුමා ආයුෂ්මත් අනුරුද්ධයන් වහන්සේට ප්‍රණීත වූ වළඳන අනුභව කරන දෑයින් ඉතා හොඳින් ඇප උපස්ථාන කළා. ඉක්බිති පඤ්චකංග වඩුදෙටු තුමා වළඳා නිමවූ, පාත්‍රයෙන් ඉවතට ගත් අත් ඇති ආයුෂ්මත් අනුරුද්ධයන් වහන්සේ වෙත පැමිණ, එක්තරා කුඩා ආසනයක් ගෙන එකත්පස්ව වාඩිවුනා. එකත්පස්ව හුන් පඤ්චකංග වඩුදෙටුතුමා ආයුෂ්මත් අනුරුද්ධයන් හට මෙය පැවසුවා.

"ස්වාමීනී, ස්ථවිර භික්ෂූන් වහන්සේලා මා වෙත වැඩම කොට මෙහෙමයි කිව්වේ. 'පින්වත් ගෘහපතිය, අප්පමාණ චේතෝ විමුක්තිය වඩන්න' කියලා. ඇතැම් ස්ථවිරයන් වහන්සේලා මෙහෙම කිව්වා. 'පින්වත් ගෘහපතිය, මහග්ගත චේතෝ විමුක්තිය වඩන්න' කියලා. ස්වාමීනී, යම් මේ අප්පමාණ චේතෝ විමුක්තියක් ඇද්ද, යම් මහග්ගත චේතෝවිමුක්තියක් ඇද්ද, මේ ධර්මයන් අර්ථ වශයෙන් වෙනස්ද? ඒ වගේම ප්‍රකාශ කිරීම් වශයෙනුත් වෙනස්ද? එහෙමත් නැත්නම්, ප්‍රකාශ කිරීම් වශයෙන් පමණක් වෙනස් වූ එකම අර්ථයකින් යුක්ත දෙයක්ද?"

"එසේ වී නම් පින්වත් ගෘහපතිය, මෙහිලා ඔබටම මෙය වැටහේවා! එතකොට ඔබට මෙයින් මධ්‍යස්ථව තේරුම් ගන්නට පුළුවන් වේවි."

"ස්වාමීනී, මට නම් මෙහෙමයි සිතෙන්නේ. යම් මේ අප්පමාණ චේතෝ විමුක්තියක් ඇද්ද, යම් මහග්ගත චේතෝවිමුක්තියක් ඇද්ද, මේ ධර්මයන් අර්ථ වශයෙන් එකයි. කියන ක්‍රමයේ විතරයි වෙනස තියෙන්නේ."

"පින්වත් ගෘහපතිය, යම් මේ අප්පමාණ චේතෝවිමුක්තියක් ඇද්ද, යම් මහග්ගත චේතෝවිමුක්තියක් ඇද්ද, මේ ධර්මයන් අර්ථයන්ගෙනුත් වෙනස් වෙන, කියන ක්‍රමයෙනුත් වෙනස් වෙන විදිහක් තියෙනවා. පින්වත් ගෘහපතිය, යම් මේ අප්පමාණ චේතෝ විමුක්තියක් ඇද්ද, යම් මහග්ගත චේතෝ විමුක්තියක් ඇද්ද, මේ ධර්මයන් අර්ථ වශයෙනුත් වෙනස්, කියන ක්‍රමයෙනුත් වෙනස් බව මේ ආකාරයෙන් දැනගත යුතුයි.

පින්වත් ගෘහපතිය, අප්පමාණ චේතෝවිමුක්තිය කියන්නේ කුමක්ද? පින්වත් ගෘහපතිය, මෙහිලා භික්ෂුව මෛත්‍රී සහගත සිතින් එක් දිශාවක් පතුරුවා වාසය කරනවා. ඒ වගේම දෙවෙනි දිශාවටත්, තුන්වෙනි දිශාවටත්, සතරවෙනි දිශාවටත් පතුරුවා වාසය කරනවා. ඒ වගේම උඩ, යට, හරස් අත ආදී සෑම

තැනම, සෑම අයුරින්ම පැතිරෙන විදිහට සියලු සතුන් ඇති ලෝකයේ විපුල වූ, මහද්ගත වූත්, අප්‍රමාණ වූ සිතින්, වෛර, තරහ නැතුව මෛත්‍රී සහගත චිත්තය පතුරුවා වාසය කරනවා. කරුණා සහගත සිතින් ....(පෙ).... මුදිතා සහගත සිතින් ....(පෙ).... උපේක්ෂා සහගත සිතින් එක් දිශාවක් පතුරුවා වාසය කරනවා. ඒ වගේම දෙවෙනි දිශාවටත්, ...(පෙ).... වාසය කරනවා. පින්වත් ගෘහපතිය, මෙයට තමයි අප්පමාණ චේතෝවිමුක්තිය කියල කියන්නේ.

පින්වත් ගෘහපතිය, මහග්ගත චේතෝවිමුක්තිය කියල කියන්නේ කුමක්ද? පින්වත් ගෘහපතිය, මෙහිලා භික්ෂුව, එක් රුක් මුලක පැතුරුන ප්‍රදේශය යම්තාක්ද, ඒ තාක් බිම මහග්ගත යැයි නිශ්චය කොට පතුරුවා ගෙන වාසය කරනවා. පින්වත් ගෘහපතිය, මහග්ගත චේතෝවිමුක්තිය කියන්නේ මෙයටයි.

ඒ වගේම පින්වත් ගෘහපතිය, මෙහිලා භික්ෂුව රුක් සෙවන දෙකක්, තුනක් හෝ පමණ තැන යම්තාක්ද, ඒ තාක් බිම මහග්ගත යැයි නිශ්චය කොට පතුරුවා ගෙන වාසය කරනවා. පින්වත් ගෘහපතිය, මහග්ගත චේතෝවිමුක්තිය කියන්නේ මෙයටයි.

ඒ වගේම පින්වත් ගෘහපතිය, මෙහිලා භික්ෂුව එක් ගම් කෙතක් පමණ තැන යම්තාක්ද, ඒ තාක් බිම මහග්ගත යැයි නිශ්චය කොට පතුරුවා ගෙන වාසය කරනවා. පින්වත් ගෘහපතිය, මෙයටත් මහග්ගත චේතෝවිමුක්තිය කියා කියනවා.

ඒ වගේම පින්වත් ගෘහපතිය, මෙහිලා භික්ෂුව ගම් කෙත් දෙකක් හෝ තුනක් හෝ පමණ තැන යම්තාක්ද, ඒ තාක් බිම මහග්ගත යැයි නිශ්චය කොට පතුරුවා ගෙන වාසය කරනවා. පින්වත් ගෘහපතිය, මෙයටත් මහග්ගත චේතෝවිමුක්තිය කියා කියනවා.

ඒ වගේ ම පින්වත් ගෘහපතිය, මෙහිලා භික්ෂුව එක් මහා රාජ්‍යයක් පමණ තැන යම්තාක්ද, ඒ තාක් බිම මහග්ගත යැයි නිශ්චය කොට පතුරුවා ගෙන වාසය කරනවා. පින්වත් ගෘහපතිය, මෙයටත් මහග්ගත චේතෝවිමුක්තිය කියා කියනවා.

ඒ වගේම පින්වත් ගෘහපතිය, මෙහිලා භික්ෂුව මහා රාජ්‍ය දෙකක්, තුනක් පමණ තැන යම්තාක්ද, ඒ තාක් බිම මහග්ගත යැයි නිශ්චය කොට පතුරුවා ගෙන වාසය කරනවා. පින්වත් ගෘහපතිය, මෙයටත් මහග්ගත චේතෝවිමුක්තිය කියා කියනවා.

ඒ වගේම පින්වත් ගෘහපතිය, මෙහිලා භික්ෂුව සාගරය සීමා කොට ගත් පෘථුවිය යම්තාක්ද, ඒ තාක් බිම මහග්ගත යැයි නිශ්චය කොට පතුරුවා ගෙන වාසය කරනවා. පින්වත් ගෘහපතිය, මෙයටත් මහග්ගත චේතෝවිමුක්තිය කියා කියනවා.

පින්වත් ගෘහපතිය, මේ ධර්මයන් ගේ අර්ථ වශයෙන් ඇති වෙනස්කමත්, ප්‍රකාශ කිරීම්වල ඇති වෙනස්කමත් තේරුම් ගත යුත්තේ ඔය ක්‍රමයටයි.

පින්වත් ගෘහපතිය, භව උත්පත්ති සතරක් තියෙනවා. කවර සතරක්ද යත්; පින්වත් ගෘහපතිය, මෙහිලා ඇතැම් කෙනෙක් ස්වල්ප වූ ආලෝකයක් පතුරා, නිශ්චය කොට වාසය කරනවා. එතකොට ඔහු කය බිඳී මරණින් මතු පරිත්තාභ දෙවියන්ගේ ලෝකයෙහි උපදිනවා. මෙහිලා ඇතැම් කෙනෙක් අප්‍රමාණ වූ ආලෝකයක් පතුරා, නිශ්චය කොට වාසය කරනවා. එතකොට ඔහු කය බිඳී මරණින් මතු අප්පමාණාභ දෙවියන්ගේ ලෝකයෙහි උපදිනවා. මෙහිලා ඇතැම් කෙනෙක් කිලිටි වූ ආලෝකයක් පතුරා, නිශ්චය කොට වාසය කරනවා. එතකොට ඔහු කය බිඳී මරණින් මතු සංකිලිට්ඨාභ දෙවියන්ගේ ලෝකයෙහි උපදිනවා. මෙහිලා ඇතැම් කෙනෙක් පිරිසිදු වූ ආලෝකයක් පතුරා, නිශ්චය කොට වාසය කරනවා. එතකොට ඔහු කය බිඳී මරණින් මතු පරිසුද්ධාභ දෙවියන්ගේ ලෝකයෙහි උපදිනවා. පින්වත් ගෘහපතිය, මේ තමයි භව උත්පත්ති සතර.

පින්වත් ගෘහපතිය, ඒ දෙවිවරු එක්රැස්වෙන යම් කලක් ඇද්ද, එබඳු කාලයක් තියෙනවා. එතකොට ඒ රැස් වූ දෙවිවරුන් ගේ පැහැයේ වෙනස්කම පේනවා. හැබැයි ආලෝකයේ වෙනස්කම පේන්නේ නෑ. පින්වත් ගෘහපතිය, ඒක මේ වගේ දෙයක්. පුරුෂයෙක් බොහෝ තෙල් පහන් එක ගෙයක් ඇතුළට ගෙනියනවා. ඒ තනි ගෙය ඇතුළට ගෙනිච්ච තෙල් පහන්වල ඇති ගිනිසිළුවල වෙනස්කම පේනවා. නමුත් ආලෝකයේ වෙනස්කමක් පේන්නෙ නෑ. අන්න ඒ විදිහටම පින්වත් ගෘහපතිය, යම් කලෙක දෙවියෝ ඒකරාශී වෙනවාද, එබඳු කාලයක් තියෙනවා. එතකොට ඒ එක්රැස් වූ දෙවියන්ගේ පැහැයේ වෙනස්කම නම් පේනවා. හැබැයි ආලෝකයේ වෙනස්කම පේන්නේ නෑ.

පින්වත් ගෘහපතිය, යම්කලක ඒ දෙවිවරුන් එතනින් නික්ම යෑමක් ඇද්ද, එබඳු කාලයක් තියෙනවා. එතකොට ඒ රැස්වීමෙන් නික්ම යන දෙවියන් ගේ පැහැයේ වෙනස්කම ත් පේනවා. ආලෝකයේ වෙනස්කමත් පේනවා. පින්වත් ගෘහපතිය, ඒක මේ වගේ දෙයක්. පුරුෂයෙක් ඒ බොහෝ තෙල් පහන් අර ගෙදරින් බැහැරට ගෙන යනවාද, එසේ බැහැරට ගෙනියන්නා වූ ඒ තෙල් පහන්වල ගිනිසිළුවල වෙනස්කමත් පේනවා. ආලෝකයේ වෙනස්කමත්

පේනවා. ඒ වගේ තමයි පින්වත් ගෘහපතිය, යම්කලක ඒ දෙවිවරුන් එතනින් නික්ම යෑමක් ඇද්ද, එබඳු කාලයක් තියෙනවා. එතකොට ඒ රැස්වීමෙන් නික්ම යන දෙවියන්ගේ පැහැයේ වෙනස්කමත් පේනවා. ආලෝකයේ වෙනස්කමත් පේනවා.

පින්වත් ගෘහපතිය, ඒ දෙවිවරුන්ට මෙහෙම හිතෙන්නේ නෑ. 'අපට තිබෙන මේ තැන් නිත්‍යයයි කියල හෝ ස්ථිරයි කියල හෝ ශාස්වතයි' කියල හෝ හිතන්නේ නෑ. නමුත් යම් යම් තැනක ඒ දෙවිවරු අධිගෘහිතව ඉන්නවාද, ඒ ඒ තැන ඔවුන් සතුටින් ඉන්නවා. ගෘහපතිය ඒක මේ වගේ දෙයක්. කදක හෝ බඳුනක හෝ යමක් දමාගෙන රැගෙන යද්දී ඒ සමඟම මැස්සොත් යනවා. ඒ මැස්සන්ට අපගේ මේ ස්ථානය නිත්‍යයයි, ස්ථිරයි, ශාස්වතයි කියල හිතෙන්නේ නෑ. නමුත් යම් යම් තැනක මේ මැස්සන් වහලා ඉන්නවාද, ඒ ඉන්න තැනම යි ඔවුන් සතුටින් ඉන්නේ. පින්වත් ගෘහපතිය, දෙවිවරුත් ඒ විදිහම තමයි. ඒ ඒ ඉන්න තැන් ගැන අපගේ මේ තැන් නිත්‍යයයි, ස්ථිරයි, ශාස්වතයි කියල හිතන්නේ නෑ. නමුත් යම් යම් තැනක දෙවිවරු අධිගෘහිතව ඉන්නවාද, ඒ ඒ තැන ඔවුන් සතුටින් ඉන්නවා."

මෙසේ පැවසූ විට ආයුෂ්මත් සභිය කච්චානයන් වහන්සේ ආයුෂ්මත් අනුරුද්ධයන්ට මෙහෙම කිව්වා. "ස්වාමීනී, අනුරුද්ධයන් වහන්ස, ඉතා මැනැවි. නමුත් මේ පිළිබඳව තවදුරටත් ඇසිය යුතු එක්තරා කාරණයක් තියෙනවා. ස්වාමීනී, යම් ඒ ආලෝකයට සම්බන්ධ දෙවිවරු ඇද්ද, ඒ සියලු දෙවිවරු පරිත්තාභ දෙවිවරුද? එහෙම නැත්නම් අප්පමාණාභ වූ යම්කිසි දෙවිවරුත් ඉන්නවාද?"

"ප්‍රිය ආයුෂ්මත් කච්චාන, අර භව උත්පත්ති පිළිබඳව පැවසූ කාරණයට අනුව මෙහි ඇතැම් දෙවිවරු පරිත්තාභයි. ඒ වගේ ම අප්පමාණාභ වූ ඇතැම් දෙවිවරුත් ඉන්නවා."

"ස්වාමීනී, අනුරුද්ධයන් වහන්ස, එකම දේව නිකායක ඉපදිලා ඉන්න ඒ දෙවිවරුන් අතුරින් ඇතැම් දෙවිවරුන් පරිත්තාභ හෙවත් ස්වල්ප ආලෝක ඇති දෙවිවරු වෙන්නටත්, ඇතැම් දෙවිවරු අප්පමාණාභ හෙවත් අප්‍රමාණ අලෝකයෙන් යුතු දෙවිවරු වෙන්නටත් හේතුව කුමක්ද? කාරණය කුමක්ද?"

"ප්‍රිය ආයුෂ්මත් කච්චාන, ඒ කාරණය මං ඔබෙන්ම අසන්නම්. ඔබ කැමති ආකාරයකට පිළිතුරු දෙන්න. ප්‍රිය ආයුෂ්මත් කච්චාන, යම් භික්ෂුවක් එක් රුක් සෙවනක පමණ භූමිය මහද්ගත යැයි අරමුණු කොට මෙත් සිත පතුරුවා වාසය කරයිද, ඒ වගේම යම් භික්ෂුවක් රුක් සෙවන දෙක තුනක් පමණ භූමිය

මහද්ගත යැයි අරමුණු කොට මෙත් සිත පතුරුවා වාසය කරයිද, මේ චිත්ත භාවනා දෙකෙන් වඩාත් මහද්ගත වන්නේ කවර චිත්ත භාවනාවක්ද?"

"ස්වාමීනී, යම් භික්ෂුවක් රුක් සෙවන දෙක තුනක් පමණ භූමිය මහද්ගත යැයි අරමුණු කොට මෙත් සිත පතුරුවා වාසය කරයිද, මේ චිත්ත භාවනාව තමයි ඔය භාවනා දෙකෙන් වඩාත් මහද්ගත වන්නේ."

"ප්‍රිය ආයුෂ්මත් කච්චාන, මේ ගැන කුමක්ද සිතන්නේ? යම් භික්ෂුවක් රුක් සෙවන දෙක තුනක් පමණ භූමිය මහද්ගත යැයි අරමුණු කොට මෙත් සිත පතුරුවා වාසය කරයිද, යම් භික්ෂුවක් එක් ගම් කෙතක පමණ තැන මහද්ගත යැයි අරමුණු කොට මෙත් සිත පතුරුවා වාසය කරයිද, මේ චිත්ත භාවනා දෙකෙන් වඩාත් මහද්ගත වන්නේ කවර චිත්ත භාවනාවක්ද?"

"ස්වාමීනී, යම් භික්ෂුවක් එක් ගම් කෙතක පමණ තැන මහද්ගත යැයි අරමුණු කොට මෙත් සිත පතුරුවා වාසය කරයිද මේ චිත්ත භාවනාව තමයි ඔය භාවනා දෙකෙන් වඩාත් මහද්ගත වන්නේ."

"ප්‍රිය ආයුෂ්මත් කච්චාන, මේ ගැන කුමක්ද සිතන්නේ? යම් භික්ෂුවක් එක් ගම් කෙතක පමණ තැන මහද්ගත යැයි අරමුණු කොට මෙත් සිත පතුරුවා වාසය කරයිද, යම් භික්ෂුවක් ගම් කෙත් දෙක තුනක් පමණ භූමිය මහද්ගත යැයි අරමුණු කොට මෙත් සිත පතුරුවා වාසය කරයිද, මේ චිත්ත භාවනා දෙකෙන් වඩාත් මහද්ගත වන්නේ කවර චිත්ත භාවනාවක්ද?"

"ස්වාමීනී, යම් භික්ෂුවක් ගම් කෙත් දෙක තුනක පමණ තැන මහද්ගත යැයි අරමුණු කොට මෙත් සිත පතුරුවා වාසය කරයිද, මේ චිත්ත භාවනාව තමයි ඔය භාවනා දෙකෙන් වඩාත් මහද්ගත වන්නේ."

"ප්‍රිය ආයුෂ්මත් කච්චාන, මේ ගැන කුමක්ද සිතන්නේ? යම් භික්ෂුවක් ගම් කෙත් දෙක තුනක පමණ තැන මහද්ගත යැයි අරමුණු කොට මෙත් සිත පතුරුවා වාසය කරයිද, යම් භික්ෂුවක් එක් මහා රාජ්‍යයක් පමණ භූමිය මහද්ගත යැයි අරමුණු කොට මෙත් සිත පතුරුවා වාසය කරයිද, මේ චිත්ත භාවනා දෙකෙන් වඩාත් මහද්ගත වන්නේ කවර චිත්ත භාවනාවක්ද?"

"ස්වාමීනී, යම් භික්ෂුවක් එක් මහා රාජ්‍යයක් පමණ තැන මහද්ගත යැයි අරමුණු කොට මෙත් සිත පතුරුවා වාසය කරයිද, මේ චිත්ත භාවනාව තමයි ඔය භාවනා දෙකෙන් වඩාත් මහද්ගත වන්නේ."

"ප්‍රිය ආයුෂ්මත් කච්චාන, මේ ගැන කුමක්ද සිතන්නේ? යම් භික්ෂුවක් එක් මහා රාජ්‍යයක් පමණ තැන මහද්ගත යැයි අරමුණු කොට මෙත් සිත

පතුරුවා වාසය කරයිද, යම් භික්ෂුවක් මහා රාජ්‍යය දෙක තුනක් පමණ භූමිය මහද්ගත යැයි අරමුණු කොට මෙත් සිත පතුරුවා වාසය කරයිද, මේ චිත්ත භාවනා දෙකෙන් වඩාත් මහද්ගත වන්නේ කවර චිත්ත භාවනාවක්ද?"

"ස්වාමීනී, යම් භික්ෂුවක් මහා රාජ්‍යය දෙක තුනක් පමණ තැන මහද්ගතයැයි අරමුණු කොට මෙත් සිත පතුරුවා වාසය කරයිද, මේ චිත්ත භාවනාව තමයි ඔය භාවනා දෙකෙන් වඩාත් මහද්ගත වන්නේ."

"ප්‍රිය ආයුෂ්මත් කච්චාන, මේ ගැන කුමක්ද සිතන්නේ? යම් භික්ෂුවක් මහා රාජ්‍යය දෙක තුනක් පමණ තැන මහද්ගත යැයි අරමුණු කොට මෙත් සිත පතුරුවා වාසය කරයිද, යම් භික්ෂුවක් සාගරය සීමා කොට ඇති මහ පොළොව පමණ භූමිය මහද්ගත යැයි අරමුණු කොට මෙත් සිත පතුරුවා වාසය කරයිද, මේ චිත්ත භාවනා දෙකෙන් වඩාත් මහද්ගත වන්නේ කවර චිත්ත භාවනාවක්ද?"

"ස්වාමීනී, යම් භික්ෂුවක් සාගරය සීමා කොට ඇති මහ පොළොව පමණ භූමිය මහද්ගත යැයි අරමුණු කොට මෙත් සිත පතුරුවා වාසය කරයිද, මේ චිත්ත භාවනාව තමයි ඔය භාවනා දෙකෙන් වඩාත් මහද්ගත වන්නේ."

"ප්‍රිය ආයුෂ්මත් කච්චාන, එකම දිව්‍ය නිකායක උපන් ඔය දෙවිවරුන් අතරෙහි ඇතැම් දෙවි කෙනෙක් පරිත්තාභ වෙන්නටත්, ඇතැම් දෙවි කෙනෙක් අප්පමාණාභ වෙන්නටත් හේතුව මෙයයි. කාරණය මෙයයි."

"ස්වාමීනී, අනුරුද්ධයන් වහන්ස, ඉතා මැනැවි. ඒ වගේම ඔය කාරණය පිළිබඳව තවදුරටත් ඇසිය යුතු දෙයක් නම් තියෙනවා. ස්වාමීනී, ඔය ආලෝක දෙවිවරුන් යම් පමණ ඇද්ද, ඒ සියලු දෙවිවරුන් කිලිටි සහිත එළිය තියෙන අයද, එහෙම නැත්නම් පිරිසිදු එළිය තියෙන දෙවිවරුත් ඉන්නවාද?"

"ප්‍රිය ආයුෂ්මත් කච්චාන, අර භව උත්පත්ති පිළිබඳව පැවසූ කාරණයට අනුව මෙහි ඇතැම් දෙවිවරු සංකිලිට්ඨාභයි. ඒ වගේම පරිසුද්ධාභ වූ ඇතැම් දෙවිවරුත් ඉන්නවා."

"ස්වාමීනී, අනුරුද්ධයන් වහන්ස, එක ම දේව නිකායක ඉපදිලා ඉන්න ඒ දෙවිවරුන් අතුරින් ඇතැම් දෙවිවරුන් සංකිලිට්ඨාභ දෙවිවරු වෙන්නටත්, ඇතැම් දෙවිවරු පරිසුද්ධාභ දෙවිවරු වෙන්නටත් හේතුව කුමක් ද? කාරණය කුමක්ද?"

"ප්‍රිය ආයුෂ්මත් කච්චාන, ඔබට උපමාවක් කියා දෙන්නම්. උපමාවෙනුත් මෙහිලා ඇතැම් බුද්ධිමත් පුරුෂයින් කියන කාරණාවේ අර්ථය අවබෝධ කරනවා

නෙව. ප්‍රිය ආයුෂ්මත් කච්චාන, ඒක මේ වගේ දෙයක්. දැල්වෙමින් තිබෙන තෙල් පහනක තෙලුත් අපිරිසිදු නම්, වැටිත් අපිරිසිදු නම්, ඒ තෙලුත් අපිරිසිදු නිසා, වැටිත් අපිරිසිදු නිසා අඳුරු වූ ගතියකින් තමයි දිලෙන්නේ. ප්‍රිය ආයුෂ්මත් කච්චාන ඔය විදිහම තමයි මෙහිලා ඇතැම් භික්ෂුවක් සංකිලිට්ඨාභ වශයෙන් අරමුණු කරගෙන, බැසගෙන මෙත් පතුරුවා වාසය කරනවා. ඔහුගේ කායික වශයෙන් ඇති පීඩා සංසිඳිලත් නෑ. ථීනමිද්ධය සම්පූර්ණයෙන්ම නැතිවෙලත් නෑ. සිතේ විසිරීමත්, කුකුසත් සම්පූර්ණයෙන්ම බැහැර වෙලත් නෑ. ඉතින් ඔහු කායික පීඩා සංසිඳී නැති නිසාත්, ථීනමිද්ධය නැති වී නැති නිසාත්, විසිරීමයි කුකුසයි දුරු නොවූ නිසාත්, තරමක අඳුරු ගතියකින් තමයි දිලෙන්නේ. ඔහු කය බිඳී මරණින් මතු සංකිලිට්ඨාභ දෙවියන් අතර ගිහින් උපදිනවා.

ප්‍රිය ආයුෂ්මත් කච්චාන, මේ වගේ දේකුත් තියෙනවා. දැල්වෙමින් තිබෙන පහනක තෙලුත් පිරිසිදු නම්, වැටිත් පිරිසිදු නම්, ඒ තෙලුත් පිරිසිදු නිසා, වැටිත් පිරිසිදු නිසා, අඳුරු ගතියක් නැතුවයි දිලෙන්නේ. ප්‍රිය ආයුෂ්මත් කච්චාන, අන්න ඒ වගේ තමයි මෙහිලා ඇතැම් භික්ෂුවක් පරිසුද්ධාභ වශයෙන් අරමුණු කරගෙන, බැසගෙන මෙත් පතුරුවා වාසය කරනවා. ඔහුගේ කායික වශයෙන් ඇති පීඩා සංසිඳිලා තියෙන්නේ. ථීනමිද්ධය සම්පූර්ණයෙන්ම නැතිවෙලා තියෙන්නේ. සිතේ විසිරීමත්, කුකුසත් සම්පූර්ණයෙන්ම බැහැර වෙලා තියෙන්නේ. ඉතින් ඔහු කායික පීඩා සංසිඳිලා තියෙන නිසාත්, ථීනමිද්ධය නැති නිසාත්, විසිරීමයි කුකුසයි දුරු වී ඇති නිසාත්, අඳුරු ගතියකින් තොරවයි දිලෙන්නේ. ඔහු කය බිඳී මරණින් මතු පරිසුද්ධාභ දෙවියන් අතර ගිහින් උපදිනවා.

ප්‍රිය ආයුෂ්මත් කච්චාන, එකම දිව්‍ය නිකායක උපන් ඔය දෙවිවරුන් අතරෙහි ඇතැම් දෙවි කෙනෙක් සංකිලිට්ඨාභ වෙන්නටත්, ඇතැම් දෙවි කෙනෙක් පරිසුද්ධාභ වෙන්නටත් හේතුව මෙයයි. කාරණය මෙයයි.”

මෙසේ වදාළ විට ආයුෂ්මත් සභිය කච්චානයන් වහන්සේ ආයුෂ්මත් අනුරුද්ධයන් වහන්සේට මෙය කිව්වා. “ස්වාමීනී, අනුරුද්ධයන් වහන්ස, මැනැවි. ස්වාමීනී, අනුරුද්ධයන් වහන්සේ මෙහෙම කියන්නේ නැහැ නෙව. ‘මේ විදිහටයි මං මෙය ඇසුවේ’ කියල හෝ ‘මෙහෙමත් වෙන්නට පුළුවනි’ ආදී වශයෙන් කියන්නෙ නැහැ නෙව. ස්වාමීනී, අනුරුද්ධයන් වහන්සේ, ඒ දෙවිවරු මේ විදිහටත් ඉන්නවා. ඒ දෙවිවරු මේ විදිහටත් බබලනවාය කියලයි කියන්නේ. ඉතින් ස්වාමීනී, මට මෙහෙම සිතෙනවා. ඒකාන්තයෙන්ම ආයුෂ්මත් අනුරුද්ධයන් වහන්සේ ඔය දෙවිවරුන් සමඟ එකට වාසය කරලා තියෙන්න ඕන. කතා බහ කරලා තියෙන්නට ඕන. සාකච්ඡා කරලා තියෙන්නට ඕන කියලා.”

"ප්‍රිය ආයුෂ්මත් කච්චාන, ඒකාන්තයෙන්ම ඔබ කාරණය ඉස්මතු කරලම යි වචනය කතා කළේ. මං දැන් එහෙනම් ඔබට කියන්නම්. ප්‍රිය ආයුෂ්මත් කච්චාන, මං බොහෝ කාලයක් මුළුල්ලෙහි ඔය දෙවිවරුන් සමඟ වාසය කරලා තියෙනවා. කතා බහ කරලා තියෙනවා. සාකච්ඡා කරලා තියෙනවා."

මෙසේ වදාළ විට ආයුෂ්මත් සභිය කච්චානයන් වහන්සේ පඤ්චකංග වඩුදෙටුතුමාට මෙසේ කීවා. "පින්වත් ගෘහපතිය, ඔබට ලාභයක්ම යි. පින්වත් ගෘහපතිය, ඔබට යහපත් ලාභයක්ම යි. යම් හෙයකින් ඔබත් ඒ සැක සහිත දෙය අත්හැරියාද, ඒ වගේම අපිත් මේ ධර්ම ක්‍රමය අසන්නට අවස්ථාවක් ලබාගත්තා නෙව."

සාදු! සාදු!! සාදු!!!

අනුරුද්ධ තෙරුන් වදාළ දෙසුම නිමා විය.

3.3.8.
උපක්කිලේස සූත්‍රය
උපක්ලේශ ගැන වදාළ දෙසුම

මා හට අසන්නට ලැබුනේ මේ විදිහටයි. ඒ දිනවල භාග්‍යවතුන් වහන්සේ වැඩසිටියේ කොසඹෑ නුවර ඝෝෂිතාරාමයේ. ඒ කාලයෙහි කොසඹෑ නුවර භික්ෂූන් වහන්සේලා රණ්ඩු සරුවල් වෙලා, කෝලාහල ඇතිකරගෙන, වාද විවාද ඇතිකරගෙන එකිනෙකාට වචන නැමැති ආයුධවලින් විද ගනිමිනුයි වාසය කළේ. එතකොට එක්තරා භික්ෂුවක් භාග්‍යවතුන් වහන්සේ වෙත පැමිණියා. පැමිණ භාග්‍යවතුන් වහන්සේට ආදරයෙන් වන්දනා කොට එකත්පස්ව සිටගත්තා. එකත්පස්ව සිටගත් ඒ භික්ෂුව භාග්‍යවතුන් වහන්සේට මෙය පැවසුවා.

"ස්වාමීනී, මේ කොසඹෑ නුවර භික්ෂූන් වහන්සේලා රණ්ඩු අල්ලනවා. කෝලාහල කරගන්නවා. වාද විවාද කරගන්නවා. එකිනෙකාට වචන නැමැති ආයුධවලින් විදගන්නවා. ස්වාමීනී, භාග්‍යවතුන් වහන්සේ ඒ භික්ෂූන් වහන්සේලා වෙත අනුකම්පා උපදවා වැඩමකරන සේක් නම් මැනවි." භාග්‍යවතුන් වහන්සේ නිශ්ශබ්දව එම ඇරයුම ඉවසා වදාළා.

ඉතින් භාග්‍යවත් බුදුරජාණන් වහන්සේ ඒ භික්ෂූන් වහන්සේලා වෙත වැඩම කළා. වැඩම කොට ඒ භික්ෂූන්ට මෙය වදාළා. "කම් නැත, පින්වත් මහණෙනි, රණ්ඩුසරුවල් කරන්න එපා! කෝලාහල කරගන්න එපා! අර්බුද ඇතිකරගන්න එපා! වාද විවාද කරගන්න එපා!"

මෙසේ වදාළ කල්හි එක්තරා භික්ෂුවක් භාග්‍යවතුන් වහන්සේට මෙය පැවසුවා. "ස්වාමීනී, ධර්මස්වාමී වූ භාග්‍යවතුන් වහන්සේ පසෙකට වී සිටින සේක්වා! ස්වාමීනී, භාග්‍යවතුන් වහන්සේ මෙයට මැදිහත් වීමට උත්සාහවත් නොවී භාවනානුයෝගී සුවයෙන් වැඩහිඳින සේක්වා! අපි මේ රණ්ඩු සරුවල් වලින්, කෝලාහලයෙන්, අර්බුදයෙන්, විවාදයෙන් ප්‍රසිද්ධියට පත්වෙනවා."

භාග්‍යවත් බුදුරජාණන් වහන්සේ දෙවෙනි වතාවටත් ඒ භික්ෂූන් වහන්සේලා අමතා වදාළා. "කම් නැත, පින්වත් මහණෙනි, රණ්ඩුසරුවල්

කරන්න එපා! කෝලාහල කරගන්න එපා! අර්බුද ඇතිකරගන්න එපා! වාද විවාද කරගන්න එපා!"

දෙවෙනි වතාවේදීත් ඒ භික්ෂුව භාග්‍යවතුන් වහන්සේට මෙය පැවසුවා. "ස්වාමීනී, ධර්මස්වාමී වූ භාග්‍යවතුන් වහන්සේ පසෙකට වී සිටින සේක්වා! ස්වාමීනී, භාග්‍යවතුන් වහන්සේ මෙයට මැදිහත් වීමට උත්සාහවත් නොවී භාවනානුයෝගී සුවයෙන් වැඩහිඳින සේක්වා! අපි මේ රණ්ඩු සරුවල්වලින්, කෝලාහලයෙන්, අර්බුදයෙන්, විවාදයෙන් ප්‍රසිද්ධියට පත්වෙනවා."

භාග්‍යවත් බුදුරජාණන් වහන්සේ තුන්වෙනි වතාවටත් ඒ භික්ෂූන් වහන්සේලා අමතා වදාළා. "කම් නැත, පින්වත් මහණෙනි, රණ්ඩුසරුවල් කරන්න එපා! කෝලාහල කරගන්න එපා! අර්බුද ඇතිකරගන්න එපා! වාද විවාද කරගන්න එපා!"

තුන්වෙනි වතාවේදීත් ඒ භික්ෂුව භාග්‍යවතුන් වහන්සේට මෙය පැවසුවා. "ස්වාමීනී, ධර්මස්වාමී වූ භාග්‍යවතුන් වහන්සේ පසෙකට වී සිටින සේක්වා! ස්වාමීනී, භාග්‍යවතුන් වහන්සේ මෙයට මැදිහත් වීමට උත්සාහවත් නොවී භාවනානුයෝගී සුවයෙන් වැඩහිඳින සේක්වා! අපි මේ රණ්ඩු සරුවල්වලින්, කෝලාහලයෙන්, අර්බුදයෙන්, විවාදයෙන් ප්‍රසිද්ධියට පත්වෙනවා."

එතකොට භාග්‍යවත් බුදුරජාණන් වහන්සේ පෙරවරුවෙහි සිවුරු හැඳ පොරොවා ගෙන පාත්‍රය ද ගෙන කොසඹෑ නුවරට පිඬු පිණිස වැඩම කළා. කොසඹෑ නුවර පිඬු පිණිස වැඩම කොට දානයෙන් පසු පිණ්ඩපාතයෙන් වැළකී තමන් වහන්සේගේ කුටිය අස්පස් කොට, පාත්‍රය හා සිවුරු ද රැගෙන සිටගෙන වැඩසිටියදී ම මෙම ගාථාවන් වදාළ සේක.

"මේ සමාන අදහස් ඇති පිරිස මහා ශබ්දයක් කරනවා. මේ කාටවත් හිතෙන්නේ නෑ තමන් බාලයෙක් නේද කියලා. සංඝභේදය සිදුවෙද්දී මේ එක්කෙනෙකුටවත් සිතෙන්නේ නෑ තමා නිසා නේද මේ බරපතල දේ සිදුවෙන්නේ කියලා.

සිහිමුලාව සිටින ඔවුන් මහා නුවණැත්තන් විදිහට සිතාගෙනයි අර්බුද ඇතිවෙන කරුණු රැස් කර කර කියවන්නේ. යම්තාක් කට පළල් කොට කතා කරන්නට කැමති වෙද්ද, ඒ තාක් මේ උදවිය දොඩවනවා.

'මට ආක්‍රෝෂ කළා. මාව පෙලුවා. මාව පැරැද්දුවා. මා සතු දේවල් පැහැරගත්තා' කිය කියා යම් කෙනෙක් සිතෙහි වෛර බැඳගන්නවා නම්, ඔවුන්ගේ ඒ වෛරය සංසිඳෙන්නේ නෑ.

'මට ආක්‍රෝෂ කළා. මාව පෙලුවා. මාව පැරැද්දුවා. මා සතු දේවල් පැහැරගත්තා' කිය කියා යම් කෙනෙක් සිතෙහි වෛර බැඳගන්නේ නැත්නම්, ඔවුන්ගේ ඒ වෛරය සංසිඳී යනවා.

මේ ලෝකයේ කවරදාකවත් වෛර කිරීමෙන් වෛරය සංසිඳී යන්නේ නෑ. වෛර නොකිරීමෙන්මයි සංසිඳී යන්නේ. මෙය සනාතන සත්‍යයක්.

ඔය කෝලාහල කරන උදවිය දන්නෙ නෑ මේ කෝලාහල නිසාම අපි වැනසිලා යනවා කියලා. නමුත් යම් දිනෙක මේ කෝලාහල නිසා තමන් වැනසී යන බව තේරුම් ගන්නවා නම් ඒ හේතුවෙන් තමයි කෝලාහල සංසිඳී යන්නේ.

මිනිසුන්ගේ ඇට බිඳලා, පණ නසන හොරු ඉන්නවා. ගවයන්, අසුන්, ධන ධාන්‍ය පැහැරගන්නා හොරු ඉන්නවා. රටවල් මංකොල්ලකන හොරු ඉන්නවා. ඔවුන්ගේ පවා සමඟියක් තියෙනවා. නුඹලාට සමඟි වෙන්නට බැරි මක් නිසාද?

ඉදින් ඇසුරු කරන්නට ඉතා සුදුසු වූ, ස්ථානෝචිත ප්‍රඥාව ඇති, යහපත් ගති පැවතුම් ඇති යහළුවෙක් ලැබුනොත් ඒ ප්‍රාඥ වූ කලණ මිතුරා සමඟ තිබෙන හැම කරදරයක්ම මැඩගෙන සතුටින් හා සිහියෙන් යුක්තව ඔහු සමඟ වාසය කරන්නට ඕන.

නමුත් ඇසුරු කරන්නට ඉතා සුදුසු වූ, ස්ථානෝචිත ප්‍රඥාව ඇති, යහපත් ගති පැවතුම් ඇති, ප්‍රාඥ වූ කලණ මිතුරු වූ යහළුවෙක් නොලැබුනොත්, දිනපු රට අත්හැර හුදෙකලාවේ යන රජෙක් වගේ, වනාන්තරයෙහි හුදෙකලාවේ වාසය කළ මාතංග නම් හස්තිරාජයා වගේ තනියම යි ඉන්න ඕන.

හුදෙකලාවේ හැසිරීමම යි ශ්‍රේෂ්ඨ වන්නේ. අඥාන බාලයන්ගේ යාළු කමෙන් ඇති ඵලක් නෑ. තනියම වාසය කිරීම හේතුවෙන් ඔහුට පව් රැස් වෙන්නේ නෑ. වනාන්තරයේ හුදෙකලාවේ වාසය කරන මාතංග හස්තිරාජයා වගේ උත්සාහ නැතුව තනියමයි ඉන්න තියෙන්නේ."

ඉතින් භාග්‍යවතුන් වහන්සේ සිටගෙන වැඩසිටියදී ම මේ ගාථා වදාරා බාලකලෝණකාර නම් ගමට වැඩම කළා. ඒ දිනවල ආයුෂ්මත් භගු තෙරුන් වැඩසිටියේ බාලකලෝණකාර ගමෙහිය. භාග්‍යවත් බුදුරජාණන් වහන්සේ දුරින්ම වඩින අයුරු ආයුෂ්මත් භගු තෙරුන් දුටුවා. දැක ආසනයක් පැණෙව්වා. පා දෝවනය කරන්නට පැන් පිළියෙල කළා. භාග්‍යවතුන් වහන්සේ පැණවූ අසුනෙහි වැඩසිටියා. වැඩහිඳ පා දෝවනය කළා. ආයුෂ්මත් භගු තෙරුන්

භාග්‍යවතුන් වහන්සේට ආදරයෙන් වැඳ එකත්පස්ව වාඩිවුනා. එකත්පස්ව හුන් ආයුෂ්මත් භගු තෙරුන් හට භාග්‍යවතුන් වහන්සේ මෙය වදාළා.

"පින්වත් භික්ෂුව, කොහොමද, ඉවසන්නට පුළුවනිද? කොහොමද, යැපෙන්නට පුළුවනිද? කොහොමද, පිණ්ඩපාතයෙන් අපහසුවක් නැද්ද?" "භාග්‍යවතුන් වහන්ස, ඉවසන්නට පුළුවනි. භාග්‍යවතුන් වහන්ස, යැපෙන්නටත් පුළුවනි. භාග්‍යවතුන් වහන්ස, පිණ්ඩපාතයෙන් කිසි අපහසුවක් නෑ."

ඉක්බිති භාග්‍යවතුන් වහන්සේ ආයුෂ්මත් භගු තෙරුන් හට දැහැමි කතාවෙන් කරුණු දක්වා, සමාදන් කරවා, උනන්දු කරවා, පහදවා, හුනස්නෙන් නැගී පාචීනවංස නම් වනය කරා වැඩම කළා.

ඒ දිනවල ආයුෂ්මත් අනුරුද්ධ තෙරුන්ද, ආයුෂ්මත් නන්දිය තෙරුන්ද, ආයුෂ්මත් කිම්බිල තෙරුන්ද වාසය කළේ පාචීනවංස නැමැති වනාන්තරයේ. එහිදී වනාරක්ෂක තැනැත්තා දුරින්ම වඩින භාග්‍යවතුන් වහන්සේව දැක්කා. දැක භාග්‍යවතුන් වහන්සේට මෙය පැවසුවා. "මහා ශ්‍රමණයන් වහන්ස, මේ අභය භූමියට ඇතුළු වන්නට එපා! මේ වනයේ තමන් කැමති පරිදි බණ භාවනා කරමින් සිටින කුලපුත්‍රයන් තුන් දෙනෙක් වාසය කරනවා. උන්වහන්සේලාව අපහසුවට පත්කරන්නට එපා!"

එතකොට ආයුෂ්මත් අනුරුද්ධයන් වහන්සේ වනාරක්ෂක තැනැත්තා භාග්‍යවතුන් වහන්සේ සමඟ කරන මේ කතාව ඇසුවා. අසා ඒ වනාරක්ෂක තැනැත්තාට මෙය පැවසුවා. "ප්‍රිය ආයුෂ්මත් වනපාලය, භාග්‍යවත් බුදුරජාණන් වහන්සේව වළක්වන්නට එපා! අපගේ ශාස්තෘ වූ භාග්‍යවතුන් වහන්සේයි මේ වැඩම කරලා ඉන්නේ."

ඉතින් ආයුෂ්මත් අනුරුද්ධ තෙරුන් ආයුෂ්මත් නන්දිය තෙරුන් හා ආයුෂ්මත් කිම්බිල තෙරුන් වෙත පැමිණියා. පැමිණ ආයුෂ්මත් නන්දිය තෙරුන්ට හා ආයුෂ්මත් කිම්බිල තෙරුන්ට මෙය පැවසුවා. "ප්‍රිය ආයුෂ්මතුන් වහන්ස, ඉක්මනින් වඩින්න. ප්‍රිය ආයුෂ්මතුන් වහන්ස, ඉක්මනින් වඩින්න. අපගේ ශාස්තෘ වූ භාග්‍යවතුන් වහන්සේ වැඩම කළ සේක" කියලා. එතකොට ආයුෂ්මත් අනුරුද්ධ තෙරුන්ද, ආයුෂ්මත් නන්දිය තෙරුන්ද, ආයුෂ්මත් කිම්බිල තෙරුන්ද භාග්‍යවතුන් වහන්සේට පෙරගමන් කොට එක නමක් භාග්‍යවතුන් වහන්සේගේ පා සිවුරු පිළිගත්තා. එක නමක් භාග්‍යවතුන් වහන්සේට වැඩසිටින්නට ආසනයක් පැණෙව්වා. එක නමක් පා සෝදන්නට දිය බඳුනක් පිළියෙල කළා. භාග්‍යවතුන් වහන්සේ පණවන ලද අසුනෙහි වැඩසිටියා. වැඩහිඳ පා දෝවනය කළා. ඒ ආයුෂ්මත් තෙරුන් වහන්සේලා භාග්‍යවතුන් වහන්සේට

ආදරයෙන් වන්දනා කොට එකත්පස්ව වාඩිවුනා. එකත්පස්ව හුන් ආයුෂ්මත් අනුරුද්ධ තෙරුන්ට භාග්‍යවතුන් වහන්සේ මෙය වදාළා.

"පින්වත් අනුරුද්ධයෙනි, කොහොමද, ඉවසන්නට පුළුවනිද? කොහොමද, යැපෙන්නට පුළුවනිද? කොහොමද, පිණ්ඩපාතයෙන් අපහසුවක් නැද්ද?" "භාග්‍යවතුන් වහන්ස, ඉවසන්නට පුළුවනි. භාග්‍යවතුන් වහන්ස, යැපෙන්නටත් පුළුවනි. භාග්‍යවතුන් වහන්ස, පිණ්ඩපාතයෙන් කිසි අපහසුවක් නෑ."

"කොහොමද, පින්වත් අනුරුද්ධයෙනි, සමඟිව, සමඟියෙන් සතුටු වෙමින්, වාද විවාද නොකරමින්, කිරියි වතුරයි එක්වුනා වගේ එකිනෙකා දෙස ප්‍රිය ඇසින් බලමින්ද, වාසය කරන්නේ?"

"ස්වාමීනී, ඒකාන්තයෙන්ම අපි සමඟිව, සමඟියෙන් සතුටු වෙමින්, වාද විවාද නොකරමින්, කිරියි වතුරයි එක්වුනා වගේ එකිනෙකා දෙස ප්‍රිය ඇසින් බලමිනුයි වාසය කරන්නේ."

"පින්වත් අනුරුද්ධයෙනි, ඔබ කොයි අයුරින්ද, සමඟිව, සමඟියෙන් සතුටු වෙමින්, වාද විවාද නොකරමින්, කිරියි වතුරයි එක්වුනා වගේ එකිනෙකා දෙස ප්‍රිය ඇසින් බලමින් වාසය කරන්නේ?"

"ස්වාමීනී, මට මෙහිදී මෙහෙමයි සිතෙන්නේ. 'ඒකාන්තයෙන්ම මට ලාභයක්ම යි. ඒකාන්තයෙන්ම මට යහපත් ලැබීමක්ම යි. මෙබඳු වූ ගතිගුණ ඇති සබ්‍රහ්මචාරීන් වහන්සේලා සමඟ වාසය කරන්නට ලැබුනා නෙව' කියලා. එතකොට ස්වාමීනී, මා තුළ මේ ආයුෂ්මතුන් වහන්සේලා කෙරෙහි ඉදිරියෙහිත්, නැති විටත්, මෛත්‍රී කාය කර්ම පිහිටලා තියෙනවා. මෛත්‍රී වචී කර්ම ....(පෙ).... මා තුළ මේ ආයුෂ්මතුන් වහන්සේලා කෙරෙහි ඉදිරියෙහිත්, නැති විටත්, මෛත්‍රී මනෝ කර්ම පිහිටලා තියෙනවා. එතකොට ස්වාමීනී, මට මෙහෙමත් සිතෙනවා. මං මගේ සිත බැහැරින් තබලා මේ ආයුෂ්මතුන් වහන්සේලාගේ සිත සමඟ එක් වී වසන්නට ඕන කියලා. එතකොට ස්වාමීනී, ඒ මම මගේ සිත බැහැර කොට මේ ආයුෂ්මතුන් වහන්සේලාගේ සිත සමඟ එක් වී වාසය කරනවා. එතකොට ස්වාමීනී, අපගේ වෙනස්කම තියෙන්නේ ශරීරවලින් විතරයි. නමුත් අපේ සිත එකක් කියලයි හැඟෙන්නේ."

ආයුෂ්මත් නන්දිය තෙරුන්ද ....(පෙ).... ආයුෂ්මත් කිම්බිල තෙරුන්ද භාග්‍යවතුන් වහන්සේට මෙය පැවසුවා. "ස්වාමීනී, මටත් සිතෙන්නේ මෙහෙමයි. 'ඒකාන්තයෙන්ම මට ලාභයක්ම යි. ඒකාන්තයෙන්ම මට මනා වූ ලාභයක්ම යි. ඒ මම ....(පෙ).... සිතින් එකයි කියලයි හැඟෙන්නේ."

"ස්වාමීනී, අපි ඔය විදිහටයි සමඟිව, සමඟියෙන් සතුටු වෙමින්, වාද විවාද නොකරමින්, කිරියි වතුරයි එක්වුනා වගේ එකිනෙකා දෙස ප්‍රිය ඇසින් බලමින් වාසය කරන්නේ."

"සාදු! සාදු! පින්වත් අනුරුද්ධයෙනි, කොහොමද, පින්වත් අනුරුද්ධයෙනි, ඔබ වාසය කරන්නේ අප්‍රමාදීව කෙලෙස් තවන වීරියෙන් යුක්තව, දහමට දිවි පිදීමෙන්ද?"

"ස්වාමීනී, ඒකාන්තයෙන්ම අපි අප්‍රමාදීව, කෙලෙස් තවන වීරියෙන් යුක්තව දහමට දිවි පුදායි වාසය කරන්නේ."

"පින්වත් අනුරුද්ධයෙනි, අප්‍රමාදීව, කෙලෙස් තවන වීරියෙන් යුක්තව දහමට දිවි පුදා ඔබ වාසය කරන්නේ කොයි අයුරින්ද?"

"ස්වාමීනී, මෙහි වාසය කරන අප අතරින් යම් කෙනෙක් පළමුවෙන්ම ගමෙන් පිණ්ඩපාතේ කරගෙන ආපසු හැරී එනවා නම්, ඒ භික්ෂුව තමයි ආසන පණවන්නේ. පානීය පාරිභෝජනීය පැන් පිළියෙල කරන්නේ. ඉඳුල් භාජනය තබන්නේ. යමෙක් ගමෙන් පිඬු සිඟාගෙන පසුවෙලා එනවා නම්, වළඳා ඉතිරි වූ යමක් ඇද්ද, ඒ භික්ෂුව කැමති නම් එය වළඳනවා. වළඳන්නට අවශ්‍ය නැත්නම් තණකොළ නැති බිමක දමනවා. එක්කො ප්‍රාණීන් නැති ජලයේ පා කර යවනවා. ඒ භික්ෂුව තමයි ආසන නැවත හකුලා තබන්නේ. පානීය පාරිභෝජනීය දිය බඳුන් අස් කරන්නේ. ඉඳුල් භාජනය සෝදා තැන්පත් කරන්නේ. දන් ශාලාව අමදින්නේ. එහිදී පැන් කලය හෝ පරිභෝග කරන පැන් බඳුන හිස් වෙලා තියෙනවා කවුරුවත් දකිනවා නම්, ඒකට පැන් පුරවනවා. ඉදින් ඔහුට තනියම එය ඔසවන්නට නොහැකි නම්, අතින් අඩගසා අනිත් කෙනෙකුගේ උදව්වෙන් එය ඔසවා තබනවා. ස්වාමීනී, අපි ඒ හේතුවෙන්වත් වචන කතාබහක් කරන්නේ නෑ.

නමුත් ස්වාමීනී, අපි දවස් පහකට වතාවක් තුන්යම් රාත්‍රිය පුරාවට ධර්ම කතාවෙහි යෙදී වාසය කරනවා. ස්වාමීනී, අපි ඔය විදිහටයි අප්‍රමාදීව, කෙලෙස් තවන වීරියෙන් යුතුව, දහමට දිවි පුදා වාසය කරන්නේ."

"සාදු! සාදු! පින්වත් අනුරුද්ධ, ඉතින් පින්වත් අනුරුද්ධයෙනි, ඔය විදිහට අප්‍රමාදීව කෙලෙස් තවන වීරියෙන් යුතුව, දහමට දිවි පුදා වාසය කරද්දී මනුස්ස ධර්මයන්ට වඩා උතුම් වූ ආර්ය වූ ඤාණදර්ශන විශේෂයක් උපදවා ගෙන පහසුවෙන් වාසය කිරීමක් තියෙනවාද?"

"ස්වාමීනී, අපි මෙහි අප්‍රමාදීව කෙලෙස් තවන වීරියෙන් යුතුව, දහමට දිවි පුදා වාසය කරද්දී ආලෝකයත්, දිවැසින් රූප දැකීමත් ඇති කරගත්තා. ඒ වුණාට ඒ අපගේ ආලෝකය වැඩිවෙලාවක් පවතින්නේ නෑ. අතුරුදහන් වෙලා යනවා. රූප දර්ශනයටත් ඒකයි වෙන්නේ. ඒ නිමිත්ත සම්පූර්ණයෙන් වැටහෙන්නේ නෑ."

"පින්වත් අනුරුද්ධයෙනි, ඔබ විසින් ඒ නිමිත්ත සම්පූර්ණයෙන් ම වටහාගත යුතුයි. පින්වත් අනුරුද්ධයෙනි, මාත් සම්බුද්ධත්වයට කලින්, සම්බුදු නොවී සිටියදී ම බෝධිසත්ව වශයෙන් සිටියදී ම, ආලෝකයත්, රූප දර්ශනත් හඳුනා ගත්තා. මට ඇති වූ ඒ ආලෝකය බොහෝ වේලාවක් තියෙන්නේ නෑ. අතුරුදහන් වෙනවා. රූප දර්ශනයත් එහෙමයි. එතකොට පින්වත් අනුරුද්ධ මට මෙහෙමයි සිතුනේ. යම් කරුණකින් මට ඇති වූ ආලෝකයත්, රූප දර්ශනයත් අතුරුදහන් වෙනවාද, ඒකට හේතුව කුමක්ද? කාරණය කුමක්ද? කියලා.

එතකොට පින්වත් අනුරුද්ධයෙනි, මට මෙහෙම සිතුනා. 'මා තුළ සැකය ඇතිවෙලා තියෙනවා. සැකය ඇතිවීම නිසයි ඒ සමාධිය නැතිවෙන්නේ. සමාධිය නැතිවීමෙන් තමයි ආලෝකයත්, රූප දර්ශනයත් අතුරුදහන් වෙන්නේ. එතකොට පින්වත් අනුරුද්ධ, ඒ මං අප්‍රමාදීව, කෙලෙස් තවන වීරියෙන් යුතුව, දහමට දිවි පුදා වාසය කරද්දී, ආලෝකයත්, රූප දර්ශනයත් හඳුනා ගත්තා. නමුත් ඒ ආලෝකයත්, රූප දර්ශනයත් වැඩිකල් නොගිහින් අතුරුදහන් වෙනවා. එතකොට පින්වත් අනුරුද්ධ මම මෙහෙම හිතුවා. යම් කරුණකින් මට ඇති වූ ආලෝකයත්, රූප දර්ශනයත් අතුරුදහන් වෙනවාද, ඒකට හේතුව කුමක්ද? කාරණය කුමක්ද? කියලා.

එතකොට පින්වත් අනුරුද්ධයෙනි, මට මෙහෙම සිතුනා. 'මා තුළ මෙනෙහි නොකිරීම ඇතිවෙනවා. ඒ මෙනෙහි නොකිරීම හේතුවෙනුයි සමාධිය නැතිවෙන්නේ. සමාධිය නැතිවීමෙන් තමයි ආලෝකයත්, රූප දර්ශනයත් අතුරුදහන් වෙන්නේ. එතකොට මං තුළ නැවත සැකය නූපදින විදිහට, මනසිකාර නැති බව නූපදින විදිහට කටයුතු කරනවා.

ඒ මං පින්වත් අනුරුද්ධ, ...(පෙ).... එතකොට පින්වත් අනුරුද්ධ මට මෙහෙම හිතුනා. 'මා තුළ ථීනමිද්ධය ඇතිවෙලා තියෙනවා. ථීනමිද්ධය නිසයි මගේ සමාධිය නැතිවෙන්නේ. සමාධිය නැතිවීමෙන් තමයි ආලෝකයත්, රූප දර්ශනයත් අතුරුදහන් වෙන්නේ. එතකොට මං තුළ නැවත සැකය නූපදින විදිහට, මනසිකාර නැති බව නූපදින විදිහට, ථීනමිද්ධය නූපදින විදිහට කටයුතු කරනවා.

ඒ මං පින්වත් අනුරුද්ධ, ...(පෙ).... එතකොට පින්වත් අනුරුද්ධ මට මෙහෙම හිතුනා. මා තුළ භය තැති ගැනීම් ඇති වුනා. ඒ භය තැතිගැනීම නිසයි, මගේ සමාධිය නැතිවෙන්නේ. සමාධිය නැතිවීමෙන් තමයි ආලෝකයත්, රූප දර්ශනයත් අතුරුදහන් වෙන්නේ. පින්වත් අනුරුද්ධ ඒක මේ වගේ දෙයක්. දීර්ඝ මාර්ගයකට බැසගත් පුද්ගලයෙක් ඉන්නවා. ඔහුගේ දෙපැත්තේ වධකයෝ පැමිණිලා ඉන්නවා. එතකොට ඒ හේතුවෙන් ඔහුට බිය තැතිගැනීම් ඇතිවෙනවා නේද? පින්වත් අනුරුද්ධය, ඔය විදිහටයි මා තුළ බිය තැතිගැනීම් හටගත්තේ. ඒ භය තැතිගැනීම නිසයි, මගේ සමාධිය නැතිවෙන්නේ. සමාධිය නැතිවීමෙන් තමයි ආලෝකයත්, රූප දර්ශනයත් අතුරුදහන් වෙන්නේ. එතකොට මං තුළ නැවත සැකය නූපදින විදිහට, මනසිකාර නැති බව නූපදින විදිහට, ථීනමිද්ධය නූපදින විදිහට, භය තැති ගැනීම නූපදින විදිහට කටයුතු කරනවා.

ඒ මං පින්වත් අනුරුද්ධ, ...(පෙ).... එතකොට පින්වත් අනුරුද්ධ මට මෙහෙම හිතුනා. මා තුළ සතුටින් ඉපිල යාම ඇතිවුනා. ඒ සතුටින් ඉපිල යාම නිසයි, මගේ සමාධිය නැතිවෙන්නේ. සමාධිය නැතිවීමෙන් තමයි ආලෝකයත්, රූප දර්ශනයත් අතුරුදහන් වෙන්නේ. පින්වත් අනුරුද්ධ ඒක මේ වගේ දෙයක්. පුරුෂයෙක් එක නිධානයක් හොයද්දී, එකවරම නිධාන පහක් හම්බවෙනවා වගෙයි. ඒ හේතුවෙන් ඔහුගේ සිත බලවත්ව සතුටින් ඉපිල යනවා. පින්වත් අනුරුද්ධය, ඔය විදිහටයි මා තුළ සතුටින් ඉපිල යාම ඇතිවුනේ. ඒ සතුටින් ඉපිල යාම නිසයි මගේ සමාධිය නැතිවෙන්නේ. සමාධිය නැතිවීමෙන් තමයි ආලෝකයත්, රූප දර්ශනයත් අතුරුදහන් වෙන්නේ. එතකොට මං තුළ නැවත සැකය නූපදින විදිහට, මනසිකාර නැති බව නූපදින විදිහට, ථීනමිද්ධය නූපදින විදිහට, භය තැති ගැනීම නූපදින විදිහට, සතුටින් ඉපිල යාම නූපදින විදිහට කටයුතු කරනවා.

ඒ මං පින්වත් අනුරුද්ධ, ...(පෙ).... එතකොට පින්වත් අනුරුද්ධ මට මෙහෙම හිතුනා. මා තුළ කයට ලොකු වෙහෙසක් ඇතිවුනා. ඒ කයට ඇති වූ වෙහෙස නිසයි, මගේ සමාධිය නැතිවෙන්නේ. සමාධිය නැතිවීමෙන් තමයි ආලෝකයත්, රූප දර්ශනයත් අතුරුදහන් වෙන්නේ. එතකොට මං තුළ නැවත සැකය නූපදින විදිහට, මනසිකාර නැති බව නූපදින විදිහට, ථීනමිද්ධය නූපදින විදිහට, භය තැති ගැනීම නූපදින විදිහට, සතුටින් ඉපිල යාම නූපදින විදිහට, කායික වෙහෙස නූපදින විදිහට කටයුතු කරනවා.

ඒ මං පින්වත් අනුරුද්ධ, ...(පෙ).... එතකොට පින්වත් අනුරුද්ධ මට මෙහෙම හිතුනා. මා තුළ අධික විදිහට වීරිය ඇතිවුනා. ඒ අධික වීරිය නිසයි, මගේ සමාධිය නැතිවෙන්නේ. සමාධිය නැතිවීමෙන් තමයි ආලෝකයත්, රූප

දර්ශනයත් අතුරුදහන් වෙන්නේ. පින්වත් අනුරුද්ධයෙනි, ඒක මේ වගේ දෙයක්. පුරුෂයෙක් අත් දෙක දැඩි කොට වටුකුරුල්ලෙක්ව හයියෙන් අල්ලනවා. එතකොට ඌ එතනම මැරිලා වැටෙනවා. පින්වත් අනුරුද්ධයෙනි, ඔය විදිහේ දෙයක් තමයි මටත් වුනේ. මා තුළ අධික විදිහේ වීරියක් ඇතිවුනා. ඒ අධික වූ වීරිය නිසා ම යි මගේ සමාධිය නැතිවුනේ. ....(පෙ).... එතකොට මං තුළ නැවත සැකය නූපදින විදිහට, මනසිකාර නැති බව නූපදින විදිහට, ථීනමිද්ධය නූපදින විදිහට, භය තැති ගැනීම නූපදින විදිහට, සතුටින් ඉපිල යාම නූපදින විදිහට, කායික වෙහෙස නූපදින විදිහට, අධික වීරිය නූපදින විදිහට කටයුතු කරනවා.

ඒ මං පින්වත් අනුරුද්ධ, ...(පෙ).... එතකොට පින්වත් අනුරුද්ධ මට මෙහෙම හිතුනා. මා තුළ වීරිය අතිශයින්ම ලිහිල් වීම ඇති වුනා. ඒ වීරිය හොඳටම ලිහිල් වීම නිසයි, මගේ සමාධිය නැතිවෙන්නේ. සමාධිය නැතිවීමෙන් තමයි ආලෝකයත්, රූප දර්ශනයත් අතුරුදහන් වෙන්නේ. පින්වත් අනුරුද්ධයෙනි, ඒක මේ වගේ දෙයක්. පුරුෂයෙක් අත් දෙක හොඳටම ලිහිල් කොට වටුකුරුල්ලෙක්ව අල්ලන්න යනවා. එතකොට ඌ පියාඹා යනවා. පින්වත් අනුරුද්ධයෙනි, ඔය විදිහේ දෙයක් තමයි මටත් වුනේ. මා තුළ හොඳට ලිහිල් වූ වීරියක් ඇතිවුනා. ඒ හොඳටම ලිහිල් වූ වීරිය නිසාම යි මගේ සමාධිය නැතිවුනේ. ....(පෙ).... එතකොට මං තුළ නැවත සැකය නූපදින විදිහට, මනසිකාර නැති බව නූපදින විදිහට, ථීනමිද්ධය නූපදින විදිහට, භය තැති ගැනීම නූපදින විදිහට, සතුටින් ඉපිල යාම නූපදින විදිහට, කායික වෙහෙස නූපදින විදිහට, අධික වීරිය නූපදින විදිහට, හොඳටම ලිහිල් වූ වීරිය නූපදින විදිහට කටයුතු කරනවා.

ඒ මං පින්වත් අනුරුද්ධ, ...(පෙ).... එතකොට පින්වත් අනුරුද්ධ මට මෙහෙම හිතුනා. මා තුළ ආලෝක දර්ශන ආදිය පිණිස තෘෂ්ණාවක් ඇති වුනා. ඒ තෘෂ්ණාව නිසයි, මගේ සමාධිය නැතිවෙන්නේ. සමාධිය නැතිවීමෙන් තමයි ආලෝකයත්, රූප දර්ශනයත් අතුරුදහන් වෙන්නේ. එතකොට මං තුළ නැවත සැකය නූපදින විදිහට, මනසිකාර නැතිබව නූපදින විදිහට, ථීනමිද්ධය නූපදින විදිහට, භය තැති ගැනීම නූපදින විදිහට, සතුටින් ඉපිල යාම නූපදින විදිහට, කායික වෙහෙස නූපදින විදිහට, අධික වීරිය නූපදින විදිහට, හොඳටම ලිහිල් වූ වීරිය නූපදින විදිහට, තෘෂ්ණාව නූපදින විදිහට කටයුතු කරනවා.

එතකොට පින්වත් අනුරුද්ධ, මා තුළ විවිධාකාර සඤ්ඤාවන් ඇතිවුනා. ඒ නා නා සඤ්ඤාවන් නිසයි, මගේ සමාධිය නැතිවෙන්නේ. සමාධිය නැතිවීමෙන් තමයි ආලෝකයත්, රූප දර්ශනයත් අතුරුදහන් වෙන්නේ. එතකොට මං තුළ

නැවත සැකය නූපදින විදිහට, මනසිකාර නැතිබව නූපදින විදිහට, ථීනමිද්ධය නූපදින විදිහට, භය තැතිගැනීම නූපදින විදිහට, සතුටින් ඉපිල යාම නූපදින විදිහට, කායික වෙහෙස නූපදින විදිහට, අධික වීරිය නූපදින විදිහට, හොඳටම ලිහිල් වූ වීරිය නූපදින විදිහට, තෘෂ්ණාව නූපදින විදිහට, නා නා සඤ්ඤාවන් නූපදින විදිහට කටයුතු කරනවා.

පින්වත් අනුරුද්ධයෙනි, ඒ මං අප්‍රමාදීව කෙලෙස් තවන වීරියෙන් යුක්තව, දහමට දිවි පුදා වාසය කරද්දී, ආලෝකයත්, රූප දර්ශනයත් හඳුනා ගත්තා. නමුත් ඒ ආලෝකයත්, රූප දර්ශනයත් වැඩිකල් නොගිහින් අතුරුදහන් වෙනවා. එතකොට පින්වත් අනුරුද්ධ මම මෙහෙම හිතුවා. යම් කරුණකින් මට ඇති වූ ආලෝකයත්, රූප දර්ශනයත් අතුරුදහන් වෙනවා නම් ඒකට හේතුව කුමක්ද? කාරණය කුමක්ද? කියලා.

එතකොට පින්වත් අනුරුද්ධයෙනි, මට මෙහෙම සිතුනා. 'මා තුළ එකම විදිහේ රූප මෙනෙහි කරන්නට අධිකව වෑයම් කිරීම ඇතිවුනා. ඒ එකම විදිහේ රූප මෙනෙහි කරන්නට අධිකව වෑයම් කිරීම හේතුවෙනුයි සමාධිය නැතිවුනේ. සමාධිය නැතිවීමෙන් තමයි ආලෝකයත්, රූප දර්ශනයත් අතුරුදහන් වුනේ. එතකොට මං තුළ නැවත සැකය නූපදින විදිහට, මනසිකාර නැති බව නූපදින විදිහට, ථීනමිද්ධය නූපදින විදිහට, භය තැතිගැනීම නූපදින විදිහට, සතුටින් ඉපිල යාම නූපදින විදිහට, කායික වෙහෙස නූපදින විදිහට, අධික වීරිය නූපදින විදිහට, හොඳටම ලිහිල් වූ වීරිය නූපදින විදිහට, තෘෂ්ණාව නූපදින විදිහට, ඒ නානා සඤ්ඤාවන් නූපදින විදිහට, එකම විදිහේ රූප මෙනෙහි කරන්නට අධිකව වෑයම් කිරීම නූපදින විදිහට කටයුතු කරනවා.

පින්වත් අනුරුද්ධයෙනි, ඒ මම සැකය සිතට උපක්ලේශයක් බව ඔය විදිහට තේරුම් අරගෙන සිතට උපක්ලේශයක් වූ සැකය අත්හැරියා. මෙනෙහි නොකිරීම සිතට උපක්ලේශයක් බව ඔය විදිහට තේරුම් අරගෙන සිතට උපක්ලේශයක් වූ අමනසිකාරය අත්හැරියා. ථීනමිද්ධය සිතට උපක්ලේශයක් බව ඔය විදිහට තේරුම් අරගෙන සිතට උපක්ලේශයක් වූ ථීනමිද්ධය අත්හැරියා. භය තැතිගැනීම සිතට උපක්ලේශයක් බව ඔය විදිහට තේරුම් අරගෙන සිතට උපක්ලේශයක් වූ භය තැතිගැනීම අත්හැරියා. සතුටින් සිත ඉපිල යාම සිතට උපක්ලේශයක් බව ඔය විදිහට තේරුම් අරගෙන සිතට උපක්ලේශයක් වූ සතුටින් සිත ඉපිලයාම අත්හැරියා. කායික වෙහෙස සිතට උපක්ලේශයක් බව ඔය විදිහට තේරුම් අරගෙන සිතට උපක්ලේශයක් වූ කායික වෙහෙස අත්හැරියා. අධික ලෙස ගන්නා වීරිය සිතට උපක්ලේශයක් බව ඔය විදිහට තේරුම් අරගෙන සිතට උපක්ලේශයක් වූ අධික ලෙස ගන්නා වීරිය අත්හැරියා.

ලිහිල්ව ගත් වීරිය සිතට උපක්ලේශයක් බව ඔය විදිහට තේරුම් අරගෙන සිතට උපක්ලේශයක් වූ ලිහිල්ව ගත් වීරිය අත්හැරියා. තෘෂ්ණාව සිතට උපක්ලේශයක් බව ඔය විදිහට තේරුම් අරගෙන සිතට උපක්ලේශයක් වූ තෘෂ්ණාව අත්හැරියා. නානාත්ම සඤ්ඤාව සිතට උපක්ලේශයක් බව ඔය විදිහට තේරුම් අරගෙන සිතට උපක්ලේශයක් වූ නානාත්ම සඤ්ඤාව අත්හැරියා. එකම විදිහේ රූප මෙනෙහි කරන්නට අධිකව වෑයම් කිරීම සිතට උපක්ලේශයක් බව ඔය විදිහට තේරුම් අරගෙන සිතට උපක්ලේශයක් වූ එකම විදිහේ රූප මෙනෙහි කරන්නට අධිකව වෑයම් කිරීම අත්හැරියා.

පින්වත් අනුරුද්ධය, ඒ මම අප්‍රමාදීව කෙලෙස් තවන වීරියෙන් යුක්තව දහමට දිවි පුදා වාසය කරද්දී, ආලෝකය හඳුනාගන්නවා. නමුත් රූප දකින්නේ නෑ. ඇතැම්විට රූප දකිනවා. නමුත් ආලෝකය හඳුනන්නේ නෑ. ඇතැම් විට මුළු රාත්‍රියමත්, මුළු දහවලත්, මුළු රෑ දවල් දෙකෙහිමත් ඔය විදිහයි. එතකොට පින්වත් අනුරුද්ධ මට මෙහෙම හිතුනා. 'මුළු රැයත්, මුළු දහවලත්, මුළු රෑ දහවල් දෙකෙහිත් මං ආලෝකය හඳුනාගන්නවා නම්, රූප දකින්නේ නැත්නම්, ඒ වගේම රූප දකිනවා නම්, ආලෝකය හඳුනන්නේ නැත්නම් මෙයට හේතුව කුමක්ද? කාරණය කුමක්ද? කියලා.' එතකොට පින්වත් අනුරුද්ධයෙනි, මට මේ අදහස ඇතිවුනා. යම් වෙලාවක මං රූප නිමිත්ත මෙනෙහි නොකොට ආලෝක නිමිත්ත මෙනෙහි කරනවා නම් ඒ වෙලාවට මං ආලෝකයයි හඳුනාගන්නේ. රූප දකින්නේ නෑ. යම් වෙලාවක ආලෝක නිමිත්ත මෙනෙහි නොකොට, රූප නිමිත්ත මෙනෙහි කරනවා නම් ඒ වෙලාවට මං රූප දකිනවා. ආලෝකය හඳුනාගන්නේ නෑ. මුළු රැයත්, මුළු දහවලත්, මුළු රෑ දහවලත් ඔය විදිහයි.

පින්වත් අනුරුද්ධය, ඒ මම අප්‍රමාදීව කෙලෙස් තවන වීරියෙන් යුක්තව දහමට දිවි පුදා වාසය කරද්දී, මුළු රැයත්, මුළු දහවලත්, මුළු රෑ දහවලත් ස්වල්ප වූ ආලෝකය හඳුනාගන්නවා. රූප දකින්නෙත් ටිකයි. ඇතැම් විට අප්‍රමාණ වූ ආලෝකය හඳුනාගන්නවා. අප්‍රමාණ වූ රූපත් දකිනවා. එතකොට පින්වත් අනුරුද්ධය මට මෙහෙම හිතුනා. මුළු රැයත්, මුළු දහවලත්, මුළු රෑ දහවලත් මං ස්වල්ප වූ ආලෝකයක් හඳුනාගන්නවා නම්, ස්වල්ප වූ රූප දකිනවා නම්, අප්‍රමාණ ආලෝකයක් හඳුනාගන්නවා නම්, අප්‍රමාණ රූප දකිනවා නම්, එයට හේතුව කුමක්ද? ප්‍රත්‍ය කුමක්ද?

එතකොට පින්වත් අනුරුද්ධය, මට මෙහෙමයි සිතුනේ. යම් වෙලාවක සමාධිය පැතිරීම තිබෙන්නේ ටිකයිද, ඒ වෙලාවට මගේ දිවැස තිබෙන්නෙත් ටිකයි. ඒ මං ස්වල්ප වූ දිවැසින් තමයි රූප ටිකක් දකින්නේ. ආලෝකය ටිකක් හඳුනාගන්නේ. යම් වෙලාවක මා අප්‍රමාණ වූ සමාධියක් පතුරනවාද,

ඒ වෙලාවට මගේ දිවැසත් ප්‍රමාණ රහිතයි. ඒ මං ප්‍රමාණ රහිත වූ දිවැසින් අප්‍රමාණ ආලෝකය හඳුනාගන්නවා. අප්‍රමාණ රූප දකිනවා. මුළු රැයත්, මුළු දහවලත්, මුළු රෑ දහවලත් ඔය විදිහයි.

පින්වත් අනුරුද්ධය, යම් විටෙක සැකය සිතට උපක්ලේශයක් බව අවබෝධ කරගෙන සිතට උපක්ලේශයක් වූ සැකය ප්‍රහාණය වුනාද, අමනසිකාරය සිතට උපක්ලේශයක් බව අවබෝධ කරගෙන සිතට උපක්ලේශයක් වූ අමනසිකාරය ප්‍රහාණය වුනාද, ථීනමිද්ධය සිතට උපක්ලේශයක් බව අවබෝධ කරගෙන සිතට උපක්ලේශයක් වූ ථීනමිද්ධය ප්‍රහාණය වුනාද, භය තැතිගැනීම සිතට උපක්ලේශයක් බව අවබෝධ කරගෙන සිතට උපක්ලේශයක් වූ භය තැතිගැනීම ප්‍රහාණය වුනාද, සිත සතුටින් ඉපිල යාම සිතට උපක්ලේශයක් බව අවබෝධ කරගෙන සිතට උපක්ලේශයක් වූ සතුටින් ඉපිල යාම ප්‍රහාණය වුනාද, කායික වෙහෙස සිතට උපක්ලේශයක් බව අවබෝධ කරගෙන සිතට උපක්ලේශයක් වූ කායික වෙහෙස ප්‍රහාණය වුනාද, ඉතා දැඩිව ගත් වීරිය සිතට උපක්ලේශයක් බව අවබෝධ කරගෙන සිතට උපක්ලේශයක් වූ ඉතා දැඩිව ගත් වීරිය ප්‍රහාණය වුනාද, ඉතා ලිහිල්ව ගත් වීරිය සිතට උපක්ලේශයක් බව අවබෝධ කරගෙන සිතට උපක්ලේශයක් වූ ඉතා ලිහිල්ව ගත් වීරිය ප්‍රහාණය වුනාද, තෘෂ්ණාව සිතට උපක්ලේශයක් බව අවබෝධ කරගෙන සිතට උපක්ලේශයක් වූ තෘෂ්ණාව ප්‍රහාණය වුනාද, නානාත්ම සඤ්ඤාව සිතට උපක්ලේශයක් බව අවබෝධ කරගෙන සිතට උපක්ලේශයක් වූ නානාත්ම සඤ්ඤාව ප්‍රහාණය වුනාද, එකම විදිහේ රූප මෙනෙහි කරන්නට අධිකව වෑයම් කිරීම සිතට උපක්ලේශයක් බව අවබෝධ කරගෙන සිතට උපක්ලේශයක් වූ එකම විදිහේ රූප මෙනෙහි කරන්නට අධිකව වෑයම් කිරීම ප්‍රහාණය වුනාද, එතකොට පින්වත් අනුරුද්ධයෙනි, මට මෙහෙමයි සිතුනේ. 'මාගේ සිතේ යම් උපක්ලේශයන් තිබුණා නම් දැන් ඒවා ප්‍රහාණය වෙලයි තියෙන්නේ. එහෙම නම් මං දැන් තුන් ආකාරයකින් සමාධිය වඩන්නට ඕන' කියලා.

එතකොට පින්වත් අනුරුද්ධයෙනි, විතර්ක විචාර සහිතවත් සමාධිය වැඩුවා, විතර්ක නැතුව විචාර මාත්‍රයකිනුත් සමාධිය වැඩුවා. විතර්ක නැතුව විචාර නැතුව සමාධිය වැඩුවා. ප්‍රීතිය සහිතවත් සමාධිය වැඩුවා. ප්‍රීතිය රහිතවත් සමාධිය වැඩුවා. සැප සහගතවත් සමාධිය වැඩුවා. උපේක්ෂා සහගතවත් සමාධිය වැඩුවා.

පින්වත් අනුරුද්ධයෙනි, යම් විටෙක මා විසින් විතර්ක සහිත වූ, විචාර සහිත වූ සමාධිය වැඩුවාද, විතර්ක රහිත වූත්, විචාර මාත්‍ර වූත් සමාධිය වැඩුවාද, විතර්ක රහිත වූත්, විචාර රහිත වූත් සමාධිය වැඩුවාද, ප්‍රීතිය සහිත

සමාධිය වැඩුවාද, ප්‍රීතිය රහිත සමාධිය වැඩුවාද, සැප සහිත සමාධිය වැඩුවාද, උපේක්ෂා සහගත සමාධිය වැඩුවාද එතකොට මට ඤාණදර්ශනය ඇතිවුනා. මාගේ චිත්ත විමුක්තිය නොවෙනස් වන ස්වභාවයකින් යුක්තයි. මෙය මාගේ අන්තිම උපතයි. නැවත පුනර්භවයක් නැතැ'යි කියලා.

භාග්‍යවතුන් වහන්සේ මේ උතුම් දේශනය වදාළා. ඒ දේශනය ගැන ඒ ආයුෂ්මත් අනුරුද්ධයන් වහන්සේ ගොඩක් සතුටු වුනා. භාග්‍යවතුන් වහන්සේ වදාළ මේ දේශනය සතුටින් පිළිගත්තා.

සාදු! සාදු!! සාදු!!!

උපක්ලේශ ගැන වදාළ දෙසුම නිමා විය.

3.3.9.
බාලපණ්ඩිත සූත්‍රය
බාලයා හා පණ්ඩිතයා ගැන වදාළ දෙසුම

මා හට අසන්නට ලැබුනේ මේ විදිහටයි. ඒ දිනවල භාග්‍යවතුන් වහන්සේ වැඩසිටියේ සැවැත් නුවර ජේතවනය නම් වූ අනේපිඬු සිටුතුමා විසින් කරවන ලද ආරාමයෙහිය. එදා භාග්‍යවතුන් වහන්සේ "පින්වත් මහණෙනි" කියා භික්ෂුසංඝයා අමතා වදාළා. "පින්වතුන් වහන්ස" යැයි කියා ඒ භික්ෂූන් ද භාග්‍යවතුන් වහන්සේට පිළිතුරු දුන්නා. භාග්‍යවතුන් වහන්සේ මෙය වදාළා.

"පින්වත් මහණෙනි, පවිටු බාලයා තුළ ඒ අසත්පුරුෂ බාල බව පෙන්වන ලක්ෂණ, ඒ අසත්පුරුෂ බාල බව දැනගත හැකි නිමිති, ඒ අසත්පුරුෂ බාල බව ඉස්මතු වෙන චරියාවන් තුනක් තියෙනවා. පින්වත් මහණෙනි, අසත්පුරුෂ බාලයා දුෂ්ට සිතුවිලිම යි සිතන්නේ. දුෂ්ට දේවල්ම යි කියන්නේ. දුෂ්ට වැඩම යි කරන්නේ. පින්වත් මහණෙනි, යම් හෙයකින් අසත්පුරුෂ බාලයා දුෂ්ට සිතුවිලි සිතන්නේ නැත්නම්, දුෂ්ට වචන කියන්නේ නැත්නම්, දුෂ්ට වැඩ කරන්නේ නැත්නම් සත්පුරුෂ පණ්ඩිතයෙකුට මේ 'භවත් මොහු වනාහී අසත්පුරුෂයෙක් ය, බාලයෙක් ය' කියලා හඳුනාගන්නේ කොහොමද? පින්වත් මහණෙනි, යම් හෙයකින් අසත්පුරුෂ බාලයා දුෂ්ට සිතුවිලි සිතනවාද, දුෂ්ට වචන කියනවාද, දුෂ්ට වැඩ කරනවාද, ඒ නිසාම යි ඔහුව සත්පුරුෂ නුවණැතියන් හඳුනාගන්නේ 'මේ භවතා අසත්පුරුෂ බාලයා ය' කියා.

පින්වත් මහණෙනි, ඒ අසත්පුරුෂ බාලයා මේ ජීවිතය තුළදී ම තුන් ආකාරයකින් දුක් දොම්නස් විඳිනවා. පින්වත් මහණෙනි, ඉදින් අසත්පුරුෂ බාලයා පිරිසක් මැද වාඩිවෙලා ඉන්නට පුළුවනි. වීදියක වාඩිවෙලා ඉන්න පුළුවනි. සිව් මංසලක වාඩිවෙලා ඉන්නට පුළුවනි. එහිදිත් ජනයා ඔහුගේ බාල ක්‍රියාවට ගැලපෙන දේවල් කතාබස් කරනවා අසන්නට ලැබෙනවා.

පින්වත් මහණෙනි, ඉදින් අසත්පුරුෂ බාලයා ප්‍රාණඝාත කරන කෙනෙක් වෙයිද, සොරකම් කරන කෙනෙක් වෙයිද, කාම මිථ්‍යාචාරයේ යෙදෙන කෙනෙක් වෙයිද, බොරු කියන කෙනෙක් වෙයිද, මත්පැන්, මත්ද්‍රව්‍ය පාවිච්චි කරන කෙනෙක් වෙයිද, එතකොට පින්වත් මහණෙනි, බාලයාට මෙහෙම

හිතෙනවා. 'මේ මිනිස්සු දුෂ්චරිත පිළිබඳව ත් කතා බස් කරනවා නෙව. මේ දුෂ්චරිතයන් මා තුළ තියෙනවා. මාත් ඒ දුෂ්චරිත තුළ නෙව ඉන්නේ' කියලා. පින්වත් මහණෙනි, බාලයා මෙලොවදී ම දුක් දොම්නස් විඳින පළමු කාරණාව මෙයයි.

පින්වත් මහණෙනි, නැවත අනෙකක් කියමි. රජවරු අපරාධකාරයෙක්, සොරෙක් අල්ලාගෙන ඔහුට විවිධාකාර දඬුවම් පමුණුවන අයුරු බාලයාට දකින්නට ලැබෙනවා. ඒ කියන්නේ, ඒ අපරාධකාරයාට කසෙන් තලනවා. වේවැලෙන් තලනවා. දඬු මුගුරුවලින් තලනවා. අත් කපල දානවා, කකුල් කපල දානවා, අත් කකුල් කපල දානවා, කන කපනවා, නාසයත් කපනවා. කන් නාසාත් කපනවා, හිස් කබල චප්ප කරල දානවා. හිස් කබලෙ ඇටේ මතු වෙනකල් බොරළු දාල හූරනවා. යකඩ අඬුවකින් කට පළල් කරල ගිනි පන්දම් ඔබනවා. ඇඟේ තෙල් පාන්කඩ ඔතල ගිනි තියනවා. අත්වල තෙල් පාන්කඩ ඔතල ගිනි තියනවා. බෙල්ලෙ ඉඳන් පහළට හම ගලෝලා, ඇදගෙන යනවා. බෙල්ලෙ ඉඳන් පහළටත්, කකුලෙ ඉඳන් උඩටත් හම ගලෝලා, එකට ගැට ගහනවා. දණිස් දෙකෙත්, වැළමිටි දෙකෙත් යකඩ උල් ගහල පොළවට හයි කරල, ගින්නෙන් රත් කරනවා, කොකුවලින් ඇන ඇන මස් ලේ විසුරුවනවා. මුළු ශරීරයේම මස් චූටි කෑලිවලට ඉරල දානවා. ශරීරයෙ තැනින් තැන සිදුරු කරල ලෝදිය දානවා. පැත්තට ඇල කරල බිම දාල කනේ උලක් ගහලා, ඒ උලෙන් හිටෝල, කකුල් දෙකෙන් වටේට කරකවනවා. ගල්වලින් තලල ඇඟ ඇතුලෙ ඇට කුඩු කරල දානවා. ගින්නෙන් කකාරගත්තු තෙල්වලින් නාවනවා. බල්ලන්ට කන්න දානවා. පණපිටින් උලේ ඉන්දවනවා. කඩුවෙන් හිස ගසා දානවා.

පින්වත් මහණෙනි, එතකොට බාලයාට මෙහෙම සිතෙනවා. 'මේ අපරාධකාරයන්ව අල්ලාගෙන රජ දරුවෝ විවිධාකාර දඬුවම් දෙනවා නෙව. කසෙන් තලනවා. වේවැලෙන් තලනවා. දඬු මුගුරු වලින් තලනවා. අත් කපල දානවා, කකුල් කපල දානවා, අත් කකුල් කපල දානවා, කන කපනවා, නාසයත් කපනවා. කන් නාසාත් කපනවා, හිස් කබල චප්ප කරල දානවා. හිස් කබලෙ ඇටේ මතු වෙනකල් බොරළු දාල හූරනවා. යකඩ අඬුවකින් කට පළල් කරල ගිනි පන්දම් ඔබනවා. ඇඟේ තෙල් පාන්කඩ ඔතල ගිනි තියනවා. අත්වල තෙල් පාන්කඩ ඔතල ගිනි තියනවා. බෙල්ලෙ ඉඳන් පහළට හම ගලෝල ඇදගෙන යනවා. බෙල්ලෙ ඉඳන් පහළටත්, කකුලෙ ඉඳන් උඩටත් හම ගලෝල, එකට ගැට ගහනවා. දණිස් දෙකෙත්, වැළමිටි දෙකෙත් යකඩ උල් ගහල පොළවට හයි කරලා, ගින්නෙන් රත් කරනවා, කොකුවලින් ඇන ඇන මස් ලේ විසුරුවනවා.

මුළු ශරීරයේම මස් චූටි කෑලිවලට ඉරල දානවා. ශරීරයේ තැනින් තැන සිදුරු කරල ලෝදිය දානවා. පැත්තට ඇල කරල බිම දාල කනේ උලක් ගහලා, ඒ උලෙන් හිටෝලා, කකුල් දෙකෙන් වටේට කරකවනවා. ගල්වලින් තලල ඇඟ ඇතුලෙ ඇට කුඩු කරලා දානවා. ගින්නෙන් කකාරගත්තු තෙල්වලින් නාවනවා. බල්ලන්ට කන්න දානවා. පණපිටින්ම උලේ ඉන්දවනවා. කඩුවෙන් හිස ගසා දානවා. මා අතිනුත් මෙවැනි අපරාධ සිද්ධ වෙලා තියෙනවා. මේ අපරාධ තුළ තමයි මම ඉන්නෙත්. ඉදින් රජවරුන් මාව හඳුනාගත්තොත්, මාවත් අල්ලගෙන ගිහින් මේ විදිහේ විවිධාකාර දඬුවම් දේවි. මාවත් කසෙන් තලාවි. වේවැලෙන් තලාවි. දඬු මුගුරුවලින් තලාවි. අත් කපලා දමාවි, කකුල් කපලා දමාවි, අත් කකුල් කපලා දමාවි, කන කපාවි, නාසයත් කපාවි. කන් නාසාත් කපාවි, හිස් කබල චප්ප කරල දමාවි. හිස් කබලේ ඇටේ මතු වෙනකල් බොරළු දාල හූරාවි. යකඩ අඬුවකින් කට පළල් කරල ගිනි පන්දම් ඔබාවි. ඇගේ තෙල් පාන්කඩ ඔතල ගිනි තියාවි. අත්වල තෙල් පාන්කඩ ඔතල ගිනි තියාවි. බෙල්ලෙ ඉඳන් පහළට හම ගලෝල, ඇදගෙන යාවි. බෙල්ලෙ ඉඳන් පහළටත්, කකුලෙ ඉඳන් උඩටත් හම ගලෝල, එකට ගැට ගසාවි. දණිස් දෙකෙත්, වැළමිටි දෙකෙත් යකඩ උල් ගහල පොළවට හයි කරල, ගින්නෙන් රත් කරාවි, කොකු වලින් ඇන ඇන මස් ලේ විසුරුවාවි. මුළු ශරීරයේම මස් චූටි කෑලිවලට ඉරල දමාවි. ශරීරයෙ තැනින් තැන සිදුරු කරල ලෝදිය දමාවි. පැත්තට ඇල කරල බිම දාල කනේ උලක් ගහලා, ඒ උලේ හිටෝලා, කකුල් දෙකෙන් වටේට කරකවාවි. ගල්වලින් තලල ඇඟ ඇතුලෙ ඇට කුඩු කරල දමාවි. ගින්නෙන් කකාරගත්තු තෙල්වලින් නාවාවි. බල්ලන්ට කන්න දමාවි. පණපිටින් උලේ ඉන්දවාවි. කඩුවෙන් හිස ගසා දමාවි' කියලා. පින්වත් මහණෙනි, බාලයා මේ ජීවිතය තුළදීම දුක් දොම්නස් විඳවන දෙවෙනි කරුණ මෙයයි.

පින්වත් මහණෙනි, නැවත අනෙකක් කියමි. බාලයා පුටුවක වාඩිවී ඉන්න වෙලාවක වේවා, ඇඳක හාන්සි වී සිටින වෙලාවක වේවා, බිම දිගාවී සිටින වෙලාවක වේවා, තමන් ඉස්සර කරපු පව්, කයින් කරපු දුසිරිත්, වචනයෙන් කරපු දුසිරිත්, මනසින් කරපු දුසිරිත් තමන්ට මැවිලා පෙනෙන්නට පටන් ගන්නවා. ඒකම යි සිතට මතු වෙවී එන්නේ. ඒකම යි සිත වැළඳගන්නේ.

පින්වත් මහණෙනි, ඒක මේ වගේ දෙයක්. විශාල පර්වතයක ඡායාව සවස් වෙද්දී පොළොවේ වැතිරෙනවා. අන්න ඒ වගේ තමයි. බාලයා පුටුවක වාඩිවී ඉන්න වෙලාවක වේවා, ඇඳක හාන්සි වී සිටින වෙලාවක වේවා, බිම දිගාවී සිටින වෙලාවක වේවා, තමන් ඉස්සර කරපු පව්, කයින් කරපු දුසිරිත්, වචනයෙන් කරපු දුසිරිත්, මනසින් කරපු දුසිරිත් තමන්ට මැවිලා පෙනෙන්න පටන් ගන්නවා. ඒකම යි සිතට මතු වෙවී එන්නේ. ඒකම යි සිත වැළඳගන්නේ.

පින්වත් මහණෙනි, එතකොට බාලයාට මෙහෙම සිතෙනවා. 'අයියෝ! මා යහපත් දෙයක් කරගත්තේ නෑ. කුසලයක් කරගත්තේ නෑ. බිය නැතිවෙන දෙයක් කරගත්තේ නෑ. මං පව් කළා නෙව. දරුණු දේවල් කළා නෙව. දුෂ්ට දේවල් කළා නෙව. යහපත් දේවල් නොකළ, කුසල් නොකළ බිය නැති වෙන දේවල් නොකළ, පව් කළ, රෞද්‍ර දේවල් කළ, දුෂ්ට දේ කළ උදවිය උපදින තැනක් ඇද්ද, මට මරණින් මත්තේ යන්නට වෙන්නේ එහෙ තමයි' කියල බාලයා ශෝක කරනවා. ක්ලාන්ත වෙනවා. වැළපෙනවා. පපුවේ අත් ගසමින් හඬනවා. සිහි මුළා වෙනවා. පින්වත් මහණෙනි, බාලයා මෙලොවදී ම දුක් දොම්නස් විඳින තුන්වෙනි කාරණාව මෙයයි.

පින්වත් මහණෙනි, ඉතින් ඒ බාලයා කයින් දුෂ්චරිතයෙහි යෙදිලා, වචනයෙන් දුෂ්චරිතයෙහි යෙදිලා, මනසින් දුෂ්චරිතයෙහි යෙදිලා, කය බිඳී මරණින් මතු අපාය නම් වූ, දුගතිය නම් වූ, විනිපාත නම් වූ, නිරයේ උපදිනවා. පින්වත් මහණෙනි, යමෙක් යම් දෙයක් අරභයා මනාකොට කියයි නම්, 'ඒකාන්තයෙන් ම අනිෂ්ට වූ, ඒකාන්තයෙන්ම අකාන්ත වූ, ඒකන්තයෙන්ම අමනාප වූ තැනක් තියෙනවා' කියල කියනවා නම්, ඒ ඒකාන්ත අනිෂ්ට වූ, ඒකාන්ත අකාන්ත වූ, ඒකාන්ත අමනාප වූ තැන කියල මනාකොට කියන්නේ නිරය ගැනම යි. පින්වත් මහණෙනි, නිරයේ ඇති භයානක දුක් කොතරම්ද යත්, උපමාවක් පැවසීමත් ලේසි දෙයක් නොවෙයි."

මෙසේ වදාළ විට එක්තරා භික්ෂුවක් භාග්‍යවතුන් වහන්සේට මෙය පැවසුවා. "ස්වාමීනී, උපමාවක් වදාරන්නට පුළුවනිද?" "පුළුවනි, පින්වත් භික්ෂුව" කියල භාග්‍යවතුන් වහන්සේ වදාළා.

"පින්වත් භික්ෂුව, ඒක මෙවැනි දෙයක්. දරුණු අපරාධ කරපු සොරෙක්ව අල්ලගෙන ගිහින් රජතුමාට පෙන්නනවා. 'දේවයන් වහන්ස, මෙන්න ඉන්නවා දරුණු අපරාධ කරපු භයානක සොරා. මොහුට යම් දඬුවමක් දෙන්නට කැමැති නම් එය පණවන්න' එතකොට රජතුමා මෙහෙම කියනවා. 'භවත, මේ පුද්ගලයාව අරගෙන ගිහින් උදේ වරුවේ හුල් පහර සියයකින් අනින්න' කියලා. එතකොට ඒ පුරුෂයා ව අරගෙන ගිහින් උදේ වරුවේ හුල් පහර සියයක් අනිනවා. මහ දවල් කාලයේ දී රජතුමා රාජපුරුෂයන්ට කතා කරනවා. 'එම්බා පුරුෂය, අර හොරාට දැන් කොහොමද?' 'දේවයන් වහන්ස, සොරා තවම ජීවත් වෙනවා' එතකොට රජතුමා මෙහෙම කියනවා. 'භවත, ගිහින් ඒ පුරුෂයාට මහ දවාලටත් හුල් පහරවල් සියයකින් අනින්න. එතකොට මධ්‍යාහ්න කාලෙදිත් රාජපුරුෂයන් අර හොරාට හුල් පහරවල් සියයක් අනිනවා. රජතුමා සවස් වරුවෙදිත් මෙහෙම කියනවා. 'එම්බා පුරුෂය, අර හොරාට දැන් කොහොමද?'

'දේවයන් වහන්ස, සොරා තවම ජීවත් වෙනවා' එතකොට රජතුමා මෙහෙම කියනවා. 'භවත, ගිහින් ඒ පුරුෂයාට සවසටත් හුල් පහරවල් සියයකින් අනින්න. එතකොට සවස් කාලෙදිත් රාජපුරුෂයන් අර හොරාට හුල් පහරවල් සියයක් අනිනවා.

පින්වත් මහණෙනි, ඒ ගැන කුමක්ද සිතන්නේ? අර පුද්ගලයා හුල් පහරවල් තුන්සියයකින් ඇනුම් කද්දී ඒ හේතුවෙන් දුක් දොම්නස් විඳිනවා නේද?" "ස්වාමීනී, ඒ පුරුෂයා එක හුල් පහරකින් ඇනුම් කද්දී ඒ හේතුවෙන් දුක් දොම්නස් විඳිනවාම යි. එහෙම එකේ හුල් පහරවල් තුන්සියයකින් ඇනුම් කද්දී විඳින දුක ගැන කවර කථාද?"

එතකොට භාග්‍යවතුන් වහන්සේ අතින් මිට මොලවා ගත හැකි කුඩා ගලක් ගෙන භික්ෂූන් අමතා වදාළා. "පින්වත් මහණෙනි, මේ ගැන කුමක්ද සිතන්නේ? වඩාත් විශාල කුමක්ද? මා අතින් මිට මොලවා ගෙන සිටින මේ ගල් කැටයද? නැත්නම් හිමාල පර්වත රාජයාද?" "ස්වාමීනී, භාග්‍යවතුන් වහන්සේ විසින් අතින් මිට මොලවා ගෙන සිටින ගල් කැබැල්ල ඉතාමත්ම කුඩයි. හිමාල පර්වත රාජයා සමඟ සසඳා බැලීමේදී ගණන් කොට කියන්නට බැහැ. කොටස් කොට කියන්නට බැහැ. කිට්ටු කරන්නටවත් බැහැ."

"පින්වත් මහණෙනි, ඔන්න ඔය විදිහම යි යම් පුරුෂයෙක් හුල් පහරවල් තුන් සියයකින් පහරකද්දී ඒ හේතුවෙන් විඳින්නා වූ යම් දුකක් දොම්නසක් ඇද්ද, එය නිරයෙහි ඇති දුක සමඟ සසඳා බලන විට ගණනකට ගන්නට බැහැ. කොපමණ ප්‍රමාණයක්ද කියල කියන්නට බැහැ. කිට්ටු කරන්නටවත් බැහැ.

පින්වත් මහණෙනි, නිරයේ ඉපදුනු කෙනාට යමපල්ලෝ පස් ආකාරයක බන්ධනය නම් වූ දඬුවමක් දෙනවා. ඒ කියන්නේ ගිනියම් යකඩ හුලක් දකුණු අතේ ගහනවා. ගිනියම් යකඩ හුලක් දෙවෙනි අතේ ගහනවා. ගිනියම් යකඩ හුලක් දකුණු පාදයේ ගහනවා. ගිනියම් යකඩ හුලක් දෙවෙනි පාදයේ ගහනවා. ගිනියම් යකඩ හුලක් පපුවට අණිනවා. එතකොට ඔහු ඒ හේතුවෙන් ඉතා දරුණු වූ දැඩි දුකක් විඳිනවා. යම්තාක් කල් ඔහු ගේ ඒ පාපකර්මය ගෙවී නොතිබෙයිද, ඒ තාක් ඔහු මරණයට පත්වන්නේ නෑ.

පින්වත් මහණෙනි, එතකොට යමපල්ලෝ ඔහුව යකඩ පොළොවක බාවනවා. බාවලා කෙටේරිවලින් සහිනවා. එතකොට ඔහු ඒ හේතුවෙන් ඉතා දරුණු වූ දැඩි දුකක් විඳිනවා. යම්තාක් කල් ඔහු ගේ ඒ පාපකර්මය ගෙවී නොතිබෙයිද, ඒ තාක් ඔහු මරණයට පත්වන්නේ නෑ.

පින්වත් මහණෙනි, ඊට පස්සේ යමපල්ලෝ ඔහුව කකුල් උඩු අතට හරවලා ඔලුවෙන් හිටවනවා. හිටවලා වෑයෙන් සහිනවා. එතකොට ඔහු ඒ හේතුවෙන් ඉතා දරුණු වූ දැඩි දුකක් විඳිනවා. යම්තාක් කල් ඔහුගේ ඒ පාපකර්මය ගෙවී නොතිබෙයි ද, ඒ තාක් ඔහු මරණයට පත්වන්නේ නෑ.

පින්වත් මහණෙනි, ඊට පස්සේ යමපල්ලෝ ගිනිගෙන දිළිසෙන රථයක ගැටගහනවා. ගැටගහලා හාත්පසින් ගිනි ඇවිලි ඇවිලී තිබෙන ගිනියම් වූ යකඩ පොළොවේ එහාට මෙහාට ඇදගෙන යනවා. එතකොට ඔහු ඒ හේතුවෙන් ඉතා දරුණු වූ දැඩි දුකක් විඳිනවා. යම්තාක් කල් ඔහුගේ ඒ පාපකර්මය ගෙවී නොතිබෙයිද, ඒ තාක් ඔහු මරණයට පත්වන්නේ නෑ.

පින්වත් මහණෙනි, ඊට පස්සේ යමපල්ලෝ හාත්පසින් ගිනි ඇවිල ගත් ගිනියම් වූ, ගිනි අඟුරු පර්වතයකට මොහුව නග්ගවනවා, බස්සවනවා. එතකොට ඔහු ඒ හේතුවෙන් ඉතා දරුණු වූ දැඩි දුකක් විඳිනවා. යම්තාක් කල් ඔහුගේ ඒ පාපකර්මය ගෙවී නොතිබෙයිද, ඒ තාක් ඔහු මරණයට පත්වන්නේ නෑ.

පින්වත් මහණෙනි, ඊට පස්සේ යමපල්ලෝ ඔහුව කකුල් උඩුඅතට හරවලා හිස යටිඅතට හරවලා හාත්පසින් ගිනි ඇවිල ගත් ගිනියම් වූ ලෝකුඹු නිරයෙහි ඔබනවා. එතනදී ඔහුගේ ශරීරය ඒ ලෝදියේ පැහෙන්නේ පෙණ ගුළියක් බඳු වූ දේහයක් ඇතුවයි. ඉතින් ඒ පෙණ ගුළියක් බඳු දේහයකින් යුතු නිරිසතා පැහි පැහී එක වතාවකට උඩට එනවා. ආයෙමත් යටට බහිනවා. ආයෙ වතාවක් හරස් අතට කරකැවෙනවා. එතකොට ඔහු ඒ හේතුවෙන් ඉතා දරුණු වූ දැඩි දුකක් විඳිනවා. යම්තාක් කල් ඔහුගේ ඒ පාපකර්මය ගෙවී නොතිබෙයිද, ඒ තාක් ඔහු මරණයට පත්වන්නේ නෑ.

පින්වත් මහණෙනි, ඊට පස්සේ යමපල්ලෝ ඔහුව මහා නිරයට ඇදලා දානවා. පින්වත් මහණෙනි, ඒ මහා නිරයේ නම්,

කොන් හතරක් තියෙනවා. දොරටු හතරක් තියෙනවා. වෙන වෙනම කොටස් වශයෙන් බෙදලයි තියෙන්නේ. යකඩ ප්‍රාකාරයෙන් වටවෙලයි තියෙන්නේ. යකඩ පියනකින් වැහිලයි තියෙන්නේ.

ඒ නිරයේ බිමත් යකඩින්ම යි කරලා තියෙන්නේ. ගිනිගන්නවා. ගිනි දැල් විහිදෙනවා. හාත්පසින් යොදුන් සියයක් පුරාවට ඒ ගිනි ජාලාව හැමදාම පැතිරිලා තියෙනවා.

පින්වත් මහණෙනි, නොයෙක් ආකාරයෙන් මං නිරය පිළිබඳ විස්තර කියාදෙනවා. පින්වත් මහණෙනි, එහෙත් නිරයේ තිබෙන දුක් මෙපමණක්ය කියලා සම්පූර්ණ වශයෙන් කියන්නට නම් පුළුවන්කමක් නෑ.

පින්වත් මහණෙනි, තිරිසන්ගත ප්‍රාණීන් ඉන්නවා. ඔවුන් ජීවත් වෙන්නේ තණකොළ කාලා. ඔවුන් තෙත් වූත්, වියළි වූත් තණ කොළ දතින් උලා ගෙනයි කන්නේ. පින්වත් මහණෙනි, ඒ තණකොළ කන තිරිසන් සතුන් කවුද? ඒ තමයි අශ්වයෝ, ගොන්නු, බූරුවෝ, එළුවෝ, මෘගයෝ. පින්වත් මහණෙනි, තණකොළ කාලා ජීවත් වෙන තවත් තිරිසන්ගත සතුන් ඉන්නවා. පින්වත් මහණෙනි, ඉස්සර මනුස්ස ලෝකයේ සිටිද්දී බාලයා පංච කාම රස විඳින්න ගිහින් පව් කරලා කය බිඳී මරණින් මතු තණකොළ කාලා ජීවත් වෙන සතුන් සිටිත් නම්, ඔවුන් අතර ගිහින් උපදිනවා.

ඒ වගේම පින්වත් මහණෙනි, අසූචි අනුභව කරන තිරිසන් සතුන් ඉන්නවා. ඔවුන් දුරදී ම අසූචි ගඳ ඉවකරගෙන දුවන්නේ 'මෙතනදිම කන්න ඕන, මෙතනදිම කන්න ඕන' කියලයි. ඒක හරියට බ්‍රාහ්මණයන් යාග සුවඳට ඉව අල්ලගෙන 'මෙතනදිම අනුභව කරන්න ඕන. මෙතනදිම අනුභව කරන්න ඕන' කියල දුවනවා වගෙයි. ඔය විදිහමයි පින්වත් මහණෙනි, අසූචි අනුභව කරන තිරිසන් සතුන් ඉන්නවා. ඔවුන් දුරදී ම අසූචි ගඳ ඉවකරගෙන දුවන්නේ 'මෙතනදිම කන්න ඕන, මෙතනදිම කන්න ඕන' කියලයි. පින්වත් මහණෙනි, අසූචි අනුභව කරන තිරිසන්ගත සතුන් කවුද? කුකුලෝ, ඌරෝ, බල්ලෝ, හිවල්ලු ආදී සතුන්. ඒ වගේම අසූචි අනුභව කරන තවත් තිරිසන්ගත සතුන් ඇද්ද, ඔවුනුත් අයිතියි. පින්වත් මහණෙනි, ඉස්සර මනුස්ස ලෝකයේ සිටිද්දී බාලයා පංච කාම රස විඳින්න ගිහින් පව් කරලා කය බිඳී මරණින් මතු අසූචි කාලා ජීවත් වෙන සතුන් සිටිත් නම්, ඔවුන් අතර ගිහින් උපදිනවා.

ඒ වගේම පින්වත් මහණෙනි, තිරිසන්ගත සතුන් ඉන්නවා, ඔවුන් උපදින්නේ අන්ධකාරයේම යි. ඔවුන් වයසට යන්නෙත් අන්ධකාරයේම යි. මැරෙන්නෙත් අන්ධකාරයේම යි. පින්වත් මහණෙනි, අඳුරේ ඉපදී, අඳුරේ දිරලා, අඳුරේ මියයන තිරිසන්ගත සතුන් කවුද? කීටයෝ, පණුවෝ, ගැඩවිල්ලු ආදියයි. ඒ වගේම තවත් අඳුරේ ඉපදී, අඳුරේ දිරලා, අඳුරේම මියයන තිරිසන්ගත සතුන් ඇද්ද, ඔවුනුත් අයිතියි. පින්වත් මහණෙනි, ඉස්සර මනුස්ස ලෝකයේ සිටිද්දී බාලයා පංච කාම රස විඳින්න ගිහින් පව් කරලා කය බිඳී මරණින් මතු යම් සතුන් අඳුරේ ඉපිද, අඳුරේ දිරලා, අඳුරේම මැරිලා යනවා නම්, ඔවුන් අතර ගිහින් උපදිනවා.

ඒ වගේම පින්වත් මහණෙනි, තිරිසන්ගත සතුන් ඉන්නවා, ඔවුන් උපදින්නේ වතුරේම යි. ඔවුන් වයසට යන්නෙත් වතුරේම යි. මැරෙන්නෙත් වතුරේම යි. පින්වත් මහණෙනි, ජලයේ ඉපදී, ජලයේ දිරලා, ජලයේම මියයන තිරිසන්ගත සතුන් කවුද? මාළු, කැස්බෑවෝ, කිඹුල්ලු ආදියයි. ඒ වගේම තවත් ජලයේ ඉපදී, ජලයේ දිරලා, ජලයේම මියයන තිරිසන්ගත සතුන් ඇද්ද, ඔවුනුත් අයිතියි. පින්වත් මහණෙනි, ඉස්සර මනුස්ස ලෝකයේ සිටිද්දී බාලයා පංච කාම රස විඳින්න ගිහින් පව් කරලා කය බිඳී මරණින් මතු යම් සතුන් ජලයේ ඉපදී, ජලයේ දිරලා, ජලයේ මැරිලා යනවා නම්, ඔවුන් අතර ගිහින් උපදිනවා.

ඒ වගේම පින්වත් මහණෙනි, තිරිසන්ගත සතුන් ඉන්නවා, ඔවුන් උපදින්නේ අසූචි ගොඩේම යි. ඔවුන් වයසට යන්නෙත් අසූචි ගොඩේම යි. මැරෙන්නෙත් අසූචි ගොඩේම යි. පින්වත් මහණෙනි, අසූචියේ ඉපදී, අසූචියේ දිරලා, අසූචියේම මියයන තිරිසන්ගත සතුන් කවුද? පින්වත් මහණෙනි, යම් සත්වයන් කුණු මසෙහි උපදිනවාද, කුණු මසෙහිම දිරනවාද, කුණු මසෙහිම මැරෙනවාද ....(පෙ).... මළකුණුවල උපදිනවාද, ...(පෙ).... කුණු ආහාරයෙහි උපදිනවාද, ...(පෙ).... කුණු කාණුවෙහි උපදිනවාද, ...(පෙ).... කුණු වළෙහි උපදිනවාද, ...(පෙ).... පින්වත් මහණෙනි, ඉස්සර මනුස්ස ලෝකයේ සිටිද්දී බාලයා පංච කාම රස විඳින්න ගිහින් පව් කරලා කය බිඳී මරණින් මතු යම් සතුන් අසූචියේ ඉපදී, අසූචියේ දිරලා, අසූචියේම මැරිලා යනවා නම්, ඔවුන් අතර ගිහින් උපදිනවා.

පින්වත් මහණෙනි, නොයෙක් ආකාරයෙන් මං තිරිසන් අපාය පිළිබඳ විස්තර කියාදෙනවා. පින්වත් මහණෙනි, එහෙත් තිරිසන් අපායේ තිබෙන දුක් මෙපමණක්ය කියලා සම්පූර්ණ වශයෙන් කියන්න නම් පුළුවන්කමක් නෑ.

පින්වත් මහණෙනි, ඒක මේ වගේ දෙයක්. එක්තරා පුරුෂයෙක් එක සිදුරක් ඇති වියදණ්ඩක් මහ මුහුදට වීසි කරනවා. එතකොට ඒ වියදණ්ඩ පෙරදිගින් හමන සුළඟින් බටහිර පැත්තට ගෙන යනවා. බටහිරින් හමන සුළඟින් පෙරදිග පැත්තට ගෙන යනවා. උතුරින් හමන සුළඟින් දකුණු දිශාවට ගෙන යනවා. දකුණින් හමන සුළඟින් උතුරු දිශාවට ගෙනයනවා. ඔය අතරේ මුහුදේ එක ඇසක් පෙනෙන කණ කැස්බෑවෙක් ඉන්නවා. ඒ එක ඇසක් පෙනෙන කණ කැස්බෑවා අවුරුදු සියයකට වාරයක් මුහුදු පතුලේ ඉඳලා උඩට එනවා. පින්වත් මහණෙනි, ඒ ගැන කුමක්ද සිතන්නේ? එතකොට ඒ කණ කැස්බෑවා අර එක සිදුරක් තියෙන වියදණ්ඩෙන් හිස ඇතුළට දමාවිද?" "ස්වාමීනී, ඉතාමත් දීර්ඝ කාලයක් ගිය තැනකදී, යම් දවසක සිදුවෙන්නට පුළුවනි."

"පින්වත් මහණෙනි, ඒ කණ කැස්බෑවා අර එක සිදුරක් තියෙන වියදණ්ඩෙන් ඉතා ඉක්මනින් වුනත් හිස ඇතුළට දමන්නට පුළුවනි. නමුත් පින්වත් මහණෙනි, එක් වතාවක් අපායෙහි උපන් අසත්පුරුෂ බාලයා නැවත මනුෂ්‍ය ආත්මයක් ලබනවාය කියන කරුණ එයට වඩා ඉතාමත්ම දුර්ලභයි කියලයි මා කියන්නේ. ඒ මක් නිසාද යත්, පින්වත් මහණෙනි, අපාය තුළ ධර්මයේ හැසිරීමක්, යහපතෙහි හැසිරීමක්, කුසල් කිරීමක්, පින් කිරීමක් නැත. පින්වත් මහණෙනි, අපායේ තිබෙන්නේ එකිනෙකා කා ගැනීමයි, දුර්වලයන් කා දැමීමයි විතරයි.

පින්වත් මහණෙනි, ඒ බාලයා බොහෝ කාලයක්, ඉතා දීර්ඝ කාලයක් අපායෙහි දුක්විඳීමෙන් පසු මනුෂ්‍ය ආත්මභාවයකට පැමිණෙන අවස්ථාවක් ඇතිවෙන්නට පුළුවන්. එතකොට යම් නීච කුල තියෙනවා නම්, ඒ කියන්නේ සැඩොල් කුලයේ, වැදි කුලයේ, කුලුපොතු කුලයේ, රථකාර කුලයේ, පුක්කුස කුලය ආදී කුලයන්. එවැනි කුලයක තමයි උපදින්නේ. ඉතාම දිළිඳු වෙලා, කෑම බීම ඉතාමත් දුකසේ ලැබෙන, අමාරුවෙන් ජීවත් වෙන, පිපාස බඩගිනි යන්තමින් නිවාගන්නා ජීවිතයක් තමයි ලබන්නේ. ඒ වගේම ඒ පුද්ගලයා විරූපියි, දැකීමට අප්‍රසන්නයි. අතපය විකෘතියි. බොහෝ ආබාධවලින් යුක්තයි. එක්කො කණ වෙලා, එහෙම නැත්නම් කොර වෙලා, එහෙම නැත්නම් කුදුයි. එහෙම නැත්නම් අත පය පණ නෑ. ආහාර පාන යාන වාහන, මල්, සුවඳ විලවුන්, හොඳ ගෙවල් දොරවල් ආදිය ලැබෙන්නේ නෑ. ඊට පස්සේ ඔහු කරන්නේ ආයෙමත් කයෙන් දුෂ්චරිතයේ හැසිරීමයි. වචනයෙන් දුෂ්චරිතයේ හැසිරීමයි. මනසින් දුෂ්චරිතයේ හැසිරීමයි. ඔහු කයින් දුෂ්චරිතයේ හැසිරිලා, වචනයෙන් දුෂ්චරිතයේ හැසිරිලා, මනසින් දුෂ්චරිතයේ හැසිරිලා, කය බිඳී මරණින් මතු අපාය නම් වූ, දුගතිය නම් වූ, විනිපාත නම් වූ, නිරයෙහි උපදිනවා.

පින්වත් මහණෙනි, ඒක මේ වගේ දෙයක්. සූදු කාරයෙක් මුහුණ දෙන පළමුවෙනි පරාජයෙන්ම ඔහු දරුවාගෙනුත් පිරිහෙනවා. අඹුවගෙනුත් පිරිහෙනවා. හැම වස්තුවෙනුත් පිරිහෙනවා. ඒ වගේම හිරේ විලංගුවෙත් වැටෙනවා. පින්වත් මහණෙනි, යම්හෙයකින් සූදු කාරයෙක් මුහුණ දෙන පළමුවෙනි පරාජයෙන්ම ඔහු දරුවාගෙනුත් පිරිහෙනවා නම්, අඹුවගෙනුත් පිරිහෙනවා නම්, හැම වස්තුවෙනුත් පිරිහෙනවා නම් ඒ වගේම හිරේ විලංගුවෙත් වැටෙනවා නම්, ඒ පරාජය අල්පමාත්‍ර වූ පරාජයක්. නමුත් යම් හෙයකින් බාලයා කයින් දුෂ්චරිතයේ හැසිරිලා, වචනයෙන් දුෂ්චරිතයේ හැසිරිලා, මනසින් දුෂ්චරිතයේ හැසිරිලා, කය බිඳී මරණින් මතු අපාය නම් වූ, දුගතිය නම් වූ, විනිපාත නම් වූ, නිරයෙහි උපදිනවාද, මේක තමයි අර පරාජයට වඩා ඉතාමත්ම

භයානක පරාජය. පින්වත් මහණෙනි, මේ නිරය තමයි මුළුමනින්ම පරිපූර්ණ වූ බාල අසත්පුරුෂ භූමිය කියන්නේ.

පින්වත් මහණෙනි, සත්පුරුෂ නුවණැත්තා තුළ ඒ සත්පුරුෂ නුවණැති බව පෙන්වන ලක්ෂණ, ඒ සත්පුරුෂ නුවණැති බව දැනගත හැකි නිමිති, ඒ සත්පුරුෂ නුවණැති බව ඉස්මතු වෙන චරියාවන් තුනක් තියෙනවා. පින්වත් මහණෙනි, සත්පුරුෂ නුවණැත්තා යහපත් සිතුවිලිම යි සිතන්නේ. යහපත් දේවල්ම යි කියන්නේ. යහපත් වැඩම යි කරන්නේ. පින්වත් මහණෙනි, යම් හෙයකින් සත්පුරුෂ නුවණැත්තා යහපත් සිතුවිලි සිතන්නේ නැත්නම්, යහපත් වචන කියන්නේ නැත්නම්, යහපත් වැඩ කරන්නේ නැත්නම් සත්පුරුෂ පණ්ඩිතයෙකුට මේ 'භවත් මොහු වනාහී සත්පුරුෂයෙක් ය, නුවණැත්තෙක් ය' කියලා හඳුනාගන්නේ කොහොමද? පින්වත් මහණෙනි, යම් හෙයකින් සත්පුරුෂ නුවණැත්තා යහපත් සිතුවිලි සිතනවාද, යහපත් වචන කියනවාද, යහපත් වැඩ කරනවාද, ඒ නිසාම යි ඔහුව සත්පුරුෂ නුවණැතියන් හඳුනා ගන්නේ 'මේ භවතා සත්පුරුෂ නුවණැත්තා ය' කියා.

පින්වත් මහණෙනි, ඒ සත්පුරුෂ නුවණැත්තා මේ ජීවිතය තුළදී ම තුන් ආකාරයකින් සැපයක් සොම්නසක් විඳිනවා. පින්වත් මහණෙනි, ඉදින් සත්පුරුෂ නුවණැත්තා පිරිසක් මැද වාඩිවෙලා ඉන්නට පුළුවනි. වීදියක වාඩිවෙලා ඉන්නට පුළුවනි. සිව් මංසලක වාඩිවෙලා ඉන්නට පුළුවනි. එහිදිත් ජනයා ඔහුගේ සත්පුරුෂ ක්‍රියාවට ගැලපෙන දේවල් කතාබස් කරනවා අසන්නට ලැබෙනවා.

පින්වත් මහණෙනි, ඉදින් සත්පුරුෂ නුවණැත්තා ප්‍රාණඝාතයෙන් වැළකී සිටින කෙනෙක් වෙයිද, සොරකමින් වැළකී සිටින කෙනෙක් වෙයිද, කාම මිථ්‍යාචාරයෙන් වැළකී සිටින කෙනෙක් වෙයිද, බොරුවෙන් වැළකී සිටින කෙනෙක් වෙයිද, මත්පැන් මත්ද්‍රව්‍ය පාවිච්චියෙන් වැළකී සිටින කෙනෙක් වෙයිද, එතකොට පින්වත් මහණෙනි, සත්පුරුෂ නුවණැත්තාට මෙහෙම හිතෙනවා. 'මේ මිනිස්සු සුචරිතය පිළිබඳවත් කතා බස් කරනවා නෙව. මේ මේ සුචරිත ධර්මයන් මා තුළ තියෙනවා. මාත් ඒ සුචරිත ධර්මයන් තුළ නෙව ඉන්නේ' කියලා. පින්වත් මහණෙනි, සත්පුරුෂ නුවණැත්තා මෙලොවදීම සැප සොම්නස් විඳින පළමු කාරණාව මෙයයි.

පින්වත් මහණෙනි, නැවත අනෙකක් කියමි. රජවරු අපරාධකාරයෙක්, සොරෙක් අල්ලාගෙන ඔහුට විවිධාකාර දඬුවම් පමුණුවන අයුරු සත්පුරුෂ නුවණැත්තාට දකින්නට ලැබෙනවා. ඒ කියන්නේ, ඒ අපරාධකාරයාට කසෙන් තලනවා. ....(පෙ).... කඩුවෙන් හිස ගසා දානවා.

පින්වත් මහණෙනි, එතකොට සත්පුරුෂ නුවණැත්තාට මෙහෙම සිතෙනවා. 'මේ අපරාධකාරයන්ව අල්ලාගෙන රජ දරුවෝ විවිධාකාර දඬුවම් දෙනවා නෙව. කසෙන් තලනවා. ....(පෙ).... කඩුවෙන් හිස ගසා දානවා. මා අතින් නම් මෙවැනි අපරාධ සිද්ධ වෙලා නැහැ. මම නම් ඉන්නේ ඔය අපරාධ තුළ නොවෙයි. පින්වත් මහණෙනි, සත්පුරුෂ නුවණැත්තා මේ ජීවිතය තුළදී ම සැප සොම්නස් විඳින දෙවෙනි කරුණ මෙයයි.

පින්වත් මහණෙනි, නැවත අනෙකක් කියමි. සත්පුරුෂ නුවණැත්තා පුටුවක වාඩිවී ඉන්න වෙලාවක වේවා, ඇඳක හාන්සි වී සිටින වෙලාවක වේවා, බිම දිගාවී සිටින වෙලාවක වේවා, තමන් ඉස්සර කරපු පින් කයින් කරපු යහපත් දේවල්, වචනයෙන් කියපු යහපත් දේවල්, මනසින් සිතපු යහපත් දේවල් තමන්ට මැවිලා පෙනෙන්නට පටන් ගන්නවා. ඒකම යි සිතට මතු වෙවී එන්නේ. ඒකම යි සිත වැළඳගන්නේ.

පින්වත් මහණෙනි, ඒක මේ වගේ දෙයක්. විශාල පර්වතයක ඡායාව සවස් වෙද්දී පොළොවේ වැතිරෙනවා. අන්න ඒ වගේ තමයි. සත්පුරුෂ නුවණැත්තා පුටුවක වාඩිවී ඉන්න වෙලාවක වේවා, ඇඳක හාන්සි වී සිටින වෙලාවක වේවා, බිම දිගාවී සිටින වෙලාවක වේවා, තමන් ඉස්සර කරපු පින්, කයින් කරපු යහපත් දේවල්, වචනයෙන් කියපු යහපත් දේවල්, මනසින් සිතපු යහපත් දේවල් තමන්ට මැවිලා පෙනෙන්නට පටන් ගන්නවා. ඒකම යි සිතට මතු වෙවී එන්නේ. ඒකම යි සිත වැළඳගන්නේ.

පින්වත් මහණෙනි, එතකොට සත්පුරුෂ නුවණැත්තාට මෙහෙම සිතෙනවා. 'ඒකාන්තයෙන්ම මං අතින් පව් කෙරුනෙ නෑ. මං රෞද්‍ර වැඩ කරලා නෑ. දුෂ්ටකම් කරලා නෑ. යහපත් දෙයක්ම යි මං කරගත්තේ. කුසල්ම යි කරගත්තේ. බිය නැතිවෙන දෙයක්ම යි කරගත්තේ. යහපත් දේවල් කළ, කුසල් කළ, බිය නැති වෙන දේවල් කළ, පින් කළ, රෞද්‍ර දේවල් නොකළ, දුෂ්ට දේ නොකළ උදවිය උපදින තැනක් ඇද්ද, මට මරණින් මත්තේ යන්නට වෙන්නේ එහේ තමයි' කියලා සත්පුරුෂ නුවණැත්තා ඒ ගැන ශෝක කරන්නේ නෑ. ක්ලාන්ත වෙන්නෙ නෑ. වැළපෙන්නේ නෑ. පපුවේ අත් ගසමින් හඬන්නේ නෑ. සිහි මුළා වෙන්නේ නෑ. පින්වත් මහණෙනි, සත්පුරුෂ නුවණැත්තා මෙලොවදී ම සැප සොම්නස් විඳින තුන්වෙනි කාරණාව මෙයයි.

පින්වත් මහණෙනි, ඉතින් ඒ සත්පුරුෂ නුවණැත්තා කයින් යහපතෙහි යෙදිලා, වචනයෙන් යහපතෙහි යෙදිලා, මනසින් යහපතෙහි යෙදිලා, කය බිඳී මරණින් මතු සුගති සංඛ්‍යාත ස්වර්ග ලෝකයේ උපදිනවා. පින්වත් මහණෙනි, යමෙක් යම් දෙයක් අරහයා මනාකොට කියයි නම්, 'ඒකාන්තයෙන්ම ඉෂ්ට වූ,

ඒකාන්තයෙන්ම කාන්ත වූ, ඒකාන්තයෙන්ම මනාප වූ තැනක් තියෙනවා' කියල කියනවා නම්, ඒ ඒකාන්ත ඉෂ්ට වූ, ඒකාන්ත කාන්ත වූ, ඒකාන්ත මනාප වූ තැන කියල මනාකොට කියන්නේ ස්වර්ගයටම යි. පින්වත් මහණෙනි, ස්වර්ග යේ ඇති ඉතා යහපත් සැපය කොතරම්ද යත්, උපමාවක් පැවසීමත් ලේසි දෙයක් නොවෙයි."

මෙසේ වදාළ විට එක්තරා භික්ෂුවක් භාග්‍යවතුන් වහන්සේට මෙය පැවසුවා. "ස්වාමීනී, උපමාවක් වදාරන්නට පුළුවනිද?" "පුළුවනි, පින්වත් භික්ෂුව" කියල භාග්‍යවතුන් වහන්සේ වදාළා.

"පින්වත් භික්ෂුව, ඒක මෙවැනි දෙයක්. සක්විති රජකෙනෙක් ඉන්නවා. ඔහුට මාණික්‍ය සතකුත් තියෙනවා. සතර ආකාර ඉර්ධියකිනුත් යුක්තයි. ඉතින් ඒ හේතුවෙන් ඔහු සැපයක් සොම්නසක් විඳිනවා. ඔහුගේ මාණික්‍යරත්න හත මොනවාද? පින්වත් භික්ෂුව, ඔටුණු පළන් ක්ෂත්‍රිය රජු ඒ පුන් පොහෝ දවසෙහි වතුර නාලා, පෙහෙවස් සමාදන් වෙලා, උඩු මහලට නැගලා සිටිද්දී දහසක් අර ඇති, නිම්වළලු ඇති, නැබ ඇති, මුළුමනින්ම පරිපූර්ණ වූ, දිව්‍ය වූ, චක්‍රරත්නය පහළ වෙනවා. ඒ ඔටුණු පළන් ක්ෂත්‍රිය රජ්ජුරුවන්ට එය දැක මෙහෙම සිතෙනවා. 'ඔව්. මං අහලා තියෙනවා ඔටුණු පළන් ක්ෂත්‍රිය රජෙක් පොහොය දවසක වතුර නාලා, පෙහෙවස් සමාදන් වෙලා, ප්‍රාසාදයේ උඩුමහලට නැගී සිටිද්දී දහසක් අර ඇති, නිම්වළලු ඇති, නැබ ඇති, මුළුමනින්ම පරිපූර්ණ වූ, දිව්‍ය වූ, චක්‍රරත්නය පහළ වෙනවා කියලා. එතකොට ඔහු තමයි සක්විති රජු වෙන්නේ. එහෙම නම් මම සක්විති රජකෙනෙක් වත්ද?' කියලා.

පින්වත් මහණෙනි, එතකොට ඒ ඔටුණු පළන් ක්ෂත්‍රිය රජු අසුනෙන් නැගිටිනවා. වම් අතින් කෙණ්ඩිය ගන්නවා. දකුණු අතින් අර චක්‍රරත්නයට පැන්වඩනවා. 'භවත් චක්‍රරත්නය කරකැවේවා! භවත් චක්‍රරත්නයට විශේෂයෙන්ම ජය ලැබේවා!' කියලා. එතකොට පින්වත් මහණෙනි, ඒ චක්‍රරත්නය නැගෙනහිර පැත්තට කරකැවි කැවී යනවා. ඒ අනුව සක්විති රජුද, සිව්රඟ සේනා සමඟ පසුපසින් ගමන් කරනවා. පින්වත් මහණෙනි, යම් ප්‍රදේශයක චක්‍රරත්නය නවතිනවා නම්, එතැන සක්විති රජතුමා සිව්රඟ සේනාව සමඟ නවතිනවා.

එතකොට පින්වත් මහණෙනි, පෙරදිග දිශාවෙහි යම් විරුද්ධ රජකෙනෙක් ඉන්නවා නම්, ඔහු සක්විති රජු කරා පැමිණෙනවා. ඇවිත් මෙහෙම කියනවා. 'මහාරාජයාණෙනි, එනු මැනැව. මහාරාජයාණෙනි, ඔබේ පැමිණීම යහපත්ම ය. මහාරාජයාණෙනි, මේ රාජ්‍යයත් ඔබගේ ය. මහාරාජයාණෙනි, අනුශාසනා කළ මැනැව.' එතකොට සක්විති රජතුමා මෙහෙම කියනවා. 'ප්‍රාණඝාතය නොකළ යුතුයි; සොරකම නොකළ යුතුයි; වැරදි කාම සේවනය නොකළ

යුතුයි; බොරු නොකිව යුතුයි; සුරා පානය නොකළ යුතුයි; සතුටින් කා බී සිටි පරිද්දෙන් හොඳින් අනුභව කරන්න' කියලා. පින්වත් මහණෙනි, එතකොට පෙරදිග දිශාවෙහි සක්විති රජුට සතුරුව සිටි යම් රජෙක් ඇද්ද, ඔහු ඒ සක්විති රජුගේ කීමට අනුව ජීවත් වෙනවා.

පින්වත් මහණෙනි, ඊට පස්සේ ඒ චක්‍රරත්නය පෙරදිග සාගරයට වැටිලා දකුණු දිශාවට කරකැවෙන්න පටන්ගන්නවා. ....(පෙ).... දකුණු සමුද්‍රයට වැටිලා බටහිර දිශාවට කරකැවෙන්න පටන්ගන්නවා. ....(පෙ).... බටහිර සාගරයට වැටිලා උතුරු දිශාවට කරකැවෙන්න පටන්ගන්නවා. ඒ අනුව සක්විති රජුද, සිව්රඟ සේනා සමඟ පසුපසින් ගමන් කරනවා. පින්වත් මහණෙනි, යම් ප්‍රදේශයක චක්‍රරත්නය නවතිනවා නම්, එතැන සක්විති රජතුමා සිව්රඟ සේනාව සමඟ නවතිනවා.

එතකොට පින්වත් මහණෙනි, උතුරු දිශාවෙහි යම් විරුද්ධ රජකෙනෙක් ඉන්නවා නම්, ඔහු සක්විති රජු කරා පැමිණෙනවා. ඇවිත් මෙහෙම කියනවා. 'මහාරාජයාණෙනි, එනු මැනැව. මහාරාජයාණෙනි, ඔබේ පැමිණීම යහපත්ම ය. මහාරාජයාණෙනි, මේ රාජ්‍යයත් ඔබගේ ය. මහාරාජයාණෙනි, අනුශාසනා කළ මැනැව.' එතකොට සක්විති රජතුමා මෙහෙම කියනවා. 'ප්‍රාණඝාතය නොකළ යුතුයි; සොරකම නොකළ යුතුයි; වැරදි කාම සේවනය නොකළ යුතුයි; බොරු නොකිව යුතුයි; සුරා පානය නොකළ යුතුයි; සතුටින් කා බී සිටි පරිද්දෙන් හොඳින් අනුභව කරන්න' කියලා. පින්වත් මහණෙනි, එතකොට උතුරු දිශාවෙහි සක්විති රජුට සතුරුව සිටි යම් රජෙක් ඇද්ද, ඔහු ඒ සක්විති රජුගේ කීමට අනුව ජීවත් වෙනවා.

පින්වත් මහණෙනි, එතකොට ඒ චක්‍රරත්නය මුහුද සීමා කොට ඇති මහ පොළොව දිනාගෙන කලින් රාජධානියටම ආපසු එනවා. ඇවිත් සක්විති රජුගේ ඇතුළු නුවර දොරටුවේ කිසිවෙකුට සොලවාලිය නොහැකි පරිද්දෙන් නවතිනවා. එයින් සක්විති රජුගේ අන්තඃපුර ද්වාරය සුන්දර කරනවා. පින්වත් මහණෙනි, ඔය විදිහේ සක්විති රත්නයක් තමයි පහළ වෙන්නේ.

පින්වත් මහණෙනි, නැවත අනෙකක් කියමි. සක්විති රජතුමාට හස්ති රත්නයකුත් ලැබෙනවා. ඒ හස්තිරාජයා මුළුමනින්ම සුදුපාටයි. සප්ත අංගයන් පොළොවෙහි වදිනවා. ඉර්ධිමත්. අහසින් යන්නට පුළුවන් උපෝසථ වර්ගයේ ඇත් රජෙක්. ඒ ඇතාව දුටු විට සක්විති රජතුමාගේ සිත පහදිනවා. 'භවත්නි, මේ හස්තියානාව ඉතා ලස්සනයි නෙව. ඉදින් දමනය කරගන්නට ඇත්නම් හරි අගෙයි' කියලා. පින්වත් මහණෙනි, ඉතා සුන්දර වූ ආජානීය හස්තියෙක් බොහෝ කාලයක් මනාව දමනය වී සිටිනවාද, ඒ හස්තිරත්නයත් එබඳු වූම

දමනයකින් යුක්තයි. පින්වත් මහණෙනි, මෙය කලින් සිදු වූ දෙයක්. ඉතින් සක්විති රජතුමා හස්තිරාජයාගේ හැකියාව විමසන්නට හිතලා පෙරවරුවේ ඇතා පිට නැග මුහුද සීමා කොට ඇති, පොළොව වටේ ගොස් ඒ රාජධානියටම ඇවිදින් තමයි උදේ ආහාරය ගත්තේ. පින්වත් මහණෙනි, සක්විති රජතුමාට ලැබෙන්නේ ඔය විදිහේ හස්තිරත්නයකුයි.

පින්වත් මහණෙනි, නැවත අනෙකක් කියමි. සක්විති රජතුමාට අශ්ව රත්නයකුත් ලැබෙනවා. ඒ අශ්වයා මුළුමනින්ම සුදුපාටයි. හිස කළු පාටයි. මුදු තණ බඳු කෙස් තියෙනවා. ඉර්ධිමත්. අහසින් යන්නට පුළුවන්. වළාහක වර්ගයේ අශ්ව රාජයෙක්. ඒ අශ්වයාව දුටු විට සක්විති රජතුමාගේ සිත පහදිනවා. 'භවත්නි, මේ අශ්වයා ඉතා ලස්සනයි නෙව. ඉදින් දමනය කරගන්නට ඇත්නම් හරි අගෙයි' කියලා. පින්වත් මහණෙනි, ඉතා සුන්දර වූ ආජානීය අශ්වයෙක් බොහෝ කාලයක් මනාව දමනය වී සිටිනවාද, ඒ අශ්වරත්නයත් එබඳු වූම දමනයකින් යුක්තයි. පින්වත් මහණෙනි, මෙය කලින් සිදු වූ දෙයක්. ඉතින් සක්විති රජතුමා අශ්වරාජයාගේ හැකියාව විමසන්නට හිතලා පෙරවරුවේ අශ්වයා පිට නැග මුහුද සීමා කොට ඇති, පොළොව වටේ ගොස් ඒ රාජධානියටම ඇවිදින් තමයි උදේ ආහාරය ගත්තේ. පින්වත් මහණෙනි, සක්විති රජතුමාට ලැබෙන්නේ ඔය විදිහේ අශ්වරත්නයකුයි.

පින්වත් මහණෙනි, නැවත අනෙකක් කියමි. සක්විති රජතුමාට මාණික්‍ය රත්නයකුත් ලැබෙනවා. ඒ මැණික වෛරෝඩියක්. ඉතාම ලස්සනයි. ස්වභාවිකයි. අටැසින් යුක්තයි. හොඳින් ඔපමට්ටම් කරලා තියෙනවා. පින්වත් මහණෙනි, ඒ මැණික හාත්පස යොදුනක් පුරාවට එළිය විහිදුවනවා. පින්වත් මහණෙනි, මෙය කලින් සිදු වූ දෙයක්. ඉතින් සක්විති රජතුමා මේ මාණික්‍ය රත්නයේ හැකියාව විමසන්නට හිතලා චතුරංගනී සේනාව සන්නද්ධ කරලා ඒ මාණික්‍ය රත්නය කොඩියේ මුදුනේ රඳවලා ඝන අඳුරේම නික්ම ගියා. පින්වත් මහණෙනි, එතකොට අවට ගම්වල මිනිස්සු ඒ ආලෝකයට දවල් ය කියල හිතාගෙන තමන්ගේ වැඩ කරන්නට පටන්ගත්තා. පින්වත් මහණෙනි, සක්විති රජතුමාට ලැබෙන්නේ ඔය විදිහේ මාණික්‍ය රත්නයකුයි.

පින්වත් මහණෙනි, නැවත අනෙකක් කියමි. සක්විති රජතුමාට ස්ත්‍රී රත්නයකුත් ලැබෙනවා. ඒ ස්ත්‍රී රත්නය ඉතාමත් රූප සම්පන්නයි. දර්ශනීයයි. ඉතාම සුන්දරයි. ඉතා උතුම් වූ රූප සෞන්දර්යයෙන් යුක්තයි. ඉතා උසත් නෑ. ඉතා මිටිත් නෑ. ඉතා කෙට්ටුත් නෑ. ඉතා මහතත් නෑ. ඉතා කළුත් නෑ. ඉතා සුදුත් නෑ. මිනිස් පැහැය ඉක්ම ගිහිනුත් නෑ. දිව්‍ය වර්ණයට ඇවිල්ලත් නෑ. පින්වත් මහණෙනි, ස්ත්‍රීරත්නයේ කායික පහස මෙබඳු ස්වරූපයෙන් යුක්තයි. ඒ

කියන්නේ හොඳින් පොලාපු, හිඹුල් පුළුන් වගෙයි, කපු පුළුන් වගෙයි. පින්වත් මහණෙනි, ඒ ස්ත්‍රීරත්නයෙහි පාදයන් සීතල වෙලාවට උණුසුම්. උණුසුම් වෙලාවට සිසිලයි. ඒ වගේම පින්වත් මහණෙනි, ඒ ස්ත්‍රීරත්නයෙහි ශරීරයෙන් සඳුන් සුවඳ හමනවා. මුවින් මහනෙල් සුවඳ හමනවා. ඒ වගේම පින්වත් මහණෙනි, ඒ ස්ත්‍රීරත්නය සක්විති රජු නැගිටින්නට පළමුව නැගිටිනවා. රජුට පසුව නිදියනවා. කුමක් කළ යුතුදැයි නිතර නිතර විමසනවා. රජු සතුටු වන දේම කරනවා. ප්‍රිය මනාප වචන කියනවා. පින්වත් මහණෙනි, ඒ ස්ත්‍රීරත්නය සිහිනෙකින්වත් රජතුමා ඉක්මවා යන්නේ නෑ. කයින් ඉක්මවා යෑම ගැන කවර කථාද? පින්වත් මහණෙනි, සක්විති රජතුමාට ලැබෙන්නේ ඔය විදිහේ ස්ත්‍රීරත්නයකුයි.

පින්වත් මහණෙනි, නැවත අනෙකක් කියමි. සක්විති රජතුමාට ගෘහපති රත්නයකුත් ලැබෙනවා. ඔහුට කර්ම විපාකයෙන්ම හටගත් දිවැස් ලැබෙනවා. ඉතින් ඒ දිවැසින් ඔහු අයිතිකාරයන් නැති, අයිතිකාරයන් ඇති, නිදන් වස්තු සොයාගන්නවා. ඔහු සක්විති රජු ළඟට ඇවිත් මෙහෙම කියනවා. 'දේවයන් වහන්ස, නුඹවහන්සේ මහන්සි වෙන්න ඕන නෑ. ධනයෙන් කළ යුතු යමක් ඇද්ද, එය මං නුඹවහන්සේට කරන්නම්' කියලා. පින්වත් මහණෙනි, මෙය කලින් සිදු වූ දෙයක්. ඉතින් ඒ සක්විති රජතුමා ගෘහපති රත්නය විමසන්නට හිතාගෙන නැවකට නැගී ගඟ මැදට ගිහින් ඒ ගෘහපති රත්නයට මෙසේ කිව්වා. 'පින්වත් ගෘහපතිය, මට රන් රිදීවල අවශ්‍යතාවයක් තියෙනවා' කියලා. 'එසේ වී නම් මහරජාණෙනි, නැව එක ඉවුරකට අයින් කරන්න' 'එම්බා ගෘහපතිය, මට මෙතනදීම යි රන් රිදීවලින් ප්‍රයෝජනය තියෙන්නේ' එතකොට පින්වත් මහණෙනි, ඒ ගෘහපති රත්නය තම දෝතින් ජලය ස්පර්ශ කොට රත්තරන්, අමුරන් පිරුණු කළයක් උඩට ගෙන සක්විති රජුට මෙහෙම කිව්වා. 'මහරජාණෙනි, මෙපමණක් ඇද්ද? මහරජාණෙනි, මෙපමණකිනුත් කළා වෙනවාද? මහරජාණෙනි, මෙපමණකිනුත් පිදුවා වෙනවාද?' කියලා. එතකොට සක්විති රජු මෙහෙම කියනවා. 'ගෘහපතිය, මෙපමණකින්ම ප්‍රමාණවත්. ගෘහපතිය, මෙපමණකින්ම කළා වෙනවා. ගෘහපතිය, මෙපමණකින්ම පිදුවා වෙනවා' පින්වත් මහණෙනි, සක්විති රජතුමාට ලැබෙන්නේ ඔය විදිහේ ගෘහපති රත්නයකුයි.

පින්වත් මහණෙනි, නැවත අනෙකක් කියමි. සක්විති රජතුමාට පුත්‍ර රත්නයකුත් ලැබෙනවා. හරිම ඥාණවන්තයි. ව්‍යක්තයි. ප්‍රඥාවන්තයි. සක්විති රජු කරා කැඳවිය යුත්තන් කැඳවන්නටද, ඉවත් කළ යුත්තන් ඉවත් කරන්නටද, ඔහු ඉතාමත් දක්ෂයි. තනතුරෙහි තැබිය යුත්තන් තබවන්නත් දක්ෂයි. ඒ පුත්‍රරත්නය සක්විති රජු වෙත පැමිණ මෙහෙම කියනවා. 'දේවයන් වහන්ස,

නුඹවහන්සේ මහන්සි ගන්නට ඕන නැහැ. මං කටයුතු සොයා බලන්නම්' කියල. පින්වත් මහණෙනි, සක්විති රජතුමාට ලැබෙන්නේ ඔය විදිහේ පුත්‍ර රත්නයකුයි.

පින්වත් මහණෙනි, නැවත අනෙකක් කියමි. සක්විති රජතුමා මෙම සප්ත රත්නයන්ගෙන් තමයි සමන්විත වන්නේ. පින්වත් මහණෙනි, සක්විති රජතුමාගේ ඉර්ධි සතර කුමක්ද?

පින්වත් මහණෙනි, සක්විති රජතුමා ඉතාමත්ම දකුම්කළු රූපයකින් යුක්තයි. දර්ශනීයයි. ඉතාම සුන්දරයි. අන් මිනිසුන්ට වඩා උදාර වූ වර්ණ සෞන්දර්යයෙන් යුක්තයි. පින්වත් මහණෙනි, මෙය තමයි සක්විති රජුගේ පළමුවෙනි ඉර්ධිය.

පින්වත් මහණෙනි, සක්විති රජතුමා දීර්ඝායුෂෙන් යුක්තයි. අන්‍ය මිනිසුන්ට වඩා බොහෝ කාලයක් ජීවත් වෙනවා. පින්වත් මහණෙනි, මෙය තමයි සක්විති රජුගේ දෙවෙනි ඉර්ධිය.

පින්වත් මහණෙනි, සක්විති රජතුමා අල්පාබාධයෙන් යුක්තයි. අල්ප පීඩාවෙන් යුක්තයි. අන්‍ය මිනිසුන්ට වඩා ඕනෑම ආහාරයක් සුවසේ දිරවන, ඉතා සිසිල් නොවූ, ඉතා උෂ්ණ නොවූ, සම ව පැසෙන ග්‍රහණියකින් යුක්තයි. පින්වත් මහණෙනි, මෙය තමයි සක්විති රජුගේ තෙවෙනි ඉර්ධිය.

පින්වත් මහණෙනි, සක්විති රජතුමා බ්‍රාහ්මණ ගෘහපතිවරුන්ට ඉතාමත්ම ප්‍රිය මනාපයි. පින්වත් මහණෙනි, ඒක මේ වගේ දෙයක්. පියතුමා දරුවන්ට ඉතාමත් ප්‍රිය මනාප වෙයිද, ඒ අයුරින්ම සක්විති රජතුමාත් බ්‍රාහ්මණ ගෘහපතිවරුන් හට ඉතාමත් ම ප්‍රිය මනාපයි.

පින්වත් මහණෙනි, සක්විති රජතුමාටත් බ්‍රාහ්මණ ගෘහපතිවරුන්ව ඉතාමත්ම ප්‍රිය මනාපයි. පින්වත් මහණෙනි, ඒක මේ වගේ දෙයක්. පියතුමාට දරුවන්ව ඉතාමත් ප්‍රිය මනාප වෙයිද, ඒ අයුරින්ම සක්විති රජතුමාටත් බ්‍රාහ්මණ ගෘහපතිවරුන්ව ඉතාමත්ම ප්‍රිය මනාප යි.

පින්වත් මහණෙනි, මෙය කලින් සිදු වූ දෙයක්. සක්විති රජතුමා චතුරංගනී සේනාව සමඟ උයන් බිමට නික්මුනා. එතකොට පින්වත් මහණෙනි, බ්‍රාහ්මණ ගෘහපතිවරු සක්විති රජ්ජුරුවන් වෙත පැමිණ මෙහෙම කිව්වා. 'අනේ දේවයන් වහන්ස, හෙමින් හෙමින් වඩිනු මැනැව. එතකොට අපට සෑහෙන වෙලාවක් නුඹවහන්සේව දකගන්නට පුළුවනි' කියලා. එතකොට සක්විති රජු රියදුරා ඇමතුවා. 'පින්වත් රියදුර, බ්‍රාහ්මණ ගෘහපතිවරුන්ට

මාව බොහෝ වේලාවක් දකින්නට පුළුවන් වන පරිද්දෙන් හෙමින් හෙමින් අසුන් මෙහෙයවන්න' කියලා. පින්වත් මහණෙනි, මෙය තමයි සක්විති රජුගේ සතරවෙනි ඉර්ධිය.

පින්වත් මහණෙනි, ඔය ඉර්ධි හතරෙන් තමයි සක්විති රජු සමන්විත වන්නේ.

පින්වත් මහණෙනි, ඒ ගැන කුමක්ද සිතන්නේ? එතකොට සක්විති රජතුමා මේ සප්ත රත්නයන්ගෙනුත් යුක්ත වෙලා, මේ ඉර්ධි සතරෙනුත් යුක්ත වෙලා සිටිද්දී, ඒ හේතුවෙන් සැපක් සොම්නසක් විඳිනවාද?" "ස්වාමීනී, ඔය එක එක රත්නයකින් යුක්ත වූ සක්විති රජු ඒ හේතුවෙන් සැපයක් සොම්නසක් විඳිනවාම යි. සප්ත රත්නයෙනුත්, සතර ඉර්ධියෙනුත් සැපයක් සොම්නසක් විඳීම ගැන කවර කථාද?"

එතකොට භාග්‍යවතුන් වහන්සේ අතින් මිට මොලවා ගත හැකි කුඩා ගලක් ගෙන භික්ෂූන් අමතා වදාළා. "පින්වත් මහණෙනි, මේ ගැන කුමක්ද සිතන්නේ? වඩාත් විශාල කුමක්ද? මා අතින් මිට මොලවා ගෙන සිටින මේ ගල් කැටයද? නැත්නම් හිමාල පර්වත රාජයාද?"

"ස්වාමීනී, භාග්‍යවතුන් වහන්සේ විසින් අතින් මිට මොලවා ගෙන සිටින කුඩා ගල් කැබැල්ල ඉතාමත්ම කුඩයි. හිමාල පර්වත රාජයා සමඟ සසඳා බැලීමේදී ගණන් කොට කියන්නට බැහැ. කොටස් කොට කියන්නට බැහැ. කිට්ටු කරන්නටවත් බැහැ."

"පින්වත් මහණෙනි, ඔන්න ඔය විදිහම යි සක්විති රජතුමා සප්ත රත්නයෙනුත්, ඉර්ධි සතරෙනුත් යුක්තව යම් සැපයක් සොම්නසක් විඳිනවා නම්, එය දිව්‍ය වූ සැපය සමඟ සසඳා බලන විට ගණනකට ගන්නට බැහැ. කොපමණ ප්‍රමාණයක්ද කියල කියන්නට බැහැ. කිට්ටු කරන්නටවත් බැහැ.

පින්වත් මහණෙනි, ඒ සත්පුරුෂ නුවණැත්තා බොහෝ කාලයක්, ඉතා දීර්ඝ කාලයක් දෙව්ලොව සැප විඳීමෙන් පසු මනුෂ්‍ය ආත්මභාවයකට පැමිණෙන අවස්ථාවක් ඇතිවෙන්නට පුළුවන්. එතකොට යම් උසස් කුලයක්, ක්ෂත්‍රීය මහාසාර කුලයක්, බ්‍රාහ්මණ මහාසාර කුලයක්, ගෘහපති මහාසාර කුලයක් තියෙනවා නම්, එවැනි කුලයක තමයි උපදින්නේ. ධන ධාන්‍යයෙන් ආඪ්‍ය වෙලා, මහා භෝග සම්පත් ඇතුව, බොහෝ රන් රිදී ඇතුව, බොහෝ සැපවත් බඩු භාණ්ඩ ඇතුව, බොහෝ ධන සම්පත් ඇතුව තමයි ඉන්නේ. ඒ වගේම ඔහු ඉතාමත්ම රූප සම්පත්තියෙන් යුක්තයි. දර්ශනීයයි. සුන්දරයි. උදාර වූ ශරීර වර්ණයෙන් යුක්තයි. ඒ වගේ ම ආහාර පාන, වස්ත්‍රාභරණ, යානවාහන, මල්

සුවඳ විලවුන්, ගෙවල් දොරවල් ආදිය උතුම් විදිහට ලැබෙනවා. ඊට පස්සේ ඔහු කරන්නේ ආයෙමත් කයෙන් යහපතෙහි හැසිරීමයි. වචනයෙන් යහපතෙහි හැසිරීමයි. මනසින් යහපතෙහි හැසිරීමයි. ඔහු කයින් යහපතෙහි හැසිරිලා, වචනයෙන් යහපතෙහි හැසිරිලා, මනසින් යහපතෙහි හැසිරිලා, කය බිඳී මරණින් මතු සුගති සංඛ්‍යාත දෙව්ලොව උපදිනවා.

පින්වත් මහණෙනි, ඒක මේ වගේ දෙයක්. සූදු කාරයෙක් මුහුණ දෙන පළමුවෙනි ජයග්‍රහණයෙන්ම මහත් වූ භෝගස්කන්ධයක් ලබාගන්නවා වගෙයි. පින්වත් මහණෙනි, යම්හෙයකින් සූදු කාරයෙක් මුහුණ දෙන පළමුවෙනි ජයග්‍රහණයෙන්ම මහත් වූ භෝගස්කන්ධයක් ලබාගන්නවා නම්, ඒ ජයග්‍රහණය අල්පමාත්‍ර වූ ජයග්‍රහණයක්. නමුත් යම් හෙයකින් සත්පුරුෂ නුවණැත්තා කයින් යහපතෙහි හැසිරිලා, වචනයෙන් යහපතෙහි හැසිරිලා, මනසින් යහපතෙහි හැසිරිලා, කය බිඳී මරණින් මතු සුගති සංඛ්‍යාත දෙව් ලොව උපදිනවාද, මේක තමයි අර ජයග්‍රහණයට වඩා ඉතාමත්ම ශ්‍රේෂ්ඨ ජයග්‍රහණය. පින්වත් මහණෙනි, මේ ස්වර්ගය තමයි මුළුමනින් ම පරිපූර්ණ වූ සත්පුරුෂ නැණවතුන්ගේ භූමිය කියන්නේ.

භාග්‍යවතුන් වහන්සේ මේ උතුම් දේශනය වදාළා. ඒ දේශනය ගැන ඒ භික්ෂූන් වහන්සේලා ගොඩක් සතුටු වුනා. භාග්‍යවතුන් වහන්සේ වදාළ මේ දේශනය සතුටින් පිළිගත්තා.

සාදු! සාදු!! සාදු!!!

බාලයාත් පණ්ඩිතයාත් ගැන වදාළ දෙසුම නිමා විය.

3.3.10.
දේවදූත සූත්‍රය
දේවදූතයන් පිළිබඳව වදාළ දෙසුම

මා හට අසන්නට ලැබුනේ මේ විදිහටයි. ඒ දිනවල භාග්‍යවතුන් වහන්සේ වැඩසිටියේ සැවැත් නුවර ජේතවනය නම් වූ අනේපිඬු සිටුතුමා විසින් කරවන ලද ආරාමයෙහිය. එදා භාග්‍යවතුන් වහන්සේ "පින්වත් මහණෙනි" කියා භික්ෂුසංඝයා අමතා වදාළා. "පින්වතුන් වහන්ස" කියා ඒ භික්ෂූන් ද භාග්‍යවතුන් වහන්සේට පිළිතුරු දුන්නා. භාග්‍යවතුන් වහන්සේ මෙය වදාළා.

"පින්වත් මහණෙනි, ඒක මේ වගේ දෙයක්. දොරවල් සහිත ගෙවල් දෙකක් තියෙනවා. හොඳින් ඇස් පෙනෙන පුද්ගලයෙක් ඒ අතරමැද සිටගෙන බලාගෙන ඉන්නවා. එතකොට ගෙට ඇතුළුවෙන, ගෙයින් පිටවෙන, ගේ ඇතුළේ ඇවිදින, එහා මෙහා හැසිරෙන මිනිසුන්ව දකිනවා. පින්වත් මහණෙනි, මං ඔන්න ඔය විදිහට තමයි මිනිස් ඇස ඉක්මවා ගිය දිවැසින් දැක්කේ. චුතවෙන, උපදින සත්වයන් වගේම ලාමක, උසස්, ලස්සන, කැත සත්වයන් සුගති, දුගති දෙකෙහි ඔවුන්ගේ කර්මානුරූපව චුතවෙන, උපදින ආකාරය මං දැනගන්නවා.

ඒකාන්තයෙන්ම මේ භවත් සත්වයන් කයින් යහපතෙහි හැසිරිලා, වචනයෙන් යහපතෙහි හැසිරිලා, මනසින් යහපතෙහි හැසිරිලා, ආර්යයන් වහන්සේලාට ගර්හා නොකොට, සම්මා දිට්ඨියෙන් යුක්තවෙලා, සම්මා දිට්ඨියෙන් යුතු ක්‍රියාවන් සමාදන් වෙලා සිටි නිසා ඔවුන් කය බිඳී මරණින් මතු සුගති සංඛ්‍යාත දෙව්ලොව ඉපදිලා ඉන්නවා.

ඒ වගේම මේ භවත් සත්වයන් කයින් යහපතෙහි හැසිරිලා, වචනයෙන් යහපතෙහි හැසිරිලා, මනසින් යහපතෙහි හැසිරිලා, ආර්යයන් වහන්සේලාට ගර්හා නොකොට, සම්මා දිට්ඨියෙන් යුක්තවෙලා, සම්මා දිට්ඨියෙන් යුතු ක්‍රියාවන් සමාදන් වෙලා සිටි නිසා ඔවුන් කය බිඳී මරණින් මතු මිනිසුන් අතර ඉපදිලා ඉන්නවා.

ඒකාන්තයෙන්ම මේ භවත් සත්වයන් කයින් දුෂ්චරිතයෙහි හැසිරිලා, වචනයෙන් දුෂ්චරිතයෙහි හැසිරිලා, මනසින් දුෂ්චරිතයෙහි හැසිරිලා, ආර්යයන්

වහන්සේලාට ගර්හා කොට, මිත්‍යා දෘෂ්ටියෙන් යුක්තවෙලා, මිත්‍යා දෘෂ්ටියෙන් යුතු ක්‍රියාවන් සමාදන් වෙලා සිටි නිසා ඔවුන් කය බිඳී මරණින් මතු ප්‍රේතයන් අතර ඉපදිලා ඉන්නවා.

ඒ වගේම මේ භවත් සත්වයන් කයින් දුෂ්චරිතයෙහි හැසිරිලා, වචනයෙන් දුෂ්චරිතයෙහි හැසිරිලා, මනසින් දුෂ්චරිතයෙහි හැසිරිලා, ආර්යයන් වහන්සේලාට ගර්හා කොට, මිත්‍යා දෘෂ්ටියෙන් යුක්තවෙලා, මිත්‍යා දෘෂ්ටියෙන් යුතු ක්‍රියාවන් සමාදන් වෙලා සිටි නිසා ඔවුන් කය බිඳී මරණින් මතු තිරිසනුන් අතර ඉපදිලා ඉන්නවා.

ඒ වගේම මේ භවත් සත්වයන් කයින් දුෂ්චරිතයෙහි හැසිරිලා, වචනයෙන් දුෂ්චරිතයෙහි හැසිරිලා, මනසින් දුෂ්චරිතයෙහි හැසිරිලා, ආර්යයන් වහන්සේලාට ගර්හා කොට, මිත්‍යා දෘෂ්ටියෙන් යුක්තවෙලා, මිත්‍යා දෘෂ්ටියෙන් යුතු ක්‍රියාවන් සමාදන් වෙලා සිටි නිසා ඔවුන් කය බිඳී මරණින් මතු අපාය නම් වූ, දුගතිය නම් වූ, විනිපාත නම් වූ නිරයෙහි ඉපදිලා ඉන්නවා.

පින්වත් මහණෙනි, එතකොට යමපල්ලෝ ඒ උපන් නිරිසත්වයාව වෙන වෙනම අත්වලින් අල්ලා ගෙන යම රජ්ජුරුවෝ ළඟට ගෙනියනවා. 'දේවයන් වහන්ස, මේ පුරුෂයා මව්ට අයහපත කරපු කෙනෙක්. පියාට අයහපත කරපු කෙනෙක්. ශ්‍රමණයන් වහන්සේලාට අයහපත කරපු කෙනෙක්. උතුම් පුද්ගලයන්ට අයහපත කරපු කෙනෙක්. කුල දෙටුවන් නොපිදූ කෙනෙක්. දේවයන් වහන්ස, මොහුට දඬුවම් පණවනු මැනැව.'

පින්වත් මහණෙනි, එතකොට යම රජ්ජුරුවෝ ඔහුගෙන් පළමුවෙනි දේවදූතයා ගැන කරුණු මතුකරමින් ප්‍රශ්න කරනවා. ඔහුගේ මතකය අවදිකරවමින් ප්‍රශ්න කරනවා. කරුණු විමසනවා. 'එම්බා පුරුෂය, ඔබ මිනිස් ලොව සිටිද්දී ඒ මිනිසුන් අතර පහළ වූ පළවෙනි දේවදූතයා දැක්කේ නැද්ද?' එතකොට ඔහු මෙහෙම කියනවා. 'ස්වාමීනී, දැක්කෙ නෑ.'

පින්වත් මහණෙනි, එතකොට යම රජ්ජුරුවෝ මෙහෙම අහනවා. 'එම්බා පුරුෂය, නුඹ දැක්කේ නැද්ද, මිනිසුන් අතරේ ඉතා ලාබාල ළදරුවන් මළමුත්‍රා ගොඩෙහි උඩු අතට සයනය කරලා ඉන්න හැටි?' එතකොට ඔහු මෙහෙම කියනවා. 'දැක්කා, ස්වාමීනී' කියල. පින්වත් මහණෙනි, යම රජ්ජුරුවෝ ඔහුට මෙහෙම කියනවා. 'එම්බා පුරුෂය, ඒ වෙලාවේ බුද්ධිමත් මහළු මිනිසෙක්ව සිටි නුඹට මේ කාරණය සිතුනේ නැද්ද? මමත් ඉපදීම ස්වභාව කොට ඇති කෙනෙක්. ඉපදීම ඉක්මවා ගිහින් නෑ. ඒ නිසා මං කයින්, වචනයෙන්, මනසින් පින් කරන්නට ඕන' කියලා. ඔහු මෙහෙම උත්තර දෙනවා. 'අනේ ස්වාමීනී,

එය බැරුව ගියා. ස්වාමීනී, මං ප්‍රමාද වුනා.' එතකොට පින්වත් මහණෙනි, යමරජ්ජුරුවෝ මෙහෙම කියනවා. 'එම්බා පුරුෂය, එහෙම නම් ප්‍රමාදය හේතුවෙන් නුඹ කයෙන්, වචනයෙන්, මනසින් යහපත නොකළේ. එම්බා පුරුෂය, ප්‍රමාද වූ කෙනෙකුට යමක් කරනවාද, එයින් නුඹට දඬුවම් ලැබේවි. නුඹේ ඒ පාප කර්මය නුඹගේ මෑණියන් විසින් කරපු දේකුත් නොවෙයි, පියාණන් විසින් කරපු දේකුත් නොවෙයි. සොහොයුරා විසින් කරපු දේකුත් නොවෙයි. සහෝදරිය කරපු දේකුත් නොවෙයි. යහළු මිත්‍රයන් කරපු දේකුත් නොවෙයි. ලේ ඤාතීන් කරපු දේකුත් නොවෙයි. ශ්‍රමණ බ්‍රාහ්මණයින් විසින් කරපු දේකුත් නොවෙයි. දෙවිවරුන් විසින් කරපු දේකුත් නොවෙයි. නුඹ විසින්ම යි ඔය පාප කර්මය කරලා තියෙන්නේ. ඔය පාප කර්මයේ විපාක විඳින්න තියෙන්නෙත් නුඹ විසින්ම යි.'

පින්වත් මහණෙනි, එතකොට යම රජ්ජුරුවෝ ඔහුගෙන් පළමුවෙනි දේවදූතයා ගැන කරුණු මතුකරමින් ප්‍රශ්න අසලා, ඔහුගේ මතකය අවදිකරවමින් ප්‍රශ්න අසලා, කරුණු විමසලා, දෙවෙනි දේවදූතයා ගැන කරුණු මතුකරමින් ප්‍රශ්න කරනවා. ඔහුගේ මතකය අවදිකරවමින් ප්‍රශ්න කරනවා. කරුණු විමසනවා. 'එම්බා පුරුෂය, ඔබ මිනිස් ලොව සිටිද්දී ඒ මිනිසුන් අතර පහළ වූ දෙවෙනි දේවදූතයා දැක්කේ නැද්ද?' එතකොට ඔහු මෙහෙම කියනවා. 'ස්වාමීනී, දැක්කෙ නෑ.'

පින්වත් මහණෙනි, එතකොට යම රජ්ජුරුවෝ මෙහෙම අහනවා. 'එම්බා පුරුෂය, නුඹ දැක්කේ නැද්ද, මිනිසුන් අතරේ ස්ත්‍රියක් වේවා, පුරුෂයෙක් වේවා, අවුරුදු අසූව පැනපු, අවුරුදු අනූව පැනපු, අවුරුදු සියය වුන, ඒ වගේම හොඳට ජරා ජීර්ණ වෙලා, දිරාපු පරාල වගේ වකුටු ගැහුණු. හැරමිටි ගගහා යන, වෙව්ලමින් යන, ලෙඩ වූ, යොවුන් බව නැති වූ, දත් කැඩුණු, කෙස් පැහුණු, කෙස් වැටුණු, හම රැළි වැටුණු, තල කැළැල් පිරුණු ශරීර ඇති නාකි උදවිය?' එතකොට ඔහු මෙහෙම කියනවා. 'දැක්කා, ස්වාමීනී' කියල. පින්වත් මහණෙනි, යම රජ්ජුරුවෝ ඔහුට මෙහෙම කියනවා. 'එම්බා පුරුෂය, ඒ වෙලාවේ බුද්ධිමත් මහළු මිනිසෙක්ව සිටි නුඹට මේ කාරණය සිතුනේ නැද්ද? මමත් ජරා ජීර්ණවීම ස්වභාව කොට ඇති කෙනෙක්. ජරා ජීර්ණවීම ඉක්මවා ගිහින් නෑ. ඒ නිසා මං කයින්, වචනයෙන්, මනසින් පින් කරන්න ඕන කියල.' ඔහු මෙහෙම උත්තර දෙනවා. 'අනේ ස්වාමීනී, එය බැරුව ගියා. ස්වාමීනී, මං ප්‍රමාද වුනා.' එතකොට පින්වත් මහණෙනි, යමරජ්ජුරුවෝ මෙහෙම කියනවා. 'එම්බා පුරුෂය, එහෙම නම් ප්‍රමාදය හේතුවෙන් නුඹ කයෙන්, වචනයෙන්, මනසින් යහපත නොකළේ. එම්බා පුරුෂය, ප්‍රමාද වූ කෙනෙකුට යමක් කරනවාද, එයින් නුඹට දඬුවම් ලැබේවි. නුඹේ ඒ පාප කර්මය නුඹගේ මෑණියන් විසින් කරපු දේකුත් නොවෙයි,

පියාණන් විසින් කරපු දේකුත් නොවෙයි. සොහොයුරා විසින් කරපු දේකුත් නොවෙයි. සහෝදරිය කරපු දේකුත් නොවෙයි. යහළු මිත්‍රයන් කරපු දේකුත් නොවෙයි. ලේ ඤාතීන් කරපු දේකුත් නොවෙයි. ශ්‍රමණ බ්‍රාහ්මණයින් විසින් කරපු දේකුත් නොවෙයි. දෙවිවරුන් විසින් කරපු දේකුත් නොවෙයි. නුඹ විසින්ම යි ඔය පාප කර්මය කරලා තියෙන්නේ. ඔය පාප කර්මයේ විපාක විඳින්න තියෙන්නෙත් නුඹ විසින්ම යි.'

පින්වත් මහණෙනි, එතකොට යම රජ්ජුරුවෝ ඔහුගෙන් දෙවෙනි දේවදූතයා ගැන කරුණු මතුකරමින් ප්‍රශ්න අසලා, ඔහුගේ මතකය අවදිකරවමින් ප්‍රශ්න අසලා, කරුණු විමසලා, තුන්වෙනි දේවදූතයා ගැන කරුණු මතුකරමින් ප්‍රශ්න කරනවා. ඔහුගේ මතකය අවදිකරවමින් ප්‍රශ්න කරනවා. කරුණු විමසනවා. 'එම්බා පුරුෂය, ඔබ මිනිස් ලොව සිටිද්දී ඒ මිනිසුන් අතර පහළ වූ තුන්වෙනි දේවදූතයා දැක්කේ නැද්ද?' එතකොට ඔහු මෙහෙම කියනවා. 'ස්වාමීනී, දැක්කෙ නෑ.'

පින්වත් මහණෙනි, එතකොට යම රජ්ජුරුවෝ මෙහෙම අහනවා. 'එම්බා පුරුෂය, නුඹ දැක්කේ නැද්ද, මිනිසුන් අතරේ ස්ත්‍රියක් වේවා, පුරුෂයෙක් වේවා, ලෙඩ වෙලා ඉන්නවා. දුකට පත්වෙලා ඉන්නවා. දරුණු විදිහට අසනීප වෙලා, තමන් ගේ මළ මූත්‍රා ගොඩේ වැටිලා ඉන්නවා. එතකොට අනුන් තමයි නැගිට්ටවන්නේ. හාන්සිකරවන්නේ. එවැනි අය දැක්කේ නැද්ද?' එතකොට ඔහු මෙහෙම කියනවා 'දැක්කා, ස්වාමීනී' කියලා. පින්වත් මහණෙනි, යම රජ්ජුරුවෝ ඔහුට මෙහෙම කියනවා. 'එම්බා පුරුෂය, ඒ වෙලාවේ බුද්ධිමත් මහළු මිනිසෙක්ව සිටි නුඹට මේ කාරණය සිතුනේ නැද්ද? මම ත් රෝගී වීම ස්වභාව කොට ඇති කෙනෙක්. රෝගී වීම ඉක්මවා ගිහින් නෑ. ඒ නිසා මං කයින්, වචනයෙන්, මනසින් පින් කරන්නට ඕන කියලා.' ඔහු මෙහෙම උත්තර දෙනවා. 'අනේ ස්වාමීනී, එය බැරුව ගියා. ස්වාමීනී, මං ප්‍රමාද වුනා.' එතකොට පින්වත් මහණෙනි, යමරජ්ජුරුවෝ මෙහෙම කියනවා. 'එම්බා පුරුෂය, එහෙම නම් ප්‍රමාදය හේතුවෙන් නුඹ කයෙන්, වචනයෙන්, මනසින් යහපත නොකළේ. එම්බා පුරුෂය, ප්‍රමාද වූ කෙනෙකුට යමක් කරනවාද, එයින් නුඹට දඬුවම් ලැබේවි. නුඹේ ඒ පාප කර්මය නුඹගේ මෑණියන් විසින් කරපු දේකුත් නොවෙයි, පියාණන් විසින් කරපු දේකුත් නොවෙයි. සොහොයුරා විසින් කරපු දේකුත් නොවෙයි. සහෝදරිය කරපු දේකුත් නොවෙයි. යහළු මිත්‍රයන් කරපු දේකුත් නොවෙයි. ලේ ඤාතීන් කරපු දේකුත් නොවෙයි. ශ්‍රමණ බ්‍රාහ්මණයින් විසින් කරපු දේකුත් නොවෙයි. දෙවිවරුන් විසින් කරපු දේකුත් නොවෙයි. නුඹ විසින්ම යි ඔය පාප කර්මය කරලා තියෙන්නේ. ඔය පාප කර්මයේ විපාක විඳින්න තියෙන්නෙත් නුඹ විසින්ම යි.'

පින්වත් මහණෙනි, එතකොට යම රජ්ජුරුවෝ ඔහුගෙන් තුන්වෙනි දේවදූතයා ගැන කරුණු මතුකරමින් ප්‍රශ්න අසලා, ඔහුගේ මතකය අවදිකරවමින් ප්‍රශ්න අසලා, කරුණු විමසලා, සතරවෙනි දේවදූතයා ගැන කරුණු මතුකරමින් ප්‍රශ්න කරනවා. ඔහුගේ මතකය අවදිකරවමින් ප්‍රශ්න කරනවා. කරුණු විමසනවා. 'එම්බා පුරුෂය, ඔබ මිනිස් ලොව සිටිද්දී ඒ මිනිසුන් අතර පහළ වූ සතරවෙනි දේවදූතයා දැක්කේ නැද්ද?' එතකොට ඔහු මෙහෙම කියනවා. 'ස්වාමීනී, දැක්කෙ නෑ.'

පින්වත් මහණෙනි, එතකොට යම රජ්ජුරුවෝ මෙහෙම අහනවා. 'එම්බා පුරුෂය, නුඹ දැක්කේ නැද්ද, රජවරු, දරුණු අපරාධ කළ සොරෙක් අල්ලා ගෙන ගිහින් විවිධාකාරයෙන් දඬුවම් කරනවා. ඒ අපරාධකාරයාට කසෙන් තලනවා. වේවැලෙන් තලනවා. දඬු මුගුරුවලින් තලනවා. අත් කපල දානවා, කකුල් කපල දානවා, අත් කකුල් කපල දානවා, කන කපනවා, නාසයත් කපනවා. කන් නාසාත් කපනවා, හිස් කබල චප්ප කරල දානවා. හිස් කබලෙ ඇටේ මතු වෙනකල් බොරළු දාල හූරනවා. යකඩ අඬුවකින් කට පළල් කරල ගිනි පන්දම් ඔබනවා. ඇඟේ තෙල් පාන්කඩ ඔතල ගිනි තියනවා. අත්වල තෙල් පාන්කඩ ඔතල ගිනි තියනවා. බෙල්ලෙ ඉඳන් පහළට හම ගලෝල, ඇදගෙන යනවා. බෙල්ලෙ ඉඳන් පහළටත්, කකුලෙ ඉඳන් උඩටත් හම ගලෝල, එකට ගැට ගහනවා. දණිස් දෙකෙත්, වැළමිටි දෙකෙත් යකඩ උල් ගහල පොළවට හයි කරලා, ගින්නෙන් රත් කරනවා, කොකුවලින් ඇන ඇන මස් ලේ විසුරුවනවා. මුළු ශරීරයේම මස් චූටි කැලිවලට ඉරල දානවා. ශරීරයේ තැනින් තැන සිදුරු කරල ලෝදිය දානවා. පැත්තට ඇල කරල බිම දාල කනේ උලක් ගහලා, ඒ උලෙන් හිටෝල, කකුල් දෙකෙන් වටේට කරකවනවා. ගල්වලින් තලල ඇඟ ඇතුලෙ ඇට කුඩු කරල දානවා. ගින්නෙන් කකාරගත්තු තෙල්වලින් නාවනවා. බල්ලන්ට කන්න දානවා. උලේ ඉන්දවනවා. හිස ගසා දානවා නුඹ දැක්කේ නැද්ද?' එතකොට ඔහු මෙහෙම කියනවා. 'දැක්කා, ස්වාමීනී' කියලා. පින්වත් මහණෙනි, යම රජ්ජුරුවෝ ඔහුට මෙහෙම කියනවා. 'එම්බා පුරුෂය, ඒ වෙලාවේ බුද්ධිමත් මහළු මිනිසෙක්ව සිටි නුඹට මේ කාරණය සිතුනේ නැද්ද? 'භවත්නි, යමෙක් පව්කම් කරනවා නම්, ඔවුන්ට මෙලොවදීම මෙබඳු වූ දරුණු විපාකවලට මුහුණ දීමට සිදුවෙනවා. පරලොවදී විපාක දීම ගැන කවර කථාද?' ඒ නිසා මං කයින්, වචනයෙන්, මනසින් පින් කරන්න ඕන කියලා.' ඔහු මෙහෙම උත්තර දෙනවා. 'අනේ ස්වාමීනී, එය බැරුව ගියා. ස්වාමීනී, මං ප්‍රමාද වුනා.' එතකොට පින්වත් මහණෙනි, යමරජ්ජුරුවෝ මෙහෙම කියනවා. 'එම්බා පුරුෂය, එහෙම නම් ප්‍රමාදය හේතුවෙන් නුඹ කයෙන්, වචනයෙන්, මනසින් යහපත නොකළේ. එම්බා පුරුෂය, ප්‍රමාද වූ කෙනෙකුට යමක් කරනවාද, එයින්

නුඹට දඬුවම් ලැබේවි. නුඹේ ඒ පාප කර්මය නුඹගේ මෑණියන් විසින් කරපු දේකුත් නොවෙයි, පියාණන් විසින් කරපු දේකුත් නොවෙයි. සොහොයුරා විසින් කරපු දේකුත් නොවෙයි. සහෝදරිය කරපු දේකුත් නොවෙයි. යහළු මිත්‍රයන් කරපු දේකුත් නොවෙයි. ලේ ඤාතීන් කරපු දේකුත් නොවෙයි. ශ්‍රමණ බ්‍රාහ්මණයින් විසින් කරපු දේකුත් නොවෙයි. දෙවිවරුන් විසින් කරපු දේකුත් නොවෙයි. නුඹ විසින්ම යි ඔය පාප කර්මය කරලා තියෙන්නේ. ඔය පාප කර්මයේ විපාක විඳින්න තියෙන්නෙත් නුඹ විසින්ම යි.'

පින්වත් මහණෙනි, එතකොට යම රජ්ජුරුවෝ ඔහුගෙන් සතරවෙනි දේවදූතයා ගැන කරුණු මතුකරමින් ප්‍රශ්න අසලා, ඔහුගේ මතකය අවදිකරවමින් ප්‍රශ්න අසලා, කරුණු විමසලා, පස්වෙනි දේවදූතයා ගැන කරුණු මතුකරමින් ප්‍රශ්න කරනවා. ඔහුගේ මතකය අවදිකරවමින් ප්‍රශ්න කරනවා. කරුණු විමසනවා. 'එම්බා පුරුෂය, ඔබ මිනිස් ලොව සිටිද්දී ඒ මිනිසුන් අතර පහළ වූ පස්වෙනි දේවදූතයා දැක්කේ නැද්ද?' එතකොට ඔහු මෙහෙම කියනවා. 'ස්වාමීනී, දැක්කෙ නෑ.'

පින්වත් මහණෙනි, එතකොට යම රජ්ජුරුවෝ මෙහෙම අහනවා. 'එම්බා පුරුෂය, නුඹ දැක්කේ නැද්ද, මිනිසුන් අතරේ ස්ත්‍රියක් වේවා, පුරුෂයෙක් වේවා, මැරිලා එක දවසක් ගතවෙලා තියෙනවා. එහෙම නැත්නම් මැරිලා දවස් දෙකක්, දවස් තුනක් ගතවෙලා තියෙනවා. ඉදිමිලා තියෙනවා. නිල්වෙලා තියෙනවා. සැරව පිරිලා තියෙනවා දැක්කේ නැද්ද?' එතකොට ඔහු මෙහෙම කියනවා. 'දැක්කා, ස්වාමීනී' කියලා. පින්වත් මහණෙනි, යම රජ්ජුරුවෝ ඔහුට මෙහෙම කියනවා. 'එම්බා පුරුෂය, ඒ වෙලාවේ බුද්ධිමත් මහළු මිනිසෙක්ව සිටි නුඹට මේ කාරණය සිතුනේ නැද්ද? මමත් මරණයට පත්වීම ස්වභාව කොට ඇති කෙනෙක්. මරණය ඉක්මවා ගිහින් නෑ. ඒ නිසා මං කයින්, වචනයෙන්, මනසින් පින් කරන්න ඕන කියලා.' ඔහු මෙහෙම උත්තර දෙනවා. 'අනේ ස්වාමීනී, එය බැරුව ගියා. ස්වාමීනී, මං ප්‍රමාද වුණා.' එතකොට පින්වත් මහණෙනි, යමරජ්ජුරුවෝ මෙහෙම කියනවා. 'එම්බා පුරුෂය, එහෙම නම් ප්‍රමාදය හේතුවෙන් නුඹ කයෙන්, වචනයෙන්, මනසින් යහපත නොකළේ. එම්බා පුරුෂය, ප්‍රමාද වූ කෙනෙකුට යමක් කරනවාද, එයින් නුඹට දඬුවම් ලැබේවි. නුඹේ ඒ පාප කර්මය නුඹගේ මෑණියන් විසින් කරපු දේකුත් නොවෙයි, පියාණන් විසින් කරපු දේකුත් නොවෙයි. සොහොයුරා විසින් කරපු දේකුත් නොවෙයි. සහෝදරිය කරපු දේකුත් නොවෙයි. යහළු මිත්‍රයන් කරපු දේකුත් නොවෙයි. ලේ ඤාතීන් කරපු දේකුත් නොවෙයි. ශ්‍රමණ බ්‍රාහ්මණයින් විසින් කරපු දේකුත් නොවෙයි. දෙවිවරුන් විසින් කරපු දේකුත් නොවෙයි. නුඹ

විසින්ම යි ඔය පාප කර්මය කරලා තියෙන්නේ. ඔය පාප කර්මයේ විපාක විඳින්න තියෙන්නෙත් නුඹ විසින්ම යි.'

ඊට පස්සේ පින්වත් මහණෙනි, යම රජ්ජුරුවෝ පස්වෙනි දේවදූතයා ගැන කරුණු මතුකරමින් ප්‍රශ්න අසලා, ඔහුගේ මතකය අවදිකරවමින් ප්‍රශ්න අසලා, කරුණු විමසලා නිශ්ශබ්ද වෙනවා.

එතකොට පින්වත් මහණෙනි, නිරයේ ඉපදුනු කෙනාට යමපල්ලෝ පස් ආකාරයක බන්ධනය නම් වූ දඬුවමක් දෙනවා. ඒ කියන්නේ ගිනියම් යකඩ හුලක් දකුණු අතේ ගහනවා. ගිනියම් යකඩ හුලක් දෙවෙනි අතේ ගහනවා. ගිනියම් යකඩ හුලක් දකුණු පාදයේ ගහනවා. ගිනියම් යකඩ හුලක් දෙවෙනි පාදයේ ගහනවා. ගිනියම් යකඩ හුලක් පපුවට අණිනවා. එතකොට ඔහු ඒ හේතුවෙන් ඉතා දරුණු වූ දැඩි දුකක් විඳිනවා. යම්තාක් කල් ඔහුගේ ඒ පාපකර්මය ගෙවී නොතිබෙයිද, ඒ තාක් ඔහු මරණයට පත්වන්නේ නෑ.

පින්වත් මහණෙනි, එතකොට යමපල්ලෝ ඔහුව යකඩ පොළොවක බාවනවා. බාවලා කෙටේරිවලින් සහිනවා. එතකොට ඔහු ඒ හේතුවෙන් ඉතා දරුණු වූ දැඩි දුකක් විඳිනවා. ....(පෙ).... ඔහුව කකුල් උඩු අතට හරවලා ඔලුවෙන් හිටවනවා. හිටවලා වෑයෙන් සහිනවා. එතකොට ඔහු ඒ හේතුවෙන් ඉතා දරුණු වූ දැඩි දුකක් විඳිනවා. ....(පෙ).... ගිනිගෙන දිළිසෙන රථයක ගැටගහනවා. ගැටගහලා හාත්පසින් ගිනි ඇවිලි ඇවිලී තිබෙන ගිනියම් වූ යකඩ පොළොවේ එහාට මෙහාට ඇදගෙන යනවා. එතකොට ඔහු ඒ හේතුවෙන් ඉතා දරුණු වූ දැඩි දුකක් විඳිනවා. ....(පෙ).... හාත්පසින් ගිනි ඇවිල ගත් ගිනියම් වූ, ගිනි අඟුරු පර්වතයකට මොහුව නග්ගවනවා, බස්සවනවා. එතකොට ඔහු ඒ හේතුවෙන් ඉතා දරුණු වූ දැඩි දුකක් විඳිනවා. ....(පෙ).... ඔහුව කකුල් උඩුඅතට හරවලා හිස යටිඅතට හරවලා හාත්පසින් ගිනි ඇවිල ගත් ගිනියම් වූ ලෝකුඹු නිරයෙහි ඔබනවා. එතනදී ඔහුගේ ශරීරය ඒ ලෝදියේ පැහෙන්නේ පෙණ ගුළියක් බඳු වූ දේහයක් ඇතුවයි. ඉතින් ඒ පෙණ ගුළියක් බඳු දේහයකින් යුතු නිරිසතා පැහි පැහී එක වතාවකට උඩට එනවා. ආයෙමත් යටට බහිනවා. ආයෙ වතාවක් හරස් අතට කරකැවෙනවා. එතකොට ඔහු ඒ හේතුවෙන් ඉතා දරුණු වූ දැඩි දුකක් විඳිනවා. යම්තාක් කල් ඔහු ගේ ඒ පාපකර්මය ගෙවී නොතිබෙයිද, ඒ තාක් ඔහු මරණයට පත්වන්නේ නෑ.

පින්වත් මහණෙනි, ඊට පස්සේ යමපල්ලෝ ඔහුව මහා නිරයට ඇදලා දානවා. පින්වත් මහණෙනි, ඒ මහා නිරයේ නම්,

කොන් හතරක් තියෙනවා. දොරටු හතරක් තියෙනවා. වෙන වෙනම කොටස් වශයෙන් බෙදලයි තියෙන්නේ. යකඩ ප්‍රාකාරයෙන් වටවෙලයි තියෙන්නේ. යකඩ පියනකින් වැහිලයි තියෙන්නේ.

ඒ නිරයේ බිමත් යකඩින්ම යි කරලා තියෙන්නේ. ගිනිගන්නවා. ගිනිදැල් විහිදෙනවා. හාත්පසින් යොදුන් සියයක් පුරාවට ඒ ගිනි ජාලාව හැමදාම පැතිරිලා තියෙනවා.

පින්වත් මහණෙනි, ඒ මහා නිරයේ පෙරදිග බිත්තියෙන් ගිනිදැල් මතුවෙලා ඇවිදින් බටහිර බිත්තියේ වදිනවා. බටහිර බිත්තියෙන් ගිනිදැල් මතුවෙලා ඇවිදින් පෙරදිග බිත්තියේ වදිනවා. උතුරුදිග බිත්තියෙන් ගිනිදැල් මතුවෙලා ඇවිදින් දකුණුදිග බිත්තියේ වදිනවා. දකුණුදිග බිත්තියෙන් ගිනිදැල් මතුවෙලා ඇවිදින් උතුරුදිග බිත්තියේ වදිනවා. යටින් ගිනිදැල් මතුවෙලා ඇවිදින් උඩ වහලයේ වදිනවා. උඩ වහලයෙන් ගිනිදැල් මතුවෙලා ඇවිදින් යටට වදිනවා. එයට මැදිවෙන නිරිසතා දරුණු, තියුණු, කටුක දුක් වේදනා විඳිනවා. යම්තාක් කල් ඔහුගේ ඒ පාපකර්මය ගෙවී නොතිබෙයි ද, ඒ තාක් ඔහු මරණයට පත්වන්නේ නෑ.

පින්වත් මහණෙනි, ඉතා දීර්ඝ කාලයක්, බොහෝ කාලයක් ගතවුනාට පස්සේ ඒ මහා නිරයේ පෙරදිග දොරටුව විවෘත වෙනවාද, එබඳු කාලයක් එනවා. එතකොට අර නිරිසතා එළියට පනින්නට සිතාගෙන ඉතා වේගයෙන්, මහා ජවයකින් ඒ පැත්තට දුවනවා. එහෙම වේගයෙන් දුවද්දී ඔහුගේ සිවියත් පිච්චිලා යනවා. සමත් පිච්චිලා යනවා. මසුත් පිච්චිලා යනවා. නහරවැලුත් පිච්චිලා යනවා. ඇටවලින් දුම් දාන්න පටන් ගන්නවා. ගින්දරකින් උඩට ගත්තු සතෙක් ඇද්ද, අන්න ඒ විදිහයි.

පින්වත් මහණෙනි, ඔහු ඒ දුවගෙන එන ගමනට අවුරුදු දහස් ගාණක් ගතවෙනවා. යම් විටෙක ඒ දොරටුව ළඟට ළං වුනාද, එතකොට ඒ දොරටුව වැහෙනවා. එතකොට ඔහු ඒ හේතුවෙන් දරුණු, තියුණු, කටුක දුක් වේදනා විඳිනවා. යම්තාක් කල් ඔහුගේ ඒ පාපකර්මය ගෙවී නොතිබෙයිද, ඒ තාක් ඔහු මරණයට පත්වන්නේ නෑ.

පින්වත් මහණෙනි, ඉතා දීර්ඝ කාලයක්, බොහෝ කාලයක් ගතවුනාට පස්සේ ඒ මහා නිරයේ බටහිර දොරටුව විවෘත වෙනවාද, එබඳු කාලයක් එනවා. ....(පෙ).... උතුරු දොරටුව විවෘත වෙනවාද, ...(පෙ).... දකුණු දොරටුව විවෘත වෙනවාද, එබඳු කාලයක් එනවා. එතකොට අර නිරිසතා එළියට පනින්නට සිතාගෙන ඉතා වේගයෙන්, මහා ජවයකින් ඒ පැත්තට දුවනවා. එහෙම

වේගයෙන් දුවද්දී ඔහුගේ සිවියත් පිච්චිලා යනවා. සමත් පිච්චිලා යනවා. මසුත් පිච්චිලා යනවා. නහරවැලුත් පිච්චිලා යනවා. ඇටවලින් දුම් දාන්න පටන් ගන්නවා. ගින්දරකින් උඩට ගත්තු සතෙක් ඇද්ද, අන්න ඒ විදිහයි.

පින්වත් මහණෙනි, ඔහු ඒ දුවගෙන එන ගමනට අවුරුදු දහස් ගානක් ගතවෙනවා. යම් විටෙක ඒ දොරටුව ළඟට ළං වුනාද, එතකොට ඒ දොරටුව වැහෙනවා. එතකොට ඔහු ඒ හේතුවෙන් දරුණු, තියුණු, කටුක දුක් වේදනා විඳිනවා. යම්තාක් කල් ඔහුගේ ඒ පාපකර්මය ගෙවී නොතිබෙයිද, ඒ තාක් ඔහු මරණයට පත්වන්නේ නෑ.

පින්වත් මහණෙනි, ඉතා දීර්ඝ කාලයක්, බොහෝ කාලයක් ගතවුණාට පස්සේ ඒ මහා නිරයේ පෙරදිග දොරටුව විවෘත වෙනවාද, එබඳු කාලයක් එනවා. එතකොට අර නිරිසතා එළියට පනින්නට සිතාගෙන ඉතා වේගයෙන්, මහා ජවයකින් ඒ පැත්තට දුවනවා. එහෙම වේගයෙන් දුවද්දී ඔහුගේ සිවියත් පිච්චිලා යනවා. සමත් පිච්චිලා යනවා. මසුත් පිච්චිලා යනවා. නහරවැලුත් පිච්චිලා යනවා. ඇටවලින් දුම් දාන්න පටන් ගන්නවා. ගින්දරකින් උඩට ගත්තු සතෙක් ඇද්ද, අන්න ඒ විදිහයි. එතකොට ඔහු ඒ දොරටුවෙන් එළියට පැන ගන්නවා.

පින්වත් මහණෙනි, මහානිරයට සමාන්තරව බැඳිලා තියෙන මහත් වූ අසූචි නිරයක් තියෙනවා. ඒ නිරිසතා අන්න ඒ අසූචි නිරයේ වැටෙනවා. පින්වත් මහණෙනි, ඔහු අසූචි නිරයේ ගිලෙනවා. එතකොට ඒ අසූචි නිරයේ ඉන්න හිඳිකටු තුඩ වැනි තුඩ ඇති පණුවෝ ඔහුගේ සිවිය සිදුරු කරනවා. සිවිය සිඳ මස් සිදුරු කරනවා. මස් සිදුරු කොට නහර සිදුරු කරනවා. නහර සිදුරු කොට ඇට සිදුරු කරනවා. ඇට සිදුරු කොට ඇටමිදුළු කන්නට පටන් ගන්නවා. එතකොට ඔහු ඒ හේතුවෙන් දරුණු, තියුණු, කටුක දුක් වේදනා විඳිනවා. යම්තාක් කල් ඔහුගේ ඒ පාපකර්මය ගෙවී නොතිබෙයිද, ඒ තාක් ඔහු මරණයට පත්වන්නේ නෑ.

පින්වත් මහණෙනි, ඒ අසූචි නිරයට සමාන්තරව ඉතා දරුණු වූ, අති විශාල හුණුඅළු නිරයක් තියෙනවා. ඊළඟට ඔහු වැටෙන්නේ ඒ නිරයටයි. එතකොට ඔහු ඒ හේතුවෙන් දරුණු, තියුණු, කටුක දුක් වේදනා විඳිනවා. යම්තාක් කල් ඔහුගේ ඒ පාපකර්මය ගෙවී නොතිබෙයි ද, ඒ තාක් ඔහු මරණයට පත්වන්නේ නෑ.

පින්වත් මහණෙනි, ඒ හුණුඅළු නිරයට සමාන්තරව ඉතා දරුණු වූ, සියක් යොදුන් උස අඟල් දහසයේ පමණට දික් වූ කටු ඇති ගිනිගෙන දැවෙන ගිනි

ජාලාවෙන් යුතු අතිවිශාල හිඹුල් වනයක් තියෙනවා. එතකොට එහිදී යමපල්ලෝ ඔහුව ඒ හිඹුල් වනයේ නගගවනවා, බස්සවනවා. ඔහු ඒ හේතුවෙන් දරුණු, තියුණු, කටුක දුක් වේදනා විඳිනවා. යම්තාක් කල් ඔහුගේ ඒ පාපකර්මය ගෙවී නොතිබෙයි ද, ඒ තාක් ඔහු මරණයට පත්වන්නේ නෑ.

පින්වත් මහණෙනි, ඒ හිඹුල්වන නිරයට සමාන්තරව ඉතා දරුණු වූ, අතිවිශාල අසිපත්වන නිරයක් තියෙනවා. ඔහු ඒ වනයට ඇතුළුවෙනවා. එහිදී සුළඟෙන් සෙලවී සෙලවී අසිපත් වනයේ කොළ වැටෙන්න පටන්ගන්නවා. ඒ වැටෙන වැටෙන කොළවලින් ඔහුගේ අතුත් කපා දමනවා. පාදත් කපා දමනවා. අත් පාත් කපා දමනවා. කනුත් කපා දමනවා. නාසාත් කපා දමනවා. කන් නාසාත් කපා දමනවා. එතකොට ඔහු ඒ හේතුවෙන් දරුණු, තියුණු, කටුක දුක් වේදනා විඳිනවා. යම්තාක් කල් ඔහුගේ ඒ පාපකර්මය ගෙවී නොතිබෙයි ද, ඒ තාක් ඔහු මරණයට පත්වන්නේ නෑ.

පින්වත් මහණෙනි, ඒ අසිපත් නිරයට සමාන්තරව ඉතා දරුණු වූ, අති විශාල වේතරණී නම් ලුණු දිය ගඟක් ගලනවා. ඊළඟට ඔහු වැටෙන්නේ ඒ නිරයටයි. එතකොට එහිදී ඔහු යටටත් ගහගෙන යනවා. උඩු අතටත් ගහගෙන යනවා. යටි අතට උඩු අතට ගහගෙන යනවා. ඔහු ඒ හේතුවෙන් දරුණු, තියුණු, කටුක දුක් වේදනා විඳිනවා. යම්තාක් කල් ඔහුගේ ඒ පාපකර්මය ගෙවී නොතිබෙයි ද, ඒ තාක් ඔහු මරණයට පත්වන්නේ නෑ.

පින්වත් මහණෙනි, ඊට පස්සේ යමපල්ලෝ බිලී කොකු දාලා ඒකෙ අමුණලා, ඒ නිරිසතාව වේතරණියෙන් ගොඩට ඇදලා ගන්නවා. අරගෙන මෙහෙම අහනවා. 'එම්බා පුරුෂය, නුඹ ආශා මොනවාටද?' නිරිසතා මෙහෙම කියනවා. 'ස්වාමීනී, බඩගිනියි' පින්වත් මහණෙනි, එතකොට යමපල්ලෝ ගිනියම් වූ යකඩ අඬුවලින් ඔහුගේ මුඛය විවෘත කරලා ගිනිගෙන දිළියෙන යකඩ ගුලි ඔහුගේ මුඛයේ ඔබනවා. ඒ ලෝහගුලි ඔහුගේ තොලුත් දවනවා. මුඛයත් දවනවා. උගුරත් දවනවා. පපුවත් දවනවා. බඩවැලුත් දවනවා. අතුනුබහනුත් දවනවා. දවාගෙන ගුද මාර්ගයෙන් පිටවෙනවා. ඔහු ඒ හේතුවෙන් දරුණු, තියුණු, කටුක දුක් වේදනා විඳිනවා. යම්තාක් කල් ඔහුගේ ඒ පාපකර්මය ගෙවී නොතිබෙයි ද, ඒ තාක් ඔහු මරණයට පත්වන්නේ නෑ.

පින්වත් මහණෙනි, ඊට පස්සේ යමපල්ලෝ මෙහෙම අහනවා. 'එම්බා පුරුෂය, නුඹ ආශා මොනවාටද?' නිරිසතා මෙහෙම කියනවා. 'ස්වාමීනී, පිපාසයි' පින්වත් මහණෙනි, එතකොට යමපල්ලෝ ගිනියම් වූ යකඩ අඬුවලින් ඔහුගේ මුඛය විවෘත කරලා ගිනිගෙන දිළියෙන ලෝදිය ඔහුගේ මුඛයට

වක්කරනවා. ඒ ලෝදිය ඔහුගේ තොලුත් දවනවා. මුඛයත් දවනවා. උගුරත් දවනවා. පපුවත් දවනවා. බඩවැලුත් දවනවා. අතුනුබහනුත් දවනවා. දවාගෙන ගුද මාර්ගයෙන් පිටවෙනවා. ඔහු ඒ හේතුවෙන් දරුණු, තියුණු, කටුක දුක් වේදනා විඳිනවා. යම්තාක් කල් ඔහුගේ ඒ පාපකර්මය ගෙවී නොතිබෙයි ද, ඒ තාක් ඔහු මරණයට පත්වන්නේ නෑ.

පින්වත් මහණෙනි, ඊටපස්සේ යමපල්ලෝ ආයෙමත් ඔහුව මහානිරයට ඇදලා දානවා.

පින්වත් මහණෙනි, මෙය සිදු වූ දෙයක්. යම රජ්ජුරුවන්ට මෙවැනි සිතුවිල්ලක් ඇතිවුනා. 'භවත්නි, ලෝකයෙහි යමෙක් පාපී අකුසල කර්මයන් කරනවා නම්, ඔවුන් මෙබඳු ආකාර වූ විවිධාකාර වූ දඬුවම් විඳිනවා නෙව. අහෝ! ඒකාන්තයෙන්ම මාත් මනුෂ්‍ය ආත්මභාවයක් ලබනවා නම්, ඒ කාලෙට තථාගත වූ අරහත් සම්මා සම්බුදුරජාණන් වහන්සේ නමක් ලෝකයෙහි පහළ වෙනවා නම්, එතකොට මං ඒ භාග්‍යවතුන් වහන්සේව ඇසුරු කරන්නට අවස්ථාවක් ලබනවා නම්, එතකොට ඒ භාග්‍යවතුන් වහන්සේ මට උතුම් ශ්‍රී සද්ධර්මය දේශනා කරනවා නම්, එතකොට මං ඒ භාග්‍යවත් බුදුරජාණන් වහන්සේ වදාළ ධර්මය අවබෝධ කරනවා නම් මොනතරම් දෙයක්ද!' කියා.

පින්වත් මහණෙනි, මං මේවා කියන්නේ කිසිදු ශ්‍රමණයෙකුගෙන් හෝ බ්‍රාහ්මණයෙකුගෙන් හෝ අහලා නොවෙයි. යම්කරුණක් මා විසින් තමන්ම දැනගත්තාද, තමන්ම දැකගත්තාද, ඒ තමන් ම අවබෝධ කරගත්, ප්‍රකට කරගත් දේම යි මම මේ කියන්නේ.

භාග්‍යවතුන් වහන්සේ මෙය වදාළ සේක. සුගත වූ ශාස්තෘන් වහන්සේ යළි අන්‍ය වූ මේ ගාථාවන්ද වදාළ සේක.

දේවදූතයන් විසින් සිහිය උපදවාලීමට චෝදනා කරද්දී යම් මිනිසුන් ප්‍රමාදයට පත්වෙලා ඉන්නවා. අන්තිමේදී ඒ නරයන් හීන වූ නිරයෙහි ඉපදිලා දීර්ඝ කාලයක් මුළුල්ලෙහි ශෝක කරනවා.

දේවදූතයන් විසින් සිහිය උපදවාලීමට චෝදනා කරද්දී මෙලොව යම් ශාන්ත වූ සත්පුරුෂයන් සිටිත්ද, ඔවුන් කිසිකලෙකත් ආර්ය වූ සද්ධර්මයෙහි ප්‍රමාදයට පත්වෙන්නේ නෑ.

ඉපදෙන මැරෙන සසර හටගන්නා හේතුව වන උපාදානය පිළිබඳව භය ඇතිකරගෙන, යමෙක් ජරා මරණ ගෙවා දැමීමෙන් ලබන නිවන පිණිස උපාදාන රහිතව නිදහස් වෙත්ද,

ඒ රහතන් වහන්සේලා තමයි නිර්භය ස්වභාවයට පත්වෙලා ඉන්නේ. සැපසේ වසන්නේ. මෙලොවදී ම නිවී සැනසී වසන්නේ. සියලු භය වෛර ඉක්මවා ගිය ඒ රහත්හු සෑම දුකක්ම ඉක්මවා ගියා.

සාදු! සාදු!! සාදු!!!

දේවදූතයන් පිළිබඳව වදාළ දෙසුම නිමා විය.

4. විභංග වර්ගය

3.4.1.
භද්දේකරත්ත සූත්‍රය
සොඳුරු හුදෙකලාවෙහි ඇලී සිටීම ගැන වදාළ දෙසුම

මා හට අසන්නට ලැබුනේ මේ විදිහටයි. ඒ දිනවල භාග්‍යවතුන් වහන්සේ වැඩසිටියේ සැවැත් නුවර ජේතවනය නම් වූ අනේපිඬු සිටුතුමා විසින් කරවන ලද ආරාමයෙහිය. එදා භාග්‍යවතුන් වහන්සේ "පින්වත් මහණෙනි" කියා භික්ෂුසංඝයා අමතා වදාළා. "පින්වතුන් වහන්ස" කියා ඒ භික්ෂූන් ද භාග්‍යවතුන් වහන්සේට පිළිතුරු දුන්නා. භාග්‍යවතුන් වහන්සේ මෙය වදාළා.

"පින්වත් මහණෙනි, සොඳුරු වූ හුදෙකලා වාසයෙන් යුතු භික්ෂුව පිළිබඳව මූලික විග්‍රහයත්, විස්තර විභාග වශයෙන් තෝරා දීමත් කියා දෙන්නම්. එය අසන්න. මනාකොට නුවණින් මෙනෙහි කරන්න. මා කියාදෙන්නම්." "එසේය, ස්වාමීනී" කියා ඒ භික්ෂූන් ද භාග්‍යවතුන් වහන්සේට පිළිතුරු දුන්නා. භාග්‍යවතුන් වහන්සේ මෙය වදාළා.

"අතීතය වැළඳගෙන ආශ්වාදය තුළ ජීවත් වෙන්නේ නෑ. ආශ්වාදය තුළ දිවි ගෙවීමට අනාගතය පතන්නෙත් නෑ. යමක් අතීතයට ගියාද, එය නැතිවෙලා ඉවරයි. අනාගත වූ යමක් ඇද්ද, එය තවම පැමිණිලා නෑ.

යම් දෙයක් වර්තමානයෙහි තිබෙනවාද, ඒ ඒ අවස්ථාවෙදි නුවණින් විමසා බලනවා. කෙලෙස්වලට ඇදිලා යන්නෙ නෑ. කෙලෙස් සමඟ එකතු වී ඇවිස්සෙන්නේ නෑ. නුවණැති කෙනා ඔය විදිහටයි විදසුන් වඩන්නේ.

අදම යි කෙලෙස් තවන වීරියෙන් මෙය කළ යුත්තේ. හෙට මරණයට පත්වේ දැයි කවුද දන්නේ. මහත් වූ සේනා ඇති මාරයා සමඟ කිසි ගිවිසුමක් ගසා නැහැ නෙව.

ඔය අයුරින් ධර්මයෙහි හැසිරෙන කෙලෙස් තවන වීරියෙන් යුතු කෙනා රෑ දහවල් දෙකෙහිම කම්මැලි නොවී වාසය කරනවාද, ඒකාන්තයෙන්ම ඔහු සොඳුරු වූ හුදෙකලාවෙහි ඇලුණු කෙනා කියලයි මුනිරජාණන් පවසන්නේ.”

පින්වත් මහණෙනි, අතීතය වැළඳගෙන ආශ්වාදය තුළ ජීවත් වෙන්නේ කොහොමද? 'මං ඉස්සර හිටියේ මෙබඳු රූපයක් ඇතිවයි' කියල අතීතය අරභයා ආශ්වාදය පිහිටුවාගෙන සිතනවා. 'මං ඉස්සර හිටියේ මෙබඳු විඳීම් ඇතිවයි' කියල අතීතය අරභයා ආශ්වාදය පිහිටුවාගෙන සිතනවා. 'මං ඉස්සර හිටියේ මෙබඳු සඤ්ඤා ඇතිවයි' කියල අතීතය අරභයා ආශ්වාදය පිහිටුවාගෙන සිතනවා. 'මං ඉස්සර හිටියේ මෙබඳු සංස්කාර ඇතිවයි' කියල අතීතය අරභයා ආශ්වාදය පිහිටුවාගෙන සිතනවා. 'මං ඉස්සර හිටියේ මෙබඳු විඤ්ඤාණයක් ඇතිවයි' කියල අතීතය අරභයා ආශ්වාදය පිහිටුවාගෙන සිතනවා. පින්වත් මහණෙනි, මෙයට තමයි කියන්නේ අතීතය වැළඳගෙන ආශ්වාදය තුළ ජීවත් වෙනවා කියලා.

පින්වත් මහණෙනි, අතීතය වැළඳගෙන ආශ්වාදය තුළ ජීවත් නොවෙන්නේ කොහොමද? 'මං ඉස්සර හිටියේ මෙබඳු රූපයක් ඇතිවයි' කියල අතීතය අරභයා ආශ්වාදය පිහිටුවාගෙන සිතන්නේ නෑ. 'මං ඉස්සර හිටියේ මෙබඳු විඳීම් ඇතිවයි' කියල අතීතය අරභයා ආශ්වාදය පිහිටුවාගෙන සිතන්නේ නෑ. 'මං ඉස්සර හිටියේ මෙබඳු සඤ්ඤා ඇතිවයි' කියල අතීතය අරභයා ආශ්වාදය පිහිටුවාගෙන සිතන්නේ නෑ. 'මං ඉස්සර හිටියේ මෙබඳු සංස්කාර ඇතිවයි' කියල අතීතය අරභයා ආශ්වාදය පිහිටුවාගෙන සිතන්නේ නෑ. 'මං ඉස්සර හිටියේ මෙබඳු විඤ්ඤාණයක් ඇතිවයි' කියල අතීතය අරභයා ආශ්වාදය පිහිටුවාගෙන සිතන්නේ නෑ. පින්වත් මහණෙනි, මෙයට තමයි කියන්නේ අතීතය වැළඳගෙන ආශ්වාදය තුළ ජීවත් නොවෙනවා කියලා.

පින්වත් මහණෙනි, ආශ්වාදය තුළ දිවි ගෙවීමට අනාගතය පතන්නේ කොහොමද? 'අනාගතයෙහි මට මෙබඳු වූ රූපයක් ඇතිවෙනවා නම්' කියල අනාගතය අරභයා ආශ්වාදය පිහිටුවාගෙන සිතනවා. 'අනාගතයෙහි මට මෙබඳු වූ විඳීමක් ඇතිවෙනවා නම්' කියල අනාගතය අරභයා ආශ්වාදය පිහිටුවාගෙන සිතනවා. 'අනාගතයෙහි මට මෙබඳු වූ සඤ්ඤාවක් ඇතිවෙනවා නම්' කියල අනාගතය අරභයා ආශ්වාදය පිහිටුවාගෙන සිතනවා. 'අනාගතයෙහි මට මෙබඳු වූ සංස්කාර ඇතිවෙනවා නම්' කියල අනාගතය අරභයා ආශ්වාදය පිහිටුවාගෙන සිතනවා. 'අනාගතයෙහි මට මෙබඳු වූ විඤ්ඤාණයක් ඇතිවෙනවා නම්' කියල අනාගතය අරභයා ආශ්වාදය පිහිටුවාගෙන සිතනවා. පින්වත් මහණෙනි, මෙයට තමයි කියන්නේ ආශ්වාදය තුළ දිවි ගෙවීමට අනාගතය පතනවා කියලා.

පින්වත් මහණෙනි, ආශ්වාදය තුළ දිවි ගෙවීමට අනාගතය නොපතන්නේ කොහොමද? 'අනාගතයෙහි මට මෙබඳු වූ රූපයක් ඇතිවෙනවා නම්' කියල අනාගතය අරහයා ආශ්වාදය පිහිටුවාගෙන සිතන්නේ නෑ. 'අනාගතයෙහි මට මෙබඳු වූ විඳීමක්. ....(පෙ).... මෙබඳු වූ සඤ්ඤාවක් ....(පෙ).... මෙබඳු වූ සංස්කාර ....(පෙ).... මෙබඳු වූ විඤ්ඤාණයක් ඇතිවෙනවා නම්' කියල අනාගතය අරහයා ආශ්වාදය පිහිටුවාගෙන සිතන්නේ නෑ. පින්වත් මහණෙනි, මෙයට තමයි කියන්නේ ආශ්වාදය තුළ දිවි ගෙවීමට අනාගතය නොපතනවා කියලා.

පින්වත් මහණෙනි, වර්තමානය තුළ හටගත් දේවල් කෙරෙහි ඇදිලා යන්නේ කොහොමද? පින්වත් මහණෙනි මෙහිලා අශ්‍රැතවත් පෘථග්ජනයෙක් ඉන්නවා. ඔහු ආර්යයන් වහන්සේලා හඳුනන්නේ නැහැ. ආර්ය ධර්මයට දක්ෂත් නැහැ. ආර්ය ධර්මයෙහි හික්මිලත් නෑ. සත්පුරුෂයන් හඳුනන්නේ නෑ. සත්පුරුෂ ධර්මයට දක්ෂත් නෑ. සත්පුරුෂ ධර්මයෙහි හික්මිලත් නෑ. ඔහු රූපය ආත්මය හැටියට මුලාවෙන් දකිනවා. රූපයෙන් හටගත් ආත්මයක් තියෙනවා කියලා හෝ ආත්මය තුළ රූපය තියෙනවා කියල හෝ රූපය තුළ ආත්මය තියෙනවා කියලා හෝ මුලාවෙන් දකිනවා. විඳීම ආත්මය හැටියට මුලාවෙන් දකිනවා. විඳීමෙන් හටගත් ආත්මයක් තියෙනවා කියලා හෝ ආත්මය තුළ විඳීම තියෙනවා කියල හෝ විඳීම තුළ ආත්මය තියෙනවා කියලා හෝ මුලාවෙන් දකිනවා. හඳුනාගැනීම ආත්මය හැටියට මුලාවෙන් දකිනවා. හඳුනාගැනීමෙන් හටගත් ආත්මයක් තියෙනවා කියලා හෝ ආත්මය තුළ හඳුනාගැනීම තියෙනවා කියල හෝ හඳුනාගැනීම තුළ ආත්මය තියෙනවා කියලා හෝ මුලාවෙන් දකිනවා. සංස්කාර ආත්මය හැටියට මුලාවෙන් දකිනවා. සංස්කාරවලින් හටගත් ආත්මයක් තියෙනවා කියලා හෝ ආත්මය තුළ සංස්කාර තියෙනවා කියල හෝ සංස්කාර තුළ ආත්මය තියෙනවා කියලා හෝ මුලාවෙන් දකිනවා. විඤ්ඤාණය ආත්මය හැටියට මුලාවෙන් දකිනවා. විඤ්ඤාණයෙන් හටගත් ආත්මයක් තියෙනවා කියලා හෝ ආත්මය තුළ විඤ්ඤාණය තියෙනවා කියල හෝ විඤ්ඤාණය තුළ ආත්මය තියෙනවා කියලා හෝ මුලාවෙන් දකිනවා. පින්වත් මහණෙනි, ඔය විදිහටයි වර්තමානයෙහි හටගත් දේවල් කෙරෙහි ඇදිලා යන්නේ.

පින්වත් මහණෙනි, වර්තමානය තුළ හටගත් දේවල් කෙරෙහි ඇදිලා නොයන්නේ කොහොමද? පින්වත් මහණෙනි, මෙහිලා ශ්‍රැතවත් ආර්ය ශ්‍රාවකයෙක් ඉන්නවා. ඔහු ආර්යයන් වහන්සේලා හඳුනනවා. ආර්ය ධර්මයට දක්ෂයි. ආර්ය ධර්මයෙහි හික්මිලා ඉන්නේ. සත්පුරුෂයන් හඳුනනවා. සත්පුරුෂ ධර්මයට දක්ෂයි. සත්පුරුෂ ධර්මයෙහි හික්මිලා ඉන්නේ. ඔහු රූපය ආත්මය හැටියට මුලාවෙන් දකින්නේ නෑ. රූපයෙන් හටගත් ආත්මයක් තියෙනවා

කියලා හෝ ආත්මය තුළ රූපය තියෙනවා කියල හෝ රූපය තුළ ආත්මය තියෙනවා කියලා හෝ මුලාවෙන් දකින්නේ නෑ. විඳීම ....(පෙ).... හඳුනාගැනීම ....(පෙ).... සංස්කාර ....(පෙ).... විඤ්ඤාණය ආත්මය හැටියට මුලාවෙන් දකින්නේ නෑ. විඤ්ඤාණයෙන් හටගත් ආත්මයක් තියෙනවා කියලා හෝ ආත්මය තුළ විඤ්ඤාණය තියෙනවා කියල හෝ විඤ්ඤාණය තුළ ආත්මය තියෙනවා කියලා හෝ මුලාවෙන් දකින්නේ නෑ. පින්වත් මහණෙනි, ඔය විදිහටයි වර්තමානයෙහි හටගත් දේවල් කෙරෙහි ඇදිලා නොයන්නේ.

"අතීතය වැළඳගෙන ආශ්වාදය තුළ ජීවත් වෙන්නේ නෑ. ආශ්වාදය තුළ දිවි ගෙවීමට අනාගතය පතන්නෙත් නෑ. යමක් අතීතයට ගියා ද, එය නැතිවෙලා ඉවරයි. අනාගත වූ යමක් ඇද්ද, එය තවම පැමිණිලා නෑ.

යම් දෙයක් වර්තමානයෙහි තිබෙනවාද, ඒ ඒ අවස්ථාවෙදි නුවණින් විමසා බලනවා. කෙලෙස්වලට ඇදිලා යන්නෙ නෑ. කෙලෙස් සමඟ එකතු වී ඇවිස්සෙන්නේ නෑ. නුවණැති කෙනා ඔය විදිහටයි විදසුන් වඩන්නේ.

අදම යි කෙලෙස් තවන වීරියෙන් මෙය කළ යුත්තේ. හෙට මරණයට පත්වේදැයි කවුද දන්නේ. මහත් වූ සේනා ඇති මාරයා සමඟ කිසි ගිවිසුමක් ගසා නැහැ නෙව.

ඔය අයුරින් ධර්මයෙහි හැසිරෙන කෙලෙස් තවන වීරියෙන් යුතු කෙනා රෑ දහවල් දෙකෙහිම කම්මැලි නොවී වාසය කරනවාද, ඒකාන්තයෙන්ම ඔහු සොඳුරු වූ හුදෙකලාවෙහි ඇලුණු කෙනා කියලයි මුනිරජාණන් පවසන්නේ."

පින්වත් මහණෙනි, සොඳුරු වූ හුදෙකලා වාසයෙන් යුතු භික්ෂුව පිළිබඳව මූලික විග්‍රහයත්, විස්තර විභාග වශයෙන් තෝරා දීමත් කියා දෙන්නම් කියලා යමක් උදෙසා මා කිව්වා නම්, ඒ කියන ලද්දේ ඔය කාරණය පිණිසයි.

භාග්‍යවතුන් වහන්සේ මේ උතුම් දේශනය වදාළා. ඒ දේශනය ගැන ඒ භික්ෂූන් වහන්සේලා ගොඩක් සතුටු වුනා. භාග්‍යවතුන් වහන්සේ වදාළ මේ දේශනය සතුටින් පිළිගත්තා.

සාදු! සාදු!! සාදු!!!

සොඳුරු හුදෙකලාවේ ඇලී සිටීම පිළිබඳව වදාළ දෙසුම නිමා විය.

3.4.2.
ආනන්ද භද්දේකරත්ත සූත්‍රය
සොඳුරු හුදෙකලාවෙහි ඇලී සිටීම ගැන ආනන්ද තෙරුන්ට වදාළ දෙසුම

මා හට අසන්නට ලැබුනේ මේ විදිහටයි. ඒ දිනවල භාග්‍යවතුන් වහන්සේ වැඩසිටියේ සැවැත් නුවර ජේතවනය නම් වූ අනේපිඬු සිටුතුමා විසින් කරවන ලද ආරාමයෙහිය. එසමයෙහි ආයුෂ්මත් ආනන්දයන් වහන්සේ උපස්ථාන ශාලාවෙහිදී භික්ෂූන් වහන්සේලාට දැහැමි කතාවෙන් කරුණු දක්වනවා, සමාදන් කරවනවා, උත්සාහවත් කරනවා, සතුටු කරවනවා. ඒ වගේම සොඳුරු වූ හුදෙකලා වාසයෙන් යුතු භික්ෂුව පිළිබඳව මූලික විග්‍රහයත්, විස්තර විභාග වශයෙන් තෝරා දීමත් කියා දෙනවා.

එදා භාග්‍යවතුන් වහන්සේ සවස් වරුවෙහි භාවනාවෙන් නැගිට උපස්ථාන ශාලාවට වැඩම කළා. වැඩම කොට පණවන ලද අසුනෙහි වැඩසිටියා. වැඩහුන් භාග්‍යවතුන් වහන්සේ භික්ෂුසංඝයා අමතා වදාළා. "පින්වත් මහණෙනි, දැන් කවුද උපස්ථාන ශාලාවෙහිදී භික්ෂූන් වහන්සේලාට දැහැමි කතාවෙන් කරුණු දැක්වූයේ, සමාදන් කරවූයේ, උත්සාහවත් කරවූයේ, සතුටු කරවූයේ. ඒ වගේම සොඳුරු වූ හුදෙකලා වාසයෙන් යුතු භික්ෂුව පිළිබඳව මූලික විග්‍රහයත්, විස්තර විභාග වශයෙන් තෝරා දීමත් කියාදුන්නේ?"

"ස්වාමීනී, ආයුෂ්මත් ආනන්දයන් වහන්සේ තමයි උපස්ථාන ශාලාවෙහිදී භික්ෂූන් වහන්සේලාට දැහැමි කතාවෙන් කරුණු දැක්වූයේ, සමාදන් කරවූයේ, උත්සාහවත් කරවූයේ, සතුටු කරවූයේ. ඒ වගේම සොඳුරු වූ හුදෙකලා වාසයෙන් යුතු භික්ෂුව පිළිබඳව මූලික විග්‍රහයත්, විස්තර විභාග වශයෙන් තෝරා දීමත් කියාදුන්නේ."

එවිට භාග්‍යවතුන් වහන්සේ ආයුෂ්මත් ආනන්දයන් අමතා වදාළා. "පින්වත් ආනන්දයෙනි, ඔබ කොයි ආකාරයෙන්ද, භික්ෂූන් වහන්සේලාට දැහැමි කතාවෙන් කරුණු දැක්වූයේ, සමාදන් කරවූයේ, උත්සාහවත් කරවූයේ, සතුටු කරවූයේ. ඒ වගේම සොඳුරු වූ හුදෙකලා වාසයෙන් යුතු භික්ෂුව පිළිබඳව මූලික විග්‍රහයත්, විස්තර විභාග වශයෙන් තෝරා දීමත් කියාදුන්නේ?"

"ස්වාමීනී, මං මෙන්න මේ විදිහටයි භික්ෂූන් වහන්සේලාට දහම් කතාවෙන් කරුණු දැක්වූයේ, සමාදන් කරවූයේ, උත්සාහවත් කරවූයේ, සතුටු කරවූයේ. ඒ වගේම සොඳුරු වූ හුදෙකලා වාසයෙන් යුතු භික්ෂුව පිළිබඳව මූලික විග්‍රහයත්, විස්තර විභාග වශයෙන් තෝරා දීමත් කියාදුන්නේ."

"අතීතය වැළඳගෙන ආශ්වාදය තුළ ජීවත් වෙන්නේ නෑ. ආශ්වාදය තුළ දිවි ගෙවීමට අනාගතය පතන්නෙත් නෑ. යමක් අතීතයට ගියාද, එය නැතිවෙලා ඉවරයි. අනාගත වූ යමක් ඇද්ද, එය තවම පැමිණිලා නෑ.

යම් දෙයක් වර්තමානයෙහි තිබෙනවාද, ඒ ඒ අවස්ථාවේදී නුවණින් විමසා බලනවා. කෙලෙස්වලට ඇදිලා යන්නෙ නෑ. කෙලෙස් සමඟ එකතු වී ඇවිස්සෙන්නේ නෑ. නුවණැති කෙනා ඔය විදිහටයි විදසුන් වඩන්නේ.

අදම යි කෙලෙස් තවන වීරියෙන් මෙය කළ යුත්තේ. හෙට මරණයට පත්වේදැයි කවුද දන්නේ. මහත් වූ සේනා ඇති මාරයා සමඟ කිසි ගිවිසුමක් ගසා නැහැ නෙව.

ඔය අයුරින් ධර්මයෙහි හැසිරෙන කෙලෙස් තවන වීරියෙන් යුතු කෙනා රෑ දහවල් දෙකෙහිම කම්මැලි නොවී වාසය කරනවාද, ඒකාන්තයෙන්ම ඔහු සොඳුරු වූ හුදෙකලාවෙහි ඇලුණු කෙනා කියලයි මුනිරජාණන් පවසන්නේ."

ප්‍රිය ආයුෂ්මතුන් වහන්ස, අතීතය වැළඳගෙන ආශ්වාදය තුළ ජීවත් වෙන්නේ කොහොමද? 'මං ඉස්සර හිටියේ මෙබඳු රූපයක් ඇතිවයි' කියල අතීතය අරභයා ආශ්වාදය පිහිටුවාගෙන සිතනවා. 'මං ඉස්සර හිටියේ මෙබඳු විඳීම් ඇතිවයි' ....(පෙ).... මෙබඳු සඤ්ඤා ඇතිවයි ....(පෙ).... මෙබඳු සංස්කාර ඇතිවයි ....(පෙ).... මෙබඳු විඤ්ඤාණයක් ඇතිවයි' කියල අතීතය අරභයා ආශ්වාදය පිහිටුවාගෙන සිතනවා. ප්‍රිය ආයුෂ්මතුන් වහන්ස, මෙයට තමයි කියන්නේ අතීතය වැළඳගෙන ආශ්වාදය තුළ ජීවත් වෙනවා කියලා.

ප්‍රිය ආයුෂ්මතුන් වහන්ස, අතීතය වැළඳගෙන ආශ්වාදය තුළ ජීවත් නොවෙන්නේ කොහොමද? 'මං ඉස්සර හිටියේ මෙබඳු රූපයක් ඇතිවයි' කියල අතීතය අරභයා ආශ්වාදය පිහිටුවාගෙන සිතන්නේ නෑ. 'මං ඉස්සර හිටියේ මෙබඳු විඳීම් ඇතිවයි' කියල අතීතය අරභයා ආශ්වාදය පිහිටුවාගෙන සිතන්නේ නෑ. 'මං ඉස්සර හිටියේ මෙබඳු සඤ්ඤා ඇතිවයි' කියල අතීතය අරභයා ආශ්වාදය පිහිටුවාගෙන සිතන්නේ නෑ. 'මං ඉස්සර හිටියේ මෙබඳු සංස්කාර ඇතිවයි' කියල අතීතය අරභයා ආශ්වාදය පිහිටුවාගෙන සිතන්නේ නෑ. 'මං ඉස්සර හිටියේ මෙබඳු විඤ්ඤාණයක් ඇතිවයි' කියල අතීතය අරභයා

ආශ්වාදය පිහිටුවාගෙන සිතන්නේ නෑ. ප්‍රිය ආයුෂ්මතුන් වහන්ස, මෙයට තමයි කියන්නේ අතීතය වැළඳගෙන ආශ්වාදය තුළ ජීවත් නොවෙනවා කියලා.

ප්‍රිය ආයුෂ්මතුන් වහන්ස, ආශ්වාදය තුළ දිවි ගෙවීමට අනාගතය පතන්නේ කොහොමද? 'අනාගතයෙහි මට මෙබඳු වූ රූපයක් ඇතිවෙනවා නම්' කියල අනාගතය අරභයා ආශ්වාදය පිහිටුවාගෙන සිතනවා. 'අනාගතයෙහි මට මෙබඳු වූ විඳීමක් ....(පෙ).... මෙබඳු වූ සඤ්ඤාවක් ....(පෙ).... මෙබඳු වූ සංස්කාර ....(පෙ).... මෙබඳු වූ විඤ්ඤාණයක් ඇතිවෙනවා නම්' කියල අනාගතය අරභයා ආශ්වාදය පිහිටුවාගෙන සිතනවා. ප්‍රිය ආයුෂ්මතුන් වහන්ස, මෙයට තමයි කියන්නේ ආශ්වාදය තුළ දිවි ගෙවීමට අනාගතය පතනවා කියලා.

ප්‍රිය ආයුෂ්මතුන් වහන්ස, ආශ්වාදය තුළ දිවි ගෙවීමට අනාගතය නොපතන්නේ කොහොමද? 'අනාගතයෙහි මට මෙබඳු වූ රූපයක් ඇතිවෙනවා නම්' කියල අනාගතය අරභයා ආශ්වාදය පිහිටුවාගෙන සිතන්නේ නෑ. 'අනාගතයෙහි මට මෙබඳු වූ විඳීමක් ....(පෙ).... මෙබඳු වූ සඤ්ඤාවක් ....(පෙ).... මෙබඳු වූ සංස්කාර ....(පෙ).... මෙබඳු වූ විඤ්ඤාණයක් ඇතිවෙනවා නම්' කියල අනාගතය අරභයා ආශ්වාදය පිහිටුවාගෙන සිතන්නේ නෑ. ප්‍රිය ආයුෂ්මතුන් වහන්ස, මෙයට තමයි කියන්නේ ආශ්වාදය තුළ දිවි ගෙවීමට අනාගතය නොපතනවා කියලා.

ප්‍රිය ආයුෂ්මතුන් වහන්ස, වර්තමානය තුළ හටගත් දේවල් කෙරෙහි ඇදිලා යන්නේ කොහොමද? ප්‍රිය ආයුෂ්මතුන් වහන්ස, මෙහිලා අශ්‍රැතවත් පෘථග්ජනයෙක් ඉන්නවා. ඔහු ආර්යයන් වහන්සේලා හඳුනන්නේ නැහැ. ආර්ය ධර්මයට දක්ෂත් නැහැ. ආර්ය ධර්මයෙහි හික්මිලත් නෑ. සත්පුරුෂයන් හඳුනන්නේ නෑ. සත්පුරුෂ ධර්මයට දක්ෂත් නෑ. සත්පුරුෂ ධර්මයෙහි හික්මිලත් නෑ. ඔහු රූපය ආත්මය හැටියට මුලාවෙන් දකිනවා. රූපයෙන් හටගත් ආත්මයක් තියෙනවා කියලා හෝ ආත්මය තුළ රූපය තියෙනවා කියල හෝ රූපය තුළ ආත්මය තියෙනවා කියලා හෝ මුලාවෙන් දකිනවා. විඳීම ....(පෙ).... හඳුනාගැනීම ....(පෙ).... සංස්කාර ....(පෙ).... විඤ්ඤාණය ආත්මය හැටියට මුලාවෙන් දකිනවා. විඤ්ඤාණයෙන් හටගත් ආත්මයක් තියෙනවා කියලා හෝ ආත්මය තුළ විඤ්ඤාණය තියෙනවා කියල හෝ විඤ්ඤාණය තුළ ආත්මය තියෙනවා කියලා හෝ මුලාවෙන් දකිනවා. ප්‍රිය ආයුෂ්මතුන් වහන්ස, ඔය විදිහටයි වර්තමානයෙහි හටගත් දේවල් කෙරෙහි ඇදිලා යන්නේ.

ප්‍රිය ආයුෂ්මතුන් වහන්ස, වර්තමානය තුළ හටගත් දේවල් කෙරෙහි ඇදිලා නොයන්නේ කොහොමද? ප්‍රිය ආයුෂ්මතුන් වහන්ස, මෙහිලා ශ්‍රැතවත් ආර්ය ශ්‍රාවකයෙක් ඉන්නවා. ඔහු ආර්යයන් වහන්සේලා හඳුනනවා. ආර්ය

ධර්මයට දක්ෂයි. ආර්ය ධර්මයෙහි හික්මිලා ඉන්නේ. සත්පුරුෂයන් හඳුනනවා. සත්පුරුෂ ධර්මයට දක්ෂයි. සත්පුරුෂ ධර්මයෙහි හික්මිලා ඉන්නේ. ඔහු රූපය ආත්මය හැටියට මුලාවෙන් දකින්නේ නෑ. රූපයෙන් හටගත් ආත්මයක් තියෙනවා කියලා හෝ ආත්මය තුළ රූපය තියෙනවා කියල හෝ රූපය තුළ ආත්මය තියෙනවා කියලා හෝ මුලාවෙන් දකින්නේ නෑ. විඳීම ....(පෙ).... හඳුනාගැනීම ....(පෙ).... සංස්කාර ....(පෙ).... විඤ්ඤාණය ආත්මය හැටියට මුලාවෙන් දකින්නේ නෑ. විඤ්ඤාණයෙන් හටගත් ආත්මයක් තියෙනවා කියලා හෝ ආත්මය තුළ විඤ්ඤාණය තියෙනවා කියල හෝ විඤ්ඤාණය තුළ ආත්මය තියෙනවා කියලා හෝ මුලාවෙන් දකින්නේ නෑ. ප්‍රිය ආයුෂ්මතුන් වහන්ස, ඔය විදිහටයි වර්තමානයෙහි හටගත් දේවල් කෙරෙහි ඇදිලා නොයන්නේ.

"අතීතය වැළඳගෙන ආශ්වාදය තුළ ජීවත් වෙන්නේ නෑ. ආශ්වාදය තුළ දිවි ගෙවීමට අනාගතය පතන්නෙත් නෑ. ....(පෙ).... ඒකාන්තයෙන්ම ඔහු සොඳුරු වූ හුදෙකලාවෙහි ඇලුණු කෙනා කියලයි මුනිරජාණන් පවසන්නේ."

ස්වාමීනී, ඔන්න ඔය විදිහටයි මං භික්ෂූන් වහන්සේලාට දහැමි කතාවෙන් කරුණු දැක්වූයේ, සමාදන් කරවූයේ, උත්සාහවත් කරවූයේ, සතුටු කරවූයේ. ඒ වගේම සොඳුරු වූ හුදෙකලා වාසයෙන් යුතු භික්ෂුව පිළිබඳව මූලික විග්‍රහයත්, විස්තර විභාග වශයෙන් තෝරා දීමත් කියාදුන්නේ."

"සාදු! සාදු! පින්වත් ආනන්ද, ඔබ භික්ෂූන් වහන්සේලාට මනාකොට දහැමි කතාවෙන් කරුණු දක්වලා තියෙනවා. සමාදන් කරවලා තියෙනවා. උත්සාහවත් කරවලා තියෙනවා. සතුටු කරවලා තියෙනවා. ඒ වගේම සොඳුරු වූ හුදෙකලා වාසයෙන් යුතු භික්ෂුව පිළිබඳව මූලික විග්‍රහයත්, විස්තර විභාග වශයෙන් තෝරා දීමත් කියාදීලා තියෙනවා."

"අතීතය වැළඳගෙන ආශ්වාදය තුළ ජීවත් වෙන්නේ නෑ. ආශ්වාදය තුළ දිවි ගෙවීමට අනාගතය පතන්නෙත් නෑ. ....(පෙ).... ඒකාන්තයෙන්ම ඔහු සොඳුරු වූ හුදෙකලාවෙහි ඇලුණු කෙනා කියලයි මුනිරජාණන් පවසන්නේ."

පින්වත් ආනන්ද, අතීතය වැළඳගෙන ආශ්වාදය තුළ ජීවත් වෙන්නේ කොහොමද? ....(පෙ).... ඔය විදිහටයි පින්වත් ආනන්ද, අතීතය වැළඳගෙන ආශ්වාදය තුළ ජීවත් වෙන්නේ.

පින්වත් ආනන්ද, අතීතය වැළඳගෙන ආශ්වාදය තුළ ජීවත් නොවෙන්නේ කොහොමද? ....(පෙ).... ඔය විදිහටයි පින්වත් ආනන්ද, අතීතය වැළඳගෙන ආශ්වාදය තුළ ජීවත් නොවෙන්නේ.

පින්වත් ආනන්ද, ආශ්වාදය තුළ දිවි ගෙවීමට අනාගතය පතන්නේ කොහොමද? ....(පෙ).... ඔය විදිහටයි පින්වත් ආනන්ද, ආශ්වාදය තුළ දිවි ගෙවීමට අනාගතය පතන්නේ.

පින්වත් ආනන්ද, ආශ්වාදය තුළ දිවි ගෙවීමට අනාගතය නොපතන්නේ කොහොමද? ....(පෙ).... ඔය විදිහටයි පින්වත් ආනන්ද, ආශ්වාදය තුළ දිවි ගෙවීමට අනාගතය නොපතන්නේ.

පින්වත් ආනන්ද, වර්තමානය තුළ හටගත් දේවල් කෙරෙහි ඇදිලා යන්නේ කොහොමද? ....(පෙ).... ඔය විදිහටයි, පින්වත් ආනන්ද, වර්තමානය තුළ හටගත් දේවල් කෙරෙහි ඇදිලා යන්නේ.

පින්වත් ආනන්ද, වර්තමානය තුළ හටගත් දේවල් කෙරෙහි ඇදිලා නොයන්නේ කොහොමද? ....(පෙ).... ඔය විදිහටයි, පින්වත් ආනන්ද, වර්තමානය තුළ හටගත් දේවල් කෙරෙහි ඇදිලා නොයන්නේ.

"අතීතය වැළඳගෙන ආශ්වාදය තුළ ජීවත් වෙන්නේ නෑ. ආශ්වාදය තුළ දිවි ගෙවීමට අනාගතය පතන්නෙත් නෑ. ....(පෙ).... ඒකාන්තයෙන්ම ඔහු සොඳුරු වූ හුදෙකලාවෙහි ඇලුණු කෙනා කියලයි මුනිරජාණන් පවසන්නේ."

භාග්‍යවතුන් වහන්සේ මේ උතුම් දේශනය වදාළා. ඒ දේශනය ගැන ආයුෂ්මත් ආනන්දයන් වහන්සේ ගොඩක් සතුටු වුනා. භාග්‍යවතුන් වහන්සේ වදාළ මේ දේශනය සතුටින් පිළිගත්තා.

සාදු! සාදු!! සාදු!!!

සොඳුරු හුදෙකලාවේ ඇලී සිටීම පිළිබඳව ආනන්ද තෙරුන්ට වදාළ දෙසුම නිමා විය.

3.4.3.
මහාකච්චාන භද්දේකරත්ත සූත්‍රය
සොඳුරු හුදෙකලාවෙහි ඇලී සිටීම ගැන මහාකච්චාන තෙරුන් වදාළ දෙසුම

මා හට අසන්නට ලැබුනේ මේ විදිහටයි. ඒ දිනවල භාග්‍යවතුන් වහන්සේ වැඩසිටියේ රජගහ නුවර තපෝදාරාමයෙහිය. එදා ආයුෂ්මත් සමිද්ධි තෙරුන් රෑ පාන්දරින් නැගිට ඇඟපත සේදීම පිණිස තපෝදා නදියට වැඩියා. තපෝදා නදියෙන් ඇඟපත සෝදාගෙන ශරීරයෙහි තෙත සිඳවමින් තනි සිවුරෙන් සිටියා. එතකොට එක්තරා දෙව්දුවක් ඒ ඉක්මගිය රාත්‍රියෙහි ඉතා මනස්කාන්ත වර්ණයක් ඇතිව මුළුමහත් තපෝදාවම බබුළුවාගෙන ආයුෂ්මත් සමිද්ධි තෙරුන් වෙත පැමිණුනා. පැමිණ එකත්පස්ව සිටගත්තා. එකත්පස්ව සිටි ඒ දෙව්දුව ආයුෂ්මත් සමිද්ධි තෙරුන්ට මෙය පැවසුවා.

"පින්වත් භික්ෂුව, ඔබ සොඳුරු හුදෙකලාවට ඇලුණු භික්ෂුව පිළිබඳව මූලික විග්‍රහයත්, විස්තර විභාග වශයෙන් දැනගැනීමත් මතක තබාගෙනද ඉන්නේ?" "ආයුෂ්මත, මට සොඳුරු හුදෙකලාවට ඇලුණු භික්ෂුව පිළිබඳව මූලික විග්‍රහයත්, විස්තර විභාග වශයෙන් දැනගැනීමත් මතක නැහැ නෙව.

ආයුෂ්මත, එතකොට ඔබ සොඳුරු හුදෙකලාවට ඇලුණු භික්ෂුව පිළිබඳව මූලික විග්‍රහයත්, විස්තර විභාග වශයෙන් දැනගැනීමත් මතක තබාගෙනද ඉන්නේ?"

"පින්වත් භික්ෂුව, මටත් සොඳුරු හුදෙකලාවට ඇලුණු භික්ෂුව පිළිබඳව මූලික විග්‍රහයත්, විස්තර විභාග වශයෙන් දැනගැනීමත් මතක නැහැ නෙව.

පින්වත් භික්ෂුව, එහෙම නම් ඔබට සොඳුරු හුදෙකලාවට ඇලුණු භික්ෂුව පිළිබඳ ගාථාවන් මතකද?" "ආයුෂ්මත, මට සොඳුරු හුදෙකලාවට ඇලුණු භික්ෂුව පිළිබඳ ගාථාවන් මතකත් නැහැ.

ආයුෂ්මත, ඔබට සොඳුරු හුදෙකලාවට ඇලුණු භික්ෂුව පිළිබඳ ගාථාවන් මතකද?" "පින්වත් භික්ෂුව, මටත් සොඳුරු හුදෙකලාවට ඇලුණු භික්ෂුව පිළිබඳ ගාථාවන් මතකත් නැහැ නෙව.

පින්වත් භික්ෂුව, ඔබ සොඳුරු හුදෙකලාවට ඇලුණු භික්ෂුව පිළිබඳව මූලික විග්‍රහයත්, විස්තර විභාග වශයෙන් දැනගැනීමත් ඉගෙන ගන්න. පින්වත් භික්ෂුව, ඔබ සොඳුරු හුදෙකලාවට ඇලුණු භික්ෂුව පිළිබඳව මූලික විග්‍රහයත්, විස්තර විභාග වශයෙන් දැනගැනීමත් හොඳින් පාඩම් කරගන්න. පින්වත් භික්ෂුව, සොඳුරු හුදෙකලාවට ඇලුණු භික්ෂුව පිළිබඳව මූලික විග්‍රහයත්, විස්තර විභාගයත් නිවන් මඟට මුල් වෙනවාම යි. අර්ථවත්ම යි."

ඒ දෙව්දුව මෙය පැවසුවා. මෙය පැවසූ ඇය එහිම නොපෙනී ගියා. එතකොට ආයුෂ්මත් සමිද්ධි තෙරුන් ඒ රාත්‍රිය ඇවෑමෙන් භාග්‍යවතුන් වහන්සේ වෙත පැමිණියා. පැමිණ භාගවතුන් වහන්සේට ආදරයෙන් වන්දනා කොට එකත්පස්ව වාඩිවුනා. එකත්පස්ව හුන් ආයුෂ්මත් සමිද්ධි තෙරුන් භාග්‍යවතුන් වහන්සේට මෙය පැවසුවා.

"ස්වාමීනී, මං රෑ පාන්දරින් නැගිට ඇඟපත සේදීම පිණිස තපෝදා නදියට වැඩියා. තපෝදා නදියෙන් ඇඟපත සෝදාගෙන ශරීරයෙහි තෙත සිඳවමින් තනි සිවුරෙන් සිටියා. ඉතින් එතකොට එක්තරා දෙව්දුවක් ඒ ඉක්මගිය රාත්‍රියෙහි ඉතා මනස්කාන්ත වර්ණයක් ඇතිව මුළුමහත් තපෝදාවම බබුළුවාගෙන මා වෙත පැමිණුනා. පැමිණ එකත්පස්ව සිටගත්තා. එකත්පස්ව සිටි ඒ දෙව්දුව මට මෙය පැවසුවා.

"පින්වත් භික්ෂුව, ඔබ සොඳුරු හුදෙකලාවට ඇලුණු භික්ෂුව පිළිබඳව මූලික විග්‍රහයත්, විස්තර විභාග වශයෙන් දැනගැනීමත් මතක තබාගෙනද ඉන්නේ?" එතකොට ස්වාමීනී, මං ඒ දෙව්දුවට මෙහෙම කිව්වා. "ආයුෂ්මත, මට සොඳුරු හුදෙකලාවට ඇලුණු භික්ෂුව පිළිබඳව මූලික විග්‍රහයත්, විස්තර විභාග වශයෙන් දැනගැනීමත් මතක නැහැ නෙව" කියලා.

"ආයුෂ්මත, එතකොට ඔබ සොඳුරු හුදෙකලාවට ඇලුණු භික්ෂුව පිළිබඳව මූලික විග්‍රහයත්, විස්තර විභාග වශයෙන් දැනගැනීමත් මතක තබා ගෙනද ඉන්නේ?"

"පින්වත් භික්ෂුව, මටත් සොඳුරු හුදෙකලාවට ඇලුණු භික්ෂුව පිළිබඳව මූලික විග්‍රහයත්, විස්තර විභාග වශයෙන් දැනගැනීමත් මතක නැහැ නෙව.

පින්වත් භික්ෂුව, එහෙම නම් ඔබට සොඳුරු හුදෙකලාවට ඇලුණු භික්ෂුව පිළිබඳ ගාථාවන් මතකද?" "ආයුෂ්මත, මට සොඳුරු හුදෙකලාවට ඇලුණු භික්ෂුව පිළිබඳ ගාථාවන් මතකත් නැහැ.

ආයුෂ්මත, ඔබට සොඳුරු හුදෙකලාවට ඇලුණු භික්ෂුව පිළිබඳ ගාථාවන් මතකද?" "පින්වත් භික්ෂුව, මටත් සොඳුරු හුදෙකලාවට ඇලුණු භික්ෂුව පිළිබඳ ගාථාවන් මතකත් නැහැ නෙව.

පින්වත් භික්ෂුව, ඔබ සොඳුරු හුදෙකලාවට ඇලුණු භික්ෂුව පිළිබඳව මූලික විග්‍රහයත්, විස්තර විභාග වශයෙන් දැනගැනීමත් ඉගෙන ගන්න. පින්වත් භික්ෂුව, ඔබ සොඳුරු හුදෙකලාවට ඇලුණු භික්ෂුව පිළිබඳව මූලික විග්‍රහයත්, විස්තර විභාග වශයෙන් දැනගැනීමත් හොඳින් පාඩම් කරගන්න. පින්වත් භික්ෂුව, සොඳුරු හුදෙකලාවට ඇලුණු භික්ෂුව පිළිබඳව මූලික විග්‍රහයත්, විස්තර විභාගයත් නිවන් මඟට මුල් වෙනවාම යි. අර්ථවත්ම යි."

ස්වාමීනී, ඒ දෙව්දුව මෙය පැවසුවා. මෙය පැවසූ ඇය එහිම නොපෙනී ගියා.

ස්වාමීනී, භාග්‍යවතුන් වහන්සේ මට සොඳුරු හුදෙකලාවට ඇලුණු භික්ෂුව පිළිබඳව මූලික විග්‍රහයත්, විස්තර විභාගයත් දේශනා කරන සේක් නම් ඉතා මැනැවි."

"එසේ වී නම් පින්වත් භික්ෂුව එය අසන්න. මනාකොට නුවණින් මෙනෙහි කරන්න. මා කියාදෙන්නම්." "එසේය, ස්වාමීනී" කියා ආයුෂ්මත් සමිද්ධි තෙරුන් භාග්‍යවතුන් වහන්සේට පිළිතුරු දුන්නා. භාග්‍යවතුන් වහන්සේ මෙය වදාළා.

"අතීතය වැළඳගෙන ආශ්වාදය තුළ ජීවත් වෙන්නේ නෑ. ආශ්වාදය තුළ දිවි ගෙවීමට අනාගතය පතන්නෙත් නෑ. යමක් අතීතයට ගියාද, එය නැතිවෙලා ඉවරයි. අනාගත වූ යමක් ඇද්ද, එය තවම පැමිණිලා නෑ.

යම් දෙයක් වර්තමානයෙහි තිබෙනවාද, ඒ ඒ අවස්ථාවේදී නුවණින් විමසා බලනවා. කෙලෙස්වලට ඇදිලා යන්නෙ නෑ. කෙලෙස් සමඟ එකතු වී ඇවිස්සෙන්නේ නෑ. නුවණැති කෙනා ඔය විදිහටයි විදසුන් වඩන්නේ.

අදම යි කෙලෙස් තවන වීරියෙන් මෙය කළ යුත්තේ. හෙට මරණයට පත්වේදැයි කවුද දන්නේ. මහත් වූ සේනා ඇති මාරයා සමඟ කිසි ගිවිසුමක් ගසා නැහැ නෙව.

ඔය අයුරින් ධර්මයෙහි හැසිරෙන කෙලෙස් තවන වීරියෙන් යුතු කෙනා රෑ දහවල් දෙකෙහිම කම්මැලි නොවී වාසය කරනවාද, ඒකාන්තයෙන්ම ඔහු සොඳුරු වූ හුදෙකලාවෙහි ඇලුණු කෙනා කියලයි මුනිරජාණන් පවසන්නේ."

භාග්‍යවතුන් වහන්සේ මෙය වදාළා. මෙය වදාළ සුගතයන් වහන්සේ හුනස්නෙන් නැගිට වෙහෙරට වැඩම කළා.

එතකොට භාග්‍යවතුන් වහන්සේ වැඩම කර නොබෝ වේලාවකින් ඒ භික්ෂූන් වහන්සේලාට මෙහෙම සිතුනා. "ප්‍රිය ආයුෂ්මත්නි, අපට භාග්‍යවතුන් වහන්සේ මේ ධර්මය පිළිබඳව මූලික විග්‍රහය වදාරා, විස්තරාර්ථ නොදෙසා, විස්තර විභාග නොකොට හුනස්නෙන් නැගී වෙහෙරට වැඩිසේක. 'අතීතය වැළඳගෙන ආශ්වාදය තුළ ජීවත් වෙන්නේ නෑ. ආශ්වාදය තුළ දිවි ගෙවීමට අනාගතය පතන්නෙත් නෑ. ....(පෙ).... ඒකාන්තයෙන්ම ඔහු සොඳුරු වූ හුදෙකලාවෙහි ඇලුණු කෙනා කියලයි මුනිරජාණන් පවසන්නේ' කියලා.

එහෙමනම් භාග්‍යවතුන් වහන්සේ විසින් මූලික විග්‍රහයකින් වදාළ, අර්ථ වශයෙන් විස්තර කොට බෙදා නොදක්වා වදාළ, මෙම ධර්මයෙහි විස්තරාර්ථ විග්‍රහයක් කරන්නට පුළුවන් කාටද?

එතකොට ඒ භික්ෂූන් වහන්සේලාට මෙහෙම සිතුනා. මේ ආයුෂ්මත් මහාකච්චානයන් වහන්සේ ශාස්තෘන් වහන්සේ විසිනුත් වර්ණනා කරල තියෙනවා. නුවණැති සබ්‍රහ්මචාරීන් වහන්සේලාගේ සම්භාවනාවට පාත්‍ර වෙලා තියෙනවා. ආයුෂ්මත් මහාකච්චානයන් වහන්සේ භාග්‍යවතුන් වහන්සේ විසින් මූලික විග්‍රහයකින් වදාළ, අර්ථ වශයෙන් විස්තර කොට බෙදා නොදක්වා වදාළ මෙම ධර්මයේ විස්තරාර්ථ විග්‍රහයක් කරන්නට දක්ෂයි. එනිසා අපි ආයුෂ්මත් මහාකච්චානයන් වහන්සේ වෙත යමු. ගිහින් ආයුෂ්මත් මහාකච්චානයන් වහන්සේගෙන් මෙම ධර්මයේ අර්ථ විමසා සිටිමු.

ඉතින් ඒ භික්ෂූන් වහන්සේලා ආයුෂ්මත් මහාකච්චානයන් වහන්සේ වෙත වැඩියා. වැඩම කොට ආයුෂ්මත් මහාකච්චානයන් වහන්සේ සමඟ සතුටු වුනා. සතුටු විය යුතු පිළිසඳර කතාව කොට නිමවා එකත්පස්ව වාඩිවුනා. එකත්පස් ව හුන් ඒ භික්ෂූන් වහන්සේලා ආයුෂ්මත් මහාකච්චානයන් වහන්සේට මෙය පැවසුවා.

"ප්‍රිය ආයුෂ්මත් කච්චානයන් වහන්ස, භාග්‍යවත් බුදුරජාණන් වහන්සේ මෙම ධර්මය මූලික විග්‍රහයක් හැටියටයි වදාළේ. අර්ථ වශයෙන් විස්තර ඇතුව විග්‍රහ නොකොට හුනස්නෙන් නැගී විහාරයට වැඩම කළා. ඒ ධර්මය මෙයයි.

'අතීතය වැළඳගෙන ආශ්වාදය තුළ ජීවත් වෙන්නේ නෑ. ආශ්වාදය තුළ දිවි ගෙවීමට අනාගතය පතන්නෙත් නෑ. ....(පෙ).... ඒකාන්තයෙන්ම ඔහු සොඳුරු වූ හුදෙකලාවෙහි ඇලුණු කෙනා කියලයි මුනිරජාණන් පවසන්නේ' කියලා.

ඉතින් ප්‍රිය ආයුෂ්මත් කච්චානයන් වහන්ස, භාග්‍යවතුන් වහන්සේ වැඩි නොබෝ වේලාවකින් අපට මෙහෙම සිතුනා. 'ප්‍රිය ආයුෂ්මත්නි, අපට භාග්‍යවතුන් වහන්සේ මේ ධර්මය පිළිබඳව මූලික විග්‍රහය වදාරා, විස්තරාර්ථ නොදෙසා, විස්තර විභාග නොකොට හුනස්නෙන් නැගී වෙහෙරට වැඩිසේක. 'අතීතය වැළඳගෙන ආශ්වාදය තුළ ජීවත් වෙන්නේ නෑ. ආශ්වාදය තුළ දිවි ගෙවීමට අනාගතය පතන්නෙත් නෑ. ....(පෙ).... ඒකාන්තයෙන්ම ඔහු සොඳුරු වූ හුදෙකලාවෙහි ඇලුණු කෙනා කියලයි මුනිරජාණන් පවසන්නේ' කියලා.

එහෙමනම් භාග්‍යවතුන් වහන්සේ විසින් මූලික විග්‍රහයකින් වදාළ, අර්ථ වශයෙන් විස්තර කොට බෙදා නොදක්වා වදාළ, මෙම ධර්මයෙහි විස්තරාර්ථ විග්‍රහයක් කරන්නට පුළුවන් කාටද?

එතකොට අපට මෙහෙම සිතුනා. මේ ආයුෂ්මත් මහාකච්චානයන් වහන්සේ ශාස්තෘන් වහන්සේ විසිනුත් වර්ණනා කරල තියෙනවා. නුවණැති සබ්‍රහ්මචාරීන් වහන්සේලාගේ සම්භාවනාවට පාත්‍ර වෙලා තියෙනවා. ආයුෂ්මත් මහාකච්චානයන් වහන්සේ භාග්‍යවතුන් වහන්සේ විසින් මූලික විග්‍රහයකින් වදාළ, අර්ථ වශයෙන් විස්තර කොට බෙදා නොදක්වා වදාළ, මෙම ධර්මයේ විස්තරාර්ථ විග්‍රහයක් කරන්නට දක්ෂයි. එනිසා අපි ආයුෂ්මත් මහාකච්චානයන් වහන්සේ වෙත යමු. ගිහින් ආයුෂ්මත් මහාකච්චානයන් වහන්සේ ගෙන් මෙම ධර්මයේ අර්ථ විමසමු' කියලා. ආයුෂ්මත් මහාකච්චානයන් වහන්සේ විස්තරාර්ථ වශයෙන් විග්‍රහ කරන සේක්වා!"

"ප්‍රිය ආයුෂ්තුනි, ඕක මෙන්න මේ වගේ දෙයක්, අරටුවකින් ප්‍රයෝජන ඇති, අරටුවක් හොයන, අරටුවක් හොයමින් ඇවිදින මිනිහෙක් ඉන්නවා. ඉතින් ඒ මනුස්සයා හොඳට අරටුව තියෙන ගහක් ළඟට ගිහින් ඒ අරටුව අත්හැරලා, මුල් අත්හැරලා, කඳ අත්ඇරලා, කොළ අතුවල අරටුවක් හොයනවා වගේ වැඩක් කියලයි මට මේ ගැන හිතෙන්නෙ. ආයුෂ්මතුන් වහන්සේලාට ශාස්තෘන් වහන්සේව මුණ ගැහිලත්, ඒ භාග්‍යවතුන් වහන්සේගෙන් විමසා දැනගන්නෙ නැතිව අපෙන් මේ උතුම් ධර්මයේ අර්ථ විමසා දැනගන්න හිතුව නෙවද? මේකත් ඒ වගේම දෙයක් නෙවද?

ඒකාන්තයෙන්ම ප්‍රිය ආයුෂ්මතුනි, ඒ භාග්‍යවතුන් වහන්සේ තමයි දැන ගත යුතු දේ දන්නෙ. උන්වහන්සේ තමයි දැක ගත යුතු දේ දකින්නෙ. උන්වහන්සේ දහම් ඇසින් උපන් කෙනෙක්. නැණ මඬලින් උපන් කෙනෙක්. දහම තුළින් උපන් කෙනෙක්. පරම ශ්‍රේෂ්ඨත්වයෙන් උපන් කෙනෙක්. කිව යුතු දේ මැනවින් කියන කෙනෙක්. දම්සක් පවත්වන සේක. අර්ථ මතු කර දීමේ

ශ්‍රේෂ්ඨ කෙනෙක්. උන්වහන්සේ තමයි අමා නිවන දන් දෙන්නෙ. ධර්මයට ස්වාමී වූ තථාගත වූ භාග්‍යවතුන් වහන්සේගෙන්ම මේ උතුම් ධර්මයේ අර්ථ විමසා දැනගන්න කල් තිබුනා නොවේ ද? අපගේ භාග්‍යවතුන් වහන්සේ පිළිතුරු දෙන්නෙ යම් අයුරකින්ද ඒ විදිහටම මතක තබාගන්න ඕන."

"ඒක ඇත්ත, ප්‍රිය ආයුෂ්මත් කච්චානයන් වහන්ස, ඒකාන්තයෙන්ම ඒ භාග්‍යවතුන් වහන්සේ තමයි දැනගත යුතු දේ දන්නෙ. උන්වහන්සේ තමයි දැකගත යුතු දේ දකින්නෙ. උන්වහන්සේ දහම් ඇසින් උපන් කෙනෙක්. නැණ මඬලින් උපන් කෙනෙක්. දහම තුළින් උපන් කෙනෙක්. පරම ශ්‍රේෂ්ඨත්වයෙන් උපන් කෙනෙක්. කිව යුතු දේ මැනවින් කියන කෙනෙක්. දම්සක් පවත්වන සේක. අර්ථ මතු කර දීමේ ශ්‍රේෂ්ඨ කෙනෙක්. උන්වහන්සේ තමයි අමා නිවන දන් දෙන්නෙ. ධර්මයට ස්වාමී වූ තථාගත වූ භාග්‍යවතුන් වහන්සේගෙන්ම මේ උතුම් ධර්මයේ අර්ථ විමසා දැනගන්ට කල් තිබුනා. භාග්‍යවතුන් වහන්සේගෙන් මේ ධර්මයේ අර්ථ ඇසුවා නම් භාග්‍යවතුන් වහන්සේ අපට පිළිතුරු දෙනවාමයි. අපත් ඒ විදිහට මතක තබාගන්නවාම යි.

නමුත් ආයුෂ්මත් මහාකච්චානයන් වහන්සේ ගැන ශාස්තෘන් වහන්සේ පවා වර්ණනා කරලා තියනවා. බුද්ධිමත් සබ්‍රහ්මචාරීන් වහන්සේලාත් ගෞරවයෙන් පිළිගන්නවා. ආයුෂ්මත් මහාකච්චානයන් වහන්සේ භාග්‍යවතුන් වහන්සේ විසින් දහම් කරුණු එකට ගොනු කොට මාතෘකාවක් වශයෙන් වදාළ, අර්ථ වශයෙන් විස්තර කොට බෙදා නොදක්වා වදාළ මේ උතුම් ධර්මය අර්ථ වශයෙන් විස්තර කරල දෙන්න සමර්ථයි. ඉතින් ආයුෂ්මත් මහාකච්චානයන් වහන්සේට අපහසුවක් නැත්නම් මේ කරුණු බෙදා විස්තර කොට දෙනු මැනවි."

"එසේ නම් ප්‍රිය ආයුෂ්මතුනි, මනාකොට අසන්න. නුවණින් තේරුම් ගන්න. මම කියා දෙන්නම්."

"එහෙමයි ආයුෂ්මතුනි" කියලා ඒ භික්ෂූන් වහන්සේලාත් ආයුෂ්මත් මහාකච්චානයන් වහන්සේට පිළිතුරු දුන්නා. ආයුෂ්මත් මහාකච්චානයන් වහන්සේ මෙය වදාළා. "ප්‍රිය ආයුෂ්මතුනි, භාග්‍යවතුන් වහන්සේ සංක්ෂේපයෙන් විග්‍රහ කොට, විස්තරාර්ථ වශයෙන් විග්‍රහ නොකොට යම් ධර්මයක් වදාරලා වෙහෙරට වැඩියාද, ඒ කියන්නේ; 'අතීතය වැළඳගෙන ආශ්වාදය තුළ ජීවත් වෙන්නේ නෑ. ආශ්වාදය තුළ දිවි ගෙවීමට අනාගතය පතන්නෙත් නෑ. ....(පෙ).... ඒකාන්තයෙන්ම ඔහු සොඳුරු වූ හුදෙකලාවෙහි ඇලුණු කෙනා කියලයි මුනිරජාණන් පවසන්නේ' කියලා.

ප්‍රිය ආයුෂ්මතුනි, සංක්ෂේපයෙන් විග්‍රහ කොට, විස්තරාර්ථ වශයෙන් විග්‍රහ නොකොට යම් ධර්මයක් වදාළාද, එය විස්තර වශයෙන් අර්ථය මං මේ විදිහටයි දන්නේ.

ප්‍රිය ආයුෂ්මතුනි, අතීතය වැළඳගෙන ආශ්වාදය තුළ ජීවත් වෙන්නේ කොහොමද? 'ඉස්සරත් මේ විදිහට මගේ ඇස තිබුනා. මේ විදිහට රූපත් තිබුනා' කියල, ඒ අතීතයට ගිය කරුණු ගැන ඡන්දරාගයෙන් බැඳුණු විඤ්ඤාණය ඇතිවෙනවා. ඉතින් විඤ්ඤාණයට ඡන්දරාගයෙන් බැඳුණු නිසා එයම යි සතුටින් පිළිගන්නේ. එය සතුටින් පිළිගනිද්දී, අතීතය වැළඳගෙන ආශ්වාදය තුළ ජීවත් වෙනවා. 'ඉස්සරත් මේ විදිහට මගේ කන තිබුනා. මේ විදිහට ශබ්දත් තිබුනා' කියල ඒ අතීතයට ගිය කරුණු ගැන ඡන්දරාගයෙන් බැඳුණු විඤ්ඤාණය ඇතිවෙනවා. ....(පෙ).... 'ඉස්සරත් මේ විදිහට මගේ නාසය තිබුනා. මේ විදිහට ගඳ සුවඳත් තිබුනා' ....(පෙ).... 'ඉස්සරත් මේ විදිහට මගේ දිව තිබුනා. මේ විදිහට රසත් තිබුනා' ....(පෙ).... 'ඉස්සරත් මේ විදිහට මගේ කය තිබුනා. මේ විදිහට පහසත් තිබුනා' ....(පෙ).... 'ඉස්සරත් මේ විදිහට මගේ මනස තිබුනා. මේ විදිහට අරමුණුත් තිබුනා' කියල ඒ අතීතයට ගිය කරුණු ගැන ඡන්දරාග යෙන් බැඳුණු විඤ්ඤාණය ඇතිවෙනවා. ඉතින් විඤ්ඤාණයට ඡන්දරාගයෙන් බැඳුණු නිසා එයම යි සතුටින් පිළිගන්නේ. එය සතුටින් පිළිගනිද්දී, අතීතය වැළඳගෙන ආශ්වාදය තුළ ජීවත් වෙනවා. ප්‍රිය ආයුෂ්මතුනි, ඔය විදිහටයි අතීතය වැළඳගෙන ආශ්වාදය තුළ ජීවත් වෙන්නේ.

ප්‍රිය ආයුෂ්මතුනි, අතීතය වැළඳගෙන ආශ්වාදය තුළ ජීවත් නොවෙන්නේ කොහොමද? 'ඉස්සරත් මේ විදිහට මගේ ඇස තිබුනා. මේ විදිහට රූපත් තිබුනා' කියල ඒ අතීතයට ගිය කරුණු ගැන ඡන්දරාගයෙන් බැඳුණු විඤ්ඤාණය ඇතිකරගන්නේ නෑ. ඉතින් විඤ්ඤාණයට ඡන්දරාගයෙන් නොබැඳුණු නිසා එය සතුටින් පිළිගන්නේ නෑ. එය සතුටින් නොපිළිගන්නා නිසා අතීතය වැළඳගෙන ආශ්වාදය තුළ ජීවත් වෙන්නේ නෑ. 'ඉස්සරත් මේ විදිහට මගේ කන තිබුනා. මේ විදිහට ශබ්දත් තිබුනා' කියල ඒ අතීතයට ගිය කරුණු ගැන ඡන්දරාගයෙන් බැඳුණු විඤ්ඤාණය ඇතිකරගන්නේ නෑ. ....(පෙ).... 'ඉස්සරත් මේ විදිහට මගේ නාසය තිබුනා. මේ විදිහට ගඳ සුවඳත් තිබුනා' ....(පෙ).... 'ඉස්සරත් මේ විදිහට මගේ දිව තිබුනා. මේ විදිහට රසත් තිබුනා' ....(පෙ).... 'ඉස්සරත් මේ විදිහට මගේ කය තිබුනා. මේ විදිහට පහසත් තිබුනා' ....(පෙ).... 'ඉස්සරත් මේ විදිහට මගේ මනස තිබුනා. මේ විදිහට අරමුණුත් තිබුනා' කියල ඒ අතීතයට ගිය කරුණු ගැන ඡන්දරාගයෙන් බැඳුණු විඤ්ඤාණය ඇති කරගන්නේ නෑ. ඉතින් විඤ්ඤාණයට ඡන්දරාගයෙන් නොබැඳුණු නිසා එය සතුටින්

පිළිගන්නේ නෑ. එය සතුටින් නොපිළිගනිද්දී, අතීතය වැළඳගෙන ආශ්වාදය තුළ ජීවත් වෙන්නේ නෑ. ප්‍රිය ආයුෂ්මතුනි, අතීතය වැළඳගෙන ආශ්වාදය තුළ ජීවත් නොවෙන්නේ ඔය විදිහටයි.

ප්‍රිය ආයුෂ්මතුනි, ආශ්වාදය තුළ දිවි ගෙවීමට අනාගතය පතන්නේ කොහොමද? 'අනාගතයෙහි මේ විදිහට මගේ ඇස මට ලැබෙනවා නම්, ඒ වගේම මේ විදිහේ රූපත් ලැබෙනවා නම්' කියල නොලත් ආධ්‍යාත්මික බාහිර ආයතන ලැබීමේ පැතුමෙන් යුතු සිතක් පිහිටුවා ගන්නවා. ඒ සිතේ පැතුම හේතුවෙන් එය සතුටෙන් පිළිගන්නවා. එය සතුටින් පිළිගනිද්දී තමයි ආශ්වාදය තුළ දිවි ගෙවීමට අනාගතය පතන්නේ. 'අනාගතයෙහි මේ විදිහට මගේ කන මට ලැබෙනවා නම්, ඒ වගේම මේ විදිහේ ශබ්දත් ලැබෙනවා නම්' ....(පෙ).... 'අනාගතයෙහි මේ විදිහට මගේ නාසය මට ලැබෙනවා නම්, ඒ වගේම මේ විදිහේ ගඳ සුවඳත් ලැබෙනවා නම්' ....(පෙ).... 'අනාගතයෙහි මේ විදිහට මගේ දිව මට ලැබෙනවා නම්, ඒ වගේම මේ විදිහේ රසත් ලැබෙනවා නම්' ....(පෙ).... 'අනාගතයෙහි මේ විදිහට මගේ කය මට ලැබෙනවා නම්, ඒ වගේම මේ විදිහේ පහසත් ලැබෙනවා නම්' ....(පෙ).... 'අනාගතයෙහි මේ විදිහට මගේ මනස මට ලැබෙනවා නම්, ඒ වගේම මේ විදිහේ අරමුණුත් ලැබෙනවා නම්' කියල නොලත් ආධ්‍යාත්මික බාහිර ආයතන ලැබීමේ පැතුමෙන් යුතු සිතක් පිහිටුවා ගන්නවා. ඒ සිතේ පැතුම හේතුවෙන් එය සතුටෙන් පිළිගන්නවා. එය සතුටින් පිළිගනිද්දී තමයි ආශ්වාදය තුළ දිවි ගෙවීමට අනාගතය පතන්නේ. ප්‍රිය ආයුෂ්මතුනි, ආශ්වාදය තුළ දිවි ගෙවීමට අනාගතය පතන්නේ ඔය විදිහටයි.

ප්‍රිය ආයුෂ්මතුනි, ආශ්වාදය තුළ දිවි ගෙවීමට අනාගතය නොපතන්නේ කොහොමද? 'අනාගතයෙහි මේ විදිහට මගේ ඇස මට ලැබෙනවා නම්, ඒ වගේම මේ විදිහේ රූපත් ලැබෙනවා නම්' කියල නොලත් ආධ්‍යාත්මික බාහිර ආයතන ලැබීමේ පැතුමෙන් යුතු සිත පිහිටුවන්නේ නෑ. සිත අනාගතයේ නොපිහිටුවා ගන්නා නිසා එය සතුටෙන් පිළිගන්නේ නෑ. එය සතුටින් නොපිළිගනිද්දී ආශ්වාදය තුළ දිවි ගෙවීමට අනාගතය පතන්නේ නෑ. 'අනාගතයෙහි මේ විදිහට මගේ කන මට ලැබෙනවා නම්, ඒ වගේම මේ විදිහේ ශබ්දත් ලැබෙනවා නම්' ....(පෙ).... 'අනාගතයෙහි මේ විදිහට මගේ නාසය මට ලැබෙනවා නම්, ඒ වගේම මේ විදිහේ ගඳ සුවඳත් ලැබෙනවා නම්' ....(පෙ).... 'අනාගතයෙහි මේ විදිහට මගේ දිව මට ලැබෙනවා නම්, ඒ වගේම මේ විදිහේ රසත් ලැබෙනවා නම්' ....(පෙ).... 'අනාගතයෙහි මේ විදිහට මගේ කය මට ලැබෙනවා නම්, ඒ වගේම මේ විදිහේ පහසත් ලැබෙනවා නම්' ....(පෙ).... 'අනාගතයෙහි මේ විදිහට මගේ මනස මට ලැබෙනවා නම්, ඒ වගේම මේ

විදිහේ අරමුණුත් ලැබෙනවා නම්' කියල නොලත් ආධ්‍යාත්මික බාහිර ආයතන ලැබීමේ පැතුමෙන් යුතු සිත පිහිටුවන්නේ නෑ. සිත අනාගතයේ නොපිහිටුවා ගන්නා නිසා එය සතුටෙන් පිළිගන්නේ නෑ. එය සතුටින් නොපිළිගනිද්දී ආශ්වාදය තුළ දිවිගෙවීමට අනාගතය පතන්නේ නෑ. ප්‍රිය ආයුෂ්මතුනි, ආශ්වාදය තුළ දිවි ගෙවීමට අනාගතය නොපතන්නේ ඔය විදිහටයි.

ප්‍රිය ආයුෂ්මතුනි, වර්තමානය තුළ හටගත් දේවල් කෙරෙහි ඇදිලා යන්නේ කොහොමද? 'යම් ඇසක් ඇද්ද, යම් රූපයක් ඇද්ද, මේ දෙකම වර්තමානයේ තියෙනවා. ඉදින් ඒ වර්තමානය තුළ ඡන්දරාගය හා බැඳුණු විඤ්ඤාණයක් තියෙනවා නම්, විඤ්ඤාණයට ඡන්දරාගයේ බැඳීම ඇති නිසා එය සතුටින් පිළිගන්නවා. එය සතුටින් පිළිගනිද්දී තමයි වර්තමානයේ හටගත් දේවල් කෙරෙහි ඇදිලා යන්නේ. ප්‍රිය ආයුෂ්මතුනි, 'යම් කනක් ඇද්ද, යම් ශබ්දයක් ඇද්ද, ...(පෙ).... 'යම් නාසයක් ඇද්ද, යම් ගඳ සුවඳක් ඇද්ද, ...(පෙ).... 'යම් දිවක් ඇද්ද, යම් රසයක් ඇද්ද, ...(පෙ).... 'යම් කයක් ඇද්ද, යම් පහසක් ඇද්ද, ...(පෙ).... 'යම් මනසක් ඇද්ද, යම් අරමුණු ඇද්ද, මේ දෙකම වර්තමානයේ තියෙනවා. ඉදින් ඒ වර්තමානය තුළ ඡන්දරාගය හා බැඳුණු විඤ්ඤාණයක් තියෙනවා නම්, විඤ්ඤාණයට ඡන්දරාගයේ බැඳීම ඇති නිසා එය සතුටින් පිළිගන්නවා. එය සතුටින් පිළිගනිද්දී තමයි වර්තමානයේ හටගත් දේවල් කෙරෙහි ඇදිලා යන්නේ. ප්‍රිය ආයුෂ්මතුනි, වර්තමානය තුළ හටගත් දේවල් කෙරෙහි ඇදිලා යන්නේ ඔය විදිහටයි.

ප්‍රිය ආයුෂ්මතුනි, වර්තමානය තුළ හටගත් දේවල් කෙරෙහි ඇදිලා නොයන්නේ කොහොමද? 'යම් ඇසක් ඇද්ද, යම් රූපයක් ඇද්ද, මේ දෙකම වර්තමානයේ තියෙනවා. ඉදින් ඒ වර්තමානය තුළ ඡන්දරාගය හා බැඳුණු විඤ්ඤාණයක් පවත්වන්නේ නැත්නම්, විඤ්ඤාණයට ඡන්දරාගයේ බැඳීම නැති නිසා එය සතුටින් පිළිගන්නේ නෑ. එය සතුටින් නොපිළිගනිද්දී තමයි වර්තමානයේ හටගත් දේවල් කෙරෙහි ඇදිලා නොයන්නේ. ප්‍රිය ආයුෂ්මතුනි, 'යම් කනක් ඇද්ද, යම් ශබ්දයක් ඇද්ද, ...(පෙ).... 'යම් නාසයක් ඇද්ද, යම් ගඳ සුවඳක් ඇද්ද, ...(පෙ).... 'යම් දිවක් ඇද්ද, යම් රසයක් ඇද්ද, ...(පෙ).... 'යම් කයක් ඇද්ද, යම් පහසක් ඇද්ද, ...(පෙ).... 'යම් මනසක් ඇද්ද, යම් අරමුණු ඇද්ද, මේ දෙක ම වර්තමානයේ තියෙනවා. ඉදින් ඒ වර්තමානය තුළ ඡන්දරාගය හා බැඳුණු විඤ්ඤාණයක් පවත්වන්නේ නැත්නම්, විඤ්ඤාණයට ඡන්දරාගයේ බැඳීම නැති නිසා එය සතුටින් පිළිගන්නේ නෑ. එය සතුටින් නොපිළිගනිද්දී තමයි වර්තමානයේ හටගත් දේවල් කෙරෙහි ඇදිලා නොයන්නේ. ප්‍රිය ආයුෂ්මතුනි, වර්තමානය තුළ හටගත් දේවල් කෙරෙහි ඇදිලා නොයන්නේ ඔය විදිහටයි.

ප්‍රිය ආයුෂ්මතුනි, භාග්‍යවතුන් වහන්සේ කෙටියෙන් විග්‍රහ කොට, විස්තර වශයෙන් විග්‍රහ නොකොට යම් ධර්මයක් වදාරා විහාරයට වැඩි සේක්ද, ඒ කියන්නේ 'අතීතය වැළඳගෙන ආශ්වාදය තුළ ජීවත් වෙන්නේ නෑ. ආශ්වාදය තුළ දිවි ගෙවීමට අනාගතය පතන්නෙත් නෑ. ....(පෙ).... ඒකාන්තයෙන්ම ඔහු සොඳුරු වූ හුදෙකලාවෙහි ඇලුණු කෙනා කියලයි මුනිරජාණන් පවසන්නේ' කියලා.

ප්‍රිය ආයුෂ්මතුනි, භාග්‍යවතුන් වහන්සේ සංක්ෂේපයෙන් විග්‍රහ කොට, විස්තරාර්ථ වශයෙන් විග්‍රහ නොකොට යම් ධර්මයක් වදාළාද, එය විස්තර වශයෙන් අර්ථය මං මේ විදිහටයි දන්නේ.

ප්‍රිය ආයුෂ්මතුන් වහන්ස, ඉතින් ඔබවහන්සේලා කැමති නම්, භාග්‍යවතුන් වහන්සේ බැහැදැක ඔය කාරණය අසන්න. භාග්‍යවතුන් වහන්සේ යම් පරිද්දකින් වදාරණ සේක් නම්, ඒ අයුරින්ම ධාරණය කරගන්න.

එතකොට ඒ භික්ෂූන් වහන්සේලා ආයුෂ්මත් මහාකච්චානයන් වහන්සේ පැවසූ ධර්මය සතුටෙන් පිළිගෙන අනුමෝදන් වී හුනස්නෙන් නැගී භාග්‍යවතුන් වහන්සේ වෙත පැමිණියා. පැමිණ භාග්‍යවතුන් වහන්සේට ආදරයෙන් වන්දනා කොට එකත්පස්ව වාඩිවුනා. එකත්පස්ව හුන් ඒ භික්ෂූන් වහන්සේලා භාග්‍යවතුන් වහන්සේට මෙය පැවසුවා.

"ස්වාමීනී, භාග්‍යවතුන් වහන්සේ අපට යම් ධර්මයක් කෙටියෙන් වදාරා, විස්තර විභාග වශයෙන් නොවදාරා, හුනස්නෙන් නැගී වෙහෙරට වැඩි සේක්ද, ඒ කියන්නේ 'අතීතය වැළඳගෙන ආශ්වාදය තුළ ජීවත් වෙන්නේ නෑ. ආශ්වාදය තුළ දිවි ගෙවීමට අනාගතය පතන්නෙත් නෑ. ....(පෙ).... ඒකාන්තයෙන්ම ඔහු සොඳුරු වූ හුදෙකලාවෙහි ඇලුණු කෙනා කියලයි මුනිරජාණන් පවසන්නේ' කියලා.

ඉතින් ස්වාමීනී, භාග්‍යවතුන් වහන්සේ වැඩිය නොබෝ වේලාවකින් අපට මෙහෙම සිතුනා.

'ප්‍රිය ආයුෂ්මත්නි, අපට භාග්‍යවතුන් වහන්සේ මේ ධර්මය පිළිබඳව මූලික විග්‍රහය වදාරා, විස්තරාර්ථ නොදෙසා, විස්තර විභාග නොකොට හුනස්නෙන් නැගී වෙහෙරට වැඩිසේක. 'අතීතය වැළඳගෙන ආශ්වාදය තුළ ජීවත් වෙන්නේ නෑ. ආශ්වාදය තුළ දිවි ගෙවීමට අනාගතය පතන්නෙත් නෑ. ....(පෙ).... ඒකාන්තයෙන්ම ඔහු සොඳුරු වූ හුදෙකලාවෙහි ඇලුණු කෙනා කියලයි මුනිරජාණන් පවසන්නේ' කියල.

එහෙමනම් භාග්‍යවතුන් වහන්සේ විසින් මූලික විග්‍රහයකින් වදාළ අර්ථ වශයෙන් විස්තර කොට බෙදා නොදක්වා වදාළ මෙම ධර්මයෙහි විස්තරාර්ථ විග්‍රහයත් කරන්නට පුළුවන් වෙන කාටද?

එතකොට ස්වාමීනී, අපට මෙහෙම සිතුනා. මේ ආයුෂ්මත් මහාකච්චානයන් වහන්සේ ශාස්තෲන් වහන්සේ විසිනුත් වර්ණනා කරල තියෙනවා. නුවණැති සබ්‍රහ්මචාරීන් වහන්සේලාගේ සම්භාවනාවට පාත්‍ර වෙලා තියෙනවා. ආයුෂ්මත් මහාකච්චානයන් වහන්සේ භාග්‍යවතුන් වහන්සේ විසින් මූලික විග්‍රහයකින් වදාළ අර්ථ වශයෙන් විස්තර කොට බෙදා නොදක්වා වදාළ මෙම ධර්මයේ විස්තරාර්ථ විග්‍රහයක් කරන්නට දක්ෂයි. එනිසා අපි ආයුෂ්මත් මහාකච්චානයන් වහන්සේ වෙත යමු. ගිහින් ආයුෂ්මත් මහාකච්චානයන් වහන්සේ ගෙන් මෙම ධර්මයේ අර්ථ විමසා සිටිමු' කියලා.

ඉතින් ස්වාමීනී, අපි ආයුෂ්මත් මහාකච්චානයන් වහන්සේ වෙත වැඩියා. වැඩලා ආයුෂ්මත් මහාකච්චානයන් වහන්සේගෙන් ඔය ධර්මය පිළිබඳව විමසුවා. එතකොට ස්වාමීනී, ඒ අපට ආයුෂ්මත් මහාකච්චානයන් වහන්සේ මේ මේ ආකාරයෙන්, මේ මේ පදවලින්, මේ මේ ප්‍රකාශනයන්ගෙන් අර්ථය විස්තර කළා.

පින්වත් මහණෙනි, මහාකච්චානයන් ඉතා නුවණැති කෙනෙක්. පින්වත් මහණෙනි, මහාකච්චානයන් මහා ප්‍රඥාවන්තයි. පින්වත් මහණෙනි, ඔබ මගෙන් ඔය කාරණය පිළිබඳව විමසුවා නම්, මම විස්තර කරලා දෙන්නෙත් ඔය විදිහටම යි. එනිසා මහාකච්චානයන් විසින් යම් ආකාරයකින් කියාදුන්නාද, ඒක තමයි ඔය ධර්මයෙහි අර්ථය. එය ඒ විදිහටම දරාගන්න.

භාග්‍යවතුන් වහන්සේ මේ උතුම් දේශනය වදාළා. ඒ දේශනය ගැන ඒ භික්ෂූන් වහන්සේලා ගොඩක් සතුටු වුනා. භාග්‍යවතුන් වහන්සේ වදාළ මේ දේශනය සතුටින් පිළිගත්තා.

සාදු! සාදු!! සාදු!!!

සොඳුරු හුදෙකලාවේ ඇලී සිටීම ගැන මහා කච්චාන තෙරුන් වදාළ දෙසුම නිමා විය.

3.4.4.
ලෝමසකංගිය භද්දේකරත්ත සූත්‍රය
සොඳුරු හුදෙකලාවෙහි ඇලී සිටීම ගැන ලෝමසකංගිය තෙරුන්ට වදාළ දෙසුම

මා හට අසන්නට ලැබුනේ මේ විදිහටයි. ඒ දිනවල භාග්‍යවතුන් වහන්සේ වැඩසිටියේ සැවැත්නුවර ජේතවනය නම් වූ අනේපිඬු සිටුතුගේ ආරාමයේ. එසමයෙහි ආයුෂ්මත් ලෝමසකංගිය තෙරුන් වැඩසිටියේ ශාක්‍ය ජනපදයෙහි කිඹුල්වත් පුර නිග්‍රෝධාරාමයේ.

එදා රාත්‍රියෙහි චන්දන දිව්‍යපුත්‍රයා ඉතා මනස්කාන්ත වර්ණයකින් යුතුව මුළුමහත් නිග්‍රෝධාරාමයම බබුලුවාගෙන ආයුෂ්මත් ලෝමසකංගිය තෙරුන් වෙත පැමිණුනා. පැමිණ එකත්පස්ව සිටගත්තා. එකත්පස්ව සිටි ඒ චන්දන දිව්‍යපුත්‍රයා ආයුෂ්මත් ලෝමසකංගිය තෙරුන්ට මෙය පැවසුවා.

"පින්වත් භික්ෂුව, ඔබ සොඳුරු හුදෙකලාවට ඇලුණු භික්ෂුව පිළිබඳව මූලික විග්‍රහයත්, විස්තර විභාග වශයෙන් දැනගැනීමත් මතක තබාගෙනද ඉන්නේ?" "ආයුෂ්මත, මට සොඳුරු හුදෙකලාවට ඇලුණු භික්ෂුව පිළිබඳව මූලික විග්‍රහයත්, විස්තර විභාග වශයෙන් දැනගැනීමත් මතක නැහැ නෙව."

"ආයුෂ්මත, එතකොට ඔබ සොඳුරු හුදෙකලාවට ඇලුණු භික්ෂුව පිළිබඳව මූලික විග්‍රහයත්, විස්තර විභාග වශයෙන් දැනගැනීමත් මතක තබා ගෙනද ඉන්නේ?"

"පින්වත් භික්ෂුව, මටත් සොඳුරු හුදෙකලාවට ඇලුණු භික්ෂුව පිළිබඳව මූලික විග්‍රහයත්, විස්තර විභාග වශයෙන් දැනගැනීමත් මතක නැහැ නෙව.

පින්වත් භික්ෂුව, එහෙම නම් ඔබට සොඳුරු හුදෙකලාවට ඇලුණු භික්ෂුව පිළිබඳ ගාථාවන් මතකද?" "ආයුෂ්මත, මට සොඳුරු හුදෙකලාවට ඇලුණු භික්ෂුව පිළිබඳ ගාථාවන් මතකත් නැහැ.

ආයුෂ්මත, ඔබට සොඳුරු හුදෙකලාවට ඇලුණු භික්ෂුව පිළිබඳ ගාථාවන් මතකද?" "පින්වත් භික්ෂුව, මම සොඳුරු හුදෙකලාවට ඇලුණු භික්ෂුව පිළිබඳ ගාථාවන් මතක තබාගෙන යි ඉන්නේ."

"ආයුෂ්මත, ඔබ සොඳුරු හුදෙකලාවට ඇලුණු භික්ෂුව පිළිබඳව ගාථා මතක තබාගෙන ඉන්නේ කුමන අයුරින්ද?"

"පින්වත් භික්ෂුව, එක් කලෙක භාග්‍යවතුන් වහන්සේ තව්තිසා දිව්‍ය විමානයෙහි පරසතු රුක් මුල පාණ්ඩුකම්බල ශෛලාසනයේ වැඩසිටි සේක. එහිදී තමයි භාග්‍යවත් බුදුරජාණන් වහන්සේ තව්තිසාවෙහි දෙවියන් අරභයා සොඳුරු හුදෙකලාවට ඇලුණු භික්ෂුව පිළිබඳව, මූලික විග්‍රහයත්, විස්තර විභාග වශයෙනුත් වදාළේ.

"අතීතය වැළඳගෙන ආශ්වාදය තුළ ජීවත් වෙන්නේ නෑ. ආශ්වාදය තුළ දිවි ගෙවීමට අනාගතය පතන්නෙත් නෑ. යමක් අතීතයට ගියාද, එය නැතිවෙලා ඉවරයි. අනාගත වූ යමක් ඇද්ද, එය තවම පැමිණිලා නෑ.

යම් දෙයක් වර්තමානයෙහි තිබෙනවාද, ඒ ඒ අවස්ථාවෙදි නුවණින් විමසා බලනවා. කෙලෙස්වලට ඇදිලා යන්නෙ නෑ. කෙලෙස් සමඟ එකතු වී ඇවිස්සෙන්නේ නෑ. නුවණැති කෙනා ඔය විදිහටයි විදසුන් වඩන්නේ.

අදම යි කෙලෙස් තවන වීරියෙන් මෙය කළ යුත්තේ. හෙට මරණයට පත් වේදැයි කවුද දන්නේ. මහත් වූ සේනා ඇති මාරයා සමඟ කිසි ගිවිසුමක් ගසා නැහැ නෙව.

ඔය අයුරින් ධර්මයෙහි හැසිරෙන, කෙලෙස් තවන වීරියෙන් යුතු කෙනා රෑ දහවල් දෙකෙහිම කම්මැලි නොවී වාසය කරනවාද, ඒකාන්තයෙන්ම ඔහු සොඳුරු වූ හුදෙකලාවෙහි ඇලුණු කෙනා කියලයි ශාන්ත වූ මුනිරජාණන් පවසන්නේ."

පින්වත් භික්ෂුව, මම මේ විදිහටයි සොඳුරු හුදෙකලාවට ඇලුණු භික්ෂුව පිළිබඳ ගාථාවන් මතක තබාගෙන ඉන්නේ. පින්වත් භික්ෂුව, ඔබ සොඳුරු හුදෙකලාවට ඇලුණු භික්ෂුව පිළිබඳව මූලික විග්‍රහයත්, විස්තර විභාග වශයෙන් දැනගැනීමත් ඉගෙන ගන්න. පින්වත් භික්ෂුව, ඔබ සොඳුරු හුදෙකලාවට ඇලුණු භික්ෂුව පිළිබඳව මූලික විග්‍රහයත්, විස්තර විභාගයත් හොඳින් පාඩම් කරගන්න. පින්වත් භික්ෂුව, ඔබ සොඳුරු හුදෙකලාවට ඇලුණු භික්ෂුව පිළිබඳව මූලික විග්‍රහයත්, විස්තර විභාගයත් හොඳින් මතක තබාගන්න. පින්වත් භික්ෂුව, සොඳුරු හුදෙකලාවට ඇලුණු භික්ෂුව පිළිබඳව මූලික විග්‍රහයත්, විස්තර

විභාගයත් නිවන් මඟට මුල් වෙනවාම යි. අර්ථවත්ම යි." ඒ චන්දන දිව්‍යපුත්‍රයා මෙය පැවසුවා. මෙය පවසා එහිම නොපෙනී ගියා.

එතකොට ආයුෂ්මත් ලෝමසකංගිය තෙරුන් ඒ රාත්‍රිය ඇවෑමෙන් කුටිය අස්පස් කොට පාත්‍ර සිවුරු රැගෙන සැවැත් නුවර බලා පිටත් වුනා. අනුපිළිවෙලින් චාරිකාවේ වඩිමින් සැවැත් නුවර ජේතවනය නම් වූ අනේපිඬු සිටුතුමාගේ ආරාමයට වැඩියා. වැඩමකොට භාග්‍යවතුන් වහන්සේ වෙත පැමිණියා. පැමිණ භාග්‍යවතුන් වහන්සේට ආදරයෙන් වන්දනා කොට එකත්පස්ව වාඩිවුනා. එකත්පස්ව හුන් ආයුෂ්මත් ලෝමසකංගිය තෙරුන් භාග්‍යවතුන් වහන්සේට මෙය පැවසුවා.

"ස්වාමීනී, භාග්‍යවතුන් වහන්ස, ඒ දිනවල මං වැඩසිටියේ ශාක්‍ය ජනපදයෙහි කිඹුල්වත් පුර නිග්‍රෝධාරාමයේ. ස්වාමීනී, එදා රාත්‍රියෙහි එක්තරා දිව්‍යපුත්‍රයෙක් ඉතා මනස්කාන්ත වර්ණයකින් යුතුව මුළුමහත් නිග්‍රෝධාරාමයම බබුළුවාගෙන මා වෙත පැමිණුනා. පැමිණ එකත්පස්ව සිටගත්තා. එකත්පස්ව සිටි ඒ දිව්‍යපුත්‍රයා මට මෙය පැවසුවා.

'පින්වත් භික්ෂුව, ඔබ සොඳුරු හුදෙකලාවට ඇලුණු භික්ෂුව පිළිබඳව මූලික විග්‍රහයත්, විස්තර විභාග වශයෙන් දැනගැනීමත් මතක තබාගෙනද ඉන්නේ?' කියලා. එසේ පැවසූ විට ස්වාමීනී, මං ඒ දිව්‍ය පුත්‍රයාට මෙහෙම කිව්වා. 'ආයුෂ්මත, මට සොඳුරු හුදෙකලාවට ඇලුණු භික්ෂුව පිළිබඳව මූලික විග්‍රහයත්, විස්තර විභාග වශයෙන් දැනගැනීමත් මතක නැහැ නෙව' කියලා.

'ආයුෂ්මත, එතකොට ඔබ සොඳුරු හුදෙකලාවට ඇලුණු භික්ෂුව පිළිබඳව මූලික විග්‍රහයත්, විස්තර විභාග වශයෙන් දැනගැනීමත් මතක තබා ගෙනද ඉන්නේ?'

'පින්වත් භික්ෂුව, මටත් සොඳුරු හුදෙකලාවට ඇලුණු භික්ෂුව පිළිබඳව මූලික විග්‍රහයත්, විස්තර විභාග වශයෙන් දැනගැනීමත් මතක නැහැ නෙව.

පින්වත් භික්ෂුව, එහෙම නම් ඔබට සොඳුරු හුදෙකලාවට ඇලුණු භික්ෂුව පිළිබඳ ගාථාවන් මතකද?' 'ආයුෂ්මත, මට සොඳුරු හුදෙකලාවට ඇලුණු භික්ෂුව පිළිබඳ ගාථාවන් මතකත් නැහැ.

ආයුෂ්මත, ඔබට සොඳුරු හුදෙකලාවට ඇලුණු භික්ෂුව පිළිබඳ ගාථාවන් මතකද?' 'පින්වත් භික්ෂුව, මම සොඳුරු හුදෙකලාවට ඇලුණු භික්ෂුව පිළිබඳ ගාථාවන් මතක තබාගෙනයි ඉන්නේ'

පින්වත් භික්ෂුව, එක් කලෙක භාග්‍යවතුන් වහන්සේ තව්තිසා දිව්‍ය විමානයෙහි පරසතු රුක් මුල පාණ්ඩුකම්බල ශෛලාසනයෙහි වැඩසිටි සේක. එහිදී තමයි භාග්‍යවත් බුදුරජාණන් වහන්සේ තව්තිසාවෙහි දෙවියන් අරභයා සොඳුරු හුදෙකලාවට ඇලුණු භික්ෂුව පිළිබඳව මූලික විග්‍රහයත්, විස්තර විභාග වශයෙන් දැනගැනීමත් වදාළේ.

"අතීතය වැළඳගෙන ආශ්වාදය තුළ ජීවත් වෙන්නේ නෑ. ....(පෙ).... ඒකාන්තයෙන්ම ඔහු සොඳුරු වූ හුදෙකලාවෙහි ඇලුණු කෙනා කියලයි මුනිරජාණන් පවසන්නේ."

පින්වත් භික්ෂුව, මම මේ විදිහටයි සොඳුරු හුදෙකලාවට ඇලුණු භික්ෂුව පිළිබඳ ගාථාවන් මතක තබාගෙන ඉන්නේ. පින්වත් භික්ෂුව, ඔබ සොඳුරු හුදෙකලාවට ඇලුණු භික්ෂුව පිළිබඳව මූලික විග්‍රහයත්, විස්තර විභාග වශයෙන් දැනගැනීමත් ඉගෙන ගන්න. පින්වත් භික්ෂුව, ඔබ සොඳුරු හුදෙකලාවට ඇලුණු භික්ෂුව පිළිබඳව මූලික විග්‍රහයත්, විස්තර විභාග වශයෙන් දැනගැනීමත් හොඳින් පාඩම් කරගන්න. පින්වත් භික්ෂුව, ඔබ සොඳුරු හුදෙකලාවට ඇලුණු භික්ෂුව පිළිබඳව මූලික විග්‍රහයත්, විස්තර විභාග වශයෙන් දැනගැනීමත් හොඳින් මතක තබාගන්න. පින්වත් භික්ෂුව, සොඳුරු හුදෙකලාවට ඇලුණු භික්ෂුව පිළිබඳව මූලික විග්‍රහයත්, විස්තර විභාගයත් නිවන් මඟට මුල් වෙනවාම යි. අර්ථවත්ම යි." ස්වාමීනී, ඒ දිව්‍යපුත්‍රයා මෙය පැවසුවා. මෙය පවසා එහිම නොපෙනී ගියා.

ස්වාමීනී, භාග්‍යවතුන් වහන්සේ මට සොඳුරු හුදෙකලාවට ඇලුණු භික්ෂුව පිළිබඳව මූලික විග්‍රහයත්, විස්තර විභාගයත් දේශනා කරන සේක් නම් ඉතා මැනැවි."

"පින්වත් භික්ෂුව, ඔබ ඒ දිව්‍ය පුත්‍රයාව දන්නවාද?"

"නැහැ, ස්වාමීනී, මං ඒ දිව්‍ය පුත්‍රයාව දන්නේ නෑ."

"පින්වත් භික්ෂුව, ඔහු තමයි චන්දන දිව්‍ය පුත්‍රයා. පින්වත් භික්ෂුව ඔය චන්දන දිව්‍ය පුත්‍රයා ඉතා හොඳට අවධානය යොමු කොට, මෙනෙහි කොට, මුළු සිතම බලවත්ව යොමු කරගෙනයි, කන් යොමා ගෙනයි බණ ඇසුවේ.

එසේ වී නම් පින්වත් භික්ෂුව එය අසන්න. මනාකොට නුවණින් මෙනෙහි කරන්න. මා කියාදෙන්නම්." "එසේය, ස්වාමීනී" කියා ආයුෂ්මත් ලෝමසකංගිය තෙරුන් භාග්‍යවතුන් වහන්සේට පිළිතුරු දුන්නා. භාග්‍යවතුන් වහන්සේ මෙය වදාළා.

"අතීතය වැළඳගෙන ආශ්වාදය තුළ ජීවත් වෙන්නේ නෑ. ....(පෙ).... ඒකාන්තයෙන්ම ඔහු සොඳුරු වූ හුදෙකලාවෙහි ඇලුණු කෙනා කියලයි මුනිරජාණන් පවසන්නේ."

පින්වත් භික්ෂුව, අතීතය වැළඳගෙන ආශ්වාදය තුළ ජීවත් වෙන්නේ කොහොමද? 'මං ඉස්සර හිටියේ මෙබඳු රූපයක් ඇතිවයි' කියල අතීතය අරභයා ආශ්වාදය පිහිටුවාගෙන සිතනවා. 'මං ඉස්සර හිටියේ මෙබඳු විඳීම් ඇතිවයි' ....(පෙ).... මෙබඳු සඤ්ඤා ඇතිවයි ....(පෙ).... මෙබඳු සංස්කාර ඇතිවයි ....(පෙ).... මෙබඳු විඤ්ඤාණයක් ඇතිවයි' කියල අතීතය අරභයා ආශ්වාදය පිහිටුවාගෙන සිතනවා. පින්වත් භික්ෂුව, මෙයට තමයි කියන්නේ අතීතය වැළඳගෙන ආශ්වාදය තුළ ජීවත් වෙනවා කියලා.

පින්වත් භික්ෂුව, අතීතය වැළඳගෙන ආශ්වාදය තුළ ජීවත් නොවෙන්නේ කොහොමද? 'මං ඉස්සර හිටියේ මෙබඳු රූපයක් ඇතිවයි' කියල අතීතය අරභයා ආශ්වාදය පිහිටුවාගෙන සිතන්නේ නෑ. 'මං ඉස්සර හිටියේ මෙබඳු විඳීම් ඇතිවයි' කියල අතීතය අරභයා ආශ්වාදය පිහිටුවාගෙන සිතන්නේ නෑ. 'මං ඉස්සර හිටියේ මෙබඳු සඤ්ඤා ඇතිවයි' කියල අතීතය අරභයා ආශ්වාදය පිහිටුවාගෙන සිතන්නේ නෑ. 'මං ඉස්සර හිටියේ මෙබඳු සංස්කාර ඇතිවයි' කියල අතීතය අරභයා ආශ්වාදය පිහිටුවාගෙන සිතන්නේ නෑ. 'මං ඉස්සර හිටියේ මෙබඳු විඤ්ඤාණයක් ඇතිවයි' කියල අතීතය අරභයා ආශ්වාදය පිහිටුවාගෙන සිතන්නේ නෑ. පින්වත් භික්ෂුව, මෙයට තමයි කියන්නේ අතීතය වැළඳගෙන ආශ්වාදය තුළ ජීවත් නොවෙනවා කියලා.

පින්වත් භික්ෂුව, ආශ්වාදය තුළ දිවි ගෙවීමට අනාගතය පතන්නේ කොහොමද? 'අනාගතයෙහි මට මෙබඳු වූ රූපයක් ඇතිවෙනවා නම්' කියල අනාගතය අරභයා ආශ්වාදය පිහිටුවාගෙන සිතනවා. 'අනාගතයෙහි මට මෙබඳු වූ විඳීමක් ....(පෙ).... මෙබඳු වූ සඤ්ඤාවක් ....(පෙ).... මෙබඳු වූ සංස්කාර ....(පෙ).... මෙබඳු වූ විඤ්ඤාණයක් ඇතිවෙනවා නම්' කියල අනාගතය අරභයා ආශ්වාදය පිහිටුවාගෙන සිතනවා. පින්වත් භික්ෂුව, මෙයට තමයි කියන්නේ ආශ්වාදය තුළ දිවි ගෙවීමට අනාගතය පතනවා කියලා.

පින්වත් භික්ෂුව, ආශ්වාදය තුළ දිවි ගෙවීමට අනාගතය නොපතන්නේ කොහොමද? 'අනාගතයෙහි මට මෙබඳු වූ රූපයක් ඇතිවෙනවා නම්' කියල අනාගතය අරභයා ආශ්වාදය පිහිටුවාගෙන සිතන්නේ නෑ. 'අනාගතයෙහි මට මෙබඳු වූ විඳීමක් ....(පෙ).... මෙබඳු වූ සඤ්ඤාවක් ....(පෙ).... මෙබඳු වූ සංස්කාර ....(පෙ).... මෙබඳු වූ විඤ්ඤාණයක් ඇතිවෙනවා නම්' කියල අනාගතය

අරහයා ආශ්වාදය පිහිටුවාගෙන සිතන්නේ නෑ. පින්වත් භික්ෂුව, මෙයට තමයි කියන්නේ ආශ්වාදය තුළ දිවි ගෙවීමට අනාගතය නොපතනවා කියලා.

පින්වත් භික්ෂුව, වර්තමානය තුළ හටගත් දේවල් කෙරෙහි ඇදිලා යන්නේ කොහොමද? පින්වත් භික්ෂුව, මෙහිලා අශ්‍රැතවත් පෘථග්ජනයෙක් ඉන්නවා. ඔහු ආර්යයන් වහන්සේලා හඳුනන්නේ නැහැ. ආර්ය ධර්මයට දක්ෂත් නැහැ. ආර්ය ධර්මයෙහි හික්මිලත් නෑ. සත්පුරුෂයන් හඳුනන්නේ නෑ. සත්පුරුෂ ධර්මයට දක්ෂත් නෑ. සත්පුරුෂ ධර්මයෙහි හික්මිලත් නෑ. ඔහු රූපය ආත්මය හැටියට මුලාවෙන් දකිනවා. රූපයෙන් හටගත් ආත්මයක් තියෙනවා කියලා හෝ ආත්මය තුළ රූපය තියෙනවා කියල හෝ රූපය තුළ ආත්මය තියෙනවා කියලා හෝ මුලාවෙන් දකිනවා. විඳීම ....(පෙ).... හඳුනාගැනීම ....(පෙ).... සංස්කාර ....(පෙ).... විඤ්ඤාණය ආත්මය හැටියට මුලාවෙන් දකිනවා. විඤ්ඤාණයෙන් හටගත් ආත්මයක් තියෙනවා කියලා හෝ ආත්මය තුළ විඤ්ඤාණය තියෙනවා කියල හෝ විඤ්ඤාණය තුළ ආත්මය තියෙනවා කියලා හෝ මුලාවෙන් දකිනවා. පින්වත් භික්ෂුව, ඔය විදිහටයි වර්තමානයෙහි හටගත් දේවල් කෙරෙහි ඇදිලා යන්නේ.

පින්වත් භික්ෂුව, වර්තමානය තුළ හටගත් දේවල් කෙරෙහි ඇදිලා නො යන්නේ කොහොමද? පින්වත් භික්ෂුව, මෙහිලා ශ්‍රැතවත් ආර්ය ශ්‍රාවකයෙක් ඉන්නවා. ඔහු ආර්යයන් වහන්සේලා හඳුනනවා. ආර්ය ධර්මයට දක්ෂයි. ආර්ය ධර්මයෙහි හික්මිලා ඉන්නේ. සත්පුරුෂයන් හඳුනනවා. සත්පුරුෂ ධර්මයට දක්ෂයි. සත්පුරුෂ ධර්මයෙහි හික්මිලා ඉන්නේ. ඔහු රූපය ආත්මය හැටියට මුලාවෙන් දකින්නේ නෑ. රූපයෙන් හටගත් ආත්මයක් තියෙනවා කියලා හෝ ආත්මය තුළ රූපය තියෙනවා කියල හෝ රූපය තුළ ආත්මය තියෙනවා කියලා හෝ මුලාවෙන් දකින්නේ නෑ. විඳීම ....(පෙ).... හඳුනාගැනීම ....(පෙ).... සංස්කාර ....(පෙ).... විඤ්ඤාණය ආත්මය හැටියට මුලාවෙන් දකින්නේ නෑ. විඤ්ඤාණයෙන් හටගත් ආත්මයක් තියෙනවා කියලා හෝ ආත්මය තුළ විඤ්ඤාණය තියෙනවා කියලා හෝ විඤ්ඤාණය තුළ ආත්මය තියෙනවා කියලා හෝ මුලාවෙන් දකින්නේ නෑ. පින්වත් භික්ෂුව, ඔය විදිහටයි වර්තමානයෙහි හටගත් දේවල් කෙරෙහි ඇදිලා නොයන්නේ.

"අතීතය වැළඳගෙන ආශ්වාදය තුළ ජීවත් වෙන්නේ නෑ. ආශ්වාදය තුළ දිවි ගෙවීමට අනාගතය පතන්නෙත් නෑ. ....(පෙ).... ඒකාන්තයෙන්ම ඔහු සොඳුරු වූ භුදෙකලාවෙහි ඇලුණු කෙනා කියලයි මුනිරජාණන් පවසන්නේ."

භාග්‍යවතුන් වහන්සේ මේ උතුම් දේශනය වදාළා. ඒ දේශනය ගැන

ආයුෂ්මත් ලෝමසකංගිය තෙරුන් ගොඩක් සතුටු වුනා. භාග්‍යවතුන් වහන්සේ වදාළ මේ දේශනය සතුටින් පිළිගත්තා.

සාදු! සාදු!! සාදු!!!

සොඳුරු හුදෙකලාවේ ඇලී සිටීම ගැන ලෝමසකංගිය තෙරුන්ට වදාළ දෙසුම නිමා විය.

3.4.5.
චූළ කම්මවිභංග සූත්‍රය
කර්ම විග්‍රහය ගැන වදාළ කෙටි දෙසුම

මා හට අසන්නට ලැබුනේ මේ විදිහටයි. ඒ දිනවල භාග්‍යවතුන් වහන්සේ වැඩසිටියේ සැවැත්නුවර ජේතවනය නම් වූ අනේපිඬු සිටුහුගේ ආරාමයෙහිය. එදා තෝදෙය්‍ය බමුණාගේ පුත්‍රයා වූ සුභ නම් තරුණයා භාග්‍යවතුන් වහන්සේ වෙත පැමිණියා. පැමිණ භාග්‍යවතුන් වහන්සේ සමග සතුටු වුනා. සතුටු විය යුතු පිළිසඳර කතාබහේ යෙදිලා එකත්පස්ව වාඩිවුනා. එකත්පස්ව හුන් තෝදෙය්‍ය බ්‍රාහ්මණ පුත්‍ර සුභ මාණවකයා භාග්‍යවතුන් වහන්සේට මෙය පැවසුවා.

"භවත් ගෞතමයන් වහන්ස, මිනිසත් බවට පැමිණි මනුෂ්‍යයන් තුළ යම් යම් ළාමක ස්වභාවයන්ද, උතුම් ස්වභාවයන්ද දකින්නට ලැබෙනවා. එයට හේතුව කුමක්ද? ප්‍රත්‍යය කුමක්ද? භවත් ගෞතමයන් වහන්ස, අල්ප ආයුෂ ඇති මනුෂ්‍යයන් දකින්නට ලැබෙනවා. දිගාසිරි විඳින උදවියත් දකින්නට ලැබෙනවා. බොහෝ ආබාධ ඇති උදවියත් දකින්නට ලැබෙනවා. අල්ප ආබාධ ඇති උදවියත් දකින්නට ලැබෙනවා. විරූපී අයත් දකින්නට ලැබෙනවා. ඉතාමත් රූප සෝභා ඇති අයත් දකින්නට ලැබෙනවා. ස්වල්ප ආනුභාව ඇති අය දකින්නට ලැබෙනවා. මහේශාක්‍ය උදවියත් දකින්නට ලැබෙනවා. අල්පභෝගී අයත් දකින්නට ලැබෙනවා. බොහෝ සැප සම්පත් විඳින අයත් දකින්නට ලැබෙනවා. නීච කුලයේ උපන් අයත් දකින්නට ලැබෙනවා. උසස් කුලීනයන් දකින්නට ලැබෙනවා. ප්‍රඥා රහිත උදවියත් දකින්නට ලැබෙනවා. ඒ වගේම ප්‍රඥාවන්ත උදවියත් දකින්නට ලැබෙනවා. භවත් ගෞතමයන් වහන්ස, මිනිසත් බවට පැමිණි මනුෂ්‍යයන් තුළ යම් යම් ළාමක ස්වභාවයන්ද, උතුම් ස්වභාවයන්ද දකින්නට ලැබෙනවා. එයට හේතුව කුමක්ද? ප්‍රත්‍යය කුමක්ද?"

"පින්වත් තරුණය, සත්වයෝ ඉන්නේ කර්මය තමන්ගේ දෙය කරගෙනයි. කර්මය දායාදය කොටගෙනයි. කර්මය උත්පත්ති ස්ථානය කොටගෙනයි. කර්මය ඥාතියා කොටගෙනයි. කර්මය පිළිසරණ කොටගෙනයි. මේ ළාමක උසස් ස්වභාවයට සත්වයන්ව බෙදන්නේ කර්මයයි."

"භවත් ගෞතමයන් වහන්සේ විසින් කෙටි විග්‍රහයකින් පවසන ලද, විස්තර විභාග වශයෙන් නොපවසන ලද මෙම ප්‍රකාශය අර්ථ වශයෙන් මම දන්නේ නෑ. එනිසා භවත් ගෞතමයන් වහන්සේ විසින් කෙටි විග්‍රහයකින් පවසන ලද, විස්තර විභාග වශයෙන් නොපවසන ලද මෙම ප්‍රකාශයේ අර්ථ විස්තර වශයෙන් මා හට තේරුම් යන්නේ යම් පරිද්දෙන්ද, භවත් ගෞතමයන් වහන්සේ ඒ අයුරින් ධර්මය දේශනා කරන සේක් නම් මැනැවි."

"එසේ වී නම් පින්වත් තරුණය, සවන් යොමා අසන්න. නුවණින් මෙනෙහි කරන්න. මා කියා දෙන්නම්" "එසේය, භවත" කියා තෝදෙය්‍ය පුත්‍ර සුභ මාණවකයා භාග්‍යවතුන් වහන්සේට පිළිතුරු දුන්නා. භාග්‍යවතුන් වහන්සේ මෙය වදාළා.

"පින්වත් තරුණය, මෙහිලා ඇතැම් ස්ත්‍රියක් වේවා, පුරුෂයෙක් වේවා, සතුන් මරන කෙනෙක් වෙනවා. ඒ කියන්නේ ඔහු රෞද්‍රයි. ලේ වැකුණු අතින් යුක්තයි. සතුන් වැනසීමේ යෙදී සිටිනවා. සියලු ප්‍රාණීන් කෙරෙහි දයා රහිතයි. ඉතින් ඔහු මේ අයුරින් රැස් කළ, මේ අයුරින් සමාදන් වූ ඒ කර්මය නිසා කය බිඳී මරණින් මතු අපාය නම් වූ, දුගතිය නම් වූ, විනිපාත නම් වූ නිරයෙහි උපදිනවා. ඉදින් කය බිඳී මරණින් මතු අපාය නම් වූ දුගතිය නම් වූ විනිපාත නම් වූ නිරයෙහි ඉපදෙන්නේ නැත්නම්, නැවත මනුෂ්‍ය ආත්මභාවයකට එනවා නම්, යම් යම් තැනක උපදිනවා නම්, ආයුෂ අල්පයි. පින්වත් තරුණය, මේ සතුන් මැරීමක් වේද, රෞද්‍ර වූ ලෙහෙ වැකුණු අත් ඇතිව, සතුන් මැරීමෙහි නියැලුණු සියලු ප්‍රාණභූතයින් කෙරෙහි දයා රහිත බවක් ඇද්ද, ඔය වැඩපිළිවෙල තමයි ආයුෂ අල්ප වීම පිණිස හේතුවන්නේ.

පින්වත් තරුණය, මෙහිලා ඇතැම් ස්ත්‍රියක් වේවා, පුරුෂයෙක් වේවා, සතුන් මැරීම අත්හැරලා, සතුන් මැරීමෙන් වැළකී ඉන්නවා. දඬු මුගුරු අත්හරිනවා. අවි ආයුධ අත්හරිනවා. සතුන් මැරීමෙහි ලැජ්ජා වෙනවා. සියලු ප්‍රාණභූතයින් කෙරෙහි හිතානුකම්පීව දයාවෙන් වාසය කරනවා. ඉතින් ඔහු මේ අයුරින් රැස් කළ, මේ අයුරින් සමාදන් වූ ඒ කර්මය නිසා කය බිඳී මරණින් මතු සුගති සංඛ්‍යාත දෙව්ලොව උපදිනවා. ඉදින් කය බිඳී මරණින් මතු සුගති සංඛ්‍යාත දෙව්ලොව නූපදින්නේ නම්, නැවත මනුෂ්‍ය ආත්මභාවයකට එනවා නම්, යම් යම් තැනක උපදිනවා නම්, දීර්ඝායුෂයෙන් යුක්තයි. පින්වත් තරුණය, මේ සතුන් මැරීම අත්හැර දැමීමක් ඇද්ද, සතුන් මැරීමෙන් වැළකීමක් ඇද්ද, දඬු මුගුරු අත්හැරීමක් ඇද්ද, අවි ආයුධ අත්හැරීමක් ඇද්ද, සතුන් මැරීමෙහි ලැජ්ජාවක් ඇද්ද, සියලු ප්‍රාණභූතයින් කෙරෙහි හිතානුකම්පීව දයාවෙන් වාසය කිරීමක් ඇද්ද, ඔය වැඩපිළිවෙල තමයි දීර්ඝායුෂ ලැබීම පිණිස හේතු වන්නේ.

"පින්වත් තරුණය, මෙහිලා ඇතැම් ස්ත්‍රියක් වේවා, පුරුෂයෙක් වේවා, සතුන්ට හිංසා කරනවා. අතින් වේවා, ගල්ගෙඩිවලින් වේවා, දඬුමුගුරුවලින් වේවා, ආයුධයෙන් වේවා, සතුන්ට හිංසා කරනවා. ඉතින් ඔහු මේ අයුරින් රැස් කළ, මේ අයුරින් සමාදන් වූ ඒ කර්මය නිසා කය බිඳී මරණින් මතු අපාය නම් වූ, දුගතිය නම් වූ, විනිපාත නම් වූ නිරයෙහි උපදිනවා. ඉදින් නැවත මනුෂ්‍ය ආත්මභාවයකට එනවා නම්, යම් යම් තැනක උපදිනවා නම්, බොහෝ අසනීපවලින් යුක්තයි. පින්වත් තරුණය, සතුන්ට හිංසා කිරීමක් ඇද්ද, අතින් වේවා, ගල්ගෙඩිවලින් වේවා, දඬුමුගුරුවලින් වේවා, ආයුධයෙන් වේවා, සතුන්ට හිංසා කිරීමක් ඇද්ද, ඔය වැඩපිළිවෙල තමයි බොහෝ ආබාධ ඇතිවීම පිණිස හේතු වන්නේ.

පින්වත් තරුණය, මෙහිලා ඇතැම් ස්ත්‍රියක් වේවා, පුරුෂයෙක් වේවා, සතුන්ට හිංසා කරන්නේ නෑ. අතින් වේවා, ගල්ගෙඩිවලින් වේවා, දඬුමුගුරු වලින් වේවා, ආයුධයෙන් වේවා, සතුන්ට හිංසා කරන්නේ නෑ. ඉතින් ඔහු මේ අයුරින් රැස් කළ, මේ අයුරින් සමාදන් වූ ඒ කර්මය නිසා කය බිඳී මරණින් මතු සුගති සංඛ්‍යාත දෙව්ලොව උපදිනවා. ඉදින් කය බිඳී මරණින් මතු සුගති සංඛ්‍යාත දෙව්ලොව නූපදින්නේ නම්, නැවත මනුෂ්‍ය ආත්මභාවයකට එනවා නම්, යම් යම් තැනක උපදිනවා නම්, අල්පාබාධයෙන් යුක්තයි. පින්වත් තරුණය, සතුන්ට හිංසා කිරීමෙන් වැළකීමක් ඇද්ද, අතින් වේවා, ගල්ගෙඩිවලින් වේවා, දඬුමුගුරුවලින් වේවා, ආයුධයෙන් වේවා, සතුන්ට හිංසා කිරීමෙන් වැළකීමක් ඇද්ද, ඔය වැඩපිළිවෙල තමයි අල්පාබාධ වීම පිණිස හේතු වන්නේ.

පින්වත් තරුණය, මෙහිලා ඇතැම් ස්ත්‍රියක් වේවා, පුරුෂයෙක් වේවා, ඔහු ක්‍රෝධ කරන කෙනෙක්. බහුල වශයෙන් තරහෙන් ඉන්නවා. පොඩි දෙයක් කිව්වත් බලවත්ව ගැටෙනවා. කිපෙනවා. තරහා ඇතිකරගන්නවා. දැඩි බවට පත්වෙනවා. කෝපයත්, ද්වේෂයත්, නොසතුටත් පහළ කරනවා. ඉතින් ඔහු මේ අයුරින් රැස් කළ, මේ අයුරින් සමාදන් වූ ඒ කර්මය නිසා කය බිඳී මරණින් මතු අපාය නම් වූ, දුගතිය නම් වූ, විනිපාත නම් වූ නිරයෙහි උපදිනවා. ඉදින් කය බිඳී මරණින් මතු අපාය නම් වූ, දුගතිය නම් වූ, විනිපාත නම් වූ නිරයෙහි උපදින්නේ නැත්නම්, ඉදින් ආයෙමත් මනුෂ්‍ය ජීවිතයකට පත්වෙනවා නම්, යම් යම් තැනක උපදිනවා නම්, අවලස්සන වෙනවා. පින්වත් තරුණය, ක්‍රෝධ කරයිද, බහුල වශයෙන් තරහෙන් සිටියිද, පොඩි දෙයක් කිව්වත් බලවත්ව ගැටෙයිද, කිපෙයිද, තරහා ඇතිකරගනියිද, දැඩි බවට පත්වෙයිද, කෝපයත්, ද්වේෂයත්, නොසතුටත් පහළ කරයිද, ඔය වැඩපිළිවෙල තමයි අවලස්සන වීම පිණිස හේතු වන්නේ.

පින්වත් තරුණය, මෙහිලා ඇතැම් ස්ත්‍රියක් වේවා, පුරුෂයෙක් වේවා, ඔහු ක්‍රෝධ නොකරන කෙනෙක්. බහුල වශයෙන් තරහෙන් නොඉන්න කෙනෙක්. බොහෝ දෙයක් කිව්වත් ගැටෙන්නෙ නෑ. කිපෙන්නෙ නෑ. තරහා ඇතිකරගන්නෙ නෑ. දැඩි බවට පත්වෙන්නෙ නෑ. කෝපයත්, ද්වේෂයත්, නොසතුටත් පහළ කරන්නෙ නෑ. ඉතින් ඔහු මේ අයුරින් රැස් කළ, මේ අයුරින් සමාදන් වූ ඒ කර්මය නිසා කය බිඳී මරණින් මතු සුගති සංඛ්‍යාත දෙව්ලොව උපදිනවා. ඉදින් කය බිඳී මරණින් මතු සුගති සංඛ්‍යාත දෙව්ලොව උපදින්නේ නැත්නම්, ඉදින් ආයෙමත් මනුෂ්‍ය ජීවිතයකට පත්වෙනවා නම්, යම් යම් තැනක උපදිනවා නම්, දුටුවන් පහදින මනස්කාන්ත රූපයකින් යුතුවෙනවා. පින්වත් තරුණය, ක්‍රෝධ නොකරයිද, බහුල වශයෙන් තරහෙන් නොසිටියිද, බොහෝ දෙයක් කිව්වත් නොගැටෙයිද, නොකිපෙයිද, තරහා ඇති නොකරගනියිද, දැඩි බවට නොපත්වෙයිද, කෝපයත්, ද්වේෂයත්, නොසතුටත් පහළ නොකරයිද, ඔය වැඩපිළිවෙල තමයි දුටුවන් පහදවන රූපයක් ලැබීම පිණිස හේතු වන්නේ.

පින්වත් තරුණය, මෙහිලා ඇතැම් ස්ත්‍රියක් වේවා, පුරුෂයෙක් වේවා, ඔහු ඊර්ෂ්‍යයා සහගත සිතකින් යුතු කෙනෙක්. අනුන්ට ලැබෙන ලාභ, සත්කාර, ගෞරව, මානන, වන්දනා, පූජාවන්වලට ඊර්ෂ්‍යයා කරනවා. ද්වේශය ඇති කරගන්නවා. ඊර්ෂ්‍යාව බැඳගන්නවා. ඉතින් ඔහු මේ අයුරින් රැස් කළ, මේ අයුරින් සමාදන් වූ ඒ කර්මය නිසා කය බිඳී මරණින් මතු අපාය නම් වූ, දුගතිය නම් වූ, විනිපාත නම් වූ නිරයෙහි උපදිනවා. ඉදින් කය බිඳී මරණින් මතු අපාය නම් වූ, දුගතිය නම් වූ, විනිපාත නම් වූ නිරයෙහි උපදින්නේ නැත්නම්, ඉදින් ආයෙමත් මනුෂ්‍ය ජීවිතයකට පත්වෙනවා නම්, යම් යම් තැනක උපදිනවා නම්, කිසි ආනුභාවයක් නැතිකෙනෙක් වෙනවා. පින්වත් තරුණය, ඊර්ෂ්‍යයා සහගත සිතකින් යුතු කෙනෙක් වෙයිද, අනුන්ට ලැබෙන ලාභ, සත්කාර, ගෞරව, මානන, වන්දන, පූජාවන්වලට ඊර්ෂ්‍යයා කරයිද, ද්වේෂය ඇති කරගනියිද, ඊර්ෂ්‍යාව බැඳගනියිද, ඔය වැඩපිළිවෙල තමයි ආනුභාව නැතිවීම පිණිස හේතු වන්නේ.

පින්වත් තරුණය, මෙහිලා ඇතැම් ස්ත්‍රියක් වේවා, පුරුෂයෙක් වේවා, ඔහු ඊර්ෂ්‍යයා සහගත සිතකින් යුතු කෙනෙක් නොවෙයි. අනුන්ට ලැබෙන ලාභ, සත්කාර, ගෞරව, මානන, වන්දනා, පූජාවන්වලට ඊර්ෂ්‍යයා කරන්නේ නෑ. ද්වේෂය ඇති කරගන්නේ නෑ. ඊර්ෂ්‍යාව බැඳගන්නේ නෑ. ඉතින් ඔහු මේ අයුරින් රැස් කළ, මේ අයුරින් සමාදන් වූ ඒ කර්මය නිසා කය බිඳී මරණින් මතු සුගති සංඛ්‍යාත දෙව්ලොව උපදිනවා. ඉදින් කය බිඳී මරණින් මතු සුගති සංඛ්‍යාත දෙව්ලොව උපදින්නේ නැත්නම්, ඉදින් ආයෙමත් මනුෂ්‍ය ජීවිතයකට

පත්වෙනවා නම්, යම් යම් තැනක උපදිනවා නම්, මහේශාක්‍ය වෙනවා. පින්වත් තරුණය, ඊර්ෂ්‍යයා සහගත සිතකින් යුතු කෙනෙක් නොවෙයිද, අනුන්ට ලැබෙන ලාභ, සත්කාර, ගෞරව, මානන, වන්දනා, පූජාවන්වලට ඊර්ෂ්‍යයා නොකරයිද, ද්වේෂය ඇති නොකරගනියිද, ඊර්ෂ්‍යාව නොබැඳගනියිද, ඔය වැඩපිළිවෙල තමයි මහේශාක්‍යභාවය පිණිස හේතුවන්නේ.

පින්වත් තරුණය, මෙහිලා ඇතැම් ස්ත්‍රියක් වේවා, පුරුෂයෙක් වේවා, ඔහු දන් දෙන්නේ නෑ. ශ්‍රමණයෙකුට වේවා, බ්‍රාහ්මණයෙකුට වේවා, ආහාර, පාන, වස්ත්‍ර, යාන, මල්, සුවඳ විලවුන්, සයනාසන, ආවාස, තෙල් පහන් ආදිය පූජාකරගන්නේ නෑ. ඉතින් ඔහු මේ අයුරින් රැස් කළ, මේ අයුරින් සමාදන් වූ ඒ කර්මය නිසා කය බිඳී මරණින් මතු අපාය නම් වූ, දුගතිය නම් වූ, විනිපාත නම් වූ නිරයෙහි උපදිනවා. ඉදින් කය බිඳී මරණින් මතු අපාය නම් වූ, දුගතිය නම් වූ, විනිපාත නම් වූ නිරයෙහි උපදින්නේ නැත්නම්, ඉදින් ආයෙමත් මනුෂ්‍ය ජීවිතයකට පත්වෙනවා නම්, යම් යම් තැනක උපදිනවා නම්, අල්ප වූ භෝග ඇති කෙනෙක් වෙනවා. පින්වත් තරුණය, දන් නොදෙයිද, ශ්‍රමණයෙකුට වේවා, බ්‍රාහ්මණයෙකුට වේවා, ආහාර, පාන, වස්ත්‍ර, යාන, මල්, සුවඳ විලවුන්, සයනාසන, ආවාස, තෙල් පහන් ආදිය පූජා නොකරයිද, ඔය වැඩපිළිවෙල තමයි අල්ප වූ භෝග ඇතිවීම පිණිස හේතුවන්නේ.

පින්වත් තරුණය, මෙහිලා ඇතැම් ස්ත්‍රියක් වේවා, පුරුෂයෙක් වේවා, ඔහු දන් දෙනවා. ශ්‍රමණයෙකුට වේවා, බ්‍රාහ්මණයෙකුට වේවා, ආහාර, පාන, වස්ත්‍ර, යාන, මල්, සුවඳ විලවුන්, සයනාසන, ආවාස, තෙල් පහන් ආදිය පූජාකරනවා. ඉතින් ඔහු මේ අයුරින් රැස් කළ, මේ අයුරින් සමාදන් වූ ඒ කර්මය නිසා කය බිඳී මරණින් මතු සුගති සංඛ්‍යාත දෙව්ලොව උපදිනවා. ඉදින් කය බිඳී මරණින් මතු සුගති සංඛ්‍යාත දෙව්ලොව උපදින්නේ නැත්නම්, ඉදින් ආයෙමත් මනුෂ්‍ය ජීවිතයකට පත්වෙනවා නම්, යම් යම් තැනක උපදිනවා නම්, මහා භෝග සම්පත් ඇති කෙනෙක් වෙනවා. පින්වත් තරුණය, දන් දෙයි ද, ශ්‍රමණයෙකුට වේවා, බ්‍රාහ්මණයෙකුට වේවා, ආහාර, පාන, වස්ත්‍ර, යාන, මල්, සුවඳ විලවුන්, සයනාසන, ආවාස, තෙල් පහන් ආදිය පූජා කරයිද, ඔය වැඩපිළිවෙල තමයි මහා භෝග සම්පත් ඇතිවීම පිණිස හේතුවන්නේ.

පින්වත් තරුණය, මෙහිලා ඇතැම් ස්ත්‍රියක් වේවා, පුරුෂයෙක් වේවා, ඔහු දැඩියි. අධික මාන්නයකින් යුක්තයි. වැඳිය යුත්තන්ට වඳින්නේ නෑ. දැක හුනස්නෙන් නැගිටිය යුත්තන්ට, දැක හුනස්නෙන් නැගිටින්නේ නෑ. ආසනයක් දීමට සුදුසු කෙනෙකුට ආසනයක් දෙන්නේ නෑ. මාර්ගයෙහි ඉඩ සැලසිය යුතු කෙනෙකුට ඒ මගට ඉඩ දෙන්නේ නෑ. සත්කාර ලැබිය යුතු කෙනෙකුට සත්කාර

කරන්නේ නෑ. ගෞරව ලැබිය යුතු කෙනෙකුට ගෞරව කරන්නේ නෑ. බුහුමන් ලැබිය යුතු කෙනෙකුට බුහුමන් කරන්නේ නෑ. පිදිය යුතු කෙනෙකුට පුදන්නේ නෑ. ඉතින් ඔහු මේ අයුරින් රැස් කළ, මේ අයුරින් සමාදන් වූ ඒ කර්මය නිසා කය බිඳී මරණින් මතු අපාය නම් වූ, දුගතිය නම් වූ, විනිපාත නම් වූ නිරයෙහි උපදිනවා. ඉදින් කය බිඳී මරණින් මතු අපාය නම් වූ, දුගතිය නම් වූ, විනිපාත නම් වූ නිරයෙහි උපදින්නේ නැත්නම්, ඉදින් ආයෙමත් මනුෂ්‍ය ජීවිතයකට පත්වෙනවා නම්, යම් යම් තැනක උපදිනවා නම්, නීච කුලයට අයත් කෙනෙක් වෙනවා. පින්වත් තරුණය, දැඩි වෙයිද, අධික මාන්නයකින් යුක්ත වෙයිද, වැඳිය යුත්තන්ට නොවඳියිද, දැක හුනස්නෙන් නැගිටිය යුත්තන්ට, දැක හුනස්නෙන් නොනැගිටියි ද, ආසනයක් දීමට සුදුසු කෙනෙකුට ආසනයක් නොදෙයිද, මාර්ග යෙහි ඉඩ සැලසිය යුතු කෙනෙකුට ඒ මගට ඉඩ නොදෙයිද, සත්කාර ලැබිය යුතු කෙනෙකුට සත්කාර නොකරයිද, ගෞරව ලැබිය යුතු කෙනෙකුට ගෞරව නොකරයිද, බුහුමන් ලැබිය යුතු කෙනෙකුට බුහුමන් නොකරයිද, පිදිය යුතු කෙනෙකුට නොපුදයිද, ඔය වැඩපිළිවෙල තමයි නීච කුලයේ ඉපදීම පිණිස හේතුවන්නේ.

පින්වත් තරුණය, මෙහිලා ඇතැම් ස්ත්‍රියක් වේවා, පුරුෂයෙක් වේවා, ඔහු දැඩි නෑ. අධික මාන්නයකින් යුක්ත නෑ. වැඳිය යුත්තන්ට වඳිනවා. දැක හුනස්නෙන් නැගිටිය යුත්තන්ට, දැක හුනස්නෙන් නැගිටිනවා. ආසනයක් දීමට සුදුසු කෙනෙකුට ආසනයක් දෙනවා. මාර්ගයෙහි ඉඩ සැලසිය යුතු කෙනෙකුට ඒ මගට ඉඩ දෙනවා. සත්කාර ලැබිය යුතු කෙනෙකුට සත්කාර කරනවා. ගෞරව ලැබිය යුතු කෙනෙකුට ගෞරව කරනවා. බුහුමන් ලැබිය යුතු කෙනෙකුට බුහුමන් කරනවා. පිදිය යුතු කෙනෙකුට පුදනවා. ඉතින් ඔහු මේ අයුරින් රැස් කළ, මේ අයුරින් සමාදන් වූ ඒ කර්මය නිසා කය බිඳී මරණින් මතු සුගති සංඛ්‍යාත දෙව්ලොව උපදිනවා. ඉදින් කය බිඳී මරණින් මතු සුගති සංඛ්‍යාත දෙව්ලොව උපදින්නේ නැත්නම්, ඉදින් ආයෙමත් මනුෂ්‍ය ජීවිතයකට පත්වෙනවා නම්, යම් යම් තැනක උපදිනවා නම්, උසස් කුලයට අයත් කෙනෙක් වෙනවා. පින්වත් තරුණය, දැඩි නොවෙයි ද, අධික මාන්නයකින් යුක්ත නොවෙයිද, වැඳිය යුත්තන්ට වඳියිද, දැක හුනස්නෙන් නැගිටිය යුත්තන්ට, දැක හුනස්නෙන් නැගිටියිද, ආසනයක් දීමට සුදුසු කෙනෙකුට ආසනයක් දෙයිද, මාර්ගයෙහි ඉඩ සැලසිය යුතු කෙනෙකුට ඒ මගට ඉඩ දෙයිද, සත්කාර ලැබිය යුතු කෙනෙකුට සත්කාර කරයිද, ගෞරව ලැබිය යුතු කෙනෙකුට ගෞරව කරයිද, බුහුමන් ලැබිය යුතු කෙනෙකුට බුහුමන් කරයිද, පිදිය යුතු කෙනෙකුට පුදයිද, ඔය වැඩපිළිවෙල තමයි උසස් කුලයේ ඉපදීම පිණිස හේතුවන්නේ.

පින්වත් තරුණය, මෙහිලා ඇතැම් ස්ත්‍රියක් වේවා, පුරුෂයෙක් වේවා, ඔහු ශ්‍රමණයෙකු ළඟට හෝ, බ්‍රාහ්මණයෙකු ළඟට හෝ ගිහින් මෙහෙම අහන්නේ නෑ. ඒ කියන්නේ 'ස්වාමීනී, කුසල් මොනවාද? අකුසල් මොනවාද? වැරදි දේ මොනවාද? නිවැරදි දේ මොනවාද? සේවනය කළ යුතු දේ මොනවාද? සේවනය නොකළ යුතු දේ මොනවාද? මා විසින් කුමක් කළොත්ද දීර්ඝ කාලයක් අහිත පිණිස, දුක පිණිස පවතින්නේ? මා විසින් කුමක් කළොත්ද දීර්ඝ කාලයක් හිත පිණිස, සුව පිණිස පවතින්නේ?' කියලා. ඉතින් ඔහු මේ අයුරින් රැස් කළ, මේ අයුරින් සමාදන් වූ ඒ කර්මය නිසා කය බිඳී මරණින් මතු අපාය නම් වූ, දුගතිය නම් වූ, විනිපාත නම් වූ නිරයෙහි උපදිනවා. ඉදින් කය බිඳී මරණින් මතු අපාය නම් වූ, දුගතිය නම් වූ, විනිපාත නම් වූ නිරයෙහි උපදින්නේ නැත්නම්, ඉදින් ආයෙමත් මනුෂ්‍ය ජීවිතයකට පත්වෙනවා නම්, යම් යම් තැනක උපදිනවා නම්, ප්‍රඥා රහිත කෙනෙක් වෙනවා. පින්වත් තරුණය, ශ්‍රමණයෙකු ළඟට හෝ, බ්‍රාහ්මණයෙකු ළඟට හෝ ගිහින් මෙහෙම නොඅසයිද, ඒ කියන්නේ 'ස්වාමීනී, කුසල් මොනවාද? අකුසල් මොනවාද? වැරදි දේ මොනවාද? නිවැරදි දේ මොනවාද? සේවනය කළ යුතු දේ මොනවාද? සේවනය නොකළ යුතු දේ මොනවාද? මා විසින් කුමක් කළොත්ද දීර්ඝ කාලයක් අහිත පිණිස, දුක පිණිස පවතින්නේ? මා විසින් කුමක් කළොත්ද දීර්ඝ කාලයක් හිත පිණිස, සුව පිණිස පවතින්නේ?' කියලා. ඔය වැඩපිළිවෙල තමයි ප්‍රඥා රහිත බව පිණිස හේතු වන්නේ.

පින්වත් තරුණය, මෙහිලා ඇතැම් ස්ත්‍රියක් වේවා, පුරුෂයෙක් වේවා, ඔහු ශ්‍රමණයෙකු ළඟට හෝ, බ්‍රාහ්මණයෙකු ළඟට හෝ ගිහින් මෙහෙම අහනවා. ඒ කියන්නේ 'ස්වාමීනී, කුසල් මොනවාද? අකුසල් මොනවාද? වැරදි දේ මොනවාද? නිවැරදි දේ මොනවාද? සේවනය කළ යුතු දේ මොනවාද? සේවනය නොකළ යුතු දේ මොනවාද? මා විසින් කුමක් කළොත්ද දීර්ඝ කාලයක් අහිත පිණිස, දුක පිණිස පවතින්නේ? මා විසින් කුමක් කළොත්ද දීර්ඝ කාලයක් හිත පිණිස, සුව පිණිස පවතින්නේ?' කියලා. ඉතින් ඔහු මේ අයුරින් රැස් කළ, මේ අයුරින් සමාදන් වූ ඒ කර්මය නිසා කය බිඳී මරණින් මතු සුගති සංඛ්‍යාත දෙව්ලොව උපදිනවා. ඉදින් කය බිඳී මරණින් මතු සුගති සංඛ්‍යාත දෙව්ලොව උපදින්නේ නැත්නම්, ඉදින් ආයෙමත් මනුෂ්‍ය ජීවිතයකට පත්වෙනවා නම්, යම් යම් තැනක උපදිනවා නම්, මහා ප්‍රඥාවන්ත කෙනෙක් වෙනවා. පින්වත් තරුණය, ශ්‍රමණයෙකු ළඟට හෝ, බ්‍රාහ්මණයෙකු ළඟට හෝ ගිහින් මෙහෙම අසයිද, ඒ කියන්නේ 'ස්වාමීනී, කුසල් මොනවාද? අකුසල් මොනවාද? වැරදි දේ මොනවාද? නිවැරදි දේ මොනවාද? සේවනය කළ යුතු දේ මොනවාද? සේවනය නොකළ යුතු දේ මොනවාද? මා විසින් කුමක් කළොත්ද දීර්ඝ

කාලයක් අහිත පිණිස, දුක පිණිස පවතින්නේ? මා විසින් කුමක් කළොත්ද දීර්ඝ කාලයක් හිත පිණිස, සුව පිණිස පවතින්නේ?' කියලා. ඔය වැඩපිළිවෙල තමයි මහා ප්‍රඥාවන්ත බව පිණිස හේතුවන්නේ.

පින්වත් තරුණය, ඔය විදිහට අල්පායුෂ ඇතිවෙන ප්‍රතිපදාවෙන් යුක්ත වීම නිසයි අල්පායුෂ්ක බවට පත්වෙන්නේ. දීර්ඝායුෂ ඇතිවෙන ප්‍රතිපදාවෙන් යුක්ත වීම නිසයි දීර්ඝායුෂ්ක බවට පත්වෙන්නේ. බොහෝ ආබාධ ඇතිවෙන ප්‍රතිපදාවෙන් යුක්ත වීම නිසයි බොහෝ ආබාධ ඇති බවට පත්වෙන්නේ. අල්පාබාධ ඇතිවෙන ප්‍රතිපදාවෙන් යුක්ත වීම නිසයි අල්පාබාධ බවට පත්වෙන්නේ. දුර්වර්ණභාවය ඇතිවෙන ප්‍රතිපදාවෙන් යුක්ත වීම නිසයි විරූපී බවට පත්වෙන්නේ. දුටුවන් පහදවන රුව ඇතිවෙන ප්‍රතිපදාවෙන් යුක්ත වීම නිසයි දුටුවන් පහදවන රුව ඇති බවට පත්වෙන්නේ. අල්පේශාක්‍යබව ඇතිවෙන ප්‍රතිපදාවෙන් යුක්ත වීම නිසයි අල්පේශාක්‍ය බවට පත්වෙන්නේ. මහේශාක්‍ය බව ඇතිවෙන ප්‍රතිපදාවෙන් යුක්ත වීම නිසයි මහේශාක්‍ය බවට පත්වෙන්නේ. අල්පභෝග බව ඇතිවෙන ප්‍රතිපදාවෙන් යුක්තවීම නිසයි අල්පභෝග බවට පත්වෙන්නේ. මහා භෝග බව ඇතිවෙන ප්‍රතිපදාවෙන් යුක්තවීම නිසයි මහා භෝග බවට පත්වෙන්නේ. නීච කුලයෙහි ඉපදීම පිණිස ඇති ප්‍රතිපදාවෙන් යුක්ත වීම නිස යි නීච කුල ඇති බවට පත්වෙන්නේ. උසස් කුලයෙහි ඉපදීම පිණිස ඇති ප්‍රතිපදාවෙන් යුක්ත වීම නිස යි උසස් කුලීන බවට පත්වෙන්නේ. දුෂ්ප්‍රාඥ බව ඇතිවෙන ප්‍රතිපදාවෙන් යුක්ත වීම නිස යි දුෂ්ප්‍රාඥ බවට පත්වෙන්නේ. මහා ප්‍රඥාවන්ත බව ඇතිවෙන ප්‍රතිපදාවෙන් යුක්ත වීම නිස යි මහා ප්‍රඥාවන්ත බවට පත්වෙන්නේ.

පින්වත් තරුණය, සත්වයෝ ඉන්නේ කර්මය තමන්ගේ දෙය කරගෙනයි. කර්මය දායාදය කොටගෙනයි. කර්මය උත්පත්ති ස්ථානය කොටගෙනයි. කර්මය ඥාතියා කොටගෙනයි. කර්මය පිළිසරණ කොටගෙනයි. මේ ළාමක උසස් ස්වභාවයට සත්වයන්ව බෙදන්නේ කර්මයයි.

මෙසේ වදාළ කල්හි තෝදෙය්‍ය පුත්‍ර වූ සුභ තරුණයා භාග්‍යවතුන් වහන්සේට මෙය පැවසුවා. "පින්වත් ගෞතමයන් වහන්ස, හරිම සුන්දරයි! පින්වත් ගෞතමයන් වහන්ස, හරිම සුන්දරයි! පින්වත් ගෞතමයන් වහන්ස, මේ ගැන මට මේ විදියටයි හිතෙන්නෙ.

යටිකුරු වෙච්ච දෙයක් උඩට හැරෙව්වා වගෙයි. සැඟවෙච්ච දෙයක් විවෘත කළා වගෙයි. මං මුළා වූ කෙනෙකුට මාර්ගය පෙන්වූවා වගෙයි. අඳුරේ සිටින උදවියට රූප දකින්න තෙල් පහන් දැල්වූවා වගෙයි. ඔන්න ඔය

විදිහටයි පින්වත් ගෞතමයන් වහන්සේ විසින් නොයෙක් ආකාරයෙන් ශ්‍රී සද්ධර්මය වදාළේ. ඉතින් මාත් පින්වත් ගෞතමයන් වහන්සේව සරණ යනවා. ශ්‍රී සද්ධර්මයත් සරණ යනවා. ශ්‍රාවක සඟරුවනත් සරණ යනවා. භාග්‍යවතුන් වහන්සේ අද පටන් දිවි ඇති තුරාවට තෙරුවන් සරණ ගිය උපාසකයෙකු වශයෙන් මාව පිළිගන්නා සේක්වා!"

සාදු! සාදු!! සාදු!!!

කර්ම විග්‍රහය පිළිබඳව වදාළ කෙටි දෙසුම නිමා විය.

3.4.6.
මහා කම්මවිභංග සූත්‍රය
කර්ම විග්‍රහය ගැන වදාළ විස්තරාත්මක දෙසුම

මා හට අසන්නට ලැබුනේ මේ විදිහටයි. ඒ දිනවල භාග්‍යවතුන් වහන්සේ වැඩසිටියේ රජගහනුවර කලන්දක නිවාප නම් වූ වේළුවනයෙහිය. ඒ දිනවල ආයුෂ්මත් සමිද්ධි තෙරුන් වනගත කුටියකයි වාසය කළේ.

එදා පෝතලී පුත්‍ර තාපසයා ව්‍යායාම පිණිස එහාට මෙහාට ඇවිදිමින් සිටියදී ආයුෂ්මත් සමිද්ධි තෙරුන් වෙත පැමිණුනා. පැමිණ ආයුෂ්මත් සමිද්ධි තෙරුන් සමඟ සතුටු වුනා. සතුටු විය යුතු පිළිසඳර කතා බහේ යෙදිලා එකත්පස්ව වාඩිවුනා. එකත්පස්ව හුන් පෝතලී පුත්‍ර තාපසයා ආයුෂ්මත් සමිද්ධි තෙරුන්ට මෙය පැවසුවා.

"ආයුෂ්මත් සමිද්ධි, මං ශ්‍රමණ ගෞතමයන් ඉදිරියේදීම යි මෙය ඇසුවේ. ඉදිරියේදීම යි පිළිගත්තෙත්. ඒ කියන්නේ කයින් කෙරෙන කර්මයන් ගෙන් කිසි වැඩක් නැහැ. වචනයෙන් කෙරෙන කර්මයන්ගෙනුත් කිසි වැඩක් නැහැ. මනසින් කෙරෙන කර්මයන් විතරයි සත්‍යය' කියලා. ඒ වගේම 'යම් සමාපත්තියකට සමවැදුන විට කිසිවක් නොවිඳියිද, එවැනි සමාපත්තියකුත් තියෙනවා' කියලා."

ආයුෂ්මත් පෝතලී පුත්‍ර, ඔය කථාව නම් කියන්න එපා! ආයුෂ්මත් පෝතලී පුත්‍ර, ඔය කථාව නම් කියන්න එපා! භාග්‍යවතුන් වහන්සේට අභූතයෙන් චෝදනා කරන්න එපා! භාග්‍යවතුන් වහන්සේට අභූතයෙන් චෝදනා කිරීම හොඳ දෙයක් නම් නොවෙයි. භාග්‍යවතුන් වහන්සේ ඔවැනි දෙයක් වදාරන්නේ නැහැම යි. ඒ කියන්නේ කයින් කෙරෙන කර්මයන්ගෙන් කිසි වැඩක් නැහැ. වචනයෙන් කෙරෙන කර්මයන්ගෙනුත් කිසි වැඩක් නැහැ. මනසින් කෙරෙන කර්මයන් විතරයි සත්‍යය' කියලා. ඒ වගේම 'යම් සමාපත්තියකට සමවැදුන විට කිසිවක් නොවිඳියිද, එවැනි සමාපත්තියකුත් තියෙනවා' කියලා."

"ආයුෂ්මත් සමිද්ධි, තමුන්නාන්සේ පැවිදි වී බොහෝ කල් ගත වෙනවාද?"

"එච්චර කලක් නෑ, ආයුෂ්මත. තුන් අවුරුද්දයි."

"එහෙම නම් අපි මේ ගැන මහතෙරුන් වහන්සේලා අරභයා මොනවා කියන්නද? මේ නවක භික්ෂුව ශාස්තෘන් වහන්සේව ආරක්ෂා කරගන්නට හිතන් ඉන්නෙත් ඔය විදිහට නම්. ආයුෂ්මත් සමිද්ධි, චේතනාවන් පහළ කොට කයෙන්, වචනයෙන්, මනසින් කර්මයක් කළාට පස්සේ ඔහු විඳින්නේ කවර විඳීමක්ද?"

"ආයුෂ්මත් පෝතලී පුත්‍ර, චේතනාවන් පහළ කොට කයෙන්, වචනයෙන්, මනසින් කර්මයක් කළාට පස්සේ ඔහු විඳින්නේ දුකයි."

එතකොට පෝතලී පුත්‍ර තාපසයා ආයුෂ්මත් සමිද්ධි තෙරුන්ගේ ප්‍රකාශය පිළිගත්තේ නෑ. ප්‍රතික්ෂේප කළෙත් නෑ. නොපිළිගෙන, ප්‍රතික්ෂේප නොකොට, හුනස්නෙන් නැගිට පිටත්ව ගියා.

එවිට ආයුෂ්මත් සමිද්ධි තෙරුන් පෝතලී පුත්‍ර තාපසයා පිටත්ව ගොස් නොබෝ වේලාවකින් ආයුෂ්මත් ආනන්දයන් වෙත පැමිණුනා. පැමිණ ආයුෂ්මත් ආනන්දයන් සමඟ සතුටු වුනා. සතුටු විය යුතු පිළිසඳර කතා බහේ යෙදිලා එකත්පස්ව වාඩිවුනා. එකත්පස්ව හුන් ආයුෂ්මත් සමිද්ධි තෙරුන් පෝතලී පුත්‍ර තාපසයා සමඟ යම් කථාබහක් ඇතිවුනාද, ඒ සියල්ල ආයුෂ්මත් ආනන්දයන් වහන්සේට පැවසුවා.

මෙසේ පැවසූ විට ආයුෂ්මත් ආනන්දයන් ආයුෂ්මත් සමිද්ධි තෙරුන්ට මෙය පැවසුවා. "ප්‍රිය ආයුෂ්මත් සමිද්ධි, භාග්‍යවතුන් වහන්සේ බැහැදකින්නට ඉතා හොඳ කථා පඬුරක් නෙව මේ තියෙන්නේ. ආයුෂ්මත් සමිද්ධි, යමු. භාග්‍යවතුන් වහන්සේ කරා ගොස් භාග්‍යවතුන් වහන්සේට මේ කරුණ සැළකරමු. භාග්‍යවතුන් වහන්සේ මේ පිළිබඳව වදාරන්නේ යම් අයුරකින්ද, ඒ අයුරින් එය මතක තබා ගනිමු."

"එසේ ය, ආයුෂ්මත" කියා ආයුෂ්මත් සමිද්ධි තෙරුන් ආයුෂ්මත් ආනන්ද තෙරුන්ට පිළිතුරු දුන්නා. ආයුෂ්මත් ආනන්දයන්ද, ආයුෂ්මත් සමිද්ධි තෙරුන්ද භාග්‍යවතුන් වහන්සේ කරා පැමිණුනා. පැමිණ භාගවතුන් වහන්සේට ආදරයෙන් වන්දනා කොට එකත්පස්ව වාඩිවුනා. එකත්පස්ව හුන් ආයුෂ්මත් ආනන්දයන් පෝතලී පුත්‍ර තාපසයා සමඟ ආයුෂ්මත් සමිද්ධි තෙරුන්ගේ යම් කතාබහක් ඇතිවුනාද, ඒ සියල්ල භාග්‍යවතුන් වහන්සේට සැළ කළා.

මෙසේ පැවසූ විට භාග්‍යවතුන් වහන්සේ ආයුෂ්මත් ආනන්දයන්ට මෙය පැවසුවා. "පින්වත් ආනන්ද, මං පෝතලී පුත්‍ර නම් වූ තාපසයෙකුගේ දැකීමක් වත් දන්නෙ නෑ. එහෙම එකේ මෙවැනි කතාබහක් කොහොම නම් සිදුවන්නටද?

නමුත් පින්වත් ආනන්ද, පෝතලී පුත්‍ර පරිබ්‍රාජකයාගේ බෙදා විග්‍රහ කළ යුතු ප්‍රශ්නයට සමිද්ධි නම් වූ හිස් පුරුෂයා විසින් දීලා තියෙන්නේ ඒක පාක්ෂික උත්තරයක්.

මෙසේ වදාළ විට ආයුෂ්මත් උදායී තෙරුන් භාග්‍යවතුන් වහන්සේට මෙය පැවසුවා. "ස්වාමීනී, ඉදින් ආයුෂ්මත් සමිද්ධි තෙරුන් මේ අදහසින් වෙන්න ඇති ඔය කථාව කියන්න ඇත්තේ. ඒ කියන්නේ 'විඳින්නා වූ යමක් ඇද්ද, එය තිබෙන්නේ දුක තුළයි' යන අර්ථයෙන් වෙන්න ඇති.

එවිට භාග්‍යවතුන් වහන්සේ ආයුෂ්මත් ආනන්දයන් අමතා වදාළා. "පින්වත් ආනන්ද, මේ උදායී නම් හිස් පුරුෂයාගේ වැරදි වැටහීමේ හැටි බලන්න. පින්වත් ආනන්ද, මං දැනගත්තා දැන් මේ උදායී හිස් පුරුෂයා ඔලුව උස්ස උස්සා සූදානම් වෙනකොට නුවණින් තොරව තමයි මෙය කරන්නේ කියලා. පින්වත් ආනන්ද, පෝතලී පුත්‍ර තාපසයා මුලින්ම ඔය අහලා තියෙන්නේ ත්‍රිවිධ වේදනාව ගැනයි. ඉදින් පින්වත් ආනන්ද, යම් හෙයකින් සමිද්ධි හිස් පුරුෂයා පෝතලී පුත්‍ර තාපසයාගේ ඔය ප්‍රකාශයට මෙහෙම උත්තර දුන්නා නම්, 'ආයුෂ්මත් පෝතලී පුත්‍රය, චේතනාවන් පහළ කොට කයෙන්, වචනයෙන්, මනසින් සැප විඳීම ඇති වෙන කර්මයක් කළාට පස්සේ ඔහු විඳින්නේ සැපයි. චේතනාවන් පහළ කොට කයෙන්, වචනයෙන්, මනසින් දුක් විඳීම ඇති වෙන කර්මයක් කළාට පස්සේ ඔහු විඳින්නේ දුකයි. චේතනාවන් පහළ කොට කයෙන්, වචනයෙන්, මනසින් දුක් සැප රහිත විඳීම ඇති වෙන කර්මයක් කළාට පස්සේ ඔහු විඳින්නේ දුක් සැප රහිත බවයි' කියලා, පින්වත් ආනන්ද, සමිද්ධි හිස් පුරුෂයා ඔය විදිහට පෝතලී පුත්‍ර තාපසයාට පිළිතුරු දුන්නා නම්, නියම විදිහට පිළිතුරු දුන්නා වෙනවා.

පින්වත් ආනන්ද, එහෙත් බාල වූ, අව්‍යක්ත වූ, මේ අන්‍යාගමික තාපසවරු කවුද? තථාගතයන් වහන්සේගේ කර්මය පිළිබඳ විග්‍රහයේ විස්තරාත්මක බව කවුරු නම් දන්නවාද? පින්වත් ආනන්ද, තථාගතයන් වහන්සේගේ කර්මය පිළිබඳ විග්‍රහයේ විස්තරාත්මක දෙසුම ඔබ අසනවාද?"

"ස්වාමීනී, භාග්‍යවතුන් වහන්ස, මේ එයට කාලය යි. සුගතයන් වහන්ස, මේ එයට කාලයයි. භාග්‍යවතුන් වහන්සේ කර්මය පිළිබඳව විග්‍රහයේ විස්තරාත්මක දෙසුමක් වදාරණ සේක් නම් භාග්‍යවතුන් වහන්සේගෙන් අසා භික්ෂූන් වහන්සේලා ධාරණය කරගන්නවා."

"එසේ වී නම් පින්වත් ආනන්ද, සවන් යොමා අසන්න. නුවණින් මෙනෙහි කරන්න. මා කියා දෙන්නම්." "එසේය, ස්වාමීනී" කියා ආයුෂ්මත්

ආනන්දයන් වහන්සේ භාග්‍යවතුන් වහන්සේට පිළිතුරු දුන්නා. භාග්‍යවතුන් වහන්සේ මෙය වදාළා.

"පින්වත් ආනන්ද, මේ ලෝකයෙහි පුද්ගලයන් සතර දෙනෙක් දකින්න ලැබෙනවා. කවර සතර දෙනෙක්ද යත්; පින්වත් ආනන්ද, මෙහිලා මෙලොව කිසියම් පුද්ගලයෙක් සතුන් මරනවා. සොරකම් කරනවා. කාම මිථ්‍යාචාරයෙහි යෙදෙනවා. බොරු කියනවා. කේළාම් කියනවා. ඵරුෂ වචන කියනවා. සම්ඵප්ප්‍රලාප කියනවා. අනුන්ගේ දෙය තමන් සතු කරගැනීමට ආශා කරනවා. ද්වේෂ සිත් ඇතිකරගන්නවා. මිත්‍යා දෘෂ්ටික වෙනවා. ඔහු කය බිඳී මරණින් මතු අපාය නම් වූ, දුගතිය නම් වූ, විනිපාත නම් වූ නිරයෙහි උපදිනවා.

ඒ වගේම පින්වත් ආනන්ද, මෙහිලා මෙලොව තවත් පුද්ගලයෙක් ඉන්නවා. ඔහුත් සතුන් මරනවා. සොරකම් කරනවා. කාම මිථ්‍යාචාරයෙහි යෙදෙනවා. බොරු කියනවා. කේළාම් කියනවා. ඵරුෂ වචන කියනවා. සම්ඵප්ප්‍රලාප කියනවා. අනුන්ගේ දෙය තමන් සතු කරගැනීමට ආශා කරනවා. ද්වේෂ සිත් ඇතිකරගන්නවා. මිත්‍යා දෘෂ්ටික වෙනවා. නමුත් ඔහු කය බිඳී මරණින් මතු සුගති සංඛ්‍යාත දෙව්ලොව උපදිනවා.

ඒ වගේම පින්වත් ආනන්ද, මෙහිලා මෙලොව කිසියම් පුද්ගලයෙක් ඉන්නවා. ඔහු සතුන් මැරීමෙන් වැළකී ඉන්නවා. සොරකමින් වැළකී ඉන්නවා. කාම මිථ්‍යාචාරයෙන් වැළකී ඉන්නවා. බොරු කීමෙන් වැළකී ඉන්නවා. කේළාම් කීමෙන් වැළකී ඉන්නවා. ඵරුෂ වචන කීමෙන් වැළකී ඉන්නවා. සම්ඵප්ප්‍රලාප කීමෙන් වැළකී ඉන්නවා. අනුන්ගේ දෙය තමන් සතු කරගැනීමට ආශා කිරීමෙන් වැළකී ඉන්නවා. ද්වේෂ සිත් ඇතිකරගැනීමෙන් වැළකී ඉන්නවා. සම්මා දිට්ඨියෙන් යුක්ත වෙනවා. ඔහු කය බිඳී මරණින් මතු සුගති සංඛ්‍යාත දෙව්ලොව උපදිනවා.

ඒ වගේම පින්වත් ආනන්ද, මෙහිලා මෙලොව කිසියම් පුද්ගලයෙක් ඉන්නවා. ඔහුත් සතුන් මැරීමෙන් වැළකී ඉන්නවා. සොරකමින් වැළකී ඉන්නවා. කාම මිථ්‍යාචාරයෙන් වැළකී ඉන්නවා. බොරු කීමෙන් වැළකී ඉන්නවා. කේළාම් කීමෙන් වැළකී ඉන්නවා. ඵරුෂ වචන කීමෙන් වැළකී ඉන්නවා. සම්ඵප්ප්‍රලාප කීමෙන් වැළකී ඉන්නවා. අනුන්ගේ දෙය තමන් සතු කරගැනීමට ආශා කිරීමෙන් වැළකී ඉන්නවා. ද්වේෂ සිත් ඇතිකරගැනීමෙන් වැළකී ඉන්නවා. සම්මා දිට්ඨියෙන් යුක්ත වෙනවා. ඔහු කය බිඳී මරණින් මතු අපාය නම් වූ, දුගතිය නම් වූ, විනිපාත නම් වූ නිරයෙහි උපදිනවා.

පින්වත් ආනන්ද, මෙහිලා එක්තරා ශ්‍රමණයෙක් හෝ බ්‍රාහ්මණයෙක් හෝ කෙලෙස් තවන වීරියෙන් යුක්ත වෙලා, බලවත් වීරියෙන් යුක්ත වෙලා, බොහෝ මහන්සියෙන් භාවනා කොට, අප්‍රමාදීව භාවනා කොට, හොඳින් මනසිකාර කරලා, යම්බඳු වූ චිත්ත සමාධියක් ඇතිකරගන්නවා. ඒ සමාහිත සිතින් යුතුව මිනිස් ඇස ඉක්මවා ගිය දිවැසින් අර පුද්ගලයාව දකිනවා. 'මෙලොවදී සතුන් මැරූ, සොරකම් කළ, වැරදි කාමසේවනයෙහි යෙදුනු, බොරු කියූ, කේළාම් කියූ, ඵරුෂ වචන කියූ, සම්ඵප්ප්‍රලාප කියූ, අනුන්ගේ දෙය තමන් සතු කරගන්නට ආශා කළ, ද්වේෂ සිත් ඇතිකරගත්, මිසදිටු පුද්ගලයා කය බිඳී මරණින් මතු අපාය නම් වූ, දුගතිය නම් වූ, විනිපාත නම් වූ නිරයෙහි ඉපදිලා ඉන්නවා දකිනවා. එතකොට ඔහු මෙහෙම කියනවා. 'භවත්නි, පාප කර්මයන් තියෙනවාම යි. දුෂ්චරිතයෙහි විපාක තියෙනවාම යි. මං පුද්ගලයෙක්ව දැක්කා. ඔහු මෙලොව සිටිද්දී ප්‍රාණඝාත කළා. සොරකම් කළා. වැරදි කාම සේවනයෙහි යෙදුනා. බොරු කිව්වා. කේළාම් කිව්වා. ඵරුෂ වචන කිව්වා. හිස් වචන කිව්වා. අනුන්ගේ දෙයට ආශා කළා. ද්වේෂ සිතින් සිටියා. මිසදිටුව සිටියා. දැන් ඔහු කය බිඳී මරණින් මතු අපාය නම් වූ, දුගතිය නම් වූ, විනිපාත නම් වූ නිරයෙහි ඉපදිලා ඉන්නවා' කියලා. ඊටපස්සේ ඔහු මෙහෙමත් කියනවා. භවත්නි, යමෙක් සතුන් මරනවාද, සොරකම් කරනවාද, ...(පෙ).... මිසදිටු වෙනවාද, ඒ හැමෝම කය බිඳී මරණින් මතු අපාය නම් වූ, දුගතිය නම් වූ, විනිපාත නම් වූ නිරයෙහි උපදිනවා. යමෙක් ඔය විදිහට දන්නවා නම්, ඒ උදවිය නියම විදිහටම දන්නවා. යමෙක් වෙන විදිහකට දන්නවා නම්, ඒ ඔවුන්ගේ ඤාණය මිථ්‍යාවක්' කියලා. මේ විදිහට ඔහු තමන් දන්නා වූ යමක් ඇද්ද, තමන් දක්නා වූ යමක් ඇද්ද, තමන් තේරුම් ගත් යමක් ඇද්ද, එයම දැඩි ලෙස ග්‍රහණය කරගෙන, එය තුළම බැසගෙන කියනවා. 'මෙයම යි සත්‍යය. අනෙත් දේවල් හිස්' ය කියලා.

ඒ වගේම පින්වත් ආනන්ද, මෙහිලා එක්තරා ශ්‍රමණයෙක් හෝ බ්‍රාහ්මණයෙක් හෝ කෙලෙස් තවන වීරියෙන් යුක්ත වෙලා, බලවත් වීරියෙන් යුක්ත වෙලා, බොහෝ මහන්සියෙන් භාවනා කොට, අප්‍රමාදීව භාවනා කොට, හොඳින් මනසිකාර කරලා, යම්බඳු වූ චිත්ත සමාධියක් ඇතිකරගන්නවා. ඒ සමාහිත සිතින් යුතුව මිනිස් ඇස ඉක්මවා ගිය දිවැසින් අර පුද්ගලයාව දකිනවා. 'මෙලොවදී සතුන් මැරූ, ...(පෙ).... මිසදිටු පුද්ගලයා කය බිඳී මරණින් මතු සුගති සංඛ්‍යාත දෙව්ලොව ඉපදිලා ඉන්නවා දකිනවා. එතකොට ඔහු මෙහෙම කියනවා. 'භවත්නි, පාප කර්මයන් කියල දෙයක් නැහැම යි. දුෂ්චරිතයෙහි විපාක නැහැම යි. මං පුද්ගලයෙක්ව දැක්කා. ඔහු මෙලොව සිටිද්දී ප්‍රාණඝාත කළා. සොරකම් කළා. ....(පෙ).... මිසදිටුව සිටියා. දැන් ඔහු කය බිඳී මරණින් මතු සුගති සංඛ්‍යාත දෙව්ලොව ඉපදිලා ඉන්නවා' කියලා. ඊට පස්සේ ඔහු

මෙහෙමත් කියනවා. භවත්නි, යමෙක් සතුන් මරනවාද, සොරකම් කරනවාද, ...(පෙ).... මිසදිටු වෙනවාද, ඒ හැමෝම කය බිඳී මරණින් මතු සුගති සංඛ්‍යාත දෙව්ලොව උපදිනවා. යමෙක් ඔය විදිහට දන්නවා නම්, ඒ උදවිය නියම විදිහටම දන්නවා. යමෙක් වෙන විදිහකට දන්නවා නම්, ඒ ඔවුන්ගේ ඤාණය මිත්‍යාවක්' කියලා. මේ විදිහට ඔහු තමන් දන්නා වූ යමක් ඇද්ද, තමන් දක්නා වූ යමක් ඇද්ද, තමන් තේරුම් ගත් යමක් ඇද්ද, එයම දැඩි ලෙස ග්‍රහණය කරගෙන, එය තුළම බැසගෙන කියනවා. 'මෙයම යි සත්‍යය. අනෙත් දේවල් හිස්' ය කියලා.

පින්වත් ආනන්ද, මෙහිලා එක්තරා ශ්‍රමණයෙක් හෝ බ්‍රාහ්මණයෙක් හෝ කෙලෙස් තවන වීරියෙන් යුක්ත වෙලා, බලවත් වීරියෙන් යුක්ත වෙලා, බොහෝ මහන්සියෙන් භාවනා කොට, අප්‍රමාදීව භාවනා කොට, හොඳින් මනසිකාර කරලා, යම් බඳු වූ චිත්ත සමාධියක් ඇතිකරගන්නවා. ඒ සමාහිත සිතින් යුතුව මිනිස් ඇස ඉක්මවා ගිය දිවැසින් අර පුද්ගලයාව දකිනවා. 'මෙලොවදී සතුන් මැරීමෙන් වැළකුණු, සොරකමින් වැළකුණු, වැරදි කාමසේවනයෙන් වැළකුණු, බොරුවෙන් වැළකුණු, කේළමින් වැළකුණු, ඵරුෂ වචනයෙන් වැළකුණු, සම්ඵප්පලාපයෙන් වැළකුණු, අනුන්ගේ දෙය තමන් සතු කරගන්නට ආශා නොකළ, ද්වේෂ සිත් ඇති නොකරගත්, සම්දිටු පුද්ගලයා කය බිඳී මරණින් මතු සුගති සංඛ්‍යාත දෙව්ලොව ඉපදිලා ඉන්නවා දකිනවා. එතකොට ඔහු මෙහෙම කියනවා. 'භවත්නි, පුණ්‍ය කර්මයන් තියෙනවාම යි. සුචරිතයෙහි විපාක තියෙනවාම යි. මං පුද්ගලයෙක්ව දැක්කා. ඔහු මෙලොව සිටිද්දී ප්‍රාණඝාතයෙන් වැළකී සිටියා. සොරකමින් වැළකී සිටියා ....(පෙ).... සම්මා දිට්ඨියෙන් යුතුව සිටියා. දැන් ඔහු කය බිඳී මරණින් මතු සුගති සංඛ්‍යාත දෙව්ලොව ඉපදිලා ඉන්නවා' කියලා. ඊට පස්සේ ඔහු මෙහෙමත් කියනවා. භවත්නි, යමෙක් සතුන් මැරීමෙන් වළකිනවාද, සොරකමින් වළකිනවාද, ...(පෙ).... සම්මා දිට්ඨියෙන් යුතු වෙනවාද, ඒ හැමෝම කය බිඳී මරණින් මතු සුගති සංඛ්‍යාත දෙව්ලොව උපදිනවා. යමෙක් ඔය විදිහට දන්නවා නම්, ඒ උදවිය නියම විදිහටම දන්නවා. යමෙක් වෙන විදිහකට දන්නවා නම්, ඒ ඔවුන් ගේ ඤාණය මිත්‍යාවක්' කියලා. මේ විදිහට ඔහු තමන් දන්නා වූ යමක් ඇද්ද, තමන් දක්නා වූ යමක් ඇද්ද, තමන් තේරුම් ගත් යමක් ඇද්ද, එයම දැඩි ලෙස ග්‍රහණය කරගෙන, එය තුළම බැසගෙන කියනවා. 'මෙයම යි සත්‍යය. අනිත් දේවල් හිස්' ය කියලා.

පින්වත් ආනන්ද, මෙහිලා එක්තරා ශ්‍රමණයෙක් හෝ බ්‍රාහ්මණයෙක් හෝ කෙලෙස් තවන වීරියෙන් යුක්ත වෙලා, බලවත් වීරියෙන් යුක්ත වෙලා, බොහෝ මහන්සියෙන් භාවනා කොට, අප්‍රමාදීව භාවනා කොට, හොඳින් මනසිකාර කරලා, යම්බඳු වූ චිත්ත සමාධියක් ඇතිකරගන්නවා. ඒ සමාහිත සිතින් යුතුව මිනිස් ඇස ඉක්මවා ගිය දිවැසින් අර පුද්ගලයාව දකිනවා. 'මෙලොවදී සතුන්

මැරීමෙන් වැළකුණු, සොරකමින් වැළකුණු, වැරදි කාමසේවනයෙන් වැළකුණු, බොරුවෙන් වැළකුණු, කේළමින් වැළකුණු, ඵරුෂ වචනයෙන් වැළකුණු, සම්ඵප්පලාපයෙන් වැළකුණු, අනුන්ගේ දෙය තමන් සතු කරගන්නට ආශා නොකළ, ද්වේෂ සිත් ඇති නොකරගත්, සම්දිටු පුද්ගලයා කය බිඳී මරණින් මතු අපාය නම් වූ, දුගතිය නම් වූ, විනිපාත නම් වූ නිරයෙහි ඉපදිලා ඉන්නවා දකිනවා. එතකොට ඔහු මෙහෙම කියනවා. 'භවත්නි, පුණ්‍ය කර්මයන් නැහැම යි. සුචරිතයෙහි විපාක නැහැම යි. මං පුද්ගලයෙක්ව දැක්කා. ඔහු මෙලොව සිටිද්දී ප්‍රාණඝාතයෙන් වැළකී සිටියා. සොරකමින් වැළකී සිටියා ....(පෙ).... සම්මා දිට්ඨියෙන් යුතුව සිටියා. දැන් ඔහු කය බිඳී මරණින් මතු අපාය නම් වූ, දුගතිය නම් වූ, විනිපාත නම් වූ නිරයෙහි ඉපදිලා ඉන්නවා' කියලා. ඊට පස්සේ ඔහු මෙහෙමත් කියනවා. භවත්නි, යමෙක් සතුන් මැරීමෙන් වළකිනවාද, සොරකමින් වළකිනවාද, ...(පෙ).... සම්මා දිට්ඨියෙන් යුතු වෙනවාද, ඒ හැමෝම කය බිඳී මරණින් මතු අපාය නම් වූ, දුගතිය නම් වූ, විනිපාත නම් වූ නිරයෙහි උපදිනවා. යමෙක් ඔය විදිහට දන්නවා නම්, ඒ උදවිය නියම විදිහටම දන්නවා. යමෙක් වෙන විදිහකට දන්නවා නම්, ඒ ඔවුන්ගේ ඤාණය මිත්‍යාවක්' කියලා. මේ විදිහට ඔහු තමන් දන්නා වූ යමක් ඇද්ද, තමන් දක්නා වූ යමක් ඇද්ද, තමන් තේරුම් ගත් යමක් ඇද්ද, එයම දැඩි ලෙස ග්‍රහණය කරගෙන, එය තුළම බැසගෙන කියනවා. 'මෙයම යි සත්‍යය. අනෙත් දේවල් හිස්' ය කියලා.

පින්වත් ආනන්ද, යම් ශ්‍රමණයෙක් හෝ බ්‍රාහ්මණයෙක් හෝ මෙහෙම කියනවා නම්, 'භවත්නි, පාප කර්මයන් තියෙනවාම යි. දුෂ්චරිතයෙහි විපාක තියෙනවාම යි' කියලා ඔහුගේ ඒ ප්‍රකාශය මං අනුමත කරනවා. ඒ වගේම ඔහු මෙහෙමත් කියනවාද, 'මං පුද්ගලයෙක්ව දැක්කා ඔහු මෙහි සිටිද්දී සතුන් මැරුවා, සොරකම් කළා ....(පෙ).... මිසදිටුව සිටියා. දැන් ඔහු කය බිඳී මරණින් මතු අපාය නම් වූ, දුගතිය නම් වූ, විනිපාත නම් වූ නිරයෙහි ඉපදිලා ඉන්නවා' කියලා ඔහුගේ ඒ ප්‍රකාශයත් මං අනුමත කරනවා. ඊළඟට ඔහු මෙබඳු වූ ප්‍රකාශයක් කළාද, ඒ කියන්නේ 'යමෙක් සතුන් මරනවා නම්, සොරකම් කරනවා නම්, ...(පෙ).... මිසදිටුවෙන් යුතු නම්, ඒ හැමෝම කය බිඳී මරණින් මතු අපාය නම් වූ, දුගතිය නම් වූ, විනිපාත නම් වූ නිරයෙහි උපදිනවා' ය කියලා, ඔහුගේ ඒ ප්‍රකාශය මං අනුමත කරන්නේ නෑ. ඒ වගේම ඔහු මෙහෙමත් කියනවා නම්, 'යමෙක් මේ විදිහට දැනගත්තොත් තමයි ඒ උදවිය හරියට දැනගත්තා වෙන්නේ. යමෙක් වෙන විදිහකට දැනගත්තොත් ඔවුන්ගේ ඒ ඤාණය මිත්‍යාවක්' කියලා, ඔහුගේ ඒ ප්‍රකාශයත් මං අනුමත කරන්නේ නෑ. ඒ වගේම ඔහු තමා දැනගත් දෙය, තමා දැක ගත් දෙය, තමා තේරුම් ගත් දෙය පමණක් ගෙන එයට බැඳිලා, එයම දැඩි කොට ගෙන, එහිම බැසගෙන කියනවා නම්, 'මේකම යි සත්‍යය,

අනෙත් ඒවා බොරුය' කියලා ඔහුගේ ඒ ප්‍රකාශයත් මං අනුමත කරන්නේ නෑ. මක් නිසාද යත්; පින්වත් ආනන්ද, තථාගතයන් වහන්සේගේ කර්මය පිළිබඳ විග්‍රහයෙහි විස්තරාත්මක අවබෝධය ඔයිට වෙනස් නිසයි.

පින්වත් ආනන්ද, යම් ශ්‍රමණයෙක් හෝ බ්‍රාහ්මණයෙක් හෝ මෙහෙම කියනවා නම්, 'භවත්නි, පාප කර්මයන් නැහැම යි. දුෂ්චරිතයෙහි විපාක නැහැම යි' කියලා ඔහුගේ ඒ ප්‍රකාශය මං අනුමත කරන්නේ නෑ. ඒ වගේම ඔහු මෙහෙමත් කියනවාද, 'මං පුද්ගලයෙක්ව දැක්කා ඔහු මෙහි සිටිද්දී සතුන් මැරුවා, සොරකම් කළා ....(පෙ).... මිසදිටුව සිටියා. දැන් ඔහු කය බිඳී මරණින් මතු සුගති සංඛ්‍යාත දෙව්ලොව ඉපදිලා ඉන්නවා' කියලා ඔහුගේ ඒ ප්‍රකාශය මං අනුමත කරනවා. ඊළඟට ඔහු මෙබඳු වූ ප්‍රකාශයක් කළාද, ඒ කියන්නේ 'යමෙක් සතුන් මරනවා නම්, සොරකම් කරනවා නම්, ...(පෙ).... මිසදිටුවෙන් යුතු නම්, ඒ හැමෝම කය බිඳී මරණින් මතු සුගති සංඛ්‍යාත දෙව්ලොව උපදිනවා' ය කියලා, ඔහුගේ ඒ ප්‍රකාශය මං අනුමත කරන්නේ නෑ. ඒ වගේම ඔහු මෙහෙමත් කියනවා නම්, 'යමෙක් මේ විදිහට දැනගත්තොත් තමයි ඒ උදවිය හරියට දැනගත්තා වෙන්නේ. යමෙක් වෙන විදිහකට දැනගත්තොත් ඔවුන්ගේ ඒ ඤාණය මිත්‍යාවක්' කියලා, ඔහුගේ ඒ ප්‍රකාශයත් මං අනුමත කරන්නේ නෑ. ඒ වගේම ඔහු තමා දැනගත් දෙය, තමා දැකගත් දෙය, තමා තේරුම් ගත් දෙය පමණක් ගෙන එයට බැඳිලා, එයම දැඩි කොට ගෙන, එහිම බැසගෙන කියනවා නම්, 'මේකම යි සත්‍යය, අනෙත් ඒවා බොරුය' කියලා ඔහුගේ ඒ ප්‍රකාශයත් මං අනුමත කරන්නේ නෑ. මක් නිසාද යත්; පින්වත් ආනන්ද, තථාගතයන් වහන්සේගේ කර්මය පිළිබඳ විග්‍රහයෙහි විස්තරාත්මක අවබෝධය ඔයිට වෙනස් නිසයි.

පින්වත් ආනන්ද, යම් ශ්‍රමණයෙක් හෝ බ්‍රාහ්මණයෙක් හෝ මෙහෙම කියනවා නම්, 'භවත්නි, පුණ්‍ය කර්මයන් තියෙනවාම යි. සුචරිතයෙහි විපාක තියෙනවාම යි' කියලා ඔහුගේ ඒ ප්‍රකාශය මං අනුමත කරනවා. ඒ වගේම ඔහු මෙහමත් කියනවාද, 'මං පුද්ගලයෙක්ව දැක්කා ඔහු මෙහි සිටිද්දී සතුන් මැරීමෙන් වැළකී සිටියා, සොරකමින් වැළකී සිටියා, ...(පෙ).... සම්මා දිට්ඨියෙන් යුතුව සිටියා. දැන් ඔහු කය බිඳී මරණින් මතු සුගති සංඛ්‍යාත දෙව්ලොව ඉපදිලා ඉන්නවා' කියලා ඔහුගේ ඒ ප්‍රකාශයත් මං අනුමත කරනවා. ඊළඟට ඔහු මෙබඳු වූ ප්‍රකාශයක් කළාද, ඒ කියන්නේ 'යමෙක් සතුන් මැරීමෙන් වැළකී සිටිනවා නම්, සොරකමින් වැළකී සිටිනවා නම්, ...(පෙ).... සම්මා දිට්ඨියෙන් යුක්ත නම්, ඒ හැමෝම කය බිඳී මරණින් මතු සුගති සංඛ්‍යාත දෙව්ලොව උපදිනවා' ය කියලා, ඔහුගේ ඒ ප්‍රකාශය මං අනුමත කරන්නේ නෑ. ඒ වගේම ඔහු මෙහෙමත් කියනවා නම්, 'යමෙක් මේ විදිහට දැනගත්තොත් තමයි ඒ උදවිය

හරියට දැනගත්තා වෙන්නේ. යමෙක් වෙන විදිහකට දැනගත්තොත් ඔවුන්ගේ ඒ ඤාණය මිත්‍යාවක්' කියලා, ඔහුගේ ඒ ප්‍රකාශයත් මං අනුමත කරන්නේ නෑ. ඒ වගේම ඔහු තමා දැනගත් දෙය, තමා දැකගත් දෙය, තමා තේරුම් ගත් දෙය පමණක් ගෙන එයට බැඳිලා, එයම දැඩි කොට ගෙන, එහි ම බැසගෙන කියනවා නම්, 'මේකම යි සත්‍ය ය, අනෙත් ඒවා බොරු ය' කියලා ඔහුගේ ඒ ප්‍රකාශයත් මං අනුමත කරන්නේ නෑ. මක් නිසාද යත්; පින්වත් ආනන්ද, තථාගතයන් වහන්සේගේ කර්මය පිළිබඳ විග්‍රහයෙහි විස්තරාත්මක අවබෝධය ඔයිට වෙනස් නිසයි.

පින්වත් ආනන්ද, යම් ශ්‍රමණයෙක් හෝ බ්‍රාහ්මණයෙක් හෝ මෙහෙම කියනවා නම්, 'භවත්නි, පුණ්‍ය කර්මයන් නැහැම යි. සුචරිතයෙහි විපාක නැහැම යි' කියලා ඔහු ගේ ඒ ප්‍රකාශය මං අනුමත කරන්නේ නෑ. ඒ වගේම ඔහු මෙහෙමත් කියනවාද, 'මං පුද්ගලයෙක්ව දැක්කා ඔහු මෙහි සිටිද්දී සතුන් මැරීමෙන් වැළකී සිටියා, සොරකමින් වැළකී සිටියා, ...(පෙ).... සම්මා දිට්ඨියෙන් යුතුව සිටියා. දැන් ඔහු කය බිඳී මරණින් මතු අපාය නම් වූ, දුගතිය නම් වූ, විනිපාත නම් වූ නිරයෙහි ඉපදිලා ඉන්නවා' කියලා ඔහු ගේ ඒ ප්‍රකාශය මං අනුමත කරනවා. ඊළඟට ඔහු මෙබඳු වූ ප්‍රකාශයක් කළාද, ඒ කියන්නේ 'යමෙක් සතුන් මැරීමෙන් වැළකී සිටිනවා නම්, සොරකමින් වැළකී සිටිනවා නම්, ...(පෙ).... සම්මා දිට්ඨියෙන් යුක්ත නම්, ඒ හැමෝම කය බිඳී මරණින් මතු අපාය නම් වූ, දුගතිය නම් වූ, විනිපාත නම් වූ නිරයෙහි උපදිනවා' ය කියලා, ඔහුගේ ඒ ප්‍රකාශය මං අනුමත කරන්නේ නෑ. ඒ වගේම ඔහු මෙහෙමත් කියනවා නම්, 'යමෙක් මේ විදිහට දැනගත්තොත් තමයි ඒ උදවිය හරියට දැනගත්තා වෙන්නේ. යමෙක් වෙන විදිහකට දැනගත්තොත් ඔවුන්ගේ ඒ ඤාණය මිත්‍යාවක්' කියල, ඔහුගේ ඒ ප්‍රකාශයත් මං අනුමත කරන්නේ නෑ. ඒ වගේම ඔහු තමා දැනගත් දෙය, තමා දැකගත් දෙය, තමා තේරුම් ගත් දෙය පමණක් ගෙන එයට බැඳිලා, එයම දැඩි කොට ගෙන, එහිම බැසගෙන කියනවා නම්, 'මේකම යි සත්‍ය ය, අනෙත් ඒවා බොරු ය' කියලා ඔහුගේ ඒ ප්‍රකාශයත් මං අනුමත කරන්නේ නෑ. මක් නිසාද යත්; පින්වත් ආනන්ද, තථාගතයන් වහන්සේ ගේ කර්මය පිළිබඳ විග්‍රහයෙහි විස්තරාත්මක අවබෝධය ඔයිට වෙනස් නිසයි.

පින්වත් ආනන්දය, මෙහිලා යම් පුද්ගලයෙක් සතුන් මරනවා. සොරකම් කරනවා. ....(පෙ).... මිත්‍යා දෘෂ්ටියෙන් යුක්ත වෙනවා. ඔහු කය බිඳී මරණින් මතු අපාය නම් වූ, දුගතිය නම් වූ, විනිපාත නම් වූ නිරයෙහි උපදිනවා. ඔහු විසින් දුක් විඳීමට හේතුවන පාප කර්ම කරලා තියෙන්නේ කලින්ම යි. ඒ වගේම මේ දුක් විඳීමට හේතු වන ඒ පාප කර්මයම යි ඔහු පස්සේ කරලත් තියෙන්නේ. මරණාසන්න කාලයේදී ත් ඔහු කරලා තියෙන්නේ මිත්‍යා දෘෂ්ටික වෙලා, මිත්‍යා

දෘෂ්ටිය සමාදන් වෙලා හිටපු එකයි. ඒ නිසයි ඔහු කය බිඳී මරණින් මතු අපාය නම් වූ, දුගතිය නම් වූ, විනිපාත නම් වූ නිරයෙහි ඉපදුනේ. යම්හෙයකින් ඔහු මෙලොවදී සතුන් මරනවාද, සොරකම් කරනවාද, ...(පෙ).... මිත්‍යා දෘෂ්ටියෙන් යුක්ත වෙනවාද, ඒ කර්මයේ විපාක මෙලොවදී ම ලැබෙනවා. එහෙම නැත්නම්, ඊළඟ ආත්මභාවයේ විපාක දෙනවා. එහෙම නැත්නම් කවදා හෝ වෙනතැනකදී විපාක දෙනවා.

පින්වත් ආනන්දය, මෙහිලා යම් පුද්ගලයෙක් සතුන් මරනවා. සොරකම් කරනවා. ....(පෙ).... මිත්‍යා දෘෂ්ටියෙන් යුක්ත වෙනවා. ඔහු කය බිඳී මරණින් මතු සුගති සංඛ්‍යාත දෙව්ලොව උපදිනවා. ඔහු විසින් සැප විඳීමට හේතුවන පුණ්‍ය කර්ම කරලා තියෙන්නේ ඊට කලින්ම යි. ඒ වගේම මේ සැප විඳීමට හේතු වන ඒ පුණ්‍ය කර්මයම යි ඔහු ඊට පස්සේ කරලත් තියෙන්නේ. මරණාසන්න කාලයේදී ත් ඔහු කරලා තියෙන්නේ සම්මා දෘෂ්ටික වෙලා, සම්මා දිට්ඨිය සමාදන් වෙලා හිටපු එකයි. ඒ නිසයි ඔහු කය බිඳී මරණින් මතු සුගති සංඛ්‍යාත දෙව්ලොව ඉපදුනේ. යම් හෙයකින් ඔහු මෙලොවදී සතුන් මරනවාද, සොරකම් කරනවාද, ...(පෙ).... මිත්‍යා දෘෂ්ටියෙන් යුක්ත වෙනවාද, ඒ කර්මයේ විපාක මෙලොවදී ම ලැබෙනවා. එහෙම නැත්නම්, ඊළඟ ආත්මභාවයේ විපාක දෙනවා. එහෙම නැත්නම් කවදා හෝ වෙනතැනකදී විපාක දෙනවා.

පින්වත් ආනන්දය, මෙහිලා යම් පුද්ගලයෙක් සතුන් මැරීමෙන් වළකිනවා. සොරකමින් වළකිනවා. ....(පෙ).... සම්මා දිට්ඨියෙන් යුක්ත වෙනවා. ඔහු කය බිඳී මරණින් මතු සුගති සංඛ්‍යාත දෙව්ලොව උපදිනවා. ඔහු විසින් සැප විඳීමට හේතුවන පුණ්‍ය කර්ම කරලා තියෙන්නේ කලින්ම යි. ඒ වගේම මේ සැප විඳීමට හේතු වන ඒ පුණ්‍ය කර්මයම යි ඔහු පස්සේ කරලත් තියෙන්නේ. මරණාසන්න කාලයේදී ත් ඔහු කරලා තියෙන්නේ සම්මා දිට්ඨික වෙලා, සම්මා දිට්ඨිය සමාදන් වෙලා හිටපු එකයි. ඒ නිසයි ඔහු කය බිඳී මරණින් මතු සුගති සංඛ්‍යාත දෙව්ලොව ඉපදුනේ. ඒ වගේම යම් හෙයකින් ඔහු මෙලොවදී සතුන් මැරීමෙන් වැළකී සිටිනවාද, සොරකමින් වැළකී සිටිනවාද, ...(පෙ).... සම්මා දිට්ඨියෙන් යුක්ත වෙනවාද, ඒ කර්මයේ විපාක මෙලොවදී ම ලැබෙනවා. එහෙම නැත්නම්, ඊළඟ ආත්මභාවයේ විපාක දෙනවා. එහෙම නැත්නම් කවදා හෝ වෙනතැනකදී විපාක දෙනවා.

පින්වත් ආනන්දය, මෙහිලා යම් පුද්ගලයෙක් සතුන් මැරීමෙන් වළකිනවා. සොරකමින් වළකිනවා. ....(පෙ).... සම්මා දිට්ඨියෙන් යුක්ත වෙනවා. ඔහු කය බිඳී මරණින් මතු අපාය නම් වූ, දුගතිය නම් වූ, විනිපාත නම් වූ නිරයෙහි උපදිනවා. ඔහු විසින් දුක් විඳීමට හේතුවන පාප කර්ම කරලා තියෙන්නේ ඊට

කලින්ම යි. ඒ වගේම මේ දුක් විඳීමට හේතු වන ඒ පාප කර්මයම යි ඔහු ඊට පස්සේ කරලත් තියෙන්නේ. මරණාසන්න කාලයේදී ත් ඔහු කරලා තියෙන්නේ මිත්‍යා දෘෂ්ටික වෙලා, මිත්‍යා දෘෂ්ටිය සමාදන් වෙලා හිටපු එකයි. ඒ නිසයි ඔහු කය බිඳී මරණින් මතු අපාය නම් වූ, දුගතිය නම් වූ, විනිපාත නම් වූ නිරයෙහි ඉපදුනේ. ඒ වගේම යම් හෙයකින් ඔහු මෙලොවදී සතුන් මැරීමෙන් වැළකී සිටිනවාද, සොරකමින් වැළකී සිටිනවාද, ...(පෙ).... සම්මා දිට්ඨියෙන් යුක්ත වෙනවාද, ඒ කර්මයේ විපාක මෙලොවදී ම ලැබෙනවා. එහෙම නැත්නම්, ඊළඟ ආත්මභාවයේ විපාක දෙනවා. එහෙම නැත්නම් කවදා හෝ වෙනතැනකදී විපාක දෙනවා.

පින්වත් ආනන්ද, ඔය විදිහට අකුසලය මැඩලන අකුසල කර්ම තියෙනවා. කුසලය මැඩලන අකුසල කර්ම තියෙනවා. කුසලය මැඩලන කුසල කර්ම තියෙනවා. අකුසලය මැඩලන කුසල කර්ම තියෙනවා.

භාග්‍යවතුන් වහන්සේ මේ උතුම් දේශනය වදාළා. ඒ දේශනය ගැන ආයුෂ්මත් ආනන්දයන් වහන්සේ ගොඩක් සතුටු වුනා. භාග්‍යවතුන් වහන්සේ වදාළ මේ දේශනය සතුටින් පිළිගත්තා.

සාදු! සාදු!! සාදු!!!

කර්මය විග්‍රහය ගැන වදාළ විස්තරාත්මක දෙසුම නිමා විය.

3.4.7.
සළායතන විභංග සූත්‍රය
ආයතන හය පිළිබඳ විග්‍රහ කොට වදාළ දෙසුම

මා හට අසන්නට ලැබුනේ මේ විදිහටයි. ඒ දිනවල භාග්‍යවතුන් වහන්සේ වැඩසිටියේ සැවැත් නුවර ජේතවනය නම් වූ අනේපිඬු සිටුතුමා විසින් කරවන ලද ආරාමයෙහි ය. එදා භාග්‍යවතුන් වහන්සේ "පින්වත් මහණෙනි" කියා භික්ෂුසංඝයා අමතා වදාළා. "පින්වතුන් වහන්ස" කියා ඒ භික්ෂූන් ද භාග්‍යවතුන් වහන්සේට පිළිතුරු දුන්නා. භාග්‍යවතුන් වහන්සේ මෙය වදාළා.

"පින්වත් මහණෙනි, ඔබට ආයතන හය පිළිබඳ විස්තර විභාග වශයෙන් දේශනා කරන්නම්. එය අසන්න. මනාකොට නුවණින් මෙනෙහි කරන්න. මා කියාදෙන්නම්." "එසේ ය, ස්වාමීනී" කියා ඒ භික්ෂූන් ද භාග්‍යවතුන් වහන්සේට පිළිතුරු දුන්නා. භාග්‍යවතුන් වහන්සේ මෙය වදාළා.

"ආධ්‍යාත්මික ආයතන හය පිළිබඳවත් අවබෝධ කළ යුතුයි. බාහිර ආයතන හය පිළිබඳවත් අවබෝධ කළ යුතුයි. සය වැදෑරුම් විඤ්ඤාණකාය පිළිබඳවත් අවබෝධ කළ යුතුයි. සය වැදෑරුම් ස්පර්ශකාය පිළිබඳවත් අවබෝධ කළ යුතුයි. දහඅට ආකාර වූ මනස හැසිරෙන තැන් පිළිබඳවත් අවබෝධ කළ යුතුයි. සත්ව පද තිස් හය පිළිබඳවත් අවබෝධ කළ යුතුයි.

එහිදී මෙය ඇසුරු කරගෙන මෙය අත්හරිව්. සම්මා සම්බුදු වූ ආර්යයන් වහන්සේ තුන් වැදෑරුම් සතිපට්ඨානයන් සේවනය කරයි. සම්මා සම්බුදු වූ ආර්යයන් වහන්සේ යමක් සේවනය කරමින් ශාස්තෘන් වහන්සේ බවට පත්ව පිරිසට අනුශාසනා කරන්නට සුදුසු වෙයිද, ඒ ගැනත් දත යුතුයි. ඒ ශාස්තෘන් වහන්සේට තමයි කියන්නේ යෝගාචාර්යවරයන් අතුරෙන් අනුත්තරෝ පුරිසදම්ම සාරථී කියලා. මෙය තමයි ආයතන හය පිළිබඳ විග්‍රහයේ මූලික විස්තරය.

'සය වැදෑරුම් ආධ්‍යාත්මික ආයතන අවබෝධ කළ යුතුයි' කියා යමක් මං ප්‍රකාශ කළා නම්, ඒ ප්‍රකාශ කරන ලද්දේ කවර කරුණක් අරභයාද? එනම් ඇස නම් වූ ආයතනයක් ඇත. කන නම් වූ ආයතනයක් ඇත. නාසය නම්

වූ ආයතනයක් ඇත. දිව නම් වූ ආයතනයක් ඇත. කය නම් වූ ආයතනයක් ඇත. මනස නම් වූ ආයතනයක් ඇත. ආධ්‍යාත්මික ආයතන හය අවබෝධ කළ යුතුයි කියලා යමක් ප්‍රකාශ කළා නම්, ඔය කරුණ සඳහායි එම ප්‍රකාශය කරන ලද්දේ.

'සය වැදෑරුම් බාහිර ආයතන අවබෝධ කළ යුතුයි' කියා යමක් මං ප්‍රකාශ කළා නම්, ඒ ප්‍රකාශ කරන ලද්දේ කවර කරුණක් අරභයාද? එනම් රූප නම් වූ ආයතනයක් ඇත. ශබ්ද නම් වූ ආයතනයක් ඇත. ගඳ සුවඳ නම් වූ ආයතනයක් ඇත. රස නම් වූ ආයතනයක් ඇත. පහස නම් වූ ආයතනයක් ඇත. අරමුණු නම් වූ ආයතනයක් ඇත. බාහිර ආයතන හය අවබෝධ කළ යුතුයි කියලා යමක් ප්‍රකාශ කළා නම්, ඔය කරුණ සඳහායි එම ප්‍රකාශය කරන ලද්දේ.

'සය වැදෑරුම් විඤ්ඤාණකාය අවබෝධ කළ යුතුයි' කියා යමක් මං ප්‍රකාශ කළා නම්, ඒ ප්‍රකාශ කරන ලද්දේ කවර කරුණක් අරභයාද? එනම් ඇසේ විඤ්ඤාණය, කනේ විඤ්ඤාණය, නාසයේ විඤ්ඤාණය, දිවේ විඤ්ඤාණය, කයේ විඤ්ඤාණය, මනසේ විඤ්ඤාණය යන මෙයයි. විඤ්ඤාණකාය හය අවබෝධ කළ යුතුයි කියලා යමක් ප්‍රකාශ කළා නම්, ඔය කරුණ සඳහායි එම ප්‍රකාශය කරන ලද්දේ.

'සය වැදෑරුම් ස්පර්ශකාය අවබෝධ කළ යුතුයි' කියා යමක් මං ප්‍රකාශ කළා නම්, ඒ ප්‍රකාශ කරන ලද්දේ කවර කරුණක් අරභයාද? එනම් ඇසේ ස්පර්ශය, කනේ ස්පර්ශය, නාසයේ ස්පර්ශය, දිවේ ස්පර්ශය, කයේ ස්පර්ශය, මනසේ ස්පර්ශය යන මෙයයි. ස්පර්ශකාය හය අවබෝධ කළ යුතුයි කියලා යමක් ප්‍රකාශ කළා නම්, ඔය කරුණ සඳහායි එම ප්‍රකාශය කරන ලද්දේ.

'මනස හැසිරෙන තැන් දහඅට අවබෝධ කළ යුතුයි' කියා යමක් මං ප්‍රකාශ කළා නම්, ඒ ප්‍රකාශ කරන ලද්දේ කවර කරුණක් අරභයාද? එනම් ඇසින් රූපයක් දැක්කට පස්සේ සොම්නස ඇතිවෙන කරුණක් තියෙනවා නම් ඒ රූපයෙහි සිත හැසිරෙනවා. දොම්නස් ඇතිවෙන කරුණක් තියෙනවා නම් ඒ රූපයෙහිත් සිත හැසිරෙනවා. උපේක්ෂාව ඇතිවෙන කරුණක් තියෙනවා නම් ඒ රූපයෙහිත් සිත හැසිරෙනවා. කනින් ශබ්දයක් ඇසුවට පස්සේ ....(පෙ).... නාසයෙන් ගඳසුවඳක් ආඝ්‍රාණය කළාට පස්සේ ....(පෙ).... දිවෙන් රස වින්දාට පස්සේ ....(පෙ).... කයෙන් පහස ලැබුවාට පස්සේ ....(පෙ).... මනසින් අරමුණක් සිතලා සොම්නස ඇතිවෙන කරුණක් තියෙනවා නම් ඒ අරමුණෙහි සිත හැසිරෙනවා. දොම්නස ඇතිවෙන කරුණක් තියෙනවා නම් ඒ අරමුණෙහි සිත හැසිරෙනවා. උපේක්ෂාව ඇතිවෙන කරුණක් තියෙනවා නම් ඒ අරමුණෙහි

සිත හැසිරෙනවා. දහඅට ආකාර වූ මනස හැසිරෙන තැන් අවබෝධ කළ යුතුයි කියලා යමක් ප්‍රකාශ කළා නම්, ඔය කරුණ සඳහායි එම ප්‍රකාශය කරන ලද්දේ.

'සත්වපද තිස් හය අවබෝධ කළ යුතුයි' කියා යමක් මං ප්‍රකාශ කළා නම්, ඒ ප්‍රකාශ කරන ලද්දේ කවර කරුණක් අරභයාද? එනම් ගිහි ජීවිතය ඇසුරු කරගත් සොම්නස් හයක් තියෙනවා. නෙක්ඛම්මය ඇසුරු කරගත් සොම්නස් හයක් තියෙනවා. ගිහි ජීවිතය ඇසුරු කරගත් දොම්නස් හයක් තියෙනවා. නෙක්ඛම්මය ඇසුරු කරගත් දොම්නස් හයක් තියෙනවා. ගිහි ජීවිතය ඇසුරු කරගත් උපේක්ෂා හයක් තියෙනවා. නෙක්ඛම්මය ඇසුරු කරගත් උපේක්ෂා හයක් තියෙනවා.

එහිලා ගිහි ජීවිතය ඇසුරු කරගත් සොම්නස් හය මොනවාද? ඇසින් දත යුතු ඉෂ්ට වූ, කාන්ත වූ, මනාප වූ, මනෝරම්‍ය වූ, කාම සැපයෙන් යුක්ත වූ රූපයන්ගේ ලැබීමක් හෝ එබඳු රූපයක ලැබීමෙන් පසු එය දකිද්දී හෝ කලින් ලැබුණු රූපයක් අතීතයෙහි නිරුද්ධ වෙලා, වෙනස් වෙලා ගියාද, එය සිහිකරද්දී හෝ ඔහුට සොම්නසක් උපදිනවා. මෙබඳු ස්වරූප වූ යම් සොම්නසක් ඇද්ද, මෙයටයි ගේහසිත සොම්නස කියා කියන්නේ. කනින් ඇසිය යුතු ශබ්ද ....(පෙ).... නාසයෙන් දත යුතු ගඳ සුවඳ, ...(පෙ).... දිවෙන් දත යුතු රස ....(පෙ).... කයෙන් දත යුතු පහස ....(පෙ).... මනසින් දත යුතු ඉෂ්ට වූ, කාන්ත වූ, මනාප වූ, මනෝරම්‍ය වූ, කාම සැපයෙන් යුක්ත වූ අරමුණුවල ලැබීමක් හෝ එබඳු අරමුණක ලැබීමෙන් පසු එය දැනගනිද්දී හෝ කලින් ලැබුණු අරමුණක් අතීතයෙහි නිරුද්ධ වෙලා, වෙනස් වෙලා ගියාද, එය සිහිකරද්දී හෝ ඔහුට සොම්නසක් උපදිනවා. මෙබඳු ස්වරූප වූ යම් සොම්නසක් ඇද්ද, මෙයටයි ගේහසිත සොම්නස කියා කියන්නේ.

එහිලා නෙක්ඛම්මය ඇසුරු කරගත් සොම්නස් හය මොනවාද? රූපයන්ගේ ම වෙනස් වී යන ස්වභාවය නිසා ඒ කෙරෙහි ඇති විරාගයත්, ඇල්ම නිරුද්ධ වීමත් දැනගනිමින් අනිත්‍ය ස්වභාවය අවබෝධ කරද්දී, කලින් රූපත්, දැන් රූපත් ඒ සෑම රූපයක්ම අනිත්‍යයයි, දුකයි, වෙනස්වන ස්වභාවයෙන් යුක්තයි කියලා දියුණු කළ ප්‍රඥාවෙන් සත්‍යය ස්වභාවය දකිද්දී සොම්නසක් උපදිනවා. මෙබඳු වූ සොම්නසට තමයි නෙක්ඛම්මය ඇසුරු කළ සොම්නස කියා කියන්නේ. ශබ්දයන්ගේ ම ....(පෙ).... ගඳ සුවඳේම ....(පෙ).... රසයේම ....(පෙ).... ස්පර්ශයේම ....(පෙ).... මනසට සිතෙන අරමුණුවලම වෙනස් වී යන ස්වභාවය නිසා ඒ කෙරෙහි ඇති විරාගයත්, ඇල්ම නිරුද්ධ වීමත් දැනගනිමින් අනිත්‍ය ස්වභාවය අවබෝධ කරද්දී, කලින් අරමුණුත්, දැන් අරමුණුත් ඒ සෑම අරමුණක්ම අනිත්‍යයයි, දුකයි, වෙනස්වන ස්වභාවයෙන් යුක්තයි කියලා දියුණු

කළ ප්‍රඥාවෙන් සත්‍යය ස්වභාවය දකිද්දී සොම්නසක් උපදිනවා. මෙබඳු වූ සොම්නසට තමයි නෙක්ඛම්මය ඇසුරු කළ සොම්නස කියා කියන්නේ.

එහිලා ගිහි ජීවිතය ඇසුරු කරගත් දොම්නස් හය මොනවාද? ඇසින් දත යුතු ඉෂ්ට වූ, කාන්ත වූ, මනාප වූ, මනෝරම්‍ය වූ, කාම සැපයෙන් යුක්ත වූ රූපයන්ගේ නොලැබීමක් හෝ එබඳු රූපයක නොලැබීමෙන් පසු එය සිහිකරද්දී හෝ කලින් නොලැබුණු රූපයක් අතීතයෙහි නිරුද්ධ වෙලා ගියාද, එය සිහිකරද්දී හෝ ඔහුට දොම්නසක් උපදිනවා. මෙබඳු ස්වරූප වූ යම් දොම්නසක් ඇද්ද, මෙයටයි ගේහසිත දොම්නස කියා කියන්නේ. කනින් ඇසිය යුතු ශබ්ද ....(පෙ).... නාසයෙන් දත යුතු ගඳ සුවඳ, ...(පෙ).... දිවෙන් දත යුතු රස ....(පෙ).... කයෙන් දත යුතු පහස ....(පෙ).... මනසින් දත යුතු ඉෂ්ට වූ, කාන්ත වූ, මනාප වූ, මනෝරම්‍ය වූ, කාම සැපයෙන් යුක්ත වූ අරමුණුවල නොලැබීමක් හෝ එබඳු අරමුණක නොලැබීමෙන් පසු එය දැනගනිද්දී හෝ කලින් නොලැබුණු අරමුණක් අතීතයෙහි නිරුද්ධ වෙලා ගියාද, එය සිහිකරද්දී හෝ ඔහුට දොම්නසක් උපදිනවා. මෙබඳු ස්වරූප වූ යම් දොම්නසක් ඇද්ද, මෙයටයි ගේහසිත දොම්නස කියා කියන්නේ.

එහිලා නෙක්ඛම්මය ඇසුරු කරගත් දොම්නස් හය මොනවාද? රූපයන්ගේ ම වෙනස් වී යන ස්වභාවය නිසා ඒ කෙරෙහි ඇති විරාගයත්, ඇල්ම නිරුද්ධ වීමත් දැනගනිමින් අනිත්‍ය ස්වභාවය අවබෝධ කරද්දී, කලින් රූපත්, දැන් රූපත් ඒ සෑම රූපයක්ම අනිත්‍යයයි, දුකයි, වෙනස්වන ස්වභාවයෙන් යුක්තයි කියලා දියුණු කළ ප්‍රඥාවෙන් සත්‍යය ස්වභාවය දුටුවිට අනුත්තර වූ නිවන කෙරෙහි කැමැත්තක් ඇතිවෙනවා. ආර්යයන් වහන්සේලා දැන් යම් අරහත්වයක් සාක්ෂාත් කරගෙන වාසය කරනවාද, මං කවරදාක නම් ඒ උතුම් නිවන අවබෝධ කරගෙන වාසය කරන්නද! කියලා ඔය විදිහට අනුත්තර වූ විමෝක්ෂය කෙරෙහි ආශාවක් පිහිටුවාගෙන ඉන්න කොට ඒ ආශාව හේතුවෙන් දොම්නසක් උපදිනවා. මෙබඳු වූ දොම්නසට තමයි නෙක්ඛම්මය ඇසුරු කළ දොම්නස කියා කියන්නේ. ශබ්දයන්ගේ ම ....(පෙ).... ගඳ සුවඳේම ....(පෙ).... රසයේම ....(පෙ).... ස්පර්ශයේම ....(පෙ).... මනසට සිතෙන අරමුණුවලම වෙනස් වී යන ස්වභාවය නිසා ඒ කෙරෙහි ඇති විරාගයත්, ඇල්ම නිරුද්ධ වීමත් දැනගනිමින් අනිත්‍ය ස්වභාවය අවබෝධ කරද්දී, කලින් අරමුණුත්, දැන් අරමුණුත් ඒ සෑම අරමුණක්ම අනිත්‍යයයි, දුකයි, වෙනස්වන ස්වභාවයෙන් යුක්තයි කියලා දියුණු කළ ප්‍රඥාවෙන් සත්‍යය ස්වභාවය දුටුවිට අනුත්තර වූ නිවන කෙරෙහි කැමැත්තක් ඇතිවෙනවා. ආර්යයන් වහන්සේලා දැන් යම් අරහත්වයක් සාක්ෂාත් කරගෙන වාසය කරනවාද, මං කවරදාක නම් ඒ උතුම් නිවන අවබෝධ කරගෙන වාසය කරන්නද! කියලා ඔය විදිහට අනුත්තර වූ

විමෝක්ෂය කෙරෙහි ආශාවක් පිහිටුවාගෙන ඉන්න කොට ඒ ආශාව හේතුවෙන් දොම්නසක් උපදිනවා. මෙබඳු වූ දොම්නසට තමයි නෙක්ඛම්මය ඇසුරු කළ දොම්නස කියා කියන්නේ.

එහිලා ගිහි ජීවිතය ඇසුරු කරගත් උපේක්ෂා හය මොනවාද? ඇසින් රූපයක් දැක අඥාන වූ, මෝඩ වූ, බොහෝ කෙලෙස් ඇති, පෘථග්ජනයාට, කර්ම විපාක ජය නොගත්, ආදීනව නොදන්නා අශ්‍රැතවත් පෘථග්ජනයාට උපේක්ෂාව උපදිනවා. මෙබඳු යම් උපේක්ෂාවක් ඇද්ද, ඒ උපේක්ෂාව රූපය ඉක්මවා යන්නේ නෑ. කනෙන් ශබ්දයක් අසා ....(පෙ).... නාසයෙන් ගඳ සුවඳ ආඝ්‍රාණය කොට ....(පෙ).... දිවෙන් රස විඳ ....(පෙ).... කයෙන් පහස ලබා ....(පෙ).... මනසින් අරමුණක් දැන අඥාන වූ, මෝඩ වූ, බොහෝ කෙලෙස් ඇති, පෘථග්ජනයාට, කර්ම විපාක ජය නොගත්, ආදීනව නොදන්නා අශ්‍රැතවත් පෘථග්ජනයාට උපේක්ෂාව උපදිනවා. මෙබඳු යම් උපේක්ෂාවක් ඇද්ද, ඒ උපේක්ෂාව අරමුණ ඉක්මවා යන්නේ නෑ. ඒ නිසයි මේ උපේක්ෂාව ගේහසිත උපේක්ෂාව කියන්නේ. මේ තමයි ගේහසිත උපේක්ෂා හය.

එහිලා නෙක්ඛම්මය ඇසුරු කරගත් උපේක්ෂා හය මොනවාද? රූපයන්ගේ ම වෙනස් වී යන ස්වභාවය නිසා ඒ කෙරෙහි ඇති විරාගයත්, ඇල්ම නිරුද්ධ වීමත් දැනගනිමින් අනිත්‍ය ස්වභාවය අවබෝධ කරද්දී, කලින් රූපත්, දැන් රූපත් ඒ සෑම රූපයක්ම අනිත්‍යයයි, දුකයි, වෙනස්වන ස්වභාවයෙන් යුක්තයි කියලා දියුණු කළ ප්‍රඥාවෙන් සත්‍යය ස්වභාවය දකිද්දී උපේක්ෂාවක් උපදිනවා. මෙබඳු වූ උපේක්ෂාවක් ඇද්ද, අන්න ඒ උපේක්ෂාව රූපය ඉක්මවා යනවා. එනිසයි ඒ උපේක්ෂාවට නෙක්ඛම්මය ඇසුරු කළ උපේක්ෂාව කියා කියන්නේ. ශබ්දයන්ගේ ම ....(පෙ).... ගඳ සුවඳේම ....(පෙ).... රසයේම ....(පෙ).... ස්පර්ශයේම ....(පෙ).... මනසට සිතෙන අරමුණුවලම වෙනස් වී යන ස්වභාවය නිසා ඒ කෙරෙහි ඇති විරාගයත්, ඇල්ම නිරුද්ධ වීමත් දැනගනිමින් අනිත්‍ය ස්වභාවය අවබෝධ කරද්දී, කලින් අරමුණුත්, දැන් අරමුණුත් ඒ සෑම අරමුණක්ම අනිත්‍යයයි, දුකයි, වෙනස්වන ස්වභාවයෙන් යුක්තයි කියලා දියුණු කළ ප්‍රඥාවෙන් සත්‍යය ස්වභාවය දකිද්දී උපේක්ෂාවක් උපදිනවා. මෙබඳු වූ උපේක්ෂාවක් ඇද්ද, අන්න ඒ උපේක්ෂාව අරමුණ ඉක්මවා යනවා. එනිසයි ඒ උපේක්ෂාවට නෙක්ඛම්මය ඇසුරු කළ උපේක්ෂාව කියා කියන්නේ. මේ තමයි නෙක්ඛම්මය ඇසුරු කළ උපේක්ෂා හය. සත්ව පද තිස්හයක් අවබෝධ කළ යුතුයි කියා යම් කරුණක් ප්‍රකාශ කළාද, එය ප්‍රකාශ කරන ලද්දේ ඔය සඳහායි.

එහිලා 'මෙය ඇසුරු කොට මෙය දුරුකරව' කියා යම් කරුණක් ප්‍රකාශ කළාද, කුමක් අරභයාද එය ප්‍රකාශ කරන ලද්දේ? පින්වත් මහණෙනි, එහිලා

නෙක්ඛම්මය ඇසුරු කළ යම් සොම්නස් හයක් තිබෙනවාද, ඒවා ඇසුරු කොට, ඒවාට පැමිණිලා යම් ගේහසිත සොම්නස් හයක් ඇද්ද, ඒවා දුරුකරන්න. ඒවා ඉක්මවා යන්න. ඔය විදිහටයි ඒවායේ ප්‍රහාණය සිදුවෙන්නේ. ඔය විදිහටයි ඒවායේ ඉක්මවා යාම වෙන්නේ.

පින්වත් මහණෙනි, එහිලා නෙක්ඛම්මය ඇසුරු කළ යම් දොම්නස් හයක් තිබෙනවාද, ඒවා ඇසුරු කොට, ඒවාට පැමිණිලා යම් ගේහසිත දොම්නස් හයක් ඇද්ද, ඒවා දුරුකරන්න. ඒවා ඉක්මවා යන්න. ඔය විදිහටයි ඒවායේ ප්‍රහාණය සිදුවෙන්නේ. ඔය විදිහටයි ඒවායේ ඉක්මවා යාම වෙන්නේ.

පින්වත් මහණෙනි, එහිලා නෙක්ඛම්මය ඇසුරු කළ යම් උපේක්ෂා හයක් තිබෙනවාද, ඒවා ඇසුරු කොට, ඒවාට පැමිණිලා යම් ගේහසිත උපේක්ෂා හයක් ඇද්ද, ඒවා දුරුකරන්න. ඒවා ඉක්මවා යන්න. ඔය විදිහටයි ඒවායේ ප්‍රහාණය සිදුවෙන්නේ. ඔය විදිහටයි ඒවායේ ඉක්මවා යාම වෙන්නේ.

පින්වත් මහණෙනි, එහිලා නෙක්ඛම්මය ඇසුරු කළ යම් සොම්නස් හයක් තිබෙනවාද, ඒවා ඇසුරු කොට, ඒවාට පැමිණිලා යම් නෙක්ඛම්මය ඇසුරු කළ දොම්නස් හයක් ඇද්ද, ඒවා දුරුකරන්න. ඒවා ඉක්මවා යන්න. ඔය විදිහටයි ඒවායේ ප්‍රහාණය සිදුවෙන්නේ. ඔය විදිහටයි ඒවායේ ඉක්මවා යාම වෙන්නේ.

පින්වත් මහණෙනි, එහිලා නෙක්ඛම්මය ඇසුරු කළ යම් උපේක්ෂා හයක් තිබෙනවාද, ඒවා ඇසුරු කොට, ඒවාට පැමිණිලා යම් නෙක්ඛම්මය ඇසුරු කළ සොම්නස් හයක් ඇද්ද, ඒවා දුරුකරන්න. ඒවා ඉක්මවා යන්න. ඔය විදිහටයි ඒවායේ ප්‍රහාණය සිදුවෙන්නේ. ඔය විදිහටයි ඒවායේ ඉක්මවා යාම වෙන්නේ.

පින්වත් මහණෙනි, විවිධාකාර අරමුණු සහිත, විවිධාකාර අරමුණු ඇසුරු කළ උපේක්ෂාවන් තියෙනවා. ඒ වගේම එකම අරමුණු ඇති එකම අරමුණු ඇසුරු කළ උපේක්ෂාවන් තියෙනවා. පින්වත් මහණෙනි, විවිධ අරමුණු සහිත, විවිධ අරමුණු ඇසුරු කළ උපේක්ෂාව කුමක්ද? පින්වත් මහණෙනි, රූපයන් පිළිබඳවත් උපේක්ෂාවක් තියෙනවා. ශබ්දයන් පිළිබඳවත් උපේක්ෂාවක් තියෙනවා. ගඳ සුවඳ පිළිබඳවත් උපේක්ෂාවක් තියෙනවා. රසයන් පිළිබඳවත් උපේක්ෂාවක් තියෙනවා. පහස පිළිබඳවත් උපේක්ෂාවක් තියෙනවා. පින්වත් මහණෙනි, මේ තමයි විවිධ අරමුණු සහිත, විවිධ අරමුණු ඇසුරු කළ උපේක්ෂාව.

පින්වත් මහණෙනි, එක අරමුණක් ඇති, එක අරමුණක් ඇසුරු කළ උපේක්ෂාව කුමක්ද? පින්වත් මහණෙනි, ආකාසානඤ්චායතනය ඇසුරු කළ

උපේක්ෂාවක් තියෙනවා. විඤ්ඤාණඤ්චායතනය ඇසුරු කළ උපේක්ෂාවක් තියෙනවා. ආකිඤ්චඤ්ඤායතනය ඇසුරු කළ උපේක්ෂාවක් තියෙනවා. නේවසඤ්ඤානාසඤ්ඤායතනය ඇසුරු කළ උපේක්ෂාවක් තියෙනවා. පින්වත් මහණෙනි, මෙය තමයි එකම අරමුණක් සහිත, එක අරමුණක් ඇසුරු කළ උපේක්ෂාව. එහිලා පින්වත් මහණෙනි, මේ යම් උපේක්ෂාවක් එක අරමුණකින් යුතු, එක අරමුණක් ඇසුරු කොට පවතියිද, ඒ උපේක්ෂාව ඇසුරු කොට එයට පැමිණ, යම් උපේක්ෂාවක් නා නා අරමුණු සහිතව, නා නා අරමුණු ඇසුරු කොට පවතියිද, ඒ උපේක්ෂාව දුරුකරන්න. ඒ උපේක්ෂාව ඉක්මවා යන්න. ඔය විදිහට තමයි ඒ උපේක්ෂාවේ ප්‍රහාණය වෙන්නේ. ඔය විදිහට තමයි ඒ උපේක්ෂාව ඉක්මවා යන්නේ.

පින්වත් මහණෙනි, කෙලෙසුන්ට නොඇලී සිටීම ඇසුරු කරගෙන කෙලෙසුන්ට නොඇලී සිටීමට පැමිණිලා යම් මේ උපේක්ෂාවක් එක අරමුණක් සහිතව, එක අරමුණක් ඇසුරු කරගෙන ඇද්ද, එය දුරුකරන්න. එය ඉක්මවා යන්න. ඔය විදිහට ඒ උපේක්ෂාවේ ප්‍රහාණය වෙන්නේ. ඔය විදිහට තමයි ඒ උපේක්ෂාව ඉක්මවා යන්නේ. 'මෙය ඇසුරු කොට මෙය දුරුකරන්න' කියා යම් ප්‍රකාශයක් කළා නම්, ඔය කරුණ සඳහායි ඒ ප්‍රකාශය කරන ලද්දේ.

'සම්මා සම්බුදු වූ ආර්යයන් වහන්සේ නමක් යම් සතිපට්ඨානයක් සේවනය කරත්ද, සම්මා සම්බුදු වූ ආර්යයන් වහන්සේ සේවනය කරන්නා වූ ඒ සතිපට්ඨානය නිසා ශාස්තෘන් වහන්සේ නමක් ලෙස පිරිසට අනුශාසනා කරන්නට සුදුසු වෙත්ද, එබඳු සතිපට්ඨාන තුනක් තියෙනවා' කියල යමක් ප්‍රකාශ කළාද, එසේ ප්‍රකාශ කරන ලද්දේ කවර කරුණක් අරභයාද?

පින්වත් මහණෙනි, මෙහිලා ශාස්තෘන් වහන්සේ ශ්‍රාවකයන්ට හිතවත්ව අනුකම්පාවෙන්, අනුකම්පාව උපදවා, 'මෙය ඔබට හිත පිණිස පවතිනවා. මෙය ඔබට සුව පිණිස පවතිනවා' කියල ධර්ම දේශනා කරනවා. නමුත් ශ්‍රාවකයෝ ඒ ශාස්තෘන් වහන්සේගේ ධර්මයට ඇහුම්කන් දෙන්නේ නෑ. සවන් යොමන්නේ නෑ. අර්ථ තේරුම් ගන්නට සිත යොදවන්නේ නෑ. ශාස්තෘ ශාසනයෙන් බැහැර වෙලයි වාසය කරන්නේ. පින්වත් මහණෙනි, එහිලා තථාගතයන් වහන්සේ කිසි නොසතුටක් ඇතිකරගන්නේ නෑ. නොසතුටක් ඇති වූ බවක් දැනුම් දෙන්නේ නෑ. මනා සිහියෙන් හා නුවණින් යුතුව කෙලෙස් නොවැගිරෙන ස්වභාවයෙන් වාසය කරනවා. පින්වත් මහණෙනි, යම් සතිපට්ඨානයක් ආර්ය වූ සම්බුදුරජාණන් වහන්සේ සේවනය කරයිද, යම් සතිපට්ඨානයක් ආර්ය වූ සම්බුදුරජාණන් වහන්සේ සේවනය කරද්දී ශාස්තෘන් වහන්සේ නමක් ලෙස පිරිසට අනුශාසනා කිරීමට සුදුසු වෙයිද, මෙය තමයි ඒ පළමුවෙනි සතිපට්ඨානය.

පින්වත් මහණෙනි, නැවත අනෙකක් කියමි. මෙහිලා ශාස්තෲන් වහන්සේ ශ්‍රාවකයන්ට හිතවත්ව අනුකම්පාවෙන්, අනුකම්පාව උපදවා, 'මෙය ඔබට හිත පිණිස පවතිනවා. මෙය ඔබට සුව පිණිස පවතිනවා' කියල ධර්ම දේශනා කරනවා. නමුත් ඇතැම් ශ්‍රාවකයෝ ඒ ශාස්තෲන් වහන්සේගේ ධර්මයට ඇහුම්කන් දෙන්නේ නෑ. සවන් යොමන්නේ නෑ. අර්ථ තේරුම් ගන්නට සිත යොදවන්නේ නෑ. ශාස්තෘ ශාසනයෙන් බැහැර වෙලයි වාසය කරන්නේ. ඒ වගේම ඇතැම් ශ්‍රාවකයෝ ඒ ශාස්තෲන් වහන්සේගේ ධර්මයට ඇහුම්කන් දෙනවා. සවන් යොමනවා. අර්ථ තේරුම් ගන්නට සිත යොදවනවා. ශාස්තෘ ශාසනයෙන් බැහැර නොවී වාසය කරන්නේ. පින්වත් මහණෙනි, එහිලා තථාගතයන් වහන්සේ කිසි නොසතුටක් ඇතිකරගන්නේ නෑ. නොසතුටක් ඇති වූ බවක් දැනුම් දෙන්නේ නෑ. සතුටක් ඇතිකරගන්නෙත් නෑ. සතුටු වූ බවක් දැනුම් දෙන්නෙත් නෑ. සතුටත්, නොසතුටත් කියන දෙකම අත්හැරලා මනා සිහියෙන් හා නුවණින් යුතුව උපේක්ෂාවෙන් යුක්තව වාසය කරනවා. පින්වත් මහණෙනි, යම් සතිපට්ඨානයක් ආර්ය වූ සම්බුදුරජාණන් වහන්සේ සේවනය කරයිද, යම් සතිපට්ඨානයක් ආර්ය වූ සම්බුදුරජාණන් වහන්සේ සේවනය කරද්දී ශාස්තෲන් වහන්සේ නමක් ලෙස පිරිසට අනුශාසනා කිරීමට සුදුසු වෙයිද, මෙය තමයි ඒ දෙවෙනි සතිපට්ඨානය.

පින්වත් මහණෙනි, නැවත අනෙකක් කියමි. මෙහිලා ශාස්තෲන් වහන්සේ ශ්‍රාවකයන්ට හිතවත්ව අනුකම්පාවෙන්, අනුකම්පාව උපදවා, 'මෙය ඔබට හිත පිණිස පවතිනවා. මෙය ඔබට සුව පිණිස පවතිනවා' කියල ධර්ම දේශනා කරනවා. ඒ ශ්‍රාවකයෝ ශාස්තෲන් වහන්සේගේ ධර්මයට ඇහුම්කන් දෙනවා. සවන් යොමනවා. අර්ථ තේරුම් ගන්නට සිත යොදවනවා. ශාස්තෘ ශාසනයෙන් බැහැර නොවී වාසය කරන්නේ. පින්වත් මහණෙනි, එහිලා තථාගතයන් වහන්සේ සතුටක් ඇතිකරගන්නෙත් නෑ. සතුටු වූ බවක් දැනුම් දෙන්නෙත් නෑ. මනා සිහියෙන් හා නුවණින් යුතුව කෙලෙස් නොවැගිරෙන ස්වභාවයෙන් යුක්තව වාසය කරනවා. පින්වත් මහණෙනි, යම් සතිපට්ඨානයක් ආර්ය වූ සම්බුදුරජාණන් වහන්සේ සේවනය කරයිද, යම් සතිපට්ඨානයක් ආර්ය වූ සම්බුදුරජාණන් වහන්සේ සේවනය කරද්දී ශාස්තෲන් වහන්සේ නමක් ලෙස පිරිසට අනුශාසනා කිරීමට සුදුසු වෙයිද, මෙය තමයි ඒ තෙවෙනි සතිපට්ඨානය.

'සම්මා සම්බුදු වූ ආර්යයන් වහන්සේ නමක් යම් සතිපට්ඨානයක් සේවනය කරත්ද, සම්මා සම්බුදු වූ ආර්යයන් වහන්සේ සේවනය කරන්නා වූ ඒ සතිපට්ඨානය නිසා ශාස්තෲන් වහන්සේ නමක් ලෙස පිරිසට අනුශාසනා කරන්නට සුදුසු වෙත්ද, එබඳු සතිපට්ඨාන තුනක් තියෙනවා' කියල යමක් ප්‍රකාශ කළාද, එසේ ප්‍රකාශ කරන ලද්දේ ඔය සඳහායි.

'ඒ ශාස්තෘන් වහන්සේට තමයි කියන්නේ යෝගාචාර්යවරයන් අතුරෙන් අනුත්තරෝ පුරිසදම්ම සාරථී' කියල යම් ප්‍රකාශයක් කළාද, එම ප්‍රකාශය කරන ලද්දේ කවර කරුණක් සඳහා ද? පින්වත් මහණෙනි, ඇතුන් දමනය කරන කෙනෙක් විසින් දමනය කළ යුතු ඇතාව මෙහෙයවද්දී එකම දිශාවටයි දුවන්නේ. එක්කෝ පෙරදිගට දුවනවා. එහෙම නැත්නම් බටහිරට දුවනවා. එහෙම නැත්නම් උතුරට හෝ දකුණට දුවනවා.

පින්වත් මහණෙනි, අශ්වයන් දමනය කරන කෙනෙක් විසින් දමනය කළ යුතු අශ්වයාව මෙහෙයවද්දී එකම දිශාවටයි දුවන්නේ. එක්කෝ පෙරදිගට දුවනවා. එහෙම නැත්නම් බටහිරට දුවනවා. එහෙම නැත්නම් උතුරට හෝ දකුණට දුවනවා.

පින්වත් මහණෙනි, ගවයන් දමනය කරන කෙනෙක් විසින් දමනය කළ යුතු ගවයාව මෙහෙයවද්දී එකම දිශාවටයි දුවන්නේ. එක්කෝ පෙරදිගට දුවනවා. එහෙම නැත්නම් බටහිරට දුවනවා. එහෙම නැත්නම් උතුරට හෝ දකුණට දුවනවා.

නමුත් පින්වත් මහණෙනි, තථාගත වූ අරහත් සම්මා සම්බුදුරජාණන් වහන්සේ විසින් දමනය කළ යුතු පුරුෂයාව මෙහෙයවද්දී අට දිශාවකට දිවයනවා. රූපවත්ව සිට රූපයන් දකිනවා. මෙය පළමු දිශාවයි. ආධ්‍යාත්මයේ අරූප සඤ්ඤීව සිට බාහිර රූප දකිනවා. මෙය දෙවෙනි දිශාවයි. මෙය සුභ සමාධියක් ය කියා එය මුල් කරගෙන සිත මිදෙනවා. මෙය තුන්වෙනි දිශාවයි. සියලු අයුරින් රූප සඤ්ඤාවන් ඉක්මවීමෙන්, ගොරෝසු සඤ්ඤාවන් නැතිවීමෙන්, නා නා සඤ්ඤාවන් මෙනෙහි නොකිරීමෙන් අනන්ත වූ ආකාසය යැයි ආකාසානඤ්චායතනය උපදවා ගෙන වාසය කරනවා. මෙය සතරවෙනි දිශාවයි. සියලු අයුරින් ආකාසානඤ්චායතනය ඉක්මවා යෑමෙන් අනන්ත වූ විඤ්ඤාණය යැයි විඤ්ඤාණඤ්චායතනය උපදවා ගෙන වාසය කරනවා. මෙය පස්වෙනි දිශාවයි. සියලු අයුරින් විඤ්ඤාණඤ්චායතනය ඉක්මවා යෑමෙන් කිසිවක් නැත යැයි ආකිඤ්චඤ්චායතනය උපදවා ගෙන වාසය කරනවා. මෙය සය වෙනි දිශාවයි. සියලු අයුරින් ආකිඤ්චඤ්ඤායතනය ඉක්මවා යෑමෙන් නේවසඤ්ඤානාසඤ්ඤායතනය උපදවා ගෙන වාසය කරනවා. මෙය සත් වෙනි දිශාවයි. සියලු අයුරින් නේවසඤ්ඤානාසඤ්ඤායතනය ඉක්මවා යෑමෙන් සඤ්ඤා වේදයිත නිරෝධය උපදවා ගෙන වාසය කරනවා. මෙය අටවෙනි දිශාවයි.

පින්වත් මහණෙනි, තථාගත වූ අරහත් සම්මා සම්බුදුරජාණන් වහන්සේ විසින් දමනය කළ යුතු පුරුෂයාව මෙහෙයවද්දී මේ අට දිශාවටයි දිවයන්නේ.

'ඒ ශාස්තෘන් වහන්සේට තමයි කියන්නේ යෝගාචාර්යවරයන් අතුරෙන් අනුත්තරෝ පුරිසදම්ම සාරථී කියලා' යම් ප්‍රකාශයක් කළාද, එම ප්‍රකාශය කරන ලද්දේ මේ සඳහායි.

භාග්‍යවතුන් වහන්සේ මේ උතුම් දේශනය වදාළා. ඒ දේශනය ගැන ඒ භික්ෂූන් වහන්සේලා ගොඩක් සතුටු වුනා. භාග්‍යවතුන් වහන්සේ වදාළ මේ දේශනය සතුටින් පිළිගත්තා.

සාදු! සාදු!! සාදු!!!

ආයතන හය පිළිබඳ විග්‍රහ කොට වදාළ දෙසුම නිමා විය.

3.4.8.
උද්දේස විභංග සූත්‍රය
මූලික දෙසුම විස්තර විභාග වශයෙන් වදාළ දෙසුම

මා හට අසන්නට ලැබුනේ මේ විදිහටයි. ඒ දිනවල භාග්‍යවතුන් වහන්සේ වැඩසිටියේ සැවැත් නුවර ජේතවනය නම් වූ අනේපිඬු සිටුතුමා විසින් කරවන ලද ආරාමයේ. එදා භාග්‍යවතුන් වහන්සේ "පින්වත් මහණෙනි" කියා භික්ෂුසංඝයා අමතා වදාළා. "පින්වතුන් වහන්ස" කියා ඒ භික්ෂූන් ද භාග්‍යවතුන් වහන්සේට පිළිතුරු දුන්නා. භාග්‍යවතුන් වහන්සේ මෙය වදාළා.

"පින්වත් මහණෙනි, ඔබට මූලික දෙසුම විස්තර විභාග වශයෙන් දේශනා කරන්නම්. එය සවන් යොමා අසන්න. මනාකොට නුවණින් මෙනෙහි කරන්න. මා කියාදෙන්නම්." "එසේය, ස්වාමීනී" කියල ඒ භික්ෂූන් වහන්සේලා භාග්‍යවතුන් වහන්සේට පිළිතුරු දුන්නා. භාග්‍යවතුන් වහන්සේ මෙය වදාළා.

"පින්වත් මහණෙනි, යම් යම් අයුරකින් සසඳමින්, නුවණින් විමසන ඒ භික්ෂුවගේ විඤ්ඤාණය බාහිරට වික්ෂිප්ත නොවී, නොවිසිරී තියෙනවා නම්, අභ්‍යන්තරයේ නොපිහිටා තියෙනවා නම්, උපාදාන නොකොට කම්පා නොවී තියෙනවා නම්, භික්ෂුව ඒ අයුරින් සසඳමින් නුවණින් විමසනවා. ඒ වගේම පින්වත් මහණෙනි, විඤ්ඤාණය බාහිරට වික්ෂිප්ත නොවී, නොවිසිරී, ආධ්‍යාත්මයේ නොපිහිටා තිබෙද්දී, උපාදාන රහිතව අකම්පිතව සිටින කෙනාට මත්තෙහි ඉපදීම, ජරා මරණ ආදී දුක් හටගැනීමක් වෙන්නේ නැහැ යන කාරණාවයි." භාග්‍යවතුන් වහන්සේ මෙය වදාළා. මෙය වදාළ සුගතයන් වහන්සේ හුනස්නෙන් නැගිට වෙහෙරට වැඩම කළා.

එතකොට භාග්‍යවතුන් වහන්සේ වැඩම කර නොබෝ වේලාවකින් ඒ භික්ෂූන් වහන්සේලාට මෙහෙම සිතුනා. "ප්‍රිය ආයුෂ්මත්නි, අපට භාග්‍යවතුන් වහන්සේ මේ ධර්මය පිළිබඳව මූලික විග්‍රහය වදාරා, විස්තරාර්ථ නොදෙසා, විස්තර විභාග නොකොට හුනස්නෙන් නැගී වෙහෙරට වැඩිසේක. 'පින්වත් මහණෙනි, යම් යම් අයුරකින් සසඳමින්, නුවණින් විමසන ඒ භික්ෂුවගේ විඤ්ඤාණය බාහිරට වික්ෂිප්ත නොවී, නොවිසිරී තියෙනවා නම්, අභ්‍යන්තරයේ නොපිහිටා තියෙනවා නම්, උපාදාන නොකොට කම්පා නොවී තියෙනවා නම්,

භික්ෂුව ඒ අයුරින් සසඳමින් නුවණින් විමසනවා. ඒ වගේම පින්වත් මහණෙනි, විඤ්ඤාණය බාහිරට වික්ෂිප්ත නොවී, නොවිසිරී, ආධ්‍යාත්මයේ නොපිහිටා තිබෙද්දී, උපාදාන රහිතව අකම්පිතව සිටින කෙනාට මත්තෙහි ඉපදීම, ජරා මරණ ආදී දුක් හටගැනීමක් වෙන්නේ නැහැ යන කාරණාවයි.' එහෙම නම් භාග්‍යවතුන් වහන්සේ විසින් මූලික විග්‍රහයකින් සංක්ෂේපයෙන් වදාළ, විස්තර වශයෙන් නොවදාළ මෙම ධර්මයෙහි විස්තරාර්ථ විග්‍රහය කරන්නට පුළුවන් වෙන කාටද?

එතකොට ඒ භික්ෂූන් වහන්සේලාට මෙහෙම සිතුනා. 'මේ ආයුෂ්මත් මහාකච්චානයන් වහන්සේ ශාස්තෘන් වහන්සේ විසිනුත් වර්ණනා කරල තියෙනවා. නුවණැති සබ්‍රහ්මචාරීන් වහන්සේලාගේ සම්භාවනාවට පාත්‍ර වෙලා තියෙනවා. ආයුෂ්මත් මහාකච්චානයන් වහන්සේ භාග්‍යවතුන් වහන්සේ විසින් මූලික විග්‍රහයකින් සංක්ෂේපයෙන් වදාළ විස්තර වශයෙන් නොවදාළ මෙම ධර්මයේ විස්තරාර්ථ විග්‍රහයක් කරන්නට දක්ෂයි. එනිසා අපි ආයුෂ්මත් මහාකච්චානයන් වහන්සේ වෙත යමු. ගිහින් ආයුෂ්මත් මහාකච්චානයන් වහන්සේගෙන් මෙම ධර්මයේ අර්ථ විමසා ගනිමු' කියලා.

ඉතින් ඒ භික්ෂූන් වහන්සේලා ආයුෂ්මත් මහාකච්චානයන් වහන්සේ වෙත වැඩියා. වැඩම කොට ආයුෂ්මත් මහාකච්චානයන් වහන්සේ සමඟ සතුටු වුනා. සතුටු විය යුතු පිළිසඳර කතාව කොට නිමවා එකත්පස්ව වාඩිවුනා. එකත්පස්ව හුන් ඒ භික්ෂූන් වහන්සේලා ආයුෂ්මත් මහාකච්චානයන් වහන්සේට මෙය පැවසුවා.

"ප්‍රිය ආයුෂ්මත් කච්චානයන් වහන්ස, භාග්‍යවත් බුදුරජාණන් වහන්සේ මෙම ධර්මය පිළිබඳ මූලික විග්‍රහය සංක්ෂේපයෙනුයි වදාළේ. විස්තර වශයෙන් අර්ථ විග්‍රහ නොකොටයි හුනස්නෙන් නැගී විහාරයට වැඩම කළේ. ඒ ධර්මය මෙයයි.

'පින්වත් මහණෙනි, යම් යම් අයුරකින් සසඳමින්, නුවණින් විමසන ඒ භික්ෂුවගේ විඤ්ඤාණය බාහිරට වික්ෂිප්ත නොවී, නොවිසිරී තියෙනවා නම්, අභ්‍යන්තරයේ නොපිහිටා තියෙනවා නම්, උපාදාන නොකොට කම්පා නොවී තියෙනවා නම්, භික්ෂුව ඒ අයුරින් සසඳමින් නුවණින් විමසනවා. ඒ වගේම පින්වත් මහණෙනි, විඤ්ඤාණය බාහිරට වික්ෂිප්ත නොවී, නොවිසිරී, ආධ්‍යාත්මයේ නොපිහිටා තිබෙද්දී, උපාදාන රහිතව අකම්පිතව සිටින කෙනාට මත්තෙහි ඉපදීම, ජරා මරණ ආදී දුක් හටගැනීමක් වෙන්නේ නැහැ යන කාරණාවයි' කියලා.

ඉතින් ප්‍රිය ආයුෂ්මත් කච්චානයන් වහන්ස, භාග්‍යවතුන් වහන්සේ වැඩි නොබෝ වේලාවකින් අපට මෙහෙම සිතුනා. 'ප්‍රිය ආයුෂ්මත්නි, අපට භාග්‍යවතුන් වහන්සේ මේ ධර්මය පිළිබඳව මූලික විග්‍රහය සංක්ෂේපයෙන් වදාරා, විස්තරාර්ථ වශයෙන් නොදෙසා, විස්තර විභාග නොකොට හුනස්නෙන් නැගී වෙහෙරට වැඩිසේක.

'පින්වත් මහණෙනි, යම් යම් අයුරකින් සසඳමින්, නුවණින් විමසන ඒ භික්ෂුවගේ විඤ්ඤාණය බාහිරට වික්ෂිප්ත නොවී, නොවිසිරී තියෙනවා නම්, අභ්‍යන්තරයේ නොපිහිටා තියෙනවා නම්, උපාදාන නොකොට කම්පා නොවී තියෙනවා නම්, භික්ෂුව ඒ අයුරින් සසඳමින් නුවණින් විමසනවා. ඒ වගේම පින්වත් මහණෙනි, විඤ්ඤාණය බාහිරට වික්ෂිප්ත නොවී, නොවිසිරී, ආධ්‍යාත්මයේ නොපිහිටා තිබෙද්දී, උපාදාන රහිතව අකම්පිතව සිටින කෙනාට මත්තෙහි ඉපදීම, ජරා මරණ ආදී දුක් හටගැනීමක් වෙන්නේ නැහැ යන කාරණාවයි' කියලා.

එහෙම නම් භාග්‍යවතුන් වහන්සේ විසින් මූලික විග්‍රහයකින් සංක්ෂේපයෙන් වදාළ විස්තර වශයෙන් නොවදාළ මෙම ධර්මයෙහි විස්තරාර්ථ විග්‍රහය කරන්නට පුළුවන් වෙන කාටද? කියලා.

එතකොට අපට මෙහෙම සිතුනා. මේ ආයුෂ්මත් මහා කච්චානයන් වහන්සේ ශාස්තෘන් වහන්සේ විසිනුත් වර්ණනා කරල තියෙනවා. නුවණැති සබ්‍රහ්මචාරීන් වහන්සේලාගේ සම්භාවනාවට පාත්‍ර වෙලා තියෙනවා. ආයුෂ්මත් මහාකච්චානයන් වහන්සේ භාග්‍යවතුන් වහන්සේ විසින් මූලික විග්‍රහයකින් සංක්ෂේපයෙන් වදාළ, විස්තර වශයෙන් නොවදාළ, මෙම ධර්මයේ විස්තරාර්ථ විග්‍රහයක් කරන්නට දක්ෂයි. එනිසා අපි ආයුෂ්මත් මහා කච්චානයන් වහන්සේ වෙත යමු. ගිහින් ආයුෂ්මත් මහා කච්චානයන් වහන්සේගෙන් මෙම ධර්මයේ අර්ථ විමසමු' කියලා. ආයුෂ්මත් මහා කච්චානයන් වහන්සේ විස්තරාර්ථ වශයෙන් විග්‍රහ කරන සේක්වා!"

"ප්‍රිය ආයුෂ්නුනි, ඕක මෙන්න මේ වගේ දෙයක්, අරටුවකින් ප්‍රයෝජන ඇති, අරටුවක් හොයන, අරටුවක් හොයමින් ඇවිදින මිනිහෙක් ඉන්නවා. ඉතින් ඒ මනුස්සයා හොඳට අරටුව තියෙන ගහක් ළඟට ගිහින් ඒ අරටුව අත්හැරලා, මුල් අත්හැරලා, කඳ අත්හැරලා, කොළ අතුවල අරටුවක් හොයනවා වගේ වැඩක් කියලයි මට මේ ගැන හිතෙන්නෙ. ආයුෂ්මතුන් වහන්සේලාට ශාස්තෘන් වහන්සේව මුණ ගැහිලත්, ඒ භාග්‍යවතුන් වහන්සේගෙන් විමසා දැනගන්නෙ නැතිව අපෙන් මේ උතුම් ධර්මයේ අර්ථ විමසා දැනගන්න හිතුවා නෙවද? මේකත් ඒ වගේම දෙයක් නෙවද?

ඒකාන්තයෙන්ම ප්‍රිය ආයුෂ්මතුනි, ඒ භාග්‍යවතුන් වහන්සේ තමයි දැන ගත යුතු දේ දන්නෙ. උන්වහන්සේ තමයි දැකගත යුතු දේ දකින්නෙ. උන්වහන්සේ දහම් ඇසින් උපන් කෙනෙක්. නැණ මඬලින් උපන් කෙනෙක්. දහම් තුළින් උපන් කෙනෙක්. පරම ශ්‍රේෂ්ඨත්වයෙන් උපන් කෙනෙක්. කිව යුතු දේ මැනවින් කියන කෙනෙක්. දහම් සක පවත්වන කෙනා. අර්ථ මතු කර දීමේ ශ්‍රේෂ්ඨ කෙනෙක්. උන්වහන්සේ තමයි අමා නිවන දන් දෙන්නෙ. ධර්මයට ස්වාමී වූ තථාගත වූ භාග්‍යවතුන් වහන්සේගෙන්ම මේ උතුම් ධර්මයේ අර්ථ විමසා දැනගන්න කල් තිබුනා නොවේද? අපගේ භාග්‍යවතුන් වහන්සේ පිළිතුරු දෙන්නෙ යම් අයුරකින්ද ඒ විදිහටම මතක තබාගන්නට ඕන.

ඒක ඇත්ත, ප්‍රිය ආයුෂ්මත් මහා කච්චානයන් වහන්ස, ඒකාන්තයෙන්ම ඒ භාග්‍යවතුන් වහන්සේ තමයි දැනගත යුතු දේ දන්නෙ. උන්වහන්සේ තමයි දැකගත යුතු දේ දකින්නෙ. උන්වහන්සේ දහම් ඇසින් උපන් කෙනෙක්. නැණ මඬලින් උපන් කෙනෙක්. දහම් තුළින් උපන් කෙනෙක්. පරම ශ්‍රේෂ්ඨත්වයෙන් උපන් කෙනෙක්. කිව යුතු දේ මැනවින් කියන කෙනෙක්. දහම් සක පවත්වන කෙනා. අර්ථ මතු කර දීමේ ශ්‍රේෂ්ඨ කෙනෙක්. උන්වහන්සේ තමයි අමා නිවන දන් දෙන්නෙ. ධර්මයට ස්වාමී වූ තථාගත වූ භාග්‍යවතුන් වහන්සේගෙන්ම මේ උතුම් ධර්මයේ අර්ථ නුවණින් විමසා දැනගන්න කල් තිබුනා. භාග්‍යවතුන් වහන්සේගෙන් මේ ධර්මයේ අර්ථ ඇසුවා නම් භාග්‍යවතුන් වහන්සේ අපට පිළිතුරු දෙනවාම යි. අපත් ඒ විදිහට මතක තබා ගන්නවාම යි.

නමුත් ආයුෂ්මත් මහා කච්චානයන් වහන්සේ ගැන ශාස්තෘන් වහන්සේ පවා වර්ණනා කරලා තියනවා. බුද්ධිමත් සබ්‍රහ්මචාරීන් වහන්සේලාත් ගෞරවයෙන් පිළිගන්නවා. ආයුෂ්මත් මහා කච්චානයන් වහන්සේත් භාග්‍යවතුන් වහන්සේ විසින් දහම් කරුණු එකට ගොනු කොට මාතෘකාවක් වශයෙන් වදාළ, අර්ථ වශයෙන් විස්තර කොට බෙදා නොදක්වා වදාළ, මේ උතුම් ධර්මය අර්ථ වශයෙන් විස්තර කරල දෙන්න සමර්ථයි. ඉතින් ඒ නිසා ආයුෂ්මත් මහා කච්චානයන් වහන්සේට අපහසුවක් නැත්නම් මේ කරුණු බෙදා විස්තර කොට දෙනු මැනවි.

එසේ නම් ප්‍රිය ආයුෂ්මතුනි, මනාකොට අසන්න. නුවණින් තේරුම් ගන්න. මම කියා දෙන්නම්. "එහෙමයි ආයුෂ්මතුනි" කියලා ඒ භික්ෂූන් වහන්සේලාත් ආයුෂ්මත් මහා කච්චානයන් වහන්සේට පිළිතුරු දුන්නා. ආයුෂ්මත් මහාකච්චානයන් වහන්සේ මෙය වදාළා.

"ප්‍රිය ආයුෂ්මතුනි, භාග්‍යවතුන් වහන්සේ සංක්ෂේපයෙන් විග්‍රහ කොට, විස්තරාර්ථ වශයෙන් විග්‍රහ නොකොට යම් ධර්මයක් වදාරලා වෙහෙරට

වැඩියාද, ඒ කියන්නේ; පින්වත් මහණෙනි, යම් යම් අයුරකින් සසඳමින්, නුවණින් විමසන ඒ භික්ෂුවගේ විඤ්ඤාණය බාහිරට වික්ෂිප්ත නොවී, නොවිසිරී තියෙනවා නම්, අභ්‍යන්තරයේ නොපිහිටා තියෙනවා නම්, උපාදාන නොකොට කම්පා නොවී තියෙනවා නම්, භික්ෂුව ඒ අයුරින් සසඳමින් නුවණින් විමසනවා. ඒ වගේම පින්වත් මහණෙනි, විඤ්ඤාණය බාහිරට වික්ෂිප්ත නොවී, නොවිසිරී, ආධ්‍යාත්මයේ නොපිහිටා තිබෙද්දී, උපාදාන රහිතව අකම්පිතව සිටින කෙනාට මත්තෙහි ඉපදීම, ජරා මරණ ආදී දුක් හටගැනීමක් වෙන්නේ නැහැ යන කාරණාවයි' කියලා.

ප්‍රිය ආයුෂ්මතුනි, භාග්‍යවතුන් වහන්සේ විසින් සංක්ෂේපයෙන් දේශනා කොට, විස්තරාර්ථ වශයෙන් විග්‍රහ නොකොට යම් ධර්මයක් වදාළාද, විස්තර වශයෙන් එහි අර්ථය මං මේ විදිහටයි දන්නේ.

ප්‍රිය ආයුෂ්මතුනි, විඤ්ඤාණය බාහිර අරමුණට වික්ෂිප්තව විසිරිලා තියෙනවාය කියල කියන්නේ කවර කරුණු මතද? ප්‍රිය ආයුෂ්මතුනි, මෙහිලා ඇසින් රූපයක් දැක ඒ රූප නිමිත්ත අනුව නම් භික්ෂුවගේ විඤ්ඤාණය තියෙන්නේ, ඒ රූප නිමිත්ත කෙරෙහි වූ ආශ්වාදයට ගිජු වෙලා, ඒ රූප නිමිත්තෙන් ලැබෙන ආශ්වාදයට බැඳිලා, ඒ රූප නිමිත්තෙන් ලැබෙන ආශ්වාදය නැමැති සංයෝජනයෙන් යුක්ත වෙලා ඉන්න නිසයි, බාහිර අරමුණට විඤ්ඤාණය වික්ෂිප්තව විසිරුණාය කියල කියන්නේ.

කනින් ශබ්දයක් අසා ....(පෙ).... නාසයෙන් ගඳ සුවඳ ආඝ්‍රාණය කොට ....(පෙ).... දිවෙන් රසයක් විඳ ....(පෙ).... කයෙන් පහසක් ලබා ....(පෙ).... මනසින් අරමුණක් දැන ඒ අරමුණ පිළිබඳ නිමිත්ත අනුව නම් භික්ෂුවගේ විඤ්ඤාණය තියෙන්නේ, ඒ අරමුණ පිළිබඳ නිමිත්ත කෙරෙහි වූ ආශ්වාදයට ගිජු වෙලා, ඒ අරමුණ පිළිබඳ නිමිත්තෙන් ලැබෙන ආශ්වාදයට බැඳිලා, ඒ අරමුණ පිළිබඳ නිමිත්තෙන් ලැබෙන ආශ්වාදය නැමැති සංයෝජනයෙන් යුක්ත වෙලා ඉන්න නිසයි, බාහිර අරමුණට විඤ්ඤාණය වික්ෂිප්තව විසිරුණාය කියල කියන්නේ. ප්‍රිය ආයුෂ්මතුනි ඕකට තමයි බාහිර අරමුණට විඤ්ඤාණය වික්ෂිප්තව විසිරුණා කියල කියන්නේ.

ප්‍රිය ආයුෂ්මතුනි, විඤ්ඤාණය බාහිර අරමුණට වික්ෂිප්ත නොවී, නොවිසිරිලා තියෙනවාය කියල කියන්නේ කවර කරුණු මතද? ප්‍රිය ආයුෂ්මතුනි, මෙහිලා ඇසින් රූපයක් දැක ඒ රූප නිමිත්ත අනුව නොවෙයි භික්ෂුවගේ විඤ්ඤාණය තියෙන්නේ. ඒ රූප නිමිත්ත කෙරෙහි වූ ආශ්වාදයට ගිජු වෙලා නැහැ. ඒ රූප නිමිත්තෙන් ලැබෙන ආශ්වාදයට බැඳිලත් නැහැ. ඒ රූප නිමිත්තෙන් ලැබෙන, ආශ්වාදය නැමැති සංයෝජනයෙන් යුක්ත වෙලත් නැහැ.

ඒ නිසයි, බාහිර අරමුණට විඤ්ඤාණය වික්ෂිප්ත නොවී, නොවිසිරී තියෙනවා කියල කියන්නේ.

කනින් ශබ්දයක් අසා ....(පෙ).... නාසයෙන් ගඳ සුවඳ ආඝ්‍රාණය කොට ....(පෙ).... දිවෙන් රසයක් විඳ ....(පෙ).... කයෙන් පහසක් ලබා ....(පෙ).... මනසින් අරමුණක් දැන ඒ අරමුණ පිළිබඳ නිමිත්ත අනුව නොවෙයි භික්ෂුව ගේ විඤ්ඤාණය තියෙන්නේ. ඒ අරමුණ පිළිබඳ නිමිත්ත කෙරෙහි වූ ආශ්වාදයට ගිජු වෙලා නැහැ. ඒ අරමුණ පිළිබඳ නිමිත්තෙන් ලැබෙන ආශ්වාදයට බැඳිලත් නැහැ. ඒ අරමුණ පිළිබඳ නිමිත්තෙන් ලැබෙන, ආශ්වාදය නැමැති සංයෝජනයෙන් යුක්ත වෙලත් නැහැ. ඒ නිසයි, බාහිර අරමුණට විඤ්ඤාණය වික්ෂිප්ත නොවී, නොවිසිරී තියෙනවා කියල කියන්නේ. ප්‍රිය ආයුෂ්මතුනි, ඕකට තමයි බාහිර අරමුණට විඤ්ඤාණය වික්ෂිප්ත නොවී, නොවිසිරී තියෙනවා කියල කියන්නේ.

ප්‍රිය ආයුෂ්මතුනි, ආධ්‍යාත්මිකව සිත පිහිටලා තියෙනවා කියන්නේ කවර කරුණු මතද? ප්‍රිය ආයුෂ්මතුනි, මෙහිලා භික්ෂුව, කාමයන්ගෙන් වෙන්ව, අකුසල ධර්මයන්ගෙන් වෙන්ව, විතර්ක විචාර සහිත, ප්‍රීතිය හා සැපය ඇති පළවෙනි ධ්‍යානය ලබාගෙන වාසය කරනවා. එතකොට ඔහු තුළ විවේකයෙන් හටගත් ප්‍රීතිසුඛය අනුව ගිය විඤ්ඤාණයක් තියෙනවා. විවේකයෙන් හටගත් ප්‍රීතිසුඛයෙන් ලැබෙන ආශ්වාදයට ඔහු ගිජුවෙලයි ඉන්නේ. විවේකයෙන් හටගත් ප්‍රීතිසුඛයෙන් ලැබෙන ආශ්වාදයට ඔහු බැඳිලයි ඉන්නේ. විවේකයෙන් හටගත් ප්‍රීතිසුඛයෙන් ලැබෙන ආශ්වාදයට ඇලුණු සංයෝජනයකින් යුක්තවයි ඉන්නේ. ඒකට තමයි ආධ්‍යාත්මයෙහි සිත පිහිටියා කියන්නේ.

ප්‍රිය ආයුෂ්මතුනි, නැවත අනෙකක් කියමි. ඒ වගේම භික්ෂුව, විතර්ක විචාර සංසිඳුවාගෙන, තමා තුළ ප්‍රසන්න බව ඇති කරගෙන, සිතේ එකඟ බවින් යුතුව, විතර්ක විචාර රහිත සමාධියෙන් හටගත් ප්‍රීතිය සැපය තියෙන දෙවෙනි ධ්‍යානයත් ලබාගෙන වාසය කරනවා. එතකොට ඔහු තුළ සමාධියෙන් හටගත් ප්‍රීතිසුඛය අනුව ගිය විඤ්ඤාණයක් තියෙනවා. සමාධියෙන් හටගත් ප්‍රීතිසුඛයෙන් ලැබෙන ආශ්වාදයට ඔහු ගිජුවෙලයි ඉන්නේ. සමාධියෙන් හටගත් ප්‍රීතිසුඛයෙන් ලැබෙන ආශ්වාදයට ඔහු බැඳිලයි ඉන්නේ. සමාධියෙන් හටගත් ප්‍රීතිසුඛයෙන් ලැබෙන ආශ්වාදයට ඇලුණු සංයෝජනයකින් යුක්තවයි ඉන්නේ. ඒකට තමයි ආධ්‍යාත්මයෙහි සිත පිහිටියා කියන්නේ.

ප්‍රිය ආයුෂ්මතුනි, නැවත අනෙකක් කියමි. ඒ වගේම භික්ෂුව, ප්‍රීතියට ඇලෙන්නෙත් නැතිව උපේක්ෂාවෙන් යුතුව ඉන්නවා. සිහි නුවණින් යුතුව කයෙන් සැපයකුත් විඳිනවා. ආර්යයන් වහන්සේලා ඒ සමාධියට මෙහෙම

කියනවා. 'උපේක්ෂාවෙන් යුක්තව, සිහියෙන් යුක්තව සැපසේ වාසය කරනවා' කියලා. ඒ තුන්වෙනි ධ්‍යානයත් ලබාගෙන වාසය කරනවා. එතකොට ඔහු තුළ උපේක්ෂා සුඛය අනුව ගිය විඤ්ඤාණයක් තියෙනවා. උපේක්ෂා සුඛයෙන් ලැබෙන ආශ්වාදයට ඔහු ගිජුවෙලයි ඉන්නේ. උපේක්ෂා සුඛයෙන් ලැබෙන ආශ්වාදයට ඔහු බැඳිලයි ඉන්නේ. උපේක්ෂා සුඛයෙන් ලැබෙන ආශ්වාදයට ඇලුණු සංයෝජනයකින් යුක්තවයි ඉන්නේ. ඒකට තමයි ආධ්‍යාත්මයෙහි සිත පිහිටියා කියන්නේ.

ප්‍රිය ආයුෂ්මතුනි, නැවත අනෙකක් කියමි. ඒ වගේම භික්ෂුව, සැප ද දුක ද නැති කිරීමෙන්, කලින්ම මානසික සැප දුක් දෙකින්ම වෙන් වෙලා, දුක් සැප රහිත පිරිසිදු උපේක්ෂාවත්, සිහියත් තියෙන හතරවෙනි ධ්‍යානය ලබාගෙන වාසය කරනවා. එතකොට ඔහු තුළ දුක් සැප රහිත ස්වභාවය අනුව ගිය විඤ්ඤාණයක් තියෙනවා. දුක් සැප රහිත ස්වභාවයෙන් ලැබෙන ආශ්වාදයට ඔහු ගිජුවෙලයි ඉන්නේ. දුක් සැප රහිත ස්වභාවයෙන් ලැබෙන ආශ්වාදයට ඔහු බැඳිලයි ඉන්නේ. දුක් සැප රහිත ස්වභාවයෙන් ලැබෙන ආශ්වාදයට ඇලුණු සංයෝජනයකින් යුක්තවයි ඉන්නේ. ඒකට තමයි ආධ්‍යාත්මයෙහි සිත පිහිටියා කියන්නේ. ප්‍රිය ආයුෂ්මතුනි, ඔය විදිහට තමයි ආධ්‍යාත්මිකව සිත පිහිටලා තියෙනවා කියන්නේ.

ප්‍රිය ආයුෂ්මතුනි, ආධ්‍යාත්මිකව සිත නොපිහිටා තියෙනවා කියන්නේ කවර කරුණු මතද? ප්‍රිය ආයුෂ්මතුනි, මෙහිලා භික්ෂුව, කාමයන්ගෙන් වෙන්ව, ...(පෙ).... පළවෙනි ධ්‍යානය ලබාගෙන වාසය කරනවා. නමුත් ඔහු තුළ විවේකයෙන් හටගත් ප්‍රීතිසුඛය අනුව ගිය විඤ්ඤාණයක් නැහැ. විවේකයෙන් හටගත් ප්‍රීතිසුඛයෙන් ලැබෙන ආශ්වාදයට ඔහු ගිජුවෙලත් නැහැ. විවේකයෙන් හටගත් ප්‍රීතිසුඛයෙන් ලැබෙන ආශ්වාදයට ඔහු බැඳිලත් නැහැ. විවේකයෙන් හටගත් ප්‍රීතිසුඛයෙන් ලැබෙන ආශ්වාදයට ඇලුණු සංයෝජනයකින් යුක්තවත් නැහැ. ඒකට තමයි ආධ්‍යාත්මයෙහි සිත නොපිහිටියා කියන්නේ.

ප්‍රිය ආයුෂ්මතුනි, නැවත අනෙකක් කියමි. ඒ වගේම භික්ෂුව, විතර්ක විචාර සංසිඳුවාගෙන, ...(පෙ).... දෙවෙනි ධ්‍යානයත් ලබාගෙන වාසය කරනවා. නමුත් ඔහු තුළ සමාධියෙන් හටගත් ප්‍රීතිසුඛය අනුව ගිය විඤ්ඤාණයක් නැහැ. සමාධියෙන් හටගත් ප්‍රීති සුඛයෙන් ලැබෙන ආශ්වාදයට ඔහු ගිජුවෙලත් නැහැ. සමාධියෙන් හටගත් ප්‍රීති සුඛයෙන් ලැබෙන ආශ්වාදයට ඔහු බැඳිලත් නැහැ. සමාධියෙන් හටගත් ප්‍රීති සුඛයෙන් ලැබෙන ආශ්වාදයට ඇලුණු සංයෝජනයකින් යුක්තවත් නැහැ. ඒකට තමයි ආධ්‍යාත්මයෙහි සිත නොපිහිටියා කියන්නේ.

ප්‍රිය ආයුෂ්මතුනි, නැවත අනෙකක් කියමි. ඒ වගේම භික්ෂුව, ප්‍රීතියට ඇලෙන්නෙත් නැතිව ....(පෙ).... ඒ තුන්වෙනි ධ්‍යානයත් ලබාගෙන වාසය කරනවා. නමුත් ඔහු තුළ උපේක්ෂා සුඛය අනුව ගිය විඤ්ඤාණයක් නැහැ. උපේක්ෂා සුඛයෙන් ලැබෙන ආශ්වාදයට ඔහු ගිජුවෙලත් නැහැ. උපේක්ෂා සුඛයෙන් ලැබෙන ආශ්වාදයට ඔහු බැඳිලත් නැහැ. උපේක්ෂා සුඛයෙන් ලැබෙන ආශ්වාදයට ඇලුණු සංයෝජනයකින් යුක්තවත් නැහැ. ඒකට තමයි ආධ්‍යාත්මයෙහි සිත නොපිහිටියා කියන්නේ.

ප්‍රිය ආයුෂ්මතුනි, නැවත අනෙකක් කියමි. ඒ වගේම භික්ෂුව, සැප ද දුක ද නැති කිරීමෙන්, ...(පෙ).... හතරවෙනි ධ්‍යානය ලබාගෙන වාසය කරනවා. නමුත් ඔහු තුළ දුක් සැප රහිත ස්වභාවය අනුව ගිය විඤ්ඤාණයක් නැහැ. දුක් සැප රහිත ස්වභාවයෙන් ලැබෙන ආශ්වාදයට ඔහු ගිජුවෙලත් නැහැ. දුක් සැප රහිත ස්වභාවයෙන් ලැබෙන ආශ්වාදයට ඔහු බැඳිලත් නැහැ. දුක් සැප රහිත ස්වභාවයෙන් ලැබෙන ආශ්වාදයට ඇලුණු සංයෝජනයකින් යුක්තවත් නැහැ. ඒකට තමයි ආධ්‍යාත්මයෙහි සිත නොපිහිටියා කියන්නේ. ප්‍රිය ආයුෂ්මතුනි, ඔය විදිහට තමයි. ආධ්‍යාත්මිකව සිත නොපිහිටා තියෙනවා කියන්නේ.

ප්‍රිය ආයුෂ්මතුනි, බැඳීම් රහිත වෙන්නට සිදුවීමෙන් කම්පිතව ඉන්නවා කියන්නේ කවර කරුණු මතද? ප්‍රිය ආයුෂ්මතුනි, මෙහිලා අශ්‍රැතවත් පෘථග්ජනයෙක් ඉන්නවා. ඔහු ආර්යයන් වහන්සේලා හඳුනන්නේ නැහැ. ආර්ය ධර්මයට දක්ෂත් නැහැ. ආර්ය ධර්මයෙහි හික්මිලත් නෑ. සත්පුරුෂයන් හඳුනන්නේ නෑ. සත්පුරුෂ ධර්මයට දක්ෂත් නෑ. සත්පුරුෂ ධර්මයෙහි හික්මිලත් නෑ. ඔහු රූපය ආත්මය හැටියට මුලාවෙන් දකිනවා. රූපයෙන් හටගත් ආත්මයක් තියෙනවා කියලා හෝ ආත්මය තුළ රූපය තියෙනවා කියල හෝ රූපය තුළ ආත්මය තියෙනවා කියලා හෝ මුලාවෙන් දකිනවා. ඔහුගේ ඒ රූපය විපරිණාමයට පත්වෙනවා. වෙනත් ස්වභාවයකට පත්වෙනවා. රූපය විපරිණාමයට පත්වෙලා, වෙනස් වීම හේතුවෙන් ඒ රූප විපරිණාමයට අනුවයි, ඔහුගේ විඤ්ඤාණය තියෙන්නෙත්. එතකොට රූප විපරිණාමය නිසා ඇති වූ වෙනසින් උපන් කම්පනය තුළින් උපදින දේ තමයි ඔහු ගේ සිත යටකොට තියෙන්නේ. එහෙම යටකරගත් දේ හේතුවෙන් තමයි කම්පාව ඇතිවෙන්නේ. දුක ඇතිවෙන්නේ. අපේක්ෂාව ඇතිවෙන්නේ. බැඳීම් රහිත වීම හේතුවෙන් කම්පාව ඇතිවෙන්නේ.

විඳීම ....(පෙ).... හඳුනාගැනීම ....(පෙ).... සංස්කාර ....(පෙ).... විඤ්ඤාණය ආත්මය හැටියට මුලාවෙන් දකිනවා. විඤ්ඤාණයෙන් හටගත් ආත්මයක් තියෙනවා කියලා හෝ ආත්මය තුළ විඤ්ඤාණය තියෙනවා කියල හෝ

විඤ්ඤාණය තුළ ආත්මය තියෙනවා කියලා හෝ මුලාවෙන් දකිනවා. ඔහුගේ ඒ විඤ්ඤාණය විපරිණාමයට පත්වෙනවා. වෙනත් ස්වභාවයකට පත්වෙනවා. විඤ්ඤාණය විපරිණාමයට පත්වෙලා, වෙනස්වීම හේතුවෙන් ඒ විඤ්ඤාණ විපරිණාමයට අනුවයි, ඔහු ගේ විඤ්ඤාණය තියෙන්නෙත්. එතකොට විඤ්ඤාණ විපරිණාමය නිසා ඇති වූ වෙනසින් උපන් කම්පනය තුළින් උපදින දේ තමයි ඔහුගේ සිත යටකොට තියෙන්නේ. එහෙම යටකරගත් දේ හේතුවෙන් තමයි කම්පාව ඇතිවෙන්නේ. දුක ඇතිවෙන්නේ. අපේක්ෂාව ඇතිවෙන්නේ. බැඳීම් රහිත වීම හේතුවෙන් කම්පාව ඇතිවෙන්නේ. ප්‍රිය ආයුෂ්මතුනි, ඔය විදිහටයි බැඳීම් රහිත වෙන්නට සිදුවීම නිසා කම්පාව ඇතිවෙන්නේ.

ප්‍රිය ආයුෂ්මතුනි, බැඳීම් රහිත වෙන්නට සිදුවීමෙන් කම්පා නොවී ඉන්නවා කියන්නේ කවර කරුණු මතද? ප්‍රිය ආයුෂ්මතුනි, මෙහිලා ශ්‍රැතවත් ආර්ය ශ්‍රාවකයෙක් ඉන්නවා. ඔහු ආර්යයන් වහන්සේලා හඳුනනවා. ආර්ය ධර්මයට දක්ෂයි. ආර්ය ධර්මයෙහි හික්මෙනවා. සත්පුරුෂයන් හඳුනනවා. සත්පුරුෂ ධර්මයට දක්ෂයි. සත්පුරුෂ ධර්මයෙහි හික්මෙනවා. ඔහු රූපය ආත්මය හැටියට මුලාවෙන් දකින්නෙ නෑ. රූපයෙන් හටගත් ආත්මයක් තියෙනවා කියලා හෝ ආත්මය තුළ රූපය තියෙනවා කියල හෝ රූපය තුළ ආත්මය තියෙනවා කියලා හෝ මුලාවෙන් දකින්නෙ නෑ. ඔහුගේ ඒ රූපයත් විපරිණාමයට පත්වෙනවා. වෙනත් ස්වභාවයකට පත්වෙනවා. රූපය විපරිණාමයට පත්වෙලා, වෙනස් වීම හේතුවෙන් ඒ රූප විපරිණාමයට අනුව නොවෙයි ඔහුගේ විඤ්ඤාණය තියෙන්නේ. එතකොට රූප විපරිණාමය නිසා ඇති වූ වෙනසින් උපන් කම්පනයක් ඔහු තුළ නෑ. එවැනි කම්පනයකින් උපදින දෙයක් ඔහුගේ සිත යටකරගෙන යන්නේ නෑ. එහෙම යට නොකර ගෙන යෑම හේතුවෙන් තමයි කම්පාව ඇති නොවෙන්නේ. දුක ඇති නොවෙන්නේ. අපේක්ෂාව ඇති නොවෙන්නේ. ඔය විදිහටයි බැඳීම් රහිත වීම හේතුවෙන් කම්පාව ඇති නොවෙන්නේ.

විඳීම ....(පෙ).... හඳුනාගැනීම ....(පෙ).... සංස්කාර ....(පෙ).... විඤ්ඤාණය ආත්මය හැටියට මුලාවෙන් දකින්නෙ නෑ. විඤ්ඤාණයෙන් හටගත් ආත්මයක් තියෙනවා කියලා හෝ ආත්මය තුළ විඤ්ඤාණය තියෙනවා කියල හෝ විඤ්ඤාණය තුළ ආත්මය තියෙනවා කියලා හෝ මුලාවෙන් දකින්නෙ නෑ. ඔහුගේ ඒ විඤ්ඤාණයත් විපරිණාමයට පත්වෙනවා. වෙනත් ස්වභාවයකට පත්වෙනවා. විඤ්ඤාණය විපරිණාමයට පත්වෙලා, වෙනස් වීම හේතුවෙන් ඒ විඤ්ඤාණ විපරිණාමයට අනුව නොවෙයි ඔහුගේ විඤ්ඤාණය තියෙන්නේ. එතකොට විඤ්ඤාණ විපරිණාමය නිසා ඇති වූ වෙනසින් උපන් කම්පනයක් ඔහු තුළ නෑ. එවැනි කම්පනයකින් උපදින දෙයක් ඔහුගේ සිත යටකරගෙන

යන්නේ නෑ. එහෙම යට නොකර ගෙන යෑම හේතුවෙන් තමයි කම්පාව ඇති නොවෙන්නේ. දුක ඇති නොවෙන්නේ. අපේක්ෂාව ඇති නොවෙන්නේ. බැඳීම් රහිත වීම හේතුවෙන් කම්පාව ඇති නොවෙන්නේ. ප්‍රිය ආයුෂ්මතුනි, ඔය විදිහටයි බැඳීම් රහිත වීම හේතුවෙන් කම්පාව ඇති නොවෙන්නේ.

ප්‍රිය ආයුෂ්මතුනි, භාග්‍යවතුන් වහන්සේ කෙටියෙන් දේශනා කොට, විස්තර වශයෙන් විග්‍රහ නොකොට යම් ධර්මයක් වදාරා විහාරයට වැඩි සේක්ද, ඒ කියන්නේ පින්වත් මහණෙනි, යම් යම් අයුරකින් සසඳමින්, නුවණින් විමසන ඒ භික්ෂුවගේ විඤ්ඤාණය බාහිරට වික්ෂිප්ත නොවී, නොවිසිරී තියෙනවා නම්, අභ්‍යන්තරයේ නොපිහිටා තියෙනවා නම්, උපාදාන නොකොට කම්පා නොවී තියෙනවා නම්, භික්ෂුව ඒ අයුරින් සසඳමින් නුවණින් විමසනවා. ඒ වගේම පින්වත් මහණෙනි, විඤ්ඤාණය බාහිරට වික්ෂිප්ත නොවී, නොවිසිරී, ආධ්‍යාත්මයේ නොපිහිටා තිබෙද්දී, උපාදාන රහිතව අකම්පිතව සිටින කෙනාට මත්තෙහි ඉපදීම, ජරා මරණ ආදී දුක් හටගැනීමක් වෙන්නේ නැහැ යන කාරණාවයි' කියලා.

ප්‍රිය ආයුෂ්මතුනි, භාග්‍යවතුන් වහන්සේ සංක්ෂේපයෙන් දේශනා කොට, විස්තරාර්ථ වශයෙන් විග්‍රහ නොකොට යම් ධර්මයක් වදාළාද, එහි අර්ථය විස්තර වශයෙන් මං මේ විදිහටයි දන්නේ.

ප්‍රිය ආයුෂ්මතුන් වහන්ස, ඉතින් ඔබවහන්සේලා කැමති නම්, භාග්‍යවතුන් වහන්සේ බැහැදැක ඔය කාරණය අසන්න. භාග්‍යවතුන් වහන්සේ යම් පරිද්දකින් වදාරණ සේක් නම්, ඒ අයුරින්ම ධාරණය කරගන්න.

එතකොට ඒ භික්ෂූන් වහන්සේලා ආයුෂ්මත් මහා කච්චානයන් පැවසූ ධර්මය සතුටෙන් පිළිගෙන අනුමෝදන් වී හුනස්නෙන් නැගී භාග්‍යවතුන් වහන්සේ වෙත පැමිණියා. පැමිණ භාග්‍යවතුන් වහන්සේට ආදරයෙන් වන්දනා කොට එකත්පස්ව වාඩිවුනා. එකත්පස්ව හුන් ඒ භික්ෂූන් වහන්සේලා භාග්‍යවතුන් වහන්සේට මෙය පැවසුවා.

"ස්වාමීනී, භාග්‍යවතුන් වහන්සේ අපට යම් ධර්මයක් කෙටියෙන් වදාරා, විස්තර විභාග වශයෙන් නොවදාරා හුනස්නෙන් නැගී වෙහෙරට වැඩි සේක්ද, ඒ කියන්නේ 'පින්වත් මහණෙනි, යම් යම් අයුරකින් සසඳමින්, නුවණින් විමසන ඒ භික්ෂුවගේ විඤ්ඤාණය බාහිරට වික්ෂිප්ත නොවී, නොවිසිරී තියෙනවා නම්, අභ්‍යන්තරයේ නොපිහිටා තියෙනවා නම්, උපාදාන නොකොට කම්පා නොවී තියෙනවා නම්, භික්ෂුව ඒ අයුරින් සසඳමින් නුවණින් විමසනවා. ඒ වගේම පින්වත් මහණෙනි, විඤ්ඤාණය බාහිරට වික්ෂිප්ත නොවී, නොවිසිරී,

ආධ්‍යාත්මයේ නොපිහිටා තිබෙද්දී, උපාදාන රහිතව අකම්පිතව සිටින කෙනාට මත්තෙහි ඉපදීම, ජරා මරණ ආදී දුක් හටගැනීමක් වෙන්නේ නැහැ යන කාරණාවයි' කියලා.

ඉතින් ස්වාමීනී, භාග්‍යවතුන් වහන්සේ වැඩිය නොබෝ වේලාවකින් අපට මෙහෙම සිතුනා.

'ප්‍රිය ආයුෂ්මත්නි, අපට භාග්‍යවතුන් වහන්සේ මේ ධර්මය පිළිබඳව මූලික විග්‍රහය වදාරා, විස්තරාර්ථ නොදෙසා, විස්තර විභාග නොකොට හුනස්නෙන් නැගී වෙහෙරට වැඩිසේක. 'පින්වත් මහණෙනි, යම් යම් අයුරකින් සසඳමින්, නුවණින් විමසන ඒ භික්ෂුවගේ විඤ්ඤාණය බාහිරට වික්ෂිප්ත නොවී, නොවිසිරී තියෙනවා නම්, අභ්‍යන්තරයේ නොපිහිටා තියෙනවා නම්, උපාදාන නොකොට කම්පා නොවී තියෙනවා නම්, භික්ෂුව ඒ අයුරින් සසඳමින් නුවණින් විමසනවා. ඒ වගේම පින්වත් මහණෙනි, විඤ්ඤාණය බාහිරට වික්ෂිප්ත නොවී, නොවිසිරී, ආධ්‍යාත්මයේ නොපිහිටා තිබෙද්දී, උපාදාන රහිතව අකම්පිතව සිටින කෙනාට මත්තෙහි ඉපදීම, ජරා මරණ ආදී දුක් හටගැනීමක් වෙන්නේ නැහැ යන කාරණාවයි' කියලා.

එහෙම නම් භාග්‍යවතුන් වහන්සේ විසින් මූලික විග්‍රහයකින් වදාළ මෙම ධර්මයෙහි විස්තරාර්ථ විග්‍රහය කරන්නට පුළුවන් වෙන කාටද?

එතකොට ස්වාමීනී, අපට මෙහෙම සිතුනා. මේ ආයුෂ්මත් මහා කච්චානයන් වහන්සේ ශාස්තෘන් වහන්සේ විසිනුත් වර්ණනා කරල තියෙනවා. නුවණැති සබ්‍රහ්මචාරීන් වහන්සේලාගේ සම්භාවනාවට පාත්‍ර වෙලා තියෙනවා. ආයුෂ්මත් මහා කච්චානයන් වහන්සේ භාග්‍යවතුන් වහන්සේ විසින් මූලික විග්‍රහයකින් වදාළ මෙම ධර්මයේ විස්තරාර්ථ විග්‍රහයක් කරන්නට දක්ෂයි. එනිසා අපි ආයුෂ්මත් මහාකච්චානයන් වහන්සේ වෙත යමු. ගිහින් ආයුෂ්මත් මහා කච්චානයන් වහන්සේ ගෙන් මෙම ධර්මයේ අර්ථ විමසා සිටිමු' කියලා.

ඉතින් ස්වාමීනී, අපි ආයුෂ්මත් මහා කච්චානයන් වහන්සේ වෙත වැඩියා. වැඩලා ආයුෂ්මත් මහා කච්චානයන් වහන්සේගෙන් ඔය ධර්මය පිළිබඳව විමසුවා. එතකොට ස්වාමීනී, ඒ අපට ආයුෂ්මත් මහා කච්චානයන් වහන්සේ මේ මේ ආකාරයෙන්, මේ මේ පදවලින්, මේ මේ ප්‍රකාශනයන්ගෙන් අර්ථය විස්තර කළා.

පින්වත් මහණෙනි, මහා කච්චානයන් ඉතා නුවණැති කෙනෙක්. පින්වත් මහණෙනි, මහා කච්චානයන් මහා ප්‍රඥාවන්තයි. පින්වත් මහණෙනි, ඔබ මගෙන් ඔය කාරණය පිළිබඳව විමසුවා නම්, මම විස්තර කරලා දෙන්නෙත් ඔය විදිහටම යි. එනිසා මහා කච්චානයන් විසින් යම් ආකාරයකින් කියාදුන්නාද, ඒක තමයි ඔය ධර්මයෙහි අර්ථය. එය ඒ විදිහටම දරාගන්න.

භාග්‍යවතුන් වහන්සේ මේ උතුම් දේශනය වදාළා. ඒ දේශනය ගැන ඒ භික්ෂූන් වහන්සේලා ගොඩක් සතුටු වුනා. භාග්‍යවතුන් වහන්සේ වදාළ මේ දේශනය සතුටින් පිළිගත්තා.

සාදු! සාදු!! සාදු!!!

මූලික දෙසුම විස්තර විභාග වශයෙන් වදාළ දෙසුම නිමා විය.

3.4.9.

අරණ විභංග සූත්‍රය

අර්බුද රහිත වීම පිළිබඳ විග්‍රහ කොට වදාළ දෙසුම

මා හට අසන්නට ලැබුනේ මේ විදිහටයි. ඒ දිනවල භාග්‍යවතුන් වහන්සේ වැඩසිටියේ සැවැත් නුවර ජේතවනය නම් වූ අනේපිඬු සිටුතුමා විසින් කරවන ලද ආරාමයේ. එදා භාග්‍යවතුන් වහන්සේ "පින්වත් මහණෙනි" කියා භික්ෂුසංඝයා අමතා වදාළා. "පින්වතුන් වහන්ස" කියා ඒ භික්ෂූන් ද භාග්‍යවතුන් වහන්සේට පිළිතුරු දුන්නා. භාග්‍යවතුන් වහන්සේ මෙය වදාළා.

"පින්වත් මහණෙනි, ඔබට කෙලෙස් නැති ස්වභාවය පිළිබඳ වූ විග්‍රහයක් දේශනා කරන්නම්. එය සවන් යොමා අසන්න. මනාකොට නුවණින් මෙනෙහි කරන්න. මා කියාදෙන්නම්." "එසේය, ස්වාමීනී" කියල ඒ භික්ෂූන් වහන්සේලා භාග්‍යවතුන් වහන්සේට පිළිතුරු දුන්නා. භාග්‍යවතුන් වහන්සේ මෙය වදාළා.

"ලාමක වූ, ග්‍රාම්‍ය වූ, පෘථග්ජනයන්ට අයත් වූ, අනාර්ය වූ, අයහපත පිණිස පවතින, කාම සුඛයෙහි නොයෙදිය යුතුයි. දුක් වූ, අනාර්ය වූ, අයහපත පිණිස පවතින, තමාව පීඩාවට පත්කරගැනීමේ තපස් ක්‍රමවල නොයෙදිය යුතුයි.

පින්වත් මහණෙනි, ඒ මේ අන්ත දෙකට නොපැමිණි තථාගතයන් වහන්සේ විසින් අවබෝධ කරන ලද්දේ මධ්‍යමප්‍රතිපදාවයි. එය වනාහී දහම් ඇස ලබා දෙයි. නුවණ උදාකරයි. සංසිඳීම ඇතිකරයි. විශේෂ ඤාණය ඇතිකරයි. අවබෝධය ඇතිකරයි. නිවන පිණිස පවතියි.

ඒ වගේම හුවාදැක්වීම ගැනත් දැනගත යුතුයි. හෙළාදැකීම ගැනත් දැනගත යුතුයි. හුවාදැක්වීම ගැනත් දැනගෙන, හෙළාදැකීම ගැනත් දැනගෙන හුවා නොදැක්ක යුතුයි. හෙළා නොදැක්ක යුතුයි. ධර්මය විතරක් දෙසිය යුතුයි.

ඒ වගේම සැප විනිශ්චය දැනගත යුතුයි. සැප විනිශ්චය දැනගෙන ආධ්‍යාත්ම සැපයෙහි යෙදිය යුතුයි.

ඒ වගේම රහසේ කියන කියුම් නොකිව යුතුයි. ඉදිරියෙහි කියන පහත් දේ නොකිව යුතුයි.

ඒ වගේම හෙමින් කිව යුතුයි. වේගයෙන් නොකිව යුතුයි.

ඒ වගේම ජනපදයන් හි ඇති වචන පිළිබඳ විග්‍රහය තුළ නොබැසගත යුතුයි. පොදු ව්‍යවහාරය ඉක්මවා නොයා යුතුයි. නිකෙලෙස් බව පිළිබඳ විස්තර විභාගයේදී කෙරෙන මූලික මාතෘකාව මෙයයි.'

'ලාමක වූ, ග්‍රාම්‍ය වූ, පෘථග්ජනයන්ට අයත් වූ, අනාර්ය වූ, අයහපත පිණිස පවතින, කාම සුඛයෙහි නොයෙදිය යුතුයි. දුක් වූ, අනාර්ය වූ, අයහපත පිණිස පවතින, තමාව පීඩාවට පත්කරගැනීමේ තපස් ක්‍රමවල නොයෙදිය යුතුයි' කියලා යම් ප්‍රකාශයක් කළාද, එම ප්‍රකාශය කරන ලද්දේ කුමන කරුණක් සඳහාද? ලාමක වූ, ග්‍රාම්‍ය වූ, පෘථග්ජනයන්ට අයත් වූ, අනාර්ය වූ, අයහපත පිණිස පවතින කාමයට බැඳුණු සැපයෙන් යුක්ත වූ යමෙක් ඒ සතුටෙහි යෙදී ඉන්නවාද, මෙම ස්වභාවය දුක් සහිතයි. පීඩා සහිතයි. කරදර සහිතයි. දැවිලි සහිතයි. මිත්‍යා ප්‍රතිපදාවක්.

ලාමක වූ, ග්‍රාම්‍ය වූ, පෘථග්ජනයන්ට අයත් වූ, අනාර්ය වූ, අයහපත පිණිස පවතින කාමයට බැඳුණු සැපයෙන් යුක්ත වූ යමෙක් ඒ සතුටෙහි නොයෙදී ඉන්නවාද, මෙම ස්වභාවය දුක් රහිතයි. පීඩා රහිතයි. කරදර රහිතයි. දැවිලි රහිතයි. සම්‍යක් ප්‍රතිපදාවක්.

දුක් වූ, අනාර්ය වූ, අයහපත පිණිස පවතින අත්තකිලමථානුයෝගයෙහි යමෙක් යෙදී ඉන්නවාද, මෙම ස්වභාවය දුක් සහිතයි. පීඩා සහිතයි. කරදර සහිතයි. දැවිලි සහිතයි. මිත්‍යා ප්‍රතිපදාවක්.

දුක් වූ, අනාර්ය වූ, අයහපත පිණිස පවතින අත්තකිලමථානුයෝගයෙහි යමෙක් නොයෙදී ඉන්නවාද, මෙම ස්වභාවය දුක් රහිතයි. පීඩා රහිතයි. කරදර රහිතයි. දැවිලි රහිතයි. සම්‍යක් ප්‍රතිපදාවක්.

'ලාමක වූ, ග්‍රාම්‍ය වූ, පෘථග්ජනයන්ට අයත් වූ, අනාර්ය වූ, අයහපත පිණිස පවතින, කාම සුඛයෙහි නොයෙදිය යුතුයි. දුක් වූ, අනාර්ය වූ, අයහපත පිණිස පවතින, තමාව පීඩාවට පත්කරගැනීමේ තපස් ක්‍රමවල නොයෙදිය යුතුයි' කියලා යම් ප්‍රකාශයක් කළාද, එම ප්‍රකාශය කරන ලද්දේ මෙන්න මේ තේරුම ඇතුවයි.

'පින්වත් මහණෙනි, ඒ මේ අන්ත දෙකට නොපැමිණි තථාගතයන් වහන්සේ විසින් අවබෝධ කරන ලද්දේ මධ්‍යම ප්‍රතිපදාවයි. එය වනාහී දහම් ඇස ලබා දෙයි. නුවණ උදාකරයි. සංසිඳීම ඇතිකරයි. විශේෂ ඤාණය ඇතිකරයි. අවබෝධය ඇතිකරයි. නිවන පිණිස පවතියි' කියලා යම් ප්‍රකාශයක් කළාද, එම ප්‍රකාශය කරන ලද්දේ කුමන කරුණක් සඳහාද?

ඒ මේ ආර්ය අෂ්ටාංගික මාර්ගයම යි. එනම්; සම්මා දිට්ඨි, සම්මා සංකල්ප, සම්මා වාචා, සම්මා කම්මන්ත, සම්මා ආජීව, සම්මා වායාම, සම්මා සති, සම්මා සමාධි යන මෙයයි. 'පින්වත් මහණෙනි, ඒ මේ අන්ත දෙකට නොපැමිණි තථාගතයන් වහන්සේ විසින් අවබෝධ කරන ලද්දේ මධ්‍යම ප්‍රතිපදාවයි. එය වනාහී දහම් ඇස ලබා දෙයි. නුවණ උදාකරයි. සංසිඳීම ඇතිකරයි. විශේෂ ඤාණය ඇතිකරයි. අවබෝධය ඇතිකරයි. නිවන පිණිස පවතියි' කියලා යම් ප්‍රකාශයක් කළා ද, එම ප්‍රකාශය කරන ලද්දේ ඔය තේරුම ඇතුවයි.

'ඒ වගේම හුවාදැක්වීම ගැනත් දැනගත යුතුයි. හෙළාදැකීම ගැනත් දැනගත යුතුයි. හුවාදැක්වීම ගැනත් දැනගෙන, හෙළාදැකීම ගැනත් දැනගෙන හුවා නොදැක්විය යුතුයි. හෙළා නොදැක්ක යුතුයි. ධර්මය විතරක් දෙසිය යුතුයි' කියලා යම් ප්‍රකාශයක් කළාද, එම ප්‍රකාශය කරන ලද්දේ කුමන කරුණක් සඳහාද?

පින්වත් මහණෙනි, හුවාදක්වන්නේ කොහොමද? හෙළාදකින්නේ කොහොමද? ධර්ම දේශනාව නොවන්නේ කොහොමද? හීන වූ, ග්‍රාම්‍ය වූ, පෘථග්ජනයන්ට අයත් වූ, අනාර්ය වූ, අනර්ථ සහිත වූ, යම් කාමයකට ඇලී සැප විඳින උදවිය ඒ සොම්නසේ යෙදී සිටිනවාද, ඒ සියලු දෙනාම දුක් සහිතවයි ඉන්නේ. පීඩා සහිතවයි ඉන්නේ. කරදර සහිතවයි ඉන්නේ. දැවිලි සහිතවයි ඉන්නේ. මිත්‍යා ප්‍රතිපදාවෙන් යුක්තයි කියලා ඔය විදිහට කිව්වොත් ඒ තුළින් කෙනෙකුව හෙලාදැක්කා වෙනවා.

හීන වූ, ග්‍රාම්‍ය වූ, පෘථග්ජනයන්ට අයත් වූ, අනාර්ය වූ, අනර්ථ සහිත වූ, යම් කාමයකට ඇලී සැප විඳින උදවිය ඒ සොම්නසේ නොයෙදී සිටිනවාද, ඒ සියලු දෙනාම දුක් රහිතවයි ඉන්නේ. පීඩා රහිතවයි ඉන්නේ. කරදර රහිතවයි ඉන්නේ. දැවිලි රහිතවයි ඉන්නේ. සම්‍යක් ප්‍රතිපදාවෙන් යුක්තයි කියලා ඔය විදිහට කිව්වොත් ඒ තුළින් කෙනෙකුව හුවාදැක්කුවා වෙනවා.

යමෙක් දුක් වූ, අනාර්ය වූ, අනර්ථ සහිත වූ, අත්තකිලමථානුයෝගයෙහි යෙදෙනවාද, ඒ හැමෝම දුක් සහිතවයි ඉන්නේ. පීඩා සහිතවයි ඉන්නේ. කරදර සහිතවයි ඉන්නේ. දැවිලි සහිතවයි ඉන්නේ. මිත්‍යා ප්‍රතිපදාවෙන් යුක්තයි කියලා මෙහෙම කියනවා නම් කෙනෙකුව හෙලාදැක්කා වෙනවා.

යමෙක් දුක් වූ, අනාර්ය වූ, අනර්ථ සහිත වූ, අත්තකිලමථානුයෝගයෙහි නොයෙදෙනවාද, ඒ හැමෝම දුක් රහිතවයි ඉන්නේ. පීඩා රහිතවයි ඉන්නේ. කරදර රහිතවයි ඉන්නේ. දැවිලි රහිතවයි ඉන්නේ. සම්‍යක් ප්‍රතිපදාවෙන් යුක්තයි කියලා මෙහෙම කියනවා නම් කෙනෙකුව හුවාදැක්කුවා වෙනවා.

යම් කෙනෙකුට භව සංයෝජන ප්‍රහාණය වෙලා නැද්ද, ඒ සියලු දෙනාම දුක් සහිතවයි ඉන්නේ. පීඩා සහිතවයි ඉන්නේ. කරදර සහිතවයි ඉන්නේ. දැවිලි සහිතවයි ඉන්නේ. මිත්‍යා ප්‍රතිපදාවෙන් යුක්තයි කියලා ඔය විදිහට කිව්වොත් ඒ තුළින් කෙනෙකුව හෙලාදැක්කා වෙනවා.

යම් කෙනෙකුට භව සංයෝජන ප්‍රහාණය වෙලාද තියෙන්නේ, ඒ සියලු දෙනාම දුක් රහිතවයි ඉන්නේ. පීඩා රහිතවයි ඉන්නේ. කරදර රහිතවයි ඉන්නේ. දැවිලි රහිතවයි ඉන්නේ. සම්‍යක් ප්‍රතිපදාවෙන් යුක්තයි කියලා ඔය විදිහට කිව්වොත් ඒ තුළින් කෙනෙකුව හුවාදැක්කුවා වෙනවා.

පින්වත් මහණෙනි, ඔය විදිහට තමයි හුවාදක්වන්නෙත්, හෙළාදකින්නෙත්, ධර්ම දේශනාව නොවන්නෙත්.

පින්වත් මහණෙනි, හුවානොදක්වන්නෙත්, හෙළානොදකින්නෙත් ධර්ම දේශනාව වන්නෙත් කොහොමද?

හීන වූ, ග්‍රාම්‍ය වූ, පෘථග්ජනයන්ට අයත් වූ, අනාර්ය වූ, අනර්ථ සහිත වූ, යම් කාමයකට ඇලී සැප විඳින උදවිය ඒ සොම්නසේ යෙදී සිටිනවාද, ඒ සියලු දෙනාම දුක් සහිතවයි ඉන්නේ. පීඩා සහිතවයි ඉන්නේ. කරදර සහිතවයි ඉන්නේ. දැවිලි සහිතවයි ඉන්නේ. මිත්‍යා ප්‍රතිපදාවෙන් යුක්තයි කියලා ඔය විදිහට කියන්නේ නෑ. නමුත් මෙහෙම කියනවා. කාම සුඛයෙහි යෙදීම නම් වූ ඔය ස්වභාවය දුක් සහිතයි. පීඩා සහිතයි. කරදර සහිතයි. දැවිලි සහිතයි. මිත්‍යා ප්‍රතිපදාවක් කියලා. එතකොට ධර්මයම යි ඒ කියන්නේ.

හීන වූ, ග්‍රාම්‍ය වූ, පෘථග්ජනයන්ට අයත් වූ, අනාර්ය වූ, අනර්ථ සහිත වූ, යම් කාමයකට ඇලී සැප විඳින උදවිය ඒ සොම්නසේ නොයෙදී සිටිනවාද, ඒ සියලු දෙනාම දුක් රහිතවයි ඉන්නේ. පීඩා රහිතවයි ඉන්නේ. කරදර රහිතවයි ඉන්නේ. දැවිලි රහිතවයි ඉන්නේ. සම්‍යක් ප්‍රතිපදාවෙන් යුක්තයි කියලා ඔය විදිහට කියන්නේ නෑ. නමුත් මෙහෙම කියනවා. කාම සුඛයෙහි නොයෙදීම නම් වූ ඔය ස්වභාවය දුක් රහිතයි. පීඩා රහිතයි. කරදර රහිතයි. දැවිලි රහිතයි. සම්‍යක් ප්‍රතිපදාවක් කියලා. එතකොට ධර්මයම යි ඒ කියන්නේ.

යමෙක් දුක් වූ, අනාර්ය වූ, අනර්ථ සහිත වූ, අත්තකිලමථානුයෝගයෙහි යෙදෙනවාද, ඒ හැමෝම දුක් සහිතවයි ඉන්නේ. පීඩා සහිතවයි ඉන්නේ. කරදර සහිතවයි ඉන්නේ. දැවිලි සහිතවයි ඉන්නේ. මිත්‍යා ප්‍රතිපදාවෙන් යුක්තයි කියලා මෙහෙම කියන්නේ නෑ. නමුත් මෙහෙම කියනවා. අත්තකිලමථානුයෝගයෙහි යෙදීමක් ඇද්ද, එය දුක් සහිතයි. පීඩා සහිතයි. කරදර සහිතයි. දැවිලි සහිතයි. මිත්‍යා ප්‍රතිපදාවක් කියලා. එතකොට ධර්මයම යි කියන්නේ.

යමෙක් දුක් වූ, අනාර්ය වූ, අනර්ථ සහිත වූ, අත්තකිලමථානුයෝගයෙහි නොයෙදෙනවාද, ඒ හැමෝම දුක් රහිතවයි ඉන්නේ. පීඩා රහිතවයි ඉන්නේ. කරදර රහිතවයි ඉන්නේ. දැවිලි රහිතවයි ඉන්නේ. සම්‍යක් ප්‍රතිපදාවෙන් යුක්තයි කියලා මෙහෙම කියන්නේ නෑ. නමුත් මෙහෙම කියනවා. අත්තකිලමථානුයෝග යෙහි නොයෙදීමක් ඇද්ද, එය දුක් රහිතයි. පීඩා රහිතයි. කරදර රහිතයි. දැවිලි රහිතයි. සම්‍යක් ප්‍රතිපදාවක් කියලා. එතකොට ධර්මයම යි කියන්නේ.

යම් කෙනෙකුට භව සංයෝජන ප්‍රහාණය වෙලා නැද්ද, ඒ සියලු දෙනාම දුක් සහිතවයි ඉන්නේ. පීඩා සහිතවයි ඉන්නේ. කරදර සහිතවයි ඉන්නේ. දැවිලි සහිතවයි ඉන්නේ. මිත්‍යා ප්‍රතිපදාවෙන් යුක්තයි කියලා ඔය විදිහට කියන්නේ නෑ. නමුත් මෙහෙම කියනවා. භව සංයෝජනය ප්‍රහීණ වෙලා නැත්නම්, භවයත් ප්‍රහීණ වෙලා නෑ කියලා. එතකොට ධර්මයම යි කියන්නේ.

යම් කෙනෙකුට භව සංයෝජන ප්‍රහාණය වෙලාද තියෙන්නේ, ඒ සියලු දෙනාම දුක් රහිතවයි ඉන්නේ. පීඩා රහිතවයි ඉන්නේ. කරදර රහිතවයි ඉන්නේ. දැවිලි රහිතවයි ඉන්නේ. සම්‍යක් ප්‍රතිපදාවෙන් යුක්තයි කියලා ඔය විදිහට කියන්නේ නෑ. නමුත් මෙහෙම කියනවා. භව සංයෝජනය ප්‍රහීණ වෙලා නම්, භවයත් ප්‍රහීණ වෙලා කියලා. එතකොට ධර්මයම යි කියන්නේ.

පින්වත් මහණෙනි, ඔය විදිහට තමයි හුවානොදක්වන්නෙත්, හෙළානොදකින්නෙත්, ධර්ම දේශනාව වන්නෙත්.

'හුවාදැක්වීම ගැනත් දැනගත යුතුයි. හෙළාදැකීම ගැනත් දැනගත යුතුයි. හුවාදැක්වීම ගැනත් දැනගෙන, හෙළාදැකීම ගැනත් දැනගෙන හුවා නොදැක්ක යුතුයි. හෙළා නොදැක්ක යුතුයි. ධර්මය විතරක් දෙසිය යුතුයි' කියලා යම් ප්‍රකාශයක් කළාද, එම ප්‍රකාශය කරන ලද්දේ ඔය තේරුම ඇතුවයි.

'ඒ වගේම සැප විනිශ්චය දැනගත යුතුයි. සැප විනිශ්චය දැනගෙන ආධ්‍යාත්ම සැපයෙහි යෙදිය යුතුයි' කියලා යම් ප්‍රකාශයක් කළාද, එම ප්‍රකාශය කරන ලද්දේ කුමන කරුණක් සඳහාද?

පින්වත් මහණෙනි, මේ කාම ගුණ පහක් තියෙනවා. කවර පහක්ද යත්; ඇසෙන් දැක්ක යුතු ඉෂ්ට වූ, කාන්ත වූ, මනාප වූ, ප්‍රිය ස්වරූප ඇති, කැමැත්ත ඇති වෙන, කෙලෙස් හටගන්නා රූප තියෙනවා. කනෙන් ඇසිය යුතු ශබ්ද ....(පෙ).... නාසයෙන් දත යුතු ගඳ සුවඳ ....(පෙ).... දිවෙන් දත යුතු රස ....(පෙ).... කයෙන් දත යුතු ඉෂ්ට වූ, කාන්ත වූ, මනාප වූ, ප්‍රිය ස්වරූප ඇති, කැමැත්ත ඇතිවෙන, කෙලෙස් හටගන්නා පහස තියෙනවා. පින්වත් මහණෙනි, මේවාට තමයි පංච කාම ගුණ කියන්නේ. පින්වත් මහණෙනි, මේ පංච කාම ගුණයන් හේතු කොට ගෙන යම් සැපයක් සොම්නසක් උපදිනවා නම්, මෙයට තමයි කාමය සැපය, අසූචි සැපය, පෘථග්ජන සැපය, අනාර්ය සැපය කියල කියන්නේ. සේවනය නොකළ යුතු, පුරුදු නොකළ යුතු, බහුල වශයෙන් සේවනය නොකළ යුතු මෙම සැපයට බිය විය යුතුයි කියලයි මා කියන්නේ.

පින්වත් මහණෙනි, මෙහිලා භික්ෂුව කාමයන්ගෙන් වෙන්ව, අකුසල ධර්මයන්ගෙන් වෙන්ව, විතර්ක විචාර සහිත, ප්‍රීතිය හා සැපය ඇති පළවෙනි ධ්‍යානය ලබාගෙන වාසය කරනවා. විතර්ක විචාර සංසිඳුවාගෙන, තමා තුළ ප්‍රසන්න බව ඇති කරගෙන, සිතේ එකඟ බවින් යුතුව, විතර්ක විචාර රහිත සමාධියෙන් හටගත් ප්‍රීතිය සැපය තියෙන දෙවෙනි ධ්‍යානය ....(පෙ).... තුන්වෙනි ධ්‍යානය ....(පෙ).... හතරවෙනි ධ්‍යානය ලබාගෙන වාසය කරනවා. පින්වත් මහණෙනි, මෙයට කියන්නේ නෙක්ඛම්ම සැපය, හුදෙකලා විවේකයෙන් ලැබෙන සැපය, කෙලෙස් සංසිඳීමෙන් ලැබෙන සැපය, අවබෝධයෙන් ලැබෙන සැපය කියලයි. සේවනය කළ යුතු, වැඩිය යුතු, බහුල වශයෙන් සේවනය කළ යුතු මේ සැපයට බිය නොවිය යුතුයි කියලයි මා කියන්නේ.

'සැප විනිශ්චය දැනගත යුතුයි. සැප විනිශ්චය දැනගෙන ආධ්‍යාත්ම සැපයෙහි යෙදිය යුතුයි' කියලා යම් ප්‍රකාශයක් කළාද, එම ප්‍රකාශය කරන ලද්දේ ඔය තේරුම ඇතුවයි.

'ඒ වගේම රහසේ කියන කියුම් නොකිව යුතුයි. ඉදිරියෙහි කියන පහත් දේ නොකිව යුතුයි' කියලා යම් ප්‍රකාශයක් කළාද, එම ප්‍රකාශය කරන ලද්දේ කුමන කරුණක් සඳහාද?

පින්වත් මහණෙනි, එහිලා රහසේ පවසන්නා වූ යම් සිදු නොවූ දෙයක් ඇද්ද, අසත්‍ය වූ දෙයක් ඇද්ද, අනර්ථ සහිත දෙයක් ඇද්ද, ඒ රහසේ කියන දෙය ඒකාන්තයෙන්ම දැනගෙන නොකිව යුතුයි.

ඒ වගේම රහසේ පවසන්නා වූ යම් සිදු වූ දෙයක් ඇද්ද, සත්‍ය වූ දෙයක් ඇද්ද, අනර්ථ සහිත දෙයක් ඇද්ද, ඒ රහසේ කියන දෙයද දැනගෙන නොකියා සිටීම පිණිස හික්මිය යුතුයි.

ඒ වගේම රහසේ පවසන්නා වූ යම් සිදු වූ දෙයක් ඇද්ද, සත්‍ය වූ දෙයක් ඇද්ද, අර්ථ සහිත දෙයක් ඇද්ද, ඒ රහසේ කියන දෙයද දැනගෙන කීම පිණිස සුදුසු කාලය දැනගත යුතුයි.

පින්වත් මහණෙනි, එහිලා ඉදිරියෙහි කියන යම් දැඩි බසක් ඇද්ද, එය සිදු නොවූ දෙයක් නම්, අසත්‍ය වූ දෙයක් නම්, අනර්ථ සහිත දෙයක් නම්, ඒ ඉදිරියෙහි කියන දෙය ඒකාන්තයෙන්ම දැනගෙන නොකිව යුතුයි.

ඒ වගේම ඉදිරියෙහි පවසන යම් දැඩි බසක් ඇද්ද, එය සිදු වූ දෙයක් නමුත්, සත්‍ය වූ දෙයක් නමුත්, අනර්ථ සහිත දෙයක් නම්, ඒ ඉදිරියෙහි කියන කිලිටි බසද දැනගෙන නොකියා සිටීම පිණිස හික්මිය යුතුයි.

ඒ වගේම ඉදිරියෙහි පවසන යම් දැඩි බසක් ඇද්ද, එය සිදු වූ දෙයක් නමුත්, සත්‍ය වූ දෙයක් නමුත්, අර්ථ සහිත දෙයක් නමුත්, ඒ ඉදිරියෙහි කියන දැඩි බසද දැනගෙන එය කීමට සුදුසු කාලය දැනගත යුතුයි.

'රහසේ කියන කියුම් නොකිව යුතුයි. ඉදිරියෙහි කියන පහත් දේ නොකිව යුතුයි' කියලා යම් ප්‍රකාශයක් කළාද, එම ප්‍රකාශය කරන ලද්දේ ඔය තේරුම ඇතුවයි.

'ඒ වගේම හෙමින් කිව යුතුයි. වේගයෙන් නොකිව යුතුයි' කියලා යම් ප්‍රකාශයක් කළාද, එම ප්‍රකාශය කරන ලද්දේ කුමන කරුණක් සඳහාද?

පින්වත් මහණෙනි, එහිලා වේගයෙන් කතාකරන කෙනාගේ කයත් ක්ලාන්ත වෙනවා. සිතටත් පීඩා ඇතිවෙනවා. ස්වරයත් නරක් වෙනවා. බෙල්ලත් රිදෙනවා. වේගයෙන් කියන කෙනාගේ ශබ්දය පිටට පැතිරෙන්නෙත් නෑ. කියන දේ තේරෙන්නෙත් නෑ.

නමුත් පින්වත් මහණෙනි, හෙමින් කතා කරන කෙනාගේ කයට ක්ලාන්තයක් නෑ. සිතටත් පීඩාවක් නෑ. ස්වරය නරක් වෙන්නෙත් නෑ. බෙල්ල රිදෙන්නෙත් නෑ. හෙමින් කියන කෙනාගේ හඬ ත් පැතිරෙනවා. කියන දේ තේරෙනවා.

'හෙමින් කිව යුතුයි. වේගයෙන් නොකිව යුතුයි' කියලා යම් ප්‍රකාශයක් කළාද, එම ප්‍රකාශය කරන ලද්දේ ඔය තේරුම ඇතුවයි.

'ඒ වගේම ජනපදයන්හි ඇති වචන පිළිබඳ විග්‍රහය තුළ නොබැසගත යුතුයි. පොදු ව්‍යවහාරය ඉක්මවා නොයා යුතුයි' කියලා යම් ප්‍රකාශයක් කළා ද, එම ප්‍රකාශය කරන ලද්දේ කුමන කරුණක් සඳහා ද?

පින්වත් මහණෙනි, ජනපදයන්හි ඇති වචන විග්‍රහයට බැසගන්නේ කොහොමද? ඒ වගේම පොදු ව්‍යවහාරය ඉක්මවා යන්නේ කොහොමද? පින්වත් මහණෙනි, මෙහිලා ඇතැම් ජනපදයන්හි එක ම භාජනය හඳුනාගන්නේ 'පාති' කියන නමින්. ඇතැම් ජනපදයක දී එය හඳුනාගන්නේ 'පාත්‍රය' කියන නමින්. ඇතැම් ජනපදයකදී එය හඳුනාගන්නේ 'විත්ථ' කියන නමින්. ඇතැම් ජනපදයකදී එය හඳුනාගන්නේ 'සරාව' කියන නමින්. ඇතැම් ජනපදයකදී එය හඳුනාගන්නේ 'ධාරෝප' කියන නමින්. ඇතැම් ජනපදයකදී එය හඳුනා ගන්නේ 'පෝණ' කියන නමින්. ඇතැම් ජනපදයකදී එය හඳුනාගන්නේ 'පිසීලව' කියන නමින්. ඔය විදිහට එකම බඳුන ඒ ඒ ජනපදවලදී විවිධ වචන ඔස්සේ හඳුනාගනිද්දී එහි බැසගෙන කියනවා 'මෙයම යි සත්‍ය ය. අනෙක හිස්' කියලා. පින්වත් මහණෙනි, මේ විදිහටයි ජනපද නිරුක්තියේ බැසගන්නේත්, ලෝක ව්‍යවහාරය ඉක්මවා යන්නෙත්.

පින්වත් මහණෙනි, ජනපදයන්හි ඇති වචන විග්‍රහයට නොබැසගන්නේ කොහොමද? ඒ වගේම පොදු ව්‍යවහාරය ඉක්මවා නොයන්නේ කොහොමද? පින්වත් මහණෙනි, මෙහිලා ඇතැම් ජනපදයන්හි එක ම භාජනය හඳුනාගන්නේ 'පාති' කියන නමින්. ඇතැම් ජනපදයකදී එය හඳුනාගන්නේ 'පාත්‍රය' කියන නමින්. ඇතැම් ජනපදයකදී එය හඳුනාගන්නේ 'විත්ථ' කියන නමින්. ඇතැම් ජනපදයකදී එය හඳුනාගන්නේ 'සරාව' කියන නමින්. ඇතැම් ජනපදයකදී එය හඳුනාගන්නේ 'ධාරෝප' කියන නමින්. ඇතැම් ජනපදයකදී එය හඳුනාග න්නේ 'පෝණ' කියන නමින්. ඇතැම් ජනපදයකදී එය හඳුනාගන්නේ 'පිසීලව' කියන නමින්. ඔය විදිහට එකම බඳුන ඒ ඒ ජනපදවලදී විවිධ වචන ඔස්සේ හඳුනාගනිද්දී 'මේ ආයුෂ්මතුන් වහන්සේලා ඔය වචනය ව්‍යාහාර කරන්නේ මේ සඳහා නෙව' කියලා ඒ ඒ අයුරින් ව්‍යවහාර කරනවා මිසක් ඒක දැඩිව ගන්නේ නෑ. පින්වත් මහණෙනි, මේ විදිහටයි ජනපද නිරුක්තියේ නොබැසගන්නෙත්, ලෝක ව්‍යවහාරය ඉක්මවා නොයන්නෙත්.

'ජනපදයන්හි ඇති වචන පිළිබඳ විග්‍රහය තුළ නොබැසගත යුතුයි. පොදු ව්‍යවහාරය ඉක්මවා නොයා යුතුයි' කියලා යම් ප්‍රකාශයක් කළාද, එම ප්‍රකාශය කරන ලද්දේ ඔය තේරුම ඇතුවයි.

පින්වත් මහණෙනි, එහිලා කාමයට බැඳුණු සැපයෙන් සැප විඳින කෙනෙකුගේ හීන වූ, ග්‍රාම්‍ය වූ, පෘථග්ජන වූ, අනාර්ය වූ, අනර්ථ සහිත වූ

යම් සැප පස්සේම යෑමක් ඇද්ද, එම දෙය දුක් සහිතයි. පීඩා සහිතයි. කරදර සහිතයි. දැවිලි සහිතයි. මිත්‍යා ප්‍රතිපදාවක්. එනිසා එම දෙය අර්බුද සහිතයි.

පින්වත් මහණෙනි, එහිලා කාමයට බැඳුණු සැපයෙන් සැප විඳින කෙනෙකුගේ හීන වූ, ග්‍රාම්‍ය වූ, පෘථග්ජන වූ, අනාර්ය වූ, අනර්ථ සහිත වූ යම් සැප පස්සේ නොයෑමක් ඇද්ද, එම දෙය දුක් රහිතයි. පීඩා රහිතයි. කරදර රහිතයි. දැවිලි රහිතයි. සම්‍යක් ප්‍රතිපදාවක්. එනිසා එම දෙය අර්බුද රහිතයි.

පින්වත් මහණෙනි, එහිලා දුක් වූ, අනාර්ය වූ, අනර්ථ සහිත වූ යම් අත්තකිලමථානුයෝගයක යෙදීමක් ඇද්ද, එම දෙය දුක් සහිතයි. පීඩා සහිතයි. කරදර සහිතයි. දැවිලි සහිතයි. මිත්‍යා ප්‍රතිපදාවක්. එනිසා එම දෙය අර්බුද සහිතයි.

පින්වත් මහණෙනි, එහිලා දුක් වූ, අනාර්ය වූ, අනර්ථ සහිත වූ යම් අත්තකිලමථානුයෝගයක නොයෙදීමක් ඇද්ද, එම දෙය දුක් රහිතයි. පීඩා රහිතයි. කරදර රහිතයි. දැවිලි රහිතයි. සම්‍යක් ප්‍රතිපදාවක්. එනිසා එම දෙය අර්බුද රහිතයි.

පින්වත් මහණෙනි, එහිලා තථාගතයන් වහන්සේ විසින් අවබෝධ කරන ලද, දහම් ඇස ලබාදෙන, නුවණ ලබාදෙන, සංසිඳීම ඇතිකරන, විශේෂ ඥාණය ඇතිකරන, අවබෝධය ඇතිකරන, නිවන පිණිස පවතින්නා වූ යම් මධ්‍යම ප්‍රතිපදාවක් ඇද්ද, එම දෙය දුක් රහිතයි. පීඩා රහිතයි. කරදර රහිතයි. දැවිලි රහිතයි. සම්‍යක් ප්‍රතිපදාවක්. එනිසා එම දෙය අර්බුද රහිතයි.

පින්වත් මහණෙනි, එහිලා යම් හුවාදැක්වීමක් ඇද්ද, හෙළාදැක්වීමක් ඇද්ද, ධර්ම දේශනාවක් නැද්ද, එම දෙය දුක් සහිතයි. පීඩා සහිතයි. කරදර සහිතයි. දැවිලි සහිතයි. මිත්‍යා ප්‍රතිපදාවක්. එනිසා එම දෙය අර්බුද සහිතයි.

පින්වත් මහණෙනි, එහිලා යම් හුවාදැක්වීමක් නැද්ද, හෙළාදැක්වීමක් නැද්ද, ධර්ම දේශනාවක් ඇද්ද, එම දෙය දුක් රහිතයි. පීඩා රහිතයි. කරදර රහිතයි. දැවිලි රහිතයි. සම්‍යක් ප්‍රතිපදාවක්. එනිසා එම දෙය අර්බුද රහිතයි.

පින්වත් මහණෙනි, එහිලා අසුචි සැපයක් වූ, පෘථග්ජන සැපයක් වූ, අනාර්ය සැපයක් වූ, යම් කාම සැපයක් ඇද්ද, එම දෙය දුක් සහිතයි. පීඩා සහිතයි. කරදර සහිතයි. දැවිලි සහිතයි. මිත්‍යා ප්‍රතිපදාවක්. එනිසා එම දෙය අර්බුද සහිතයි.

පින්වත් මහණෙනි, එහිලා හුදෙකලා විවේකයෙන් ලත් සැපයක් වූ, සංසිඳීමෙන් ලත් සැපයක් වූ, අවබෝධයෙන් ලත් සැපයක් වූ, යම් නෙක්ඛම්ම සැපයක් ඇද්ද, එම දෙය දුක් රහිතයි. පීඩා රහිතයි. කරදර රහිතයි. දැවිලි රහිතයි. සම්‍යක් ප්‍රතිපදාවක්. එනිසා එම දෙය අර්බුද රහිතයි.

පින්වත් මහණෙනි, එහිලා සිදු නොවූ දෙයක් වූත්, අසත්‍ය දෙයක් වූත්, අනර්ථ සහිත දෙයක් වූත්, රහසේ කියන්නා වූ යම් දෙයක් ඇද්ද, එම දෙය දුක් සහිතයි. පීඩා සහිතයි. කරදර සහිතයි. දැවිලි සහිතයි. මිථ්‍යා ප්‍රතිපදාවක්. එනිසා එම දෙය අර්බුද සහිතයි.

පින්වත් මහණෙනි, එහිලා සිදු වූ දෙයක් නමුත්, සත්‍ය දෙයක් නමුත්, අනර්ථ සහිත වූ, රහසේ කියන්නා වූ යම් දෙයක් ඇද්ද, එම දෙය දුක් සහිතයි. පීඩා සහිතයි. කරදර සහිතයි. දැවිලි සහිතයි. මිථ්‍යා ප්‍රතිපදාවක්. එනිසා එම දෙය අර්බුද සහිතයි.

පින්වත් මහණෙනි, එහිලා සිදු වූ දෙයක් වූත්, සත්‍ය දෙයක් වූත්, අර්ථ සහිත වූත්, රහසේ කියන්නා වූ යම් දෙයක් ඇද්ද, එම දෙය දුක් රහිතයි. පීඩා රහිතයි. කරදර රහිතයි. දැවිලි රහිතයි. සම්‍යක් ප්‍රතිපදාවක්. එනිසා එම දෙය අර්බුද රහිතයි.

පින්වත් මහණෙනි, එහිලා සිදු නොවූ දෙයක් වූත්, අසත්‍ය දෙයක් වූත්, අනර්ථ සහිත දෙයක් වූත්, ඉදිරියේ කියන්නා වූ යම් දැඩි වූ දෙයක් ඇද්ද, එම දෙය දුක් සහිතයි. පීඩා සහිතයි. කරදර සහිතයි. දැවිලි සහිතයි. මිථ්‍යා ප්‍රතිපදාවක්. එනිසා එම දෙය අර්බුද සහිතයි.

පින්වත් මහණෙනි, එහිලා සිදු වූ දෙයක් නමුත්, සත්‍ය දෙයක් නමුත්, අනර්ථ සහිත වූ, ඉදිරියේ කියන්නා වූ යම් දැඩි වූ දෙයක් ඇද්ද, එම දෙය දුක් සහිතයි. පීඩා සහිතයි. කරදර සහිතයි. දැවිලි සහිතයි. මිථ්‍යා ප්‍රතිපදාවක්. එනිසා එම දෙය අර්බුද සහිතයි.

පින්වත් මහණෙනි, එහිලා සිදු වූ දෙයක් වූත්, සත්‍ය දෙයක් වූත්, අර්ථ සහිත වූත්, ඉදිරියේ කියන්නා වූ යම් දැඩි වූ දෙයක් ඇද්ද, එම දෙය දුක් රහිතයි. පීඩා රහිතයි. කරදර රහිතයි. දැවිලි රහිතයි. සම්‍යක් ප්‍රතිපදාවක්. එනිසා එම දෙය අර්බුද රහිතයි.

පින්වත් මහණෙනි, එහිලා වේගයෙන් කියන්නා වූ යම් කථාවක් ඇද්ද, එම දෙය දුක් සහිතයි. පීඩා සහිතයි. කරදර සහිතයි. දැවිලි සහිතයි. මිථ්‍යා ප්‍රතිපදාවක්. එනිසා එම දෙය අර්බුද සහිතයි.

පින්වත් මහණෙනි, එහිලා සෙමින් කියන්නා වූ යම් කථාවක් ඇද්ද, එම දෙය දුක් රහිතයි. පීඩා රහිතයි. කරදර රහිතයි. දැවිලි රහිතයි. සම්‍යක් ප්‍රතිපදාවක්. එනිසා එම දෙය අර්බුද රහිතයි.

පින්වත් මහණෙනි, එහිලා දැඩි ලෙස ග්‍රහණය කරගෙන, ලෝක ව්‍යවහාරය ඉක්මවා ගොස් කරනු ලබන ජනපදයන්හි ඇති යම් වචන නිරුක්තියක් ඇද්ද, එම දෙය දුක් සහිතයි. පීඩා සහිතයි. කරදර සහිතයි. දැවිලි සහිතයි. මිත්‍යා ප්‍රතිපදාවක්. එනිසා එම දෙය අර්බුද සහිතයි.

පින්වත් මහණෙනි, එහිලා කිසිවක් ග්‍රහණය නොකරගෙන, ලෝක ව්‍යවහාරය ඉක්මවා නොගොස් කරනු ලබන ජනපදයන්හි ඇති යම් වචන නිරුක්තියක් ඇද්ද, එම දෙය දුක් රහිතයි. පීඩා රහිතයි. කරදර රහිත යි. දැවිලි රහිතයි. සම්‍යක් ප්‍රතිපදාවක්. එනිසා එම දෙය අර්බුද රහිතයි.

පින්වත් මහණෙනි, එහෙයින් අර්බුද සහිත වූ දෙයත් අපි දැනගනිමු. අර්බුද රහිත වූ දෙයත් අපි දැනගනිමු. අර්බුද සහිත වූ දෙයත් දැනගෙන, අර්බුද රහිත වූ දෙයත් දැනගෙන අර්බුද රහිත වූ ප්‍රතිපදාවට බැසගන්නෙමු'යි පින්වත් මහණෙනි, ඔබ විසින් හික්මිය යුත්තේ ඔන්න ඔය ආකාරයටයි. පින්වත් මහණෙනි, සුභූති භික්ෂුව නම් වූ කුලපුත්‍රයා අර්බුද රහිත ප්‍රතිපදාවෙහි බැස ගෙනයි ඉන්නේ.

භාග්‍යවතුන් වහන්සේ මේ උතුම් දේශනය වදාළා. ඒ දේශනය ගැන ඒ භික්ෂූන් වහන්සේලා ගොඩක් සතුටු වුනා. භාග්‍යවතුන් වහන්සේ වදාළ මේ දේශනය සතුටින් පිළිගත්තා.

සාදු! සාදු!! සාදු!!!

අර්බුද රහිත වීම පිළිබඳ විග්‍රහය ගැන වදාළ දෙසුම නිමා විය.

3.4.10.
ධාතු විභංග සූත්‍රය
ධාතු ස්වභාවයන් පිළිබඳ විග්‍රහ කොට වදාළ දෙසුම

මා හට අසන්නට ලැබුනේ මේ විදිහටයි. ඒ දිනවල භාග්‍යවතුන් වහන්සේ මගධ ජනපදයෙහි චාරිකාවේ වඩින අතරේදී, රජගහ නුවරට වැඩම කොට සිටියා. එහිදී භාර්ගව කියන කුඹල්කරුවා වෙත වැඩම කළා. වැඩම කොට භාර්ගව කුඹල්කරුවාගෙන් මෙය අසා වදාළා.

"පින්වත් භාර්ගව, ඔබට ඉතින් බරක් නැත්නම්, එක රැයක් මේ කුඹල් හලෙහි මං වාසය කරන්නම්." "ස්වාමීනී, මට කිසි බරක් නැහැ. නමුත් වේලාසනින් ඇවිදින් ඉන්න පැවිද්දෙක් ඔය ශාලාවේ ඉන්නවා. ඉදින් ඔහු අනුමත කරනවා නම්, ස්වාමීනී, කැමැති පරිද්දෙන් වැඩඉන්න."

ඒ දිනවල පුක්කුසාති නමින් කුලපුත්‍රයෙක් භාග්‍යවත් බුදුරජාණන් වහන්සේ උදෙසා ඉතා ශ්‍රද්ධාවෙන් ගිහි ජීවිතය අත්හැර පැවිදි වෙලා හිටියා. ඔහු තමයි කුඹල්ශාලාවේ කලින්ම නවාතැන් ගන්නට ඇවිත් සිටියේ. ඉතින් භාග්‍යවතුන් වහන්සේ ආයුෂ්මත් පුක්කුසාති වෙත වැඩම කළා. වැඩම කොට ආයුෂ්මත් පුක්කුසාතිට මෙය පවසා වදාළා.

"පින්වත් භික්ෂුව, ඉදින් ඔබට බරක් නැත්නම්, එක රාත්‍රියකට මේ කුඹල්හලෙහි මාත් වාසය කරන්නම්."

"ආයුෂ්මතුන් වහන්ස, මේ කුඹල්හල කිසි කරදරයක් නැති තැනක්. ආයුෂ්මතුනුත් සැපසේ වාසය කරන්න."

එතකොට භාග්‍යවතුන් වහන්සේ කුම්භකාර ශාලාවට වැඩමකොට පැත්තකින් තණ ඇතිරියක් එළා ඒ මත පළඟක් බැඳගෙන කය ඍජු කොට භාවනා අරමුණේ සිහිය පිහිටුවාගෙන වැඩසිටියා. ඉතින් භාග්‍යවතුන් වහන්සේ රාත්‍රී බොහෝ වේලාවක් භාවනාවෙන් වාඩිවෙලා සිටියා. ආයුෂ්මත් පුක්කුසාතිද, රාත්‍රී බොහෝ වේලාවක් භාවනාවෙන් වැඩසිටියා. එතකොට භාග්‍යවතුන් වහන්සේට මෙහෙම සිතුනා.

"මේ පින්වත් කුලපුත්‍රයා ඉතා සිත්ගන්නා ඉරියව් පවත්වනවා. මං මොහුගෙන් විමසන්නට ඕන" කියලා. ඉතින් භාග්‍යවතුන් වහන්සේ ආයුෂ්මත් පුක්කුසාති අමතා වදාළා.

"පින්වත් භික්ෂුව, ඔබ කවුරුන් වෙනුවෙන් පැවිදි වූ කෙනෙක්ද? ඔබේ ශාස්තෘන් වහන්සේ කවුද? ඔබ ආශා කරන්නේ කාගේ ධර්මයකටද?"

"ආයුෂ්මතුන් වහන්ස, ශාක්‍ය කුලයෙන් පැවිදි වූ, ශාක්‍ය පුත්‍ර වූ, ගෞතම නම් ශ්‍රමණයන් වහන්සේ නමක් වැඩඉන්නවා. ඒ භාග්‍යවත් ගෞතමයන් වහන්සේ පිළිබඳව මෙබඳු වූ කල්‍යාණ කීර්ති ඝෝෂාවක් පැතිර ගිහින් තියෙනවා. එනම්; 'ඒ භාග්‍යවතුන් වහන්සේ මේ මේ කරුණු නිසා අරහං වන සේක. සම්මාසම්බුද්ධ වන සේක. විජ්ජාචරණ සම්පන්න වන සේක. සුගත වන සේක. ලෝකවිදූ වන සේක. අනුත්තරෝ පුරිසදම්ම සාරථී වන සේක. සත්ථා දේවමනුස්සානං වන සේක. බුද්ධ වන සේක. භගවත් වන සේක' කියලා. මං පැවිදි වුනේ අන්න ඒ භාග්‍යවතුන් වහන්සේ වෙනුවෙනුයි. ඒ භාග්‍යවතුන් වහන්සේ තමයි මාගේ ශාස්තෘන් වහන්සේ. මං කැමැති ඒ භාග්‍යවතුන් වහන්සේ ගේ ධර්මයටයි."

"පින්වත් භික්ෂුව, මේ දිනවල ඒ භාග්‍යවත් අරහත් සම්මා සම්බුදුරජාණන් වහන්සේ වැඩඉන්නේ කොහේද?"

"ආයුෂ්මතුන් වහන්ස, උතුරු ජනපදයෙහි ශ්‍රාවස්ති කියලා නගරයක් තියෙනවා. අන්න එහි තමයි මේ දවස්වල ඒ භාග්‍යවත් අරහත් සම්මා සම්බුදුරජාණන් වහන්සේ වැඩඉන්නේ."

"පින්වත් භික්ෂුව, ඉතින් ඔබ ඒ භාග්‍යවතුන් වහන්සේව දැකලා තියෙනවාද? ඒ වගේම දැක්කොත් හඳුනන්න පුළුවන්ද?"

"අනේ, ආයුෂ්මතුන් වහන්ස, මං ඒ භාග්‍යවතුන් වහන්සේ දැකලා නෑ. දැක්කත් හඳුනගන්න අමාරුයි."

එතකොට භාග්‍යවතුන් වහන්සේට මෙය සිතුනා. 'මේ කුල පුත්‍රයා මා උදෙසා පැවිදි වූ කෙනෙක්. මං ඔහුට ධර්ම දේශනා කරනවා නම් හොඳයි' කියලා. ඉතින් භාග්‍යවතුන් වහන්සේ ආයුෂ්මත් පුක්කුසාති අමතා වදාළා.

"පින්වත් භික්ෂුව, මා ඔබට ධර්මය දේශනා කරන්නම්. එය අසන්න. හොඳින් මෙනෙහි කරන්න. මා කියා දෙන්නම්."

"එසේය, ආයුෂ්මතුන් වහන්ස" කියලා ආයුෂ්මත් පුක්කුසාති භාග්‍යවතුන් වහන්සේට පිළිතුරු දුන්නා. භාග්‍යවතුන් වහන්සේ මෙය වදාළා.

"පින්වත් භික්ෂුව, මේ පුරුෂයා සය වැදෑරුම් ධාතු මාත්‍රයක්. ඒ වගේම සය වැදෑරුම් ස්පර්ශ ආයතන මාත්‍රයක්. ඒ වගේම දහඅට වැදෑරුම් මනස හැසිරීම් මාත්‍රයක්. ඒ වගේම අධිෂ්ඨාන සතරක්. යම් අධිෂ්ඨානයක් තුළ ඉන්න කෙනෙකුට තෘෂ්ණාසහගත හැඟීම් ඇතිවෙන්නේ නෑ. තෘෂ්ණාසහගත හැඟීම් නොපවත්වන මුනිවරයාට තමයි ශාන්ත වූ තැනැත්තා කියලා කියන්නේ. ප්‍රඥාව තුළ ප්‍රමාද වෙන්නේ නෑ. සත්‍යය ආරක්ෂා කරනවා. ත්‍යාගය පුරුදු කරනවා. ඒ භික්ෂුව ශාන්තිය පිණිසම හික්මෙනවා. මෙය තමයි සය වැදෑරුම් ධාතු පිළිබඳ විග්‍රහයේ මූලික කථාව.

'පින්වත් භික්ෂුව, මේ පුරුෂයා සය වැදෑරුම් ධාතු මාත්‍රයක්ය' කියලා යම් ප්‍රකාශයක් කළාද, එම ප්‍රකාශය කරන ලද්දේ කුමන කරුණක් සඳහාද? පඨවි ධාතු, ආපෝ ධාතු, තේජෝ ධාතු, වායෝ ධාතු, ආකාස ධාතු, විඤ්ඤාණ ධාතුයි. 'පින්වත් භික්ෂුව, මේ පුරුෂයා සය වැදෑරුම් ධාතු මාත්‍රයක්ය' කියලා යම් ප්‍රකාශයක් කළාද, එම ප්‍රකාශය කරන ලද්දේ ඔය කරුණ උදෙසායි.

'පින්වත් භික්ෂුව, මේ පුරුෂයා සය වැදෑරුම් ස්පර්ශ ආයතන මාත්‍රයක්ය' කියලා යම් ප්‍රකාශයක් කළාද, එම ප්‍රකාශය කරන ලද්දේ කුමන කරුණක් සඳහාද? ඇස කියන්නේ ස්පර්ශ ආයතනයක්. කන කියන්නේ ස්පර්ශ ආයතනයක්. නාසය කියන්නේ ස්පර්ශ ආයතනයක්. දිව කියන්නේ ස්පර්ශ ආයතනයක්. කය කියන්නේ ස්පර්ශ ආයතනයක්. මනස කියන්නේ ස්පර්ශ ආයතනයක්. 'පින්වත් භික්ෂුව, මේ පුරුෂයා සය වැදෑරුම් ස්පර්ශ ආයතන මාත්‍රයක්ය' කියලා යම් ප්‍රකාශයක් කළාද, එම ප්‍රකාශය කරන ලද්දේ ඔය කරුණ උදෙසායි.

'පින්වත් භික්ෂුව, මේ පුරුෂයා දහඅට වැදෑරුම් මනස හැසිරීම් මාත්‍රයක්ය' කියලා යම් ප්‍රකාශයක් කළාද, එම ප්‍රකාශය කරන ලද්දේ කුමන කරුණක් සඳහාද? එනම් ඇසින් රූපයක් දැක්කට පස්සේ සොම්නස ඇතිවෙන කරුණක් තියෙනවා නම් ඒ රූපයෙහි සිත හැසිරෙනවා. දොම්නස් ඇතිවෙන කරුණක් තියෙනවා නම් ඒ රූපයෙහිත් සිත හැසිරෙනවා. උපේක්ෂාව ඇතිවෙන කරුණක් තියෙනවා නම් ඒ රූපයෙහිත් සිත හැසිරෙනවා. කනින් ශබ්දයක් ඇසුවට පස්සේ ....(පෙ).... නාසයෙන් ගඳසුවඳක් ආඝ්‍රාණය කළාට පස්සේ ....(පෙ).... දිවෙන් රස වින්දාට පස්සේ ....(පෙ).... කයෙන් පහස ලැබුවාට පස්සේ ....(පෙ).... මනසින් අරමුණක් සිතලා සොම්නස ඇතිවෙන කරුණක් තියෙනවා නම් ඒ අරමුණෙහි සිත හැසිරෙනවා. දොම්නස් ඇතිවෙන කරුණක් තියෙනවා නම් ඒ අරමුණෙහි සිත හැසිරෙනවා. උපේක්ෂාව ඇතිවෙන කරුණක් තියෙනවා නම් ඒ අරමුණෙහි හිත හැසිරෙනවා. ඔය විදිහට සොම්නසේ සිත හැසිරීම් හයකුත්, දොම්නසේ

සිත හැසිරීම් හයකුත්, උපේක්ෂාවේ සිත හැසිරීම් හයකුත් වෙනවා. 'පින්වත් භික්ෂුව, මේ පුරුෂයා දහඅට වැදෑරුම් මනස හැසිරීම් මාත්‍රයක්ය' කියලා යම් ප්‍රකාශයක් කළාද, එම ප්‍රකාශය කරන ලද්දේ ඔය කරුණ උදෙසායි.

'පින්වත් භික්ෂුව, මේ පුරුෂයා අධිෂ්ඨාන හතරක්ය' කියලා යම් ප්‍රකාශයක් කළාද, එම ප්‍රකාශය කරන ලද්දේ කුමන කරුණක් සඳහාද? ප්‍රඥා අධිෂ්ඨානය, සත්‍යය අධිෂ්ඨානය, ත්‍යාග අධිෂ්ඨානය, සංසිඳීම් අධිෂ්ඨානය. 'පින්වත් භික්ෂුව, මේ පුරුෂයා අධිෂ්ඨාන හතරක්ය' කියලා යම් ප්‍රකාශයක් කළාද, එම ප්‍රකාශය කරන ලද්දේ ඔය කරුණ උදෙසායි.

'පින්වත් භික්ෂුව, ප්‍රඥාව තුළ ප්‍රමාද වෙන්නේ නෑ. සත්‍යය ආරක්ෂා කරනවා. ත්‍යාගය පුරුදු කරනවා. ඒ භික්ෂුව ශාන්තිය පිණිසම හික්මෙනවා.' කියලා යම් ප්‍රකාශයක් කළාද, එම ප්‍රකාශය කරන ලද්දේ කුමන කරුණක් සඳහාද?

පින්වත් භික්ෂුව, ප්‍රඥාව ප්‍රමාද නොකරන්නේ කොහොමද? පින්වත් භික්ෂුව, මේ ධාතු හයක් තියෙනවා. එනම්; පඨවි ධාතු, ආපෝ ධාතු, තේජෝ ධාතු, වායෝ ධාතු, ආකාස ධාතු, විඤ්ඤාණ ධාතු.

පින්වත් භික්ෂුව, පඨවි ධාතුව යනු කුමක්ද? පඨවි ධාතුව ආධ්‍යාත්මිකවත් තියෙනවා. බාහිරවත් තියෙනවා. පින්වත් භික්ෂුව, ආධ්‍යාත්මික පඨවි ධාතුව යනු කුමක්ද? තමා කෙරෙහි පවතින්නා වූ, තමාගේ යැයි සළකන යම්කිසි ගොරෝසු වූ, තද බවට පැමිණි, සතර මහා භූතයන්ගෙන් හටගත් යමක් ඇද්ද, ඒ කියන්නෙ; කෙස්, ලොම්, නිය, දත්, සම්, මස්, නහර, ඇට, ඇට මිදුළු, වකුගඩු, හදවත, අක්මාව, දලබුව, බඩදිව, පෙණහළු, කුඩා බඩවැල, මහා බඩවැල, නොපැසුණු ආහාර, අසූචි ආදී වූ තවත් තමා කෙරෙහි පවතින්නා වූ, තමාගේ යැයි සළකන යම්කිසි ගොරෝසු වූ, තද බවට පැමිණි, සතර මහා භූතයන්ගෙන් හටගත් දේවල් තමා තුළ ඇද්ද, පින්වත් භික්ෂුව, මෙයට තමයි තමා තුළ තිබෙන්නා වූ පඨවි ධාතුව කියා කියන්නේ. ඉතින් තමා තුළ තිබෙන්නා වූ යම් පඨවි ධාතුවක් ඇද්ද, බාහිර යම් පඨවි ධාතුවක් ඇද්ද, ඒ ඔක්කොම පඨවි ධාතු ම යි. ඒ පඨවි ධාතුව 'මෙය මගේ නොවේ. මෙය මම නොවෙමි. මෙය මාගේ ආත්මය නොවේ' කියා දියුණු කරන ලද ප්‍රඥාවෙන් ඒ අයුරින්ම යථාර්ථය අවබෝධ කරගත යුතුයි. පින්වත් භික්ෂුව, ඔය විදිහට දියුණු කරන ලද ප්‍රඥාවෙන් යථාර්ථය දකින විට, පඨවි ධාතුව ගැන කළකිරීම ඇතිවෙනවා. පඨවි ධාතුව කෙරෙහි සිතෙහි ඇල්ම නැතිව යනවා.

පින්වත් භික්ෂුව, ආපෝ ධාතුව යනු කුමක්ද? අපෝ ධාතුව තමා තුළත් තියෙනවා. බාහිරත් තියෙනවා. පින්වත් භික්ෂුව, තමා තුළ තිබෙන්නා වූ ආපෝ

ධාතුව කුමක්ද? තමා කෙරෙහි පවත්නා වූ, තමාගේ යැයි සළකන යම් වැගිරෙන දෙයක් ඇද්ද, වැගිරීමට පත්වෙන දෙයක් ඇද්ද, මහා භූතයන් ගෙන් හටගත් දෙයක් ඇද්ද ඒ කියන්නෙ; පිත, සෙම, සැරව, ලේ, ඩහදිය, තෙල්මන්ද, කඳුළු, වුරුණු තෙල්, කෙළ, සොටු, සඳ මිදුළු, මූත්‍රා. ඒ වගේම තවත් යම්කිසි තමා තුළ පවතින්නා වූ, තමාගේ යැයි සළකන වැගිරෙන දෙයක් ඇද්ද, වැගිරීමට පත් වෙන දෙයක් ඇද්ද, මහා භූතයන් ගෙන් හටගත් දෙයක් ඇද්ද පින්වත් භික්ෂුව, මෙයට කියන්නෙ තමා තුළ පවතින ආපෝ ධාතුව කියලයි. තමා තුළ පවතින්නා වූ යම් ආපෝ ධාතුවක් ඇද්ද, බාහිර යම් ආපෝ ධාතුවක් ඇද්ද, මේ සැම දෙයක්ම ආපෝ ධාතුවම යි. ඉතින් ඒ ආපෝ ධාතුව 'මෙය මගේ නොවේ. මෙය මම නොවෙමි. මෙය මාගේ ආත්මය නොවේ' කියා දියුණු කරන ලද ප්‍රඥාවෙන් ඒ අයුරින්ම යථාර්ථය අවබෝධ කරගත යුතුයි. පින්වත් භික්ෂුව, ඔය විදිහට දියුණු කරන ලද ප්‍රඥාවෙන් යථාර්ථය දකින විට ආපෝ ධාතුව ගැන කළකිරීම ඇතිවෙනවා. ආපෝ ධාතුව කෙරෙහි සිතෙහි ඇල්ම නැතිව යනවා.

පින්වත් භික්ෂුව, තේජෝ ධාතුව යනු කුමක්ද? තේජෝ ධාතුව තමා තුළත් තියෙනවා. බාහිරත් තියෙනවා. පින්වත් භික්ෂුව, තමා තුළ තිබෙන්නා වූ තේජෝ ධාතුව කුමක්ද? තමා කෙරෙහි පවතින්නා වූ, තමාගේ යැයි සළකන යම් උණුසුම් ස්වභාවයක්, උණුසුම් බවට පැමිණීමක්, මහාභූතයන්ගෙන් සකස් වීමක් ඇද්ද, ඒ කියන්නෙ; යම් තේජෝ ධාතුවකින් මේ කය රත් වෙයිද, යම් තේජෝ ධාතුවකින් මේ කය දිරා යයිද, යම් තේජෝ ධාතුවකින් මේ කය දැවී යයිද, යම් තේජෝ ධාතුවකින් බුදින ලද, පානය කරන ලද, අනුභව කරන ලද, රස විඳින ලද ආහාර පාන ආදිය දිරවයිද, ඒ වගේම තමා තුළ පවතින්නා වූ, තමාගේ යැයි සළකන තවත් යම් උණුසුම් ස්වභාවයක් ඇද්ද, උණුසුම් බවට පත්වීමක් ඇද්ද, මහාභූතයන්ගේ සකස් වීමක් ඇද්ද, පින්වත් භික්ෂුව, මෙයට තමයි තමා තුළ පවතින තේජෝ ධාතුව කියා කියන්නේ. ඉතින් තමා තුළ පවතින්නා වූ යම් තේජෝ ධාතුවක් ඇද්ද, බාහිර යම් තේජෝ ධාතුවක් ඇද්ද, මේ සැම දෙයක්ම තේජෝ ධාතුවම යි. ඉතින් ඒ තේජෝ ධාතුව 'මෙය මගේ නොවේ. මෙය මම නොවෙමි. මෙය මාගේ ආත්මය නොවේ' කියා දියුණු කරන ලද ප්‍රඥාවෙන් ඒ අයුරින්ම යථාර්ථය අවබෝධ කරගත යුතුයි. පින්වත් භික්ෂුව, ඔය විදිහට දියුණු කරන ලද ප්‍රඥාවෙන් යථාර්ථය දකින විට තේජෝ ධාතුව ගැන කළකිරීම ඇතිවෙනවා. තේජෝ ධාතුව කෙරෙහි සිතෙහි ඇල්ම නැතිව යනවා.

පින්වත් භික්ෂුව, වායෝ ධාතුව යනු කුමක්ද? වායෝ ධාතුව තමා තුළත් තියෙනවා. බාහිරත් තියෙනවා. පින්වත් භික්ෂුව, තමා තුළ තිබෙන්නා වූ වායෝ

ධාතුව කුමක්ද? තමා තුළ තිබෙන්නා වූ, තමාගේ යැයි සළකන යම් වායු ස්වභාවයක් ඇද්ද, වායු ස්වභාවයට පත්වීමක් ඇද්ද, මහා භූතයන්ගෙන් හටගත් බවක් ඇද්ද ඒ කියන්නෙ; උඩුඅතට නැගෙන වාතය, යටිඅතට යන වාතය, කුසෙහි තිබෙන්නා වූ වාතය, ඒ ඒ කොටස් තුළ තිබෙන්නා වූ වාතය, ශරීර අවයව පුරා සැරිසරන්නා වූ වාතය, ආශ්වාස ප්‍රශ්වාස යනාදියයි. ඉතින් තමා තුළ තිබෙන්නා වූ, තමාගේ යැයි සළකන වෙනත් යම් කිසි වායු ස්වභාවයක්, වායු බවට පත්වීමක්, මහා භූතයන්ගෙන් හටගත් බවක් ඇද්ද, පින්වත් භික්ෂුව, මෙයට කියන්නේ වායෝ ධාතුව කියලයි. තමා තුළ තිබෙන්නා වූ යම් වායෝ ධාතුවක් ඇද්ද, බාහිර තිබෙන්නා වූ යම් වායෝ ධාතුවක් ඇද්ද, ඒ සෑම දෙයක්ම වායෝ ධාතුවම යි. ඉතින් ඒ වයෝ ධාතුව 'මෙය මගේ නොවේ. මෙය මම නොවෙමි. මෙය මාගේ ආත්මය නොවේ' කියා දියුණු කරන ලද ප්‍රඥාවෙන් ඒ අයුරින්ම යථාර්ථය අවබෝධ කරගත යුතුයි. පින්වත් භික්ෂුව, ඔය විදිහට දියුණු කරන ලද ප්‍රඥාවෙන් යථාර්ථය දකින විට වායෝ ධාතුව ගැන කළකිරීම ඇතිවෙනවා. වායෝ ධාතුව කෙරෙහි සිතෙහි ඇල්ම නැතිව යනවා.

පින්වත් භික්ෂුව, ආකාස ධාතුව යනු කුමක්ද? ආකාස ධාතුව තමා තුළත් තියෙනවා. බාහිරත් තියෙනවා. පින්වත් භික්ෂුව, තමා තුළ තිබෙන්නා වූ ආකාස ධාතුව කුමක්ද? තමා තුළ තිබෙන්නා වූ, තමාගේ යැයි සළකන අවකාශයක් (යමක් සඳහා ඇති ඉඩකඩ) ඇද්ද, අවකාශයකට පත්වන බවක් ඇද්ද, මහා භූතයන්ගෙන් සකස් වූ බවක් ඇද්ද, ඒ කියන්නෙ; කන් සිදුර, නාස් සිදුර, මුඛ ද්වාරය, කන බොන දේවල්, පානය කරන අනුභව කරන දේවල් යම් මාර්ගයකින් ශරීරයට ඇතුල් වීමක් ඇද්ද, ඒ වගේම කන බොන දේවල් පානය කරන, අනුභව කරන දේවල් යම් අවකාශයක රඳා සිටීමක් ඇද්ද, ඒ වගේම කන බොන දේවල් පානය කරන, අනුභව කරන දේවල් යම් මාර්ගයකින් පහළට නික්මීමක් ඇද්ද, ඒ වගේම තමා තුළ තිබෙන්නා වූ, තමාගේ යැයි සළකන්නා වූ තවත් යම්කිසි අවකාශයක් ඇද්ද, අවකාශයකට පත්වීමක් ඇද්ද, මහා භූතයන්ගෙන් සකස් වූ බවක් ඇද්ද, පින්වත් භික්ෂුව, මෙයට කියන්නේ ආකාස ධාතුව කියලයි.

තමා තුළ තිබෙන්නා වූ යම් ආකාස ධාතුවක් ඇද්ද, බාහිර තිබෙන්නා වූ යම් ආකාස ධාතුවක් ඇද්ද, ඒ සෑම දෙයක්ම ආකාස ධාතුවම යි. ඉතින් ඒ ආකාස ධාතුව 'මෙය මගේ නොවේ. මෙය මම නොවෙමි. මෙය මාගේ ආත්මය නොවේ' කියා දියුණු කරන ලද ප්‍රඥාවෙන් ඒ අයුරින් ම යථාර්ථය අවබෝධ කරගත යුතුයි. පින්වත් භික්ෂුව, ඔය විදිහට දියුණු කරන ලද ප්‍රඥාවෙන් යථාර්ථය දකින විට ආකාස ධාතුව ගැන කළකිරීම ඇතිවෙනවා. ආකාස ධාතුව කෙරෙහි සිතෙහි ඇල්ම නැතිව යනවා.

එතකොට ඉතුරු වෙන්නේ පාරිශුද්ධ ව බබලන විඤ්ඤාණය විතරයි. ඒ විඤ්ඤාණයෙන් කුමක්ද දැනගන්නේ? සැපයත් දැනගන්නවා. දුකත් දැනගන්නවා. දුක් සැප රහිත බවත් දැනගන්නවා. පින්වත් භික්ෂුව, සැප විඳීමට අදාළ ස්පර්ශය නිසයි සැප විඳීම උපදින්නේ. එතකොට සැප විඳීමක් විඳිමින් ඔහු සැප විඳීමක් විඳින බව දැනගන්නවා. ඒ සැප විඳීමට අදාළ වූ ස්පර්ශය නිරුද්ධ වීමෙන් සැප විඳීමට අදාළ වූ ස්පර්ශයෙන් උපන්නා වූ යම් සැප විඳීමක් ඇද්ද, ඒ සැප විඳීම නිරුද්ධ වෙනවා. එතකොට එය සංසිඳුණු බව දැනගන්නවා.

පින්වත් භික්ෂුව, දුක් විඳීමට අදාළ ස්පර්ශය නිසයි දුක් විඳීම උපදින්නේ. එතකොට දුක් විඳීමක් විඳිමින් ඔහු දුක් විඳීමක් විඳින බව දැනගන්නවා. ඒ දුක් විඳීමට අදාළ වූ ස්පර්ශය නිරුද්ධ වීමෙන් දුක් විඳීමට අදාළ වූ ස්පර්ශයෙන් උපන්නා වූ යම් දුක් විඳීමක් ඇද්ද, ඒ දුක් විඳීම නිරුද්ධ වෙනවා. එතකොට එය සංසිඳුණු බව දැනගන්නවා.

පින්වත් භික්ෂුව, දුක් සැප රහිත විඳීමට අදාළ ස්පර්ශය නිසයි දුක් සැප රහිත විඳීම උපදින්නේ. එතකොට දුක් සැප රහිත විඳීමක් විඳිමින් ඔහු දුක් සැප රහිත විඳීමක් විඳින බව දැනගන්නවා. ඒ දුක් සැප රහිත විඳීමට අදාළ වූ ස්පර්ශය නිරුද්ධ වීමෙන් දුක් සැප රහිත විඳීමට අදාළ වූ ස්පර්ශයෙන් උපන්නා වූ යම් දුක් සැප රහිත විඳීමක් ඇද්ද, ඒ දුක් සැප රහිත විඳීම නිරුද්ධ වෙනවා. එතකොට එය සංසිඳුණු බව දැනගන්නවා.

පින්වත් භික්ෂුව එය මේ වගේ දෙයක්. දර කැබලි දෙකක් එකට ඇතිල්ලීමෙන් රස්නයක් හටගන්නවා. ගින්දර උපදිනවා. ඒ දර කැබලි දෙක ඈත් කිරීමෙන්, දෙපැත්තට කිරීමෙන්, එයින් හටගත් යම් උණුසුමක් ඇද්ද, එය නිරුද්ධ වෙනවා. එය සංසිඳෙනවා.

පින්වත් භික්ෂුව අන්න ඒ විදිහමයි, සැප විඳීමට අදාළ ස්පර්ශය නිසයි සැප විඳීම උපදින්නේ. එතකොට සැප විඳීමක් විඳිමින් ඔහු සැප විඳීමක් විඳින බව දැනගන්නවා. ඒ සැප විඳීමට අදාළ වූ ස්පර්ශය නිරුද්ධ වීමෙන් සැප විඳීමට අදාළ වූ ස්පර්ශයෙන් උපන්නා වූ යම් සැප විඳීමක් ඇද්ද, ඒ සැප විඳීම නිරුද්ධ වෙනවා. එතකොට එය සංසිඳුණු බව දැනගන්නවා.

පින්වත් භික්ෂුව, දුක් විඳීමට අදාළ ස්පර්ශය නිසයි දුක් විඳීම උපදින්නේ. එතකොට දුක් විඳීමක් විඳිමින් ඔහු දුක් විඳීමක් විඳින බව දැනගන්නවා. ඒ දුක් විඳීමට අදාළ වූ ස්පර්ශය නිරුද්ධ වීමෙන් දුක් විඳීමට අදාළ වූ ස්පර්ශයෙන් උපන්නා වූ යම් දුක් විඳීමක් ඇද්ද, ඒ දුක් විඳීම නිරුද්ධ වෙනවා. එතකොට එය සංසිඳුණු බව දැනගන්නවා.

පින්වත් භික්ෂුව, දුක් සැප රහිත විඳීමට අදාළ ස්පර්ශය නිසයි දුක් සැප රහිත විඳීම උපදින්නේ. එතකොට දුක් සැප රහිත විඳීමක් විඳිමින් ඔහු දුක් සැප රහිත විඳීමක් විඳින බව දැනගන්නවා. ඒ දුක් සැප රහිත විඳීමට අදාළ වූ ස්පර්ශය නිරුද්ධ වීමෙන් දුක් සැප රහිත විඳීමට අදාළ වූ ස්පර්ශයෙන් උපන්නා වූ යම් දුක් සැප රහිත විඳීමක් ඇද්ද, ඒ දුක් සැප රහිත විඳීම නිරුද්ධ වෙනවා. එතකොට එය සංසිඳුණු බව දැනගන්නවා.

එතකොට ඊට පස්සේ ඉතුරු වෙන්නේ මෘදු වූත්, කර්මණ්‍ය වූත්, ප්‍රභාෂ්වර වූත්, බබලන්නා වූත්, පිරිසිදු උපේක්ෂාවම විතරයි. පින්වත් භික්ෂුව, ඒක මේ වගේ දෙයක්. දක්ෂ රන්කරුවෙක් ඉන්නවා. එහෙම නැත්නම් ඒ රන්කරුවාගේ අතවැසියෙක් ඉන්නවා. ඔහු කෝවක් බඳිනවා. කෝව බැඳ කෝවෙහි මුඛයේ මැටි තවරනවා. කෝවෙහි මුඛයේ මැටි තවරලා අඬුවෙන් රන් ගෙන ඒ කෝව මුඛයෙහි දමනවා. දාලා හිට ඒ රනට කලින් කලට පිඹිනවා. කලින් කලට දියත් ඉසිනවා. කලින් කලට මධ්‍යස්ථ වෙන්නත් අරිනවා. එතකොට ඒ රන මළකඩ අත්හැරලා, හොඳින් මළකඩ අත්හැරලා, සම්පූර්ණයෙන්ම මළකඩ අත්හැරලා, හැම කහටක්ම බැහැර කරලා, මෘදුව, කර්මණ්‍යව, ප්‍රභාෂ්වර බවට පත්වෙනවා. එතකොට තමයි කැමති කැමති ආකාරයේ ආභරණයක් හදන්න පුළුවන් වෙන්නේ. මාලයක් පිණිස වුනත්, කරාබු පිණිස වුනත්, රන්මාලයක් වුනත් හදන්නට පුළුවන් වන්නේ එතකොට යි.

පින්වත් භික්ෂුව, මේකත් ඒ විදිහමයි. එතකොට අර මෘදු වූත්, කර්මණ්‍ය වූත්, ප්‍රභාෂ්වර වූත්, බබලන්නා වූත්, පිරිසිදු උපේක්ෂාවම විතරයි ඉතුරු වෙන්නේ. එතකොට ඔහු මේ විදිහටයි දැනගන්නේ.

'ඉදින් මෙවැනි පාරිශුද්ධ වූ, මෙවැනි ආකාරයෙන් බබලන්නා වූ, මේ උපේක්ෂාව මං ආකාසානඤ්චායතනයට යෙදෙව්වොත්, ඊට අනුකූල ලෙස සිත වැඩුවොත් මේ උපේක්ෂාව ආකාසානඤ්චායතනය ඇසුරු කොට, එය උපාදාන කොට බොහෝ කාලයක් පවතීවි.'

'ඉදින් මෙවැනි පාරිශුද්ධ වූ, මෙවැනි ආකාරයෙන් බබලන්නා වූ, මේ උපේක්ෂාව මං විඤ්ඤාණඤ්චායතනයට යෙදෙව්වොත්, ඊට අනුකූල ලෙස සිත වැඩුවොත් මේ උපේක්ෂාව විඤ්ඤාණඤ්චායතනය ඇසුරු කොට, එය උපාදාන කොට බොහෝ කාලයක් පවතීවි.'

'ඉදින් මෙවැනි පාරිශුද්ධ වූ, මෙවැනි ආකාරයෙන් බබලන්නා වූ, මේ උපේක්ෂාව මං ආකිඤ්චඤ්ඤායතනයට යෙදෙව්වොත්, ඊට අනුකූල ලෙස සිත වැඩුවොත් මේ උපේක්ෂාව ආකිඤ්චඤ්ඤායතනය ඇසුරු කොට, එය උපාදාන කොට බොහෝ කාලයක් පවතීවි.'

'ඉදින් මෙවැනි පාරිශුද්ධ වූ, මෙවැනි ආකාරයෙන් බබලන්නා වූ, මේ උපේක්ෂාව මං නේවසඤ්ඤානාසඤ්ඤායතනයට යෙදෙව්වොත්, ඊට අනුකූල ලෙස සිත වැඩුවොත් මේ උපේක්ෂාව නේවසඤ්ඤානාසඤ්ඤායතනය ඇසුරු කොට, එය උපාදාන කොට බොහෝ කාලයක් පවතීවි.'

එතකොට ඔහු මෙහෙම හිතනවා. 'ඉදින් මෙවැනි පාරිශුද්ධ වූ, මෙවැනි ආකාරයෙන් බබලන්නා වූ, මේ උපේක්ෂාව මං ආකාසානඤ්චායතනයට යෙදෙව්වොත්, ඊට අනුකූල ලෙස සිත වැඩුවොත් ඒක සංඛතයක්. ඒ වගේම ඉදින් මෙවැනි පාරිශුද්ධ වූ, මෙවැනි ආකාරයෙන් බබලන්නා වූ, මේ උපේක්ෂාව මං විඤ්ඤාණඤ්චායතනයට යෙදෙව්වොත්, ඊට අනුකූල ලෙස සිත වැඩුවොත් ඒක සංඛතයක්. ඉදින් මෙවැනි පාරිශුද්ධ වූ, මෙවැනි ආකාරයෙන් බබළන්නා වූ, මේ උපේක්ෂාව මං ආකිඤ්චඤ්ඤායතනයට යෙදෙව්වොත්, ඊට අනුකූල ලෙස සිත වැඩුවොත් ඒක සංඛතයක්. ඉදින් මෙවැනි පාරිශුද්ධ වූ, මෙවැනි ආකාරයෙන් බබලන්නා වූ, මේ උපේක්ෂාව මං නේවසඤ්ඤා-නාසඤ්ඤායතනයට යෙදෙව්වොත්, ඊට අනුකූල ලෙස සිත වැඩුවොත් ඒක සංඛතයක්. එතකොට ඔහු එය සකස් නොකර ඉන්නවා. සකස් නොකර ඉන්න කොට භවය පිණිස හෝ විභවය පිණිස හෝ කිසිදු චේතනාවක් යොමු කරන්නේ නෑ. ඔහු සකස් නොකරද්දී, භවය පිණිස හෝ විභවය පිණිස හෝ කිසිදු චේතනාවක් යොමු නොකරද්දී, ලෝකයේ කිසිවක් උපාදාන කරගන්නේ නෑ. උපාදාන වශයෙන් නොගන්නා නිසා කිසි තැතිගැනීමක් ඇතිකරගන්නේ නෑ. කිසිවකට තැති නොගෙන, තමා තුළම පිරිනිවන්පානවා. 'ඉපදීම ක්ෂය වුනා, බඹසර වාසය සම්පූර්ණ කළා. කළ යුත්ත කළා. යළි නිවන් පිණිස කළ යුතු දෙයක් නැතැ'යි දැනගන්නවා.

ඉදින් ඔහු සැප විඳීමක් විඳිනවා නම්, එය අනිත්‍යයයි කියලා දැනගන්නවා. එහි සිත බැසගන්නේ නෑ කියල දැනගන්නවා. එය පිළිගන්නේ නෑ කියලා දැනගන්නවා. ඒ වගේම දුක් විඳීමක් විඳිනවා නම්, එය අනිත්‍යයයි කියලා දැනගන්නවා. එහි සිත බැසගන්නේ නෑ කියල දැනගන්නවා. එය පිළිගන්නේ නෑ කියලා දැනගන්නවා. දුක් සැප රහිත විඳීමක් විඳිනවා නම්, එය අනිත්‍යයයි කියලා දැනගන්නවා. එහි සිත බැසගන්නේ නෑ කියල දැනගන්නවා. එය පිළිග න්නේ නෑ කියලා දැනගන්නවා.

ඉදින් ඔහු සැප විඳීමක් විඳිනවා නම්, ඒ විඳීම හා එක් වෙලා විඳින්නේ නෑ. ඉදින් ඔහු දුක් විඳීමක් විඳිනවා නම්, ඒ විඳීම හා එක් වෙලා විඳින්නේ නෑ. ඉදින් ඔහු දුක් සැප රහිත විඳීමක් විඳිනවා නම්, ඒ විඳීම හා එක් වෙලා විඳින්නේ නෑ.

ඔහු කය සීමා කොට විඳීමක් විඳිනවා නම්, කය සීමා කොට විඳීමක් විඳින බව දැනගන්නවා. ජීවිතය සීමා කොට විඳීමක් විඳිනවා නම්, ජීවිතය සීමා කොට විඳීමක් විඳින බව දැනගන්නවා. කය බිඳී මරණයට පත්වීමෙන්, ජීවිතය අවසන් වීමෙන් මෙලොවදීම විඳින සියලු දෙය නොපිළිගන්නා නිසා සිසිල් වී සංසිඳෙන බව දැනගන්නවා.

පින්වත් භික්ෂුව ඒක මේ වගේ දෙයක්. තෙලුත් නිසා වැටිත් නිසා තමයි තෙල් පහන දල්වෙන්නේ. ඒ තෙලුත්, වැටිත් අවසන් වීමෙන්, තව තෙල් වැටි නොදැමීමෙන් ආහාර රහිතව පහන නිවී යනවා. පින්වත් භික්ෂුව, ඒ වගේ තමයි. ඔහු කය සීමා කොට විඳීමක් විඳිනවා නම්, කය සීමා කොට විඳීමක් විඳින බව දැනගන්නවා. ජීවිතය සීමා කොට විඳීමක් විඳිනවා නම්, ජීවිතය සීමා කොට විඳීමක් විඳින බව දැනගන්නවා. කය බිඳී මරණයට පත්වීමෙන්, ජීවිතය අවසන් වීමෙන් මෙලොවදීම විඳින සියලු දෙය නොපිළිගන්නා නිසා සිසිල් වී සංසිඳෙන බව දැනගන්නවා.

එම නිසා මෙවැනි ගතිගුණවලින් යුක්ත භික්ෂුව තමයි මේ පරම වූ ප්‍රඥා අධිෂ්ඨානයෙන් යුක්ත වන්නේ. පින්වත් භික්ෂුව, මේක තමයි පරම ආර්ය ප්‍රඥාව. ඒ කියන්නේ සියලු දුක් ක්ෂය කිරීම පිළිබඳ ඥාණයයි.

ඔහු ගේ යම් විමුක්තියක් ඇද්ද, එය සත්‍යය තුළ පිහිටලා අකම්පිතවයි තියෙන්නේ. පින්වත් භික්ෂුව, නැසෙන ස්වභාවයෙන් යුතු යමක් ඇද්ද, ඒක තමයි බොරුව. නොනැසෙන ස්වභාවයෙන් යුතු යම් නිවනක් ඇද්ද, ඒක තමයි සත්‍යය. එම නිසා මෙවැනි ගතිගුණවලින් යුතු භික්ෂුව තමයි මේ පරම වූ සත්‍ය අධිෂ්ඨානයෙන් යුක්ත වන්නේ. පින්වත් භික්ෂුව යම් මේ නොනැසෙන ස්වභාවයෙන් යුතු ඒ අමා නිවන ඇද්ද, මෙයම යි පරම වූ ආර්ය සත්‍යය.

එතකොට ඔහු ඉස්සර අවිද්‍යාවෙන් යුක්තව සිටිද්දී, ඔහු පිළිගෙන සිටි, සමාදන්ව සිටි යම් කෙලෙස් ඇද්ද, ඒවා ඔහුට ප්‍රහීණ වෙලයි තියෙන්නේ. මුලින්ම සිඳිලයි තියෙන්නේ. කරටිය සුන් තල් ගසක් වෙලයි තියෙන්නේ. අභාවයට පත්වෙලයි තියෙන්නේ. නැවත නූපදින ස්වභාවයට පත්වෙලයි තියෙන්නේ. එහෙයින් මෙවැනි ගුණයන්ගෙන් යුක්ත වූ භික්ෂුව පරම වූ ත්‍යාග අධිෂ්ඨානයෙන් සමන්විතවයි ඉන්නේ. පින්වත් භික්ෂුව, සියලු කෙලෙස් දුරින්ම දුරු කිරීමක් ඇද්ද, මෙය තමයි පරම වූ ආර්ය වූ අත්හැරීම.

එතකොට ඔහු ඉස්සර අවිද්‍යාවෙන් යුක්තව සිටිද්දී, ඔහු තුළ යම් සරාගී වූ කැමැත්තක් තිබුනාද, ඒවා ඔහුට ප්‍රහීණ වෙලයි තියෙන්නේ. මුලින්ම සිඳිලයි

තියෙන්නේ. කරටිය සුන් තල් ගසක් වෙලයි තියෙන්නේ. අභාවයට පත්වෙලයි තියෙන්නේ. නැවත නූපදින ස්වභාවයට පත්වෙලයි තියෙන්නේ.

එතකොට ඔහු ඉස්සර අවිද්‍යාවෙන් යුක්තව සිටිද්දී, ඔහු තුළ යම් දොස් සහිත ව්‍යාපාද, වෛර ආදියක් තිබුනාද, ඒවා ඔහුට ප්‍රහීණ වෙලයි තියෙන්නේ. මුලින්ම සිඳිලයි තියෙන්නේ. කරටිය සුන් තල් ගසක් වෙලයි තියෙන්නේ. අභාවයට පත්වෙලයි තියෙන්නේ. නැවත නූපදින ස්වභාවයට පත්වෙලයි තියෙන්නේ.

එතකොට ඔහු ඉස්සර අවිද්‍යාවෙන් යුක්තව සිටිද්දී, ඔහු තුළ යම් මුළා වන ස්වභාවයෙන් යුතු අවිද්‍යාවක් ඇද්ද, ඒවා ඔහුට ප්‍රහීණ වෙලයි තියෙන්නේ. මුලින්ම සිඳිලයි තියෙන්නේ. කරටිය සුන් තල් ගසක් වෙලයි තියෙන්නේ. අභාවයට පත්වෙලයි තියෙන්නේ. නැවත නූපදින ස්වභාවයට පත්වෙලයි තියෙන්නේ. එහෙයින් මෙවැනි ගුණයන්ගෙන් යුක්ත වූ භික්ෂුව පරම සංසිඳීම් අධිෂ්ඨානයෙන් සමන්විතවයි ඉන්නේ. පින්වත් භික්ෂුව, සියලු රාග ද්වේෂ මෝහයන්ගේ යම් සංසිඳීමක් ඇද්ද, මෙය තමයි පරම වූ ආර්ය වූ සංසිඳීම.

'පින්වත් භික්ෂුව, ප්‍රඥාව තුළ ප්‍රමාද වෙන්නේ නෑ. සත්‍යය ආරක්ෂා කරනවා. ත්‍යාගය පුරුදු කරනවා. ඒ භික්ෂුව ශාන්තිය පිණිසම හික්මෙනවා.' කියලා යම් ප්‍රකාශයක් කළාද, එම ප්‍රකාශය කරන ලද්දේ ඔය කරුණ උදෙසායි.

'යම් අධිෂ්ඨානයක් තුළ ඉන්න කෙනෙකුට තෘෂ්ණාසහගත හැඟීම් ඇතිවෙන්නේ නෑ. තෘෂ්ණාසහගත හැඟීම් නොපවත්වන මුනිවරයාට තමයි ශාන්ත වූ තැනැත්තා කියලා කියන්නේ' කියලා යම් ප්‍රකාශයක් කළාද, එම ප්‍රකාශය කරන ලද්දේ කුමක් පිණිසද?

පින්වත් භික්ෂුව, 'වෙමි'යි යන මෙය අවිද්‍යා සහගත හැඟීමක්. 'මෙය මම වෙමි'යි යන මෙය අවිද්‍යා සහගත හැඟීමක්. 'අනාගතයේ වන්නේය' යන මෙය අවිද්‍යා සහගත හැඟීමක්. 'අනාගතයේ නොවන්නේය' යන මෙය අවිද්‍යා සහගත හැඟීමක්. 'රූපී වන්නේය' යන මෙය අවිද්‍යා සහගත හැඟීමක්. 'රූප රහිත වන්නේය' යන මෙය අවිද්‍යා සහගත හැඟීමක්. 'සඤ්ඤී වන්නේය' යන මෙය අවිද්‍යා සහගත හැඟීමක්. 'සඤ්ඤා රහිත වන්නේය' යන මෙය අවිද්‍යා සහගත හැඟීමක්. 'නේවසඤ්ඤානාසඤ්ඤී වන්නේය' යන මෙය අවිද්‍යා සහගත හැඟීමක්. පින්වත් භික්ෂුව, ඒ හැඟීම රෝගයක්. ඒ හැඟීම ගඩුවක්. ඒ හැඟීම හුලක්. පින්වත් භික්ෂුව, ඒ සියලුම හැඟීම් ඉක්මවා ගිය මුනිවරයා තමයි ශාන්ත වූ තැනැත්තා කියන්නේ. ඒ ශාන්ත වූ අරහත් භික්ෂුව උපදින්නේ නෑ. දිරන්නේ නෑ. මියයන්නේ නෑ. කෙලෙස් නිසා ඇවිස්සෙන්නේ නෑ. වෙහෙසෙන්නේ නෑ.

පින්වත් භික්ෂුව, යම් හේතුවකින් උපදිනවා නම්, ඒ හේතුව ඔහුට නැත්නම්, නූපදින කල්හි දිරන්න මොකක්ද තියෙන්නේ? නොදිරන කල්හි මැරෙන්න මොකක්ද තියෙන්නේ? නොමැරෙන කල්හි අසවල් දේකට ඇවිස්සෙන්නද? නොඇවිස්සෙන කල්හි අසවල් දේකට වෙහෙසෙන්නද?

'යම් අධිෂ්ඨානයක් තුළ ඉන්න කෙනෙකුට තෘෂ්ණාසහගත හැඟීම් ඇතිවෙන්නේ නෑ. තෘෂ්ණාසහගත හැඟීම් නොපවත්වන මුනිවරයාට තමයි ශාන්ත වූ තැනැත්තා කියලා කියන්නේ' කියලා යම් ප්‍රකාශයක් කළාද, එම ප්‍රකාශය කරන ලද්දේ ඔය කරුණ උදෙසායි." පින්වත් භික්ෂුව, ඔබ මා විසින් හකුළුවා ප්‍රකාශ කළ මේ සය වැදෑරුම් ධාතු ස්වභාවයන් පිළිබඳ විග්‍රහය මේ විදිහට මතක තබාගන්න.

එතකොට ආයුෂ්මත් පුක්කුසාති "අනේ, මේ වැඩම කරලා ඉන්නේ මාගේ ශාස්තෘන් වහන්සේ නෙව. අනේ, මේ වැඩම කරලා ඉන්නේ මාගේ සුගතයන් වහන්සේ නෙව. අනේ, මේ වැඩම කරලා ඉන්නේ මාගේ සම්මා සම්බුදුරජාණන් වහන්සේ නෙව" කියලා අසුනෙන් නැගිට සිවුර ඒකාංශ කොට භාග්‍යවතුන් වහන්සේගේ ශ්‍රී පාද පද්මය අභියස හිසින් වැඳ වැටී භාග්‍යවතුන් වහන්සේට මෙය පැවසුවා.

"ස්වාමීනී, වරද මා ඉක්මවා ගියා. බාලයෙක් වගේ, මෝඩයෙක් වගේ, අකුසල් කරන්නෙක් වගේ, අනේ මං භාග්‍යවතුන් වහන්සේට 'ආයුෂ්මතුනි' කියල නොපැවසිය යුතු යම් වචනයක් ඇද්ද, එය කියවුනා. ස්වාමීනී, භාග්‍යවතුන් වහන්ස, මාගේ ඒ වරද, මත්තෙහි සංවර වීම පිණිස වරදක් හැටියට පිළිගන්නා සේක්වා!"

"පින්වත් භික්ෂුව, ඒකාන්තයෙන්ම වරද ඔබ ඉක්මවා ගියා. බාලයෙක් සේ, මෝඩයෙක් සේ, අකුසලයෙකු සේ තමයි 'ආයුෂ්මත්' වචනයෙන් නොඇමතිය යුතු මට ඇමතුවේ. යම් දවසක භික්ෂුව, ඔබ වරද වරද හැටියට දුන ධර්මානුකූල වූ ප්‍රතිකර්ම කරයිද, ඔබේ ඒ වරද අපි පිළිගන්නවා. පින්වත් භික්ෂුව, යමෙක් වරද වරද හැටියට දැක ධර්මානුකූලව පිළියම් කරනවාද, මත්තෙහි සංවර වෙනවාද, ඒක ආර්ය විනය තුළ දියුණුවක්ම යි."

"ස්වාමීනී, භාග්‍යවතුන් වහන්සේ සමීපයෙහි මට උපසම්පදාව ලැබේවා!"

"පින්වත් භික්ෂුව, ඔබේ පාත්‍ර සිවුරු සම්පූර්ණයිද?"

"ස්වාමීනී, මගේ පාත්‍ර සිවුරු සම්පූර්ණ නෑ."

"පින්වත් භික්ෂුව, තථාගතයන් වහන්සේලා අසම්පූර්ණ වූ පාත්‍ර සිවුරු ඇති කෙනාව උපසම්පදා කරන්නේ නෑ.

එතකොට ආයුෂ්මත් පුක්කුසාති කුලපුත්‍රයන් වහන්සේ භාග්‍යවතුන් වහන්සේගේ ධර්මය සතුටින් පිළිගත්තා. අනුමෝදන් වුනා. අසුනෙන් නැගිට භාග්‍යවතුන් වහන්සේට ආදරයෙන් වන්දනා කොට, පැදකුණු කොට, පාත්‍ර සිවුරු සෙවීම පිණිස පිටත් වුනා.

එවිට පාත්‍ර සිවුරු සෙවීමෙහි හැසිරෙමින් සිටි ආයුෂ්මත් පුක්කුසාති කුලපුත්‍රයන් වහන්සේ කලබල වූ දෙනක් විසින් අනිනු ලදුව, මරණයට පත්වුනා.

එතකොට බොහෝ භික්ෂූන් වහන්සේලා භාග්‍යවතුන් වහන්සේ වෙත පැමිණියා. පැමිණ, භාග්‍යවතුන් වහන්සේට ආදරයෙන් වන්දනා කොට එකත්පස්ව වාඩිවුනා. එකත්පස්ව හුන් ඒ භික්ෂූන් වහන්සේලා භාග්‍යවතුන් වහන්සේට මෙය පැවසුවා.

"ස්වාමීනී, පුක්කුසාති නම් යම් කුලපුත්‍රයෙකුට භාග්‍යවතුන් වහන්සේ සංක්ෂේප වූ අවවාදයෙන් අවවාද දෙන ලද්දේද, ඔහු කළුරිය කළා. ඔහු ඉපදුනේ කොහේද? ඔහු ගේ මරණින් මතු ජීවිතය කුමක්ද?"

"පින්වත් මහණෙනි, පුක්කුසාති කුලපුත්‍රයා ඉතාමත් ඤාණවන්තයි. ධර්මය අවබෝධ කළා. දහම් කරුණු අරභයා මාව පෙළුවේ නෑ. පින්වත් මහණෙනි, පුක්කුසාති කුලපුත්‍රයා ඕරම්භාගීය සංයෝජන පහම නැතිකිරීමෙන් ඕපපාතිකව සුද්ධාවාසයේ උපන්නා. ඒ ලෝකයෙන් ආයෙ මෙහෙ හැරී එන්නෙ නෑ. එහිම පිරිනිවන් පානවා."

භාග්‍යවතුන් වහන්සේ මේ උතුම් දේශනය වදාළා. ඒ දේශනය ගැන ඒ භික්ෂූන් වහන්සේලා ගොඩක් සතුටු වුනා. භාග්‍යවතුන් වහන්සේ වදාළ මේ දේශනය සතුටින් පිළිගත්තා.

සාදු! සාදු!! සාදු!!!

ධාතු ස්වභාවයන් විග්‍රහ කොට වදාළ දෙසුම නිමා විය.

3.4.11.
සච්ච විභංග සූත්‍රය
ආර්ය සත්‍යය බෙදා දැක්වීම ගැන වදාළ දෙසුම

මා හට අසන්නට ලැබුනේ මේ විදිහටයි. ඒ දිනවල භාග්‍යවතුන් වහන්සේ වැඩසිටියේ බරණැස ඉසිපතන මිගදායෙහිය. එකල්හි භාග්‍යවතුන් වහන්සේ "පින්වත් මහණෙනි" යි කියා භික්ෂුසංඝයා අමතා වදාළ සේක. ඒ භික්ෂූන් වහන්සේලා ද "පින්වතුන් වහන්සැ" යි කියා භාග්‍යවතුන් වහන්සේට පිළිතුරු දුන්නා. භාග්‍යවතුන් වහන්සේ මෙය වදාළා.

"පින්වත් මහණෙනි, අරහත් වූ සම්මාසම්බුද්ධ වූ තථාගතයන් වහන්සේ විසිනුයි, බරණැස ඉසිතපන මිගදායේ දී අනුත්තර වූ ධම්ම චක්කය පවත්වන ලද්දේ. ලෝකයේ වෙන ශ්‍රමණයෙකුට වේවා බ්‍රාහ්මණයෙකුට වේවා දෙවියෙකුට වේවා මාරයෙකුට වේවා බ්‍රහ්මයෙකුට වේවා ලෝකයේ වෙන කිසිවෙකුට හෝ එය ආපස්සට හරවන්නට බැහැ.

එනම් මේ චතුරාර්ය සත්‍යය ධර්මයන් පිළිබඳව ප්‍රකාශ කිරීමයි, දේශනා කිරීමයි, පැණවීමයි, පිහිටුවා තැබීමයි, විස්තර කිරීමයි, විග්‍රහ කොට පෙන්වීමයි, උඩට ඉස්මතු කොට පෙන්වාදීමයි.

ඒ කවර චතුරාර්ය සත්‍යයන් පිළිබඳවද?

දුක නම් වූ ආර්ය සත්‍යය පිළිබඳවයි ප්‍රකාශ කළේ, දේශනා කළේ, පැණෙව්වේ, පිහිටුවා තැබුවේ, විස්තර කළේ, විග්‍රහ කොට පෙන්වූවේ, උඩට ඉස්මතු කොට පෙන්වා දුන්නේ.

දුක හටගැනීම නම් වූ ආර්ය සත්‍යය පිළිබඳවයි ප්‍රකාශ කළේ. දේශනා කළේ, පැණෙව්වේ, පිහිටුවා තැබුවේ, විස්තර කළේ, විග්‍රහ කොට පෙන්වූවේ, උඩට ඉස්මතු කොට පෙන්වා දුන්නේ.

දුක නිරුද්ධ වීම නම් වූ ආර්ය සත්‍යය පිළිබඳවයි ප්‍රකාශ කළේ, දේශනා කළේ, පැණෙව්වේ, පිහිටුවා තැබුවේ, විස්තර කළේ, විග්‍රහ කොට පෙන්වූවේ, උඩට ඉස්මතු කොට පෙන්වා දුන්නේ.

දුක නිරුද්ධ වීම පිණිස පවතින ප්‍රතිපදාව නම් වූ ආර්ය සත්‍යය පිළිබඳවයි ප්‍රකාශ කළේ, දේශනා කළේ, පැණෙව්වේ, පිහිටුවා තැබුවේ, විස්තර කළේ, විග්‍රහ කොට පෙන්වූවේ, උඩට ඉස්මතු කොට පෙන්වා දුන්නේ.

පින්වත් මහණෙනි, අරහත් වූ, සම්මා සම්බුද්ධ වූ තථාගතයන් වහන්සේ විසිනුයි බරණැස ඉසිපතන මිගදායේ දී අනුත්තර වූ ධම්ම චක්කය පවත්වන ලද්දේ. ලෝකයේ වෙන ශ්‍රමණයෙකුට වේවා බ්‍රාහ්මණයෙකුට වේවා දෙවියෙකුට වේවා මාරයෙකුට වේවා බ්‍රහ්මයෙකුට වේවා ලෝකයේ වෙන කිසිවෙකුට හෝ එය ආපස්සට හරවන්නට බැහැ.

එනම් මේ චතුරාර්ය සත්‍යය ධර්මයන් පිළිබඳව ප්‍රකාශ කිරීමයි, දේශනා කිරීමයි, පැණවීමයි, පිහිටුවා තැබීමයි, විස්තර කිරීමයි, විග්‍රහ කොට පෙන්වීමයි, උඩට ඉස්මතු කොට පෙන්වා දීමයි.

පින්වත් මහණෙනි, සාරිපුත්ත හා මොග්ගල්ලානයන් ඇසුරු කරන්න. සාරිපුත්ත හා මොග්ගල්ලානයන් ඉතාමත් කිට්ටුවෙන් ඇසුරු කරන්න. මේ දෙනම මහා නුවණින් යුක්තයි. සබ්‍රහ්මචාරී භික්ෂූන්ට අනුග්‍රහ දක්වනවා.

පින්වත් මහණෙනි, දරුවන් වදන්නා වූ මෑණියන් යම්සේද, සාරිපුත්තයන්ද අන්න ඒ වගේම යි. උපන්නා වූ දරුවාව පෝෂණය කරන තැනැත්තිය යම්සේද, මොග්ගල්ලානයන් අන්න ඒ වගේම යි. පින්වත් මහණෙනි, සාරිපුත්තයන් සෝවාන් ඵලය අවබෝධ කරගන්නට ශ්‍රාවකයන්ව හික්මවනවා. මොග්ගල්ලානයන් ඉහළ මාර්ගඵලයන් අවබෝධ කරගැනීම පිණිස ශ්‍රාවකයන්ව හික්මවනවා.

පින්වත් මහණෙනි, සාරිපුත්තයන් චතුරාර්ය සත්‍යය ධර්මයන් පිළිබඳව විස්තර වශයෙන් ප්‍රකාශ කරන්නට, දේශනා කරන්නට, පණවන්නට, පිහිටුවාලන්නට, විස්තර කරන්නට, විග්‍රහ කොට දක්වන්නට, උඩට ඉස්මතු කොට පෙන්වන්නට අතිශයින්ම දක්ෂයි."

භාග්‍යවතුන් වහන්සේ මෙය වදාළ සේක. මෙය වදාළ සුගතයන් වහන්සේ ආසනයෙන් නැගිට ගන්ධකුටියට වැඩම කළා.

එතකොට භාග්‍යවතුන් වහන්සේ වැඩමකර නොබෝ වේලාවකින් ආයුෂ්මත් සාරිපුත්තයන් වහන්සේ "ආයුෂ්මත් මහණෙනි"යි කියා භික්ෂුසංඝයා ඇමතුවා. ඒ භික්ෂූන් වහන්සේලා ද "ප්‍රිය ආයුෂ්මතුන් වහන්සැ"යි කියා ආයුෂ්මත් සාරිපුත්තයන් වහන්සේට පිළිතුරු දුන්නා. ආයුෂ්මත් සාරිපුත්තයන් වහන්සේ මෙම දෙසුම වදාළා.

"ප්‍රිය ආයුෂ්මතුන් වහන්ස, අරහත් වූ සම්මා සම්බුද්ධ වූ තථාගතයන් වහන්සේ විසින් බරණැස ඉසිපතන මිගදායේදී අනුත්තර වූ ධම්මචක්කය පවත්වා වදාළා. ලෝකයේ වෙන ශ්‍රමණයෙකුටවත්, බ්‍රාහ්මණයෙකුටවත්, දෙවියෙකුටවත්, මාරයෙකුටවත්, බ්‍රහ්මයෙකුටවත්, ලෝකයේ වෙන කිසිම කෙනෙකුටවත් එය ආපස්සට හරවන්නට බැහැ.

ඒ කියන්නේ මේ චතුරාර්ය සත්‍යය ධර්මයන් ප්‍රකාශ කිරීමයි, දේශනා කිරීමයි, පැණවීමයි, පිහිටුවා තැබීමයි, විස්තර කිරීමයි, විග්‍රහ කොට පෙන්වීමයි, උඩට ඉස්මතු කොට පෙන්වා දීමයි.

ඒ කවර චතුරාර්ය සත්‍යයන් පිළිබඳවද?

දුක නම් වූ ආර්ය සත්‍යය පිළිබඳව ප්‍රකාශ කිරීමයි, දේශනා කිරීමයි, පැණවීමයි, පිහිටුවා තැබීමයි, විස්තර කිරීමයි, විග්‍රහ කොට පෙන්වීමයි, උඩට ඉස්මතු කොට පෙන්වා දීමයි.

දුක හටගැනීම නම් වූ ආර්ය සත්‍යය පිළිබඳව ප්‍රකාශ කිරීමයි, දේශනා කිරීමයි, පැණවීමයි, පිහිටුවා තැබීමයි, විස්තර කිරීමයි, විග්‍රහ කොට පෙන්වීමයි, උඩට ඉස්මතු කොට පෙන්වා දීමයි.

දුක නිරුද්ධ වීම නම් වූ ආර්ය සත්‍යය පිළිබඳව ප්‍රකාශ කිරීමයි, දේශනා කිරීමයි, පැණවීමයි, පිහිටුවා තැබීමයි, විස්තර කිරීමයි, විග්‍රහ කොට පෙන්වීමයි, උඩට ඉස්මතු කොට පෙන්වා දීමයි.

දුක නිරුද්ධ වීම පිණිස පවතින ප්‍රතිපදාව නම් වූ ආර්ය සත්‍යය පිළිබඳව ප්‍රකාශ කිරීමයි, දේශනා කිරීමයි, පැණවීමයි, පිහිටුවා තැබීමයි, විස්තර කිරීමයි, විග්‍රහ කොට පෙන්වීමයි, උඩට ඉස්මතු කොට පෙන්වා දීමයි.

ප්‍රිය ආයුෂ්මතුන් වහන්ස, දුක නම් වූ ආර්ය සත්‍යය යනු කුමක්ද?

ඉපදීමත් දුකයි. ජරාවට පත්වීමත් දුකයි. මරණයත් දුකයි. සෝක, වැළපීම්, කායික දුක්, මානසික දුක්, සුසුම් හෙළීම් ආදියත් දුකයි. කැමති වන්නා වූ යමක් නොලැබේ නම් ඒකත් දුකයි. දුක ගැන හකුළුවා කියනවා නම් පංච උපාදානස්කන්ධයම යි දුක.

ප්‍රිය ආයුෂ්මතුන් වහන්ස, ඉපදීම යනු කුමක්ද?

ඒ ඒ සත්වයන්ගේ, ඒ ඒ සත්ව ලෝකවල යම් උපතක් තියෙනවාද, යම් හටගැනීමක් තියෙනවාද, මව් කුසක බැසගැනීමක් තියෙනවාද, විශේෂ ඉපදීමක්

තියෙනවාද, උපාදානස්කන්ධයනගේ පහළ වීමක් තියෙනවාද, ඇස්, කන් ආදී ආයතනයන්ගේ ලැබීමක් තියෙනවාද, ප්‍රිය ආයුෂ්මතුන් වහන්ස, ඉපදීම කියලා කියන්නේ ඕකටයි.

ප්‍රිය ආයුෂ්මතුන් වහන්ස, ජරාවට පත්වීම යනු කුමක්ද?

ඒ ඒ සත්වයන්ගේ, ඒ ඒ සත්ව ලෝකවල යම් දිරීමක් තියෙනවාද, දිරා යන ස්වභාවයක් තියෙනවාද, දත් ආදියෙහි කැඩීමක් තියෙනවාද, කෙස් ආදියෙහි පැසීමක් තියෙනවාද, සමෙහි රැළි වැටීමක් තියෙනවාද, ආයුෂයාගේ ගෙවීමක් තියෙනවාද, ඇස්, කන් ආදී ඉඳුරන්ගේ මෝරා යාමක් තියෙනවාද, ප්‍රිය ආයුෂ්මතුන් වහන්ස, මෙයට තමයි ජරාවට පත්වෙනවාය කියලා කියන්නේ.

ප්‍රිය ආයුෂ්මතුන් වහන්ස, මරණය යනු කුමක්ද?

ඒ ඒ සත්වයන් ගේ, ඒ ඒ සත්ව ලෝකවලින් යම් චුත වීමක් ඇද්ද, චුත වන ස්වභාවයක් ඇද්ද, බිඳී යෑමක් ඇද්ද, අතුරුදහන් වීමක් ඇද්ද, මරණයට පත්වීමක් ඇද්ද, කළුරිය කිරීමක් ඇද්ද, උපාදානස්කන්ධයන්ගෙ බිඳී යාමක් ඇද්ද, ශරීරයේ බැහැර දැමීමක් ඇද්ද, ප්‍රිය ආයුෂ්මතුන් වහන්ස, මෙයට තමයි මරණයට පත්වෙනවා කියල කියන්නේ.

ප්‍රිය ආයුෂ්මතුන් වහන්ස, ශෝකය යනු කුමක් ද?

ප්‍රිය ආයුෂ්මතුන් වහන්ස, විවිධාකාර විපත්වලදී, ඕනෑම විපතකින් පීඩා විඳින කෙනෙකු තුළ, ඒ විපත් නිසා ඉවසිය නොහැකි දුකකින් වේදනා විඳින කෙනෙකු තුළ, යම් කිසි ශෝක කිරීමක් ඇද්ද, ශෝකයෙන් තැවීමක් ඇද්ද, ශෝකීව සිටින ස්වභාවයක් ඇද්ද, සිත දවාලන ශෝකයක් ඇද්ද, හිත හාත්පස දවාලන ශෝකයක් ඇද්ද, ප්‍රිය ආයුෂ්මතුන් වහන්ස, මෙයට තමයි ශෝකය කියලා කියන්නේ.

ප්‍රිය ආයුෂ්මතුන් වහන්ස, හඬා වැළපීම යනු කුමක්ද?

ප්‍රිය ආයුෂ්මතුන් වහන්ස, විවිධාකාර විපත්වලදී, ඕනෑම විපතකින් පීඩා විඳින කෙනෙකු තුළ, ඒ විපත් නිසා ඉවසිය නොහැකි දුකකින් වේදනා විඳින කෙනෙකු තුළ, යම් හඬා වැළපීමක් ඇද්ද, නම් ගොත් කියමින් හඬාවැළපීමක් ඇද්ද, හඬා වැළපෙන ස්වභාවයක් ඇද්ද, නම් ගොත් කියමින් හඬා වැළපෙන ස්වභාවයක් ඇද්ද, ප්‍රිය ආයුෂ්මතුන් වහන්ස, මෙයට තමයි හඬා වැළපීම කියලා කියන්නේ.

ප්‍රිය ආයුෂ්මතුන් වහන්ස, කායික දුක යනු කුමක්ද?

ප්‍රිය ආයුෂ්මතුන් වහන්ස, කායිකව කිසිසේත්ම ඉවසන්නට බැරි විදිහේ දුක් හටගන්නවා. කායිකව අමිහිරි වූ වේදනා හටගන්නවා. කයෙහි ස්පර්ශයෙන් හටගන්නා වූ ඒ දුක් හා අමිහිරි වේදනා ඇද්ද, විඳවන ස්වභාවයක් ඇද්ද, ප්‍රිය ආයුෂ්මතුන් වහන්ස, මෙයටයි කායික දුක කියල කියන්නේ.

ප්‍රිය ආයුෂ්මතුන් වහන්ස, මානසික දුක යනු කුමක්ද?

ප්‍රිය ආයුෂ්මතුන් වහන්ස, මානසිකව කිසිසේත්ම ඉවසන්නට බැරි විදිහේ දුක් හටගන්නවා. මානසිකව අමිහිරි වූ වේදනා හටගන්නවා. මනසෙහි ස්පර්ශයෙන් හටගන්නා වූ ඒ දුක් හා අමිහිරි වේදනා ඇද්ද, විඳවන ස්වභාවයක් ඇද්ද, ප්‍රිය ආයුෂ්මතුන් වහන්ස, මෙයටයි මානසික දුක කියල කියන්නේ.

ප්‍රිය ආයුෂ්මතුන් වහන්ස, දුක් පීඩා ගැන සිතමින් සුසුම් හෙළීම යනු කුමක්ද?

ප්‍රිය ආයුෂ්මතුන් වහන්ස, විවිධාකාර විපත්වලදී, ඕනෑම විපතකින් පීඩා විඳින කෙනෙකු තුළ, ඒ විපත් නිසා ඉවසිය නොහැකි දුකකින් වේදනා විඳින කෙනෙකු තුළ, ඇතිවන්නා වූ යම් වෙහෙසක් ඇද්ද, ඒ ගැන සිත සිතා යම් සුසුම් හෙළීමක් ඇද්ද, මහත් වෙහෙසට පත්වීමක් ඇද්ද, ඒ ගැන සිත සිතා සුසුම් හෙළන ස්වභාවයක් ඇද්ද, මෙයට තමයි දුක් පීඩා ගැන සිත සිතා සුසුම් හෙළනවා කියන්නේ.

ප්‍රිය ආයුෂ්මතුන් වහන්ස, කැමති වන්නා වූ යමක් නොලැබීමේ දුක යනු කුමක්ද?

ප්‍රිය ආයුෂ්මතුන් වහන්ස, ඉපදීම උරුම කරගත් සත්වයන් හට මෙවැනි දෙයක් ලැබීමට ආශාවක් ඇතිවෙනවා. 'අනේ! ඒකාන්තයෙන්ම අපට ඉපදීම උරුම වෙන්නේ නැත්නම්. ඒකාන්තයෙන්ම ඉපදීම අප කරා එන්නේ නැත්නම් කොයිතරම් අගෙයිද!' කියල. එහෙත් එය කැමැත්ත තිබුණු පලියට උදා කර ගන්නට පුළුවන් දෙයක් නොවෙයි. මෙය තමයි කැමති වන්නා වූ දෙය නොලැබීමේ දුක.

ප්‍රිය ආයුෂ්මතුන් වහන්ස, වයසට යෑම උරුම කරගත් සත්වයන් හට මෙවැනි දෙයක් ලැබීමට ආශාවක් ඇතිවෙනවා. 'අනේ! ඒකාන්තයෙන්ම අපට නාකිවීම උරුම වෙන්නේ නැත්නම්. ඒකාන්තයෙන්ම ජරාව අප කරා එන්නේ නැත්නම් කොයිතරම් අගෙයිද!' කියල. එහෙත් එය කැමැත්ත තිබුණු පලියට උදා කරගන්නට පුළුවන් දෙයක් නොවෙයි. මෙය තමයි කැමති වන්නා වූ දෙය නොලැබීමේ දුක.

ප්‍රිය ආයුෂ්මතුන් වහන්ස, ලෙඩ දුක් වැළඳීම උරුම කරගත් සත්වයන් හට මෙවැනි දෙයක් ලැබීමට ආශාවක් ඇතිවෙනවා. 'අනේ! ඒකාන්තයෙන්ම අපට ලෙඩදුක් උරුම වෙන්නේ නැත්නම්. ඒකාන්තයෙන්ම ලෙඩදුක් අප කරා එන්නේ නැත්නම් කොයිතරම් අගෙයිද!' කියලා. එහෙත් එය කැමැත්ත තිබුණු පලියට උදා කරගන්නට පුළුවන් දෙයක් නොවෙයි. මෙය තමයි කැමති වන්නා වූ දෙය නොලැබීමේ දුක.

ප්‍රිය ආයුෂ්මතුන් වහන්ස, මරණය උරුම කරගත් සත්වයන් හට මෙවැනි දෙයක් ලැබීමට ආශාවක් ඇතිවෙනවා. 'අනේ! ඒකාන්තයෙන්ම අපට මරණය උරුම වෙන්නේ නැත්නම්. ඒකාන්තයෙන්ම මරණය අප කරා එන්නේ නැත්නම් කොයිතරම් අගෙයිද!' කියලා. එහෙත් එය කැමැත්ත තිබුණු පලියට උදා කරගන්නට පුළුවන් දෙයක් නොවෙයි. මෙය තමයි කැමති වන්නා වූ දෙය නොලැබීමේ දුක.

ප්‍රිය ආයුෂ්මතුන් වහන්ස, ශෝක වැළපීම් දුක් දොම්නස් සුසුම් හෙළීම් උරුම කරගත් සත්වයන් හට මෙවැනි දෙයක් ලැබීමට ආශාවක් ඇතිවෙනවා. 'අනේ! ඒකාන්තයෙන්ම අපට ශෝක වැළපීම් දුක් දොම්නස් සුසුම් හෙළීම් උරුම වෙන්නේ නැත්නම්. ඒකාන්තයෙන්ම ශෝක වැළපීම් දුක් දොම්නස් සුසුම් හෙළීම් අප කරා එන්නේ නැත්නම් කොයිතරම් අගෙයිද!' කියලා. එහෙත් එය කැමැත්ත තිබුණු පලියට උදා කරගන්නට පුළුවන් දෙයක් නොවෙයි. මෙය තමයි කැමති වන්නා වූ දෙය නොලැබීමේ දුක.

ප්‍රිය ආයුෂ්මතුන් වහන්ස, මේ දුක ගැන හකුළුවා කීමේ දී පංච උපාදානස්කන්ධයම යි දුක කියල කියන්නේ කුමකටද?

එනම් මේ රූප උපාදානස්කන්ධය ය, වේදනා උපාදානස්කන්ධය ය, සඤ්ඤා උපාදානස්කන්ධය ය, සංස්කාර උපාදානස්කන්ධය ය, විඤ්ඤාණ උපාදානස්කන්ධය ය. ප්‍රිය ආයුෂ්මතුන් වහන්ස, මෙයට තමයි දුක පිළිබඳව හකුළුවා කීමේ දී පංච උපාදානස්කන්ධයම දුකයි කියල කියන්නේ. ප්‍රිය ආයුෂ්මතුන් වහන්ස, මෙය තමයි දුක නම් වූ ආර්ය සත්‍යය කියල කියන්නේ.

ප්‍රිය ආයුෂ්මතුන් වහන්ස, දුක හටගැනීම නම් වූ ආර්ය සත්‍යය යනු කුමක්ද?

නැවත උපතක් කරා රැගෙන යන්නා වූ, ආශ්වාදයෙන් ඇලෙන්නා වූ, ඒ ගිය ගිය තැන දී සතුටින් පිළිගන්නා වූ යම් මේ තණ්හාවක් ඇද්ද එයයි. එනම් කාම තණ්හාවය. භව තණ්හාවය. විභව තණ්හාවය. ප්‍රිය ආයුෂ්මතුන් වහන්ස, මෙය තමයි දුක හටගැනීම නම් වූ ආර්ය සත්‍යය කියල කියන්නේ.

ප්‍රිය ආයුෂ්මතුන් වහන්ස, දුක නිරුද්ධ වීම නම් වූ ආර්ය සත්‍යය යනු කුමක්ද? ඒ කාම තණ්හා, භව තණ්හා, විභව තණ්හා යන තුන් ආකාර වූ තණ්හාවම ඉතිරි නැතුව, නොඇල්මෙන්, නිරුද්ධ වෙලා යනවා නම්, අත්හරිනවා නම්, දුරුකරනවා නම්, ඒ ත්‍රිවිධ තණ්හාවෙන් නිදහස්වෙනවා නම්, ආලය නැතුව යනවා නම් එයයි. ප්‍රිය ආයුෂ්මතුන් වහන්ස, මෙය තමයි දුක නිරුද්ධ වීම නම් වූ ආර්ය සත්‍යය කියල කියන්නේ.

ප්‍රිය ආයුෂ්මතුන් වහන්ස, දුක නිරුද්ධ වීම පිණිස පවතින ප්‍රතිපදාව නම් වූ ආර්ය සත්‍යය යනු කුමක්ද? එය වනාහී මේ ආර්ය අෂ්ටාංගික මාර්ගයම යි. එනම්, සම්මා දිට්ඨිය ද, සම්මා සංකල්පය ද, සම්මා වාචා ද, සම්මා කම්මන්තය ද, සම්මා ආජීවය ද, සම්මා වායාමය ද, සම්මා සතිය ද, සම්මා සමාධිය ද යන මෙයයි.

ප්‍රිය ආයුෂ්මතුන් වහන්ස, සම්මා දිට්ඨිය යනු කුමක්ද? ප්‍රිය ආයුෂ්මතුන් වහන්ස, සම්මා දිට්ඨිය කියලා කියන්නේ දුක්ඛාර්ය සත්‍යය පිළිබඳව යම් අවබෝධයක් ඇද්ද, ඒ වගේම දුක්ඛ සමුදය ආර්ය සත්‍යය පිළිබඳව යම් අවබෝධයක් ඇද්ද, ඒ වගේම දුක්ඛ නිරෝධ ආර්ය සත්‍යය පිළිබඳව යම් අවබෝධයක් ඇද්ද, ඒ වගේම දුක්ඛ නිරෝධ ගාමිනී ප්‍රතිපදා ආර්ය සත්‍යය පිළිබඳව යම් අවබෝධයක් ඇද්ද එයයි. ප්‍රිය ආයුෂ්මතුන් වහන්ස, සම්මා දිට්ඨිය කියල කියන්නේ මෙයටයි.

ප්‍රිය ආයුෂ්මතුන් වහන්ස, සම්මා සංකල්පය යනු කුමක් ද? කාමයන්ගෙන් නික්මීම පිළිබඳ යම් සිතුවිලි ඇද්ද, ඒ වගේම ව්‍යාපාදයෙන් තොර වූ යම් සිතුවිලි ඇද්ද, හිංසාවෙන් තොර වූ යම් සිතුවිලි ඇද්ද එයයි. ප්‍රිය ආයුෂ්මතුන් වහන්ස, සම්මා සංකල්පය කියල කියන්නේ මෙයටයි.

ප්‍රිය ආයුෂ්මතුන් වහන්ස, සම්මා වාචා යනු කුමක්ද? බොරු කීමෙන් වැළකී සිටීමයි. කේළාම් කීමෙන් වැළකී සිටීමයි. පරුෂ වචන කීමෙන් වැළකී සිටීමයි. හිස් වචන කීමෙන් වැළකී සිටීමයි. ප්‍රිය ආයුෂ්මතුන් වහන්ස, සම්මා වාචා කියල කියන්නේ මෙයටයි.

ප්‍රිය ආයුෂ්මතුන් වහන්ස, සම්මා කම්මන්ත යනු කුමක්ද? ප්‍රාණඝාතයෙන් වැළකී සිටීමයි. සොරකම් කිරීමෙන් වැළකී සිටීමයි. වැරදි කාමසේවනයෙන් වැළකී සිටීමයි. ප්‍රිය ආයුෂ්මතුන් වහන්ස, සම්මා කම්මන්ත කියල කියන්නේ මෙයටයි.

ප්‍රිය ආයුෂ්මතුන් වහන්ස, සම්මා ආජීව යනු කුමක්ද? මෙකරුණෙහිලා ආර්ය ශ්‍රාවකයා මිත්‍යා ආජීවය දුරු කොට ඉතා ධාර්මික ලෙස ජීවිතය ගත කරනවා. ප්‍රිය ආයුෂ්මතුන් වහන්ස, සම්මා ආජීවය කියල කියන්නේ මෙයටයි.

ප්‍රිය ආයුෂ්මතුන් වහන්ස, සම්මා වායාම යනු කුමක්ද? ප්‍රිය ආයුෂ්මතුන් වහන්ස, මෙකරුණෙහිලා භික්ෂුව නූපන් පාපී අකුසල් හටනොගැනීම පිණිස කැමැත්ත උපදවනවා. වෑයම් කරනවා. වීරිය පටන් ගන්නවා. සිත දැඩි කොට ගන්නවා. බලවත් උත්සාහයක යෙදෙනවා.

හටගත්තා වූ පාපී අකුසල් ප්‍රහාණය කිරීම පිණිස කැමැත්ත උපදවනවා. වෑයම් කරනවා. වීරිය පටන් ගන්නවා. සිත දැඩිකොට ගන්නවා. බලවත් උත්සාහයක යෙදෙනවා.

හටනොගත්තා වූ කුසල ධර්මයන් උපදවා ගැනීම පිණිස කැමැත්ත උපදවනවා. වෑයම් කරනවා. වීරිය පටන් ගන්නවා. සිත දැඩිකොට ගන්නවා. බලවත් උත්සාහයක යෙදෙනවා.

හටගත්තා වූ කුසල ධර්මයන් පවත්වා ගැනීම පිණිස, නැති නොවීම පිණිස, වැඩි දියුණු කරගැනීම පිණිස, විපුල බවට පත්කර ගැනීම පිණිස, භාවනාවෙන් සම්පූර්ණ කරගැනීම පිණිස, කැමැත්ත උපදවනවා. වෑයම් කරනවා. වීරිය පටන් ගන්නවා. සිත දැඩිකොට ගන්නවා. බලවත් උත්සාහයක යෙදෙනවා. ප්‍රිය ආයුෂ්මතුන් වහන්ස, සම්මා වායාම කියන්නේ මෙයටයි.

ප්‍රිය ආයුෂ්මතුන් වහන්ස, සම්මා සතිය යනු කුමක්ද? ප්‍රිය ආයුෂ්මතුන් වහන්ස, මෙකරුණෙහිලා භික්ෂුව කෙලෙස් තවන වීරියෙන් යුතුව, මනා නුවණින් යුතුව, සිහියෙන් යුතුව, ලෝකයෙහි ඇලීම් ගැටීම් දුරුකොට කය පිළිබඳව කායානුපස්සනා භාවනාවෙන් කල් ගෙවනවා.

වේදනාවන් පිළිබඳව ....(පෙ).... සිත පිළිබඳව ....(පෙ).... කෙලෙස් තවන වීරියෙන් යුතුව, මනා නුවණින් යුතුව, සිහියෙන් යුතුව, ලෝකයෙහි ඇලීම් ගැටීම් දුරුකොට, ධර්මයන් පිළිබඳව ධම්මානුපස්සනා භාවනාවෙන් කල් ගෙවනවා. ප්‍රිය ආයුෂ්මතුන් වහන්ස, සම්මා සතිය කියන්නේ මෙයටයි.

ප්‍රිය ආයුෂ්මතුන් වහන්ස, සම්මා සමාධිය යනු කුමක්ද? ප්‍රිය ආයුෂ්මතුන් වහන්ස, මෙකරුණෙහිලා භික්ෂුව කාමයන්ගෙන් වෙන්වීමෙන්ම, අකුසල ධර්මයන් ගෙන් වෙන් වීමෙන්ම, විතර්ක සහිත වූ විචාර සහිත වූ විවේකයෙන් හටගත්තා වූ ප්‍රීතිය හා සැපය ඇත්තා වූ පළමු වෙනි ධ්‍යානය උපදවා ගෙන වාසය කරනවා. විතර්ක විචාරයන්ගේ සංසිඳීමෙන්, තම අභ්‍යන්තරයේ බලවත්

පැහැදීමෙන් යුතුව, සිතේ එකඟ බවින් යුතුව, විතර්ක විචාර රහිත වූ, සමාධියෙන් හටගත්තා වූ ප්‍රීතිය හා සැපය ඇත්තා වූ දෙවනි ධ්‍යානය ....(පෙ).... තුන් වෙනි ධ්‍යානය ....(පෙ).... හතර වෙනි ධ්‍යානය උපදවාගෙන වාසය කරනවා. ප්‍රිය ආයුෂ්මතුන් වහන්ස, සම්මා සමාධිය කියන්නේ මෙයටයි.

ප්‍රිය ආයුෂ්මතුන් වහන්ස, මෙය වනාහී දුක නිරුද්ධ වීම පිණිස පවතින ප්‍රතිපදාව නම් වූ ආර්ය සත්‍යයයි.

ප්‍රිය ආයුෂ්මතුන් වහන්ස, අරහත් වූ සම්මා සම්බුද්ධ වූ තථාගතයන් වහන්සේ විසින් බරණැස ඉසිපතන මිගදායේ දී අනුත්තර වූ ධම්මචක්කය පවත්වා වදාළා. ලෝකයේ වෙන ශ්‍රමණයෙකුටවත්, බ්‍රාහ්මණයෙකුටවත්, දෙවියෙකුටවත්, මාරයෙකුටවත්, බ්‍රහ්මයෙකුටවත්, ලෝකයේ වෙන කිසිම කෙනෙකුටවත් එය ආපස්සට හරවන්නට බැහැ.

ඒ කියන්නේ මේ චතුරාර්ය සත්‍යය ධර්මයන් ප්‍රකාශ කිරීමයි. දේශනා කිරීමයි. පැණවීමයි. පිහිටුවා තැබීමයි. විස්තර කිරීමයි. විග්‍රහ කොට පෙන්වීමයි. උඩට ඉස්මතු කොට පෙන්වා දීමයි.

ආයුෂ්මත් සාරිපුත්තයන් වහන්සේ මෙය වදාළ සේක. සතුටු සිත් ඇති ඒ භික්ෂූන් වහන්සේලා ආයුෂ්මත් සාරිපුත්තයන් වහන්සේගේ දේශනාව සතුටින් පිළිගත්තා.

සාදු! සාදු!! සාදු!!!

ආර්ය සත්‍යය බෙදා දැක්වීම ගැන වදාළ දෙසුම නිමා විය.

3.4.12.
දක්ඛිණා විභංග සූත්‍රය
දන්දීම පිළිබඳ විග්‍රහ කොට වදාළ දෙසුම

මා හට අසන්නට ලැබුනේ මේ විදිහටයි. ඒ දිනවල භාග්‍යවතුන් වහන්සේ වැඩසිටියේ ශාක්‍ය ජනපදයේ කපිලවස්තු නුවර නිග්‍රෝධාරාමයෙහිය. එදා මහාප්‍රජාපතී ගෞතමී දේවිය අලුත් වස්ත්‍ර යුගලක් රැගෙන භාග්‍යවතුන් වහන්සේ වෙත පැමිණියා. පැමිණ භාග්‍යවතුන් වහන්සේට ආදරයෙන් වන්දනා කොට එකත්පස්ව වාඩිවුනා. එකත්පස්ව හුන් මහාප්‍රජාපතී ගෞතමී දේවිය භාග්‍යවතුන් වහන්සේට මෙය පැවසුවා.

"ස්වාමීනී, මේ අලුත් වස්ත්‍ර යුගල තමන්ගේ අතින්ම නූල් කැට, තමන්ගේ අතින් ම වියා මා විසින් පිළියෙල කළේ භාග්‍යවතුන් වහන්සේ උදෙසාම යි. ස්වාමීනී, භාග්‍යවතුන් වහන්සේ මාගේ ඒ වස්ත්‍ර යුගල අනුකම්පා උපදවාගෙන පිළිගන්නා සේක්වා!"

මෙසේ පැවසූ විට භාග්‍යවතුන් වහන්සේ මහාප්‍රජාපතී ගෞතමී දේවියට මෙය පවසා වදාළා. "පින්වත් ගෞතමිය, සංඝයාට පූජා කරන්න. ඔබ විසින් සංඝයා උදෙසා දුන් විට මටත් පිදුවා වෙනවා. සංඝයාටත් පිදුවා වෙනවා."

දෙවෙනි වතාවෙදිත් මහාප්‍රජාපතී ගෞතමිය භාග්‍යවතුන් වහන්සේට මෙය පැවසුවා. "ස්වාමීනී, මේ අලුත් වස්ත්‍ර යුගල ....(පෙ).... පිළිගන්නා සේක්වා!"

දෙවෙනි වතාවේදීත් භාග්‍යවතුන් වහන්සේ මහාප්‍රජාපතී ගෞතමී දේවියට මෙය පවසා වදාළා. "පින්වත් ගෞතමිය, සංඝයාට පූජා කරන්න. ඔබ විසින් සංඝයා උදෙසා දුන් විට මටත් පිදුවා වෙනවා. සංඝයාටත් පිදුවා වෙනවා."

තුන්වෙනි වතාවෙදිත් මහාප්‍රජාපතී ගෞතමිය භාග්‍යවතුන් වහන්සේට මෙය පැවසුවා. "ස්වාමීනී, මේ අලුත් වස්ත්‍ර යුගල ....(පෙ).... පිළිගන්නා සේක්වා!"

තුන්වෙනි වතාවේදීත් භාග්‍යවතුන් වහන්සේ මහාප්‍රජාපතී ගෞතමී දේවියට මෙය පවසා වදාළා. "පින්වත් ගෞතමිය, සංඝයාට පූජා කරන්න.

ඔබ විසින් සංඝයා උදෙසා දුන් විට මටත් පිදුවා වෙනවා. සංඝයාටත් පිදුවා වෙනවා."

එසේ වදාළ විට ආයුෂ්මත් ආනන්දයන් වහන්සේ භාග්‍යවතුන් වහන්සේට මෙය පැවසුවා. "ස්වාමීනී, භාග්‍යවතුන් වහන්ස, මහාප්‍රජාපතී ගෝතමියගේ අලුත් වස්ත්‍ර යුගල පිළිගන්නා සේක්වා! ස්වාමීනී, මහාප්‍රජාපතී ගෞතමිය භාග්‍යවතුන් වහන්සේට බොහෝ උපකාරී වුනා. කිරි අම්මා වුනා. අත් පා වැඩුවා. පෝෂණය කළා. කිරි පෙව්වා. වැදූ මව කළුරිය කළ වේලෙහි පටන් භාග්‍යවතුන් වහන්සේට කිරි පෙව්වා.

ස්වාමීනී, භාග්‍යවතුන් වහන්සේ ද මහාප්‍රජාපතී ගෞතමියට බොහෝ උපකාරී වූ සේක. ස්වාමීනී, භාග්‍යවතුන් වහන්සේ වෙත පැමිණි නිසයි මහාප්‍රජාපතී ගෞතමිය බුදුන් සරණ ගියේ. ධර්මය සරණ ගියේ. සංඝයා සරණ ගියේ. ඒ වගේම ස්වාමීනී, භාග්‍යවතුන් වහන්සේ වෙත පැමිණි නිසයි මහාප්‍රජාපතී ගෞතමිය සතුන් මැරීමෙන් වැළකුනේ. සොරකමින් වැළකුනේ. වැරදි කාම සේවනයෙන් වැළකුනේ. බොරු කීමෙන් වැළකුනේ. මත්පැන් මත්ද්‍රව්‍ය භාවිතයෙන් වැළකුනේ.

ඒ වගේම ස්වාමීනී, භාග්‍යවතුන් වහන්සේ වෙත පැමිණිලයි මහාප්‍රජාපතී ගෞතමිය බුදුරජාණන් වහන්සේ කෙරෙහි නොසෙල්වෙන පැහැදීමෙන් යුක්ත වුනේ. ධර්මය කෙරෙහි නොසෙල්වෙන පැහැදීමෙන් යුක්ත වුනේ. සංඝයා කෙරෙහි නොසෙල්වෙන පැහැදීමෙන් යුක්ත වුනේ. ආර්යකාන්ත ශීලයෙන් යුක්ත වුනේ.

ඒ වගේම ස්වාමීනී, භාග්‍යවතුන් වහන්සේ වෙත පැමිණිලයි මහාප්‍රජාපතී ගෞතමිය දුක්ඛාර්ය සත්‍යය පිළිබඳව සැක රහිත වුනේ. දුක්ඛ සමුදය ආර්ය සත්‍යය පිළිබඳව සැක රහිත වුනේ. දුක්ඛ නිරෝධ ආර්ය සත්‍යය පිළිබඳව සැක රහිත වුනේ. දුක්ඛ නිරෝධ ගාමිනී පටිපදා ආර්ය සත්‍යය පිළිබඳව සැක රහිත වුනේ.

ස්වාමීනී, භාග්‍යවතුන් වහන්සේත් ඔය අයුරින් මහාප්‍රජාපතී ගෞතමියට බොහෝ උපකාරී වුන සේක."

"පින්වත් ආනන්දය, ඒක එහෙමම යි. පින්වත් ආනන්දය, ඒක එහෙමම යි. යම් පුද්ගලයෙක් යම්කිසි පුද්ගලයෙක් කරා පැමිණිලා බුදුරජාණන් වහන්සේ සරණ ගියා නම්, ධර්මය සරණ ගියා නම්, සංඝයා සරණ ගියා නම්, පින්වත් ආනන්ද, අර පුද්ගලයාට මේ පුද්ගලයා විසින් කෘතගුණ සලකා අවසන්

කරන්නට බැහැ කියලයි මං කියන්නේ. ඒ කියන්නේ වන්දනා කිරීම, දුටු විට අසුනෙන් නැගිටීම, ඇඳිලි බැඳ වැඳීම, උපස්ථාන කිරීම, චීවර පිණ්ඩපාත, සේනාසන, ගිලන්පස බෙහෙත් පිරිකර දීම ආදියෙන්.

ඒ වගේම පින්වත් ආනන්ද, යම් පුද්ගලයෙක් තවත් පුද්ගලයෙකු කරා පැමිණ සතුන් මැරීමෙන් වළකිනවා නම්, සොරකමින් වළකිනවා නම්, වැරදි කාම සේවනයෙන් වළකිනවා නම්, බොරු කීමෙන් වළකිනවා නම්, මත්පැන් මත්ද්‍රව්‍ය භාවිතයෙන් වළකිනවා නම්, පින්වත් ආනන්ද, අර පුද්ගලයාට මේ පුද්ගලයා විසින් කෘතගුණ සලකා අවසන් කරන්නට බැහැ කියලයි මං කියන්නේ. ඒ කියන්නේ වන්දනා කිරීම, දුටු විට අසුනෙන් නැගිටීම, ඇඳිලි බැඳ වැඳීම, උපස්ථාන කිරීම, චීවර පිණ්ඩපාත, සේනාසන ගිලන්පස බෙහෙත් පිරිකර දීම ආදියෙන්.

ඒ වගේම පින්වත් ආනන්ද, යම් පුද්ගලයෙක් තවත් පුද්ගලයෙකු කරා පැමිණ බුදුරජාණන් වහන්සේ කෙරෙහි නොසෙල්වෙන ප්‍රසාදයෙන් යුතු වෙනවා නම්, ධර්මය කෙරෙහි නොසෙල්වෙන ප්‍රසාදයෙන් යුතු වෙනවා නම්, සංඝයා කෙරෙහි නොසෙල්වෙන ප්‍රසාදයෙන් යුතු වෙනවා නම්, ආර්යකාන්ත ශීලයෙන් යුක්ත වෙනවා නම්, පින්වත් ආනන්ද, අර පුද්ගලයාට මේ පුද්ගලයා විසින් කෘතගුණ සලකා අවසන් කරන්නට බැහැ කියලයි මං කියන්නේ. ඒ කියන්නේ වන්දනා කිරීම, දුටු විට අසුනෙන් නැගිටීම, ඇඳිලි බැඳ වැඳීම, උපස්ථාන කිරීම, චීවර, පිණ්ඩපාත, සේනාසන, ගිලන්පස බෙහෙත් පිරිකර දීම ආදියෙන්.

ඒ වගේ ම පින්වත් ආනන්ද, යම් පුද්ගලයෙක් තවත් පුද්ගලයෙකු කරා පැමිණ දුක්ඛ ආර්ය සත්‍යය කෙරෙහි නිසැක වෙනවා නම්, දුක්ඛ සමුදය ආර්ය සත්‍යය කෙරෙහි නිසැක වෙනවා නම්, දුක්ඛ නිරෝධ ආර්ය සත්‍යය කෙරෙහි නිසැක වෙනවා නම්, දුක්ඛ නිරෝධගාමිනී පටිපදා ආර්ය සත්‍යය කෙරෙහි නිසැක වෙනවා නම්, පින්වත් ආනන්ද, අර පුද්ගලයාට මේ පුද්ගලයා විසින් කෘතගුණ සලකා අවසන් කරන්නට බැහැ කියලයි මං කියන්නේ. ඒ කියන්නේ වන්දනා කිරීම, දුටු විට අසුනෙන් නැගිටීම, ඇඳිලි බැඳ වැඳීම, උපස්ථාන කිරීම, චීවර පිණ්ඩපාත, සේනාසන ගිලන්පස බෙහෙත් පිරිකර දීම ආදියෙන්.

පින්වත් ආනන්ද, වෙන වෙනම පෞද්ගලිකව දිය හැකි දාන දාහතරක් තියෙනවා. කවර දාහතරක්ද යත්; තථාගත අරහත් සම්මා සම්බුදුරජාණන් වහන්සේ උදෙසා දන්දෙනවා. මෙය පළමුවන පෞද්ගලික දානයයි. පසේ බුදුරජාණන් වහන්සේ උදෙසා දන්දෙනවා. මෙය දෙවන පෞද්ගලික දානයයි.

තථාගත ශ්‍රාවක වූ රහතන් වහන්සේ උදෙසා දන්දෙනවා. මෙය තුන් වෙනි පෞද්ගලික දානයයි. අරහත්ඵලය සාක්ෂාත් කිරීම පිණිස පිළිපන් ශ්‍රාවකයා උදෙසා දන්දෙනවා. මෙය සතරවෙනි පෞද්ගලික දානයයි. අනාගාමී ශ්‍රාවකයා උදෙසා දන්දෙනවා. මෙය පස්වන පෞද්ගලික දානයයි. අනාගාමී ඵලය සාක්ෂාත් කිරීම පිණිස පිළිපන් ශ්‍රාවකයා උදෙසා දන්දෙනවා. මෙය හයවෙනි පෞද්ගලික දානයයි. සකදාගාමී ශ්‍රාවකයා උදෙසා දන්දෙනවා. මෙය හත්වෙනි පෞද්ගලික දානයයි. සකදාගාමී ඵලය සාක්ෂාත් කිරීම පිණිස පිළිපන් ශ්‍රාවකයා උදෙසා දන්දෙනවා. මෙය අටවෙනි පෞද්ගලික දානයයි. සෝතාපන්න ශ්‍රාවකයා උදෙසා දන්දෙනවා. මෙය නවවෙනි පෞද්ගලික දානයයි. සෝතාපන්න ඵලය සාක්ෂාත් කිරීම පිණිස පිළිපන් ශ්‍රාවකයා උදෙසා දන්දෙනවා. මෙය දසවෙනි පෞද්ගලික දානයයි. ශාසනයෙන් බැහැරව සිටින කාමයන් කෙරෙහි වීතරාගී වූ කෙනෙක් උදෙසා දන්දෙනවා. මෙය එකොළොස්වෙනි පෞද්ගලික දානයයි. පෘථග්ජන සිල්වත් කෙනෙක් උදෙසා දන්දෙනවා. මෙය දොළොස්වෙනි පෞද්ගලික දානයයි. පෘථග්ජන දුස්සීල කෙනෙක් උදෙසා දන්දෙනවා. මෙය දහතුන්වෙනි පෞද්ගලික දානයයි. තිරිසන්ගත සතෙක් උදෙසා දන්දෙනවා. මෙය දාහතරවෙනි පෞද්ගලික දානයයි.

පින්වත් ආනන්ද, එහිලා තිරිසන්ගත සතෙකුට දානයක් දීලා සියගුණයක දානානිසංසයක් කැමැති විය යුතුයි. පෘථග්ජන දුස්සීල කෙනෙකුට දානයක් දීලා දහස්ගුණයක දානානිසංසයක් කැමැති විය යුතුයි. පෘථග්ජන සීලවන්තයෙකුට දානයක් දීලා ලක්ෂගුණයක දානානිසංසයක් කැමැති විය යුතුයි. බුදුසසුනෙන් බැහැර වූ කාමයන්හි වීතරාගී කෙනෙකුට දානයක් දීලා කෝටි ලක්ෂ ගුණයක දානානිසංසයක් කැමැති විය යුතුයි. සෝවාන් ඵලය සාක්ෂාත් කිරීමට පිළිපන් කෙනෙකුට දානයක් දීලා ගණන් කළ නොහැකි, ප්‍රමාණ රහිත දානානිසංසයක් කැමැති විය යුතුයි. සෝතාපන්න කෙනෙක් කෙරෙහි දුන් දානය ගැන කවර කතාද? සකදාගාමී ඵලය සාක්ෂාත් කිරීමට පිළිපන් කෙනෙක් කෙරෙහි දුන් දානය ගැන කවර කතාද? සකදාගාමී කෙනෙක් කෙරෙහි දුන් දානය ගැන කවර කතාද? අනාගාමී ඵලය සාක්ෂාත් කිරීමට පිළිපන් කෙනෙක් කෙරෙහි දුන් දානය ගැන කවර කතාද? අනාගාමී කෙනෙක් කෙරෙහි දුන් දානය ගැන කවර කතාද? අරහත් ඵලය සාක්ෂාත් කිරීමට පිළිපන් කෙනෙක් කෙරෙහි දුන් දානය ගැන කවර කතාද? තථාගත ශ්‍රාවක වූ රහතන් වහන්සේ කෙරෙහි දුන් දානය ගැන කවර කතාද? පසේ බුදුරජාණන් වහන්සේ කෙරෙහි දුන් දානය ගැන කවර කතාද? තථාගත අරහත් සම්මා සම්බුදුරජාණන් වහන්සේ කෙරෙහි දුන් දානය ගැන කවර කතාද?

පින්වත් ආනන්ද, සංඝගත දක්ෂිණා හතක් තියෙනවා. කවර සතක්ද යත්; බුදුරජාණන් වහන්සේ ප්‍රමුඛ භික්ෂු භික්ෂුණී යන උභය සංඝයාට දන්දෙනවා. මෙය පළමුවෙනි සංඝගත දක්ෂිණාවයි. තථාගතයන් වහන්සේ පිරිනිවන් පෑ කල්හි භික්ෂු භික්ෂුණී යන උභය සංඝයාට දන්දෙනවා. මෙය දෙවෙනි සංඝගත දක්ෂිණාවයි. භික්ෂු සංඝයා උදෙසා දන්දෙනවා. මෙය තුන්වෙනි සංඝගත දක්ෂිණාවයි. භික්ෂුණී සංඝයා උදෙසා දන්දෙනවා. මෙය සතරවෙනි සංඝගත දක්ෂිණාවයි. 'මට සංඝයා උදෙසා මෙපමණ භික්ෂූන් වහන්සේලාත්, මෙපමණ භික්ෂුණීන් වහන්සේලාත් වඩම්මවාදෙන්න' කියල දන්දෙනවා. මෙය පස්වෙනි සංඝගත දක්ෂිණාවයි. 'මට සංඝයා උදෙසා මෙපමණ භික්ෂූන් වහන්සේලා වඩම්මවාදෙන්න' කියල දන්දෙනවා. මෙය සයවෙනි සංඝගත දක්ෂිණාවයි. 'මට සංඝයා උදෙසා මෙපමණ භික්ෂුණීන් වහන්සේලා වඩම්මවාදෙන්න' කියල දන්දෙනවා. මෙය සත්වෙනි සංඝගත දක්ෂිණාවයි. මේ තමයි සංඝගත දක්ෂිණා හත.

පින්වත් ආනන්ද, අනාගතයෙහි සංඝයා කිලුටු කරන, කසාවත පමණක් දරා සිටින, පව්ටු ගතිගුණ ඇති, දුස්සීලයන් පහළ වෙනවා. සංඝයා උදෙසා ඒ දුස්සීලයන්ටත් දන්දෙනවා. පින්වත් ආනන්ද, එකල්හි පවා සංඝයා උදෙසා දෙන ලද දානය අසංඛෙය්‍ය වූ අප්‍රමාණ වූ අනුසස් තියෙනවා කියලයි මා කියන්නේ. පින්වත් ආනන්ද, මං කිසිම ක්‍රමයකින් සංඝයා උදෙසා දෙන දානයට වඩා පෞද්ගලික දානයක් මහත්ඵල තියෙනවාය කියල කියන්නේ නෑ.

පින්වත් ආනන්ද, දානය පිරිසිදු භාවයට පත්වෙන ආකාර හතරක් තියෙනවා. කවර සතරක්ද යත්; පින්වත් ආනන්දය, දානයක් තියෙනවා, ඒ දානය පිරිසිදු වන්නේ දායකයාගෙනුයි. ප්‍රතිග්‍රාහකයාගෙන් නොවෙයි. පින්වත් ආනන්ද, තව දානයක් තියෙනවා. ඒ දානය පිරිසිදු වන්නේ ප්‍රතිග්‍රාහකයා ගෙනුයි. දායකයාගෙන් නොවෙයි. තව දානයක් තියෙනවා. ඒ දානය දායකයාගෙ න් පිරිසිදු වෙන්නෙත් නෑ. ප්‍රතිග්‍රාහකයාගෙන් පිරිසිදු වෙන්නෙත් නෑ. පින්වත් ආනන්ද, තවත් දානයක් තියෙනවා. ඒ දානය දායකයාගෙනුත් පිරිසිදු වෙනවා. ප්‍රතිග්‍රාහකයාගෙනුත් පිරිසිදු වෙනවා.

පින්වත් ආනන්ද, දායකයාගෙන් පිරිසිදුවෙන, ප්‍රතිග්‍රාහකයාගෙන් පිරිසිදු නොවෙන දානය කුමක්ද? පින්වත් ආනන්ද, මෙහිලා දායකයා සිල්වත් කෙනෙක්. යහපත් ගුණධර්ම ඇති කෙනෙක්. නමුත් ප්‍රතිග්‍රාහකයෝ දුස්සීලයි. පව්ටු ගතිගුණවලින් යුක්තයි. මෙසේ ඇති කල්හි පින්වත් ආනන්ද, දායකයා ගෙනුයි දානය පිරිසිදු වන්නේ. ප්‍රතිග්‍රාහකයාගෙන් නොවෙයි.

පින්වත් ආනන්ද, ප්‍රතිග්‍රාහකයාගෙන් පිරිසිදුවෙන, දායකයාගෙන් පිරිසිදු නොවෙන දානය කුමක්ද? පින්වත් ආනන්ද, මෙහිලා දායකයා දුස්සීලයි. පවිටු ගතිගුණවලින් යුක්තයි. නමුත් ප්‍රතිග්‍රාහකයෝ සීලවන්තයි. උතුම් ගුණධර්මයන්ගෙන් යුක්තයි. මෙසේ ඇති කල්හි පින්වත් ආනන්ද, ප්‍රතිග්‍රාහකයාගෙනුයි දානය පිරිසිදු වන්නේ. දායකයාගෙන් නොවෙයි.

පින්වත් ආනන්ද, දායකයාගෙනුත් පිරිසිදු නොවෙන, ප්‍රතිග්‍රාහකයාගෙනුත් පිරිසිදු නොවෙන දානය කුමක්ද? පින්වත් ආනන්ද, මෙහිලා දායකයා දුස්සීලයි. පවිටු ගතිගුණවලින් යුක්තයි. ඒ වගේම ප්‍රතිග්‍රාහකයෝත් දුස්සීලයි. පවිටු ගතිගුණවලින් යුක්තයි. මෙසේ ඇති කල්හි පින්වත් ආනන්ද, දායකයාගෙන්වත් ප්‍රතිග්‍රාහකයාගෙන්වත් දානය පිරිසිදු වෙන්නේ නෑ.

පින්වත් ආනන්ද, දායකයාගෙනුත් පිරිසිදුවෙන, ප්‍රතිග්‍රාහකයාගෙනුත් පිරිසිදු වෙන දානය කුමක්ද? පින්වත් ආනන්ද, මෙහිලා දායකයා සිල්වත් කෙනෙක්. යහපත් ගුණධර්ම ඇති කෙනෙක්. ඒ වගේම ප්‍රතිග්‍රාහකයෝත් සිල්වත්. යහපත් ගුණධර්මවලින් යුක්තයි. මෙසේ ඇති කල්හි පින්වත් ආනන්ද, දායකයාගෙනුත් දානය පිරිසිදු වෙනවා. ප්‍රතිග්‍රාහකයාගෙනුත් පිරිසිදු වෙනවා.

පින්වත් ආනන්ද, මේ තමයි දානය පිරිසිදු වෙන ආකාර සතර.

භාග්‍යවතුන් වහන්සේ මෙය වදාළා. මෙය වදාළ සුගත වූ ශාස්තෘන් වහන්සේ යළි අන්‍ය වූ මෙම ගාථාවන් ද වදාළා.

යමෙක් සිල්වත්ව සිට, දැහැමින් ලැබෙන දෙයින්, ඉතා පහන් සිතින් යුතුව දුස්සීලයන් හට දානයක් වශයෙන් දෙයිද, උදාර වූ කර්මඵල විශ්වාසයකින් යුතුව දුන් ඒ දානය පිරිසිදු වන්නේ දායක පක්ෂයෙනුයි.

යමෙක් දුස්සීලව සිට, අධාර්මිකව ලැබූ දෙයින්, නොපහන් සිතින් යුතුව සිල්වතුන් වහන්සේලා හට දානයක් වශයෙන් දෙයිද, උදාර වූ කර්මඵල විශ්වාසයෙන් තොර වූ ඒ දානය පිරිසිදු වන්නේ ප්‍රතිග්‍රාහක පක්ෂයෙනුයි.

යමෙක් දුස්සීලව සිට, අධාර්මිකව ලැබූ දෙයින්, නොපහන් සිතින් යුතුව දුස්සීලයන් හට දානයක් වශයෙන් දෙයිද, උදාර වූ කර්මඵල විශ්වාසයෙන් තොර වූ ඒ දානය මහත්ඵල මහානුසස් නැහැ කියලයි මා කියන්නේ.

යමෙක් සිල්වත්ව සිට, දැහැමින් ලැබෙන දෙයින්, ඉතා පහන් සිතින් යුතුව සිල්වතුන් වහන්සේලා හට දානයක් වශයෙන් දෙයි ද, උදාර වූ කර්මඵල

විශ්වාසයකින් යුතුව දුන් ඒ දානය ඒකාන්තයෙන් ම මහත්ඵල මහානිසංස තියෙනවා කියලයි මා කියන්නේ.

යමෙක් වීතරාගීව සිට, දැහැමින් ලැබෙන දෙයින්, ඉතා පහන් සිතින් යුතුව, වීතරාගී උතුමන් හට දානයක් වශයෙන් දෙයිද, උදාර වූ කර්මඵල විශ්වාසයකින් යුතුව දුන් ඒ දානය ඒකාන්තයෙන්ම ආමිස දාන අතර අග්‍රයි කියලයි මා කියන්නේ.

සාදු! සාදු!! සාදු!!!

දන්දීම පිළිබඳ විග්‍රහ කොට වදාළ දෙසුම නිමා විය.

5. සළායතන වර්ගය

3.5.1.
අනාථපිණ්ඩිකෝවාද සූත්‍රය
අනේපිඬු සිටුතුමාට අවවාද වශයෙන් වදාළ දෙසුම

මා හට අසන්නට ලැබුනේ මේ විදිහටයි. ඒ දිනවල භාග්‍යවතුන් වහන්සේ වැඩසිටියේ සැවැත් නුවර ජේතවනය නම් වූ අනේපිඬු සිටුතුමා විසින් කරවන ලද ආරාමයෙහිය. ඒ දිනවල අනාථපිණ්ඩික ගෘහපතිතුමා අසනීපව සිටියා. ඉතාමත් දුක්ඛිතව, දැඩි සේ රෝගාතුරව සිටියා. එදා අනාථපිණ්ඩික ගෘහපතිතුමා එක්තරා පුරුෂයෙකු ඇමතුවා. "එම්බා පුරුෂය, ඔබ එන්න. භාග්‍යවතුන් වහන්සේ ළඟට යන්න. ගිහින් මගේ වචනයෙන් භාග්‍යවතුන් වහන්සේගේ ශ්‍රී පාද පද්මයන් සිරසින් වඳින්න. 'ස්වාමීනී, අනාථපිණ්ඩික ගෘහපතිතුමා රෝගීවයි සිටින්නේ. දුක්ඛිතව, බලවත්ව ලෙඩ වෙලයි ඉන්නේ. ඔහු භාග්‍යවතුන් වහන්සේගේ ශ්‍රී පාද පද්මයන් සිරසින් වන්දනා කරනවා' කියලා. ඊට පස්සේ ආයුෂ්මත් සාරිපුත්තයන් වහන්සේ ළඟට යන්න. ගිහින් මගේ වචනයෙන් ආයුෂ්මත් සාරිපුත්ත තෙරුන්ගේ පා සඟල සිරසින් වඳින්න. 'ස්වාමීනී, අනාථපිණ්ඩික ගෘහපතිතුමා රෝගීවයි සිටින්නේ. දුක්ඛිතව, බලවත්ව ලෙඩ වෙලයි ඉන්නේ. ඔහු ආයුෂ්මත් සාරිපුත්තයන් වහන්සේගේ පා සඟල සිරසින් වන්දනා කරනවා' කියලා. මේ විදිහටත් කියන්න. 'ස්වාමීනී, ආයුෂ්මත් සාරිපුත්තයන් වහන්සේ අනාථපිණ්ඩික ගෘහපතිතුමාගේ නිවසට අනුකම්පාව උපදවා වැඩම කරන සේක්වා!' කියලා."

"එසේය, ස්වාමීනී" කියලා ඒ පුරුෂයා අනාථපිණ්ඩික ගෘහපතිතුමාට පිළිතුරු දී භාග්‍යවතුන් වහන්සේ වෙත ගියා. ගිහින් භාග්‍යවතුන් වහන්සේට ආදරයෙන් වන්දනා කොට එකත්පස්ව වාඩිවුනා. එකත්පස්ව හුන් ඒ පුරුෂයා භාග්‍යවතුන් වහන්සේට මෙය පැවසුවා. 'ස්වාමීනී, අනාථපිණ්ඩික ගෘහපතිතුමා රෝගීවයි සිටින්නේ. දුක්ඛිතව, බලවත්ව ලෙඩ වෙලයි ඉන්නේ. ඔහු භාග්‍යවතුන් වහන්සේගේ ශ්‍රී පාද පද්මයන් සිරසින් වන්දනා කරනවා' කියලා. ඊටපසුව

ඒ පුරුෂයා ආයුෂ්මත් සාරිපුත්තයන් වහන්සේ වෙත ගියා. ගිහින් ආයුෂ්මත් සාරිපුත්තයන් වහන්සේට ආදරයෙන් වන්දනා කොට එකත්පස්ව වාඩිවුනා. එකත්පස්ව හුන් ඒ පුරුෂයා ආයුෂ්මත් සාරිපුත්තයන් වහන්සේට මෙය පැවසුවා. 'ස්වාමීනී, අනාථපිණ්ඩික ගෘහපතිතුමා රෝගීවයි සිටින්නේ. දුක්ඛිතව, බලවත්ව ලෙඩ වෙලයි ඉන්නේ. ඔහු ආයුෂ්මත් සාරිපුත්තයන් වහන්සේගේ පා සඟල සිරසින් වන්දනා කරනවා' කියලා. මේ විදිහටත් කිව්වා. 'ස්වාමීනී, ආයුෂ්මත් සාරිපුත්තයන් වහන්සේ අනාථපිණ්ඩික ගෘහපතිතුමාගේ නිවසට අනුකම්පාව උපදවා වැඩම කරන සේක්වා!' කියලා."

එතකොට ආයුෂ්මත් සාරිපුත්තයන් වහන්සේ නිශ්ශබ්දව සිටීමෙන් ඒ ඇරයුම ඉවසා වදාළා. ඊටපසුව ආයුෂ්මත් සාරිපුත්තයන් වහන්සේ සිවුරු හැඳ පොරවා ගෙන, පාත්තරය ද ගෙන ආයුෂ්මත් ආනන්ද තෙරුන් පසු ශ්‍රමණයන් ලෙස ගෙන, අනාථපිණ්ඩික ගෘහපතිතුමාගේ නිවසට වැඩියා. වැඩම කොට පණවන ලද අසුනෙහි වැඩසිටියා. වැඩහුන් ආයුෂ්මත් සාරිපුත්තයන් වහන්සේ අනාථපිණ්ඩික ගෘහපතිතුමාට මෙහෙම කිව්වා.

"පින්වත් ගෘහපතිය, කොහොමද? ඔබට ඉවසිය හැකිද? කොහොමද පහසුවෙන් යැපිය හැකිද? කොහොමද දුක් වේදනා අඩුවීමක් තියෙනවා නේද? වැඩිවීමක් නෑ නේද? අඩුවීමක්ම මිසක් වැඩිවීමක් පෙනෙන්නේ නෑ නේද?"

"පින්වත් සාරිපුත්තයන් වහන්ස, මට ඉවසන්නට අමාරුයි. පහසුවෙන් යැපෙන්නටත් අමාරුයි. මට බොහෝ දුක් වේදනා වැඩිවෙනවා. අඩුවීමක් නෑ. වැඩිවීමක් මිසක් අඩුවීමක් පෙනෙන්නේ නෑ.

පින්වත් සාරිපුත්තයන් වහන්ස, ඒක මේ වගේ දෙයක්. ශක්ති සම්පන්න පුරුෂයෙක් තියුණු ආයුධයක් අරගෙන හිසට පහර දෙනවා වගෙයි. පින්වත් සාරිපුත්තයන් වහන්ස, ඔන්න ඔය විදිහටම ඉතා බලවත්ව වාතය හිස්මුදුන පෙළනවා. පින්වත් සාරිපුත්තයන් වහන්ස, මට ඉවසන්න අමාරුයි. පහසුවෙන් යැපෙන්නත් අමාරුයි. මට බොහෝ දුක් වේදනා වැඩිවෙනවා. අඩුවීමක් නෑ. වැඩිවීමක් මිසක් අඩුවීමක් පෙනෙන්නේ නෑ.

පින්වත් සාරිපුත්තයන් වහන්ස, ඒක මේ වගේ දෙයක්. ශක්ති සම්පන්න පුරුෂයෙක් දැඩි වරපටකින් හිස් වෙළුම්වලින් හිස තද කරනවා වගේ. පින්වත් සාරිපුත්තයන් වහන්ස, ඔන්න ඔය විදිහටම ඉතා බලවත්ව හිසේ කැක්කුම තියෙනවා. පින්වත් සාරිපුත්තයන් වහන්ස, මට ඉවසන්න අමාරුයි. පහසුවෙන් යැපෙන්නටත් අමාරුයි. මට බොහෝ දුක් වේදනා වැඩිවෙනවා. අඩුවීමක් නෑ. වැඩිවීමක් මිසක් අඩුවීමක් පෙනෙන්නේ නෑ.

පින්වත් සාරිපුත්තයන් වහන්ස, ඒක මේ වගේ දෙයක්. දක්ෂ ගව ඝාතකයෙක් හරි, ඒ ගව ඝාතකයාගේ ගෝලයෙක් හරි ගෙරිමස් කපන තියුණු කැත්තෙන් කුස කපනවා වගේ. පින්වත් සාරිපුත්තයන් වහන්ස, ඔන්න ඔය විදිහටම ඉතා බලවත්ව වාතය කුස කීතු කරනවා. පින්වත් සාරිපුත්තයන් වහන්ස, මට ඉවසන්නට අමාරුයි. පහසුවෙන් යැපෙන්නත් අමාරුයි. මට බොහෝ දුක් වේදනා වැඩිවෙනවා. අඩුවීමක් නෑ. වැඩිවීමක් මිසක් අඩුවීමක් පෙනෙන්නේ නෑ.

පින්වත් සාරිපුත්තයන් වහන්ස, ඒක මේ වගේ දෙයක්. ශක්ති සම්පන්න පුරුෂයන් දෙදෙනෙක් දුර්වල පුරුෂයෙකුව වෙන වෙනම අත්වලින් ඇද ගෙන ගිනි අඟුරු වලක දාලා තවනවා වගේ, හාත්පසින් තවනවා වගේ. පින්වත් සාරිපුත්තයන් වහන්ස, ඔන්න ඔය විදිහටම ඉතා බලවත්ව කයේ දැවිල්ලක් තියෙනවා. පින්වත් සාරිපුත්තයන් වහන්ස, මට ඉවසන්නට අමාරුයි. පහසුවෙන් යැපෙන්නත් අමාරුයි. මට බොහෝ දුක් වේදනා වැඩිවෙනවා. අඩුවීමක් නෑ. වැඩිවීමක් මිසක් අඩුවීමක් පෙනෙන්නේ නෑ."

"එහෙමනම් පින්වත් ගෘහපතිය, ඔබ මෙන්න මේ විදිහට හික්මිය යුතුයි; 'මං ඇසට බැඳෙන්නේ නෑ. මාගේ විඤ්ඤාණය ඇස ඇසුරු කරගත් දෙයක් බවට පත්වෙන්නේ නෑ' කියලා. පින්වත් ගෘහපතිය, ඔබ ඔය විදිහටයි හික්මිය යුත්තේ.

ඒ වගේම පින්වත් ගෘහපතිය, ඔබ මෙන්න මේ විදිහටත් හික්මිය යුතුයි; 'මං කණට බැඳෙන්නේ නෑ. මාගේ විඤ්ඤාණය කන ඇසුරු කරගත් දෙයක් බවට පත්වෙන්නේ නෑ' කියලා. පින්වත් ගෘහපතිය, ඔබ ඔය විදිහටයි හික්මිය යුත්තේ.

ඒ වගේම පින්වත් ගෘහපතිය, ඔබ මෙන්න මේ විදිහටත් හික්මිය යුතුයි; 'මං නාසයට බැඳෙන්නේ නෑ. මාගේ විඤ්ඤාණය නාසය ඇසුරු කරගත් දෙයක් බවට පත්වෙන්නේ නෑ' කියලා. පින්වත් ගෘහපතිය, ඔබ ඔය විදිහටයි හික්මිය යුත්තේ.

ඒ වගේම පින්වත් ගෘහපතිය, ඔබ මෙන්න මේ විදිහටත් හික්මිය යුතුයි; 'මං දිවට බැඳෙන්නේ නෑ. ....(පෙ).... මං කයට බැඳෙන්නේ නෑ. ....(පෙ).... මං මනසට බැඳෙන්නේ නෑ. මාගේ විඤ්ඤාණය මනස ඇසුරු කරගත් දෙයක් බවට පත්වෙන්නේ නෑ' කියලා. පින්වත් ගෘහපතිය, ඔබ ඔය විදිහටයි හික්මිය යුත්තේ.

ඒ වගේම පින්වත් ගෘහපතිය, ඔබ මෙන්න මේ විදිහටත් හික්මිය යුතුයි; 'මං රූපයට බැඳෙන්නේ නෑ. ....(පෙ).... මං ශබ්දයට බැඳෙන්නේ නෑ. ....(පෙ).... මං ගඳ සුවඳට බැඳෙන්නේ නෑ. ....(පෙ).... මං රසයට බැඳෙන්නේ නෑ. ....(පෙ).... මං පහසට බැඳෙන්නේ නෑ. ....(පෙ).... මං අරමුණුවලට බැඳෙන්නේ නෑ. මාගේ විඤ්ඤාණය අරමුණු ඇසුරු කරගත් දෙයක් බවට පත්වෙන්නේ නෑ' කියලා. පින්වත් ගෘහපතිය, ඔබ ඔය විදිහටයි හික්මිය යුත්තේ.

ඒ වගේම පින්වත් ගෘහපතිය, ඔබ මෙන්න මේ විදිහටත් හික්මිය යුතුයි; 'මං ඇසේ විඤ්ඤාණයට බැඳෙන්නේ නෑ. මාගේ විඤ්ඤාණය ඇසේ විඤ්ඤාණය ඇසුරු කරගත් දෙයක් බවට පත්වෙන්නේ නෑ' කියලා. ....(පෙ).... මං කනේ විඤ්ඤාණයට බැඳෙන්නේ නෑ. ....(පෙ).... මං නාසයේ විඤ්ඤාණයට බැඳෙන්නේ නෑ. ....(පෙ).... මං දිවේ විඤ්ඤාණයට බැඳෙන්නේ නෑ. ....(පෙ).... මං කයේ විඤ්ඤාණයට බැඳෙන්නේ නෑ. ....(පෙ).... මං මනෝ විඤ්ඤාණයට බැඳෙන්නේ නෑ. මාගේ විඤ්ඤාණය මනෝ විඤ්ඤාණය ඇසුරු කරගත් දෙයක් බවට පත්වෙන්නේ නෑ' කියලා. පින්වත් ගෘහපතිය, ඔබ ඔය විදිහටයි හික්මිය යුත්තේ.

ඒ වගේම පින්වත් ගෘහපතිය, ඔබ මෙන්න මේ විදිහටත් හික්මිය යුතුයි; 'මං ඇසේ ස්පර්ශයට බැඳෙන්නේ නෑ. මාගේ විඤ්ඤාණය ඇසේ ස්පර්ශය ඇසුරු කරගත් දෙයක් බවට පත්වෙන්නේ නෑ' කියලා. ....(පෙ).... මං කනේ ස්පර්ශයට බැඳෙන්නේ නෑ. ....(පෙ).... මං නාසයේ ස්පර්ශයට බැඳෙන්නේ නෑ. ....(පෙ).... මං දිවේ ස්පර්ශයට බැඳෙන්නේ නෑ. ....(පෙ).... මං කයේ ස්පර්ශයට බැඳෙන්නේ නෑ. ....(පෙ).... මං මනසේ ස්පර්ශයට බැඳෙන්නේ නෑ. මාගේ විඤ්ඤාණය මනසේ ස්පර්ශය ඇසුරු කරගත් දෙයක් බවට පත්වෙන්නේ නෑ' කියලා. පින්වත් ගෘහපතිය, ඔබ ඔය විදිහටයි හික්මිය යුත්තේ.

ඒ වගේ ම පින්වත් ගෘහපතිය, ඔබ මෙන්න මේ විදිහටත් හික්මිය යුතුයි; 'මං ඇසේ ස්පර්ශයෙන් හටගත් විඳීමට බැඳෙන්නේ නෑ. මාගේ විඤ්ඤාණය ඇසේ ස්පර්ශයෙන් හටගත් විඳීම ඇසුරු කරගත් දෙයක් බවට පත්වෙන්නේ නෑ' කියලා. ....(පෙ).... මං කනේ ස්පර්ශයෙන් හටගත් විඳීමට බැඳෙන්නේ නෑ. ....(පෙ).... මං නාසයේ ස්පර්ශයෙන් හටගත් විඳීමට බැඳෙන්නේ නෑ. ....(පෙ).... මං දිවේ ස්පර්ශයෙන් හටගත් විඳීමට බැඳෙන්නේ නෑ. ....(පෙ).... මං කයේ ස්පර්ශයෙන් හටගත් විඳීමට බැඳෙන්නේ නෑ. ....(පෙ).... මං මනසේ ස්පර්ශයෙන් හටගත් විඳීමට බැඳෙන්නේ නෑ. මාගේ විඤ්ඤාණය මනසේ ස්පර්ශයෙන් හටගත් විඳීම ඇසුරු කරගත් දෙයක් බවට පත්වෙන්නේ නෑ' කියල. පින්වත් ගෘහපතිය, ඔබ ඔය විදිහටයි හික්මිය යුත්තේ.

ඒ වගේ ම පින්වත් ගෘහපතිය, ඔබ මෙන්න මේ විදිහටත් හික්මිය යුතුයි; 'මං පඨවි ධාතුවට බැඳෙන්නේ නෑ. මාගේ විඤ්ඤාණය පඨවි ධාතුව ඇසුරු කරගත් දෙයක් බවට පත්වෙන්නේ නෑ' කියලා. ....(පෙ).... මං ආපෝ ධාතුවට බැඳෙන්නේ නෑ. ....(පෙ).... මං තේජෝ ධාතුවට බැඳෙන්නේ නෑ. ....(පෙ).... මං වායෝ ධාතුවට බැඳෙන්නේ නෑ. ....(පෙ).... මං ආකාස ධාතුවට බැඳෙන්නේ නෑ. ....(පෙ).... මං විඤ්ඤාණ ධාතුවට බැඳෙන්නේ නෑ. මාගේ විඤ්ඤාණය විඤ්ඤාණ ධාතුව ඇසුරු කරගත් දෙයක් බවට පත්වෙන්නේ නෑ' කියලා. පින්වත් ගෘහපතිය, ඔබ ඔය විදිහටයි හික්මිය යුත්තේ.

ඒ වගේම පින්වත් ගෘහපතිය, ඔබ මෙන්න මේ විදිහටත් හික්මිය යුතුයි; 'මං රූප උපාදානස්කන්ධයට බැඳෙන්නේ නෑ. මාගේ විඤ්ඤාණය රූප උපාදානස්කන්ධය ඇසුරු කරගත් දෙයක් බවට පත්වෙන්නේ නෑ' කියලා. ....(පෙ).... මං වේදනා උපාදානස්කන්ධයට බැඳෙන්නේ නෑ. ....(පෙ).... මං සඤ්ඤා උපාදානස්කන්ධයට බැඳෙන්නේ නෑ. ....(පෙ).... මං සංස්කාර උපාදානස්කන්ධයට බැඳෙන්නේ නෑ. ....(පෙ).... මං විඤ්ඤාණ උපාදානස්කන්ධයට බැඳෙන්නේ නෑ. මාගේ විඤ්ඤාණය විඤ්ඤාණ උපාදානස්කන්ධය ඇසුරු කරගත් දෙයක් බවට පත්වෙන්නේ නෑ' කියලා. පින්වත් ගෘහපතිය, ඔබ ඔය විදිහටයි හික්මිය යුත්තේ.

ඒ වගේ ම පින්වත් ගෘහපතිය, ඔබ මෙන්න මේ විදිහටත් හික්මිය යුතුයි; 'මං ආකාසානඤ්චායතනයට බැඳෙන්නේ නෑ. මාගේ විඤ්ඤාණය ආකාසානඤ්චායතනය ඇසුරු කරගත් දෙයක් බවට පත්වෙන්නේ නෑ' කියලා. ....(පෙ).... මං විඤ්ඤාණඤ්චායතනයට බැඳෙන්නේ නෑ. ....(පෙ).... මං ආකිඤ්චඤ්ඤායතනයට බැඳෙන්නේ නෑ. ....(පෙ).... මං නේවසඤ්ඤානාසඤ්ඤායතනයට බැඳෙන්නේ නෑ. මාගේ විඤ්ඤාණය නේවසඤ්ඤානාසඤ්ඤායතනය ඇසුරු කරගත් දෙයක් බවට පත්වෙන්නේ නෑ' කියලා. පින්වත් ගෘහපතිය, ඔබ ඔය විදිහටයි හික්මිය යුත්තේ.

ඒ වගේම පින්වත් ගෘහපතිය, ඔබ මෙන්න මේ විදිහටත් හික්මිය යුතුයි; 'මං මෙලොවට බැඳෙන්නේ නෑ. මාගේ විඤ්ඤාණය මෙලොව ඇසුරු කරගත් දෙයක් බවට පත්වෙන්නේ නෑ' කියලා. පින්වත් ගෘහපතිය, ඔබ ඔය විදිහටයි හික්මිය යුත්තේ.

ඒ වගේම පින්වත් ගෘහපතිය, ඔබ මෙන්න මේ විදිහටත් හික්මිය යුතුයි; 'මං පරලොවට බැඳෙන්නේ නෑ. මාගේ විඤ්ඤාණය පරලොව ඇසුරු කරගත් දෙයක් බවට පත්වෙන්නේ නෑ' කියලා. පින්වත් ගෘහපතිය, ඔබ ඔය විදිහටයි හික්මිය යුත්තේ.

ඒ වගේම පින්වත් ගෘහපතිය, ඔබ මෙන්න මේ විදිහටත් හික්මිය යුතුයි; 'මං යමක් දැක්කාද, ඇසුවාද, ආඝ්‍රාණය කළාද, රස වින්දාද, පහස ලැබුවාද, සිතින් සිතුවාද, යමක් ලැබුනාද, සොයා ගත්තාද, සිතින් විමසුවාද, එයටත් බැඳෙන්නේ නෑ. මාගේ විඤ්ඤාණය ඒවා ඇසුරු කරගත් දෙයක් බවට පත්වෙන්නේ නෑ' කියලා. පින්වත් ගෘහපතිය, ඔබ ඔය විදිහටයි හික්මිය යුත්තේ."

මෙසේ වදාළ විට අනාථපිණ්ඩික ගෘහපතිතුමා හඬන්නට පටන්ගත්තා. කඳුළු සැලුවා. එතකොට ආයුෂ්මත් ආනන්දයන් වහන්සේ අනාථපිණ්ඩික ගෘහපතිතුමාට මෙහෙම කිව්වා. "පින්වත් ගෘහපතිය, ඔබ ඇලෙනවාද? ගැලෙනවාද?" "ස්වාමීනී, ආනන්දයන් වහන්ස, මං ඇලෙන්නෙත් නෑ. ගැලෙන්නෙත් නෑ. නමුත් මං බොහෝ කාලයක් මුළුල්ලෙහි ශාස්තෘන් වහන්සේව ආශ්‍රය කළා. මනෝභාවනීය භික්ෂූන් වහන්සේලාව ද ආශ්‍රය කළා. එසේ නමුත් මා විසින් මෙබඳු වූ ධර්ම කථාවක් අහලා තිබුනේ නෑ."

"පින්වත් ගෘහපතිය, සුදුවත් හඳින, ගිහි ගෙදර ගතකරන උදවියට ඔවැනි ධර්ම කථාවන් වැටහෙන්නේ නැහැ නෙව. පින්වත් ගෘහපතිය, පැවිද්දන්ට තමයි ඔවැනි ධර්ම කථාවන් වැටහෙන්නේ."

"එසේ වී නම් ස්වාමීනී, සාරිපුත්තයන් වහන්ස, සුදු වත් හඳින ගිහියන්ට ද මෙබඳු වූ ධර්ම කථාවන් වැටහේවා! ස්වාමීනී, සාරිපුත්තයන් වහන්ස, කෙලෙස් අඩු කුලපුත්‍රයන් ගිහි ගෙදරත් ඉන්නවා. ධර්ම ශ්‍රවණය නොවුනෝතින් ඔවුන් පිරිහී යනවා. ධර්ම ශ්‍රවණය ලැබුනෝතින් අවබෝධ කරන අය ඇතිවෙනවා."

ඉතින් ආයුෂ්මත් සාරිපුත්තයන් වහන්සේත්, ආයුෂ්මත් ආනන්දයන් වහන්සේත් අනාථපිණ්ඩික ගෘහපතිතුමාට මේ අවවාදයෙන් අවවාද කොට, හුනස්නෙන් නැගී නික්මවැඩියා. එවිට ආයුෂ්මත් සාරිපුත්තයන් වහන්සේ ද ආයුෂ්මත් ආනන්දයන් වහන්සේ ද වැඩම කළ නොබෝ වේලාවකින් අනාථපිණ්ඩික ගෘහපතිතුමා කය බිඳී මරණයට පත්ව තුසිත දෙව්ලොව උපන්නා.

ඉතින් අනාථපිණ්ඩික දිව්‍යපුත්‍රයා රෑය ඉක්මයෑමෙන් මනස්කාන්ත වූ ශරීර වර්ණයකින් යුතුව මුළුමහත් ජේතවනය බබුලුවාගෙන භාග්‍යවතුන් වහන්සේ වෙත පැමිණියා. පැමිණ භාග්‍යවතුන් වහන්සේට ආදරයෙන් වන්දනා කොට එකත්පස්ව සිටගත්තා. එකත්පස්ව සිටි අනාථපිණ්ඩික දිව්‍යපුත්‍රයා භාග්‍යවතුන් වහන්සේට ගාථාවලින් පැවසුවා.

"සංඝඉර්ෂීන් වහන්සේලා විසින් නිරන්තරයෙන් ඇසුරු කරනු ලබන, ධර්මරාජයාණන් වහන්සේ වැඩසිටින්නා වූ මේ ජේතවනය දකින විට මා තුළ මහත් ප්‍රීතියක් ඇතිවෙනවා.

සිතා මතා කරන ක්‍රියාවත්, අවබෝධයත්, ධර්මයත්, සීලයත් තමයි ජීවිතයට උතුම් වෙන්නේ. මේවායින් තමයි සත්වයන් පිරිසිදු වෙන්නේ. එහෙම නැතුව උපන් කුලයෙන් හෝ ධනයෙන් හෝ නොවෙයි.

එම නිසා නුවණැති පුද්ගලයා තමන්ගේ යහපත ගැන කල්පනා කරනවා නම්, යෝනිසෝ මනසිකාරයෙන් දහම් කරුණු විමසිය යුතුයි. එහිදී තමයි ඔය විදිහේ පිරිසිදුකමක් ඇතිවෙන්නේ.

පින්වත් සාරිපුත්තයන් වහන්සේම යි ප්‍රඥාවෙනුත්, සීලයෙනුත්, කෙලෙස් සංසිඳීමෙනුත් ශ්‍රේෂ්ඨ වෙන්නේ. සසරෙන් එතෙර වැඩි යම්තාක් භික්ෂූන් වහන්සේලා සිටිත්ද, උන්වහන්සේලා අතර පරම ශ්‍රේෂ්ඨ වන්නේ සාරිපුත්තයන් වහන්සේම යි."

අනාථපිණ්ඩික දිව්‍යපුත්‍රයා මෙය පැවසුවා. ශාස්තෘන් වහන්සේ එය අනුමත කොට වදාළා. එතකොට අනාථපිණ්ඩික දිව්‍යපුත්‍රයා 'මා පැවසූ කරුණ ශාස්තෘන් වහන්සේ අනුමත කළ සේකැ'යි භාග්‍යවතුන් වහන්සේට ආදරයෙන් වන්දනා කොට, පැදකුණු කොට එහිම නොපෙනී ගියා.

එවිට ඒ රාත්‍රිය ඇවෑමෙන් භාග්‍යවතුන් වහන්සේ භික්ෂූන් අමතා වදාළා. "පින්වත් මහණෙනි, මේ රාත්‍රියෙහි එක්තරා දිව්‍යපුත්‍රයෙක් රැය ඉක්මයෑමෙන් මනස්කාන්ත වූ ශරීර වර්ණයකින් යුතුව මුළුමහත් ජේතවනය බබුලුවාගෙන මා වෙත පැමිණියා. පැමිණ මට ආදරයෙන් වන්දනා කොට එකත්පස් සිටගත්තා. එකත්පස්ව සිටි ඒ දිව්‍යපුත්‍රයා මට ගාථාවලින් පැවසුවා.

"සංඝඉර්ෂීන් වහන්සේලා විසින් නිරන්තරයෙන් ඇසුරු කරනු ලබන, ධර්මරාජයාණන් වහන්සේ වැඩසිටින්නා වූ මේ ජේතවනය ....(පෙ).... උන්වහන්සේලා අතර පරම ශ්‍රේෂ්ඨ වන්නේ සාරිපුත්තයන් වහන්සේම යි."

පින්වත් මහණෙනි, ඒ දිව්‍යපුත්‍රයා මෙය පැවසුවා. 'ශාස්තෘන් වහන්සේ මා පැවසූ කරුණ අනුමත කළ සේකැ'යි මට ආදරයෙන් වන්දනා කොට, පැදකුණු කොට එහිම නොපෙනී ගියා."

මෙසේ වදාළ විට ආයුෂ්මත් ආනන්දයන් වහන්සේ භාග්‍යවතුන් වහන්සේට මෙය පැවසුවා. "ස්වාමීනී, ඔහු නම් ඒකාන්තයෙන්ම අනාථපිණ්ඩික

දිව්‍යපුත්‍රයා වෙන්නට ඕන. ස්වාමීනී, අනාථපිණ්ඩික ගෘහපතිතුමා ආයුෂ්මත් සාරිපුත්තයන් වහන්සේ කෙරෙහි අතිශයින්ම පැහැදිලයි සිටියේ."

"සාදු! සාදු! පින්වත් ආනන්ද, යම් කරුණක් පින්වත් ආනන්දය, තර්කානුකූලව විමසා තේරුම් ගත යුතුද, එය ඔබ තේරුම් අරගෙන තියෙනවා. පින්වත් ආනන්ද, ඔහු අනාථපිණ්ඩික දිව්‍යපුත්‍රයා තමයි. වෙන කෙනෙක් නොවෙයි."

භාග්‍යවතුන් වහන්සේ මේ උතුම් දේශනය වදාළා. ඒ දේශනය ගැන ආයුෂ්මත් ආනන්දයන් වහන්සේ ගොඩක් සතුටු වුනා. භාග්‍යවතුන් වහන්සේ වදාළ මේ දේශනය සතුටින් පිළිගත්තා.

සාදු! සාදු!! සාදු!!!

අනාථපිණ්ඩික ගෘහපතිතුමාට අවවාද වශයෙන් වදාළ දෙසුම නිමා විය.

3.5.2.
ඡන්නෝවාද සූත්‍රය
ඡන්න තෙරුන්ට අවවාද වශයෙන් වදාළ දෙසුම

මා හට අසන්නට ලැබුනේ මේ විදිහටයි. ඒ දිනවල භාග්‍යවතුන් වහන්සේ වැඩසිටියේ රජගහ නුවර කලන්දක නිවාප නම් වූ වේළුවනාරාමයේ. ඒ දිනවල ම ආයුෂ්මත් සාරිපුත්තයන් වහන්සේත්, ආයුෂ්මත් මහාචුන්දයන් වහන්සේත්, ආයුෂ්මත් ඡන්න තෙරුන්ද වැඩසිටියේ ගිජ්ඣකූට පර්වතයේ. ඒ කාලයේ ආයුෂ්මත් ඡන්න තෙරුන් රෝගී වෙලා, දුකට පත් වෙලා, බොහෝ සේ ගිලන් වෙලා හිටියේ. එදා ආයුෂ්මත් සාරිපුත්තයන් වහන්සේ සවස් වරුවෙහි භාවනාවෙන් නැගිට ආයුෂ්මත් මහාචුන්දයන් වහන්සේ සිටි තැනට පැමිණුනා. පැමිණිලා ආයුෂ්මත් මහාචුන්දයන් වහන්සේට මෙකරුණ පැවසුවා. "ප්‍රිය ආයුෂ්මත් චුන්දයෙනි, එනු මැනව. ලෙඩ දුක් විමසීමට ආයුෂ්මත් ඡන්නයන් සිටින තැනට යමු." "එසේය, ප්‍රිය ආයුෂ්මතුනි" කියලා ආයුෂ්මත් මහාචුන්දයන් වහන්සේ ආයුෂ්මත් සාරිපුත්තයන් වහන්සේට පිළිතුරු දුන්නා.

ඉතින් ආයුෂ්මත් සාරිපුත්තයන් වහන්සේත්, ආයුෂ්මත් මහාචුන්දයන් වහන්සේත් ආයුෂ්මත් ඡන්න තෙරුන් සිටි තැනට පැමිණුනා. පැමිණ ආයුෂ්මත් ඡන්න තෙරුන් සමඟ සතුටු වුනා. සතුටු විය යුතු පිළිසඳර කථාව කොට නිමවා එකත්පස්ව වාඩිවුනා. එකත්පස්ව වාඩිවුන ආයුෂ්මත් සාරිපුත්තයන් වහන්සේ ආයුෂ්මත් ඡන්න තෙරුන්ගෙන් මෙකරුණ විමසුවා.

"ප්‍රිය ආයුෂ්මත් ඡන්න, කොහොමද? ඔබට ඉවසිය හැකිද? කොහොමද පහසුවෙන් යැපිය හැකිද? කොහොමද දුක් වේදනා අඩුවීමක් තියෙනවා නේද? වැඩිවීමක් නෑ නේද? අඩුවීමක්ම මිසක් වැඩිවීමක් පෙනෙන්නේ නෑ නේද?"

"ප්‍රිය ආයුෂ්මත් සාරිපුත්ත, මට ඉවසන්නට අමාරුයි. පහසුවෙන් යැපෙන්නටත් අමාරුයි. මට බොහෝ දුක් වේදනා වැඩි වෙනවා. අඩුවීමක් නෑ. වැඩිවීමක් මිසක් අඩුවීමක් පෙනෙන්නේ නෑ. ප්‍රිය ආයුෂ්මත් සාරිපුත්ත, ඒක මේ වගේ දෙයක්. ශක්ති සම්පන්න පුරුෂයෙක් තියුණු ආයුධයක් අරගෙන

හිසට පහර දෙනවා වගෙයි. ප්‍රිය ආයුෂ්මත් සාරිපුත්ත, ඔන්න ඔය විදිහටම ඉතා බලවත්ව වාතය හිස්මුදුන පෙළනවා.

ප්‍රිය ආයුෂ්මත් සාරිපුත්ත, මට ඉවසන්නට අමාරුයි. පහසුවෙන් යැපෙන්නටත් අමාරු යි. මට බොහෝ දුක් වේදනා වැඩි වෙනවා. අඩුවීමක් නෑ. වැඩිවීමක් මිසක් අඩුවීමක් පෙනෙන්නේ නෑ. ප්‍රිය ආයුෂ්මත් සාරිපුත්ත, ඒක මේ වගේ දෙයක්. ශක්ති සම්පන්න පුරුෂයෙක් දැඩි වරපටකින් හිසෙහි හිස්වෙළුම් ඔතා හිස තද කරනවා වගේ. ප්‍රිය ආයුෂ්මත් සාරිපුත්ත, ඔන්න ඔය විදිහටම ඉතා බලවත්ව හිසේ කැක්කුම තියෙනවා.

ප්‍රිය ආයුෂ්මත් සාරිපුත්ත, මට ඉවසන්න අමාරුයි. පහසුවෙන් යැපෙන්නටත් අමාරුයි මට බොහෝ දුක් වේදනා වැඩි වෙනවා. අඩුවීමක් නෑ. වැඩිවීමක් මිසක් අඩුවීමක් පෙනෙන්නේ නෑ. ප්‍රිය ආයුෂ්මත් සාරිපුත්ත, ඒක මේ වගේ දෙයක්. දක්ෂ ගව ඝාතකයෙක් හරි, ඒ ගව ඝාතකයාගේ ගෝලයෙක් හරි ගෙරිමස් කපන තියුණු කැත්තෙන් කුස කපනවා වගේ. ප්‍රිය ආයුෂ්මත් සාරිපුත්ත, ඔන්න ඔය විදිහටම ඉතා බලවත්ව වාතය කුස කීතු කරනවා.

ප්‍රිය ආයුෂ්මත් සාරිපුත්ත, මට ඉවසන්නට අමාරුයි. පහසුවෙන් යැපෙන්නටත් අමාරුයි. මට බොහෝ දුක් වේදනා වැඩි වෙනවා. අඩුවීමක් නෑ. වැඩිවීමක් මිසක් අඩුවීමක් පෙනෙන්නේ නෑ. ප්‍රිය ආයුෂ්මත් සාරිපුත්ත, ඒක මේ වගේ දෙයක්. ශක්ති සම්පන්න පුරුෂයන් දෙදෙනෙක් දුර්වල පුරුෂයෙකුව වෙන වෙනම අත්වලින් ඇද ගෙන ගිනි අඟුරු වළක දාලා තවනවා වගේ, හාත්පසින් තවනවා වගේ. ආයුෂ්මත් සාරිපුත්ත, ඔන්න ඔය විදිහටම ඉතා බලවත්ව කයේ දැවිල්ලක් තියෙනවා.

ප්‍රිය ආයුෂ්මත් සාරිපුත්ත, මට ඉවසන්නට අමාරුයි. පහසුවෙන් යැපෙන්නටත් අමාරු යි. මට බොහෝ දුක් වේදනා වැඩි වෙනවා. අඩුවීමක් නෑ. වැඩිවීමක් මිසක් අඩුවීමක් පෙනෙන්නේ නෑ. ප්‍රිය ආයුෂ්මත් සාරිපුත්ත, මං (දිවි නසාගැනීම පිණිස) ආයුධයක් පාවිච්චි කරනවා. මට ජීවත් වෙන්නට කැමැත්තක් නෑ."

"ප්‍රිය ආයුෂ්මත් ඡන්න, (දිවි නසා ගැනීම පිණිස) ආයුධයක් පාවිච්චි කරන්නට එපා! ප්‍රිය අයුෂ්මත් ඡන්න, යැපෙනු මැනැව. අපි ආයුෂ්මත් ඡන්නයන් පහසුවෙන් යැපීම ගැනයි කැමැති. ඉතින් ආයුෂ්මත් ඡන්නයන් හට ගැලපෙන දානමාන ආදිය නැත්නම්, මං ආයුෂ්මත් ඡන්නයන් උදෙසා අසනීපයට ගැලපෙන දානමාන ආදිය සොයන්නම්. ඉදින් ආයුෂ්මත් ඡන්නයන් හට අසනීපයට ගැලපෙන බෙහෙත් නැත්නම්, මං ආයුෂ්මත් ඡන්නයන් හට

අසනීපයට ගැලපෙන බෙහෙතුත් සොයන්නම්. ඉදින් ආයුෂ්මත් ඡන්නයන් හට ගැලපෙන උපස්ථායකයන් නැත්නම්, මං ආයුෂ්මත් ඡන්නයන් හට උපස්ථාන කරන්නම්. ප්‍රිය ආයුෂ්මත් ඡන්න, (දිවි නසා ගැනීම පිණිස) ආයුධයක් පාවිච්චි කරන්නට එපා! ප්‍රිය ආයුෂ්මත් ඡන්න, යැපෙනු මැනව. අපි ආයුෂ්මත් ඡන්නයන් පහසුවෙන් යැපීම ගැනයි කැමැති."

"ප්‍රිය ආයුෂ්මත් සාරිපුත්ත, මට අසනීපයට ගැලපෙන දානමාන නැතුවා නොවෙයි. මට අසනීපයට ගැලපෙන දානමාන තියෙනවා. මට අසනීපයට ගැලපෙන බේත්හේත් නැතුවා නොවෙයි. මට අසනීපයට ගැලපෙන බෙහෙතුත් තියෙනවා. මට ගැලපෙන උපස්ථායකයන් නැතුවා නොවෙයි. මට ගැලපෙන උපස්ථායකයන් ඉන්නවා. එහෙම වුනත් ප්‍රිය ආයුෂ්මත් සාරිපුත්ත, බොහෝ කාලයක් තිස්සේ මං ශාස්තෘන් වහන්සේව ඇසුරු කළේ මනාප සිතින්ම යි. අමනාප සිතින් නම් නොවේ. ප්‍රිය ආයුෂ්මත් සාරිපුත්ත, ශාස්තෘන් වහන්සේව අමනාප සිතින් නොව මනාප සිතින්ම ඇසුරු කරනවා යන යම් කරුණක් ඇද්ද, එය ශ්‍රාවකයෙකුට සුදුසුම යි. වෙන පැමිණීමක් නොවන පරිදි තමයි ඡන්න භික්ෂුව (දිවි නසාගැනීම පිණිස) ආයුධයක් පාවිච්චි කරන්නේ. ප්‍රිය ආයුෂ්මත් සාරිපුත්ත, ඔය විදිහට මෙකරුණ පිළිගන්නා සේක්වා!"

"මා විසින් ආයුෂ්මත් ඡන්නයන්ගෙන් යම්කිසි කරුණක් අසන්නම්, හැබැයි ආයුෂ්මත් ඡන්නයන් ප්‍රශ්න විමසීමට අවසර දෙනවා නම් විතරයි."

"ප්‍රිය ආයුෂ්මත් සාරිපුත්ත, අසනු මැනව. අසා දැනගන්න බැරියැ."

"ප්‍රිය ආයුෂ්මත් ඡන්න, ඇස, ඇසේ විඤ්ඤාණය, ඇසේ විඤ්ඤාණයෙන් දත යුතු දේ 'මේක මගේ, මේ තමයි මම, මෙය මගේ ආත්මය'යි කියලා දකිනවාද? ප්‍රිය ආයුෂ්මත් ඡන්න, කන, කනේ විඤ්ඤාණය, ...(පෙ).... ප්‍රිය ආයුෂ්මත් ඡන්න, නාසය, නාසයේ විඤ්ඤාණය, ...(පෙ).... ප්‍රිය ආයුෂ්මත් ඡන්න, දිව, දිවේ විඤ්ඤාණය, ...(පෙ).... ප්‍රිය ආයුෂ්මත් ඡන්න, කය, කයේ විඤ්ඤාණය, ...(පෙ).... ප්‍රිය ආයුෂ්මත් ඡන්න, මනස, මනසේ විඤ්ඤාණය, මනසේ විඤ්ඤාණයෙන් දත යුතු දේ 'මේක මගේ, මේ තමයි මම, මෙය මගේ ආත්මය' යි කියලා දකිනවාද?"

"ප්‍රිය ආයුෂ්මත් සාරිපුත්ත, ඇස, ඇසේ විඤ්ඤාණය, ඇසේ විඤ්ඤාණයෙන් දත යුතු දේ 'මේක මගේ නොවේ, මේ මම නොවේ, මෙය මගේ ආත්මය නොවේ' කියලයි මා දකින්නේ. ප්‍රිය ආයුෂ්මත් සාරිපුත්ත, කන, කනේ විඤ්ඤාණය, ...(පෙ).... ප්‍රිය ආයුෂ්මත් සාරිපුත්ත, නාසය, නාසයේ විඤ්ඤාණය, ...(පෙ).... ප්‍රිය ආයුෂ්මත් සාරිපුත්ත දිව, දිවේ විඤ්ඤාණය,

....(පෙ).... ප්‍රිය ආයුෂ්මත් සාරිපුත්ත, කය, කයේ විඤ්ඤාණය ....(පෙ).... ප්‍රිය ආයුෂ්මත් සාරිපුත්ත, මනස, මනසේ විඤ්ඤාණය, මනසේ විඤ්ඤාණයෙන් දත යුතු දේ 'මේක මගේ නොවේ, මේ මම නොවේ, මෙය මගේ ආත්මය නොවේ' කියලයි මා දකින්නේ."

"ප්‍රිය ආයුෂ්මත් ඡන්න, ඇස තුළත්, ඇසේ විඤ්ඤාණය තුළත්, ඇසේ විඤ්ඤාණයෙන් දත යුතු දේ තුළත් කවර දෙයක් දැකලද, විශේෂ නුවණින් කුමක් අවබෝධ කරගෙනද, ඇස, ඇසේ විඤ්ඤාණය, ඇසේ විඤ්ඤාණයෙන් දත යුතු දේ 'මේක මගේ නොවේ, මේ මම නොවේ, මෙය මගේ ආත්මය නොවේ' කියලා දකින්නේ? ප්‍රිය ආයුෂ්මත් ඡන්න, කන තුළත්, කනේ විඤ්ඤාණය තුළත්, ...(පෙ).... ප්‍රිය ආයුෂ්මත් ඡන්න, නාසය තුළත් නාසයේ විඤ්ඤාණය තුළත්, ...(පෙ).... ප්‍රිය ආයුෂ්මත් ඡන්න, දිව තුළත්, දිවේ විඤ්ඤාණය තුළත්, ...(පෙ).... ප්‍රිය ආයුෂ්මත් ඡන්න, කය තුළත්, කයේ විඤ්ඤාණය තුළත්, ...(පෙ).... ප්‍රිය ආයුෂ්මත් ඡන්න, මනස තුළත්, මනසේ විඤ්ඤාණය තුළත්, මනසේ විඤ්ඤාණයෙන් දත යුතු දේ තුළත් කවර දෙයක් දැකලද, විශේෂ නුවණින් කුමක් අවබෝධ කරගෙනද, මනස, මනසේ විඤ්ඤාණය, මනසේ විඤ්ඤාණයෙන් දත යුතු දේ 'මේක මගේ නොවේ, මේ මම නොවේ, මෙය මගේ ආත්මය නොවේ' කියල දකින්නේ?"

"ප්‍රිය ආයුෂ්මත් සාරිපුත්ත, ඇස තුළත්, ඇසේ විඤ්ඤාණය තුළත්, ඇසේ විඤ්ඤාණයෙන් දත යුතු දේ තුළත් නිරුද්ධ වීම දැක්කා. නිරුද්ධ වීම විශේෂ නුවණින් අවබෝධ කරගත්තා. ඒ තුළින් තමයි ඇසත්, ඇසේ විඤ්ඤාණයත්, ඇසේ විඤ්ඤාණයෙන් දත යුතු දේත් 'මේක මගේ නොවේ, මේ මම නොවේ, මෙය මගේ ආත්මය නොවේ' කියල මා දකින්නේ. ප්‍රිය ආයුෂ්මත් සාරිපුත්ත, කන තුළත්, කනේ විඤ්ඤාණය තුළත්, ...(පෙ).... ප්‍රිය ආයුෂ්මත් සාරිපුත්ත, නාසය තුළත්, නාසයේ විඤ්ඤාණය තුළත්, ...(පෙ).... ප්‍රිය ආයුෂ්මත් සාරිපුත්ත, දිව තුළත්, දිවේ විඤ්ඤාණය තුළත්, ...(පෙ).... ප්‍රිය ආයුෂ්මත් සාරිපුත්ත, කය තුළත්, කයේ විඤ්ඤාණය තුළත්, ...(පෙ).... ප්‍රිය ආයුෂ්මත් සාරිපුත්ත, මනස තුළත් මනසේ විඤ්ඤාණය තුළත්, මනසේ විඤ්ඤාණයෙන් දත යුතු දේ තුළත් නිරුද්ධ වීම දැක්කා. නිරුද්ධ වීම විශේෂ නුවණින් අවබෝධ කරගත්තා. ඒ තුළින් තමයි මනසත්, මනසේ විඤ්ඤාණයත්, මනසේ විඤ්ඤාණයෙන් දත යුතු දේත් 'මේක මගේ නොවේ, මේ මම නොවේ, මෙය මගේ ආත්මය නොවේ' කියල මා දකින්නේ."

එසේ පැවසූ විට ආයුෂ්මත් මහාචුන්දයන් වහන්සේ, ආයුෂ්මත් ඡන්න තෙරුන්ට මේ විදිහට පැවසුවා. "එහෙම නම් ප්‍රිය ආයුෂ්මත් ඡන්නයෙනි,

ඒ භාග්‍යවතුන් වහන්සේගේ මෙම අනුශාසනාව ද නිරතුරුවම මනාකොට නුවණින් මෙනෙහි කළයුතුයි. 'මමත්වයෙන් ඇසුරු කරන කොටයි සැලීමක් තියෙන්නේ. මමත්වයෙන් ඇසුරක් නැත්නම්, සැලීමක් නෑ. සැලීමක් නැත්නම්, සැහැල්ලුවක් තියෙන්නේ. සැහැල්ලු බව තියෙන විට භව පැවැත්මට නැඹුරු වෙන්නේ නෑ. භව පැවැත්මට නැඹුරු නොවන විට සසරෙහි ඒමක් යෑමක් නෑ. සසරෙහි ඒමක් යෑමක් නැති විට, චුතියක් උපතක් නෑ. චුතියක් උපතක් නැති විට, මෙහෙත් නෑ. වෙන තැනකත් නෑ. ඒ දෙක අතරේත් නෑ. මේක තමයි දුකෙහි අවසන් වීම' කියලා."

ඉතින් ආයුෂ්මත් සාරිපුත්තයන් වහන්සේත්, ආයුෂ්මත් මහාචුන්දයන් වහන්සේත්, ආයුෂ්මත් ඡන්න තෙරුන් හට ඔය අවවාදයෙන් අවවාද කරලා අසුනෙන් නැගිට ආපසු වැඩියා. එතකොට ඒ ආයුෂ්මත් සාරිපුත්තයන් වහන්සේත්, ආයුෂ්මත් මහාචුන්දයන් වහන්සේත් වැඩිය නොබෝ වේලාවකින් ආයුෂ්මත් ඡන්න තෙරුන් ආයුධයක් පාවිච්චි කළා. (දිවි නසා ගත්තා.)

එකල්හි ආයුෂ්මත් සාරිපුත්තයන් වහන්සේ භාග්‍යවතුන් වහන්සේ වැඩසිටි තැනට පැමිණුනා. පැමිණිලා භාග්‍යවතුන් වහන්සේට ආදරයෙන් වන්දනා කොට එකත්පස්ව වාඩිවුනා. එකත්පස්ව වාඩිවුන ආයුෂ්මත් සාරිපුත්තයන් වහන්සේ භාග්‍යවතුන් වහන්සේට මෙකරුණ සැළ කළා. "ස්වාමීනී, ආයුෂ්මත් ඡන්නයන් (දිවි නසා ගැනීමට) ආයුධයක් පාවිච්චි කරලා තියෙනවා. ඔහුගේ ගතිය කුමක්ද? පරලොව උපත කුමක්ද?"

"පින්වත් සාරිපුත්ත, ඡන්න භික්ෂුව විසින් ඔබ ඉදිරියෙහිම වෙත පැමිණීමක් නොවන විදිහට (අනුපවද්‍ය කොට) කියලා කිව්වා නේද?"

"එසේය, ස්වාමීනී, පුබ්බජිර කියලා වජ්ජීන්ගේ ගමක් තියෙනවා. ආයුෂ්මත් ඡන්නයන්ගේ මිතුරු පවුල්, සුහද පවුල්, උපවද්‍ය (එළඹිය යුතු - වෙත පැමිණිය යුතු) පවුල් එහෙ තියෙනවා."

"පින්වත් සාරිපුත්ත, ඡන්න භික්ෂුවගේ මිතුරු පවුල්, සුහද පවුල්, උපවද්‍ය (එළඹිය යුතු - වෙත පැමිණිය යුතු) පවුල් එහෙ තියෙනවා තමයි. නමුත් සාරිපුත්ත ඔපමණකින් මං උපවද්‍ය සහිතයි කියලා කියන්නේ නෑ. පින්වත් සාරිපුත්ත, යමෙක් මේ කය අත්හරිනවාද, වෙනත් කයකට බැඳෙනවාද, අන්න ඒකටයි මං උපවද්‍ය (එළඹිය යුතු - වෙත පැමිණිය යුතු) සහිතයි කියලා කියන්නේ. ඒ දෙය ඡන්න භික්ෂුවට නෑ. ඡන්න භික්ෂුව විසින් ආයුධයක් පාවිච්චි කළේ උපවද්‍ය රහිතවයි. (වෙනත් කයකට නොබැඳෙන පරිදියි)"

භාග්‍යවතුන් වහන්සේ මේ දෙසුම වදාළා. සතුටු සිත් ඇති ආයුෂ්මත් සාරිපුත්තයන් වහන්සේ භාග්‍යවතුන් වහන්සේ වදාළ මේ දෙසුම සතුටින් පිළිගත්තා.

සාදු! සාදු!! සාදු!!!

ඡන්න තෙරුන්ට අවවාද වශයෙන් වදාළ දෙසුම නිමා විය.

3.5.3.
පුණ්ණෝවාද සූත්‍රය
පුණ්ණ තෙරුන්ට අවවාද වශයෙන් වදාළ දෙසුම

මා හට අසන්නට ලැබුනේ මේ විදිහටයි. එසමයෙහි භාග්‍යවතුන් වහන්සේ වැඩසිටියේ සැවැත් නුවර ජේතවනය නම් වූ අනේපිඬු සිටුතුමා ගේ ආරාමයේ. එදා ආයුෂ්මත් පුණ්ණ තෙරුන් සවස් වරුවෙහි භාවනාවෙන් නැගිට භාග්‍යවතුන් වහන්සේ වැඩසිටි තැනට පැමිණුනා. පැමිණ භාග්‍යවතුන් වහන්සේට ආදරයෙන් වන්දනා කොට එකත්පස්ව වාඩිවුනා. එකත්පස්ව වාඩිවුන ආයුෂ්මත් පුණ්ණ තෙරුන් භාග්‍යවතුන් වහන්සේට මෙකරුණ සැලකළා.

"ස්වාමීනී, භාග්‍යවතුන් වහන්ස, මා හට සංක්ෂේපයෙන් ශ්‍රී සද්ධර්මය වදාරණ සේක් නම් මැනැවි. එතකොට මට භාග්‍යවතුන් වහන්සේගෙන් යම් ධර්මයක් අසා දැනගෙන හුදෙකලා වෙලා, පිරිසෙන් වෙන් වෙලා, අප්‍රමාදීව, කෙලෙස් තවන වීරිය ඇතිව, දහමට දිවි පුදා වාසය කරන්න පුළුවනි."

"එසේ නම් පින්වත් පුණ්ණ, හොඳින් සවන් යොමා අසන්න. මනා කොට නුවණින් මෙනෙහි කරන්න. මා කියා දෙන්නම්." "එසේය, ස්වාමීනී" කියලා ආයුෂ්මත් පුණ්ණ තෙරුන් භාග්‍යවතුන් වහන්සේට පිළිතුරු දුන්නා. භාග්‍යවතුන් වහන්සේ මෙය වදාළා.

"පින්වත් පුණ්ණ, ඇසෙන් දැනගත යුතු වූ සිත් ඇද ගන්නා, ලස්සන, මනාප, ප්‍රිය ස්වරූප ඇති, කැමැත්ත ඇති කරවන, බැඳීම හටගන්නා රූප තියෙනවා. ඉතින් භික්ෂුව එය සතුටින් පිළිගන්නවා, එහි ගුණ කියනවා, එහි බැසගෙන සිටිනවා. එතකොට එය සතුටින් පිළිගනිද්දී, එහි ගුණ කියද්දී, එහි බැසගෙන සිටිද්දී ඔහුට උපදින්නේ තණ්හාවයි. පින්වත් පුණ්ණ, තණ්හාව හට ගැනීමෙනුයි දුක හටගන්නේ කියලයි මා කියන්නේ.

පින්වත් පුණ්ණ, කනෙන් දැනගත යුතු ශබ්ද තියෙනවා ....(පෙ).... නාසයෙන් දැනගත යුතු ගඳ සුවඳ තියෙනවා ....(පෙ).... දිවෙන් දැනගත යුතු රස තියෙනවා ....(පෙ).... කයෙන් දැනගත යුතු පහස තියෙනවා ....(පෙ).... පින්වත්

පුණ්ණ, මනසින් දැනගත යුතු වූ සිත් ඇද ගන්නා, ලස්සන, මනාප, ප්‍රිය ස්වරූප ඇති, කැමැත්ත ඇති කරවන, බැඳීම හටගන්නා අරමුණු තියෙනවා. ඉතින් භික්ෂුව එය සතුටින් පිළිගන්නවා, එහි ගුණ කියනවා, එහි බැසගෙන සිටිනවා. එතකොට එය සතුටින් පිළිගනිද්දී, එහි ගුණ කියද්දී, එහි බැසගෙන සිටිද්දී ඔහුට උපදින්නේ තණ්හාවයි. පින්වත් පුණ්ණ, තණ්හාව හටගැනීමෙනුයි දුක හටගන්නේ කියලයි මා කියන්නේ.

පින්වත් පුණ්ණ, ඇසෙන් දැනගත යුතු වූ සිත් ඇදගන්නා, ලස්සන, මනාප, ප්‍රිය ස්වරූප ඇති, කැමැත්ත ඇතිකරවන, බැඳීම හටගන්නා රූප තියෙනවා. ඉතින් භික්ෂුව එය සතුටින් පිළිගන්නේ නෑ. එහි ගුණ කියන්නේ නෑ, එහි බැසගෙන ඉන්නෙත් නෑ. එතකොට එය සතුටින් නොපිළිගනිද්දී, එහි ගුණ නොකියද්දී, එහි බැසගෙන නොසිටිද්දී ඔහු ගේ තණ්හාව නිරුද්ධ වෙනවා. පින්වත් පුණ්ණ, තණ්හාව නිරුද්ධ වීමෙනුයි දුක් නිරුද්ධ වෙන්නේ කියලයි මා කියන්නේ.

පින්වත් පුණ්ණ, කනෙන් දැනගත යුතු ශබ්ද තියෙනවා ....(පෙ).... නාසයෙන් දැනගත යුතු ගඳ සුවඳ තියෙනවා ....(පෙ).... දිවෙන් දැනගත යුතු රස තියෙනවා ....(පෙ).... කයෙන් දැනගත යුතු පහස තියෙනවා ....(පෙ).... පින්වත් පුණ්ණ, මනසින් දැනගත යුතු වූ සිත් ඇද ගන්නා, ලස්සන, මනාප, ප්‍රිය ස්වරූප ඇති, කැමැත්ත ඇති කරවන, බැඳීම හටගන්නා අරමුණු තියෙනවා. ඉතින් භික්ෂුව එය සතුටින් පිළිගන්නේ නෑ. එහි ගුණ කියන්නේ නෑ. එහි බැසගෙන ඉන්නෙත් නෑ. එතකොට එය සතුටින් නොපිළිගනිද්දී, එහි ගුණ නොකියද්දී, එහි බැසගෙන නොසිටිද්දී ඔහු ගේ තණ්හාව නිරුද්ධ වෙනවා. පින්වත් පුණ්ණ, තණ්හාව නිරුද්ධ වීමෙනුයි දුක නිරුද්ධ වෙන්නේ කියලයි මා කියන්නේ.

පින්වත් පුණ්ණ, මා විසින් මේ අවවාදයෙන් සංක්ෂිප්තව අවවාද කරපු ඔබ කවර ජනපදයක වාසය කරන්නද යන්නේ?" "ස්වාමීනී, සුනාපරන්ත නමින් ජනපදයක් තියෙනවා. භාග්‍යවතුන් වහන්සේ විසින් මේ අවවාදයෙන් සංක්ෂිප්තව අවවාද කරනු ලැබූ මම එහෙ තමයි වාසය කරන්න යන්නේ."

"පින්වත් පුණ්ණ, ඔය සුනාපරන්තයේ මිනිස්සු ප්‍රචණ්ඩ යි. පින්වත් පුණ්ණ, ඔය සුනාපරන්තයේ මිනිස්සු පරුෂයි. පින්වත් පුණ්ණ, ඉතින් ඔය සුනාපරන්තයේ මිනිස්සු ඔබට ආක්‍රෝෂ කරාවි. පරිභව කරාවි. එතකොට පුණ්ණ, ඔබට කුමක් හිතේවිද?"

"ස්වාමීනී, ඉතින් සුනාපරන්තයේ මිනිස්සු මට ආක්‍රෝෂ කළොතින්, පරිභව කළොතින්, ඒ ගැන මං මේ විදිහටයි හිතන්නේ. 'යම් කරුණකින් මේ

උදවිය මට අතින් පහර නොදෙත්ද, සැබැවින්ම මේ සූනාපරන්තයේ මිනිස්සු නම් හරි යහපත් නෙව. සැබැවින්ම මේ සුණාපරන්තයේ මිනිස්සු නම් ඉතාමත්ම යහපත් නෙව' කියලයි. භාග්‍යවතුන් වහන්ස, ඒ ගැන මට හිතෙන්නේ ඔන්න ඔය විදිහටයි. සුගතයන් වහන්ස, ඒ ගැන මට හිතෙන්නේ ඔන්න ඔය විදිහටයි."

"පින්වත් පුණ්ණ, ඉතින් සූනාපරන්තයේ ඔය මිනිස්සු ඔබට අතින් පහර දේවි. එතකොට පුණ්ණ, ඔබට කුමක් හිතේවිද?"

"ස්වාමීනී, ඉදින් සූනාපරන්තයේ මිනිස්සු මට අතින් පහර දුන්නොත් ඒ ගැන මං හිතන්නේ මේ විදිහටයි. 'යම් කරුණකින් මේ උදවිය මට ගල්වලින් පහර නොදෙත්ද, සැබැවින්ම මේ සූනාපරන්තයේ මිනිස්සු නම් හරි යහපත් නෙව. සැබැවින්ම මේ සුණාපරන්තයේ මිනිස්සු නම් ඉතාමත්ම යහපත් නෙව' කියලයි. භාග්‍යවතුන් වහන්ස, ඒ ගැන මට හිතෙන්නේ ඔන්න ඔය විදිහටයි. සුගතයන් වහන්ස, ඒ ගැන මට හිතෙන්නේ ඔන්න ඔය විදිහටයි."

"පින්වත් පුණ්ණ, ඉදින් සූනාපරන්තයේ ඔය මිනිස්සු ඔබට ගල්වලින් පහර දේවි. එතකොට පුණ්ණ, ඔබට කුමක් හිතේවිද?"

"ස්වාමීනී, ඉදින් සූනාපරන්තයේ මිනිස්සු මට ගල්වලින් පහර දුන්නොත් ඒ ගැන මං හිතන්නේ මේ විදිහටයි. 'යම් කරුණකින් මේ උදවිය මට දඬුමුගුරින් පහර නොදෙත්ද, සැබැවින්ම මේ සුණාපරන්තයේ මිනිස්සු නම් හරි යහපත් නෙව. සැබැවින්ම මේ සුණාපරන්තයේ මිනිස්සු නම් ඉතාමත්ම යහපත් නෙව' කියලයි. භාග්‍යවතුන් වහන්ස, ඒ ගැන මට හිතෙන්නේ ඔන්න ඔය විදිහටයි. සුගතයන් වහන්ස, ඒ ගැන මට හිතෙන්නේ ඔන්න ඔය විදිහටයි."

"පින්වත් පුණ්ණ, ඉදින් සූනාපරන්තයේ ඔය මිනිස්සු ඔබට දඬුමුගුරින් පහර දේවි. එතකොට පුණ්ණ, ඔබට කුමක් හිතේවිද?"

"ස්වාමීනී, ඉදින් සූනාපරන්තයේ මිනිස්සු මට දඬුමුගුරින් පහර දුන්නොත් ඒ ගැන මං හිතන්නේ මේ විදිහටයි. 'යම් කරුණකින් මේ උදවිය මට ආයුධයෙන් පහර නොදෙත්ද, සැබැවින්ම මේ සුණාපරන්තයේ මිනිස්සු නම් හරි යහපත් නෙව. සැබැවින්ම මේ සුණාපරන්තයේ මිනිස්සු නම් ඉතාමත්ම යහපත් නෙව' කියලයි. භාග්‍යවතුන් වහන්ස, ඒ ගැන මට හිතෙන්නේ ඔන්න ඔය විදිහටයි. සුගතයන් වහන්ස, ඒ ගැන මට හිතෙන්නේ ඔන්න ඔය විදිහටයි."

"පින්වත් පුණ්ණ, ඉතින් සූනාපරන්තයේ ඔය මිනිස්සු ඔබට ආයුධයෙන් පහර දේවි. එතකොට පුණ්ණ, ඔබට කුමක් හිතේවිද?"

"ස්වාමීනී, ඉතින් සුනාපරන්තයේ මිනිස්සු මට ආයුධයෙන් පහර දුන්නොත් ඒ ගැන මං හිතන්නේ මේ විදිහටයි. 'යම් කරුණකින් මේ උදවිය තියුණු ආයුධයකින් පහරදී මාව මරණයට පත් නොකරවත්ද, සැබැවින්ම මේ සුනාපරන්තයේ මිනිස්සු නම් හරි යහපත් නෙව. සැබැවින් ම මේ සුනාපරන්තයේ මිනිස්සු නම් ඉතාමත් ම යහපත් නෙව' කියලයි. භාග්‍යවතුන් වහන්ස, ඒ ගැන මට හිතෙන්නේ ඔන්න ඔය විදිහටයි. සුගතයන් වහන්ස, ඒ ගැන මට හිතෙන්නේ ඔන්න ඔය විදිහටයි."

"පින්වත් පුණ්ණ, ඉතින් සුනාපරන්තයේ ඔය මිනිස්සු ඔබට තියුණු ආයුධයකින් පහරදී මරා දමාවි. එතකොට පුණ්ණ, ඔබට කුමක් හිතේවිද?"

"ස්වාමීනී, ඉදින් සුනාපරන්තයේ මිනිස්සු මට තියුණු ආයුධයකින් පහරදී මරා දැම්මොත් ඒ ගැන මං හිතන්නේ මේ විදිහටයි. 'භාග්‍යවතුන් වහන්සේගේ ශ්‍රාවකයෝ ඉන්නවා. කය ගැනත්, ජීවිතය ගැනත් හෙම්බත් වෙලා. ලැජ්ජාවෙලා. පිළිකුළ ඇතිවෙලා. (දිවි නසාගැනීමට) ආයුධ පාවිච්චි කරන්ටත් ක්‍රම හොයනවා. ඉතින් මට මේ ආයුධයක් නොසොයාම ආයුධයක් මා කරා ඇවිදින් තියෙනවා.' භාග්‍යවතුන් වහන්ස, ඒ ගැන මට හිතෙන්නේ ඔන්න ඔය විදිහටයි. සුගතයන් වහන්ස, ඒ ගැන මට හිතෙන්නේ ඔන්න ඔය විදිහටයි."

"සාදු! සාදු! පින්වත් පුණ්ණ, ඔබට ඔය දමනයෙන් සංසිඳීමෙන් යුක්ත වීම නිසා පින්වත් පුණ්ණ, සුණාපරන්ත ජනපදයේ වාසය කරන්න පුළුවන්ම යි. පින්වත් පුණ්ණ, දැන් ඔබ යමකට සුදුසු කාලය දන්නවා නම් එය කරන්න."

ඉතින් ආයුෂ්මත් පුණ්ණ තෙරුන් භාග්‍යවතුන් වහන්සේ වදාළ දේශනාව සතුටින් පිළිඅරගෙන, සතුටින් අනුමෝදන් වෙලා, අසුනෙන් නැගිට භාග්‍යවතුන් වහන්සේට ආදරයෙන් වැඳ පැදකුණු කොට, කුටිය අස්පස් කරලා, පාසිවුරුත් රැගෙන සුනාපරන්ත ජනපදයට චාරිකාවේ පිටත් වුනා. පිළිවෙලින් චාරිකාවේ වඩිමින් සුනාපරන්ත ජනපදය යම් තැනකද එහි වාසය කළා. දැන් ආයුෂ්මත් පුණ්ණ තෙරුන් ඒ සුනාපරන්ත ජනපදයේ තමයි වාසය කරන්නේ.

ඉතින් ආයුෂ්මත් පුණ්ණ තෙරුන් ඒ අවුරුද්ද ඇතුළතදීම පන්සියයක් උපාසකවරුන්ට චතුරාර්ය සත්‍යය ධර්මය අවබෝධ කෙරෙව්වා. ඒ අවුරුද්ද ඇතුළතදීම පන්සියයක් උපාසිකාවන්ට චතුරාර්ය සත්‍ය ධර්මය අවබෝධ කෙරෙව්වා. ඒ අවුරුද්ද ඇතුළතදීම ත්‍රිවිද්‍යාවත් සාක්ෂාත් කළා. පසු කලකදී ආයුෂ්මත් පුණ්ණයන් වහන්සේ පිරිනිවන් පෑවා.

එතකොට බොහෝ භික්ෂූන් භාග්‍යවතුන් වහන්සේ වැඩසිටි තැනට පැමිණුනා. පැමිණ භාග්‍යවතුන් වහන්සේට ආදරයෙන් වන්දනා කොට

එකත්පස්ව වාඩිවුනා. එකත්පස්ව වාඩිවුන ඒ භික්ෂූන් වහන්සේලා භාග්‍යවතුන් වහන්සේගෙන් මෙකරුණ විමසුවා. "ස්වාමීනී, භාග්‍යවතුන් වහන්සේ විසින් සංක්ෂිප්තව අවවාදයකින් අවවාද කරපු යම් ඒ පුණ්ණ නම් කුලපුත්‍රයෙක් සිටියා නෙව. ඔහු කළුරිය කළා. ඔහුගේ ගතිය කුමක්ද? පරලොව ජීවිතය කුමක්ද?"

"පින්වත් මහණෙනි, පුණ්ණ කුලපුත්‍රයා හොඳ නුවණින් යුක්තයි. ධර්මානුකූලවම ජීවත් වුනා. ධර්මයෙන් ප්‍රශ්න හදාගෙන මාව වෙහෙසට පත් කළේ නෑ. පින්වත් මහණෙනි, පුණ්ණ කුලපුත්‍රයා පිරිනිවන් පෑවා."

භාග්‍යවතුන් වහන්සේ මේ උතුම් දේශනය වදාළා. ඒ දේශනය ගැන ඒ භික්ෂූන් වහන්සේලා ගොඩක් සතුටු වුනා. භාග්‍යවතුන් වහන්සේ වදාළ මේ දේශනය සතුටින් පිළිගත්තා.

සාදු! සාදු!! සාදු!!!

පුණ්ණ තෙරුන්ට අවවාද වශයෙන් වදාළ දෙසුම නිමා විය.

3.5.4.
නන්දකෝවාද සූත්‍රය
නන්දක තෙරුන් භික්ෂුණීන්ට අවවාද වශයෙන් වදාළ දෙසුම

මා හට අසන්නට ලැබුනේ මේ විදිහටයි. එසමයෙහි භාග්‍යවතුන් වහන්සේ වැඩසිටියේ සැවැත් නුවර ජේතවනය නම් වූ අනේපිඬු සිටුතුමාගේ ආරාමයේ. එදා මහාප්‍රජාපතී ගෞතමී භික්ෂුණිය පන්සියයක් පමණ භික්ෂුණීන් සමඟ භාග්‍යවතුන් වහන්සේ වෙත පැමිණියා. පැමිණ භාග්‍යවතුන් වහන්සේට ආදරයෙන් වන්දනා කොට එකත්පස්ව සිටගත්තා. එකත්පස්ව සිටි මහාප්‍රජාපතී ගෞතමී මෙහෙණිය භාග්‍යවතුන් වහන්සේට මෙය පැවසුවා.

"ස්වාමීනී, භාග්‍යවතුන් වහන්ස, භික්ෂුණීන්ට අවවාද කරන සේක්වා! ස්වාමීනී, භාග්‍යවතුන් වහන්ස, භික්ෂුණීන්ට අනුශාසනා කරන සේක්වා! ස්වාමීනී, භාග්‍යවතුන් වහන්ස, භික්ෂුණීන්ට ධර්ම කථාව කරන සේක්වා!"

එසමයෙහි ස්ථවිර භික්ෂූන් වහන්සේලා තමන්ට ලැබෙන වාරයට අනුවයි භික්ෂුණීන්ට අවවාද කරන්නේ. නමුත් භික්ෂුණීන්ට අවවාද කිරීමට වාරය පැමිණි කල්හි ආයුෂ්මත් නන්දකයන් වහන්සේ එයට නොකැමති වුනා. එකල්හි භාග්‍යවතුන් වහන්සේ ආයුෂ්මත් ආනන්දයන් අමතා වදාළා. "පින්වත් ආනන්ද, අද භික්ෂුණීන්ට අවවාද කිරීමේ වාරයේදී කාගේ වාරයද පැමිණිලා තියෙන්නේ?"

"ස්වාමීනී, භික්ෂුණීන්ට අවවාද කරන වාරයෙහිදී නන්දක තෙරුන්ගේ වාරයයි පැමිණිලා තියෙන්නේ. නමුත් ස්වාමීනී, මේ ආයුෂ්මත් නන්දකයන් වහන්සේ තමන්ගේ වාරයෙහිදී භික්ෂුණීන්ට අවවාද කරන්නට කැමැති නැහැ."

එවිට භාග්‍යවතුන් වහන්සේ ආයුෂ්මත් නන්දකයන් අමතා වදාළා. "පින්වත් නන්දක, භික්ෂුණීන්ට අවවාද කරන්න. පින්වත් නන්දක, භික්ෂුණීන්ට අනුශාසනා කරන්න. පින්වත් බ්‍රාහ්මණය, ඔබ භික්ෂුණීන්ට ධර්ම කථාව කරන්න."

"එසේ ය, ස්වාමීනී" කියලා ඒ ආයුෂ්මත් නන්දකයන් වහන්සේ භාග්‍යවතුන් වහන්සේට පිළිතුරු දී පෙරවරුවෙහි සිවුරු හැඳ පොරවාගෙන, පාත්‍රය ද ගෙන සැවැත් නුවර පිඬු සිඟා වැඩියා. සැවැත් නුවර පිඬු පිණිස හැසිර දානයෙන් පසු පිණ්ඩපාතයෙන් වැළකී තමා සමග තව දෙවෙනි භික්ෂුවක් ඇතුව රාජකාරාමයට පැමිණුනා. එතකොට දුරින්ම වඩින්නා වූ ආයුෂ්මත් නන්දකයන් වහන්සේව ඒ භික්ෂුණීන් දැක්කා. දැක ආසනයක් පැණෙව්වා. පා දෝවනයට පැන් පිළියෙල කළා. ආයුෂ්මත් නන්දකයන් වහන්සේ පණවන ලද අසුනෙහි වැඩසිටියා. වැඩහිඳ පා දෝවනය කළා. ඒ භික්ෂුණීන් වහන්සේලා ආයුෂ්මත් නන්දකයන් වහන්සේට ආදරයෙන් වැඳ එකත්පස්ව වාඩිවුනා. එකත්පස්ව හුන් ඒ භික්ෂුණීන් වහන්සේලාට ආයුෂ්මත් නන්දකයන් වහන්සේ මෙය වදාළා.

"පින්වත් සොයුරියනි, ප්‍රශ්න කරමින් තමයි ධර්ම කථාව කෙරෙන්නේ. එහිදී දන්නවා නම් දන්නවා ය කියල කියන්නට ඕන. දන්නේ නැත්නම් දන්නේ නැතෙයි කියලයි කියන්නට ඕන. ඒ වගේම යම් කෙනෙකුට සැකයක් ඇතිවුණොත්, විමතියක් ඇතිවුණොත් ඒ ගැන මගෙන්ම ඇසිය යුතුයි. 'ස්වාමීනී, මේක කොහොමද? මේකේ අර්ථය මොකක්ද?' කියලා."

"ස්වාමීනී, අපි මෙපමණකින්මත් ආර්ය වූ නන්දකයන් වහන්සේ ගැන සතුටු සිත් ඇතිවුනා. බොහොම පැහැදුනා. යම් හෙයකින් අපව ආර්ය වූ නන්දකයන් වහන්සේ දහම් විමසීමට පවරනවාද, එනිසයි"

"පින්වත් සොයුරියනි, ඒ ගැන කුමක්ද සිතන්නේ? ඇස නිත්‍යද? අනිත්‍ය ද?" "ස්වාමීනී, අනිත්‍යයි" "යමක් අනිත්‍ය නම් එය දුකක්ද? සැපක්ද?" "ස්වාමීනී, එය දුකයි." "යමක් අනිත්‍ය නම්, දුක නම්, වෙනස්වෙන ස්වභාවයෙන් යුක්ත නම්, එය 'මෙය මාගේ ය, මෙය මම වෙමි, මෙය මාගේ ආත්මය යි' කියල මුලාවෙන් දකින්නට සුදුසුද?" "ස්වාමීනී, එසේ දැකීම සුදුසු නෑ."

"පින්වත් සොයුරියනි, ඒ ගැන කුමක්ද සිතන්නේ? කන නිත්‍යද? අනිත්‍යද?" "ස්වාමීනී, අනිත්‍යයි" ....(පෙ).... නාසය නිත්‍යද? අනිත්‍යද?" "ස්වාමීනී, අනිත්‍යයි" ....(පෙ).... දිව නිත්‍යද? අනිත්‍යද?" "ස්වාමීනී, අනිත්‍යයි" ....(පෙ).... කය නිත්‍යද? අනිත්‍යද?" "ස්වාමීනී, අනිත්‍යයි" ....(පෙ).... මනස නිත්‍යද? අනිත්‍යද?" "ස්වාමීනී, අනිත්‍යයි" "යමක් අනිත්‍ය නම් එය දුකක්ද? සැපක්ද?" "ස්වාමීනී, එය දුකයි." "යමක් අනිත්‍ය නම්, දුක නම්, වෙනස්වෙන ස්වභාවයෙන් යුක්ත නම්, එය 'මෙය මාගේ ය, මෙය මම වෙමි, මෙය මාගේ ආත්මය යි' කියල මුලාවෙන් දකින්නට සුදුසුද?" "ස්වාමීනී, එසේ දැකීම සුදුසු නෑ."

"ඒකට හේතුව කුමක්ද?" "ස්වාමීනී, කලින්ම යථාර්ථයක් වශයෙන් සම්‍යක් ප්‍රඥාවෙන් අපි මෙය දැකලයි තියෙන්නේ. ඔය විදිහට ආධ්‍යාත්මික ආයතන හය අනිත්‍යයයි කියලා."

"සාදු! සාදු! පින්වත් සොයුරියනි, යථාර්ථය සම්‍යක් ප්‍රඥාවෙන් දකින ආර්ය ශ්‍රාවකයෙකු හට විය යුත්තේ පින්වත් සොයුරියනි, ඒ විදිහට තමයි."

"පින්වත් සොයුරියනි, ඒ ගැන කුමක්ද සිතන්නේ? රූප නිත්‍යද? අනිත්‍යද?" "ස්වාමීනී, අනිත්‍යයි" "යමක් අනිත්‍ය නම් එය දුකක්ද? සැපක්ද?" "ස්වාමීනී, එය දුකයි." "යමක් අනිත්‍ය නම්, දුක නම්, වෙනස්වෙන ස්වභාවයෙන් යුක්ත නම්, එය 'මෙය මාගේ ය, මෙය මම වෙමි, මෙය මාගේ ආත්මය යි' කියල මුලාවෙන් දකින්නට සුදුසුද?" "ස්වාමීනී, එසේ දැකීම සුදුසු නෑ."

"පින්වත් සොයුරියනි, ඒ ගැන කුමක්ද සිතන්නේ? ශබ්ද නිත්‍යද? අනිත්‍ය ද?" "ස්වාමීනී, අනිත්‍යයි" ....(පෙ).... ගඳ සුවඳ නිත්‍යද? අනිත්‍යද?" "ස්වාමීනී, අනිත්‍යයි" ....(පෙ).... රස නිත්‍යද? අනිත්‍යද?" "ස්වාමීනී, අනිත්‍යයි" ....(පෙ).... පහස නිත්‍යද? අනිත්‍යද?" "ස්වාමීනී, අනිත්‍යයි" ....(පෙ).... අරමුණු නිත්‍යද? අනිත්‍යද?" "ස්වාමීනී, අනිත්‍යයි" "යමක් අනිත්‍ය නම් එය දුකක්ද? සැපක්ද?" "ස්වාමීනී, එය දුකයි." "යමක් අනිත්‍ය නම්, දුක නම්, වෙනස්වෙන ස්වභාවයෙන් යුක්ත නම්, එය 'මෙය මාගේ ය, මෙය මම වෙමි, මෙය මාගේ ආත්මය යි' කියල මුලාවෙන් දකින්නට සුදුසුද?" "ස්වාමීනී, එසේ දැකීම සුදුසු නෑ."

"ඒකට හේතුව කුමක්ද?" "ස්වාමීනී, කලින්ම යථාර්ථයක් වශයෙන් සම්‍යක් ප්‍රඥාවෙන් අපි මෙය දැකලයි තියෙන්නේ. ඔය විදිහට බාහිර ආයතන හය අනිත්‍යයයි කියලා."

"සාදු! සාදු! පින්වත් සොයුරියනි. යථාර්ථය සම්‍යක් ප්‍රඥාවෙන් අවබෝධ කරන ආර්ය ශ්‍රාවකයෙකු හට විය යුත්තේ පින්වත් සොයුරියනි, ඒ විදිහට තමයි."

"පින්වත් සොයුරියනි, ඒ ගැන කුමක්ද සිතන්නේ? ඇසේ විඤ්ඤාණය නිත්‍යද? අනිත්‍යද?" "ස්වාමීනී, අනිත්‍යයි" "යමක් අනිත්‍ය නම් එය දුකක්ද? සැපක්ද?" "ස්වාමීනී, එය දුකයි." "යමක් අනිත්‍ය නම්, දුක නම්, වෙනස්වෙන ස්වභාවයෙන් යුක්ත නම්, එය 'මෙය මාගේ ය, මෙය මම වෙමි, මෙය මාගේ ආත්මය යි' කියල මුලාවෙන් දකින්නට සුදුසුද?" "ස්වාමීනී, එසේ දැකීම සුදුසු නෑ."

"පින්වත් සොයුරියනි, ඒ ගැන කුමක්ද සිතන්නේ? කනේ විඤ්ඤාණය නිත්‍යද? අනිත්‍යද?" "ස්වාමීනී, අනිත්‍යයි" ....(පෙ).... නාසයේ විඤ්ඤාණය නිත්‍යද? අනිත්‍යද?" "ස්වාමීනී, අනිත්‍යයි" ....(පෙ).... දිවේ විඤ්ඤාණය නිත්‍යද? අනිත්‍යද?" "ස්වාමීනී, අනිත්‍යයි" ....(පෙ).... කයේ විඤ්ඤාණය නිත්‍යද? අනිත්‍යද?" "ස්වාමීනී, අනිත්‍යයි" ....(පෙ).... මනෝ විඤ්ඤාණය නිත්‍යද? අනිත්‍යද?" "ස්වාමීනී, අනිත්‍යයි" "යමක් අනිත්‍ය නම් එය දුකක්ද? සැපක්ද?" "ස්වාමීනී, එය දුකයි." "යමක් අනිත්‍ය නම්, දුක නම්, වෙනස්වෙන ස්වභාවයෙන් යුක්ත නම්, එය 'මෙය මාගේ ය, මෙය මම වෙමි, මෙය මාගේ ආත්මය යි' කියල මුලාවෙන් දකින්නට සුදුසුද?" "ස්වාමීනී, එසේ දැකීම සුදුසු නෑ."

"ඒකට හේතුව කුමක්ද?" "ස්වාමීනී, කලින්ම යථාර්ථයක් වශයෙන් සම්‍යක් ප්‍රඥාවෙන් අපි මෙය දැකලයි තියෙන්නේ. ඔය විදිහට විඤ්ඤාණකාය හය අනිත්‍යයයි කියලා."

"සාදු! සාදු! පින්වත් සොයුරියනි, යථාර්ථය සම්‍යක් ප්‍රඥාවෙන් දකින ආර්ය ශ්‍රාවකයෙකු හට විය යුත්තේ පින්වත් සොයුරියනි, ඒ විදිහට තමයි."

"පින්වත් සොයුරියනි, ඒක මේ වගේ දෙයක්. තෙල් පහනක් දැල්වෙද්දී තෙලත් අනිත්‍ය වෙලා, විපරිණාමයට පත්වෙලා යනවා. වැටිත් අනිත්‍ය වෙලා, විපරිණාමයට පත්වෙලා යනවා. සිලුත් අනිත්‍ය වෙලා, විපරිණාමයට පත්වෙලා යනවා. එළියත් අනිත්‍ය වෙලා, විපරිණාමයට පත්වෙලා යනවා. ඒ වුණාට පින්වත් සොයුරියනි, යම් කෙනෙක් මෙහෙම කිව්වොත්, මේ දැල්වෙන තෙල් පහනේ තෙලත් අනිත්‍යයි. වෙනස් වෙන ස්වභාවයෙන් යුක්තයි. වැටිත් අනිත්‍යයි. වෙනස් වෙන ස්වභාවයෙන් යුක්තයි. සිලුත් අනිත්‍යයි. වෙනස් වෙන ස්වභාවයෙන් යුක්තයි. නමුත් මේ තෙල් පහනේ යම් ආලෝකයක් ඇද්ද, එය නිත්‍යයි. ස්ථිරයි. ශාස්වතයි. නොවෙනස් වන ස්වභාවයෙන් යුක්තයි කියලා, පින්වත් සොයුරියනි, එසේ කියන්නා වූ ඒ තැනැත්තා ඒ කියන්නේ හැබෑ කථාවක්ද?" "ස්වාමීනී, එය හැබෑ කථාවක් නම් නොවෙයි."

"එයට හේතුව කුමක්ද?" "ස්වාමීනී, ඒ දැල්වෙන තෙල් පහනේ තෙලත් අනිත්‍යම යි, වෙනස් ස්වභාවයට අයිතිම යි, වැටිත් අනිත්‍යම යි, වෙනස් ස්වභාවයට අයිතිම යි, සිලුත් අනිත්‍යම යි, වෙනස් වන ස්වභාවයට අයිතිම යි, ඉතින් එහෙම එකේ එළියත් අනිත්‍ය බව, වෙනස් වෙන ස්වභාවයට අයිති බව අමුතුවෙන් කියන්න දෙයක් නැහැ නෙව."

"පින්වත් සොයුරියනි, මේකත් එහෙම දෙයක් තමයි. යම්කිසි කෙනෙක් මේ විදිහට කියන්නට පුළුවනි. මේ ආධ්‍යාත්මික ආයතන හය අනිත්‍ය තමයි.

නමුත් ආධ්‍යාත්මික ආයතන හය හේතුවෙන් යම් සැපක් හෝ දුකක් හෝ දුක් සැප රහිත බවක් හෝ විඳිනවා නම්, එය නිත්‍යයි. ස්ථිරයි. නොවෙනස් වන ස්වභාවයෙන් යුක්තයි කියල කිව්වොත්, පින්වත් සොයුරියනි, ඒ තැනැත්තා කියන්නේ හැබෑ වූ කථාවක් ද?" "ස්වාමීනී, එය හැබෑ කථාවක් නම් නොවෙයි."

"එයට හේතුව කුමක්ද?" "ස්වාමීනී, ඒ ඒ උපකාරක ධර්මයන්ගේ හේතුවෙනුයි ඒ ඒ වේදනා උපදින්නේ. ඒ ඒ උපකාරක ධර්මයන්ගේ නිරුද්ධ වීමෙන් ඒ ඒ විඳීම් නිරුද්ධ වෙලා යනවා."

"සාදු! සාදු! පින්වත් සොයුරියනි, යථාර්ථය සම්‍යක් ප්‍රඥාවෙන් දකින ආර්ය ශ්‍රාවකයෙකු හට විය යුත්තේ පින්වත් සොයුරියනි, ඒ විදිහට තමයි."

"පින්වත් සොයුරියනි, මේ වගේ දෙයක් තියෙනවා. හොඳින් මුල්බැස ගත්තු, අරටුව ඇති විශාල වෘක්ෂයක් තියෙනවා. ඒ වෘක්ෂයේ මුලත් අනිත්‍යයි. වෙනස් වන ස්වභාවයෙන් යුක්තයි. කඳත් අනිත්‍යයි. වෙනස් වන ස්වභාවයෙන් යුක්තයි. අතුපතරත් අනිත්‍යයි. වෙනස් වන ස්වභාවයෙන් යුක්තයි. ඡායාවත් අනිත්‍යයි. වෙනස් වන ස්වභාවයෙන් යුක්තයි. නමුත් පින්වත් සොයුරියනි, යමෙක් මෙහෙම කියන්නට පුළුවනි. හොඳින් මුල් බැසගත් අරටුව ඇති ඔය අතිවිශාල වෘක්ෂයේ මුලත් අනිත්‍ය තමයි. වෙනස් වන ස්වභාවයෙන් යුක්ත තමයි. කඳත් අනිත්‍ය තමයි. වෙනස් වන ස්වභාවයෙන් යුක්ත තමයි. අතු පතරත් අනිත්‍ය තමයි. වෙනස් වන ස්වභාවයෙන් යුක්ත තමයි. නමුත් ඔය වෘක්ෂයේ යම් ඡායාවක් ඇද්ද, ඒක නිත්‍යයි. ස්ථිරයි. නොවෙනස් වන ස්වභාවයෙන් යුක්තයි කියලා, පින්වත් සොයුරියනි, ඒ තැනැත්තා කියන්නේ හැබෑ වූ කථාවක්ද?" "ස්වාමීනී, ඒක හැබෑ කථාවක් නම් නොවෙයි."

"එයට හේතුව කුමක්ද?" "ස්වාමීනී, හොඳින් මුල් අල්ලපු, අරටුව සහිත, මේ මහා වෘක්ෂයේ මුලත් අනිත්‍යම යි. වෙනස් වෙන ස්වභාවයෙන් යුක්තම යි. කඳත් අනිත්‍යම යි. වෙනස් වන ස්වභාවයෙන් යුක්තම යි. අතුපතරත් අනිත්‍යම යි. වෙනස් වන ස්වභාවයෙන් යුක්තම යි. එහෙම එකේ ඒ වෘක්ෂයේ ඡායාව අනිත්‍ය බව, වෙනස් වන ස්වභාවයෙන් යුක්ත බව අමුතුවෙන් කියන්න ඕන නෑ ම යි."

"පින්වත් සොයුරියනි, මේකත් එහෙම දෙයක් තමයි. යම් කිසි කෙනෙක් මේ විදිහට කියන්නට පුළුවනි. මේ බාහිර ආයතන හය අනිත්‍ය තමයි. නමුත් බාහිර ආයතන හය හේතුවෙන් යම් සැපක් හෝ දුකක් හෝ දුක් සැප රහිත බවක් හෝ විඳිනවා නම්, එය නිත්‍යයි. ස්ථිරයි. නොවෙනස් වන ස්වභාවයෙන්

යුක්තයි කියල කිව්වොත්, පින්වත් සොයුරියනි, ඒ තැනැත්තා කියන්නේ හැබෑ වූ කථාවක්ද?" "ස්වාමීනී, එය හැබෑ කථාවක් නම් නොවෙයි."

"එයට හේතුව කුමක්ද?" "ස්වාමීනී, ඒ ඒ උපකාරක ධර්මයන්ගේ හේතුවෙනුයි ඒ ඒ වේදනා උපදින්නේ. ඒ ඒ උපකාරක ධර්මයන්ගේ නිරුද්ධ වීමෙන් ඒ ඒ විඳීම් නිරුද්ධ වෙලා යනවා."

"සාදු! සාදු! පින්වත් සොයුරියනි, යථාර්ථය සම්‍යක් ප්‍රඥාවෙන් දකින ආර්ය ශ්‍රාවකයෙකු හට විය යුත්තේ පින්වත් සොයුරියනි, ඒ විදිහට තමයි."

"පින්වත් සොයුරියනි, දක්ෂ ගවඝාතකයෙක් හෝ ඔහුගේ අතවැසියෙක් හෝ ඉන්නවා කියලා සිතමු. ඉතින් ඔහු ගවදෙනක් මරලා ගවයන් කපන තියුණු ආයුධයෙන් ඒ ගව දෙන කෑලිවලට කපනවා. එහිදී ඇතුළු මස නොකපා බාහිර හමත් නොකපා, ඒ අතරේ ඇති නහර වැල් සමඟ මස්වල ඇති සම්බන්ධයත්, නහරවැල් අතරත්, අනෙකුත් බන්ධන අතරත් තියුණු ගෙරි කපන කැත්තෙන් කෑලි කපනවා. ඉතා හොඳින් කීතු කරනවා. තව තවත් කීතු කරනවා. හැම පැත්තෙන්ම කීතු කර කර කපනවා. ඔය විදිහට කෑලි කපලා, කීතු කරලා, තව තවත් කීතු කරලා, හැම පැත්තෙන්මත් කීතු කරලා, බාහිර සම් කය ගලෝලා ඒ හමෙන්ම ගව දෙන වහලා මෙහෙම කියනවා. 'ඔය ගව දෙන මේ සමත් එක්ක එකතු වෙලා නෙව ඉන්නෙ' කියලා. පින්වත් සොයුරියනි, ඒ තැනැත්තා කියන්නේ හැබෑ වූ කථාවක්ද?" "ස්වාමීනී, එය හැබෑ කථාවක් නම් නොවෙයි."

"එයට හේතුව කුමක්ද?" "ස්වාමීනී, මේ දක්ෂ ගව ඝාතකයා හෝ ඔහුගේ ගෝලයා හෝ ගව දෙන මරලා ගෙරි කපන තියුණු කැත්තෙන් කැපුවා නෙව. එතකොට ගව දෙනගේ ඇතුළු මාංශ කායට මොනවත් නොකර, බාහිර සම් කයටත් මොකවත් නොකර, ඇතුළේ නහරවැල් සමඟ බැඳුණු මස් තිබුනා නෙව. ඒ මසුත්, බන්ධනත් හැම එකක්ම තියුණු ගෙරි කපන කැත්තෙන් කෑලි කළා නෙව. හොඳින්ම කපලා දැම්මා නෙව. කීතු කළා නෙව. හැම පැත්තෙන්ම කීතු කර කර කැපුවා නෙව. ඉතින් ඒ විදිහට කෑලි කපලා, හොඳටෝම කපලා, කීතු කීතු කපලා, හැම පැත්තෙන්ම කීතු කර කර කපලා හිට බාහිර සම් කයත් ගලෝලා, ඒ සමින්ම ඒ ගවදෙන වහලා හිට, කවුරු හරි මෙහෙම කිව්වත්, මේ ගව දෙන කලින් විදිහටම මේ හමට සම්බන්ධ වෙලා ඉන්නවා කියල, නමුත් ඒ ගව දෙන ඒ සමෙන් වෙන් වෙලාම යි ඉන්නේ."

"පින්වත් සොයුරියනි, මං මේ උපමාව කළේ අර්ථයක් තේරුම් කරලා දෙන්නටයි. ඔය උපමාවේ අර්ථය මේකයි. පින්වත් සොයුරියනි, ඇතුළු මස් කය කියලා කියන්නේ ආධ්‍යාත්මික ආයතන හයට කියන නමක්. බාහිර සම්

කය කියලා කියන්නේ බාහිර ආයතන හයට කියන නමක්. ඇතුළත තිබෙන නහරවල් බැඳුණු මස්, ඇතුළත බන්ධන ආදිය කියලා කියන්නේ සොයුරියනි, මේ නන්දිරාගයට කියන නමක්. තියුණු ගෙරි කපන කැත්ත ය කියන්නේ සොයුරියනි, මේ ආර්ය වූ ප්‍රඥාවට කියන නමක්. යම් මේ ආර්ය ප්‍රඥාවකින් ඇතුළත කෙලෙස්, ඇතුළත සංයෝජන, ඇතුළත බන්ධන කැලි කැලි කපනවාද, හොඳින් කපනවාද, කීතු කර කර කපනවාද, හාත්පස කීතු කර කර කපනවාද, එයයි.

පින්වත් සොයුරියනි, බොජ්ඣංග ධර්මයන් හතක් තියෙනවා. යම් භික්ෂුවක් තුළ මේ බොජ්ඣංග ධර්ම වැඩීම හේතුවෙන් බහුල වශයෙන් වැඩීම හේතුවෙන් තමයි ආශ්‍රවයන් ක්ෂය කරලා අනාශ්‍රව වූ චිත්ත විමුක්තියත්, ප්‍රඥා විමුක්තියත් මෙලොවදී ම ස්වකීය විශිෂ්ට වූ ප්‍රඥාවෙන් සාක්ෂාත් කොට පැමිණ වාසය කරන්නේ. ඒ බොජ්ඣංග ධර්මයන් සත මොනවාද? පින්වත් සොයුරියනි, මේ ශාසනයෙහි භික්ෂුව, පංච නීවරණ බැහැර වීමෙන් ලත් විවේකය ඇසුරු කොට, අවබෝධයෙන් ලත් කලකිරීමෙන් ඇති වූ නොඇල්ම ඇසුරු කොට, තෘෂ්ණා නිරෝධය ඇසුරු කොට, නිවනට නැඹුරු කොට, සති සම්බොජ්ඣංගය වඩනවා. ....(පෙ).... ධම්මවිචය සම්බොජ්ඣංගය වඩනවා. ....(පෙ).... විරිය සම්බොජ්ඣංගය වඩනවා. ....(පෙ).... පීති සම්බොජ්ඣංගය වඩනවා. ....(පෙ).... පස්සද්ධි සම්බොජ්ඣංගය වඩනවා. ....(පෙ).... සමාධි සම්බොජ්ඣංගය වඩනවා. මේ ශාසනයෙහි භික්ෂුව, පංච නීවරණ බැහැර වීමෙන් ලත් විවේකය ඇසුරු කොට, අවබෝධයෙන් ලත් කලකිරීමෙන් ඇති වූ නොඇල්ම ඇසුරු කොට, තෘෂ්ණා නිරෝධය ඇසුරු කොට, නිවනට නැඹුරු කොට, උපෙක්ඛා සම්බොජ්ඣංගය වඩනවා. පින්වත් සොයුරියනි, සප්ත බොජ්ඣංග කියන්නේ මේවාටයි. ඒ බොජ්ඣංගයන්ගේ වැඩීමෙන්, බහුල වශයෙන් වැඩීමෙන් තමයි භික්ෂුව ආශ්‍රවයන් ක්ෂය කරලා අනාශ්‍රව වූ චිත්ත විමුක්තියත්, ප්‍රඥා විමුක්තියත් මෙලොවදී ම ස්වකීය විශිෂ්ට වූ ප්‍රඥාවෙන් සාක්ෂාත් කොට පැමිණ වාසය කරන්නේ.”

ඊටපස්සේ ආයුෂ්මත් නන්දකයන් වහන්සේ ඒ භික්ෂුණීන් හට මේ අවවාදයෙන් අවවාද දී, 'එහෙමනම් යන්න, පින්වත් සොයුරියනි, එයට කාලයයි' කියලා පිටත් කෙරෙව්වා.

එවිට ඒ භික්ෂුණීන් වහන්සේලා ආයුෂ්මත් නන්දකයන් වහන්සේ වදාළ ධර්මය සතුටින් පිළිගෙන අනුමෝදන් වෙලා, හුනස්නෙන් නැගිට ආයුෂ්මත් නන්දකයන් වහන්සේට ආදරයෙන් වන්දනා කොට, පැදකුණු කොට භාග්‍යවතුන් වහන්සේ වෙත පැමිණියා. පැමිණ භාග්‍යවතුන් වහන්සේට ආදරයෙන් වන්දනා

කොට එකත්පස්ව වාඩිවුනා. එකත්පස්ව හුන් ඒ භික්ෂුණීන්ට භාග්‍යවතුන් වහන්සේ මෙය වදාළා. "එහෙමනම් යන්න, පින්වත් මෙහෙණියනි, එයට කාලයයි."

එතකොට ඒ භික්ෂුණීන් වහන්සේලා භාග්‍යවතුන් වහන්සේට ආදරයෙන් වන්දනා කොට, පැදකුණු කොට පිටත්ව ගියා.

ඉතින් ඒ භික්ෂුණීන් පිටත්ව ගිය නොබෝ වේලාවකින් භාග්‍යවතුන් වහන්සේ භික්ෂුසංඝයා අමතා වදාළා. "පින්වත් මහණෙනි, ඒක මේ වගේ දෙයක්. තුදුස්වක පොහොය දවසට බොහෝ ජනයාට චන්ද්‍රයා අසම්පූර්ණයිද, එහෙම නැත්නම් චන්ද්‍රයා සම්පූර්ණයිද කියලා සැකයක් හෝ විමතියක් ඇතිවෙන්නේ නෑ. ඒ මොකද, චන්ද්‍රයා අසම්පූර්ණ නිසාම යි. පින්වත් මහණෙනි, ඒ වගේ නන්දකයන්ගේ ධර්ම දේශනාවෙන් භික්ෂුණීන් සතුටු සිත් ඇතිකරගත්තා. නමුත් අදහස සම්පූර්ණ වුනේ නෑ."

එවිට භාග්‍යවතුන් වහන්සේ ආයුෂ්මත් නන්දකයන් වහන්සේ අමතා වදාළා. එසේ වී නම් පින්වත් නන්දකය, හෙටත් ඒ භික්ෂුණීන්ට ඔය අවවාදයෙන්ම අවවාද කරන්න." "එසේය, ස්වාමීනී" කියලා ආයුෂ්මත් නන්දකයන් වහන්සේ භාග්‍යවතුන් වහන්සේට පිළිතුරු දුන්නා.

ඉතින් ආයුෂ්මත් නන්දකයන් වහන්සේ ඒ රාත්‍රිය ඇවෑමෙන් පෙරවරුවෙහි සිවුරු හැඳ පොරවාගෙන, පාත්‍රය ද ගෙන සැවැත් නුවර පිඬු සිඟා වැඩියා. සැවැත් නුවර පිඬු පිණිස හැසිර දානයෙන් පසු පිණ්ඩපාතයෙන් වැළකී තමා සමඟ තව දෙවෙනි භික්ෂුවක් ඇතුව රාජකාරාමයට පැමිණුනා. එතකොට දුරින්ම වඩින්නා වූ ආයුෂ්මත් නන්දකයන් වහන්සේව ඒ භික්ෂුණීන් දැක්කා. දැක ආසනයක් පැණෙව්වා. පා දෝවනයට පැන් පිළියෙල කළා. ආයුෂ්මත් නන්දකයන් වහන්සේ පණවන ලද අසුනෙහි වැඩසිටියා. වැඩහිඳ පා දෝවනය කළා. ඒ භික්ෂුණීන් වහන්සේලා ආයුෂ්මත් නන්දකයන් වහන්සේට ආදරයෙන් වැඳ එකත්පස්ව වාඩිවුනා. එකත්පස්ව හුන් ඒ භික්ෂුණීන් වහන්සේලාට ආයුෂ්මත් නන්දකයන් වහන්සේ මෙය වදාළා.

"පින්වත් සොයුරියනි, ප්‍රශ්න කරමින් තමයි ධර්ම කථාව කෙරෙන්නේ. එහිදී දන්නවා නම් දන්නවා ය කියල කියන්නට ඕන. දන්නේ නැත්නම් දන්නේ නැතෙයි කියලයි කියන්නට ඕන. ඒ වගේම යම් කෙනෙකුට සැකයක් ඇතිවුණොත්, විමතියක් ඇතිවුනොත් ඒ ගැන මගෙන්ම ඇසිය යුතුයි. 'ස්වාමීනී, මේක කොහොමද? මේකේ අර්ථය මොකක්ද?' කියලා."

"ස්වාමීනී, අපි මෙපමණකින්මත් ආර්ය වූ නන්දකයන් වහන්සේ ගැන සතුටු සිත් ඇතිවුනා. බොහොම පැහැදුනා. යම් හෙයකින් අපව ආර්ය වූ නන්දකයන් වහන්සේ දහම් විමසීමට පවරනවාද, එනිසයි"

"පින්වත් සොයුරියනි, ඒ ගැන කුමක්ද සිතන්නේ? ඇස නිත්‍යද? අනිත්‍යද?" "ස්වාමීනී, අනිත්‍යයි" "යමක් අනිත්‍ය නම් එය දුකක්ද? සැපක්ද?" "ස්වාමීනී, එය දුකයි." "යමක් අනිත්‍ය නම්, දුක නම්, වෙනස්වෙන ස්වභාවයෙන් යුක්ත නම්, එය 'මෙය මාගේ ය, මෙය මම වෙමි, මෙය මාගේ ආත්මය යි' කියල මුලාවෙන් දකින්නට සුදුසුද?" "ස්වාමීනී, එසේ දැකීම සුදුසු නෑ."

"පින්වත් සොයුරියනි, ඒ ගැන කුමක්ද සිතන්නේ? කන නිත්‍යද? අනිත්‍ය ද?" "ස්වාමීනී, අනිත්‍යයි" ....(පෙ).... නාසය නිත්‍යද? අනිත්‍යද?" "ස්වාමීනී, අනිත්‍යයි" ....(පෙ).... දිව නිත්‍යද? අනිත්‍යද?" "ස්වාමීනී, අනිත්‍යයි" ....(පෙ).... කය නිත්‍යද? අනිත්‍යද?" "ස්වාමීනී, අනිත්‍යයි" ....(පෙ).... මනස නිත්‍යද? අනිත්‍යද?" "ස්වාමීනී, අනිත්‍යයි" "යමක් අනිත්‍ය නම් එය දුකක්ද? සැපක්ද?" "ස්වාමීනී, එය දුකයි." "යමක් අනිත්‍ය නම්, දුක නම්, වෙනස්වෙන ස්වභාවයෙන් යුක්ත නම්, එය 'මෙය මාගේ ය, මෙය මම වෙමි, මෙය මාගේ ආත්මය යි' කියල මුලාවෙන් දකින්නට සුදුසුද?" "ස්වාමීනී, එසේ දැකීම සුදුසු නෑ."

"ඒකට හේතුව කුමක්ද?" "ස්වාමීනී, කලින්ම යථාර්ථයක් වශයෙන් සම්‍යක් ප්‍රඥාවෙන් අපි මෙය දැකලයි තියෙන්නේ. ඔය විදිහට ආධ්‍යාත්මික ආයතන හය අනිත්‍යයයි කියලා."

"සාදු! සාදු! පින්වත් සොයුරියනි, යථාර්ථය සම්‍යක් ප්‍රඥාවෙන් දකින ආර්ය ශ්‍රාවකයෙකු හට විය යුත්තේ පින්වත් සොයුරියනි, ඒ විදිහට තමයි."

"පින්වත් සොයුරියනි, ඒ ගැන කුමක්ද සිතන්නේ? රූප නිත්‍යද? අනිත්‍යද?" "ස්වාමීනී, අනිත්‍යයි" "යමක් අනිත්‍ය නම් එය දුකක්ද? සැපක්ද?" "ස්වාමීනී, එය දුකයි." "යමක් අනිත්‍ය නම්, දුක නම්, වෙනස්වෙන ස්වභාවයෙන් යුක්ත නම්, එය 'මෙය මාගේ ය, මෙය මම වෙමි, මෙය මාගේ ආත්මය යි' කියල මුලාවෙන් දකින්නට සුදුසුද?" "ස්වාමීනී, එසේ දැකීම සුදුසු නෑ."

"පින්වත් සොයුරියනි, ඒ ගැන කුමක්ද සිතන්නේ? ශබ්ද නිත්‍යද? අනිත්‍යද?" "ස්වාමීනී, අනිත්‍යයි" ....(පෙ).... ගඳ සුවඳ නිත්‍යද? අනිත්‍යද?" "ස්වාමීනී, අනිත්‍යයි" ....(පෙ).... රස නිත්‍යද? අනිත්‍යද?" "ස්වාමීනී, අනිත්‍යයි" ....(පෙ).... පහස නිත්‍යද? අනිත්‍යද?" "ස්වාමීනී, අනිත්‍යයි" ....(පෙ).... අරමුණු නිත්‍යද? අනිත්‍යද?" "ස්වාමීනී, අනිත්‍යයි" "යමක් අනිත්‍ය නම් එය දුකක්ද?

සැපක්ද?" "ස්වාමීනී, එය දුකයි." "යමක් අනිත්‍ය නම්, දුක නම්, වෙනස්වෙන ස්වභාවයෙන් යුක්ත නම්, එය 'මෙය මාගේ ය, මෙය මම වෙමි, මෙය මාගේ ආත්මය යි' කියල මුලාවෙන් දකින්නට සුදුසුද?" "ස්වාමීනී, එසේ දැකීම සුදුසු නෑ."

"ඒකට හේතුව කුමක්ද?" "ස්වාමීනී, කලින්ම යථාර්ථයක් වශයෙන් සම්‍යක් ප්‍රඥාවෙන් අපි මෙය දැකලයි තියෙන්නේ. ඔය විදිහට බාහිර ආයතන හය අනිත්‍යයයි කියලා."

"සාදු! සාදු! පින්වත් සොයුරියනි, යථාර්ථය සම්‍යක් ප්‍රඥාවෙන් අවබෝධ කරන ආර්‍ය ශ්‍රාවකයෙකු හට විය යුත්තේ පින්වත් සොයුරියනි, ඒ විදිහට තමයි."

"පින්වත් සොයුරියනි, ඒ ගැන කුමක්ද සිතන්නේ? ඇසේ විඤ්ඤාණය නිත්‍යද? අනිත්‍යද?" "ස්වාමීනී, අනිත්‍යයි" "යමක් අනිත්‍ය නම් එය දුකක්ද? සැපක්ද?" "ස්වාමීනී, එය දුකයි." "යමක් අනිත්‍ය නම්, දුක නම්, වෙනස්වෙන ස්වභාවයෙන් යුක්ත නම්, එය 'මෙය මාගේ ය, මෙය මම වෙමි, මෙය මාගේ ආත්මය යි' කියල මුලාවෙන් දකින්නට සුදුසුද?" "ස්වාමීනී, එසේ දැකීම සුදුසු නෑ."

"පින්වත් සොයුරියනි, ඒ ගැන කුමක්ද සිතන්නේ? කනේ විඤ්ඤාණය නිත්‍යද? අනිත්‍යද?" "ස්වාමීනී, අනිත්‍යයි" ....(පෙ).... නාසයේ විඤ්ඤාණය නිත්‍යද? අනිත්‍යද?" "ස්වාමීනී, අනිත්‍යයි" ....(පෙ).... දිවේ විඤ්ඤාණය නිත්‍යද? අනිත්‍යද?" "ස්වාමීනී, අනිත්‍යයි" ....(පෙ).... කයේ විඤ්ඤාණය නිත්‍යද? අනිත්‍යද?" "ස්වාමීනී, අනිත්‍යයි" ....(පෙ).... මනෝ විඤ්ඤාණය නිත්‍යද? අනිත්‍යද?" "ස්වාමීනී, අනිත්‍යයි" "යමක් අනිත්‍ය නම් එය දුකක්ද? සැපක්ද?" "ස්වාමීනී, එය දුකයි." "යමක් අනිත්‍ය නම්, දුක නම්, වෙනස්වෙන ස්වභාවයෙන් යුක්ත නම්, එය 'මෙය මාගේ ය, මෙය මම වෙමි, මෙය මාගේ ආත්මය යි' කියල මුලාවෙන් දකින්නට සුදුසුද?" "ස්වාමීනී, එසේ දැකීම සුදුසු නෑ."

"ඒකට හේතුව කුමක්ද?" "ස්වාමීනී, කලින්ම යථාර්ථයක් වශයෙන් සම්‍යක් ප්‍රඥාවෙන් අපි මෙය දැකලයි තියෙන්නේ. ඔය විදිහට විඤ්ඤාණකාය හය අනිත්‍යයයි කියලා."

"සාදු! සාදු! පින්වත් සොයුරියනි, යථාර්ථය සම්‍යක් ප්‍රඥාවෙන් දකින ආර්‍ය ශ්‍රාවකයෙකු හට විය යුත්තේ පින්වත් සොයුරියනි, ඒ විදිහට තමයි."

"පින්වත් සොයුරියනි, ඒක මේ වගේ දෙයක්. තෙල් පහනක් දැල්වෙද්දී තෙලුත් අනිත්‍ය වෙලා, විපරිණාමයට පත්වෙලා යනවා. වැටිත් අනිත්‍ය වෙලා, විපරිණාමයට පත්වෙලා යනවා. සිලුත් අනිත්‍ය වෙලා, විපරිණාමයට පත්වෙලා යනවා. එළියත් අනිත්‍ය වෙලා, විපරිණාමයට පත්වෙලා යනවා. ඒ වුනාට පින්වත් සොයුරියනි, යම් කෙනෙක් මෙහෙම කිව්වොත්, මේ දැල්වෙන තෙල් පහනේ තෙලුත් අනිත්‍යයි. වෙනස් වෙන ස්වභාවයෙන් යුක්තයි. වැටිත් අනිත්‍යයි. වෙනස් වෙන ස්වභාවයෙන් යුක්තයි. සිලුත් අනිත්‍යයි. වෙනස් වෙන ස්වභාවයෙන් යුක්තයි. නමුත් මේ තෙල් පහනේ යම් ආලෝකයක් ඇද්ද, එය නිත්‍යයි. ස්ථිරයි. ශාස්වතයි. නොවෙනස් වන ස්වභාවයෙන් යුක්තයි කියලා, පින්වත් සොයුරියනි, එසේ කියන්නා ඒ කියන්නේ හැබෑ කථාවක්ද?" "ස්වාමීනී, එය හැබෑ කථාවක් නම් නොවෙයි."

"එයට හේතුව කුමක්ද?" "ස්වාමීනී, ඒ දැල්වෙන තෙල් පහනේ තෙලුත් අනිත්‍යම යි, වෙනස් වෙන ස්වභාවයට අයිතිම යි, වැටිත් අනිත්‍යම යි, වෙනස් ස්වභාවයට අයිතිම යි, සිලුත් අනිත්‍යම යි, වෙනස් වෙන ස්වභාවයට අයිතිම යි, ඉතින් එහෙම එකේ එළියත් අනිත්‍ය බව, වෙනස් වෙන ස්වභාවයට අයිති බව අමුතුවෙන් කියන්න දෙයක් නැහැ නෙව."

"පින්වත් සොයුරියනි, මේකත් එහෙම දෙයක් තමයි. යම්කිසි කෙනෙක් මේ විදිහට කියන්නට පුළුවනි. මේ ආධ්‍යාත්මික ආයතන හය අනිත්‍ය තමයි. නමුත් ආධ්‍යාත්මික ආයතන හය හේතුවෙන් යම් සැපක් හෝ දුකක් හෝ දුක් සැප රහිත බවක් හෝ විඳිනවා නම්, එය නිත්‍යයි. ස්ථිරයි. නොවෙනස් වන ස්වභාවයෙන් යුක්තයි කියල කිව්වොත්, පින්වත් සොයුරියනි, ඒ තැනැත්තා කියන්නේ හැබෑ වූ කථාවක් ද?" "ස්වාමීනී, එය හැබෑ කථාවක් නම් නොවෙයි."

"එයට හේතුව කුමක්ද?" "ස්වාමීනී, ඒ ඒ උපකාරක ධර්මයන්ගේ හේතුවෙනුයි ඒ ඒ වේදනා උපදින්නේ. ඒ ඒ උපකාරක ධර්මයන්ගේ නිරුද්ධ වීමෙන් ඒ ඒ විඳීම් නිරුද්ධ වෙලා යනවා."

"සාදු! සාදු! පින්වත් සොයුරියනි, යථාර්ථය සම්‍යක් ප්‍රඥාවෙන් දකින ආර්ය ශ්‍රාවකයෙකු හට විය යුත්තේ පින්වත් සොයුරියනි, ඒ විදිහට තමයි."

"පින්වත් සොයුරියනි, මේ වගේ දෙයක් තියෙනවා. හොඳින් මුල්බැස ගත්තු, අරටුව ඇති විශාල වෘක්ෂයක් තියෙනවා. ඒ වෘක්ෂයේ මුලත් අනිත්‍යයි. වෙනස් වන ස්වභාවයෙන් යුක්තයි. කඳත් අනිත්‍යයි. වෙනස් වන ස්වභාවයෙන් යුක්තයි. අතුපතරත් අනිත්‍යයි. වෙනස් වන ස්වභාවයෙන් යුක්තයි. ඡායාවත් අනිත්‍යයි. වෙනස් වන ස්වභාවයෙන් යුක්තයි. නමුත් පින්වත් සොයුරියනි,

යමෙක් මෙහෙම කියන්නට පුළුවනි. හොඳින් මුල් බැසගත්, අරටුව ඇති ඔය අති විශාල වෘක්ෂයේ මුලත් අනිත්‍ය තමයි. වෙනස් වන ස්වභාවයෙන් යුක්ත තමයි. කඳත් අනිත්‍ය තමයි. වෙනස් වන ස්වභාවයෙන් යුක්ත තමයි. අතු පතරත් අනිත්‍ය තමයි. වෙනස් වන ස්වභාවයෙන් යුක්ත තමයි. නමුත් ඔය වෘක්ෂයේ යම් ඡායාවක් ඇද්ද, ඒක නිත්‍යයි. ස්ථිරයි. නොවෙනස් වන ස්වභාවයෙන් යුක්තයි කියලා, පින්වත් සොයුරියනි, ඒ තැනැත්තා කියන්නේ හැබෑ වූ කථාවක්ද?" "ස්වාමීනී, ඒක හැබෑ කථාවක් නම් නොවෙයි."

"එයට හේතුව කුමක්ද?" "ස්වාමීනී, හොඳින් මුල් අල්ලපු, අරටුව සහිත, මේ මහා වෘක්ෂයේ මුලත් අනිත්‍යම යි. වෙනස් වෙන ස්වභාවයෙන් යුක්තම යි. කඳත් අනිත්‍යම යි. වෙනස් වන ස්වභාවයෙන් යුක්තම යි. අතුපතරත් අනිත්‍යම යි. වෙනස් වන ස්වභාවයෙන් යුක්තම යි. එහෙම එකේ ඒ වෘක්ෂයේ ඡායාව අනිත්‍ය බව, වෙනස් වන ස්වභාවයෙන් යුක්ත බව අමුතුවෙන් කියන්න ඕන නෑ ම යි."

"පින්වත් සොයුරියනි, මේකත් එහෙම දෙයක් තමයි. යම්කිසි කෙනෙක් මේ විදිහට කියන්නට පුළුවනි. මේ බාහිර ආයතන හය අනිත්‍ය තමයි. නමුත් බාහිර ආයතන හය හේතුවෙන් යම් සැපක් හෝ දුකක් හෝ දුක් සැප රහිත බවක් හෝ විඳිනවා නම්, එය නිත්‍යයි. ස්ථිරයි. නොවෙනස් වන ස්වභාවයෙන් යුක්තයි කියල කිව්වොත්, පින්වත් සොයුරියනි, ඒ තැනැත්තා කියන්නේ හැබෑ වූ කථාවක්ද?" "ස්වාමීනී, එය හැබෑ කථාවක් නම් නොවෙයි."

"එයට හේතුව කුමක්ද?" "ස්වාමීනී, ඒ ඒ උපකාරක ධර්මයන්ගේ හේතුවෙනුයි ඒ ඒ වේදනා උපදින්නේ. ඒ ඒ උපකාරක ධර්මයන්ගේ නිරුද්ධ වීමෙන් ඒ ඒ විඳීම් නිරුද්ධ වෙලා යනවා."

"සාදු! සාදු! පින්වත් සොයුරියනි, යථාර්ථය සම්‍යක් ප්‍රඥාවෙන් දකින ආර්ය ශ්‍රාවකයෙකු හට විය යුත්තේ පින්වත් සොයුරියනි, ඒ විදිහට තමයි."

"පින්වත් සොයුරියනි, දක්ෂ ගවඝාතකයෙක් හෝ ඔහුගේ අතවැසියෙක් හෝ ඉන්නවා කියලා සිතමු. ඉතින් ඔහු ගවදෙනක් මරලා ගවයන් කපන තියුණු ආයුධයෙන් ඒ ගව දෙන කෑලිවලට කපනවා. එහිදී ඇතුළු මස නොකපා, බාහිර හමත් නොකපා, ඒ අතරේ ඇති නහර වැල් සමඟ මස්වල ඇති සම්බන්ධයත්, නහරවල් අතරත්, අනෙකුත් බන්ධන අතරත් තියුණු ගෙරි කපන කැත්තෙන් කෑලි කපනවා. ඉතා හොඳින් කීතු කරනවා. තව තවත් කීතු කරනවා. හැම පැත්තෙන්ම කීතු කර කර කපනවා. ඔය විදිහට කෑලි කපලා, කීතු කරලා, තව තවත් කීතු කරලා, හැම පැත්තෙන්මත් කීතු කරලා, බාහිර සම් කය ගලෝලා

ඒ හමෙන්ම ගව දෙන වහලා මෙහෙම කියනවා. 'ඔය ගව දෙන මේ සමත් එක්ක එකතු වෙලා නෙව ඉන්නෙ' කියලා. පින්වත් සොයුරියනි, ඒ තැනැත්තා කියන්නේ හැබෑ වූ කථාවක්ද?" "ස්වාමීනී, එය හැබෑ කථාවක් නම් නොවෙයි."

"එයට හේතුව කුමක්ද?" "ස්වාමීනී, මේ දක්ෂ ගව ඝාතකයා හෝ ඔහුගේ ගෝලයා හෝ ගව දෙන මරලා ගෙරි කපන තියුණු කැත්තෙන් කැපුවා නෙව. එතකොට ගව දෙනගේ ඇතුළු මාංශ කායට මොනවත් නොකර, බාහිර සම් කයටත් මොකවත් නොකර, ඇතුළේ නහරවැල් සමග බැඳුණු මස් තිබුනා නෙව. ඒ මසුත්, බන්ධනත් හැම එකක්ම තියුණු ගෙරි කපන කැත්තෙන් කැලි කළා නෙව. හොඳින්ම කපලා දැම්මා නෙව. කීතු කළා නෙව. හැම පැත්තෙන්ම කීතු කර කර කැපුවා නෙව. ඉතින් ඒ විදිහට කැලි කපලා, හොඳටෝම කපලා, කීතු කීතු කපලා, හැම පැත්තෙන්ම කීතු කර කර කපලා හිට බාහිර සම් කයත් ගලෝලා, ඒ සමින්ම ඒ ගවදෙන වහලා හිට, කවුරු හරි මෙහෙම කිව්වත්, මේ ගව දෙන කලින් විදිහටම මේ හමට සම්බන්ධ වෙලා ඉන්නවා කියල, නමුත් ඒ ගව දෙන ඒ සමෙන් වෙන් වෙලාම යි ඉන්නේ."

"පින්වත් සොයුරියනි, මං මේ උපමාව කළේ අර්ථයක් තේරුම් කරලා දෙන්නටයි. ඔය උපමාවේ අර්ථය මේකයි. පින්වත් සොයුරියනි, ඇතුළු මස් කය කියලා කියන්නේ ආධ්‍යාත්මික ආයතන හයට කියන නමක්. බාහිර සම් කය කියලා කියන්නේ බාහිර ආයතන හයට කියන නමක්. ඇතුළත තිබෙන නහරවල් බැඳුණු මස්, ඇතුළත බන්ධන ආදිය කියලා කියන්නේ සොයුරියනි, මේ නන්දිරාගයට කියන නමක්. තියුණු ගෙරි කපන කැත්ත ය කියන්නේ සොයුරියනි, මේ ආර්ය වූ ප්‍රඥාවට කියන නමක්. යම් මේ ආර්ය ප්‍රඥාවකින් ඇතුළත කෙලෙස්, ඇතුළත සංයෝජන, ඇතුළත බන්ධන කැලි කැලි කපනවාද, හොඳින් කපනවාද, කීතු කර කර කපනවාද, හාත්පස කීතු කර කර කපනවාද, එයයි.

පින්වත් සොයුරියනි, බොජ්ඣංග ධර්මයන් හතක් තියෙනවා. යම් භික්ෂුවක් තුළ මේ බොජ්ඣංග ධර්ම වැඩීම හේතුවෙන්, බහුල වශයෙන් වැඩීම හේතුවෙන් තමයි ආශ්‍රවයන් ක්ෂය කරලා අනාශ්‍රව වූ චිත්ත විමුක්තියත්, ප්‍රඥා විමුක්තියත් මෙලොවදී ම ස්වකීය විශිෂ්ට වූ ප්‍රඥාවෙන් සාක්ෂාත් කොට පැමිණ වාසය කරන්නේ. ඒ බොජ්ඣංග ධර්මයන් සත මොනවාද? පින්වත් සොයුරියනි, මේ ශාසනයෙහි භික්ෂුව, පංච නීවරණ බැහැර වීමෙන් ලත් විවේකය ඇසුරු කොට, අවබෝධයෙන් ලත් කලකිරීමෙන් ඇති වූ නොඇල්ම ඇසුරු කොට, තෘෂ්ණා නිරෝධය ඇසුරු කොට, නිවනට නැඹුරු කොට, සති සම්බොජ්ඣංගය වඩනවා. ....(පෙ).... ධම්මවිචය සම්බොජ්ඣංගය වඩනවා. ....(පෙ).... විරිය

සම්බොජ්ඣංගය වඩනවා. ....(පෙ).... පීති සම්බොජ්ඣංගය වඩනවා. ....(පෙ).... පස්සද්ධි සම්බොජ්ඣංගය වඩනවා. ....(පෙ).... සමාධි සම්බොජ්ඣංගය වඩනවා. මේ ශාසනයෙහි භික්ෂුව, පංච නීවරණ බැහැර වීමෙන් ලත් විවේකය ඇසුරු කොට, අවබෝධයෙන් ලත් කලකිරීමෙන් ඇති වූ නොඇල්ම ඇසුරු කොට, තෘෂ්ණා නිරෝධය ඇසුරු කොට, නිවනට නැඹුරු කොට, උපෙක්ඛා සම්බොජ්ඣංගය වඩනවා. පින්වත් සොයුරියනි, සප්ත බොජ්ඣංග කියන්නේ මේවාටයි. ඒ බොජ්ඣංගයන්ගේ වැඩීමෙන්, බහුල වශයෙන් වැඩීමෙන් තමයි භික්ෂුව ආශ්‍රවයන් ක්ෂය කරලා අනාශ්‍රව වූ චිත්ත විමුක්තියත්, ප්‍රඥා විමුක්තියත් මෙලොවදී ම ස්වකීය විශිෂ්ට වූ ප්‍රඥාවෙන් සාක්ෂාත් කොට පැමිණ වාසය කරන්නේ."

ඊටපස්සේ ආයුෂ්මත් නන්දකයන් වහන්සේ ඒ භික්ෂුණීන් හට මේ අවවාදයෙන් අවවාද දී, 'එහෙමනම් යන්න, පින්වත් සොයුරියනි, එයට කාලයයි' කියලා පිටත් කෙරෙව්වා.

එවිට ඒ භික්ෂුණීන් වහන්සේලා ආයුෂ්මත් නන්දකයන් වහන්සේ වදාළ ධර්මය සතුටින් පිළිගෙන අනුමෝදන් වෙලා, හුනස්නෙන් නැගිට ආයුෂ්මත් නන්දකයන් වහන්සේට ආදරයෙන් වන්දනා කොට, පැදකුණු කොට භාග්‍යවතුන් වහන්සේ වෙත පැමිණියා. පැමිණ භාග්‍යවතුන් වහන්සේට ආදරයෙන් වන්දනා කොට එකත්පස්ව වාඩිවුනා. එකත්පස්ව හුන් ඒ භික්ෂුණීන්ට භාග්‍යවතුන් වහන්සේ මෙය වදාළා. "එහෙමනම් යන්න, පින්වත් මෙහෙණියනි, එයට කාලයයි."

එතකොට ඒ භික්ෂුණීන් වහන්සේලා භාග්‍යවතුන් වහන්සේට ආදරයෙන් වන්දනා කොට, පැදකුණු කොට පිටත්ව ගියා.

ඉතින් ඒ භික්ෂුණීන් පිටත්ව ගිය නොබෝ වේලාවකින් භාග්‍යවතුන් වහන්සේ භික්ෂුසංඝයා අමතා වදාළා. "පින්වත් මහණෙනි, ඒක මේ වගේ දෙයක්. පසළොස්වක පොහොය දවසට බොහෝ ජනයාට චන්ද්‍රයා අසම්පූර්ණයිද, එහෙම නැත්නම් චන්ද්‍රයා සම්පූර්ණයිද කියලා සැකයක් හෝ විමතියක් ඇතිවෙන්නේ නෑ. ඒ මොකද, චන්ද්‍රයා සම්පූර්ණ නිසාම යි. පින්වත් මහණෙනි, ඒ වගේ නන්දකයන්ගේ ධර්ම දේශනාවෙන් භික්ෂුණීන් සතුටු සිත් ඇතිකරගත්තා. ඒ වගේම අදහස සම්පූර්ණ වුනා. පින්වත් මහණෙනි, ඒ පන්සියයක් භික්ෂුණීන් අතර අන්තිමට යම් භික්ෂුණියක් සිටියා නම් ඇත් සතර අපායෙහි නොවැටෙන ස්වභාවයෙන් යුතුව, නියත වශයෙන්ම නිවන අවබෝධ කරන සෝතාපන්න තැනැත්තියක් වුනා."

භාග්‍යවතුන් වහන්සේ මේ උතුම් දේශනය වදාළා. ඒ දේශනය ගැන ඒ භික්ෂූන් වහන්සේලා ගොඩක් සතුටු වුනා. භාග්‍යවතුන් වහන්සේ වදාළ මේ දේශනය සතුටින් පිළිගත්තා.

සාදු! සාදු!! සාදු!!!

නන්දක තෙරුන් භික්ෂුණීන්ට අවවාද වශයෙන් වදාළ දෙසුම නිමා විය.

3.5.5.
චූළ රාහුලෝවාද සූත්‍රය
රාහුල තෙරුන්ට අවවාද වශයෙන් වදාළ කුඩා දෙසුම

ඒ දිනවල භාග්‍යවතුන් වහන්සේ වැඩසිටියේ සැවත් නුවර ජේතවන නම් වූ අනේපිඬු සිටුතුමාගේ ආරාමයේ. එදා හුදෙකලාවේ විවේකයෙන් වැඩසිටි භාග්‍යවතුන් වහන්සේට මේ ආකාරයේ අදහසක් ඇතිවුනා. "පින්වත් රාහුලයන්ගේ අරහත්ඵල විමුක්තිය උදෙසා මේරිය යුතු දහම් මෝරලා තියෙනවා. එනිසා මං රාහුලයන් තවදුරටත් ආශ්‍රවයන් ක්ෂය වී යන පරිදි හික්මවන එකයි හොඳ" කියලා.

ඉතින් භාග්‍යවතුන් වහන්සේ පෙරවරු කාලයෙහි සිවුරු හැඳ පොරොවා පාසිවුරු ගෙන සැවැත් නුවරට පිඬු පිණිස වැඩම කළා. සැවැත් නුවර පිඬු පිණිස හැසිර දන් වළඳා අවසන් කොට ආයුෂ්මත් රාහුලයන් අමතා වදාළා. "පින්වත් රාහුලයෙනි, නිසීදනය (වාඩිවීමට එලන ඇතිරිල්ල) ගන්න. දිවා විහරණය පිණිස අන්ධවනය පැත්තට අපි යමු." "එසේය, ස්වාමීනී" කියලා ආයුෂ්මත් රාහුලයන් භාග්‍යවතුන් වහන්සේට පිළිතුරු දීලා නිසීදනයත් රැගෙන භාග්‍යවතුන් වහන්සේ පසුපසින් ගමන් කළා.

ඒ වෙලාවේ දී නොයෙක් දහස් ගණන් දෙවිවරු "අද භාග්‍යවතුන් වහන්සේ ආයුෂ්මත් රාහුලයන්ව තවදුරටත් ආශ්‍රවයන් ක්ෂයවීම පිණිස හික්මවා වදාරණ සේක" කියලා භාග්‍යවතුන් වහන්සේ අනුව පසුපසින් ගමන් කළා. ඉතින් භාග්‍යවතුන් වහන්සේ අන්ධවනය ඇතුළටම වැඩම කරලා එක්තරා රුක් සෙවනක පණවන ලද අසුනෙහි වැඩසිටියා. ආයුෂ්මත් රාහුලයන් ද භාග්‍යවතුන් වහන්සේට ආදරයෙන් වන්දනා කොට එකත්පස්ව වාඩිවුනා. එකත්පස්ව වාඩිවුන ආයුෂ්මත් රාහුලයන්ගෙන් භාග්‍යවතුන් වහන්සේ මෙය අසා වදාළා.

"පින්වත් රාහුලයෙනි, මේ ගැන ඔබ කුමක්ද සිතන්නේ? ඇස නිත්‍යයිද? අනිත්‍යයිද?" "ස්වාමීනී, අනිත්‍යයි."

"යමක් වනාහී අනිත්‍ය නම්, එය දුකයිද? සැපයිද?"

"ස්වාමීනී, එය දුකයි."

"යමක් වනාහී අනිත්‍ය නම්, දුක නම්, වෙනස්වන ස්වභාවයෙන් යුතු නම්, එය 'මේක තමයි මම, මේක මගේ, මේ තමයි මගේ ආත්මය' වශයෙන් දකින එක සුදුසුද?" "ස්වාමීනී, එය සුදුසු නැත."

"පින්වත් රාහුලයෙනි, මේ ගැන ඔබ කුමක්ද සිතන්නේ? රූප නිත්‍යයිද? අනිත්‍යයිද?" "ස්වාමීනී, අනිත්‍යයි."

"යමක් වනාහී අනිත්‍ය නම්, එය දුකයිද? සැපයිද?"

"ස්වාමීනී, එය දුකයි."

"යමක් වනාහී අනිත්‍ය නම්, දුක නම්, වෙනස් වන ස්වභාවයෙන් යුතු නම්, එය 'මේක තමයි මම, මේක මගේ, මේ තමයි මගේ ආත්මය' වශයෙන් දකින එක සුදුසුද?" "ස්වාමීනී, එය සුදුසු නැත."

"පින්වත් රාහුලයෙනි, මේ ගැන ඔබ කුමක්ද සිතන්නේ? ඇසේ විඤ්ඤාණය නිත්‍යයිද? අනිත්‍යයිද?" "ස්වාමීනී, අනිත්‍යයි."

"යමක් වනාහී අනිත්‍ය නම්, එය දුකයිද? සැපයිද?"

"ස්වාමීනී, එය දුකයි."

"යමක් වනාහී අනිත්‍ය නම්, දුක නම්, වෙනස් වන ස්වභාවයෙන් යුතු නම්, එය 'මේක තමයි මම, මේක මගේ, මේ තමයි මගේ ආත්මය' වශයෙන් දකින එක සුදුසුද?" "ස්වාමීනී, එය සුදුසු නැත."

"පින්වත් රාහුලයෙනි, මේ ගැන ඔබ කුමක්ද සිතන්නේ? ඇසේ ස්පර්ශය නිත්‍යයිද? අනිත්‍යයිද?" "ස්වාමීනී, අනිත්‍යයි."

"යමක් වනාහී අනිත්‍ය නම්, එය දුකයිද? සැපයිද?"

"ස්වාමීනී, එය දුකයි."

"යමක් වනාහී අනිත්‍ය නම්, දුක නම්, වෙනස් වන ස්වභාවයෙන් යුතු නම්, එය 'මේක තමයි මම, මේක මගේ, මේ තමයි මගේ ආත්මය' වශයෙන් දකින එක සුදුසුද?" "ස්වාමීනී, එය සුදුසු නැත."

"පින්වත් රාහුලයෙනි, මේ ගැන ඔබ කුමක්ද සිතන්නේ? ඇසේ ස්පර්ශයෙන් උපදින්නා වූ විඳීමට අයත් වූ, හඳුනා ගැනීමකට අයත් වූ,

සංස්කාරයකට අයත් වූ, විඤ්ඤාණයකට අයත් වූ යම් දෙයක් ඇද්ද එයත් නිත්‍යයිද? අනිත්‍යයිද?" "ස්වාමීනී, අනිත්‍යයි."

"යමක් වනාහී අනිත්‍ය නම්, එය දුකයිද? සැපයිද?"

"ස්වාමීනී, එය දුකයි."

"යමක් වනාහී අනිත්‍ය නම්, දුක නම්, වෙනස් වන ස්වභාවයෙන් යුතු නම්, එය 'මේක තමයි මම, මේක මගේ, මේ තමයි මගේ ආත්මය' වශයෙන් දකින එක සුදුසුද?" "ස්වාමීනී, එය සුදුසු නැත."

"පින්වත් රාහුලයෙනි, මේ ගැන ඔබ කුමක්ද සිතන්නේ? කන නිත්‍යයිද? අනිත්‍යයිද?" "ස්වාමීනී, අනිත්‍යයි." ....(පෙ).... "නාසය නිත්‍යයිද? අනිත්‍යයිද?" "ස්වාමීනී, අනිත්‍යයි." ....(පෙ).... "දිව නිත්‍යයිද? අනිත්‍යයිද?" "ස්වාමීනී, අනිත්‍යයි." ....(පෙ).... "කය නිත්‍යයිද? අනිත්‍යයිද?" "ස්වාමීනී, අනිත්‍යයි." ....(පෙ).... "මනස නිත්‍යයිද? අනිත්‍යයිද?" "ස්වාමීනී, අනිත්‍යයි." "යමක් වනාහී අනිත්‍ය නම්, එය දුකයිද? සැපයිද?"

"ස්වාමීනී, එය දුකයි."

"යමක් වනාහී අනිත්‍ය නම්, දුක නම්, වෙනස් වන ස්වභාවයෙන් යුතු නම්, එය 'මේක තමයි මම, මේක මගේ, මේ තමයි මගේ ආත්මය' වශයෙන් දකින එක සුදුසුද?" "ස්වාමීනී, එය සුදුසු නැත."

"පින්වත් රාහුලයෙනි, මේ ගැන ඔබ කුමක්ද සිතන්නේ? අරමුණු නිත්‍යයිද? අනිත්‍යයිද?" "ස්වාමීනී, අනිත්‍යයි."

"යමක් වනාහී අනිත්‍ය නම්, එය දුකයිද? සැපයිද?"

"ස්වාමීනී, එය දුකයි."

"යමක් වනාහී අනිත්‍ය නම්, දුක නම්, වෙනස් වන ස්වභාවයෙන් යුතු නම්, එය 'මේක තමයි මම, මේක මගේ, මේ තමයි මගේ ආත්මය' වශයෙන් දකින එක සුදුසුද?" "ස්වාමීනී, එය සුදුසු නැත."

"පින්වත් රාහුලයෙනි, මේ ගැන ඔබ කුමක්ද සිතන්නේ? මනසේ විඤ්ඤාණය නිත්‍යයිද? අනිත්‍යයිද?" "ස්වාමීනී, අනිත්‍යයි."

"යමක් වනාහී අනිත්‍ය නම්, එය දුකයිද? සැපයිද?"

"ස්වාමීනී, එය දුකයි."

"යමක් වනාහී අනිත්‍ය නම්, දුක නම්, වෙනස් වන ස්වභාවයෙන් යුතු නම්, එය 'මේක තමයි මම, මේක මගේ, මේ තමයි මගේ ආත්මය' වශයෙන් දකින එක සුදුසුද?" "ස්වාමීනී, එය සුදුසු නැත."

"පින්වත් රාහුලයෙනි, මේ ගැන ඔබ කුමක්ද සිතන්නේ? මනසේ ස්පර්ශය නිත්‍යයිද? අනිත්‍යයිද?" "ස්වාමීනී, අනිත්‍යයි."

"යමක් වනාහී අනිත්‍ය නම්, එය දුකයිද? සැපයිද?"

"ස්වාමීනී, එය දුකයි."

"යමක් වනාහී අනිත්‍ය නම්, දුක නම්, වෙනස් වන ස්වභාවයෙන් යුතු නම්, එය 'මේක තමයි මම, මේක මගේ, මේ තමයි මගේ ආත්මය' වශයෙන් දකින එක සුදුසුද?" "ස්වාමීනී, එය සුදුසු නැත."

"පින්වත් රාහුලයෙනි, මේ ගැන ඔබ කුමක්ද සිතන්නේ? මනසේ ස්පර්ශයෙන් උපදින්නා වූ විඳීමට අයත් වූ, හඳුනා ගැනීමකට අයත් වූ, සංස්කාරයකට අයත් වූ, විඤ්ඤාණයකට අයත් වූ යම් දෙයක් ඇද්ද එයත් නිත්‍යයිද? අනිත්‍යයිද?" "ස්වාමීනී, අනිත්‍යයි."

"යමක් වනාහී අනිත්‍ය නම්, එය දුකයිද? සැපයිද?"

"ස්වාමීනී, එය දුකයි."

"යමක් වනාහී අනිත්‍ය නම්, දුක නම්, වෙනස් වන ස්වභාවයෙන් යුතු නම්, එය 'මේක තමයි මම, මේක මගේ, මේ තමයි මගේ ආත්මය' වශයෙන් දකින එක සුදුසුද?" "ස්වාමීනී, එය සුදුසු නැත."

"පින්වත් රාහුලයෙනි, ශ්‍රැතවත් ආර්ය ශ්‍රාවකයා ඔය අයුරින් දකින විට ඇස ගැනත් සත්‍ය ස්වභාවය අවබෝධ වීම තුළින්ම කලකිරෙනවා. රූප ගැන ත් සත්‍ය ස්වභාවය අවබෝධ වීම තුළින්ම කලකිරෙනවා. ඇසේ විඤ්ඤාණය ගැනත් සත්‍ය ස්වභාවය අවබෝධ වීම තුළින්ම කලකිරෙනවා. ඇසේ ස්පර්ශය ගැනත් සත්‍ය ස්වභාවය අවබෝධ වීම තුළින්ම කලකිරෙනවා. ඇසේ ස්පර්ශයෙන් උපදින්නා වූ විඳීමට අයත් වූ, හඳුනා ගැනීමකට අයත් වූ, සංස්කාරයකට අයත් වූ, විඤ්ඤාණයකට අයත් වූ යම් දෙයක් ඇද්ද ඒ ගැනත් සත්‍ය ස්වභාවය අවබෝධ වීම තුළින්ම කලකිරෙනවා. කන ගැනත් සත්‍ය ස්වභාවය අවබෝධ වීම තුළින්ම කලකිරෙනවා ....(පෙ).... නාසය ගැනත් සත්‍ය ස්වභාවය අවබෝධ වීම තුළින්ම කලකිරෙනවා ....(පෙ).... දිව ගැනත් සත්‍ය ස්වභාවය අවබෝධ වීම තුළින්ම කලකිරෙනවා. ....(පෙ).... කය ගැනත්

සත්‍ය ස්වභාවය අවබෝධ වීම තුළින්ම කළකිරෙනවා. ....(පෙ).... මනස ගැනත් සත්‍ය ස්වභාවය අවබෝධ වීම තුළින්ම කළකිරෙනවා. අරමුණු ගැනත් සත්‍ය ස්වභාවය අවබෝධ වීම තුළින්ම කළකිරෙනවා. මනෝ විඤ්ඤාණය ගැනත් සත්‍ය ස්වභාවය අවබෝධ වීම තුළින්ම කළකිරෙනවා. මනසේ ස්පර්ශය ගැනත් සත්‍ය ස්වභාවය අවබෝධ වීම තුළින්ම කළකිරෙනවා. මනසේ ස්පර්ශයෙන් උපන්නා වූ විඳීමට අයත් වූ, හඳුනා ගැනීමකට අයත් වූ, සංස්කාරයකට අයත් වූ, විඤ්ඤාණයකට අයත් වූ යම් දෙයක් ඇද්ද ඒ ගැනත් සත්‍ය ස්වභාවය අවබෝධ වීම තුළින්ම කළකිරෙනවා. කළකිරුණු විට ඒ කෙරෙහි තිබුන ඇල්ම නැතිව යනවා. ඇල්ම නැතිවීම නිසා එයින් නිදහස් වෙනවා. නිදහස් වූ විට නිදහස් වූ බවට අවබෝධ ඥානය ඇති වෙනවා. 'ඉපදීම ක්ෂය වුනා. බඹසර වාසය සම්පූර්ණ කළා. කළ යුත්ත කළා. නිවන් පිණිස කළයුතු වෙන දෙයක් නැතැ'යි අවබෝධයෙන්ම දැනගන්නවා."

භාග්‍යවතුන් වහන්සේ මෙය වදාළා. සතුටු සිත් ඇති ආයුෂ්මත් රාහුලයන් භාග්‍යවතුන් වහන්සේ වදාළ දෙසුම සතුටින් පිළිගත්තා.

මෙම දෙසුම වදාරණ කල්හි ආයුෂ්මත් රාහුලයන්ගේ සිත උපදාන රහිතව කෙලෙසුන්ගෙන් නිදහස් වුනා. නොයෙක් දහස් ගණන් දෙවිවරුන්ටද 'හේතුන්ගෙන් හටගන්නා වූ යම් දෙයක් ඇද්ද, ඒ සියල්ලම හේතුන් නැති වීමෙන් නිරුද්ධ වෙන ස්වභාවයෙන් යුක්තයි' කියලා කෙලෙස් රහිත වූ අවිද්‍යා මලකඩ රහිත වූ දහම් ඇස පහළ වුනා.

සාදු! සාදු!! සාදු!!!

රාහුල තෙරුන්ට අවවාද වශයෙන් වදාළ කුඩා දෙසුම නිමා විය.

3.5.6.
ඡ ඡක්ක සූත්‍රය
හයේ ඒවා හයක් ගැන වදාළ දෙසුම

මා හට අසන්නට ලැබුනේ මේ විදිහටයි. ඒ දිනවල භාග්‍යවතුන් වහන්සේ වැඩසිටියේ සැවැත් නුවර ජේතවනය නම් වූ අනේපිඬු සිටුතුමා විසින් කරවන ලද ආරාමයේ. එදා භාග්‍යවතුන් වහන්සේ "පින්වත් මහණෙනි" කියා භික්ෂුසංඝයා අමතා වදාළා. "පින්වතුන් වහන්ස" කියා ඒ භික්ෂූන් ද භාග්‍යවතුන් වහන්සේට පිළිතුරු දුන්නා. භාග්‍යවතුන් වහන්සේ මෙය වදාළා.

"පින්වත් මහණෙනි, ඔබට මුල කල්‍යාණ වූ, මැද කල්‍යාණ වූ, අවසානය කල්‍යාණ වූ, අර්ථ සහිත වූ, පැහැදිලි ප්‍රකාශන සහිත වූ, මුළුමනින්ම පිරිපුන්, පිරිසිදු බඹසර ප්‍රකාශ කරන්නම්. එය අසන්න. මනාකොට නුවණින් මෙනෙහි කරන්න. මා කියාදෙන්නම්." "එසේය, ස්වාමීනී" කියා ඒ භික්ෂූන් ද භාග්‍යවතුන් වහන්සේට පිළිතුරු දුන්නා. භාග්‍යවතුන් වහන්සේ මෙය වදාළා.

"ආධ්‍යාත්මික ආයතන හය අවබෝධ කළ යුතුයි. බාහිර ආයතන හය අවබෝධ කළ යුතුයි. විඤ්ඤාණකාය හය අවබෝධ කළ යුතුයි. ස්පර්ශකාය හය අවබෝධ කළ යුතුයි. වේදනාකාය හය අවබෝධ කළ යුතුයි. තෘෂ්ණාකාය හය අවබෝධ කළ යුතුයි.

'ආධ්‍යාත්මික ආයතන හය අවබෝධ කළ යුතුයි' කියා මෙසේ යම් ප්‍රකාශයක් කළා නම්, මෙය කුමන කරුණක් සඳහාද මා පැවසුවේ? එනම්; ඇස නම් ආයතනයක් තියෙනවා. කන නම් ආයතනයක් තියෙනවා. නාසය නම් ආයතනයක් තියෙනවා. දිව නම් ආයතනයක් තියෙනවා. කය නම් ආයතනයක් තියෙනවා. මනස නම් ආයතනයක් තියෙනවා. 'ආධ්‍යාත්මික ආයතනය හය අවබෝධ කළ යුතුයි' කියා මෙසේ යම් ප්‍රකාශයක් කළා නම්, මෙය ප්‍රකාශ කරන ලද්දේ ඔය කරුණ සඳහායි.

'බාහිර ආයතන හය අවබෝධ කළ යුතුයි' කියා මෙසේ යම් ප්‍රකාශයක් කළා නම්, මෙය කුමන කරුණක් සඳහාද මා පැවසුවේ? එනම්; රූප නම් ආයතනයක් තියෙනවා. ශබ්ද නම් ආයතනයක් තියෙනවා. ගඳ සුවඳ නම්

ආයතනයක් තියෙනවා. රස නම් ආයතනයක් තියෙනවා. පහස නම් ආයතනයක් තියෙනවා. අරමුණු නම් ආයතනයක් තියෙනවා. 'බාහිර ආයතන හය අවබෝධ කළ යුතුයි' කියා මෙසේ යම් ප්‍රකාශයක් කළා නම්, මෙය ප්‍රකාශ කරන ලද්දේ ඔය කරුණ සඳහායි.

'විඤ්ඤාණකාය හය අවබෝධ කළ යුතුයි' කියා මෙසේ යම් ප්‍රකාශයක් කළා නම්, මෙය කුමන කරුණක් සඳහාද මා පැවසුවේ? එනම්; ඇසත් රූපත් හේතුකොට ගෙන ඇසේ විඤ්ඤාණය උපදිනවා. කනත් ශබ්දත් හේතුකොට ගෙන කනේ විඤ්ඤාණය උපදිනවා. නාසයත් ගඳ සුවඳත් හේතුකොට ගෙන නාසයේ විඤ්ඤාණය උපදිනවා. දිවත් රසයත් හේතුකොට ගෙන දිවේ විඤ්ඤාණය උපදිනවා. කයත් පහසත් හේතුකොට ගෙන කයේ විඤ්ඤාණය උපදිනවා. මනසත් අරමුණුත් හේතුකොට ගෙන මනෝ විඤ්ඤාණය උපදිනවා. 'විඤ්ඤාණකාය හය අවබෝධ කළ යුතුයි' කියා මෙසේ යම් ප්‍රකාශයක් කළා නම්, මෙය ප්‍රකාශ කරන ලද්දේ ඔය කරුණ සඳහායි.

'ස්පර්ශකාය හය අවබෝධ කළ යුතුයි' කියා මෙසේ යම් ප්‍රකාශයක් කළා නම්, මෙය කුමන කරුණක් සඳහාද මා පැවසුවේ? එනම්; ඇසත් රූපත් හේතුකොට ගෙන ඇසේ විඤ්ඤාණය උපදිනවා. ඒ තුනේ එකතු වීම ස්පර්ශයයි. කනත් ශබ්දත් හේතුකොට ගෙන කනේ විඤ්ඤාණය උපදිනවා. ඒ තුනේ එකතු වීම ස්පර්ශයයි. නාසයත් ගඳ සුවඳත් හේතුකොට ගෙන නාසයේ විඤ්ඤාණය උපදිනවා. ඒ තුනේ එකතු වීම ස්පර්ශයයි. දිවත් රසයත් හේතුකොට ගෙන දිවේ විඤ්ඤාණය උපදිනවා. ඒ තුනේ එකතු වීම ස්පර්ශයයි. කයත් පහසත් හේතුකොට ගෙන කයේ විඤ්ඤාණය උපදිනවා. ඒ තුනේ එකතු වීම ස්පර්ශයයි. මනසත් අරමුණුත් හේතුකොට ගෙන මනෝ විඤ්ඤාණය උපදිනවා. ඒ තුනේ එකතු වීම ස්පර්ශයයි. 'ස්පර්ශකාය හය අවබෝධ කළ යුතුයි' කියා මෙසේ යම් ප්‍රකාශයක් කළා නම්, මෙය ප්‍රකාශ කරන ලද්දේ ඔය කරුණ සඳහායි.

'වේදනාකාය හය අවබෝධ කළ යුතුයි' කියා මෙසේ යම් ප්‍රකාශයක් කළා නම්, මෙය කුමන කරුණක් සඳහාද මා පැවසුවේ? එනම්; ඇසත් රූපත් හේතුකොට ගෙන ඇසේ විඤ්ඤාණය උපදිනවා. ඒ තුනේ එකතු වීම ස්පර්ශයයි. ස්පර්ශය හේතු කොට ගෙනයි විඳීම ඇතිවන්නේ. කනත් ශබ්දත් හේතුකොට ගෙන කනේ විඤ්ඤාණය උපදිනවා. ....(පෙ).... නාසයත් ගඳ සුවඳත් හේතුකොට ගෙන නාසයේ විඤ්ඤාණය උපදිනවා. ....(පෙ).... දිවත් රසයත් හේතුකොට ගෙන දිවේ විඤ්ඤාණය උපදිනවා. ....(පෙ).... කයත් පහසත් හේතුකොට ගෙන කයේ විඤ්ඤාණය උපදිනවා. ....(පෙ).... මනසත් අරමුණුත් හේතුකොට ගෙන මනෝ විඤ්ඤාණය උපදිනවා. ඒ තුනේ එකතු වීම ස්පර්ශයයි. ස්පර්ශය

හේතු කොටගෙනයි විඳීම ඇතිවන්නේ. 'වේදනාකාය හය අවබෝධ කළ යුතුයි' කියා මෙසේ යම් ප්‍රකාශයක් කළා නම්, මෙය ප්‍රකාශ කරන ලද්දේ ඔය කරුණ සඳහායි.

'තණ්හාකාය හය අවබෝධ කළ යුතුයි' කියා මෙසේ යම් ප්‍රකාශයක් කළා නම්, මෙය කුමන කරුණක් සඳහාද මා පැවසුවේ? එනම්; ඇසත් රූපත් හේතුකොට ගෙන ඇසේ විඤ්ඤාණය උපදිනවා. ඒ තුනේ එකතු වීම ස්පර්ශයයි. ස්පර්ශය හේතු කොටගෙනයි විඳීම ඇතිවන්නේ. විඳීම හේතු කොටගෙනයි තණ්හාව ඇතිවන්නේ. කනත් ශබ්දත් හේතුකොට ගෙන කනේ විඤ්ඤාණය උපදිනවා. ....(පෙ).... නාසයත් ගඳ සුවඳත් හේතුකොට ගෙන නාසයේ විඤ්ඤාණය උපදිනවා. ....(පෙ).... දිවත් රසයත් හේතුකොට ගෙන දිවේ විඤ්ඤාණය උපදිනවා. ....(පෙ).... කයත් පහසත් හේතුකොට ගෙන කයේ විඤ්ඤාණය උපදිනවා. ....(පෙ).... මනසත් අරමුණුත් හේතුකොට ගෙන මනෝ විඤ්ඤාණය උපදිනවා. ඒ තුනේ එකතු වීම ස්පර්ශයයි. ස්පර්ශය හේතු කොට ගෙනයි විඳීම ඇතිවන්නේ. විඳීම හේතු කොටගෙනයි තණ්හාව ඇතිවන්නේ. 'තණ්හාකාය හය අවබෝධ කළ යුතුයි' කියා මෙසේ යම් ප්‍රකාශයක් කළා නම්, මෙය ප්‍රකාශ කරන ලද්දේ ඔය කරුණ සඳහායි.

ඇස ආත්මයක් ය කියලා කවුරුහරි කිව්වොත්, එය ගැලපෙන කථාවක් නොවෙයි. ඇසේ ඉපදීමත් පෙනෙනවා. වැනසීමත් පෙනෙනවා. යම් දෙයක ඉපදීමකුත් පෙනෙනවා නම්, වැනසීමකුත් පෙනෙනවා නම්, 'මාගේ ආත්මය උපදිනවා වගේම වැනසී යනවා' කියන දෘෂ්ටියයි ඔහුට ඇතිවන්නේ. එනිසා යමෙක් ඇස ආත්මයක් ය කියලා කියනවා නම්, එය හේතු යුක්ති ඇති කථාවක් නොවෙයි. මෙසේ ඇස අනාත්මයි.

රූප ආත්මයක් ය කියලා කවුරුහරි කිව්වොත්, එය ගැලපෙන කථාවක් නොවෙයි. රූපවල ඉපදීමත් පෙනෙනවා. වැනසීමත් පෙනෙනවා. යම් දෙයක ඉපදීමකුත් පෙනෙනවා නම්, වැනසීමකුත් පෙනෙනවා නම්, 'මාගේ ආත්මය උපදිනවා වගේම වැනසී යනවා' කියන දෘෂ්ටියයි ඔහුට ඇතිවන්නේ. එනිසා යමෙක් රූප ආත්මයක් ය කියලා කියනවා නම්, එය හේතු යුක්ති ඇති කථාවක් නොවෙයි. මෙසේ ඇසත් අනාත්මයි. රූපත් අනාත්මයි.

ඇසේ විඤ්ඤාණය ආත්මයක් ය කියලා කවුරුහරි කිව්වොත්, එය ගැලපෙන කථාවක් නොවෙයි. ඇසේ විඤ්ඤාණයේ ඉපදීමත් පෙනෙනවා. වැනසීමත් පෙනෙනවා. යම් දෙයක ඉපදීමකුත් පෙනෙනවා නම්, වැනසීමකුත් පෙනෙනවා නම්, 'මාගේ ආත්මය උපදිනවා වගේම වැනසී යනවා' කියන

දෘෂ්ටියයි ඔහුට ඇතිවන්නේ. එනිසා යමෙක් ඇසේ විඤ්ඤාණය ආත්මයක් ය කියලා කියනවා නම්, එය හේතු යුක්ති ඇති කථාවක් නොවෙයි. මෙසේ ඇසත් අනාත්මයි. රූපත් අනාත්මයි. ඇසේ විඤ්ඤාණයත් අනාත්මයි.

ඇසේ ස්පර්ශය ආත්මයක් ය කියලා කවුරුහරි කිව්වොත්, එය ගැලපෙන කථාවක් නොවෙයි. ඇසේ ස්පර්ශයේ ඉපදීමත් පෙනෙනවා. වැනසීමත් පෙනෙනවා. යම් දෙයක ඉපදීමකුත් පෙනෙනවා නම්, වැනසීමකුත් පෙනෙනවා නම්, 'මාගේ ආත්මය උපදිනවා වගේම වැනසී යනවා' කියන දෘෂ්ටියයි ඔහුට ඇතිවන්නේ. එනිසා යමෙක් ඇසේ ස්පර්ශය ආත්මයක් ය කියලා කියනවා නම්, එය හේතු යුක්ති ඇති කථාවක් නොවෙයි. මෙසේ ඇසත් අනාත්මයි. රූපත් අනාත්මයි. ඇසේ විඤ්ඤාණයත් අනාත්මයි. ඇසේ ස්පර්ශයත් අනාත්මයි.

විඳීම ආත්මයක් ය කියලා කවුරුහරි කිව්වොත්, එය ගැලපෙන කථාවක් නොවෙයි. විඳීමේ ඉපදීමත් පෙනෙනවා. වැනසීමත් පෙනෙනවා. යම් දෙයක ඉපදීමකුත් පෙනෙනවා නම්, වැනසීමකුත් පෙනෙනවා නම්, 'මාගේ ආත්මය උපදිනවා වගේම වැනසී යනවා' කියන දෘෂ්ටියයි ඔහුට ඇතිවන්නේ. එනිසා යමෙක් විඳීම ආත්මයක් ය කියලා කියනවා නම්, එය හේතු යුක්ති ඇති කථාවක් නොවෙයි. මෙසේ ඇසත් අනාත්මයි. රූපත් අනාත්මයි. ඇසේ විඤ්ඤාණයත් අනාත්මයි. ඇසේ ස්පර්ශයත් අනාත්මයි. විඳීමත් අනාත්මයි.

තණ්හාව ආත්මයක් ය කියලා කවුරුහරි කිව්වොත්, එය ගැලපෙන කථාවක් නොවෙයි. තණ්හාවේ ඉපදීමත් පෙනෙනවා. වැනසීමත් පෙනෙනවා. යම් දෙයක ඉපදීමකුත් පෙනෙනවා නම්, වැනසීමකුත් පෙනෙනවා නම්, 'මාගේ ආත්මය උපදිනවා වගේම වැනසී යනවා' කියන දෘෂ්ටියයි ඔහුට ඇතිවන්නේ. එනිසා යමෙක් තණ්හාව ආත්මයක් ය කියලා කියනවා නම්, එය හේතු යුක්ති ඇති කථාවක් නොවෙයි. මෙසේ ඇසත් අනාත්මයි. රූපත් අනාත්මයි. ඇසේ විඤ්ඤාණයත් අනාත්මයි. ඇසේ ස්පර්ශයත් අනාත්මයි. විඳීමත් අනාත්මයි. තණ්හාවත් අනාත්මයි.

කන ආත්මයක් ය කියලා කවුරුහරි කිව්වොත්, ...(පෙ).... නාසය ආත්මයක් ය කියලා කවුරුහරි කිව්වොත්, ...(පෙ).... දිව ආත්මයක් ය කියලා කවුරුහරි කිව්වොත්, ...(පෙ).... කය ආත්මයක් ය කියලා කවුරුහරි කිව්වොත්, ...(පෙ).... මනස ආත්මයක් ය කියලා කවුරුහරි කිව්වොත්, එය ගැලපෙන කථාවක් නොවෙයි. මනසේ ඉපදීමත් පෙනෙනවා. වැනසීමත් පෙනෙනවා. යම් දෙයක ඉපදීමකුත් පෙනෙනවා නම්, වැනසීමකුත් පෙනෙනවා නම්, 'මාගේ ආත්මය උපදිනවා වගේම වැනසී යනවා' කියන දෘෂ්ටියයි ඔහුට ඇතිවන්නේ.

එනිසා යමෙක් මනස ආත්මයක් ය කියලා කියනවා නම්, එය හේතු යුක්ති ඇති කථාවක් නොවෙයි. මෙසේ මනස අනාත්මයි.

අරමුණු ආත්මයක් ය කියලා කවුරුහරි කිව්වොත්, එය ගැලපෙන කථාවක් නොවෙයි. අරමුණුවල ඉපදීමත් පෙනෙනවා. වැනසීමත් පෙනෙනවා. යම් දෙයක ඉපදීමකුත් පෙනෙනවා නම්, වැනසීමකුත් පෙනෙනවා නම්, 'මාගේ ආත්මය උපදිනවා වගේම වැනසී යනවා' කියන දෘෂ්ටියයි ඔහුට ඇතිවන්නේ. එනිසා යමෙක් අරමුණු ආත්මයක් ය කියලා කියනවා නම්, එය හේතු යුක්ති ඇති කථාවක් නොවෙයි. මෙසේ මනසත් අනාත්මයි. අරමුණුත් අනාත්මයි.

මනසේ විඤ්ඤාණය ආත්මයක් ය කියලා කවුරුහරි කිව්වොත්, එය ගැලපෙන කථාවක් නොවෙයි. මනසේ විඤ්ඤාණයේ ඉපදීමත් පෙනෙනවා. වැනසීමත් පෙනෙනවා. යම් දෙයක ඉපදීමකුත් පෙනෙනවා නම්, වැනසීමකුත් පෙනෙනවා නම්, 'මාගේ ආත්මය උපදිනවා වගේම වැනසී යනවා' කියන දෘෂ්ටියයි ඔහුට ඇතිවන්නේ. එනිසා යමෙක් මනසේ විඤ්ඤාණය ආත්මයක් ය කියලා කියනවා නම්, එය හේතු යුක්ති ඇති කථාවක් නොවෙයි. මෙසේ මනසත් අනාත්මයි. අරමුණුත් අනාත්මයි. මනසේ විඤ්ඤාණයත් අනාත්මයි.

මනසේ ස්පර්ශය ආත්මයක් ය කියලා කවුරුහරි කිව්වොත්, එය ගැලපෙන කථාවක් නොවෙයි. මනසේ ස්පර්ශයේ ඉපදීමත් පෙනෙනවා. වැනසීමත් පෙනෙනවා. යම් දෙයක ඉපදීමකුත් පෙනෙනවා නම්, වැනසීමකුත් පෙනෙනවා නම්, 'මාගේ ආත්මය උපදිනවා වගේම වැනසී යනවා' කියන දෘෂ්ටියයි ඔහුට ඇතිවන්නේ. එනිසා යමෙක් මනසේ ස්පර්ශය ආත්මයක් ය කියලා කියනවා නම්, එය හේතු යුක්ති ඇති කථාවක් නොවෙයි. මෙසේ මනසත් අනාත්මයි. අරමුණුත් අනාත්මයි. මනසේ විඤ්ඤාණයත් අනාත්මයි. මනසේ ස්පර්ශයත් අනාත්මයි.

විඳීම ආත්මයක් ය කියලා කවුරුහරි කිව්වොත්, එය ගැලපෙන කථාවක් නොවෙයි. විඳීමේ ඉපදීමත් පෙනෙනවා. වැනසීමත් පෙනෙනවා. යම් දෙයක ඉපදීමකුත් පෙනෙනවා නම්, වැනසීමකුත් පෙනෙනවා නම්, 'මාගේ ආත්මය උපදිනවා වගේම වැනසී යනවා' කියන දෘෂ්ටියයි ඔහුට ඇතිවන්නේ. එනිසා යමෙක් විඳීම ආත්මයක් ය කියලා කියනවා නම්, එය හේතු යුක්ති ඇති කථාවක් නොවෙයි. මෙසේ මනසත් අනාත්මයි. අරමුණුත් අනාත්මයි. මනසේ විඤ්ඤාණයත් අනාත්මයි. මනසේ ස්පර්ශයත් අනාත්මයි. විඳීමත් අනාත්මයි.

තණ්හාව ආත්මයක් ය කියලා කවුරුහරි කිව්වොත්, එය ගැලපෙන කථාවක් නොවෙයි. තණ්හාවේ ඉපදීමත් පෙනෙනවා. වැනසීමත් පෙනෙනවා.

යම් දෙයක ඉපදීමකුත් පෙනෙනවා නම්, වැනසීමකුත් පෙනෙනවා නම්, 'මාගේ ආත්මය උපදිනවා වගේම වැනසී යනවා' කියන දෘෂ්ටියයි ඔහුට ඇතිවන්නේ. එනිසා යමෙක් තණ්හාව ආත්මයක් ය කියලා කියනවා නම්, එය හේතු යුක්ති ඇති කථාවක් නොවෙයි. මෙසේ මනසත් අනාත්මයි. අරමුණුත් අනාත්මයි. මනසේ විඤ්ඤාණයත් අනාත්මයි. මනසේ ස්පර්ශයත් අනාත්මයි. විඳීමත් අනාත්මයි. තණ්හාවත් අනාත්මයි.

පින්වත් මහණෙනි, පංච උපාදානස්කන්ධය හටගන්නේ මෙන්න මේ වැඩපිළිවෙල නිසයි. 'මෙය මම, මෙය මගේ, මෙය මාගේ ආත්මයයි' කියලා ඇස ගැන මුලාවෙන් දකිනවා. 'මෙය මම, මෙය මගේ, මෙය මාගේ ආත්මයයි' කියලා රූප ගැන මුලාවෙන් දකිනවා. 'මෙය මම, මෙය මගේ, මෙය මාගේ ආත්මයයි' කියලා ඇසේ විඤ්ඤාණය ගැන මුලාවෙන් දකිනවා. 'මෙය මම, මෙය මගේ, මෙය මාගේ ආත්මයයි' කියලා ඇසේ ස්පර්ශය ගැන මුලාවෙන් දකිනවා. 'මෙය මම, මෙය මගේ, මෙය මාගේ ආත්මයයි' කියලා විඳීම ගැන මුලාවෙන් දකිනවා. 'මෙය මම, මෙය මගේ, මෙය මාගේ ආත්මයයි' කියලා තණ්හාව ගැන මුලාවෙන් දකිනවා.

'මෙය මම, මෙය මගේ, මෙය මාගේ ආත්මයයි' කියලා කන ගැන මුලාවෙන් දකිනවා. ....(පෙ).... 'මෙය මම, මෙය මගේ, මෙය මාගේ ආත්මයයි' කියලා නාසය ගැන මුලාවෙන් දකිනවා. ....(පෙ).... 'මෙය මම, මෙය මගේ, මෙය මාගේ ආත්මයයි' කියලා දිව ගැන මුලාවෙන් දකිනවා. ....(පෙ).... 'මෙය මම, මෙය මගේ, මෙය මාගේ ආත්මයයි' කියලා කය ගැන මුලාවෙන් දකිනවා. ....(පෙ).... 'මෙය මම, මෙය මගේ, මෙය මාගේ ආත්මයයි' කියලා මනස ගැන මුලාවෙන් දකිනවා. 'මෙය මම, මෙය මගේ, මෙය මාගේ ආත්මයයි' කියලා අරමුණු ගැන මුලාවෙන් දකිනවා. 'මෙය මම, මෙය මගේ, මෙය මාගේ ආත්මයයි' කියලා මනසේ විඤ්ඤාණය ගැන මුලාවෙන් දකිනවා. 'මෙය මම, මෙය මගේ, මෙය මාගේ ආත්මයයි' කියලා මනසේ ස්පර්ශය ගැන මුලාවෙන් දකිනවා. 'මෙය මම, මෙය මගේ, මෙය මාගේ ආත්මයයි' කියලා විඳීම ගැන මුලාවෙන් දකිනවා. 'මෙය මම, මෙය මගේ, මෙය මාගේ ආත්මයයි' කියලා තණ්හාව ගැන මුලාවෙන් දකිනවා.

පින්වත් මහණෙනි, පංච උපාදානස්කන්ධය නිරුද්ධ වන්නේ මෙන්න මේ වැඩපිළිවෙල නිසයි. 'මෙය මම නොවේ, මෙය මගේ නොවේ, මෙය මාගේ ආත්මය නොවේ' කියලා ඇස ගැන නුවණින් දකිනවා. 'මෙය මම නොවේ, මෙය මගේ නොවේ, මෙය මාගේ ආත්මය නොවේ' කියලා රූප ගැන නුවණින් දකිනවා. 'මෙය මම නොවේ, මෙය මගේ නොවේ, මෙය මාගේ

ආත්මය නොවේ' කියලා ඇසේ විඤ්ඤාණය ගැන නුවණින් දකිනවා. 'මෙය මම නොවේ, මෙය මගේ නොවේ, මෙය මාගේ ආත්මය නොවේ' කියලා ඇසේ ස්පර්ශය ගැන නුවණින් දකිනවා. 'මෙය මම නොවේ, මෙය මගේ නොවේ, මෙය මාගේ ආත්මය නොවේ' කියලා විඳීම ගැන නුවණින් දකිනවා. 'මෙය මම නොවේ, මෙය මගේ නොවේ, මෙය මාගේ ආත්මය නොවේ' කියලා තණ්හාව ගැන නුවණින් දකිනවා.

'මෙය මම නොවේ, මෙය මගේ නොවේ, මෙය මාගේ ආත්මය නොවේ' කියලා කන ගැන නුවණින් දකිනවා. ....(පෙ).... 'මෙය මම නොවේ, මෙය මගේ නොවේ, මෙය මාගේ ආත්මය නොවේ' කියලා නාසය ගැන නුවණින් දකිනවා. ....(පෙ).... 'මෙය මම නොවේ, මෙය මගේ නොවේ, මෙය මාගේ ආත්මය නොවේ' කියලා දිව ගැන නුවණින් දකිනවා. ....(පෙ).... 'මෙය මම නොවේ, මෙය මගේ නොවේ, මෙය මාගේ ආත්මය නොවේ' කියලා කය ගැන නුවණින් දකිනවා. ....(පෙ).... 'මෙය මම නොවේ, මෙය මගේ නොවේ, මෙය මාගේ ආත්මය නොවේ' කියලා මනස ගැන නුවණින් දකිනවා. 'මෙය මම නොවේ, මෙය මගේ නොවේ, මෙය මාගේ ආත්මය නොවේ' කියලා අරමුණු ගැන නුවණින් දකිනවා. 'මෙය මම නොවේ, මෙය මගේ නොවේ, මෙය මාගේ ආත්මය නොවේ' කියලා මනසේ විඤ්ඤාණය ගැන නුවණින් දකිනවා. 'මෙය මම නොවේ, මෙය මගේ නොවේ, මෙය මාගේ ආත්මය නොවේ' කියලා මනසේ ස්පර්ශය ගැන නුවණින් දකිනවා. 'මෙය මම නොවේ, මෙය මගේ නොවේ, මෙය මාගේ ආත්මය නොවේ' කියලා විඳීම ගැන නුවණින් දකිනවා. 'මෙය මම නොවේ, මෙය මගේ නොවේ, මෙය මාගේ ආත්මය නොවේ' කියලා තණ්හාව ගැන නුවණින් දකිනවා.

පින්වත් මහණෙනි, ඇසත් රූපත් හේතුකොට ගෙන ඇසේ විඤ්ඤාණය උපදිනවා. ඒ තුනේ එකතු වීම ස්පර්ශයයි. ස්පර්ශය හේතු කොට ගෙන සැපක් වේවා, දුකක් වේවා, දුක් සැප රහිත බවක් වේවා, විඳීමක් උපදිනවා. එතකොට ඔහු සැප විඳීමෙන් ස්පර්ශයක් ලද විට එය සතුටින් පිළිගන්නවා. එහි ගුණ කියනවා. එහි ආශාවෙන් බැසගන්නවා. එතකොට අභ්‍යන්තරයේ රාගය තැන්පත් වෙනවා. දුක් වේදනාවකින් පහස ලැබෙන විට ඔහු ශෝක කරනවා. ක්ලාන්ත වෙනවා. වැළපෙනවා. ළයෙහි අත්ගසා ගන්නවා. සිහි මුළාවට පත්වෙනවා. එතකොට ඔහු තුළ පටිඝ අනුසය තැන්පත් වෙනවා. දුක්සැප රහිත විඳීමකින් පහස ලැබූ විට ඒ දුක් සැප රහිත විඳීම හටගත් අයුරුත්, නැතිවන අයුරුත්, එහි ආශ්වාදයත්, ආදීනවයත්, එයට නොඇලීමෙන් නිදහස් වීමත්, යථාභූත වශයෙන් හඳුනාගන්නෙ නෑ. එතකොට ඔහු තුළ අවිද්‍යා අනුසය තැන්පත් වෙනවා. පින්වත් මහණෙනි, ඒකාන්තයෙන්ම සැප විඳීමෙන් හටගන්නා රාග

අනුසය දුරු නොකොට, දුක් විඳීමෙන් හටගන්නා පටිඝ අනුසය දුරු නොකොට, දුක් සැප රහිත විඳීමෙන් ඇතිවෙන අවිද්‍යා අනුසය මුලින්ම උපුටා නොදමා, අවිද්‍යාව ප්‍රහාණය නොකොට, විද්‍යාව නූපදවා මේ ජීවිතය තුළ දී දුක් කෙළවර කරන්නේය කියන කරුණ සිදුවෙන දෙයක් නම් නොවෙයි.

පින්වත් මහණෙනි, කනත් ශබ්දත් හේතුකොට ගෙන කනේ විඤ්ඤාණය උපදිනවා. ....(පෙ).... පින්වත් මහණෙනි, නාසයත් ගඳ සුවඳත් හේතුකොට ගෙන නාසයේ විඤ්ඤාණය උපදිනවා. ....(පෙ).... පින්වත් මහණෙනි, දිවත් රසත් හේතුකොට ගෙන දිවේ විඤ්ඤාණය උපදිනවා. ....(පෙ).... පින්වත් මහණෙනි, කයත් පහසත් හේතුකොට ගෙන කයේ විඤ්ඤාණය උපදිනවා. ....(පෙ).... පින්වත් මහණෙනි, මනසත් අරමුණුත් හේතුකොට ගෙන මනසේ විඤ්ඤාණය උපදිනවා. ඒ තුනේ එකතු වීම ස්පර්ශයයි. ස්පර්ශය හේතු කොට ගෙන සැපක් වේවා, දුකක් වේවා, දුක් සැප රහිත බවක් වේවා, විඳීමක් උපදිනවා. එතකොට ඔහු සැප විඳීමෙන් ස්පර්ශයක් ලද විට එය සතුටින් පිළිගන්නවා. එහි ගුණ කියනවා. එහි ආශාවෙන් බැසගන්නවා. එතකොට අභ්‍යන්තරයේ රාගය තැන්පත් වෙනවා. දුක් වේදනාවකින් පහස ලැබෙන විට ඔහු ශෝක කරනවා. ක්ලාන්ත වෙනවා. වැළපෙනවා. ළයෙහි අත්ගසා ගන්නවා. සිහි මුළාවට පත්වෙනවා. එතකොට ඔහු තුළ පටිඝ අනුසය තැන්පත් වෙනවා. දුක්සැප රහිත විඳීමකින් පහස ලැබූ විට ඒ දුක් සැප රහිත විඳීම හටගත් අයුරුත්, නැතිවන අයුරුත්, එහි ආශ්වාදයත්, ආදීනවයත්, එයට නොඇලීමෙන් නිදහස් වීමත්, යථාභූත වශයෙන් හඳුනාගන්නෙ නෑ. එතකොට ඔහු තුළ අවිද්‍යා අනුසය තැන්පත් වෙනවා. පින්වත් මහණෙනි, ඒකාන්තයෙන්ම සැප විඳීමෙන් හටගන්නා රාග අනුසය දුරු නොකොට, දුක් විඳීමෙන් හටගන්නා පටිඝ අනුසය දුරු නොකොට, දුක් සැප රහිත විඳීමෙන් ඇතිවෙන අවිද්‍යා අනුසය මුලින්ම උපුටා නොදමා, අවිද්‍යාව ප්‍රහාණය නොකොට, විද්‍යාව නූපදවා මේ ජීවිතය තුළ දී දුක් කෙළවර කරන්නේය කියන කරුණ සිදුවෙන දෙයක් නම් නොවෙයි.

පින්වත් මහණෙනි, ඇසත් රූපත් හේතුකොට ගෙන ඇසේ විඤ්ඤාණය උපදිනවා. ඒ තුනේ එකතු වීම ස්පර්ශයයි. ස්පර්ශය හේතු කොට ගෙන සැපක් වේවා, දුකක් වේවා, දුක් සැප රහිත බවක් වේවා, විඳීමක් උපදිනවා. එතකොට ඔහු සැප විඳීමෙන් ස්පර්ශයක් ලද විට එය සතුටින් පිළිගන්නෙ නෑ. එහි ගුණ කියන්නෙ නෑ. එහි ආශාවෙන් බැසගන්නෙ නෑ. එතකොට අභ්‍යන්තරයේ රාගය තැන්පත් වෙන්නෙ නෑ. දුක් වේදනාවකින් පහස ලැබෙන විට ඔහු ශෝක කරන්නෙ නෑ. ක්ලාන්ත වෙන්නෙ නෑ. වැළපෙන්නෙ නෑ. ළයෙහි අත්ගසා ගන්නෙ නෑ. සිහි මුළාවට පත්වෙන්නෙ නෑ. එතකොට ඔහු තුළ පටිඝ අනුසය තැන්පත් වෙන්නෙ නෑ. දුක්සැප රහිත විඳීමකින් පහස ලැබූ විට ඒ දුක් සැප

රහිත විඳීම හටගත් අයුරුත්, නැතිවන අයුරුත්, එහි ආශ්වාදයත්, ආදීනවයත්, එයට නොඇලීමෙන් නිදහස් වීමත්, යථාභූත වශයෙන් හඳුනාගන්නවා. එතකොට ඔහු තුළ අවිද්‍යා අනුසය තැන්පත් වෙන්නෙ නෑ. පින්වත් මහණෙනි, ඒකාන්තයෙන්ම සැප විඳීමෙන් හටගන්නා රාග අනුසය දුරු කොට, දුක් විඳීමෙන් හටගන්නා පටිඝ අනුසය දුරු කොට, දුක් සැප රහිත විඳීමෙන් ඇතිවෙන අවිද්‍යා අනුසය මුලින්ම උපුටා දමා, අවිද්‍යාව ප්‍රහාණය කොට, විද්‍යාව උපදවා මේ ජීවිතය තුළදී දුක් කෙළවර කරන්නේය කියන කරුණ සිදුවෙන දෙයක්ම යි.

පින්වත් මහණෙනි, කනත් ශබ්දත් හේතුකොට ගෙන කනේ විඤ්ඤාණය උපදිනවා. ....(පෙ).... පින්වත් මහණෙනි, නාසයත් ගඳ සුවඳත් හේතුකොට ගෙන නාසයේ විඤ්ඤාණය උපදිනවා. ....(පෙ).... පින්වත් මහණෙනි, දිවත් රසත් හේතුකොට ගෙන දිවේ විඤ්ඤාණය උපදිනවා. ....(පෙ).... පින්වත් මහණෙනි, කයත් පහසත් හේතුකොට ගෙන කයේ විඤ්ඤාණය උපදිනවා. ....(පෙ).... පින්වත් මහණෙනි, මනසත් අරමුණුත් හේතුකොට ගෙන මනසේ විඤ්ඤාණය උපදිනවා. ඒ තුනේ එකතු වීම ස්පර්ශයයි. ස්පර්ශය හේතු කොට ගෙන සැපක් වේවා, දුකක් වේවා, දුක් සැප රහිත බවක් වේවා, විඳීමක් උපදිනවා. එතකොට ඔහු සැප විඳීමෙන් ස්පර්ශයක් ලද විට එය සතුටින් පිළිගන්නෙ නෑ. එහි ගුණ කියන්නෙ නෑ. එහි ආශාවෙන් බැසගන්නෙ නෑ. එතකොට අභ්‍යන්තරයේ රාගය තැන්පත් වෙන්නෙ නෑ. දුක් වේදනාවකින් පහස ලැබෙන විට ඔහු ශෝක කරන්නෙ නෑ. ක්ලාන්ත වෙන්නෙ නෑ. වැළපෙන්නෙ නෑ. ළයෙහි අත් ගසා ගන්නෙ නෑ. සිහි මුළාවට පත්වෙන්නෙ නෑ. එතකොට ඔහු තුළ පටිඝ අනුසය තැන්පත් වෙන්නෙ නෑ. දුක්සැප රහිත විඳීමකින් පහස ලැබූ විට ඒ දුක් සැප රහිත විඳීම හටගත් අයුරුත්, නැතිවන අයුරුත්, එහි ආශ්වාදයත්, ආදීනවයත්, එයට නොඇලීමෙන් නිදහස් වීමත්, යථාභූත වශයෙන් හඳුනා ගන්නවා. එතකොට ඔහු තුළ අවිද්‍යා අනුසය තැන්පත් වෙන්නෙ නෑ. පින්වත් මහණෙනි, ඒකාන්තයෙන්ම සැප විඳීමෙන් හටගන්නා රාග අනුසය දුරු කොට, දුක් විඳීමෙන් හටගන්නා පටිඝ අනුසය දුරු කොට, දුක් සැප රහිත විඳීමෙන් ඇතිවෙන අවිද්‍යා අනුසය මුලින්ම උපුටා දමා, අවිද්‍යාව ප්‍රහාණය කොට, විද්‍යාව උපදවා මේ ජීවිතය තුළදී දුක් කෙළවර කරන්නේය කියන කරුණ සිදුවෙන දෙයක්ම යි.

පින්වත් මහණෙනි, ශ්‍රැතවත් ආර්ය ශ්‍රාවකයා මේ අයුරින් නුවණින් දකින විට, ඇස කෙරෙහිත් අවබෝධයෙන්ම කළකිරෙනවා. රූප කෙරෙහිත් අවබෝධයෙන්ම කළකිරෙනවා. ඇසේ විඤ්ඤාණය කෙරෙහිත් අවබෝධයෙන්ම කළකිරෙනවා. ඇසේ ස්පර්ශය කෙරෙහිත් අවබෝධයෙන්ම කළකිරෙනවා. විඳීම කෙරෙහිත් අවබෝධයෙන්ම කළකිරෙනවා. තණ්හාව කෙරෙහිත්

අවබෝධයෙන්ම කළකිරෙනවා. කන කෙරෙහිත් අවබෝධයෙන්ම කළකිරෙනවා. ....(පෙ).... නාසය කෙරෙහිත් අවබෝධයෙන්ම කළකිරෙනවා. ....(පෙ).... දිව කෙරෙහිත් අවබෝධයෙන්ම කළකිරෙනවා. ....(පෙ).... කය කෙරෙහිත් අවබෝධයෙන්ම කළකිරෙනවා. ....(පෙ).... මනස කෙරෙහිත් අවබෝධයෙන්ම කළකිරෙනවා. අරමුණු කෙරෙහිත් අවබෝධයෙන්ම කළකිරෙනවා. මනෝ විඤ්ඤාණය කෙරෙහිත් අවබෝධයෙන්ම කළකිරෙනවා. මනසේ ස්පර්ශය කෙරෙහිත් අවබෝධයෙන්ම කළකිරෙනවා. විඳීම කෙරෙහිත් අවබෝධයෙන්ම කළකිරෙනවා. තණ්හාව කෙරෙහිත් අවබෝධයෙන්ම කළකිරෙනවා. කළකිරුනු විට එහි සිත නොඇලී යනවා. නොඇලුණු විට, එයින් නිදහස් වෙනවා. නිදහස් වූ විට විමුක්තියට පත් වූ බවට අවබෝධ ඤාණය ඇතිවෙනවා. 'ඉපදීම ක්ෂය වුණා. බඹසර වාසය සම්පූර්ණ කළා. කළ යුත්ත කළා. නිවන් පිණිස කළ යුතු වෙන දෙයක් නැතැ'යි අවබෝධ කරගන්නවා.

භාග්‍යවතුන් වහන්සේ මේ උතුම් දේශනය වදාළා. ඒ දේශනය ගැන ඒ භික්ෂූන් වහන්සේලා ගොඩක් සතුටු වුනා. භාග්‍යවතුන් වහන්සේ වදාළ මේ දේශනය සතුටින් පිළිගත්තා. භාග්‍යවතුන් වහන්සේ විසින් මෙම ගාථා රහිත දේශනය වදාරද්දී සැට නමක් පමණ වූ භික්ෂූන් වහන්සේලාගේ සිත් උපාදාන රහිතව ආශ්‍රවයන්ගෙන් නිදහස් වුනා.

සාදු! සාදු!! සාදු!!!

හයේ ඒවා හයක් ගැන වදාළ දෙසුම නිමා විය.

3.5.7.
මහා සළායතනික සූත්‍රය
ආයතනය හය පිළිබඳව වදාළ විස්තරාත්මක දෙසුම

මා හට අසන්නට ලැබුනේ මේ විදිහටයි. ඒ දිනවල භාග්‍යවතුන් වහන්සේ වැඩසිටියේ සැවැත් නුවර ජේතවනය නම් වූ අනේපිඬු සිටුතුමා විසින් කරවන ලද ආරාමයෙහි ය. එදා භාග්‍යවතුන් වහන්සේ "පින්වත් මහණෙනි" කියා භික්ෂුසංඝයා අමතා වදාළා. "පින්වතුන් වහන්ස" කියා ඒ භික්ෂූන් ද භාග්‍යවතුන් වහන්සේට පිළිතුරු දුන්නා. භාග්‍යවතුන් වහන්සේ මෙය වදාළා.

"පින්වත් මහණෙනි, ඔබට ආයතන හය පිළිබඳ විස්තරාත්මකව දේශනා කරන්නම්. එය අසන්න. මනාකොට නුවණින් මෙනෙහි කරන්න. මා කියාදෙන්නම්." "එසේය, ස්වාමීනී" කියා ඒ භික්ෂූන් ද භාග්‍යවතුන් වහන්සේට පිළිතුරු දුන්නා. භාග්‍යවතුන් වහන්සේ මෙය වදාළා.

"පින්වත් මහණෙනි, ඇස පිළිබඳව යථාභූත වශයෙන් නොදැනම යි, නොදැකම යි, රූපයන් පිළිබඳව ද යථාභූත වශයෙන් නොදැනම යි, නොදැකම යි, ඇසෙහි විඤ්ඤාණය පිළිබඳව ද යථාභූත වශයෙන් නොදැනම යි, නොදැකම යි, ඇසේ ස්පර්ශය පිළිබඳව ද යථාභූත වශයෙන් නොදැනම යි, නොදැකම යි, ඇසේ ස්පර්ශය ප්‍රත්‍යයෙන් හටගන්නා වූ සැපක් වේවා, දුකක් වේවා, උපේක්ෂාවක් වේවා, යම් විඳීමක් ඇද්ද, එය පිළිබඳව ද යථාභූත වශයෙන් නොදැනම යි, නොදැකම යි ඇසෙහි ඇලෙන්නේ. රූපවලත් ඇලෙන්නේ. ඇසේ විඤ්ඤාණයෙත් ඇලෙන්නේ. ඇසේ ස්පර්ශයෙත් ඇලෙන්නේ. ඇසේ ස්පර්ශය ප්‍රත්‍යයෙන් හටගන්නා වූ සැපක් වේවා, දුකක් වේවා, උපේක්ෂාවක් වේවා, යම් විඳීමක් ඇද්ද, එයටත් ඇලෙන්නේ.

ඒ විදිහට ඇලිලා, ඒ හා එක්වෙලා, එයට මුලාවෙලා, ආශ්වාදය අනුව දකිමින් වාසය කරන ඔහුගේ පංච උපාදානස්කන්ධය අනාගතය පිණිස මෝරනවා. එතකොට ඔහු තුළ පුනර්භවය ඇතිකරන, නන්දිරාගයෙන් යුක්ත වූ, ඒ ඒ තැන සතුටින් පිළිගන්නා වූ යම් තණ්හාවක් ඇද්ද, එය ඔහු තුළ වැඩෙනවා. එතකොට ඔහුට කායික වශයෙනුත් පීඩා ඇතිවෙනවා. මානසික වශයෙනුත් පීඩා

ඇතිවෙනවා. කායික වශයෙනුත් සංතාප ඇතිවෙනවා. මානසිකවත් සංතාප ඇතිවෙනවා. කායිකවත් දැවිලි ඇතිවෙනවා. මානසිකවත් දැවිලි ඇතිවෙනවා. එතකොට ඔහු කායික දුකත්, මානසික දුකත් විඳිනවා.

"පින්වත් මහණෙනි, කන පිළිබඳව යථාභූත වශයෙන් නොදැනම යි, නොදැකම යි, ...(පෙ).... නාසය පිළිබඳව යථාභූත වශයෙන් නොදැනම යි, නොදැකම යි, ...(පෙ).... දිව පිළිබඳව යථාභූත වශයෙන් නොදැනම යි, නොදැකම යි, ...(පෙ).... කය පිළිබඳව යථාභූත වශයෙන් නොදැනම යි, නොදැකම යි, ...(පෙ).... මනස පිළිබඳව යථාභූත වශයෙන් නොදැනම යි, නොදැකම යි, අරමුණු පිළිබඳව ද යථාභූත වශයෙන් නොදැනම යි, නොදැකම යි, මනෝ විඤ්ඤාණය පිළිබඳව ද යථාභූත වශයෙන් නොදැනම යි, නොදැකම යි, මනසේ ස්පර්ශය පිළිබඳව ද යථාභූත වශයෙන් නොදැනම යි, නොදැකම යි, මනසේ ස්පර්ශය ප්‍රත්‍යයෙන් හටගන්නා වූ සැපක් වේවා, දුකක් වේවා, උපේක්ෂාවක් වේවා, යම් විඳීමක් ඇද්ද, එය පිළිබඳව ද යථාභූත වශයෙන් නොදැනම යි, නොදැකම යි මනසෙහි ඇලෙන්නේ. අරමුණුවලත් ඇලෙන්නේ. මනෝ විඤ්ඤාණයෙත් ඇලෙන්නේ. මනසේ ස්පර්ශයෙත් ඇලෙන්නේ. මනසේ ස්පර්ශය ප්‍රත්‍යයෙන් හටගන්නා වූ සැපක් වේවා, දුකක් වේවා, උපේක්ෂාවක් වේවා, යම් විඳීමක් ඇද්ද, එයටත් ඇලෙන්නේ.

ඒ විදිහට ඇලිලා, ඒ හා එක්වෙලා, එයට මුලාවෙලා, ආශ්වාදය අනුව දකිමින් වාසය කරන ඔහුගේ පංච උපාදානස්කන්ධය අනාගතය පිණිස මෝරනවා. එතකොට ඔහු තුළ පුනර්භවය ඇතිකරන, නන්දිරාගයෙන් යුක්ත වූ, ඒ ඒ තැන සතුටින් පිළිගන්නා වූ යම් තණ්හාවක් ඇද්ද, එය ඔහු තුළ වැඩෙනවා. එතකොට ඔහුට කායික වශයෙනුත් පීඩා ඇතිවෙනවා. මානසික වශයෙනුත් පීඩා ඇතිවෙනවා. කායික වශයෙනුත් සංතාප ඇතිවෙනවා. මානසිකවත් සංතාප ඇතිවෙනවා. කායිකවත් දැවිලි ඇතිවෙනවා. මානසිකවත් දැවිලි ඇතිවෙනවා. එතකොට ඔහු කායික දුකත්, මානසික දුකත් විඳිනවා.

"පින්වත් මහණෙනි, ඇස පිළිබඳව යථාභූත වශයෙන් දැනගෙනම යි, දැකගෙනම යි, රූපයන් පිළිබඳව ද යථාභූත වශයෙන් දැනගෙනම යි, දැකගෙනම යි, ඇසෙහි විඤ්ඤාණය පිළිබඳව ද යථාභූත වශයෙන් දැනගෙනම යි, දැකගෙනම යි, ඇසේ ස්පර්ශය පිළිබඳව ද යථාභූත වශයෙන් දැනගෙනම යි, දැකගෙනම යි, ඇසේ ස්පර්ශය ප්‍රත්‍යයෙන් හටගන්නා වූ සැපක් වේවා, දුකක් වේවා, උපේක්ෂාවක් වේවා, යම් විඳීමක් ඇද්ද, එය පිළිබඳව ද යථාභූත වශයෙන් දැනගෙනම යි, දැකගෙනම යි, ඇසෙහි නොඇලෙන්නේ. රූපවලත් නොඇලෙන්නේ. ඇසේ විඤ්ඤාණයෙත් නොඇලෙන්නේ. ඇසේ ස්පර්ශයෙත්

නොඇලෙන්නේ. ඇසේ ස්පර්ශය ප්‍රත්‍යයෙන් හටගන්නා වූ සැපක් වේවා, දුකක් වේවා, උපේක්ෂාවක් වේවා, යම් විඳීමක් ඇද්ද, එයටත් නොඇලෙන්නේ.

ඒ විදිහට නොඇලිලා, ඒ හා එක් නොවී, එයට මුලා නොවී, ආදීනව අනුව දකිමින් වාසය කරන ඔහුගේ පංච උපාදානස්කන්ධය අනාගතය පිණිස සකස් නොවී යනවා. එතකොට ඔහු තුළ පුනර්භවය ඇතිකරන, නන්දිරාගයෙන් යුක්ත වූ, ඒ ඒ තැන සතුටින් පිළිගන්නා වූ යම් තණ්හාවක් ඇද්ද, එය ඔහු තුළ ප්‍රහාණය වෙනවා. එතකොට ඔහුට කායික පීඩාත් ප්‍රහාණය වෙනවා. මානසික පීඩාත් ප්‍රහාණය වෙනවා. කායික සංතාපත් ප්‍රහාණය වෙනවා. මානසික සංතාපත් ප්‍රහාණය වෙනවා. කායික දැවිලිත් ප්‍රහාණය වෙනවා. මානසික දැවිලිත් ප්‍රහාණය වෙනවා. එතකොට ඔහු කායික සැපයත්, මානසික සැපයත් විඳිනවා.

එබඳු වූ කෙනෙකුගේ යම් දෘෂ්ටියක් ඇද්ද, ඒ දෘෂ්ටිය තමයි ඔහුගේ සම්මා දිට්ඨිය වන්නේ. එබඳු වූ කෙනෙකුගේ යම් සංකල්පයක් ඇද්ද, ඒ සංකල්පය තමයි ඔහුගේ සම්මා සංකල්පය වන්නේ. එබඳු වූ කෙනෙකුගේ යම් වීරියක් ඇද්ද, ඒ වීරිය තමයි ඔහුගේ සම්මා වායාමය වන්නේ. එබඳු වූ කෙනෙකුගේ යම් සතියක් ඇද්ද, ඒ සතිය තමයි ඔහුගේ සම්මා සතිය වන්නේ. එබඳු වූ කෙනෙකුගේ යම් සමාධියක් ඇද්ද, ඒ සමාධිය තමයි ඔහුගේ සම්මා සමාධිය වන්නේ. කලින්ම ඔහුගේ කායික ක්‍රියාවද, වාචසික ක්‍රියාවද, දිවි පැවැත්මද හොඳින් පිරිසිදු වෙලයි තියෙන්නේ. ඔය විදිහට ඔහු තුළ ආර්ය අෂ්ටාංගික මාර්ගය භාවනා වශයෙන් සම්පූර්ණ වෙනවා.

ඔහු තුළ ඔය අයුරින් මේ ආර්ය අෂ්ටාංගික මාර්ගය වඩද්දී සතර සතිපට්ඨානයන් භාවනා වශයෙන් සම්පූර්ණත්වයට පත්වෙනවා. සතර සම්‍යක් ප්‍රධාන වීර්යය භාවනා වශයෙන් සම්පූර්ණත්වයට පත්වෙනවා. සතර ඉර්ධිපාද භාවනා වශයෙන් සම්පූර්ණත්වයට පත්වෙනවා. පංච ඉන්ද්‍රිය ධර්ම භාවනා වශයෙන් සම්පූර්ණත්වයට පත්වෙනවා. පංච බල ධර්ම භාවනා වශයෙන් සම්පූර්ණත්වයට පත්වෙනවා. සප්ත බොජ්ඣංග ධර්ම භාවනා වශයෙන් සම්පූර්ණත්වයට පත්වෙනවා.

ඔහු තුළ ධර්මයන් දෙකක් එකට වැඩෙනවා. එනම් සමථයත්, විදර්ශනාවත්ය. ඉතින් ඔහු යම් ධර්මයක් විශිෂ්ට වූ ඤාණයකින් පිරිසිඳ අවබෝධ කළ යුතුද, ඒ ධර්මයන් විශිෂ්ට වූ ඤාණයකින් පිරිසිඳ අවබෝධ කරගන්නවා. යම් ධර්මයක් විශිෂ්ට වූ ඤාණයකින් ප්‍රහාණය කළ යුතුද, ඒ ධර්මයන් විශිෂ්ට වූ ඤාණයෙන් ප්‍රහාණය කරනවා. යම් ධර්මයක් විශිෂ්ට වූ ඤාණයෙන් වැඩිය යුතුද, ඒ ධර්මයන් විශිෂ්ට වූ ඤාණයෙන් වඩනවා. යම් ධර්මයක් විශිෂ්ට වූ

ඤාණයෙන් සාක්ෂාත් කළ යුතුද, ඒ ධර්මයන් විශිෂ්ට වූ ඤාණයෙන් සාක්ෂාත් කරනවා.

පින්වත් මහණෙනි, විශිෂ්ට වූ ඤාණයෙන් පිරිසිඳ දත යුතු ධර්මයන් මොනවාද? එයට කිව යුත්තේ පංච උපාදාස්කන්ධය කියලයි. ඒ කුමක්ද යත්; රූපූපාදානස්කන්ධයයි. වේදනූපාදානස්කන්ධයයි. සඤ්ඤූපාදානස්කන්ධයයි. සංඛාරූපාදානස්කන්ධයයි. විඤ්ඤාණූපාදානස්කන්ධයයි. මේ ධර්මයන් තමයි විශිෂ්ට ඤාණයෙන් පිරිසිඳ දත යුත්තේ.

පින්වත් මහණෙනි, විශිෂ්ට වූ ඤාණයෙන් ප්‍රහාණය කළ යුතු ධර්මයන් මොනවාද? අවිද්‍යාවත්, භව තණ්හාවත් ය. මේ ධර්මයන් තමයි විශිෂ්ට වූ ඤාණයෙන් ප්‍රහාණය කළ යුත්තේ.

පින්වත් මහණෙනි, විශිෂ්ට වූ ඤාණයෙන් වැඩිය යුතු ධර්මයන් මොනවාද? සමථයත්, විදර්ශනාවත් ය. මේ ධර්මයන් තමයි විශිෂ්ට වූ ඤාණයෙන් වැඩිය යුත්තේ.

පින්වත් මහණෙනි, විශිෂ්ට වූ ඤාණයෙන් සාක්ෂාත් කළ යුතු ධර්මයන් මොනවාද? විද්‍යාවත්, විමුක්තියත් ය. මේ ධර්මයන් තමයි විශිෂ්ට වූ ඤාණයෙන් සාක්ෂාත් කළ යුත්තේ.

"පින්වත් මහණෙනි, කන පිළිබඳව යථාභූත වශයෙන් දැනගෙනම යි, දැකගෙනම යි, ...(පෙ).... නාසය පිළිබඳව යථාභූත වශයෙන් දැනගෙනම යි, දැක ගෙනම යි, ...(පෙ).... දිව පිළිබඳව යථාභූත වශයෙන් දැනගෙනම යි, දැකගෙනම යි, ...(පෙ).... කය පිළිබඳව යථාභූත වශයෙන් දැනගෙනම යි, දැකගෙනම යි, ...(පෙ).... මනස පිළිබඳව යථාභූත වශයෙන් දැනගෙනම යි, දැකගෙනම යි, අරමුණු පිළිබඳව ද යථාභූත වශයෙන් දැනගෙනම යි, දැකගෙනම යි, මනෝ විඤ්ඤාණය පිළිබඳව ද යථාභූත වශයෙන් දැනගෙනම යි, දැකගෙනම යි, මනසේ ස්පර්ශය පිළිබඳව ද යථාභූත වශයෙන් දැනගෙනම යි, දැකගෙනම යි, මනසේ ස්පර්ශය ප්‍රත්‍යයෙන් හටගන්නා වූ සැපක් වේවා, දුකක් වේවා, උපේක්ෂාවක් වේවා, යම් විඳීමක් ඇද්ද, එය පිළිබඳව ද යථාභූත වශයෙන් දැනගෙනම යි, දැකගෙනම යි, මනසෙහි නොඇලෙන්නේ. අරමුණුවලත් නොඇලෙන්නේ. මනෝ විඤ්ඤාණයෙත් නො ඇලෙන්නේ. මනසේ ස්පර්ශයෙත් නොඇලෙන්නේ. මනසේ ස්පර්ශය ප්‍රත්‍යයෙන් හටගන්නා වූ සැපක් වේවා, දුකක් වේවා, උපේක්ෂාවක් වේවා, යම් විඳීමක් ඇද්ද, එයටත් නොඇලෙන්නේ.

ඒ විදිහට නොඇලිලා, ඒ හා එක් නොවී, එයට මුලා නොවී, ආදීනව අනුව දකිමින් වාසය කරන ඔහුගේ පංච උපාදානස්කන්ධය අනාගතය පිණිස

සකස් නොවී යනවා. එතකොට ඔහු තුළ පුනර්භවය ඇතිකරන, නන්දිරාගයෙන් යුක්ත වූ, ඒ ඒ තැන සතුටින් පිළිගන්නා වූ යම් තණ්හාවක් ඇද්ද, එය ඔහු තුළ ප්‍රහාණය වෙනවා. එතකොට ඔහුට කායික පීඩාත් ප්‍රහාණය වෙනවා. මානසික පීඩාත් ප්‍රහාණය වෙනවා. කායික සංතාපත් ප්‍රහාණය වෙනවා. මානසික සංතාපත් ප්‍රහාණය වෙනවා. කායික දැවිලිත් ප්‍රහාණය වෙනවා. මානසික දැවිලිත් ප්‍රහාණය වෙනවා. එතකොට ඔහු කායික සැපයත්, මානසික සැපයත් විඳිනවා.

එබඳු වූ කෙනෙකුගේ යම් දෘෂ්ටියක් ඇද්ද, ඒ දෘෂ්ටිය තමයි ඔහුගේ සම්මා දිට්ඨිය වන්නේ. එබඳු වූ කෙනෙකුගේ යම් සංකල්පයක් ඇද්ද, ඒ සංකල්පය තමයි ඔහුගේ සම්මා සංකල්පය වන්නේ. එබඳු වූ කෙනෙකුගේ යම් වීරියක් ඇද්ද, ඒ වීරිය තමයි ඔහුගේ සම්මා වායාමය වන්නේ. එබඳු වූ කෙනෙකුගේ යම් සතියක් ඇද්ද, ඒ සතිය තමයි ඔහුගේ සම්මා සතිය වන්නේ. එබඳු වූ කෙනෙකුගේ යම් සමාධියක් ඇද්ද, ඒ සමාධිය තමයි ඔහුගේ සම්මා සමාධිය වන්නේ. කලින්ම ඔහුගේ කායික ක්‍රියාවද, වාචසික ක්‍රියාවද, දිවි පැවැත්මද හොඳින් පිරිසිදු වෙලයි තියෙන්නේ. ඔය විදිහට ඔහු තුළ ආර්ය අෂ්ටාංගික මාර්ගය භාවනා වශයෙන් සම්පූර්ණ වෙනවා.

ඔහු තුළ ඔය අයුරින් මේ ආර්ය අෂ්ටාංගික මාර්ගය වඩද්දී සතර සතිපට්ඨානයන් භාවනා වශයෙන් සම්පූර්ණත්වයට පත්වෙනවා. සතර සම්‍යක් ප්‍රධාන වීර්යය භාවනා වශයෙන් සම්පූර්ණත්වයට පත්වෙනවා. සතර ඉර්ධිපාද භාවනා වශයෙන් සම්පූර්ණත්වයට පත්වෙනවා. පංච ඉන්ද්‍රිය ධර්ම භාවනා වශයෙන් සම්පූර්ණත්වයට පත්වෙනවා. පංච බල ධර්ම භාවනා වශයෙන් සම්පූර්ණත්වයට පත්වෙනවා. සප්ත බොජ්ඣංග ධර්ම භාවනා වශයෙන් සම්පූර්ණත්වයට පත්වෙනවා.

ඔහු තුළ ධර්මයන් දෙකක් එකට වැඩෙනවා. එනම් සමථයත්, විදර්ශනාවත් ය. ඉතින් ඔහු යම් ධර්මයක් විශිෂ්ට වූ ඤාණයකින් පිරිසිඳ අවබෝධ කළ යුතුද, ඒ ධර්මයන් විශිෂ්ට වූ ඤාණයකින් පිරිසිඳ අවබෝධ කරගන්නවා. යම් ධර්මයක් විශිෂ්ට වූ ඤාණයකින් ප්‍රහාණය කළ යුතුද, ඒ ධර්මයන් විශිෂ්ට වූ ඤාණයෙන් ප්‍රහාණය කරනවා. යම් ධර්මයක් විශිෂ්ට වූ ඤාණයෙන් වැඩිය යුතුද, ඒ ධර්මයන් විශිෂ්ට වූ ඤාණයෙන් වඩනවා. යම් ධර්මයක් විශිෂ්ට වූ ඤාණයෙන් සාක්ෂාත් කළ යුතුද, ඒ ධර්මයන් විශිෂ්ට වූ ඤාණයෙන් සාක්ෂාත් කරනවා.

පින්වත් මහණෙනි, විශිෂ්ට වූ ඤාණයෙන් පිරිසිඳ දත යුතු ධර්මයන් මොනවාද? එයට කිව යුත්තේ පංච උපාදානස්කන්ධය කියලයි. ඒ කුමක්ද යත්; රූපූපාදානස්කන්ධයයි. වේදනූපාදානස්කන්ධයයි. සඤ්ඤූපාදානස්කන්ධයයි.

සංඛාරූපාදානස්කන්ධයයි. විඤ්ඤාණූපාදානස්කන්ධයයි. මේ ධර්මයන් තමයි විශිෂ්ට ඤාණයෙන් පිරිසිඳ දත යුත්තේ.

පින්වත් මහණෙනි, විශිෂ්ට වූ ඤාණයෙන් ප්‍රහාණය කළ යුතු ධර්මයන් මොනවාද? අවිද්‍යාවත්, භව තණ්හාවත් ය. මේ ධර්මයන් තමයි විශිෂ්ට වූ ඤාණයෙන් ප්‍රහාණය කළ යුත්තේ.

පින්වත් මහණෙනි, විශිෂ්ට වූ ඤාණයෙන් වැඩිය යුතු ධර්මයන් මොනවාද? සමථයත්, විදර්ශනාවත් ය. මේ ධර්මයන් තමයි විශිෂ්ට වූ ඤාණයෙන් වැඩිය යුත්තේ.

පින්වත් මහණෙනි, විශිෂ්ට වූ ඤාණයෙන් සාක්ෂාත් කළ යුතු ධර්මයන් මොනවාද? විද්‍යාවත්, විමුක්තියත් ය. මේ ධර්මයන් තමයි විශිෂ්ට වූ ඤාණයෙන් සාක්ෂාත් කළ යුත්තේ.

භාග්‍යවතුන් වහන්සේ මේ උතුම් දේශනය වදාළා. ඒ දේශනය ගැන ඒ භික්ෂූන් වහන්සේලා ගොඩක් සතුටු වුනා. භාග්‍යවතුන් වහන්සේ වදාළ මේ දේශනය සතුටින් පිළිගත්තා.

සාදු! සාදු!! සාදු!!!

ආයතන හය පිළිබඳව වදාළ විස්තරාත්මක දෙසුම නිමා විය.

3.5.8.
නගරවින්දෙය්‍ය සූත්‍රය
නගරවින්ද ගමේදී වදාළ දෙසුම

මා හට අසන්නට ලැබුනේ මේ විදිහටයි. එසමයෙහි භාග්‍යවතුන් වහන්සේ මහත් භික්ෂුසංඝයා සමඟ කෝසල ජනපදයෙහි චාරිකාවෙහි වඩිද්දී කොසොල් රට නගරවින්ද නම් බ්‍රාහ්මණ ගමට වැඩම කොට එහි වැඩසිටියා. එතකොට නගරවින්ද ගමෙහි බ්‍රාහ්මණ ගෘහපතිවරුන්ට මෙය අසන්නට ලැබුනා.

"ශාක්‍ය කුලයෙන් නික්ම පැවිදි වූ, ශාක්‍ය පුත්‍ර වූ, ගෞතම නම් වූ ශ්‍රමණයන් වහන්සේ නමක් කෝසල ජනපදයෙහි චාරිකාවේ වඩින අතරේ නගරවින්ද ගමට මහත් භික්ෂු පිරිසක් සමඟ වැඩම කොට ඉන්නවා. ඒ භවත් ගෞතමයන් වහන්සේ පිළිබඳව මේ ආකාර වූ ඉතා සුන්දර කීර්ති ඝෝෂාවක් දසත පැන නැගී තිබෙනවා" ඒ කියන්නේ;

'ඒ භාග්‍යවතුන් වහන්සේ මේ මේ කරුණු හේතුවෙන් අරහං වන සේක. සම්මාසම්බුද්ධ වන සේක. විජ්ජාචරණ සම්පන්න වන සේක. සුගත වන සේක. ලෝකවිදූ වන සේක. අනුත්තරෝ පුරිසදම්ම සාරථී වන සේක. සත්ථා දේවමනුස්සානං වන සේක. බුද්ධ වන සේක. භගවා වන සේක' කියලා.

ඒ වගේම උන්වහන්සේ මේ දෙවියන් සහිත, මරුන් සහිත, බඹුන් සහිත, ශ්‍රමණ බ්‍රාහ්මණයින් සහිත, දෙව් මිනිස් ප්‍රජාවෙන් යුතු ලෝකයා හට ස්වකීය වූ විශිෂ්ට ඥාණයෙන් සාක්ෂාත් කරගත් ධර්මයක් දේශනා කරනවා. උන්වහන්සේ ධර්මය දේශනා කරනවා. මුල කල්‍යාණ වූ, මැද කල්‍යාණ වූ, සමාප්තිය කල්‍යාණ වූ, අර්ථ සහිත වූ, පැහැදිලි ප්‍රකාශන මාධ්‍යයකින් හෙබියා වූ මුළුමනින්ම පිරිපුන්, පිරිසිදු නිවන් මඟ ප්‍රකාශ කරනවා. මෙබඳු වූ රහතුන්ගේ දැක්ම කොතරම් අගේද" කියා ඒ බ්‍රාහ්මණවරුන් අතර කතාබහ ඇතිවුනා.

ඉතින් නගරවින්ද ගමේ බ්‍රාහ්මණ ගෘහපතිවරුන් භාග්‍යවතුන් වහන්සේ කරා පැමිණියා. එසේ පැමිණි ඇතැම් කෙනෙක් භාග්‍යවතුන් වහන්සේට ආදරයෙන් වන්දනා කොට එකත්පස්ව වාඩිවුනා. ඇතැමෙක් භාග්‍යවතුන් වහන්සේ සමඟ සතුටු වුනා. සතුටු විය යුතු පිළිසඳර කතා බහේ යෙදී එකත්පස්ව

වාඩිවුනා. ඇතැමෙක් භාග්‍යවතුන් වහන්සේ දෙසට ඇඳිලි බැඳ වන්දනා කොට එකත්පස්ව වාඩිවුනා. ඇතැම් කෙනෙක් භාග්‍යවතුන් වහන්සේ ඉදිරියේ තම නම් ගොත් හෙළිකොට එකත්පස්ව වාඩිවුනා. ඇතැම් කෙනෙක් නිහඬවම එකත්පස්ව වාඩිවුනා. එකත්පස්ව හුන් නගරවින්දවාසී බමුණු ගෘහපතිවරුන්ට භාග්‍යවතුන් වහන්සේ මෙය වදාළා.

"පින්වත් ගෘහපතිවරුනි, ඉදින් අන්‍යාගමික තාපසවරුන් ඔබෙන් මෙහෙම ඇසුවොත්, 'එම්බා ගෘහපතිවරුනි, කෙබඳු ගතිගුණ ඇති ශ්‍රමණ බ්‍රාහ්මණයින්ටද සත්කාර නොකළ යුත්තේ? ගෞරව නොකළ යුත්තේ? බුහුමන් නොකළ යුත්තේ? නොපිදිය යුත්තේ?' කියලා. පින්වත් ගෘහපතිවරුනි, ඔය විදිහට අසන ප්‍රශ්නය උදෙසා ඒ අන්‍යාගමික තාපසවරුන්ට පිළිතුරු දිය යුත්තේ මෙහෙමයි.

යම් ශ්‍රමණ බ්‍රාහ්මණවරුන් ඇසෙන් දකින රූප කෙරෙහි රාගය දුරු කොට නැත්නම්, ද්වේෂය දුරුකොට නැත්නම්, මෝහය දුරුකොට නැත්නම්, තමා තුළ නොසන්සිඳුනු සිතින් යුතුව, කයෙන්, වචනයෙන්, මනසින් හොඳ නරක දෙකේම හැසිරෙනවා නම්, එබඳු ගතිගුණ ඇති ශ්‍රමණ බ්‍රාහ්මණවරුන්ටයි සත්කාර නොකළ යුත්තේ. ගෞරව නොකළ යුත්තේ. බුහුමන් නොකළ යුත්තේ. නොපිදිය යුත්තේ. මක් නිසාද යත්; අපි ත් ඇසෙන් දකින රූප කෙරෙහි රාගය දුරු කොට නැහැ, ද්වේෂය දුරුකොට නැහැ, මෝහය දුරුකොට නැහැ, තමා තුළ නොසන්සිඳුනු සිතින් යුතුව, කයෙන්, වචනයෙන්, මනසින් හොඳ නරක දෙකේම හැසිරෙනවා. ඉතින් අපට වඩා විශේෂ හැසිරීමක් ඔවුන් තුළ දකින්නට නැති නිසා අපගේ හැසිරීමත් එක්ක එය සමානයි. ඒ නිසයි ඒ භවත් ශ්‍රමණ බමුණන්ට සත්කාර නොකළ යුත්තේ. ගෞරව නොකළ යුත්තේ. බුහුමන් නොකළ යුත්තේ. නොපිදිය යුත්තේ.

යම් ශ්‍රමණ බ්‍රාහ්මණවරුන් කනෙන් අසන ශබ්ද කෙරෙහි ....(පෙ).... නාසයට දැනෙන ගඳ සුවඳ කෙරෙහි ....(පෙ).... දිවට දැනෙන රසය කෙරෙහි ....(පෙ).... කයට දැනෙන පහස කෙරෙහි ....(පෙ).... මනසට සිතෙන අරමුණු කෙරෙහි රාගය දුරු කොට නැත්නම්, ද්වේෂය දුරුකොට නැත්නම්, මෝහය දුරුකොට නැත්නම්, තමා තුළ නොසන්සිඳුනු සිතින් යුතුව, කයෙන්, වචනයෙන්, මනසින් හොඳ නරක දෙකේම හැසිරෙනවා නම්, එබඳු ගතිගුණ ඇති ශ්‍රමණ බ්‍රාහ්මණවරුන්ටයි සත්කාර නොකළ යුත්තේ. ගෞරව නොකළ යුත්තේ. බුහුමන් නොකළ යුත්තේ. නොපිදිය යුත්තේ. මක් නිසාද යත්; අපිත් මනසට සිතෙන අරමුණු කෙරෙහි රාගය දුරු කොට නැහැ, ද්වේෂය දුරුකොට නැහැ, මෝහය දුරුකොට නැහැ, තමා තුළ නොසන්සිඳුනු සිතින් යුතුව, කයෙන්, වචනයෙන්, මනසින් හොඳ නරක දෙකේම හැසිරෙනවා. ඉතින් අපට වඩා විශේෂ හැසිරීමක්

ඔවුන් තුළ දකින්නට නැති නිසා අපගේ හැසිරීමත් එක්ක එය සමානයි. ඒ නිසයි ඒ භවත් ශ්‍රමණ බමුණන්ට සත්කාර නොකළ යුත්තේ. ගෞරව නොකළ යුත්තේ. බුහුමන් නොකළ යුත්තේ. නොපිදිය යුත්තේ. පින්වත් ගෘහපතිවරුනි, එසේ අසන ලද ප්‍රශ්නයට ඒ අන්‍යාගමික තාපසයන් හට පිළිතුරු දිය යුත්තේ ඔය විදිහටයි.

පින්වත් ගෘහපතිවරුනි, ඉදින් අන්‍යාගමික තාපසවරුන් ඔබෙන් මෙහෙම ඇසුවොත්, 'එම්බා ගෘහපතිවරුනි, කෙබඳු ගතිගුණ ඇති ශ්‍රමණ බ්‍රාහ්මණයින්ටද සත්කාර කළ යුත්තේ? ගෞරව කළ යුත්තේ? බුහුමන් කළ යුත්තේ? පිදිය යුත්තේ?' කියලා. පින්වත් ගෘහපතිවරුනි, ඔය විදිහට අසන ප්‍රශ්නය උදෙසා ඒ අන්‍යාගමික තාපසවරුන්ට පිළිතුරු දිය යුත්තේ මෙහෙමයි.

යම් ශ්‍රමණ බ්‍රාහ්මණවරුන් ඇසෙන් දකින රූප කෙරෙහි රාගය දුරු කොට ඇත්නම්, ද්වේෂය දුරු කොට ඇත්නම්, මෝහය දුරු කොට ඇත්නම්, තමා තුළ සන්සිඳුනු සිතින් යුතුව, කයෙන්, වචනයෙන්, මනසින් යහපතෙහි හැසිරෙනවා නම්, එබඳු ගතිගුණ ඇති ශ්‍රමණ බ්‍රාහ්මණවරුන්ටයි සත්කාර කළ යුත්තේ. ගෞරව කළ යුත්තේ. බුහුමන් කළ යුත්තේ. පිදිය යුත්තේ. මක් නිසාද යත්; අපි ඇසෙන් දකින රූප කෙරෙහි රාගය දුරු කොට නැහැ, ද්වේෂය දුරුකොට නැහැ, මෝහය දුරුකොට නැහැ, තමා තුළ නොසන්සිඳුනු සිතින් යුතුව, කයෙන්, වචනයෙන්, මනසින් හොඳ නරක දෙකේම හැසිරෙනවා. ඉතින් අපට වඩා විශේෂ හැසිරීමක් ඔවුන් තුළ දකින්නට තිබෙන නිසා අපගේ හැසිරීමත් එක්ක බලද්දී එය ශ්‍රේෂ්ඨයි. ඒ නිසයි ඒ භවත් ශ්‍රමණ බමුණන්ට සත්කාර කළ යුත්තේ. ගෞරව කළ යුත්තේ. බුහුමන් කළ යුත්තේ. පිදිය යුත්තේ.

යම් ශ්‍රමණ බ්‍රාහ්මණවරුන් කනෙන් අසන ශබ්ද කෙරෙහි ....(පෙ).... නාසයට දැනෙන ගඳ සුවඳ කෙරෙහි ....(පෙ).... දිවට දැනෙන රසය කෙරෙහි ....(පෙ).... කයට දැනෙන පහස කෙරෙහි ....(පෙ).... මනසට සිතෙන අරමුණු කෙරෙහි රාගය දුරු කොට ඇත්නම්, ද්වේෂය දුරු කොට ඇත්නම්, මෝහය දුරු කොට ඇත්නම්, තමා තුළ සන්සිඳුනු සිතින් යුතුව, කයෙන්, වචනයෙන්, මනසින් යහපතෙහි හැසිරෙනවා නම්, එබඳු ගතිගුණ ඇති ශ්‍රමණ බ්‍රාහ්මණවරුන්ටයි සත්කාර කළ යුත්තේ. ගෞරව කළ යුත්තේ. බුහුමන් කළ යුත්තේ. පිදිය යුත්තේ. මක් නිසාද යත්; අපි මනසට සිතෙන අරමුණු කෙරෙහි රාගය දුරු කොට නැහැ, ද්වේෂය දුරුකොට නැහැ, මෝහය දුරුකොට නැහැ, තමා තුළ නොසන්සිඳුනු සිතින් යුතුව, කයෙන්, වචනයෙන්, මනසින් හොඳ නරක දෙකේම හැසිරෙනවා. ඉතින් අපට වඩා විශේෂ හැසිරීමක් ඔවුන් තුළ දකින්නට තිබෙන නිසා අපගේ හැසිරීමත් එක්ක බලද්දී එය ශ්‍රේෂ්ඨයි. ඒ නිසයි ඒ භවත් ශ්‍රමණ බමුණන්ට

සත්කාර කළ යුත්තේ. ගෞරව කළ යුත්තේ. බුහුමන් කළ යුත්තේ. පිදිය යුත්තේ. පින්වත් ගෘහපතිවරුනි, එසේ අසන ලද ප්‍රශ්නයට ඒ අන්‍යාගමික තාපසයන් හට පිළිතුරු දිය යුත්තේ ඔය විදිහටයි.

ඉදින් පින්වත් ගෘහපතිවරුනි, අන්‍යාගමික තාපසවරුන් ඔබෙන් මේ විදිහටත් අසන්නට පුළුවනි. හොඳයි ආයුෂ්මතුනි, යම් හෙයකින් ඔබ ඒ ආයුෂ්මතුන් වහන්සේලා ගැන මෙහෙම කියනවා නෙව. 'ඒකාන්තයෙන්ම ඒ ආයුෂ්මතුන් වහන්සේලා වීතරාගීවයි ඉන්නේ. එහෙම නැත්නම් රාගය දුරුකිරීම පිණිස පිළිපන්නාය කියලා. වීතදෝෂීවයි ඉන්නේ. එහෙම නැත්නම් ද්වේෂය දුරුකිරීම පිණිස පිළිපන්නාය කියලා. වීතමෝහීව යි ඉන්නේ. එහෙම නැත්නම් මෝහය දුරුකිරීම පිණිස පිළිපන්නාය කියලා' කියනවා නෙව. ඉතින් ඒ ආයුෂ්මතුන්ලාගේ ස්වභාවය මොකක්ද? වැඩපිළිවෙල මොකක්ද?

පින්වත් ගෘහපතිවරුනි, ඔය විදිහට ඇසුවොත් ඒ අන්‍යාගමික තාපසවරුන්ට පිළිතුරු දියයුත්තේ මෙහෙමයි. 'ඒක ඇත්ත. ඒ ආයුෂ්මතුන් වහන්සේලා අරණ්‍යවල, ඈත වනසෙනසුන්වල, හුදෙකලා සේනාසනවල තමයි වාසය කරන්නේ. යම්බඳු රූපයක් දැක දැක සිත ඇලී වාසය කරනවා නම්, ඇසින් දැක්ක යුතු එබඳු රූප ඒ වනයේ නැහැ. යම් බඳු ශබ්දයක් අස අසා සිත ඇලී වාසය කරනවා නම්, කනෙන් ඇසිය යුතු එබඳු ශබ්ද ඒ වනයේ නැහැ. යම් බඳු ගඳ සුවඳක් දැන දැන සිත ඇලී වාසය කරනවා නම්, නාසයෙන් දත යුතු එබඳු ගඳසුවඳ ඒ වනයේ නැහැ. යම් බඳු රසයක් විඳ විඳ සිත ඇලී වාසය කරනවා නම්, දිවෙන් වින්ඳ යුතු එබඳු රස ඒ වනයේ නැහැ. යම් බඳු පහසක් දැන දැන සිත ඇලී වාසය කරනවා නම්, කයෙන් දත යුතු එබඳු පහස ඒ වනයේ නැහැ. ආයුෂ්මතුනි, අපි යම් හෙයකින් මේ විදිහට කියනවා නම්, 'ඒකාන්තයෙන්ම ඒ ආයුෂ්මතුන් වහන්සේලා වීතරාගීවයි ඉන්නේ. එහෙම නැත්නම් රාගය දුරුකිරීම පිණිස පිළිපන්නාය කියලා. වීතදෝෂීවයි ඉන්නේ. එහෙම නැත්නම් ද්වේෂය දුරුකිරීම පිණිස පිළිපන්නාය කියලා. වීතමෝහීවයි ඉන්නේ. එහෙම නැත්නම් මෝහය දුරුකිරීම පිණිස පිළිපන්නාය' කියලා මේක තමයි ඒ ආකාරය. මේක තමයි ඒ වැඩපිළිවෙල. පින්වත් ගෘහපතිවරුනි, එසේ විමසුවොත් ඒ අන්‍යාගමික තාපසවරුන්ට උත්තර දෙන්නට තියෙන්නේ ඔය විදිහටයි.

මෙසේ වදාළ විට නගරවින්දවාසී බ්‍රාහ්මණ ගෘහපතිවරු භාග්‍යවතුන් වහන්සේට මෙසේ කියා සිටියා. "පින්වත් ගෞතමයන් වහන්ස, හරිම සුන්දරයි! පින්වත් ගෞතමයන් වහන්ස, හරිම සුන්දරයි! පින්වත් ගෞතමයන් වහන්ස, මේ ගැන අපට මේ විදිහටයි හිතෙන්නෙ.

යටිකුරු වෙච්ච දෙයක් උඩට හැරෙව්වා වගෙයි. සැඟවෙච්ච දෙයක් විවෘත කළා වගෙයි. මං මුළා වූ කෙනෙකුට මාර්ගය පෙන්වුවා වගෙයි. අඳුරේ සිටින උදවියට රූප දකින්ට තෙල් පහන් දැල්වූවා වගෙයි. ඔන්න ඔය විදිහටයි පින්වත් ගෞතමයන් වහන්සේ විසින් නොයෙක් ආකාරයෙන් ශ්‍රී සද්ධර්මය වදාළේ. ඉතින් අපිත් පින්වත් ගෞතමයන් වහන්සේව සරණ යනවා. ශ්‍රී සද්ධර්මයත් සරණ යනවා. ශ්‍රාවක සඟරුවනත් සරණ යනවා. භාග්‍යවතුන් වහන්සේ අද පටන් දිවි ඇති තුරාවට තෙරුවන් සරණ ගිය උපාසකවරු වශයෙන් අපව පිළිගන්නා සේක්වා!"

සාදු! සාදු!! සාදු!!!

නගරවින්ද ගමේදී වදාළ දෙසුම නිමා විය.

3.5.9.
පිණ්ඩපාතපාරිසුද්ධි සූත්‍රය
පිණ්ඩපාතය පිරිසිදු බවට පත් කිරීම ගැන වදාළ දෙසුම

මා හට අසන්නට ලැබුනේ මේ විදිහටයි. එසමයෙහි භාග්‍යවතුන් වහන්සේ වැඩසිටියේ රජගහනුවර කලන්දකනිවාප නම් වූ වේළුවනයේ. එදා ආයුෂ්මත් සාරිපුත්තයන් වහන්සේ සවස් වරුවෙහි භාවනාවෙන් නැගිට භාග්‍යවතුන් වහන්සේ වෙත පැමිණියා. පැමිණ භාග්‍යවතුන් වහන්සේට ආදරයෙන් වන්දනා කොට එකත්පස්ව සිටගත්තා. එකත්පස්ව සිටි ආයුෂ්මත් සාරිපුත්තයන් වහන්සේට භාග්‍යවතුන් වහන්සේ මෙය වදාළා.

"පින්වත් සාරිපුත්ත, ඔබේ ඉඳුරන් හරිම පැහැපත්. පිරිසිඳුයි. සමේ වර්ණය බබලනවා. පින්වත් සාරිපුත්ත, ඔබ මේ කාලයේ බහුල වශයෙන් වාසය කළේ කවර භාවනාවකින්ද?"

"ස්වාමීනී, මේ කාලයේ මං ශූන්‍යතා භාවනාවෙන් තමයි බහුලව වාසය කරන්නේ."

"සාදු! සාදු! සාරිපුත්ත. එහෙම නම් ඔබ මේ කාලයෙහි මහා පුරුෂ විහරණයකින් නෙව බහුලව වාසය කරන්නේ. පින්වත් සාරිපුත්ත, යම් ශූන්‍යතා සමාපත්තියක් ඇද්ද, ඕක මහා පුරුෂ විහරණයක්. එම නිසා පින්වත් සාරිපුත්ත, භික්ෂුව, ඉදින් ශූන්‍යතා සමාපත්ති විහරණයෙන් මේ කාලයේ බහුලව වාසය කරනවා කියා කැමති වෙනවා නම්, පින්වත් සාරිපුත්ත, ඒ භික්ෂුව විසින් නුවණින් මෙනෙහි කළ යුත්තේ මෙහෙමයි.

'මං යම් මාර්ගයකින් ගමට පිණ්ඩපාතේ වැඩියාද, යම් ප්‍රදේශයක පිඬු පිණිස හැසිරුණාද, යම් මාර්ගයකින් පිණ්ඩපාතය කරගෙන ආපසු පැමිණුනාද, ඒ කාලය තුළ ඇසෙන් දකපු රූපයන් පිළිබඳව මා තුළ කැමැත්තක් හෝ රාගයක් හෝ ද්වේෂයක් හෝ මෝහයක් හෝ සිතෙහි ගැටීමක් හෝ ඇතිවුනාවත්ද?' කියලා.

ඉදින් පින්වත් සාරිපුත්ත, භික්ෂුව නුවණින් ප්‍රත්‍යවෙක්ෂා කරද්දී මේ විදිහට දැනගන්නවා නම්, 'මං යම් මාර්ගයකින් ගමට පිණ්ඩපාතේ වැඩියාද,

යම් ප්‍රදේශයක පිඬු පිණිස හැසිරුනාද, යම් මාර්ගයකින් පිණ්ඩපාතය කරගෙන ආපසු පැමිණුනාද, ඒ කාලය තුළ ඇසෙන් දැකපු රූපයන් පිළිබඳව මා තුළ කැමැත්තක් හෝ රාගයක් හෝ ද්වේෂයක් හෝ මෝහයක් හෝ සිතෙහි ගැටීමක් හෝ ඇතිවෙලා තියෙනවා' කියලා එතකොට පින්වත් සාරිපුත්ත, ඒ භික්ෂුව විසින් ඒ පාපී අකුසල ධර්මයන්ගේ ප්‍රහාණය පිණිස වීරිය කළ යුතුයි.

ඉදින් පින්වත් සාරිපුත්ත, භික්ෂුව නුවණින් ප්‍රත්‍යවෙක්ෂා කරද්දී මේ විදිහට දැනගන්නවා නම්, 'මං යම් මාර්ගයකින් ගමට පිණ්ඩපාතේ වැඩියාද, යම් ප්‍රදේශයක පිඬු පිණිස හැසිරුනාද, යම් මාර්ගයකින් පිණ්ඩපාතය කරගෙන ආපසු පැමිණුනාද, ඒ කාලය තුළ ඇසෙන් දැකපු රූපයන් පිළිබඳව මා තුළ කැමැත්තක් හෝ රාගයක් හෝ ද්වේෂයක් හෝ මෝහයක් හෝ සිතෙහි ගැටීමක් හෝ ඇතිවෙලා නැහැ' කියලා. එතකොට පින්වත් සාරිපුත්ත, ඒ භික්ෂුව විසින් ඒ ප්‍රීති ප්‍රමුදිත බවෙන් යුක්තව, රෑ දවල් දෙකෙහි කුසල ධර්මයන් තුළ හික්මෙමින් වාසය කළ යුතුයි.

ඉදින් පින්වත් සාරිපුත්ත, නැවත අනෙකක් කියමි. භික්ෂුව විසින් මේ විදිහට නුවණින් විමසා බැලිය යුතුයි 'මං යම් මාර්ගයකින් ගමට පිණ්ඩපාතේ වැඩියාද, යම් ප්‍රදේශයක පිඬු පිණිස හැසිරුනාද, යම් මාර්ගයකින් පිණ්ඩපාතය කරගෙන ආපසු පැමිණුනාද, ඒ කාලය තුළ කනින් ඇසූ ශබ්දයන් ....(පෙ).... නාසයට දැනුන ගඳ සුවඳ ....(පෙ).... දිවට දැනුන රස ....(පෙ).... කයට දැනුනු පහස ....(පෙ).... මනසට සිතුනු අරමුණු පිළිබඳව මා තුළ කැමැත්තක් හෝ රාගයක් හෝ ද්වේෂයක් හෝ මෝහයක් හෝ සිතෙහි ගැටීමක් හෝ ඇතිවුනාවත්ද?' කියලා.

ඉදින් පින්වත් සාරිපුත්ත, භික්ෂුව නුවණින් ප්‍රත්‍යවෙක්ෂා කරද්දී මේ විදිහට දැනගන්නවා නම්, 'මං යම් මාර්ගයකින් ගමට පිණ්ඩපාතේ වැඩියාද, යම් ප්‍රදේශයක පිඬු පිණිස හැසිරුනාද, යම් මාර්ගයකින් පිණ්ඩපාතය කරගෙන ආපසු පැමිණුනාද, ඒ කාලය තුළ මනසින් දැනගත් අරමුණු පිළිබඳව මා තුළ කැමැත්තක් හෝ රාගයක් හෝ ද්වේෂයක් හෝ මෝහයක් හෝ සිතෙහි ගැටීමක් හෝ ඇතිවෙලා තියෙනවා' කියලා එතකොට පින්වත් සාරිපුත්ත, ඒ භික්ෂුව විසින් ඒ පාපී අකුසල ධර්මයන්ගේ ප්‍රහාණය පිණිස වීරිය කළ යුතුයි.

ඉදින් පින්වත් සාරිපුත්ත, භික්ෂුව නුවණින් ප්‍රත්‍යවෙක්ෂා කරද්දී මේ විදිහට දැනගන්නවා නම්, 'මං යම් මාර්ගයකින් ගමට පිණ්ඩපාතේ වැඩියාද, යම් ප්‍රදේශයක පිඬු පිණිස හැසිරුනාද, යම් මාර්ගයකින් පිණ්ඩපාතය කරගෙන ආපසු පැමිණුනාද, ඒ කාලය තුළ මනසින් දැනගත් අරමුණු පිළිබඳව මා තුළ කැමැත්තක් හෝ රාගයක් හෝ ද්වේෂයක් හෝ මෝහයක් හෝ සිතෙහි ගැටීමක්

හෝ ඇතිවෙලා නැහැ' කියලා. එතකොට පින්වත් සාරිපුත්ත, ඒ භික්ෂුව විසින් ඒ ප්‍රීති ප්‍රමුදිත බවෙන් යුක්තව, රෑ දවල් දෙකෙහි කුසල ධර්මයන් තුළ හික්මෙමින් වාසය කළ යුතුයි.

පින්වත් සාරිපුත්ත, නැවත අනෙකක් කියමි. භික්ෂුව විසින් මේ විදිහටත් නුවණින් විමසිය යුතුයි. 'පංච කාම ගුණයන් මා තුළ ප්‍රහාණය වෙලාද තියෙන්නේ?' කියලා. ඉදින් පින්වත් සාරිපුත්ත, නුවණින් ප්‍රත්‍යවෙක්ෂා කරද්දී භික්ෂුව මෙහෙම දැනගන්නවා නම්, 'මා තුළ පංච කාම ගුණ ප්‍රහීණ වෙලා නෑ' කියලා, එතකොට පින්වත් සාරිපුත්ත, ඒ භික්ෂුව විසින් පංච කාම ගුණයන්ගේ ප්‍රහාණය පිණිස වීරිය කළ යුතුයි.' ඉදින් පින්වත් සාරිපුත්ත, භික්ෂුව නුවණින් ප්‍රත්‍යවෙක්ෂා කරද්දී මෙහෙම දැනගන්නවා නම්, 'මා තුළ පංච කාම ගුණ ප්‍රහීන වෙලා තියෙන්නේ කියලා' එතකොට පින්වත් සාරිපුත්ත, ඒ භික්ෂුව විසින් ඒ ප්‍රීති ප්‍රමුදිත බවෙන් යුක්තව, රෑ දවල් දෙකෙහි කුසල ධර්මයන් තුළ හික්මෙමින් වාසය කළ යුතුයි.

පින්වත් සාරිපුත්ත, නැවත අනෙකක් කියමි. භික්ෂුව විසින් මේ විදිහටත් නුවණින් විමසිය යුතුයි. 'පංච නීවරණ මා තුළ ප්‍රහාණය වෙලාද තියෙන්නේ?' කියලා. ඉදින් පින්වත් සාරිපුත්ත, නුවණින් ප්‍රත්‍යවෙක්ෂා කරද්දී භික්ෂුව මෙහෙම දැනගන්නවා නම්, 'මා තුළ පංච නීවරණ ප්‍රහීණ වෙලා නෑ' කියලා, එතකොට පින්වත් සාරිපුත්ත, ඒ භික්ෂුව විසින් පංච නීවරණයන්ගේ ප්‍රහාණය පිණිස වීරිය කළ යුතුයි.' ඉදින් පින්වත් සාරිපුත්ත, භික්ෂුව නුවණින් ප්‍රත්‍යවෙක්ෂා කරද්දී මෙහෙම දැනගන්නවා නම්, 'මා තුළ පංච නීවරණ ප්‍රහීන වෙලා තියෙන්නේ කියලා' එතකොට පින්වත් සාරිපුත්ත, ඒ භික්ෂුව විසින් ඒ ප්‍රීති ප්‍රමුදිත බවෙන් යුක්තව, රෑ දවල් දෙකෙහි කුසල ධර්මයන් තුළ හික්මෙමින් වාසය කළ යුතුයි.

පින්වත් සාරිපුත්ත, නැවත අනෙකක් කියමි. භික්ෂුව විසින් මේ විදිහටත් නුවණින් විමසිය යුතුයි. 'පංච උපාදානස්කන්ධයන් මා විසින් පිරිසිඳ අවබෝධ කරලාද තියෙන්නේ?' කියලා. ඉදින් පින්වත් සාරිපුත්ත, නුවණින් ප්‍රත්‍යවෙක්ෂා කරද්දී භික්ෂුව මෙහෙම දැනගන්නවා නම්, 'මා විසින් පංච උපාදානස්කන්ධයන් පිරිසිඳ අවබෝධ කරලා නෑ' කියලා, එතකොට පින්වත් සාරිපුත්ත, ඒ භික්ෂුව විසින් පංච උපාදානස්කන්ධයන් පිරිසිඳ අවබෝධය පිණිස වීරිය කළ යුතුයි.' ඉදින් පින්වත් සාරිපුත්ත, භික්ෂුව නුවණින් ප්‍රත්‍යවෙක්ෂා කරද්දී මෙහෙම දැනගන්නවා නම්, 'මා විසින් පංච උපාදානස්කන්ධයන් පිරිසිඳ අවබෝධ කරලයි තියෙන්නේ කියලා' එතකොට පින්වත් සාරිපුත්ත, ඒ භික්ෂුව විසින් ඒ ප්‍රීති ප්‍රමුදිත බවෙන් යුක්තව, රෑ දවල් දෙකෙහි කුසල ධර්මයන් තුළ හික්මෙමින් වාසය කළ යුතුයි.

පින්වත් සාරිපුත්ත, නැවත අනෙකක් කියමි. භික්ෂුව විසින් මේ විදිහටත් නුවණින් විමසිය යුතුයි. 'මා විසින් සතර සතිට්ඨානයන් වඩලද තියෙන්නේ?' කියලා. ඉදින් පින්වත් සාරිපුත්ත, නුවණින් ප්‍රත්‍යවෙක්ෂා කරද්දී භික්ෂුව මෙහෙම දැනගන්නවා නම්, 'මා විසින් සතර සතිපට්ඨානයන් වඩලා නෑ' කියලා, එතකොට පින්වත් සාරිපුත්ත, ඒ භික්ෂුව විසින් සතර සතිපට්ඨානයන් වැඩීම පිණිස වීරිය කළ යුතුයි.' ඉදින් පින්වත් සාරිපුත්ත, භික්ෂුව නුවණින් ප්‍රත්‍යවෙක්ෂා කරද්දී මෙහෙම දැනගන්නවා නම්, 'මා විසින් සතර සතිපට්ඨානයන් වඩලා තියෙන්නේ කියලා' එතකොට පින්වත් සාරිපුත්ත, ඒ භික්ෂුව විසින් ඒ ප්‍රීති ප්‍රමුදිත බවෙන් යුක්තව, රෑ දවල් දෙකෙහි කුසල ධර්මයන් තුළ හික්මෙමින් වාසය කළ යුතුයි.

පින්වත් සාරිපුත්ත, නැවත අනෙකක් කියමි. භික්ෂුව විසින් මේ විදිහටත් නුවණින් විමසිය යුතුයි. 'මා විසින් සතර සම්‍යක් ප්‍රධාන වීරිය වඩලාද තියෙන්නේ?' කියලා. ඉදින් පින්වත් සාරිපුත්ත, නුවණින් ප්‍රත්‍යවෙක්ෂා කරද්දී භික්ෂුව මෙහෙම දැනගන්නවා නම්, 'මා විසින් සතර සම්‍යක් ප්‍රධාන වීරිය වඩලා නෑ' කියලා, එතකොට පින්වත් සාරිපුත්ත, ඒ භික්ෂුව විසින් සතර සම්‍යක් ප්‍රධාන වීරිය වැඩීම පිණිස වීරිය කළ යුතුයි.' ඉදින් පින්වත් සාරිපුත්ත, භික්ෂුව නුවණින් ප්‍රත්‍යවෙක්ෂා කරද්දී මෙහෙම දැනගන්නවා නම්, 'මා විසින් සතර සම්‍යක් ප්‍රධාන වීරිය වඩලා තියෙන්නේ කියලා' එතකොට පින්වත් සාරිපුත්ත, ඒ භික්ෂුව විසින් ඒ ප්‍රීති ප්‍රමුදිත බවෙන් යුක්තව, රෑ දවල් දෙකෙහි කුසල ධර්මයන් තුළ හික්මෙමින් වාසය කළ යුතුයි.

පින්වත් සාරිපුත්ත, නැවත අනෙකක් කියමි. භික්ෂුව විසින් මේ විදිහටත් නුවණින් විමසිය යුතුයි. 'මා විසින් සතර ඉර්ධිපාද වඩලාද තියෙන්නේ?' කියලා. ඉදින් පින්වත් සාරිපුත්ත, නුවණින් ප්‍රත්‍යවෙක්ෂා කරද්දී භික්ෂුව මෙහෙම දැනගන්නවා නම්, 'මා විසින් සතර ඉර්ධිපාද වඩලා නෑ' කියලා, එතකොට පින්වත් සාරිපුත්ත, ඒ භික්ෂුව විසින් සතර ඉර්ධිපාද වැඩීම පිණිස වීරිය කළ යුතුයි.' ඉදින් පින්වත් සාරිපුත්ත, භික්ෂුව නුවණින් ප්‍රත්‍යවෙක්ෂා කරද්දී මෙහෙම දැනගන්නවා නම්, 'මා විසින් සතර ඉර්ධිපාද වඩලා තියෙන්නේ කියලා' එතකොට පින්වත් සාරිපුත්ත, ඒ භික්ෂුව විසින් ඒ ප්‍රීති ප්‍රමුදිත බවෙන් යුක්තව, රෑ දවල් දෙකෙහි කුසල ධර්මයන් තුළ හික්මෙමින් වාසය කළ යුතුයි.

පින්වත් සාරිපුත්ත, නැවත අනෙකක් කියමි. භික්ෂුව විසින් මේ විදිහටත් නුවණින් විමසිය යුතුයි. 'මා විසින් පංච ඉන්ද්‍රිය ධර්මයන් වඩලාද තියෙන්නේ?' කියලා. ඉදින් පින්වත් සාරිපුත්ත, නුවණින් ප්‍රත්‍යවෙක්ෂා කරද්දී භික්ෂුව මෙහෙම දැනගන්නවා නම්, 'මා විසින් පංච ඉන්ද්‍රිය ධර්මයන් වඩලා නෑ' කියලා, එතකොට පින්වත් සාරිපුත්ත, ඒ භික්ෂුව විසින් පංච ඉන්ද්‍රිය ධර්මයන් වැඩීම පිණිස වීරිය

කළ යුතුයි.' ඉදින් පින්වත් සාරිපුත්ත, භික්ෂුව නුවණින් ප්‍රත්‍යවෙක්ෂා කරද්දී මෙහෙම දැනගන්නවා නම්, 'මා විසින් පංච ඉන්ද්‍රිය ධර්මයන් වඩලා තියෙන්නේ කියලා' එතකොට පින්වත් සාරිපුත්ත, ඒ භික්ෂුව විසින් ඒ ප්‍රීති ප්‍රමුදිත බවෙන් යුක්තව, රෑ දවල් දෙකෙහි කුසල ධර්මයන් තුළ හික්මෙමින් වාසය කළ යුතුයි.

පින්වත් සාරිපුත්ත, නැවත අනෙකක් කියමි. භික්ෂුව විසින් මේ විදිහටත් නුවණින් විමසිය යුතුයි. 'මා විසින් පංච බල ධර්මයන් වඩලාද තියෙන්නේ?' කියලා. ඉදින් පින්වත් සාරිපුත්ත, නුවණින් ප්‍රත්‍යවෙක්ෂා කරද්දී භික්ෂුව මෙහෙම දැනගන්නවා නම්, 'මා විසින් පංච බල ධර්මයන් වඩලා නෑ' කියලා, එතකොට පින්වත් සාරිපුත්ත, ඒ භික්ෂුව විසින් පංච බල ධර්මයන් වැඩීම පිණිස වීරිය කළ යුතුයි.' ඉදින් පින්වත් සාරිපුත්ත, භික්ෂුව නුවණින් ප්‍රත්‍යවෙක්ෂා කරද්දී මෙහෙම දැනගන්නවා නම්, 'මා විසින් පංච බල ධර්මයන් වඩලා තියෙන්නේ කියලා' එතකොට පින්වත් සාරිපුත්ත, ඒ භික්ෂුව විසින් ඒ ප්‍රීති ප්‍රමුදිත බවෙන් යුක්තව, රෑ දවල් දෙකෙහි කුසල ධර්මයන් තුළ හික්මෙමින් වාසය කළ යුතුයි.

පින්වත් සාරිපුත්ත, නැවත අනෙකක් කියමි. භික්ෂුව විසින් මේ විදිහටත් නුවණින් විමසිය යුතුයි. 'මා විසින් සප්ත බොජ්ඣංග ධර්මයන් වඩලාද තියෙන්නේ?' කියලා. ඉදින් පින්වත් සාරිපුත්ත, නුවණින් ප්‍රත්‍යවෙක්ෂා කරද්දී භික්ෂුව මෙහෙම දැනගන්නවා නම්, 'මා විසින් සප්ත බොජ්ඣංග ධර්මයන් වඩලා නෑ' කියලා, එතකොට පින්වත් සාරිපුත්ත, ඒ භික්ෂුව විසින් සප්ත බොජ්ඣංග ධර්මයන් වැඩීම පිණිස වීරිය කළ යුතුයි.' ඉදින් පින්වත් සාරිපුත්ත, භික්ෂුව නුවණින් ප්‍රත්‍යවෙක්ෂා කරද්දී මෙහෙම දැනගන්නවා නම්, 'මා විසින් සප්ත බොජ්ඣංග ධර්මයන් වඩලා තියෙන්නේ කියලා' එතකොට පින්වත් සාරිපුත්ත, ඒ භික්ෂුව විසින් ඒ ප්‍රීති ප්‍රමුදිත බවෙන් යුක්තව, රෑ දවල් දෙකෙහි කුසල ධර්මයන් තුළ හික්මෙමින් වාසය කළ යුතුයි.

පින්වත් සාරිපුත්ත, නැවත අනෙකක් කියමි. භික්ෂුව විසින් මේ විදිහටත් නුවණින් විමසිය යුතුයි. 'මා විසින් ආර්ය අෂ්ටාංගික මාර්ගය වඩලා ද තියෙන්නේ?' කියලා. ඉදින් පින්වත් සාරිපුත්ත, නුවණින් ප්‍රත්‍යවෙක්ෂා කරද්දී භික්ෂුව මෙහෙම දැනගන්නවා නම්, 'මා විසින් ආර්ය අෂ්ටාංගික මාර්ගය වඩලා නෑ' කියලා, එතකොට පින්වත් සාරිපුත්ත, ඒ භික්ෂුව විසින් ආර්ය අෂ්ටාංගික මාර්ගය වැඩීම පිණිස වීරිය කළ යුතුයි.' ඉදින් පින්වත් සාරිපුත්ත, භික්ෂුව නුවණින් ප්‍රත්‍යවෙක්ෂා කරද්දී මෙහෙම දැනගන්නවා නම්, 'මා විසින් ආර්ය අෂ්ටාංගික මාර්ගය වඩලා තියෙන්නේ කියලා' එතකොට පින්වත් සාරිපුත්ත, ඒ භික්ෂුව විසින් ඒ ප්‍රීති ප්‍රමුදිත බවෙන් යුක්තව, රෑ දවල් දෙකෙහි කුසල ධර්මයන් තුළ හික්මෙමින් වාසය කළ යුතුයි.

පින්වත් සාරිපුත්ත, නැවත අනෙකක් කියමි. භික්ෂුව විසින් මේ විදිහටත් නුවණින් විමසිය යුතුයි. 'මා විසින් සමථ විදර්ශනා ධර්මයන් වඩලද තියෙන්නේ?' කියලා. ඉදින් පින්වත් සාරිපුත්ත, නුවණින් ප්‍රත්‍යවෙක්ෂා කරද්දී භික්ෂුව මෙහෙම දැනගන්නවා නම්, 'මා විසින් සමථ විදර්ශනා ධර්මයන් වඩලා නෑ' කියලා, එතකොට පින්වත් සාරිපුත්ත, ඒ භික්ෂුව විසින් සමථ විදර්ශනා ධර්මයන් වැඩීම පිණිස වීරිය කළ යුතුයි.' ඉදින් පින්වත් සාරිපුත්ත, භික්ෂුව නුවණින් ප්‍රත්‍යවෙක්ෂා කරද්දී මෙහෙම දැනගන්නවා නම්, 'මා විසින් සමථ විදර්ශනා ධර්මයන් වඩලා තියෙන්නේ කියලා' එතකොට පින්වත් සාරිපුත්ත, ඒ භික්ෂුව විසින් ඒ ප්‍රීති ප්‍රමුදිත බවෙන් යුක්තව, රෑ දවල් දෙකෙහි කුසල ධර්මයන් තුළ හික්මෙමින් වාසය කළ යුතුයි.

පින්වත් සාරිපුත්ත, නැවත අනෙකක් කියමි. භික්ෂුව විසින් මේ විදිහටත් නුවණින් විමසිය යුතුයි. 'මා විසින් විද්‍යාවත් විමුක්තියත් සාක්ෂාත් කරලාද තියෙන්නේ?' කියලා. ඉදින් පින්වත් සාරිපුත්ත, නුවණින් ප්‍රත්‍යවෙක්ෂා කරද්දී භික්ෂුව මෙහෙම දැනගන්නවා නම්, 'මා විසින් විද්‍යාවත් විමුක්තියත් සාක්ෂාත් කරලා නෑ' කියලා, එතකොට පින්වත් සාරිපුත්ත, ඒ භික්ෂුව විසින් විද්‍යාවත් විමුක්තියත් සාක්ෂාත් කිරීම පිණිස වීරිය කළ යුතුයි.' ඉදින් පින්වත් සාරිපුත්ත, භික්ෂුව නුවණින් ප්‍රත්‍යවෙක්ෂා කරද්දී මෙහෙම දැනගන්නවා නම්, 'මා විද්‍යාවත් විමුක්තියත් සාක්ෂාත් කරලා තියෙන්නේ කියලා' එතකොට පින්වත් සාරිපුත්ත, ඒ භික්ෂුව විසින් ඒ ප්‍රීති ප්‍රමුදිත බවෙන් යුක්තව, රෑ දවල් දෙකෙහි කුසල ධර්මයන් තුළ හික්මෙමින් වාසය කළ යුතුයි.

පින්වත් සාරිපුත්ත, අතීතයෙහි සිටි යම්කිසි ශ්‍රමණයන් වේවා, බ්‍රාහ්මණයන් වේවා පිණ්ඩපාතය පිරිසිදු බවට පත්කළා නම් ඒ සියල්ලෝම ඔය අයුරින් නුවණින් ප්‍රත්‍යවෙක්ෂා කර කර තමයි පිණ්ඩපාතය පිරිසිදු බවට පත් කළේ. පින්වත් සාරිපුත්ත, අනාගතයෙහි පහළ වන යම්කිසි ශ්‍රමණයන් වේවා, බ්‍රාහ්මණයන් වේවා පිණ්ඩපාතය පිරිසිදු බවට පත්කරනවා නම් ඒ සියල්ලෝම ඔය අයුරින් නුවණින් ප්‍රත්‍යවෙක්ෂා කර කර තමයි පිණ්ඩපාතය පිරිසිදු බවට පත් කරන්නේ. පින්වත් සාරිපුත්ත, වර්තමානයෙහි සිටින යම්කිසි ශ්‍රමණයන් වේවා, බ්‍රාහ්මණයන් වේවා පිණ්ඩපාතය පිරිසිදු බවට පත්කරනවා නම් ඒ සියල්ලෝම ඔය අයුරින් නුවණින් ප්‍රත්‍යවෙක්ෂා කර කර තමයි පිණ්ඩපාතය පිරිසිදු බවට පත් කරන්නේ.

එහෙයින් පින්වත් සාරිපුත්ත, ඔබ විසින් හික්මිය යුත්තේ මේ විදිහටයි. 'නුවණින් ප්‍රත්‍යවෙක්ෂා කර කර අපිත් පිණ්ඩපාතය පිරිසිදු කරන්නට ඕන' කියලා. පින්වත් සාරිපුත්ත, ඔබ හික්මිය යුත්තේ ඔය ආකාරයටයි.

භාග්‍යවතුන් වහන්සේ මේ උතුම් දේශනය වදාළා. ඒ දේශනය ගැන ආයුෂ්මත් සාරිපුත්තයන් වහන්සේ ගොඩක් සතුටු වුනා. භාග්‍යවතුන් වහන්සේ වදාළ මේ දේශනය සතුටින් පිළිගත්තා.

සාදු! සාදු!! සාදු!!!

පිණ්ඩපාතය පිරිසිදු බවට පත් කිරීම ගැන වදාළ දෙසුම නිමා විය.

3.5.10.
ඉන්ද්‍රියභාවනා සූත්‍රය
ඉන්ද්‍රිය භාවනාව ගැන වදාළ දෙසුම

මා හට අසන්නට ලැබුනේ මේ විදිහටයි. එසමයෙහි භාග්‍යවතුන් වහන්සේ වැඩසිටියේ කජංගලා නම් නියම් ගමෙහි මුබේලු වනයෙහි ය. එදා පාරාසරිය බ්‍රාහ්මණයාගේ ගෝලයෙකු වන උත්තර මාණවකයා භාග්‍යවතුන් වහන්සේ වෙත පැමිණියා. පැමිණ භාග්‍යවතුන් වහන්සේ සමඟ සතුටු වුනා. සතුටුවිය යුතු පිළිසඳර කතාබහේ යෙදී එකත්පස්ව හිඳගත්තා. එකත්පස්ව හුන් පාරාසරිය අතවැසි උත්තර මාණවකයා හට භාග්‍යවතුන් වහන්සේ මෙය වදාළා.

"පින්වත් උත්තරය, පාරාසරිය බ්‍රාහ්මණයා, ශ්‍රාවකයන්ට ඉන්ද්‍රිය භාවනාව කියා දෙනවාද?" "භවත් ගෞතමය, පාරාසරිය බ්‍රාහ්මණයා, ශ්‍රාවකයන්ට ඉන්ද්‍රිය භාවනාව කියා දෙනවා."

"පින්වත් උත්තරය, පාරාසරිය බ්‍රාහ්මණයා, ශ්‍රාවකයන්ට ඉන්ද්‍රිය භාවනාව කියා දෙන්නේ කොහොමද?" "භවත් ගෞතමයන් වහන්ස, මෙහිලා ඇසින් රූපයක් දකින්නේ නැත්නම්, කනෙන් ශබ්දයක් අසන්නේ නැත්නම්, භවත් ගෞතමයන් වහන්ස, ඔන්න ඔය විදිහටයි පාරාසරිය බ්‍රාහ්මණයා, ශ්‍රාවකයන්ට ඉන්ද්‍රිය භාවනාව කියා දෙන්නේ."

"පින්වත් උත්තරය, ඒක එහෙම නම්, පාරාසරිය බ්‍රාහ්මණයාගේ වචනයේ හැටියට, අන්ධ කෙනා ඉන්ද්‍රියයන් වඩලයි ඉන්නේ. ඒ වගේම බිහිරි තැනැත්තාත් ඉන්ද්‍රියයන් වඩලයි ඉන්නේ. පින්වත් උත්තරය, අන්ධ කෙනා ඇසින් රූපයක් දකින්නේ නැහැ නෙව. බිහිරි කෙනා කනෙන් ශබ්දයක් අසන්නේ නැහැ නෙව."

මෙසේ වදාළ විට පාරාසරිය අතවැසි උත්තර මාණවකයා නිශ්ශබ්ද වුනා. හැකිළුනා. ඇඟ පහළට හරවා ගත්තා. මුහුණ යටට හරවා ගත්තා. වැටහීම් රහිත වූ සිතුවිල්ලෙන් හිටියා.

එවිට භාග්‍යවතුන් වහන්සේ නිශ්ශබ්දව සිටින, හැකිලී ගිය, ඇඟ පහළට හරවා ගත්, මුහුණ යටට හරවා ගත්, වැටහීම් රහිත සිතුවිල්ලෙන් සිටින ඒ

පාරාසරිය අතවැසි උත්තර මාණවකයා දෙස බලා ආයුෂ්මත් ආනන්දයන් වහන්සේ අමතා වදාළා.

"පින්වත් ආනන්ද, පාරාසරිය බ්‍රාහ්මණයා ශ්‍රාවකයින්ට ඉන්ද්‍රිය භාවනාව කියා දෙන්නේ වෙනත් විදිහකටයි. ඒ වගේම පින්වත් ආනන්ද, මේ බුද්ධ ශාසනයෙහි අනුත්තර වූ ඉන්ද්‍රිය භාවනාව තියෙන්නේ වෙනත් විදිහකටයි."

"භාග්‍යවතුන් වහන්ස, මේ එයට කාලයයි. සුගතයන් වහන්ස, මේ එයට කාලයයි. භාග්‍යවතුන් වහන්සේ මේ බුද්ධ ශාසනයෙහි යම් අනුත්තර වූ ඉන්ද්‍රිය භාවනා ධර්මයක් දේශනා කරන සේක් නම්, භාග්‍යවතුන් වහන්සේ ගෙන් අසා භික්ෂූන් වහන්සේලා මතක තබාගන්නවාම යි."

"එසේ වී නම් පින්වත් ආනන්ද, සවන් යොමා අසන්න. නුවණින් මෙනෙහි කරන්න. මා කියා දෙන්නම්." "එසේය, ස්වාමීනී" කියල ආයුෂ්මත් ආනන්දයන් වහන්සේ භාග්‍යවතුන් වහන්සේට පිළිතුරු දුන්නා. භාග්‍යවතුන් වහන්සේ මෙය වදාළා.

"පින්වත් ආනන්ද, ආර්ය විනයෙහි අනුත්තර වූ ඉන්ද්‍රිය භාවනාව තිබෙන්නේ කොහොමද? පින්වත් ආනන්ද, මේ ශාසනයෙහි භික්ෂුවට ඇසින් රූපයක් දැක්ක විට කැමැත්තක් ඇතිවෙනවා. අකැමැත්තකුත් ඇතිවෙනවා. ඒ වගේම මනාප අමනාප දෙකම ඇතිවෙනවා. එතකොට ඔහු මෙහෙමයි දැනගන්නේ. 'මට මේ කැමැත්තක් උපන්නා. අකැමැත්තක් උපන්නා. මනාප අමනාප බව උපන්නා. මේකත් හේතු ඵල දහමින් හැදෙන දෙයක්. ගොරෝසු දෙයක්. පටිච්චසමුප්පාදයෙන් හැදුණු දෙයක්. ඒ නිසා යම් උපේක්ෂාවක් ඇද්ද, එයයි ශාන්ත. එය යි ප්‍රණීත' කියලා. ඉතින් එතකොට ඔහු තුළ උපන් කැමැත්තත්, උපන් අකමැත්තත්, උපන් මනාප අමනාප බවත් නිරුද්ධ වෙනවා. උපේක්ෂාව තුළ පිහිටනවා. පින්වත් ආනන්ද, ඒක මේ වගේ දෙයක්. පුරුෂයෙක් ඇස් ඇර බලා ආයෙමත් ඇස් පියාගන්නවාද, ඇස් පියාගෙන ආයෙමත් ඇස් ඇර බලනවාද, පින්වත් ආනන්ද, අන්න ඒ වගේ තමයි යම් භික්ෂුවකට ඔය විදිහට වේගයෙන් ඔය විදිහට ඉක්මනින්, ඔය විදිහට සුළු මහන්සියකින් උපන් කැමැත්තත්, උපන් අකැමැත්තත්, උපන් මනාප අමනාප බවත් නිරුද්ධ වෙනවාද, උපේක්ෂාව පිහිටනවාද, පින්වත් ආනන්ද, ආර්ය විනයෙහි ඇසින් දත යුතු රූපයන් පිළිබඳව අනුත්තර වූ ඉන්ද්‍රිය භාවනාව කියන්නේ මෙයටයි.

පින්වත් ආනන්ද, ආර්ය විනයෙහි අනුත්තර වූ ඉන්ද්‍රිය භාවනාව ගැන තවදුරටත් කියනවා නම්, පින්වත් ආනන්ද, මේ ශාසනයෙහි භික්ෂුවට කනෙන් ශබ්දයක් ඇසූ විට කැමැත්තක් ඇතිවෙනවා. අකැමැත්තකුත් ඇතිවෙනවා.

ඒ වගේම මනාප අමනාප දෙකම ඇතිවෙනවා. එතකොට ඔහු මෙහෙමයි දැනගන්නේ. 'මට මේ කැමැත්තක් උපන්නා. අකැමැත්තක් උපන්නා. මනාප අමනාප බව උපන්නා. මේකත් හේතු ඵල දහමින් හැදෙන දෙයක්. ගොරෝසු දෙයක්. පටිච්චසමුප්පාදයෙන් හැදුනු දෙයක්. ඒ නිසා යම් උපේක්ෂාවක් ඇද්ද, එයයි ශාන්ත. එයයි ප්‍රණීත' කියලා. ඉතින් එතකොට ඔහු තුළ උපන් කැමැත්තත්, උපන් අකමැත්තත්, උපන් මනාප අමනාප බවත් නිරුද්ධ වෙනවා. උපේක්ෂාව පිහිටනවා. පින්වත් ආනන්ද, ඒක මේ වගේ දෙයක්. ශක්තිමත් පුරුෂයෙක් සුළු උත්සාහයකින් අසුරක් ගසන්නේද, පින්වත් ආනන්ද, අන්න ඒ වගේ තමයි යම් භික්ෂුවකට ඔය විදිහට වේගයෙන් ඔය විදිහට ඉක්මනින්, ඔය විදිහට සුළු මහන්සියකින් උපන් කැමැත්තත්, උපන් අකැමැත්තත්, උපන් මනාප අමනාප බවත් නිරුද්ධ වෙනවාද, උපේක්ෂාව තුළ පිහිටනවාද, පින්වත් ආනන්ද, ආර්ය විනයෙහි කනෙන් දත යුතු ශබ්දයන් පිළිබඳව අනුත්තර වූ ඉන්ද්‍රිය භාවනාව කියන්නේ මෙයටයි.

පින්වත් ආනන්ද, ආර්ය විනයෙහි අනුත්තර වූ ඉන්ද්‍රිය භාවනාව ගැන තවදුරටත් කියනවා නම්, පින්වත් ආනන්ද, මේ ශාසනයෙහි භික්ෂුවට නාසයෙන් ගඳ සුවඳක් දැනගත් විට කැමැත්තක් ඇතිවෙනවා. අකැමැත්තකුත් ඇතිවෙනවා. ඒ වගේම මනාප අමනාප දෙකම ඇතිවෙනවා. එතකොට ඔහු මෙහෙමයි දැනගන්නේ. 'මට මේ කැමැත්තක් උපන්නා. අකැමැත්තක් උපන්නා. මනාප අමනාප බව උපන්නා. මේකත් හේතු ඵල දහමින් හැදෙන දෙයක්. ගොරෝසු දෙයක්. පටිච්චසමුප්පාදයෙන් හැදුනු දෙයක්. ඒ නිසා යම් උපේක්ෂාවක් ඇද්ද, එයයි ශාන්ත. එය යි ප්‍රණීත' කියලා. ඉතින් එතකොට ඔහු තුළ උපන් කැමැත්තත්, උපන් අකමැත්තත්, උපන් මනාප අමනාප බවත් නිරුද්ධ වෙනවා. උපේක්ෂාව තුළ පිහිටනවා. පින්වත් ආනන්ද, ඒක මේ වගේ දෙයක්. නෙළුම් කොළයක් මදක් ඇල කළ විට, එය මත තිබූ දිය බින්දු පෙරළී වැටෙනවාද, පිහිටා නොසිටිනවා ද, පින්වත් ආනන්ද, අන්න ඒ වගේ තමයි යම් භික්ෂුවකට ඔය විදිහට වේගයෙන් ඔය විදිහට ඉක්මනින්, ඔය විදිහට සුළු මහන්සියකින් උපන් කැමැත්තත්, උපන් අකැමැත්තත්, උපන් මනාප අමනාප බවත් නිරුද්ධ වෙනවාද, උපේක්ෂාව තුළ පිහිටනවාද, පින්වත් ආනන්ද, ආර්ය විනයෙහි නාසයෙන් දත යුතු ගඳ සුවඳ පිළිබඳව අනුත්තර වූ ඉන්ද්‍රිය භාවනාව කියන්නේ මෙයයි.

පින්වත් ආනන්ද, ආර්ය විනයෙහි අනුත්තර වූ ඉන්ද්‍රිය භාවනාව ගැන තවදුරටත් කියනවා නම්, පින්වත් ආනන්ද, මේ ශාසනයෙහි භික්ෂුවට දිවෙන් රසයක් දැනගත් විට කැමැත්තක් ඇතිවෙනවා. අකැමැත්තකුත් ඇතිවෙනවා.

ඒ වගේම මනාප අමනාප දෙකම ඇතිවෙනවා. එතකොට ඔහු මෙහෙමයි දැනගන්නේ. 'මට මේ කැමැත්තක් උපන්නා. අකැමැත්තක් උපන්නා. මනාප අමනාප බව උපන්නා. මේකත් හේතු ඵල දහමින් හැදෙන දෙයක්. ගොරෝසු දෙයක්. පටිච්චසමුප්පාදයෙන් හැදුනු දෙයක්. ඒ නිසා යම් උපේක්ෂාවක් ඇද්ද, එයයි ශාන්ත. එයයි ප්‍රණීත' කියලා. ඉතින් එතකොට ඔහු තුළ උපන් කැමැත්තත්, උපන් අකමැත්තත්, උපන් මනාප අමනාප බවත් නිරුද්ධ වෙනවා. උපේක්ෂාව තුළ පිහිටනවා. පින්වත් ආනන්ද, ඒක මේ වගේ දෙයක්. ශක්තිමත් පුරුෂයෙක් දිව අගට කෙළ පිඬක් කැටිකොට ඉතා පහසුවෙන් වීසි කරනවාද, පින්වත් ආනන්ද, අන්න ඒ වගේ තමයි යම් භික්ෂුවකට ඔය විදිහට වේගයෙන් ඔය විදිහට ඉක්මනින්, ඔය විදිහට සුළු මහන්සියකින් උපන් කැමැත්තත්, උපන් අකැමැත්තත්, උපන් මනාප අමනාප බවත් නිරුද්ධ වෙනවාද, උපේක්ෂාව තුළ පිහිටනවාද, පින්වත් ආනන්ද, ආර්ය විනයෙහි දිවෙන් දත යුතු රසයන් පිළිබඳව අනුත්තර වූ ඉන්ද්‍රිය භාවනාව කියන්නේ මෙයටයි.

පින්වත් ආනන්ද, ආර්ය විනයෙහි අනුත්තර වූ ඉන්ද්‍රිය භාවනාව ගැන තවදුරටත් කියනවා නම්, පින්වත් ආනන්ද, මේ ශාසනයෙහි භික්ෂුවට කයෙන් පහසක් ලැබූ විට කැමැත්තක් ඇතිවෙනවා. අකැමැත්තකුත් ඇතිවෙනවා. ඒ වගේම මනාප අමනාප දෙකම ඇතිවෙනවා. එතකොට ඔහු මෙහෙමයි දැනගන්නේ. 'මට මේ කැමැත්තක් උපන්නා. අකැමැත්තක් උපන්නා. මනාප අමනාප බව උපන්නා. මේකත් හේතු ඵල දහමින් හැදෙන දෙයක්. ගොරෝසු දෙයක්. පටිච්චසමුප්පාදයෙන් හැදුනු දෙයක්. ඒ නිසා යම් උපේක්ෂාවක් ඇද්ද, එයයි ශාන්ත. එයයි ප්‍රණීත' කියලා. ඉතින් එතකොට ඔහු තුළ උපන් කැමැත්තත්, උපන් අකමැත්තත්, උපන් මනාප අමනාප බවත් නිරුද්ධ වෙනවා. උපේක්ෂාව තුළ පිහිටනවා. පින්වත් ආනන්ද, ඒක මේ වගේ දෙයක්. ශක්තිමත් පුරුෂයෙක් හැකිලූ අතක් දිග හරීද, දික් කළ අතක් හකුළයිද, පින්වත් ආනන්ද, අන්න ඒ වගේ තමයි යම් භික්ෂුවකට ඔය විදිහට වේගයෙන් ඔය විදිහට ඉක්මනින්, ඔය විදිහට සුළු මහන්සියකින් උපන් කැමැත්තත්, උපන් අකැමැත්තත්, උපන් මනාප අමනාප බවත් නිරුද්ධ වෙනවාද, උපේක්ෂාව තුළ පිහිටනවාද, පින්වත් ආනන්ද, ආර්ය විනයෙහි කයෙන් දැනගන්නා පහස පිළිබඳව අනුත්තර වූ ඉන්ද්‍රිය භාවනාව කියන්නේ මෙයටයි.

පින්වත් ආනන්ද, ආර්ය විනයෙහි අනුත්තර වූ ඉන්ද්‍රිය භාවනාව ගැන තවදුරටත් කියනවා නම්, පින්වත් ආනන්ද, මේ ශාසනයෙහි භික්ෂුවට මනසින් අරමුණක් දැනගත් විට කැමැත්තක් ඇතිවෙනවා. අකැමැත්තකුත් ඇතිවෙනවා. ඒ වගේම මනාප අමනාප දෙකම ඇතිවෙනවා. එතකොට ඔහු මෙහෙමයි

දැනගන්නේ. 'මට මේ කැමැත්තක් උපන්නා. අකැමැත්තක් උපන්නා. මනාප අමනාප බව උපන්නා. මේකත් හේතු ඵල දහමින් හැදෙන දෙයක්. ගොරෝසු දෙයක්. පටිච්චසමුප්පාදයෙන් හැදුණු දෙයක්. ඒ නිසා යම් උපේක්ෂාවක් ඇද්ද, එයයි ශාන්ත. එයයි ප්‍රණීත' කියලා. ඉතින් එතකොට ඔහු තුළ උපන් කැමැත්තත්, උපන් අකමැත්තත්, උපන් මනාප අමනාප බවත් නිරුද්ධ වෙනවා. උපේක්ෂාව තුළ පිහිටනවා. පින්වත් ආනන්ද, ඒක මේ වගේ දෙයක්. ශක්තිමත් පුරුෂයෙක් දවසක් මුළුල්ලෙහි හොඳින් රත් වූ යකඩ තහඩුවක් මත දිය බිඳු දෙකක් හෝ තුනක් හෝ හෙලනවා. හැබැයි පින්වත් ආනන්ද, ඒ දිය බින්දු වැටෙන්නේ හෙමින්. නමුත් වැටුණු වහාම සිඳිලා යනවා. පින්වත් ආනන්ද, අන්න ඒ වගේ තමයි යම් භික්ෂුවකට ඔය විදිහට වේගයෙන් ඔය විදිහට ඉක්මනින්, ඔය විදිහට සුළු මහන්සියකින් උපන් කැමැත්තත්, උපන් අකැමැත්තත්, උපන් මනාප අමනාප බවත් නිරුද්ධ වෙනවාද, උපේක්ෂාව තුළ පිහිටනවාද, පින්වත් ආනන්ද, ආර්ය විනයෙහි මනසින් දැනගන්නා අරමුණු පිළිබඳව අනුත්තර වූ ඉන්ද්‍රිය භාවනාව කියන්නේ මෙයටයි. ඔය විදිහටයි පින්වත් ආනන්ද, ආර්ය විනයෙහි අනුත්තර වූ ඉන්ද්‍රිය භාවනාව තිබෙන්නේ.

පින්වත් ආනන්ද, ධර්මයෙහි හික්මෙන සේඛ භික්ෂුවගේ ප්‍රතිපදාව මොන වගේ දෙයක්ද? මේ ශාසනයෙහි භික්ෂුවට ඇසින් රූපයක් දැක්ක විට කැමැත්තක් ඇතිවෙනවා. අකැමැත්තකුත් ඇතිවෙනවා. ඒ වගේම මනාප අමනාප දෙකම ඇතිවෙනවා. එතකොට ඔහු ඒ උපන් කැමැත්ත නිසාත්, උපන් අකැමැත්ත නිසාත්, උපන් මනාප අමනාප බව නිසාත්, පීඩාවට පත්වෙනවා, ලැජ්ජාවට පත්වෙනවා, පිළිකුලට පත්වෙනවා. කනෙන් ශබ්දයක් අසා ....(පෙ).... නාසයෙන් ගඳ සුවඳ දැන ....(පෙ).... දිවෙන් රස විඳ ....(පෙ).... කයෙන් පහස ලබා ....(පෙ).... මනසින් අරමුණු සිතා කැමැත්තක් ඇතිවෙනවා. අකැමැත්තකුත් ඇතිවෙනවා. ඒ වගේම මනාප අමනාප දෙකම ඇතිවෙනවා. එතකොට ඔහු ඒ උපන් කැමැත්ත නිසාත්, උපන් අකැමැත්ත නිසාත්, උපන් මනාප අමනාප බව නිසාත්, පීඩාවට පත්වෙනවා, ලැජ්ජාවට පත්වෙනවා, පිළිකුලට පත්වෙනවා. පින්වත් ආනන්දය, ධර්මයේ හැසිරෙන සේඛ භික්ෂුවගේ ප්‍රතිපදාව ඔය විදිහයි.

පින්වත් ආනන්දය, ඉන්ද්‍රිය ධර්මයන් වඩන ලද, ආර්යයන් වහන්සේ කියන්නේ කොහොම කෙනෙක්ද? මෙහිලා මේ ශාසනයෙහි භික්ෂුවට ඇසින් රූපයක් දැක්ක විට කැමැත්තක් ඇතිවෙනවා. අකැමැත්තකුත් ඇතිවෙනවා. ඒ වගේම මනාප අමනාප දෙකම ඇතිවෙනවා. ඉදින් ඔහු කැමැති නම්, පිළිකුල් අරමුණෙහි පිළිකුල් රහිත සඤ්ඤාවෙන් ඉන්නට ඕන කියලා, එහිදී පිළිකුල් රහිත සඤ්ඤාවෙනුයි වාසය කරන්නේ. ඉදින් ඔහු කැමැති නම්, පිළිකුල්

රහිත අරමුණෙහි පිළිකුල් සඤ්ඤාවෙන් ඉන්නට ඕන කියලා, එහිදී පිළිකුල් සඤ්ඤාවෙනුයි වාසය කරන්නේ. ඉදින් ඔහු කැමැති නම්, පිළිකුල් අරමුණෙත්, පිළිකුල් රහිත අරමුණෙත් පිළිකුල් රහිත සඤ්ඤාවෙන් ඉන්නට ඕන කියලා, එහිදී පිළිකුල් රහිත සඤ්ඤාවෙනුයි වාසය කරන්නේ. ඉදින් ඔහු කැමැති නම්, පිළිකුල් අරමුණෙත්, පිළිකුල් රහිත අරමුණෙත් පිළිකුල් සඤ්ඤාවෙන් ඉන්නට ඕන කියලා, එහිදී පිළිකුල් සඤ්ඤාවෙනුයි වාසය කරන්නේ. ඉදින් ඔහු කැමැති නම්, පිළිකුල් අරමුණෙත්, පිළිකුල් රහිත අරමුණෙත් ඒ දෙකම බැහැර කොට මනා සිහි නුවණින් යුක්තව උපේක්ෂාවෙන් ඉන්නට ඕන කියලා, එහිදී මනා සිහි නුවණින් යුතුව උපේක්ෂාවෙනුයි වාසය කරන්නේ.

පින්වත් ආනන්දය, නැවත අනෙකක් කියමි. මෙහිලා මේ ශාසනයෙහි භික්ෂුවට කනෙන් ශබ්දයක් ඇසූ විට ....(පෙ).... නාසයෙන් ගඳ සුවඳ දැනගත් විට ....(පෙ).... දිවෙන් රස දැනගත් විට ....(පෙ).... කයෙන් පහස ලැබූ විට ....(පෙ).... මනසින් අරමුණක් දැනගත් විට කැමැත්තක් ඇතිවෙනවා. අකැමැත්තකුත් ඇතිවෙනවා. ඒ වගේම මනාප අමනාප දෙකම ඇතිවෙනවා. ඉදින් ඔහු කැමැති නම්, පිළිකුල් අරමුණෙහි පිළිකුල් රහිත සඤ්ඤාවෙන් ඉන්නට ඕන කියලා, එහිදී පිළිකුල් රහිත සඤ්ඤාවෙනුයි වාසය කරන්නේ. ඉදින් ඔහු කැමැති නම්, පිළිකුල් රහිත අරමුණෙහි පිළිකුල් සඤ්ඤාවෙන් ඉන්නට ඕන කියලා, එහිදී පිළිකුල් සඤ්ඤාවෙනුයි වාසය කරන්නේ. ඉදින් ඔහු කැමැති නම්, පිළිකුල් අරමුණෙත්, පිළිකුල් රහිත අරමුණෙත් පිළිකුල් රහිත සඤ්ඤාවෙන් ඉන්නට ඕන කියලා, එහිදී පිළිකුල් රහිත සඤ්ඤාවෙනුයි වාසය කරන්නේ. ඉදින් ඔහු කැමැති නම්, පිළිකුල් අරමුණෙත්, පිළිකුල් රහිත අරමුණෙත් පිළිකුල් සඤ්ඤාවෙන් ඉන්නට ඕන කියලා, එහිදී පිළිකුල් සඤ්ඤාවෙනුයි වාසය කරන්නේ. ඉදින් ඔහු කැමැති නම්, පිළිකුල් අරමුණෙත්, පිළිකුල් රහිත අරමුණෙත් ඒ දෙකම බැහැර කොට මනා සිහි නුවණින් යුක්තව උපේක්ෂාවෙන් ඉන්නට ඕන කියලා, එහිදී මනා සිහි නුවණින් යුතුව උපේක්ෂාවෙනුයි වාසය කරන්නේ. ඔය විදිහටයි පින්වත් ආනන්දය, ආර්යයන් වහන්සේ වඩන ලද ඉන්ද්‍රිය ධර්මයන්ගෙන් යුක්ත වන්නේ.

පින්වත් ආනන්දය, මා විසින් මේ අයුරින් බුද්ධ ශාසනයෙහි අනුත්තර වූ ඉන්ද්‍රිය භාවනාව ගැනත් දේශනා කළා. ධර්ම මාර්ගයෙහි පුහුණු වෙන සේඛ භික්ෂුවගේ ප්‍රතිපදාව ගැනත් දේශනා කළා. වඩන ලද ඉන්ද්‍රියන්ගෙන් යුතු ආර්යයන් වහන්සේ ගැනත් දේශනා කළා.

පින්වත් ආනන්දය, ශාස්තෘන් වහන්සේ නමක් විසින් ශ්‍රාවකයන්ට හිතවත්ව, අනුකම්පාවෙන්, අනුකම්පා උපදවා, කළ යුතු යමක් ඇද්ද, මා විසින් එය ඔබට කරලයි තියෙන්නේ. පින්වත් ආනන්ද, ඔය තියෙන්නේ රුක් සෙවන.

ඔය තියෙන්නේ නිදහස් තැන්. පින්වත් ආනන්ද, ධ්‍යාන වඩන්න. පමා වෙන්න එපා! පස්සේ පසුතැවිල්ලට පත්වෙන්නට එපා! මෙය තමයි ඔබට අපෙන් කෙරෙන අනුශාසනාව."

භාග්‍යවතුන් වහන්සේ මේ උතුම් දේශනය වදාළා. ඒ දේශනය ගැන ආයුෂ්මත් ආනන්දයන් වහන්සේ ගොඩක් සතුටු වුනා. භාග්‍යවතුන් වහන්සේ වදාළ මේ දේශනය සතුටින් පිළිගත්තා.

සාදු! සාදු!! සාදු!!!

ඉන්ද්‍රිය භාවනාව ගැන වදාළ දෙසුම නිමා විය.
පස්වෙනි සළායතන වර්ගයයි.

මජ්ඣිම නිකාය – උපරි පණ්ණාසකය නිමා විය.
මජ්ඣිම නිකාය නිමා විය.

දසබලසේලප්පභවා නිබ්බානමහාසමුද්දපරියන්තා
අට්ඨංග මග්ගසලිලා ජිනවචනනදී චිරං වහතූති.

දසබලයන් වහන්සේ නමැති ශෛලමය පර්වතයෙන් පැන නැගී
අමා මහ නිවන නම් වූ මහා සාගරය අවසන් කොට ඇති
ආර්ය අෂ්ටාංගික මාර්ගය නම් වූ සිහිල් දිය දහරින් හෙබි
උතුම් ශ්‍රී මුඛ බුද්ධ වචන ගංගාව (ලෝ සතුන්ගේ සසර දුක නිවාලමින්)
බොහෝ කල් ගලාබස්නා සේක්වා !

(සළායතන සංයුත්තය - උද්දාන ගාථා)

සාදු! සාදු!! සාදු!!!

නමෝ තස්ස භගවතෝ අරහතෝ සම්මාසම්බුද්ධස්ස.
ඒ භාග්‍යවත් අරහත් සම්මා සම්බුදුරජාණන් වහන්සේට නමස්කාර වේවා!

මේ උතුම් ගෞතම බුදු සසුනේදීම මේ ආශ්චර්යවත් ශ්‍රී සද්ධර්මය මැනැවින් උගෙන තම තමන්ගේ නුවණ මෙහෙයවා ධර්මයෙහි හැසිරීමෙන් ආර්ය ශ්‍රාවකයන් බවට පත්ව සතර අපා දුකෙන් සදහටම මිදෙනු කැමැති ලංකාවාසී සැදැහැවත් නුවණැතියන් හට වඩාත් හොඳින් තේරුම් ගැනීම පිණිස මහත් ශ්‍රද්ධාවෙන් යුතුව සිංහල භාෂාවට මජ්ඣිම නිකායෙහි තුන්වෙනි කොටස වන උපරි පණ්ණාසකය පරිවර්තනය කිරීමෙන් ලත් සකල විපුල පුණ්‍ය සම්භාර ධර්මයන් පින් කැමැති සියල්ලෝම සතුටින් අනුමෝදන් වෙත්වා! අප සියලු දෙනාටම වහ වහා උතුම් චතුරාර්ය සත්‍ය ධර්මය සත්‍ය ඥාණ වශයෙන්ද, කෘත්‍ය ඥාණ වශයෙන්ද, කෘත ඥාණ වශයෙන්ද අවබෝධ වීම පිණිස ඒකාන්තයෙන්ම මේ පුණ්‍ය වාසනාව උපකාර වේවා!

සාදු! සාදු!! සාදු!!!

නමෝ තස්ස භගවතෝ අරහතෝ සම්මාසම්බුද්ධස්ස.

www.ingramcontent.com/pod-product-compliance
Lightning Source LLC
Chambersburg PA
CBHW080658110426
42739CB00034B/3322
9789550614509